REICHMANN/WEGERA (HRSG.)

FRÜHNEUHOCHDEUTSCHE GRAMMATIK

SAMMLUNG KURZER GRAMMATIKEN GERMANISCHER DIALEKTE

BEGRÜNDET VON WILHELM BRAUNE

HERAUSGEGEBEN VON
HELMUT GNEUSS, SIEGFRIED GROSSE UND INGO REIFFENSTEIN

A. HAUPTREIHE NR. 12

EBERT / REICHMANN / SOLMS / WEGERA
FRÜHNEUHOCHDEUTSCHE GRAMMATIK

MAX NIEMEYER VERLAG TÜBINGEN

1993

OSKAR REICHMANN, KLAUS-PETER WEGERA (HRSG.)

FRÜHNEUHOCHDEUTSCHE GRAMMATIK

von

ROBERT PETER EBERT, OSKAR REICHMANN,
HANS-JOACHIM SOLMS UND KLAUS-PETER WEGERA

MAX NIEMEYER VERLAG TÜBINGEN

1993

Die Deutsche Bibliothek – CIP-Einheitsaufnahme

Frühneuhochdeutsche Grammatik / Oskar Reichmann ; Klaus-Peter Wegera (Hrsg.).
Von Robert Peter Ebert ... – Tübingen : Niemeyer, 1993
(Sammlung kurzer Grammatiken germanischer Dialekte : A, Hauptreihe ; Nr. 12)
NE: Reichmann, Oskar [Hrsg.]; Ebert, Robert Peter; Sammlung kurzer Grammatiken
germanischer Dialekte / A

ISBN 3-484-10672-7 kart.
ISBN 3-484-10676-X Gewebe

Satz: pagina GmbH, Tübingen
Druck: Allgäuer Zeitungsverlag GmbH, Kempten
Einband: Heinr. Koch, Tübingen

INHALT

Verzeichnis der Abkürzungen   IX

I.   Einleitung, von Oskar Reichmann und Klaus-Peter Wegera .   1

    1.   Benutzer und Benutzungsanliegen   1
    2.   Inhaltliche, sprachtheoretische und fachstilistische Konsequenzen   2
    3.   Raum, Zeit und Varietäten des Frühneuhochdeutschen   5
    4.   Zur Materialgrundlage der Grammatik   8
    5.   Die Berücksichtigung der Beschreibungsebenen . . .   10
    6.   Zur äußeren Form der Darstellung   11

II.   Schreibung und Lautung, von Oskar Reichmann und Klaus-Peter Wegera   13

    1.   Vorbemerkung (§ L 1)   13
    2.   Allgemeine graphische Entwicklungen (§ L 2 – L 6) .   25
    2.1.   Entwicklung der Großschreibung (§ L 3)   25
    2.2.   Entwicklung der Interpunktion (§ L 4)   28
    2.3.   Abkürzungen und Kürzel (§ L 5)   31
    2.4.   Getrennt- und Zusammenschreibung (§ L 6)   32
    3.   Vokalismus (§ L 7 – L 41), von Klaus-Peter Wegera .   32
    3.1.   Graphische Prozesse (§ L 7 – L 9)   32
    3.2.   Inventar der Vokale (§ L 10)   36
    3.3.   Kurzvokale: *a, e/ä, i, o, ö, u, ü* (§ L 11 – L 17) . . .   38
    3.4.   Langvokale: *a:, e:, ä:, i:, o:, ö:, u:, ü:* (§ L 18 – L 25) .   49
    3.5.   Diphthonge: *ei/ai, au/ou, eu/äu, ie-uo-üe* (§ L 26 – L 30)   57
    3.6.   Einzellautübergreifende Prozesse (§ L 31 – L 37) . .   64
    3.7.   Nebensilbenvokale (§ L 38 – L 41)   78
    4.   Konsonantismus (§ L 43 – L 80), von Oskar Reichmann   83
    4.1.   Allgemeines zum Konsonantismus: Gliederung (§ L 43)   83
    4.2.   Verschlußlaute (§ L 44 – L 49)   84
    4.3.   Reibelaute (§ L 50 – L 54)   104
    4.4.   Affrikaten: *pf, z, tsch* (§ L 58 – L 60)   128
    4.5.   Nasale: *m, n, ng* (§ L 61 – L 63)   134
    4.6.   Liquide: *l, r* (§ L 64 – L 65)   146
    4.7.   Übersicht über das Konsonantensystem (§ L 66 – L 80)   151

III. Flexionsmorphologie, von Hans-Joachim Solms und Klaus-
     Peter Wegera 164

1.   Vorbemerkung (§ M 1) 164
2.   Flexion der Substantive (§ M 2 – M 30) 164
2.1. Strukturwandel im substantivischen Flexionssystem
      (§ M 2) 164
2.2. Flexionsklassen (§ M 3) 166
2.3. Maskulina (§ M 4 – M 13) 168
2.4. Feminina (§ M 14 – M 21) 176
2.5. Neutra (§ M 22 – M 30) 180
3.   Flexion der Adjektive (§ M 31 – M 56) 187
3.1. Gebrauch der Adjektive (§ M 31 – M 33) 187
3.2. Flexion des attributiven und substantivierten Adjek-
      tivs in der einfachen Substantivgruppe (§ M 34 – M 48)   188
3.3. Flexion des attributiven Adjektivs in der erweiterten
      Substantivgruppe (§ M 49 – M 51) 201
3.4. Prädikatives Adjektiv (§ M 52) 202
3.5. Komparation (§ M 53 – M 56) 203
4.   Flexion der Numeralia (§ M 57 – M 59) 206
4.1. Allgemeines (§ M 57) 206
4.2. zwei (§ M 58) 206
4.3. drei (§ M 59) 207
5.   Flexion der Pronomen (§ M 60 – M 77) 208
5.1. Allgemeines (§ M 60) 208
5.2. Personalpronomen (§ M 61 – M 63) 211
5.3. Possessivpronomen (§ M 65) 216
5.4. Demonstrativpronomen und Artikel (§ M 66 – M 70) 218
5.5. Interrogativpronomen (§ M 71) 223
5.6. Indefinit- und sonstige Pronomina (§ M 72 – M 77) . 224
6.   Flexion der Verben (§ M 78 – M 151) 229
6.1. Allgemeines, strukturelle Entwicklungen (§ 78 – M 80) 229
6.2. Klassifikation der starken Verben (§ M 81– M 82) . 232
6.3. Endungsflexivik der starken und schwachen Verben
      (§ M 83 – M 95) 233
6.4. Stammflexivik der schwachen Verben: Rückumlaut
      (§ M 96) 250
6.5. Stammflexivik der starken Verben: Präsens (§ M 97 –
      M 103) 253
6.6. Stammflexivik der starken Verben: Präteritum, Kon-
      sonantische Alternationen (§ M 104 – M 106) . . . 261
6.7. Stammflexivik der starken Verben: Präteritum, Voka-
      lische Alternationen (§ M 107 – M 133) 265
6.8. 'Besondere Verben (§ M 134 – M 151) 295

IV.	Syntax, von Robert Peter Ebert	313
1.	Die Nominalgruppe (§ S 1 – S 53)	313
1.1.	Überblick (§ S 1 – S 2)	313
1.2.	Der Artikel (§ S 3 – S 7)	314
1.3.	Pronomina (§ S 3 – S 17)	317
1.4.	Die attributive Adjektivgruppe (§ S 18 – S 25) . . .	325
1.5.	Der attributive Genitiv (§ S 26 – S 45)	330
1.6.	Der adnominale Dativ (§ S 46 – S 48)	340
1.7.	Der adnominale Akkusativ (§ S 49)	341
1.8.	Präpositionalattribute (§ S 50 – S 51)	341
1.9.	Diskontinuierliche Stellung von Gliedern in der No-malgruppe (§ S 52 – S 53)	342
2.	Die Syntax der Nominalgruppe im Einfachsatz (§ S 54 – S 127)	344
2.1.	Einleitendes (§ S 54)	344
2.2.	Nominativ (§ S 55 – S 64)	345
2.3.	Genitiv (§ S 65 – S 92)	349
2.4.	Dativ (§ S 93 – S 107)	360
2.5.	Akkusativ (§ S 108 – S 126)	368
3.	Die Präpositionalgruppe (§ S 128 – S 156)	374
3.1.	Präpositionen, Postpositionen, Zirkumpositionen (§ S 128 – S 134)	374
3.2.	Verbindungen aus Präpositionen und nichtsubstanti-vischen Kategorien (§ S 135)	378
3.3.	Der Gebrauch der Präpositionalgruppe (§ S 136 – S 156)	379
4.	Zum Verbum (§ S 157 – S 223)	383
4.1.	Tempus und Aspekt (§ S 157 – S 175)	383
4.2.	Infinitivkonstruktionen (§ S 176 – S 209)	396
4.3.	Zum Partizip (§ S 210 – S 215)	414
4.4.	Das Passiv (§ S 216 – S 218)	417
4.5.	Zum Modus (§ S 219 – S 223)	419
5.	Kongruenz und Inkongruenz (§ S 224 – S 228) . . .	422
5.1.	Einleitendes (§ S 224)	422
5.2.	Inkongruenz des Numerus (§ S 225 – S 226)	422
5.3.	»Inkongruenz« des Genus (§ S 227)	424
5.4.	Inkongruenz der Person (§ S 228)	424
6.	Negation (§ S 229 – S 235)	425
6.1.	Einleitendes (§ S 229)	425
6.2.	Die Negationspartikel en- (§ S 230)	426
6.3.	Das Negationswort nicht (§ S 231)	426
6.4.	Häufung der Negation (§ S 232)	427

6.5.	Anreihung negierter Glieder (§ S 233)	428
6.6.	Scheinbare Vertauschung positiver und negativer Ausdrucksweise (§ S 234 – S 235)	428
7.	Zur Wortstellung im Einfachsatz (§ S 236 – S 257) .	430
7.1.	Einleitendes (§ S 236)	430
7.2.	Die Stellung des finiten Verbs (§ S 237 – S 247) . . .	430
7.3.	Das Mittelfeld (§ S 248 – S 250)	436
7.4.	Die Stellung der Glieder im Verbkomplex (§ S 251 – S 255)	437
7.5.	Afinite Konstruktionen (§ S 256 – S 257)	440
8.	Komplexe Sätze (§ S 258 – S 317)	442
8.1.	Einleitung (§ S 258 – S 259)	442
8.2.	Relativsätze (§ S 260 – S 275)	444
8.3.	Subjekt- und Objektsätze (§ S 276 – S 283)	451
8.4.	Adverbialsätze (§ S 284 – S 316)	455
8.5.	Zum Satzgefüge (§ S 317)	483
V.	Siglen für Zeitschriften, Reihen und Sammelwerke	485
VI.	Quellenverzeichnis zum Teil *Syntax*	488
VII.	Literaturverzeichnis	493
VIII.	Sachregister	547

VERZEICHNIS DER ABKÜRZUNGEN

Adj.	Adjektiv	mask./Mask.	maskulin/Maskulinum
Adv.	Adverb	mähr.	mährisch
ahd.	althochdeutsch	mbair.	mittelbairisch
Akk.	Akkusativ	md.	mitteldeutsch
Akt.	Aktiv	Mda.	Mundart
alem.	alemannisch	mda.	mundartlich
Art.	Artikel	mfrk.	mittelfränkisch
Attr.	Attribut	mhd.	mittelhochdeutsch
attr.	attributiv	mhess.	mittelhessisch
bair.	bairisch	mlat.	mittellateinisch
böhm.	böhmisch	mnd.	mittelniederdeutsch
Dat.	Dativ	mnl.	mittelniederländisch
Dekl.	Deklination	mosfrk.	moselfränkisch
Dem.	Demonstrativum	mrhein.	mittelrheinisch
Dem. Pron.	Demonstrativpronomen	neutr./Neutr.	neutral/Neutrum
det.	determinierend	nbair.	niederbairisch
Dim.	Diminutivum	nd.	niederdeutsch
dt.	deutsch	nalem.	niederalemannisch
engl.	englisch	nl.	niederländisch
els.	elsässisch	nfrk.	niederfränkisch
fem./Fem.	feminin/Femininum	nhd.	neuhochdeutsch
frk.	fränkisch	nordobd.	nordoberdeutsch
frmhd.	frühmittelhochdeutsch	Nom.	Nominativ
frnhd.	frühneuhochdeutsch	nordbair.	nordbairisch
Fut.	Futur	norddt.	norddeutsch
Gen.	Genitiv	nordthür.	nordthüringisch
Ger.	Gerundium	Num.	Numerus
germ.	germanisch	nürnb.	nürnbergisch
got.	gotisch	obd.	oberdeutsch
griech.	griechisch	obfrk.	oberfränkisch
hchalem.	hochalemannisch	obhess.	oberhessisch
hd.	hochdeutsch	Obj.	Objekt
hess.	hessisch	obsächs.	obersächsisch
hpreuß.	hochpreußisch	ofäl.	ostfälisch
Hs(s).	Handschrift(en)	ofrk.	ostfränkisch
idg.	indogermanisch	ohchalem.	osthochalemannisch
Imp.	Imperativ	omd.	ostmittteldeutsch
Ind.	Indikativ	oobd.	ostoberdeutsch
Indef. Pron.	Indefinitpronomen	opfälz.	ostpfälzisch
indet.	indeterminierend	obrhein.	oberrheinisch
Inf.	Infinitiv	oschwäb.	ostschwäbisch
inseldt.	inseldeutsch	öst.	österreichisch
Interrog. Pron.	Interrogativpronomen	othür.	ostthüringisch
Jh.	Jahrhundert	Part.	Partizip
jidd.	jiddisch	Pass.	Passiv
Komp.	Komparativ	Perf.	Perfekt
Konj.	Konjunktiv	Pers.	Person
lat.	lateinisch	Pers. Pron.	Personalpronomen

pfälz.	pfälzisch	sobd.	südoberdeutsch
Pl.	Plural	spätmhd.	spätmittelhochdeutsch
Pos.	Positiv	srhfrk.	südrheinfränkisch
Poss. Pron.	Possessivpronomen	sschles.	südschlesisch
präd.	prädikativ	sschwäb.	südschwäbisch
Präp.	Präposition	st.	stark flektierend
Präs.	Präsens	Subj.	Subjekt
Prät.	Präteritum	Subst.	Substantiv
Pron.	Pronomen	Sup.	Superlativ
Refl. Pron.	Reflexivpronomen	s.v.	sub voce / sub verbo
Relat. Pron.	Relativpronomen	thür.	thüringisch
rhfrk.	rheinfränkisch	tir.	tirolisch
rip.	ripuarisch	trans.	transitiv
sbair.	südbairisch	Uml.	Umlaut
schles.	schlesisch	wfäl.	westfälisch
schw.	schwach flektierend	wgerm.	westgermanisch
schwäb.	schwäbisch	wmd.	westmitteldeutsch
schweiz.	schweizerisch	wobd.	westoberdeutsch
Sg.	Singular	wschwäb.	westschwäbisch
shess.	südhessisch	wthür.	westthüringisch
slov.	slovakisch		

I. EINLEITUNG

Mit der Veröffentlichung der hier vorgelegten *Frühneuhochdeutschen Grammatik* in der *Sammlung kurzer Grammatiken germanischer Dialekte* übernehmen die Herausgeber und Autoren nicht nur bestimmte Vorgaben hinsichtlich des Umfangs ihrer Publikation, sondern stellen sich auch in eine deutlich ausgeprägte didaktische und wissenschaftstheoretische Tradition der Grammatikschreibung. Angesichts der Tatsache, daß die bisherigen Werke der Reihe in ihrer ersten Auflage, damit aber auch mit ihren zentralen Inhalten und ihrer Anlage, in der Blütephase der Junggrammatik erschienen (*Gotische Grammatik* 1880, *Mittelhochdeutsche Grammatik* 1881, *Altenglische Grammatik* 1882, *Altnordische Grammatik* 1884, *Althochdeutsche Grammatik* 1886, *Altsächsische Grammatik* 1891, *Mittelniederdeutsche Grammatik* 1914), kann die Verpflichtung gegenüber einer Tradition selbstverständlich nicht in der einfachen Übernahme vorgegebener Muster bestehen, sondern wird auch langgewohnte Gewichte zu verschieben und neue Akzente zu setzen haben. Dies geschieht einerseits in Anlehnung an diejenigen methodischen Fortschritte und theoretischen Einsichten der neueren Linguistik, hinter die keine sprachwissenschaftliche Darstellung mehr zurückfallen kann, andererseits aber mit dem Blick auf die Ausbildung und die vermuteten Interessen der antizipierten Benutzer der Grammatik sowie im Rahmen der Arbeitsbedingungen, unter denen die Herausgeber und Autoren ihre Planung und die Gestaltung des Textes zu vollziehen hatten.

1. Benutzer und Benutzungsanliegen

Die Bände der *Sammlung kurzer Grammatiken germanischer Dialekte* richten sich an ein Publikum, das unter zwei Aspekten eine relative Breite aufweist: Sie werden erstens von Benutzern sehr unterschiedlichen Ausbildungsstandes und zweitens von Vertretern unterschiedlicher Fachrichtungen oder mindestens Teildisziplinen eines einzigen Faches eingesehen. Nach dem ersten Aspekt dienen die Bände sowohl als Einführungs- und Lernbuch für Studenten im akademischen Unterricht wie als wissenschaftliche Grammatik der jeweils behandelten Sprachstufe, damit als Handbuch für den Forscher und Bezugspunkt für sprachhistorische Detailuntersuchungen aller Art. Nach dem zweiten Aspekt dienen die Bände einmal den im engeren Sinne an der Sprache einer bestimmten historischen Epoche Interessierten (unabhängig davon, ob sie Lehrende oder Lernende sind), zum andern den Vertretern spezieller Teildisziplinen eines Faches oder gar

den Vertretern von Nachbardisziplinen. Mit Teil- und Nachbardisziplinen
sind hier insbesondere die (diachron orientierte) Sprachgeschichtsforschung, die Literaturgeschichte und die Editionsphilologie sowie alle Sparten der Geschichtswissenschaft gemeint.

Die für diese Disziplinen gegebenen Benutzungsmöglichkeiten einer
sprachstufenbezogenen Grammatik liegen im engeren Bereich fortgeschrittener bis hoch spezialisierter professioneller Tätigkeit. Diese Tätigkeit hat
wie jede andere, darunter auch die außerberufliche interessierte Beschäftigung mit der Überlieferung, als generelle Voraussetzung das Verständnis
der Texte. *Verständnis* heißt dabei unter strukturellem Aspekt: Texte müssen auf allen hierarchischen Ebenen der Sprache, einerseits also bis auf die
kleinsten phonologischen und graphematischen Einheiten, andererseits bis
zu ihrem Gesamtaufbau hin grammatisch analysierbar sein; dies ist gleichbedeutend mit der Aussage: Alle Teile von Texten müssen in ihrer jeweiligen Gestalt durch Anwendung grammatischer Regeln erklärbar sein. Unter (im weitesten Sinne) pragmatischem Aspekt heißt *Verständnis*: Das
grammatische Inventar, also das Graphem / Phonem und das Morphem,
sowie die Regeln zu ihrer Verknüpfung müssen in ihren Symptomwerten,
d. h. vorwiegend hinsichtlich ihrer Zeit-, Raum-, Schichten-, Gruppen-,
Situations- und Textsortenbindung erkennbar sein. Damit fällt einer
Grammatik die zentrale und allen spezielleren Benutzungsmöglichkeiten
voraufgehende strukturelle und pragmatische Doppelaufgabe zu, Hilfen
bei der Störung der normalsprachlichen Analyse von Texten und der Erkenntnis der Regelhaftigkeit der Gestaltung von Textteilen zu leisten sowie
Auskunft über die soeben erwähnten Verwendungsdimensionen grammatischer Einheiten und Regeln zu geben. Zusammengefaßt und auf die vorliegende Darstellung bezogen: Wir verstehen die *Frühneuhochdeutsche
Grammatik* auch und vor allem anderen als Nachschlagewerk bei der Rezeption historischer Texte.

2. Inhaltliche, sprachtheoretische und fachstilistische Konsequenzen

Der Ansatz eines relativ breiten Benutzerkreises und die damit verbundene
Vielfalt der Nachschlagezwecke, die die Grammatik erfüllen muß, haben
eine Reihe inhaltlicher, theoretischer und fachstilistischer Konsequenzen.

2.1. Hinsichtlich der inhaltlichen Konsequenzen war festzulegen, ob die
Grammatik eine strikt languebezogene oder eine stark textbezogene Ausrichtung haben sollte. Als languebezogene Grammatik wird hier eine solche verstanden, deren Ziel in der Konstruktion des Systems von Einheiten
und Regeln besteht, mit dem sich sprachliche Äußerungen aus einer be-

stimmten historischen Epoche, hier des Frühneuhochdeutschen, beschreiben lassen. Da Systemkonstruktion auf Abstraktion beruht, tendiert die languebezogene Grammatik per definitionem dazu, den Abstraktionsgrad ihrer Aussagen möglichst hoch zu legen, oft so hoch, daß textliche oder textgruppentypische Besonderheiten aufgehoben werden. Im Ergebnis entsteht ein weitgehende Homogenität suggerierendes Bild von grammatischen Positionen und Relationen, dessen genaue graphematische, phonologische, flexions- und wortbildungsmorphologische sowie syntaktische Füllungen ein reduziertes Gewicht erhalten können. Der Benutzer der Grammatik rezipiert die Abstraktion oft weniger als Ergebnis eines methodischen Vorgehens wie als sprachliches Ideal mit Leitbildcharakter für die Sprecher und Schreiber einer Epoche.

Demgegenüber beschreibt eine textbezogene Grammatik das im Idealfall einem einzigen Text zugrundeliegende System von Einheiten und Regeln, und zwar nicht mit der Zielsetzung, in diesem ein Beispiel für den allgemeinen Sprachstand einer Zeit zu sehen, sondern mit der expliziten Absicht, die dem Einzeltext inhärenten grammatischen Gestaltungen in ihrer Spezifik zu erkennen und vom Normalbild abzusetzen. In der Praxis ist dies z. B. dann der Fall, wenn ein kulturhistorisch herausragender Text so beschrieben wird, daß er als literarisch einmalig erscheint; dabei wird seine grammatische Grundlage nur so weit angedeutet, wie es zur Kontrastbildung mit dem Spezifischen notwendig ist. Bei Zugrundelegung bestimmter, z. B. literarischer Textgruppen kann die diesen zugeschriebene Grammatik unter der Hand für die Grammatik der Sprachstufe gesetzt werden.

Die hier vorgelegte Grammatik ist in ihrem Kern Langue-Grammatik und kann als Beschreibung einer Sprachstufe auch gar nichts anderes sein. Nur mit dieser Ausrichtung vermag sie die für die Sprachgeschichtsforschung (darunter die historische Sprachtypologie), die Literaturgeschichte und die Editionsphilologie sowie die Geschichtswissenschaft notwendige Funktion einer Bezugsgröße zu erfüllen. Sie öffnet sich aber insofern zur textbezogenen Grammatik hin, als unterschiedliche Inventareinheiten und damit Besetzungen von Systempositionen, die gleichzeitige Geltung verschiedener Regeln sowie die Bindung von Einheiten und Regeln an bestimmte (räumlich, zeitlich usw. nur eingeschränkt verbreitete) Textgruppen als wesentlicher Teil des Beschreibungsgegenstandes aufgefaßt werden. Dies zeigt sich in der Darstellung darin, daß gleichsam jede generelle Aussage mit Abtönungen und Einschränkungen aller Art versehen wurde und daß durchgehend raumaufwendige Ausnahmen formuliert wurden. Durch den ständigen Wechsel von Allgemeinem und Besonderem soll erreicht werden, daß einerseits ein Orientierungen vermittelndes Regelbild entsteht, andererseits aber die sprachliche Varianz als so ausgeprägtes Kennzeichen des Frühneuhochdeutschen vorgeführt wird, daß die Gefahr der Idealisierung und Ontologisierung des Regelbildes möglichst gering gehalten wird.

Der an einzelnen Texterscheinungen Interessierte erhält auf die genannte
Weise eine Chance, die von ihm gesuchte Erscheinung in der Grammatik
zu finden und sie strukturell und pragmatisch einzuordnen.

2.2.   Die sprachtheoretische Grundlage der Grammatik hat für alle Gram-
matikteile, also für die Schreibung und Lautung, für die Morphologie und
für die Syntax, möglichst einheitlich zu sein. Angesichts des Angebotes vor
allem an morphologisch und syntaktisch relevanten Theorien der modernen Sprachwissenschaft war diejenige Theorie auszuwählen, die erstens
einen möglichst reibungslosen Anschluß an die traditionelle, in der Sprachgeschichtsforschung wie in vorliegender Reihe praktizierte Grammatikschreibung ermöglicht, die zweitens außer von professionellen Linguisten
auch von den Lernenden und vor allem von den linguistisch oft nicht ge-
schulten Vertretern der oben genannten Nachbardisziplinen ohne längeres
Einlesen rezipiert werden kann, die zum dritten nicht hinter den Stand
allgemein akzeptierter Einsichten zurückfällt. Diese Forderungen erfüllt
am ehesten ein gemäßigter Strukturalismus. Darunter soll hier diejenige
Sprachauffassung verstanden werden, die von Texten ausgeht, mittels
überprüfbarer methodischer Verfahren deren Einheiten bestimmt, diese
Einheiten abstraktiv zu Langue-Einheiten zusammenfaßt und so beschreibt, daß ihre Realisationsvarianten erkennbar bleiben, die schließlich
den gewonnenen Einheiten ein System zuordnet. Selbstverständlich entspricht dieser gemeinsame Nenner nicht allen Detailforderungen aller
Strukturalismen; eine Gesamtgrammatik muß aber im Interesse der Er-
reichbarkeit eines heterogenen Kreises von Benutzern einen auf das Gesicherte zurückgenommenen Theoriestandpunkt haben. Umgekehrt heißt
dies: Sie kann schon aus Gründen ihrer Haltbarkeit nur hinter dem Ta-
gesstand der Theoriediskussion stehen. Eine Umformulierung des gesamten Grundstockes konventionell gefaßter Ergebnisse der Sprachgeschichts-
schreibung nach einer gerade erst in die Diskussion gebrachten Theorie ist
im übrigen schon aus praktischen Gründen nicht leistbar.

2.3.   Fachstilistisch ist die Grammatik hinsichtlich des Terminologiege-
brauchs großenteils dem Strukturalismus verpflichtet; entsprechend dem
Bestreben der Herausgeber und Autoren, die zeitlichen, räumlichen, sozialen, textlichen (usw.) Varianten des Frühneuhochdeutschen nicht in einer
konsequent languebezogenen Abstraktion aufgehen zu lassen, erscheinen
daneben aber durchgehend pragmatisch und soziologisch motivierte Ter-
minologieteile. In der Fachsyntax wurde versucht, die leicht zu Hyposta-
sierungen des methodischen Konstruktes führenden Satzgliedschübe möglichst zu meiden. Im Ergebnis hoffen wir einen Text vorgelegt zu haben,
der zumindest über weite Strecken der allgemein üblichen bildungssprach-
lichen Variante der Normalsprache entspricht und die sicher auftretenden
sachlichen Rezeptionsprobleme nicht noch durch sprachliche verstärkt.

3. Raum, Zeit und Varietäten des Frühneuhochdeutschen

3.1. Der Raum des Frühneuhochdeutschen besteht erstens aus dem *hochdeutschen* (im Gegensatz zum *niederdeutschen*) Teil des deutschen Sprachgebietes und zweitens aus denjenigen Schreibstuben, Druckereien, Kanzleien, die gehäuft seit Beginn des 16. Jahrhunderts im dialektgeographisch als *niederdeutsch* bezeichneten Raum, außerdem in einigen Randstreifen des Niederländischen zum Gebrauch (soziologisch gehobener) hochdeutscher Schreib- und Druckersprachen und gegen Ende des 16. Jahrhunderts in einigen (kirchlichen und schulischen) Bereichen auch zum Gebrauch gesprochener hochdeutscher Sprache übergehen. Druckereien, die in Städten außerhalb des deutschen, einschließlich des inseldeutschen Sprachgebietes hochdeutsche Texte produzieren (z. B. Genf, Venedig, Prag, Krakau, niederländische Städte), bilden einen dritten, freilich unzusammenhängenden Bereich.

3.2. Problematischer als die Raumbestimmung ist die zeitliche Festlegung des Frühneuhochdeutschen. In der hier vorgelegten Grammatik wird der Zeitraum von der Mitte des 14. bis zur Mitte des 17. Jahrhunderts als frühneuhochdeutsch betrachtet und als eigene, dem Mittelhochdeutschen und Neuhochdeutschen gleichberechtigte Epoche des Deutschen verstanden, nicht also als Teil des Neuhochdeutschen. Sowohl zur vorangehenden wie zur folgenden Epoche hin werden längere Übergangszeiten angenommen: Texte, die mhd. Sprachideal verpflichtet sind, begegnen noch bis Ende des 14. Jahrhunderts und Texte mit einer nhd. Regelbindung schon seit der Mitte des 16. Jahrhunderts. Umgekehrt reichen Texte mit einem hohen Grad grammatischer Varianz bereits ins 13. und weit in das 17. Jahrhundert hinein.

3.3. Das Frühneuhochdeutsche hat einen im Vergleich zum Neuhochdeutschen (speziell der Zeit nach Aufklärung und Klassik) sowie zum klassischen Mittelhochdeutschen (so weit man es als Konstrukt versteht) besonders hohen Grad an Heterogenität. Als Heterogenitätsdimensionen werden in der Grammatik der Raum, die Zeit, die soziale Schicht, die soziale Gruppe, die Sozialsituation und mit ihr die Textsorte verstanden; heterogenitätsfördernd sind des weiteren die medialen Formen des Sprachgebrauchs.

3.3.1. Unter räumlichem Aspekt gliedert sich das Frühneuhochdeutsche wie folgt: 1. Mitteldeutsch, 1.1. Westmitteldeutsch, 1.1.1. Mittelfränkisch, 1.1.1.1. Ripuarisch, 1.1.1.2. Moselfränkisch, 1.1.2. Rheinfränkisch, 1.2. Ostmitteldeutsch, 1.2.1. Thüringisch, 1.2.2. Obersächsisch, 1.2.3. Schlesisch, 1.2.4. Hochpreußisch, 2. Oberdeutsch, 2.1. Westoberdeutsch, 2.1.1. Alemannisch, 2.1.1.1. Niederalemannisch, 2.1.1.2. Hochalemannisch, 2.1.2.

Schwäbisch, 2.2. Nordoberdeutsch, 2.3. Ostoberdeutsch, 2.3.1. Nördliches Ostoberdeutsch, 2.3.2. Mittleres Ostoberdeutsch, 2.3.3. Südliches Ostoberdeutsch. Hinzu kommt 3. das Norddeutsche als auf niederdeutschem Boden gebrauchtes Frühneuhochdeutsch. Die inseldeutschen Sprachgebiete werden dem Ostmitteldeutschen und dem Ostoberdeutschen zugerechnet. Dieses Raumraster bildet den sachlichen und terminologischen Rahmen der Grammatik. Im Detail begegnen Abweichungen unterschiedlicher Art: In einigen Abschnitten werden nach den Erfordernissen der gerade geführten Argumentation weitere Untergliederungen vorgenommen, so z. B. des Rheinfränkischen in das Hessische und Pfälzische, des Hochalemannischen in das West- und Osthochalemannische. Umgekehrt erwiesen sich in einigen Fällen Zusammenfassungen als notwendig, so z. B. des Hochalemannischen und südlichen Ostoberdeutschen als Südoberdeutsch. Je nach Argumentationszweck kann die Terminologie verändert werden: Das Nordoberdeutsche und das Ostoberdeutsche werden z. B. bei Betonung der stammeszeitlichen Grundlagen dieser Raumvarianten sinnvoller als *Oberfränkisch* bzw. *Bairisch-Österreichisch* bezeichnet. Speziell die schwerfälligen Termini *nördliches, mittleres, südliches Ostoberdeutsch* können auch unter stilistischen Aspekten zu *Nord-, Mittel-, Südbairisch* verändert werden.

3.3.2.   Unter zeitlichem Aspekt gibt es keine allgemein akzeptierte Binnengliederung des Frühneuhochdeutschen. Wo Zeitunterscheidungen notwendig werden, arbeiten wir außer in besonders begründeten Ausnahmefällen nicht mit Gliederungsbegriffen, die wie *Zeit des Frühkapitalismus*, *Reformationszeit* usw. der Geschichtswissenschaft entlehnt sind, sondern mit den auch andernorts üblichen absoluten Zeitangaben des Typs *14. Jahrhundert, zweite Hälfte des 15. Jahrhunderts*. Gelegentlich wird auch in Anlehnung an die für das Ahd. und Mhd. übliche Dreiergliederung zwischen *älterem* (bis Ende des 15. Jahrhunderts), *mittlerem* (1. Hälfte des 16. Jahrhunderts), *späterem* Frnhd. (seit Mitte des 16. Jahrhunderts) unterschieden.

Hinsichtlich der sozialen Schichtung des Frühneuhochdeutschen ist mindestens mit drei hierarchischen Ebenen zu rechnen, erstens mit einer von der höheren Geistlichkeit, Teilen des Adels und des Stadtbürgertums getragenen Schicht gehobener religiöser, didaktischer, rechtlicher, wissenschaftlicher, literarischer (usw.) Schreibsprache, in Anfängen wohl auch mit einer sich allerdings nur sehr allmählich herausbildenden Schicht gehobener Sprechsprache, zweitens mit einer vom Stadtbürgertum getragenen mittleren Schreibschicht (und vielleicht Sprechschicht) und drittens mit einer stark dialektal gegliederten Sprache grundschichtiger Sprechergruppen. – Von der Schichtengliederung zu unterscheiden ist die oft auf einer einzigen sozialen Ebene liegende Gliederung nach Gruppen, darunter vor

allem nach beruflichen Zugehörigkeiten. – Wiederum einer anderen Ge-
brauchsdimension gehört das durch Sozialsituationen bestimmte Schreiben
und Sprechen an; von ihm soll hier angenommen werden, daß es – wenn
auch zusammen mit der Schichten- und Gruppenabhängigkeit – die Textsorten festlegt. – Unter medialem Aspekt ist zwischen gesprochener und
geschriebener Sprache zu unterscheiden.

3.3.3. Jeder Text ist durch jede der genannten Gebrauchsdimensionen
und durch mindestens eine mediale Realisationsform bestimmt. Erhalten
sind vorwiegend diejenigen Texte, die den wirtschaftlich und kulturell führenden Räumen, den Teilepochen mit etablierter Schriftlichkeit, den sozial
tonangebenden Schichten und Gruppen sowie den sozial relevanten Situationen entstammen und die von vornherein für die schriftliche Fixierung
konzipiert und entsprechend realisiert und verbreitet wurden. Die in der
Sprachgeschichtsforschung allgemein gebrauchten Varietätenbezeichnun-
gen spiegeln diese Bestimmungen oft schon von ihrer Motivation her:
Landschaftliche Schreibsprachen oder *Schreibdialekte* sind gemäßigt raum-
gebundene, mittel- bis oberschichtig bestimmte, in schriftlicher Kommunikation gebrauchte Varietäten; *Geschäftssprachen* unterliegen der gleichen
räumlichen, sozialen und medialen Bestimmung, sie unterscheiden sich
aber von den landschaftlichen Schreibsprachen durch ihre stärkere Bindung an Handel und Verkehr; auch die *Druckersprachen* (besser wäre der
Terminus *Drucksprachen*) sind bis ins beginnende 16. Jahrhundert als gemäßigt raumgebunden zu charakterisieren, danach lösen sie sich zunehmend aus ihrer Landschaftsbindung, so daß sie im 16. Jahrhundert räumlich oft nicht mehr bestimmbar sind; *Fachsprachen* sind mittel- und ober-
schichtige, sich aus beruflichen Zugehörigkeiten ergebende, in ihrer geschriebenen und vor allem gedruckten Form im Verlaufe des Frühneuhochdeutschen zu Überregionalität tendierende Varietäten; *Gruppensprachen* haben mit ihnen zwar die Gruppenbindung, nicht aber die speziell
berufliche Ausrichtung gemeinsam, sie unterscheiden sich ansonsten von
den Fachsprachen durch eine eher mündliche Existenzform sowie natürlich
auch durch ihre geringere historische Bedeutung. Besondere Erwähnung
verdienen schließlich die Ausläufer mittelhochdeutscher und die Ansätze
eigenständig frühneuhochdeutscher *Literatursprachen*; ihnen wird als geschriebenen bzw. gedruckten, mittel- bis oberschichtigen, zur Überregionalität tendierenden Varietäten eine besondere sprachgeschichtliche Rolle
zugeschrieben.

Es gibt bis ins 16. Jahrhundert und unter vielen Aspekten selbst darüber
hinaus keine Varietät des Frühneuhochdeutschen, die – wie die deutsche
Literatursprache des 18. und 19. Jahrhunderts, in Ansätzen vielleicht auch
die mhd. Dichtersprache – ein zeitgenössisch allgemein anerkanntes, un-
bestreitbar über alle anderen Varietäten hinausragendes Prestige gehabt

hätte und der man aufgrund eines solchen sprachsoziologischen Faktums
die Funktion einer Leitvariante für synchrones Schreiben und Sprechen
und für die Diachronie zuschreiben könnte. Damit wird selbstverständlich
nicht geleugnet, daß es sprachsoziologische Schichtungen, gruppenspezifi-
sche und literarische Gewichtungen (usw.) gab, insgesamt aber ist eine
stark horizontale (im Gegensatz zu vertikaler) Varietätenorganisation eines
der markantesten Kennzeichen des Frühneuhochdeutschen. Dies hat Auswirkungen auf die Materialgrundlage der Grammatik.

4. Zur Materialgrundlage der Grammatik

Das Fehlen einer unbestrittenen Prestigevarietät in frnhd. Zeit schließt ein
Corpus, das ganz oder zu wesentlichen Teilen aus Texten einer einzigen
oder einer Gruppe verwandter Varietäten besteht, prinzipiell aus. Mag eine
stark auf die Literatursprache orientierte Quellenzusammenstellung für das
Mittelhochdeutsche wegen der besonderen Rolle der sog. klassischen Dichtersprache und des vorwiegenden Interesses der traditionellen mediävisti-
schen Literaturwissenschaft an poetischen Texten lange Zeit vertretbar gewesen sein, mag für das Neuhochdeutsche seit dem 17. Jahrhundert ein
stillschweigender Ausschluß vor allem dialektal-unterschichtiger Texte aus
der Grammatikschreibung gar volle sprachsoziologische und -pädagogi-
sche Berechtigung haben, so ist eine Konzentration einer frnhd. Grammatik z. B. auf eine landschaftliche Schreibsprache, eine Geschäftssprache,
eine Fachsprache oder eine literatursprachliche Variante angesichts der
weitgehenden Gleichwertigkeit vieler Varietäten unter keinem Aspekt zu
rechtfertigen. Positiv heißt dies, daß als Quellen der Grammatik *alle* über-
lieferten räumlichen, zeitlichen, sozialschichtigen, gruppengebundenen, si-
tuationstypischen Varietäten des Frühneuhochdeutschen berücksichtigt
werden müssen. Selbstverständlich kann dies nicht in der Weise geschehen,
daß ein Ensemble von varietätenbezogenen Einzelgrammatiken angestrebt
würde. Dies schließen die Überlieferungsgegebenheiten sowie die Editions-
und Analyseinteressen der Wissenschaftsgeschichte aber ohnehin weitgehend aus..

4.1.   Die Grammatik hat für die einzelnen Kapitel unterschiedliche Cor-
pora bzw. Materialgrundlagen. Zwar wäre ein allen Grammatikteilen zu-
grundeliegendes gemeinsames, nach den oben genannten Gebrauchsdimensionen ausgewogen zusammengestelltes Corpus nach den Vorarbeiten
der Bonner Arbeitsstelle ‚Grammatik des Frühneuhochdeutschen' (vgl.
Hoffmann / Wetter 1985) leicht zu realisieren gewesen. Seine inhaltliche
Analyse nach dem heute geforderten Qualitätsstand schien den Herausge-
bern jedoch höchstens von einer finanziell langfristig abgesicherten Ar-

beitsstelle, nicht aber von Hochschullehrern zusätzlich zu ihren Lehraufgaben und ihrer sonstigen Forschungstätigkeit leistbar zu sein. Ein gemeinsames Corpus erschien zum anderen aber auch nicht als zwingend notwendig, da die erwartbaren Ergebnisse der Analyse nicht in jedem Fall die Differenziertheit einer über hundertundfünfzigjährigen Forschungstradition erreicht hätten. Dies gilt insbesondere für den Teil *Schreibung und Lautung*.

4.1.1. Der Lautteil beruht auf rund 250 graphischen und lautlichen Analysen des 19. und 20. Jahrhunderts zu Einzeltexten, Textgruppen, Autorwerken oder Varietäten. Sie bieten ein in Theoriestand, Analysemethode, Beschreibungssprache und Qualität höchst heterogenes Material, haben aber den Vorteil, durch ihre Masse trotz vieler Lücken und Widersprüche im Detail eine insgesamt geschlossene Übersicht über die Schreib- und (soweit erschließbar) Lautverhältnisse zu bieten. – Dabei kommt der Frühneuhochdeutschen Grammatik von Virgil Moser auf Grund ihres Umfangs und der Differenziertheit ihres Materials ein besonderer Stellenwert zu. Dem wurde durch Verweise sowie durch die Übernahme vieler Beispiele Rechnung getragen. – Das Literaturverzeichnis stellt die graphie- und lautbezogenen Arbeiten durch Kennzeichnung mittels der Sigle L (von: *Lautteil*) nachprüfbar zusammen.

4.1.2. Materialgrundlage des Morphologieteils ist das Corpus der einschlägigen Bände der *Grammatik des Frühneuhochdeutschen* (Bände III; IV; VI; VII). Dieses Corpus besteht aus einem nach Raum und Zeit ausgewogen zusammengestellten sog. „engeren" Teil sowie pro Band verschieden umfänglichen, zum Teil erheblichen Erweiterungen (vgl. Graser / Wegera 1978 sowie die Einleitungen und Quellenübersichten der einzelnen Bände). Das Literaturverzeichnis kennzeichnet mittels der Sigle M (von: *Morphologie*) diejenigen Arbeiten, die aus der Sekundärliteratur zur Ergänzung und Überprüfung des Corpus benutzt wurden.

4.1.3. Das dem Syntaxteil zugrundeliegende Corpus umfaßt rund 50 jeweils 35–40 Seiten lange, verschiedenen Textsorten zugehörige Prosatexte des md. und obd. (mit besonderer Dichte des nordobd.) Raumes und der Zeit von 1350 bis 1700. Dieses Corpus wurde bisher bibliographisch nicht nachgewiesen und findet sich deshalb im Anschluß an den Syntaxteil dokumentiert. Zur Ergänzung des Corpus dient die seit dem 19. Jahrhundert erschienene Sekundärliteratur. – Ihr wurde im Literaturverzeichnis die Sigle S (von: *Syntax*) beigegeben.

5. Die Berücksichtigung der Beschreibungsebenen

Die Darstellung der Grammatik einer historischen Sprachstufe erfordert
die Berücksichtigung mindestens folgender hierarchischer Ebenen des
Sprachsystems: 1) der Schreibung und Lautung, 2) der Flexionsmorphologie, 3) der Wortbildungsmorphologie, 4) der Syntax. Von diesem Programm wurden in der Reihe *Sammlung kurzer Grammatiken germanischer
Dialekte* obligatorisch nur die ersteren beiden Positionen gefüllt, und zwar
unter den Titeln *Lautlehre* und *Formenlehre* bzw. *Flexionslehre*. Die *Mittelhochdeutsche Grammatik* enthält zusätzlich einen umfangreichen Syntaxteil.

5.1.   Die damit vorgegebene Trias liegt auch der *Frühneuhochdeutschen
Grammatik* zugrunde, und zwar wie bei den anderen Werken der Reihe in
aszendenter Folge (von den kleinsten Einheiten zu den nächst größeren).
Die drei Teile *Schreibung und Lautung* sowie *Flexionsmorphologie* wurden,
wie schon der annähernd übereinstimmende Umfang beweist, gleich ge-
wichtet. Im akademischen Unterricht hätte dem eine Verlagerung des
Schwergewichts der Ausbildung vom Erlernen der Laut- und Schreibsysteme bzw. -prozesse auf die oft stark vernachlässigte Morphologie und
Syntax zu entsprechen.

5.2.   Die Darstellung der drei Ebenen Schreibung / Lautung, Flexion und
Syntax wurde weitestgehend auf das Frnhd. beschränkt. Die historische
Herleitung von Lauten, Formen, syntaktischen Mustern aus dem Germanischen und Indogermanischen kann über die *Mittelhochdeutsche* und *Althochdeutsche Grammatik* bzw. über die Werke zum Germanischen und Indogermanischen erfolgen. Es wäre auch beschreibungstechnisch redundant,
die diesbezüglichen Teile der älteren Bände der Reihe in abgewandelter
Form zu wiederholen.
    Eine zweite Beschränkung ergibt sich daraus, daß zwischen Grammatik
einerseits und einer kulturgeschichtlichen Darstellung des Frühneuhochdeutschen andererseits streng geschieden wurde. Letztere ist Gegenstand
anderer linguistischer Textsorten, insbesondere der Sprachgeschichten.

5.3.   Daß die Wortbildungsmorphologie in vorliegender Grammatik keine
Darstellung erfahren hat, liegt daran, daß nach dem Urteil der Herausgeber derzeit noch keine befriedigende und umfassende Beschreibung dieses
relevanten Grammatikteils möglich ist. Die im Augenblick vor allem an
den Universitäten Bonn, Augsburg und Erlangen laufenden wortbildungs-
morphologischen Forschungen werden möglicherweise die Voraussetzungen dafür schaffen, daß in eine weitere Auflage dieser Grammatik ein Teil
Wortbildung aufgenommen werden kann.

5.4. Auch Texte als Vorkommensform von Sprache haben in vorliegender Grammatik keine Darstellung gefunden. Dies hat erstens quantitative Gründe, die keiner weiteren Erläuterung bedürfen. Zweitens ist sprachtheoretisch völlig ungeklärt, ob Texte eine von der Syntax abgrenzbare eigene Grammatik haben, oder umgekehrt, ob eine Ausweitung der einzelsatzbezogenen Syntax auf Satzfolgen nicht bereits eine Textgrammatik liefern würde. Ein drittes Problem bildet der Abstraktionsgrad, den eine (falls mögliche) Textgrammatik haben müßte, um die allgemeinen Regeln der Textkonstitution von denjenigen der Konstituion bestimmter Texttypen (z. B. der Urkunde, des Pamphlets, des Lehrtextes) zu unterscheiden, und den er nur haben dürfte, um nicht Textbildung als eine über den Epochen liegende und sich damit historischer Betrachtung entziehende Gegebenheit zu suggerieren. – Die Herausgeber haben trotz all dieser Probleme die Idee eines Textteils für eine weitere Auflage noch nicht aufgegeben, selbst wenn er sich nur als eine Reihe von kurzgefaßten Textsortengrammatiken realisieren lassen sollte.

6. Zur äußeren Form der Darstellung

Da die einzelnen Kapitel der Grammatik, zum Teil auch Kapitelteile, von verschiedenen Autoren verfaßt wurden, war eine gewisse Inhomogenität der Darstellung von vorneherein nicht zu vermeiden. Die Herausgeber haben sich indessen bemüht, diese so gering wie möglich zu halten. Dazu tragen insbesondere folgende Redaktionsregeln bei:

Der Wechsel von normaler Schriftgröße und Petit-Satz erlaubt eine Profilierung der vorgetragenen Inhalte nach Relevanzgesichtspunkten; in Petit erscheinen vor allem Spezifizierungen zu allgemeineren Inhalten, die längeren Beispielangaben und reine Materialaufzählungen, außerdem die Literaturhinweise vor den einzelnen Textabschnitten und im Literaturverzeichnis, schließlich die Anmerkungen.

Literaturhinweise finden sich an drei verschiedenen Stellen: (1) Diejenigen Arbeiten, die eine gerade geführte Argumentation spezifisch betreffen, werden innerhalb des laufenden Textes an passender Stelle genannt. (2) Hinweise, die den Gesamtinhalt eines Kapitelteiles bzw. Paragraphen betreffen, werden dem jeweiligen Text in Auswahl vorangestellt. Beide Arten von Literaturhinweisen stehen in einer Kurzform, deren Auflösung sich aus dem Literaturverzeichnis zum Gesamtband (3) ergibt.

Dieses Verzeichnis erstrebt einerseits keine Vollständigkeit, beschränkt sich andererseits aber nicht auf diejenigen Arbeiten, die im Laufe der Darstellung genannt wurden. Alle Angaben beruhen bis auf wenige Ausnahmen auf Autopsie. Ausführlichere Literaturzusammenstellungen finden sich bei Pasierbsky 1988 sowie – für die „strukturelle Forschung" – bei Ronneberger-Sibold 1989; man vgl. außerdem die Literaturzusammenstellungen bei V. Moser 1,1, S. XVIII-XLIII und 1,3, S. 289–298.

II. SCHREIBUNG UND LAUTUNG

1. Vorbemerkung

Die Formulierung der Überschrift dieses Teils der Grammatik ist aus zwei §L1
Gründen bewußt konventionell gehalten worden:
Erstens wurde auf eine Trennung des Gegenstandsbereiches in zwei Teile
verzichtet, und zweitens wurden modernere Termini wie *Phonologie, Phonetik, Graphematik, Graphetik* vermieden. Beides hat Gründe.

Das Verhältnis von Schreibung und Lautung ist seit den dreißiger Jahren
immer wieder diskutiert worden; man vgl. dazu folgende jüngere, auf das
Deutsche bezogene Literatur: Besch 1961; 1965a; Fleischer 1965; 1966;
1967; Singer 1971; 1984; Augst 1981; 1985; Penzl 1983; 1984b; Piirainen
1983; Hauer 1985; Kohrt 1984; 1985; Russ 1986; Glaser 1988b; Steffens
1988.
Die Grundpositionen dieser Diskussion, nämlich
a) Unabhängigkeit des Lautsystems vom Schreibsystem,
b) Unabhängigkeit des Schreibsystems vom Lautsystem,
c) Abhängigkeit des Schreibsystems vom Lautsystem,
d) Abhängigkeit des Lautsystems vom Schreibsystem,
e) irgendwie geartete Interdependenz des Laut- und Schreibsystems,
sind hinlänglich bekannt; sie brauchen deshalb hier nicht genauer referiert
und erneut auf ihre Begründung geprüft zu werden.
Allerdings ist die Auffassung der Bearbeiter dieses Kapitels zu formulieren und kurz zu begründen: Wir halten für die hier anstehende Aufgabe der
Beschreibung des Frühneuhochdeutschen sowohl beide Autonomiestandpunkte im Sinne von a) und b) wie die Annahme eines einseitigen Abhängigkeitsverhältnisses eines Systems von einem anderen im Sinne von c) und
d) für methodisch nicht praktikabel und sachlich für falsch; wir vertreten
mithin den Interdependenzstandpunkt.

1.1.   Dieses ist unter methodischem Aspekt dadurch begründet, daß einerseits historische Lautverhältnisse im wesentlichen über eine Analyse überlieferter Schreibungen zu bestimmen sind und daß andererseits historische
Schreibungen nur unter stillschweigendem Rekurs auf lautliche Bezugsgrößen analysiert werden können. Der erste Teil dieser Aussage ist trotz
der gemachten Einschränkung („im wesentlichen", s. o.) zunächst einmal
ernstzunehmen: Vornehmstes Quellenmaterial für lauthistorische Untersuchungen kann nur ein möglichst umfangreich bemessener zeitgenössischer Schreibbefund sein, der in detaillierter Weise strukturell auf seine
Einheiten und deren Verknüpfungsregeln sowie statistisch auf Frequenzverhältnisse hin zu untersuchen ist. Allerdings sind andere Methoden (dar-

unter die Rekonstruktion aus späteren Befunden) nicht vollständig auszuschließen; außerdem ist der zweite Teil obiger Aussage zu beachten, nach
dem eine Schreibeinheit (z. B. ein Buchstabe) niemals nur aus dem graphischen Befund ihrer Entstehungszeit heraus beurteilbar ist; der Forscher
weiß einen Buchstaben nur dann bereits als Graphem zu identifizieren und
anschließend als Schreibung für einen bestimmten Laut, als Hyperkorrektur, als Dialektalismus, als etymologische Attraktion, als Volksetymologie,
als Epenthese, als Ergebnis einer Kontraktion usw. zu interpretieren, wenn
er sich auf eine nicht bezweifelbare phonemische Bezugsgröße stützen
kann. Diese ist für das Frnhd. im allgemeinen das Ahd., Mhd., die nhd.
Hochsprache oder der rezente Dialekt desjenigen Gebietes, aus dem der zu
analysierende Text nach außerlinguistischen Kriterien stammt; in Betracht
kommen aber auch die Laut- und Schreibverhältnisse von Nachbarspra-
chen sowie des Lateinischen und Griechischen. Mit dieser Aufzählung soll
nicht geleugnet werden, daß die Vergleichsgrößen von recht unterschiedlicher Qualität sind. Während die Lautverhältnisse aller nhd. Varietäten direkter Beobachtung zugänglich sind, stellt das mhd. Phonemsystem ein
meist von jeglicher regionaler, historischer, sozialer Variation abstrahieren-
des Konstrukt dar. (Diesem Sachverhalt war übrigens in den Formulierungen dauernd Rechnung zu tragen).

Der dauernde Sprung von der Lautung auf die Schreibung und von
letzterer auf die Lautung ist die Bedingung der Möglichkeit laut- und gra-
phiehistorischen Arbeitens und wird dementsprechend von allen Forschern
bewußt oder versteckt vollzogen. Dies hat uns veranlaßt, Schreibung und
Lautung insgesamt in *einem* Kapitel statt in zweien, äußerlich voneinander
getrennten zu behandeln und auch innerhalb der einzelnen Paragraphen
Schreib- und Lauteinheiten in ihrem jeweiligen Bezug aufeinander zu sehen.

1.2.   Unter der Voraussetzung, daß methodische Verirrungen nicht zu falschen Erkenntnissen über die gesamte Laut- und Schreibgeschichte des
Deutschen geführt haben, steht die Interdependenz beider Bereiche auch
aus sachlichen Gründen außerhalb jeden Zweifels: Es gibt einerseits umfängliche Teile des Schreibsystems, die lautliche Verhältnisse teils im
1:1-Verhältnis spiegeln; und es gibt andererseits umfängliche Teile des
Lautsystems, die nur über jahrhundertelange Konstanzen im Schreibsystem erklärbar sind. – Selbstverständlich schließt der Interdependenzstandpunkt die Existenz schreibunabhängiger Lautungsbereiche und lautungs-
unabhängiger Schreibprinzipien nicht aus.

2.   Der Verzicht auf Termini wie *Phonologie, Graphematik* usw. in der
Überschrift dieses Grammatikteils ergibt sich aus folgenden Überlegungen:
Phonem- und Graphemsysteme sind – wie immer man ihre Einheiten de-
finieren mag – keine aus dem Sprech- oder Schreibbefund durch genaues

Hinhören oder Hinsehen ablesbare Gegebenheiten, sondern Ergebnisse sprachwissenschaftlicher Konstruktionen. Sie hängen damit von den Prämissen des Sprachhistorikers ab. Selbst bei Voraussetzung einer einheitlichen Basis einer Grammatik entsprechen sich also die zu dieser Basis konstruierten Phonemsysteme höchstens partiell; erinnert sei hier nur an die Differenzen, die sich aus einer mono- oder biphonematischen Bewertung von Diphthongen und Affrikaten oder aus den sonstigen klassischen Streitfällen ergeben.

2.1.   Beim Wechsel der Grammatikbasis ist die Möglichkeit der Gleichsetzung von Systemeinheiten ohnehin nicht mehr gegeben. Eine bestimmte Einheit eines kleinräumigen Systems einer bestimmten Großlandschaft mag in einer wissenschaftlichen Darstellung zwar mittels des gleichen Zeichens notiert sein wie die Einheit eines anderen kleinräumigen Systems der gleichen oder einer anderen Großlandschaft oder einer zeitlich bemessenen Textgruppe oder einer sozial bestimmten Schicht usw., diese Einheiten mögen sich sogar substantiell entsprechen; sie sind aber immer dann, wenn sie – und das ist die Regel – in verschiedenen Relationen zueinander stehen, nicht mehr gleichsetzbar. In historischen Laut- und Schreibanalysen oft vorkommende Aussagen des Typs, daß eine bestimmte Einheit ein Phonem oder Graphem *sei*, daß dieses Phonem oder Graphem sich in einer bestimmten Varietät durchgesetzt habe (usw.), verschleiern (in ersterem Fall) den Konstruktstatus der Einheit und (im zweiten Fall) deren (auch) relationale Bestimmung und damit die methodische Grundregel, daß man von Phonemem und Graphemen nur pro jeweilige Grammatikbasis sprechen kann. (Dabei sind die Gliederungen des Phonemsystems nicht mit denjenigen des Graphemsystems gleichsetzbar).

2.2.   Eine streng strukturalistische Terminologie wird auch aus wissenschaftsgeschichtlichen Gründen sehr erschwert. Der Großteil unserer graphie- und lautgeschichtlichen Kenntnisse wurde in Arbeiten gewonnen, die auf einem vorstrukturalistischen Wissenschaftsstand beruhen. Die in ihnen eruierten Einheiten sind im allgemeinen zwar implizite, nicht aber explizite als distinktive Gegebenheiten ausgewiesen und mithin nicht ungeprüft in eine strukturelle Darstellung übernehmbar. Der denkbare Ausweg, sich ausschließlich auf strukturalistische Arbeiten zu stützen, scheitert an der Tatsache, daß der Strukturalismus in Deutschland erst relativ spät übernommen wurde und außerdem nicht in allen Arbeiten den Stand philologischer Verfeinerung erreichte, der viele vorstrukturalistische Arbeiten auszeichnet.

3.   Da die Schreibung und Lautung des Frnhd. landschaftlich, sozial, nach Textsorten (usw.) stark differiert, waren die Bearbeiter des diesbezüglichen Teils der Grammatik nahezu in jedem Paragraphen mit einander

überlagernden Schreib- und Lautsystemen konfrontiert. Nur die Beschränkung auf eines dieser Systeme, die getrennte Behandlung mehrerer Systeme oder die Konstruktion eines Diasystems hätten eine streng strukturalistische Darstellung erlaubt. Die ersten beiden Möglichkeiten hätten die Schreib- und Sprechrealität des Frnhd., die durch Systemüberlagerungen geradezu konstituiert ist, verfehlt. Ein Diasystem wäre nur noch dem grammatischen Fachmann zugänglich gewesen. Dies sind die Gründe dafür, daß wir den strukturalistischen Anspruch zumindest in der Terminologie, aber auch in vielen Notationen so weit zurückgenommen haben, wie es erstens ohne Einbußen an inhaltlicher Übersicht möglich, zweitens durch den Stand der Vorarbeiten notwendig war und drittens dadurch erforderlich wurde, daß man Phoneme und Grapheme nicht einfach von System zu System transponieren kann. Die Lesbarkeit der Darstellung durch den Nichtlinguisten (vgl. die Einleitung dieser Grammatik, Abschn. 1.) hat mit zu unserer Entscheidung beigetragen.

4.   Die Kennzeichnung objektsprachlicher Einheiten erfolgt durch Kursivsatz. Graphemzeichen (< >) bzw. Phonemzeichen (/ /) werden nur zur Verdeutlichung eines Sachverhaltes im Zusammenhang benutzt. Sie dienen – wie üblich – der Kennzeichnung der emischen Einheit; im Hinblick auf die starke Variabilität des Frnhd. und die zahlreichen Lautwandelprozesse wird jedoch für die meisten emischen Einheiten ein mehr oder weniger großer Allophon- oder Allographbereich anzusetzen sein, dessen Grenzen nicht immer eindeutig zu ziehen sind. Wenn Phonemverschmelzungen angenommen werden, die sich wie viele Lautwandelprozesse über einen längeren Zeitraum erstrecken, werden die Einheiten als Allophone dargestellt (/e ~ ɛ/, /e: ~ ɛ:/, /ae ~ ɛɛ/, /ao ~ ou/, /oe ~ öü/); allophonisch wird auch das Ergebnis des Wandels /a:/ > /o: ~ ɔ:/ dargeboten. Aussagen über die phonetische Ebene können streng genommen nur aus metasprachlichen Äußerungen der zeitgenössischen Literatur abgeleitet werden (vgl. z. B. Güdemann 1877/8; Penzl 1983; Painter 1989; kritisch zum Problem Kohrt 1984, 517).

5.   Ein praktisches Problem bildete die Entscheidung über den Ort, an dem die Laute als Ergebnis von Lautwandelerscheinungen behandelt werden sollten. In Frage kamen die Behandlung im Zusammenhang
– mit dem historischen Ausgangspunkt der Entwicklung,
– mit dem Ergebnis der Entwicklung im Frnhd.,
– an beiden Stellen.
Erstere Möglichkeit hätte zwar an das Muster der übrigen Darstellungen im Rahmen der *Sammlung kurzer Grammatiken germanischer Dialekte* und damit an Benutzergewohnheiten angeknüpft; sie hätte einer in der Basis synchronen Darstellung aber eine deutliche diachrone Komponente gegeben; dies war nicht gewollt. Die dritte Möglichkeit schied als zu raumauf-

wendig von vorneherein aus. Es blieb also die Entscheidung nach dem Ergebnis des Lautwandelprozesses; dies gilt um so mehr, als Lautwandel erst in dem Augenblick greifbar wird, in dem er einen schriftlichen Niederschlag findet. Die Verdumpfung von mhd. /a:/ zu frnhd. /o:/ erscheint deshalb nicht, wie traditionell üblich, unter dem mhd. Ausgangspunkt der Entwicklung, sondern unter ihrem frnhd. Ergebnis; *sch* wird nicht im Zusammenhang mit spätmhd. ʂ, sondern unter der in frnhd. Zeit entwickelten Position *sch* behandelt (usw.).

6. Der Grammatikteil *Schreibung und Lautung* hat folgenden Aufbau: In einem ersten Kapitel werden diejenigen graphischen Entwicklungen behandelt, die den Vokalismus und Konsonantismus in gleicher Weise betreffen: Großschreibung, Interpunktion, Abkürzungen und Kürzel, Getrennt- und Zusammenschreibung.

6.1. Dem schließen sich die beiden zentralen Teile über den Vokalismus und den Konsonantismus an. Jeweils an deren Kopf stehen einige allgemeine Ausführungen zur Beschreibungsgrundlage.

6.2. Intern gliedern sich die Teile über den Vokalismus und Konsonantismus in die paragraphenweise Behandlung der angesetzten phonemischen und damit in Interdependenz gesehenen (aber nur teilweise im 1:1–Verhältnis stehenden) graphemischen Einheiten. Dabei wurde versucht, jeweils die folgenden Informationspositionen zu füllen: phonemische und graphemische Notation der Einheit, zugehörige relevante Literatur, Bezug der Einheit zum mhd. Normalsystem und zur nhd. Hochsprache, Stellenwert der Einheit innerhalb des Schreib- und Lautsystems des Frnhd., Angaben zu ihrem zeitlichen / räumlichen / sozialen / textsortenbezüglichen Vorkommen, ihre graphische Realisierung sowie (für den Konsonantismus) ihre phonemische Distribution im Wort. – Die differenzierte Beschreibung der Distribution der Vokale ist wenig sinnvoll, da Vokale weitgehender als Konsonanten in allen Positionen eines Wortes möglich sind. Distributionsbeschränkungen (etwa für Kurzvokale in finaler Position), die allgemeinen strukturellen Prinzipien unterliegen, sind auf der Basis des schriftlichen Befundes nur selten auszumachen. Stark positionsabhängig sind dagegen bestimmte graphische Varianten, doch bisher sind nur wenige Varianten hinsichtlich ihrer Distribution eingehender beschrieben (*i* – *j* – *y*; *u* – *v* – *w*). Die Distribution aller graphischen Varianten (bei einem Autor) bietet in ausführlicher Form Koller (1989); seine Ergebnisse wurden berücksichtigt.

6.3. Auf die Behandlung der Einzeleinheiten folgt die Beschreibung derjenigen frnhd. Prozesse sowie derjenigen auf ahd. und mhd. Lautwandelprozessen beruhenden frnhd. Phonemvarianzen, die nicht auf eine Einzeleinheit beschränkt sind. Die Verhältnisse sind dabei für den Vokalismus

und den Konsonantismus verschieden: Die vokalischen Prozesse und die
damit verbundenen regionalen Varianzen vollziehen sich großenteils innerhalb des Frnhd. und umfassen häufig mehrere phonemische Einheiten; die
konsonantischen Prozesse liegen – wie die Lautverschiebung, die binnenhochdeutsche Konsonantenschwächung und die sog. Spirantisierung – in
den Epochen *vor* dem Frnhd., bleiben frnhd. aber als geographische und
soziale Varianzen erhalten; die im Frnhd. selbst ablaufenden Prozesse sind
in der Regel auf einzelne Positionen beschränkt. Dies bedeutet, daß ihre
Beschreibung im Vergleich zu derjenigen der vokalischen Prozesse in die
Paragraphen zu den Einzeleinheiten verlegt werden konnte.

7. Schreibung und Lautung wurden oben (Abs. 1 dieses Paragraphen) als
wechselseitig voneinander abhängig angenommen; gleichzeitig wurde
eingeräumt, daß es schreibunabhängige Lautungsbereiche (zu nennen wären die gesamte Prosodie und weiteste Teile sprechsprachlicher Artikula-
tionsvarianz) und lautungsunabhängige Schreibprinzipien gebe.
    Im folgenden sollen die Schreibprinzipien des Frnhd. genauer dargestellt
werden. Dies geschieht einerseits als Zusammenfassung und Auswertung
der diesbezüglichen Ausführungen zu den phonematischen und graphematischen Einzeleinheiten in den Grammatikteilen *Vokalismus* und *Konsonantismus*; insofern hätte das Folgende auch am Schluß des Lautteils
stehen können. Andererseits dient die Behandlung des Problemkomplexes –
und das ist der Grund für ihre Voranstellung – der prinzipiellen vorgängigen Orientierung des Benutzers über die wegen ihrer Differenziertheit oft
schwer überschaubaren Details des Schreib-Laut-Bezuges.
    Der Orientierungszweck setzt Idealsysteme der Schreibung des Vokalis-
mus und des Konsonantismus voraus (vgl. Abb. 1 und 2).
    Beide Abbildungen lassen das phonologische, das graphiehistorische
und das morphologische Prinzip als relevanteste Schreibprinzipien erkennen. Die Graphie des Frnhd. wird damit insgesamt als eine in der Epoche
selbst schwankende Mischung vor allem zwischen den genannten drei Prinzipien bestimmt. Weitere Prinzipien sind zwar vorhanden, aber peripher.

7.1. Das phonologische Schreibprinzip

Nach dem phonologischen Prinzip bestimmt der Phonemstand einer
Sprachstufe die Schreibung in der Weise, daß pro Phonem ein einziges
Graphem verwendet und dieses durch ein einziges oder durch mehrere,
nach Regeln verteilte Graphe wiedergegeben wird. In der Schreibrealität
des Frnhd. ist dieses Prinzip zwar zu keiner Zeit, in keinem Raum und von
keiner soziologischen Schicht realisiert worden; der graphiegeschichtliche
Prozeß läuft aber gegen Ende der Epoche, im weiteren oobd. / nordobd. /
omd. Raumblock und in den kulturbestimmenden, vor allem gedruckten
Texten für eine ganze Reihe von Einheiten in Richtung auf eine idealty-

i	ů ü	u
ie² j³ y^{1,2,3}		v³ w³
e	ỏ ö	o
ee		oo
å	a	
	aa	
ei ai	eu åu	au
ey	ew	aw

Abb. 1: Die Vokalgraphie des späteren Frnhd. der gehobenen Schreibtradition (Legende: [1] durch Schreibung von Lehn- und Fremdwörtern bedingte Graphie, [2] historische bedingte Sonderschreibungen, [3] distributionsbedingte Schreibungen. Halbfett kennzeichnet die in den einzelnen Paragraphen als Leitgraphie behandelten Schreibungen; die Großschreibung bleibt hier unberücksichtigt).

b			d		g	
p pp			t tt		k	
b⁴			d⁴		g⁴, c[1], ch[1], x[1],	
					ch[2], q³, ck³	
w			s		j	
u³						
		f	ss sch		ch	h
		ph[1]	s³ s^{2,3}			
		pf	z	tsch		
			tz³			
m mm			**n nn**		ng	
			l ll			
			r rr			

Abb. 2: Die Konsonantengraphie des späteren Frnhd. der gehobenen Schreibtradition (Legende: [1-3] wie in Abb. 1; [4] morphologisches Schreibprinzip).

pische Schreibung nach dem Prinzip „Schreibe, wie Du richtig / deutlich sprichst" (vgl. Garbe 1985, 1479). Da die richtige Aussprache ihrerseits durch die richtige Schreibung bedingt wird, gilt das Prinzip – und zwar sogar verstärkt (vgl. § L 69) – auch umgekehrt. Dies ist kein Widerspruch; vielmehr ist ein dominant phonologisch orientiertes Schreibsystem geradezu die Voraussetzung für eine von der Schreibung auf die Lautung gerichtete Beziehung.

Für den Vokalismus gilt das phonologische Schreibprinzip in seiner strikten Form eines 1:1–Verhältnisses von Phonem, Graphem und Graph selbst in idealer Graphie niemals, da alle Vokalzeichen sowohl Länge als auch Kürze bezeichnen.

Das phonologische Schreibprinzip findet seine konsequenteste Realisierung für die Phoneme /b/, /d/, /g/, /j/, /h/: Diese Einheiten werden in idealer Graphie in allen Distributionen in allen Vorkommen im Erb- und Lehnwortschatz mittels der angegebenen Zeichen wiedergegeben. Auch für die als /pf/, /tsch/, /ŋ/ notierten Phoneme kann eine idealiter konsequente Geltung des phonologischen Schreibprinzips angesetzt werden, allerdings nur unter der Voraussetzung, daß man bereit ist, die Graphenfolgen p + f, t + s + c + h bzw. n + g (für ŋ) als Einheiten zu betrachten. Die spätestens seit Ickelsamer (C VIIvf.) geforderte Reduktion von Schreibvarianten und Graphenhäufungen zugunsten eines festgelegten und zugleich möglichst einfachen Laut-Graph-Bezuges ist damit in einem erheblichen Teilbereich des frnhd. Schreibsystems angelegt.

Die Mono- bzw. Digraphe *u, q, ck, s, tz* stehen distributionsbedingt für die Phoneme /w/ (z. B. in *quelle*, Zeichen *u*), /k/ (ebenfalls *quelle*, Zeichen *q*; *starck*, Digraph *ck*), /s/, /ss/, /sch/ (z. B. *sonne, ist, stein*, jeweils Zeichen *s*) und /z/ (z. B. *hertz*, Digraph *tz*). Sie stören dadurch zwar das für die soeben genannten Einheiten in allen ihren Verteilungen gültige 1:1–Verhältnis von Phonem, Graphem und Graph (bzw. fester Graphenverbindung), sichern dieses aber pro Distribution; zur jeweiligen genauen Distributionsregelung vgl. §§ L 49; 54; 59.

Für eine Reihe von Einheiten wurde in der Grammatik eine intervokalische graphemische Distinktion von einfachem und gedoppeltem Zeichen angesetzt, und zwar für <p>:<pp>, <t>:<tt>, <m>:<mm>, <n>:<nn>, <l>:<ll>, <r>:<rr>. Mindestens für *tt* und *pp* wurde dieser Ansatz als problematisch hingestellt (vgl. §§ L 45,2; 47,2); umgekehrt konnten bei der Behandlung von *b, d, g* Gründe genannt werden, die eine zwischenvokalische Distinktion von Einfach- und Doppelzeichen erlaubt hätten, wenn nicht Gegengründe vorhanden gewesen wären. – Lit.: Hertel 1897, 469–470; Koch 1910, 34–35; Langosch 1933, 39–41; 111–115; V. Moser, § 30; Otto 1970, 107–113; Reichmann 1972, 52–54; Bentzinger 1973, 68–69; Schmitz 1990, 137.

Mit diesen Formulierungen soll angedeutet werden, daß die zwischenvokalische Konsonantenverdopplung mit graphemisch distinktiver Funktion einerseits als strukturell relevantes Schreibprinzip unbestritten ist, daß sie andererseits aber nicht mittels einer einfachen Regel gefaßt werden kann. Beides ergibt sich aus ihrer Geschichte: Sie steht zunächst vor allem im älteren Frnhd. in Fortsetzung der mhd. Geminaten, ist für diese Fälle also als historische Schreibung eines lautgeschichtlich für den Großteil des Gebietes überwundenen Zustandes der Existenz langer Konsonanten (=

Geminaten) zu werten. Da lange Konsonanten aber bereits im Mhd. nur
zwischenvokalisch nach Kürze stehen konnten, erfuhr die Doppelschreibung eine graphiesystematische Umfunktionierung: Statt phonemischer
Länge von Konsonanten bezeichnete sie Kürze des vorangehenden Vokals.
Dies heißt selbstverständlich nicht, daß die Vokalkürze vor altem einfachem Konsonanten ebenfalls durch eine Doppelgraphie des Folgekonsonanten bezeichnet worden wäre. – Im Laufe der Geschichte des Frnhd.
blieben die auf alte Geminaten zurückgehenden Doppelschreibungen erstens wegen der Konservativität der Schrift und zweitens (hypothetisch)
wegen ihrer Funktion als Kennzeichen der Vokalkürze erhalten. Sie bilden
insofern diejenige schreibgeschichtliche Konstante, auf die sich – für die
einzelnen Einheiten mit sehr unterschiedlicher Konsequenz – seit dem 16.,
verstärkt seit dem 17. Jh. die Schreibregelung ‚Langvokal- oder Diphthongzeichen + einfaches Konsonantenzeichen + Vokalzeichen‘ versus
‚Kurzvokalzeichen + doppeltes Konsonantenzeichen + Vokalzeichen‘
gründen ließ. – Gegen Ende des Frnhd. wird diese Regel nach dem morphologischen Schreibprinzip analogisch – wenn auch nur ansatzweise –
sogar auf die nicht zwischenvokalische Stellung von Konsonanten übertragen. Vgl. z. B. Pudor 1672, 12: *Etliche Mitlautende werden am Ende gedoppelt / so oft die Abwandelungen / und Zeitendungen solches erfordern.*
Diese Verhältnisse erlauben dem Graphiehistoriker verschiedene Konsequenzgrade im Ansatz zwischenvokalischer Distinktionen durch Konsonantendoppelung: Je weiter man gegen Ende der Epoche geht und je systematischer man die ideale Graphie konstruiert, desto mehr Einheiten
werden dem Prinzip unterworfen. So setzt z. B. das im FWB für die Lemmatisierung verwendete Graphemsystem (zuletzt: Reichmann 1986, 69–72)
auch eine Opposition von *z:tz* und von *k:ck* an (wobei *tz* für fiktives *zz*, *ck*
für fiktives *kk* steht, jeweils also Kürze des vorangehenden Vokals kennzeichnen soll). Man könnte die analoge Anwendung des Prinzips auch auf
die finale und medial vorkonsonantische Stellung von Konsonanten in all
denjenigen lexikalischen Einheiten ausdehnen, in denen zwischenvokalisch
Doppelgraphie steht, also *mann*, da *mannes*; *rennt*, da *rennen*. Bei beiden
Erweiterungen spielen außer graphiesystematischen Gesichtspunkten, die
im Frnhd. selbst ihre Grundlage haben, auch Gründe der leichteren Auffindbarkeit von lexikalischen Einheiten in Wörterbüchern, Editionsregistern usw. eine Rolle. Nicht erfaßt von der graphierelevanten Doppelung
werden die Einheiten *ch, h, j, ng, pf, sch, tsch*. Zum Teil fehlt dafür die
Voraussetzung des Vorkommens dieser Konsonanten sowohl nach Länge
wie nach Kürze (*h, j, pf, w*); zum Teil ist diese Voraussetzung nur für
wenige lexikalische Einheiten gegeben (*ng, tsch*); zum dritten mögen ästhetische Gründe gegen Schreibungen wie *chch, schsch, ngng, tschtsch* gesprochen haben.

Die zwischenvokalische Schreibung von Doppelkonsonanz stört das phonologische Schreibprinzip unter konsonantenbezogenem, nicht aber unter vokalbezogenem Aspekt. Unter letzterem ist sie eines der Mittel der Unterscheidung von Kurz- und Langvokalen. Einen Sonderstatus hat die Graphie *ss*: Sie kennzeichnet im Gegensatz zu den übrigen Doppelungen nicht die Kürze des vorangehenden Vokals, sondern in Opposition zu *s* die zwischenvokalische Distinktion von dentaler Fortis und Lenis, entspricht in der genannten Position also dem phonologischen Schreibprinzip.

Für die Schreibungen der Phoneme *p*, *t*, *k*, *f*, *ss*, *sch*, *z* gilt das phonologische Schreibprinzip nur in dem Maße, das das graphiegeschichtliche und das morphologische zulassen.

7.2. Das graphiegeschichtliche Prinzip

Wird die Graphie älterer historischer Schreibungen trotz phonologischer Veränderungen in einer jüngeren Schreibepoche beibehalten, so spricht man vom graphiegeschichtlichen Prinzip. Dieses wurde in der Grammatik für folgende Fälle nachgewiesen:

- sog. Dehnungs-*h*, d. h. dasjenige *h*, das in die Funktion der Kennzeichnung vokalischer Länge eintreten konnte, nachdem es (in bestimmten Positionen) seine Qualität als Hauchlaut verloren hatte (vgl. § L 7,4);
- sog. Dehnungs-*e*, d. h. dasjenige *e*, das nach der Monophthongierung von *ie* > *i*: eine neue Funktion, nämlich die Kennzeichnung vokalischer Länge, übernehmen konnte (vgl. § L 7,2);
- im späteren Frnhd. (nach Durchführung der Monophthongierung, vgl. § L 32) die digraphischen Zeichen für langes *u* und *ü* (vgl. § L 24; 25);
- initiales *s* in den Sequenzen *sp*- und *st*- anstatt der phonologischen Graphie *sch* (vgl. § L 54,2; dieses *s* steht, da vor initialem *p* und *t* kein Phonem *s* begegnen kann, nicht im Widerspruch zum phonologischen Prinzip);
- *ch* in der Sequenz *chs* statt der phonologischen Graphie *k* bzw. *ck* (vgl. § L 49,3);
- *ng* für das Phonem *ŋ* nach Monophonematisierung des *ŋ*+*g* zu *ŋ* (vgl. L 63,1);
- *s* in der Sequenz *rs* statt der Schreibung *rsch*, die zumindest den meisten Dialektaussprachen entsprochen hätte (vgl. § L 54,4);
- Doppelgraphie zwischenvokalisch stehender Konsonanten als Fortsetzung der Kennzeichnung langer Konsonanten (Geminaten) (vgl. § L 1.7.1).

7.3. Das morphologische Schreibprinzip

Nach dem morphologischen Prinzip (oft auch *etymologisches* Prinzip genannt, mit diesem aber nicht vollständig deckungsgleich; s. u.) wird die

Graphie von Flexions-, Wortbildungs- oder Stammorphemen tendenziell konstant gehalten. Dies setzt immer die synchronmorphologische Durchsichtigkeit des Morphems voraus; komplementäre Phonemverteilungen, wie sie im Bereich des Konsonantismus seit mhd. Zeit durch die Verhärtung der Lenes im Wort- und Silbenauslaut sowie inlautend vor Fortis existierten, werden demnach in der Schreibung nicht nachvollzogen. Verbindet sich mit der synchronen Durchsichtigkeit des Morphems die Erkenntnis seiner etymologischen Herkunft und der Wunsch nach deren Dokumentation, so tendiert das morphologische Prinzip gleichzeitig zur etymologisch richtigen bzw. zur volksetymologischen Schreibung. Auch die Analogisierung der Graphie von Kurzmorphemen nach einem häufigeren Muster, z. B. der zweisilbigen Wortstruktur, fällt in den Bereich morphologischer Schreibungen.

Als konsequentester Niederschlag morphologischer Schreibung gilt im Bereich des Vokalismus die Kennzeichnung des morphologischen Umlauts von *a* und *au* durch *ä* und *äu* (vgl. §§ L 12; 20; 28).

Im Konsonantenbereich hat die Nichtkennzeichnung der Auslautverhärtung etymologischer *b, d, g* morphologische Gründe. Es handelt sich dabei um eine Erscheinung, die bereits in den Handschriften des Mhd. (nicht dagegen in normalisierten Textausgaben) begegnete, im 14. Jh. eine deutliche Tendenz zur Regelhaftigkeit erkennen läßt und sich bis ins 16. Jh. als Regel durchsetzt. Im Detail begegnen Differenzen zwischen den betroffenen Einheiten, regionale Unterschiede sowie Unterschiede, die durch die Distribution der Einheiten inlautend oder auslautend, im Auslaut von Stamm- oder von Wortbildungsmorphemen, nach Vokal oder nach Konsonant bedingt sind. Zweifel an der morphologischen Motivierung der Nichtkennzeichnung der Auslautverhärtung ergeben sich dann, wenn man die Existenz einer gehobenen, Lenis und Fortis unterscheidenden Aussprache in Zweifel zieht. In diesem Falle würde sich die Durchsetzung geschriebener *b, d, g* in den Verhärtungsstellungen für das gesamte binnenhochdeutsche Gebiet eher als Auswirkung des phonologischen Schreibprinzips erklären lassen. In der Literatur wird diese Möglichkeit höchstens als mundartliche Überlagerung der Lenis-Fortis-Verteilung, kaum aber als generelles Motiv behandelt; vgl. Rückert 1878, 204–211; von Bahder 1890, 263–266; Hartmann 1922, 49–50; Langosch 1933, 41–42; Feudel 1961, 74–75; Pfeffer 1972, 144; Bentzinger 1973, 79–80; Glaser 1985, 248–251; H. Bach 1985, 2, 167–172.

Volksetymologien werden als eine Erscheinung, die eher in das Gebiet der Lexikologie als der Phonologie und Graphematik gehört, in den historischen Laut- und Schreiblehren nicht systematisch, wohl aber mit einer Menge von Einzelbeispielen erfaßt. Sie fallen insofern unter das morphologische Schreibprinzip, als isolierte Stamm- und Wortbildungsmorpheme mit einem durchsichtigen und seiner Zeichengestalt nach ähnlichen Morphem identifiziert, dadurch neu motiviert und schreibsprachlich festgehalten werden. Die Grammatik erwähnt Volksetymologien vor allem in §§ L 52,3 (z. B. *mausern*); L 57 (z. B. *heidechse*), L 62,4 (z. B. *anzucht*). Insgesamt spielt die Volksetymologie gegenüber der etymologisch richtigen Schreibung, die angesichts des jahrhundertelangen Fehlens einer etablierten Norm einen erstaunlichen Umfang hat, nur eine untergeordnete Rolle. Als eine Sonderform der Volksetymologie kann die für einige Vorkommen von *sch* vermutete Suffixattraktion gelten (vgl. § L 54,4).

Lehnschreibungen konservieren Eigenheiten des Schreibsystems einer entlehnenden Sprache (Ausgangssprache) in den entlehnten Einheiten einer Zielsprache oder kommen dadurch zustande, daß graphisch bereits an das Schreibsystem der Zielsprache angeglichene Einheiten immer wieder neu auf die Graphie der Ausgangssprache rückbezogen werden. Die damit in den Varianzbereich der Zielsprache hineingelangende Lehnschreibung kann sich analogisch auf deren Erbwortschatz übertragen. Nach dem morphologischen Schreibprinzip wird die Lehnschreibung gegen die Regelgraphie der Zielsprache festgehalten und dadurch die Erkennbarkeit der entlehnten Einheit gesichert. In den in der Grammatik behandelten Fällen erfolgt dies am ehesten für *y*, *ch* und *x* (letztere beiden Schreibungen statt *k*; vgl. § L 49,2), weniger konsequent für *c* (ebenfalls statt *k*) und für *ph* (statt *f*; vgl. § L 51,2) und *rh* (statt *r*; vgl. § L 65,2).

Wie die Lehnschreibung so tendiert auch die Entlehnung morphologischer Gesamteinheiten nach möglichst weitgehender Konservierung der graphischen Zeichengestalt der betroffenen Einheit der Ausgangssprache. Angleichungen an die Zielsprache kann durch fortwährende Neuentlehnungen entgegengewirkt werden.

Graphische Zerdehnungen überführen kurze einsilbige Wörter in zweisilbige und geben diesen damit eine im Deutschen üblichere Silbenstruktur (vgl. § L 57,3). Unter dem gleichen Gesichtspunkt können die sehr stark schwankenden Hiatfüllungen gesehen werden.

7.4.   Das semantische Schreibprinzip

Homophone waren für die Sprachtheoretiker der frnhd. Zeit bereits seit dem 15. Jh. ein Problem; vgl. Buchtitel wie *Eyn Nutzlich buchlein etlicher gleich stymender worther Aber vngleichs verstandes* (Fabritius 1532). Dementsprechend begegnen z. B. bei Niclas von Wyle, im Kölner *schryfftspiegell*, bei Fabritius, Meichßner (Quellen bei Müller 1882) Vorschläge einer semantisch gesteuerten schreibsprachlichen Differenzierung homophoner Einheiten (z. B. *lid / lied, weise / waise, das / daß*). Das damit theoretisch erreichte Prinzip ‚Homophonie versus Heterographie' erfährt aber erst in der Aufklärung eine gewisse Systematisierung (vgl. Mogensen 1992).

7.5. Zusammenfassendes zur graphischen Varianz

Das Zusammenspiel der Schreibprinzipien unterliegt in der Schreibrealität insbesondere des älteren und mittleren Frnhd. einer vor allem schreibsoziologisch bedingten unterschiedlichen Mischung. So ist die Gültigkeit des phonologischen und des morphologischen Prinzips gegeneinander verschoben, wenn z. B. Lehnschreibungen auch für Phoneme und Phonemfolgen (etwa *x* für *ks*) von Erbwörtern bzw. Flexionsformen von Erbwörtern gebraucht werden. – Eine zusätzliche Quelle für graphische Varianz liegt in der Möglichkeit, innerhalb des phonologischen Prinzips sehr unterschiedlliche Distributionsregeln für bestimmte Graphe oder Graphenverbindungen zuzulassen.

Zusätzlich zu all dem ist zu beachten, daß nur das Schreibideal des Frnhd. einer grammatischen Richtigkeit im Sinne des unter § L 69 Vorgetragenen verpflichtet ist. Die Schreibrealität unterliegt in erheblichem Maße auch sprechsprachlich-situativen sowie dialektal-räumlich bedingten Lautvariationen.

Das jeweilige Mischungsverhältnis der Schreibprinzipien, die unterschiedliche Anwendung einzelner Prinzipien und die sprechsprachlichen Einflüsse verleihen dem Frnhd. den Grad an Varianz, der Gegenstand jedes Paragraphen des Vokal- und Konsonantenteils dieser Grammatik ist.

2. Allgemeine graphische Entwicklungen

In den nachfolgenden Kapiteln werden die wichtigen graphischen Prozesse § L 2 des Frnhd. und einige Besonderheiten (Kürzelzeichen, Doppelformen) dargestellt. Zu den graphischen Zeichenbeständen des Frnhd. und zur Schrift (-entwicklung) s. vor allem Grun 1935; 1966; weiterhin auch Mentz 1912; Hill 1915; Santifaller 1930; Kapr 1959; Sturm 1961; Jensen 1969; Bischoff 1969; 1986; Die Entwicklung der Schrift 1981; Steinmann 1982; Heinemeyer 1982; Moulin 1990.

2.1. Entwicklung der Großschreibung

Lit.: Hagemann 1880; Tesch 1890; V. Moser 1.1. § 5; 1936; Malige-Klappenbach 1955; Weber 1958; 1960; Risse 1980; Mentrup 1980a; 1980b; Kaempfert 1980; Deutsche Orthographie 1989; Moulin 1990.

Seit dem Spätmhd. werden zunehmend Großbuchstaben (Majuskeln) in § L 3 initialer Position (Text, Textpartie, Zeile, Satz, Lexemgruppe, Lexem) eingeführt. Die Entwicklung wurde bisher nur in ihren Grundzügen skizziert; genauere Ergebnisse stehen noch aus.

1. Majuskeln in text(partie)-, strophen- bzw. versinitialer Stellung, die sich bis ins Ahd. zurückverfolgen lassen, setzen sich im 14./15. Jh. durch. Die Funktion der Majuskel beruht darin, entweder Schmuck (Schmuck-initiale) oder Sprech- bzw. Pausenzeichen zu sein. Seit dem 15. Jh. wird zunehmend der Satzbeginn durch Majuskel gekennzeichnet. In einer Über-gangszeit, in der die Interpunktion noch nicht satzlogisch geregelt ist (vgl. § L 6), übernimmt die satzinitiale Großschreibung zumindest partiell die Funktion eines Satzzeichens (vgl. bes. Deutsche Orthographie 1989, 111, 146–204, 219–221). Im 2. Viertel des 16. Jhs. setzt sich die satz-initiale Großschreibung (im Druck) durch. Text- und stropheninitiale Großschreibung fallen mit der satzinitialen Großschreibung zusammen. Die Großschreibung von Verszeilen ist im 15. Jh. üblich (vgl. V. Moser 1.1. § 5.1).

Anm. 1: Am Beginn wichtiger Absätze finden sich im Frnhd. oft mehrere Majuskeln hintereinander (in dem ersten oder in mehreren aufeinanderfolgenden Wörtern) oder über mehrere Zeilen (jeweils das erste Wort der Zeile) (vgl. V. Moser 1.1. § 5, Anm. 1).

Anm. 2: Es ist zu vermuten, daß die Entwicklung der Großschreibung – ähnlich wie auch die Entwicklung der Interpunktion (vgl. § L 4) – in text-, strophen- bzw. satz-initialer Position in primär zum Vortrag gedachten Texten (Textsorten) anders ver-läuft als in primär zum stillen Lesen gedachten.

Anm. 3: Prinzipiell ist zwischen der Entwicklung der Großschreibung in Hss. und Drucken zu unterscheiden. Die Großschreibung in den Hss. verläuft nicht nur an-ders als in der Druck-Schrift, sondern zeigt zusätzlich Probleme der Bewertung ein-zelner Buchstaben als Majuskel bzw. Minuskel. Beide weisen oft die gleiche Form auf und unterscheiden sich lediglich durch die Zeichengröße (mit fließenden Über-gängen). Zudem erscheinen einige Buchstaben in initialer, aber auch in medialer Position oft so groß, daß sie als Majuskeln angesehen werden können (manche Transkriptionen geben sie auch als solche wieder), was jedoch jeder Theorie der Großschreibung und der Beschreibung ihrer Entwicklung entgegensteht; dies sind vor allem *J* (für *i* und *I*), *Z* (für *z* und *Z*), aber auch *D* (für *d* und *D*), *V* (für *u* und *U*), *O* (für *o* und *O*) etc.
    Leider ist bisher auch der nicht gering zu achtende Anteil der Drucker an der Entwicklung der Großschreibung nicht hinreichend erhellt.

Anm. 4: Zu Luther liegen genauere Ergebnisse vor (Risse 1980; Moulin 1990). Am Satzbeginn ist die Großschreibung bei Luther in den 20er Jahren fest (in den Briefen ab 1524; vgl. Moulin 1990, 105ff., 182, 192).
    Bei der Markierung von Teilsätzen durch Majuskel erkennt Moulin a.a.O. Tendenzregeln. So werden etwa koordinierende Konjunktionen nur dann groß ge-schrieben, wenn sie in Spitzenstellung des zweiten Gefügepartners stehen. Bei sub-ordinierenden Verknüpfungen werden uneingeleitete Nebensätze häufiger mit Ma-juskel versehen als eingeleitete. Bei nachgestelltem Hauptsatz wird dieser besonders häufig durch Majuskel eingeleitet.

2.   Die lexeminitiale Großschreibung hat von ihren ersten Ansätzen (im Mhd.) bis ins 16. Jh. vornehmlich die Funktion der Hervorhebung. Mit Majuskeln versehen werden Eigennamen, später Amtsbezeichnungen und

Bezeichnungen hoher sozialer Ränge (*Pabst, Kaiser* etc.), soziale Institutionen (*Reich, Amt, Stadt* etc.), Gattungsbezeichnungen (*Mensch* etc.), nomina sacra (*hl. Geist, Evangelium* etc.), Themawörter (*Glaube, Liebe, Hoffnung* etc.), Titel von Schriften bzw. Abschnitten, Überschriften (*Lobgesang, Klaglied* etc.), Fremdwörter, wobei die Motive für eine Hervorhebung durch Majuskel oft kombiniert oder kumuliert auftreten können (vgl. die genauen Zahlenangaben zu Luthers Briefen bei Moulin 1990, 185ff.). Das Prinzip der Hervorhebung erlaubt es prinzipiell, alle Substantive sowie auch andere Wortarten durch die Verwendung initialer Majuskel hervorzuheben. Bereits im 16. Jh. kann im Prinzip jedes Substantiv groß geschrieben werden. Zu Beginn des 17. Jhs. ist die Entwicklung der Substantivgroßschreibung so weit fortgeschritten, daß sie als Hervorhebungsprinzip weitgehend ungeeignet erscheint. Orthographielehrer und Grammatiker (Johann Becherer 1596, Stephan Ritter 1616, Christophorus Achatius Hager 1639 und erstmals in einer deutschsprachigen Grammatik Johann Girbert 1653) beginnen nun die Großschreibung aller Substantive vorzuschlagen bzw. zu fordern und wandeln das Prinzip der Großschreibung damit zu einem orthographischen. Zum Verlauf der Entwicklung im einzelnen s. die Skizzen von V. Moser 1.1. § 5.2, Malige-Klappenbach 1955; zur Motivation bes. Kaempfert 1980.

Einen weiteren Bereich der Großschreibung beschreibt Weber (1958, bes. 228ff.). Anhand unterschiedlicher Wortgruppen belegt er eine wortgruppeninitiale Großschreibung, so im Falle mehrgliedriger Eigennamen (*Conrad weber*), mehrgliedriger Zahlenausdrücke (*Dri und zweinzig*), bei Adjektivattribut plus Substantiv (*Ehrliche leute, Alt geschir*), substantivischem Attribut plus Substantiv (*an Kindes statt, Lands art*) und bei substantivischen Doppelformen (*Hab und gut, Fleisch und blut*). Die Zahl dieser Belege steigt vom 14. bis zum 16. Jh. steil an, ist aber im 17. Jh. wohl aufgrund der konsequenteren Substantivgroßschreibung wieder stark rückläufig.

Anm. 5: Die Adjektivgroßschreibung in Syntagmen wie *Alt geschir* geht nicht unmittelbar auf die der Substantive über (vgl. Risse 1980, 175), sondern die Substantivgroßschreibung tritt hinzu, so daß bes. im 17. Jh. häufig beide Bestandteile einer Gruppe groß geschrieben werden.

3.   Die Adjektive weisen neben den Substantiven den größten Anteil an Majuskeln auf. Sie werden zunehmend vom 15. bis 17. Jh. groß geschrieben. In der 2. Hälfte des 15. Jhs. findet eine stärkere Zunahme (nach den Materialien des Bonner Korpus) zunächst im Obd. statt. Die große Zeit der Adjektivgroßschreibung liegt im 16. Jh. und in der ersten Hälfte des 17. Jhs.

Mit Majuskel finden sich Adjektive überwiegend in attributiver Verwendung. Als wichtigste Gruppen werden von V. Moser 1.1. § 5.2 genannt: Ableitungen von Eigennamen (*Römisch, Lutherisch* etc.), Ableitungen von Bezeichnungen hochstehender Personen (*Kaiserlich, Apostolisch* etc.), Ableitungen von anderen Substantiven, Adjektive religiösen Inhalts (*Heilig, Geistlich* etc.), Respektsbezeigungen (*Älteste, Weise* etc.) und im Satz herausgehobene Adjektive. Rund 75% aller Adjektivgroßschreibungen im Material des Bonner Korpus sind Desubstantiva, bei denen bis zu einem gewissen Grad die Großschreibung der substantivischen Basis eine Rolle spielt. Besonders groß ist der Anteil der *-isch*-Derivativa an der Großschreibung. Im 16./17. Jh. weist das Bonner Korpus rund 90% der *-isch*-Ableitungen mit Majuskel aus; dem folgen mit großem Abstand *-ig/-lich*-Derivativa.

Bei der kleineren Gruppe der nicht desubstantivischen Adjektive mit Großschreibung dominieren zwei Funktionen: 1. die von V. Moser genannte Hervorhebung im Satz. Diese zeigt sich deutlich bei Antonymen (*Alt | Jung, Lang | Kurz, Groß | Klein* etc.) und anderen Gegensatzpaaren (*Fleischlicher Leib* vs. *Geistlicher Leib, Irdische Güter* vs. *Heilige Güter* etc.). 2. die bisher nur von Weber 1958 gut herausgearbeitete wortgruppeninitiale Großschreibung (vgl. oben).

Anm. 6: Die Anredepronomina werden zur Hervorhebung des Respekts seit dem 14. Jh. zunehmend groß geschrieben (vgl. V. Moser 1.1. § 5c).

Anm. 7: Andere Wortarten zeigen weitaus seltener Majuskel. In der Hauptsache handelt es sich um (demonstrative oder emotionale) Hervorhebungen im Satz (vgl. V. Moser 1.1. § 5d,e,f).

Anm. 8: Bei zunehmender Verwendung von Majuskeln werden Hervorhebungen und gegebenenfalls Differenzierungen durch Großschreibung weiterer Buchstaben eines Lexems vorgenommen: *GOtt GOTT, HErr HERr* etc. (vgl. V. Moser 1.1. § 5, Anm. 4).

Anm. 9: Aufschlußreich – auch im Blick auf die unterschiedliche Entwicklung der Großschreibung in Hs. und Druck – ist der Vergleich Lutherscher Hss. mit den Drucken (vgl. Haubold 1914). So weicht die Großschreibung der Substantive in Hs. und Druck völlig voneinander ab. Die Drucker setzen willkürlich Majuskeln, wo Luther Minuskeln verwendet, und umgekehrt Minuskeln, wo Luther Majuskel schreibt – was das Hervorhebungsprinzip für diese Zeit bereits deutlich in Frage stellt.

Luther benutzt in seinen Hss. verstärkt auch Majuskeln bei Adjektiven (z. T. auch bei anderen Wortarten), die zumeist von den Druckern zu Minuskeln verändert werden. Lediglich Lufft ändert bei Adjektiven Luthers Minuskel mitunter in Majuskel.

2.2. Entwicklung der Interpunktion

Lit.: Bieling 1880; J. Müller 1882; Michaelis 1883; Glöde 1894; Traube 1909; V. Moser 1.1. § 2; Gumbel 1930; van der Lee 1977; Besch 1981; Höchli 1981; Garbe 1984; Stolt 1988; 1990a; 1990b.

§ L 4 Während die Entwicklung der Interpunktion im Spiegel der frühneuzeitlichen Grammatiken und Orthographielehren recht gut aufgearbeitet ist (s. bes. Höchli 1981), steht eine umfassende Darstellung anhand von Primärquellen noch aus. Die folgende Darstellung stützt sich deshalb auf Moser 1.1. § 2.

Die Interpunktion entwickelt sich im Frnhd. von einem System, das
primär der Kennzeichnung von Sprech- bzw. Lesepausen (rhetorisches In-
terpunktionssystem) dient, zu einem Zeichensystem der syntaktischen Gliederung und Bedeutungsdifferenzierung (etwa Fragezeichen). Der Gebrauch
der Interpunktionszeichen nimmt im Verlauf des Frnhd. erheblich zu. Seit
dem 16. Jh. findet eine stärkere Zeichenspezialisierung statt, ohne daß dieser Prozeß am Ende des Frnhd. abgeschlossen wäre. Insgesamt bleibt der
Gebrauch der einzelnen Zeichen noch bis ins 17. Jh. hinein anders geregelt
als im Nhd. (inwieweit hier Regeln beschreibbar sind und inwieweit hier
Regellosigkeit herrscht, bleibt noch festzustellen).

Anm. 1: Eine genaue Erforschung der Interpunktionsentwicklung muß deren unterschiedlichem Verlauf in Texten (Textsorten), die primär zum Vortrag gedacht sind
(wie Liederbücher, liturgische Texte, aber auch Zeitungsvorläufer und Flugblätter),
und solchen, die primär zum stillen Lesen gedacht sind, Rechnung tragen. Im ersten
Fall gilt noch weit über das Frnhd. hinaus stärker das rhetorische Interpunktions-
prinzip (vgl. V. Moser 1.1 § 2.1; bes. Stolt 1990a; 1990b). Für die Lutherbibel scheint
dies partiell bis ins 19. Jh. hinein zu gelten (vgl. Besch 1981).

Punkt: Als ältestes Satzzeichen ist der Punkt seit Beginn des Frnhd. gut
belegt (in der Frühzeit auch in Hoch- oder Mittelstellung). Er dient (neben
der zunächst noch selteneren Virgel, s. unten) zunächst noch primär als
rhetorisches Interpunktionszeichen und erlangt erst allmählich – nach
Textsorten sehr verschieden – seine heute dominierende Funktion als satz-
schließendes Zeichen, wobei ‚Satz' hier in einer Übergangszeit noch anders
aufgefaßt werden muß als im Nhd. (vgl. Stolt 1990a/b). Im 14./15. Jh. ist
der Punkt polyfunktional. Neben der rein rhetorisch begründeten Funktion nimmt er weitere Funktionen wahr, wie z. T. im Nhd. (als Abkürzungszeichen, nach Ziffern zur Kennzeichnung der Ordinalzahlen). In satz-
bzw. redeschließender Funktion konkurriert der Punkt mit der Virgel und –
in geringerem Maße – mit der Großschreibung (vgl. § L 3).

Doppelpunkt: Der Doppelpunkt, der zunächst ebenfalls zur Redegliederung eingesetzt wird, erscheint vermehrt erst im 16. Jh. (in der Lutherbibel 1694; vgl. Besch 1981, 191, obwohl Luther ihn bereits 1520 in
Hss. vielfach benutzt; vgl. Haubold 1914, 18, 34, 56), zunehmend in der
Funktion der Ankündigung vor direkter Rede, aber auch zur Trennung
von Haupt- und Nebensatz. In allen Funktionen konkurriert der Doppelpunkt mit dem Punkt, der Virgel, seltener mit dem Semikolon.

Virgel und Komma: Die Virgel, die Langform des Kommas, die seit
dem Spätmhd. auftritt, erscheint vermehrt seit Ende des 15. Jhs. Sie ist
trotz ihrer zunächst primären Funktion als rhetorisches Interpunktions-
signal ebenfalls polyfunktional wie der Punkt und konkurriert mit den
meisten anderen Zeichen (bes. dem Punkt) in einigen dieser Funktionen
(Redeschluß, Satz- bzw. Redegliederung). Parallel zur allmählichen Festlegung des Punktes auf seine satzschließende Funktion dient die Virgel –

wie auch ihre Kleinform, das Komma – zunehmend der satzinternen Gliederung. Im 18. Jh. setzt sich das Komma, das zuerst hinter in Antiqua
gedruckten Wörtern erscheint, gegenüber der Langform durch (für die Lutherbibel nennt Besch a.a.O. die Ausgabe der Canstein-Bibel von 1736).
Die von einigen Grammatikern (zuerst wohl Johann Rudolf Sattler 1607)
vorgeschlagene Trennung von Komma (in lateinischen Texten) und Virgel
(in deutschen Texten) setzt sich nicht durch.

Semikolon: Der Strichpunkt wird seit Mitte des 16. Jhs., wie das
Komma, zuerst nach Antiquatype benutzt, tritt aber vermehrt erst im 17.
Jh. konkurrierend mit Punkt und Virgel (später Komma) als Gliederungs-
signal auf (für die Lutherbibel belegt Besch a.a.O. Semikolon in der Ausgabe von 1797). Bis zum ersten Viertel des 16. Jhs. nimmt ein Vorläufer
(*periodus*) eine Unterteilungsfunktion ein, die der des Punktes zumindest
gleichgesetzt wird (vgl. Höchli 1981, 268).

Fragezeichen: Das Fragezeichen findet sich – obgleich es von Beginn
des Frnhd., wenn auch z. T. in anderer Form, bekannt ist – vermehrt erst
seit dem 16. Jh., und zwar nach direkten, seltener nach indirekten oder
rhetorischen Fragesätzen.

Ausrufezeichen: Das Ausrufezeichen ist in seiner heutigen Form seit
dem 16. Jh. belegt, findet sich vermehrt aber erst im 17. Jh. Seit Riederer
1493 bzw. 1535, der einen Vorläufer des Ausrufezeichens als *exclamativus
oder admirativus* bezeichnet, werden seine Funktionen als *Ausruffungszei-
chen* (Ratke) bzw. *Verwunderungszeichen* (Gueintz) beschrieben. Die
Grammatiker des 17./18. Jhs. betonen zumeist stärker die Funktion der
Verwunderung.

Klammer: Die Klammer wird häufig, oft mehrfach ineinanderge-
schachtelt verwendet. Während die Form variiert: [ ], ( ), / /, /: :/, (: :),
:/: :/:, [: :], ist die Funktion als Parenthesezeichen doch weitgehend einheitlich. Die Bezeichnung ‚Klammer‘ hat sich noch bis zum Ende des 18.
Jhs. nicht durchgesetzt.

Trennungszeichen und Bindestrich: Als Trennungszeichen (am
Zeilenende) werden seit dem 12./13. Jh. der Einfachstrich (-), später der
Doppelstrich (=) verwendet. Bis zum 16. Jh. ist die Trennung noch recht
willkürlich; sie kann nach jedem Buchstaben erfolgen. Erst im 16. Jh. setzt
sich allmählich die Trennung nach der Silbengrenze durch. Mit dem Aufkommen des Bindestriches (bes. in der Komposition) im 16./17. Jh. (zuerst
wird das Hyphen von Schottelius erläutert) werden beide Zeichen ver-
mischt. Der Gedankenstrich erscheint erst im 18. Jh.

Anführungsstriche: Die Anführungsstriche, eine italienische Neuerung des 16. Jhs., werden in deutschen Drucken nur recht selten verwendet;
häufiger finden sie sich erst im 17. Jh. Beschrieben werden sie zuerst im
18. Jh. bei Hieronymus Freyer.

Alinea: Die Alinea (C) dient vornehmlich in Drucken bes. seit dem 16. Jh. zur Kennzeichnung von Absätzen oder Neueinsätzen; sie hat damit zum Teil die Funktion der Majuskel (vgl. § L 3) übernommen.

Anm. 2: Zur Variation und damit zur begrifflichen Verwirrung der Bezeichnungen der einzelnen Interpunktionszeichen s. Höchli 1981, bes. 316ff.

Anm. 3: Hinsichtlich der Interpunktionslehren durch die Grammatiker und Orthographen unterscheidet Höchli 1981, 313f. drei Phasen:
„1.   Eine lateinisch ausgerichtete Phase, die mit Niklas von Wyle [1478; K.-P. W., ebenso die anderen Einfügungen] begann, mit Friedrich Riederer [1493] den Höhepunkt erreichte und mit dem Schriftspiegel [1527] endete.
2.   Eine Phase der praxisorientierten Selbstbesinnung, die mit dem einfachen System von Johannes Kolross [1530] einsetzte und einige bedeutende Vertreter wie Valentin Ickelsamer [1534] und Johann Rudolf Sattler [1617] hervorbrachte, wobei mit letzteren [!] diese Phase zu Ende ging.
3.   Eine Phase, die von Ratke [1612–1630] mit der Einführung der vier Hauptzeichen Komma, Semikolon, Kolon und Punkt begründet wurde, und die ihren Abschluss mit Adelung [1781–1788] noch nicht gefunden hat."

2.3. Abkürzungen und Kürzel

Lit.: V. Moser 1.1. § 3; Traube 1909; Grun 1935; 1966; Capelli 1985; Dülfer-Korn 1986.

Nachgesetzter Punkt und (seltener) bis ins 17. Jh. auch nachgesetzter Doppelpunkt werden als Abkürzungszeichen verwendet, wobei es keine Norm gibt, an welcher Stelle ein Wort abzukürzen ist: *kais., kaiser., may., mayest.* Kürzelzeichen werden in deutschsprachigen Texten (die Urkunden stellen eine gewisse Ausnahme dar) weit weniger häufig und weniger umfangreich eingesetzt als in lateinischen. Die wichtigsten sind der sogenannte Nasalstrich (-) oder (~) (im älteren Frnhd. auch ˆ) und das (e)r-Kürzel (') (in Hss. des 14./15. Jhs. auch ⸴, in Drucken des 15. Jhs. auch ˆ).   § L 5

Nasalstrich: Über einem Vokalzeichen ersetzt der Nasalstrich ein nachfolgendes *m* oder *n* (*tēpel, mēsch, lād, kōmē*). In einigen Fällen führt die Verwendung von Nasalstrichen zu Homographien (so kann *ī* je nach Kontext *im, in* oder *i(h)m, i(h)n* vertreten). Besonders die Unterscheidung von Akk. und Dat. ist hierdurch oft eingeschränkt (etwa *vō* für *von* oder *vom, dē* für *den* oder *dem*). Sonderformen stellen *vñ* (für *vnd*) und *vm̃* (für *vmb*) dar. Über einem nasalen Konsonanten zeigt der Nasalstrich Doppelkonsonanz an (*kom̃en, stam̃*), in finaler Position vertritt er dann *e* (*herrñ, wärñ*).

(e)r-Kürzel: (e)r-Kürzel über oder hinter einem Vokal vertritt *r* (*ja', de'*), über oder hinter einem Konsonanten *er* (*d', v'borgen, kind'*). Nach *d* hält sich das Kürzelzeichen bis ins 17. Jh.

Anm. 1: *dz (das)* und *wz (was)* sind als Kürzel in Drucken im gesamten Frnhd. üblich.

Anm. 2: Selten ist in deutschen Texten ? für *us* (*verdamnu ?*), ʒ für finales *m* (*heiltuʒ*), und finales ɔ für *en*.

Anm. 3: Zwischen *w* und *n(d)* fällt *u* gelegentlich aus (*wnder*).

Anm. 4: Apostroph als graphisches und lautliches Kürzelzeichen findet sich (insgesamt selten) nach franz. Vorbild im 16. Jh. zuerst im Westen, im 17. Jh. auch im Omd. und im Oobd.

Anm. 5: Weitere, seltener verwendete bzw. weitgehend auf Hss. beschränkte Kürzelzeichen s. in der oben angeführten Literatur.

2.4. Getrennt- und Zusammenschreibung

§ L 6 Die Getrennt- bzw. Zusammenschreibung von Wörtern ist bis ins 16. Jh. hinein noch wenig geregelt. Erst im 16. Jh., aber auch im 17. Jh. noch keineswegs konsequent, lassen sich Regelungen erkennen.

Häufig werden in der Sekundärliteratur getrennt geschriebene Komposita aufgeführt (etwa V. Moser 1.1. § 4). Da jedoch unklar ist, inwieweit hier jeweils der Grad des Verständnisses von Zusammengehörigkeit geht, stellt die getrennte Schreibung nicht nur, und wohl nicht einmal primär, ein graphisches Phänomen dar. Denn häufig besteht im Frnhd. nur ein loser Zusammenhalt in Form einer Kontaktstellung und noch nicht eines festen Kompositums (vgl. dazu Okrajek 1966, Pavlov 1972 u. 1983). Einen Übergang stellt der Bindestrich vor allem des 17. Jhs. dar (*Abend=Stunde, Feld=Herr* etc.). Bei präpositionalen Verbindungen mit *zu* schwankt die Zusammenschreibung bis ins 17. Jh. (*zu rück* neben *zurück* etc.). Die Pronominaladverbien werden bis Mitte des 16. Jhs. meist getrennt (*da mit, dar an* etc.).

Der Infinitiv mit *zu (ze)* wird z. T. bis ins 17. Jh. zusammengeschrieben (*zufinden*).

Enklise tritt insbesondere auf bei nachgestelltem Pronomen: *mans (man es), vfs (auf es), mugens (mögen sie), söltens (sollten sie), furn (für ihn), ern (er ihn), bekannter (bekannte er), testu (tätest du), zeme (zu mir)* etc.

Proklise ist weit seltener: *zein (zu einem), zem (zu ihm)*. Vgl. V. Moser 1.1. § 4.

3. Vokalismus

3.1. Graphische Prozesse

3.1.1. Bezeichnung vokalischer Länge

§ L 7 Die graphische Markierung der relativen Länge eines Vokals kann im Frnhd. durch Vokalverdopplung, durch nachfolgendes *h* bzw. durch ein nachgestelltes Vokalzeichen (*e, i, y*) erfolgen.

1. Die Vokalverdopplung, die bereits im Ahd., nicht aber im normalisierten Mhd. verbreitet ist, nimmt vom 14. Jh. an zu und erreicht bes. im Wobd. (und hier wohl bes. in Zürich) im 16. Jh. und in der 1. Hälfte des 17.

Jhs. ihren Höhepunkt, mit einem starken Einfluß auf das Md. (vgl. V.
Moser 1.1. § 7).

ee ist seit dem 14. Jh. allgemein weit verbreitet (*geen, seer, meer, heer* etc.). Die
Verdopplung steht für mhd. *ê* (und *æ*), aber auch – nach durchgeführter Dehnung
(vgl. § L 34) – für mhd. *e* und *ë*. Die starke Verbreitung von Doppelschreibungen mit
ee im Obd. des 16. Jhs. bleibt weitgehend regional begrenzt (*meel, keeren, weeg* etc.).
ee erscheint gelegentlich auch im Nebenton (*schwesteer*).
    aa ist zunächst nur obd. (*staat, haar, schaar* etc.). In Züricher Drucken des 16.
Jhs. nimmt es stark zu (*maal, spraach, schlaafen* etc.) und wirkt auf den gesamten
obd. Raum ein. Im Omd. wird *aa* als Import übernommen, bleibt aber insgesamt
selten. Häufig begegnet es dagegen in norddt. Drucken.
    oo ist weit seltener, aber im gesamten Gebiet vertreten (thür. *froo, roo*; wmd. *voor,
boot*; nürnb. / schles. *wool*; obd. *blooß, hooch*; mfrk. *schoos, bloos, root*; norddt.
blooß, hooch.
    uu ist äußerst selten belegt (*thuum*).
    ii tritt in größerer Zahl nur im Wmd., bes. Mfrk., auf und ist schwer von der sog.
i-Dehnung zu trennen (vgl. unten). *ii* erscheint zumeist im 14. Jh. mit *i*-longa (*ij*) und
wird allmählich durch die Ligatur *y* verdrängt (vgl. V. Moser 1.1. § 7).

2.   Die graphische Markierung der relativen Länge von *i* durch *e* ist eng
verbunden mit der Monophthongierung von mhd *ie* (vgl. § L 33). Erst nach
Durchführung der Monophthongierung wird das *e* frei und kann nun neu
funktionalisiert werden. Dieser Prozeß ist in seinen Einzelheiten schwer
beschreibbar. Bereits im Mhd. sind jedoch im Md. (bes. Mfrk.) Schreibungen mit *ie* für mhd. /i:/ und nach Durchführung der Dehnung für mhd. /i/
belegt. Die Verwendung des *e* als Längenmarkierung ist jedoch bis ins 15.
Jh. eingeschränkt. Im Md. nimmt die Verwendung in der 2. Hälfte des 15.
Jhs. erheblich zu (Frangk 1531 führt *e* explizit als Dehnungszeichen auf)
und dehnt sich von da in den obd. Raum aus, und zwar zuerst ins Ofrk.
und Ndalem. (2. Hälfte 16. Jh.), gegen Ende des Jhs. ins Schwäb. und Bair.
und zu Beginn des 17. Jhs. ins Hchalem.
3.   *i*~*y* und *e* (nach anderen Vokalen als *i*, bes. nach *a* und *o*) als Längenmarkierung (*jaer*~*jair, broeder, huis* etc.) ist eine vorwiegend wmd. und nd.
Erscheinung mit einem Schwerpunkt zwischen Mainz und dem Niederrhein
(zu den häufigsten graphischen Varianten s. Steffens 1988, 224). Diese Längenmarkierung erscheint seit dem 12. Jh. im Rip. und ist insbes. in mfrk.
Hss. des 14./15. Jhs. dominant. In Hss. und in Kölner Drucken ist dieser
Typ bis ins 16. Jh., in Urkunden bis ins 17. Jh. belegt. Vgl. dazu V. Moser
1.1. § 9; Scheel 1893, 44ff.; W. Müller 1912, 80; Dornfeld 1912 § 2ff.; Scheben 1924, 26ff.; Rupp 1933 § 8; Damave 1964, 7ff.; Dussart-Debèfve
1969, 43ff.; Langenbucher 1970, 158ff.; Schellenberger 1974, 83ff.; Schützeichel 1974, 62 und 115ff.; Steffens 1988, 181f., 186f., 192f., 198f., 202, bes.
224f.

Anm. 1: In Orts- und Familiennamen hat sich dieser Typ erhalten; vgl. etwa *Soest,
Troisdorf, Voigt* etc.

4. Die Funktionalisierung von *h* als Längenmarkierung geht ebenfalls vom Md. aus. *h* wird nach dem Verlust seines Lautwertes in medialer und finaler Position (vgl. § L 57) neu funktionalisiert. Dieser Übergangsprozeß ist in seinen Einzelheiten einigermaßen zuverlässig nur dort zu beschreiben, wo *h* in neuen Stellungen erscheint, doch bezeichnet etwa bereits Frangk (Wittenberg 1531) *h* explizit als Dehnungszeichen. Der Verlauf der Entwicklung entspricht weitgehend derjenigen des *e*: vereinzeltes Auftreten seit dem 12. Jh. im Md., aber seltener Gebrauch bis ins 15. Jh.; starke Ausdehnung in md. Drucken des 16. Jhs. Im Obd. erscheint *h* als Längenmarkierung nach vereinzelten Vorläufern im 14./15. Jh. vermehrt erst gegen Ende des 16. Jhs. und setzt sich dann allerdings rascher durch als *e*. Zunächst erscheint *h* im Md. wie im Obd. nach mhd. *ê* (*ehre, mehr, sehr* etc.), dann in den Pronomina nach *i* (*ihm, ihr, ihn*) und erst im 16. Jh. nach anderen Vokalen (vgl. V. Moser 1.1. § 10). Bis ins 17. Jh. wird *h* regelmäßiger eingesetzt als in der nhd. Standardsprache, so etwa in *nahme, raht, verlohren, -bahr* etc.

Anm. 2: Doppelte Längenbezeichnung *ie* plus *h* bzw. Doppelvokal plus *h* ist gelegentlich seit dem 16./17. Jh. belegt (*eehr, gemaahl, gebiehrt* etc.; vgl. V. Moser 1.1. § 11).

Anm. 3: Zirkumflex, der seit dem Ahd. gelegentlich (bes. bei Notker) und in den normalisierten mhd. Texten regelmäßig zur Kennzeichnung vokalischer Länge eingesetzt wird, ist im 14./15. Jh. gelegentlich noch belegt, dient aber kaum noch eindeutig der ursprünglichen Funktion, mitunter sogar im Gegenteil zur Kennzeichnung vokalischer Kürze; vgl. bes. HSS 1979, 183 und Karte 88.

Anm. 4: *h* kann außerdem auftreten bei Vokalspaltung (vgl. § L 41, Anm. 3) und als Hiatusfüller.

3.1.2. Entwicklung der Umlautsbezeichnung

Lit.: Ausfürliche Darstellungen bei V. Moser 1.1. § 16f.; v. Bahder 1890, 199ff. zu *u*; Franke 1913, 117–140; Sohrt 1920; Johnson 1941, 86–174; H. Bach 1974, § 25–35; Gr. d. Frnhd. III § 77–85.

§ L 8 ‚Umlaut' als Lautwandelprozeß ist ein Phänomen des Ahd. Im Frühneuhochdeutschen stellt dagegen neben der analogen Übertragung des Umlauts auf Formen mit sog. Umlauthemmung oder im Zuge des Lexemausgleichs die graphische Markierung der neuen Vokale einen wichtigen Prozeß dar. Die wenigen Umlautprozesse des Spätmhd. sind unter den jeweiligen Paragraphen aufgeführt. Außerdem ist im Frnhd. der ebenfalls als ‚Umlaut' bezeichnete Vokalwechsel zwischen *a : ä, au : äu, u : ü* und *o : ö*, der als morphologisches Prinzip ebenfalls bis ins Ahd. zurückreicht, produktiv, indem er bes. im Numerussystem, bei der Derivation, seltener im Rahmen der Komparation ausgebaut wird. Dieses Nebeneinander zweier Prozesse führt mitunter zu komplizierten Verhältnissen, da eine mögliche Konkurrenz ‚umgelautet vs. nicht umgelautet‘ durch eine graphische Konkurrenz ‚bezeichneter Umlaut vs. unbezeichneter Umlaut‘ überlagert wird.

Die Umlautsbezeichnungen entwickeln sich landschaftlich verschieden, und zwar im Obd. weit früher als im Md. Fleischer 1966, 71f. führt dies auf die raschere Phonologisierung und Grammatikalisierung des Umlauts im Obd. zurück. Als wesentlichen Grund nennt er neben anderen die verschiedenen Umlauthemmungen, durch die „[...] der Zusammenhang zwischen folgendem *i* und Umlautvokal mehrfach unterbrochen war" (ibid.). Im Norden dagegen, wo der Umlaut regelmäßig(er) eintrat, behielt er länger Allophonstatus und blieb unbezeichnet. Die einmal gefestigte Schreibtradition widerstand lange obd. Einflüssen. Für die Umlautsbezeichnungen und die damit verbundene funktionelle Entlastung der unbezeichneten Graphien wurden keine völlig neuen Lautzeichen eingeführt, sondern vorhandene Vokalzeichen mit anderen (mehrheitlich *e*, seltener *o*, *u*, *i*, *a*) überschrieben oder mit anderen Diakritika versehen.

Die Entwicklung ist bisher nicht umfassend für den gesamten Bereich des Umlauts beschrieben worden. Lediglich die Durchsetzung der Bezeichnung des morphologischen Umlauts ist im Wesentlichen skizziert in den Bänden der Gr. d. Frnhd. (vgl. III § 77ff.; IV § 89ff.; VI § 132ff.). Der kurze Abriß bei V. Moser 1.1 § 16 legt jedoch die Vermutung nahe, daß auch die Entwicklung der Bezeichnung der übrigen Umlaute nicht wesentlich anders verlaufen ist (zum Umlaut von *u* s. die Studie von Bahders 1890, 199ff.).

Im 14./15. Jh. werden in md. Texte nur die Umlaute von *a* (>*e*) und – soweit nicht monophthongiert – *ou*~*au* (>*eu* u. ä.) bezeichnet. In obd. Texten dagegen ist das System der Umlautszeichen bereits ausgebaut. Ende des 15. Jhs. wird die Umlautsbezeichnung für *o* und *u* im Hess. eingeführt, in der ersten Hälfte des 16. Jhs. im Mfrk. und Omd. Im 17. Jh. ist das System zur Bezeichnung der Umlaute in den Drucken (bis auf geringe Ausnahmen) einheitlich geregelt. Die Umlaute werden durch übergeschriebenes *e* bezeichnet. Bei initialem Majuskelgebrauch wird *e* oft nachgestellt (*Ae*, *Oe*). Initiales /ü/ wird bis ins 18. Jh. oft durch *v*, bei Majuskelgebrauch weitestgehend durch *V* repräsentiert. Zur Entwicklung im einzelnen s. die jeweiligen Abschnitte zu den einzelnen Vokalen.

Zum Plural-Umlaut s. § M 10; zur Umlauthemmung s. § L 9.

3.1.3. Graphisch bedingte Doppelformen

Bis ins 17. Jh. und zum Teil darüber hinaus existieren zahlreiche sog. Wortdoubletten als Ergebnis unterschiedlich weit durchgeführter älterer Lautwandelprozesse, die im Frnhd. nicht mehr aktiv sind. Neben einzelnen Doubletten, deren Verbreitung im Frnhd. wohl allgemein ist und deren Nebeneinander ihre je eigene Wortgeschichte spiegelt (vgl. V. Moser 1.1. § L 9

§ 52ff.), handelt es sich reihenweise um das Nebeneinander von Lexemen mit umgelautetem bzw. nichtumgelautetem Stammvokal. Der Umlaut unterbleibt vielfach im Obd. in bestimmten Stellungen, während er im Md. durchgeführt wurde. Betroffen davon ist bes. der Stammvokal in Derivaten mit den Derivationssuffixen *-(e)re, -nisse, -lich*, seltener *-igen, -ig* und *-isch*. Der Umlaut von *u* unterbleibt im Obd. vor Liquid (*l*, seltener *r*) plus Konsonant, vor Nasal plus Konsonant, vor Affrikata und vor einfachem Guttural. Der Umlaut von mhd. langem *u, ou* und z. T. von *uo* unterbleibt obd. vor Labial (*m, b, f*; die Umlauthemmung von *w* ist allgemeiner und führt seltener zu Doubletten). Dies führt im Frnhd. zum Nebeneinander von Lexemen wie *raumen* neben *räumen, saumen* neben *säumen, schaumen* neben *schäumen, klager* neben *kläger, namlich* neben *nämlich, gehassig* neben *gehässig, loblich* neben *löblich, gulden* neben *gülden, hupfen* neben *hüpfen, bruck(e)* neben *brück(e), traumen* neben *träumen, glauben* neben *gläuben* etc. (vgl. auch v. Bahder 1890, 199ff., 213f., 216ff.). Der Ausgleich findet hier zum Nhd. (zum Teil erst im 18. Jh.) nicht durch Lautwandelprozesse statt, sondern entweder durch analoge Bildungen (bei den Derivationssuffixen und in der Flexion) oder durch Lexemersatz im Rahmen der lexikalischen Auswahl- und Durchsetzungsprozesse (s. ausführlich V. Moser 1.1. § 56ff. unter ‚Umlaut‘).

Anm. 1: Das konkurrierende Nebeneinander von *au~aw* und *eu~ew* geht auf ahd. Nebeneinander von *ouw : ew* zurück. Hier erscheint im Frnhd. in der Regel die umgelautete Form im Obd., die nichtumgelautete im Md. (*gaw* neben *gew, hau* neben *heu* etc.) (vgl. v. Bahder 1890, 221f.). Zum Nebeneinander von *kauen* und *käuen* etc. s. § L 28.

Anm. 2: Reihenbildend sind auch die auf Ablaut / Brechung zurückzuführenden Doubletten mit *e* bzw. *i*, seltener *ö* und *ü* als Stammvokal (*herse* neben *hirse, schef* neben *schif, höle* neben *hüle* etc.; vgl. V. Moser 1.1. § 53).

Anm. 3: Zum Nebeneinander und zu den Ausgleichsprozessen von *-nis, -nus* und *-nüs* s. Besch 1967, 225ff.; Stopp 1976, 47ff.; Besch 1979b; Hatz 1985.

3.2. Inventar der Vokale

§ L 10   Eine Darstellung des Phoneminventars zum gesamten Frnhd. ist derzeit (noch) nicht möglich. Es wäre nur als Diasystem darstellbar, das alle – auch die kleinräumigen – Systeme berücksichtigte und das entweder in mehreren Synchronschnitten oder aber unter Berücksichtigung der Prozessualität dynamisiert dargeboten werden müßte. Die folgende – weniger anspruchsvolle – Übersicht bildet ein System ab, das einerseits die (klassischen normalisierten) mhd. Vokalphoneme (in Anlehnung an Moulton 1961) und andererseits die der nhd. Standardsprache enthält. Damit repräsentiert es zugleich das in jedem Falle zentrale System auch des Frnhd. auf einer hochschichtigen Ebene. Die Pfeile sollen die wesentlichen (bei weitem nicht alle) lautlichen Entwicklungsprozesse veranschaulichen, die überwiegend im Frnhd. ablaufen bzw. im Verlauf des Frnhd. graphisch faßbar werden. Die Prozesse sind von unterschiedlicher systematischer wie auch regionaler Reichweite. Nur wenige von ihnen bedingen eine Veränderung des Inventars: es sind dies die mhd. Monophthongierung, die Senkung von *ei, öü, ou* und die *e*-Verschmelzung (im Kurz- und im Langvokalsystem). Andere Prozesse haben größere Bedeutung nur für das Inventar bestimmter Regionen (etwa die Entrundung). Die meisten Prozesse betreffen indes nicht das Inventar; vielmehr tritt der Wandel nur in bestimmten lautlichen Umgebungen ein (kombinatorischer Lautwandel), oder er betrifft nur einen Teil des Wortschatzes ohne erkennbare Regel.

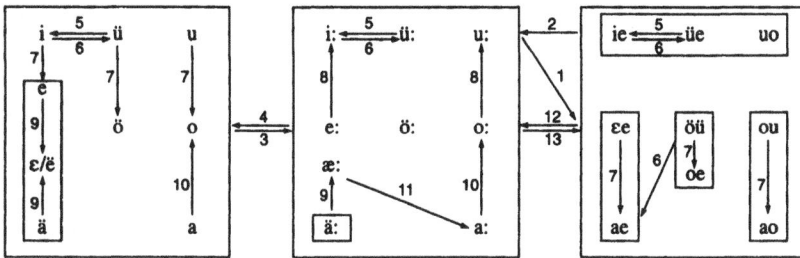

1 Nhd. Diphthongierung (§ L 31)	8 Hebung (§§ L 21, 24)
2 Md. Monophthongierung (§ L 32)	9 *e*-Verschmelzung (§§ L 12, 19, 20)
3 Dehnung (§ L 34)	10 Annäherung von *a* und *o* (§§ L 11, 14, 18, 22)
4 Kürzung (§ L 35)	11 Wandel von *æ:* > *a:* (§ L 18)
5 Entrundung (§ L 36)	12 Monophthongierung (mhd. *ɛe; öü; ou*)
6 Rundung (§ L 36)	(§§ L 19, 22, 23)
7 Senkung (§ L 33)	13 Diphthongierung (mhd. *e:; ö:; o:*) (§§ L 27, 28, 29)

Die Prozesse werden durch Richtungspfeile angezeigt, Strukturveränderungen zusätzlich eingerahmt.

Abb. 3: Vokalinventar und vokalische Prozesse

3.3. Kurzvokale

a

/a/

<**a**, *á*, *å*>

Frnhd. /a/ entspricht mhd. (ungedehntem) und nhd. /a/. Zum Wandel /a/ > /o/ s. § L 14.

Schreibungen mit *a* anstelle von mhd. *o* vor *r, n, m*, seltener vor *ht, hs* sind bes. in bair. Hss. bis ins 17. Jh. belegt: *wart (Wort), gestarben, achs (Ochse), tachter, darf (Dorf)* etc. (vgl. V. Moser 1.1. § 73; Weinhold, Mhd. Gr. § 59; ders., Bair. Gr., 37ff.: Kranzmayer 1956, 20f.; weitere Literatur s. bei N. R. Wolf 1975, 346, Anm. 22). Wiesinger 1971, bes. 379 zählt solche Formen zur dialektal-mittelbairischen Schreibform. Lautliche Grundlage dieser *a*-Schreibungen ist (wohl) die im rezenten Bair. im Ergebnis zu beobachtende Annäherung von /a/ und /o/ bes. im Süd- und Mbair. (vgl. Schwarz 1925/26, 259ff.).

Neben dem Bair. tritt *a* bes. in Teilen des Mfrk. und Rhfrk. (Hess.) im 14./15. Jh. verstärkt anstelle von *o* auf und hält sich hier in Drucken bis ins 16. Jh. Seltener sind *a*-Schreibungen im Ofrk. (Koller 1989, 68 konstatiert hier für Nürnberg md. Einfluß); im Schwäb. und Alem. sind Belege mit *a* selten und zumeist auf das 14./15. Jh. beschränkt (allgemein V. Moser 1.1. § 73; Weinhold, Mhd. Gr. § 67).

Anm. 1: „*Das /a/ würdt allein mit dem Athem durch den Rachen / vnnd mit weyt offnem mund außgesprochen [...]*" (Ickelsamer Avjʳ).

Anm. 2: Im Md. sind *a*-Schreibungen bei *van, ader, ab, dach, nach, wal, sal* wortgebunden belegt. Die Konkurrenz von *o* und *a* geht hier zum Teil bis ins Ahd. zurück (*fona~fana, odo~ado, wola~wala, scol~scal*; vgl. Braune, Ahd. Gr. § 25, Ahd. Wb., s. v.). Paul, Mhd. Gr. § 166.5 und Michels, Mhd. Gr. § 39, Anm. lokalisieren die *a*-Schreibungen bei *ader, ab, dach, nach* ins Omd. (Thür.). Noch im 14. Jh. gehören sie zu den Leitformen im Erfurt-Thüringischen (vgl. Schmitt 1944, 102); sie sind hier auch im 15. Jh. noch gut vertreten (vgl. Bentzinger 1973, § 4.2) und finden sich auch im Obsächs. des 15./16. Jhs. (vgl. Kettmann 1967, 78ff.; Fleischer 1970, § 45); auch Luther verwendet, zumindest bis 1522, *a* bes. in *ad(d)er* und *sal(l)* neben überwiegendem *o*, vgl. Bach 1974 § 7.3; s. auch Gleißner 1935, 40, 58, 92 und Karte 5 sowie Gleißner / Frings 1941, 69ff., Karte 11 u. die Tabelle in Otto 1970, 257. *ader* ist jedoch auch im Wmd. z. T. bis ins 16. Jh. vertreten (vgl. Heidelberger 1979, 299; Steffens 1988, 83; Langenbucher 1970, 143; Schützeichel 1974, 143f.). *van* ist im Wmd. bis hin ins Els., seltener im Ofrk. bis ins 16. Jh. jeweils neben weit überwiegendem *von* belegt. Lediglich im Rip. dominiert *van* noch im 15. Jh. (vgl. Aubin / Frings / Müller 1926, 97ff.; Garbe 1969, 76f.; Langenbucher 1970, 95ff.; Schützeichel 1974, 86ff.; Schellenberger 1974, 74ff.; Stopp 1974b; Otten 1977, 90; Steffens 1988, 83). Im Obd. finden sich nur wenige Fälle mit *a*.

Die Erklärung für die *a*-Schreibungen wird bereits für das Ahd. kontrovers gegeben (vgl. Braune, Ahd. Gr. § 25, Anm.), doch wird überwiegend Schwach- bzw. Unbetontheit im Satz als Ursache angenommen (vgl. Braune, Ahd. Gr. a.a.O.; Paul, Mhd. Gr. § 166.5; V. Moser 1.1. § 73, Anm. 1; s. auch Härd 1967, 99f.).

Schreibungen von *a* anstelle eines mhd. *e*, eines sekundären *ä* und gelegentlich auch *e* (jeweils vor Nasal) wie in *valt (Feld), barg (Berg), pfard (Pferd)* etc. finden sich häufig im Alem. (bes. Els.), im Ohess., Omd. und im westlichen Ofrk. in Texten des

14. und 15. Jhs. Belege in anderen Landschaften und nach 1500 sind selten (vgl. V. Moser 1.1. § 71.2). Lautliche Grundlage dieser Schreibungen ist der Lautwandel /e/, /ä/ > /a/, dessen Ergebnis in den rezenten Mdaa. direkt beobachtbar ist (vgl. Schirmunski 1962,243). Im Bair.-Öster. ist nur der Sekundärumlaut /ä/ > /a/ gewandelt (ebd.). Nach Schatz 1897, § 39 ist dieser Wandel im 15. Jh. vollzogen; in der Schriftlichkeit werden die a-Schreibungen aber weitgehend gemieden (V. Moser 1.1. § 71.2). Noch einer gründlichen Erhellung bedarf der Zusammenhang von Sekundärumlaut und der quasi gegenläufigen Entwicklung von /ä/ > /a/.

Anm. 3: *zwanzig* ist die oobd. Form für mhd. *zweinzec~zwënzec*. Sie ist im Omd. gegen den Befund bei V. Moser 1.1. § 79, Anm. 24 bereits im 16. Jh. z. T. dominierend belegt. Vgl. etwa Otto 1970, 86; Kettmann 1967, 110. Die a-Variante setzt sich aber insgesamt erst im 17. Jh. durch (vgl. DWB, s. v.; dazu auch V. Moser, a.a.O., Anm. 11).

Anm. 4: Zur Konkurrenz der Konjunktionen *wann(e)* und *wenn(e)*, *dann* und *denn* s. Besch 1967, 91f. u. 94f.; Tamsen 1963; V. Moser 1.1. § 58, Anm. 2.

Zur Dehnung s. § 34; zur Diphthongierung /a/ > /ae/ s. § L 27; zum Umlaut s. §§ L 8, 12; zur Monophthongierung /ae/ > /a:/, /a/, /e:/, /e/ s. §§ L 18, 19).

e/ä   § L 12

Lit.: v. Bahder 1890, 104–153; Fourquet 1952, Moulton 1961; Herrlitz 1970, 25f.; Erben 1970, 406–408; Sanders 1972; Lasatowicz 1980, Russ 1982a, 144ff.; Szulc 1987, 125f. u. 152f.; allgemein V. Moser 1.1.§ 70; Löfstedt 1944; Zwierzina 1900.

/e~ɛ/

<e, *ê*, *ä*, *æ*, *ë*, *ê̂*, *á̂*, *a*>

1. Den für das klassische Mhd. postulierten drei kurzen e-Lauten (/e/, /ë/, /ä/) entspricht in der nhd. Standardsprache nur das Phonem /ɛ/. Der zugrundeliegende Prozeß besteht in einem Zusammenfall der verschiedenen Qualitäten (e-Verschmelzung). Wie viele distinktive Öffnungsgrade für das Frnhd. bzw. seine Varianten angenommen werden können, ist kaum auszumachen. Weder aus der Schriftlichkeit noch aus metasprachlichen Ausführungen der Lesemeister entsteht hier Klarheit (vgl. dazu auch Painter 1989, 112ff.).

Anm. 1: „*Das /e/ auch mit dem athem vnd nidergetruckter zungē. Disen laut geben die Geyß vnd schaf in jrem geschrey*" (Ickelsamer Avj').

Anm. 2: Die Lautverhältnisse und die Lautgeschichte bei solcher Artikulationsnähe aus den Reimen abzuleiten, wie Zwierzina 1900 dies tut, ist problematisch; s. auch Bloomfield 1911/12; Kozumplik 1942, 100ff.; Grönlund 1945, 41ff.; solange jedoch keine verläßlicheren Daten vorliegen, sei hierauf verwiesen (s. auch V. Moser 1.1, 118).

Im Md. existiert bereits in mhd. Zeit nur ein Zeichen (e) zur Darstellung aller e-Laute (vgl. Paul, Mhd. Gr. § 64, Anm. 4), so daß eine lautliche

Bewertung schwer ist. Im Obd. finden sich neben *e* auch *å̃~ä~ë~æ* u. a. Auch hier ist nicht klar, inwieweit noch eine lautliche Grundlage für eine Differenzierung besteht. Bereits für das Mhd. wird im Bair. Zusammenfall von /e/ mit mhd. /ë/ vor Plosiven und Frikativen angenommen (vgl. Paul, Mhd. Gr. § 64, Anm. 4 u. § 159.14; Kranzmayer 1956 § 3d1; vgl auch die bei V. Moser 1.1., 118 aufgeführten Prozesse). Die tendenzielle graphische Trennung von Sekundärumlaut (*ä* etc.) und anderen *e*-Lauten (*e*) in manchen Gebieten legt jedoch eine lautliche Differenzierung nahe (*å̃* etc. wird nach der opinio communis jeweils für die offenste Qualität in einer Landschaft verwendet), ohne daß dies bereits etwas über den Status dieser Differenz aussagt. Zu beachten ist zudem, daß gerade im Bair., wo die tendenzielle Kennzeichnung des Sekundärumlautes üblich ist, Senkung von /ä/ > /a/ seit dem 13. Jh. angenommen wird (vgl. § L 11), somit gegebenenfalls eine ganz andere lautliche Begründung für die graphische Scheidung *e* : *ä* besteht (Löfstedt 1944, 53 belegt die ersten *å̃*-Schreibungen für das Bair. ebenfalls für das 13. Jh.).

Gestützt wird die Annahme einer lautlichen Differenzierung einmal durch den Befund der rezenten Mdaa., die in der überwiegenden Zahl ein Zweiersystem aufweisen; in wenigen Fällen ist ein Dreiersystem vorhanden (bei einigen schweiz. und bair. Mdaa.; vgl. Russ 1982a, 144, bes. Karte 10; Wiesinger 1983d, 1042ff.; Szulc 1987, 125f.). Zum anderen wird die Annahme gestützt durch die im 19. Jh. offensichtlich noch deutlich unterschiedene Aussprache bes. im Obd. (vgl. etwa DWB, Bd. 3, Sp. 2; s. auch Briegleb 1938, 7ff., weiterhin Erben 1970, 407, auch Karstien 1939, 78), die heute noch den Standard in Teilen des Md. und im Obd. bestimmt. Die heutige Standardnorm eines /ɛ/ geht auf die auf dem Nd. basierende Kodifizierung der Bühnenaussprache durch Siebs zurück.

V. Moser 1.1. § 17 bezeichnet die *å̃*-Schreibungen für den Sekundärumlaut – mit Ausnahme des kaiserlichen Kanzleiusus, der in der Regel *e* fordert – als die regelmäßigen in bair. Hss. des 14./15. Jhs. Dem widerspricht u. a. Löfstedt 1944; sie gibt für die *e*-Variante einen Durchschnittswert von 30% aller Sekundärumlaute für das gesamte Bair. an (gegen 8% *å̃*-Schreibungen und 15% *ä*-Schreibungen); dabei ist *e* stärker im Nbair. (drei Viertel aller Belege) und geringer im Mbair. und Sbair. (20%) vertreten. Vgl. dazu auch Gr. d. Frnhd. III, 225ff. und die dort genannte Literatur. Zur kaiserlichen Kanzlei Maximilians I. s. Hans Moser 1977, 88, der für den Sekundärumlaut neben *e* auch *é* und *a* belegt.

Seit dem 15. Jh. gewinnt das *å̃* (u. ä.) zur Bezeichnung des *a*-Umlauts gegenüber *e* an Boden und verdrängt allmählich *e* überall dort, wo in etymologisch verwandten Formen ein Lautwechsel von /e/ und /a/ herrschte. Zur Durchführung des sog. etymologischen (besser: etymologisch-morphologischen) Prinzips in der Textsorte ‚Bibel‘ s. bes. Hatz 1986; zum Begriff auch Garbe 1980. Aufgrund nicht immer leicht durchschaubarer etymologischer Verhältnisse wurde das Prinzip allerdings nicht konsequent durchgeführt (z. B. *Eltern* statt *Ältern*).

Im 15. Jh. dominiert *å̃* gegenüber *e* in zahlreichen Texten im Bair. und Oschwäb. (vgl. Strebl 1967, 146; Tarvainen 1968, 22ff.; Gehr 1927, 52; Gillitzer 1942, 86f.; Krause 1924, 63 u. 139; Glaser 1985, 55 u. passim), der konkurrierende Gebrauch setzt sich aber hier wie auch in den übrigen obd. Landschaften bis zum Ende des 16. Jhs. fort. Für die Reutlinger Kanzleisprache nennt Wagner 1910, 19 *e* als Leitvariante. Auch Bohnenberger 1892, 30f. notiert für den Primärumlaut in der Regel *e*, seltener *d̂* (*ä* u. andere) (s. auch Hertzog 1908, 14; Piirainen 1968, 42ff. und 65ff.; Walter 1923 § 8; Wietig 1913, 39ff.; Nohl 1887, 32ff.; Karg 1884, 11ff.). Im Els. wird der Umlaut von *a* in Hss. und Drucken des 15. Jhs. noch in der Regel mit *e* wiedergegeben (vgl. V. Moser 1912), so auch noch im Volksbuch Till Eulenspiegel von 1515 und zeitgenössischen Drucken (vgl. Bentzinger / Waldeck 1972, 203ff. und 239); ebenso bei Murner (vgl. Stirius 1891, 10ff.). Im 16. Jh. dringt *d̂* ein und wird in der 2. Jh.-Hälfte zur dominierenden Graphie (vgl. V. Moser 1910, 121ff.; Wethly 1892, 57). V. Moser 1920 weist für die Straßburger Druckersprache zwischen 1570 und 1590 noch starke Schwankungen in dem Verhältnis von *e* und *d̂* nach (vgl. bes. 14ff., 43ff., 86ff., 125ff.). Im Hchalem. sind *d̂* und *e* erst im 16. Jh. etwa gleich stark belegt (in den Urbaren der Frühzeit war *d̂* weitgehend auf den alem. Osten beschränkt (vgl. HSS 1979, 105f.). Göttelmann 1928, 30ff. nennt für Zwingli für den Primärumlaut *e*, selten *ä*, für den Sekundärumlaut *ä*. *e* ist im Hchalem. noch bis um 1700 belegt (vgl. etwa Zollinger 1920, 45f.; V. Moser 1920 u. 1924, 78). Im Ofrk. variiert der Umlaut von *a* ebenfalls noch im 16. Jh. Pfanner 1954, 169ff. belegt neben *e* vereinzelt *d̂* und *æ*; Grönlund 1945, 39ff. gibt für Peter Probst noch durchweg *e* an, Hartmann 1922, 45ff. für Dürer neben *e* einmal *ä*, Koller 1989, 50ff. 99, 5% *e* gegen 0, 1% *ä*~*d̂*. Koch 1910, 3f. bucht für M. Paumgartner *e*, für B. Paumgartner *e*~*ä*~*æ*. Auch für Hans Sachs belegt die Literatur noch überwiegend *e*, neben *d̂*. Für die Würzburger Kanzleisprache belegt Volk (1967, passim) noch bis zur 1. Hälfte des 16. Jhs. *e* (so auch Huther 1913, 27f.). Auch in der Schweinfurter Kanzleisprache ist *d̂* um die Jahrhundertmitte noch spärlich vertreten (vgl. Ludwig 1922, § 5 und 8).

Im Md. werden *d̂* und *ä* seit dem 15. Jh. aus dem Obd. übernommen, doch diese Zeichen können sich erst im 17. Jh. definitiv durchsetzen. Schwitzgebel 1958, 29ff. belegt für Ingelheim *d̂* neben *e* für das Ende des 15. Jhs.; Arens 1917, passim findet seit ca. 1510 seltenes *ä* für Mainz; Demeter 1916, 58 belegt *d̂* für Mainz Ende des 16. Jhs. Für das Rip. stellt V. Moser 1923, 400f. den seltenen Gebrauch von *d̂* noch für die Ulenberg-Bibel (Ausgabe von 1670) fest; in den Kölner Drucken von Spee (1634) ist das etymologische Prinzip durchgeführt (vgl. V. Moser 1915, 21ff.). Zum Omd. s. Fleischer 1967, 22ff. und 1970, 45ff.; Luther-Drucke weisen selten *d̂* auf (vgl. H. Bach 1974, 19f.). Allgemein s. Gr. d. Frnhd. III § 79ff.; V. Moser 1.1 § 17 u. 70; v. Bahder 1890, 104ff.

Das Verhältnis von *d̂* und *ä* charakterisiert V. Moser 1.1. § 17 so, daß *d̂* in Hss. des 14. und 15. Jhs. und in Drucken vom 16. Jh. an dominiert und *ä* bes. in späteren Hss. erscheint, doch vgl. Löfstedt 1944, 54. *æ* ist auf Hss. beschränkt und steht in der Regel für Sekundärumlaut, kann aber auch für Primärumlaut verwendet werden. Das Zeichen findet sich in frühen (bis 14. Jh.) obd. Texten, ist dort aber recht häufig (überwiegend jedoch für lang /ä:/) belegt. *ẽ* ist erst seit dem 14. Jh. bes. im Süd.- und Mittelbairischen belegt, gewinnt im 15. Jh. zunächst an Bedeutung, um danach rasch zu schwinden (vgl. Löfstedt 1944; Scholz 1898, 70ff.; Strebl 1967, 146; Kauffmann 1890, 51; Boesch 1946, 75ff.; Kiefer 1922, 54ff.; HSS 1979; Pfanner 1954, 169ff.). *ẽ* auch für den Primärumlaut belegt Polheim 1980, 172ff. u. passim für das Admonter Passionsspiel; vgl. auch Gillitzer 1942, 84ff. u. 90f.

Die Varianten *ẽ* und *d̂* sind selten seltener. Als initiale Majuskel dienen *Ae* und *Å*, vereinzelt *Ẽ*. Zum diakritischen *ᵃ* s. ausführlich Tennant 1981 und HSS 1979, 105f. und Karte 9; zu weiteren selteneren graphischen Varianten s. Löfstedt 1944, bes. 51ff.; Graser 1990, 31 u. ö.

Anm. 3: Fabian Frangk (Orthographia, 1531, Bijᵛ) fordert *d̂*~*ä* bereits nach dem etymologisch-morphologischen Prinzip: „*Das a / mit dem kleinen e / oder zweien punctlin [. . .] betzeichnet / wirdt gebraucht / in deriuatiuis / das ist / in den worten / so jr ankunfft von anndern nehmen / als die namen / so in die gemehrte zal / odder auch aduerbia treten vnd absteigen / darine das a braucht wird [. . .]*". Nicht ganz so deutlich bereits Kolroß (Handbûchlein tütscher Orthographie, 1530, 68); vgl. auch Hatz 1986, 7ff.

Anm. 4: Im Falle von *a*-Schreibungen ist nicht zu entscheiden, ob es sich um einen unbezeichneten Umlaut oder um ein nichtumgelautetes *a* handelt, vgl. § L 8.

2. Der Lautprozeß der *e*-Verschmelzung ist heute noch kaum zu beschreiben. Moulton 1961 und mit ihm Herrlitz 1970, 25f. nehmen eine zweifache Hebung (/*ä*/ > /*ë*/ > /*e*/) an. Eine andere Möglichkeit sieht Moulton 1961, Anm. 28 in einer Senkung /*e*/ > /*ë*/ (im Rahmen einer Reihensenkung); s. dazu auch Sanders 1972. Bereits über die historischen Voraussetzungen eines mhd. Dreiersystems besteht indes kein Konsens (vgl. etwa Trost 1939; Fourquet 1958, 166). Die nhd. Standardaussprache kann als Endpunkt nicht herangezogen werden, da sie eine normative Setzung des späten 19. Jhs. darstellt. Und die rezenten Mdaa. schließlich bieten ein zu buntes Bild, um die einfachen Erklärungsmodelle plausibel erscheinen zu lassen. Die zahlreichen Zweiersysteme zeigen ganz unterschiedliche Ergebnisse von Verschmelzungsprozessen, um eine allgemeine Entwicklungsrichtung ausmachen zu können, wie die oben genannten Modelle dies nahelegen (vgl. dazu Luick 1886 u. 1889; Nagl 1886; Schirmunski 1962, 241ff.; Goossens 1969, 62f.; Russ 1982a, bes. Karte 10; Wiesinger 1983d, 1042ff.; Szulc 1987, 126). Zum Teil in nahe beieinanderliegenden Mdaa. lassen sich unterschiedliche Entsprechungen zu den mhd. *e*-Lauten ausmachen.

Schreibungen mit *e* (*ê* u. a.) anstelle von mhd. und nhd. standardsprachlich *a* vor <*sch*> wie in *geweschen, tesche, esche (Asche)* etc. finden sich im md. und obd. Westen bis hin zum oobd. Grenzgebiet (vgl. V. Moser 1.1. § 58, Anm. 4; Besch 1967, 86ff. u. Karte 7).

Lautliche Grundlage dieser Schreibungen, die sich im Südwesten bis ins 18. Jh. finden, stellt der im Ergebnis in rezenten Mdaa. des westlichen deutschen Sprachraums direkt beobachtbare Umlaut von /*a*/ > /*ä*/ vor /*ʃ*/ dar, wobei *wäschen* am weitesten verbreitet ist (vgl. Schirmunski 1962, 204).

Anm. 5: Schreibungen mit *e* anstelle von mhd. *a* treten auch in einigen Einzelfällen als Reflex eines früheren – meist regional begrenzten – Umlautprozesses auf, so etwa *erzney* (bis Ende des 16. Jhs.), *mentag* (hchalem. bis ins 16. Jh.), *elliu* (hchalem. bis ins 15. Jh.), *ebenteuer* (*Abenteuer*; Umlaut durch fremdes *ü* md. bis ins 17. Jh.), *entwürt* (*Antwort*), *ermut* (*Armut* bes. im 14./15. Jh. bes. schles.); Umlaut bei nachfolgendem *ei* findet sich in *erbeit* (md., seltener wobd. bis 16. Jh.), *emeise* (md. bis 17. Jh.) (vgl. V. Moser 1.1. § 58.2ff.).

Anm. 6: Das Indefinitpronomen *men* erscheint im Rip. und wohl unter nd. Einfluß im übrigen Md. gelegentlich neben *man*.

Md., bes. mfrk. *grefe* (ahd. *grâvio*) ist bis ins 15. Jh. häufig belegt (vgl. V. Moser 1.1. § 59, Anm. 8).

Zur Senkung s. § L 33; zur Entrundung und zur Rundung s. § L 36; zur Dehnung s. § L 34.

i §L13

/i/

<i, j, y, ÿ, ẏ>

Frnhd. /i/ entspricht weitgehend (ungedehntem) mhd. und nhd. /i/.

Anm. 1: „*Also* [wie das e; Anm. des Verf.] *auch das /i/ allein mit engerer beschliessung der zene / die sich genewer berieren / Vnnd ist fast der laut des kirrens der Sew / wenn mans sticht oder würget*" (Ickelsamer Avj^r,v).

Zum folgenden vgl. V. Moser 1.1. § 12 und 18; Horn 1894; Must 1965. *i, j* und *y* zur graphischen Wiedergabe von /i/ und /j/ (zur Repräsentanz von /j/ s. § L 55) sind prinzipiell sowohl initial als auch medial möglich, doch bestehen von Beginn des Frnhd. an deutliche Präferenzen, zum Teil in Abhängigkeit von der jeweiligen Schriftart (zur finalen Stellung s. § 21 zu /i:/). *i* und *j* haben im Deutschen eine gemeinsame Vorform. Das *i* (ohne Punkt) wurde wohl vor allem mit dem Aufkommen der gotischen Schrift, insbes. in der Umgebung von *u, m, n* oder weiteren *i*, wenig distinktiv. Um *i* deutlicher zu markieren, wurde es mit einem Akzentzeichen oder einem Bogen versehen (*í, ĭ*) oder durch eine Verlängerung nach unten, seltener nach oben, markiert. Dieser aus lateinischen auf deutsche Hss. übertragene Usus führt zum *i*-longa (*j*), das zunächst vor allem in initialer Position und als letztes von zwei oder mehreren aufeinanderfolgenden *i*, etwa bei römischen Zahlen (*xj, xiij* etc.) erscheint. Seit dem 15. Jh. zeichnet sich eine tendenzielle (nicht feste) graphische Regelung der Distribution von *i* und *j* ab. Das *i*-longa *j* findet sich für /i/ seit dem 14. und 15. Jh. und in den Drucken ab 1500 zunehmend in initialer Position; aber noch Luthers Drucker verwenden *i*, zum Teil gegen Luthers Hs. (*iar, iungfrawschaft, iugent* etc. (vgl. Haubold 1914, 12, 30, 52). *i* steht initial und medial. Medial ist *j* sehr selten vertreten (*wjrd, linje*). Dagegen ist *i* initial etwa gleich häufig wie *j* vertreten, bei einigen Lexemen wie *ich, in, ist* dominiert *i* sogar meist und erscheint in Drucken seit dem 16. Jh. nahezu durchweg. In indirekter Initialstellung (initial nach Präfix, nach *ge*- im Part. II oder beim Grundwort von Komposita) steht *i* in der Regel vor Vokal (*geiagt, hoffiunkfrau*), *j* in der Regel vor Konsonant (*verjrrt, erjnnern*).

Eine Trennung der Zeichen nach dem Lautwert *i* für den Vokal /i/ und *j* für den Konsonanten /j/ wird aus der Romania übernommen. Nach Must (1965, 589) macht zuerst der Spanier Antonio de Nebrija diese Unterscheidung, die dann in den anderen Ländern übernommen wird (1524 durch Trissino in Italien, 1559 durch Pierre de la Ramée in Frankreich; Jensen 1969, 540 nennt dagegen als ersten Franzosen den Orthographiereformer Louis Meigret 1542). Für den deutschen Sprachraum findet Must die Trennung zuerst bei Paul Schede Melisssus 1572. Im Rahmen der Grammatikschreibung wird die Trennung zuerst bei Jakob Brücker, Teutsche Grammatic 1620 aufgegriffen und von Schottelius in der ‚HauptSprache' bestätigt.

Als Majuskel erscheint in der Frakturschrift das unter die Zeile geschwänzte *J*, in der Antiquaschrift bis ins 16. Jh. das *I* auf der Linie; seit dem 16. Jh. konkurrieren beide in der Antiqua.

Mit *i* und *j* konkurriert *y* als drittes Zeichen für /i/, seltener für /j/ (vgl. § L 55). *y* wird aus dem Griechischen in Lehnwörtern und in biblischen Namen übernommen (*Kyrie eleyson* etc.). In deutschen Wörtern entsteht es sekundär durch Ligatur von *i* und *j* (*ij, ẏ, y*). Auch *y* repräsentiert sowohl den Vokal als auch den Konsonanten (*kynt, eyn, yener, yagen, mayestät* etc.). *y* findet sich vermehrt seit dem 14. Jh. bis ins 16. Jh. als freie Variante von *i, j*. Es erscheint überwiegend medial, aber auch relativ häufig initial, bes. in der Umgebung von *m, n*, wo *i* (zumal ohne Punkt) graphisch wenig deutlich erscheint: *yn, yr, ymer, yrdisch, hymel, kynd, besnytten, byschof* etc. Sehr häufig erscheint *y* als zweiter Bestandteil der Digraphien *ey* (*ay* etc.). Im Alem. und – in geringerem Maße – im Mfrk. des 15. Jhs. sind *i* und *y* vorübergehend tendenziell funktional geschieden. Es steht *i* für /i/ und *y* für /iː/ (mhd. /iː/). Seit dem Ausgang des 16. Jhs. (zuerst Hieronymus Wolf 1578), dann bes. im Rahmen der Bemühungen der Fruchtbringenden Gesellschaft, wird die Verwendung von *y* eingeschränkt; es bleibt jedoch bis ins 18. Jh. hinein üblich zur graphischen Unterscheidung von Homonymen, wie dies von Schottelius in der ‚HaubtSprache‘ vorgeschlagen wird: *Weide* (Baum) vs. *Weyde*.

y wird häufig mit Diakritika versehen (*ẏ~ÿ*, seltener *ẏ*). Ob hier ein graphischer Reflex der Ligaturschreibung von *ij* vorliegt, ist schwer zu entscheiden. Selten sind andere Diakritika (*ÿ~ŷ~ÿ̆~ẏ~ẙ* etc.). Genaue Zahlenverhältnisse für Dürer bietet Koller 1989, 61.

Anm. 1: In Luthers Hss. und Drucken werden *i* und *y* völlig frei variierend verwendet. *ey* und *ei* werden nicht nach historischen Gesichtspunkten getrennt (vgl. Haubold 1914, 13f., 31f., 52f., 72f.). Insgesamt scheint Luther aber (zumindest nach der Darstellung Haubolds) *y* häufiger zu verwenden als seine Drucker. H. Bach 1974 bucht bis 1520 einen Anteil von rund 25% *y*-Belegen bei Luther.

Schreibungen mit *i* anstelle von mhd. *e/ē* vor *r* sind bes. im Bair. und Hess., seltener im Ofrk., kaum im Schwäb. und Alem. bis ins 16. Jh. belegt: *zirren, spirren, mirken, kircze, irbe, hirzog* etc. (vgl. V. Moser 1.1. § 71.1; V. Moser 1916, 437ff.). Solche Schreibungen, die nach V. Moser geschlossene Qualität des *e* anzeigen sollen, sind bes. im Md. nur schwer zu trennen von hyperkorrekten Schreibungen mit *i* im Gefolge der *i*-Senkung (vgl. § L 33; V. Moser § 71, Anm. 1). Hyperkorrekte Schreibung (‚hyperoberdeutsch‘) wird für *i*-Schreibungen anstelle von mhd. *ē* für das übrige Md. angenommen (vgl. V. Moser 1.1 § 71.1, Anm. 2; Behaghel 1912, 562; H. Bach 1974 § 2; anders Weinhold, Mhd. Gr. § 48, der auch hier Lautwandel annimmt).

Anm. 2: *wil(i)ch* (ahd. *wiolich*) neben *wel(i)ch* findet sich bis ins 16. Jh. im Md., bes. Wmd. (wenige Belege im Schwäb. und Alem. bis Ende des 15. Jhs.; V. Moser 1.1. § 71, Anm. 5). Im Rip. ist *minsch* neben *mensch* belegt (vgl. Lübben, Mnd. WB, s. v.)

Anm. 3: Zur Konkurrenz von *ind(e)* und *und(e)* im Wmd. s. Schützeichel 1974, 97ff.; Garbe 1969, 62f.; Schellenberger 1974, 70ff.

Anm. 4: Zum Wechsel von *wiste / gewist* und *wußte / gewußt* s. Paul, Mhd. Gr. § 65, Anm. 8. *i*-Schreibungen erscheinen bis ins 17. Jh. Zum Nhd. setzten sich die vom Präs. / Inf. unterschiedenen *u*-Formen durch, die seit dem 15. Jh. belegt sind. Zur Begründung dieses ungewöhnlichen Wechsels s. Paul, Dt. Gr. T. III.5, § 190; Fiedler 1928, 188; Zwierzina 1926, 8.

Anm. 5: Zum Nebeneinander von *bringen* und *brengen* (as. *brengjan*) s. V. Moser 1.1. § 72, Anm. 6. Besch 1967, 95f. weist eine deutlich regional gewichtete Verteilung für das 15. Jh. nach: *brengen* ist belegt im Rip., Omd. und – konkurrierend mit *bringen* – im Ofrk., sonst steht *bringen*; vgl. auch DWB, s. v.

Anm. 6: Zum Nebeneinander von *bitten* und *betten* s. Paul, Dt. Gr. T. II § 59.

Anm. 7: *Hilfe* zeigt im Frnhd. eine (historisch begründete) Variation von *hilfe, helfe, hulfe* und *hülfe* (ahd. *helfa, hilfa* und *hulfa*). e-Schreibungen finden sich bis ins 15. Jh.; *i*- und *u*-Schreibungen sind im Frnhd. regional verteilt. Besch (1967, 97f.) belegt eine klare Verteilung von *u* im Obd. und *i* im Md. für das 15. Jh. Die *ü*-Form wird dann im 16./17. Jh. dominant und hält sich, mit abnehmender Tendenz, bis ins 20. Jh. (vgl. V. Moser 1.1. § 66, Anm. 9; Paul, Dt. Gr. T. II § 72; DWB, s. v.).

Anm. 8: Zum Nebeneinander von *pinsel* (altfranz. *pincel*) und *pensel* (lat. *penicillus*) s. V. Moser 1.1. § 71, Anm. 4.

Zur Senkung s. § L 33; zur Entrundung und zur Rundung s. § L 36; zur Dehnung s. § L 34; zur Diphthongierung /i/>/ie/ s.§ L 30.

o

/o/

§ L 14

<o, ó, δ>

Frnhd. /o/ entspricht (ungedehntem) mhd. und nhd. /o/.

Anm. 1: *„Das /o/ mit dem athem eines runden gescheübelten munds / vnd ist der starck laut / der die pferdt still stehn macht"* (Ickelsamer Avjᵛ).

Schreibungen mit *o* anstelle von mhd. kurz *a* sind im Bair., seltener im Els., Ofr. und Md. (ohne Rip.), nur in Ausnahmen im Schwäb. und Hchalem. in Drucken teilweise bis ins 16. Jh., in Hss. bis ins 17. Jh. belegt (vgl. V. Moser 1.1.§ 69; zum Bair. s. bes. Weinhold, Bair. Gr., 37ff.; Kranzmayer 1956,22; Bürgisser 1988,115; weitere Literaturangaben bei N. R. Wolf 1975,346, Anm. 22). Außerhalb des Bair. ist die *o*-Schreibung weitgehend auf mundartnahe Hss. (bes. Urkunden) beschränkt, findet sich aber auch in Drucken in der Reimbindung (vgl. etwa Krell 1913 zu Fischart). Um die Mitte des 16. Jhs. schwindet die *o*-Schreibung aus der Drucksprache. Steffens 1988,179 belegt für Mainzer Urbare *o*-Schreibungen von 1392–1534. *o*-Schreibungen erscheinen bes. häufig vor Liquid und Nasal, seltener vor anderen Konsonanten (vgl. V. Moser 1.1. § 69), so *nom, olt, mon, gorten, on* etc.
Die lautliche Grundlage dieser *o*-Schreibungen bildet (wohl) die in rezenten Mundarten im Ergebnis direkt beobachtbare Hebung und Rundung von mhd. /a/. Dieser Lautwandelprozeß erreicht bei weitem nicht die Ausdehnung des entsprechenden Prozesses bei langem /a:/ (vgl. § L 22). In einigen Regionen (Els., in Teilen des Pfälz. und im Omd.) wird nur eine Zwischenstufe erreicht (δ), im Nfrk., Mfrk., Schwäb. und Hchalem. bleibt *a* erhalten, im Hess. und Ofrk. wird nur lang /a:/ (einschließlich gedehntem mhd. /a/) zu /ɔ:/ gehoben (vgl. Schirmunski 1962,240f.; auch: Haas 1978,321ff.). Die bereits im Mhd. einsetzende Entwicklung (vgl. Weinhold, Mhd. Gr. § 23) ist am konsequentesten im Bair. (Mbair. und Sbair.) durchgeführt, wo kurzes und langes *a* mit kurzem bzw. langem *o* zusammengefallen sind (zu /ɔ/ bzw. /ɔ:/).
Bei der Beurteilung dieses Prozesses ist jedoch die quantitative Veränderung durch Dehnung der Kurzvokale, die in einigen Regionen weiter geht als in der Standardsprache, zu berücksichtigen (vgl. § L 34). Es ist auffällig, daß die als Beispiele in der Sekundärliteratur aufgeführten Lexeme (etwa bei V. Moser 1.1. § 69) in einigen rezenten Mdaa. gedehnt sind (vgl. Schirmunski 1962,188f.; Wiesinger 1983a). Unterstellt man relative Länge des Vokals hier bereits für das Frnhd. – was nach Durchführung der allgemeinen Dehnung durchaus denkbar, wenn auch aufgrund fehlender graphischer Signale kaum beweisbar ist – so würde der Lautwandel /a/>/o/ in Lexemen wie *olt, mon, on, hort* etc. zumindest in den entsprechenden Regionen in den Bereich des Langvokalismus gehören.

Anm. 2: Zum Wandel von *u* > *o* im Part. II und im Pl. Prät. der starken Verben s. Gr. d. Frnhd. IV § 98–139, passim.

Zur Senkung s. § L 33; zur Konkurrenz von *ader~oder, van~von, ab~ob, dach~doch, nach~noch, wal~wol, sal~sol* s. § L 11; zur Dehnung s. § L 34; zur Entwicklung /ä/>/a/ s. § L 11; zu /o/>/ao/ s. § L 28.

§ L 15

ö

/ö/

<*δ, ö, ó, o*>

Frnhd. /ö/ entspricht (ungedehntem) mhd. und nhd. /ö/.

Anm. 1: „*Das /δ/ ist auch fast der mittel laut zwischē /o/ vñ /e/ als in diesen wŏrtern / δl/ gŏtlich etc.*" (Ickelsamer Avij').

Diakritika zur graphischen Repräsentation von /ö/ finden sich seit dem 13. Jh. im Obd. (vgl. etwa Bürgisser 1988, 112ff.; Kauffmann 1890, 79; Glaser 1985, 78f.; Scholz 1898, 133ff.; Boesch 1946, 91ff.). Im 14. Jh. ist die Umlautsbezeichnung im gesamten Obd. einschließlich des Ofrk. belegt, im 15. Jh. auch in Teilen des Md. (Hess.). In der ersten Hälfte des 16. Jhs. wird die Umlautsbezeichnung auch im übrigen Md. (Rip., Omd.) durchgeführt.

Neben dem gebräuchlichsten Zeichen *δ* in frühen Hss. und in den Drucken steht selteneres *ö*, das erst in späteren Hss. zunimmt. *ó* ist selten belegt. Als initiale Majuskel dient *Oe*, seltener *Ő* (vgl. V. Moser 1.1. § 16 und 59).

Anm. 2: Im Obd. tritt Umlaut vor *ei* ein, so etwa *wölfel* (<*wolfeil*) (vgl. V. Moser 1.1. § 59, Anm. 7; des weiteren s. auch ibid. Anm. 2ff.).

Zur Senkung s. § L 33; zur Entrundung und zur Rundung s. § L 36; zur Umlautsbezeichnung s. § L 8.

§ L 16

u

/u/

<*u, ú, ù, û, ŭ, ů, ů, v, w*>

Frnhd. /u/ entspricht (ungedehntem) mhd. und nhd. /u/.

Anm. 1: „*Das /u/ ist ain laut / gemacht mit spitzigē lefftzen vn zůsamē gezogen mund / Diser laut klingt vnd erschallet im Juh schreien der frŏlichen jungen gesellen*" (Ickelsamer Avj').

Zum folgenden vgl. V. Moser 1.1. § 14f.; Horn 1894.

u, v und *w* zur graphischen Wiedergabe von /u/ (zur Repräsentation von /f/ bzw. /v/ s. §§ L 50, 51) sind prinzipiell sowohl initial als auch medial möglich, doch bestehen von Beginn des Frnhd. an deutliche Präferenzen, die z. T. auf die verschiedenen Schriftsysteme zurückgehen. *v* steht in der Regel initial, *u* überwiegend medial: *vmb, vnder, vn-, vnd, vr-* etc., *mutter, stunde, lust* etc. Initial ist *u* seltener vertreten (*und, um, uf* etc.), während *v* im Wortinnern zumeist nur silbeninitial steht: -*vng, widervm, darvmb* etc., aber auch *mvter.* Die konsequente *u*-Schreibung setzt sich erst im 17. Jh. durch. Noch Ende des Jhs. sind konkurrierend etwa *darum~darvm, geurtheilt~vervrtheilen* etc. belegt (vgl. V. Moser 1.1. § 14, Anm. 1).

w erscheint nur selten in frühen Hss. initial (*wnd*, *wff*), etwas häufiger medial (*zwm*). Sehr häufig – oft dominant gegenüber konkurrierendem *u* bzw. *v* – wird *w* als zweiter Bestandteil der Digraphien *aw*, *äw*, *ow*, *ew* zur Wiedergabe der Diphthonge /*ao*/ und /*oe*/, und hier auch in finaler Position, verwendet. Die Trennung von *u* und *v* nach dem Lautwert erfolgt nach Jensen 1969, 540 erst im 17. Jh.

Als initiale Majuskel erscheinen in der Frakturschrift *U* und *V* konkurrierend, in der Antiqua bis ins 17. Jh. nur *V*. *V* für /*u*/ und auch für /*ü*/ (*Vbel*) erscheint noch über das 17. Jh. hinaus.

u wird seit dem 15. Jh. häufig durch Diakritika gekennzeichnet, um die Graphie von anderen, besonders *n*, deutlich abzuheben. Meist handelt es sich um übergeschriebene Bögen oder Akzent bis hin zum übergeschriebenen ͨ, seltener ͦ. Diese Diakritika finden sich auch, wenngleich viel seltener, über *v* bzw. *w*. Die Graphien *u*, *ů* und *ủ* werden auch zur Wiedergabe von /*ü*/ bzw. /*üe*/ oder /*ou*/ benutzt. Seltener verwendet werden Schreibungen wie *ủ*, *ū̆*, *ū̌*, *ŭ*. Vgl. die genauen Zahlenverhältnisse für Dürer bei Koller 1989, 72.

Schreibungen mit *u* anstelle eines mhd. *o* erscheinen in großen Teilen des Md. in Hss., kaum in Drucken, bis zur Mitte des 16. Jhs.: *hulz*, *sulch*, *wullen*, *wurt*, *fugel*, *furt*, *wuche* etc. Im Schles. erscheint die *u*-Schreibung nach V. Moser spontan (Arndt 1898, 22ff. nennt Liquid, *ch*, *ff* plus Konsonant als lautliche Bedingung), im Hess. / Thür. bes. bei Dehnung (vgl. § L 34), im übrigen Wmd. vor Liquid / Nasal plus Konsonant. Nur wenige Belege finden sich im Ofrk. (etwas häufiger wohl im Norden, vgl. Huther 1913, 32) und lediglich lexemgebundene *u*-Schreibungen im Alem. und Schwäb. (*hunig*, *dunder* ‚Donner‘, *wuche*) (vgl. V. Moser 1.1. § 73.2; s. auch Paul, Mhd. Gr. § 165.7; A. Bach 1930, 53). Für das Bair. konstatiert Kranzmayer 1956, 36 *u*- Schreibungen nur im Nordbair., ansonsten vereinzelt lexemgebunden (*uft*, *wullen*, *wuche*; vgl. auch Pinsker 1934, 12).

Lautliche Grundlage dieser Schreibungen ist (wohl) die in rezenten Mdaa. im Ergebnis direkt beobachtbare Hebung von /*o*/>/*ü*/ (vgl. Schirmunski 1962, 236f.).

Anm. 2: Von einigen Lexemen sind ältere Doubletten mit *u* und *o* belegt: *furcht(en)*~*forcht(en)*, *trutz(en)*~*trotz(en)*, *trucken*~*trocken*, *gulden*~*golden*, *hulz(en)*~*holz(en)*, *antwurt(en)*~*antwort(en)*, *sullen*~*sollen*, *wullen*~*wollen* (‚aus Wolle‘), *furz(en)*~*forz(en)*. Die *u*-Formen sind teilweise bis ins 17. Jh. belegt; bei *Furcht* und *furzen* / *Furz* hat sich *u* in der nhd. Standardsprache durchgesetzt (vgl. V. Moser 1.1. § 53f.).

Anm. 3: Zu *kumen* (neben *komen*) vgl. Gr. d. Frnhd. IV § 127.6; DWB, s. v. I.3; ferner die bei N. R. Wolf 1975, 346, Anm. 24 angegebene Literatur. Zum Wechsel *u*>*o* im Part. II und Pl. Prät. der starken Verben s. Gr. d. Frnhd. VI § 98–139, passim.

Anm. 4: Zum Nebeneinander von *zwuschen*~*tuschen* und *zwischen*~*zwüschen*~*zwoschen* s. Paul, Mhd. Gr. § 116; Gleißner / Frings 1941, 64f.; Klappenbach 1945/46; Schützeichel 1974, 138ff.; ausführlich DWB, s. v. Besch 1967, 130f. belegt für das 15. Jh. *tuschen* für das Rip., *zwischen* im oobd. und omd. Raum und *zwüschen* mit Rundung im Schwäb. / Alem.

Anm. 5: *uf(f)* steht bereits im Mhd. neben langem *ûf*, das zu *auf* diphthongiert wird (vgl. § L 31). Die Kürze – im Md. meist *o* (*off* etc.) – hält sich (außer im Bair.) bis ins 17. Jh. Vgl. dazu V. Moser 1.1. § 77, Anm. 5; Paul, Mhd. Gr. § 58, Anm. 1; Mitzka 1964; desweiteren auch Fleischer 1970, 109f. Auch *ûz* widersetzt sich lange der Diphthongierung (dazu Fleischer, ibid.)

Zur Senkung s. § L 33; zur Dehnung s. § L 34; zur Diphthongierung /*u*/>/*uo*/ s. § L 34.

§ L 17   ü

/ü/

<ů, ü, u, ů, ů́, ū, ú, ů́, û, u̇, ŭ, v, v́, v̂, v̈, ÿ, y, ue, üe>

Frnhd. /ü/ entspricht (ungedehntem) mhd. und nhd. /ü/.

Anm. 1: „*Das /ü/ lautet mit zůsamen gezognern vnd engern leftzē/ dañ das gemein
Lateinisch /u/ darüb auch diser laut bei dē Hebreern heißt Kibutz vō zůsamen legē der
leftzen/ als es lautet in disen wőrtern/ fünff/ gůtlich/ hübsch etc.*" (Ickelsamer Avij').

Die diakritische Kennzeichnung von *u/v* zur graphischen Repräsentation von /ü/
findet sich nach vereinzelten Vorläufern (zum klassischen Mhd. s. Paul, Mhd. Gr.
§ 19 und 69) seit dem 13. Jh. im Obd. (vgl. Bürgisser 1988, 101ff.; Glaser 1985, 71ff.,
Scholz 1898, 144ff.; Boesch 1946, 34ff.). Im 14. Jh. ist die Umlautsbezeichnung im
gesamten Obd. einschließlich des Ofrk. belegt, doch noch nicht konsequent durchgeführt. Im 15. Jh. schließt sich das Wmd. zum Teil an. Franke (1913, 118ff.) nennt
für Mainz die Daten 1485 (bzw. für die Kanzlei 1490). Im übrigen Md. setzt sich die
Umlautsbezeichnung erst in der 1. Hälfte des 16. Jhs. durch. Franke (a.a.O.) gibt für
Leipzig das Datum 1520, für Wittenberg 1522/23 an.
    Nach Durchführung der Umlautsbezeichnung dominieren unter den zahlreichen
Varianten *ü* und *ů́*. Alle übrigen sind seltener belegt und in der Regel auf Hss.
beschränkt (vgl. etwa HSS 1979, 126ff.). Dabei stellt die homographische Verwendung einiger Zeichen ein besonderes Problem dar. *ů́* und *ů́* und einige der seltener
verwendeten Zeichen können neben /ü/ auch /u/ bzw. /üe/, /uo/ repräsentieren. *ů́* und
ů́ sind ursprünglich graphische Repräsentanten von /üe/ bzw. /uo/. Doch nur selten
werden im Frnhd. die Zeichen *ü* für den Monophthong /ü/ und *ů́* für den Diphthong
/üe/ konsequent auseinandergehalten (vgl. § L 30). Im Md., wo die mhd. Diphthonge
/uo/ und /üe/ im 14./15. Jh. entweder bereits monophthongiert sind (vgl. V. Moser
1.1. § 81.2) oder neuerlich diphthongiert wurden oder wie im Rip., Nordhess. und
Wthür. möglicherweise aufgrund der nicht durchgeführten ahd. Diphthongierung
gar nicht vorhanden waren (vgl. § L 32.2), wird im 16. Jh. in Drucken *ů́* (neben
selteinerem *ü*) für /ü/ eingeführt. In den obd. Landschaften, in denen die mhd. Diphthonge erhalten blieben, wird bis ins 16. Jh. zumindest eine funktionale Trennung
der beiden Zeichen intendiert. Seit dem 16. Jh. werden *ü* und *ů́* auch im Schwäb. und
Alem. nur noch für /ü/ genutzt. Im 17. Jh. hat sich in der Drucksprache *ů́* für /ü/
durchgesetzt (im einzelnen s. dazu V. Moser 1.1. § 25).
    ů́ ist zunächst Repräsentant für den Diphthong /uo/ (vgl. § L 30). In Gebieten
ohne erhaltene Diphthongierung bzw. nach Durchführung der md. Monophthongierung
(vgl. § L 32) wird *ů́* als graphisches Zeichen für /ü/ bzw. /u/ benutzt. Hierbei handelt
es sich entweder um Schreibergewohnheiten oder um einen Ersatz für die eventuell
fehlende *ů́*-Type bzw. um den Versuch, *u* deutlich zu markieren (im einzelnen V.
Moser 1.1. § 25).
    ue und *üe* für /ü/ sind meist als lautlich kaum begründete Reflexe der ehemaligen
Diphthonge zu werten; gelegentlich erscheinen sie aber auch völlig unmotiviert
(*füenf*).
    Als initiale Majuskel ist selten *Ů́* belegt. Bis ins 17. Jh. findet sich regelmäßig *V*,
seltener *V́*. Auch initiales *v* für /ü/ ist meist ohne Trema belegt.

Anm. 2: Gelegentlich finden sich konkurrierende Schreibungen mit *ü* und *o*, so *be-
dorffen~bedürffen, darober~darüber, forcht~fürcht, gonstig~günstig* (vgl. etwa Koller 1989, 85)

Zur Senkung s. § L 33; zur Entrundung und zur Rundung s. § L 36; zur Dehnung s. § L 34; zur Umlautsbezeichnung s. § L 8.

3.4. Langvokale

a   § L 18

/a:/

< a, ah, ā̂, aa, ai, ā́, ae>

Frnhd. /a:/ entspricht mhd. und nhd. /a:/ sowie mhd. /a/ jeweils nach durchgeführter Dehnung (vgl. § L 34). In geringerem Maße geht frnhd. /a:/ auf Kontraktion zurück (vgl. § L 35). Zum Wandel /a:/>/o:~ɔ:/ s. § L 22; zur Diphthongierung /a:/>/ao~ou/ s. § L 28.

Anm. 1: Zum Dehnungszeichen *aa* und zu *i*, *e* und *h* als Dehnungszeichen s. § L 7.

Anm. 2: Die Darstellung der graphischen Varianz folgt der Argumentation Bohnenbergers 1892, 23ff. u. 1895, der eine diphthongische Zwischenstufe in der Entwicklung von mhd. /a:/ zu nhd. mdal. meist /o:/ annimmt. Deshalb finden sich Graphien wie *ā̂~ā̂* etc. unter *au* (s. § L 28). Weitere graphische Varianten s. etwa HSS 1979, 132ff.

Schreibungen mit *a* anstelle von mhd. *ô* vor Nasal, seltener vor anderen Konsonanten finden sich in bair. und rhfrk. Hss. im 14./15. Jh.: *thran, kran (Krone), graß, hach, schan* etc. In anderen Landschaften und in der Drucksprache sind *a*-Schreibungen selten (vgl. V. Moser 1.1. § 78, 1; Schwarz 1925/26). Zur lautlichen Grundlage s. § L 11.

Anm. 3: Zu *pfate* s. V. Moser a.a.O., Anm. 1.

Anm. 4: Zum temporalen und lokalen *da~do* s. V. Moser a.a.O., Anm. 6.

Schreibungen mit *a* (etc.) anstelle von mhd. *æ* finden sich im Bair. (seit dem Mhd.; vgl. Paul, Mhd. Gr. § 159.9; Löfstedt 1944, 49) und – mit Einschränkungen – im größten Teil des Alem., im Thür., Schles. und Teilen des Ofrk. *a*-Schreibungen sind weitgehend auf Hss. beschränkt: *schwar, fahig, beschwarung* etc. Kettmann 1967, 95 belegt für die obsächs. Kanzleisprache nur *nachst*. Spätere Belege (bis ins 17. Jh.) sind zumeist vereinzelt und lexemgebunden: *schwarlich, wildbrat*.

Lautliche Grundlage dieser Schreibungen ist (wohl) der in rezenten Mdaa. im Ergebnis direkt beobachtbare Wandel von mhd. /æ:/>/a:/. Paul, Mhd. Gr. § 159.9 datiert den Beginn der Entwicklung auf 1275; Löfstedt 1944, 50 datiert den Übergang im Bair. anhand der Schriftlichkeit auf den Zeitraum 1350–1450. (s. dazu auch Tschinkel 1908, § 107).

Anm. 5: Zum Nebeneinander von *lager* und *leger* s. Molz 1906, 297; Paul, Dt. Gr. T. III, § 13, Anm. 1; V. Moser 1.1. § 54 u. 1938, 68ff.; DWB, s. v.

Schreibungen mit *a* anstelle der mhd. Digraphien *ei, ou, öu* sind im Md. und Ofrk. verbreitet, treten aber relativ selten auf. Für das Bair. und Schwäb. konstatiert V. Moser 1.1. § 79, Anm. 6 Monophthongierung von /ae/>/a:/ in der städtischen Mda., obwohl es nur wenige, kaum überzeugende Belege dafür gibt (*zwantzig, halig, alf*). Mhd. *ou* und *öu* wurden im Bair. vor Labialen und vor *ch* zu /a:/ monophthongiert.

Belege finden sich vor allem in Hss. des 14.–17. Jhs.: *pam, hapt, erlaben, laffen, rach, ach* etc. Im Schwäb. sind *a*-Schreibungen in der 2. Hälfte des 15. Jhs. belegt. Nur wenige Belege finden sich im 16. und 17. Jh. im Alem. Häufiger sind *a*-Schreibungen im Md. und Ofrk. Vgl. auch lang *o* § L 22.

   Lautliche Grundlage dieser Schreibungen bildet (wohl) die in rezenten Mdaa. im Ergebnis direkt beobachtbare Monophthongierung von /ɛɛ/, /ou/ und /öü/. Mhd. /ɛɛ/ wurde im nördlichen Elsaß, im Rhfrk. (Obhess., Shess., Opfälz.) und in großen Teilen des Ofrk. zu /a~å/ monophthongiert, mhd. *ou* im südlichen Mosfrk., Pfälz., Hess. und in Teilen des Ofrk. (vgl. Schirmunski 1962, 233ff.). Im Nürnb. wird /ou/ nicht vor /v/, /g/ und /x/ zu /aː/ monophthongiert (vgl. Gebhard 1907 § 83; Koller 1989, 89). Nach Auskunft von V. Moser 1.1. § 79 finden sich seit dem 14. Jh. Hinweise auf die Monophthongierung von /ou/ über /ao/ zu /aː/ im linksrhein. Pfälz., Shess. und im westlichen Ofrk. (auch im Schles.). Ebenfalls ins 14. Jh. wird der Zusammenfall von /ae~ɛɛ/, /ao~ou/ und /oe~öü/ zu /aː/: *bam, unglabe, ach, zam* etc. im rechtsrhein. Pfälz. und im östlichen und südlichen Ofrk. datiert.

Anm. 6: Zum Nebeneinander von *stram* (bair. / ofrk.), *strom* (md., schwäb.) und *straum* (alem., Teile d. Md.) s. H. Bach 1974, 225f.; DWB, s. v. Nhd. *Strom* ist seit ca. 1600 dominant.

Zur Diphthongierung von /aː/>/ae/ s. § 27; zur Kontraktion s. § L 37.

§ L 19   e

/eː~ɛː/

<e, eh, ee, ei, ey, å, ä, ế>

Frnhd. /eː/ entspricht mhd. /eː/ und teilweise mhd. /æː/; weiterhin, jeweils nach durchgeführter Dehnung, mhd. /e/, /ẽ/ und /ä/. Russ 1982a, 155 gibt folgende Entsprechungen für nhd. /eː/ an: mhd. /eː/ (*Seele, mehr, gehen, See*), mhd. /æː/ (*angenehm, selig, schwer*), mhd. /e/ (*legen, Heer*), mhd. /ɛ/ (*treten, geben, sehen*), mhd. /ä/ (*Frevel, Pferd*). Die beiden mhd. Öffnungsgrade sind im Frnhd. in einigen begrenzten Gebieten – in Teilen des Ofrk. und Md. (bes. Wmd.) – bereits partiell verschmolzen (vgl. V. Moser 1.1. § 76). Da bereits über die mhd. Lautqualität der beiden Zeichen nur spekuliert werden kann (vgl. dazu V. Moser 1.1. § 76, Anm. 1), bleibt der Lautprozeß weitgehend unklar (vgl. die Skizze bei V. Moser 1.1. § 76, bes. auch Anm. 1).

Im Frnhd. steht *e* als Zeichen sowohl für mhd. *ê* als auch für mhd. *æ*. Die Zeichen *å* und *ä* zur graphischen Wiedergabe von /eː/ sind dagegen nur selten im Obd. belegt (vgl. V. Moser 1.1. a.a.O., Anm. 2). Zur Entwicklung der graphischen Variation s. auch § L 12.

Anm. 1: Zum Dehnungszeichen *ee* sowie zu *i, y* und *h* als Dehnungszeichen s. § L 7. Zu *ế* s. Huther 1913, 29 u. passim.

Die Diskussion um den Zusammenfall von mhd. /eː/ und /æː/ wird auch in der neueren Forschungsliteratur kontrovers geführt. Während Moulton

1961, Penzl 1969,84, Herrlitz 1970,25f. und Szulc 1966 eine totale Verschmelzung annehmen, bringt Hinderling 1978 Argumente für einen nur
partiellen Zusammenfall und das Weiterbestehen einer Lautopposition von
/e:/ und /æ:/ bzw. /ä:/ (vgl. dazu auch § L 12; Sanders 1972; Szulc
1987,126f. und 136). Der Befund der rezenten Mdaa. (vgl. Wiesinger 1970,
bes. Karte 7 und 11) zeigt totale Verschmelzung von mhd. /e:/ und /æ:/ nur
im westlichen Rhfrk. südlich von Frankfurt, in Teilen des Ofrk. und in
kleineren Gebieten im Omd. (s. auch Hinderling 1978, bes. Karte 3; Schirmunski 1962,213).

Anm. 2: Im Schwäb. wird mhd. æ – vergleichbar der Entwicklung von langem *a* (vgl.
§ L 22) – über eine Zwischenstufe /oe/ im 14./15. Jh. (?) zu langem *e*.

Anm. 3: Die von V. Moser 1.1. § 76 beschriebene scheinbare Wahrung von /ä:/ vor
/r/ kann wohl phonotaktisch erklärt werden.

Schreibungen mit *e* (oder *a*) anstelle des mhd. Diphthongs *ei* vor *l* und *n*, seltener vor
anderen Konsonanten, finden sich seit dem 12. Jh. im Mfrk. und breiten sich von da
nach Süden aus. Im Alem. sind sie seit dem 14. Jh. nachgewiesen: *helger, heltům,*
renigen, die resigen etc. (vgl. auch HSS 1979,155 und Karte 64). Im linksrheinischen
Teil des Pfälz., im Shess. und in Teilen des Omd. sind *e*-Schreibungen für mhd. *ei* im
gesamten Frnhd. vertreten. Häufiger sind Belege allerdings zumeist in Hss. und
Urkunden des 14./15. Jhs. (in Mainz bis 1525). In späterer Zeit und in der Drucksprache sind *e*-Schreibungen an einzelne Lexeme gebunden: *wegern, Mentz, webel*
etc.
   Lautliche Grundlage dieser Schreibungen bildet (wohl) die in rezenten Mdaa. im
Ergebnis direkt beobachtbare Monophthongierung von mhd. /ae~εε/ zu /e:/. Schirmunski 1962,233f. nennt als Monophthongierungsgebiete das nördliche Md., das
westliche Rhfrk. (westlich des Rheins) einschließlich des Pfälz. und das gesamte
Omd. (vgl. auch Wiesinger 1970, bes. Karte 15).

Anm. 4: In einigen Fällen, in denen im Frnhd. altes /ee/ zu /e:/ monophthongiert
wird, bleibt die monophthongierte Form in der nhd. Standardsprache als Kürze
erhalten. Diese Lexeme zeigen zumeist bereits im Mhd. konkurrierende Formen mit
e und *ei*, und *ei*-Schreibungen sind bei einigen dieser Lexeme bis ins 17. Jh. belegt:
eilf~elf (auch *alf*), *eind~end, eintweder~entweder*.

Anm. 5: Zu *almeinde~almende (almand), -teil* > *-tel* s. auch HSS 1979,153 und
Karte 61 sowie § L 35 zur Kürzung.

Anm. 6: Zu *zweintzig~zwentzig~zwantzig* s. § L 11, Anm. 3.

Anm. 7: Zu *feilen* neben *fe(h)len* s. V. Moser 1.1. § 79, Anm. 21.

Anm. 8: Zu *lehnen~leinen, kleben~kleiben* s. V. Moser 1.1. § 79, Anm. 20.

Anm. 9: Zur Konkurrenz von *bede~beide* und *wenic~weinic*, die bereits im Ahd.
besteht, s. Braune, Ahd. Gr. § 43, Anm. 5 u. § 270, Anm. 3; V. Moser 1.1. § 79, Anm.
25; dazu auch den Befund in HSS 1979,149 und Karte 55.

Zum Umlaut s. § L 20; zur Entrundung und zur Rundung s. § L 36; zur Senkung s.
§ L 33; zur Diphthongierung von /e:/>/ae~εε/ s. § L 27; zur Kontraktion s. § L 37.

§ L 20 ä

Lit.: Moulton 1961; Szulc 1966; 1987, 126f. und 136; Sanders 1972; Hinderling 1978; Russ 1982a, 154ff.; allgemein V. Moser 1.1. § 76; Löfstedt 1944.

$$/\ddot{a}:/$$

<**ā̂**, *ä, e, a, ȧ, æ, æ̂, ae, äh*>

Frnhd. /ä:/ entspricht mhd. /æ:/ sowie, jeweils nach Durchführung der Dehnung (vgl. § L 34), mhd. /e/, /ë/ und /ä/. Russ 1982a, 155 gibt folgende Entsprechungen an: mhd. /æ:/ (*fähig, Käse, wähnen*), mhd. /e/ (*ähnlich. nähren, zählen*), mhd. /ë/ (*Bär, Käfer, erwägen*), mhd. /ä/ (*Ähre, Träne, Mädchen*) und analoge Fälle nach dem sog. etymologischen-morphologischen Prinzip (*Fäden, Hähne, Läden*) (vgl. auch die Tabellen bei Hinderling 1978).

Die am häufigsten verwendeten Zeichen zur Wiedergabe von /æ:/ im Frnhd. sind *e* und – zunächst nur im Bair., Schwäb. und Hchalem. – *ā̂* und *ä*. Während die Entwicklung von *e* und *ā̂* im Bair. und Schwäb. weitgehend analog zu der von kurzem /a/ verläuft (vgl. § L 11), ist *ā̂* für /æ:/ im Hchalem. früher und frequenter belegt als für /ä/, erscheint aber zumeist in sog. etymologisch gestützten Fällen. Das etymologisch gestützte *ā̂* tritt auch im Els., Ofrk. und Md. (als oberdeutscher Import) im 16. Jh. auf. Etymologisch nicht gestützte Schreibungen mit *ā̂* (*schwâr, fâlen, trâhen*) sind im Els. bis ins 17. Jh. belegt. In ofrk. Drucken sind sie im 16. Jh. selten; im Omd. dringt etymologisch isoliertes *ā̂* erst am Ende des 16. Jhs. gelegentlich auf. Otto 1970, 66 belegt für 1590 jedoch zahlreiche *ä*-Schreibungen für die Zeitzer Kanzlei. Zur Durchsetzung des etymologisch-morphologischen Prinzips in der Textsorte ‚Bibel' s. Hatz 1986.

æ und *æ̂* sind in obd. Hss. bis ins 14. Jh. gut belegt. Löfstedt 1944, 53 beziffert diese Zeichen mit 27% Anteil in seinem Korpus, womit sie hinter *e* als zweithäufigste Zeichengruppe stehen. Zu *ä* und den anderen graphischen Varianten s. § 12; zu seltener verwendeten Varianten s. Löfstedt 1944, bes. 51ff.

Anm. 1: Zu *e* und *h* als Dehnungszeichen s. § L 7.

Die Lautgeschichte von nhd. /ä:/ wird kontrovers diskutiert. Moulton 1961, Szulc 1966, Penzl 1969, 84 und mit diesen Herrlitz 1970, 25f., Lasatowicz 1980, Painter 1989, 113 gehen von einer Verschmelzung von mhd. /e:/ und /æ:/ aus (vgl. auch § L 12). Das nhd. /ä:/ wird als eine sekundäre Lauterscheinung (Aussprache nach der Schriftsprache) erklärt. Dem widersprechen Sanders 1972 und, noch entschiedener, Hinderling 1978. Hinderlings Darlegungen zu den Befunden der rezenten Mdaa., die eine Verschmelzung von mhd. /e:/ und /æ:/ nur in einem kleinen Teilgebiet zeigen (im westlichen Rhfrk. südlich von Frankfurt, in Teilen des Ofrk. und in einigen kleineren Gebieten im Omd., vgl. auch Wiesinger 1970, bes. Karte 7 und 11), lassen die Beibehaltung der Opposition von /e:/ und /ä:/ plausibel erscheinen, doch gilt dies nur im Blick auf das Overallsystem des Hd.; im einzelnen ist noch für jede Region gesondert zu prüfen, inwieweit tatsächlich zwei Öffnungsgrade vorhanden waren (etwa im Bair., wo /æ:/ zu /a:/ wird, vgl. § L 11). Die Annahme einer bestehenden Opposition wird ferner durch die Aussagen der Schreibmeister und Grammatiker gestützt (zu den frühen Schreibmeistern s. Painter 1989, passim, zum 18. Jh. Tritschler 1913; s. auch V. Moser 1.1. § 76, Anm. 4 und 5).

Die Übernahme dieses /ä:/ in die nhd. Standardsprache erfolgt vor allem durch zwei Prinzipien: (1) das etymologisch-morphologische Prinzip, nach dem /ä:/ überall dort eingesetzt wird, wo es den (morphologisch funktionalisierten) Umlaut von /a:/ vertritt, und (2) den – z. T. wortweise ablaufenden – sprachlichen Ausgleichsprozeß, nach dem einmal die süddt. (schwäb.) bzw. partiell md. Aussprache /ä:/, ein anderes Mal das partiell md. /e:/ zum Zuge kam (nhd. *leer* vs. *spät*; mhd. beide mit æ).

i   § L 21

/i:/

<*i, ie, j, y, ÿ, ẏ, i, ſ, ij, ye, ÿe, ih, jh, ieh, yh*>

Frnhd. /i:/ entspricht mhd. /i:/ in den Gebieten ohne bzw. mit jeweils noch nicht durchgeführter Diphthongierung (vgl. § L 32), mhd. /i/ jeweils nach durchgeführter Dehnung (vgl. § L 34) und mhd. /ie/ in Gebieten mit jeweils durchgeführter Monophthongierung (vgl. § L 32). Zu einem geringen Teil geht frnhd. /i:/ auf Kontraktion zurück (vgl. § L 37).

Zur graphischen Varianz von *i, j* und *y* s. § L 13. Entsprechend der Verteilung von *i* und *j* stehen auch *jh* eher initial und *ih~ieh* eher medial bzw. final (*spihl, sieh*). *y* (und *ẏ* etc.) können in allen Positionen erscheinen, im Unterschied zu den Kurzvokalen auch im Auslaut: *dy, sy, wy* etc.; *ye* steht in der Regel medial oder final (*lyeb, nye*).

Anm. 1: Zu *e, i, j* und *h* als Dehnungszeichen s. § L 7.

ie ist (wohl) im Md. bereits seit mhd. Zeit Zeichen für /i:/ (vgl. § L 30). Die phonetische Schreibung mit *i* und die historische Schreibung mit *ie* konkurrieren im gesamten Frnhd. miteinander, doch scheint *ie* von Beginn an zu überwiegen. Besch 1967, 83 nennt für das 15. Jh. ein deutliches Überwiegen von *ie* gegen *i*, wobei der Südwesten den größten Anteil an *ie* aufweist (vgl. auch HSS 1979, 156f. und Karte 65). Um die Mitte des 16. Jhs. wird *ie* als Zeichen für /i:/ durchgesetzt, im Md. unter obd. Einfluß. *i*-Schreibungen finden sich aber im gesamten Gebiet bis zum 17. Jh. (V. Moser 1.1. § 81.2).

Anm. 2: Die Zahlenangaben der Sekundärliteratur zu den Verwendungshäufigkeiten beider Schreibweisen sind in der Regel wenig aussagekräftig, da hinsichtlich der Lautquantität nicht genau unterschieden wird (was wohl auch kaum möglich ist). Lediglich für die finale Position, wo nur Langvokal anzunehmen ist, sind verläßliche Angaben zu bekommen. Koller 1989, 61 nennt für Dürer ein Verhältnis von 67% *ie* gegen 0, 28% *i* für /i:/ in finaler Position.

Die Variante *f* (auch *ſ*) ist im Bair. und im Nordwesten des Schwäb./ Alem. bes. in Hss. des 14. /15. Jhs. gut belegt. Huther 1913, 39 u. 44 zeigt, daß es auch im Ofrk. des 14. Jhs. geläufig ist; Steffens 1988, 94 belegt die Variante im Mainzer Gebiet und Garbe 1969 für den mfrk. Raum. Während diese Graphie für das Alem. als Ausdruck der Schreiberunsicherheit in Zusammenhang mit der md. Monophthongierung (vgl. § L 32) gebracht wird (als Kompromiß) (vgl. HSS 1979, 115, 157 und Karte 65), wird sie für das Bair. im Zusammenhang mit der (sekundären) Diphthongierung des neuen, durch Dehnung entstandenen /i:/ gesehen (vgl. Gr. d. Frnhd. IV, 245 u. 251). Vor *r* ist wohl auch mit einem Reflex der Vokalisierung von /r/ zu rechnen, so auch naheliegend in zahlreichen Belegen bei Huther 1913, 44.

i-Schreibungen anstelle von mhd. *ê* finden sich im gesamten Md. (außer Pfälz.), *i* für mhd. *æ* vor allem im Rip., seltener im übrigen Md. *i*-Belege sind entsprechend häufig im Mfrk. des 14./15. Jhs. belegt: *sile (Seele), snye (Schnee), wirlich* (mhd. *wærliche*), *nieste* (mhd. *der næhste*) etc. (vgl. V. Moser 1.1. § 76, Anm. 7.1; 1916, 468ff.).

Lautliche Grundlage dieser *i*-Schreibungen bildet (wohl) die in rezenten Mdaa. direkt beobachtbare Hebung von /e:/ zu /i:/ im Nfrk. / Mfrk. bis zur Mosel, im Obhess.; weiterhin im östlichen Thür. und im Obsächs. außer dem Nordteil mit Leipzig (vgl. Schirmunski 1962, 236; Wiesinger 1970, bes. Karte 7).

Anm. 3: Zu *i*-Schreibungen für mhd. *e* s. § L 13; Beispiele mit deutlicher Länge sind selten, so etwa nürnberg. / omd. *triechter* (obd. *trechter*); vgl. V. Moser 1.1. § 71.1.

Anm. 4: Kaum auszumachen ist der Zeitpunkt des Übergangs von /i:/ zu /j/ in initialer Position: *ie, ia, iemand, iedermann*. Die Bewertung wird auch nicht durch den graphischen Befund erleichtert, da <*i*> und <*j*> initial variieren (s. auch § L 55).

Zur Dehnung s. § L 34; zur Kürzung s. § L 35; zur Senkung s. § L 33; zur Entrundung und zur Rundung s. § L 36; zur Diphthongierung /*i*/>/*ie*/ s. § L 30; zur Hebung /o:/>/u:/ s. § L 22.

§ L 22   o

$$/o:{\sim}\mathit{ɔ}:/$$

<*o, oh, ó, oe, oi, oy, oo*>

Frnhd. /o:/ entspricht mhd. und weitgehend nhd. /o:/ sowie nach durchgeführter Dehnung (vgl. § L 34) mhd. /o/. Die wichtigste regionale Besonderheit ist die Hebung und Rundung von /a:/>/o:~ɔ:/.

Anm. 1: Zu *i, y, e* und *h* als Dehnungszeichen s. § L 7. Zu weiteren graphischen Varianten s. etwa HSS 1979, 146ff.

Schreibungen mit *o* (etc.) anstelle von mhd. langem *â* finden sich nahezu im gesamten hd. Sprachgebiet, bes. im Bair., Ndalem., Böhm., Ofrk. und im gesamten Md., von Beginn des Frnhd. an, teilweise bis ins 17. Jh. Im Ndalem. sind *o*-Schreibungen dominant (V. Moser 1.1., 143 bezeichnet sie als „geradezu regelmäßig"). Erst gegen Ende des 16. Jhs. beschränken sich *o*-Schreibungen hier auf die Stellung vor Nasal, wie dies im Bair. bereits seit dem 14. Jh. der Fall ist. Im Md. und – eingeschränkter im Ofrk. – dagegen steht *o* ebenfalls in allen Umgebungen: *jor, gob, schof, grof, geton* etc. Die Drucksprache meidet zwar *o*-Schreibungen zumeist, doch halten sich lexemgebundene Doubletten bis ins 17. Jh. (vgl. Anm. 2). Im Schwäb., wo /a:/ wohl zu

/ao/ diphthongiert (vgl. § L 28) und dann im größten Teil des Gebietes wieder zu /o:/ monophthongiert wurde, erscheint *o* häufiger erst seit dem 16. Jh. – allerdings zumeist beschränkt auf pränasale Stellung – und findet sich bis ins 17. Jh. (vgl. dazu v. Bahder 1890, 154–167; V. Moser 1.1. § 75; zum Schwäb. auch Bohnenberger 1892, 23ff. u. 1895).

Lautliche Grundlage dieser *o*-Schreibungen bildet (wohl) der in rezenten Mdaa. im Ergebnis direkt beobachtbare Lautprozeß der Hebung und Rundung von mhd. /a:/. Dieser Lautwandel, der bereits im Mhd. schriftlichen Niederschlag fand (vgl. Weinhold, Mhd. Gr. § 88), hat einen Großteil des hd. Sprachgebietes erfaßt (mit Ausnahme des südlichen Schweizer. und einer kleinen Mda.-Gruppe im Othür. / Obsächs. / Ofrk.; im Oschwäb. ist /a:/ diphthongiert). Die Realisierungen erreichen dabei unterschiedliche Öffnungsgrade des *o*; geschlossene Qualität wird im Rhfrk. und Ofrk. erreicht (vgl. Schirmunski 1962, 212f.; Russ 1982a, 159ff.; vgl. auch § L 11).

Anm. 2: Doubletten sind z. T. bis ins 17. Jh. erhalten: *omeise~ameise, (arg) wohn~(arg)wahn, manot~monat, ohm~ahm, brodem~bradem, docht~dacht, dole~dale, mo(h)n~ma(h)n (Mohn), mon(e)~man(e) (Mond), o(n)maht~amaht, wo~wa, woge~wage, kot~kat, one~ane, ton~tan (Ton des Töpfers), slot~slat, odem~atem, brombeere~brambeere, noter~nater, gethon~gethan* u. a.

Anm. 3: Den Lesemeistern und Grammatikern sind der regionale Lautwandel und die daraus resultierende Unsicherheit in der Schreibung durchaus vertraut. Kolroß (Enchiridon, 64) versucht ein eigenes Zeichen *å* zu etablieren (vgl. dazu Painter 1989, 68: s. auch V. Moser 1.1. § 75, Anm. 8). Dieses *å* findet sich gelegentlich in derselben Funktion in der Urkundensprache der Frühzeit, vgl. etwa Huther 1913, 25.

Anm. 4: Zur Vermischung von lokalem *da(r)* und temporalem *dô* zu temporalem und lokalem *do~da* s. V. Moser § 75, Anm. 6.

Anm. 5: Das aus /a:/ entstandene (neue) /o:/ wird wie das alte im Md. zu /u:/ gehoben, vgl. § L 16.

Schreibungen mit *o* anstelle des mhd. Diphthongs *ou* finden sich im Md. und Ofrk. / Nürnb. bis ins 17. Jh. In Teilen des Alem. finden sich solche *o*-Schreibungen in Hss. des 14./15. Jhs.: *bom, trom, och, globen, hobt, ogen, roch, kofen* etc. (vgl. V. Moser 1.1. § 79, auch Anm. 13).

Lautliche Grundlage dieser Schreibungen bildet (wohl) die in rezenten Mdaa. im Ergebnis direkt beobachtbare Monophthongierung von mhd. /ou/ >/o:/ (vgl. Schirmunski 1962, 234f.).

In *Almosen* (mhd. *almuosen*) ist der Monophthong in der nhd. Standardsprache erhalten. Vgl. auch unter § L 18 zu lang *a*.

Zur Senkung s. § L 33; zur Diphthongierung /o:/>/ao~ou/ s. § L 28.

ö §L 23

/ö:/

<*δ, ö, ó, δ, öh, oe, o, δe, öe, œ*>

Frnhd. /ö:/ entspricht weitgehend mhd. und nhd. /ö:/ sowie nach durchgeführter Dehnung (vgl. § L 34) mhd. /ö/.

Anm. 1: Zu den graphischen Varianten s. § 15. *oe~ôe* etc. stehen im Bair. häufig auch für den (neuen) Diphthong /öɐ/~/öə/; vgl. dazu § L 26.

Anm. 2: Zu *h* als Dehnungszeichen s. § L 7.

Schreibungen mit *ô~ö* anstelle des mhd. Diphthongs *öu* sind in einigen alem. Gebieten, speziell im Els. und im Wschwäb. in Hss. des 14./15. Jhs. belegt: *bôme, kôffer, lôgnen* etc. Vgl. V. Moser 1.1. § 79, Anm. 9 und 13.

Zur Umlautsbezeichnung s. § L 8; zur Entrundung und zur Rundung s. § L 36; zur Senkung s. § L 33; zur Diphthongierung von /ö:/>/öü/ s. § L 29.

§ L 24   u

/u:/

<u, *ú, û̥, û, u̥, u̇, ue, v, w, uh, wh, ů̇h, uy>*

Frnhd. /u:/ entspricht mhd. /u:/ in den Gebieten ohne bzw. mit jeweils noch nicht durchgeführter Diphthongierung (vgl. § L 31), mhd. /u/ jeweils nach durchgeführter Dehnung (vgl. § L 34) und mhd. /uo/ jeweils nach durchgeführter Monophthongierung (vgl. § L 32).

Anm.: Zur graphischen Variation s. § L 16. Zu *e* und *h* als Dehnungszeichen s. § L 7.

u-Schreibungen anstelle von mhd. *ô* finden sich in md., seltener in böhm. und ofrk., vereinzelt in els. Hss. des 14./15. Jhs.: *brut, cluster, dut, du (dô)* etc. Im Wmd. (Rhfrk.) finden sich gelegentlich solche *u*-Schreibungen auch in Drucken bis ins 16. Jh.

Lautliche Grundlage dieser Schreibungen ist (wohl) die in rezenten Mdaa. im Ergebnis direkt beobachtbare Hebung von /o:/ zu /u:/ im Mfrk., im größten Teil des Hess. und Thür. und im Obsächs. (vgl. Schirmunski 1962, 236f.).

Zur Senkung s. § L 33; zu *uf* s. § L 16; zur Hebung von /e:/>/i:/ s. § L 21.

§ L 25   ü

/ü:/

<û̥, *ü, u, ů̥, u̇, ü̃, ú, u̥, û, u̇, ŭ, v, v̈, v̇, v̂, y, ÿ, w, ue, üe, üh, uy>*

Frnhd. /ü:/ entspricht mhd. /ü:/ in den Gebieten ohne bzw. mit jeweils noch nicht durchgeführter Diphthongierung (vgl. § L 31), mhd. /ü/ jeweils nach durchgeführter Dehnung (vgl. § L 34) und mhd. /üe/ jeweils nach durchgeführter Monophthongierung (vgl. § L 32).

Anm. 1: Im Bair. und Schwäb. wurde der ahd. Diphthong /iu/ nicht zu /ü:/ monophthongiert (vgl. § L 29).

Anm. 2: Zur graphischen Variation s. § L 17. Vor Durchführung der Umlautsbezeichnung gilt *u* (vgl. § L 8), danach *u̇* und *ü*; alle übrigen Varianten sind seltener und meist auf Hss. beschränkt.

Anm. 3: Zu *h* als Dehnungszeichen s. § L 7.

ü-Schreibungen anstelle von mhd. *û* finden sich seit dem 13 Jh. im Niederalem.: *hüs, süfer (sauber), darüß, brüt* etc. (vgl. V. Moser 1.1 § 77, Anm. 11; HSS 1979, 144f. und Karte 53).
Lautliche Grundlage dieser Schreibungen ist die in einigen rezenten Mdaa. im Ergebnis direkt beobachtbare spontane Palatalisierung von /u:/ zu /ü:/, so in Teilen des Nfrk., im Els. und im südlichen Hchalem. (vgl. Schirmunski 1962, 208f.).

Zur Umlautsbezeichnung s. § L 8; zur Rundung und zur Entrundung s. § L 36.

3.5. Diphthonge

Das Frnhd. verfügt über 9 weit verbreitete Diphthonge: die aus dem Mhd.   § L 26
übernommenen /ɛe/, /ou/, /öü/ – /ie/, / uo/, /üe/ und die im Frnhd. hinzu-
gekommenen /ae/, /ao/, /oe/.
/ie/, /uo/ und /üe/ schwinden im Verlauf des Frnhd. aus der Schriftsprache. /ae/, /ao/ und /oe/ entstehen im Zuge der nhd. Diphthongierung
(vgl. § L 31) aus mhd. /i:/, /u:/ und /ü:/ (<*iu*>). Die beiden Diphthongreihen /ɛe/, /ou/, /öü/ und /ae/, /ao/, /oe/ fallen zum Nhd. in der Standardsprache zusammen (vgl. bes. Russ 1982a, 161ff.). Im Frnhd. sind die beiden
Reihen noch partiell oppositiv (bes. in der Frühzeit). Danach ist für eine
Übergangszeit von ungewisser Dauer Allophonie anzunehmen: /ae~ɛe/,
/ao~ou/, /oe~öü/.

Die dialektologisch interessante Entsprechung mhd. /ie/, /uo/, /üe/ – nhd. /ae/, /ou/,
/öü/ (sog. gestürzte Diphthonge) im Nordbair. / Nürnberg., Teilen des Mosfrk. und
im Obhess. (vgl. Schirmunski 1962, 231f. mit verschiedenen Erklärungsansätzen;
Wiesinger 1970, II, 1ff.) findet in der frnhd. Schriftlichkeit nur geringen Niederschlag. V. Moser 1.1. § 81 belegt nur wenige Beispiele: *gepleumet (geblümt), preister, veir, deinst, bapeir (Papier), au(e)r* und ein paar andere. Der Zeitraum des
Lautwandels ist unklar. V. Moser a.a.O. nimmt für Nürnberg das 14. Jh. an. Für das
Hess. besteht zudem das Problem der Interpretation von *ei*-Graphien, die hier auch
langes /e:/ (mit Dehnungs-*i*) repräsentieren können (s. auch V. Moser a.a.O., Anm.
17). Gesicherte Belege erscheinen im Ofrk. erst im 16., im Obhess. erst im 17. Jh. (V.
Moser a.a.O. Anm. 17). V. Moser vermutet, daß zumindest im Ofrk. zunächst eine
Monophthongierung von /ie/, /uo/, /üe/ zu /i:/, /u:/, /ü:/ und anschließend eine sekundäre Diphthongierung zu /ee/, /ou/, /öü/ stattfand. Für das Obhess. wird ein
direkter Übergang (Diphthongierung von /e:/, /o:/, /ö:/) als möglich angesehen und
für das Luxemburg. als sicher angenommen.

ei / ai   § L 27

/ae~ɛe/

<*ei, ey, eÿ, eih, ej, **ai**, ay, aÿ, aih, æi, äi, åi, åy, äy*>

Frnhd. /ae~ɛe/ entspricht mhd. /ɛe/ sowie, jeweils nach Durchführung der
nhd. Diphthongierung (vgl. § L 31), mhd. /i:/. Während im Md. und Ofrk.

/ɛɛ~ae/ monophthongiert wird (vgl. §§ L 18,19), bleibt der Diphthong im Obd. erhalten. Aufgrund der Verwendung der Digraphie *ai* (u. ä.) seit dem Mhd. im Bair., Nürnb. und im Schwäb. bis hin zum Nordosten des Hchalem. kann auf eine Verschiebung von /ɛɛ/>/ae/ geschlossen werden (vgl. Paul, Mhd. Gr. § 8; V. Moser § 79.1).

Leitgraphie ist *ei*; *ai* (etc.) dient im Obd. bis ins 16. Jh. – mit unterschiedlicher und insgesamt zeitlich (im Verlauf des Frnhd.) und räumlich (außerhalb des bair. Kerngebietes) abnehmender Konsequenz – zur graphischen Wiedergabe des mhd. /ɛɛ/ im Unterschied zur Kennzeichnung des neuen (aus mhd. /iː/ entstandenen) Diphthongs /ae/ durch die *e*-Graphien (*ei* etc.). Am deutlichsten wird im Süd- und Mittelbairischen differenziert (vgl. Bürgisser 1988, 72ff.). Das Els. übernimmt die *a*-Graphien im 15. Jh., die übrigen Gebiete führen sie im Übergang zum 16. Jh. bzw. im frühen 16. Jh. ein. Der Befund von Besch 1967, 76 u. 78f. zeigt für das 15. Jh. noch eine recht klare Beschränkung der *a*-Graphien für mhd. /ɛɛ/ auf das Bair., Schwäb. und die östlichen Teile des Hchalem.; s. auch HSS 1979, bes. die Karten 55, 56, 59, 61, 62 und 63. Während die *a*-Graphien seit dem späten 16. Jh. allgemein durch die *e*-Graphien zurückgedrängt werden, erlangen sie lexemgebunden eine gewisse Festigkeit (*kaiser, mai, laib, saite, Baiern*).

Die *ä*-Graphien (*äi* etc.) wertet V. Moser 1.1. § 19 als rein graphische Nebenformen zu den *a*-Graphien. Zur Variation von *i*, *j* und *y* als zweitem Bestandteil der Digraphie s. auch § L 13.

ey wird im Ndalem. und Rhfrk. im 16. Jh. mit sehr unterschiedlicher Konsequenz zur graphischen Wiedergabe von mhd. /ɛɛ/ im Gegensatz zu *ei* für den neuen (aus mhd. /iː/ entstandenen) Diphthong /ae/ geschrieben (analog zur obd. Trennung von *ai* und *ei*). Im übrigen Gebiet variieren die *i*- und *y*-Graphien bis ins 14. Jh. weitgehend frei; danach (bis ins 17. Jh.) wird *ey* weitgehend auf die finale Position festgelegt (V. Moser 1.1. § 21).

ej in finaler Position findet sich gelegentlich in Hss., aber auch in Drucken des 16. Jhs.: *bej, sej, artznej* etc. Medial ist diese Variante selten (*tejl*; vgl. Koller 1989, 97).

eih und *aih* sind selten. Einige ebenfalls nur in Hss. selten verwendete Varianten belegt Steffens 1988, 101f. und 206f.: *eij, eii, éy, eẏ*; Knape 1986, 37 belegt *aī, aẏ, aĭ, ẽi*.

Schreibungen mit *ay* (etc.) anstelle von mhd. *a* vor *l* plus Dental finden sich in thür. Urkunden: *haylden, jnhaylt, aylder* etc. Suchsland 1968, § 1 und 2 deutet diese Schreibungen parallel zu *ae* anstelle von mhd. *e(ē, ä)* als Palatalisierung (s. u.). Jedoch ist zu bedenken, daß im Thür. (und nach dem Befund H. Bachs z. T. auch im Obsächs.) *a* vor *ld / lt* nicht nur palatalisiert, sondern auch gedehnt wird (vgl. Schirmunski 1962, 189; H. Bach 1937, 108f.).

ey~ei-Schreibungen anstelle von mhd. *e(ē, ä)* finden sich im Obd. und Md., so etwa obd. *heild, geweilbe, eirbe*, md. *geild, reicht, eilter* etc. V. Moser 1.1. § 70, Anm. 6 deutet das „nachgestellte *i*" als Zeichen für geschlossene Qualität (so auch Skála 1967, 80). Feudel 1961, § 2 und Suchsland 1968, § 2 interpretieren diese Schreibungen für das Thür. als ein Anzeichen für Palatalisierung (s. auch Fleischer 1970, 49). Die digraphische Schreibung erscheint im Thür. auch für kurzes /e/, doch ist hier Dehnung vor *l* plus Dental und vor /x/ eingetreten, so daß *i* – zumindest in diesen Fällen – auch als Dehnungszeichen gedeutet werden kann.

Für das Alem. nimmt Boesch 1946 diphthongischen Lautwert für diese Schreibungen an.

Anm.: Zur Konkurrenz *heilig* vs. *hilig* bes. im Rip. s. V. Moser 1.1. 53, auch Rupp 1933, 34f. Zu *helig* s. HSS 1979, 150 und Karte 56.

Zur Entrundung und zur Rundung s. § L 36; zur Kontraktion s. § L 37.

au / ou § L 28

/*ao~ou*/

<**au**, *aů*, *aû*, *aủ*, *ả*, *ẚ*, *av*, *aᵛ*, *aw*, *aᵂ*, *ou*, *ow*, *ov*, *ᵭ*>

Frnhd. /*ao~ou*/ entspricht mhd. /*ou*/ sowie, jeweils nach Durchführung der nhd. Diphthongierung (vgl. § L 31), mhd. /*u:*/. Während im Md. und Ofrk. /*ou*/ monophthongiert wird (vgl. §§ L 18, 23), ist /*ao~ou*/ im Obd. erhalten. Aufgrund der Verwendung der Digraphie *au* im Bair. und in Teilen des Schwäb. seit dem 13. Jh. kann auf eine Entwicklung von /*ou*/>/*ao*/ geschlossen werden (vgl. Paul, Mhd. Gr. § 79; V. Moser 1.1. § 79.1; Kranzmayer 1956, § 13 b1). Zum Verhältnis der Zeichen *au* und *ou* s. unten.

Die Leitgraphie ist *au*; *w*-Graphien sind allerdings recht häufig (vgl. § L 16). Der Graphiekomplex *ouw (vrouwe)* des klassischen Mhd. wird bereits in mhd. Zeit zunehmend zu *ow~aw* gekürzt: *frow, bawen, saw* etc., und die *w*-Variante wird auf weitere Lexeme analog übertragen: *haws, awf* etc. Solche *w*-Graphien sind bis ins 17. Jh. belegt. Diakritika über *w* zur Kennzeichnung der vokalischen Qualität erscheinen in Hss. des 14./15. Jhs., in Drucken bis zum Ende des 16. Jhs. (vgl. V. Moser 1.1. § 22). *ả~ẚ~ᵭ* sind bes. häufig im Schwäb. / Alem. (zum zugrundeliegenden Lautprozeß s. unten), aber etwa auch im Mfrk. (vgl. Garbe 1969, 161ff.).

Bair., ofrk. und oschwäb. ist *au* im Frnhd. von Beginn an belegt (ausführlich dazu Bürgisser 1988, 78ff.). Im Wschwäb. bleibt *ou* bis in die 2. Hälfte des 15. Jhs. dominant, *au* setzt sich im 16. Jh. durch. Im nördlichen Ndalem. wird *ou* am Ende des 15. Jhs. durch *au* ersetzt; im nordöstlichen Hchalem. ist *ou* bereits im Ausgang des Mhd. durch *au* ersetzt. Im übrigen Hchalem. findet der Wechsel im Übergang vom 16. zum 17. Jh. statt. Im Md., wo /*ou*/ im größten Teil des Gebietes monophthongiert wurde (vgl. § L 32), ist der Wechsel *ou*>*au* in der Schriftlichkeit überlagert durch die Verwendung der mundartlich bedingten Monographien *a* bzw. *o* (vgl. §§ L 18, 22), die jedoch insgesamt recht selten erscheinen. Im südlichen Hess. ist *au* bereits im 14. Jh. dominant (mit Mainz als einem Strahlungszentrum; vgl. Steffens 1988, 106f., 209ff. und Tab. 10). Im Rip. und Omd. ist *ou* bis ins 15. Jh. gut belegt, im 16. Jh. in Einzelfällen (vgl. V. Moser 1.1. § 79; s. auch Besch 1967, 81f.).

Schreibungen mit *ou~au* anstelle von mhd. *ô* und *â* finden sich im größten Teil des Bair., im Wschwäb., Nürnberg., im südlichen Rhfrk., Mfrk. und im Schles. seit dem 13. Jh.: *praut (Brot), clouster, toud, oustern, laun, aur, schaun, jaur, aubent, grauss* etc. Im 14./15. Jh. sind solche Schreibungen in Hss. und Drucken häufig; in einzelnen Schreiborten finden sie sich bis ins 16. Jh. belegt. Im Schwäb. und z. T. im angrenzenden Alem. hat sich seit dem 13. Jh. – bes. gehäuft dann im 14./15. Jh. – der Zeichentyp mit übergeschriebenen *u/v* herausgebildet (vgl. oben und HSS 1979, 139f., Karte 42 und 145ff. sowie Karte 54).

Lautliche Grundlage dieser Schreibungen bildet (wohl) die Diphthongierung von /*a:*/ und /*o:*/ zu /*ou~ao*/ bzw. zu /*oᵦ~oᵊ*/ (vgl. Schirmunski 1962, 212). Da in den rezenten schwäb. Mdaa. solche Diphthonge nur in finaler Position (mit Nasalierung) realisiert werden, wird die frnhd. Diphthongierung aus den schriftlichen Belegen erschlossen. Zur Diphthongierung von /a:/ im Schwäb. s. auch Bohnenberger 1892, 23ff. u. 1895. Der HSS 1979, 139 schränkt jedoch ein, daß allein das Areal dieser Graphien nicht zwingend die Deutung einer Diphthongierung verlangt.

Schreibungen mit *ou~au* anstelle von klassisch mhd. kurzem *o* vor *l* finden sich bereits in mhd. Zeit bes. im Mfrk. In Hss. des 14./15. Jhs. sind Schreibungen wie *houltz, stoultz, woulde* etc. im Mfrk., Hess., Pfälz., auch im Schles. und Thür. nicht selten (vgl. V. Moser 1.1 § 73, Anm. 5). HSS 1979, 123f. und Karte 29 belegt eine Konzentration am Oberrhein, vor allem im mittleren Elsaß, vertreten durch die Graphie *ŏ*.

Schreibungen mit *aw* anstelle von nhd. *eu* finden sich z. T. bis ins 17. Jh. V. Moser 1.1. § 82.3 führt für die Zeit bis ins 15. Jh. *rawe (Reue), awer (euer), awch (euch)*, bis ins 16. Jh. *traw, naw, rawen* an. Im Nhd. steht noch *kauen* neben *(wieder)käuen*; s. auch *Naumann* neben *Neumann* (vgl. dazu v. Bahder 1890, 214ff.; H. Bach 1974 § 16; Feudel 1961, 40; Kettmann 1967, 105f.). Im Obd. stellen solche Formen seltene Übernahmen aus dem Md. dar.
      Lautliche Grundlage dieser Schreibungen bildet die Umlauthemmung von ahd. /iu/ vor *w* im Md. Hier wurde bereits im Mhd. /iu/ zu /u:/ monophthongiert, das anschließend im Zuge der nhd. Diphthongierung zu /ao/ diphthongiert wurde (zu den rezenten Mdaa. s. Wiesinger 1970, II 241ff.).

Zur Monophthongierung /ou/>/a:/ bzw. /o:/ s. § L 18 und § L 22.

§ L 29   eu / äu

/oe~öü/

<*eu, eü, eú, ev, ew, eẘ, evʾ, eŭ, eꞷ, ꞷu, äu, äw, æw, æu, aü, aꞷ, öu, ŏu, oi, oy, ŏi, ŏw, ŏ, oŭ, œ, oë*>

Frnhd. /oe~öü/ entspricht mhd. /öü/, /eü/ sowie, jeweils nach Durchführung der nhd. Diphthongierung (vgl. § L 31), mhd. /ü:/ <*iu*>. V. Moser 1.1. § 80 vermutet aufgrund der graphischen Trennung von mhd. /eü/ < ahd. *ew*<*aw(i)* und mhd. /öü/ (Umlaut von /ou/), daß diese im Spätmhd. und zu Beginn des Frnhd. noch lautlich geschieden sind. Der ahd. Diphthong /iu/, der in spätahd./frühmhd. Zeit im Alem., Ofrk. und Md. mit dem Umlaut von /u:/ (/ü:/) zusammenfiel, wird im Frnhd. dann im Rahmen der nhd. Diphthongierung entsprechend neuerlich diphthongiert. Im Bair. (auch Nürnb.) und Schwäb. fiel jedoch nur umgelautetes /iü/ mit /ü:/ zusammen und wurde entsprechend mit diesem weiterentwickelt. Nichtumgelautetes /iu/ wurde dagegen (bereits ahd.?) zu /üu/ als Voraussetzung für die differenzierten Lautverhältnisse in den rezenten obd. Mdaa. mit /oi/ im Sbair. und Teilen des Mbair. und /ui/ im Schwäb. und in Teilen des Mbair. als am weitesten verbreiteten Lautformen (vgl. dazu V. Moser 1.1. § 82; Wiesinger 1970, II 233ff., bes. 237f. und Karte 18).

Die graphische Wiedergabe des Diphthongs /oe~öü/ zeigt die größte Variantenvielfalt im Bereich des Vokalismus, da hier vier historisch verschiedene Laute zusammentreffen (mhd. /öü/, /eü/, /ü:/ und /iu/). /öü/ und (neues) /oe/ verschmelzen zwar in der Standardsprache, in den Mdaa. aber nur in Ausnahmen, so daß die o-Graphien sich zum Teil bis ins 17. Jh. auch in der Schriftlichkeit halten.

Zur e-Variante, die bereits im Mhd. gut belegt ist (vgl. Paul, Mhd. Gr. § 80), gesellt sich – zunächst im Bair., dann von da aus sich ausbreitend – die ä-Variante, die sich allmählich als Umlaut von au nach dem etymologisch-morphologischen Prinzip etabliert. Überlagert wird diese Entwicklung durch die von mhd. /eü/, das in der Frühzeit des Frnhd. in einigen Landschaften noch partiell graphisch von /öü/ durch ew geschieden wird (vgl. V. Moser 1.1. § 80; s. auch Nimmervoll 1973,97). In bair. Hss. des 14./15. Jhs. werden auch /oe/ (<mhd. /ü:/, /öü/) und /oi/ (<aus nichtumgelautetem /iu/) graphisch tendenziell auseinandergehalten: åu (etc.) gegen eu (ew), so etwa in låut, dåutsch, bedåuten vs. fewer, freund, teufel, heute etc. (vgl. V. Moser § 82.2). Diese Gemengelage wird durch die Varianz der zweiten Bestandteile der Digraphien (u~v~w~i~y) und eine Reihe von diakritischen Zeichen, die individuelle bzw. usuelle Versuche einer genaueren Wiedergabe des zugrundeliegenden Lautwertes darstellen, zusätzlich verstärkt.

e-/ä-Varianten vs. o-Variante: Von Beginn des Frnhd. an sind im Bair. die e-/ä-Varianten dominierend. Im Oschwäb. (Augsburger Kanzlei) verdrängen sie die o-Graphie im 15. Jh, im Wschwäb. im 16. Jh. in den Hss. und Urkunden. In Drukken sind die e-/ä-Varianten bereits im 15. Jh. weitgehend üblich. Im Ndalem., wo seit dem 14. Jh. e-Graphien belegt sind, schwindet die o-Variante im 2. Viertel des 16. Jhs. aus der Drucksprache. Dagegen hält sich die o-Variante im Hchalem. bis ins 17. Jh. Im Md., wo /öü/ monophthongiert wird, findet sich die o-Variante in der Schriftlichkeit bis ins 16. Jh., doch sind sie in den md. Gebieten ohne nhd. Diphthongierung (vgl. § L 31) insgesamt selten, da /öü/ früh zu /ö:/ monophthongiert wurde und /ü:/ nicht diphthongiert wird (vgl. V. Moser 1.1 § 79).

e-Variante vs. ä-Variante: Die e-Graphien sind zunächst dominierend, während die ä-Graphien auf das Bair. begrenzt sind. Dort dominieren sie im 15. Jh. in Hss., wobei das ebenfalls seit dem 15. Jh. wirksam werdende etymologisch-morphologische Prinzip zunächst nur eine tendenzielle Scheidung bewirkt. eu (etc.) tritt als morphologischer Umlaut zu au z. T. noch im 17. Jh. auf, wie umgekehrt auch åu (etc.) noch im 17. Jh. vereinzelt in nichtetymologischer Verwendung auftreten kann. Zur Durchsetzung des etymologisch-morphologischen Prinzips in der Textsorte ,Bibel' s. Hatz 1986. Im Schwäb. ist die ä-Variante bereits im 14. Jh. bekannt, die e-Variante dominiert aber bis ins 16. Jh. Hchalem. wird åu (etc.) zu Beginn des 17. Jhs. nach dem etymologisch-morphologischen Prinzip eingeführt. In den übrigen Gebieten – mit nur geringen zeitlichen Schwankungen – wird die ä-Variante im Sinne des etymologisch-morphologischen Prinzips im Verlauf des 16. Jhs. eingeführt. Im 17. Jh. steht in der Drucksprache nahezu einheitlich åu als Zeichen für den Umlaut von au.

In bair. Hss. des 14. und der 1. Hälfte des 15. Jhs. wird nichtumgelautetes iu in der Regel durch eu~ew wiedergegeben (reue, teufel, er beut etc.) und so graphisch von umgelauteten Formen geschieden, die überwiegend mit der a-Variante wiedergegeben werden. Diese Unterscheidung schwindet um die Mitte des 15. Jhs. (V. Moser 1.1. § 82.2 gibt als Zeitrahmen 1430–1480 an) infolge des allmählich wirksam werdenden etymologisch-morphologischen Prinzips (sowohl ehemals nicht umgelautete als auch umgelautete iu werden durch die e-Variante wiedergegeben).

eu~eü~ev~ew~eẘ~eů~eǔ sind Nebenformen zu eu, bes. in Hss. des 14./15. Jhs. eü ist dagegen eine recht verbreitete Variante, die bes. im Schwäb., in Straßburg und bei einigen alem. Druckern im 15./16. Jh. auftritt. (vgl. V. Moser 1.1. § 14).

Einige alem. Drucker des 16. Jhs. versuchen, wenig erfolgreich, die Wiedergabe von /öü/ und dem importierten /oe/ < mhd. /ü:/ graphisch zu scheiden (*eu* vs. *eü*). Zu einem interessanten Sonderfall s. V. Moser 1.1. § 77, Anm. 13. *ew* dominiert nach 1440 vorübergehend in der omd. Kanzleisprache (vgl. Kettmann 1967, 107; L. E. Schmitt 1944, 99 u. 104f.).

Unter den *ä*-Graphien sind *äu* und *äu* die Leitgraphien, die übrigen Nebenformen finden sich in bair. und schwäb. Hss. des 14./15. Jhs. (vgl. V. Moser 1.1. § 23). Seltenere Varianten sind *æw, aü, av̂, ov̂*.

Unter den *o*-Graphien dominiert *öu*. Die übrigen sind Nebenformen bes. in schwäb., alem. und md. Hss. des 14./15. Jhs. (vgl. V. Moser 1.1. § 26). Weitere, seltener verwendete Graphien bei V. Moser a.a.O.; Hartweg / Wegera 1989, 98f. HSS 1979, 172, 174 und Karten 80/81 belegt ein *ó*-Gebiet im südwestlichen Teil seines Untersuchungsgebietes, das seit dem 14. Jh. digraphischen Schreibungen weicht, u. zw. im Norden *eu*, im Südwesten *oi* (u. ä.), verstreut auch *ov̂*.

In schwäb. Hss. des 14./15. Jhs. finden sich gelegentlich Schreibungen mit *ui* anstelle des mhd. nicht umgelauteten *iu* als Niederschlag des mdal. /ui/ (s. o.): *huit, fuir, stuir, tuifel, luit* etc. In Drucken sind solche Schreibungen selten (mit Ausnahme des AT in Ecks Bibelausgabe von 1537). Vgl. V. Moser 1.1. § 82.2; zu weiteren Sonderfällen V. Moser a.a.O., Anm. 7–10.

Schreibungen mit *öu* anstelle von mhd. *æ* und *ö* finden sich recht selten in Teilen des Bair., im Wschwäb., Nürnberg, im südlichen Rhfrk., Teilen des Mfrk., auch im Thür. und Schles. des 14./15. Jhs.: *clóuster, hóuch, erhóuchen, löusen* etc. Vgl. V. Moser 1.1. § 78.3.

Zur Entrundung und zur Rundung s. § L 36; zur Monophthongierung /öü/>/ö:/ s. § L 23; zur Kontraktion s. § L 37.

§ L 30 ie / uo / üe

/ie/ <**ie**, ſ, ye, ÿe, ŷe>
/uo~ue/ <**v̂**, uo, ue, v́, v̂e, v̂, ü>
/üe/ <**v̂**, üe, v̂e, ü, ue, úe>

Frnhd. /ie/, /uo~ue/, /üe/ entsprechen mhd. /ie/, /uo/, /üe/. Im Md. sind die mhd. Diphthonge entweder bereits monophthongiert oder neuerlich diphthongiert oder – im Rip., Niederhess. und Wthür. – aufgrund der nicht durchgeführten ahd. Diphthongierung (vgl. § L 32.2) möglicherweise niemals vorhanden gewesen. Im Obd. (ohne Nbair.) bleiben die Diphthonge gewahrt. Obgleich sich in der Schriftsprache die Monophthonge durchsetzen, sind digraphische Schreibungen bis ins 17. Jh. belegt.

Zur Variation von *i~y* und zu ſ s. § L 13; zur Variation von *u~v* s. § L 16.

ie: Die graphische Variationsbreite ist relativ gering. Leitgraphie ist *ie*. Zum Übergang von *e* als Repräsentant des zweiten Bestandteils des Diphthongs /ie/ zum – rein graphischen – Dehnungszeichen s. § L 7.

ie-Schreibungen anstelle von gedehntem mhd. kurzem /i/ in geschlossener Silbe vor *r*, seltener vor *l* und vor *ht* und *hs* finden sich im gesamten Obd., so *dier, stiern, wiert* etc. (vgl. V. Moser 1.1. § 72, Anm. 1).

Lautliche Grundlage dieser Schreibungen ist die in rezenten Mdaa. im Ergebnis beobachtbare Diphthongierung von /i/>/iə/ (vgl. etwa HSS 1979, 114).
In anderen Fällen wird die *ie*-Schreibung als Ausdruck von Schreibunsicherheit in Zusammenhang mit der md. Monophthongierung von mhd. /ie/ (vgl. § L 21) gebracht (hyperkorrekte Formen) (vgl. HSS 1979, 115).

ie-Schreibungen anstelle von mhd. *ẹ̈* bes. vor Nasal sind im Schwäb.-Alem. belegt. Die lautliche Grundlage dieser *ie*-Schreibungen bildet die im rezenten Schwäb. im Ergebnis beobachtbare Diphthongierung von mhd. /ẹ̈/ > /ie/ (heute in allen Stellungen) (vgl. HSS 1979, 110 und Karte 13).

uo~ue: Leitgraphie ist *ů*. Im Schwäb. / Alem. ist *ů* von Beginn des Frnhd. an dominant und hält sich hier bis ins 17. Jh. Im Bair. dominiert seit dem 15. Jh. *ue*, das hingegen im Schwäb. und Ofrk. selten belegt ist. Dem Zeichen *ue* liegt hier möglicherweise eine veränderte Lautung des Diphthongs /ue/ zugrunde. Im Md. und – nach Durchsetzung der Monophthonge in der Schriftsprache – auch im Obd. wird *ů* als Zeichen für /ü//ü:/ bzw. /u//u:/ benutzt. Als Begründung dafür werden neben der bewußten Beibehaltung der Digraphien in bair. (kath.) Texten Reflexe der gesprochenen Sprache (im Obd.), Schreibergewohnheit, Ersatz für fehlende andere Typen in den Offizinen (etwa *ů*) oder Kennzeichnung von *u* (gegenüber *n*) genannt (vgl. V. Moser 1.1. § 25; vgl. auch den Befund in Besch 1967, 79f.). Das häufige Vorkommen von *ů* für den Konsonanten /f/ <v> und ganz allgemein in lateinischen Texten sowie als zweitem Bestandteil von Digraphien belegt die frühe Verselbständigung des Zeichens als Schreibkonvention ohne Lautbezug (vgl. HSS 1979, 178 und Karte 84).

ůe ist eine bair. Graphie des 15./16. Jhs.; es findet sich selten in angrenzenden Gebieten. *ů* variiert gelegentlich (im Hess.) mit *ů* zur Wiedergabe von /uo/. Zum Wechsel *u* : *ů* (etc.) s. § L 16.

üe: Leitgraphie ist *ů*. Im Schwäb. / Alem. ist *ů* von Beginn des Frnhd. an dominant. *ů* wird aber nicht nur zur Wiedergabe des Diphthongs /üe/ verwendet, sondern auch für /ü/, /ü:/, seltener /u/, /u:/ und /uo/. Im 14.–16. Jh. werden /üe/, der Umlaut des Diphthongs, und /ü/, /ü:/, der Umlaut des Monophthongs, tendenziell graphisch auseinandergehalten: *ů* vs. *ü* (u. ä.). Das Korpus der Gr. d. Frnhd. zeigt exemplarisch Trennung der Zeichen im Schwäb. des 14./16. Jhs. und im Els. des 14. Jhs. und Zeichenvermischung im Mbair. des 14., Els. des 15. Jhs. (partielle Vermischung im Mbair., Els. des 16. Jhs.). Im Md. wird *ů*, jeweils bei Durchführung der Umlautsbezeichnung (vgl. § L 4), von Beginn an für /ü/, /ü:/ verwendet. Im 17. Jh. gilt dies allgemein. Vereinzelte Abweichungen sind zu werten wie im Falle von *ů*.

üe und *ůe* sind vor allem im Bair., weniger stark im Schwäb., des 15./16. Jhs. verbreitet. Nicht selten steht *ü* für /üe/, oft im Kontrast zu *u~v~ů~ů* für /ü/, /ü:/ oder – bei Zeichenvermischung – für beide Laute. Dazu detailliert V. Moser 1.1. § 81.1.

Gedehntes *u*, *ü* wird im Obd. vor Nasal (bes. *n*), *r* (seltener *l*), *ht*, *st* und im Auslaut diphthongiert. Schreibungen mit *ů* bzw. *ů* sind jedoch wegen der Zeichenvermischung meist nicht eindeutig zu bestimmen. (vgl. dazu V. Moser 1.1. § 74, Anm. 1).

Anm.: Zu *diemůt ~demůt* s. V. Moser 1.1. § 81, Anm. 20 und 25.

Zur Entrundung und zur Rundung s. § L 36; zur Senkung s. § L 33; zur Umlautsbezeichnung s. § L 8; zur Kontraktion s. § L 37.

3.6. Einzellautübergreifende Prozesse

3.6.1. Nhd. Diphthongierung

Lit.: Schilling 1878; Wrede 1895; Haffner 1904; K. Wagner 1927; A. Schmitt 1931; Trost 1939; 1958; 1979; 1981; Zopfi 1946; Zabrocki 1957; Kliemann 1958; Moulton 1961; Lindgren 1961; 1968; Schirmunski 1962, 213–228; Fleischer 1966, 68ff.; Besch 1967, 75ff.; Lüdtke 1968; Balan 1969; Herrlitz 1970, 27–32; Wiesinger 1970 I, 69–198; 1983b; Erben 1970, 404; Penzl 1969, 82f.; 1974; 1975; Heidelberger 1979; Jones 1979; 1984; Russ 1982a, 161–171; Szulc 1987, 123f. u. 132f.; Bauer 1988; ausführlich V. Moser 1.1 § 77; s. auch Paul, Mhd. Gr. § 42 (mit weiteren Literaturangaben); Michels, Mhd. Gr. § 91–94 und Ronneberger-Sibold 1989, passim.

1. Den mhd. langen Vokalen /i:/, /u:/, /ü:/<*iu*> entsprechen in der nhd. Standardsprache die Diphthonge /ae/, /ao/, /oe/. Der Lautwandel – die sog. nhd. Diphthongierung – vollzieht sich wohl zum überwiegenden Teil im Frnhd. und ist im Ergebnis in den rezenten Mdaa. faßbar. Dabei zeigt sich, daß der Diphthongierungsprozeß je nach lautlicher Umgebung unterschiedlich abgelaufen ist. In finaler Position und im Hiatus (vor Vokal) ist die Diphthongierung im gesamten hd. Raum – mit Ausnahme des Höchstalem. – durchgeführt. Vor Konsonant ist die Diphthongierung in einem recht geschlossenen Gebiet, das den größten Teil des Hd. umfaßt, durchgeführt, mit Ausnahme des Rip., des Ost- und Niederhess., Teilen des Thür. sowie des Alem. (vgl. Wiesinger 1970, I, bes. Karten 2–4). In den Gebieten ohne Diphthongierung vor Konsonant wurde die Digraphie-Schreibung im Frnhd. in die Schriftlichkeit übernommen.

Der Lautwandelprozeß der Diphthongierung läßt sich nur indirekt über die Entwicklung und Ausbreitung der digraphischen Zeichen beschreiben. Über das Verhältnis von lautlichem und graphischem Wandelprozeß kann indes nur spekuliert werden (s. u.). Die Ausbreitung der Digraphien als Repräsentanten der zugrundeliegenden Diphthonge ist sowohl anhand eines Quellenkorpus (Lindgren 1961) als auch anhand der einschlägigen Sekundärliteratur (V. Moser 1.1. § 77) beschrieben worden; s. auch Wagner 1927, 36f. Die ersten Digraphie-Schreibungen im Hiatus bzw. in finaler Position finden sich in südtirol. Urkunden um 1100 (vgl. Kranzmayer 1956, § 13 c,b). Vor Konsonant treten digraphische Schreibungen vereinzelt im 12. Jh. ebenfalls im Sbair. (Kärnten) auf und breiten sich von dort nach Norden aus. Haasbauer 1926, 27, 29f. belegt für das erste Drittel des 13. Jhs. noch keine Digraphien; im Zeitraum 1282–1311 stellen die Digraphien bereits nahezu die Hälfte der entsprechenden Belege und im Zeitraum 1311–1350 rund 99%. Lindgren 1961, 48 schätzt die Verhältnisse ähnlich ein. Für den bair. Raum um ca. 1290 weist er 65% Digraphiebelege aus, für das Ofrk. 10%, das Schwäb. 5% und für die übrigen Gebiete (ohne Spezifizierung) unter 5%. Genaue Zahlen zum Stand in bair. Urkunden am Ende des 13. Jhs. bieten Kliemann 1958, Uminsky 1975 und Bürgisser 1988, 54ff. (s. auch unten Anm. 1). Im Böhm. finden sich erste Belege in der zweiten Hälfte des 13. Jhs., im Sschles. um die Wende des 13./14. Jhs. Im Obsächs. sind erste Spuren im 14. Jh. belegt, durchgeführt wird die Digraphie-Schreibung jedoch erst in der zweiten Hälfte des 15. Jhs. (in der kursächsischen Kanzlei kurz vor 1500; vgl. Kettmann

%	Bair.	Ofr.	Schw.	Böhm.	Sfr.	Omd.
10	1200	1300	1450	—	1500	1475
50	1275	1375	1475	1425	—	1500
90	1350	1425	—	—	—	—

Abb. 4: Prozentualer Anteil der Digraphien (aus: Lindgren 1961, 48)

1967, 97ff.; H. Bach 1934, 28; 1974 § 14; s. auch Suchsland 1968, 65f. für Teile des
Thür.). Im Ofrk. (erste Belege nach Pfanner 1954, 173 um die Mitte des 13. Jhs.)
setzen sich die Digraphie-Schreibungen bereits im Verlauf des 14. Jhs. durch (nach
Lindgren zwischen 80 und 100% am Jahrhundertende). Im Westen verläuft die Entwicklung mit einer gewissen Verzögerung. In Augsburg sind bereits um 1290 erste
Belege vertreten, doch setzt sich die Digraphie-Schreibung erst im 15. Jh. durch (vgl.
auch die Belegzahlen zwischen 1373 und 1483 bei Glaser 1985, 94, 98 u. 102). In der
zweiten Jahrhunderthälfte setzt sich die Digraphie-Schreibung im übrigen Schwäb.
durch, im Süden z. T. erst zu Beginn des 16. Jhs. Im wmd. Diphthongierungsgebiet
setzen sich die Digraphien weitgehend im 16. Jh. durch (vgl. u. a. V. Moser 1.1. § 77;
Heidelberger 1979; Rupp 1933, 28; Schützeichel 1974, 115ff. zu *hus*). Besch
1967, 75ff. dokumentiert recht deutlich den Stand im 15. Jh. (bei einem Textzeugen):
Digraphien sind belegt im Bair., Ofrk. und in Breslau; Konkurrenz mit den alten
Monographien ist belegt im Oschwäb, in Bamberg und Dessau, ansonsten herrschen
die alten Monographien vor.

In den oben genannten Gebieten ohne zugrundeliegende nhd. Diphthongierung
wurden die Digraphie-Schreibungen übernommen, im Els. in der ersten Hälfte des
16. Jhs., voll durchgesetzt jedoch erst ab 1560 (vgl. Bauer 1988, bes. 143), im Rip. im
Verlauf des 16. Jhs. (erstes Auftreten zwischen 1520 und der Jahrhundertmitte, konsequente Durchsetzung in der zweiten Jahrhunderthälfte; vgl. Scheel 1893, bes. Tab.
S. 30, auch Balan 1969), im Hchalem. erst im 17. Jh., z. T. erst in der 2. Jahrhunderthälfte (früher dagegen in Basel, Schaffhausen und in Züricher Drucken; vgl.
Brandstetter 1891, 40ff.); so auch in Bern (1630–1670/80; vgl. Erni 1949, 61ff.).

Anm. 1: Jones 1979 zeigt anhand einer computergestützten Nachuntersuchung des
Materials von Lindgren 1961, daß die Entwicklungen von mhd. /u:/ und /i:/ (zumindest im Bair. und Ofrk.) deutlich unterschiedlich verlaufen: der prozentuale Anteil
der Digraphien für mhd. /u:/ und /ü:/ liegt jeweils deutlich über dem für mhd. /i:/.
Dies bestätigt der Befund bei Bürgisser 1988, 54ff. Während die Digraphien zu mhd.
/u:/ am Ende des 13. Jhs. mit 90–100% gebucht werden, liegt der Anteil für mhd. /i:/
nur bei rund 30% (ähnlich auch Pfanner 1954, 174). Haffner 1904 nennt für die
Entwicklung in Freiburg / Br. die Abfolge /ü:/, /u:/, /i:/.

Anm. 2: Undiphthongiertes /ü/ liegt wohl vor bei *frünt(schaft)*, das sich wohl aufgrund früher Kürzung bis ins 17. Jh. bewahrt (vgl. V. Moser 1.1. § 82, Anm. 2 u. 11).

Ursache, Entstehungsraum und – damit verbunden – Ausbreitung des
Lautwandels ‚Diphthongierung' werden in der Forschungsliteratur kontrovers beurteilt.

2. Als Ursache wird ein irgendwie struktureller Zusammenhang mit anderen frnhd. Lautentwicklungen vermutet. Wrede 1895 stellt einen Zusammenhang mit Apokope und Synkope des *e* der Folgesilbe her und wertet den Diphthongierungsvorgang als „accentwürkung". Dieser Zusammenhang wird jedoch von Lindgren 1961, bes. 53ff. widerlegt, da beide Prozesse keineswegs, wie von Wrede unterstellt, parallel verlaufen. Trost 1939, der die Akzentthese ebenfalls ablehnt, versucht, einen Zusammenhang zwischen Diphthongierung und Dehnung herzustellen; dem folgt Penzl 1974, 117f. partiell, indem er eine Kausalverkettung von Dehnung und Diphthongierung dort annimmt, wo keine Monophthongierung stattgefunden hat, wobei er aber zumindest Gleichzeitigkeit der Prozesse der Dehnung und Diphthongierung im deutschen Südosten annimmt (gestützt auf den Befund von Lessiak 1908).

Einen kausalen Zusammenhang von Diphthongierung und Monophthongierung vermutet Zabrocki 1957; Trost hält dies für das Md. zumindest indirekt (über eine Dehnungsstufe) für möglich (vgl. Trost 1979; 1981). Einen solchen Zusammenhang hält auch Penzl 1984, 52 für denkbar, während Jones 1984 einer solchen Schubtheorie widerspricht. Fleischer 1966, bes. 69 zieht sowohl Monophthongierung als auch Dehnung in Betracht, die zusammengenommen im Ergebnis zu einer starken Belastung der oberen Langvokale ($/i:/$, $/u:/$, $/ü:/$) im Md. führten.

Hinsichtlich des Entstehungsraumes und der Frage der Ausbreitung folgt heute kaum noch jemand der Vorstellung Müllenhoffs und Burdachs von einer Ausbreitung der Diphthonge im Schriftlichen von Kulturzentrum zu Kulturzentrum und von diesen in die Mundarten (Schirmunski 1962 führt eine Reihe überzeugender Argumente für eine mündliche Verbreitung an). Weitere wenig plausible Thesen referiert V. Moser 1.1. § 77, Anm. 1. Kontrovers diskutiert wird jedoch die – letztlich unentscheidbare – Frage, ob es sich bei der Diphthongierung um Monogenese im Sbair. und anschließender wellenartiger Ausbreitung des Lautwandels handelt (etwa Kranzmayer 1956 § 13 e1; Lindgren 1961) oder um eine spontane Entfaltung in verschiedenen Teilen des Hd. oder gar im gesamten Hd. mit einer, zeitlich verzögerten, wellenartigen Ausbreitung nur der graphischen Repräsentanten der neuen Laute (Lüdtke 1968, mit weiterer Literatur, bes. Anm. 4 u. Anm. 19; Wiesinger 1970, I, 73, mit weiterer Literatur in Anm. 1; Schützeichel 1974, 116). Für den polygenetischen Standpunkt spricht die Tatsache, daß im 14./15. Jh. Diphthongierungsprozesse auch außerhalb des Hd. auftreten (im Nl., Engl. und Wfäl.).

Anm. 3: Der Versuch von Hakkarainen 1983, allgemeine Lautwandelprinzipien auf Lindgrens aus der Schriftlichkeit gewonnenes Material zu übertragen (!) (ähnlich bereits Meinhold 1967), stützt nicht zwingend den monogenetischen Standpunkt. Zwar wird die von Lindgren dargestellte Verlaufskurve (vgl. S. 56) als typisch für die Diffusion von Innovationen erkannt, doch handelt es sich zunächst um Diffusion auf der graphischen Ebene.

Über die Artikulationsveränderung und eventuelle Zwischenstufen bei der
Diphthongierung kann nur spekuliert werden. Allgemein wird Überdeh-
nung, anschließend Zweigipfligkeit und schließlich Öffnung / Senkung des
ersten Bestandteils angenommen (vgl. etwa Erben 1970, 404f.; Penzl 1974;
Russ 1982a, 163; Szulc 1987, 123). Die rezenten Mdaa. zeigen unterschiedliche Entwicklungsstufen (vgl. Wiesinger 1970, I). Im Gegensatz zur nhd.
Standardsprache, wo die beiden Diphthongreihen mhd. /ɛɛ/, /ou/, /öü/ und
frnhd. /ae/, /ao/, /oe/ zusammengefallen sind, bleiben die Reihen in den
Mdaa. zumeist getrennt. Eine Ausnahme stellt hier das Nord- und Mbair.
dar, wo mhd. /u:/ und /ou/ zu /a:/ vor *f* und *m* bzw. zu /ao/ zusammengefallen sind. Zu den jeweiligen Ergebnissen in den rezenten Mdaa. s. Wiesinger 1970, I; einen kurzgefaßten Überblick bietet Russ 1982a, 163ff.

Anm. 4: Im Frnhd. werden die Diphthonge unterschiedlicher Herkunft (und sicher-
lich auch unterschiedlicher Aussprache) tendenziell graphisch auseinandergehalten
(vgl. dazu §§ L 27ff.).

3.6.2. Mitteldeutsche Monophthongierung   § L 32

Lit.: Zabrocki 1957; Trost 1958; 1979; 1981; Moulton 1961; Schirmunski 1962,
228–232; Herrlitz 1970, 27; Wiesinger 1970 II; 1983b; Penzl 1969, 83; 1975; Russ
1982a, 171–174; Jones 1984; Szulc 1987, 124, 133 u. 155f.; V. Moser 1.1. § 81;
Paul, Mhd. Gr. § 43.

1. Den mhd. Diphthongen /ie/, /uo/, /üe/ entsprechen in der nhd.
Standardsprache die Monophthonge /i:/, /u:/, /ü:/. Der Lautwandel – die
sog. md. Monophthongierung – vollzieht sich zum überwiegenden Teil bereits im Mhd., die graphische Entwicklung von alten Digraphien zu den
neuen Monographien *u* und *ü* bzw. zu *i* plus Dehnungs-*e* verläuft weitgehend im Frnhd. Das Ergebnis des Lautwandels ‚Monophthongierung' ist
direkt faßbar in den rezenten Mdaa. Das Monophthongierungsgebiet ist
nicht so geschlossen wie das Gebiet der nhd. Diphthongierung (vgl.
§ L 31). Es umfaßt im wesentlichen das Md. (vgl. Wiesinger 1970, Karten
12–14). Im Nordbair., Nürnberg., Obhess. und Teilen des Mosfrk. ist der
Monophthongierung eine neuerliche (sekundäre) Diphthongierung gefolgt
(sog. gestürzte Diphthonge; vgl. dazu § L 26; Wiesinger 1983b; 1970, II,
1ff.). Im Obd. fand die Monophthongierung nur vereinzelt statt. Hier wurden die monographischen Schreibungen im Verlauf des Frnhd. in die
Schriftlichkeit übernommen.

Der Lautwandelprozeß der Monophthongierung läßt sich nur indirekt über die Entwicklung und Ausbreitung der monographischen Schreibungen beschreiben. Im Gegensatz zur Diphthongierung, wo sich die neuen Zeichen deutlich von den alten
unterscheiden, ist die Beschreibung graphischer Reflexe der Monophthongierung
nicht ohne weiteres möglich.

ie /ie/ > *ie* /iː/: Im Falle von mhd. /ie/ wird nach Durchführung der Monophthongierung die alte Digraphie zumeist beibehalten bzw. dort, wo sie einer monographischen Schreibung mit *i* (etc.) gewichen war, zumeist wieder restituiert, wobei der zweite Bestandteil, das *e*, zum Dehnungszeichen umfunktioniert wurde (vgl. § L 7). In dieser Funktion wird *ie* dann analog auf weitere Lexeme mit (gedehntem) *i* übertragen: *Biene* (<*bin(e)*), *viel* (<*vil*) etc., aber: *Biber* (<*biber*).

Ein einigermaßen sicheres Indiz für die Wiedergabe des Monophthongs ist die Schreibung *i* in Texten des Monophthongierungsgebietes. Ebenso können *ie*-Schreibungen für gedehntes mhd. /i/ als Repräsentant des Monophthongs /iː/ gewertet werden. In omd. Hss. des 13. bis 16. Jhs. zeigt sich ein starker Wechsel zwischen digraphischer und monographischer Schreibung. Die *i*-Schreibungen nehmen im Verlauf des 14. Jhs. zunächst zu, werden aber seit dem späten 16. Jh. wieder zugunsten von *ie* zurückgedrängt. In den wmd. und ofrk. Hss. ist *ie* immer dominant geblieben (vgl. V. Moser 1.1. § 81.2). Der Anteil von *ie* bzw. *i* ist jedoch positionsabhängig. Am geringsten ist *ie* (gegen *i*) jeweils am Wortanfang belegt, während es medial und final meist deutlich überwiegt (vgl. etwa die genauen Zahlen bei Koller 1989, bes. 61; s. auch Steffens 1988, 104ff.).

Anm. 1: Besch 1967, 83 findet im 15. Jh. bereits eine recht einheitliche Verwendung von *ie*: „Fast in allen Hss. steht als Normalschreibung *ie*, gelegentlich einmal *i*, dies vor allem in Nachbarschaft von Nasalen. Der Anteil von einfachem *i* (in jeder Stellung) ist in den bairischen, ostfränkischen und ostmitteldeutschen Texten größer als im alemannischen Gebiet, er bleibt aber prozentual noch stark hinter *ie* zurück." Dieser Befund wird für das Alem. im HSS 1979, 156 u. Karte 65 bestätigt.

Anm. 2: Zu *ie*-Schreibungen anstelle von mhd. /i/, /iː/ s. auch § L 30.

Anm. 3: Bei einigen Lexemen (wie *diner, dinen, dinst* etc.) ist wohl landschaftsweise mit (z. T. vorübergehender bzw. regional gebundener) Kürzung zu rechnen (vgl. V. Moser 1.1. § 81, Anm. 2).

Anm. 4: Eine besondere Entwicklung liegt vor bei den Adverbien bzw. Pronomen *je, jemand, jeder, jeglich, jedoch, jetzt, jetzund*. Es ist anzunehmen, daß der Anlaut hier im Obd. diphthongisch, im Md. aber monophthongisch realisiert wurde; so finden sich im Obd. Reime wie *jeder : nieder; jeden : frieden* etc. und im Md. Schreibungen mit *i*: *itzt, iglich, ider* etc. Inwieweit bei der Entwicklung mit nd. Einfluß zu rechnen ist, wo mnd. *jo* (<as. *gio*) mit konsonantischem *i* gilt, ist nicht gänzlich ausgelotet (s. Kirch 1952, 61f.; V. Moser § 81, Anm. 32). Überlagert wird die Entwicklung durch die graphische Varianz von *i* und *j* für /i/, /iː/ und /j/ (vgl. § L 13, 21, 55). Kirch a.a.O. weist darauf hin, daß durch diese Entwicklung eine Spaltung von *je* in initialer und *ie* in anderer Position (nach ehemaliger Negationspartikel *(e)n*) eintritt: *je : nie; jemand : niemand*.

Anm. 5: Zu *immer, nimmer* s. § L 35.

uo, üe > *u, ü*: Im Md. werden die neuentstandenen Monophthonge /uː/ und /üː/ aufgrund der nicht durchgeführten Umlautsbezeichnung (vgl. § L 8) beide graphisch bis ins 16. Jh. überwiegend durch *u* repräsentiert. Diakritika finden sich in der Regel nur in Texten, wo sie allgemein zur deutlicheren Markierung von *u* (gegen *n*) eingesetzt werden, haben somit keine distinktive Funktion innerhalb des Vokalsystems. Am häufigsten findet sich als Nebenform *ů*, das aber im Md. /uː/ und /üː/ (auch /u/ und /ü/) und im Obd. darüber hinaus /uo/ und /üe/ repräsentieren kann (vgl. dazu §§ L 16, 17, 24, 25, 28, 29). Seltenes *ue* läßt sich entweder als *u* plus Dehnungs-*e* oder als obd. Einfluß interpretieren. Andere Zeichen sind insgesamt selten.

Der Beginn des Lautprozesses selbst, über dessen Entstehung und Verlauf nur spekuliert werden kann, wird zumeist auf das 11. Jh. (*uo, üe*) bzw. 12. Jh. (*ie*) datiert und als monogenetische Entwicklung im Wmd. mit Ausdehnung in Teile des Ofrk. und Omd. beschrieben (vgl. V. Moser 1.1. § 81; Paul, Mhd. Gr. § 43). Jones 1984 gelangt anhand des Befundes in hd. Urkunden aus der 2. Hälfte des 13. Jhs. zu dem Schluß, daß es sich bei dem Lautprozeß der md. Monophthongierung um eine polygenetische Entfaltung handelt. Auch eine Beeinflussung durch *e* und *o* im nördlichen Md. (vgl. unten) kann nicht ausgeschlossen werden (vgl. V. Moser 1.1. § 81, Anm. 11). Zu den frühen Monophthongbelegen im Bair. s. bes. Bürgisser 1988, 72ff.

Die strukturellen Erklärungsversuche haben bisher wenig Klarheit geschaffen (vgl. Paul, Mhd. Gr. § 43). Insbesondere die gelegentlich erwogene kausale Verklammerung von Monophthongierung und Diphthongierung (vgl. § L 31; Zabrocki 1957; Trost 1979, 1981; auch Penzl 1984a, 52) wird von Jones (a.a.O.) abgelehnt (vgl. auch die Ausführungen in Paul, Mhd. Gr. a.a.O.). Privilegiert man den Standpunkt einer Monogenese von Diphthongierung und Monophthongierung, verbietet sich die Annahme einer Kausalverkettung der beiden Prozesse von selbst, da sie an verschiedenen Orten auftraten. Moulton 1961, 32 vertritt die These, daß sich im Mhd. die neu entstandenen Monophthonge von den alten Längen durch eine offenere Artikulation unterscheiden (/i:/, /u:/, /ü:/ gegen /i̦:/, /u̦:/, /ü̦:/). Für diese These spricht die Tatsache, daß im md. Diphthongierungsgebiet nur die alten Längen diphthongiert wurden, nicht aber die neuen Monophthonge.

2. Im Mfrk., Ost- und Niederhess. und im Wthür. stehen anstelle der mhd. Digraphien die Monographien *o, e* und *ö*.

Es ist in der Forschungsliteratur umstritten, ob hier die germ. Laute gewahrt blieben, also germ. *ê²* und *ô* im Ahd. nicht zu *ea∼ia∼ie* bzw. *uo* diphthongiert wurden, oder eine diphthongische Reihe bereits im Frmhd. wieder monophthongiert wurde. Das aus *eo∼io* entstandene *ie* wäre dann über /i:/ zu /e:/ monophthongiert worden und mit dem alten *ê²* zusammengefallen (vgl. V. Moser 1.1. § 81.4). Für einen Fortbestand der alten Lautverhältnisse plädieren etwa Michels, Mhd. Gr. § 98; Frings 1916, 2 u. ö.; Brinkmann 1931, 169ff.; V. Moser 1.1. § 81.4; Schirmunski 1962, 230; s. auch Bruch 1963; für eine vorübergehende Diphthongierung sprechen sich etwa v. Bahder 1880; Franck, Afrk. Gr.; Wilmanns, Dt. Gr. 1. Abt.; Mausser 1932 und in jüngerer Zeit Wiesinger 1970 II, 40ff. aus.

In der frnhd. Schriftlichkeit sind monographische Schreibungen mit *e* und *o* im Rip. bis ins späte 16., in Einzelfällen bis ins 17. Jh. belegt: *breve, lev, verdenen, entfenc, broder, moder* etc., auch mit Dehnungszeichen *preister, leyf, boech, goed* etc. (genaue Angaben bei V. Moser 1.1. § 81 4). Im Hess. des 14./15. Jhs. konkurrieren *e* und *o* bereits häufiger mit *ie* und *u*. Die älteren monographischen Schreibungen weichen im Frnhd. den neuen Zeichen. Für die Lexeme *lieb : lev* und *bruder : broder* vgl. die ausführliche Darstellung bei Schützeichel 1974, 68ff. u. 75f., der erste

ie/u-Belege nördlich der Hunsrückschranke im 13. Jh. und letzte *e/o*-Belege im 16.
Jh. bucht; s. auch die Darstellung bei Garbe 1969, 64ff. u. 155f.

§ L 33

3.6.3. Senkung von i, u und ü

Lit.: v. Bahder 1890, 186ff.; Horn 1905; Metzner 1913; Zwierzina 1925; Schirmunski
1962, 246–253; Wiesinger 1970, passim; 1983c; Penzl 1969, 88; 1975, 121; Russ
1982a, 151ff.; Szulc 1987, 137; Paul, Mhd. Gr. § 50; V. Moser 1.1. § 72 u. 73.

Zunächst im Md. und (in geringerem Maße) im Schwäb., später dann auch
im übrigen Obd. finden sich Schreibungen mit *e, o* und *ö* anstelle von mhd.
i, u und *ü* bes. vor Nasal, aber auch vor *l, r* plus Konsonant, seltener vor
anderen Konsonanten: *wetwe, hemel, stegen, seben, hondert, gonst, ons,
kröppel, störmen* etc.

Lautliche Grundlage dieser Schreibungen bildet eine in den rezenten
Mdaa. im Ergebnis direkt beobachtbare Senkung der oberen Kürzen /i/,
/u/, /ü/ > /e/, /o/, /ö/ (bzw. bei Entrundung /e/; vgl § L 36), im Falle der
Dehnung > /e:/, /o:/, /ö:/ (bzw. bei Entrundung /e:/; vgl. § L 36).

Erste schriftliche Belege finden sich im 12. Jh. im Mfrk. und Hess., im 13. Jh. im
Thür. und Rhfrk. Im 14./15. Jh. breitet sich die Schreibung mit (gesenktem) *e, o* (*ö*)
im Md. und in den anschließenden obd. Gebieten aus. Im Ofrk., Böhm. und in
Teilen des Schles. finden sich Schreibungen mit *e, o* (*ö*) bes. vor *r* plus Konsonant,
seltener vor *n* plus Konsonant oder anderen Konsonanten. Diese Schreibungen werden Ende des 15. Jhs. und bes. dann Anfang des 16. Jhs. wohl aufgrund obd. Einflusses zurückgedrängt, doch noch Luther verwendet *spetal* etc. (vgl. Hertel
1897, 453f.). Seit dem 16. Jh. setzen sich jedoch unter md. Einfluß *o/ö*-Schreibungen
in bestimmten Umgebungen auch in der Schriftlichkeit des Obd. durch (vgl. V.
Moser § 72 u. 74; Schirmunski 1962, 246f.; Metzner 1913, 16ff.).
In den rezenten Mdaa. ist die Senkung konsequent (in offener und geschlossener
Silbe) im Nfrk. und Mfrk. durchgeführt, mit Ausnahmen (bes. in offener Silbe) im
anschließenden Hess., sporadisch im Shess. und Pfälz., wiederum konsequent im Els.
(in geschlossener Silbe vor Nasal oder *r* plus Konsonant /i/, /ü/ > /e/, /u/ > /o/) und
in Teilen des Thür. (in geschlossener Silbe vor *r* plus Konsonant). In anderen Landschaften finden sich kleinere Gebiete mit Senkung (vgl. Schirmunski 1962, 246ff.,
genauer Wiesinger 1983c; auch Metzner 1913).

Anm. 1: Besch 1967, 102ff. belegt für das 15. Jh. noch einen deutlichen obd. / md.
Gegensatz für *sunne / sonne* und *kunig / könig.*

Anm. 2: Im Schwäb. finden sich seit dem 14. Jh. ebenfalls Schreibungen, die auf eine
Senkung vor Nasal hinweisen: *komber, wonder, mönster, abtrönnig, wenkel* etc. Diese
Schreibungen werden ebenfalls zunächst zurückgedrängt, nehmen aber im 16. Jh.
wohl unter md. Einfluß wieder zu. Aus dem Befund der rezenten Mdaa. geht nicht
eindeutig hervor, ob es sich bei diesen Schreibungen um eine frühe Übernahme der
md. Schreibungen in die schwäb. Schriftlichkeit handelt oder um einen Lautwandelprozeß. Möglicherweise hatte das Senkungsgebiet im 14./15. Jh. eine weit größere
Ausdehnung als heute und schloß auch obd. Gebiete mit ein. Diese Überlegung
findet sich auch bei Schirmunski 1962, 251, der ein ehemals geschlossenes Gebiet im
Westen (Wmd. und Els.) nahelegt, das durch Modernisierung im Srhfrk. ausein-
andergerissen wurde.

In die nhd. Standardsprache gingen die gesenkten Vokale *o* und *ö* (nicht *e*) nur in bestimmten lautlichen Umgebungen ein: vor *n* (konsequent nur vor <*nn*> außer *Brunnen*) und *m* (<*mm*>), in Ausnahmen vor anderen Konsonanten(verbindungen): *Sonne* (<*sunne*), *Nonne* (<*nunne*), *tonne* (<*tunne*), *Wonne* (<*wünne*), *Sohn* (<*sun(e)*), *fromm* (<*vrum*), *Sommer* (<*summer*), *Trommel* (<*trummel*), *Rohrdommel* (<*rôrtummel*), *sonder(n)* (<*sunder*), *sonst* (<*sus(t)*), *König* (<*künec*), *Mönch* (<*münich*) etc., aber: *Gunst, Hunger, Hund, jung, krumm, dumm, stumm, summen, brummen, tummeln, Wurf, Urteil, Durst* etc.

Im Obd. halten sich die alten *u*-Schreibungen z. T. bis ins späte 17. Jh., so etwa *sunst, münch, trummel* (vgl. auch v. Bahder 1890, 197).

Anm. 3: Anders zu bewerten ist wohl die Entwicklung bei den Präteritopräsentien *gönnen* <(*gunnen~günnen*), *können* <(*kunnen~künnen*), *mögen* <(*mugen~mügen~magen~megen*).

Anm. 4: Zu *o* im Part. II der Ablautreihe IIIa s. Gr. d. Frnhd. IV § 112; zu *kommen* (1.–3. Sg. Präs.) s. ebd. § 148.6.

Anm. 5: Zu *trotz, trocken, locker, forcht, solch, golden, hölzern, antwort, höhle* u. ä. s. § L 16, Anm. 2.

Anm. 6: Mhd. *sus* (selten *süs*) ist bis ins 15. Jh. belegt; *sust* (mit epithetischem *t*) ist seit dem Mhd. vertreten und findet sich bis ins 16. Jh. Wohl durch Nasalierung erscheint *sunst* (selten *sünst*) im 14. Jh. zuerst im Obd. (Bair. und Alem.). In dieser Form, die mit *u* bis ins 17. Jh. belegt ist, tritt dann Senkung vor Nasal ein; *sonst* gilt seit dem Ende des 17. Jhs. (vgl. Paul, Dt. Gr. T. II § 76; DWB, s. v.)

Anm. 7: Bei der Entwicklung *münech* > *Mönch* kann zumindest stützend die lat. Form *monachus* gewirkt haben.

Anm. 8: Zu *duppel(t)* (<franz. *double*) s. V. Moser 1.1. § 74, Anm. 6.

Anm. 9: Das omd. Präfix *vor-* (statt *vur-*) wird von N. R. Wolf 1975, 223 ebenfalls in Zusammenhang mit der Senkung gebracht. Doch s. ibid., Anm. 151 die dort referierten anderen Erklärungen, unter denen die eines älteren Nebeneinanders von *vor-* und *vur-* am ehesten überzeugt.

3.6.4. Dehnung §L 34

Lit.: Paul 1884; v. Bahder 1890, 85ff.; Burghauser 1891; Ritzert 1897; Sievers 1901, § 843; Frings 1915; Trost 1939; Johnson 1941, 7–76; Hansen 1944; Kirch 1952, 31ff.; Fleischer 1966, 74ff.; Gabriel 1969; Valentin 1969; Russ 1969; 1976; 1982a, 121–141; Herrlitz 1970, 27f.; Winter 1971; Anttila 1972; Dinnsen / King 1973; Iverson / Ringen 1973; Penzl 1969, 84ff.; 1974; 1975, 113ff.; Reis 1974; Leys 1975; Hogg 1979; Iverson 1981; Szulc 1987, 124f., 133ff. u. 151f.; allgemein V. Moser 1.1. § 49; Paul, Mhd. Gr. § 45f.; Wilmanns, Dt. Gr. 1. Abt., 318ff.; mit weiteren Literaturangaben; Michels, Mhd. Gr. § 77ff.; Ronneberger-Sibold 1989, passim.

1. Mit ‚Dehnung' wird die quantitative Veränderung der mhd. Kurzvokale zu nhd. Langvokalen bezeichnet. Dieser Lautwandelprozeß, der wohl vor Beginn des Frnhd. bereits weitestgehend abgeschlossen ist, läßt sich graphisch kaum nachvollziehen. Die von Paul 1884 aufgestellte Regel lau-

tet: Mhd. kurze Vokale in (ursprünglich) offener (auf Vokal endender) Silbe werden gedehnt (mhd. *tage* /tagə/ > nhd. *Tage* /taːgə/). Dieser Prozeß betrifft das gesamte hd. Sprachgebiet außer dem südlichen Alem. (vgl. Schirmunski 1962, 183f.).

Daneben tritt Dehnung in folgenden Fällen ein:
(1) in geschlossener (auf Konsonant schließender) Silbe vor *r* plus Dental (*d*, *t*, *s*, *z*) überwiegend bei *e* und *a*, seltener bei anderen Vokalen: *Art, Fahrt, Harz, Erde, Erz, Schwert, werden, Begierde, Geburt* etc.;
(2) in geschlossener Silbe vorwiegend bei Einsilblern vor *r*: *er, der, mir, wir, dir, für, tor, ur-* etc.;
(3) in geschlossener Silbe bei einsilbigen Substantiven in Analogie zu gedehnten Vokalen in den obliquen Kasus (mhd. *tac* /tak/ > nhd. *Tag* /taːk/ analog zu /taːgə/).

Die Dehnung unterbleibt vor alter Doppelkonsonanz und vor Affrikaten (vgl. Penzl 1975, 113), da hier keine offene Silbenstruktur vorliegt.

Anm. 1: Zur Dehnung zweiter Glieder in Komposita s. Paul, Mhd. Gr. § 46.

Anm. 2: Dehnung in mhd. offener Silbe liegt vor bei *ahn* (*<ane*), *viel* (*<filu*), *wohl* (*<wola*), *wahl* (*<wala*), *zahl* (*<zala*), *mehl* (*<mêlo*), *wahr* (*<ware*), *gar* (*<garo*), *heer* (*<heri*), *meer* (*<meri*), *sieg* (*<sige*), *dem* (*<dëme*), *wem* (*<wëme*), *ihm* (*<ime*) etc., vgl. V. Moser 1.1. § 49, Anm. 3; H. Bach 1974 § 44.

Die Dehnung ist unterschiedlich konsequent in der nhd. Standardsprache realisiert. Sie ist auch in offener Silbe unterblieben, zumeist vor *t* (nhd. *Kette, Sitte, Gatte, Schatten, Schlitten, Vetter, Wetter, Bretter, Blätter, Sattel, Büttel, Gatter, Gewitter, schmettern, rütteln, schlottern, betteln* etc. wie auch im Part. II und Pl. Prät. der starken Verben der Ablautreihen 1 und 2: *geglitten, geritten, erlitten, beschnitten, gesotten* etc.; aber: *Vater, Bote* etc., vgl. v. Bahder 1890, 86 u. unten Anm. 4) und vor *m* insbes. bei mehrsilbigen Lexemen auf *-er*, *-el*, *-en* (nhd. *Himmel, Sommer, Kammer, Hammer, Flamme, Schwämme, Stimme, schwimmen, kämmen, schimmern, kommen, tummeln, zusammen* etc.), gelegentlich vor anderen Konsonanten plus *-er* (*Donner, Söller*). Als Erklärung für die letztgenannten Ausnahmen wird auf die häufige silbische Verwendung von *l*, *r*, *n* nach Synkope des *-e-* (*himl, hamr* etc.) verwiesen (vgl. § L 39; Penzl 1975, 114; Paul, Mhd. Gr. § 45).

In den verschiedenen Mdaa. ist die Dehnung zum Teil weitergehend, zum Teil in geringerem Maße durchgeführt als in der Standardsprache (vgl. V. Moser 1.1. § 49II; Schirmunski 1962, 181ff.; Wiesinger 1983a).

Anm. 3: Die Dehnung unterbleibt regelmäßig vor /ʃ/ *<sch>*, da hier ursprünglich eine Konsonantenverbindung, also geschlossene Silbe, vorliegt: *waschen, Flasche* etc.

Anm. 4: Russ 1969 zählt die nicht durchgeführte Dehnung vor *t* nicht zu den Ausnahmen, sondern schlägt eine Neuformulierung der Dehnungsregel vor: Dehnung nur vor einfachen Leniskonsonanten. Die Ausnahmen (*Vater, Bote, Zote, beten, kneten, treten, jäten, waten, Spaten, Knoten, Kater, Kröte, Gebet, Gebot, geboten, Beet* etc.) werden als analoge Bildungen (bes. die Verben) bzw. Schreibaussprachen gewertet.

Anm. 5: Kürze – signalisiert durch Doppelkonsonanz – ist bis ins 17. Jh. gut belegt im Mfrk., bes. im Rip. vor *b*, *d*, *g*, *f*/*v*, *s*, im Rheinfrk. vor *b*, *d*, *g* und im Omd. bes. vor *b* und *d*: *odder, widder, nidder, wedder, lebber, abber*. Im Mfrk. bleibt alte Kürze mitunter auch vor *n, l* und *r* erhalten (*honnig*) (vgl. V. Moser 1.1. § 49.4); *honnig* findet sich aber auch etwa bei Luther (s. H. Bach 1974,417).

2. Der Lautwandelprozeß ‚Dehnung' beginnt nach allgemeiner Auffassung im Nfrk. bereits im Spätahd. / Frmhd., ist im 12. Jh. im Wmd. nachweisbar und breitet sich von dort ins Omd. und (seit ca. 1300) ins Obd. aus (vgl. Paul, Mhd. Gr. § 45). Penzl 1975,114, auch 1984a, 54 verweist auf sbair. Belege aus dem 11./12. und aus dem 13. Jh., die eine Polygenese nahelegen. Der von Penzl 1984a, 53 angenommene zeitliche Ansatz der Dehnung im Anschluß an die Diphthongierung – basierend auf der Beobachtung, daß die gedehnten *i, u* und *ü* (etwa in *Biene, Bühne, Jugend* etc.) nicht mehr diphthongiert wurden – stellt jedoch den polygenetischen Standpunkt wieder in Frage.

Die Ursache der Dehnung ist in der Forschungsliteratur umstritten. Angenommen wird eine Tendenz zur Isomorphie, d. h. eine Tendenz zur Angleichung der Artikulationsdauer von Silben durch Dehnung ((K)V̄K) bzw. Gemination ((K)VKK)(so etwa Kranzmayer 1956, Einleitung § 33; Valentin 1969; auch Fleischer 1966; Russ 1969; kritisch dazu Reis 1974). Auch die Veränderung des Akzents vom sog. schwachgeschnittenen Akzent (Einsatz mit großer Energie und anschließend Abschwächung vor dem folgenden Konsonanten) zum sog. scharfgeschnittenen Akzent (Einsatz mit geringer Energie und anschließend Anstieg bis zum folgenden Konsonanten) ist als Ursache genannt worden (vgl. Sievers 1901 § 843; s. auch Reis 1974). Daß beide Vorstellungen miteinander vereinbar sind, zeigt Kranzmayer (a.a.O.), der einen Zusammenhang aller Quantitätsveränderungen – begründet in dem Bedürfnis nach Isomorphie als Folge der Akzentveränderungen – konstruiert. Umstritten sind auch die lautlichen Bedingungen der Dehnung: offene vs. geschlossene Silbe, folgende einfache Konsonanz vs. Doppelkonsonanz, Fortis vs. Lenis (vgl. dazu ausführlich Reis 1974).

Die gesamte Diskussion krankt jedoch an der mangelhaften graphischen Markierung der Vokalquantität. Weithin stützt sich die Diskussion auf normalisierte Quellen, d. h. auf durch den Editor jeweils markierte Längenbezeichnungen. Die mhd. Originale zeigen jedoch in seltenen Fällen (genauer: in bisher noch nicht exakt ermitteltem Umfang) Quantitätssignale. Obgleich man davon ausgehen darf, daß die Dehnung im Frnhd. weitestgehend abgeschlossen ist, ist der Stand kaum beschreibbar, da – mit Ausnahme des Wmd. und des nördlichen Omd. – die Quantität noch weit weniger konsequent markiert wird, als dies in der nhd. Standardsprache der Fall ist (vgl. dazu August 1980). Die Beschreibung der Quantitätsverhältnisse im Frnhd. ist abhängig von der allgemeinen Entwicklung der Längenmarkierungen (Dehnungszeichen) (vgl. § L 7).

Anm. 6: Die Dehnung von *i* vor *r* ist so gut wie nie eindeutig zu ermitteln, da *e* hier auch Reflex der Vokalisierung des /r/ sein kann.

§ L 35   3.6.5. Kürzung

Lit.: Paul 1884; Zwierzina 1901, 81–95; Elsässer 1909; Kirch 1952, 38ff.; Schirmunski 1962, 191–194; Penzl 1969, 86; Wiesinger 1970, II 117, 120, 122(f), 126(e); 1983a; Reis 1974; Leys 1975; Russ 1982a, 141ff.; Szulc 1987, 81–95; V. Moser 1.1. § 50; Paul, Mhd. Gr. § 47; Michels, Mhd. Gr. § 87–90; s. auch die Literatur zur Dehnung.

Unter der Bezeichnung ‚Kürzung' werden in der Forschungsliteratur verschiedene Prozesse zusammengefaßt, in denen mhd. lange Vokale zum Nhd. hin gekürzt werden. Die Kürzung betrifft alle mhd. Langvokale, jedoch /i:/, /u:/ und /ü:/ überwiegend nur im Gebiet ohne nhd. Diphthongierung (vgl. § L 31). Auch die durch die verschiedenen Monophthongierungsprozesse entstandenen (neuen) Längen unterliegen Kürzungsprozessen (vgl. V. Moser 1.1. § 50 III). Die Kürzungsprozesse sind insgesamt weit weniger konsequent durchgeführt als die Dehnungsprozesse. Erste spärliche Hinweise auf Kürzungen (d. h. Reimbelege von Kürzen und ehemaligen Längen) finden sich in der 2. Hälfte des 12. Jhs. Die Aussagen zu den Kürzungsprozessen sind noch weniger durch den graphischen Befund gestützt als die zur Dehnung. Die mhd. Hss. markieren vokalische Länge nur sporadisch und vokalische Kürze gar nicht. Die Markierung der relativen Kürze eines Vokals durch graphische Konsonantenverdopplung erfolgt erst im Verlauf des Frnhd. und hier erst sehr spät mit einiger Konsequenz (vgl. § 1, 1.7.1 und § L 44ff., passim).

Anm. 1: Es gilt noch, was V. Moser 1.1. § 50, Anm. 8 formuliert: „Gerade die Kürzungsgesetze sind aber überhaupt (mangels einer wirklich brauchbaren Vorarbeit) noch ziemlich ungeklärt und auch das historische Material bedarf noch sehr der Ergänzung durch Einzelbeobachtungen".

Kürzen, die mhd. Längen entsprechen, finden sich im Omd., Ofrk., beschränkter im Rhfrk. (außer Niederhess.), selten im Bair. und kaum im Alem. vor *h* /x/ plus *t*: *Licht* (<*lieht), dicht (<dǐht), Fichte (<vieht), brachte (<brâht), acht (<âhte – Ächtung), (An)dacht(<(an)dâht), ächten (<æhten), Docht (<tâht), auch vor f, s plus t: Osten (<ôsten), rösten (<roesten), Klafter (<klâfter);* weiterhin vor *r* plus Konsonant: *Herr* (doch auch bereits mhd. *herre), herrlich (<hêrlîch), Herrschaft (<hêrschaft), Dirne (<dierne), irgend (<iergen)*(vgl. Michels, Mhd. Gr. § 87, Anm. 4). Im Md. entsprechen mhd. *ie* und *uo* vor *n* plus Konsonant nhd. Kürzen: *fing (<vienc), ging (<gienc), hing (<hienc), Stunde (<stuont), Pfründe (<pfrüende)*. Im Nebenton und bei Zusammensetzungen finden sich häufig Kürzungsergebnisse, von denen jedoch einige auf Mdaa. beschränkt bleiben: *Grummet (<gruonmât), viertel (<vierteil), -lich (<-lîch), -rich (<-rîch), -hem (<-heim bei Namen);* im Frnhd. *arbet, -het (<heit), nachenander, urtel, ohem, zweitel, schultes* etc. (vgl. Michels, Mhd. Gr. § 88, Anm. 3); *Brombeere (<brâmbeer), Nachbar (<nâchgebûr), Hoffart (hôchvart)*.
Im Mbair., Nordbair., Teilen des Ofrk. und Ohess., seltener in anderen Gebieten entsprechen mhd. Längen nhd. Kürzen vor Geminaten und Affrikaten in zweisilbigen Lexemen (vgl. Wiesinger 1983a, 1093). Wiederum im Md. finden sich Entsprechungen mhd. Längen mit nhd. Kürzen bei mehrsilbigen Lexemen auf *-er, -el, -en*

und -*em*: *Blattern* (*<blâter*), *Jammer* (*<jâmer*), *Hammer* (*<hâmer*), *Mutter* | *Mütter* (*<muoter, müeter*), *Futter* (*<vuoter*), *Natter* (*<nâter*), *Rüssel* (*<rüezel*), *müssen* (*<müezen*), *Waffen* | *Wappen* (*<wâfen/wâpen*), *lassen* (*<lâzen*); alte Kürze haben *nimmer* (*<niemer*), *immer* (*<iemer*) (vgl. auch zu weiteren Kürzungsergebnissen in den rezenten Mdaa. Wiesinger 1983a).

In die nhd. Standardsprache werden die Kürzen vor *ht* regelmäßig, alle anderen sporadisch durch Selektion übernommen.

3.6.6. Entrundung und Rundung   § L 36

Lit.: v. Bahder 1890, 168–185; Henzen 1924; Kirch 1952, 58ff.; Kranzmayer 1956, § 26; Schirmunski 1962, 204–211; Beyer 1964; King 1969; Wiesinger 1970, passim; 1983e; Penzl 1969, 87f.; 1975, 120f.; 1984a, 56f.; Russ 1982a, 174–180; Szulc 1987, 128f.; V. Moser 1.1. § 65f. u. § 75; Paul, Mhd. Gr. § 48f.

1. Anstelle von mhd. *ü, iu, ö, oe* und *öu, üe* finden sich im Frnhd. häufig Schreibungen mit *i, e, ei* bzw. *ie*. Lautliche Grundlage dieser Schreibungen ist die in rezenten Mdaa. im Ergebnis direkt zu beobachtende sog. Entrundung (Umlautentrundung), d. h. die Entlabialisierung der runden vorderen Vokale bzw. der Diphthonge /oe/ und /üe/.

Trotz vereinzelter Belege im 12. Jh. wird der Prozeß allgemein ins 13. Jh. datiert. Erste Belege finden sich im Bair., die Reimverhältnisse im Omd. legen jedoch eine Polygenese nahe (vgl. Michels, Mhd. Gr. § 86). Im 16. Jh. finden sich Belege im gesamten hd. Sprachraum mit Ausnahme des Hchalem., Rip., eines geschlossenen Gebietes im ofrk. / hennebergisch / ohess. Raum nebst kleiner Gebiete im nördlichen Mosfrk. und in Außengebieten (vgl. Wiesinger 1983e).

In Hss. des 14./15. Jhs. kommt es aus Unsicherheit in der Zeichenverwendung zu einer starken Vermischung der Zeichen für die beiden vorderen Vokalreihen bzw. für die genannten Diphthonge, wobei der Anteil der hyperkorrekten Schreibungen häufig recht groß ist. So stehen neben *kerb, werter, derfer, remisch, minster, glick, fir, first* (*Fürst*), *kreitz, leiten* (*läuten*), *freid, beim* (*Bäume*), *gieter, miessen* (*müssen*), *gemiet* etc. häufig hyperkorrekte Schreibungen wie *hör, bösser* (*besser*), *löben, schüff, lüfern, verdürbt, kläud, heulig, reuchen, brüef* (*Brief*) etc. In obd. Drucken finden sich solche Schreibungen bis in die Mitte des 16. Jhs., danach werden die beiden Vokalreihen, die im Omd. meist sehr sorgfältig auseinandergehalten werden, auch im Obd. regelmäßiger unterschieden, doch noch im 17. Jh. finden sich Vermischungen (vgl. V. Moser 1.1. § 65).

Anm. 1: Die hyperkorrekten Schreibungen müssen sehr sorgfältig von eigentlichen Rundungsprozessen unterschieden werden, obgleich das in der Praxis kaum möglich ist (vgl. V. Moser 1.1. § 65, Anm. 6). Bes. im Schwäb. / Alem. sind die zahlreichen als ‚Überrundung' bezeichneten Schreibungen wohl eher auf zugrundeliegende lautliche Prozesse zurückzuführen als auf bloße hyperkorrekte Reflexe der Entrundung (vgl. unten). Aufschlußreich sind in diesem Zusammenhang die Zahlen bei Piirainen 1968 für Kraffts Reisebeschreibung: *e* anstelle von *ö* ist mit über 60% belegt, *ö* anstelle von *e* mit fast 70%; *i* steht für *ü* in 19% der Belege, *ü* für *i* in 4%; *eu* steht für *ei* zu fast 50%, *ei* für *eu* bei 28%; *ü(e)* steht für *ie* bei über 20% und umgekehrt *i(e)* für *üe* bei fast 50% aller Belege.

Anm. 2: Anders als durch Rundung sind wohl *schröcken, schröcklich, gebürg, sprüch-wort, heuraten* zu erklären (vgl. dazu V. Moser 1.1. § 65, Anm. 7).

Anm. 3: Alte Doppelformen sind *krete : kröte, ke(r)der : kö(r)der, derren : dörren, gipfel : güpfel, schlipfrig : schlüpfrig, kitzeln : kützeln, keichen : keuchen, zeigen : zeu-gen, reiter : reuter* (vgl. V. Moser 1.1. § 65, Anm. 8).

Anm. 4: Zu *liegen : lügen, triegen : trügen, frieren : früren, genießen : genüssen, schlie-ßen : schlüssen, biegen : bügen, riechen : rüchen, schmiegen : schmügen* s. V. Moser 1.1. § 54.

Anm. 5: Zu *fraid, straien* s. V. Moser 1.1. § 80; zu *fraind* § 82, Anm. 9.

Obgleich der Lautwandel der ‚Entrundung' den größten Teil des hd. Sprachgebietes betrifft und in diesem Gebiet recht konsequent durchgeführt ist, sind nur wenige Lexeme mit entrundeten Vokalen in die nhd. Standardsprache eingegangen: *Findling (<fündling), Pilz (<bülez), Spritze (<sprütze), Gipfel (<güpfel), Kissen (<küssen), Gimpel (<gümpel), kirre (<kürre), Nerz (<nörz), Zille (<zülle), Bimsstein (<bümez), streifen (<ströufen), Kitt (<küte), ereignen (<eröugnen),* über *eu>ei: spreizen (<spriuzen), Steiß (<stiuz), Schleife (<schliufe), Kreisel (<kriusel)* (vgl. Paul, Mhd. Gr. § 49; Russ 1982a, 176; Penzl 1969, 87). Als Gründe für diese zurück-haltende Übernahme werden der Einfluß der Grammatiktheoretiker (Wiesinger 1983e) bzw. nd. / franz. Einfluß (Penzl 1984a, 56) bzw. die Schrifttradition (Wie-singer 1983e; Penzl 1984a, 56) erwogen; s. auch Kirch 1952, 58ff.

2.   Im Schwäb. /Alem. und im Ofrk. und angrenzenden Gebieten finden sich im Frnhd. häufig Schreibungen mit *ü* und *ö* (u. ähnlich) anstelle von mhd. *i, î, e* und *ê*, bes. nach *w* /v/ und vor *l* oder *sch* /ʃ/, seltener vor anderen Konsonanten: *wölch, schwöster, dröschen, tüsch, schwüllt* und bes. *zwüschen* etc. (vgl. V. Moser 1.1. § 66).

Lautliche Grundlage dieser Schreibungen ist der im Ergebnis in rezenten Mdaa. direkt beobachtbare Prozeß der Labialisierung (Rundung) von /i/, /i:/, /e/, /e:/ > /ü/, /ü:/, /ö/, /ö:/ vor allem in Gebieten mit erhaltener Um-lautrundung (Hchalem., Ofrk., Hennebergisch / Ohess.; vgl. Wiesinger 1983e). Diese (‚unorganische') Lauterscheinung hat im Gegensatz zur Ent-rundung nicht zu strukturellen Veränderungen geführt. Gelegentlich treten solche Rundungserscheinungen auch im Entrundungsgebiet auf. Es ist noch nicht hinreichend geklärt, inwieweit die Rundungserscheinungen im Entrundungsgebiet hyperkorrekte Schreibungen bzw. Übernahmen aus Rundungsgebieten darstellen oder ob auch hier mit Rundungsprozessen zu rechnen ist. Die starke Verbreitung der Schreibungen mit Rundungsvoka-len im Schwäb. und Ndalem. und einige in rezenten Mdaa. belegte gele-gentliche Rundungserscheinungen (vgl. Wiesinger 1983e) legen historische Rundungsprozesse nahe, so etwa v. Bahder 1890, Bohnenberger 1892, 58ff.; vgl. auch den deutlich in diese Richtung weisenden Befund bei Besch 1967, 98f. Maurer 1965, 9f. u. 40, Meyer 1944 und Dreher 1929, 51ff. deu-ten indes Schreibungen mit gerundeten Vokalen als hyperkorrekt (‚Überrundung'). Im rezenten Alem. ist das Rundungsgebiet auf den Süden begrenzt (vgl. HSS 1979, bes. 122 u. Karten 4 u. 27).

Die ‚Rundung' ist graphisch seit dem 13. Jh. im Alem. (vgl. Boesch 1946, 77), seit dem 14. Jh. im Schwäb. und Ofrk. belegt. Im Bair. findet sich *ö* für *e* vor *l*, so zunächst auch in Eger (vgl. Skála 1967, 26), später auch in in anderen Umgebungen (vgl. Skála, a.a.O.,77). Md., bes. omd. sind solche Schreibungen selten und meist erst nach 1500 belegt. Luther benutzt *ö* statt *e* häufiger nur in *zwölf* und *schöpfen* (vgl. H. Bach 1974, § 2.5). Im Alem. sind Belege wie *öpfel, schwöster, frömd, gesöl, zwüschen, wüssen, müschen* etc. bis ins 17. Jh. hinein auch in Drucken nicht selten, während sie im übrigen Gebiet von der zweiten Hälfte des 16. Jhs. an stark rückläufig sind (V. Moser 1.1. § 66).

Ebenso wie im Falle der Entrundung hat auch die Rundung nur einen relativ geringen Niederschlag in der nhd. Standardsprache gefunden: *schwören (<swern), Schöffe (<scheffe), Flöz (<vletze), zwölf (<zwelf), Hölle (<helle), Löwe (<lewe), Möwe (<mewe), gewöhnen (<gewenen), Gewölbe, wölben (<gewelbe, welben), Löffel (<lefel), dörren (<derren), schröpfen (<schrepfen), stöhnen (<stenen), schöpfen (<schepfen), löcken (<lecken), löschen (<leschen), ergötzen (<ergetzen), röhren (<rêren), fünf (<fînf), rümpfen (<rimpfen), Würde, würdig (<wirde, wirdec), flüstern (<flistern), Rüffel (<riffel)* (vgl. Russ 1982a, 178; Paul, Mhd. Gr. § 48; v. Bahder 1890, 168–185; Penzl 1969, 87; zur Durchsetzung im einzelnen s. V. Moser 1.1. § 66; zu *fremd, Hölle, Würdigkeit* und *zwölf* s. Besch 1967, 98ff.).

Anm. 6: Bes. im Mbair. hat wohl Rundung von *i>ü* vor *l* stattgefunden. Schreibungen wie *abrül, vül, sülber* etc. finden sich vom 14.–17. Jh. in bair. Hss., auch in Augsburg (15. Jh.) (vgl. V. Moser 1.1. § 66, Anm. 6).

Anm. 7: Die Rundung *ei* (<mhd. *î)* > *öü* vor *m* und anderen Labialen hat einen Niederschlag in der Schriftlichkeit im gesamten hd. Gebiet gefunden; vom 15.–17. Jh. finden sich Belege wie *köum(en), streumen, reum(en), schöube, wöib, eufern* etc. (vgl. V. Moser 1.1. § 66 3).

Anm. 8: Mhd. /*εε*/ ist im Alem. gerundet; Schreibungen wie *feumen, schlöufen, höuschen* etc. finden sich vom 14.–17. Jh. (vgl. V. Moser 1.1. § 66.4 u. Anm. 12).

Anm. 9: Zur weitergehenden Rundung *eu>öü* im Hchalem. s. V. Moser 1.1. § 80.

Anm. 10: *ie* (außer bei Verben, s. oben Anm. 4) ist wohl nur nach durchgeführter Kürzung zu /*i*/ im Rundungsgebiet labialisiert: *ümmer, nümmer, güng* (vgl. V. Moser 1.1. § 66, Anm. 6).

Zur Rundung und Hebung von /*a*/, /*a:*/ > /*o*/, /*o:*/ s. §§ L 14, 22; zu *hülfe* etc. s. § L 13, Anm. 8; zu *zwüschen* s. § L 16, Anm. 4.

3.6.7. Kontraktion   § L 37

Konsonanten (*b, d, g* und *h*) in intervokalischer Stellung werden bereits seit dem Frühmhd. getilgt und die Vokale kontrahiert: ahd. *-igi-, -ibi-, -idi-* > mhd. /*i:*/; ahd. *-egi-* > mhd. /*ae*/; ahd. *-abe-, -ade-* > mhd. /*a:*/; ahd. *-age-* vor *t, st* > bair. /*ae~εε*/; *-âhe-, -ôhe-* > /*a:*/, /*o:*/ (vgl. Paul, Mhd. Gr. § 107–111). Im Frnhd. sind die Kontraktionsformen neben den unkontrahierten Entsprechungen bis ins 16. Jh. zumeist in gebundener Sprache, im 17. Jh. weitestgehend nur noch im Reim belegt (vgl. V. Moser 1.1. § 67.1).

Jüngere Kontraktionen des 14./15. Jhs. finden sich bes. im Md. aufgrund der *g*- bzw. *h*-Tilgung (vgl. §§ L 48, 57) wie *nal* (*<nagel*), *zal* (*<zagel*), *klan* (*<klagen*), *rein* (*<regen*), *hal* (*<hagel*), *faut~void* (*<foget*), *schlain* (*<schlagen*), *wen* (*<Wagen*, Pl.), *sein* (*<sagen*), *gema(h)l* (*<gemahel*), *gen* (*<gegen*), *sien* (*<sehen*), *ze(h)n* (*<zehen*) etc. (vgl. Michels, Mhd. Gr. § 170, Anm. 3; V. Moser 1.1. § 67; des weiteren auch Steffens 1988, 169ff.; Ames 1976, 128f.; H. Bach 1974 § 24; Bentzinger 1973, 137 u. ö.).

3.7. Nebensilbenvokale

Lit.: Semler 1909; Triwunatz 1913; Rein 1915; Mausser 1915; Lindgren 1953; 1957; Erben 1954; Schirmunski 1962, 156–176, 401f.; Fleischer 1966; Reiffenstein 1969; Issatschenko 1974; Martens 1975; Imsiepen 1983; Szulc 1987, 118ff.; Paul, Mhd. Gr. § 51–59; Gr. d. Frnhd. I.1–I.3, III, IV, VI (passim).

§ L 38   ### 3.7.1. Graphische Variation

Die Nebensilbenvokale, die seit dem Ahd. allmählich graphisch zu <*e*> vereinheitlicht werden, sind – mit stark abnehmender Tendenz – im Frnhd. (z. T. bis zum Ende der Periode) graphisch variierend mit anderen Vokalzeichen belegt. Neben althergebrachten Schreibungen treten – mit landschaftlichen Schwerpunkten – neue Usus auf. Die graphischen Vereinheitlichungsprozesse verlaufen in den Präfixen anders als im Nachton, wo zusätzlich zwischen Flexiven, Derivationssuffixen und Stammnebensilben-*e* unterschieden werden muß.

In den Präfixen (*ge-*, *be-*, *en-*, *ent-*, *er-*, *ver-* und *zer-*) überwiegt die *e*-Schreibung seit dem 14. Jh. im Obd. Im Els. steht häufiger *u* (*un-*, *unt-*, *vur-*), im Bair. halten sich (seltenes) *vor-* und *zu-* bis ins 16. Jh. Im Md. konkurrieren bis ins 16. Jh. bes. *i* mit *e* (*in-*, *int-*, *ir-*, *vir-*), seltener *u* (*zur-*, *unt-*) und *o* (*vor-*, *ont-*). Im einzelnen s. Gr. d. Frnhd. I.2 § 1 und 5ff.

Während im Nachton die Vokale der Flexive und die Stammnebensilbenvokale zu *e* uniformiert werden, bleiben die ,vollen' Vokale in den Derivationssuffixen erhalten; dort, wo sie im Mhd. zu *e* abgeschwächt wurden, werden sie wieder restituiert (mhd. *-echt* > *-icht*; *-esch* > *-isch*). Fleischer (1966, 78ff.) weist auf die nicht konsequent durchgeführte, aber dennoch tendenzielle strukturelle Trennung von Flexiven und Derivationssuffixen im Deutschen hin. Dies wird bes. deutlich beim fem. Movierungssuffix *-in* gegenüber dem Flexiv *-en*.

Im gesamten Frnhd. stehen – mit stark abnehmender Tendenz – häufig andere Vokalgraphien als *-e*. Die am häufigsten belegte Variante ist dabei *i* (*y*), das im 14. Jh. bes. im Wobd. und Md. verbreitet ist. In einigen grammatischen Formen ist *i* dominant (vgl. Gr. d. Frnhd. I.2 § 7). Bis zum 16. Jh. geht *i* stark zurück, doch bleibt es bes. im Komparationssuffix des Superlativs bis ins 18. Jh. erhalten. *o* und *a* sind bes. wobd. verbreitet (*-ont*, *-ost*, *-ot*, *-ant*, *-at*), schwinden aber bis zum 16. Jh.; *-at* ist auch im Bair. bes. im 15. Jh. verbreitet; *u* findet sich vom 14.–16. Jh. im Part. Präs. (*-unde*) im Obd. und in *-un* im Wobd., seltener in anderen Formen (vgl. ausführlich Gr. d. Frnhd. I.2 § 2ff. und 22ff.).

Anm.: Zur graphischen Variation der Nebensilbenvokale, die mhd. nicht *e* entsprechen, s. Gr. d. Frnhd. I.3.

3.7.2. Synkope

§ L 39

Die konsequente Weiterentwicklung der abgeschwächten Nebensilben-vokale ist deren Tilgung. Man unterscheidet traditionell zwischen Synkope (Ausfall von *-e-* in den Präfixen *ge-* und *be-*, im Wortinneren und allgemein in Flexiven) und Apokope (Tilgung von finalem *-e*).

In den Präfixen *ge-* und *be-* wird *e* bes. im Obd. getilgt. In der frnhd. Schriftlichkeit fällt dabei *e* am häufigsten vor *l* und *n*, seltener vor *m*, *r* und *w* aus. In der nhd. Standardsprache haben sich nur wenige Lexeme mit durchgeführter Synkope durchgesetzt: *Glaube, gleich, Gleis, Glied, Glück, Gnade, bleiben* etc. (vgl. Gr. d. Frnhd. I.1 § 1ff.).

Anm. 1: In *ver-* und *zer-* fällt *e* selten aus (*vliesen, vretnus, zrinnen*). Im Nhd. findet sich nur noch *fressen*, das in dieser Form bereits im Frnhd. relativ fest ist (vgl. Gr. d. Frnhd. I.1 § 1, Anm.).

Für die Synkope in den Endungen gilt eine Reihe von fördernden wie auch hemmenden Faktoren wie lautliche Umgebung, Silbenzahl des Stamms, Silbenlänge, bei Flexiven deren Funktion; bei den Verben darüber hinaus der Wechsel des Stammvokals. Die verschiedenen Flexive sind unterschiedlich stark betroffen. Bei den Substantiven tritt Synkope selten ein bei *-(e)r* und *-(e)ns*, dagegen häufig bei *-(e)s* und *-(e)n*, bei den Verben wiederum seltener bei *-(e)n*, häufig bei *-(e)t*, bei der Komparation der Adjektive kaum bei *-(e)r*, häufig bei *-(e)st*.
Generell gelten für das Frnhd. folgende Tendenzregeln bei der Verteilung von *e*-haltigen und *e*-losen (synkopierten) Varianten:
– Nach Vokal steht nahezu ausschließlich die *e*-lose Variante.
– Bei mehrsilbigen Lexemen auf *-er*, *-el* und *-en* überwiegt die *e*-lose Variante deutlich. Im Falle von *-(e)s* steht sie fast immer, im Falle von *-(e)n* (bei den Substantiven) und *-(e)t* (bei den Verben) zumeist.
– Nach Dental im Stammauslaut (einschließlich *s* /s/, /z/ und *sch* /ʃ/) wird die *e*-haltige Variante bevorzugt, ist aber nicht obligatorisch.
– Bei einsilbigen Lexemen steht im Falle von *-(e)n* nahezu immer die *e*-haltige Variante (außer nach Vokal, Nasal oder Liquid); im Falle von *-(e)t* (Verben) überwiegt die *e*-lose Variante nach Vokal, *h*, *ch* /x/ und nach Liquid.
– Ansonsten sind beide Varianten weitgehend fakultativ verteilt.

Anm. 2: Das *e* im Präteritalsuffix *-(e)t-* ist noch nicht so geregelt wie im Nhd. (vgl. Duden-Gr. § 193). Die Entwicklung zu einer von der lautlichen Umgebung gesteuerten Verteilung von *-e-* und *-Ø-* begünstigt hier zunächst (bis ins 16. Jh.) die *e*-haltige Variante (*schickete, glaubeten, neigeten, teileten* etc.). Im 17. Jh. sinkt der Anteil der *e*-haltigen Variante wieder, ohne daß jedoch bereits eine klare lautlich begründete Regelung besteht (vgl. bes. § M 90.2).

Anm. 3: Häufig wird *e* in mehrsilbigen Lexemen auf *-ele, -ere, -ene* und *-eme* getilgt. Bei *-ele* und *-ere* fällt in der Regel das zweite *e* aus, und zwar bes. bei Verben (außer in der 1. Sg. Präs.) und im Plural (bes. Dat. Pl.) von Substantiven (*sammeln, sammelst, sammelt, zweifeln, satteln, sichern, meistern, Inseln, Himmeln, Töchtern* etc.). Bei nomina agentis und ähnlich strukturierten Lexemen fällt das erste *e* aus (*Zweifler, Bettler, Sammler, Adler* etc.). S. auch zum Sproßvokal § L 41.

Bei *-eme* und *-ene* fällt häufig – und zum Nhd. hin regelmäßig – das erste *e* aus (*ordnen, atmen, öffnen, regnen, rechnen, segnen, begegnen* etc.). Bei diesen Lexemen unterbleibt dann in der Regel die Synkope in der Flexionsendung (vgl. Gr. d. Frnhd. I.1 § 5ff.).

Anm. 4: Auch bei mehrsilbigen Lexemen auf *t, st* wie mhd. *obez(t), dienest, houbet, bâbest, maget* tritt Synkope ein (*Obst, Dienst, Haupt, Papst, Magd*).

Synkope zwischen gleichen und ähnlichen Konsonanten führt häufig zu deren lautlicher bzw. graphischer Verschmelzung (Ekthlipsis). Dies betrifft *-(e)t* nach Dental (*richtet>richt, sendet>send(t)*), *-(e)s* nach *s, sch* /ʃ/ (*hauses>haus(s), fleisches> fleisch*), *-(e)n* und *-(e)m* nach *n* (*dornen>dorn(n), meinem>meim*), *-(e)r* nach *r* (*unserer>unser(r)*).

Dieser Prozeß ist empirisch nicht immer einfach zu beurteilen, da das Ergebnis oft mit regulären anderen Formen homograph ist.

Anm. 5: Im Nhd. zeigt sich das Ergebnis solcher Prozesse in Formen mit ‚Rückumlaut': *sandte* (neben *sendete*), *wandte* (neben *wendete*), *gesandt* (neben *gesendet*), *gewandt* (neben *gewendet*), *beredt* (vgl. § M 90.2).

Anm. 6: Regelmäßig erscheint Ekthlipsis im Nhd. in der 3. Sg. Präs. der Verben mit Wechsel des Stammvokals (*e/i, a/ä*): *er/sie/es gilt* (nicht: *giltet*); ebenso die 3. Sg. Präs. von *schelten, werden, treten, halten, raten, braten* (vgl. Gr. d. Frnhd. I.1 § 10ff.). In der ersten Hälfte des Frnhd. auch noch z. B. *wirdet, beheltet* (vgl. § M 93).

§ L 40

3.7.3. Apokope

Im Frnhd. kann prinzipiell jedes *e* in Endstellung apokopiert werden. Der Prozeß der *e*-Apokope ist jedoch in den verschiedenen Sprachlandschaften von unterschiedlichem Geltungsgrad und zudem in starkem Maße abhängig von der jeweiligen Funktion des -*e*.

%	Bair.	Ofr.	Schw.	Obal.	Ndal.	Böhm.	Sfr.	Omd.
90	1200	1300	1300	1325	1325	1350	1400	—
50	1275	1375	1375	1400	1425	1400	1425	—
10	1350	1425	1425	1425	1450	—	—	—

Abb. 5: Anteile von finalem -*e* (aus Lindgren (1953, 178)

Die Zahlen bei Lindgren 1953 vermitteln ein verkürztes Bild der Apokopierungs-prozesse (vgl. Erben 1954a; Gr. d. Frnhd. I.1 § 7 und auch Lindgren selbst a.a.O., 223–225). Der Beginn der Apokope muß mit Sicherheit früher angesetzt werden (vgl. Triwunatz 1913). Ende des 15. Jhs. breitet sich die *e*-Apokope auch ins Omd. aus und erreicht ihren größten Verbreitungs- und Geltungsgrad in der ersten Hälfte des 16. Jhs. Danach setzt – ausgehend vom Omd., wo die Apokope insgesamt nur mäßig verbreitet bleibt – die Restituierung des -*e* ein. Noch im 16. Jh. setzt sich das -*e* im Hess. und Ofrk. wieder weitgehend durch, im 17. Jh. im Wobd. Im Oobd., in Teilen des Schwäb. und im Rip., das dem Obd. hierin folgt, wird -*e* im beginnenden 18. Jh. wieder restituiert (vgl. Gr. d. Frnhd. III § 95; V. Moser 1.3 300ff.; zum Schwäb. im 18. Jh. s. Paulus 1906,19).

Der Grad der Apokopierung und ihr prozessualer Verlauf sind bei den jeweiligen Funktionen des -*e* unterschiedlich (vgl. Lindgren 1953; auch Bürgisser 1988, bes. 119). Im Bereich der Flexionsmorphologie betrifft die Apokope bei den Substantiven das Plural-*e*, den Gen. / Dat. Sg. und den Gen. Pl.; bei den Verben die 1. Sg. Präs. / Prät. Ind. / Konj., die 2. Sg. Prät. Ind., die 3. Sg. Präs. Konj., die 3. Sg. Prät. Ind. Konj. und den Imp. Sg.; bei den Adjektiven Nom. / Akk. Sg. (Fem.) und Pl. der starken Flexion, Nom. Sg. / Pl. (alle Genera), Akk. Sg. (Neutr.), Akk. Pl. (alle Genera) der schwachen Flexion (vgl. Gr. d. Frnhd. III, IV, VII).

Bei den Substantiven wird das Plural-*e* (außer bei den mehrsilbigen Lexemen auf -*er*, -*el* und -*en*) wieder restituiert; das Dat.-*e* bleibt weitgehend fakultativ und ist – nach einer vorübergehenden Blüte – heute weitgehend geschwunden. Das -*e* im Dat. / Gen. Sg. der mhd. fem. *i*-Stämme und im Gen. Pl. der mhd. starken Neutr. wird nicht mehr restituiert, sondern bleibt getilgt (vgl. Gr. d. Frnhd. III § 41 und 66ff.). Bei den Verben und Adjektiven wird -*e* wieder weitgehend restituiert. Bei den Derivationssuffixen mhd. -*unge*, -*inne*, -*lîche*, -*nisse* und -*ære* bleibt -*e* getilgt. Au-ßerdem bleibt -*e* getilgt im Monemauslaut nach Fortis, Liquid, Nasal, Langvokal oder Diphthong, während es in anderen Umgebungen wieder restituiert wird: *spæte*, *hërze*, *lære*, *reine*, *meie* etc. > *spät*, *Herz*, *leer*, *rein*, *Mai* etc., aber etwa: *Drache*, *Gnade* etc. (vgl. dazu Penzl 1969, 88f.).

Anm. 1: Von den ehemaligen neutr. *ja*-Stämmen, von denen einige das *e* nicht wieder restituieren, zeigen die *Ge*-Ableitungen eine weitgehend nach dem Auslaut des Stamms geregelte Verteilung von beibehaltener Apokope und restituiertem -*e*. Vor allem Lexeme, deren Stamm auf eine Lenis (*b*, *d*, *g*, *s* /*z*/) endet, haben im Nhd. wieder ein -*e*: *Gebirge*, *Gelände*, *Gefüge*, *Gebläse* etc., aber auch: *Gerippe*. Die Mehr-zahl der Fälle wird im Nhd. jedoch ohne -*e* gebildet: *Gebein*, *Gebiet*, *Gesetz* etc. (vgl. Gr. d. Frnhd. III § 71; Paul, Dt. Gr. T. III § 15; Boiunga 1890, 157; Wilmanns, Dt. Gr., 1. Abt. § 295; s. unten § M 23, Anm. 2).

Anm. 2: In den rezenten Mdaa. ist die *e*-Apokope außer in Teilen des Nd. und Omd. zumeist erhalten (vgl. Schirmunski 1962, 159ff.). Die Funktion des -*e* wurde dabei vielfach durch andere Funktionsträger abgedeckt, etwa die Numerusdifferenzierung durch quantitativen Vokalwechsel, durch Akzentuierung oder Wechsel der Stamm-gestalt. In einigen Mdaa. wurde das Pl.-*e* dagegen auch bei mehrsilbigen Lexemen auf -*er* und -*el* bewahrt (vgl. Schirmunski a.a.O., 414ff.).

3.7.4. Sproßvokal und *e*-Epithese

Zusätze von Vokalen, die entweder analoge Prozesse innerhalb der Flexionsmorphologie darstellen oder euphonischen Zwecken dienen, bilden gegenläufige Entwicklungen zu Apokope und Synkope. Der sog. Sproßvokal (Zusatz von *e* im Inlaut) tritt insbes. zwischen Vokal und *r* sowie innerhalb von bestimmten Konsonantenclustern auf. Epithetisches *-e* (Zusatz von *-e* im Auslaut, auch unorganisches, analogisches, etymologisch unberechtigtes oder paragogisches *e* genannt) erscheint bes. bei starken Verben in der 1./3. Sg. Ind. Prät. und im Imp. Sg., seltener in anderen Positionen, und bei Substantiven bes. bei nomina agentis auf *-er* (vgl. Anm. 6) und im Pl. der ehemaligen neutr. *a*-Stämme. Insgesamt sind diese Prozesse weniger konsequent durchgeführt als die Tilgungsprozesse.

Zwischen die durch die nhd. Diphthongierung (vgl. § L 31) neu entstandenen Diphthonge *au, ei(ai), eu(äu)* und *r* tritt zum Nhd. hin zunehmend *e*: *truren>trauren>trauren>trauern, fiuren>feuren~feueren>feuern, liren>leiren>leiern* etc. Im Nhd. steht regelmäßig *e* außer in den Fällen, in denen *r* zur Folgesilbe gehört. So steht *e* regelmäßig bei Verben (außer in der 1. Sg. Präs.; *mauern*, aber: *ich maure*) und bei Substantiven (nicht jedoch bei den nomina agentis auf *-er*; *Mauer*, aber: *Maurer*). Bei den Adjektiven steht *e* nur im Positiv und Superlativ (*teuer, am teuersten*, aber: *teurer, teures, teuren* etc.) (vgl. Gr. d. Frnhd. I.1 § 3f.).
Sproßvokal innerhalb von Konsonantenclustern tritt bevorzugt nach, vor und zwischen Liquiden auf, wobei hier wiederum die postliquide Stellung bevorzugt wird: *-rn, -rm, -ln, -lm* werden zu *-ren, -rem, -len* und *-lem*: *steren, faren, arem, (-)helen, helem* etc. In die nhd. Standardsprache sind die Verben mit regelmäßig durchgeführter *e*-Erweiterung (*-ren* und *-len*) aufgenommen: *fahren, (-)hehlen* etc. In anderen Fällen ist der Sproßvokal wieder geschwunden (vgl. Gr. d. Frnhd. I.1 § 3f.).
Bis ins 16. Jh. ist Sproßvokal auch zwischen *h* und Liquid belegt: *eher (Ehre), meher (mehr), kuhel (Kuhle)* etc. (vgl. V. Moser 1.1. § 68, der diese Fälle unter ,Vokalspaltung' aufführt, aber ihre Deutung als Sproßvokale nicht ausschließt).

Anm. 1: Sproßvokal *i* (seltener *e*) zwischen *r* und *b* oder *ch* /*x*/ wird häufig im Bair., seltener im übrigen Obd., in wenigen Fällen im Md. realisiert: *heribst, aribeit, durich, kirich* etc. Seltener findet sich Sproßvokal zwischen *r* und *f* (*werifen*), *r* und *g* (*berig*) und zwischen *r* und Dental (*geburit, hirise* etc.). Selten ist Sproßvokal auch zwischen *l* und *b* (*kalib*), *l* und *g* (*foligt*), *l* und *z* /*ts*/ (*peliz*); verbreiteter ist Sproßvokal zwischen *l* und *ch* /*x*/ in *milich* (vgl. Gr. d. Frnhd. I.1 § 39f.).

Anm. 2: Sproßvokal in Formen wie *gelas>Glas* ist wohl als hyperkorrekte Bildung unter dem Einfluß der gleichzeitig ablaufenden Synkopeprozesse zu werten (vgl. oben § L 39 und Gr. d. Frnhd. I.1 § 42.1).

Anm. 3: Sproßvokal zwischen Liquiden tritt nur gelegentlich auf: *perele, Karel* etc.

Anm. 4: Vereinzelt findet sich Sproßvokal vor oder nach anderen als den oben genannten Konsonanten, wobei bes. die Numeralia betroffen sind: *zwölef, seches, zewene, zewelf, zeweinzig* etc.

Bei der Epithese ist zwischen hyperkorrekten Bildungen und analogen grammatischen Entwicklungen beim Plural-*e* der ehemaligen *-ter*-Stämme, den mehrsilbigen Lexemen auf *-er* und *-el* und bei den ehemaligen neutr. *a*-Stämmen zu unterscheiden (zu den grammatisch analogen Prozessen s. ausführlich in Gr. d. Frnhd. III § 67ff.).

Anm. 5: Zum erweiterten -er-Plural (-er+e) s. § M 27, Anm. 5 und Gr. d. Frnhd. III § 76.

Anm. 6: Die nomina agentis auf -er (mhd. -ære) können nicht unter Epithese behandelt werden, wie dies häufig geschieht, da e hier regelhaft ist. Insofern sind auch viele Belege der Gr. d. Frnhd. I.1 § 49 nicht relevant. Erst die neuerlichen Restituierungsversuche im 17./18. Jh. können als Epithese gewertet werden: Zusehere, Richtere, Dienere etc. (vgl. Gr. d. Frnhd. III § 70, Anm. 3).

Anm. 7: In anderen Fällen kann epithetisches e bei Substantiven aus metrischen Gründen oder in getragener, feierlicher Prosa auftreten (vgl. Gr. d. Frnhd. I.1 § 51).

Anm. 8: Beim Possessivpronomen, beim unbestimmten Artikel und bei kein tritt e analog zum attributiv verwendeten Adjektiv auf (vgl. Gr. d. Frnhd. I.1 § 52).

Weit verbreitet ist das epithetische e in der 1./3. Sg. Ind. Prät. der starken Verben in Analogie zu den schwachen und zum Präs. allgemein. Der Höhepunkt der Entwicklung liegt nach Rein 1915 und Imsiepen 1983 im 17. Jh.; zu den genauen Zahlen der Entwicklung zwischen 1470 und 1800 s. Imsiepen 1983. Verbreitet ist die Verwendung des e nach h (flohe, sahe etc.); ebenso nach t (ritte, bote etc.); seltener ist e – häufiger nur im Omd. – bei Verben der Ablautreihe IIIa nach nd / ng (im einzelnen s. Gr. d. Frnhd. I.1 § 46).

Anm. 9: Das epithetische e ist in den verschiedenen Ablautreihen unterschiedlich stark verbreitet. Hier ist eine Abhängigkeit vom Stand des vokalischen Ausgleichs nicht auszuschließen (vgl. Gr. d. Frnhd. I.1 § 46, IV passim).

Anm. 10: wurde, das als Ausnahme in der nhd. Standardsprache noch -e aufweist, setzt sich gegen wurd im Übergang vom 16. zum 17. Jh. durch, gegenüber ward Ende des 17. Jhs., doch sind wurd-Belege bis zum Beginn des 19. Jhs. vertreten, ward-Belege bis ins 20. Jh.; warde spielt nur eine geringere Rolle im 15. und 16. Jh.; zu den genauen Zahlen s. Best / Kohlhase 1983.

Anm. 11: Im Imp. Sg. der starken Verben wird bes. im Md., seltener im stärker apokopierenden Obd. e analog zu den schwachen Verben übernommen (vgl. Gr. d. Frnhd. I.1 § 47).

Anm. 12: Bei den Präterito-Präsentien und bei wollen, tun und haben findet sich epithetisches e gelegentlich in der 1./3. Sg. Präs.: bedarfe, mage, wille, tune, hane (vgl. § M 146; Gr. d. Frnhd. I.1 § 48).

4. Konsonantismus

4.1. Allgemeines zum Konsonantismus: Gliederung

Der Konsonantismus des Frnhd. gliedert sich   § L 43
a) nach dem Ort, an dem die abstraktiv zu einem Phonem zusammenge-
   faßten Laute artikuliert werden,
b) nach der Art, in der dies erfolgt.

Abb. 8 (S. 151) veranschaulicht die Gliederung nach dem Artikulationsort in der Waagerechten, diejenige nach der Artikulationsart in der Senkrechten.

Nach dem Artikulationsort ergeben sich die Reihen Labiale / Labiodentale, Dentale / Palatoalveolare und Palatale / Velare; eine Sonderstellung, deren Begründung hier ohne Belang ist, nimmt der Hauchlaut *h* ein.
Nach der Artikulationsart sind unter den Obstruenten die Verschlußlaute
(= Plosive), die Reibelaute (= Spiranten, Frikative) und die Affrikaten,
unter den Sonoranten die Nasale und Liquide zu unterscheiden. Verschlußlaute und Reibelaute gliedern sich jeweils in Lenes und Fortes.

Damit ist die Gliederung des Konsonantenteils dieser Grammatik vorge-
geben: Gliederungsprinzip erster Ordnung ist die Artikulationsart, Gliederungsprinzip zweiter Ordnung der Artikulationsort.

4.2. Verschlußlaute

4.2.1. Labiale: *b, p*

§ L 44   **b**

                                     /*b*/

<*b, p, w, bb*>

1. Frnhd. /*b*/ entspricht in gehobener sprachlicher Tradition einerseits
dem /*b*/ des klassischen Mhd., andererseits dem /*b*/ der heutigen Standardsprache; es begegnet mithin initial vorvokalisch in betonter (*bald*) und unbetonter (*besingen*) Silbe, vorkonsonantisch vor *l* (*bleiben*) und *r* (*bringen*),
medial zwischenkonsonantisch (*leben*) und nachkonsonantisch nach Nasal
und Liquid (*wambe, halbe, arbeit*); zu den Verhärtungsstellungen vgl.
§ L 45. Für die Mundarten sind aus unterschiedlichen Gründen erhebliche
Abweichungen von der /*b*/-Tradition zu konstatieren (vgl. § L 50, 4).

2. Die Regelgraphie für alle genannten Positionen ist *b*. Dazu begegnen
die Varianten *p, w, bb*.

In Initialstellung überwiegt *p* die Schreibung *b* quantitativ in vielen (aber nicht allen)
Texten des 14. bis zur Mitte des 16. Jhs. des oobd. sowie des anschließenden
oschwäb., nürnb., böhm., mähr. und slov. Raumes (vgl. z. B. V. Moser 1, 3, 103–115;
Haasbauer 1926, 53; Gillitzer 1942, 103; Klappenbach 1945, 155ff.; Nimmervoll
1973, 129; Baptist-Hlawatsch 1980, 96; Schmid 1989, 76; Koller 1989, 105; Jelinek
1898, 56; Skála 1972, XXVI; Gárdonyi 1965, 49); es wird aber nur für einige wenige
Texte als annähernd alleinige Schreibung nachgewiesen. Von dem genannten Gebiet
aus interferiert *p* bis zur Mitte des 16. Jhs. mit einer im einzelnen unterschiedlichen
Dichte, unterschiedlichen Wortbindung und unterschiedlichen zeitlichen Dauer in
den übrigen obfrk., den rhfrk. und omd. Raum; selbst mfrk. und – beeinflußt durch
das Omd. – norddt. Texte enthalten eine Reihe von *p*-Schreibungen (vgl. z. B. Huther 1913, 54f.; Franke 1913, 220f.; Suchsland 1968, 128f.; Kettmann 1969, 192f.;

Otto 1970,211f.; Fleischer 1970,246f.; Heuser 1912,96). Im wobd. Gebiet war *b*
während des gesamten Frnhd. zwar die Regel, für einzelne Texte speziell des 14. Jhs.
wird *p* aber als gegenüber *b* dominant beschrieben (z. B. Brandstetter 1892,265); in
der obrhein. und schweiz. Druckersprache erscheint *p* bis in die Mitte des 16. Jhs. als
vor allem wortgebundene Variante. – Medial begegnet *p* in keiner Zeit und keinem
Raum des Frnhd. regelhaft.

Das langfristige und großräumige Nebeneinander initialer *b* und *p* unterliegt folgenden Distributionstendenzen:

– Das Wortbildungssuffix *be-* begegnet selbst im oobd. Kerngebiet der *p*-Schrei-
bungen nur selten als *pe-* (so Gillitzer 1942,103).

– Einige Texte scheinen *p* vor dunklem Vokal (z. B. *putter*) sowie *l* und *r* (*pleiben*,
pruder) zu bevorzugen (vgl. z. B. Demeter 1916,88; Jungandreas 1937,316; Feudel 1961,114); für andere Texte wird dieser Befund explizit negiert (Otto
1970,211).

– Auffallend ist die Häufigkeit wortgebundener *p*-Schreibungen, vgl. *pauer, pund,
pürtig, pusch* (von Kienle 1969,107); Klappenbach (1945,164) stellt für die Namen des 13. Jhs. ein gegenüber dem Appellativwortschatz nach Norden und Westen erweitertes Gebiet und eine erhöhte Häufigkeit des *p* fest.

– In indirekter Initialstellung steht *p* generell häufiger als in direkter, insbesondere
nach stl. Konsonanten sowie nach dem Präfix *ent-* und seinen Varianten *en-* und
em-: *Mospach, nutzpar, wiltpret, ent-/en-/emperen* (vgl. z. B. Masařík 1985,101; H.
Moser 1977,106; Huther 1913,54; Steffens 1988,144; H. Bach 1943,88;
1985,2,320; Feudel 1961,194; Suchsland 1968,128).

Die initiale Schreibung *w* begegnet zwar vielfach belegt, statistisch aber selten im
oobd. / nürnb. / inseldeutschen Raum vom Beginn des Frnhd. bis zur Mitte des 16.
Jhs.: *wei, werg, weide, willich, gewlasen, herwerg, offenwar,* Präfix *we-,* Namen wie
Walthasar, Wenedict, Siebenwürgen. Sie deckt sich (abgesehen vom Oschwäb.) unter
geographischen und zeitlichen Gesichtspunkten ungefähr mit dem Kernraum der
p-Schreibung. Da ihr die lautliche Grundlage fehlt (V. Moser 1,1,67; partiell anders:
Lessiak 1933,27; Kranzmayer 1956,106; Schirmunski 1962,304), kann sie nur als
graphischer Reflex auf den Wandel *w > b* (s. Abs. 4 in diesem §) oder die spirantische Vertretung von *b* durch *w* (vgl. § L 50,4) erklärt werden; vgl. zur Erscheinung
z. B. Masařík 1985,104f.; Gárdonyi 1965,50; Haasbauer 1926,53; Klappenbach
1945,159; Schmid 1989,76; Koller 1989,110; Jungandreas 1937,332.

bb gilt als die nahezu ausschließlich md. und norddt., insbesondere nach angenommenem Kurzvokal stehende Variante des 14. und 15. Jhs. (*nebbel, lebber, hobbel*:
V. Moser 1,1,52); in einigen rip. Belegen setzt sie die ahd. Geminate /*bb*/ fort (*krib-
be, sibbe*: Garbe 1969,186). Da *bb* außerdem aber auch – obwohl nur höchst vereinzelt – für das Obd. (Weinhold 1863,121; 1867,131; ders., Mhd. Gr. 156; Koller
1989,105; Szalai 1979,193), und zwar in einigen Fällen für die Stellung nach Langvokal (*ôbbend, gôbbe*) belegt ist, gerät die Bindung von *bb* an die Kürze des vorangehenden Vokals zumindest beim Fehlen zusätzlicher Argumente in den Verdacht
des Zirkelschlusses.

3.   Der *b* und seinen Varianten zugrundeliegende Laut ist in gehobener
Sprechtradition als eine zu *p* in Druckstärkeopposition stehende Lenis oder
Halbfortis (vgl. die Anm.) anzusetzen. Für das westliche Mosfrk., das
Nordthür. und nördliche Schles. dürfte diese in Anlehnung an die für die
dortigen Mundarten vorauszusetzende (stimmhafte) Aussprache zumindest
initial als stimmhaft, ansonsten als stimmlos anzunehmen sein. Die Dialekte hatten – durch Lautverschiebungsstand und mundartliche Spirantisie-

rung bedingt – für medial zwischenvokalisches und nachliquidisches *b* der gehobenen Tradition großenteils (im Md., Nordobd., Nord-/Mittelbair., Nalem.) eine Spirans (vgl. § L 80); im Sbair. herrschte (unbehauchte) Fortis (Lessiak 1933, 29; Schirmunski 1962, 304; 324).

Anm.: *Das /b/ vnd /p/ [werden] mit den lebtzē durch des Athems gewalt aufgerissen / dz einer den athē helt mit zugespertē mundt / das er jm die backē aufftreibet / wie einem Pfeiffer / vñ lḁ́ßt dañ den athem durch geŏffnete lebtzē faren / das /p/ ist herter* (Ikkelsamer B ijv; Kolroß nach Müller 1882, 74 kennzeichnet den Unterschied durch *lyß lind / oder gantz sanfft* im Gegensatz zu *starck* für *p*; vgl. ferner: Müller 1882, 114; 130; Painter 1989, 145–147).

4. Der Bestand des *b* differiert gegenüber dem Mhd. und / oder Nhd. in folgenden Punkten:

Mhd. *w* wird nach *l* und *r* bereits vor Beginn der frnhd. Zeit (teils gegen die Mundart: vgl. Sütterlin 1924, 286; Fleischer 1966, 85; Schirmunski 1962, 368) im Gesamtgebiet oft zu *b*: *schwalbe, falbe, gelbe, alber, farbe, mürbe, sperber*; altes *w* ist aber in der omd. Schreibtradition des 14. Jhs. sowie im Alem. bis Ende der Epoche neben *b* erhalten; vgl. zum Befund: V. Moser 1, 3, 88; Weinhold 1863, 120; 1867, 129; Kauffmann 1890, 175; Gerhard 1927, XXVI; Rückert 1878, 190; Weinelt 1938, 161.

Medial vorkonsonantisches (*spiwt*) und finales (*blaw, hiew, îw* als apokopiertes *îwe*) mhd. *w* erscheint gesamtobd. (außer hchalem.), gehäuft im Oobd. und Nordobd., zwischen dem 13./14. Jh. und der 2. Hälfte des 16. Jhs. als *b*: *blab, hieb, eibe, wittib*; vgl. V. Moser 1, 3, 87f.; Gillitzer 1942, 106; Niewöhner 1953/6, LII; Koch 1920, 83; Ebert 1944, 173; Sütterlin 1924, 285. Eine strukturelle Parallele bildet der Ersatz von *j* durch *g* (vgl. § L 48, 4).

Direkt und indirekt initiales *w* erscheint seit dem 14. Jh. im Schwäb. und im Großteil des Schles., gehäuft im Oobd., Obfrk., vereinzelt in Teilen des Obsächs. / Thür., zwar nicht in der Regelschreibung, aber doch mit einer gewissen Häufigkeit als *b*: *bald, beib, bil, bispeln, burden, gebinnen, gebuchert, antburt, erbeichen, schuhborte*. In nachkonsonantischer Stellung sind die *b*-Schreibungen auf den oobd. / nürnb. Raum beschränkt: *schbager, schbester, schbein*. Im Hennebergischen, im südlichen Teil des Hess. und in Teilen des Mosfrk. (Schirmunski 1962, 366) finden sich einige *b* in den Fragepronomina: *bie, bo*. Die genaue phonologische Interpretation dieser Schreibungen und erst recht ihr phonetischer Wert sind strittig, ihr systematischer Zusammenhang nicht nachgewiesen. Gesichert scheint eine *b*-Aussprache nur für die dialektalen hennebergisch / hess. / mosfrk. Fragepronomina; plausibel wäre sie außerdem für die *b*-Schreibungen derjenigen Räume, in denen mhd. *b* nicht der Spirantisierung unterlag, also für das Hchalem. / Schwäb. und Teile des Sbair.; vgl. zum Befund und zu den Erklärungsversuchen: V. Moser 1, 1, 58; 1, 3, 85–88; Weinhold 1863, 120; 1867, 127f.; Mausser, Mhd. Gr. 1, 57; Michels, Mhd. Gr. 113; Klappenbach 1945, 239; Kranzmayer 1956, 74; Kauffmann 1890, 175; Jutz 1935, 440; Franke 1913, 218; Suchsland 1968, 136; Kettmann 1969, 258; Gárdonyi 1966, 132; Weinelt 1938, 146.

Lehnwörter aus dem Romanischen, die in nhd. Schriftsprache in der Schreibung *p*-erscheinen, zeigen frnhd. in der Gesamtzeit häufig, aber vor allem omd. nicht überwiegend, *b*-: *babst, balme, bappier, baradies, bilger, bredigen, briester, brobst, brüfen, bulver*. Es handelt sich dabei um einen Reflex der binnendeutschen Konsonantenschwächung (vgl. § L 78). Als ausschlaggebend für die heutige Schreibung gilt neben der quantitativ dominanten *p*-Graphie der Rückgriff auf die zugrundeliegende lat. Form vor allem durch Luther (zum Befund: H. Bach 1985, 2, 312f.) und andere omd. / norddt. Schreiber / Drucker seit der 1. Hälfte des 16. Jhs.; zur Beleglage vgl.: Weinhold 1863, 118; 1867, 127; Klappenbach 1945, 328f.; Wanner 1931, 84; V. Moser 1, 3, 130f.; Huther 1913, 54; Fleischer 1970, 244; Jungandreas 1937, 332.

Vermutlich „infolge Artikulationsminderung und daraus resultierender artikulatorischer Unsicherheit" hat sich initiales *m* einiger unbetonter Wörter „zu dem an gleicher Artikulationsstelle liegenden *b*" gewandelt (Schützeichel 1955a, 203). Zu nennen ist in diesem Zusammenhang das rhfrk. / mfrk. Vorkommen von *bit* für *mit* gehäuft im 14. Jh., danach in der Schreibung bis ins 16. Jh. auslaufend; das Kompositum *betalle* begegnet mhd. bis ins südlichste Oberdeutsche (vgl. zuletzt: Schützeichel 1974, 154–215 mit Verbreitungskarte, S. 205).

Die Schreibung *mb* für etymologisches *mb* (*umbe, krumbe, kumber*) wechselt im gesamten Frnhd. medial und final mit *m* oder *mm*, auch wenn für die südlichen Gebiete des Obd. eine gewisse Häufung und längere Erhaltung des *mb* festzustellen ist (vgl. z. B. Klappenbach 1945, 194f.; Sager 1949, 130; Wanner 1931, 85; Gárdonyi 1968, 21). Da gleichzeitig *mb* durchgehend als graphische Variante für *m* erscheint (vgl. § L 61, 2), wird man eine bereits mhd. Assimilation von *mb* zu *m(m)* anzusetzen haben (v. Kienle 1969, 109); dies schließt kleinräumige Erhaltung der *mb* als *mp* in den Mundarten nicht aus (so Kranzmayer 1956, 106 für das Tir.); zu *um(b)* für *-ung* vgl. § L 61, 4. – Vereinzelt erscheint (in struktureller Parallele zum *d*-Einschub vor *l*, *r*: § L 46, 5) eingeschobenes *b* vor *r* der Folgesilbe: *imber* < *immer* (V. Moser 1, 3, 25).

Im älteren und mittleren Frnhd. kann zwischenvokalisches *b* im Gesamtgebiet (mit erhöhter Häufigkeit md.) durch Kontraktion schwinden; die Erscheinung begegnet vor allem wortgebunden bei *geben, haben* (jeweils auch den Flexionsformen), *haubet* (> *gen, han, haut/hait*), ansonsten nur vereinzelt (z. B. *bleiben* > *blein, kleben* > *klen, pabest* > *pays*); vgl. Weinhold 1863, 119; 1867, 13; Klappenbach 1945, 175f.; 186f.; Garbe 1969, 187; Fleischer 1970, 253; Feudel 1961, 116.

p §L 45

/p/

<*p, pp, b, bp*>
<*pp*>

1. Frnhd. /p/ steht einmal in einer gehobenen, die Schreibung weitgehend bestimmenden, vom klassischen Mhd. zur nhd. Hochsprache verlaufenden, zum anderen in zwei historisch gänzlich verschiedenen dialektalen Traditionen.

In der erstgenannten, gehobenen Tradition entspricht /p/ abgesehen von einigen, oft wortgebundenen Wechseln mit /b/ (vgl. § L 44, 2) und einigen Interferenzen mit md. / nd. dialektalem *p* strukturell einerseits mhd. /p/ und seiner Geminate, andererseits nhd. /p/. Es steht dementsprechend

– initial nur in jüngeren, d. h. nach der 2. Lautverschiebung übernommenen Lehnwörtern (*palme, preis*),
– medial unabhängig von der Wortherkunft zwischenvokalisch (*sippe* < vorahd. *bb*; *kappe* < spätlat. *cappa*) sowie vor-, nach- und zwischenkonsonantisch (*schnaps, spiel, knorpel, sprechen* < vorahd. oder durch Sonderentwicklungen entstandenem *p*; *gips, schöps, spiegel, exempel* aus fremdem *p*) sowie in Verhärtungsstellung (*lobst, lobt* entsprechend ahd. *b*),

– final ebenfalls unabhängig von der Wortherkunft (*sip* als apokopierte Form von *sippe*; *Philipp* als Lehnname), häufig in Verhärtungsstellung (*lob*).

Die dialektalen Traditionen von /p/ sind:

(1) Sbair. *p* entsprechend dem im dortigen Mundartraum bis ins Nhd. erhaltenen Lautverschiebungsstand von gemeindt. *b*; dieses *p* ist in der Schreibung bis ins 17. Jh. regelmäßig greifbar; in der nhd. Schriftsprache hat es keine Spuren hinterlassen.

(2) Die md. entsprechend der Staffelung der 2. Lautverschiebung unverschoben gebliebenen initialen, nachkonsonantischen und finalen *p* sowie die Geminate *pp*, die in der Schreibung seit dem Spätmhd. zunehmend und zwar von Süden nach Norden fortschreitend gemieden werden, sich resthaft aber vor allem zwischenvokalisch (als Fortsetzung von *pp*) und nach *m* bis zur Mitte des 16. Jhs., in Einzelbelegen bis ins 17. Jh. halten. Das Schwinden der initialen *p*-Schreibungen (*pand, paffe, penning, pingsten, pister*) ergibt sich aus folgenden Zeit- und Raummarken: Speyergau seit 1208, Frankfurt vereinzelt seit dem Ende des 13. Jhs., Speyer um 1300, Worms seit 1321, Mainz seit 1340, Friedberg seit 1342, Fulda und mhess. Städte seit dem 14. Jh., rip. Raum seit dem 15./16. Jh. Für *pp* (>*pf*; vgl. *appel, scheppe, schoppen, stoppel, töpper*) und *mp* (>*mpf*; vgl. *schimpen, strump, stumpen*) gelten ungefähr ähnliche Umschlagzeiten, auch wenn im wmd. Raum für Einzelgebiete (z. B. Speyer, Worms) eine geringfügige Retardierung festzustellen ist und die Häufigkeit speziell des *pp* mehrfach betont wird. Die im Frnhd. noch auf dem gesamten mfrk. (nicht nur rip.) Raum begegnenden *lp* (*helpen*) und *rp* (*dorp, werpen, karpen*) halten sich handschriftlich bis ins 15. Jh., in den offiziellen Schriftstücken der Kanzleien aber finden sich bereits seit dem 13. Jh. zum mindesten einzelwortgebunden (z. B. *dorf*) auch Verschiebungsschreibungen; in Teilgebieten, z. B. im Kölner Raum, sind kurzfristig selbst umgekehrte Prozesse von *r(p)f* auf *rp* zu beobachten; vgl. außer V. Moser 1, 3, 123ff. und der dort angegebenen Lit. noch Weinhold, Mhd. Gr. 161; Hoffmann 1903, 177; Klappenbach 1945, 327ff.; Schellenberger 1974, 55ff.; Schützeichel 1974, 149–154; 218–233; Ganser 1985, 87; Steffens 1988, 227ff.; Otto 1970, 201ff.; Fleischer 1970, 255ff.; Jungandreas 1937, 385ff.; H. Bach 1985, 2, 159ff.; 325ff.; Wiktorowicz 1984, 411; Weinelt 1938, 150ff.; Gárdonyi 1965, 125; 1968, 24.

2. Die mit Abstand üblichste Schreibung für /p/ ist unabhängig von dessen Herkunft in allen Stellungen außer in den Verhärtungspositionen und zwischenvokalisch nach Kürze *p*. Die Doppelung *pp* findet sich zwar für das Gesamtgebiet belegt (z. B. *stumppen, schimpplich*; vgl. Weinhold 1863, 117; Fleischer 1970, 245; Rückert 1878, 178; Anders 1941, 386), begegnet aber so vereinzelt, daß sie als Ausnahmeschreibung zu betrachten ist.

In medialer und finaler Verhärtungsstellung ist *b* seit dem 14. Jh. die Regelschreibung: *gewerbs, gibst, lobt, gehabt; leib, hab, treib*; daneben hält sich *p* fakultativ bis ins 15. Jh., auslaufend sogar bis ins 16. Jh. (vgl. z. B. Biehler 1911, 76; Fleischer 1970, 250). Die Kompromißschreibung *bp* (*weibplich, leibplich, abpt*) begegnet nur vereinzelt.

Intervokalisches *pp* steht in Fortsetzung sowohl von vorahd. *bb* (*knappe, krippe, sippe, üppig*) wie von fremdem *pp* (*kappe, teppich*) wie von md. / nd. unverschobenem *pp* (*töpper, klüppel*) von ganz vereinzelten Ausnahmen abgesehen (*rawppe*) regelhaft nach vorausgehendem Kurzvokal; obwohl wegen der geringen Besetzung der Lautgruppe ‚Langvokal / Diphthong + *p*' keine Minimalpaare angebbar sind, wird es hier in Analogie zu den sonstigen intervokalischen Doppelschreibungen gesehen und als strukturelles Graphem behandelt.

3.   Der der Schreibung *p* und seinen Varianten entsprechende Laut ist in gehobener Sprechtradition als im Vergleich zu *b* „härter" (so Ickelsamer Bij v; ähnlich Kolroß bei Müller 1882, 74; Fabritius 1532, 16; vgl. § L 44, 3) zu charakterisieren. Für die dialektale Aussprache lassen die Schreibvarianz von *b* und *p* im oobd. und oobd. beeinflußten Raum, die Varianz von *b* und *p* in jüngeren Lehnwörtern (vgl. § L 44, 4), schließlich die explizite Warnung einiger Reformorthographen (Fabritius, Kolroß, jeweils a.a.O.) vor einer Verwechslung von *b* und *p* auf einen weitgehenden Zusammenfall beider Laute schließen. Wenn man den heutigen Mundartbefund in frnhd. Zeit zurückprojizieren darf, so ergäbe sich folgendes Verteilungsbild: Initiales *p* vor Konsonant und das *p* der initialen Lautverbindung *sp* wird im Gesamtgebiet der binnendeutschen Konsonantenschwächung (Md. außer Rip., westl. Mosfrk., Nordthür., Schles.; Obd. außer Sobd.) zur Lenis oder Halbfortis, vorvokalisches *p* bleibt in der Regel als Fortis erhalten. Medial ist das *p* der alten Geminate, der Lautverbindung *sp* und *mp* im Nordbair. / Mbair. als Fortis anzunehmen, ansonsten erfolgt in diesem Gebiet Lenisierung; im übrigen Schwächungsgebiet gilt diese generell (Paul, Mhd. Gr. 131f.; Lessiak 1933, 19–25; Schirmunski 1962, 300–342).

4.   Der Bestand der frnhd. /p/ deckt sich weitgehend mit demjenigen des Mhd. und Nhd. Verschiebungen ergeben sich aus folgenden Varianzen:

In griech. / kirchenlat. Lehnwörtern mit der initialen Lautverbindung *ps* kann *p* schwinden (*salm, salter*; vgl. z. B. Rupp 1933, 47; Garbe 1969, 174; Bentzinger 1973, 95).
      Der Überlagerung der md. unverschobenen *p* und *pp* durch obd. *pf* stehen in den md. / obd. Grenzräumen einige md. Interferenzen ins Obd. gegenüber, so ins Würzburgische des 14. bis 16. Jhs. (Huther 1913, 96; Volk 1966, 129) sowie in den böhmischen und den östlich anschließenden inseldeutschen Raum (vgl. Jelinek 1898, 57f.; Weinelt 1938, 150; Gárdonyi 1968, 24). In einer Reihe von Fällen haben sich nd. / md. *p* und *pp* gegen obd. *pf* in der nhd. Schriftsprache durchgesetzt, z. B. *pranger, plunder, plumps, klumpen, trampel, tümpel, zimperlich, klöppel, knüppel, stoppel* (Liste bei V. Moser 1, 3, 125f. mit Angabe der Entlehnungszeiten; Behaghel 1928, 422).

Das langfristige und großräumige Nebeneinander initialer *b* und *p* in der Schreibung (vgl. § L 44, 2), verbunden mit dem großräumigen mundartlichen Zusammenfall von *b* und *p* führt gegen Ende des Frnhd. zu einzelwortgebundenen Verteilungen, die in der Regel zwar die etymologischen Verhältnisse fortsetzen, in einer Reihe von Fällen aber zur Übernahme von *p*-Schreibungen in die nhd. Schriftsprache und nach dem Prinzip der geredeten Graphie zu nhd. *p*-Lautungen führen: *plärren, poltern, pochen, prassen* (zur Rolle Luthers in diesem Prozeß: H. Bach 1985, 2, 321 f.).

4.2.2. Dentale: *d, t*

§ L 46　　　　　　　　　　　　**d**

$$/d/$$

<*d, dh, dd*>.

1. Für frnhd. /*d*/ müssen drei Traditionsstränge angesetzt werden. In einer ersten, gehobenen Tradition entspricht *d* nach rückwärts klassisch mhd. /*d*/ (das seinerseits ahd. *d* und die nach *n* lenisierten *t* der ahd. Lautverbindung -*nt*- fortsetzt), nach vorwärts dem /*d*/ der heutigen Standardsprache. In dialektaler wmd. Tradition setzt *d* initial im Srhfrk., Rhfrk. und Mfrk., medial im Rhfrk. und Mfrk. unverschoben gebliebenes vorahd. *d* (= obd. / omd. *t*) fort. Es erscheint drittens im Gesamtgebiet der binnendeutschen Konsonantenschwächung für das zur Lenis reduzierte *t* der gehobenen Tradition.

d steht initial prävokalisch (*dienen, dorf*) und präkonsonantisch vor *r* (*dreschen, drucken*), medial zwischenvokalisch (*eidem, gnade*) und nachkonsonantisch nach *l, n, r* (*gülden, hundert, werden*); in finaler Position unterlag *d* der Auslautverhärtung und wird deshalb phonologisch als *t* (§ L 47) behandelt.

2. Die Leitgraphie für *d* der gehobenen Tradition ist mit Frequenzen von über 90% *d*. Daneben begegnet statistisch kaum ins Gewicht fallendes initiales und mediales *dh*: *dhegen, fridhe, händhe, rindher*. Eine erhöhte Häufigkeit wird vereinzelt für *Dhüringen* und *dhum* (‚Dom‘) konstatiert (z. B. Kemmer 1898, 78; Demeter 1916, 86). Das nur zwischenvokalisch begegnende Doppelgraph *dd* steht im Mfrk. in Fällen wie *bedde, dridde, midde* (z. B. Garbe 1969, 189) in Fortsetzung der alten Geminate *dd* (= gemeinhd. *tt*; vgl. Michels, Mhd. Gr. 134). Nach Aufgabe der Opposition von einfachen und geminierten Konsonanten findet es sich mit deutlicher Konzentration auf den md. Raum fakultativ wortgebunden in *fedder, hadder, odder, redden*, also in Beispielen, für die nach der jeweiligen mundartnahen Aussprache vorangehender Kurzvokal anzunehmen ist (so Otto 1970, 179; Fleischer 1970, 292). Damit vereinbar sind einige nicht wortgebundene Zu-

fallsschreibungen von *dd* nach Kurzvokal (z. B. *erbidden*). Da das Digraph außerdem aber auch nach wahrscheinlicher Länge (*gudde, radde* ‚Rate') begegnet, außerdem selbst nach (anzunehmender) Kürze keineswegs die Regel bildet, schließlich seit dem 16. Jh. zunehmend seltener wird, soll hier keine schreibsprachliche Opposition von *dd* (nach Kürze) und *d* (nach Länge) angesetzt werden (vgl. noch: F. Frangk bei Müller 1882, 100).

3.   Trotz einer erstaunlichen Festigkeit der graphemischen Opposition *d* : *t* im Frnhd. der gehobenen Tradition begegnet eine Fülle von unterschiedlich bedingten Varianzen:

Zum Nebeneinander wmd.-dialektaler, durch den Lautverschiebungsstand bedingter *d* und höherschichtiger *t* sowie zum allmählichen Ersatz ersterer durch letztere vgl. § L 47, 2.
   Am häufigsten im Nalem., seltener im Schwäb. (jeweils seit Beginn der Epoche), weniger frequent seit dem 15. Jh. im mittleren und nördlichen Teil des Oobd., häufig im Nordobd. seit der zweiten Hälfte des 15. Jhs., relativ selten und spät im Omd. erscheint regelrechtes *t* als *d*: *dag, dochter, dun, duch, drinken, dreten*. Medial nach Nasal tendiert *d* auf dem gesamten obd. (außer sobd.) und omd. Gebiet in Fortsetzung der schon mhd. Lenisierung von *nt* > *nd* bzw. (für das Omd.) infolge der Tatsache, daß es der Verschiebung nicht unterworfen war, dazu, zur Regelschreibung zu werden: *hinder, under, binden, munder*; Präteritalflexiv *-de* in *brande, diende*; Suffix der Ordinalia *-de* in *neunde* usw. Nach *l* und *r* dagegen, erst recht zwischenvokalisch, erscheint *d* gegenüber *t* mit deutlich abgestufter Häufigkeit: *malder, schulder, hürde, würde, gude, nödig, rade* (‚Rate'). – Bei der Bewertung dieses Befundes ist zu beachten, daß für das Wmd., nach *l* und *r* auch für das Omd., nicht sicher beurteilt werden kann, ob der Lautverschiebungsstand oder die binnendeutsche Konsonantenschwächung für die *d*-Schreibungen verantwortlich ist.
   Gegenüber den durch Schwächung zu erklärenden *d* hält sich initiales *t*, teilweise auch nachliquidisches und selbst nach *n* stehendes *t* gestützt auf sobd. (vor allem halem.) Schreibungen auch in vielen Wörtern, die heute *d* haben, bis in die Spätzeit des Frnhd. hinein: *tam, totter, tüngen, tunkel, tunst, dulten, milte, hinten*.

Der Ausgleich der *d*- und *t*-Schreibungen zum Nhd. hin verläuft in einer geringen Anzahl von Fällen zugunsten des *t* (vgl. § L 47, 2), in einer größeren Menge von Wörtern zugunsten von nhd. *d*. Die im einzelnen begegnenden historischen Konstellationen sollen für die Erbwörter im folgenden an Hand der Graphie Luthers veranschaulicht werden (nach H. Bach 1985, 2, 250ff.; zur Detailentwicklung vgl. man außerdem: V. Moser, 1, 3, 156ff.; v. Bahder 1890, 255).

mhd. *t*:	Luther *t*:	nhd. *d*:
tam	*tam*	*Damm*

mhd. *t*:	Luther *d*:	nhd. *t*:
trübe	*draube*	*Traube*

mhd. *t*:	Luther *d*:	nhd. *d*:
tunst	*dunst*	*Dunst*

mhd. *d:*	Luther *d:*	nhd. *t:*
draben	*draben*	*traben*

mhd. *d:*	Luther *t:*	nhd. *t:*
dörper	*tölpel*	*Tölpel*

mhd. d:	Luther teils *t:*	nhd. *d:*
drucken	*trucken*	*drucken*

4. Infolge der trotz aller Varianzen insgesamt regelhaften graphischen
Trennung von *d* und *t* muß dem *d* der gehobenen Tradition ein von *t*
unterschiedener Lautwert zugeschrieben werden. Nach der Aussage der
Reformorthographen (vgl. § L 47,3 sowie Müller 1882,56; 74; 107; 114;
130) bestand die Differenz im Stärkegrad der Artikulation, nicht in einem
Gegensatz von Stimmhaftigkeit und Stimmlosigkeit wie in der heutigen
Hochlautung. Dem entspricht der rezente Mundartbefund, nach dem die
Lenes im gesamten hd. Dialektgebiet (außer dem Rip., nördl. Thür.,
Schles.; vgl. Schirmunski 1962,332) stimmlos sind.

5. Abgesehen von den behandelten *d/t*-Varianzen unterscheidet sich der
frnhd. Bestand des *d* von demjenigen des Mhd. bzw. Nhd. wie folgt:

Das Wortbildungspräfix *er-* erscheint in Handschriften (selten: in Drucken) des älteren und mittleren Oobd., seltener des Nordobd. / Böhm. / Omd. fakultativ als *der-*:
derkennen, derzählen, derschrecklich; vgl. zum Befund z. B. Skála 1967,153; Huther
1913,60; Jungandreas 1937,262, Franke 1913,238; Haasbauer 1926,44; zur Erklärung: Ahldén 1953; V. Moser 1,3,2.
    Zwischen *n* und benachbartes *l, r* wird auf dem Gesamtgebiet (kaum wmd.) ver-
einzelt ein *d* eingeschoben: *minder, andel, kandel, quendel, mindert, donder, erder,
erinderung, mändlich, gewöndlich*; bei *wildig* („willig‘) erfolgt der Einschub zwischen *l*
und *g*; die zuerst genannten Beispiele dieser Reihe haben eine überregionale Geltung
erlangt; vgl. zum Befund: H. Moser 1,3,33–35; Weinhold 1863,145; 1867,153; Huther 1913,60; Koller 1989,114; Fleischer 1970,291; Jungandreas 1937,363.
    In einigen wenigen Fällen erscheint *d* für regelgerechtes *g*: *deschicht, dehegt, schla-
den*; die umgekehrten Schreibungen *begenken, gankbar* (*g* für *d*) sprechen gegen die
Zufälligkeit der genannten Beispiele; vgl. Karg 1884,27; Jungandreas 1937,340.
    Hiattilgendes *d* wird vereinzelt für den rip. / nfrk. Raum belegt: *benedidung, ma-
ledidung*; vgl. Meinerich 1885,31; Weinhold, Mhd. Gr. 184.
    Vereinzelter Schwund des *d* begegnet infolge von Assimilation (*abenes, wale*),
speziell vor *r* (*wern, wurn* aus *werden, wurden*), infolge von Kontraktion (*schat, lat*
aus *schadet, ladet*), zur Beseitigung von Mehrfachkonsonanz (*ornung, bastube*) sowie
unmotiviert im Auslaut (*almen, pfrün, sün*).

§ L 47   **t**

/t/

<*t, tt, th, d, dt, td, dtt, dth, tht, tth*>
<*tt, t*>

1. Frnhd. /t/ entspricht nach rückwärts regelhaft dem /t/ bzw. /tt/ des
klassischen Mhd., zur Gegenwart hin dem /t/ der heutigen Standardspra-

che. Es steht mithin initial prävokalisch (*tag*) sowie präkonsonantisch vor *r*
(*tragen, treue*), älterfrnhd. auch vor *w* (*twingen*, vgl. § L 60, 3), medial zwischenvokalisch (*leute, fater, mitte*), nachkonsonantisch (*straft, züchte, halten, hinten, vierte*), vorkonsonantisch (*rats, rads*) und zwischenkonsonantisch (*wirts, abends*), final nachvokalisch (*zeit, gut, hat*) sowie nachkonsonantisch (*erst, art, halt, gelt*), in beiden finalen Positionen außerdem in
Verhärtungsstellung (*rad, feind*) (wie schon vor- und zwischenkonsonantisch).

/t/ hat folgende, resthaft bis ins Frnhd. nachwirkende etymologische
Herkünfte:

(1) vorahd. *t* in den unverschoben gebliebenen Lautgruppen *tr, cht, ft, st* (frnhd.
    treue, zucht, gift, stark),
(2) vorahd. *tt* der vorahd. Lautverbindung *ttr* (frnhd. *bitter, winter, eiter, lauter* =
    älteres Ahd.: *hlûttar*),
(3) vorahd. *d* (obd., ofrk., omd., medial und final auch srhfrk. *t*: frnhd. *tag, halten,
    gelt*),
(4) vorahd. *dd* (frnhd. *bitten, mitte, leiten, hüten*),
(5) vorahd. *þ* im Anlaut vor *w* (älterfrnhd. *twingen*), vereinzelt vor Vokal (frnhd.
    tausend, teutsch),
(6) vorahd. *þþ* (frnhd. *ettelich, schmitte, atem*),
(7) Verhärtungsfälle von ahd. *d* (*rad*),
(8) ältere (d. h. vor der 2. Lautverschiebung übernommene: *techan, trache, tum*
    ,Dom') und jüngere (danach übernommene: *rente, studenten*) Lehnwörter.

2. Die aus unverschoben gebliebenem *t* der vorahd. Lautgruppen *tr, cht,
ft, st* hervorgegangenen frnhd. *t* (obige Herkunft (1)), ferner diejenigen *t*
der Herkünfte (2), (4), (6), die nach Langvokal bzw. Diphthong oder nach
Konsonant stehen, sowie das älterfrnhd. *t* der initialen Lautverbindung *tw*
(Herkunft (5)) haben in allen Landschaften die Regelschreibung *t*. Gleiches
gilt für die aus vorahd. *d* entstandenen *t* der Herkunft (3), aber nur für
diejenigen Landschaften, die diese Verschiebung vollzogen (obd., ofrk., je
nach Stellung srhfrk.) bzw. sich ihr angeschlossen (omd.) haben.

Im Wmd., das nicht von der Verschiebung des *d* zu *t* erfaßt war, setzt
sich *t* im Laufe der Epoche als dann gemeinfrnhd. Schreibung in einem
rund zweieinhalb Jahrhunderte dauernden, von Süden nach Norden ge-
staffelten Prozeß gegen *d* durch. Die Anfänge der *t*-Schreibung liegen im
gesamten Gebiet, selbst im Mfrk., bereits im 14. Jh.; als Umschlags-
zeitraum kann für das Gebiet Speyer, Worms, Mainz, Frankfurt, Friedberg
das 15. Jh., für das nördliche Hess. und Mfrk. das 16. Jh. angesetzt werden;
abgeschlossen ist die Entwicklung selbst in Drucken des rhfrk. Gebietes
erst im 16. Jh.; im Mfrk. halten sich *d*-Schreibungen vor allem in Hss. bis
ins 17. Jh. (genaue Zeit- und Raummarken getrennt nach Hss. und Drukken sowie nach der Distribution von *t* bei V. Moser 1, 3, 162–165; 181–183;
vgl. neuerdings: Stopp 1978, 188; Steffens 1989, 155f.; 239f.).

In den vorahd. Lautverbindungen *ld* und *nd* war *d* auch im Omd. unverschoben erhalten geblieben. Dementsprechend findet sich die Schreibung *lt* dort erst im Laufe des 16. Jhs. als Regelschreibung (*alte, gelten, halten, schalten*), ohne sich allerdings gänzlich gegen *d* durchzusetzen (vgl. nhd. *dulden, Geld, Mulde*). Bei *nd* zeigt sich eine Tendenz zur *nt*-Schreibung ebenfalls erst im 16. Jh.; der Grad der Durchsetzung ist aber deutlich geringer als bei *ld*. Der historische Grund für diese Besonderheit liegt darin, daß ahd. *nt* schon in mhd. Zeit sehr generell (stärker als *lt* und erst recht *rt*, vgl. Paul, Mhd. Gr. 159) zu *nd* erweicht worden war, daß die omd.-regionalen *nd* mithin eine Stütze durch eine ganz andere, und zwar höherschichtige Entwicklung erfahren hatten. Im Ergebnis hat vorahd. *nd* im Spätmhd. und Nhd. deshalb einen doppelten Schreib- und schließlich auch Lautstand: einerseits *nt* (*hinter, unter, munter*), andererseits *nd* (*hindern, schinden, binden*). Die *nd/nt*-Variation spiegelt sich selbst in einem langen Nebeneinander *t*-haltiger Suffixe nach *n*: präteritales *-de* neben *-te* (*diende, wande; diente, wante*), Dentalsuffix der Ordinalzahlen *-de* neben *-te* (*siebende, neunde; siebente, neunte*); vgl. zum Befund: H. Bach 1985, 2, 275–287; V. Moser 1, 3, 170–196; Feudel 1961, 97f.; Suchsland 1969, 108f.; Kettmann 1969, 217f.; Otto 1970, 177f.; Fleischer 1970, 275f.; Bentzinger 1973, 87f.; Jungandreas 1937, 336.

th begegnet quantitativ gegenüber *t* sehr stark (unter 4% aller *t*-Graphien) abfallend, dennoch in allen Stellungen und unabhängig von der Quantität des voraufgehenden oder folgenden Vokals im gesamten Frnhd.: *thor, thurm, thun; parthei, gothes, räthe; zeith, beth*. Verteilungsregeln sind höchstens ansatzweise erkennbar: Für einige Texte / Schreiber wird eine Tendenz zur Bevorzugung der Initialstellung behauptet; seit dem mittleren Frnhd. bildet sich eine mehrfach festgestellte Bindung an Kurzwörter heraus; auch in einzelnen Fremdnamen und -wörtern wird eine gewisse Festigkeit erreicht (*Anthony, Thomas, thymian*); das 14. Jh. zeigt die geringste Vorkommenshäufigkeit von *th*; vereinzelt belegte Konsonantenhäufungen sind *tht* (*gebeutht*) und *tth* (*gutth*; Fleischer 1970, 279f.); vgl. zum Befund: H. Moser 1977, 112; H. Bach 1985, 2, 254–256.

dt ist für das Gesamtfrnhd. belegt, begegnet aber erst seit der 2. Hälfte des 15. Jhs. mit einer allerdings in allen Zählungen unter 3% aller *t*-Graphien liegenden relativen Häufigkeit. Es steht
- bisweilen zwischenvokalisch (*bredter, brodte, tödten*),
- öfter nachkonsonantisch, hier vor allem nach *n* (*endte, undter, hindter*), oft im Präteritalsuffix (*kandte, brandte*) sowie im Suffix der Ordinalia (*neundte*),
- vor- und zwischenkonsonantisch (*schmiedts, abendts, mordts*),
- am häufigsten final nachvokalisch (*eidt, liedt*) und nachkonsonantisch, und zwar wiederum besonders nach *n* (*kindt, wandt, landt*), aber auch nach *l* (*feldt, waldt*) und *r* (*mordt*).

Unter etymologischem Aspekt stehen die erstgenannten beiden medialen Vorkommen für vorahd. *d* der Herkunft (3), die letztgenannten medialen und die finalen Vorkommen für die Verhärtungsfälle von ahd. *d* (obige Herkunft (7)). Die Graphenverbindung *dt* hat deshalb den Charakter einer

Kompromißschreibung: Sie reflektiert medial (außer in den Verhärtungsstellungen) die Differenz zwischen zumindest zwischenvokalisch erhaltenem *t* der gehobenen schreibsprachlichen Tradition einerseits und andererseits dem *d* der gesamtmd. unverschoben gebliebenen Lautverbindungen *nd* und *ld* bzw. dem bereits mhd. zu *nd*, seltener *ld* lenisierten *nt*, *lt* bzw. dem dialektalen, durch die binnendeutsche Konsonantenschwächung entstandenen *d*. Dementsprechend ist mediales *dt* nur relativ zur gehobenen Schreibtradition als graphische Variante von *t* zu betrachten; relativ zu den dialektalen, durch den Lautverschiebungsstand oder durch die binnendeutsche Konsonantenschwächung bedingten Traditionen wäre es als Variante von *d* zu beurteilen. Final und in dem medialen Vorkommen des Typs *schmiedts* spiegelt *dt* den lautlichen Zusammenfall des durch Verhärtung aus ahd. *d* entstandenen *t* und dem *t* der anderen Herkünfte und zusätzlich den Konflikt zwischen dem phonologischen Schreibprinzip des Mhd. und dem diesbezüglichen morphologischen Schreibprinzip des Nhd.; vgl. V. Moser 1,1,44; Skála 1972, XXVII; Weinhold 1863,137; H. Moser 1977,267; Fleischer 1970,274; H. Bach 1985,2,266–271.

Als historischer Vorläufer von *dt* begegnet seltenes und nur bis ins 15. Jh. belegtes *td* (*vatder, vetder, artdickel*). Ebenfalls seltene Graphenkombinationen, und zwar des 15. und 16. Jhs., sind *dth* (*erkandth*) und *dtt* (*radtt*); vgl. Weinhold 1863, 137; Huther 1913,63; Kettmann 1969,214; Fleischer 1970,274.

Die Schreibung *d* findet sich erstens in den oben erwähnten, durch den Lautverschiebungsstand bedingten und den durch die Konsonantenschwächung zu erklärenden Fällen (vgl. § L 78) in beiden Finalpositionen für *t* vor allem der Herkunft (3), zweitens für die durch Verhärtung entstandenen *t* (Herkunft (7)).

Zu ersterer Fallgruppe gehören Beispiele wie *blad, hand, stad, tod*; (indirekt:) *deudlich, miedling*; (in Suffixen:) *-heid, furd, geburd*; (in Flexiven:) *ged, sed, sted, beward* (oft nach *r*), *bezaled*. Sie zeigen eine Bindung an den weiteren md. Sprachraum des 14.–16. Jhs., begegnen insgesamt aber im Verhältnis zur Regelschreibung *t* selten; für die indirekte Finalstellung wird vereinzelt eine leicht erhöhte Häufigkeit beobachtet (vgl. zum Befund: Huther 1913,63; Suchsland 1968,113f.; Fleischer 1970,280f.; H. Bach 1985,2,268f.).

Beispiele für die Verhärtungsstellung sind *abschied, glied, pfad, wund, feind*; (indirekt:) *freundlich, abendmal*. Der Verdrängungsprozeß der normalmhd. Verhärtungsschreibung *-t* durch morphologisch motiviertes *-d* hat im 15. Jh. seinen Höhepunkt, zieht sich aber bis weit ins 16. Jh. hin (vgl. H. Bach 1985,2,170).

tt steht während der gesamten Epoche nach Kurzvokal als Fortsetzung der mhd. Geminate *tt* der Herkünfte (2), (4) und (6): *bitter, bitten, bette, dritte, ritter, ettelich, wette* (Fleischer 1970,273; Kettmann 1969,214; Nimmervoll 1973,156). Daneben begegnet das Doppelgraph in intervokalischer Stellung nach Kürze (*bretter, geschnitten*) seit Beginn der Epoche in folgender Landschaftsverteilung (nach V. Moser 1,1,48f.): 13. Jh. ndalem.; seit dem 14. Jh. allgemein obd. zunehmend; bis Mitte 16. Jh. Durchdringen in obd. Drucken; 1. Hälfte 16. Jh. wmd. Drucke; gegen Mitte des 16. Jhs. omd. Drucke. Gleichzeitig dringt *tt* seit Beginn der Epoche, verstärkt im 15. Jh., auch in die Medialstellung nach Langvokal (*gütter*), nach Diphthong (*leitten*), nach Konsonant (*richtter*), ferner in alle Finalpositionen (*ratt, hartt*), darunter in (unbetonte) Suffixe (*-ett, -heitt*) und ausnahmehaft sogar in die Anlautstellung (*ttafel, ttag, bettüten*; Weinhold 1863,134; Koch 1920,79) ein. Nur vereinzelt wird für *tt* nach Kurzvokal eine gegenüber *t* erhöhte Frequenz konstatiert (Fleischer 1970, 271; 273; Schmitz 1990, 114; Glaser 1985, 236). Eine intervokalische graphemische Opposition von *t* : *tt* zur Kennzeichnung vorangehender Kürze kann demnach für das gesamte Frnhd. bis zum 16. Jh. noch nicht angenommen werden. Wenn oben trotzdem eine derartige Opposition angesetzt wurde, so geschah dies in Anlehnung an die Schreibtradition der mhd. Geminaten, an die genannten, ansatzweise beobachtbaren Frequenzunterschiede und schließlich infolge der Tatsache, daß die Reformorthographen seit dem 16. Jh. eine Unterscheidung vertreten.

   Obwohl im gesamten Obd. und Omd. (das Wmd. hatte im regionalen Schreibstand keine Verschiebungs-*t*) eine schreibsprachliche Opposition von *t* und *d* besteht, variiert die Schreibung beider Einheiten dennoch im Großteil des Gebietes in nahezu allen Texten. Selbst dort, wo ausdrücklich eine konsequente Unterscheidung festgestellt wird, begegnen teils vereinzelte, teils häufige Ausnahmen, und zwar vor allem initial, sehr oft vor *r*, seltener medial. So erscheinen z. B. *tach, verterben* (vor allem omd.), *treschen, tritte, trohen, trucken, gnätig, beite, ausraten* ,roden', *entfremten, fürter, tölpel, ton* ,Lehm', *tosen, tunken, trum*, fast immer: *tausend*, obwohl nach der Etymologie *d* zu erwarten wäre. Zum Nhd. hin setzen sich von all diesen Fällen nur die 6 zuletzt genannten durch (zum umgekehrten Fall: mhd. *t*, nhd. *d* vgl. § L 46, 3); das Schwanken der Flexive der Ordinalia und des Prät. der schwachen Verben nach wurzelauslautendem *n* (selten *r*, *l*) wird (analogisch) zugunsten des *-te* entschieden. Bei Fremdwörtern begegnet eine ähnliche Varianz: *techant, tichten, ton* (,Ton'), *toppeln, trache, tum*. Der Fortbestand dieser Schreibungen hängt von der immer wieder neu vollzogenen Anlehnung an die fremde Vorlage ab; *teutsch* hält sich sehr lange infolge von Anlehnung an *theodiscus* und *teutonicus*; vgl. z. B. Weinhold 1863, 135; Erni 1949, 26; Karg 1884, 27; Schmitt 1936, 56; Franke 1913, 240; Russ 1982, 27f.; H. Bach 1985, 2, 254f.; Jungandreas 1937, 354.

3. Für die Beschreibung der Lautung der regelhaft mit *t* geschriebenen Ausdrücke sind zwei Sprechtraditionen zu unterscheiden, eine hochsprachliche und eine mundartnahe.

   Für die hochsprachliche Tradition ist trotz der Warnung der Reformorthographen vor der offensichtlich verbreiteten Verwechslung mit *d* nach Ickelsamer, Kolroß, Frangk, Jordan ein im Vergleich zum *d* „härterer", „stärkerer" Laut, also Fortis, anzunehmen.

Anm.: *Das d mit seinem gleichen t dringt die Zungen oben an den gomen / das sye gleich daran klebt auch mit eim verfangen angezognem odem / das t ist herter* (Ikkelsamer nach Müller 1882, 56; Weiteres ebd. 74; 107; 114; 130; vgl. auch Painter 1989, 147–150).

In mundartnaher Sprechweise kann der Starklaut nur in denjenigen Gebieten geherrscht haben, die nicht der binnendeutschen Konsonantenschwächung unterlagen; das sind das westliche Mosfrk., das Rip., das Nordthür., das Schles., das Sobd., ferner das Mittel- und Nordbair. für die ahd. Geminate und die Lautverbindungen *st*, *ft*, *cht*. Für den md. Teil dieser Gebiete ist dabei zu beachten, daß *t* dort überhaupt nur für die Fälle etymologischer Herkunft außerhalb der Lautverschiebung existierte. Im gesamten Schwächungsgebiet ist Lenis-Aussprache und damit weitgehender Zusammenfall mit dem stimmlos gewordenen *d* anzunehmen (speziell zum Oobd. vgl. Schirmunski 1962, 336f.). Diese Lautverhältnisse erklären die oben (Punkt 2, letzter Abs.) konstatierte Varianz im *t/d*-Bereich: im Wmd. hyperkorrekte *t* infolge der Dialektalisierung nicht verschobener *d*; im gesamten Schwächungsbereich hyperkorrekte *t* infolge der als dialektal empfundenen Lenes *d*.

4. Der Bestand des frnhd. *t* unterscheidet sich abgesehen von den bereits erörterten Fällen vom klassischen Mhd. bzw. der nhd. Standardsprache durch folgende Erscheinungen:

Im Mfrk. finden sich bis ins 16. Jh. unverschobene *t* in den Kurzwörtern *it, dat, wat, dit, allet, bit*; im Falle von *dit* reichen diese sogar über das Rhfrk. bis in den thür. Raum hinein (vgl. Sparmann 1986, 65 und K. 6). Bereits im 13. Jh. setzt ein vom Süden ausgehender, im 16. Jh. in der Schreibsprache vollzogener Verdrängungsprozeß durch die gemeinhd. verschobenen Formen ein; vgl. Schwitzgebel 1958, 88; Schellenberger 1974, 38; Schützeichel 1974, 42–55 mit genauer Dokumentation für *dat/das*.

Kennzeichnend für das Gesamtfrnhd. ist Epenthese bzw. Epithese von *t* (selten seiner Variante *d*) nach vielen Konsonanten, vor allem nach *n* (*mond, nebent, allenthalben, öffentlich, wiesentbach*), auch nach *s* (*obst, palast, selbst, sust*, Suffix *-nust*), nach *r* (*andert, niendert*), vereinzelt nach *b* (*abtgot*), *ch* (*dicht, frecht, nachtbar, sprichtwort*), *f* (*hüfte, saft*), *g* (*predigt, willigt*). Als Bedingung für viele dieser Fälle werden neben der jeweiligen Distribution Nebenton der betroffenen Silbe, Ausspracheerleichterung (Russ 1982, 39 f.), für die Komposita bessere Signalisierung der Morphemgrenze (so Mausser, Mhd. Gr. 364; Skála 1967, XXVII) angegeben (vgl. generell: V. Moser, 1, 3, 27–42).

Auf eine Verschiebung der Morphemgrenze deutet die im Schles. und böhm. / slov. Inseldeutschen mehrfach belegte Form *twegen* hin (*meinent wegen* zu *meinen twegen*, anschließend Verselbständigung der Schreibung); vgl. Jungandreas 1937, 357; Weinelt 1938, 175; Jelinek 1895, 101.

Eine Sonderentwicklung bildet die mit der Schreibung *tpfaffe* (Böhme 1899, 39; a. 1324) einmal für die meißnische Kanzlei belegte, sonst auf das Inselschlesische, die Zips und die slov. Bergstädte Kremnitz und Schemnitz beschränkte Entsprechung *tpf* für initiales mhd. *pf*: *tpfarrer, tpfand, tpflichtig, tpfennig, tpfeffer, tpfleger, tpfeile* usw.; vgl. Jungandreas 1937, 387; Weinelt 1938, 51; Gárdonyi 1965, 54; 1968, 24; Papsonova 1985, 53; KdS 1, K. 21.

Schwund des *t*, auch des Flexivs der 3. Pers. Ind., begegnet gesamtfrnhd. in direkter und indirekter Finalstellung mit auffallender Häufigkeit; die Bedingungen entsprechen hinsichtlich der Distribution wie des dichten Auftretens in der Wortbildungsfuge teilweise denjenigen, unter denen Epenthese und Epithese zustandekommen (vgl. oben). Beispiele bilden nach *ch*: *nich, rech*; nach *f*: *kauf, schif*; nach *g*: *klag, sag*; nach *k*: *geschik, werk*; nach *n*: *tausen, mon*; nach *r*: *schwer, hunder*; nach *s*: *kuns*; nach *z*: *sez, siz*. In den Wortbildungen mag der Schwund durch Mehrfachkonsonanz begünstigt worden sein: *lichmesse, leichfertig, gedächnis, wilbret, langraf, fasnacht*; er begegnet aber auch bei der Verbindung zweier Konsonanten: *breibach*.

4.2.3. Palatale / Velare: *g*, *k*

§ L 48   **g**

/g/

<g, gh, j, gg>

1. Der frnhd. Verschlußlaut */g/* entspricht abgesehen von einigen
Schwünden und einigen sonstigen Sonderentwicklungen einerseits dem */g/*
des klassischen Mhd., andererseits dem */g/* der heutigen Standardsprache.
Er steht mithin
- initial vorvokalisch (*gasse*) sowie vor Nasal (*gnade, gmünd*) und Liquid
  (*glocke, graf*),
- medial intervokalisch meist nach Länge (*ziegel, eigen*), vereinzelt nach
  Kürze (*egge*), ferner nach Liquid (*folgen, morgen*), bis zur Phonologisierung des *ng* zu *n* auch nach *n* (*schlange*, vgl. § L 63, 3), sowie vor Nasal
  (*regnen, wagner*).
- In den Verhärtungsstellungen ist */k/* anzunehmen (vgl. § L 49, 1).

2. Als Regelgraph für */g/* fungiert in allen genannten Positionen mit sehr
hohen Prozentwerten (97–99%) das Zeichen *g*. Daneben begegnen *gh, j*
und *gg*.

gh und *j* sind in denjenigen Gebieten, in deren dialektaler Sprechsprache statt des
Verschlußlautes ein Spirant anzusetzen ist, als Spirantenzeichen zu werten: *ghen,*
gheduld, taghe, möghen, arghe, folghen; jarkoch (vgl. § L 55, 1). Da vor allem *gh,*
seltener *j*, bis ins 16. Jh. aber auch in Texten der gehobenen Schreib- und Drucktra-
dition begegnet (vgl. V. Moser 1, 3, 239f.), müssen beide Zeichen für diese Texte als
graphische Varianten von *g* aufgefaßt werden; im einzelnen ist die phonologische
Bewertung insbesondere des initialen *gh, j* für große Teile des obsächs. / thür. und
nordobd. Raumes unterschiedlich (vgl. z. B. Quint 1927, *51f.; Skála 1967, 127; Fleischer 1970, 329; 339; H. Bach 1985, 2, 213; Pfanner 1954, 188).
gg findet sich als Fortsetzung der alten Geminate im Wmd. der älteren Zeit (Garbe 1969, 193; Ganser 1985, 46) sowie im gesamten Obd., gehäuft im Hchalem., und
zwar jeweils nach vorangehender Kürze (*brügge, egge, rügge, schnegge*); es begegnet
seit dem 16. Jh. ferner in einigen wenigen Lehnwörtern aus dem Nd. und Engl.: z. B.
flügge, flagge, dogge. Aus diesem Befund für die gehobene Schreibtradition ein (bis
in die heutige Schreibsprache schwach belegtes) intervokalisches Graphem *gg* anzusetzen, scheitert an folgenden gegenläufigen Fakten: Nicht alle etymologischen *gg*
werden mit dem Doppelgraph, sondern meist mit *ck* geschrieben (z. B. *hocker, luk-*
ker); die oben genannten Wörter zeigen die Schreibung mit *gg* zwar für Teilgebiete
des Wobd. mit auffallender Konsequenz (vgl. Kleiber 1965, 211–224), auf das Gesamtgebiet gesehen aber fakultativ, und zwar neben seltenerem obd. *g* und generell
häufigerem *ck*; *gg*-Schreibungen begegnen – wenn auch vereinzelt, so doch räumlich
breit belegt – auch nach anzunehmender Länge (*preggen, reggen, apotegge, bieggen*)
sowie nach *n* und *r* (*lingge, hunggrig, bürgger*) und selbst im Hiat (*frigge*).

3. Der dem Zeichen *g* und seinen Schreibvarianten zukommende Lautwert ist für das hd. Gebiet und die gehobene Tradition als (wahrscheinlich
stimmlose) Lenis anzunehmen, die zu *k* in einer Druckstärkeopposition
stand. Im Gebiet der binnendeutschen Konsonantenschwächung konnte
diese neutralisiert werden, so daß *g* mit *k* zusammenfiel (§ L 78). Die dialektale Aussprache des *g* war nach dem Befund der heutigen Mundarten
sowie nach den dialektal bedingten Schreibungen initial mindestens im rip.,
mrhein., nordostthür. und nördlichen obsächs. Raum (nach V. Moser
1, 3, 238f. viel verbreiteter bis ins Nordobd. hinein) die Spirans *j*, medial im
Md. und anschließenden Nalem., Nordobd., Nordbair. und Teilen des
Mbair. die Spirans *j* oder *ch* (Kranzmayer 1956, 84; Schirmunski
1962, 305–315).

Anm.: *Das /g/ so die zung das hinderst des gůmens berůrt / wie die Gens pleysen/ weñs
einen anlauffen zů beissen* (Ickelsamer 1531, B Ir; vgl. Painter 1989, 150–153).

4. Der Bestand des frnhd. *g* differiert gegenüber dem Mhd. und / oder
Nhd. aufgrund folgender Varianzen:

Die Lautverbindungen *rj* und *lj* wurden nach vorhergehendem Kurzvokal bereits
mhd. zu *rg*, *lg* (*ferge*, *scherge*, *verhergen*, *lilge*, *vigilge*, *Ottilge*), ohne daß die *j*-Schrei-
bungen selbst in frnhd. Zeit gänzlich geschwunden wären. Auch in anderen Laut-
zusammenhängen kann *j* zu *g* werden: *käfig* aus *kefje*, *spangen* aus *spanje*, *menig* aus
lat. *minium* ‚Zinnober‘, *venige* aus *venia*; vgl. v. Kienle 1969, 116f.; Kranzmayer
1956, 73f.; Huther 1913, 79; Steffens 1988, 132; Behaghel 1928, 388.
   Im älteren und mittleren Frnhd., vor allem auf md. und wobd., besonders gehäuft
auf nalem. Gebiet, findet sich *g* als übliches Hiatzeichen: *amige*, *drige*, *frige*, *prob-
stige*, *partige*, *kastigen*, *schrigen*, *figent*; *eiger*, *meige*. *g* steht außerdem verbreitet für
zwischenvokalisches *j* (*wegen* aus mhd. *waejen*, *negen* aus mhd. *naejen*, *blügen*), *h*
(*sagen* ‚sahen‘, *geflogen* ‚geflohen‘, *geschege*), *w* (*ruge*, *mugerer*, *neuges*). Als Lautwert ist nur bei graphiegeleitetem Lesen Verschlußlaut, ansonsten eher – vor allem
im Spirantisierungsgebiet – spirantische Aussprache bzw. sprechsprachliche Nicht-
realisierung des *g* anzunehmen; vgl. zum Befund: V. Moser 1, 1, 62; Gleissner /
Frings 1941, 151ff.; Langosch 1933, 43; Nebert 1891, 53; Steffens 1988, 169; H. Bach
1934, 48; 1943, 60; 1985, 2, 218f.; Suchsland 1968, 97; Kettmann 1969, 164; Bindewald
1928, 69; Jungandreas 1937, 305.
   Rückt intervokalisches *j* infolge von Apokope in Finalstellung oder in Flexionsformen in vorkonsonantische Position, so wird es obd., vor allem wobd., in der
Regel durch *g* ersetzt: *dreig*, *dreigt* (zu mhd. *draejen*), *kräg*, *krägt* (zu mhd. *kraejen*),
müg (zu mhd. *müeje*); eine strukturelle Parallele findet sich bei -*w*(-) > *b*, vgl.
§ L 44, 4.
   In Texten des omd. / nordobd. / rhfrk. / nördlichen Wobd. und des mährisch-
inseldeutschen Raumblocks begegnet vorkonsonantisch initiales, nach- und zwischenkonsonantisch mediales sowie finales *k* zwar nicht regelhaft, aber doch bis ins
16. Jh. mit signifikanter Häufigkeit in der Schreibung *g*: *glein*, *gnappe*, *grebs*, *griechen*; *margt*, *erger*, *werges*, *wingel*, *tringen*, *schengen*; *bog*, *folg*, *falg*, *werg*. Dieser
Befund spiegelt die für den genannten Raum anzunehmende mundartliche Schwä-
chung der gutturalen Verschlußfortis zur Lenis; Belegmaterial bei Boesch 1946, 161;
Stopp 1978, 107; Huther 1913, 75; Koller 1989, 131; Bentzinger 1973, 81; Fleischer
1970 326; Jungandreas 1937, 379ff.; Skála 1972, XXX; Masařík 1985, 93.

Auf gleiche Weise erklären sich die auffallend häufigen *g*-Schreibungen in Lehnwörtern (*gamille, gerner, gollier, gumpost* usw.), die unter etymologischem Aspekt *k* erwarten lassen.

In mrhein. / rip. und omd., ferner in nordobd. / nordbair. Texten begegnen seit Beginn des Frnhd. bis ins 16. Jh. für *j* der gehobenen schreibsprachlichen Tradition zweifelsfrei belegte initiale *g*-Schreibungen: *gener* (oft), *gämmerlich, gäger, gar, goch, guppe, gucken, gung* (Stopp 1978, 194; Asmussen 1965, 114; Grönlund 1945, 84; Steger 1968, 240; Fleischer 1970, 216). Diese erklären sich für dasjenige Gebiet, in dem initiales *g-* dialektal durch *j-* vertreten ist, als Hyperkorrekturen. Mindestens für Teile des nordobd. und für den nordbair. Raum dagegen muß ein eigenständiger dialektaler Lautwandel von *j* zu *g* angenommen werden (vgl. V. Moser 1, 3, 90; Fleischer 1970, 216; v. Kienle 1969, 116).

Neben den genannten, durch Reflexe auf Dialekte bedingten oder dialektalen *g* stehen solche, die sich auf dem Gesamtgebiet aus dem seit ahd. Zeit bestehenden Komplementärverhältnis von *j* und *g* vor allem der Verben der 5. Ablautreihe (*jëhen, jësen, jëten*) ergeben: vor folgendem *i*, teilweise auch vor *e* steht *g* (*gibe, gicht, gehen, gären*), vor anderen Vokalen *j*. Diese Verteilung kann analogisch nach beiden Richtungen ausgeglichen werden, z. B. steht nhd. nur *gären* gegen nur *jäten*.

Eine Hyperkorrektur der dialektalen Vertretung von *g* durch *ch* bilden Schreibungen mit *g* für etymologisch korrektes *ch* (vgl. § L 56, 3).

In Haupttonsilben variiert zwischenvokalisches *g* mit kontrahierten Formen ohne *g*: *liegen / lin / lit, regen / rent, tragen / tran / treit, getregede / getreide, bogen / boyn, foget / foit, zäugen / zoyte*. Ein Teil dieser Schwünde, nämlich diejenigen zwischen palatalem Vokal und folgendem (ahd.) *i*, geht bereits in ahd. Zeit zurück und findet sich frnhd. auf dem gesamten Gebiet. Die übrigen Fälle zeigen für die md. und südlich anschließenden obd. Gebiete eine besondere Vorkommenshäufigkeit. Als Erklärung gilt die in den Dialekten dieser Gebiete vorhandene spirantische Aussprache des *g*. Nach *r* verschwindet *g* verbreitet in *morgen* und *irgend* (*morne, irne*). Alle Kontraktionstypen werden zum 16. Jh. hin durch analogische Angleichung an die Vollformen oder infolge ihres Mundartcharakters (so z. B. Schwitzgebel 1958, 67) großenteils wieder rückgängig gemacht. Literatur: Schwarz 1914; Garbe 1969, 193; Feudel 1961, 82; Suchsland 1968, 17; Fleischer 1970, 331; H. Bach 1943, 53; Jungandreas 1937, 368ff.

In Nebentonsilben kann zwischenvokalisches *g* ohne Veränderung der umgebenden Vokale ausfallen: *predien, reineunge, kastiunge* (Wolf 1975, 237; Feudel 1961, 82).

§ L 49   **k**

/k/

<*k, ck, c, ch, cch, chch, cck, chk, kh, kch, chk, kkh, ckk, kk, x, q, g, gg, gk, kg*>

1. Frnhd. /k/ entspricht nach rückwärts von einigen Sonderentwicklungen abgesehen dem /k/ bzw. /kk/ des klassischen Mhd., zur Gegenwart hin dem *k* der heutigen Standardsprache. Es steht mithin initial vor Vokal (*kirche, keiser, könig*) und vor den Konsonanten *l, n, r, w* (*klein, knecht, kraft, qual*), medial zwischenvokalisch (*acker, pauken*), vorkonsonantisch vor *t* und *s* (*schickten, wachsen, exempel*) sowie nach- und zwischenkonsonantisch nach *l, n, r* (*melken, schenken, merken; melckt, schenckt*,

merckt), nachkonsonantisch wiederum nach *l, n, r (welck, danck, werck)*. Zu den medial vorkonsonantischen und den finalen Positionen werden hier auch die Verhärtungsfälle von *g* gerechnet (spätfrnhd. *bewegte; schlag, schwilg, burg*, für die älterfrnhd. jeweils *-ck(-)* möglich ist).

2. Von den oben genannten Schreibungen steht *k* im Gesamtfrnhd. mit Ausnahme des mittleren und südlichen Oobd. der älteren Zeit initial vor Vokal sowie vor *n* in Erbwörtern nahezu ausnahmslos. Vor *l* und *r* herrschen vor allem im 14. und 15. Jh. geringere Häufigkeiten, ohne daß allerdings die Stellung des *k* als initialer Regelgraphie (außer für die Lautverbindung *kw-*) dadurch angetastet würde. Auch medial, hier selbst in Fortsetzung der alten Geminate (vgl. z. B. Asmussen 1965,110; Wedler 1969,46), und final begegnet *k* mit einer gewissen Häufigkeit, kann aber keineswegs als Regel angesehen werden.

Die mediale und finale Regelgraphie für /k/ ist im Gesamtfrnhd. vielmehr *ck: brücke, gauckeln, mirackel, welcken, mercken, starck*. Reduzierte Häufigkeiten gelten unter zeitlichem Aspekt für das 14. und beginnende 15. Jh., unter räumlichem Aspekt für das mittlere und südliche Oobd. besonders der älteren Zeit; in den Drucken des Gesamtgebietes gilt *ck* bis ins 17. Jh. hinein auch nach Konsonant und unabhängig von der Quantität des voraufgehenden Vokals nahezu ausnahmslos.

c steht vor allem initial in denjenigen Lehn- und Fremdwörtern aus dem Lateinischen, deren Übernahme leicht erkennbar ist *(capitel, contrakt, copia, vocation, secte)*; in den stärker eingedeutschten Wörtern wechselt es initial mit *k (cummer / kummer, crone / krone, clar / klar)*, medial mit sehr viel häufigerem *k* und *ck (articul / artikel / artickel)*. Der Erbwortschatz des Deutschen hat *c* vor allem in der älteren Zeit und gegen Ende der Epoche stark abnehmend initial fakultativ vor *l* und *r (clein, cranck)*; vereinzelt wird eine Bindung an die Stellung vor Hinterzungenvokal konstatiert *(cumit;* vgl. Strauch 1919, XIX; Nebert 1891, 58).

Die eingeschränkte Geltung der Distribution des *k-* und *-ck(-)* im mittleren und südlichen Oobd. der älteren Zeit ergibt sich aus dem dortigen Vorkommen der Graphien *ch, kh, kch* und einiger weiterer weniger gebräuchlicher Graphenverbindungen.

ch gilt im angegebenen Gebiet fakultativ neben *k/ck* in allen Stellungen während des 14. und 15. Jhs.; im 14. Jh. findet sich die Schreibung auch im Oschwäb., Nordbair. und Obfrk., seit der Mitte des 15. Jh. übernehmen es selten omd. Kanzleien (Kettmann 1969,180), vgl. *chraft, chomen, danchen, verdecht, starch, blich* (Masařík 1966,78; 1985,90; Szalai 1979,241; Nimmervoll 1973,179; H. Moser 1977,181; Baptist-Hlawatsch 1980,13; Boesch 1946,148; Skála 1972, XXX; V. Moser 1,3, 257ff.). – Von der im Kern oobd. Schreibung *ch* in Erbwörtern und Lehnwörtern mit altem *k* ist dasjenige initiale *ch* zu unterscheiden, das in griech.-lat. Lehnwörtern *(christ, chor, chronik)* bis in die Zeit um 1500 fakultativ neben häufigerem *k* steht, sich danach aber unter gelehrtem Einfluß als Regelschreibung durchsetzt. – Eine historisch bedingte Sonderschreibung bildet die Graphenfolge *chs* für die aus der mhd. Phonemsequenz /chs/ seit dem 15. Jh. im oobd. Raum entwickelten und von da aus mit der hochsprachlichen Tradition verbreiteten /ks/: *ochse, dachs, fuchs, wachsen*; vgl. die unten zu *x* genannte Lit.; zur Geschichte der Entwicklung: Schirmunski 1962, 404–407, K. 15; Wagner 1925/6; 1933; zur heutigen Mundart: KdS 1, 1, K. 108.

kh ist die neben *k* fakultative initiale, vor allem vorvokalische Schreibung des mittleren und südlichen Oobd. der 2. Hälfte des 15. und der ersten beiden Drittel des 16., in Hss. auch des beginnenden 17. Jhs. Unter oobd. Einfluß werden im 16. Jh. zusätzlich das östliche Schwäb. und Nordobd., selten das Omd. und in Einzelschreibungen sogar das Wmd. erfaßt, vgl. *khennen, khommen, khnecht* (Masařík 1985, 90; H. Moser 1977, 181; Weinelt 1938, 183; Grönlund 1945, 77; Otto 1970, 145; Fleischer 1970, 320; V. Moser 1, 3, 257ff.).

kch gilt im mittleren und südlichen Oobd. vorwiegend des 15. Jhs. fakultativ in allen Stellungen: *kchommen, kchnie, schikchen, gedenkchen, volkch, stükch* (vgl. Sandberg 1983, 31–52); medial und final begegnet daneben *ckh* mit einer gewissen Häufigkeit selbst in Drucken des 16. Jhs. – Die Schreibungen *cch, chch, cck, chk, kkh, ckk* und *kk* fallen quantitativ gegenüber den bisher genannten stark ab.

In der initialen Lautverbindung *kw-* von Erb- und Lehnwörtern ist *q* die gesamtfrnhd. Regelschreibung: *quelle, queck, bequem, question, quart, quatember*; vereinzelt begegnet daneben *k(w)-*: *kweck* (Arndt 1898, 54; Fleischer 1970, 320; Jungandreas 1957, 354; Ickelsamer B IIv). Im Omd. ist die Anzahl der Wörter mit *qu-* durch die dortige regionale Entwicklung von mhd. *zw-* zu *qu-* erhöht: *quer, quingen, querg, quetsche, quark* (Liste bei H. Bach 1985, 2, 261).

x steht regelrecht für die Lautverbindung *ks* in Lehn- und Fremdwörtern: *exempel, exorcist, execution*. Vorwiegend im Nordobd., Oobd. und anschließenden Inseldeutschen wird *x* aber auch für *ks* (darunter Verhärtungsfälle von *gs*) in Erbwörtern gebraucht: *oxe, waxen, linx, stärxt, flux, künix, handwerxleute* (Szalai 1979, 262; Weinelt 1938, 188; Nimmervoll 1973, 193; Hartmann 1922, 22; Koller 1989, 192; Ickelsamer B IIr).

Das Zeichen *g* steht erstens, und zwar mit zunehmender Häufigkeit seit Beginn der Epoche, seit dem 16. Jh. als Regelschreibung, in den Verhärtungsstellungen von *g*: *schlag, mag, genug, schlägt, königs, berg, -iglich* (vgl. z. B. Fischer 1893, XXXIX; Neubauer 1963, 31; Grothausmann 1977, 209; H. Bach 1985, 2, 16ff.).

Zweitens findet sich *g* initial vor Konsonant, vereinzelt vor Vokal, ferner medial nach- und zwischenkonsonantisch, seltener zwischenvokalisch, mit besonderer Häufigkeit final, innerhalb dieser Stellung vor allem nach Konsonant für etymologisches *k*: *glein, griechen, grebs; garn, guntschaft; schengen, dangen, erger; margt, wergs, tringt; erger; dang, krang, schalg, volg, marg, werg; bog, fleg, sag, stog.* Zwischenvokalisch nach Kürze erscheinen einige *gg*: *digge, streggen, brügge* (vgl. z. B. Boesch, 1946, 162; Nebert 1891, 58). Dieser zweite Verwendungsbereich von *g* fällt quantitativ gegenüber demjenigen von *k, ch* stark ab, so daß die Opposition von *k* und *g* in der Schreibung insgesamt intakt ist, läßt sich aber besonders für das gesamte Md., ferner für das Nordobd., das Nalem. /Schwäb., auch das nördliche und mittlere Oobd. und das anschließende Inseldt. mit einer für die Lautverhältnisse relevanten Häufigkeit belegen; erst im 16. Jh. wird die *g*-Schreibung ungebräuchlich; vgl. Masařík 1985, 93; Steffens 1988, 168; Huther 1913, 75; Koller 1989, 131; Skála 1972, XXX; Feudel 1961, 77; Kettmann 1969, 183; Fleischer 1970, 326; H. Bach 1985, 2, 209f.; Schmitz 1990, 120; Jungandreas 1937, 381f.; V. Moser 1, 3, 262–273.

Als Variante der Verwendungen der *g*-Graphie begegnen medial und final bis zum 16. Jh. die Graphenkombinationen *gk* und (selten) *kg*: *agker, schengken, verrügkt, margkt, dangk, sagk.* Für die Verhärtungsstellungen handelt es sich dabei um einen Kompromiß zwischen der für die gehobene Sprachtradition anzunehmenden Fortisaussprache des *g* und dem sich im Frnhd. ausprägenden morphologischen Schreibprinzip; für die andere Vorkommensgruppe ist *gk* der Kompromiß zwischen gehobener *k*-Aussprache und mundartlicher Lenisierung; vgl. Steffens 1988, 258; Skála 1967, 124; H. Moser 1977, 268; Fleischer 1970, 320; H. Bach 1985, 2, 170; V. Moser 1, 3, 273–276.

3. Die beschriebenen graphischen Verhältnisse lassen infolge der vor allem initial, aber auch medial und final bestehenden Konstanz der Opposition k/ck : g für die gehobene Sprechtradition auf eine (stimmlose) Fortis schließen. Diese gilt auch für die Schreibungen c, q, ch in griech.-lat. Lehnwörtern sowie für chs (aus mhd. $/chs/$) und x, die keine lautliche Relevanz haben. Im Verbreitungsgebiet des zweiten Typs der g- bzw. gk-Schreibung ist mit einer mundartlichen Lenisierung des k zu stimmlosem g zu rechnen; dabei läßt die Seltenheit des initial vorvokalischen g für diese Stellung eine eingeschränktere Lenisierung als für die sonstigen Distributionen erkennen; dieses Ergebnis ist mit den für die heutigen Mundarten und Landschaftsaussprachen festgestellten Differenzen in der k-Lenisierung vereinbar (vgl. Behaghel 1928, 425; Lessiak 1933, 44; von Kienle 1969, 110).

Besondere Ausspracheverhältnisse sind für das südliche Obd. anzunehmen. Einerseits spricht die Tatsache, daß k/ck im Oobd. immer eine häufig gebrauchte (wenn auch im 14./15. Jh. nicht dominante) Schreibung war und im Wobd. sogar die Regel bildete, zumindest bei Voraussetzung gesprochener Graphie für eine gehobensprachliche Artikulation des k als stimmlose Fortis. Andererseits sind die oobd. ch-, kh-, kch-Schreibungen Ausdruck bis heute bestehender mundartnaher und mundartlicher Aussprache des k der gehobenen Tradition als (verschobenes) kch, als (aus dem kch weiterentwickeltes) ch oder als stark aspiriertes $k(h)$ (vgl. K. Gessner: Socin 1888, 291). Die Grenzen dieser Aussprachen wurden im Verlaufe des Frnhd. gestaffelt nach der Stellung des k im Wort und abhängig von der soziologischen Höhenlage (vgl. dazu für Basel: Müller 1953, 163ff.) nach Süden zurückgenommen. Für das Oobd. lassen sich folgende Rückzugsdaten erschließen: 14. Jh. Nordbair., 15. Jh. ausgehend vom Anlaut Mbair.; vgl. Kranzmayer 1956, 107–110; Bürgisser 1988, 146; Jutz 1931, 206f.; V. Moser 1, 3, 256–259; zur Problematik historischer Lautwertbestimmung: Boesch 1946, 158f.; zu k als Hyperkorrektur für ch: Maurer 1965, 44.

4. Die Differenzen im Bestand des frnhd. k gegenüber dem klassischen Mhd. und der nhd. Standardsprache sind relativ gering.

Neben dem bereits in Abs. 2 genannten Wandel der mhd. Lautverbindung chs zu ks und der md. Entwicklung von mhd. zw zu kw (qu) lassen sich nur wenige Gewinne verzeichnen:

Morphemauslautendes ch in *dechein*, *värchel*, *dürchel* wurde unter Verschiebung der Silbengrenze bereits im älteren Frnhd. zu k: *kein*, *ferkel*, *dürkel*. Die Morphemfolge *lich-keit* entwickelte sich nach der gleichen Regel zu *li-keit*, aus dem dann sekundär wieder eine etymologisch durchsichtige Form *ligkeit* (wohl mit spirantischer Aussprache des g) restituiert werden konnte. So finden sich z. B. bei Luther Schreibungen wie *billicheit*, *-ickeit*, *-igkeit* nebeneinander (H. Bach 1985, 2, 183). – Einige Wörter zeigen statt des etymologisch zu erwartenden g besonders im Omd. und omd. beeinflußten Inseldt. fakultatives k: *kegen* ‚gegen' (Übertragung des zu k assimilierten *g* in *entgegen* / *entkegen* auf die Grundform oder hyperkorrekte Graphie; vgl. Fleischer 1970,329), *nakebur* (ähnliche Erklärungen; vgl. Jungandreas 1937,417), *kauckeln, kucken* (Fernassimilation), *leucken, gezeucknis* (vgl. Feudel, 1961,80; Franke 1913,256; H. Bach 1985,2,214; 223; Jungandreas 1937,364; Weinelt 1938,179; Weinhold, Mhd. Gr. 231).

Schwünde ergeben sich in einzelnen Fällen von Mehrfachkonsonanz: *punt, mart, sant* aus *punct, marckt, sanct.*

4.3. Reibelaute

4.3.1. Labiale / Labiodentale: *w, f*

§ L 50   **w**

/w/

<*w, b, u, v, wh*>

1.   Die frnhd. *w*-Laute stehen einerseits in einer gehobenen, schriftsprachlich orientierten, andererseits in einer dialektnahen Tradition. In ersterer entsprechen sie abgesehen von einigen Schwünden und sonstigen insgesamt peripheren Entwicklungen nach rückwärts dem mhd. Halbvokal *u̯*, zur Gegenwart hin dem labiodentalen *w* (phonologische Notation: /v/) der heutigen Hochlautung sowie dessen verbreiteter bilabialer Landschaftsvariante. In dialektnaher Tradition korrespondiert *w* stellungsgebunden mit dem mhd. *b* entsprechenden mundartlichen *w*. *w*-Laute stehen demnach in folgenden Positionen: initial vor Vokal (*wille, wein*), speziell mfrk., gehäuft rip., auch vor folgendem *r* (*wrache, wrechen, wrase, wreed, wringen, wruge*; vgl. Meinerich 1885,30; Garbe 1969,206; Ganser 1985,43; 88), medial in der Anlautgruppe *qu, schw, tw, zw* (*qual, schwein, twingen, zwei*), zwischenvokalisch (*ewig, lewe, buwen*) sowie nach Liquiden (*schwalwe, farwe, gerwen*). Finales *w* findet sich vor allem im älteren und mittleren Frnhd. vereinzelt in der Schreibung (*buw, frauw, graw*), hat aber keine lautliche Relevanz.

2.   Die mit Vorkommensfrequenzen von über 90% nachgewiesene Regelgraphie für die *w*-Laute ist *w* (vgl. z. B. Szalai 1979,170; Grothausmann 1977,202; Glaser 1985,289); daneben begegnen:

– sehr vereinzelt *wh*: *gewhonlich, wholweise, where* („wäre‘), *whem* (Fleischer 1970,151); da alle angeführten Beispiele vor angenommenem Langvokal stehen, kann *wh* als Längezeichen betrachtet werden,
– *u* trotz einiger in den Hss. seit dem 14. Jh., später auch in Drucken belegter und von einigen Reformorthographen (Frangk, Rompler, Schottelius) empfohlener *kw-/qw-/gw*-Schreibungen dominant in der Graphengruppe *qu*: *quelle, erquicken, quat, quamen, bequem* (V. Moser 1,1,66; Steffens 1988,131; H. Bach 1943,101;

1985, 2, 351). Auch die Gruppen *schw-* (älter: *sw-*) und *zw-* erscheinen vereinzelt als *su-, zu-*: *sueri, suanni, suester, zuissen* (H. Bach 1943, 101; Fleischer 1970, 218; Korkisch 1939, 205). Außerhalb dieser Distributionen begegnet *u* insbesondere in der älteren Zeit in initialer und medialer Stellung: *uas, gegenuart, euen* (Klappenbach 1945, 227),

– *-v* insgesamt selten, aber für den Gesamtraum und speziell für die ältere Zeit initial und in der Anlautgruppe *zw-* nachkonsonantisch zweifelsfrei belegt: *vin, volde, veg, vissen, verden, zvifel, zvischen, svere, svingen* (Klappenbach 1945, 228; Rückert 1978, 129; Rupp 1933, 64; Strauch 1919, XVII; Garbe 1969, 206; Feudel 1961, 126). – Boesch (1946, 185) belegt für das 13. Jahrhundert einige *vv: vvie, vvart, frovve.*

– Die Schreibung *b* hat einen unterschiedlichen graphematischen Status: In dem vor allem md. und nördlichen obd. Gebiet, in dem historisches /b/ stellungsgebunden durch die dialektale bilabiale Spirans vertreten ist (vgl. Abs. 4), kann mediales *b* in Schreibungen wie *ebig, lebe* ‚Löwe' als hyperkorrekt aufgefaßt werden. – Parallel dazu erklären sich einige, vor allem im Md. begegnende intervokalische *b* (*frebelig, grabe* ‚Graf', *hebel* ‚Hefe', *hobesch, nebe* ‚Neffe', *oben* ‚Ofen') als Hyperkorrektur; ihre Basis ist allerdings nicht dialektales *w*, sondern labiodentales, zwischenvokalisch gebietsweise stimmhaftes *f*. – In dem Raum, in dem initiales mhd. *b* graphisch als *p* erscheint und das damit tendenziell freiwerdende Graph *b* mit einer gewissen Häufigkeit für *w* verwendet wird (*bald, beib, bil*) und sogar in nachkonsonantische Stellung eindringt (*schbager, schbester*; vgl. § L 44, 4), handelt es sich um einen Graphenschub ohne lautliche Relevanz.

– Eine graphiegeschichtliche Besonderheit ist die älterfrnhd. Kontraktion von *wu* zu *w*: *wrden, gegenwrte* (Klappenbach 1945, 227; H. Bach 1943, 100).

3. Der dem Zeichen *w* und seinen Varianten zuzuschreibende Lautwert ist weder nach der Zeit noch nach räumlichen und etymologischen Gesichtspunkten als einheitlich zu bestimmen: Für das Mhd. bis ins 13. Jh. ist für die Fortsetzung von altem *u̯* ein dem heutigen Englischen ähnlicher Halbvokal, danach eine Spirans anzunehmen. Diese muß nach ihrer Herkunft, nach den Äußerungen der Reformorthographen (vgl. die Anm. sowie Painter 1989, 158) wie auch auf Grund der Tatsache, daß gehobensprachliches *b* stellungsbedingt in einem weiten md. / obd. Raumblock als *w* vertreten ist (Genaueres unten im Abs. 4), bilabialen Charakter gehabt haben. Der Übergang zu dem labiodentalen Laut der heutigen Hochsprache liegt dementsprechend in der Endphase des Frnhd. bzw. erst in nhd. Zeit. Im Ergebnis kam insofern strukturelle Symmetrie zustande, als nach der Aufgabe der Stimmhaftigkeit von *f* (aus germ. *f*, vgl. § L 51, 3) eine neue homorgane Artikulation zweier Labiodentale entstand: *f* (aus germ. *f*) und *ff* (aus germ. *p*) fielen zu heute stimmlosem *f* zusammen, der mhd. Halbvokal *u̯* wurde über bilabiales zu heute hochsprachlich labiodentalem *w*. – Für die Zwischenstufe, nämlich bilabiales *w* aus *u̯*, wird in der Literatur ohne explizite Begründung sehr generell Stimmhaftigkeit angenommen (z. B. V. Moser, § 131; Fleischer 1966, 84; Cercignani 1979, 70; Painter 1989, 157). Strukturell wäre die bereits durch den Artikulationsort gesicherte Unterscheidung von *f* und *w* als Lenis und Fortis für den binnenhochdeutschen Raum als wahrscheinlicher anzunehmen.

Anm.: *Das /w/ wie mã in ain hayss essen blâst* (Ickelsamer B Iv; vgl. Painter 1989, 158–159).

4. Der Bestand fnhd. w-Laute differiert gegenüber dem klassischen Mhd. bzw. der nhd. Hochsprache in folgenden Punkten:

Zwischenvokalisches und nachliquidisches *b* der gehobenen Tradition erscheint im Mfrk. sowie in nd. beeinflußten Texten der Ordensliteratur in den Schreibungen *u* (vorwiegend), *v*, *f*, *ff*, selten auch in einer Kombination dieser Zeichen, z. B. *fu*, außerdem als *w*: *geuen, bliuen, steruen, avend, hafer, begraffenis, briefue, dauwe, gewen.* Im übrigen md. Gebiet, im Nordobd., im Nordteil des Wobd. und im Oobd. vor allem der älteren und mittleren Zeit steht für die gleiche Position zwar nicht regelhaft, aber doch mit signifikanter Häufigkeit *w*: *gawe, grawen, glawen, owest, rawe, arweit, sterwen, halwe, selwe.* Beide Schreibtraditionen lassen auf sehr verbreitete spirantische Aussprache des gehobenen *b* schließen; Reime des Typs *lobe/bischove, liebe/briefe, knavin/havin* in Ordenstexten (vgl. Helm 1904, XXXIV; Johannson 1964, 45) belegen dies. Die Differenzen zwischen beiden Schreibtraditionen könnten durch dialektale, in den rezenten Mundarten erhaltene Lautdifferenzen bedingt sein: mfrk. Labiodental, im übrigen angegebenen Raum Bilabial (vgl. zum Befund: Wülcker 1877, 40; Feudel 1961, 116; Kettmann 1969, 194; Fleischer 1970, 251; Jungandreas 1937, 326; Weinhold 1863, 129; 1867, 140; Weinelt 1938, 147).

Im nördlichen Rhfrk. und in Teilen des westlichen und nördlichen Thür. (vgl. Lessiak 1933, 193) ist das aus germ. *f* stammende zwischenvokalische *f* mit dem gehobenem *b* entsprechenden Spiranten mundartlich zu einem (wohl labiodentalen) *w* zusammengefallen. Projiziert man diese Verhältnisse in frnhd. Zeit zurück, so könnten die vereinzelten *w* (*frewel, grewe*) für diesen Raum als ihr schreibsprachlicher Reflex gewertet werden.

Sehr vereinzelt erscheint *w* für *m*: *murweln, wan* ‚man‘ (Weinhold, Mhd. Gr. 174; Strauch 1919, XVII; Jaspers 1979, 74).

Zwischenvokalisches etymologisch-stammhaftes (*ewe, ruwe*) und euphonisch-hiattilgendes *w* z. B. der Verba pura (*säwen, buwen*) sind außerordentlich unfest, wechseln im älteren Frnhd. häufig mit *g, j* und *h* und schwinden – vor allem nach *u*-haltigen Diphthongen – als Regelschreibung gegen Ende der Epoche bis auf wenige Ausnahmen (*ewig, lewe* ‚Löwe‘).

Umgekehrt dringen einige *w* in einsilbige Wörter ein und führen zur graphischen Zerdehnung: *fuwer* ‚Feuer‘, *muwer* ‚Mauer‘, *Pauwel, Sauwel* (Mausser, Mhd. Gr. 550; v. Kienle 1969, 120; Huther 1913, 59; Feudel 1961, 127).

Außer intervokalisch kann *w* in folgenden Positionen / Räumen / Zeiten schwinden:
- final gegen Ende der Periode zunehmend regelmäßig: *bau, frau, treu,*
- nach *l, r* fakultativ schon in mhd. Zeit, insbesondere auf mfrk. und thür. Gebiet: *swale* ‚Schwalbe‘, *fare* ‚Farbe‘, *begeret* (= *begerwet* ‚mit dem Priestergewand bekleidet‘); vgl. v. Kienle 1969, 120; Feudel 1961, 120; Mausser, Mhd. Gr. 549 mit genauer phonemhistorischer Herleitung,
- in der Phonemkombination *kw-* vorwiegend alem. und bair. mit der Tendenz zur Übernahme einiger betroffener Wörter in die nhd. Schriftsprache: *keck, kot, kommen* gegen z. B. *quick, bequem*; vgl. Klappenbach 1945, 254; Gillitzer 1942, 106; Kauffmann 1890, 201; Besch 1967, 117f., Karte 24.
- wortgebunden in *suster* ‚Schwester‘ im Rheinhess. und Mfrk. bis ins 16. Jh. (Genaueres bei Schwitzgebel 1958, 76 und Steffens 1988, 131; vgl. auch Bischoff 1954, 112 für elbostfälische Texte; heutige Verbreitung im Rheinland bei Frings 1926, 64 mit Karte),

– wortgebunden in *tuschen/zuschen* teils sehr vereinzelt, von Süden nach Norden
mit zunehmender Belegdichte, im älteren und mittleren Fnhd. des md. Raumes;
vgl. Boesch 1946,185; Schwitzgebel 1958,93–100 (detailliert); Feudel 1961,120;
Pfeffer 1972,142; Schmitt 1936,57; Klappenbach 1945,234.

f § L 51

Lit.: Schwarz 1926,43–61; Kufner 1960; Penzl 1964; Must 1966; Cercignani
1979,67–73; Russ 1982,53–61; Szulc 1987,159–160.

/f/

<**f**, *ff, fh, v, vh, u, uh, ph, w, b*>

1.   Die Zusammenfassung labiodentaler Spiranten zu einem einzigen Phonem (hier als /f/ bezeichnet) ist erst für das spätere Frnhd. möglich. Das
Phonem entspricht, abgesehen von einigen vorwiegend mundartbedingten
Ausnahmen, nach rückwärts den mhd. Phonemen /v/ (aus germ. *f*), /f/ und
/ff/ (jeweils aus germ. *p*), nach vorwärts dem /f/ der heutigen Standardsprache. /f/ steht demnach in folgenden Positionen: initial vor Vokal sowie
vor Konsonant für germ. *f* (*fater, freund*), medial zwischenvokalisch (für
germ. *f: frefel*; für mhd. *f* bzw. *ff* aus *p: haufe, offen*), vorkonsonantisch (für
germ. *f: gift*; für *p: hoft, kauft*), nachkonsonantisch (für germ. *f: wolfes,
dürfen*; für *p: helfen, werfen*) und zwischenkonsonantisch (für germ. *f: fünfte*; für ein jüngeres, aus *s* entwickeltes *f: künftig*), final nachvokalisch (für
germ. *f: graf*; für *p: schif, kauf*) und nachkonsonantisch (für germ. *f: darf*;
für *p: warf*). Hinzu kommen labiodentale Spiranten griech.-lat. und jüngerer rom. Herkunft, z. B. *fantasei, profiant, pulfer, brief.*

2.   Die für die labiodentalen Reibelaute gebrauchten Graphien verteilen
sich wie folgt:

Die Schreibungen *f* und *ff* stehen in einem teils fakultativen, teils tendenziell bis
weitgehend durchgeführten komplementären, teils in einem oppositiven Verhältnis
zueinander:
Initial gilt in aller Regel *f* (bzw. *v* usw., s. u.); die Doppelung *ff* ist zwar für alle
Sprachräume belegt, insgesamt aber als Ausnahmeschreibung zu betrachten (*ffart,
ffrau, ffünf*; indirekt: *erffüllen*; vgl. z. B. Weinhold 1863,125; 1867,135; Skála
1967,134; Bentzinger 1973,97).
In allen nicht zwischenvokalischen Mittelstellungen sowie final wechseln Einzel-
und Doppelgraph prinzipiell fakultativ; dennoch lassen sich folgende teils rein gra-
phiehistorisch, teils durch die Quantität des vorangehenden Vokals, teils etymologisch bedingte Verteilungstendenzen erkennen: bis ins 15. Jh. unabhängig von der
Quantität des vorangehenden Vokals und der etymologischen Herkunft eher *f*, danach mit Höhepunkt im 16. Jh. entsprechend der allgemeinen Tendenz zur Konsonantenhäufung eher *ff*; bis ins 14. Jh. und seit der zweiten Hälfte des 15. Jhs. unabhängig von der Etymologie nach Länge eher *f*, nach Kürze eher *ff*; für die Fortsetzung von nachkonsonantischem mhd. *v* (aus germ. *f*) bis ins 16. Jh. eher *f* (bzw. *v*
usw.), danach bis ins 17. Jh. eher *ff*.

Auch für die intervokalische Position überlagern sich verschiedene geschichtliche, außerdem sprachräumliche Entwicklungen: Entsprechend der mhd. Regel, nur den langen Konsonanten (Geminate) durch ein Doppelgraph zu bezeichnen, herrscht bis ins 14. Jh. die Tendenz, für das aus *p* entstandene *f* nach Langvokal das Monograph *f* zu verwenden; Zusammenfall mit den Zeichen für mhd. *v* (aus germ. *f*) trat deshalb nur partiell ein, weil für letzteres meist *v* geschrieben wurde. Seit dem 15. Jh. bedingt die allgemeine Tendenz zur Doppelschreibung die Wiedergabe von *f* beider Herkünfte durch *ff* auch nach Langvokal und Diphthong (*tieffe, ruffen, kauffen; straffe, eiffer*). Dieser Tendenz läuft die sich seit dem 15. Jh. ausbildende Regel entgegen, die Vokalkürze vor allem zwischenvokalisch durch Doppelung des Folgekonsonanten zu kennzeichnen. Allerdings ist diese Regel für die *f*-Graphien nur ansatzweise wirksam geworden (vgl. Wolf 1975, 174; H. Moser 1977, 115). Sie wird nämlich durch die partielle Aufrechterhaltung der schreibsprachlichen Opposition von *f* (bzw. *v*) : *ff* (entsprechend mhd. *v* : *f, ff*) blockiert: Diese ist am schärfsten im oobd. / obfrk. / omd. / mfrk. Raum, am geringsten im Nalem. / Rhfrk. / Schwäb. ausgeprägt; gebietsweise (Köln, omd., oobd.), wenn auch zunehmend schwächer, bleibt sie bis ins 17. Jh. greifbar. Ihre linke Seite läßt sich im günstigsten Falle durch knapp zwei Dutzend Wörter belegen, oft reduziert sie sich auf einige wenige Beispiele (besonders *frefel, grafe, zweifel, briefe*; vgl. z. B. Kettmann 1969, 200), vor allem *straffe* erscheint meist mit *ff*. Seit dem 14. Jh. belegte Neutralisierungen verlaufen in aller Regel zugunsten von *ff*, nur in Einzelfällen umgekehrt; Minimalpaare fehlen (vgl. V. Moser 1, 3, 134f.; Steffens 1988, 147; 228; Glaser 1985, 261f.; H. Bach 1985, 2, 341f. mit weiterer Lit.).

v ist das initial und medial jeweils für mhd. *v* (germ. *f*) stehende, fakultativ vor allem mit *f*, indirekt initial besonders mit *u* wechselnde Graph: *vater, vest, vil, vor, von*; sehr fest: *ver-; eiver, zweivel, bedürven, elve*. Bis ins 14. Jh., vereinzelt darüber hinaus (vgl. z. B. Wedler 1969, 46; Baptist-Hlawatsch 1980, 82), herrscht für die Anfangsstellung die mhd. Verteilungstendenz, nach der *v* vor *a, e, i, o* steht, während *f* auf die Positionen vor *u* und *u*-haltigen Graphen sowie vor *l* und *r* eingeschränkt ist: *vas* gegenüber *fus, fleissig, freund*. Seit dem 14. Jh. unterliegt *v* einer zunehmenden Gebrauchseinschränkung, bis im 16. Jh. im Gesamtgebiet die nhd. Regelung (*v* nur noch in Bindung an ein gutes Dutzend Wörter und Morpheme) erreicht ist. Auch intervokalisches und nachkonsonantisches *v* tritt seit dem 14. Jh. tendenziell gegenüber *f* zurück: *eiver* > *eifer, elve* > *elf(f)e* (vgl. Skála 1972, XXXII; Bindewald 1928, 59; Suchsland 1968, 133; Kettmann 1969, 200; Otto 1970, 215; Glaser 1985, 261f.).

u steht jeweils fakultativ in beiden Initialstellungen sowie medial für mhd. *v*: *uaren, uast, uil; beichtuater, dreiuältigkeit, geuilde, geuerlich, dauon, -uer-* (z. B. in *zuuerstehen*); *eiuer, freuel, graue, houe, neue, ouen, zweiuel, briue, tauel, Eua, bedüruen, puluer*; in *bischoue* setzt *u* vorahd. *p* fort. Die größte Häufigkeit und Verbreitung bis ins 17. Jh. erreicht *u* in indirekter Initialstellung (vgl. Szalai 1979, 199; Klappenbach 1945, 185; Volk 1966, 65; Heidelberger 1976, 197; Kettmann 1969, 202; H. Bach 1985, 2, 342).

Die Digraphe *fh, vh, uh* stehen im Vergleich zu den Monographen ausgesprochen selten, und zwar in der Regel in direkter und indirekter Initialstellung: *fhür, vhest, erenuhest*.

ph steht fakultativ neben *f* in Wörtern griech. Herkunft: *alphabet, elephant, philosoph, prophet, triumph, Christoph*; ansonsten begegnet es nur ausnahmehaft (z. B. *phane, phüllen, crephtig*), mehrfach aber in *bephel-* (vgl. z. B. Biehler 1911, 79; Huther 1913, 57; Boesch 1946, 145; Piirainen 1983, 105; H. Bach 1985, 2, 339); einige *ph* für verschobenes *f* belegt H. Bach 1943, 99: *bigriphen, slaphindir*.

w begegnet als Zeichen für den Labiodental insgesamt selten und nahezu ausschließlich initial: *winden, wolgen, wriede, wrölich,* Präfix *wer-,* sehr vereinzelt *frewel, grewe.* Eine gewisse Beleghäufung ist für das 13. bis 15. Jh., innerhalb dieser Zeit für den md., besonders den mfrk. und nördlichen rhfrk. Raum festzustellen; zu Details vgl.: Klappenbach 1945, 215; Ankenbrand 1970, 100; Hoffmann 1903, 187; Garbe 1969, 199; Feudel 1961, 122; Pfeffer 1972, 142; Jungandreas 1937, 310f.

3. Wertet man die im Verlaufe des Frnhd. zunehmende Verdrängung des initialen *v* durch *f* als Reflex einer lautlichen Veränderung, so ist diese als Übergang von dem für das Mhd. als stimmhaft angenommenen zum stimmlosen Labiodental zu kennzeichnen. Phonetisch nähert sich *f* (aus germ. *f*) also dem aus *p* entstandenen, initial in Erb- und alten Lehnwörtern nicht vorkommenden *f*. Ickelsamer bestätigt dies mit der Feststellung: „Etliche buchstaben werden im lesen verwandelt / vnd für andere gelesen / als das v vor anderen lautbuchstaben für ein f" (nach Müller 1882, 58). Ähnlich äußert sich Kolroß: „So der ludtbůchstab. v. einem andren stimmbůchstaben fürgesetzt / mit im ein silb machet / so verleßt das v. sein stimm vnd würt zů einem f" (nach Müller 1882, 76). Die für das Md. des 13. bis 15. Jhs. mit einer gewissen Häufigkeit belegte *w*-Schreibung ist als Hinweis darauf zu sehen, daß sich der Verlust des Stimmtons für *f-* im Md. später vollzog; das Rip. hat bis heute den stimmhaften Laut bewahrt (V. Moser 1, 3, 134).

Die vor- und zwischenkonsonantischen sowie die finalen *f, ff* kennzeichnen generell Stimmlosigkeit. Für die intervokalische Stellung führt die lautgeschichtliche und -geographische Interpretation des schreibsprachlichen Befundes zu folgendem Ergebnis: Die allmähliche Aufgabe der Opposition *f : ff* spricht bei Annahme geredeter Graphie (schriftgeleiteten Lesens) für eine gehobensprachliche Neutralisation beider Laute zugunsten des stimmlosen Labiodentals; dieser Schluß wird durch die Grammatiker des 16. und 17. Jhs. großenteils bestätigt (vgl. Painter 1989, 155f.). In den Dialekten des Frnhd. hat die Neutralisation nur gebietsweise eine Grundlage, und zwar in einem das Nalem. / Schwäb. / Rhfrk. / Teile des Omd. umfassenden Gebietsstreifen, in dem beide Laute in eine stimmlose Lenis / Halbfortis zusammengefallen waren. Die schwache bis fehlende Ausprägung der graphemischen Opposition *f : ff* im Nalem. / Rhfrk., auch im Schwäb. ist der Spiegel dieses Zusammenfalls. Als Grund für die Neutralisation von *f : ff* in der gehobenen Schreibtradition wird allgemein die geringe Belastung des linken Oppositionsteils angesehen (vgl. Fleischer 1966, 83; 1970, 265f. mit Lit.).

Anm.: *Das |f| würdt geblasen durch die zene / auff die vndern lebtzen gelegt / vñ stiṁet / wie naß oder grůn holtz am feůre seůt* (Ickelsamer B Ir; vgl. dens. C IIIr/v; Fabritius 1532, 5; 16; Müller 1882, 76; 100; Painter 1989, 155–157).

4. Der Bestand der *f*-Laute differiert gegenüber dem klassischen Mhd. bzw. der nhd. Hochsprache in folgenden Punkten:

Im Omd. und einigen Texten des omd. beeinflußten böhm. / mähr. / slov. Raumes
begegnen seltene Schreibungen von initialem *f* für *pf*: *flegen, flicht, fanne, fingsten,
feit* ‚pfeit', *fwlpaum* ‚Pfühlbaum'. Es handelt sich um schreibsprachliche Nie-
derschläge der omd.-mundartlichen *f* für südliches gehobenes *pf* (Jungandreas
1937,382; Skála 1972, XXVII; Weinelt 1938,151; Masařík 1985,108; Gárdonyi
1965,55; zur Verbreitung des *f* in den rezenten Mundarten vgl. KdS 1,1, K. 21/22).
    Diejenigen *b* der gehobenen Tradition, die mfrk. (und nd.) durch labiodentales *w*
vertreten sind (vgl. § L 50,4), erscheinen in den Verhärtungsstellungen als *f*: *erf, gaf,
half, geleeft, sterflich, liefde*. Die nhd. Hochsprache hat diese Schreibungen und die
zugehörigen Laute in keinem Fall übernommen, wohl aber einige als *f* identifizierte
mediale Labiodentale: *hafer, hufe*. Dies ist nur unter der Voraussetzung plausibel,
daß *w* sehr verbreitet bis zum Ende des Frnhd. bilabial artikuliert wurde; vgl. V.
Moser 1,3,115–118; Müller 1928,20; Rupp 1933,51; Garbe 1969,185; Ganser
1985,45; 87; 119.
    In einigen wenigen Belegen des älteren Frnhd. ist *f* infolge von Mehrfachkonso-
nanz geschwunden: *fünzig, fünten, fünzehen, graschaft* (Boesch 1946,146; Rupp
1983,58; H. Bach 1943,98).

4.3.2. Dentale: *s, ss*

s

Lit.: Schwarz 1926; Joos 1952; Michel 1959; Schulze 1967; Penzl 1968b; Vennemann
    1972; Esau 1976; Stopp 1976 a; b; Cercignani 1979,73–82.

/s/

<*s, ss, ſ, ſſ, z, ß, sz*>

1. Die hier als *s* bezeichnete Einheit kann nur dann als ein eigenes Graphem und ein eigenes Phonem angesetzt werden, wenn man bereit ist, eine
intervokalische Opposition zu einer anderen, in § L 53 als *ss* gekennzeichneten Einheit anzuerkennen. Die unter dieser Voraussetzung gültige frnhd.
Opposition *s : ss* hat im Mhd. eine partielle Entsprechung im Gegensatz
von altem einfachem *ȥ* einerseits und dem durch die zweite Lautverschiebung aus vorahd. *t* entstandenen *ȝ* bzw. *ȝȝ* andererseits; die Entsprechung
ist auch unter systembezogenem Gesichtspunkt nur deshalb partiell, weil
sich die mhd. Geminate von *ȥ*, nämlich *ȥȥ* (vgl. *gewisse, küssen*), im Verlaufe der Geschichte des Frnhd. und Nhd. der Entwicklung von *ȝȝ* an-
schließt. In der heutigen Orthographienorm setzt sich der frnhd. Gegensatz
von *s* und *ss* in demjenigen von *s* (*Blase, Wiese, reisen, Rose*) und *ss* (nach
Kürze: *blasse, gewisse, Rosse*) bzw. *ß* (nach Länge und Diphthong: *reißen*)
fort. Es gilt also folgende zwischenvokalische Entwicklungslinie (vgl. S. 111):

2. Die Berechtigung für den Ansatz einer solchen Entwicklungslinie ergibt sich aus folgenden, historisch erstaunlich konstanten Schreibverhält-

mhd.	-ſ-, -ſſ-	-ʒ-, -ʒʒ-
fnhd.	-s-	-ss-
nhd.	-s-	-ss-, -ß-

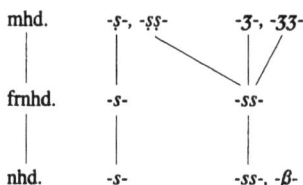

Abb. 6: Die Entwicklung intervokalischer s-Laute

nissen: Bis ins 14. Jh., oobd. bis ins 15. Jh., wird in vielen Texten wie im Mhd. zwischen *s* und *ʒ*, *ʒʒ* unterschieden (vgl. z. B. Huther 1913,66; Bürgisser 1988,142; H. Bach 1943,83f.); dann folgt oobd. und hchalem. eine „durchgehende", schwäb. und nalem. eine „im großen und ganzen" bestehende (V. Moser 1,3,209; 210) Opposition *s* : *ss*. Md. und nordobd. wird für die 2. Hälfte des 14. Jhs. und das 15. Jh. immer wieder ein weitgehender, auch intervokalischer Zusammenfall beider Einheiten konstatiert (z. B. Bindewald 1928,67; Otto 1970,193; Skála 1967,135); Stopp (1976 a,45) stellt aber für das von ihm sehr detailliert untersuchte Corpus von J. Erbens *Omd. Chrestomathie* eine „offenbar die Mehrzahl der ostmitteldeutschen Texte" kennzeichnende intakte Opposition *s* : *ss* fest und postuliert diese auch für das Nordobd. und Wmd.; seit dem späten 15. Jh. (Kettmann 1969,232: 1486), erst recht seit dem 1. Viertel des 16. Jhs. ist eine solche ohnehin unbestritten (vgl. Fleischer 1970,298f. mit weiterer Lit.). Insgesamt ist deshalb die These von der Aufgabe einer schreibsprachlichen intervokalischen Opposition der *s*-Zeichen im 14./15. Jh. und ihrer Neubegründung um 1500 durch die vor allem von Stopp vertretene und belegte Konstanzthese zu ersetzen (vgl. auch Schulze 1967,357).

Dieses Bild wird auch durch die Regelhaftigkeit der graphetischen Verhältnisse bestätigt: Graphisch wurde der hier aus drucktechnischen und typengeschichtlichen Gründen als *s* bezeichnete Teil der Opposition *s* : *ss* seit dem 14. Jh. nahezu ausschließlich durch ſ repräsentiert (vgl. die Notationsübersicht in § L 59,1); die übrigen in der obigen Graphemklammer angegebenen Zeichen bzw. Zeichenkombinationen (*ss: kaysser, nasse* ‚Nase', *blassen* ‚blasen', *essel; ſſ: roſſe* ‚Rose', *böſſe; z: huze, lazen* ‚lasen'; *ß: haußes, böße; sz: speisze*) begegnen md. im 14. und 15. Jh. relativ verbreitet (vgl. V. Moser 1,3,211ff.), ohne Regel zu werden, obd. allerdings so selten, daß sie als Ausnahmeschreibungen oder gar als Regelverstöße gewertet werden müssen: Die intervokalische Position *s* ist hier graphisch gegenüber *ss* generell fester als *ss* gegenüber *s*. In Einzeltexten begegnet aber auch der umgekehrte Befund.

3. Aus diesem graphiegeschichtlichen Befund wird in Verbindung mit den sonstigen Möglichkeiten der Bestimmung historischer Lautwerte (darunter:

a) historische Lautersatzverhältnisse des Ahd. / Mhd. im Tschechischen, Slovenischen, Ungarischen, Französischen; b) Lautstand der ältesten deutschen Inselmundarten; c) Schreibungen der *s*-Laute in jidd. Texten; d) Schreib- und Ausspracheverhältnisse des Mlat.; f) Reimgepflogenheiten des Mhd.; g) Orthoepie des Nhd. seit dem 17. Jh.; h) heutiger Dialektbefund) auf folgende lautgeschichtliche Entwicklung geschlossen: Für mhd. *ş* aller Positionen (also nicht nur intervokalisch) ist eine dorso-präpalatale (in Richtung auf heutiges *sch* gehende), für *ʒ* eine dazu distinktive dorsodentale Artikulation anzunehmen (so Cercignani 1979, 78; andere Möglichkeiten ebd., S. 74). Im Laufe des 13. Jhs. erfolgte eine Spaltung des *s*, und zwar distributionell bedingt in der Weise, daß vor *l*, *m*, *n*, *w*, *p*, *t* und (teilweise) nach *r* stehendes *ş* (vgl. auch § L 54, 3) sich auf (palatalo-alveolares) *sch* hin entwickelte, während das *s* aller anderen Positionen sich auf die dentale Artikulation hin bewegte. Als Eckdaten und -räume dieser Entwicklung gelten: nordbair. / obfrk. kurz vor der Mitte des 13. Jhs., thür. / obsächs. kurz vor 1300 (Schulze 1967, 168; 366). Graphisch äußert sie sich in einer seit dem 13. Jh. auftretenden Aufhebung der mhd. *s* : *ʒ* – Opposition in allen nicht intervokalischen Stellungen des *s* sowie partiell selbst in dieser Position (s. o. Abs. 2). Für den Lautbefund heißt dies: Initial vorvokalisch (wo ohnehin keine Opposition möglich war), medial vorkonsonantisch (*ist* ‚ist‘, *ist* ‚ißt‘, *reist* ‚reist‘, *reist* ‚reißt‘), zwischenkonsonantisch (*einst*) und final nachvokalisch (*das*) und nachkonsonantisch (*gans*) gibt es keine Opposition von *s*-Lauten; dies schließt nicht aus, daß sich bereits in frnhd. Zeit in gehobener Aussprache eine komplementäre Regelung entwickelt haben könnte, nach der initial vorvokalisches *s* druckschwach artikuliert wurde und sich phonetisch dem Lautwert von intervokalischem <*s*> anschloß, während das *s* der übrigen Positionen den Lautwert von intervokalischem <*ss*> beibehielt oder annahm (je nach etymologischer Herkunft). In zwischenvokalischer Stellung muß die dort herrschende weiträumige und zeitübergreifende graphische Opposition trotz aller Vermischungstendenzen bei Voraussetzung eines phonologisch orientierten Schreibsystems wie des Deutschen eine phonologische Grundlage oder eine durch graphiegeleitetes Lesen hergestellte phonologische Entsprechung haben. Welcher genauen phonetischen Art diese gewesen sein mag, bleibt phonologisch ohne Belang; die Lesemeister geben darüber keine Auskunft (vgl. die Anm.). Am ehesten wird man für die gehobene Sprechtradition eine für das frnhd. Konsonantensystem konstitutive Druckstärkeopposition anzunehmen haben. In dialektaler Aussprache des binnenhd. Raumes dürfte diese zugunsten einer Lenis / Halbfortis aufgehoben gewesen sein (vgl. Lessiak 1933, 76ff.; Schirmunski 1962, 357ff.).

Anm.: *Dz /ʃ/ ist ein subtil pfeysung oder sibiln auß auf einander stossung der zene / wie die jungen Tauben oder Nateren sibilen oder zischen.* (Ickelsamer B Iv; vgl. auch dens. C VIIv – C VIIIr; ferner: Kolroß, in: Müller 1882, 74–75; Painter 1989, 159–163).

Die obige Annahme eines initial prävokalisch als Lenis artikulierten *s*-Lautes findet eine graphiegeschichtliche Stütze in der Tatsache, daß dieses *s* gesamtfrnhd. regelhaft durch das Zeichen ʃ wiedergegeben wurde: ʃele, ʃache, ʃuchen; erʃam, geʃelle (zu Schlußmöglichkeiten auf die Aussprache des initialen *s* aus jidd. Hss. des 14. und 15. Jhs. vgl. Güdemann 1888, 171; Weissberg 1965, 18f.; Althaus 1971, 102f.). Im Omd., Nordobd. und östlichen Inseldeutschen selten vorkommende β (βo, βich, βele, βuchen; alβo), z (zak, zele; entzitzen, gezelle, alzo) und sz (szo, szollen; erszam) sind hinsichtlich ihrer Aussprache wie folgt zu interpretieren (vgl. auch Schulze 1967, 361; Suchsland 1968, 121; Otto 1970, 193; Fleischer 1970, 301f.): Die relativ seltene Belegung, ferner eine erhöhte Häufigkeit vor *i* und *u* sowie eine offensichtliche Bindung an Kurzwörter sprechen für einen ausschließlich graphischen Status. Als Hinweis auf stimmlose Lautung könnten sie nur dann herangezogen werden, wenn man bereit wäre, für die genannten Gebiete eine bereits durch die Opposition stimmhaft : stimmlos gekennzeichnete dialektale oder gehobene Aussprache prävokalischer *s* anzunehmen. Dafür fehlen die historischen und lautgeographischen Voraussetzungen.

Kaum möglich sind Ausspracheangaben für medial nach *l, m, n, r* stehende silbenanlautende *s* (hälse, amsel, unser; binse, emsig, gemse, gesimse); sie stehen in der Fortsetzung sowohl von mhd. ʒ (1. Gruppe) wie von mhd. ʒ (2. Gruppe) und kommen außerdem in nur geringer Anzahl vor. In einer Reihe von Fällen sind Wörter mit mhd. ʒ im Nhd. durch den stimmhaften *s*-Laut vertreten: Ameise, mausern, (ver)weisen; hier ist volksetymologische Anlehnung an Meise, Maus, (unter)weisen nicht auszuschließen; über den Zeitpunkt und den historischen Raum des Übergangs kann keine Aussage gemacht werden.

ss   § L 53

/ss/

<ss, s, ʃ, ʃʃ, sʃ, ʃs, z, zz, ʃz, sz, β, ʃβ, βʃ, ssz, ssβ>

1. Die hier als ss bezeichnete Einheit steht intervokalisch in graphemischer Opposition zu s (vgl. § L 52, 1 mit den dort gemachten Einschränkungen). Sie entspricht dann einerseits mhd. ʒ, ʒʒ (reissen < rîʒen, wasser < waʒʒer), andererseits der mhd. Geminate ʒʒ (rosse, blasse, gewisse, misse-, -nisse; Fremdwörter: messe, prozession, commissar, assessor). In der nhd. Hochsprache entsprechen intervokalischem ss nach Kurzvokal die Schreibung ss (Wasser), nach Langvokal und Diphthong die Schreibung β (stoßen, reißen).

2. Die Position ss der intervokalischen Opposition s : ss wird in den frnhd. Hss. und Drucken für alle auf mhd. ss zurückgehenden Fälle regelhaft durch ʃʃ bezeichnet; das hier verwendete Digraph ss hat also wie s – vgl. § L 52, 2 – ausschließlich graphiegeschichtliche und drucktechnische Gründe (vgl. die Notationsübersicht in § L 59, 1). Die mhd. ʒ, ʒʒ entsprechenden Fälle erscheinen bis ins 14. Jh., oobd. und oschwäb. in Einzeltexten bis zur 1. Hälfte des 15. Jhs. regelhaft als z oder zz. Aber bereits seit der 2. Hälfte des 15. Jhs. treten daneben ʃʃ-Schreibungen auf. Sie wer-

den im Oobd. und Wobd. seit dem 2. Drittel des 14. Jhs. herrschend; im Obfrk. und Md. variieren sie mit den Monographen ſ und ʒ, aber nicht so konsequent, daß von einer Aufhebung der Opposition die Rede sein könnte. Seit den Jahrzehnten um 1500 setzt sich sehr generell für das Gesamtgebiet die ſſ-Schreibung durch; graphische Varianten sind vor allem ſz (14./15. Jh.) und ß (seit dem 15. Jh.); die übrigen in obiger Graphemklammer aufgeführten Di- und Trigraphe begegnen mit einer gewissen Konzentration auf das 15. Jh., insgesamt aber relativ selten.

3. Diesen schreibsprachlichen Verhältnissen entspricht auf phonologischer Ebene ein von der Lautentsprechung von <s> unterschiedener, wahrscheinlich druckstärkerer s-Laut. Die aus dem Nhd. bekannte Unterscheidung, nach Kurzvokalen ss und nach Langvokalen sowie Diphthongen ß zu schreiben, hat von Ausnahmen abgesehen (vgl. z. B. Glaser 1985, 270; Uminski 1980, 116) im Frnhd. keine Grundlage.

Fortis-s wird auch für folgende nicht-intervokalische mediale und für alle finalen Positionen angenommen und wegen der fehlenden Opposition zu einem stimmhaften s hier durch das Monograph s gekennzeichnet:

– medial nachkonsonantisch als Entsprechung von mhd. ʒ (*wachsen, ochse*), in einigen Fällen von ʒ (*krebse, schepse*),
– medial zwischenkonsonantisch für mhd. ʒ (*pfingsten*),
– medial vorkonsonantisch sowohl als Entsprechung von mhd. ʒ (*gröste, reist* ‚reißt‘) wie von ʒ (*fest, reist,* Flexiv -*(e)st*),
– final nachvokalisch ebenfalls für mhd. ʒ (*gros, blos, nas, was* ‚Pronomen‘) und für mhd. ʒ (*gras, las, was* ‚war‘), außerdem landschaftlich für die aus *hs* entstandenen Fälle (*flas, das, fos*),
– final nachkonsonantisch für mhd. ʒ (*zins, wuchs,* Flexiv -*(e)s*), vereinzelt für ʒ (*krebs*);
– zur Zuordnung von Zweifelsfällen vgl. § L 52, 3.

Die Schreibung in all diesen Positionen gestaltet sich wie folgt: Für die Verteilung der z- und ſ-Graphien gilt das oben für die Zwischenvokalstellung Gesagte; hinzuzufügen ist, daß der Wechsel zwischen beiden Zeichen im 14. und 15. Jh. zunächst in beide Richtungen ging, der Ersatz des z durch das s (*gröste, blos*) aber von Anfang an konsequenter erfolgte als der umgekehrte Vorgang (*fezt, wuchz*); die Flexive -*(e)s* und -*(e)st* behielten ihre alte Schreibung ohnehin bei. Unterschiede in der Behandlung der Medialstellung und der Finalstellung bestehen nur hinsichtlich der verwendeten Zeichen: ſ gilt medial und teils indirekt final, s ist das übliche Graph für die direkte Finalstellung. Eine strukturelle, geschichtliche oder hinsichtlich der Zeit- und Raumverteilung pragmatische Differenzierung kann nicht festgestellt werden; lediglich nach *ch* begegnen ſſ und ß mit auffallender Häufigkeit. Die Digraphe (vor allem ſſ und ſz) und die Ligatur ß erscheinen im 15. und beginnenden 16. Jh. relativ häufig, erreichen aber auch in den Wörtern, in denen intervokalisch ss steht, nicht die Frequenz dieser Position. Graphemische Trennungen von Polysemien und Homonymen sind für das Frnhd. nur ausnahmehaft belegt, z. B. *daz* (Konj.) : *das* (Pron.) (Thornton 1962, 79), *ißt* : *ist* (Reichmann 1972, 48), *geisel* : *geissel* (H. Bach 1985, 2, 305).

4. Als Abweichung vom mhd. und nhd. Regelstand ist zu erwähnen, daß sich im gesamten Gebiet des Frnhd., zeitlich aber auf die älteren Teilepochen beschränkt statt der etymologisch berechtigten Affrikata *(t)z* in einigen Wörtern Schreibungen mit *s* (auch *ß*, *ſs*) finden: direkt und indirekt initial z. B. *swei, swietracht, swischen, enßündung, neunßehen,* medial z. B. *heiste* < *heizte, conseption,* direkt und indirekt final z. B. *gans, sals, holsschlegel, herſslich.* Diese Fälle erklären sich als Konsonantenerleichterung (vgl. Kranzmayer 1956, 111; Weinhold 1863, 147; Haendtcke 1894, 35; Strauch 1919, XVIII; Feudel 1961, 108).
Der Bestand zwischenvokalischer *ss* differiert gegenüber dem Mhd. und der nhd. Hochsprache durch die thür., obfrk., schwäb., elsäss. Assimilation von mhd. *hs,* nhd. *ks* (geschrieben *chs*) zu /*ss*/: *buss* ‚Büchse‘, *osse, Sassen, wassen;* vgl. Details bei Wagner 1933; Schirmunski 1902, 120; 406; Mausser 1965, 39; Schwitzgebel 1958, 111–117; Schützeichel 1974, 132–137; Schellenberger 1974, 82f.; KdS 106–108.

4.3.3. Der Palatoalveolar: *sch*

sch § L 54

Lit.: Aron 1893; Joos 1952; Freudenberg 1964; Schulze 1964; 1967; Penzl 1968 b; Cercignani 1979, 82–87.

/sch/

<**sch**, *s, sc, sh, ssch, chs, chß, chss*>

1. Der stimmlose palato-alveolare Zischlaut /*sch*/ (= *š,* in phonologischer Notation: *ʃ*) hat folgende Regelentsprechungen im klassischen Mhd.: 1) das aus ahd. *sk* seit dem 11. Jh. bis spätestens zum 13. Jh. durch Monophonematisierung entstandene *sch,* 2) das (dorso-präpalatale) *ş* der initialen Lautkombinationen *sl, sm, sn, sw, sp, st,* 3) wortgebunden das *s* (in einzelnen Wörtern auch *ʒ*) der medialen und finalen Lautkombination *rs* (bzw. *rʒ*). In der nhd. Standardsprache entspricht generell *sch.* Außerhalb der Regelentsprechungen der mhd. bzw. nhd. Bezugsvarietät stehen einige Entlehnungen sowie einige dialektale Sonderentwicklungen.
sch (als Phonem) begegnet initial vorvokalisch (*schaf*) und vor den Konsonanten *r* (dann aus mhd. *sch: schranne*), *l, m, n, w, p, t* (dann aus mhd. *s: schlange, schmecken, schnelle, schwarz, sprechen, stehen*), medial zwischenvokalisch (aus *sch: dreschen,* lautnachahmend: *zischen*), vor den Flexiven *st* und *t* (*mischst, mischt*) und nach den Konsonanten *l, n, r* (aus *ş, sch, ʒ: falsche, menschen, pirschen, hirsche*), schließlich final nachvokalisch (aus *sch: fisch*) und nach den Konsonanten *l, n, r* (aus *s, sch, ʒ: falsch, mensch,*

barsch, hirsch), bei Ellipse des Suffixvokals auch z. B. nach *b: hübsch.* – Zu *tsch* vgl. § L 60.

Anm.: *Ainen mangel leydet gemainlich das | ſ | wa es bey disen bůchstaben steht | als | ſch | ſc | ſp | ſt | ſq | dann wie wir dise silben nennen | hŏrt man ain grob sibeln vnd zischen | welche stimm das scharff |ß| nit gibt | so geben jn auch die bůchstaben nitt die bey jm stehn | Es ist ain wunder wie sich dise drey bůchstaben | ſch | zů solcher stymm erfunden haben | so doch gar kain gleichnuß da ist [. . .] Es mangelt aigentlich vnd gewis da ain gantzer bůchstab der also lauten vnd stymmen solt | wie wir das | ſch | zůstymmen pflegen | vnd solt nur ain ainiger bůchstab sein | dann es hatt auch nur ain ainigen laut oder stymm* (Ickelsamer nach Müller 1882, 138–139; Äußerungen von Kolroß und Frangk ebd. 80; 104; vgl. Painter 1989, 161–162).

2. Die Regelgraphie für den genannten Laut hat eine komplementäre Verteilung:

Vor *p* und *t* steht gesamtfrnhd. wie nhd. das Monograph *s* (*sprechen, stein*); vereinzelte phonologische Schreibungen besonders in mundartnahen Texten des älteren und mittleren Frnhd. mittels *sch* sind u. a. für das Wobd., das Nordobd., das Omd., das Böhm. und das Slowakeideutsche belegt, vgl. *schpitze, beischpiel, schtern, schtube, schtock, beschtätigen*: V. Moser 1, 3, 225; Biehler 1911, 103; Hartmann 1922, 55; Koller 1989, 160; Fleischer 1970, 304; Skála 1967, 49; Weinelt 1938, 176.

Vor *l, m, n, w* findet ein Graphiewechsel in der Weise statt, daß seit dem späten 13. Jh. (vgl. Kauffmann 1890, 195: a. 1288ff.) im Gesamtgebiet stehendes *s* ausgehend vom Oschwäb. bis zur Mitte des 16. Jhs. durch das Trigraph *sch* ersetzt wird; dabei ist folgende grobe Zeit- und Raumstufung erkennbar: In der 2. Hälfte des 15. Jhs. wird das Oobd., um 1500 das Nordobd., im 1. Viertel des 16. Jhs. das Rhfrk. / Omd. erfaßt, bis zur Mitte des 16. Jhs. folgt das Mfrk.; Privathandschriften vollziehen den Übergang früher als Drucke und diese früher als das Kanzleischrifttum; vor *w* ist der Vorgang teils retardiert; für einzelne Kanzleien / Schreibräume / Druckorte sind relativ genaue Angaben über die Umstellungszeit von *s* auf *sch* zu geben: Augsburg (vor 1480), Nürnberg (gegen 1500), Jena (um 1500), Mainz, Frankfurt, Würzburg, Dresden, Breslau (jeweils 1. Hälfte des 16. Jhs.), Zeitz (kurz nach 1500), Eger (2. Dekade des 16. Jhs.), Köln (um 1500); einige Reformorthographen (Zesen, Schottelius) plädieren aus verschiedenen Gründen noch in der Mitte des 17. Jhs. für Wiedereinführung des *s*; zum Ausbreitungsbild vgl. Besch 1967, 107–111 mit den Karten 17–20.

Neben den Regelschreibungen *s* und *sch* begegnen folgende Graphien mit einer gewissen strukturgeschichtlichen und / oder pragmatischen Konsequenz:

sc für das aus *sk* hervorgegangene *sch* initial (*scaz, scrift*) sowie nach Kons. (*mensclich*) im älteren Frnhd. auslaufend bis ins 15. Jh., wortgebunden (wohl Anlehnung an lat. *scribere*) gehäuft in der Entlehnung *screiben*; vgl. z. B. Gleißner / Frings

1971, 59–61; Boesch 1946, 157; Demeter 1916, 96; Ganser 1985, 51; Feudel 1961, 112; H. Bach 1985, 2, 305,

    sh ebenfalls für *sch* (< *sk*) in allen in Betracht kommenden Stellungen (*sharpf*, *menshe*, *irdish*, *hübsh*) gehäuft im älteren Frnhd. auslaufend bis ins 16. Jh.; vgl. z. B. Grothausmann 1977, 128; Jaksche 1910, XV; Schmidt 1969, 97*; Haasbauer 1926, 48; Boesch 1946, 157; Otto 1970, 195; Wiktorowicz 1984, 413,

    ssch meist zwischenvokalisch nach kurzem (*tassche*) und langem (*küssche* ‚keusche') Vokal oder Diphthong (*heisschen*), vereinzelt nach Kons. (*falsschen*), auslaufend im 16. Jh. im Md. und östlichen Inseldeutschen; vgl. z. B. Ganser 1985, 51; Feudel 1961, 112; Wülcker 1877, 43; H. Bach 1934, 95; 1943, 99; Fleischer 1970, 313; Bentzinger 1973, 95; Wiktorowicz 1984, 413,

    chs, *chß*, *chss* als umgekehrte Graphenfolge für *sch* und seine Zufallsvarianten; vgl. Fleischer 1970, 313.

3.   Die Schreibvarianten *sc* und *sh* einschließlich ihrer Distribution und das aus dem phonologischen Schrifttyp des Deutschen herausfallende Trigraph *sch* sowie die Zeit- und Raumlagerung aller Varianten können dann in einen Zusammenhang gebracht werden, wenn man annimmt, daß *sc* eine historische Schreibung für die alte Phonemverbindung *sk* ist und daß *sh* und *sch* phonologische Schreibungen für eine Zwischenstufe *s-ch* der Entwicklung von *sk* > *sch* (= *š*) sind; die Bestandteile *ch* (von *sch*) und *h* (von *sh*) würden in dieser Sicht sogar der Regelschreibung von /ch/ bzw. deren häufigster Variante (vgl. § L 56, 2) entsprechen. – Diese Erklärung impliziert, daß denjenigen Schreibern, die seit dem späten 13. Jh. *sh* und *sch* für den neu entstehenden Laut *sch* schreiben, eine Zwischenstufe *s-ch* noch bekannt gewesen sein muß, daß die Entwicklung *sk* > *sch* demnach nicht bereits im 11. (so Kranzmayer 1956, 112) oder im 12. Jh. (so die Standardgrammatiken), sondern frühestens erst um die Mitte des 13. Jhs. abgeschlossen gewesen sein kann. Die Graphenkumulation *sch*, die noch im 16. Jh. als schrifttypabweichend empfunden wurde (s. o. Ickelsamer), wäre sonst kaum möglich gewesen. Auch die Übernahme von *sch*-Schreibungen in Positionen, die mhd. *ş* (vereinzelt *ȝ*) entsprechen, paßt in das gezeichnete Bild: Sie ist von dem Zeitpunkt an möglich, seit dem der Wandel *sk* > *sch* abgeschlossen war (vgl. § L 52, 3). – Die Frage, warum sich die *sch*-Schreibung relativ langsam im Raum durchsetzte und die Stellung vor *p* und *t* nur in Ausnahmefällen erreicht hat, ist ebenso ungeklärt wie die Frage, welche Bedingungen gerade im oschwäb. Raum zu den Schreibungen *schl*, *schm*, *schn*, *schw* geführt haben. Plausibel für die Erhaltung des *s* vor *p* und *t* ist die Annahme einer Kombination graphischer (so V. Moser 1, 3, 225) mit distributionellen und Frequenzfaktoren (vgl. Fleischer 1966, 88–89).

4.   Der Bestand des *sch* differiert gegenüber den Regelentsprechungen des Normalmhd. und der nhd. Standardsprache in folgenden Fällen:

Die Graphemfolge *rs* (vereinzelt altes *rȝ*) variiert im Gesamtfrnhd. mit *rsch*, und zwar in so differenzierter Weise, daß nur wortgebundene Aussagen des Typs gemacht werden können: *herschen* steht früh und allgemein; *bursche, hirsch, knirschen, kürschner, pirschen* u. a. setzen sich erst seit dem 16. Jh. durch; *ars* dagegen bleibt als Regelschreibung bis zum Ende der Epoche erhalten (vgl. FWB, s. v.); Fremdwörter treten vereinzelt mit *sch* auf (*versch, perschon, Urschula*), können sich aber von der Entlehnungsvorlage nicht dauerhaft lösen. Das Flexiv *-es* nach *r* kann unter der Voraussetzung des Synkope des *e* und bei zusätzlicher Lexikalisierung (z. B. in *andersch* < *anderes*) oder bei Einbindung in Wortbildungen (z. B. *anderschwo*) zu *sch* werden; völlig isoliert dagegen sind freie Genitive des Typs *dienersch, feuersch, schwagersch*. Das Pronomen *ëʒ* wird gelegentlich enklitisch an andere Pronomina angeschlossen (*dirs* < *dir ëʒ*). Insgesamt handelt es sich bei all diesen Fällen um Ausnahmeschreibungen, die die mundartlichen Verhältnisse, für die nahezu für das Gesamtgebiet *rsch* zu erschließen ist, nur sehr gebrochen spiegeln (vgl. Schirmunski 1962, 363; KdS, K. 157–159). Erst recht ausnahmehaft sind Schreibungen von *sch* in der Phonemfolge *rscht: erschte, fürscht, bürschte, gerschte*; vgl. V. Moser 1, 3, 229–233; Behaghel 1928, 402; Aron 1893, 252f.; Feudel 1961, 111; Weinelt 1938, 177; Jungandreas 1937, 314.

Im Obd. und einigen angrenzenden Gebieten des Md. (Pfälz., Südschles.) erscheint für mediales *s* in *sp* als Reflex mundartlicher Verhältnisse vereinzelt *sch*: *haschpel, kruschpel*. Vor *t* steht *sch* mit besonderer Häufigkeit in wobd. Texten: *bischtum, gespenscht, faschten, ernsch(t)lich, geisch(t)lich, luscht*. Dieser Befund deckt sich sowohl mit zeitgenössischen Aussagen (Ölinger: s [. . .] apud Helvetios et alios effertur sicut sch, uti in his: *fasten, der stande, fürsten* legunt *faschten, schtand, fürschten*, nach Socin 1888, 279) wie mit dem heutigen Mundartbefund (vgl. Schirmunski 1962, 301f.; KdS, K. 153–155). Für das ältere Frnhd. sind für das gesamte Oobd. *scht*-Schreibungen erschließbar (vgl. Freudenberg 1964). Als hyperkorrekt gelten Schreibungen des Typs *erwüsten* (Schlosser 1974, 32).

Im Gesamtraum vorwiegend des älteren Frnhd. erscheint initial, medial und final statt des regelentsprechenden *s* (meist aus *s*) vereinzelt die Schreibung *sch: schonnenschein, geschelschaft, geischel, keischerlich, abtischin, gefangnische, gewischlich, häschlich, iltisch, heisch* ‚heiser'. Als Erklärung mögen in Einzelfällen Assimilationen (so bei *schonnenschein, geschelschaft*), Attraktionen (z. B. durch das Suffix *-sche* zur Bildung fem. Nomina agentis, möglich bei *abtischin*, das Adjektivsuffix *-isch*, denkbar für *iltisch*) und andere Sonderfaktoren eine Rolle spielen; wahrscheinlicher ist insgesamt die wortgebundene Entwicklung einiger alter *s* zu *sch*; vgl. V. Moser 1, 3, 227; 236–237; Meyer 1944, 46; Weinhold 1863, 160; Boesch 1946, 156; H. Bach 1985, 2, 308f.; Jungandreas 1937, 313.

Im Alem., Wmd., Nordobd., Omd. sowie an der östlichen Peripherie des Md. und Obd. steht für die Regelschreibung *sch* (< *sk*) in allen in Betracht kommenden Positionen vereinzelt *s* oder eine *s*-Variante: *sächer, sreiber, fisßer, fleisser, sächsisße, fleis, irdis, fleiszlich, keusheit, mensheit*; vgl. Szalai 1979, 238–239 (dort als Schreibfehler aufgefaßt); Weinhold, Mhd. Gr. 201; 204; ders. 1863, 156; Huther 1913, 67; Karg 1884, 30; Steffens 1989, 244; Feudel 1961, 113; Otto 1970, 194; Bentzinger 1973, 95; Rückert 1878, 142.

Einen Reflex des verbreiteten mundartlichen Zusammenfalls von *sch* und *ch* bildet die vereinzelte (hyperkorrekte) Substitution von *sch* durch *ch: mench, falch, fleich*; vgl. Karg 1884, 30; Arens 1917, 13.

Nicht in die Grammatik, sondern in die Lexik gehörig ist die im älteren und mittleren Frnhd. im oobd., nordobd., omd. Raum sowie im daran anschließenden Inseldeutschen häufig, in einigen Texten durchgehend belegte Form *schullen*; vgl. Gleißner / Frings (mit Karten) 1941, 69–74; Boková 1981, 187; Asmussen 1965, 106; Suchsland 1968, 122; Rückert 1878, 144; Korkisch 1939, 216; dagegen: z. B. Bürgisser 1988, 143.

4.3.4. Palatale / Velare: *j, ch*

j §L 55

/j/

<*j, jh, i, ih, y, yh, g, gh*>

1. Der Reibelaut /j/ (nach Painter 1989, 166 stimmhaft) entspricht abgesehen von einigen Varianzen in gehobener Schreibtradition einerseits normalmhd. /j/, andererseits standardsprachlichem nhd. /j/; in dialektaler Schreibtradition des Md. und angrenzender Gebiete des Obd. kommen zu dem *j* der gehobenen schreibsprachlichen Tradition solche hinzu, die normalmhd. und standardsprachlich-nhd. *g*, dialektalem *j* (oder auch *ch*), entsprechen. Beide Traditionen können sich überlappen, und zwar in der Regel in der Weise, daß dialektales *j* in die gehobene Tradition übergeht (z. B. *jäh* < *gähe*); umgekehrt kann die dialektnahe Schreibung *g* für *j* (z. B. *gar* ‚Jahr', *gung* ‚jung') enthalten.

j begegnet in den Texten der erstgenannten Tradition initial vor Vokal (*jar, jugend*), medial zwischenvokalisch (*säjen, mäjen*) und nachkonsonantisch (meist in Fremdwörtern: *lilje, vigilje*; vereinzelt in Erbwörtern: *ferje, verherjen, scherje*); final erscheint *j* nur äußerst vereinzelt (vgl. *freijheit*: Skála 1967, 143) und ohne lautliche Relevanz.

In der zweitgenannten Tradition findet sich *j* ebenfalls initial prävokalisch (*jäh, jangen, jude, Jerlach, Jotschalk; iaffen*), nicht (belegt) präkonsonantisch (*jros), ferner medial zwischenvokalisch (*schlajen*) und nachliquidisch (*foljen*), nicht dagegen final.

2. *j* ist nach den meisten Zählungen (vgl. z. B. Szalai 1979, 165–167; Grothausmann 1977, 201; anderes Ergebnis: Glaser 1985, 291) in allen Landschaften von Ausnahmen abgesehen die am häufigsten gebrauchte Schreibung, vgl. *jar, jung, jäger*.

Bis etwa zur Wende zum 15. Jh. findet sich daneben sehr oft belegtes fakultatives *i*, vgl. *iar, iung, iäger*; in einzelnen Drucken, speziell in indirekter Initialstellung, begegnet es sogar – möglicherweise mangels der Type *j* (V. Moser 1, 1, 24) – bis weit ins 16. Jh. (vgl. Biehler 1911, 70; Quentin 1915, 41). – Für die nichtinitialen Distributionen kann, da sie schwach besetzt sind, keine Quantitätsaussage gemacht werden, vgl. *meier/meijer, majestat/maiestat* (z. B. Koller 1989, 188; Boesch 1946, 186).
Die Schreibungen mit *y* (*veryehen, yener*: z. B. Feudel 1961, 87) begegnen gegenüber denjenigen mit *i* und *j* deutlich seltener; im 16. Jh. schwinden sie bis auf einige zwischenvokalische Vorkommen (*mayestat*: z. B. Szalai 1979, 165; Bentzinger 1973, 84), wo sie auch vorher mit einer relativen Häufigkeit auftraten (*blůyen, sůyen*), nahezu vollständig. – Die *y*- und *ye*-Schreibungen des mhd. Adverbs *ie* und seiner Wortbildungen (*ieman, iemer, ietzt* usw.) müssen bis zum Ende des Frnhd. trotz einiger Gegenindikationen (z. B. Simler 1648: *jeder*) aus den von V. Moser (1, 1, 207) genannten Gründen als Vokale bzw. Diphthonge gelesen werden.

Die Graphie mit *h* (am häufigsten *jh*: *jhärig, jhener, jhesus*; seltener *ih*: *ihärlich, ihesus, iherusalem*; sehr vereinzelt *yh*: *yhens* ‚jenes'; zu *gh* vgl. § L 48,2) wird seit V. Moser (1,1,42–43) gerne als Unterstreichung der spirantischen Aussprache des bezeichneten Lautes gewertet (so z. B. H. Bach 1985,2,249). Die Sammlung von Beispielen der Sekundärliteratur macht die von Otto (1970,155) vertretene Auffassung wahrscheinlicher, daß *h* als vorangestelltes Längezeichen zu werten ist; für einige Texte scheint sich sogar eine formulierbare Verteilungsregel eingespielt zu haben: *jh* und *j* in fakultativem Wechsel vor Länge, *j* vor Kürze. Mit relativer Häufigkeit sind die *h*-Graphien in Namen belegt: *Jhesus, Jherusalem, Jhena* (bzw. *Ih*, oft nur in der Minuskel von *jh* unterscheidbar) tendieren zur Wortbindung (z. B.: H. Moser 1977,183; Jaspers 1979,73; Suchsland 1968,100; H. Bach 1985,2,249).

3.   Gegenüber der gehobenen Schreibtradition des Normalmhd. finden sich für *j* folgende Varianzen:

Alem. steht neben *jener* vereinzeltes *ener* (und zugehörige Wortbildungen, z. B.: *enent, enhalb*, vgl. Schmid 1953,130; Boesch 1946,187). Es handelt sich nach Paul (Mhd. Gr. 143) um eine auch für *jâmer / âmer* belegte, schon germanische Wortdublette (vgl. auch Behaghel 1928,387; Bentzinger 1973,84) mit lexikalischem, nicht grammatischem Status.

Verbreiteter ist der Ausfall des *j*-Graphs zwischen Vokalen: *blüen, säen, müen, glüen* werden für das Gesamtgebiet, besonders dicht für das Md., belegt (z. B. Garbe 1969,208; H. Bach 1985,2,252).

Das Verhältnis von *g* und *j* wird dadurch besonders komplex, daß 1) das normalmhd. *g* inlautend zwischenvokalisch und nach Liquiden im Md., Nalem., Ofrk., Nordbair. und Teilen des Mbair. (vgl. Schwarz 1914,16), anlautend mindestens im Rip., in Teilen des Mosfrk., im Nordthür. und Nordobsächs., wahrscheinlich aber auch darüber hinaus bis ins Rhfrk. und Nordobd. hinein spirantischen Lautwert hatte (z. B. Michels, Mhd. Gr. 113), daß 2) das normalmhd. und frnhd. *j* seit dem 13. Jh. im Omd., Nordobd. und Nordbair. verbreitet zum Verschlußlaut *g* geworden war (z. B. *gar, geger, goch, guk, gung*), daß 3) *j* nach Liquid im Gesamtgebiet zu *g* geworden war (z. B. *ferge, scherge*), daß 4) *g* und *j* seit dem Ahd. in einem komplementären Verhältnis der Art stehen, daß *j* vor *i* und teils vor *e* als *g* erscheint (z. B. *gicht*), während es vor den anderen Vokalen erhalten bleibt (z. B. *jach*), daß 5) Hyperkorrekturen des *j* in Richtung auf *g* angenommen werden müssen.

In der Schreibung schlagen sich diese Verhältnisse wie folgt nieder:

Die spirantische Aussprache des normalmhd. *g* im Md. und anschließenden Gebieten des Obd. (bezeugt z. B. von Fabritius 1532,17: *ielt* ‚Geld'; *yot* ‚Gott', *yud* ‚gut') wird in der fakultativen graphischen Variante *gh* greifbar; sie findet sich mit abnehmender Häufigkeit bis zum 16. Jh. sehr oft im Mfrk., weniger häufig im Rhfrk. und vereinzelt im Omd.: *ghen* ‚gegen', *jaghen, folghen*. Insgesamt selten ist die ebenfalls bis ins 16. Jh. begegnende Schreibung *j*: *jar* ‚gar', *jegnit* ‚Gegend', *jasse, jaukler, jäh*, bei Luther ausnahmehaft *iaffen* ‚gaffen' (vgl. V. Moser 1, 1, 23–24; 61–63; 1, 3, 89–92; 238–255; H. Bach 1985,2,213–217; 247–253). Umgekehrt heißt dies, daß die Schreibung *g* für das dementsprechend als dialektal gewertete *j* (= normalmhd. *g*) sehr konstant war (zu den heutigen Mundartverhältnissen vgl. Schirmunski 1962,305ff.).

Das Komplementärverhältnis von *g* und *j* spiegelt sich in *gichtig, begihe, gehen* ‚jehen', *gemerlich, gärhaus* gegen Formen wie *jach*. Daneben stehen aber auch *jehen, jesen* ‚gären', *jeten* ‚jäten' (vgl. z. B. Nimmervoll 1973,108; Garbe 1969,207; Stopp 1978,169; Fleischer 1970,215).

Zum dialektalen Wandel von *j* zu *g* sowie zum allgemeinen Wandel von *rj/lj* zu *rg/lg* vgl. § L 48,4. – Zu *j* als Vokalzeichen vgl. § L 13.

4. Die sich angesichts dieser Verhältnisse stellende Frage nach der Aussprache der *g*- bzw. *j*-Schreibungen kann nicht allgemein beantwortet werden. Auf jeden Fall ist zwischen einer der gehobenen Schreibtradition verpflichteten und einer dialektnahen Aussprache zu unterscheiden. Vor allem über die soziale Verbreitung der ersteren herrscht weitgehende Unklarheit. Für die letztere sind die lokalen Mundartgegebenheiten zu berücksichtigen.

ch § L 56

/*ch*/

<*ch,* h, chh, chch, cch, g, gg, gh, ggh, gch, cg, chg, k, c>

1. Der stimmlose palatale bzw. velare Reibelaut /*ch*/ (in phonologischer Notation: /*ç*, *x*/) steht einmal in einer gehobenen, dialektüberlagernden, zum anderen in einer dialektnahen Schreibtradition. In ersterer Tradition entspricht er abgesehen von einigen Zugewinnen und Schwünden einerseits dem aus germ. *k* durch die 2. Lautverschiebung hervorgegangenen mhd. *ch* sowie dem auf germ. *h* (bzw. seine Geminate) zurückgehenden, mhd. in bestimmten Stellungen erhaltenen *ch*, andererseits nhd. *ch*. In dialektnaher Schreibtradition, vorwiegend des Md. und anschließender obd. Landschaften, kommen zu den *ch* der gehobenen Tradition solche hinzu, die mhd. *g* sowie seinem Verhärtungsprodukt *k*, nhd. regionalem *ch*, entsprechen. Diese Tradition findet in den Texten – abgesehen vom Mfrk. – insgesamt keinen systematischen Niederschlag; die (obwohl vor allem im älteren Frnhd. zahlreich) vorhandenen graphischen Reflexe sind insgesamt keine Regelschreibungen. – Eine Aussage über die Distribution von palataler und velarer Aussprache des *ch* sowie über deren Verbreitung in Zeit, Raum und Textsorten ist aus den frnhd. Schreibungen heraus nicht möglich.

ch begegnet in der gehobenen Schreibtradition initial vorvokalisch nur in einigen Fremdwörtern (*chimie, chirurg*; indirekt: *alchimie*; vgl. FWB 1,759; Schulz / Basler 1,111; 113); im Erbwortschatz findet es sich medial zwischenvokalisch (für altes *k: brechen*; für altes *h/hh: gemachel, lachen*), vorkonsonantisch (für altes *k: bricht*; für altes *h: fuchs, nacht, geschicht*) und nachkonsonantisch (für altes *k: solche, welche, milchig*; vereinzelt für altes *h: befelchen*) sowie final nachvokalisch (für altes *k: brach*; für altes *h: sach*) und nach den Konsonanten *l, n, r* (für altes *k: solch, mönch*; für altes *h:*

befalch, schelch, durch). – In der dialektnahen Schreibtradition steht *ch* medial zwischenvokalisch (*eichentlich*) und zwischen Sonor und Vokal (*arche* ‚arge‘) sowie vorkonsonantisch, vor allem vor Dental (*geborcht, gelecht, gezeicht*), final nachvokalisch (*truch, lach, wech*) und nachkonsonantisch (*berch*).

2.   Als Regelgraphie für den Reibelaut fungiert unabhängig von dessen Herkunft und seiner Distribution seit Beginn der Epoche und in allen Räumen die Graphenverbindung *ch*. Daneben findet sich mit einer gewissen Häufigkeit und deutlich erkennbarer etymologischer und pragmatischer Systematik die Schreibung mittels *h*: Sie steht eher obd. als md., eher im älteren als im jüngeren Frnhd. (zum Wechsel der Leitgraphie für ein Augsburger Textcorpus zwischen 1276 und 1373: Glaser 1985, 286) und von Ausnahmen abgesehen (vgl. z. B. Boesch 1946, 164; Feudel 1961, 95) auf die aus germ. *h* (bzw. *hh*) hervorgegangenen *ch* beschränkt: *gereht, siht, zuht, wahs*; *sah, geschah* (falls nicht Schwund des finalen Lautes analog zur intervokalischen Stellung anzunehmen ist). Aus dieser Distribution auf phonetische Differenzen oder gar auf eine phonologische Distinktion zu schließen, verbietet außer der Regelgraphie auch der Reimgebrauch, der zwischen *ch* < *k* und *ch* < *h* nicht unterscheidet: *sa(c)h / sprach / gescha(c)h*; *gi(c)ht / spri(c)ht* (vgl. Weinhold 1863, 196; ders., Mhd. Gr. 234; Biehler 1911, 82; Quint 1927, 46*; Fischer 1893, XLI; Johannson 1964, 46).

Anm.: *so hat das ch. sin vßsprechen vß dem mund / glych sam einer in die hand khucht oder wie ein gans thůt die iunge hat / so man gegen ir geedt [...] als ach / ech / ich / och / uch / eych / bleych* (Kolroß 1530, B 8a nach Müller 1882, 76; vgl. auch Painter 1989, 164–165).

Die übrigen Schreibungen sind meist räumlich auf einige, nämlich alem., mfrk., obsächs.-thür. Handschriften beschränkt; sie laufen bereits im 13. Jh. aus und werden selbst für diese Zeit nur spärlich belegt; vgl. *chh*: *richhe, wochhe, sprachhe*; *chch*: *sachch, sichcher*; *cch*: *beccher*; *gg*: *gemagget*; *gh*: *saghen*; *ggh*: *spregghen*; *gch*: *bregchen*; *chg*: *brechgen*; *k*: *kilkhof, beschak*. Lediglich *c* und *cg* reichen vereinzelt bis ins 14. Jh. hinein: *kirce, sprac, beschac, brächte, docter* ‚Tochter‘, *mäctig, mocte, gebrucginge* (Boesch 1946, 164; Haendtcke 1894, 37; Garbe 1969, 183; Schellenberger 1974, 61f.; H. Bach 1943, 63; 1985, 2, 217; Pfeffer 1972, 137).

3.   Der Bestand des *ch* differiert gegenüber dem Mhd. und / oder der nhd. Standardsprache aufgrund folgender Entwicklungen:

Im gesamten Md. und einem breiten Streifen des südlich anschließenden Obd. begegnen *ch*-Schreibungen in den Positionen, in denen die gehobene Schreibtradition *g* (verhärtet auch *k*) erwarten läßt: *anschläche, entschuldichung; pflecht, gezeicht, bewechst; folchten; berch, burch, genuch, herzoch, wech, tach*; im Suffix *-ich* (etymologisch *-ig*), seltener auch in seinen Flexionsformen, sowie in den Suffixkombinationen *-ichlich* und *-ichkeit/-echeit* ist *ch* bis ins Oschwäb., ins Böhm. und nördliche und mittlere Oobd. belegt; es handelt sich dabei jeweils um den graphischen Niederschlag der md. / els. / obfrk. / nordbair. / mittelbair. spirantischen Entsprechung des *g* (vgl.

Schirmunski 1962, 309f.). Demgegenüber erscheint die ungefähr für den gleichen Raum, besonders für das Mfrk. (vgl. Schützeichel 1974, 280–284) dicht bezeugte Schreibung *g* für *ch* der gehobenen Tradition als hyperkorrekt; sie steht vereinzelt für *ch* < *h(h)* (*durg, zwerg* ,zwerch': z. B. Haendcke 1894, 37; Volk 1966, 138), in der Mehrzahl der Fälle für *ch* < *k*: *kirge, sag* ,Sache', *solge, woge* ,Woche', *kugen, sugen, -lig* ,-lich' und Flexionsformen (z. B. *erstligen*), *-ligkeit* (z. B. *fröligkeit*), omd. *-gen* ,-chen' (z. B. *gäsgen*). – Lit. zum Verhältnis *ch/g*: Gleißner / Frings 1941, 101f.; Volk 1966, 154; Weinelt 1938, 181; Skála 1967, 132; Garbe 1969, 183; Schellenberger 1974, 90; Ganser 1985, 48; Fleischer 1970, 342; H. Bach 1934, 48; 1985, 2, 224f.; Schwarz 1914.

Im Oobd. entwickelt sich seit dem Spätmhd. zwischen Tonvokal oder *r* und folgendem *s* oder *t* in einigen Fällen *ch*: *wüechste, pfercht, sintfluecht, schachtel* (< it. *scatola*), *spachtel* (< spätlat. *spatola*); vgl. v. Kienle 1969, 115 sowie Schmeller; Pfeifer 1989; DWB jeweils s. v.).

Die Lautverbindung *ft* kann nach Vokal im Mfrk. / Nfrk. (aber auch für das Elbofäl., Hess., Thür. und Siebenbürgische belegt) seit dem 9. Jh. als *cht* geschrieben werden und signalisiert dann eine sprechsprachliche Velarisierung. In frnhd. Zeit unterliegt dieser Vorgang im dt. Sprachraum einer von Süden nach Norden wirkenden Verdrängung; er gilt demnach offensichtlich (anders als im Nl.) als dialektal. Beispiele bilden *echt* (zu mhd. *ehaft*), *nichte, schlucht, beschwichtigen* (zu mhd. *swiften* ,stillen'), *gerücht* (mhd. *gerüefte*), *sacht, achter*, die in die nhd. Schriftsprache eingedrungen sind, sowie die dialektal gebliebenen *gicht, kracht, lucht, geschricht, verkocht, gesticht* (Schützeichel 1955b; 1974, 233–280 mit Beleg-, Literaturangaben und Karten; Garbe 1969, 200; Langenbucher 1970, 146–151; Schellenberger 1974, 76–79; Bischoff 1954, 125–130; Damave 1964, 58).

In weiten Teilen des Md. berühren sich *sch* und *ch* in der Weise, daß – seit dem 15. Jh. – besonders nach *i* statt *sch* auch *ch* erscheint: *himlicher, meisnicher, fleicher, zwichen*. Umgekehrt treten einzelne *sch*-Schreibungen für *ch* auf: *gedestnis* (= *gedeschtnis* für *gedächtnis*); vgl. Fleischer 1970, 314–315 (mit Lit.).

In einer Reihe von Wörtern findet sich – vor allem omd. – ein nachliquidischer Wechsel von *ch* zu *k*: *kalch / kalk, welch / welk, werch / werk, storch / stork*. Der Grund liegt in der Bildung eines Sproßvokals nach *l, r* und der damit geschaffenen Bedingung für die Lautverschiebung (vgl. Fleischer 1970, 236; H. Bach 1985, 2, 211f.).

Schwund des *ch* begegnet unter folgenden Bedingungen:

- verstreut im Gesamtraum infolge von Drei- oder Mehrfachkonsonanz mit besonderer Häufigkeit in den Komposita mit *kirche/kilche*: *kirweih, kirmes, kirspiel, kirberg, kilherre, kiltor*; *bustabe, marstal* (Kauffmann 1890, 203; Biehler 1911, 86; Jelinek 1898, 70; Franke 1913, 200),
- finales und vor Flexivum stehendes mediales *ch* (< *h*; z. B. *hoch, schuch, sach, geschicht, sichst*) kann gesamtfrnhd. durch Angleichung an die zwischenvokalischen Stellungen, in denen *ch* regelhaft als *h* erscheint, ebenfalls als *h* geschrieben werden und in der Sprechsprache ausfallen (*hoh, schuh, sah, geschieht, siehst*); auch graphischer Schwund des *h* ist in Analogie zu den Fällen zwischenvokalischen Schwundes umfänglich belegt: *schu, na, ho, geschiet, ziet* (vgl. § L 57, 3; v. Kienle 1969, 115),
- nach *l* und *r* seit dem Spätmhd. vereinzelter Ausfall des *ch* (< *h*) in *fore* ,Furche', *fort* ,Furcht', *dur, twere/zwere* ,quer / zwerch'. In *forel* (mhd. *forhel*), *-bert* (vgl. *Albert*) und bereits in *befelen* (und Flexionsformen sowie Wortbildungen) sind die *ch*-losen Formen in die nhd. Schriftsprache übergegangen. Bei *wele* (< *welche*) und *sole* (< *solche*) schwindet *ch* (< *k*) im Wobd. und breiten oobd. und

wmd. Anschlußgebieten, sonst vereinzelt (auslaufend im 16. Jh.); v. Kienle
(1969, 115) macht für diesen Vorgang nicht die Stellung nach *l*, sondern die zwischenvokalische Position in *weliche*, *soliche* verantwortlich, obwohl Ausfall des
zwischenvokalischen *ch* (< *k*) sonst nicht belegt ist (vgl. insgesamt: Weinhold
1863, 191; 196; Boesch 1946, 80; Maurer 1965, 40; Schwitzgebel 1958, 118; H.
Bach 1943, 69; 1985, 2, 243f.; Feudel 1961, 94),
– gehäuft im älteren und mittleren Frnhd., vor allem wmd. und wobd. belegter,
aber auch omd., obfrk. und oobd. begegnender Ausfall des *ch* (< *h*) vor *t*: *nat*,
gemat, *brate*, *ret*, *knet*, *bieter* ‚Beichter‘, *iet*, *pliet*, Suffix *et* < *echt*, Negationspartikel *nit* (dazu Besch 1967, 203; H. Moser 1977, 271). Sehr oft wird *th*, vereinzelt *tht*, geschrieben und dann phonologisch als Schwund gedeutet, wenn zusätzliche Beweise vorliegen, darunter Übereinstimmungen mit dem heutigen Mundartbefund, Reime des Typs *nath/stat* und (sicherer) hyperkorrekte Schreibungen;
Beispiele für *th*: *nath*, *ath*, *brathe*, *methig*, *gerith*, *geschithe*, *dother*; für *tht*: *gesleth-
te*, *lithte*. Hyperkorrekturen: *Elisabecht*, *Agachte*, *brocht* ‚Brot‘ (vgl. Weinhold
1867, 194; 1863, 196; Boesch 1946, 172; Hofmann 1903, 196; Schwitzgebel
1958, 118; Garbe 1969, 183; Stopp 1978, 168; H. Bach 1934, 49; Mausser, Mhd.
Gr. 557; Franck, Afrk. Gr. 143–146),
– im Wmd., Wobd. (bis zu einer Linie Basel / Bodensee / Ulm), Obfrk., vereinzelt
im Oobd. und Böhmischen schwindet *ch* (< *h*) vor *s* vor allem in mundartnahen
Texten der älteren Zeit; im mittleren und jüngeren Frnhd. ist die Erscheinung
rückläufig (vgl. die Linienstaffeln bei Schützeichel 1974, K. 20). Beispiele bilden
asse, *assel*, *busse* ‚Büchse‘, *deissel*, *dresseln*, *flas*, *fos*, *osse*, *sasse*, *ses*, *wassen*, *wes-
sel*, schriftsprachlich noch heute: *gleisner* (< *gelîchsenaere*); hyperkorrekt ist
truchsehse (Pfanner 1954, 192); vgl. Wagner 1925/6; 1933; Kranzmayer 1956, 92;
Boesch 1946, 173; Skála 1972, XXXI; Hoffmann 1903, 117; Garbe 1969, 196; Feudel 1961, 95.

4.3.5. Der Hauchlaut: *h*

§ L 57   **h**

$$/h/$$

<**h**, *ch*>

1. Der Hauchlaut /h/, hervorgegangen aus der germ. Fortis (*c*)*h* (Mausser, Mhd. Gr. 556), entspricht, abgesehen von einigen Prosthesen und
Schwünden, einigen durch den grammatischen Wechsel und die Hiatstel-
lung bedingten Varianzen und einem landschaftlichen Wandel von *ch* > *h*,
einerseits dem mhd. und andererseits dem nhd. Hauchlaut. Er steht mithin
vor allem initial vor Vokal: *haus*, *hof*, *helfen*, *hüpfen*. Inlautend zwischenvokalisch begegnet er in einigen Onomatopoetica (*uhu*, *aha*, *ahi*, *oho*) sowie
wahrscheinlich in denjenigen Wörtern, deren einer Silbe infolge von Ge-
staltgleichheit mit bekannten Stammorphemen volksetymologisch eine gewisse Selbständigkeit zugeschrieben werden kann (*oheim*, *ahorn*). Ob in den
vielen Wörtern, in denen (meist fakultativ) eine zwischenvokalische *h*-Gra-
phie steht (z. B. *lehen*, *sehen*, *geschehen*, *verschmähen*, *stahel*, *ziehen*), noch

eine sprechsprachliche Realisierung des Graphs anzunehmen ist und ob diese phonetisch als Spirans oder als Hauchlaut bestimmt werden muß, kann nicht generell gesagt werden. Die Standardwerke nehmen für das Frnhd. ein bereits seit dem Ahd. (vgl. Braune, Ahd. Gr. 143f.) belegtes, sich im Mhd. fortsetzendes, aber noch nicht zu Ende geführtes (vgl. Paul, Mhd. Gr. 156; Mausser, Mhd. Gr. 556) Verstummen des *h* an (V. Moser 1, 1, 63). Für einzelne Landschaften des Obd. scheint aber die Erhaltung des Reibelautcharakters des *h* gesichert zu sein; im übrigen ist für das Gesamtgebiet bei schriftnahem Sprechen auch Schreibungsaussprache möglich (also als Hauchlaut, z. B. *sehen* statt *seən*). – Im vorliegenden Paragraphen wird ausschließlich die Hauchlautfortsetzung des germ. *h* behandelt; zur Spiransfortsetzung vgl. § L 56; zu *h* als Dehnungszeichen vgl. § L 7.

Anm.: *Das /h/ ist ein scharpffer athē / wie mā in die hende haucht* (Ickelsamer B Ir; vgl. auch Müller 1882, 98; 114; 154; Painter 1989, 164–165).

2. Die Regelgraphie in allen genannten Positionen ist *h*; sie herrscht initial und in den onomatopoetisch bedingten Intervokalstellungen ohne Varianz, in den anderen Fällen im Wechsel mit seltenerem *ch* und *g* sowie vereinzeltem *hh*.

ch findet sich vor allem in Texten des älteren Frnhd. obd. generell häufiger als md.: *öcheim, sachen* ,sahen', *lechen* ,liehen', *gemachel* (Kranzmayer 1956, 90–92; Weinhold 1863, 188f.; Boesch 1946, 169; bis 1670: Erni 1949, 100). In den Fällen, in denen diese Schreibungen mit besonderer Konsequenz begegnen, mit dem modernen Mundartbefund übereinstimmen oder auf Grund sonstiger Beobachtungen (wie z. B. den Differenzen zwischen sog. Schreibergrammatik und sog. Reimgrammatik: Langosch 1933) als besonders begründet nachweisbar sind, können sie für gesprochene Spirans stehen (vgl. auch Weinhold 1863, 196 mit der Schreibung *hh* im Els. des 14. Jhs.). Für das Md., in dem *ch* seltener belegt ist, wird dessen Interpretation als Hauchlaut oder als rein graphisches Zeichen ohne Lautwert auf Analogiewirkung vom Auslaut oder der Stellung vor Konsonant her zurückgeführt: *sach* ,sah', *sicht* ,sieht' führen graphisch zu *sechen* (z. B. Suchsland 1968, 103; H. Bach 1985, 2, 233f.).

3. Der Bestand des *h* differiert gegenüber dem Mhd. und / oder Nhd. aufgrund folgender Variationen:

In einigen Intervokalstellungen, in denen unter etymologischem Aspekt *h* zu erwarten wäre, steht vereinzelt fakultatives *g*: *geschegen, leigen* ,leihen', *sagen* ,sahen'. Diese Schreibungen können unter gewissen Voraussetzungen (z. B. bei gleichzeitig belegtem Hiat-*h* oder bei gleichzeitig vorkommenden Nullgraphien) vor allem im Md. *h*-Schwund signalisieren. Gleiches gilt für diejenigen finalen *g*, die infolge von Apokope des auslautenden Vokals als Reflexe von Hiattilgung mittels *g* zu werten sind: *schug* ,Schuhe'; *reg* ,Rehe' (Koch 1920, 89).

h steht im Wechsel mit *j, g, w, b* für *j* des klassischen Mhd.: *blähen, blühen, nähen, sähen, wehen, kühe, mühe*. Sofern man nicht Schreibungsaussprache annimmt, ist dieser Wechsel als Beweis für den sprechsprachlichen Schwund des *h* zu werten. Dies gilt auch für die vielen *h*-Schreibungen insbesondere des älteren und mittleren Frnhd., für die im Mhd. keine Entsprechung angesetzt wird: *feuher, schreihen, freihung, zweihung, Michahel, Raffahel* (vgl. z. B. Volk 1966, 68; H. Bach 1934, 68; 1985, 2, 230f.; Giese 1915, 107; Fleischer 1970, 216).

In einer Reihe von Fällen variiert *h* mit *g* auf grund des grammatischen Wechsels bzw. seiner analogischen Anwendung: *geschege / geschehe; ziegen / ziehen, fliegen / fliehen, schlagen / schlahen*. Bis auf das letztgenannte Beispiel dominieren dabei die *h*-Schreibungen (vgl. z. B. Gárdonyi 1966, 130; Boesch 1946, 171; Giese 1915, 105; Fleischer 1970, 346; Bentzinger 1972, 81).
Als graphische Zerdehnungen gelten Schreibungen wie *gehen, stehen* (dazu: Kolb 1972, 140; Gießmann 1981, 35f.), *ehe, bleihe, dahe* ‚da‘, *wahe* ‚wo‘, *niehe* ‚nie‘, *mehe* ‚mehr‘, *nuhen* ‚nun‘, *zwehe* ‚zwei‘, *zihestag*. Sie sind vorwiegend für kurze Wörter festzustellen und unter diesem Aspekt als Angleichung an das im Deutschen besonders häufig realisierte Wortmuster ‚betonte Stammsilbe / unbetonte Endsilbe‘ zu werten (vgl. Haendcke 1894, 38; Heidelberger 1976, 197; Volk 1966, 68; Ahmling 1933, 27; H. Bach 1985, 2, 231; V. Moser 1, 1, 115).

Prosthetisches *h* begegnet relativ zur Regelschreibung zwar insgesamt selten, ist aber dennoch vor allem für das ältere und mittlere Frnhd. zuverlässig belegt. Folgende Fälle sind zu unterscheiden:

– in Lehnwörtern und Namen, die aus dem Griechischen über das Lateinische ins Deutsche gelangten, wird entsprechend der Wiedergabe des stimmlosen Vokaleinsatzes griech. Wörter durch die lat. Schreibung auch im Deutschen *h* geschrieben: *harmonie, helfant, häresie, heremit, Helisabeth, Helias, Habraham* (vgl. Otto 1970, 162; Bentzinger 1973, 84; V. Moser 1, 3, 4f.; H. Bach 1985, 2, 227f.);
– *h*-Prosthese bei Erbwörtern begegnet im älteren und mittleren Frnhd., und zwar md. dichter als obd., z. B. in *hab, habend, halt, hammer, hansprache, harbeiten, hebheu* ‚Epheu‘, *herbe, herde, heidechse, heisen, hende, herlich, hemi* ‚einem‘, *hin, hirer, hor, hostertag* (für *ab, abend, alt* usw.). Für einige dieser Fälle ist volksetymologische Anlehnung an andere Wörter anzunehmen, z. B. bei *heidechse* (an *heide*), *herde* (an *herd*, ütr. ‚Grund, Boden‘), *hebheu* (an *heben*); die Schreibung *h* hätte dann eine auch sprechsprachliche Realisierung. Die nicht mittels Volksetymologie erklärbaren *h*-Prosthesen führt V. Moser § 128, 4 auf die Übertragung der in ahd. Zeit im Lateinischen üblichen Schreibweise griech. Wörter auf diejenige dt. Wörter zurück. *h* hätte dann keine Entsprechung in der Sprechsprache. Ein Problem dieser Erklärung ist die für eine phonologisch orientierte Graphie störende Differenz zwischen Sprech- und Schreibsprache. – Auch in Personen- und Ortsnamen begegnen *h*-Prosthesen: *Hensel Honezucht* ‚Ohnezucht‘, *Hisena* ‚Eisenach‘, *Heppilnsheim, Habenheim* ‚Abenheim‘ (vgl. von Kienle 1969, 166; Gleißner / Frings 1941, 110; Boesch 1946, 169; Weinhold 1863, 193f.; 1867, 192; Hoffmann 1903, 196; Huther 1913, 78; H. Bach 1943, 65; Pfeffer 1972, 136; Jungandreas 1937, 300f.);
– das Präfix *er-* erscheint vor allem md., nordobd. und wobd. als *her-*: *herfordern, herhören, herinnern, herkennen, hermanen, herreichen* (vgl. Kauffmann 1890, 205f.; Ankenbrand 1970, 100; Schmitt 1936, 48; Heidelberger 1976, 197; Koller 1989, 176; Franke 1913, 264; Feudel 1961, 89);
– mit besonderer Dichte im Md. und Nordobd., aber auch obd. weit verbreitet ist *heischen* für mhd. *eischen*. Die Form erklärt sich aus formaler und semantischer Beeinflussung durch *heissen* (vgl. Besch 1967, 117 und Karte 23; Fleischer 1970, 344; Pfeffer 1972, 136; H. Bach 1934, 50);
– in den Beispielen *hate* ‚acht‘, *hazeg* ‚achtzig‘ und *homen* ‚Oheim‘ findet sich einige Male initiales *h*. Man könnte graphische Umstellung aus medialem *h* annehmen, wenn dem nicht in den beiden erstgenannten Wörtern die Lautdifferenz zwischen anlautendem *h* (Hauchlaut) und medialer Spirans (vor *t*) entgegenstünde (vgl. Gleißner / Frings 1941, 111; Jungandreas 1937, 301);

- für das Schlesische sind – auslaufend im 14. Jh. – einige Namenformen mit initialem *h* überliefert, die auch im zweiten Namensbestandteil ein *h* aufweisen: *Hanhalt, Heberhard, Hekhard* (Jungandreas 1937, 301);
- ebenfalls im Schlesischen erscheinen einige Belege mit initialem *h*, das sich aus der Beeinflussung durch slaw. Artikulation erklärt: *hoffem* ,auf dem', *has* ,als', *hewig* ,ewig' (Jungandreas 1937, 301f.; Weinelt 1938, 190);
- nicht in den Bereich der Grammatik, sondern in denjenigen der Lexikologie fallen die Kontamination *her* aus *er* und *he* (zur Verbreitung: DSA, K. 48) sowie die Umdeutung des Suffixes *-er* von *Pfarrer* zu *-her(re)*: *Pfarher(re)* (z. B. Fleischer 1970, 344; H. Bach 1985, 2, 227).

Im östlichen Teil des Oobd. erscheinen zwischen Vokalen sowie zwischen Vokal und Liquid einige aus *ch* (< *k*) entstandene *h*: *raihen* ,reichen', *brauhen* ,brauchen', *kirhen* ,Kirche' (V. Moser 1, 3, 280).

Hinsichtlich des Schwundes von *h* sind folgende Falltypen zu unterscheiden:

- Aphärese des initialen *h* begegnet in Handschriften eher als in Drucken (vgl. z. B. Giese 1915, 106) vor allem omd., aber auch wmd. und wobd. bis ins 16. Jh. Die belegten Beispiele betreffen besonders tonschwache (*her-* > *er-* in *erab, erauf, erdurch* usw.), aber auch tonstarke (*her-* > *er-* in *erbringen, erfüren, erkommen* usw.) Präfixe sowie tonstarke Stammorpheme in betonter (*offen, ochgezeit, eissen* ,heißen', *erlich* ,herrlich') und in unbetonter (*er Niclas* usw.) Satzstellung. Da die Aphärese auch da belegt ist, wo *h*-Prothesen nicht nachgewiesen sind, da sie ferner mit besonderer Häufigkeit das tonschwache Präfix *(h)er-* betrifft, ist der Versuch Feudels (1961, 90), sie u. a. als Reaktion auf geschichtlich nicht berechtigte *h*-Prothesen zu erklären, nicht haltbar (vgl. Suchsland 1968, 101; Fleischer 1970, 344). – Zur initialen Varianz des *h* in Fremd- und Lehnwörtern vgl. obige Aussagen zur *h*-Prothese. – Belegung der *h*-Aphärese z. B. bei Garbe 1969, 194; Ganser 1985, 48; Franke 1913, 263; H. Bach 1934, 49; 1943, 64; Otto 1970, 162; Pfeffer 1972, 136; Anders 1941, 403.
- auch indirekt initial, nämlich im zweiten Glied von Komposita und Ableitungen, kann *h* schwinden. Die Erscheinung ist md. dichter belegt als obd.; sie findet sich gehäuft nach *ch, sch, k* mit einer deutlichen Tendenz zur Bindung an das Morphem *-heit* (*schwacheit, keuscheit, krankeit*; nur selten bei *-haft: dienstaft*, so Strauch 1919, XIX; bei *-halb: achtalb*, so Huther 1913, 78) sowie an die Wörter *fleischacker, fleischauer, kirchof, freitof, siechaus, junker, schulteis*; daneben gibt es Einmalbelege wie *erdobel* ,Erdhübel', *eicholz*. Da *h* auch bei Personen- (*Burkard, Kriemild, Mechtild*) und Ortsnamen (*Valcnai* ,Falkenhain', *Hocheim*) fehlen kann, wird man die Erscheinung mit einer gewissen Gebrauchshäufigkeit und dadurch bedingter sprechsprachlicher Abschleifung des Zweitgliedes in Verbindung bringen können (vgl. Szalai 1979, 257; Weinhold 1863, 195f.; 1867, 194; Hoffmann 1903, 196; Heidelberger 1916, 197; Franke 1913, 263; H. Bach 1934, 49; 1943, 67; 1985, 2, 180f.).
- etymologisch berechtigtes zwischenvokalisches (nämlich zwischen betontem altem Lang- oder Kurzvokal und unbetontem *e* stehendes) *h* kann im Gesamtfrnhd. ausfallen, obwohl die Vollformen nach Ausweis der in der Literatur angeführten Beispielreihen quantitativ überall dominieren. Im einzelnen herrscht folgende pragmatische Verteilungstendenz: in Handschriften, im Md. und Nordobd., in der älteren und mittleren Zeit ist der Schwund häufiger belegt als in Drucken, im Wobd. und Oobd., im jüngeren Frnhd. Unter strukturellem Aspekt begegnet *h*-Ausfall in druckschwachen Gliedern von Komposita (*fünfzen*) konsequenter als

in Simplizia (*zehen*), nach mhd. Langvokal (vgl. *empfaen, schmäen, lan, hoe*) und Diphthong (*flien, zien, weiung*) eher als nach mhd. Kurzvokal (*geschen, schwer, sen*). – Belegung u. a. bei Szalai 1979, 257; Boesch 1946, 170; Steffens 1989, 173; Garbe 1969, 194; Volk 1966, 68; Bentzinger 1972, 81; H. Bach 1934, 49; 1943, 51ff.; 1985, 2, 229; H. Moser 1, 1, 114f.

- der zwischenvokalische Schwund des *h* kann vor allem nach Langvokal analogisch in die direkte und indirekte Finalposition übernommen werden: *fie, ho, na, sa, gesche, homeister, schuknecht, weinacht* (vgl. z. B. Boesch 1946, 170; Langosch 1933, 124; Müller 1928, 22; Fleischer 1970, 350).

4.4. Affrikaten: *pf*, *z*, *tsch*

§ L 58   **pf**

/pf/

<*pf, pff, ppf, pfpf, ppff, pfh, ppfh, fph, fpf, ph, pph, phf, bf, bff, bpf*>.

1. Die labiodentale Affrikata */pf/* entspricht abgesehen von einigen wenigen Sonderentwicklungen einerseits normalmhd. und andererseits nhd. */pf/*. Sie steht demnach initial vor Vokal (*pferd*) sowie vor den Konsonanten *l* (*pflegen*), *r* (*pfrieme*) und *n* (*pfnehen* ‚schnauben‘), medial zwischenvokalisch (*stopfen*), nachvokalisch (= vorkonsonantisch; *stopft*) sowie nachkonsonantisch nach *l* (*gelpfen*), *m* (*schimpfen*) und *r* (*schärpfe*), schließlich final nachvokalisch (*topf*) sowie nach *l* (*gelpf*), *m* (*schimpf*) und *r* (*scharph*). Die bereits mhd. (vgl. Lexer 2, 259–260) und frnhd. recht seltenen Fälle der initialen Kombination *pfn* sowie der medialen und finalen Kombinationen *lpf* und *rpf* sind infolge von Konsonantenerleichterung und Wortschwund nur noch in einigen (teils dialektalen, vgl. z. B. Schweiz. Id. 5, 1268f., Vorarlb. Wb. 1, 342f., Schwäb. Wb. 1, 1075f.) Resten oder überhaupt nicht mehr erhalten (so *lpf*).

Anm.: *mit der stim pf geet es also zu, wie die katzen nach einem hundt pfifent* (Fabritius 1532, 23).

2. Die Leitgraphie für die Affrikata ist insgesamt in allen Distributionen *pf*. Daneben begegnet ebenfalls in allen Stellungen regelmäßig *ph*. Besondere geographische Lagerungen für beide Digraphe lassen sich trotz der Tatsache, daß *ph* in der Sekundärliteratur immer wieder als eher md., *pf* als eher obd. charakterisiert wird, nicht ausmachen; jedenfalls wird *ph* umfänglich, z. T. sogar als häufigste Schreibung, auch für das Obd. belegt (vgl. z. B. Szalai 1979, 198; Knape 1986, 77; Thornton 1962, 75; Nimmervoll 1973, 77). Unter zeitlichem Aspekt begegnet *ph* vorwiegend im älteren Frnhd., hält sich vereinzelt aber bis ins 16. Jh. (vgl. z. B. Otto 1970, 212); für eine Reihe von Kanzleien läßt sich eine genaue Abfolge der *pf*/*ph*-Schreibungen konstatieren, dies ergibt folgenden Aussagetyp: initial

nach 1380 fakultatives Nebeneinander von *pf* und *ph*, danach bis 1410 nur
ph, seit den zwanziger Jahren wieder *pf* neben *ph*, nach 1430 zunehmend *pf*
(so Suchsland 1968, 131 für Gera; ähnlich: Kettmann 1969, 200; Otto
1970, 212f.). Komplementäre Distribution von *pf* und *ph* wird kaum belegt
(eines der wenigen Beispiele bei Nimmervoll 1973, 139: tendentiell *ph* nach
Konsonant, *pf* und *pff* nach Vokal). Teils ist die Verwendung von *pf* und *ph*
schreiberabhängig (so z. B. Schmid 1953, 96; Pfeffer 1972, 141).

Die mit drei und mehr Buchstaben geschriebenen Varianten erklären sich teils als
Kompromißschreibungen, teils als Doppelungen von *pf* und *ph* bzw. ihrer beiden
Graphe. Am häufigsten begegnet *pff*, und zwar für das gesamte Frnhd. und mit der
Tendenz zur Bindung an die medialen (z. B. *schimpffen, schöpffen*) und finalen (z. B.
kopff, stumpff) Positionen; gleiches gilt für die selteneren, im 16. Jh. kaum noch
gebrauchten *ppf* und *pph*. Demgegenüber stehen *pfh* (z. B. *pfhaffe*) und *phf* (z. B.
phferd) vor allem initial. Die Vierfachgraphe *ppfh* (z. B. *scheppfher*: Fischer 1890,
XLIV) und *pfpf* (z. B. *wipfpfel*: Rückert 1878, 180) sind wie *bf* und *bff* so selten, daß
sie als Zufallsschreibungen gewertet werden müssen.

3. Der Bestand des frnhd. *pf* differiert gegenüber dem Mhd. bzw. Nhd.
auf grund folgender Entwicklungen:

Die Phonemfolge *ntf* wird fakultativ im Gesamtfrnhd. zu *mpf* assimiliert: *entfahen*,
entfremden, entfliegen > *empfahen, empfremden, empfliegen*; vgl. z. B. H. Moser
1977, 124; Huther 1913, 56; Otto 1977, 213; Bindewald 1928, 58.
    Das Präfix *ge-* konnte schwäb. nach Synkope des Vokals vor folgendem *f* durch
partielle Assimilation zu *p* werden; dies zeigt sich vereinzelt in Schreibungen wie
pfres (< *gevraeze*), *pfetter* (< *gevater*); vgl. Kauffmann 1890, 183 mit Angabe der
Fundstellen.
    Wobd. begegnen einige Lehnwörter mit *pf*, die in der gehobenen Tradition un-
verschobenes *p* erhalten haben: z. B. *pfinlich, pfipfiz* (< *pepita*); vgl. Weinhold
1863, 122.
    Ebenfalls wobd. stehen einige *pf* für *f*: *pfaselrind, pfängnis, pfarre* (‚Farre‘), *pfen-
ster, pfündment* (‚Fundament‘); vgl. Weinhold 1863, 122 mit der Kennzeichnung des
Vorganges als „Schärfung"; Boesch 1946, 146 mit der Erklärung des Vorganges als
„Anschmelzung" des Artikels *d-*.
    Der für das Omd. kennzeichnende Wandel von *pf* > *f* (vgl. § L 51, 4) findet seinen
Reflex in einer Reihe von Hyperkorrekturen des lautgeschichtlich regelentsprechenden *f* < *pf*: z. B. *pfurlon, pfind* ‚Feind‘, *pfieh* ‚Vieh‘, *pfart, pfrongeld, bepfelch, be-
pfolen*; vgl. Kettmann 1969, 198; Fleischer 1970, 256; Gárdonyi 1965, 55; Jungandreas 1937, 383.

Für das gesamte Md. (ohne das Srhfrk.) sind hinsichtlich der Affrikata *pf*
zwei Traditionsschichten zu unterscheiden: in einer mundartnahen Tradition war die Verschiebung von vorahd. *p* > *pf* stellungsbedingt unterschiedlich weiträumig unterblieben (vgl. § L 45, 1); dementsprechend bleiben *p*-Schreibungen (von Süden nach Norden sowie im Zeitverlauf zunehmend selten) erhalten. Eine gehobene Tradition übernimmt unter dem Einfluß des Obd. die dort gültigen *pf*/*ph*-Graphien; bei Voraussetzung einer
schriftorientierten Aussprache ist eine entsprechende Artikulation anzunehmen. Das zeitlich sehr lange und räumlich ausgedehnte Nebeneinander

zweier Schreib- und (nach der soeben gemachten Voraussetzung) Aussprachetraditionen hat dazu geführt, daß einerseits viele md. / nd. Wörter in ihrer geschichtlichen Schreibung / Lautung in die werdende Hochsprache eingedrungen sind (vgl. *placken, plündern, pranger, klumpen, krüppel, treppe*; Liste bei V. Moser 1, 3, 125), daß umgekehrt aber regelgerecht verschobene obd. Formen wie *pflumpfen, stempfel, tümpfel, knüpfel* auch in md. und zum Teil norddt. Handschriften und Drucke eingingen und sich dort bis ins 16. und 17. Jh. hielten; auch eine Reihe (meist kurzlebiger) Hyperkorrekturen (= Hyperverschreibungen, vgl. z. B. *pflage, verkupfeln*: Franke 1913, 228; Fleischer 1970, 258) erklärt sich aus der Unsicherheit hinsichtlich *p/pf* (speziell zu Luther hinsichtlich *p/pf*: H. Bach 1985, 2, 159–166).

Eine andere Ursache hat das Schwanken zwischen *p* und *pf* in Wörtern wie *porte/pforte, plaster/pflaster, planze/pflanze*: Sofern es für die obd. Gebiete belegt ist, muß Neuentlehnung aus der unverändert erhalten gebliebenen lat. Grundlage angenommen werden (vgl. V. Moser 1, 3, 134; Schlosser 1974, 31; Boesch 1946, 145).

§ L 59	z

/z/

<*z*, *zz, zc, zcz, zt, ztc, zts, zh, zch, c, cc, cz, czc, ccz, czh, czt, czz, ctz, czcz, ch, t, tc, ts, tz, tcz, tzc, ttz, tzz, tzt, tztz, tsch, sq, sz, scz, htc*>

1. Die Dentalaffrikate wird hier aus diachronen und einigen synchronen Gründen als monophonematisch gewertet (vgl. Cercignani 1979, 19–26; Kohler 1977, 171–172). Ihre Schreibung als *z* (statt z. B. als *ts*) in dieser Grammatik soll erstens deren Benutzer eine schnelle Identifizierung der Einheit mit nhd. *z* und *tz* ermöglichen und zweitens die historischen Schreibverhältnisse spiegeln. Graphiegeschichtlich konnte das handschriftlich für die dentale Affrikata verwendete Zeichen, nämlich *z*, mit demjenigen für die dentale Spirans, ebenfalls *z*, bis weit in die frnhd. Epoche zusammenfallen (vgl. Paul, Mhd. Gr. 161–162; Schulze 1967; Baptist-Hlawatsch 1980, 91). Erst der Zusatz eines anderen Zeichens, meist *c*, oder des in der graphischen Realisierung davon schwer unterscheidbaren *t*, signalisiert den Status des bezeichneten Phonems als Affrikate. Zur Komplexität der Verhältnisse vgl. folgende Übersicht (bei Ausklammerung der alten Geminaten):

Der Bestand des /z/ entspricht abgesehen von einigen Gewinnen und Verlusten demjenigen von einerseits mhd. /tz, z/, andererseits nhd. /ts/ (graphisch [z], [tz]). Das Phonem begegnet initial vor Vokal (*zeit, zerung*) sowie vor *w* (*zwei, zwischen*) bzw. einem dem *w* schreibgeographisch entsprechenden *b* (*zbai, zbier* ‚zweimal'; auch *zbinger*), medial zwischenvokalisch (*setzen, beitzen*), vor- (*schätzt, nützt*), nach- (*kertze, gantze*) und zwischen-

Phonem \ Notation	Hs.	krit. Ausgaben	Fachtexte der Phonologie	hier	Duden-ortho-graphie
Affrikate	z (oft)	z	/ts/	/z/	z, tz
Lenisspirans	ʃ	s	/z/	/s/	s
Fortisspirans	z (oft)	ȝ	/s/	/ss/	s, ss, ß
Palatoalveolar	sch	sch	ʃ	sch	s, sch

Abb. 7: Übersicht über Notationen der Dentalaffrikate, des Palatoalveolars und der dentalen Reibe-laute

konsonantisch (*artzt*), final nachkonsonantisch (*gantz, holtz*) und nachvo-kalisch (*witz, kreutz*).

Anm. 1: *Das c wens nit ein k wirt / mit seynem gleychen z / so das z nit in dz s verwädelt / seyn eyns thons / gleych wie die Spatzen [...] zischern / Vnnd auch gar genaw wie die Spitzmeüse schreyē / mit einem schlegleyn der zungenn angehabenn / wie das t ist / darumb es jm auch gemeyniglich zu gesetzt wirt. Sie seyn auch allebeyde zwifache buchstaben / wan sie nit verwandelt werden / vnnd begreyffen in jrer stim / das t vnnd das s mit eynander* (Leyenschul A VIIIr; vgl. auch Ickelsamer A VIIIv).

2. Die oben angegebenen Schreibungen haben ausnahmslos den Status von Varianten; ihr Vorkommen unterliegt distributionellen, zeitlichen und räumlichen sowie wortgeschichtlichen Bedingungen:

z ist die insgesamt am häufigsten begegnende Variante (Zählungen z. B. bei Szalai 1979, 224; Piirainen 1968, 225; Koller 1989, 189; Otto 1970, 183). Sie findet sich bis zur Mitte des 14. Jhs. und seit dem Ende des 15. Jhs., im obd. Raum auch in der Zwischenzeit, vor allem in Initialstellung; seit den zwanziger Jahren des 16. Jhs. wird z für diese Position zur Regelschrei-bung, die auch von den Reformorthographen vertreten wird: *zeit, zal, zie-gel, zwei* (vgl. z. B. Bürgisser 1988, 140; Boesch 1946, 153; Glaser 1985, 255; Huther 1913, 65–66; Steffens 1989, 151; H. Bach 1934, 57; 1943, 79; 1985, 2, 289; Pudor 10).

tz findet sich in allen Positionen im Gesamtraum und in der Gesamtzeit des Frnhd. Dennoch sind folgende Gebrauchstendenzen und schließlich -regelungen festzustellen: Im älteren Frnhd. steht *tz* in Fortsetzung der ahd. und frmhd. Geminate (*sitzen, antlitze*); bis zur Mitte des 14. Jhs. kon-kurriert es mit z und c, danach bis in die ersten Jahrzehnte des 16. Jhs. mit den Digraphen *cz* und *zc*; seit dem 2. Viertel dieses Jahrhunderts entwickelt sich eine Regelverteilung in dem Sinne, daß z initial (*zwei, zucht*), *tz* in den medialen (*hitze, gantze*) und finalen (*witz, reitz, gantz*) Positionen gebraucht wird; in indirekter Initialstellung liegt der Übergang zu *z*- als Regelschreibung in der Mitte des 16. Jhs.: *alzeit* statt *altzeit* (vgl. H. Moser 1977, 125; Heidelberger 1976, 200; H. Bach 1934, 57; 1985, 2, 289; 291; Garbe 1969, 175; Feudel 1961, 106; Fleischer 1970, 298).

c erscheint während der gesamten Epoche und im gesamten Raum in Lehn- und Fremdwörtern vor folgendem *e* und *i*; vgl. *crucifix, policei, medicin* (Huther 1913, 65–66; Fleischer 1970, 294). Im sog. Erbwortschatz steht *c* bis zum 14. Jh. vorwiegend initial (*cit, ceigen*), aber auch medial (*herce*) und final (*swarc*). Für die erstgenannten beiden Positionen ist entsprechend der Distribution bei den Lehn- und Fremdwörtern eine erhöhte Vorkommenshäufigkeit vor *e, i, ei* festzustellen; Belege wie *cal* finden sich mit geringerer Häufigkeit. Seit dem 15. Jh. wird *c* im Erbwortschatz zunehmend seltener, ohne jedoch selbst im 16. Jh. vollständig zu verschwinden; vgl. Grönlund 1945, 72; Koller 1989, 184.

Die Digraphe *zc* und das insgesamt übliche *cz* begegnen vom 14. bis zum Ende des ersten Viertels des 16. Jhs. in allen Räumen und in allen Positionen: *czal, czwei, seczen, gancz, arczt, nüczt, schwarcz, antlicz* (bzw. jeweils *zc*); eine räumliche Konzentration auf den weiteren omd. Sprachraum ist nicht festzustellen; damit fällt die von V. Moser (1, 1, 41) geäußerte Vermutung slaw. Einflusses (vgl. Weinhold 1863, 150; 1867, 155; Heidelberger 1976, 200; Rueff 1925, 16; Feudel 1961, 106; Bentzinger 1972, 85; Fleischer 1970, 294–298).

Die weiteren oben aufgeführten Schreibungen begegnen insgesamt relativ selten, zum Teil nur vereinzelt; vgl. z. B. *hizze, sicce, sitzzen/sizczen/siczhen, gesettze, schütczen, lüczzel, setzcen, nuczczen, ketztzer; zhiehen, htzehen/zchehen* ,zehn', *kürczten, yectzt, chu* ,zu', *gechüge* ,Gezeuge', *Croatien, ration, holts, hetschten* ,hetzten', *sqei* ,zwei', *szehent, sczogen, sczbinger* ,Zwinger'. Verteilungsregeln lassen sich im allgemeinen nicht angeben; lediglich *t* scheint als Variante zu *c* an Fremdwörter gebunden zu sein. Für die Doppelungen *zz* und *cc*, für die Trigraphe (z. B. *ttz*) und schließlich für die Doppelungen von Digraphen (also *czcz* und *tztz*) wird nach Ausweis der Beispiele eine je nach Text unterschiedlich starke Tendenz zur Kennzeichnung der Kürze des vorangehenden Vokals (*nettz* o. ä.) insbesondere in zwischenvokalischer Position (Beispiele oben) vermutet oder konstatiert. Der für den Ansatz eines eigenen Graphems notwendige Grad von Regelhaftigkeit oder gar Obligatorik ist jedoch (abgesehen von einigen schles. Drucken aus der Mitte des 16. Jhs.: *-zz-* zwischenvokalisch nach Kürze, sonst *z*; V. Moser 1936, 241–242) wegen der oft geringen Anzahl von Beispielnennungen sowie wegen des Vorliegens von Gegenbeispielen (vgl. *tczeit, holtcz, gantzze, truchsätzze*) nicht erreicht (vgl. Szalai 1979, 221; H. Moser 1977, 125; Koller 1989, 184; Huther 1913, 65f.; Garbe 1969, 175; Bentzinger 1972, 85; Wiktorowicz 1984, 415).

3.   Der Bestand des /z/ differiert gegenüber dem Mhd. bzw. Nhd. außer durch den Wandel einiger *z* zu (wohl stimmlosem) *s* (dazu § L 53, 4) aufgrund folgender Entwicklungen:

Die Phonemfolge /t/ + /s/, die gehäuft im Gen. Sg. auf -*t* auslautender Morpheme (z. B. *gots, gebets, gelds*), ferner in allen Wortbildungskonstellationen mit der Fuge *t-s* (z. B. *rätsel, seltsam*), in der Enklise (z. B. *hats* aus *hat es*) und bei Synkope (*geitsen* aus *geitesen*) auftritt, kann bis in die 2. Hälfte des 16. Jhs. wie die Affrikata (also z. B. als *gotz, gebetcz, gelcz, hatz, geitzen*) geschrieben und in einer Reihe von Fällen auch phonologisch als solche aufgefaßt werden (z. B. *etzlich, geitz*; vgl. Weinhold 1867, 156; Rückert 1878, 196; V. Moser 1, 1, 1929, 68; H. Bach 1985, 2, 293).

Initiales mhd. *tw-* (in *twingen, twahen* usw.) entwickelt sich – möglicherweise infolge geringer funktioneller Belastung (Fleischer 1966, 86) – im 14. und 15. Jh. zunächst im schwäb., danach im oobd. und nordobd. Raum zu *zw-*: *zwingen, zwerch, zwagen, zwehel*; für *zwischen* ist die Entwicklung bereits im Mhd. fortgeschrittener. Seit dem 16. Jh. setzen sich die verschobenen Formen in einer Reihe von Wörtern (s. o.) in der dialektfremden Schriftlichkeit durch; in anderen Einheiten (z. B. *qualm, quark, quirl*) wird das omd. Produkt des Verschiebungsvorgangs, nämlich *qu-*, ins Nhd. vermittelt; auch lautgeschichtliche Dubletten sind möglich: *quer/zwerchfel* (vgl. Ronneberger-Sibold 1984); zu dem gebietsweise langen Nebeneinander von *tw-* und *zw-* (bzw. omd. *qu*: § L 49, 2) vgl.: V. Moser 1, 3, 1951, 198–204; Masařík 1966, 83; Weinelt 1938, 167f.; Langosch 1933, 35; Huther 1913, 66; Dubizmay 1938, XII; Schellenberger 1974, 47; Fleischer 1966, 85; Jungandreas 1937, 354–355; Besch 1967, 128f. mit Karte zu *zwingen* und *zwischen* und Literatur; DWB 16 s. v. *zwingen* usw.

<h2 style="text-align:center">tsch   § L 60</h2>

Lit.: Kranzmayer 1956, 111; Fleischer 1959; 1966, 89–92; 1970, 297–298; 315–317; Schulze 1964.

/*tsch*/

<**tsch**, *tzsch, zsch, czsch, tcz, cz, zc, tz*>

1.   Die Behandlung von *tsch* als einer Einheit erfolgt in Analogie zu *pf*, z. Der Phonemstatus der Einheit ist für das Frnhd. nicht gesichert, da Minimalpaare von *tsch* und *ts* sich erst für das Nhd. nachweisen lassen; vgl. *Kitsch : Kitz, putschen : putzen*.

tsch begegnet nhd. nach Auskunft des DWB in rund 400 hochsprachlichen bzw. hochsprachenahen Wörtern vorwiegend nach vorausgehendem *a* oder *i*. Hinzukommt eine nicht bekannte Anzahl schriftferner Mundartwörter (z. B. *etsche* < mhd. *eteswâ*; vgl. Weinhold 1863, 159–160, Birlinger 1868, 134), einige Varianten von Namen (*Fritsche, Martsche*), einige Ortsnamenentlehnungen insbesondere des omd. / slaw. Bereiches (z. B. *Zschertnitz*), einige appellativische sprachinterne (z. B. *quatschen* < nd. *quatsken*) und sprachexterne Entlehnungen (*Kretschmar, Kutscher*; auch Schreibungen wie *ertschebischof* im 14./15. Jh.), einige Onomatopoetica (*fletschen, quetschen*) und Expressiva (*blietschplob* bei H. Sachs, *Watsche*).

2.   Die etymologische Grundlage von *tsch* ist einmal die Sequenz *t* + Vok. + *sk* (z. B. *diutisk*; vielleicht auch *Etisa*), die unter der Voraussetzung der Synkope des Vokals und des vollzogenen Wandels von *sk* > *sch* zu *tsch* wurde (*deutsch, Etsch*), andererseits eine von Fleischer (1966, 90) als lautphysiologisch erklärte Palatalisierung des *s* von *ts* zu *sch*, so daß *tsch* entstand. Die Schreibung *tsch* und die anderen o. a. Graphien mit der Buchstabenfolge *sch* hätten sich gegenüber den ursprünglich damit variierenden Graphien *tcz, cz* (usw.) erst nach dem Entstehen der durch Syn-

kopierung entstandenen *tsch* (Typ *deutsch*) durchsetzen können. Hyper-korrekturen von etymologischem *tsch* zu *tz* (*kretzmer, pytzir* ‚Petschier‘, *Kutz Wagen* ‚Kutschwagen‘) sprechen dafür, daß die *tsch*-Variante von *ts* als mundartlich eingeschätzt wurde. – Die Distribution von *tsch* lautet: in der Regel intervokalisch und final nachvokalisch, in einigen Namenentleh-nungen auch initial, in einigen wenigen Appellativa und Namen (*pomerant-sche, Telczschen*) medial nachkonsonantisch.

4.5. Nasale: *m, n, ng*

§ L 61   **m**

                                        /*m*/

<**m**, *mm, mh, mb, mp,* m̃, (Vokal +) übergesetzter Nasalstrich>
<**mm**, *mb, m,* m̃>

1. Der Bestand des /*m*/ entspricht, abgesehen von einigen Differenzen, die durch Assimilationen, Schwünde und Einschübe zustandekommen, dem-jenigen von einerseits mhd. /*m*/ und /*mm*/, andererseits nhd. /*m*/. Das Pho-nem steht also initial vor Vokal (*man*), medial interkonsonantisch (*ärmste*), intervokalisch (*kamen, zimmer*), vorkonsonantisch (= nachvokalisch: *fremd*) und nachkonsonantisch (*geschmeide, beschirmen*), final postvoka-lisch (*heim*) und postkonsonantisch (*arm, schelm*).

Anm. 1: *Das* / *m* / *hat ein brümende sti*m̃ / *wie die Kûe* / *Bern* / *oder die Stummen* / *so man bede lef̌tze auff einâder truckt* / *vn̄ brümet* (Ickelsamer B Ir; vgl. Fabritius 17).

2. Die direkt und indirekt initiale Schreibung ist nahezu ausschließlich *m*: *machen, anmachen, maus, mord*; Otto (1970, 241) konstatiert für den Schrei-ber B. Wilde (M. 16. Jh.) außerdem sehr vereinzeltes *mh-*: *mhan, furmhan*. Auch in den medialen und finalen Distributionen ist *m* die bei weitem am häufigsten begegnende Schreibung (Zählungen z. B. bei Szalai 1979, 179–181; Piirainen 1968, 205; Glaser 1985, 292–293).
    In diesen Stellungen finden sich folgende Varianten:

Nasalstrich über Vokal medial vorkonsonantisch und final postvokalisch: *frēd, frõ*.

mb in der Gesamtzeit und im Gesamtraum vor den Dentalen *t* (massenweise vor *t*-Flexiven des Verbs: *kombt, gereimbt, zämbte*), seltener *d* (das final /*t*/ repräsentiert: *frembd, hembd*; aber auch *entfrembden* für /*d*/) und *s*; häufig vor dem Verb-flexiv *-st* und dem Komparativsuffix *-st*: *kambst, fürnembst*), ferner in direkter (*armb, fromb, eigentumb*) und indirekter (*nämblich, heimblich*) Finalstellung sowie vereinzelt medial zwischenvokalisch (*komben, fürnembe*). – Dem *b* der Graphenkom-bination *mb* wird in älteren Darstellungen teils sogar explizit ein Lautwert zuge-schrieben; so spricht V. Moser (1, 3, 22) vom „Einschub des Übergangslautes (!) *b, p* zwischen den Labialnasal und alle Dentalkonsonanten [. . .] zur Bezeichnung des phonetischen Übergangslautes", der sich bereits seit dem Ahd. finde (ähnlich z. B.

Rudolf 1973, 84: „Gleitlaut"); Skála (1967, 144) charakterisiert die *mb*-Schreibung als „eine Schreibvariante, die die verweilende Artikulation des *m* bezeichnet, ehe die Mundstellung geändert wird; *b* stellt also nur scheinbaren Einschiebelaut dar". Belege für *mb/mp* besonders reichhaltig, z. T. mit dem Versuch von Zeit- und Raumzuordnungen pro Distribution bei V. Moser 1, 3, 22–27; Szalai 1979, 180; Grothausmann 1977, 214; H. Bach 1985, 2, 200–201; v. d. Broek 1976, 47; Kettmann 1969, 166f.

Anm. 2: Nicht zu verwechseln mit der (etymologisch unbegründeten) Schreibvariante *mb/mp* sind diejenigen *mb/mp* (z. B. in *tumb, umb, lamb, kumber, wambe, ampt, ambet, sambstag*), die unter etymologischem Aspekt eine Phonemfolge, nämlich /*mb*/ bzw. /*mp*/, repräsentieren und deren phonemische Erhaltung trotz früher (seit dem Ende des 13. Jhs. angenommener) Assimilation nach Ausweis vor allem der obd. Schreibungen *mb/mp* nicht auszuschließen ist (vgl. H. Bach 1985, 2, 333; Russ 1982, 105).

mp ebenfalls im Gesamtfrnhd., aber deutlich seltener als *mb* und auf die Stellung vor *t* und *s* (*kompt, nimpst*) sowie auf die indirekte Finalstellung vor *n* des Folgemorphems (*verdampnus*) beschränkt (vgl. z. B. Rudolf 1973, 84; Nimmervoll 1973, 123).

mm medial zwischenvokalisch nach Langvokal und Kurzvokal (*geheimmet, klimmen*: Schmid 1953, 124) sowie in druckschwacher und druckstarker Silbe (*bräutigamme, reichtumme; himmel, kommen*: Strauch 1919, XVII), medial vorkonsonantisch (*kommt, wamms*: Thornton 1962, 77), final nachvokalisch (*komm*: Koller 1989, 163) und selten nachkonsonantisch (*armm*: ebd.). Medial zwischenvokalisch (vor allem nach Kürze) und vorkonsonantisch sowie final nach Kurzvokal kann *m* stehen.

3. Für zwischenvokalisches *mm* sind trotz der im vorangehenden Absatz konstatierten, im Gesamtraum und bis in die Spätzeit des Frnhd. weit verbreiteten fakultativen Varianz zu *m* Ansätze zu folgenden Verteilungsregeln zu erkennen:

Einige *mm* sind das Produkt der Assimilation von etymologischem *mb, mp, mn* und *nm*: *krumme, kummer, stumme, lämmer, umme, wammes; kummest < compositum; beisammen; ammal < anmal.*
mm steht oft da, wo für das Mhd. die Geminate angenommen wird: *dämmen, frommen, klemmen.*
mm wird in der Literatur immer wieder mit der Kürze des vorangehenden Vokals in Verbindung gebracht (z. B. Hoffmann 1903, 175; Fundinger 1899, 38; Ganser 1985, 44; Huther 1913, 59; Skála 1972, XXXV; Otto 1970, 112; 241). Obwohl dies z. T. methodisch unkritisch als Zirkelschluß (von Doppelgraphie auf Kürze und umgekehrt), unter Nichtbeachtung von Gegenbeispielen und unter stillschweigender Gleichsetzung frnhd. Vokalquantitäten mit solchen des Mhd. und der modernen Mundarten erfolgt, wird man die Formulierung der Regeltendenz nicht verwerfen können.
mm nimmt insgesamt bis zum 16. und 17. Jh. im Sinne der Verteilung in der nhd. Schriftsprache zu (vgl. V. Moser 1, 1, 48–49; Fleischer 1966, 54; 1970, 232; Reichmann 1972, 54; Clajus 167).

Die Kombination dieser Verteilungstendenzen rechtfertigt für das späte 16. und das 17. Jh. den Ansatz einer graphischen Opposition von zwischenvokalischem *m* und *mm* zur Unterscheidung der Quantität der vorangehenden Vokale: *kämen : kämmen; samen : (zu)sammen*. Es kann aber kein

Zweifel bestehen, daß diese Opposition sich später und inkonsequenter entwickelt hat als diejenige für *n*, *l* und *r*.

4. Der Bestand des *m* differiert gegenüber dem Mhd. und / oder Nhd. auf grund folgender Variationen:

w kann im Pronomen *wir*, vor allem nach finalem *n* des vorausgehenden Wortes zu *m* werden, z. B. *finden wir > finden mir* (Kauffmann 1890, 262; Weinhold 1863, 132; Jungandreas 1937, 273). *w/m*-Wechsel findet sich außerdem in *zesme < zeswe*, *fürmar*, *geminnen*, *kurzmeil*, *schwalme < schwalwe*, *numan < nüwan*, *malmasier < malvasier* sowie in einigen Ortsnamen, z. B. *Mahlspüren < walspüren* (Weinhold 1867, 144; Birlinger 1868, 99; Frommann 1878, 64; Karg 1884, 25; Rückert 1878, 186; Jungandreas 1937, 277).

Die Phonemfolgen *nt* und *nd* (vor allem im Präfix *ent*-, aber auch medial in Stammorphemen) variieren vor allem vor folgendem Labial mit *m* oder *mp*: *embinden / entbinden*, *empfallen / entfallen*, *empfahen / entfahen* (jeweils verbreitet), *Ambringen < Antparinga* (ON), *hamschuh*. Die Folgen *ndf* und *ndb* können zu *m*-haltigen Verbindungen werden: *schamper < schandbar* (verbreitet), *hampfel < handvol*, *mumpfel < mundvol* (Weinhold 1863, 132; Birlinger 1868, 99; Biehler 1911, 73; Weinelt 1938, 192; Franke 1913, 232).

Morphemauslautendes *n* (vor allem der Wortbildungsmorpheme *an*- und *un*-) kann im Gesamtgebiet und in der Gesamtzeit vor morphemanlautendem Labial (*b*, *p*, *m*) partiell zu *m* assimiliert werden: *ambegin*, *ambos*, *offembar*, *Nüremberg*, *umbegreiflich*, *ummäre*, *ummut* (Weinhold 1867, 143; V. Moser 1, 3, 95–96; Volk 1966, 124; Huther 1913, 59; Suchsland 1968, 140; Kettmann 1969, 254; H. Bach 1985, 2, 311–312; Jungandreas 1937, 291–293).

Medial können *n* und *ng* vor *f* zu *m* assimiliert werden: *fümf*, *semftigkeit*, *jumfer* (Schmitt 1936, 51; Giese 1915, 104; Bach 1937, 107). Gárdonyi 1968, 29 belegt diesen Wandel auch für zwischenvokalisches *m*: *zeimen < zäunen*; in *verdammen* (< *verdamnen*), *nemmen* (< *nemnen*), *samen* (< *samenen*) liegt Angleichung von *n* an vorausgehendes *m* vor (V. Moser 1, 3, 97; H. Bach 1985, 2, 371–372). Dissimilation von *nd/nt* zu *md/mt* findet sich in *pfrümde*, *timte*.

mesner wechselt mit *mesmer* (Weinhold 1867, 143; 1863, 131; Birlinger 1868, 99).

Finales stammhaftes *n* kann in Einzelfällen mit *m* wechseln: *pilgrim*, *turm*, *zwirm*, *zwischem* (Weinhold 1867, 142; 1863, 130; Frommann 1878, 64; Bentzinger 1973, 102; V. Moser 1, 3, 97; H. Bach 2, 1985, 368).

Verbreitet ist *m* für *n* auch in den Flexionsformen des Artikels, der Possessivpronomina und des Adjektivs *-en*: *dem*, *meinem*, *grossem* für *den*, *meinen*, *grossen*: *den dingen*, *bei meinem waren worten* (Szalai 1979, 187; Fleischer 1970, 234 mit weiterer Lit. und Diskussion der Gründe).

Im Oobd. und Schwäb. erscheint bis zur 1. Hälfte des 16. Jhs. für *-ung* mit einer signifikanten Anzahl von Belegen (in 1 Zählung: 7%; vgl. Gr. d. Frnhd. I, 1, 247) *-um(b)*: *suchum*, *aufenthaltum*, *zerspaltum*, *quittumb*, *erlösumb*, *bedeutumb*, *wonumb*, *reitumb* (Gr. d. Frnhd. I, 3, 79).

Die Silbe *-ben* erscheint vereinzelt, im Oobd. häufiger, zu *m(e)* kontrahiert: *alm < alben*, *simzig < sibenzig*, *selbm < selben*, *reme < reben*, *grabm*, hyperkorrektes *schaubenschrein* für *soumschrin* (Weinhold 1867, 143; Rückert 1878, 122; Haasbauer 1926, 48; FWB 1, 748).

Für einige wenige Wörter wird *m*-Einschub konstatiert: *schraumbe*, *semptember* (Skála 1967, 146), *sümften < süften* (Weinhold 1963, 130).

m schwindet im Obd. initial in einigen Ortsnamen: *Ortenau* < *Mortenowa, Adelberg* < *Madelberg, Orensbach* < *Mörinsbach*. Medial kann etymologisches (mit *n* variierendes, vgl. § L 62,4) *m* vor *f* in den Substantivbildungen von *nemen* (*-numft*) schwinden: *vernuft, sigenuft* (Schatz 1907,91; Birlinger 1868,99; Weinhold 1863,131; Glaser 1985,293).

n   § L 62

/n/

<*n, nn, nnn, nh, hn, ñ,* (Vokal +) übergesetzter Nasalstrich >
<*nn, ñ, n, nd, nt* >

1. Der Bestand des */n/* entspricht, abgesehen von einigen Differenzen, die durch besondere Wortbildungsverhältnisse, Ag- und Deglutinationen, Einschübe, Epithesen, Dissimilationen, Volksetymologien, Varianzen mit anderen Einheiten sowie Schwünde zustandekommen, demjenigen von einerseits mhd. */n/* und */nn/*, andererseits von nhd. */n/*. Das Phonem steht also initial vor Vokal (*nagel*), medial interkonsonantisch (*farnde, ernst, wernt*) und intervokalisch (*könig, schranne*), vorkonsonantisch (= nachvokalisch: *freund*) und nachkonsonantisch (*knecht, warnen*), final nachvokalisch (*geben, bein*) und nachkonsonantisch (*turn*).

Anm. 1: *Das / n / neñet Quintilianus einen klingendē bůchstabē / das er dem neñer gleich im hirn klingt / vñ růrt die zung obē an dē gůmē / vñ wer ein schwach vnd blőd hirn oder kopff hat / dem thůt dises bůchstabēs nennung wehe* (Ickelsamer B Ir).

2. Die direkt und indirekt initiale Schreibung ist nahezu ausschließlich *n*: *name, nach, hiernach, geniessen*; vereinzelt begegnen *nh* (*nhun, nhämlich, genhomen*: Kemmer 1898,100; Otto 1970,254; H. Bach 2,1985,367) und *hn* (*hneben, hornhneifen*: Koller 1989,166). In den medialen und finalen Positionen begegnet *n* in der überwiegenden Mehrzahl aller möglichen Fälle (vgl. die Zählungen z. B. bei Szalai 1979,187; Piirainen 1968,208–211; Kettmann 1969,252); lediglich zwischenvokalisch nach vorausgehender Kürze kann *nn* überwiegen (vgl. Glaser 1985,297–309). – Varianten sind:

Nasalstrich über Vokal medial vorkonsonantisch und final postvokalisch: *āder, beī, bringē* (Detailbefund und -analyse bei Glaser 1985,297–309),
  nn medial zwischenvokalisch nach Langvokal (*sönne* ‚Söhne‘, *erschiennen*) oder Diphthong (*einnung*) und nach Kurzvokal (*brennen*) in druckstarker (*innen*) und druckschwacher (*heidennisch*) Silbe, vor-, nach-, zwischenkonsonantisch (*erkannt, gekornner, ernnst*), final nach druckstarkem (*lonn* ‚Lohn‘) und druckschwachem (*gebenn, schwägerinn*) Vokal sowie nach Konsonant (*ändernn, vornn, bornn*). – Die Variation von *n* und *nn* in den genannten Stellungen wird in der Regel als rein fakultativ beschrieben; teils werden Einschränkungen der Fakultativität angesetzt; so konstatiert Fleischer (1966,55) eine erhöhte Häufigkeit von *nn* für Kleinwörter (*vornn, ann*), für die Endsilbe *-en* (also: *-enn*), darunter den Infinitiv der Verben, nicht aber deren 1. und 3. Pers. Sg.; final nachvokalisch scheint es ihm

(1970, 239–240) denkbar, daß die Länge des Vokals durch *nn* bezeichnet werden soll (z. B. *wann* ‚Wahn‘); umgekehrt wird *nn* immer auch wieder mit Kürze des vorangehenden Vokals in Verbindung gebracht (z. B. Huther 1913, 70; Quentin 1915, 30; Wolf 1975, 210); oft werden bestimmte Distributionen für die Bevorzugung von *nn* angegeben, vor allem die Stellung vor Dental (*gannz, diennst, hannd*: Wagner 1910, 54; Haasbauer 1926, 48; Nimmervoll 1973, 127; H. Moser 1977, 132); auch Wort- und Morphembindungen kommen als Verwendungsbedingung in Betracht (Glaser 1985, 305). Speziell für die zwischenvokalische Position wird oft mit einer schreibsprachlichen Fortsetzung mhd. Verhältnisse gerechnet: *n* steht danach für den einfachen Laut, *nn* für die Geminate, vor Konsonant und final erfolgt Neutralisation zugunsten von *n*: *kennen/kante, dem manne/der man* (Gillitzer 1942, 108; Heidelberger 1976, 196; Fleischer 1966, 55; 1970, 238). Niclas von Wyle beurteilt (1478) die Doppelschreibung des *n* als „núwes gögelspiel“ der Kanzleien; die Erklärung der Schreiber, „Es sýge also hüpscher vñ stande bas“ (vgl. Reichmann / Wegera 1988, 50–51), läßt auf ästhetische Gründe der Graphie schließen. – Die *nn*-Schreibungen finden sich im gesamten frnhd. Gebiet und in der Gesamtzeit; gehäuft treten sie in der 2. Hälfte des 15. bis zur 2. Hälfte des 16. Jhs. auf (Weinhold 1863, 173; Heidelberger 1976, 196; V. Moser 1, 1, 50–51).

ñ in allen Positionen, in denen auch *nn* stehen kann; erhöhte Häufigkeiten finden sich intervokalisch (*köñen*) sowie final nachvokalisch (*kañ*).

nnn vereinzelt, z. B. in Handschriften Luthers (*andernnn, orternnn, bergennn*: Bach 1934, 66), bei Hans Ried (Thornton 1962, 74).

nh äußerst selten: *fanhen, einwonher, wustenhey* (H. Bach 2, 1985, 367)

3. Seit der 2. Hälfte des 15. Jhs. bildet sich in weitgehender lexikalischer Fortsetzung der mhd. Opposition von einfachem *n* und Geminate für die Tonsilben eine Opposition von *n* (nach Länge) und *nn* (nach Kürze) heraus: *kane : kanne; inen : innen; träne : trennen* (so H. Moser 1977, 130; Wolf 1975, 186; 238; Reichmann 1972, 53; Fleischer 1966, 55). In einem weiteren Teil der Doppelgraphie ist *nn* das Produkt der Assimilation von *nd* (z. B. *auswennig, wanne, anners, finnen, pfännen, schinnen, empfinnen*, vgl. Köck 1946, 170; Weinhold 1863, 173; 177; Neumann 1934, XX; Bindewald 1928, 54).

Varianten des zwischenvokalischen Graphems *nn* sind *n* (Reflex der freien Varianz von *n* und *nn*), *ñ* und *nd/nt*; Beispiele für *nd/nt* bilden: *brenten* (Inf.), *indern, kandel, gunden, khinden* ‚können‘ (Piirainen 1968, 209; Karg 1884, 22; Skála 1967, 147; Weitz 1970, 8). Nach Skála (ebd.) handelt es sich bei dieser Schreibung wie bei *mb/mp* um den Niederschlag verweilender Artikulation des *n*. V. Moser 1, 3, 28 gibt als Verbreitungsgebiet der Erscheinung vorwiegend das Wobd. an.

Anm. 2: In einzelnen Wörtern einzelner Texte des späten Frnhd. kann die Distinktion *n : nn* auch final vorkommen, z. B. *denn* (Konj.): *den* (Art.) (Boon 1976, 138).

4. Der Bestand des /*n*/ differiert gegenüber dem Mhd. und / oder Nhd. auf grund folgender Erscheinungen, meist Variationen:

Einige gegenüber dem Mhd. und dem frnhd. Normalbefund auffallende *n* erklären sich aus besonderen Wortbildungen oder dem Nebeneinander zweier Wortbildungsvarianten: *leichnam* statt *leicham* (aus *líchin-hamo*: V. Moser 1, 3, 2), *blutrünstig* neben *-riesig* (H. Bach 2, 1985, 374), omd. *selbenst* (aus schwachen Formen, vgl. Suchsland 1968, 141; Rückert 1878, 189; Arndt 1989, 83), *lebe(n)lang, wese(n)lich,* *orde(n)lich, unscheide(n)lich* (Giese 1915,97; Feudel 1961,137; Schmid 1953,125), *follenbringen, -ziehen* (aus *follen-* statt *fol(le)*, vgl. Feudel 1961,136; Fleischer 1970,236), *-nen* einiger Verben (z. B. *rächnen* ,rächen' aus Angleichung an *rechnen* oder Neuanfügung des Infinitivsuffixes *-en*; vgl. Fleischer 1970,235; H. Bach 2, 1985, 374).

Initial kann das finale *n* des unbestimmten Artikels *ein* einem vokalisch anlautenden Subst. agglutiniert werden. Beispiele dieser sog. Prosthese sind *(n)agen* ,Spreu', *(n)ap* < *ap* ,Affe', *(n)arzt, (n)aser* ,Tasche für den Mundvorrat', *(n)assel, (n)atter, (n)ast, (N)einsiedeln, (N)eisenach, (N)üchtland*, vgl. Birlinger 1868,103; Weinhold 1863,167; Kauffmann 1890,266; Hoffmann 1903,17; Eberl 1944,204; V. Moser 1, 3, 1. Der umgekehrte Vorgang der Aphärese (Deglutination) begegnet in *apf* < *napf* (Birlinger 1868,103).

n-Einschübe finden sich im Vergleich zu denjenigen anderer Nasale und Liquide relativ häufig, sind insgesamt aber doch auf eine überschaubare Anzahl von Distributionen und innerhalb dieser auf eine begrenzte Anzahl lexikalischer Einheiten beschränkt. Sie begegnen (jeweils fakultativ):
- vereinzelt im Hiat: *zwei(n)ung, dra(n)et, ma(n)et* (Nohl 1887,54; Weinhold 1863,171; 1867,173),
- im Stammorphem zwischen Tonvokal und folgendem Konsonanten (oft dentaler Verschluß- oder Reibelaut), z. B.: *fu(n)st, gesche(n)hen, gese(n)ssen, gna(n)de, hei(n)dnisch, ie(n)zund, klo(n)ster, kü(n)sch, li(n)se, mei(n)st, mei(n)ster, nu(n)hter, sei(n)t, se(n)hen, so(n)st, sü(n)fzen, stie(n)ssen, ze(n)hen, zi(n)stag.-* Die Mehrzahl dieser Erscheinungen findet sich mit besonderer Dichte im Wobd., ist aber auch für das Oobd. und Nordobd. / Sfrk. zuverlässig belegt; typisch wobd. Schreibungen wie *zenhen* ,zehn' lassen sich selbst für das Omd. nachweisen (Feudel 1961,136; Jungandreas 1937,293); zeitlich liegt der Schwerpunkt der *n*-Einschübe im 15. Jh.; seit dem 16. Jh. wird er zunehmend selten; in das Nhd. hat sich lediglich *sonst* fortgesetzt; höherschichtige Texte bieten weniger Beispiele für eingeschobene *n* als landschaftsgebundene mittelschichtige Texte. – Als erklärende Momente des *n*-Einschubs in Stammorpheme kommen in Betracht: der Niederschlag mundartlicher (oft: wobd.) Nasalierungen (z. B. *künsch*: Boesch 1946,181; vgl. Sütterlin 1924,278), Hyperkorrektur zu mundartlichem *n*-Schwund (z. B. *linse* < *lîse* ,leise' entsprechend *eins* statt mundartlichem *eis*; Problematisierung bei Müller 1953,148f.), assimilatorische Wiederaufnahme oder Vorwegnahme eines Nasals (z. B. *sonst* unter Einfluß des *m* von *umsonst*, *heindnisch* unter Vorwegnahme des *n* der Folgesilbe; so die Deutung von V. Moser 1,3,13–16), rein schreibsprachliche Neuanfügung von *-en* an kontrahierte Formen (*zen* > *zenhen, h* als Reflex älterer Schreibungen: V. Moser 1,3,17). – Äußerste Vorsicht ist bei Schlüssen auf mögliche Aussprachen geboten. – Das Morphem *monster-* (in *monstern, monsterung* usw.) hat sein *n* wohl aus erneuter Anlehnung an lat. *monstrare* (Fleischer 1970,236); das Grundwort von *leinwand (wât)* ist analogisch an *gewand* angeglichen (V. Moser 1,3,15).
- vereinzelter *n*-Einschub zwischen Konsonanten von Stammorphemen: *er(n)te, mor(n)gens* (Biehler 1911,75; Skála 1972, XXXVI),
- vereinzelt in einer Reihe mit dentalhaltigen Silben, darunter (a) dem Superlativmorphem *-est*: *höhe(n)st, liebe(n)st, ober(n)st* (Weinhold 1863,169; Rupp 1933,63), (b) *-et*-Kombinationen der Verbflexion: *werde(n)t, frage(n)ten* (Huther 1913,71; Suchsland 1968,141; V. Moser 1,3,19), (c) dem Suffix *-at* in *heima(n)d* (Lutz 1967,63; Weinhold 1887,53), (d) dem *-et*-Suffix von Adjektiven: *nacke(n)t, knorre(n)t, narre(n)t* (V. Moser 1,3,18); *arbentselig* mag entsprechend bedingt oder von *armutselig* beeinflußt sein (Biehler 1911,75; FWB s. v. *armutselig*), (e) dem Suffix *-ezen*: *faulenzen* (V. Moser 1,3,19). Ein Teil dieser Fälle stellt sich als Umkehrung des *n*-Schwundes in druckschwachen Silben dar, s. u.

Epithese von *n* findet sich mit unterschiedlichem Festigkeitsgrad und jeweils eigener Zeit- und Raumbindung in den Partikeln *nume(n)*, *sa(n)*, *nu(n)*; der Vermeidung des Hiates dienen einige vor vokalisch anlautendem Folgewort an Präpositionen oder Pronomina (*bein eim wirte*; *zun uns*; *wien ich*) und pronominale oder adjektivische Flexive (*ire(n)/geneigte(n) oren*) angefügte *n*; es begegnen aber auch nicht hiatbedingte Fälle wie *bein/zun dem, untern den*. Unter wortbildungsgeschichtlichen Aspekten mit diesen Erscheinungen nicht zu verwechseln sind die ursprünglich obliquen Kasus angehörigen *n* in *sonder(n)*, *gester(n)*, *alber(n)*, *einzel(n)*, *nüchter(n)*, *schüchter(n)*, die in die 1. Pers. Sg. der Verben eingedrungenen *n* (*ich sagen, heissen*) sowie die aus den schwachen obliquen Kasus in den Nominativ von Substantiven übernommenen *n* (z. B. *ton* < mhd. *tahe*); vgl. V. Moser 1, 3, 44–48; Weinhold 1863, 169; 172; H. Bach 1934, 66; 1985, 2, 369–371.

Dissimilationen zugunsten von *n* sind *frevenlich* (z. B. Schmitt 1936, 52), *adenlich* (z. B. Nohl 1887, 53), *enlende* < *ellende* (z. B. Rückert 1878, 122; Jelinek 1898, 66), *wernt, werntlich* (z. B. Bindewald 1928, 54), *knobelauch* < *klobelauch* (z. B. Weinelt 1938, 192).

Neue Vorkommen von *n* ergeben sich des weiteren aus volksetymologischen Umdeutungen undurchsichtiger Wörter oder Wortteile: *anmacht* < *amacht* (FWB 1, 1324), *anzucht* < *aquaeductus* (FWB 1, 1620), *anblat* ,Oblate' (Fleischer 1970, 235), *die(n)mut* (Weinhold 1863, 170).

Mhd. *m* variiert in folgenden Positionen mit *n* bzw. unterliegt einem Wandel zu diesem (vgl. allgemein: Weinhold 1863, 167–174; 1867, 171–177):

Direkt und indirekt finales *m* von Tonsilben wechselt – vor allem wobd. im 14. und 15. Jh. – mit *n*: *heim* (dazu: HSS 2, K. 128), *heimlich, baum, arm* neben *hein, heinlich* usw. Reime des Typs *nam/an, Salomon/kom* usw. dienen oft als Beweis (vgl. z. B. Helm 1904, XXXVIII; Langosch 1933, 120; Asmussen 1965, 113; Kraft 1950, 238). In unbetonter Silbe tritt bis zum 17. Jh. ein an die Wörter *besem, bodem, bradem, busem, fadem, gadem, schwadem* gebundener Wandel zu *besen, boden* usw. auf; vorher stehen *n*- und *m*-Formen wie auch bei *atem, eidem, oheim, cherubim, bräutigam, pilgrim* im Gesamtgebiet in fakultativer Variation; das Wortbildungssuffix *-san* ist vorwiegend wobd. belegt; vgl. V. Moser 1, 3, 13–25; Luebke 1912/4/5, 262; Weinelt 1938, 23; Boesch 1946, 174; Schmid 1953, 170; Huther 1913, 60; H. Bach 2, 1985, 366; Helm 1904, XXXVIII.

Vor *ft* stehendes mhd. *m* wird bis zum 16. Jh. in den Morphemen *kunft* und *nunft* nahezu durchgehend zu *n*; vor *t* und (seltener) *p* herrscht Variation: *kunt, hend, raunt, nint*; *tenpel, stunpf, känpfen* neben *kumt, hemd* usw.; Reime des Typs *stund/kumt, samt/hand, nint/kind* sind vor allem im Alem. des 14. und 15. Jhs. ausgesprochen üblich. Im 16. Jh. schwindet die *n/m*-Variation nahezu vollständig (vgl. Boesch 1946, 174; Skála 1967, 145; Suchsland 1968, 139; Kettmann 1969, 51; Fleischer 1970, 231).

Die mit besonderer Häufigkeit für das Omd. belegte Variation von *n* und *m* der Artikel (*den/dem*) und Pronomina (*wen/wem*) sowie der Adjektivflexive (*mit iren falschen rate, mit ganzen fleisse*) hat außer der allgemeinen Schwankung zwischen beiden Phonemen auch syntaktische Gründe (vgl. Feudel 1961, 133; Otto 1970, 239; Jungandreas 1937, 300).

ng wird vereinzelt als *n(n)* geschrieben: *geganne, vergien, abgien* (Weinhold 1867, 176). Es handelt sich hierbei um einen Schreibreflex mundartlicher Nasalierung des *n* (also: *n* > *ng*; *ng* > *n*).

Schwund medialer und finaler *n* begegnet fakultativ in folgenden Distributionen:

- in druckstarken Stammorphemen vor allem vor *f, s, d, t,* aber auch vor einer Reihe anderer Konsonanten: *-nu(n)ft, sä(n)ftigkeit, ku(n)st, die(n)st, vergu(n)st, ei(n)s, ha(n)dwerk, hu(n)d, pfrü(n)de, ertri(n)ken, kra(n)k, he(n)ken, sche(n)ken, empfie(n)gen.* – Die größte Belegwahrscheinlichkeit findet sich in unter- bis mittelschichtigen Texten des Obd. des 14./15. Jhs. (vgl. Kranzmayer 1956, 113f.; Weinhold 1863, 131; Kauffmann 1890, 266; Boesch 1946, 175; Skála 1967, 148; wmd.: Garbe 1965, 209),
- in druckschwachen Silben insbesondere vor folgendem *d, t, s, g: tuge(n)d, dutze(n)d, juge(n)d, abe(n)d, fare(n)d, folge(n)d, brinne(n)d, stinke(n)d, wisse(n)d, niema(n)d, e(n)tweichen, sage(n)se, honi(n)g, köni(n)g, pfenni(n)g, messi(n)g, schilli(n)g, verteidi(n)gen.* – In das Nhd. setzen sich nur einige *-ig-*Formen durch; ansonsten schwinden die *n*-haltigen Formen, obwohl im gesamten Gebiet belegt, seit der 2. Hälfte des 15. Jhs. zunehmend (vgl. Weinhold 1867, 172; 1863, 168; 213; Skála 1972, XXXVI; Fleischer 1970, 237; H. Bach 2, 1985, 375; Jungandreas 1937, 291; Gr. d. Frnhd. 1, 2, 125–148),
- im direkten und indirekten Auslaut druckstarker Morpheme: *sei(n), fei(n), gemei(n), kei(n), a(n)leite, a(n)sprache, stei(n)brecher, lei(n)lach, Hei(n)rich, Ku(n)rad.* – Die Belege häufen sich in mittelschichtigen Texten des 14. Jhs.; bereits im 15. Jh. werden sie selten; geographische Abgrenzungen sind nicht möglich,
- in der auslautenden druckschwachen Silbe *-en* des Infinitivs (*erkenne, beraube*), der 1. Pers. Pl. der Verben (vor allem bei folgendem *wir: tue wir*), der flektierten Adjektive (*den heilige geist, mit grosse ere und freuden*) und Substantive (*scheppe*). – Dem Nachweis von *n*-Abfällen dienen oft Reimbeobachtungen; aus Vorkommen des Typs *reinen/gemeine, stille/willen, sitzen/witze* usw. wird unter Beachtung von *n*-losen Formen prosaischer Texte sowie der Verhältnisse in den rezenten Mundarten auf Fehlen des *n* auch in der Aussprache geschlossen. – Die Möglichkeit unreiner Reime wird unzureichend in Betracht gezogen. – Angaben zur Zeit-, Raum- und Sozialbindung hätten nach dem jeweiligen Status von *-en* zu differenzieren; speziell für das Infinitiv-*en* sind nordobd. / omd., vor allem obfrk. / thür. Texte stark betroffen; die meisten *n*-losen Schreibungen finden sich im 14. Jh. in mittelschichtigen Texten; bereits im 15. Jh. ist *-en* die Regel (vgl. V. Moser 1, 3, 98–99; Kranzmayer 1956, 113f.; Weinhold 1863, 171; Huther 1913, 72; Michels 1921; Suchsland 1968, 141; Kettmann 1969, 256; Otto 1970, 246; Jungandreas 1937, 296–300; Fischer 1893, XVIII; Strauch 1919, XVIII; Gerhard 1927, XXXI).

ng §L63

Lit.: Kohrt 1980; Cercignani 1979, 89–100.

/ŋ/

<**ŋg**, *n, nh, ngk, nck, ngck, nc, nk, nng, ngh*>

1. Der Phonemstatus des frnhd. und nhd. Velarnasals ŋ hängt von der theoretischen Grundlage der phonologischen Argumentation ab. Geht man (wie hier) davon aus, „daß eine phonologische Beschreibung in erster Linie die Regularitäten der Produktion und Rezeption in einer Sprache erfassen soll" (Kohler 1977, 168), so wird man spätestens seit Äußerungen wie der in

der Anm. von Ickelsamer zitierten zumindest für die medialen Positionen ein eigenes Phonem anzusetzen haben. Dieses entspricht abgesehen von einigen Gewinnen und Verlusten einerseits der mhd. Phonemfolge /ng/ und ihrem Verhärtungsprodukt /nk/, wobei das *n* als velarisiertes Allophon [ŋ] des Phonems /n/ zu werten ist, andererseits nhd. ŋ. Das Phonem steht medial zwischenvokalisch und vorkonsonantisch sowie final nachvokalisch.

Anm.: *Ein mercklicher vnd deütlicher mangel ist auch an den bůchstabē / n / vñ / g / in den wŏrtern Engel / angel / fräck / da hŏrt man weder dz / n / noch das / g / volkomlich / sonder man hŏrt auß jrer zůsamen schmeltzüg vil ein ander gethŏn vñ stiṁ / welchs auch der Aulus Gellius auß dem Nigidio anzeiget / der da schreibt / wañ da dz / n / der recht bůchstab wer / so růrete die züg obe an den gůmē / welliches aber in disen wŏrtern nit geschicht / wie sie yetz geneñet werden.*

Item die Francken vñ Schwabē habē ein vnteutsch wort / damit sie etwas leignē vnd neyn wŏllē sagen / das heißt nāncke / da sein dz / n / vñ / k / nicht die rechte bůchstaben / vñ kan auch dises wort / wie es genennet / mit den bůchstabē vnsers A be ces / nit erreychet noch geschribē werdē / sonder ein frembder vñ newer bůchstab würdt da an stat des k / gehŏret / auß d' gurgel getruckt / wie die krancken āgzen od' kreistē / vñ würt das / n / auch nit recht / sonder mägelhafft [. . .] gehort.

In den wortē Agnes / Ignatius / Magnus / würdt auch etwas anders in der erstē silbē gehŏrt / daṅ die bůchstabē schlecht geben / aber disen mangel (wers merckt vñ versteht) hebt dz nachgeende / n / sein auff (Ickelsamer C IIr – IIv; vgl. auch: Müller 1882, 59; 77; Painter 1989, 168–170).

In der zwischenvokalischen Position ist der Folgevokal immer ein schwachbetontes *e* (*dringen, dinge, enge*), der vorangehende Vokal ist in aller Regel kurz, in Wortformen wie *giengen, fiengen, hiengen* kann allerdings auch ein Diphthong, in den Monophthongierungsgebieten der diesem entsprechende Langvokal vorausgehen. – Die vorkonsonantische Stellung beschränkt sich auf die Wiedergabe der in Lehnwörtern vorhandenen Sequenz *gn* als ŋn (*Angnes, Mangnus, sengnung, rengnieren*: Ickelsamer C IIv; Boesch 1946, 168; Jungandreas 1937, 375–377; Luebke 1912/4/5, 263; Hoffmann 1903, 177); innerhalb des deutschen Erbwortschatzes findet sie sich lediglich vor *s*(-) und *t*(-); diese Phoneme sind in allen Vorkommen Anlaute von Morphemen (*läng-st*) bzw. eigenständige Morpheme (*sing-t*), darunter analogisch übernommene (*ring-s*), oder sie sind erst durch Synkope eines mhd. vorangehenden *e* in den Kontakt zu *n* getreten (*hengst* < *hengest*, *angst* < *angest*). Wenn man für die Sprachbenutzer des Frnhd. ein synchrones Bewußtsein dieser Verhältnisse annimmt, ist die Distributionsangabe ‚medial vorkonsonantisch' auf die Lehnwörter o. a. Phonemstruktur zu beschränken. – Final begegnet ŋ (*g/k*-Tilgung bzw. -assimilation vorausgesetzt) indirekt (*verhängnis*) und direkt nach Vokal (*lang; fieng*, letzteres in di- und monophthongischer Lesung).

2.   Die quantitativ häufigste Graphie für die aus etymologischem *ng* entstandenen ŋ (also nicht für das ŋ-Allophon von *nk*) ist vor allem zwischenvokalisch, aber auch in allen anderen Stellungen *ng*. Außerdem treten auf:

– *n* und *nh* vereinzelt medial (*empfanhen, lanhe, hänherei; pfinsten*) sowie indirekt (*hänziegel*) und direkt final in Wortbildungsmorphemen wie *in(g)* und *un(g)* (*sezlin, abstellun*) und Stammorphemen (*zwan*). Daß diese *n* und *nh* gesprochenes ŋ repräsentieren, ist zwar wahrscheinlich, aber keineswegs gesichert. Penzl (1968a, 343) weist bereits für das Obd. des 11. Jhs. einige *n*-Schreibungen nach und wertet sie als schreibsprachliche Reflexe der Velarisierung von *ng*: *geuanen* ‚gefangen‘, *sprinet* ‚springet‘, *sinen* ‚singen‘; vgl. insgesamt Skála 1967, 148; Fleischer 1966, 93; 1970, 242;

– *ngk, nck, ngck, nc, nk* in allen Räumen vereinzelt bis ins 16. Jh. direkt und indirekt final (*dingk, dinck, dingck, dinc, dink*); dabei ist die erstgenannte Schreibung häufiger als die übrigen belegt; vgl. H. Moser 1977, 134; H. Bach 1937, 111; 1985, 2, 170; 209; 221;

– *nng* medial (*reitunngen*) und final (*lanng*); vgl. H. Moser 1977, 134;

– *ngh* medial im Md. der älteren Zeit besonders in unbetonter Silbe, vgl. V. Moser 3, 1, 245: *brenghen, -unghe*.

In der Geschäftssprache des 16. Jhs. in Dresden unterscheiden einige Schreiber zwischen *ngk* (*langk, gangk*) für etymologisches *ng* und *nck* (*tranck, zanck*) für etymologisches *nk* (Fleischer 1970, 334f.). Bei Luther begegnet für beide *nk* vereinzeltes *nck* (*ursprunck, tranck*); für etymologisches *nk* kann im gesamten binnendt. Raum *ng* gebraucht werden (*krang, zang, trang*: H. Bach 1985, 2, 170; 209).

3.   Die Aussagekraft dieser Schreibverhältnisse für die Bestimmung von Zeit und Raum der *n*-Phonologisierung ist relativ gering: Die Konstanz der zwischenvokalischen Schreibung *ng* macht diese für den genannten Zweck uninterpretierbar; die von Penzl aufgeführten *n*-Schreibungen sind erstens sehr isoliert und können zweitens durchaus als *n* gelesen werden. Die finalen Schreibungen sind einerseits als Beweis für den Fortbestand von verhärtetem *nk* (aus *ng*) und damit für die finale Phonemfolge *nk* auffaßbar, können andererseits aber auch als bloßes Relikt historischer Schreibungen verstanden werden. Ein phonologisch interpretierbarer Schreibbefund würde erst dann vorliegen, wenn nachgewiesen werden könnte, daß erstens die alten Verhärtungsschreibungen zunehmend weniger gebraucht werden, sich zweitens aber in genau denjenigen Räumen erhalten haben, in denen bis auf den heutigen Tag *nk* gesprochen wird. Ersteres ist allgemein, letzteres dagegen überhaupt nicht dokumentiert. Die vereinzelte (z. B. bei H. Bach 1985, 2, 221; Fleischer 1970, 336) Anbindung von *ngk-, nck*-Schreibungen an den heutigen lautgeographischen Befund ist zwar plausibel, sie entbehrt aber des methodisch notwendigen Gegenbeweises und beruht außerdem auf der Prämisse der ungefähren räumlichen Deckungsgleichheit frnhd. und nhd. Lautverhältnisse.

Trotz dieser Nachweisprobleme stellt man sich die Geschichte der Phonemisierung (= Monophonematisierung) der Phonemfolge *ng*, verhärtet *nk*, wie folgt vor: Sie geht von der zwischenvokalischen Position aus und vollzieht sich entweder durch Velarisierung des *n* vor *g* zu ŋ und anschließende Tilgung des *g* (so Penzl 1968a) oder durch eine Kombination von Velarisierung des *n* vor *g* mit einer Velarisierung des *g* nach *n* (so Cercignani 1977, 89–100); eine mögliche Geminate ŋŋ als unmittelbares Ergebnis dieser Wandlungen bleibt historisch gesehen für die gehobenen Sprachvarietäten eine Übergangserscheinung; allerdings wird die in Schweizer Dialekten auftretende Geminate *ŋŋ* als ihre Fortsetzung gesehen (Schirmunski 1962, 393–394). Von der zwischenvokalischen Position aus ist das velare Nasalphonem analogisch in den meisten obd. und einem Teil der md., nicht aber in den anderen Teilen der md. und in den hd. Umgangssprachen und Dialekten Norddeutschlands auf die finale Position übertragen worden (Raumangaben bei Schirmunski 1962, 394; Russ 1982, 107). Die heute in den gemeinten Gebieten zu beobachtenden Differenzen in der Aussprache des finalen *ng* (nämlich: *eŋ, baŋ, geriŋ* statt *eŋk, baŋk, geriŋk*; aber stets *laŋk*) erklären sich daraus, daß das *ng* in diesen Wörtern mhd. noch im Inlaut stand und erst durch die Apokope des *-e* in den Anlaut rückte (Kohrt 1980, 793). Schreibdifferenzen des Typs *nkh* für den Nom. und Akk. (z. B. *anfankh*) gegen *ng* für den Dat. (*anfang*) lassen sich analog erklären (vgl. Sandberg 1983, 65). – Den Terminus usque ad quem der Phonologisierung liefert Ickelsamer (1531).

4. Der Bestand des velaren Nasalphonems differiert gegenüber der mhd. Phonemfolge *ng* und dem nhd. *ŋ*-Phonem auf grund folgender Erscheinungen:

Das Suffix *-ig* erscheint obd. und omd. fakultativ als *-ing*: *aussätzi(n)g, gnädi(n)g, heili(n)g, lebendi(n)g, trauri(n)g, weni(n)g, willi(n)g*. In indirekter Finalstellung, insbesondere vor *-lich*, kann im Gesamtgebiet statt *-ig* (bzw. seinen Varianten) *-enk* (oder Varianten, darunter *-inc, -enc*) stehen: *ewenklich, wonnenklich, schnellenklich, wirdenklich, einhellenklich*; sofern ein Rückschluß aus der Schreibung auf die Lautebene möglich ist, läßt die besondere Konsequenz der *c*- und *k*-Graphien (im Gegensatz zu sonst dominierendem *ng*) für dieses Morphem allerdings eher auf die Phonemfolge /nk/ als auf /ŋ/ schließen; vgl. Luebke 1912/4/5, 263; Jelinek 1898, 66; Handtcke 1894, 39; Huther 1913, 71; Schützeichel 1974, 129 mit Diskussion der Erklärungsversuche; H. Bach 1934, 67).

Vereinzelt erscheint *genug* als *genung* (Nordlund 1928, 285; Luebke 1912/4/5, 263; H. Bach 1934, 111; Fleischer 1970, 235; KdS 103). – Für die Phonemfolge *gen* kann *ng* eintreten: *jungt* (für *jugend*), *Rengsburg* (für *Regensburg*: Skála 1967, 51).

Für etymologisches *nn* wird oobd. vereinzelt *ng* geschrieben: *schrange, spange* (< *spanne*), *gewingen*; dem entsprechen Reime des Typs *dannen / gefangen, mannen / ergangen, erkenne / länge* (Weinhold 1867, 176; Luebke 1912/4/5, 263; Haasbauer 1926, 48; Gereke 1932, XVII).

Schreibungen von *ng* (oder einer Variante) für etymologisches *nd*, seltener für *nt*, begegnen in folgenden Positionen:
– vereinzelt für die die Morphemgrenze überschreitende Phonemsequenz *nd* oder *nt*: *begung* < *begunde* (Weinhold 1867, 176), *bekank* < *bekant* (Weinelt 1938, 173),
– vereinzelt für das *nd* des etymologisch isolierten (aus vorahd. *hundi* ‚hundert') Grundwortes von *tausend*: *tausing* (Müller 1953, 150ff.; Schmidt 1969, 94; Gleißner / Frings 1941, 82), falls für diesen Vorgang nicht eine analogische Übernahme des Adjektivsuffixes *i(n)g* anzunehmen ist,
– in einigen thür. Belegen des 14./15. Jhs. für das *nd* des Part. Praes.: *(bei) lebingem (leibe)* < *lebend* (falls nicht aus *lebendig*), *farninge (habe)* < *farend* (Frings / Schmitt 1942, 55–56),

- schlesisch vereinzelt für das Präfix *ent-*: *enkscheiden* (Jungandreas 1937, 342),
- umfangreicher belegt für das mediale und finale *nd* starktoniger Stammorpheme: *king* < *kind, rang* < *rand, stang* < *stande, enge* < *ende, schlingen* < *schlinden, hangelunge* < *handelunge, hinger* < *hinder/hinter* (dazu Karten bei Frings 1956b, 236; 238); in ONN: *Gungeltingen* < *Gundoltingen*; in PNN: *Kunnigunge* < *Kunigunde, Gerlink* < *Gerlinde*. Diesen Schreibungen entsprechen Reime des Typs *sank / wiegand, and / lang, drungen / runden*.

Diese *ng*-Schreibungen sind der Reflex dialektaler und deshalb trotz obiger Belege insgesamt nur selten in die Graphie eingedrungener Velarisierungen. Speziell die Stammorphemvelarisierung ist zeitlich aus siedlungsgeographischen Gründen vor der Ostkolonisation, nach der strukturgeschichtlichen relativen Chronologie von Heinrichs (1955) ins 10. Jh. oder früher zu datieren und bis zum Ende des Frnhd. vorwiegend für mundartnahe Texte zu belegen. Hauptverbreitungsgebiete sind das Ripuarische, ein daran nach Osten anschließender hess. / thür. / osächs. / schles. / hochpreuß. Streifen sowie ein Teil des Alem.; das entspricht weitgehend den heutigen dialektalen Verhältnissen (vgl. KEDS, Karte S. 397). Wort- oder morphemgebundene Einzelbelege begegnen vereinzelt aber auch darüber hinaus. Ein ehemaliger geographischer Zusammenhang des wmd. mit dem im Frnhd. wahrscheinlich geschlossenen alem. Velarisierungsgebiet ist umstritten, ebenso der strukturelle Zusammenhang der *nd*-Velarisierungen untereinander und mit der sog. Rheinischen Gutturalisierung (Werlen 1983).

Den dialektalen Charakter der Erscheinung belegen im gesamten Verbreitungsgebiet begegnende hyperkorrekte Umkehrschreibungen von etymologischem *ng* als *nd*: *hunder, lande, handlander, gemandelt, empfiende, -sand* (in FlN), *bifant*, Suffix *-und(e)* jeweils statt *ng*. Schützeichel (1974, 131) hält im Anschluß an Langenbucher (1970, 137f.) eine Restitution etymologischer *nd*-Schreibungen (gegen die Velarisierungsreflexe) aus dem Stadtkölnischen für möglich. (Lit. zu *nd/ng* allgemein: Werlen 1983; Schmitt / Frings 1942; Schützeichel 1956b; 1974; Heinrichs 1955; speziell: Müller 1953, 150–154; Schwitzgebel 1958, 104–110; Rosenkranz 1964, 79–80; Quint 1927, 49* mit Reimangaben; Fleischer 1970, 334; Bischoff 1954, 116; Jungandreas 1937, 341ff.; Weinelt 1938, 173).

Geographisch auf Teile des mfrk. /rhfrk. Gebietes und seine siebenbürgischen Kolonialmundarten eingeschränkt, grob dialektal und deshalb äußerst spärlich belegt ist die Velarisierung des *n*. Sie steht
- medial in *fungve* ‚fünf' (1316, rhfrk.), vor Flexionssuffix in *Mertings tage* (1346, rhfrk.), *ausgezäungt* (1567, luxemb.), außerdem in Namen: *Krings* < *Quirinus, Frings* < *Severinus* (16. Jh., rib.),
- final in *nuong* ‚neun' (1469, mosfrk.), *zungh* ‚Zaun' (1547, rib.), *zunckbar* gegen ebenfalls belegtes *zaunbar* (1567, luxemb.), *brong* ‚braun' (1479, siebenb.), *allong* ‚Alaun' (1503, ebd.). – Als Umkehrschreibung erklärt sich mehrmaliges *junfraue* (14.–16. Jh.); vgl. Frings / Schmitt 1942; Schützeichel 1956b, 65–66; Werlen 1983.

Umgekehrt zu diesen Gewinnen gibt es einige Verluste von *ng* gegenüber dem mhd. und nhd. Befund:

In den Wortbildungsmorphemen *-ing* und *-ung* kann das *n* zumindest graphisch getilgt werden, vgl. *schierli(n)g, verteidi(n)gen, meinu(n)g, rechnu(n)g*. Bei Wörtern, deren Stamm auf *n* ausging, ist dieser Vorgang als Dissimilation auffaßbar, vgl. *koni(n)g, pfenni(n)g*. Im südöstlichen Inseldeutsch sowie im Schönhengst erscheint *-ling* vereinzelt als *-ig*, vgl. *einzügli(n)g, nachkümli(n)g* (Gárdonyi 1966, 130; Korkisch 1939, 206). Isoliert wird *n*-Schwund auch für druckstarke Stammorpheme belegt, vgl. *Egelman, Egelhard* (Hoffmann 1903, 177), *empfa(n)gen, betwu(n)gen* (Gárdonyi 1966, 130). Die Variation von *n*-Schreibungen mit *n*-losen Schreibungen setzt in der Sprechsprache noch eine artikulatorische Folge von *n*-Allophon und *g* voraus (vgl. Birlinger 1868, 141; Huther 1913, 71; Suchsland 1968, 141; Bentzinger 1973, 103; Jungandreas 1937, 394).

Der vereinzelt belegte graphische Schwund des *g* (s. o. sowie Beispiele wie *pfinstag*: Wagner 1910, 56) liegt unter der Voraussetzung, daß das verbleibende *n* als Dentalnasal artikuliert wurde, ebenfalls vor der Phonemisierung des *ng* zu ŋ. Für *dienstag* ist Assimilation von *ng* an *s* anzunehmen (H. Bach 1943, 111).

4.6. Liquide: *l, r*

§ L 64   **l**

                                              /l/

<*l, ll, lh, hl*>
<*ll, l*>

1.   Der Bestand von /l/ entspricht abgesehen von einigen Differenzen, die durch Assimilationen, Dissimilationen, Schwünde und Einschübe zustandekommen, demjenigen von einerseits mhd. /l/ und /ll/, andererseits nhd. /l/. Das Phonem begegnet initial vor Vokal (*leib*), medial zwischenvokalisch (*wälen, wollen*), nach- (*klein*), zwischen- (*werlt*) und vorkonsonantisch (= nachvokalisch: *folgen*) sowie final nachvokalisch (*wil, capitel*) und nachkonsonantisch (*Carl, arl*).

Anm.: *[der Consonant l] wirt mit der zungen gefurt, das die zung oben ym mundt an stoszt, fornen an die zeen gehalten und wider daruon genomen* (Fabritius 1532, 17; vgl. auch Ickelsamer B Ir).

2.   Die initiale Schreibung ist nahezu ausschließlich *l*: *leben, laufen, leib, lob*; sehr vereinzelt begegnen *ll* (z. B. *llieber, llucifer*: Weinhold 1863, 163, *lland*: Barth 1938, 79), *lh* (*lhen*: Otto 1970, 232), einmal auch *hl* (*hlinj*: Koller 1989, 171). Medial nach- (*klein, schlecht*) und zwischenkonsonantisch (*werlt*) kommt ebenfalls nahezu ausschließlich *l* vor (Gegenbeispiel: *schllemmen*: Koller 1989, 175). In allen anderen Stellungen steht sowohl *l* als auch *ll*; medial zwischenvokalisch und final nachvokalisch findet sich

außerdem als hohe Ausnahme und mit starker Tendenz zur Wortbindung *lh*: *mülhe, befelhen* (+ zugehörige Wortbildungen), *schielhen, falh, geselh, maulh, malh* (Skála 1967, 151; Otto 1970, 230; 232; H. Bach 1985, 2, 242; Piirainen 1983, 17). In einigen dieser Fälle (*-felh-, schielhen*) beruht *lh* auf historischer Schreibung und kann als graphischer Reflex älterer Lautverhältnisse (nämlich *lch*) gewertet werden; den Status des Allographs von *l* hat *lh* also erst nach dem Verstummen des *ch* erreicht. In den anderen Beispielen spricht nur *geselh* gegen die mögliche These von *h* als verstelltem Längezeichen.

Das für die Graphie des /l/ typische Nebeneinander von *l* und *ll* ist medial vorkonsonantisch und final nachvokalisch großenteils fakultativ; es gibt aber gewisse geschichtliche und strukturelle Verteilungstendenzen:

Generell wird *l* wesentlich häufiger geschrieben als *ll*.

ll ist im 14. Jh. relativ selten und oft auf diejenigen lexikalischen Einheiten beschränkt, in denen es auch inlautend zwischenvokalisch, und zwar als Fortsetzung der mhd. Geminate, steht (Pfeffer 1972, 143; Glaser 1985, 311; Gegenbeispiele: Kehrein 1863, 1, 19; 93; Schmid 1953, 128).

Seit der 2. Hälfte des 15. Jhs. stehen *l* und *ll* ohne erkennbare Regel nebeneinander, und zwar unabhängig davon, ob ein Kurzvokal oder ein Langvokal bzw. Diphthong vorangeht oder ob Haupt- oder Nebentonsilbe vorliegt; *ll* ist damit kein Kennzeichen für Kürze des vorangehenden Vokals; trotzdem ist die Wahrscheinlichkeit der Doppelschreibung nach Langvokal und Diphthong vor allem gegen Ende der Epoche geringer als nach Kurzvokal; Beispiele für die freie Varianz sind: *hal(l)ten, hel(l)fen, wil(l), zal(l), wal(l), spiel(l)*.

Das Bestreben, Regelhaftigkeiten im Gebrauch von *l* und *ll* zu finden, führt für einige Texte zu der Tendenzaussage, *ll* begegne vor *t*, *d* und *z* weniger häufig als *l* (Skála 1972, XXXVII; v. d. Broek 1984, 20), es gibt aber auch das gegenteilige Ergebnis (Nimmervoll 1973, 116). In Fremdwörtern und in druckschwachen Silben ist der Nachweis von *ll* breiter begründet; vgl. *apostell, artikell, tafell, spitall, schlüssell, wandell* (Rückert 1878, 176; Weinhold 1863, 163; Brandstetter 1892, 264; Haubold 1914, 9; Skála 1967, 51; Koller 1989, 176).

Für die zwischenvokalische Position gilt ebenfalls weitgehend die freie Varianz von *l* und *ll* unabhängig von der Länge des vorausgehenden Vokals, vgl. *weil(l)e, heil(l)ig, befel(l)en, sel(l)e* ‚Seele', *spiel(l)er, gesel(l)e*. Die Varianz wird eingeschränkt durch die Tendenz zu einer distinktiven Verteilung von *l* und *ll* in dem Sinne, daß *ll* die mhd. Geminate (vgl. *stellen, wille, geselle*) und *l* den mhd. einfachen Laut fortsetzt. Hinsichtlich der betroffenen lexikalischen Einheiten folgt dem seit der 2. Hälfte des 15. Jhs. für die Tonsilben eine Regelung in der Richtung, daß *ll* die Kürze des vorausgehenden Vokals, *l* dessen Länge kennzeichnet; in einer Reihe von Texten ist diese Regelung annähernd oder ganz erreicht, so daß *stelen* / *stellen, fülen* / *füllen* in Opposition zueinander stehen (Steffens 1988, 255; Otto 1970, 232; Reichmann 1972, 53; Wolf 1975, 189; 239; Clajus 164).

Vereinzelt wird Metathese des *l* belegt: *nalde*, ferner: *entsalfen* (< *entschlafen*), *pfilget* (< *pfliget*), *klech* (< *kelch*), *unwalt* (< *unflat*), *vilge* (< *vigilie*) (Weinhold, 1863, 163; Jungandreas 1937, 289; Boesch 1946, 185; Feudel 1961, 133; Garbe 1969, 212).

3.   Der Bestand der medialen, nicht zwischenvokalischen *l* differiert gegenüber dem Mhd. und / oder Nhd. aufgrund folgender Variation:

Durch Dissimilationen können *n* und *r* zu *l* werden, vgl. für *n*: *samlen, pfulment*
(‚Fundament'), *fasteltag, kümel*; für *r*: *ankel, balbieren, cörpel, erkel, marmelstein,
martel, maulbere, mörsel, pilgrim, purpel, salworcht, schalmützen* (falls nicht Volkse-
tymologie aus *schal*), *tölpel* vor allem alem. in vielen Namen (Birlinger 1868, 88;
Karg 1884, 21; Kauffmann 1890, 258; Jungandreas 1937, 228; Boesch 1946, 181; Volk
1966, 125; Bach 1985, 2, 355; 361; 372); *kilche* ist Kennform des Alemannischen (vgl.
DWB 5, 792; Schweiz. Id. 3, 229ff.; Besch; 1967, 181 + K. 49.)
   Assimilation von *n* an folgendes *l* setzt Suchsland 1968, 140 in *gemeilich, gewöllich,
botelon* u. a. an.
   Schwund des *l* begegnet u. a. in: *as* (< *als*), *feissig* (< *fleissig*), *hadin* (< *halten*),
heigen (< *heilgen*), *maustreich* (< *maulstreich*), *schodig* (< *schuldig*), *schak* (<
schalk), *zwich* (< *Zwilch*), oft *wertlich* (< *werltlich*), oft in Personen- und Ortsnamen,
alem. in *sun, wen* usw. aus den Modalverben *sullen, wellen* (Weinhold 1863, 163;
1867, 165; Birlinger 1868, 88; 95–96; Jungandreas 1937, 277; Thornton 1962, 73; Skå-
la 1967, 151; 1972, XXXVII; Garbe 1969, 211; Schellenberger 1974, 73; zu *as / als*:
Schützeichel 1974, 110–115).
   Einschub von *l* findet sich nur äußerst vereinzelt: *dumelstag, folgel*, in Anlehnung
an das Personennamensuffix -*olf*: *bischolf* (Weinhold, 1863, 163; 1867, 165; Weinelt
1938, 192; Pfanner 1954, 197; Thornton 1962, 73; Garbe 1969, 212).
   Für die in den heutigen Mundarten häufigen Vokalisierungen des *l* (dazu Haas
1983 mit älterer Literatur) finden sich in frnhd. Schriftlichkeit nur isolierte Einzel-
reflexe: *soudaen* (Ganser 1985, 44), *himereich* (Rudolf 1973, 85; vgl. Jungandreas
1937, 278–281; Kranzmayer 1956, 120 ohne Belege; V. Moser 1, 3, 101).

§ L 65					r

/r/

<*r, rr, rh, hr*>
<*rr, r, rrh*>

1.   Der Bestand des /r/ entspricht abgesehen von einigen Differenzen, die
durch Dissimilationen, Rhotazismen, Schwünde und Einschübe zustandekommen, demjenigen von einerseits nhd. /r/, andererseits mhd. /r/ und /rr/.
Das Phonem begegnet initial vor Vokal (*rat, reich*), medial zischenvoka-
lisch (*feurig, zerung, ferre*), nach- (*gros, tragen*) und vorkonsonantisch (=
nachvokalisch: *arm, dorf, mark*) sowie final nachvokalisch (*spur, priester*)
und bei graphischer Auslassung von *e* auch nachkonsonantisch (*ledr,
keinr*).

Anm.: *Das* /r/ *ist der Hüdts büchstab* / *wañ er zornig die zene blickt und nerret* / *so die
züg kraus zittert* (Ickelsamer B Iv; vgl. Painter 1989, 167–168).

2.   Die (direkt und indirekt) initiale Schreibung ist nahezu ausschließlich
r: *regel, richter, raufen, rund*; Koller (1989, 177) belegt einige *hr* (*hrein*; indirekt: *er-hreichen*), Kraft (1950, 246) einmal *rr* (*rrittig-*); seit der 2. Hälfte

des 16. Jhs. begegnet – und zwar meist vor Langvokal und nach den Präfixen *ver/ vor-* – das von griech. Schreibweise beeinflußte *rh* (*rhor, rhümen, berhüren, verhaten, vorrhede*: V. Moser 1,1,42; Bach 1934,64; 1985,356; Fleischer 1970,152; Grothausmann 1977,216). Medial nachkonsonantisch findet sich ausschließlich *r*; vorkonsonantisch begegnet *r* zwar in der überwiegenden Mehrzahl aller Belege, variiert aber seit dem späten 15. Jh. mit seltenerem *rr* (*herrn, herrschen, hirrsch, irrdisch, wasserrs*: Haubold 1914,70; Otto 1970,236; H. Moser 1977,158) und mit vereinzeltem *rh* (*arhme, gelerht*: Koller 1989,177); Regeln sind nicht zu erkennen; *rr* mag in einigen Fällen morphologisch durch zwischenvokalische Doppelschreibungen gestützt sein (z. B. *herrn* wie *herren*, so H. Moser 1977,158). Final ist *r* unabhängig von der Quantität des vorausgehenden Vokals und unabhängig von der Druckstärke der Silbe auch da die Regel, wo etymologisch *rr* berechtigt wäre (*geschir, gesper*: Fleischer 1970,229); seit Ende des 15. Jhs. begegnet fakultativ aber auch *rr*, und zwar mit größerer Wahrscheinlichkeit nach Kurzvokal tonstarker (*dürr, ferr, knorr*; indirekt: *irrsal, herrlich, pfarrleute*) und tonschwacher (*mauerr, wasserr, sauerr*) Silben als nach Langvokal (*bierr, kürr*; indirekt: *kürrschacht*); als Kontraktion von -*erer* sind die bereits im 14. Jh. begegnenden (vgl. Schmitt 1936,53) *rr* der Flexionsendung von Adjektiven und Pronomina (z. B. *unserr* < *unserer*) aufzufassen; für finales *rh* gibt es nur einige Einzelbelege: *erh, yrh* (V. Moser 1,1,42); vgl. insgesamt zu finalem *r/rr*: Otto 1970,236; Kettmann 1969,246; Fleischer 1970,229; Koller 1989,179; Nimmervoll 1973,120; Gárdonyi 1965,65; Clajus 45–46.

Zwischenvokalisch herrscht für die Gesamtzeit und den Gesamtraum weitgehend freie Varianz von *r* und *rr*, und zwar sowohl nach druckschwacher (*richterre, bürgerre, änderren, bekumberren*) wie nach druckstarker (*irren, begerren*) und sowohl nach kurzem (*ferre, karre*) wie nach langem (*störrer, vorrig, merren*) Vokal. Dennoch sind gewisse Verteilungstendenzen erkennbar: *rr* steht vor allem im älteren und mittleren Frnhd. oft als Fortsetzung der mhd. Geminate und gegen Ende der Epoche zunehmend nach Kurzvokal (Skála 1967,149; Glaser 1985,316; Nimmervoll 1973,120). Für eine Reihe von Schreibern bzw. Texten seit der Mitte des 15. Jhs. wird eine distinktive zwischenvokalische Opposition von *r* (nach Länge) und *rr* (nach Kürze) oder die Tendenz zu einer solchen angenommen: *keren, klären, waren; harren, sperren* (vgl. Steffens 1988,257; Fleischer 1966,56; 1970,45; Reichmann 1972,53; H. Moser 1977,158; Uminski 1980,119; Clajus 170). Umgekehrt begegnen bis in die Spätzeit Texte, in denen *rr* überhaupt nicht belegt ist (Piirainen 1968,213). Das Wort *herre* findet sich obd. nahezu ausschließlich in Schreibungen mit doppeltem (*herre*), md. daneben in solchen mit einfachem *r* (*her*). Die Variante *rrh* ist nur vereinzelt belegt (*irrhet, myrrhe, pfarrhe*, in diesem letzteren Fall ist Beeinflussung durch *pfarrherre* möglich: Bach 1934,64; 1985,357).

3. Der Bestand an Einheiten mit *r* differiert gegenüber dem Mhd. und /
oder Nhd. aufgrund folgender Variation:

Ein Fall von Dissimilation ist *kristierung* aus *klistierung* (Stirius 1891, 29).
Rhotazismus liegt in einigen für das Rhfrk. des 13.–15. Jhs. belegten Orts- und
Flurnamen vor: *-rore* < *-rode* (Weinhold, Mhd. Gr. 210), *Sneyrenberg* (laut Steffens
1988, 160 zu mhd. *sneide*); zur Bedeutung dieser Fälle für das Konsonantensystem
vgl. Lessiak 1933, 121.

Schwund des *r* begegnet im Gesamtraum und in der Gesamtzeit

- einzelwortgebunden als Folge der Erleichterung von Mehrfachkonsonanz in
  welt(lich), vgl. Besch 1967, 122–123 mit Karte,
- medial und in indirekter Finalstellung vereinzelt vor allem vor Dental (*heste* <
  herste, füst, kuzlich, ezbischof, dunstag, gaten, mader, patei; *elos* < *erlos, vieteil* <
  vierteil) und vor *ch* (*fochten, doch* < *durch, pech* < *perg*),
- als Folge totaler Dissimilation (*gehard, heberge, foster, alrest, mater*, vor allem
  md., aber auch darüber hinaus belegtes *fodern*),
- vereinzelt in druckschwacher Flexionssilbe vor Konsonant (*weites* < *weiters*: Skála 1972, XXXVII) und final (*diese, eine, welche* jeweils für *-er*: Boesch 1946, 182;
  Schmid 1953, 127),
- final wie bereits mhd. verbreitet in *da, na, sa, wa, hie, me*, weniger häufig in den
  mit diesen Wörtern gebildeten Adverbien, und zwar in der Weise, daß *r* vor
  konsonantisch anlautendem zweitem Bildungsbestandteil genereller schwindet als
  vor vokalischem Anlaut (*damit, danach, dadurch* gegen *daran, darauf, darin*). Bei
  den kontrahierten Formen *dinnen, daussen, doben* ist nicht entscheidbar, ob die
  Ausgangsform *da-* oder *dar-innen* (usw.) lautete,
- vereinzelt im Wortbildungsmorphem *zu* < *zur*.

Der *r*-Schwund wird oft als Vokalisierung erklärt und mit der in den heutigen Mundarten weit verbreiteten (vgl. Haas 1973, 1113) *r*-Vokalisierung
in Verbindung gebracht. Eine derartige Erklärung setzt erstens die Rekonstruktion der historischen Aussprache (vor allem durch Untersuchung
von Varianten und deren Interpretation durch allgemeinphonetische Überlegungen) sowie den Nachweis geographischer Übereinstimmungen zwischen heutigem Vokalisierungsgebiet und frnhd. Schwundgebiet voraus.
Beide Bedingungen sind mit hinreichender methodischer Sicherheit
höchstens für Einzelgebiete gegeben (vgl. Kranzmayer 1956, 123; Schirmunski 1962, 372–379; V. Moser 1, 3, 103).

Einschub bzw. Epithese von *r* findet sich insgesamt selten in folgenden
Positionen:

- medial vor Dental: *vergardern, keirserlich, dars, wirder, beharlten, farter, würsten,
  nürzen, hursten, verlurst*, dies letztere in Anlehnung an die durch den grammma-
  tischen Wechsel bedingten Formen von *verliesen*,
- sehr vereinzelt im Hiat statt *h, w* oder *g*: *gerürig* (Weinhold 1867, 169),
- direkt und indirekt final (*tur, ierkein, nierkein, ewerlich*,
- in *oder, dester* analog zu *weder, aber* oder als Einfluß des folgenden Komparativs,
- als Erweiterung des Suffixes *-er* zu *-rer*.

Skála (1967, 149) belegt für die erste Hälfte des 16. Jhs. *r* für *n*:
eicher laub, abbrunner sein, zu brenner, kircherfater, ganger ‚gegangen'.
Metathese des *r* begegnet verbreitet im Md. (ohne Schles.) und Elsäss. z. B. in
birnen (< *brinnen*), *dirte*, *firde* (< *friede*), *kerst*, *strak* (< *stark*), *forcht* (< *frucht*),
bedorbnis (< *betrübnis*), *forst* (< *frost*), *dornstag, born, drof* (< *dorf*), *pfred, vor / ver*
(< *frouwe*), *scharn* (< *schranne*); oft steht *-re* für *-er* nach Liquid oder Nasal (*kelre,
donre*, auch in der Adjektivflexion: *alre*); das Präfix *er-* kann zu *re-* werden (*restarb,
rekante*: Weinhold, Mhd. Gr. 208); vgl. insgesamt: Küppersbach 1931/2; DdS
1969, 394 (mit Karte); Schirmunski 1962, 379–80.

4.7. Übersicht über das Konsonantensystem

Stellt man den für das Frnhd. der gehobenen Tradition, speziell der spä- § L 66
teren Zeit (16.–17. Jh.) anzunehmenden Stand konsonantischer Phoneme
in einer Übersicht zusammen, so ergibt sich folgendes Bild:

Artikulationsart \ Artikulationsart		labial	labio-dental	dental	palato-alvolar	palatal	velar	glottal
Verschluß-laute	Lenes	b		d			g̱	
	Fortes	p		t			ḵ	
Reibe-laute	Lenes	w		s			j̱	h
	Fortes		f	ss	sch		cẖ	
Affrikaten		p̣f		z	tsch			
Nasale		m		n			ƞ	
Liquide				l, r				

Abb. 8: Der Konsonantenstand des späteren Frnhd. der gehobenen Sprachtradition (Die verwendeten Schriftzeichen entsprechen denjenigen in den einzelnen Paragraphen; auf Phonemstriche
wurde verzichtet).

Die in der Tabelle vorgenommene Positionierung einiger Phoneme auf den
Trennungslinien zwischen labial / labiodental (für *pf*), dental / palatoalveolar (für *tsch*) und palatal / velar (für *g, k, j, ch*) hat unterschiedliche
Gründe: Bei *pf* und *tsch* ist die für Affrikaten geforderte Bedingung hom-
organer Artikulation nur dann erfüllt, wenn man den Labial-/Labio-
dentalbereich bzw. den Dental-/Palatoalveolarbereich als eine Einheit betrachtet, auch wenn innerhalb dieser der plosive Teil der Affrikate labial
bzw. dental, der spirantische Teil labiodental bzw. palatoalveolar artikuliert wird. Bei *g, k, j* und *ch* ist die Positionierung durch die Annahme
motiviert, daß diese Phoneme jeweils ein palatales (nämlich in Verbindung
mit Vorderzungenvokalen) und ein velares (nämlich in Verbindung mit
Mittel- und Hinterzungenvokalen) Allophon haben.

§ L 67   Die für die nhd. Hochlautung gültige Distinktion von stimmhaft und
stimmlos kann für das Frnhd. zumindest nicht generell angenommen werden: Der binnenhochdeutsche Raum ist auf dialektaler Ebene durch eine
Lenisierung der Fortes und einen Verlust der Stimmhaftigkeit der Lenes
gekennzeichnet (vgl. §§ L 78; 79), soweit diese nicht als Spiranten vertreten
waren (dazu: § L 80). Der dadurch großräumig zustandekommende dialektale Zusammenfall von *b/p*, *d/t*, *g/k* wird in der gehobenen Schreibtradition
zwar immer wieder reflektiert, aber nicht systematisch wiedergegeben; vielmehr wird schreibsprachlich konsequent zwischen den Gliedern dieser Paare unterschieden. – Bei den Spiranten herrschen jeweils besondere Bedingungen; sie führen für die zwischenvokalischen *s*-Laute trotz Verwischun-
gen der Opposition schließlich ebenfalls zu deren Aufrechterhaltung (*s* : *ss*,
vgl. § L 52 und 53), für die *f*-Laute trotz langfristiger Unterscheidung zum
Zusammenfall (vgl. § L 51), der allerdings durch eine neue Opposition *f* : *w*
kompensiert wird, für *ch/h* zu einer Distinktion von Reibe- und Hauchlaut
(vgl. § L 56 und 57).

§ L 68   In einem großenteils phonologisch orientierten Schreibsystem wie dem
Deutschen müssen graphische Distinktionen phonologische Relevanz haben und auf einer bestimmten sozialen Ausspracheebene wie in bestimmten
pragmatischen Aussprachesituationen realisiert worden sein. Dabei ist es
irrelevant, ob die unterstellte phonologische Relevanz eine sprechsprachliche Tradition besaß oder ob sie sich im Frnhd. selber nach dem Prinzip der
geredeten Graphie (= schriftzeichenorientiertes Lesen, spelling pronunciation) entwickelt hat oder ob beides zusammentraf.

Die phonologische Relevanz kann unter der Voraussetzung, daß höherschichtige und pragmatisch durch besondere Situationen bestimmte Aussprachen als nicht unabhängig von den dialektalen Aussprachemodalitäten
betrachtet werden, nur in einer Druckstärkeopposition bestanden haben,
die von den Ausspracheangaben der Reformorthographen zum Teil ja
auch direkt konstatiert wird. Auf Grund der in den Randbereichen (Rip.,
Nordthür., Schles.) erhaltenen dialektalen Stimmhaftigkeit von Verschluß-
und Reibelauten auf die Möglichkeit stimmhafter Aussprache auf gehobener sozialer Ebene und in besonderer Situation zu schließen, verbietet
außer der relativen Kleinräumigkeit dieser Gebiete auch die Tatsache, daß
sie in frnhd. Zeit nicht zu den Prestigelandschaften gehören. Einfluß vom
Niederdeutschen her anzunehmen, widerspräche erst recht dem von Süden
nach Norden verlaufenden Prestigegefälle in spätem Mittelalter und begin-
nender Neuzeit. Im übrigen erhält die Ablehnung einer frnhd. Opposition
stimmhaft : stimmlos auch dadurch eine gewisse Stütze, daß sie selbst in
der nhd. Hochlautung nur mit mannigfachen Restriktionen existiert: nicht
bei Affrikaten, Nasalen und Liquiden; im Erbwortschatz nicht für *sch*; im
Anlaut nicht für *s*; generell nicht in den Verhärtungsstellungen (vgl. Szulc
1987, 158f.; vgl. auch Ezawa 1972). Wesentliche Teile der sog. gemäßigten

Hochlautung tragen der weiträumig herrschenden Stimmlosigkeit von Ver-
schluß- und Reibelauten Rechnung.

Die soziale Schicht, deren Angehörigen eine konsonantische System-   § L 69
grundlage wie die vorgetragene zugeschrieben werden muß, wird weder in
originalen Texten des Frnhd. noch in der Literatur der Sprachgeschichtsforschung explizit namhaft gemacht. Sie schlußfolgernd aus den allgemeinen Verhältnissen des mündlichen Sprachverkehrs zu bestimmen, scheitert
daran, daß diese höchstens in Ansätzen bekannt sind und dann gerade
darauf hindeuten, daß es „vergleichsweise wenig Sprechakte des mündlichen Verkehrs gab, die auf eine überregionale Lautung angewiesen waren"
(H. Moser 1987, 383), umgekehrt ausgedrückt, daß Dialekte bis in höchste
Sozialschichten das übliche Mittel mündlicher Kommunikation waren. Die
in dieser Grammatik immer wieder angenommene gehobene Tradition gesprochener Sprache leitet ihre Berechtigung deshalb zu einem guten Teil
aus dem Umweg über besondere soziopragmatische Situationen her, und
zwar aus denjenigen, in denen es um die verstärkt seit dem 16. Jh. als
‚richtig' (recht, so z. B. V. Ickelsamer, F. Frangk, J. E. Meichßner passim)
anerkannte Leseaussprache geschriebener Texte (geredete Graphie nach H.
Moser 1987, spelling pronunciation nach Braune 1904, 19) und um die zunehmend als ‚richtig' postulierte Artikulation in der Schule, in der Predigt
und im Kirchengesang ging. Braune (1904, 12) bezeichnet sie als Musteraussprache und sagt von ihr: „Sie hat ihre Grundlage überhaupt nicht
im gesprochenen Wort, sondern im geschriebenen: sie ist von Haus aus
[. . .] eine Sprache nach dem Papier, sie sucht einfach die Wortbilder der
historisch gewordenen Orthographie in der gesprochenen Sprache nach-
zubilden"; es könne demnach nicht heißen: schreibe, wie Du sprichst! auch
nicht: schreibe, wie Du richtig sprichst! sondern müsse sprich, wie Du
schreibst! heißen. Es war eine Aussprache, die einen ersten Orientierungs-
punkt im Lateinischen hatte, wie es die Humanisten lehrten, die zweitens
auf einer besonderen ideologischen, nämlich aus der Verbindung von religiöser und sprachlicher Bildung resultierenden Legitimation beruhte (vgl.
z. B. Ickelsamer A IVr; Fabritius 1532, 12) und drittens einer Reihe
schreiborientierter Prinzipien, darunter vor allem der zunehmenden Reduktion graphischer Varianten, verpflichtet war. Man spricht im Anschluß
an Ickelsamer (seit Müller 1882, 406) von der Lautiermethode; sie besteht in
der Wiedergabe möglichst variantenfreier idealer Graphien (= Buchstaben)
durch ideale, als recht Bůchståbisch, aigentlich (Ickelsamer nach Müller
1882, 131; 132) bezeichnete, grammatisch gelernte Lauteinheiten. Die Konsequenz, mit der die Lenes und Fortes auch im 14. und 15. Jh. in der
Graphie auseinandergehalten werden, spricht dafür, daß selbst in dieser
Zeitspanne trotz des Fehlens einer Leitvariante eine funktionierende
Grundlage für eine Unterscheidung besserer von schlechterer Sprache vorhanden war, sei diese nun durch die konservierende Funktion der Schrift,

durch ein zeitgenössisches soziologisches Unterscheidungsbedürfnis oder durch situative Unterscheidungsnotwendigkeiten bedingt. Auch die Häufigkeit hyperkorrekter Schreibungen ist in diesem Sinne zu interpretieren (vgl. van Dam 1929; Öhmann 1960). Inwieweit das Lautierprogramm in der sprechsprachlichen Praxis von Schule und Kirche realisiert wurde, kann nicht gesagt werden; entscheidend in diesem Zusammenhang ist die Existenz eines sprechsprachlichen Ideals, auf das hin in den erwähnten Kommunikationsbereichen erzogen wurde (vgl. Anderson / Goebel / Reichmann 1981, 107; H. Moser 1987 mit Quellenhinweisen und Lit.).

Die Annahme eines Schreib- und Ausspracheideals enthält insofern eine sprachsoziologische Aussage, als seine Träger zur Schicht der Gebildeten, der klassischen Sprachen Kundigen gehörten, hohe Positionen im Kirchen-, Schul- und Verwaltungswesen bekleideten und außerdem die ganze soziale und kulturelle Macht hinter sich hatten, die sich vor allem seit der Reformation durch die Verbindung von Staat, Kirche und Schulwesen herausbildete. Die Einflußnahme auf den Sprachgebrauch der jeweils anderen erfolgte deshalb weniger durch horizontale Vermittlung von Schreiblandschaft zu Schreiblandschaft als durch vertikalen Druck der ‚richtigen‘ Schreibung und Lautung von oben nach unten (zum Begriff ‚Vertikalisierung‘ vgl. Reichmann 1986, 31–33; 1988; 1990).

§ L 70   Das konsonantische Phonemsystem der gehobenen Tradition ist nach rückwärts gegenüber demjenigen des Normalmhd. und nach vorwärts gegenüber demjenigen der heutigen (vor allem der gemäßigten) Hochlautung relativ konstant.

Der bedeutendste Unterschied zum Mhd. besteht in der Aufgabe der Opposition von kurzen (einfachen) und langen Konsonanten (Geminaten), soweit diese jedenfalls für das Mhd. noch Gültigkeit hatte (zu diesem Problem mit teilweise unterschiedlichen Auffassungen: Kufner 1960; Fourquet 1963, 85f.; Valentin 1969, 343; Simmler 1985, 1135; Szulc 1987, 121). Der Fortbestand der Opposition in sobd. und sschwäb. Dialekten ist für die gehobene Tradition ohne Belang.

Alle übrigen konsonantischen Entwicklungen, durch die sich das frnhd. Idealsystem vom Normalmhd. unterscheidet, führen für den palato-alveolaren Reibelaut *sch* (schon spätmhd.), die dental-alveolare Affrikata *tsch* und den Gutturallaut *ŋ* zu neuen Einheiten. Von diesen steht *sch* trotz der Häufigkeit seines lexikalischen Vorkommens – wie erst recht *tsch* – systematisch isoliert; *ŋ* weist distributionelle Beschränkungen auf (es steht nicht im Anlaut) und hat seinen Phonemstatus erst im 16. Jh. erreicht, füllt ansonsten aber eine Systemlücke. Die Veränderungen im Bereich der labialen (vgl. §§ L 50; 51) und dentalen (vgl. §§ L 52; 53) Spiranten sind zwar durch eine Reihe von Phonemspaltungen und -zusammenfällen gekennzeichnet, haben im Ergebnis aber keine Systemveränderung zur Folge. Dies gilt auch für den Wandel von *chs* zu *ks* (bzw. dialektalem *ss*) sowie von *tw-* zu *kw-* bzw. *zw-*.

Zum Nhd. hin begegnen (abgesehen von dem entlehnten stimmhaften palatoalveolaren Reibelaut, z. B. in *Genie*) überhaupt keine systematischen Veränderungen. Die in nhd. Zeit in die Hochlautung übernommene Stimmhaftigkeitsrelation von *b/p*, *d/t*, *g/k*, *w/f*, *s/ss* verändert für bestimmte Stellungen die Substanz der Oppositionen, nicht aber deren Faktizität.

4.7.1. Sprechsprachliche Varianz im frnhd. Konsonantensystem

Die These eines auf einem grammatisch begründeten Schreibideal beruhen- § L 71 den Ausspracheideals und dessen Bezug auf ein relativ konstantes konsonantisches Phonemsystem schließt selbst eine erhebliche Varianz in der Ausspracherealität als der sprechsprachlichen Grundlage von Phonemkonstruktionen nicht aus. Vielmehr ist erstens sozialsituative Varianz ein Kennzeichen der meisten Formen gesprochener Sprache überhaupt und zweitens dialektale Varianz geradezu ein Charakteristikum aller älteren Sprachstufen des Deutschen. So lange und wo, in welcher Situation, Schicht oder Gruppe das Schreibideal nicht greift, spiegeln sich diese sprechsprachlichen Eigenschaften in der Schreibrealität des Frnhd. sehr generell. Texte mit einer nur für die Einzelregion intendierten Reichweite der ersten Hälfte der Epoche, der mittleren und unteren Schichten und der peripheren Landschaften sind diejenigen, die die deutlichsten Reflexe der Ausspracherealität aufweisen. In dem Maße, in dem das Ideal akzeptiert zu werden beginnt, schwinden derartige Reflexe. Gedruckte Texte mit gesamtsprachlicher Reichweite des obd. / omd. Landschaftsblockes der späteren Epochenhälfte bilden die Spitze der Entwicklung. Im Einzelfall können starke Abweichungen von dieser Tendenz begegnen.

Zu den sozialsituativ bedingten Varianten sollen hier alle diejenigen gerechnet werden, die sich aus den pragmatischen Bedingungen des Sprechens ergeben. Diese können zum einen, immer dann nämlich, wenn die Situation eine deutliche Artikulation des Einzellautes nicht erfordert, zu Reduktionen des grammatisch begründeten Einzellautes führen; dazu zählen u. a. Assimilationen, vielleicht Dissimilationen, sowie Schwünde. Sie können zum anderen durch den Versuch von Sprechern gekennzeichnet sein, sich um deutliche, grammatisch korrekte Aussprache zu bemühen, sei es, weil der (z. B. sakrale) Gegenstand dies verlangt, sei es, weil man sich als Gebildeter, als Amtsperson usw. zu erkennen geben möchte; das Ergebnis sind vor allem Hyperkorrekturen, möglicherweise auch Lautzusätze und Dissimilationen.

Mit diesem Typologieansatz sozialsituativ bedingter sprechsprachlicher Variation und der Zuschreibung der beiden Variationstypen ,Reduktionen' und ,Verdeutlichungen' soll keineswegs suggeriert werden, daß die Grenzen zwischen dem einen und anderen Typ in jedem Fall klar seien (besonders problematisch sind Dissimilationen), daß die sozialsituativ bedingte Varianz unabhängig von der dialektalen wäre und daß schließlich jede schreibsprachliche Variante eine sprechsprachliche Grundlage habe.

Dialektal begründete Varianz wird hier vor allem im dialektgeographischen Sinne als Niederschlag sprachraumgebundener Laute in der idealen Schreibung und Lautung verstanden. Inwieweit mit der Dialektalität gleichzeitig eine sozialschichtige und situative Markierung gegeben ist, muß hier unerörtert bleiben.

4.7.1.1. Sozialsituativ begründete sprechsprachliche Varianz

a. Assimilation

§ L 72 *Assimilation* oder *Angleichung* ist die Reduktion des Artikulationsunterschiedes zwischen Lauten; je nach dem Grade der Reduktion kann sie *partiell* oder *total* sein; betrifft sie benachbarte Laute, spricht man von *Kontaktassimilation*, betrifft sie Laute, die durch andere Laute getrennt stehen, spricht man von *Fernassimilation*; bei *progressiver* Assimilation affiziert der in der Lautkette an einer vorderen Stelle stehende Laut einen an hinterer Stelle stehenden, bei *regressiver* Assimilation liegen die Verhältnisse umgekehrt. Die ausgiebige Nutzung dieser Möglichkeiten wie auch derjenigen der Dissimilation, von Schwünden, Zusätzen und Hyperkorrekturen in Texten des Frnhd. vor allem der ersten Hälfte der Epoche belegt die noch starke Abhängigkeit der Schreibrealität von den Regelhaftigkeiten situativen Sprechens.

In dieser Grammatik wurden von den Assimilationen nur diejenigen berücksichtigt, die vielfach und zweifelsfrei belegte sprechsprachlich bedingte Regelverhältnisse spiegelten, auch wenn sie sich gerade wegen ihres sprechsprachlichen Status (daneben auch wegen ihrer oft dialektalen Beschränkungen) nur in wenigen Fällen gegen die zunehmende Grammatikalität der Schreibung, in diesem Zusammenhang vor allem gegen das morphologische Schreibprinzip behauptet haben. Behandelt wurden folgende Erscheinungen: *chs* > *ss* (§ L 56, 3); *mb* und *mn* > *m(m)* (§ L 61, 2; 3); *-ben* > *m* (§ L 56, 4), *g(e)f* > *pf* (§ L 58, 3); *nt, nd* > *n, m* oder *ng* (§§ L 61, 4; 62, 4; 63, 4); *nf, ngf* > *mf* (§ L 61, 4); *w* > *m* (§ L 61, 4); *tg* > *tk* (§ L 49, 4); *rd* > *r* (§ L 65, 5); *nl* > *l* (§ L 64, 3); *n* vor Labial > *m* (§ L 61, 4); *s* > *sch* (Fernassimilation, § L 54, 4); assimilatorischer *n*-Einschub (§ L 62, 4).

Außerhalb dieser mit einer gewissen Regelhaftigkeit belegten Assimilationen steht ein ganzer Grundstock weiterer, sprechsprachlich voll akzeptabler Lautangleichungen, die graphisch aber nur selten und sehr zufällig, oft nur wortgebunden, greifbar werden und deshalb in den einzelnen Paragraphen der Grammatik nicht behandelt werden konnten. Dazu zählen: *chf* > *ff* (*hoffart*), *k(e)z* > *z* (*blitzen*), *nd* > *n* (*lachener*), *r* > *l* (*schalmützel*), *mk* > *nk* (*frünkeit*), *td* > *tt* (*notturft*); vgl. z. B. Behaghel 1928, 359–364; Luebke 1912/4/5, 44–45; Maurer 1922, 424–445; Dussart-Debèfve 1969, 92; H. Bach 1985, 2, 172–174; 178–184; zum Mhd.: Mausser, Mhd. Gr. 567–571.

b. Dissimilation

Die Dissimilation als „Ersetzung eines artikulatorisch identischen oder par- § L 73
tiell identischen Konsonanten durch einen weniger verwandten" (Szulc 1987, 10) wurde in der Grammatik nur mit einigen Erscheinungen aus dem Bereich der Nasale und Liquide behandelt (vgl. §§ L 61–65). Die relativ zur Assimilation selteneren Einzelbelege der lautgeschichtlichen Literatur betreffen ebenfalls diese beiden Artikulationsarten; folgende Beispiele seien hier noch aufgeführt: *schaffittel* ‚Eulenart' > *schaffickel*, *elelende* > *enelende*, *samenen* > *sammeln*, *forhenen* > *forhelen*, *orgene* > *orgel* (vgl. Behaghel 1928, 364–375). Vereinzelt werden Phonemschwünde als Endpunkt von Dissimilation gewertet.

c. Schwünde

Schwünde von Konsonanten begegnen initial, medial zwischenvokalisch § L 74
sowie vor-, nach- und zwischenkonsonantisch. Obwohl sie in fast allen Texten insbesondere des älteren und mittleren Frnhd. zahlreich belegt sind und dementsprechend als sprechsprachliche Regelerscheinung gewertet werden können, finden sie gerade wegen ihres sprechsprachlichen Status in der Graphie keine systematische Wiedergabe und werden gegen Ende der Epoche zunehmend zugunsten der morphologischen Vollformen beseitigt (vgl. Luebke 1912/14/15, 246f.; H. Bach 1943, 47, 49; 1985, 2, 174–178; Feudel 1961, 75–76; Kettmann 1969, 163–164; zum Mhd.: Mausser, Mhd. Gr. 567f.).

Initialer Konsonantenschwund ist in der Grammatik nur für einige Einzelerscheinungen belegt, nämlich für *h* (§ L 57, 3) und *p* der Lautverbindung *ps*- von Fremdwörtern (§ L 45, 4). In der Literatur finden sich darüber hinaus nur isolierte Einzelbeispiele ohne erkennbare Regel.

Schwund medialer Konsonanten begegnet in Verbindung mit der Kontraktion vor allem des Tonvokals einer ersten Wortsilbe mit tonschwachem *e* der zweiten Silbe. Er ist sehr häufig für die Lenes *b* (§ L 44, 4) und *g* (§ L 48, 4) sowie für den Hauchlaut *h* (§ L 57, 3) belegt.

Medial nach- oder vorkonsonantisch wird Konsonantenschwund in der Grammatik für *ch* (§ L 56, 3), *l* (§ L 64, 3), *n* (§ L 62, 4), *r* (§ L 65, 3), *w* (§ L 50, 4), sehr oft also für Nasale und Liquide, nachgewiesen; in der

Wortbildungsfuge kann auch *h* (§ L 57, 3) schwinden. Da der geschwundene Konsonant dem Nachbarlaut phonetisch oft ähnlich ist, kann eine erhebliche Anzahl dieser Schwünde als totale Dissimilation aufgefaßt werden.

Mit besonderer Häufigkeit begegnet Konsonantenschwund als Erleichterung von Drei- oder Vielfachkonsonanz; die Grammatik behandelt ihn
für *ch* (§ L 56, 3), *d* (§ L 46, 5), *f* (§ L 51, 4), *k* (§ L 49, 4), *l* (§ L 64, 4), *m*
(§ L 61, 4), *n* (§ L 62, 4), *r* (§ L 65, 3), *t* (§ L 47, 4). Der geschwundene Konsonant kann in der Vollform vor, zwischen (am häufigsten) oder nach den
anderen Konsonanten stehen. In Wortbildungen wird oft der finale Konsonant des Erstgliedes ausgestoßen.

Finale Konsonantenschwünde werden unter *ch* (§ L 56, 3), *d* (§ L 46, 5), *h*
(§ L 57, 3), *n* (§ L 62, 4), *r* (§ L 65, 3), *t* (§ L 47, 4), *w* (§ L 50, 4) behandelt.

d. Hyperkorrekturen

§ L 75 *Hyperkorrekturen* sind eine Sonderform der Laut- bzw. Schreibumkeh-
rung. Die Umkehrung besteht in der etymologisch falschen Identifikation
einer kleinsten Laut- oder Schreibeinheit einer bestimmten Varietät einer
Sprache mit derjenigen einer anderen Varietät und einer auf dieser Identifikation beruhenden Umsetzung einer der beiden Einheiten in die Substanz
der anderen. Bei dieser Anwendung einer Regel auf das falsche Sprach-
material handelt es sich um eine beim Spracherwerb und in allen Formen
des Varietätenkontaktes häufige, sich u. a. in sprachlichen Spielformen nie-
derschlagende sprachreflexive Erscheinung. Sie kann sich zwischen Dialekten, Soziolekten, Gruppensprachen, Situalekten usw. vollziehen und setzt
in dieser allgemeinen Formulierung keinerlei Prestigeunterschiede zwischen
den betroffenen Varietäten und keine generelle Richtung voraus, sondern
lediglich eine gewisse Beherrschung von zwei Varietäten und das situativ-
kommunikative Bemühen, sich dem Benutzer einer jeweils anderen Varietät verständlich zu machen. In vorliegender Grammatik wurde die Umkehrung deshalb nicht behandelt, weil sie ein breiteres Eingehen vor allem
auf historische Dialektverhältnisse verlangt hätte.

Die Umkehrung wird dann zur Hyperkorrektur, wenn an die Stelle un-
gerichteter horizontal-wechselseitiger eine gerichtete vertikale Varianz tritt,
und zwar eine von unten nach oben, also von einer prestigeärmeren auf
eine prestigehaltigere Varietät hin verlaufende. Diese Erscheinung begegnet
im Gegensatz zu ihrer Umkehrung, der nur sporadisch belegten Hyperlo-
kalisierung, im gesamten Frnhd. als Ausdruck der Existenz eines Schreib-
und Ausspracheideals und gleichsam als vorauseilende Beeinflussung der
Schreibung. Sie wird in der Grammatik für die Paare *ss/chs* (§ L 56, 3)
(§ L 56, 3), *sch/ch* (§ L 56, 3), *d/t* (§ L 47, 3), *ch/g* (§ L 56, 3), *j/g* (§ L 48, 4),
ng/nd (§ L 63, 4), *ng/n* (§ L 62, 4), *n/ø* (§ L 62, 4), *f/pf* (§ L 58, 3), *p/pf*

(§ L 58, 3), *w/b* (§ L 50, 2) und altes *f/b* (§ L 50, 2), *sch/s* (§ L 54, 4) belegt. Das letzte Glied des Paares steht jeweils für die Hyperkorrektur. Lit.: Öhmann 1960.

Anm.: Daß Hyperkorrekturen hier im Zusammenhang mit der Entwicklung eines Lautideals behandelt werden, setzt die Auffassung voraus, daß sie zumindest nicht ausschließlich als schreibsprachliche Erscheinung anzusehen sind.

e. Zusätze

Zusätze von Konsonanten begegnen initial, medial und final (zum Gesamtphänomen: V. Moser § 128–130; ferner: Glaser 1985, 318–323; H. Bach 1985, 2, 184–201). §L 76

Initialer Konsonantenzusatz (= Vorsatz, Prosthese) findet sich relativ zum medialen und finalen nur selten und ist meist auf die Stellung vor Vokal beschränkt; in der Grammatik wird er für *d* (§ L 46, 5), *h* (§ L 57, 3) und *n* (§ L 62, 4), vorkonsonantisch auch für *t* (§ L 47, 4), nachgewiesen. – Wesentlich häufiger belegt ist der Konsonanteneinschub (Epenthese), und zwar insbesondere für die dentalen Verschlußlaute *d, t* (§ L 46, 5), ferner für alle Nasale und Liquide sowie vereinzelt für *b* (§ L 44, 4); im Hiat können *b, g, h, j, r, w* auftreten. – Auch die Konsonantenanfügung (Epithese) begegnet mit erhöhter Häufigkeit bei dem dentalen Verschlußlaut *t* (teils in der Schreibung *d*, vgl. § L 47, 4), ferner für *n* (§ L 62, 4).

Die Gründe für die einzelnen Zusätze sind oft nicht mit Sicherheit angebbar (vgl. die einzelnen Paragraphen und die dort aufgeführte Lit.). Dementsprechend kann in vielen Fällen keine Aussage darüber gemacht werden, ob ein Zusatz der sozialsituativen Tendenz zur Ausspracheerleichterung oder dem Streben nach Erhöhung der artikulatorischen Deutlichkeit und grammatischen Korrektheit zuzuschreiben ist. In einer Reihe von Fällen aber haben solche Zuschreibungen eine gewisse Plausibilität: Die durch Verschiebung der Silbengrenze zustande gekommenen Prosthesen (*n*, § L 62, 4; *t*, § L 47, 4) und die (fern)assimilatorisch begründeten Konsonanteneinschübe (*n*, § L 62, 4) lassen sich eher mit dem Streben nach Ausspracheerleichterung vereinbaren; die durch Volksetymologien (*h*, § L 57, 3), durch Hyperkorrekturen (möglicherweise *mb*, §§ L 44, 4; 61, 4 und *nd*, § L 46, 5), durch Umkehrung von Schwünden (*t*, § L 47, 4), durch Signalisierung der Morphemgrenze (ebenfalls *t*) sowie die möglicherweise phonetisch (vor allem *t*) bedingten Zusätze passen eher zum Streben nach artikulatorischer Deutlichkeit bzw. grammatischer Korrektheit. Falls die für das Ahd. vermuteten Gründe für die Hiatfüllung auch in frnhd. Zeit noch Gültigkeit haben (vgl. Lloyd 1968; Rauch 1973; Armborst 1979), müssen auch die hiattilgenden Zeichen bzw. Laute hier angeführt werden.

4.7.1.2. Dialektal begründete sprechsprachliche Varianz

§ L 77 Dialekträumlich begründete Lautungen wurden in der Grammatik für viele
der behandelten Einheiten angenommen; die wichtigsten von ihnen seien
hier noch einmal zusammengestellt:
1. dialektale Differenzen als Folge des Standes der Lautverschiebung,
2. binnendeutsche Konsonantenschwächung,
3. Vertretung des *b* und *g* in bestimmten Stellungen durch Spiranten,
4. Rhotazismus von *d* > *r* im Rhfrk.,
5. *w* > *b* in Fragepronomina in Teilen des Md.,
6. *m* > *b* in rhfrk. / mosfrk. *bit,*
7. gebietsweise Aufrechterhaltung einer medialen *f* : *ff*-Opposition,
8. Süd-Nord-Staffelung von *sp/schp* und *st/scht,*
9. Entwicklung einiger *ch* im Oobd.,
10. mfrk. / nfrk. *-ft* > *-cht,*
11. Wandel einiger *w* > *b* und einiger *j* > *g* in md. und obd. Gebieten,
12. md. Berührungen von *ch* und *sch,*
13. vorw. wmd. / wobd. Wandel von *chs* > *ss,* oobd. / nordobd. / omd.
Wandel von *chs* > *ks,*
14. obd. resthafte Erhaltung des Reibelautcharakters von *h,*
15. vorw. md. *h*-Prosthesen und *h*-Schwünde,
16. Wandel von *tw-* > *zw-* im Oobd. / Nordobd., zu *qu-* im Omd.,
17. vorw. wobd. Wandel einiger *m* > *n,*
18. md. Velarisierungen von *n, nd, nt* > *ŋ, ŋk,*
19. Metathesen von *l* und *r.*

Bringt man diese Entwicklungen in eine Übersicht, soweit darstellungstech-
nisch möglich, so ergibt sich folgendes Bild (vgl. S. 161):

Die Übersicht erfaßt nicht die sozialsituativ begründete konsonantische Variation;
Strichelung bedeutet: vor frnhd. Zeit vollzogen, im Frnhd. aber als Variation prä-
sent. Ungestrichelte Linie bedeutet: im Laufe des Frnhd. vollzogen. Die Pfeilspitze
gibt die Richtung der Entwicklung an; Pfeile nach beiden Richtungen sollen sym-
bolisieren, daß in frnhd. Zeit eine langfristige Variation herrscht, auch wenn diese
gegen Ende der Epoche in gehobenen Texten in Richtung auf den nhd. Lautstand
aufgehoben wird. Die Zahlen beziehen sich auf die vorangehende Zusammenstellung.

Die strukturelle Relevanz dieser Dialektverhältnisse ist sehr unterschiedlich.

In einem Teil der Fälle sind nur wenige lexikalische Einheiten betroffen
(vgl. 5, 6, 9, 11, 13); in weiteren Fällen mag die Zahl der betroffenen Einheiten im eigentlichen Dialekt höher liegen, ihre Belegung in der Schreibsprache bleibt aber auf Ausnahmen beschränkt (4, 8, 10, 15, 18, 19). All diese Fälle berühren weder die Anzahl, noch die Substanz, noch die struktu-

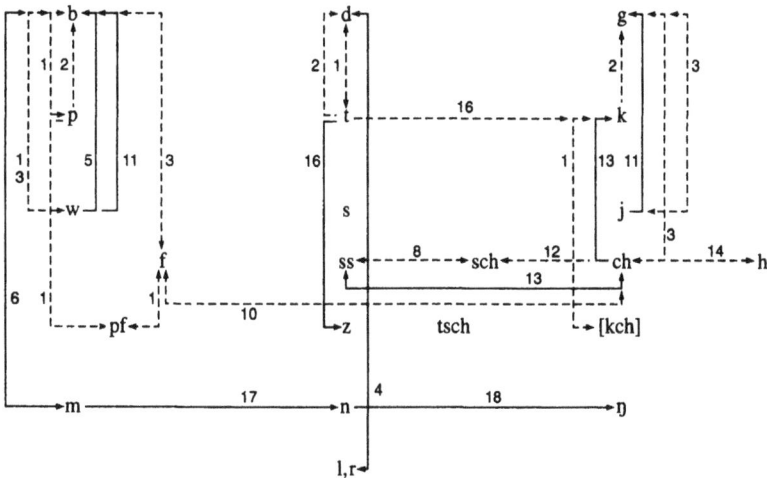

Abb. 9: Konsonantische Variation im Frnhd.

relle Distribution, noch die Relationen zwischen den Einheiten des gehobenensprachlichen Phonemsystems. Beim Wandel von *tw-* > *zw-* (vgl. 16) kommt es zu einer Distributionsausweitung von *z*; die Berührung von *ch* und *sch* (vgl. 12) hätte zu einem Phonemzusammenfall führen können; die gebietsweise Aufrechterhaltung der *f* : *ff*-Opposition (vgl. 7) hätte, falls sie in die gehobene Aussprache übernommen worden wäre, zu einer anderen lexikalischen Besetzung der Opposition von labiodentaler Lenis und Fortis geführt.

Die durch den Lautverschiebungsstand, die binnendeutsche Konsonantenschwächung und die spirantische Vertretung einiger Lenes bestimmten dialektalen Phonemsysteme unterscheiden sich dagegen sowohl hinsichtlich der Anzahl wie der strukturellen Distribution und der lexikalischen Belegung ihrer Einheiten von dem Phonemsystem eines hier hypothetisch angenommenen, durch Leseaussprache gekennzeichneten Sprechideals. Alle drei Erscheinungen liegen in ihrer Entstehung vor der frnhd. Periode, und zwar die Lautverschiebung im 6./7. Jh. und die Konsonantenschwächung im späten Mhd.; bei der spirantischen Vertretung von *b*, *g* ist ein nördliches Gebiet, in dem die Spiranten bereits vorahd. Verhältnisse fortsetzen, von einem südlicheren Gebiet zu unterscheiden, in dem vorhandene Lenes einer Spirantisierung unterzogen werden; diese ist unter räumlichem Aspekt großenteils deckungsgleich mit dem Gebiet der Konsonantenschwächung, strukturell möglicherweise mit diesem verbunden (so Zabrocki 1965, 368; anders: Lessiak 1933, 23) und für die gleiche Zeit anzunehmen.

Die drei Erscheinungen, insbesondere die Zweite Lautverschiebung, sind in den Standardgrammatiken beschrieben worden (zuletzt bei Paul, Mhd.

Gr. 114–133) und bedürfen deshalb hier keiner neuerlichen Darstellung (vgl. auch Lessiak 1933; Kranzmayer 1956; Schirmunski 1962). Lediglich die Konsonantenschwächung und der dialektale Spirantenstand sollen noch einmal kurz aufgegriffen werden, um auf die ihnen innewohnende Potenz zu einem weitgehend anderen Phonemsystem hinzuweisen, als es durch die gehobensprachliche Entwicklung tatsächlich zustandegekommen ist.

§ L 78   Die binnen(hoch)deutsche Konsonantenschwächung (Lenisierung) umfaßt das sog. binnendeutsche Gebiet. Dies erstreckt sich nach Berücksichtigung aller diesbezüglichen Schlußmöglichkeiten „über das gesamte Mitteldeutsche mit Ausnahme des Schlesischen und Nordthüringischen im Osten, des Ripuarischen und westlichen Moselfränkischen im Westen, ferner über das Oberdeutsche mit Ausnahme des Südoberdeutschen (Südbairischen und Hochalemannischen). Jedoch reicht die Schwächung in das nördliche Randgebiet des Südobd. [...] teilweise hinüber" (Lessiak 1933, 13). Die Schwächung besteht in einer je nach Stellung im Wort und je nach Landschaft unterschiedlich konsequenten Reduktion des Atemdrucks der Fortes *p, t, k* mit der Konsequenz, daß diese unter dem Gesichtspunkt der Druckstärke mit den Lenes *b, d, g* zusammenfallen. Im Anlaut ist diese Entwicklung für *t* generell, für *p* und *k* außer vor Vokalen eingetreten; in der Anlautgruppe werden die Verbindungen *st, sp, ts, pf* erfaßt. Für den Inlaut sind zwei Gebiete voneinander zu unterscheiden; und zwar das Nord- und Mittelbarische einerseits und der Rest des binnendeutschen Gebietes andererseits. In ersterem Gebiet unterbleibt die Schwächung der alten Geminaten und in den inlautenden Gruppen diejenige der Sequenzen *st, sp, pf, ks* (aus *chs*), *ft, cht, ts, mp*; final herrscht Schwächung, von Ausnahmen abgesehen, sehr generell. Im übrigen Binnenhochdeutschen gelten die nord- und mittelbair. Lenisierungsrestriktionen nicht, so daß *p, t, k* allgemein zu Halbfortes oder Lenes wurden.

§ L 79   Mit der Reduktion der Druckstärke fällt eine andere, ebenfalls mhd. und großräumige Entwicklung zusammen, und zwar der Verlust des Stimmtons für alte *b, d, g.* Das Resultat von Konsonantenschwächung und Stimmtonverlust ist der Zusammenfall von *p* und *b, t* und *d, g* und *k* (zu den dadurch entstehenden Variationen in der Schreibung des Mhd. und entsprechenden Unsicherheiten in der normierenden Textedition vgl. Paul, Mhd. Gr. 132f.). Da im Laufe des Frnhd. außerdem die alten Oppositionen von druckstarken und druckschwachen (teilweise auch von stimmlosen und stimmhaften) labiodentalen (*ff : f*; vgl. § L 51) und dentalen (*zz : s*; vgl. §§ L 52; 53) Spiranten angetastet werden sowie altes (*c)h* bereits weiträumig zum Hauchlaut geworden war, lag eine großräumig-dialektale Entwicklung eines auf die Distinktion von Fortis und Lenis verzichtenden Phonemsystems (vgl. die oberen 4 Reihen in Abb. 8, S. 151) im Bereich des Möglichen. Die gehobensprachliche Tradition hat die Realisierung dieser Möglichkeit verhindert; die Restriktionen der Schwächung anlautend vor Vokal und speziell im Großteil des Oobd. für eine Reihe von Konsonantenverbindungen werden dabei eine stützende Rolle gespielt haben.

Ein Zusammenfall von stimmlos gewordenen alten *b, d, g* und lenisierten § L 80 *p, t, k* war auch auf dialektaler Ebene nur teilweise, nämlich höchstens für den Anlaut, und medial nur gebietsweise, nämlich im wesentlichen für das Schwäbische (hier galt Konsonantenschwächung, aber nicht Spirantisierung, vgl. das folgende) möglich. Die Gründe dafür liegen in der Erscheinung, die man gemeinhin als „Spirantisierung der stimmhaften Verschlußlaute" bezeichnet (so Paul, Mhd. Gr. 133). *Spirantisierung* ist dabei für ein nördliches Gebiet nicht als Nomen actionis aufzufassen, sondern heißt so viel wie ‚spirantische Vertretung' der normalmhd. Bezugseinheiten *b* und *g* (für *d* gelten Sonderverhältnisse). Der Labial war nämlich mindestens im Mfrk. medial (außer nach *m* und in der Gemination) und final niemals zum Verschlußlaut geworden, und *g* hatte seinen spirantischen Charakter außer nach *n* und in der Gemination sogar im Großteil des Md. bewahrt (zu den dialektgeographischen Ausnahmen und den genauen Distributionen von *g*/Spirans vgl. V. Moser § 148, 1a; 2aß). Für ein südliches Gebiet wird dagegen eine terminologisch wahrscheinlich zu Recht als *Spirantisierung* bezeichnete Lautentwicklung angenommen; dabei ist die Grenze zwischen der Fortsetzung der vorahd. und der neu entstandenen Spiranten kaum zu ziehen. Unabhängig von diesem Problem haben das gesamte Md. (außer Mfrk. mit labiodentalem *w*), ferner das Nordobd., Nord-, Mittel- und große Teile des Sbair. sowie das Elsässische medial zwischenvokalisch und nachliquidisch nach dem heutigen Mundartbefund wie nach frnhd. Schreibreflexen für normalmhd. *b* ein bilabiales *w*. Der Geltungsbereich der intervokalisch und nachliquidisch spirantischen Vertretung des *g* (*j* oder *ch*) ist etwas eingeschränkter: Er umgreift das Md., das nördliche und mittlere Elsaß, das Obfrk., Nordbair. und einen Teil des Mbair.; initial ist *j* für *g* heute auf das Rip., nordöstliche Thür. und nördliche Obsächs. (also die bis ins ältere Frnhd. nd. Gebiete) beschränkt; frnhd. muß ein wesentlich weiterer *j*-Bereich angenommen werden. Für die dentale Lenis kann der vereinzelt in rhfrk. Texten des 13. bis 15. Jhs. nachgewiesene, sprechsprachlich aber als viel ausgedehnter anzunehmende Rhotazismus (*-d-* > *-r-*) als Parallele zur Spirantisierung aufgefaßt werden. – Bezogen auf Abb. 8 hätte die Spirantisierung einen vor allem medialen Zusammenfall der Verschlußlenes (1. Zeile) mit den Reibelenes (3. Zeile) bedeutet. Der nachliquidische Wandel etymologischer *w* und *j* (*lw, rw; lj, rj;* vgl. §§ L 44, 4; 48, 4) zu *b* und *g* in der gehobenen Tradition beweist den ausgeprägt dialektalen Charakter der spirantischen Vertretung von *b* und *g* zumindest in den genannten Positionen; *lb, rb, lg, rg* erscheinen unter diesem Aspekt als Hyperkorrekturen. – Zur Belegung obiger Verbreitungsangaben vgl. Lessiak 1933, 29; 131ff.; Schirmunski 1962, 302ff.; KdS, insbesondere K. 30; 58; 85; 95–98; 104).

III. FLEXIONSMORPHOLOGIE

1. Vorbemerkung

§ M 1 Die Darstellung der Formenlehre erfolgt in engem Bezug zu den Bänden der Grammatik des Frühneuhochdeutschen III, IV, VI und VII. Es handelt sich damit um indirekt korpusgestützte Darstellungen (zu den Korpora s. die jeweiligen Bände). Zur ausführlichen Begründung s. die Einleitung 4.1.2.

2. Flexion der Substantive

2.1. Strukturwandel im substantivischen Flexionssystem

> **Lit.:** Gr. d. Frnhd. III § 11ff.; Hotzenköcherle 1962; Suchsland 1969; Stopp 1974a; Kern / Zutt 1977; Møller 1937; zum Numerus: Stegmann von Pritzwald 1962; Woronow 1962; Werner 1969; Winge 1978; Geschke 1979; zum Genus u. a. Werner 1975.

§ M 2 Die Festlegung des idg. ursprünglich freien, wechselnden Akzentes auf den Wortanfang wird hinsichtlich ihrer Bedeutung für die Entwicklung der Sprachstruktur unterschiedlich bewertet. Betrachtet man sie als die primäre (innersprachliche) Bedingung der morphologischen Entwicklung seit dem Germ. (wie etwa Suchsland 1969 und Gr. d. Frnhd. III), so fügen sich alle folgenden Prozesse hier ein. Die Folge der Akzentfestlegung ist der Abbau der nun stets unbetonten Nebensilben, was in der Substantivdeklination zu einem weitgehenden Umbau des gesamten Flexionssystems führt. Die Abschwächung und damit Vereinheitlichung der ursprünglich vollen Nebensilbenvokale zu *e* seit dem Ahd. hat zur Folge, daß die ehemalige Portmanteau-Kopplung von Kasus- und Numerusinformation aufgelöst wird (vgl. Kern / Zutt 1977, 92; auch Werner 1969, 100). Da es nun keine typischen Sg.-Flexive mehr gibt, bleibt der Sg. hinsichtlich des Numerus unmarkiert. Die ehemaligen vokalischen Kasus- und Numerusunterschiede wie etwa im ahd. Akk./Dat./Gen./Sg. und Nom. / Akk. Pl. *zungūn* vs. Dat. Pl. *zungōm* bzw. Nom. / Akk.(Gen.)Sg. *gëba* vs. Nom. / Akk. Pl. *gëbā* schwinden. Durch die Uniformierung der Nebensilbenvokale zu *e* wird automatisch die Grenze zwischen Stamm und Flexionsendung nach rechts hinter die ehemalige Flexionsendung verschoben (z. B. ahd. Sg. Nom. / Akk. / Gen. *gëba*, Dat. *gëbu*; mhd. Sg. Nom./ Akk. / Dat. /Gen. *gëbe-Ø*). Hinzu kommen die Angleichung von *m>n*, der Schwund des unbetonten Endvokals bei mehrsilbigen Flexiven (*-ōno>-en*), die Aufspaltung der ahd.

i-Plurale und die neue Verteilung von -*e*/-Ø-Flexiven (vgl. Stopp 1974, 329f.).

Suchsland 1969, 102 weist darauf hin, daß die Entwicklung der Nebensilbenvokale im Mhd. offensichtlich noch nicht unmittelbar den Beginn des Strukturwandels, der erst im Frnhd. beginnt, bedingt (vgl. dagegen etwa McLintock 1966, 1). Er führt dies auf die stützende Funktion der übrigen Glieder des Nominalkomplexes zurück. Der Numerusunterschied wird im normalisierten Mhd. zudem noch beim Großteil der Substantive durch ein -*e* markiert, das zur Numerusunterscheidung vollständig ausreicht.

Dies ändert sich erst grundlegend mit dem fortschreitenden Prozeß der Abschwächung der Nebensilben bis zur Tilgung des -*e*. Jetzt erst hat das System ein Stadium weitgehender Funktionsuntüchtigkeit erreicht. Dies ist im Bair. bereits um ca. 1350 der Fall, wo der Prozeß der *e*-Apokope verstärkt seit ca. 1200 einsetzt. Lindgren 1953, 178 setzt für 1375 nur noch durchschnittlich 10% -*e*-Formen an. Im Schwäb. und Ofrk. ist dieser Stand rund 50 Jahre später erreicht und im Alem. weitere 25 Jahre später. Im Md. läuft dieser Prozeß erst im 16. Jh. verstärkt ab, erreicht hier aber nicht – bes. nicht im Omd. – die gleiche Bedeutung wie im Obd. Auf den nahezu völligen Zusammenbruch des alten Flexionssystems folgt sein Neuaufbau, den man in zwei Großprozessen zusammenfassen kann:

1. Die Unterscheidung von Sg. und Pl. wird mit flexivischen Mitteln neu gestaltet, wobei keine neuen oder fremden Flexive gewählt, sondern bereits vorhandene, aber bis dahin nur gering genutzte Möglichkeiten wie der -*er*-Pl. oder der Plural-Umlaut stärker genutzt werden. Diese flexivische Profilierung des Numerus, die für Hotzenköcherle 1962, 329 „[. . .] das beherrschende Entwicklungsmotiv der nhd. Substantivflexion überhaupt" darstellt, wird auf zweifache Weise erreicht: zum einen durch die Numerusmarkierung mit Hilfe deutlicher und sicherer flexivischer Mittel anstelle des instabilen bzw. bereits weitgehend getilgten -*e*; zum anderen ergibt sich die Numerusprofilierung indirekt durch die weitere Nivellierung der Kasusflexive.

2. Der andere Prozeß ist der der Kasusnivellierung. Die Aufgabe der Kasusunterscheidungen ist strukturell möglich, „ [. . .] weil das Kasussystem [. . .] nur ein grammatisch-strukturelles System ohne eine ausgeprägte Semantik darstellt" (Suchsland 1969, 102), das die Information ‚Kasus' mit Hilfe analytisch-syntaktischer Möglichkeiten (Distribution im Satz, Begleiter des Substantivs) auszudrücken vermag (vgl. dazu Neumann 1961; Hugo Moser 1973; Frey 1973).

III. Flexionsmorphologie

2.2. Flexionsklassen

Lit.: Gr. d. Frnhd. III § 3 u. 19; Bech 1963; Rettig 1972, 28ff.; Bettelhäuser 1976, 52; Jörgensen 1969; Hermodsson 1968; Brinkmann 1971, 8ff.; Stopp 1974a; Erben 1980, 162ff.; auch Mugdan 1977, 108ff.; Eisenberg 1986, 150f.

§ M 3 Die Zahl der Klassen im Frnhd. ist, über den gesamten Zeitraum gesehen, größer als im normalisierten Mhd. oder im Nhd., da in der Frühphase noch mhd., im Nhd. nicht mehr belegte, Klassen auftreten und umgekehrt in der Spätphase neue Klassen hinzukommen, die das Mhd. nicht kennt. Hinzu kommt eine ganze Reihe von Klassen, die durch den Strukturwandel bedingt sind und zum Nhd. hin wieder schwinden und die auch im Frnhd. z. T. nur selten belegt und gering besetzt sind. In der nachfolgenden Übersicht sind die wichtigsten Muster des Frnhd. dargestellt. Die Klassen werden definiert durch die Kombination von Gen.-Sg.-Flexiv und Numerusflexiv. Weitere, hier nicht angeführte Muster sind übergangsbedingt und hängen zudem vom Befund des Korpus ab (vgl. Gr. d. Frnhd. III, 88f.).

Klasse	1 $-(e)s/-e$		2 $-(e)s/-e^{\mathrm{Uml}}$		3 $-(e)s/-Ø$	
	Sg.	Pl.	Sg.	Pl.	Sg.	Pl.
Nom.	-Ø	-e	-Ø	$-e^{\mathrm{Uml}}$	-Ø	-Ø
Akk.	-Ø	-e	-Ø	$-e^{\mathrm{Uml}}$	-Ø	-Ø
Dat.	-(e)	-en	-(e)	$-en^{\mathrm{Uml}}$	-(e)	-en
Gen.	-(e)s	-e	-(e)s	$-e^{\mathrm{Uml}}$	-(e)s	-Ø

Klasse	4 $-(e)s/-Ø^{\mathrm{Uml}}$		5 $-(e)s/-er^{(\mathrm{Uml})}$		6 $-(e)s/-(e)n$	
	Sg.	Pl.	Sg.	Pl.	Sg.	Pl.
Nom.	-Ø	$-Ø^{\mathrm{Uml}}$	-Ø	$-er^{(\mathrm{Uml})}$	-Ø	-(e)n
Akk.	-Ø	$-Ø^{\mathrm{Uml}}$	-Ø	$-er^{(\mathrm{Uml})}$	-Ø	-(e)n
Dat.	-(e)	$-(e)n^{\mathrm{Uml}}$	-(e)	$-er(e)n^{(\mathrm{Uml})}$	-(e)	-(e)n
Gen.	-(e)s	$-Ø^{\mathrm{Uml}}$	-(e)s	$-er^{(\mathrm{Uml})}$	-(e)s	-(e)n

Klasse	7 $-(e)n/-(e)n$		8 $-(e)ns/-(e)n$		9 $-Ø/-(e)n$	
	Sg.	Pl.	Sg.	Pl.	Sg.	Pl.
Nom.	-Ø	-(e)n	-Ø	-(e)n	-Ø	-(e)n
Akk.	-(e)n	-(e)n	-Ø/-(e)n	-(e)n	-Ø	-(e)n
Dat.	-(e)n	-(e)n	-(e)n	-(e)n	-(e)	-(e)n
Gen.	-(e)n	-(e)n	-(e)ns	-(e)n	-Ø	-(e)n

Klasse	10 $-\emptyset/-e^{Uml}$		11 $-\emptyset/-e$		12 $-\emptyset/-\emptyset^{Uml}$	
	Sg.	Pl.	Sg.	Pl.	Sg.	Pl.
Nom.	$-\emptyset$	$-e^{Uml}$	$-\emptyset$	$-e$	$-\emptyset$	$-\emptyset^{Uml}$
Akk.	$-\emptyset$	$-e^{Uml}$	$-\emptyset$	$-e$	$-\emptyset$	$-\emptyset^{Uml}$
Dat.	$-\emptyset$	$-en^{Uml}$	$-\emptyset$	$-en$	$-\emptyset$	$-(e)n^{Uml}$
Gen.	$-\emptyset$	$-e^{Uml}$	$-\emptyset$	$-e$	$-\emptyset$	$-\emptyset^{Uml}$

Klasse	13 $-\emptyset/-\emptyset$		14 $-e^{(Uml)}/-e^{Uml}$	
	Sg.	Pl.	Sg.	Pl.
Nom.	$-\emptyset$	$-\emptyset$	$-\emptyset$	$-e^{Uml}$
Akk.	$-\emptyset$	$-\emptyset$	$-\emptyset$	$-e^{Uml}$
Dat.	$-\emptyset$	$-(e)n$	$-e^{(Uml)}$	$-en^{Uml}$
Gen.	$-\emptyset$	$-\emptyset$	$-e^{(Uml)}$	$-e^{Uml}$

Anm. 1: Die Klassen 1–12 entsprechen den nhd. Klassen. Klasse 14 ist im Frnhd. bis ins 15. Jh. nur noch rudimentär belegt (vgl. Gr. d. Frnhd. III, § 26, § 40(2) u. § 44). Neu entstehen im Frnhd. die Klassen 6 und 8–12. Innerhalb der Klassen finden erhebliche Verschiebungen statt. Die Klassen 1, 2, 10, 11 und 14 nehmen aufgrund der e-Apokope stark ab, und zwar bes. zugunsten der Klasse 3 (vgl. Gr. d. Frnhd. III § 20ff.). Als Folge der bereits im Mhd. fehlenden Numerusmarkierung bzw. der e-Apokope werden auch die Klassen 4, 5 und (in geringerem Maße) 12 zunehmend stärker besetzt. Klasse 7 wird dagegen weitgehend reduziert zugunsten der Klassen 3, 4, 6, 8 und 9 (vgl. Gr. d. Frnhd. III § 29ff.). Klasse 13, die mit den ehemaligen ô-Stämmen korrespondiert, wird durch mehrere Prozesse wie e-Apokope, -(e)s-Tilgung und die Übergänge zwischen der mhd. schwachen Flexion in andere zu einer der frequentesten im Frnhd. (vgl. Gr. d. Frnhd. III § 29). Hierher gehören u. a. die Mask. vom Typ galge(n), die im Nom. Sg. ein -n, im Gen. Sg. aber noch kein -s erhalten haben (Sg.: galgen/Pl.: galgen-Ø), sowie die zahlreich belegten Fem., die vorübergehend den Sg. mit -(e)n bilden.

Anm. 2: Aufgrund des strukturellen Wandels sind noch weitere Kombinationsmöglichkeiten von Gen. Sg.-Flexiven und Numerusflexiven belegt. Die zusätzlich belegten Übergangsklassen (vgl. Gr. d. Frnhd. III § 19ff.) sind jeweils mit nur wenigen Beispielen besetzt. Zur Häufigkeit der Klassen-Belegung in 40 Texten s. Gr. d. Frnhd. III, Übersicht 11.

Anm. 3: In einigen Fällen ist der Übergangscharakter einer Klasse genusbeschränkt. So stellt -(e)s/-Ø eine bereits im Mhd. gut belegte Klasse der Neutr. dar, die im Frnhd. durch die e-Apokope zunehmend Bedeutung erhält; für Mask. dagegen hat diese Klasse nur Übergangscharakter.

2.3. Maskulina

Lit.: Braune, Ahd. Gr. § 192a–243; Paul, Mhd. Gr. § 177ff. u. § 187; Gr. d. Frnhd. III, passim; Molz 1902; Gürtler 1912/13; Boiunga 1890, passim.

§ M 4   2.3.1. Paradigmen

Klasse	1 -(e)s/-e	2 -(e)s/-e^{Uml}	4 -(e)s/-Ø^{Uml}
Sg. Nom.	tag-Ø	gast-Ø	apfel-Ø
Akk.	tag-Ø	gast-Ø	apfel-Ø
Dat.	tag-(e)	gast-(e)	apfel-(e)
Gen.	tag-(e)s	gast-(e)s	apfel-(e)s
Pl. Nom.	tag-e-Ø	gäst-e-Ø	äpfel-Ø-Ø
Akk.	tag-e-Ø	gäst-e-Ø	äpfel-Ø-Ø
Dat.	tag-e-n	gäst-e-n	äpfel-Ø-en
Gen.	tag-e-Ø	gäst-e-Ø	äpfel-Ø-Ø

Klasse	5 -(e)s/-er^(Uml)	6 -(e)s/-(e)n	7 -(e)n/-(e)n
Sg. Nom.	wald-Ø	stral-Ø	bote-Ø
Akk.	wald-Ø	stral-Ø	bote-n
Dat.	wald-(e)	stral-(e)	bote-n
Gen.	wald-(e)s	stral-(e)s	bote-n
Pl. Nom.	wäld-er-Ø	stral-en-Ø	bote-n-Ø
Akk.	wäld-er-Ø	stral-en-Ø	bote-n-Ø
Dat.	wäld-er-(e)n	stral-en-Ø	bote-n-Ø
Gen.	wäld-er-Ø	stral-en-Ø	bote-n-Ø

Klasse	8 -(e)ns/-(e)n
Sg. Nom.	funke-Ø
Akk.	funke-n
Dat.	funke-n
Gen.	funke-ns
Pl. Nom.	funke-n-Ø
Akk.	funke-n-Ø
Dat.	funke-n-Ø
Gen.	funke-n-Ø

Übergangsbedingt sind bei den Mask. die Klassen -*(e)s*/-*∅* (*tag(e)s*/*tag*) aufgrund der *e*-Apokope, -*∅*/-*∅* (*tag* / *tag*) aufgrund der *e*-Apokope und des -*(e)s*-Schwundes, -*∅*/-*e* (*tag* / *tage*) aufgrund des -*(e)s*-Schwundes ohne *e*-Apokope des Pl.-*e*, -*∅*/-*∅*^Uml (*tag* / *täg*) aufgrund der *e*-Apokope und des -*(e)s*-Schwundes bei gleichzeitigem Umlaut des Stammvokals, -*∅*/-*e*^Uml (*tag* / *täge*) aufgrund des -*(e)s*-Schwundes ohne *e*-Apokope bei gleichzeitigem Umlaut des Stammvokals, -*∅*/-*er*^(Uml) (*wald* / *wälder*) durch -*(e)s*-Schwund im Gen. Sg.

2.3.2. Singular-Kasus

Der Sg. der mhd. starken Flexion wird durch die Prozesse der -*e*-Apokope   § M 5 und der -*(e)s*-Tilgung im Gen. hinsichtlich der Kasusunterschiede weiter nivelliert.

(1) Das Dat.-*e* wird im Zuge der allgemeinen *e*-Apokope (vgl. § L 40) getilgt. Dieser Prozeß verläuft weitgehend vergleichbar dem der Apokope des Pl.-*e* (vgl. § M 26). Doch im Gegensatz zur weiteren Entwicklung des Pl.-*e* wird das Dat.-*e* zum Nhd. nicht wieder konsequent eingesetzt. Im Verbund mit anderen Ursachen (vgl. u. a. Behaghel 1900b u. 1909) spielt hier die übergeordnete Tendenz zur Kasusnivellierung die entscheidende Rolle. Für die nhd. Standardsprache gilt, daß -*e* im Dat. Sg., abgesehen von einigen festen Verbindungen (*zu Rate ziehen*), niemals obligatorisch ist (vgl. Bech 1963, 182; Keseling 1968; Förster 1972; Hugo Moser 1973, 166f.).

(2) Die Tilgung von -*(e)s* im Gen. Sg. ist im Obd. weit häufiger belegt als im Md. Der Schwund tritt vornehmlich in bestimmten lautlichen Umgebungen auf (nach Dental, bes. nach *s*, und bei mehrsilbigen Lexemen auf -*en*, -*er*, -*el*, seltener nach *ch* /x ; ç/), jedoch mit einer bes. im Obd. belegten Tendenz zur Ausweitung. Nach dem 16. Jh. ist die -*(e)s*-Tilgung nur noch im Obd. häufiger belegt. In der nhd. Schriftsprache ist das -*(e)s* zwar obligatorisch; in der gesprochenen Standardsprache besteht jedoch auch heute die Tendenz zur Tilgung (vgl. Appel 1941) und wirkt auf die Schriftlichkeit zurück (s. etwa Bettelhäuser 1976).

Anm. 1: Diese Tilgung kann auf mehrere Ursachen zurückgeführt werden. Neben einer Verunsicherung in der Verwendung des Gen.-*(e)s* bei Substantiven, die aus der Klasse der ehemals schwachen Substantive in Klassen mit -*(e)s*-Gen. überwechseln (vgl. Shapiro 1941), ist es die allgemeine Tendenz zur Nivellierung bis hin zum Rückgang des Gen. überhaupt (vgl. Gr. d. Frnhd. III § 43(2); H. Kiefer 1908; Behaghel I § 358; Wolff 1954; Neumann 1961; Weier 1968; Hugo Moser 1973; Fritze 1976; Fischer 1986 u. 1987a).

Anm. 2: Bei einigen Substantivgruppen wird das Gen.-*(e)s* erst im Verlauf des Frnhd. angefügt. In diesen Fällen liegt entsprechend keine Tilgung vor, es handelt sich vielmehr um einen -*∅*-Gen. Hierzu gehören die mask. Verwandtschaftsbezeichnungen *vater, bruder* (vgl. Gr. d. Frnhd. III § 43, Anm. 4; Molz 1902, 260ff.). Formen mit -*(e)s* sind seit dem Mhd. belegt, setzen sich aber erst im 16. Jh. durch (neben seltenere Formen mit *-(e)n*. Hierzu gehören weiterhin alle, die aus der ehemals schwachen Flexion in Klassen mit *-(e)s*-Gen. wechseln. Dies sind außer den unter § M 6 genannten im Nhd.: *Aar, Adler, Ampfer, April, Balsam, Besen, Bischof, Blitz, Bräutigam, Brei, Dotter, Groll, Hafer, Junker, Kater, Keim, Leichnam, Lehm, Lenz, (Leu), Gemahl, Mai, März, Käfer, Pfühl, Reif, Salm, Schelm, Star, Stern, Stör, Wiedehopf, Gries, Unhold, Jünger, After, Anwalt, Herzog, Hahn, Schwan, Kardinal, Kaplan, Kahn, Kauz, Pfau, Psalm, Spatz, Untertan, Vorfahr, Bauer, Nachbar, Vetter, Gevatter* (vgl. Gr. d. Frnhd. III, 130; Paul, Dt. Gr. III § 34 u. § 36; Molz 1902, 312). Dazu kommen einige mhd. schwankend verwendete Mask.

Anm. 3: *buchstabe, funke, haufe, same, friede, gefalle, glaube, name, wille, schade, gedanke* haben neben den älteren *-en*-Formen und den später ausgebildeten *-(e)ns*-Formen gelegentlich auch *-(e)s*-Formen im Gen., so daß drei Genitivflexive miteinander konkurrieren. Im einzelnen s. Gr. d. Frnhd. III § 43, Anm. 8 u. unten § M 6.

§ M 6 Mhd. schwache Maskulina mit dem Merkmal ‚unbelebt' wechseln im Verlauf des Frnhd. in die Klasse mit *-(e)s*-Gen. Sie erhalten im Nom. Sg. analog zu den obliquen Kasus ein *-n* und im Gen. Sg. ein *-s*. Dieser Übergang vollzieht sich – nach vereinzelten früheren Ansätzen (vgl. Lindgren 1954; Paul, Dt. Gr. III § 35) – in der Hauptsache zwischen der 2. Hälfte des 15. Jhs. und der Mitte des 16. Jhs. Die Spanne zwischen dem ersten Auftreten eines Belegs neuer Art und der Durchsetzung der neuen Form umfaßt bei den einzelnen Lexemen in der Regel nur wenige Jahrzehnte (vgl. Gr. d. Frnhd. § 52, Boiunga 1890, 69 auf der Basis des Belegmaterials von Kehrein I). Betroffen sind davon (vgl. Gr. d. Frnhd. III, 152; Boiunga 1890, 71f.): *backe(n), balke(n), balle(n), barre(n), batze(n), bizze(n), boge(n), bolze(n), brâte(n), brocke(n), brunne(n), punze(n), dûme(n), doste(n), ducâte(n), velse(n), vetze(n), vlade(n), vlocke(n), vlecke(n), galge(n), garte(n), goume(n), gêre(n), grabe(n), grosche(n), grütze(n), hâke(n), hame(n), hôde(n), hopfe(n), huoste(n), karre(n), kaste(n), klobe(n), knoche(n), knolle(n), knorre(n), knote(n), kolbe(n), kobe(n), krage(n), krâpfe(n), kuoche(n), lade(n), lappe(n), leime(n), lette(n), lode(n), lumpe(n), mage(n), meie(n), nache(n), nacke(n), phoste(n), phrieme(n), posse(n), rache(n), rate(n), rame(n), rase(n), reche(n), rei(g)e(n), rîhe(n), rieme(n), rinke(n), ritte(n), rocke(n), scheme(n), scherbe(n), schinke(n), schrage(n), schupfe(n), slite(n), snupfe(n), swade(n), socke(n), sparre(n), spate(n), spor(n), stade(n), stapfe(n), stecke(n), stolle(n), storre(n), strieme(n), topfe(n), trese(n), tropfe(n), wase(n), zacke(n), zapfe(n), zinke(n).*

Anm. 1: Ebenso verhalten sich die ehemals starken, im Mhd. auch schwachen Substantive *weize, rücke, schatte.*

Anm. 2: Eine kleinere Gruppe dieser Lexeme erhält zwar das *-s* im Gen., nicht aber das *-n* im Nom. Sg. Solche Übergangsformen haben sich bis heute erhalten bei *Funke, Name, Glaube, Buchstabe, Schade, Friede, Haufe, Same, Wille, Gedanke* (vgl. Gr. d. Frnhd. III § 55; dazu auch Wurzel 1985). Im Nhd. haben alle diese Lexeme Neben- bzw. Hauptformen mit *-n*. Die Duden-Grammatik 1984, § 382 bezeichnet

Frieden, Funke, Gedanke, Glaube, Haufen, Name, Samen, Wille, Buchstabe als ‚heute gebräuchlich'.

Anm. 3: Umgekehrt wird *-s* im Gen. Sg. auch bei einer Reihe von Substantiven mit dem Merkmal ‚belebt' angefügt, so *fürstens, herrens, löwens, menschens, heldens, ochsens, grafens, hasens, hirtens, prinzens* u. a.; darüber hinaus auch *märzens, psalmens, punktens* u. a. (vgl. Gr. d. Frnhd. III § 55). Solche Bildungen treten seit dem 15. Jh., vornehmlich jedoch im 16./17. Jh. auf. Im Laufe des 17. Jhs. sind sie wieder rückläufig (Molz 1902, 334ff.). Für das 18. Jh. belegt Nerius 1964, 173ff. noch 32 Lexeme (davon mehrfach belegt *Grafens, Knabens, Prinzens*) mit *-ns* abweichend vom Stand der nhd. Standardsprache der Gegenwart.

Anm. 4: *schmerz* ist seit dem 15. Jh. mit *-(e)ns* belegt, das sich bis ins 18. Jh. hält. Zum Nhd. hin setzt sich jedoch der *-(e)s*-Gen. durch. Molz 1902, 314 notiert *schmerzens* für Weckherlin, Herder, Klinger, Wieland, Schiller, Goethe, Uhland (wobei die Reimmöglichkeit mit *herzens* konservierend gewirkt haben mag).

Anm. 5: Im Verlauf des Frnhd., bes. seit dem 16./17. Jh., werden zahlreiche mask. Fremdwörter – vornehmlich, aber nicht ausschließlich mit dem Merkmal ‚belebt' – nach dem Muster der ehemals schwachen Substantive gebildet. Es handelt sich vorwiegend um Lexeme, die den lateinischen Partizipia auf *-ns, -ntis, -tus, -ndus* entsprechen (so auf *-ant (adjutant)*, auf *-ent (quotient)*, *-at (advokat)*, *-and (doktorand)*, und Entsprechungen lateinischer Bildungen auf *-ta (prophet)* etc.); weiterhin um substantivierte Adjektive aus dem Griechischen auf *-oph (philosoph)*, *-aph (paragraph)*, *-nom (astronom)* sowie um Fremdwörter anderer Herkunft wie *lakei, zar, heiduk, kosak, starost, kalif, husar, korsar* etc. (s. auch Paul, Dt. Gr. III § 88). Hierzu kommen noch *diamant, elefant, gigant*, die unter dem Einfluß der übrigen Lexeme auf *-ant* aus der mhd. starken Flexion in die Klasse mit *-(e)n* überwechseln (vgl. Paul a.a.O., § 89; weiterhin auch Gr. d. Frnhd. III § 15 und 89; Bittner 1987).

2.3.3. Plural-Kasus

Der Plural der Mask. zeigt ein weitgehend einheitliches Flexionsschema der Plural-Kasus: Nom.: *-Ø*, Akk.: *-Ø*, Dat.: *-(e)n* (außer nach *(e)n*), Gen.: *-Ø*. §M 7

Anm. 1: Gelegentlich kann das Dat.-*(e)n* auch in anderen lautlichen Umgebungen getilgt sein (vgl. Gr. d. Frnhd. III § 60, bes. Übersicht 20).

Anm. 2: Das Genitiv-*(e)n* der ehemaligen *ô*-Stämme wird bes. im Wobd., seltener im Oobd., auf Mask. / Neutr. übertragen (vgl. Gr. d. Frnhd. III § 62; zum Mhd. vgl. Michels, Mhd. Gr., § 207, Anm. 4 u. § 209, Anm. 5; Paul, Dt. Gr. III § 14). Im Alem. geht der Prozeß so weit, daß *-(e)n* zeitweilig fast regelmäßig erscheint (wie das Dat.-*(e)n*). Seit dem 13. Jh. ist dieses *-(e)n* gut belegt (vgl. Boesch 1946, 187; Schmid 1953, 137) und schwindet erst im 18., teilweise erst im 19. Jh. wieder (vgl. Wanner 1931, 105; Sager 1949, 91f.; Erni 1949, 130; s. auch Weinhold, Mhd. Gr. § 449; Weinhold, Alem. Gr. 415 u. 425).

2.3.4. Numerus

§ M 8 Plural-*e*

Das Plural-*e* der ehemaligen mask. *a*- und *i*-Stämme unterliegt im Verlauf des Frnhd. der *e*-Apokope (vgl. § L 40; Gr. d. Frnhd. III § 67ff.). Der Prozeß setzt – zuerst bei den mehrsilbigen Substantiven auf -*er*, -*el*, -*en* und -*em* – bereits im Mhd. ein (vgl. Triwunatz 1913). In der 2. Hälfte des 14. Jhs. hat sich die *e*-Apokope bei den mehrsilbigen Lexemen im Obd. bereits weitgehend durchgesetzt. Bei den übrigen Mask. ist die *e*-Apokope nur im Bair. und Schwäb. weitgehend, im Ofrk. nur teilweise und im übrigen Gebiet noch wenig durchgeführt. Die Ausweitung des Prozesses erfolgt kontinuierlich bis in die 2. Hälfte des 16. Jhs. Zur Zeit ihrer größten Ausdehnung erreicht die *e*-Apokope im Obd. nahezu 100%, im Md. weit über 50%. In der 2. Hälfte des 16. Jhs. deutet sich vom Omd. her die Wende an. Zunächst wird das in dieser Landschaft nie ganz geschwundene Plural-*e* im Omd. wieder restituiert. Während es bei den mehrsilbigen Mask. nicht wieder erscheint, setzt es sich bei den übrigen Mask. im 17. Jh. (Wmd. ohne Rip., Ofrk.) und 18. Jh. (Schwäb., Alem., Bair.) wieder durch. Die Grammatiker des 18. Jhs. fordern – unabhängig von ihrer regionalen Herkunft – das -*e* zur Numerusunterscheidung (vgl. Schmidt-Wilpert 1980, 423; Jellinek 1898, 78ff.).

§ M 9 -*er*-Plural

Bedingt durch die *e*-Apokope werden die übrigen Numerusmarkierungen aktiviert. Der -*er*-Plural – ursprünglich auf eine kleine Gruppe von Neutra beschränkt – wird seit dem 13. Jh. auch bei einigen Mask., deren Genus z. T. ursprünglich neutral war, verwendet. Die wichtigsten sind: *(ab)got, geist, man, strauch, wald, leib, rand, wurm, (böse)wicht*, einige mask. Ableitungen auf -*tum*; aber auch: *baum, gesang, vormund, kloz, stein, rok, stern, hals, lohn, turm, zweig, leichnam, fels, mensch, sarg, saal* etc., bei denen sich zum Nhd. hin wieder der -*e*-Plural bzw. der -*(e)n*-Plural durchsetzt (vgl. Molz 1902, 242ff.; Gr. d. Frnhd. III § 73ff.; Paul, Dt. Gr. III § 23; Gürtler, 1912/13 passim).

Anm. 1: Für das Nhd. gibt August 1975, 37 für den Kernwortschatz rund 30 Mask. mit -*er*-Plural an.

Anm. 2: Zum erweiterten -*er*-Plural s. § M 27, Anm. 5.

§ M 10 Plural-Umlaut

Begünstigt durch die *e*-Apokope übernehmen die ehemaligen mask. *a*-Stämme den Umlaut des Stammvokals, die Bildungsweise der ehemaligen *i*-Stämme. Dieser Prozeß setzt im Mhd. ein, doch bleiben umgelautete und nicht umgelautete Formen bis ins Nhd. konkurrierend belegt (Gr. d. Frnhd. III § 82).

Anm. 1: Zur Entwicklung der Umlautsbezeichnung s. § L 8.

Anm. 2: Von den ursprünglich mehrsilbigen Lehnwörtern ist *arzet* neben *erzet* schwankend belegt; der Plural von *abt* wird in der Regel ohne Umlaut gebildet. Der fehlende Umlaut wird wohl bedingt durch die konkurrierende Bildung mit *-(e)n*-Plural (Paul, Dt. Gr. III § 32, Anm. 2). Der Umlaut beim Lehnwort *bischof* ist zwar schon mhd. belegt (vgl. Molz 1902, 237), wird aber aufgrund der Stellung des umzulautenden Vokals in der Nebensilbe häufig nicht ausgeführt. Dies gilt auch für *palast* (vgl. Paul, a.a.O. § 86, Anm. 1).

Anm. 3: Bei einer größeren Zahl von Mask. wird der Plural, der im Frnhd. mit Umlaut belegt ist, in der nhd. Standardsprache ohne Umlaut gebildet, so nhd. *Arm, Gurt, Halm, Hund, Laut, Ahorn, Ambos, Spalt, Punkt, Schule, Tag, Thron, Graf, Tod, Hag, Orden, Wagen, Staffel, Polster, Monat, Roman* und – auch mit neutr. Genus – *Docht, Mord, Pfad.* Hinzu kommen die im Frnhd. durch Anfügung von *-n* im Nom. Sg. quasi neu entstandenen mehrsilbigen Mask. vom Typ *galge(n)*. Diese werden zum Teil mit Plural-Umlaut versehen, so nhd. *Bogen, Garten, Graben, Kasten, Kragen, Magen, Schaden*; im Frnhd. auch *brunnen, karren, gedanke(n)* u. a. (vgl. Gr. d. Frnhd. III § 82; Molz 1902, 225f.; Paul, Dt. Gr. III § 11, Anm. 3).

Anm. 4: Einige Mask., die auf alte *i*-Stämme zurückgehen, weisen im Frnhd. noch gelegentlich Umlaut auf, so *fünd, grede, bäu.* Molz 1902, 220f. bucht hierzu: *al, dachs, druk, -halt, hort, huf, kalk, lachs, luchs, pfuhl, rost, ruf* und *schlot* (vgl. auch die Belege bei Paul, Dt. Gr. III § 10, Anm.).

Anm. 5: Die Verwandtschaftsbezeichnungen *vater* und *bruoder* haben bereits im Mhd. gelegentlich Plural-Umlaut angenommen (Paul, Mhd. Gr. § 179, 1), doch finden sich bis ins 15. Jh. Belege ohne Umlaut (vgl. auch Paul, Dt. Gr. III § 17).

Anm. 6: Das bereits im Ahd. zur *i*-Deklination gehörende Lexem *fus* zeigt gelegentlich im Dat. Pl. umlautlose Formen, möglicherweise eine Bewahrung der alten Flexionseigentümlichkeit als Wurzelstamm (vgl. dazu ausführlich Mausser, Mhd. Gr., 743f.; Gr. d. Frnhd. III § 82(3); DWB, s. v.; Boiunga 1890, 32ff., bes. 37).

Anm. 7: Der ehemalige *u*-Stamm *son* ist im Obd. gelegentlich ohne Plural-Umlaut belegt.

Anm. 8: In die Gruppe mit Plural-Umlaut wechseln auch einige mhd. schwach gebildete Mask., so *han, traum, baum, schwam, kam (Kamm), stam, strom, arzt, herzog, kauz, storch, straus* (vgl. Paul, Dt. Gr. III § 34, Anm. 1; Molz 1902, 234).

Anm. 9: Beim Ableitungssuffix *-tum* setzt sich der Umlaut, bedingt durch die Stellung des umlautenden Vokals in der Nebensilbe, relativ spät durch (Molz 1906, 345).

Anm. 10: Der ehemalige *i*-Stamm *wurm* und das mhd. nach den *i*-Stämmen flektierte Mask. *wald* sind im Frnhd. häufig mit Plural-Umlaut belegt. Ebenso das nach dem Vorbild von *abgötter* gebildete Mask. *got.* Alle drei gehen im Verlauf des Frnhd. über zum *-er*-Plural (vgl. Braune, Ahd. Gr. § 216, Anm. 3; Paul, Mhd. Gr. § 177, Anm. 4; Gr. d. Frnhd. III § 82, Anm. 10; Paul, Dt. Gr. III § 23, Anm. 1; Molz 1902, 253 u. 1906, 359).

Anm. 11: Gelegentlich tritt im Frnhd. Umlaut des Stammvokals kombiniert mit *-(e)n*-Plural auf (was im Nhd. ausgeschlossen ist), so *gedänken, nämen, dörnen, eppeten, brünnen* u. a. (vgl. Gr. d. Frnhd. III § 81; Boiunga 1890, 108).

§ M 11 -*(e)n*-Plural

Während zahlreiche Mask. den -*(e)n*-Plural aufgeben und in andere Klassen wechseln, wechseln nur relativ wenige Mask. zur Plural-Bildung mit -*(e)n*. Dies sind nhd. *Held, Hirte, Heide, Christ, Rabe, Schöffe* und (mit Gen. Sg. -*(e)s) Dorn, Forst, Mast, Strahl, Zins, Ritz, See, Staat, Stachel, Pantoffel.*

Anm. 1: *dorn* zeigt im Frnhd. ein breites Spektrum an Pluralbildungen. Molz 1902,318f. belegt neben -e-Plural und der apokopierten Form *dorn* (bes. Obd.) auch -er-Pl. (vgl. Gürtler 1913 s. v.). -*(e)n*-Pl. ist seit dem 15. Jh. belegt und überwiegt z. B. bereits bei Luther, doch hält sich daneben *dörner* bes. bei obsächs. Dichtern des 17./18. Jhs. Im Nhd. steht *Dorne* (‚Werkzeug‘) neben *Dornen*.

Die Pl. *forste, maste* neben *forsten, masten* sind bis heute üblich. *Förste* belegt Molz bis ins 18. Jh. *Strahle* (‚Wasserstrahle‘) und *Strahlen* (‚Lichtstrahlen‘) sowie *Zinse, Zinsen* sind heute semantisch getrennt.

Der Pl. von *held* wird seit dem 15. Jh. mit -*(e)n* gebildet, vom 16. Jh. an überwiegend. *Helde* ist jedoch bis ins 18./19. Jh. belegt (vgl. DWB, s. v.; Paul, Dt. Gr. III § 30 u. Anm.). *Hirte* ist bereits im Mhd. schwankend belegt; *hirt* hält sich jedoch bis ins 18. Jh. (vgl. Molz a.a.O.; Paul, Dt. Gr. a.a.O.).

Christ, heide, rabe und *schöffe* erhalten indirekt einen -*(e)n*-Pl. durch Tilgung von -*(e)n* im Nom. Sg. (mhd. Sg. *kristen* : Pl. *kristen*). Paul, Dt. Gr. III § 30 datiert diesen Prozeß ins 16. Jh.

Anm. 2: Einige mhd. schwankend verwendete Mask., die in der nhd. Standardsprache mit -*(e)n*-Pl. gebildet werden, sind im Frnhd. noch gelegentlich mit -e- bzw. -Ø-Pl. belegt, so *mensche, mage, strale, planete, doctor, elter, zeuge.*

Anm. 3: *Genosse* wird mit -*(e)n*-Pl. gebildet (vgl. dazu Paul, Mhd. Gr. § 179,7; Michels, Mhd. Gr. § 213,4; DWB, s. v.; Mausser, Mhd. Gr. III § 161.2; Gr. d. Frnhd. III § 89(1), Anm. 3; Boiunga 1890,36ff.; Paul, Dt. Gr. III § 29, Anm.).

Anm. 4: Häufig finden sich – meist regional gebunden – -*(e)n*-Pl., die z. T. bereits auf mhd. variierende Verwendung zurückgehen, die im Nhd. aber nicht mehr gebräuchlich sind, so *bischofen, königen, arzten, freunden, münchen, sinnen, bastarden, pfeilen, spiessen, flüssen, puncten, flegeln, sündern, handelen, brüdern* (vgl. Gr. d. Frnhd. III § 89(2)); Molz 1902,234ff. bucht auch -*(e)n*-Pl. für *baum, darm, kam, schwam, strom.*

Anm. 5: Neben *männer* und *man* findet sich auch selteneres *mannen.*

Anm. 6: Eine Anzahl von Lehnwörtern bildet den Plural mit -*(e)n* noch abweichend vom heutigen Usus, so *tractaten, patronen, romanen (Romane), aposteln, afecten, generalen* (vgl. auch Paul, Dt. Gr. III § 90, Anm. 2).

Anm. 7: Für das 18. Jh. bucht Nerius 1964,181ff. noch 83 Mask. mit einem vom nhd. Standard abweichenden -*(e)n*-Pl.; gegen Ende des Jhs. nehmen die Belege jedoch rapide ab. Am Ausgang des 18. Jhs. sind nur noch *Affekt, Baron, Hahn, Mond, Patron, Roman, Stiefel, Thron* belegt. Zum Schwäb. s. auch Paulus 1906,30ff. Zu Dubletten in der nhd. Standardsprache s. Gr. d. Frnhd. III § 90, Anm. 1.

Anm. 8: Zum Umlaut des Stammvokals als Teil des -*(e)n*-Pl. s. § M 10, Anm. 11.

2. Flexion der Substantive

-s-Plural § M 12

-s-Pl. ist im Frnhd. selten. Erst seit der 2. Hälfte des 17. Jhs. finden sich franz. Entlehnungen im Alem. Deutsche Lexeme mit -s-Pl. erscheinen nahezu ausschließlich im Nd. und den angrenzenden md. Gebieten. Zum 18. Jh. s. Nerius 1964, 161ff.; Semenjuk 1972; weiterhin Öhmann 1924, 1961/62; van der Meer 1915; Paul, Dt. Gr. III § 81ff.; Kaiser 1930, 168ff.; Schieb 1981; Ljungerud 1955.

2.3.5. Genus(wechsel)

Im Frnhd. sind u. a. noch folgende Substantive Mask. oder werden gele- § M 13 gentlich mask. verwendet: *atom, alter, ballet, bestek, beweistum, bündel, büschel, datum, depot, detail, dickicht, ding, drittel, durcheinander, einhorn, ende, erdbeben, folen, fürstentum, garn, gatter, gebrechen / gebresten, gedek, gedinge, gegenteil, geheis, gelas, geld, geleit, genüge, gemach, geschik, geschrei, gesinde, gesims, getreide, gestade, gewand, gewerbe, grauen, harz, heft, irsal, kamel, konfekt, krokodil, labyrinth, laken, leben, lek, lob, mas, maul, messing, misfallen, mor, mos, öl, paradis, pferd, polster, produkt, projekt, puder, pult, pulver, register, reisig, ror, rükgrat, rudel, scheusal, schif, schilf, schrot, segel, sieb, siechtum, skelet, sofa, spital, stift, tabernakel, tal, talent, tapet, thermometer, traktat, tribunal, tuch, turnier, ufer, urteil, verdek, folk, wachstum, wams, weistum, wittum, werk, (wol)gefallen, wunder, zeug, zentrum, zepter, zink;*

abscheu, äre, andacht, angel, angst, anmut, anstalt, anzal, armut, art, asche, assel, aufname, ban, bank, barbe, binse, blindschleiche, blume, blüte, borste, borte, bracke, bremse, brezel, brille, brunst, bürste, büchse, butter, deichsel, demut, diele, distel, dolde, -dommel, drone, eklipse, esche, fane, faser, falte, fessel, flamme, flasche, flause, flocke, flunder, flut, form, frucht, fug, furt, geduld, geisel, gemse, geschwulst, gewalt, glatze, glut, griebe, grille, grosmut, grütze, gunst, gurgel, hast, hefe, heirat, heuschrecke, hirse, hoffart, hornisse, hummel, imme, jacke, kachel, karte, kartoffel, kerbe, keule, kieme, klammer, klaue, klette, knolle, knospe, kole, koralle, kost(e), krampe, krätze, kresse, kröte, krone, lache, langmut, last, laune, lei, lende, lilie, list, locke, luft, lüge, lunte, lust, made, mäne, meie, majestät, mandel, matratze, mauer, metze, mistel, muse, niere, not, oblate, pacht, palme, pein, periode, pestilenz, pfütze, posse, pracht, pranke, qual, ranke, ratte, rebe, reue, reverenz, rose, ruhe, seite, sarabande, schachtel, scham, scharte, scherbe, scheu, schlacke, schläfe, schlange, schleie, schleppe, schminke, schnake, schnalle, schnecke, schnepfe, schokolade, scholle, schranke, schur, schürze, schwalbe, schwelle, semmel, sentenz, seuche, sitte, socke, sonne, spitze, sprosse, spule, staffel, stirn, sträne, strieme, strippe, synode, tafel, taufe, träne, trappe, traube, trau-

fe, treppe, trespe, tücke, ulme, ungebür, unke, vernunft, viole, wabe, wacke, wade, wanne, watte, wemut, weihe, wilkür, woge, wolke, wut, zähre, zecke, zeder, zwecke, zwiebel, zwiesprache, zwietracht. Vgl. dazu Gr. d. Frnhd. III § 93; Paul, Dt. Gr. III § 54–63 u. § 70–73; Solms / Wegera 1982, 263ff.; des weiteren Florer 1900; Polzin 1903; Timmel 1880; Blumer 1890; Kaiser 1930, 181ff.; Nerius 1967; van Dam 1958, 122ff.; Talanga 1987.

2.4. Feminina

Lit.: Braune, Ahd. Gr., 192a–243; Paul, Mhd. Gr. § 181ff., 189; Gr. d. Frnhd. III, passim; Boiunga 1890, passim; Møller 1937.

§ M 14   ### 2.4.1. Paradigmen

	9	13	12
Klasse	$-\emptyset/-(e)n$	$-\emptyset/-\emptyset$	$-\emptyset/-\emptyset^{Uml}$
Sg. Nom.	sache-$\emptyset$	sache-$\emptyset$	tochter-$\emptyset$
Akk.	sache-$\emptyset$	sache-$\emptyset$	tochter-$\emptyset$
Dat.	sache-$\emptyset$	sache-$\emptyset$	tochter-$\emptyset$
Gen.	sache-$\emptyset$	sache-$\emptyset$	tochter-$\emptyset$
Pl. Nom.	sache-n-$\emptyset$	sache-$\emptyset$-$\emptyset$	töchter-$\emptyset$-$\emptyset$
Akk.	sache-n-$\emptyset$	sache-$\emptyset$-$\emptyset$	töchter-$\emptyset$-$\emptyset$
Dat.	sache-n-$\emptyset$	sache-$\emptyset$-n	töchter-$\emptyset$–n
Gen.	sache-n-$\emptyset$	sache-$\emptyset$-n	töchter-$\emptyset$-$\emptyset$

	11	14	10
Klasse	$-\emptyset/-e$	$-e^{Uml}/-e^{Uml}$	$-\emptyset/-e^{Uml}$
Sg. Nom.	finsternis-$\emptyset$	stat-$\emptyset$	stadt-$\emptyset$
Akk.	finsternis-$\emptyset$	stat-$\emptyset$	stadt-$\emptyset$
Dat.	finsternis-$\emptyset$	sted-e	stadt-$\emptyset$
Gen.	finsternis-$\emptyset$	sted-e	stadt-$\emptyset$
Pl. Nom.	finsterniss-e-$\emptyset$	sted-e-$\emptyset$	städt-e-$\emptyset$
Akk.	finsterniss-e-$\emptyset$	sted-e-$\emptyset$	städt-e-$\emptyset$
Dat.	finsterniss-e-n	sted-e-n	städt-e-n
Gen.	finsterniss-e-$\emptyset$	sted-e-$\emptyset$	städt-e-$\emptyset$

2.4.2. Singular-Kasus §M 15

Im Sg. verlieren alle Fem. zum Nhd. hin ausnahmslos ihre Kasusflexive, d. h. die drei mhd. Paradigmen fallen im Sg. zu einem zusammen.

mhd.			nhd.
kraft-Ø	*gëbe-Ø*	*zunge-Ø*	*Kraft / Gabe / Zunge-Ø*
kraft-Ø	*gëbe-Ø*	*zunge-n*	*Kraft / Gabe / Zunge-Ø*
kreft-e	*gëbe-Ø*	*zunge-n*	*Kraft / Gabe / Zunge-Ø*
kreft-e	*gëbe-Ø*	*zunge-n*	*Kraft / Gabe / Zunge-Ø*

Bereits im Mhd. treten bei den ehemaligen *i*-Stämmen neben den §M 16 Gen./Dat. Sg.-Formen mit *-e* und Umlaut des Stammvokals Formen ohne *-e* und ohne Umlaut auf (vgl. Paul, Mhd. Gr. § 184). Beschleunigt durch die allgemeine *e*-Apokope (vgl. § L 40), wird der Prozeß der Kasusnivellierung, d. h. des analogen Ausgleichs mit den Nom. / Akk.-Formen, bis zum Ende des 15. Jhs. abgeschlossen, wobei der Dativ vorangeht. Spätere Belege mit *-e* sind Ausnahmen.

Anm. 1: In einigen Fällen haben sich im Nom. / Akk. Formen nach dem Vorbild des Pl. durchgesetzt, die mit denen im Gen. / Dat. übereinstimmen, so bei *beichte (<bi-giht)*, *blüte (<blout)*, *ente (<ant)*, *hüfte (<huf(t))*, *hürde (<hurt)*, *geschichte (<geschiht)*, *stute (<stuot)*, *drüse (<druos)*, *eiche (<eich)*, *leiche (<lîch)*, *säule (<sûl)*, *furche (<vurch)*, *erbse (<arweiz)*, *stätte (<stat)*, *färte (<vart)* (vgl. Paul, Mhd. Gr. § 184, Anm. 1).

Anm. 2: *Kuh* und *sau* sind im Sg. stets ohne Umlaut belegt (vgl. Gr. d. Frnhd. III § 68, Anm. 2; Behaghel 1924, 28).

Anm. 3: *Werlde~werlte* und *tugende* sind gelegentlich, vermehrt im Md., im Nom. / Akk. mit *-e* belegt (vgl. dazu Paul, Mhd. Gr. § 184, Anm. 4; ausführlich Mausser, Mhd. Gr., 628).

Die ehemaligen *ô*-Stämme und die Verwandtschaftsbezeichnungen *mutter*, §M 17 *tochter* und *schwester* bleiben hinsichtlich der Sg.-Kasus gegenüber dem Mhd. unverändert.

Anm. 1: Bei zahlreichen Fem. wird das Nebensilben-*e* im Nom. Sg. getilgt, so *acht (<ahte)*, *ban (<bane)*, *hut (<huote)*, *kost (<koste)*, *mark (<marke)*, *pein (<pîne)*, *qual (<quale)*, *scham (<schame)*, *schau (<schouwe)*, *schuld (<schulde)*, *stirn (<stirne)*, *tracht (<trachte)*, *furcht (<vorhte)*; weiterhin bei den Derivationssuffixen *-in (<inne)*, *-ung (<unge)* und *-nis (<nisse)*. Zu *mauer (<mûre)*, *leier (<lîre)*, *scheuer (<schiure)*, *steuer (<stiure)*, *trauer (<trûre)*, *feier (<vîre)* s. § L 41.

Anm. 2: Bei mehrsilbigen Fem. auf *-en (<ahd. -ina)*, die im Mhd. zusätzlich ein *-e* im Nom. Sg. erhielten oder das *-n* verloren *(lügen(e) neben lüge)*, setzen sich die *-n*-losen Stämme durch, so *bütte (<büten)*, *lüge (<lügen(e) ~lüge)*, *ferse (<versen)*, *kette (<keten(e))*, *küche (<küchen)*, *quitte (<küten)*, *messe/mette (<metten)*.

Die ehemaligen fem. *-n*-Stämme werden im Sg. hinsichtlich der Kasus ni- §M 18 velliert. Dabei lassen sich im Frnhd. zwei verschiedene Ausgleichsrichtungen beobachten: Prozeß 1: Analoge Übertragung des *-(e)n* der obliquen Kasus auf den Nom. Sg.; Prozeß 2: Tilgung aller *-(e)n*-Flexive im Sg.

mhd.	frnhd. Ausgleich			nhd.
zunge-Ø	zungen-Ø	oder	zunge-Ø	Zunge-Ø
zunge-n	zungen-Ø		zunge-Ø	Zunge-Ø
zunge-n	zungen-Ø		zunge-Ø	Zunge-Ø
zunge-n	zungen-Ø		zunge-Ø	Zunge-Ø

Zum Nhd. setzt sich der Prozeß 2 durch, wodurch indirekt eine schärfere Numerusprofilierung erreicht wird. Die Ausgleichsprozesse beginnen bereits im Mhd. (Paul, Mhd. Gr. § 183; Michels, Mhd. Gr., 167) und verlaufen bis ins 18. Jh. Dabei lassen sich deutliche regionale Präferenzen beobachten. Im 14./15. Jh. ist die Übernahme von -(e)n in den Nom. Sg. im gesamten Sprachgebiet gut belegt. In den Druckersprachen des 16./17. Jhs. konzentriert sich dieser Ausgleich auf das Obd. mit einem deutlichen Schwerpunkt im Bair.

Anm. 1: Ehemals stark flektierte Fem. mit -(e)n-Formen im Sg. finden sich im 14./15. Jh. bes. häufig in md. Texten (vgl. Gr. d. Frnhd. III § 48).

Anm. 2: Die Grammatiker des 18. Jhs. lehnen -(e)n-Formen im Sg. überwiegend ab (Antesperg 1749 stellt eine Ausnahme dar). Dennoch finden sich zahlreiche Belege bes. im Gen./Dat. Sg. (vgl. Nerius 1964, 181ff.). Am frequentesten sind *Aschen, Erden, Frauen, Höllen, Kirchen, Mitten, Seelen, Seiten, Sonnen.* Im Nom./Akk. finden sich -(e)n-Formen nur noch im Obd. (s. auch Kaiser 1930, 174ff.). Nach 1800 sind -(e)n-Formen nur noch gelegentlich in poetischer Sprache belegt, in der nhd. Standardsprache nur in festen Verbindungen (*von Seiten, auf Erden, mit Freuden*) (vgl. Gr. d. Frnhd. III, 147).

2.4.3. Plural-Kasus

§ M 19 Bei den Fem. sind zwei Plural-Muster belegt: das übliche, das auch für Mask./Neutr. belegt ist (vgl. oben § M 7 u. unten § M 25), und das Muster der ehemaligen ô-Stämme: -Ø, -Ø, -(e)n, -(e)n. Das Paradigma der ehemaligen ô-Stämme wird durch analoge Übertragung von -(e)n auf Nom. und Akk. ausgeglichen. Durch die Verschiebung der Grenze zwischen Stamm und Flexiv fällt dieses Muster mit dem der übrigen Fem. (und Mask./Neutr.) zusammen (Frnhd.: Nom./Akk. *sache-Ø*, Dat./Gen. *sache-n* – Nhd.: alle Kasus *Sache-n*).

Anm.: Gelegentlich sind auch ehemalige fem. *i*-Stämme mit -(e)n-Kasus im Gen. Pl. belegt (*früchten*) (vgl. Gr. d. Frnhd. III § 62, Anm. 1; Michels, Mhd. Gr. § 211, Anm. 3).

2.4.4. Numerus

Der -*(e)n*-Pl. setzt sich bei den Fem., gestützt durch die Kasusflexive im § M 20
Gen. / Dat. Pl. der ehemaligen *ô*-Stämme, im gesamten Plural durch. Damit wird der Plural der ehemaligen *n*-Stämme zur dominierenden Pluralbildung der Fem. Der -*e*-Pl. mit Umlaut des Stammvokals (sofern dieser umlautfähig ist) ist weit seltener. -*e*-Pl. (ohne Umlaut) ist im Nhd. nur bei den
Derivationssuffixen -*nis* und -*sal* belegt. Umlaut des Stammvokals ohne
weiteres Flexiv zur Pluralbildung ist im Nhd. nur bei den beiden mehrsilbigen Fem. *Mutter* (*Mütter*) und *Tochter* (*Töchter*) erhalten.

Anm. 1: Die Entwicklung bei den *ô*-Stämmen vollzieht sich in der Hauptsache bereits vor dem Frnhd. Im 14. Jh. sind bereits 75% mit -*(e)n* belegt, im 15. Jh. rund
85% und im 17. Jh. nahezu 100% (mit nur wenigen Ausnahmen) (vgl. Gr. d. Frnhd.
III § 90).

Anm. 2: Ein Großteil der fem. *i*-Stämme (auch mit nicht umlautfähigem Stammvokal) wechselt ebenfalls in die Gruppe mit -*(e)n*-Pl. Dies geschieht verstärkt seit
dem 15. Jh. Die wichtigsten sind: *tugend, schrift, zeit, fart, tat, art, burg, hochzeit,
flut, geschichte, geburt, flucht, furt, antwort, list* und alle mit den Derivationssuffixen
-*schaft* und -*heit*/-*keit*.

Anm. 3: Bei den übrigen ehemaligen *i*-Stämmen wird der Umlaut nach Ausgleich der
Kasusalternanz im Sg. (vgl. § M 16) zum eindeutigen Numeruskennzeichen. Der
Umlaut tritt alleine oder kombiniert mit -*e*-Pl. (je nach Stand der allgemeinen
e-Apokope) oder (selten) mit -*(e)n*-Pl. auf. Mit Umlaut sind gelegentlich auch etwa
tat, burg u. a. belegt (vgl. Paul, Dt. Gr. III § 52, Anm. 1).

Anm. 4: Der alte *u*-Stamm *hand*, der im Mhd. noch im Dat. Pl. *handen* (neben *henden*) und im Gen. Pl. in festen Verbindungen (*aller hande, maneger hande*) aufscheint,
ist im Frnhd. konkurrierend *hande(n)* neben *hende(n)* bis ins 17. Jh. belegt (vgl.
Gr. d. Frnhd. III § 84(2); DWB, s. v.; Boiunga 1890, 100f.; Paul, Dt. Gr. III § 43,
Anm. 3).

Anm. 5: *Brust* wird seit dem 9. Jh. wie ein *i*-Stamm flektiert (Braune, Ahd. Gr.
§ 243). Das Fem. findet sich bis ins 15. Jh. jedoch häufig ohne Plural-Umlaut (vgl.
DWB, s. v.).

Anm. 6: Das ehemalige Wurzelnomen *nacht* wird bereits im Mhd. den *i*-Stämmen
angeglichen, bleibt aber bis ins 16. Jh. gelegentlich ohne Plural-Umlaut (vgl. Paul,
Mhd. Gr. § 185, Anm. 2; Weinhold, Mhd. Gr. § 467; Michels, Mhd. Gr. § 213, 5;
Mausser, Mhd. Gr. § 661f.; Gr. d. Frnhd. III § 85 (2)).

Anm. 7: Gelegentlich sind im Frnhd. -*(e)n*-Plurale – teils mit, teils ohne Umlaut des
Stammvokals – belegt zu *frucht, kraft, kunst, brunst, sucht, lust, kluft, sau, not, nus,
luft, angst, ausflucht, stadt, nacht* (vgl. Paul, Dt. Gr. III § 42, Anm. 3 u. § 52, Anm. 2;
Boiunga 1890, 108; Gr. d. Frnhd. III § 85(2), Anm. 2 u. § 87(2), Anm. 8 u. 9).

Anm. 8: Der ehemalige *ter*-Stamm *schwester* erhält ebenfalls -*(e)n*-Pl. Nach Boiunga
1890, 29 ist der Übergang um die Mitte des 15. Jhs. vollzogen (vgl. Gr. d. Frnhd. III
§ 87(1), Anm. 7).

Anm. 9: Die ehemaligen *ter*-Stämme *mutter* und *tochter* werden im Frnhd. konkurrierend zu -*Ø* mit -*e* und -*(e)n*-Pl. (teils mit, teils ohne Umlaut des Stammvokals)
gebildet.

Anm. 10: Zum Gen. Pl. s. § M 7, zum -s-Pl. s. § M 12.

Anm. 11: Gelegentlich tritt der Umlaut des Stammvokals kombiniert mit -(e)n-Pl.
auf, so *wollüsten, müttern, früchten, künsten, zünften, töchtern, kräften* (vgl. auch
Boiunga 1890, 108).

2.4.5. Genus(wechsel)

§ M 21 Im Frnhd. sind u. a. noch folgende Substantive Fem. oder werden gelegentlich fem. verwendet: *abenteuer, ärgernis, banner, bedürfnis, begängnis, be-
gebnis, begegnis, begräbnis, behältnis, bekentnis, bildnis, buch, bündnis, ereignis, erfordernis, frau(en)tum, fräulein, gedächtnis, gefängnis, geheimnis,
gelust, gelübde, gericht, geschöpf, gesicht, gespenst, geständnis, gewächs, gewissen, gift, gleichnis, gras, har, haupt, heck, hindernis, katheder, kindbet,
klafter, kleinod, kolorit, malz, mas, merkmal, muster, nez, rätsel, revier,
schwein, tageding, ungestüm, urteil, verhältnis, verhör, verhängnis, verlöbnis,
verständnis, verzeichnis, zelt, zeugnis;*
*abtrag, adel, aderlas, affe, anker, antipode, aufenthalt, aufrur, bach, bal-
drian, ballen, balsam, barren, bau, bedacht, behuf, bericht, bottich, brief,
brocke(n), diebstal, docht, dorsch, duft, dung, dunst, durst, edelmut, fel, first,
fittich, fladen, flitter, flo, fluch, flug, forst, frak, frevel, frost, gaumen, gedanke, gehorsam, grim, grus, gurt, gürtel, hader, häher, hobel, hochmut,
horst, humpen, hundsfot, husten, inbegrif, inhalt, irtum, käfer, karpfen, keim,
kiesel, kleinmut, kleister, koben, kolben, kürbis, lappen, laut, lavendel, lenz,
makel, marsch, mitwoch(e), monolog, neffe, nerv, orden, pelz, pfau, pfirsich,
plaz, proviant, prunk, puls, purpur, quendel, rame(n), rasen, roman, sal, sa-
lat, sarg, saum, schacht, schädel, schatten, scheitel, schemel, schos, schuppen,
schwefel, schwulst, sermon, spaten, specht, speichel, spint, splitter, sprenkel,
stachel, stral, strand, striegel, sud, tausch, ton, unflat, unfug, unterhalt, unterricht, unterschied, urfriede, verein, verdacht, verlust, verzicht, vorspan,
wacholder, wankelmut, wermut, widerpart, wipfel, wiz, zank, zeitvertreib, zet-
tel, ziegel, zins, zunder, zwiespalt.*
Vgl. dazu Gr. d. Frnhd. III § 93f.; weitere Literatur s. oben § M 13.

2.5. Neutra

Lit.: Braune, Ahd. Gr. § 192a–243; Paul, Mhd. Gr. § 180 u. § 188; Gr. d. Frnhd. III,
passim; Molz 1906; Gürtler 1912/13; Boiunga 1890, passim.

2.5.1. Paradigmen   § M 22

	1 -(e)s/-e	3 -(e)s/-Ø
Klasse		
Sg. Nom.	wort-Ø	wort-Ø
Akk.	wort-Ø	wort-Ø
Dat.	wort-(e)	wort-(e)
Gen.	wort-(e)s	wort-(e)s
Pl. Nom.	wort-e-Ø	wort-Ø-Ø
Akk.	wort-e-Ø	wort-Ø-Ø
Dat.	wort-e-n	wort-Ø–(e)n
Gen.	wort-e-Ø	wort-Ø–(e)

	5 -(e)s/-er^(Uml)	6 -(e)s/-(e)n
Klasse		
Sg. Nom.	lam-Ø	bet-Ø
Akk.	lam-Ø	bet-Ø
Dat.	lamm-(e)	bett-(e)
Gen.	lamm-(e)s	bett-(e)s
Pl. Nom.	lämm-er-Ø	bett-en-Ø
Akk.	lämm-er-Ø	bett-en-Ø
Dat.	lämm-er-(e)n	bett-en-Ø
Gen.	lämm-er-(e)	bett-en-Ø

	2 -(e)s/-e^Uml	8 -(e)ns/-(e)n
Klasse		
Sg. Nom.	flos-Ø	herz-Ø
Akk.	flos-Ø	herz-Ø
Dat.	floss-(e)	herz-(e)n
Gen.	floss-(e)s	herz-(e)ns
Pl. Nom.	flöss-e-Ø	herz-en-Ø
Akk.	flöss-e-Ø	herz-en-Ø
Dat.	flöss-e-n	herz-en-Ø
Gen.	flöss-e-Ø	herz-en-Ø

	4 -(e)s/-Ø^Uml
Klasse	
Sg. Nom.	kloster-Ø
Akk.	kloster-Ø
Dat.	kloster-Ø
Gen.	kloster-(e)s

Pl. Nom.   *klöster-Ø*
    Akk.   *klöster-Ø*
    Dat.   *klöster-(e)n*
    Gen.   *klöster-Ø*

Übergangsbedingt sind bei den Neutra die Klassen *-Ø/-Ø* (*wort/wort*), *-Ø/-e* (*wort / worte*) und *-Ø/-er*^{Uml} (*loch / löcher*) aufgrund des *-(e)s*-Schwundes im Gen. Sg.

2.5.2. Singular-Kasus

§ M 23 Der Sg. der Neutr. entspricht bis auf die Flexion nach dem Typ *herz* (im Nhd. nur noch *Herz*) dem der Mask.

Anm. 1: Die ehemaligen *ja*-Stämme verlieren das Stammnebensilben-*e* zum Nhd., so u. a. *erz, flöz, her, heft, hirn, keim, kreuz, nez, ör, öl, reich, stük, antliz, bet, bild, elend, wildbret,* der ehemalige *u*-Stamm *fieh* (vgl. dazu Molz 1906, 294f.) und das Derivationssuffix *-nis (<-nisse ~ -nusse ~ -nüsse).*

Anm. 2: Die *Ge*-Ableitungen verlieren das Nebensilben-*e* nur z. T. (vgl. Gr. d. Frnhd. III § 109 u. § 71). Der Prozeß läßt sich bis ins 18. Jh. hinein aufgrund der allgemeinen *e*-Apokope nur schwer beschreiben, da das *-e* im Sg. und Pl. weitgehend getilgt ist. Im Zuge der allgemeinen *e*-Restituierung (vgl. § L 40) wird das *-e* im Pl. konsequent, im Sg. nur partiell wieder eingeführt. Die Stammbildung (mit bzw. ohne Nebensilben-*e*) ist in der nhd. Standardsprache tendenziell durch kombinatorische Lautregeln gesteuert: Mit Nebensilben-*e* werden vor allem Lexeme mit Lenis (*b, d, g, s* /z/) im Stammauslaut bzw. auf *-de* gebildet, so nhd. *Gebirge, Gefilde, Gelände, Gesinde, Gebilde, Gemenge, (Gefälle), Gedränge, Gemüse, Gehäuse, Eingeweide, Gepränge, Gepräge, Gehänge, Gehege, Gebinde, Gebläse, Gefüge, Getriebe, Gewinde, Gewölbe, Gefolge, Gewerbe, Gewebe, Gestade, Gelage, Geschlinge, Gebäude, Gelübde, Gemälde, Getreide, Geschmeide* (aber auch etwa *Gerippe*) (vgl. Paul, Dt. Gr. III § 15; Boiunga 1890, 177); ohne Nebensilben-*e* werden im Nhd. u. a. gebildet: *Gebein, Gebiet, Gebrüll, Gebüsch, Gedärm, Gedeck, Gedicht, Gefährt, Gefäß, Gefecht, Geflecht, Gehenk, Geheul, Gehirn, Gehöft, Gehölz, Gelaß, Geleit, Gelenk, Gelock, Gelüst, Gemäß, Gemüt, Gepäck, Gerät, Gericht, Geräusch, Geröll, Gerüst, Gesäß, Geschäft, Geschenk, Geschick, Geschirr, Geschlecht, Geschmeiß, Geschoß, Geschrei, Geschütz, Geschwür, Gesetz, Gesicht, Gespann, Gespött, Gespenst, Gespinst, Gestein, Gestell, Gestirn, Gesträuch, Gestrüpp, Gestüt, Gewächs, Geweih, Gewerk, Gewicht, Gewühl, Gewürz, Gezücht* (vgl. Boiunga ibid. und oben § L 40 Anm. 1).
    Noch im 18. Jh. ist die Verteilung anders als in der nhd. Standardsprache der Gegenwart. Molz 1906, 320 belegt z. B. für Lessing Nom. / Akk.-Formen wie *-gedichte, Geräthe, Geschäffte, Gewürze.*

Anm. 3: *Hirse, sitte, wecke, imbe ~ imme* werden fem. (vgl. Gr. d. Frnhd. III § 72, Anm. 5; Paul, Dt. Gr. III § 31 u. 56).

Anm. 4: Die ehemaligen *wa*-Stämme verlieren das intervokalische *w*, soweit es nicht bereits im Mhd. getilgt ist. Formen mit *w* sind bes. wobd. bis ins 16. Jh. belegt, die Nebenform *kniuwes ~ knûwes* zu *Knie* bis ins 17. Jh. (vgl. DWB, s. v.; Gr. d. Frnhd. III § 39, Anm. 3). *Mehl* zeigt lautgeschichtlich begründetes *b* (*melb*) (vgl. Molz 1906, 292f.; Besch 1967, 286). *Hor* schwindet im 16. Jh. (vgl. DWB, s. v.), *spreu* wird

fem., *schmer* mask. *stro* zeigt seit dem 16. Jh. zunehmend *h* (als Dehnungszeichen)
(vgl. DWB, s. v.); zu *pfulwe / pfülwe* s. Molz 1906, 293. In Formen wie *towe, höw* etc.
kann das *w* auch graphischer Bestandteil der Digraphie *aw~ow, ew~öw* für /ao/,
/oe/ sein (vgl. Gr. d. Frnhd. III § 39, Anm. 3).

Anm. 5: Das Dat.-*e* verhält sich wie beim Mask.

Anm. 6: Tilgung des Gen.-*(e)s* findet sich ähnlich wie bei den Mask. In Fällen
kombinatorischen Schwundes (nach mehrsilbigen Lexemen auf -*en*) sind die substantivierten Infinitive reichlich vertreten.

Von den vier mhd. schwach flektierten Neutra *hërze, ôr(e), ouge* und *wan-* §M 24
ge werden im Nhd. *Ohr* und *Auge* im Sg. nach dem Muster (-∅, -∅, -(e),
hun(e)s) und mit -*(e)n*-Pl. flektiert; *wange* wird fem.; *herz* wird als einziges
Substantiv nach dem nhd. Muster -∅, -∅, -*(e)n*, -*(e)ns* gebildet und unterscheidet sich damit von der mhd. Flexion lediglich durch die Gen. Sg.-
Form.

Anm. 1: Der Gen. Sg. -*(e)ns* bei *herz* ist seit Ende des 15. Jhs. belegt und nimmt
Anfang des 16. Jhs. rasch zu. Luther verwendet -*(e)ns* und -*(e)n* variierend, wobei
-*(e)ns* noch seltener vertreten ist. Im 17. Jh. hat sich -*(e)ns* durchgesetzt, -*(e)n* ist
nur noch vereinzelt belegt. Vorübergehend werden im Frnhd. Ausgleichsformen gebildet, so findet sich gelegentlich Ausgleich Nom. / Akk. Sg. (*herzen*); umgekehrt ist
auch die Tilgung von -*(e)n* im Gen. / Dat. Sg. *(herz)* im gesamten Frnhd. gelegentlich vertreten (vgl. Gr. d. Frnhd. III § 56; Boiunga 1890, 94).

Anm. 2: *or* und *auge* verlieren ihre Kasus-Flexive -*(e)n* im Akk. / Dat./ Gen. Sg. und
erhalten im Gen. Sg. -*(e)s*. Der Übergang erfolgt seit dem 14. Jh., vermehrt dann im
15. Jh. Im 16. Jh. finden sich nur noch vereinzelt Belege mit -*(e)n* (vgl.
Gr. d. Frnhd. III § 53; zu *ouge* s. Besch 1967, 280 u. 282f.).

Anm. 3: *wange*, das bereits in mhd. Zeit im Md. auch fem. belegt ist, wird in der
Frühphase des Frnhd. fem. und verliert im Sg. die Kasus-Flexive.

Anm. 4: Gelegentlich werden im Frnhd. auch andere Neutr. mit -*(e)n* im Sg. flektiert, so etwa *tieren, maln*.

2.5.3. Plural-Kasus

Bei den Neutr. sind zwei Plural-Muster belegt: das übliche, das auch für §M 25
Mask. / Fem. gilt (vgl. oben § M 7 und § M 19), und das der ehemaligen
neutr. *a*-Stämme und der ehemaligen *iz/-az*-Stämme: -∅, -∅, -*(e)n*, -*(e)*.
Dieses Paradigma wird durch *e*-Apokope im Gen. Pl. rasch an das ‚Nor-
mal'-Muster angeglichen. Zum Gen. -*(e)n* s. § M 7.

2.5.4. Numerus

§ M 26 Plural-*e*

Die neutr. *a*-Stämme sind im Ahd. und im normalisierten Mhd. ohne
Numeruskennzeichnung im Nom. / Akk. (Braune, Ahd. Gr. § 193, bes.
Anm. 5). Im ausgehenden Mhd. wird bes. im Md. analog zu den mask.
a-Stämmen ein -*e*-Pl. ausgebildet (vgl. Michels, Mhd. Gr. § 208, Anm. 5).
Dies geschieht möglicherweise unter Einfluß des Nd., wo der -*e*-Pl. üblich
ist (zum And. -*u* nach einfachem Konsonant s. Cordes 1973, 90; zum Mnd.
Lübben 1882 § 70; Lasch 1914 § 371f.; Sarauw 1924, 26, 33 u. 57). Im Obd.
sind -*e*-Pl. dagegen seltener belegt (vgl. Gr. d. Frnhd. I, 1 § 50; Lindgren
1953, 46ff. u. 149ff.; Jellinek 1898; Molz 1906, 282f.; Mausser, Mhd. Gr.
§ 602f.; Weinhold, Mhd. Gr. § 454; Weinhold, Alem. Gr. § 424 u. passim).
   Dieser Entwicklung wirkt der Prozeß der allgemeinen *e*-Apokope entgegen (vgl. § L 40).

Anm. 1: Die Gr. d. Frnhd. III § 69 beschreibt folgenden Befund: Im 14. Jh. ist überwiegend -Ø-Pl. belegt. Die md. Texte zeigen jedoch einen -*e*-Anteil in einzelnen
Texten bis zu 62%. Im 15. Jh. ist im Obd. in den Texten nahezu durchweg eine
hundertprozentige Tilgung von -*e* erfolgt. Die größte Ausdehnung erfährt die *e*-Apo-
kope im 16. Jh. Im gesamten Obd. (einschließlich des Ofrk.) findet sich kein -*e*-Pl.;
auch im Md. sind nur wenige Fälle belegt; lediglich im Omd. sind noch zwischen 30
und 40% -*e*-Pl. belegt. Von hier aus setzt die Restituierung des -*e* ein. Im 17. Jh. ist
der -*e*-Pl. außer im Schwäb., Bair. und Rip. wieder zu 100% durchgesetzt.

Anm. 2: Die wenigen neutr. mehrsilbigen Lexeme auf -*er*, -*el*, -*en* verhalten sich wie
die Mask.

Anm. 3: Die ehemaligen *ja*-Stämme bilden den Pl. in Abhängigkeit von der Stammstruktur: Formen mit Nebensilben-*e* im Nom. Sg. haben -Ø-Pl., die übrigen -*e*-Pl.

Anm. 4: *bet, ende, leid, hemd* erhalten -*(e)n*-Pl.

Anm. 5: Die Diminutivsuffixe -*chen* und -*lein* haben im Plural kein -*e*.

Anm. 6: Das mhd. Kasus-*e* des Gen. Pl. unterliegt der *e*-Apokope. Der Prozeß ist für
das Frnhd. kaum zu beschreiben, da das Kasus-*e* formal nicht von einem eventuell
herausgebildeten Numerus-*e* zu unterscheiden ist (zum Problem vgl. Gr. d. Frnhd.
III § 61). Zum Gen. Pl. mit -*(e)n* s. § M 7.

§ M 27 -*er*-Plural

Der -*er*-Pl., der im Mhd. nur bei einer kleinen Anzahl von Neutr. regelmäßig eintritt (ehemalige *iz / az*-Stämme; vgl. Paul, Mhd. Gr. § 180,
Anm. 2), bei anderen nur sporadisch, wird seit dem 13. Jh. zunehmend zur
Pluralmarkierung auch der neutr. *a*-Stämme genutzt. In der Folgezeit erfährt der -*er*-Pl. eine allmähliche, aber stetige Erweiterung. Zu den jeweiligen Neubildungen in den einzelnen Jh. s. Gr. d. Frnhd. III § 73; Gürtler
1912/13.

Anm. 1: Die Gr. d. Frnhd. (a.a.O.) skizziert folgende Entwicklung: Im 14./15. Jh. sind jeweils nur wenige und zumeist bereits früher übliche -er-Plurale belegt. Bei Konkurrenz des -er-Pl. mit -e/-Ø-Pl. überwiegen meist noch die -e/-Ø-Belege. Im 16. Jh. hat sich der -er-Pl. gegenüber seinen Konkurrenten meist durchgesetzt; nur vereinzelt erscheinen Lexeme, die später mit -er-Pl. gebildet werden, noch mit anderen Pluralformen. Im 17. Jh. ist die Entwicklung nahezu auf dem nhd. Stand; die noch belegten Konkurrenten haben sich z. T. bis in die Gegenwart erhalten, wobei heute zumeist eine deutliche semantische Differenzierung besteht, so *Worte-Wörter, Lande-Länder, Bande-Bänder, Tuche-Tücher, Horne-Hörner, Lichte-Lichter, Gesichte-Gesichter, Scheite-Scheiter(haufen)*. Nach Mengenangaben (mit Zahlen) steht der -Ø-Pl., vgl. *zwei Glas Bier, zwei Blatt Papier* etc.

Anm. 2: Gürtler 1912/13 bucht folgende Neubildungen mit -er-Pl. (auch Mask.): 14. Jh.: *ämter, bäumer, börter, brüecher, dinger, driescher, fässer, gedinger, gelder, gerichter, häger, hälmer, höuger, kiczer, löter, mäder, männer, märker, mäuler, müeser, pläzer, röcker, röder, schäffer, schlösser, sterner, tresemer, weiber*; 1. Hälfte 15. Jh: *gemächer, hälser, geschlösser, hemder, klötzer, kreuzer, loener, schilder, seiler, spiler, steiner, sträucher, teiler, türmer, würmer, zicker*. In der 2. Hälfte des 15. Jhs. dominiert der -er-Pl. bei *bad* und *holz* und ist gelegentlich belegt bei *armbrust, elent, gebot, gewand, huf, mund, pfeil*. Für die 1. Hälfte des 16. Jhs. notiert Gürtler 1913, 71 die Durchsetzung des -er-Pl. bei *band, buch, horn, licht, volk, wort*, in der 2. Hälfte bei *amt, bild, ding, dorn, faß, feld, gemüt, geschlecht, gott, kind, mann, nest, ort, schloß, schwert, spital, weib, bösewicht* und belegt weiterhin (1. Hälfte): *anwälder, bäller, better, bremer, ender, feurer, gebeter, geschenker, (an)gesichter, grinder, hinterhälter, leilacher, ränder, schiffer, unfläter, zweiger*; (2. Hälfte): *bächer, därmer, gespenster, gewölber, henner, herzer, kemmeter, klösser, leichnamer, (-)mäler, pfröpfer, röhrer, ständer, ställer, stifter, -tümer, wämser, gater*. Für das 17. Jh. bucht Gürtler 1913, 81 die Durchsetzung des -er-Pl. bei *geist, land, leib, rand, schild, strauch, wald, fach, gemach, pfand, -tum* und belegt weiterhin: *ääser, äster, bräter, beiler, blicker, blitzer, büscher, capauner, däuser, felliser, felser, gewünneter, menscher, sääler, särger, ungestümer, zelter, zweiger* und die Lehnwörter *regimenter, spitäler*.

Anm. 3: Für das 18. Jh. gibt Gürtler 1913, 81 die Durchsetzung des -er-Pl. bei *Gewand, Gras, Wurm* und -mal an. Ansonsten findet sich im 18. Jh. noch eine Vielzahl von -er-Bildungen, die in der nhd. Standardsprache nicht mehr üblich sind (vgl. Gürtler a.a.O.; Nerius 1964, 52ff.). Häufiger belegt sind: *Beiner, Gebeter, Hemder, Kabinetter, Stücker, Werker* (vgl. auch Kaiser 1930, 72f.; Schmidt-Wilpert 1980, 421f.).

Anm. 4: Für den Kernwortschatz der nhd. Standardsprache gibt August 1975, 37 insgesamt 79 Neutr. mit -er-Pl. an (neben 30 Mask.).

Anm. 5: Häufig findet sich der -er-Pl. kombiniert mit einem zusätzlichen -e. Dabei handelt es sich nicht durchweg um vereinzelte hyperkorrekte Formen (s. H. Bach 1943, § 83), sondern um zwei getrennt zu bewertende Prozesse. Einmal handelt es sich um die analoge Übertragung des Pl. -e auf die neutr. a-Stämme; zum anderen um eine im Obd. des 17. Jhs. sporadisch auftretende Analogiebildung, die als hyperkorrekt bezeichnet werden kann (vgl. Gr. d. Frnhd. III § 76). Der erstgenannte Prozeß findet sich bes. im Md. des 14. Jhs., seltener im 15. Jh., so Belege wie *bledere, kledere, kindere, rindere* etc. (vgl. auch Gürtler 1912, 532ff.; Molz 1906, 352). Auch hier darf nd. Einfluß vermutet werden (vgl. etwa *kalviru* bei Cordes 1973, 90; s. auch Lübben 1882 § 70; Lasch 1914 § 375; Sarauw 1924, 43f.; zu den nd. und nordobsächs. rezenten Mdaa. s. u. a. Schirmunski 1962, 425; Seibicke 1967, 51).

Anm. 6: V. Moser 1909, 77 belegt für Luther -er-Pl. +n (*weibern* im Nom. /Akk. Pl.); s. auch Sütterlin 1924, 336; Molz 1906, 388; Gürtler 1913 § 56.

Anm. 7: Gelegentlich findet sich in wmd. Texten -er-Pl. vor Diminutivsuffix: *gebeterchen, riserchen, kinderchen.* Vgl. dazu Gürtler 1909; 1910; Paul, Dt. Gr. III § 22.

§ M 28 Plural-Umlaut

Der -er-Pl. tritt regelmäßig mit Umlaut des Stammvokals auf, wenn dieser umlautfähig ist und sofern die Umlautsbezeichnung durchgeführt ist (vgl. § L 8). Andere neutr. Pluralbildungen mit Umlaut des Stammvokals sind selten. Die wenigen Fälle, die analog zu den mask. *i*-Stämmen gebildet werden, werden zum Nhd. hin wieder ohne Umlaut gebildet. Molz 1906, 289ff. nennt *thör, jär, mähl, mäß, häre, schäf.*

Anm. 1: In der nhd. Standardsprache haben sich nur noch die ehemaligen Mask. *Flöße* und – seltener verwendet – *Chöre* (‚Kirchenraum') erhalten. Bei mehrsilbigen Lexemen ist der Umlaut im Nhd. bei *Klöster* und *Wässer* (fachsprachlich) erhalten.

Anm. 2: Zum Nebeneinander von *lager* und *leger* im Sg. s. Molz 1906, 297; Paul, Dt. Gr. III § 13, Anm. 1; V. Moser 1938, 68ff.

§ M 29 -(e)n-Plural

Bei den vier mhd. schwach gebildeten Lexemen *hërze, ôre, ouge, wange* wird der Plural durch -(e)n gebildet. Andere Pluralbildungen sind dagegen im Frnhd. selten (vgl. Gr. d. Frnhd. III § 88; Molz 1906, 373ff.) und gehen z. T. bis ins Ahd. zurück (vgl. von Kienle 1969 § 171; Paul, Mhd. Gr. § 188, Anm. 1; Michels, Mhd. Gr. § 212, Anm. 3).

Im Verlauf des Frnhd. erhalten einige weitere Neutra regelmäßigen -(e)n-Pl., so *bet* (<mhd. Nom. Pl. *bette*), *hemd* (<mhd. *hemde*), *ende* (<mhd. *ende*), *leid* (<mhd. *leit*). -(e)n-Pl. tritt hier verstärkt seit dem 16. Jh. auf, doch die Konkurrenz von -(e) vs. -(e)n-Pl., die z. T. noch durch konkurrierenden -er-Pl. erweitert wird, reicht bis ins 18. Jh. (vgl. Gr. d. Frnhd. III § 88, Anm. 1; Paul, Dt. Gr. III § 37, Anm. 1; Molz 1906, 373ff.).

Anm. 1: Zu den Fremdwörtern *insekt, statut, interesse* s. Paul, Dt. Gr. III § 91.

Anm. 2: Pl. *kleinote(n)* (zu *kleinod*) wird seit dem 16. Jh. zunehmend von der Bildung mit -*ien* ersetzt (vgl. Gr. d. Frnhd. III § 88, Anm. 2).

Anm. 3: -(e)n-Pl. bei anderen Lexemen ist gelegentlich belegt, so *dingen, worten, toren, instrumenten, elementen* etc. (vgl. Gr. d. Frnhd. III § 88, Anm. 3; Molz 1906, 383ff.; Paul, Dt. Gr. III § 91).

2.5.5. Genus(wechsel)

Im Frnhd. sind u. a. noch folgende Substantive Neutr. oder werden ge- § M 30
legentlich neutr. verwendet: *abgot, (ab)grund, adel, altar, ambos, anker,*
anschein, anteil, auflauf, augenblik, bast, bau, begrif, bezirk, blok, dam,
dienst, diwan, docht, dotter, eimer, eiter, enkel, ernst, estrich, farn, flachs,
fund, garaus, gau, gesang, gestank, gips, gries, grund, halm, halt, harnisch,
has, hausrat, honig, hort, imbis, jammer, käfig, kan, kamin, kanal, karneval,
keim, kien, kloz, köcher, köder, kot, kürbis, lärm, laich, leib, leichnam, lon,
lorber, malter, mittelpunkt, monat, mord, mut, name, nu, ort, palast, panther,
panzer, pöbel, port, pfad, pfeil, punkt, rat, rauch, reichtum, roz, rumor, sal,
saft, same, sand, schild, schmelz, schos, schrecken, schrei, schut, schwefel,
sieg, sinter, spek, sper, spuk, stal, stal ('Stall'), stander, tadel, talg, tee, ter,
teint, teller, tempel, tiger, ton, trank, urlaub, verein, verker, vers, verstand,
vertrag, vorteil, vorwitz, wal('Wall'), wandel, wechsel, wiederpart, wickel,
wucher, wurf, wurm, zauber, zorn, zucker, zweig, zwerg;
äre, antwort, armbrust, armut, bedrängnis, beere, begier, betrübnis, bet-
decke, biene, brut, courage, ecke, einöde, empfängnis, ente, erkentnis, erlaub-
nis, esche, fastnacht, finsternis, fürbitte, gebärde, gebür, gefar, gegend, ge-
nüge, geschichte, gestalt, grütze, hecke, heimat, hochzeit, hülle, jagd, kole,
kommune, leiche, märe, marke, miete, milz, mitternacht, molke, moral, nat
('Naht'), nelke, oblate, passage, pestilenz, pflicht, phase, predigt, rippe, sal-
be, schmiere, schrift, schwelle, schwiele, spreu, spur, tenne, trübnis, trübsal,
tülle, urkunde, verdammnis, violine, waffe, wal ('Wahl'), wange, (spin-)webe,
wette, wilkür, wolke, zeit, ziffer.
Vgl. dazu Gr. d. Frnhd. III § 93ff.; weitere Literatur s. oben § M 13.

3. Flexion der Adjektive

3.1. Gebrauch der Adjektive

Lit.: Behaghel I § 98–104; Duden-Grammatik 1984 § 441–452; Gr. d. Frnhd. VI
§ 3, 34, 39, 123f.; Grimm IV 588, 592; Paul, Dt. Gr. IV § 87.

Die Mehrzahl der frnhd. Adj. kann attr. beim Subst. (*ein schönes kind*), § M 31
subst. (*ein schönes*), präd. beim Subst. (*das kind ist schön*), adv. (*das kind*
singt schön) sowie attr. beim Adj. oder Adv. (*ein schön begabtes kind*) verwendet werden. Eine Beschränkung auf nur die attr. / subst. oder präd. /
adv. Verwendung ist selten: so z. B. bei *bürtig* (nur präd.), *ober-* (nur attr. /
subst.) (vgl. Gr. d. Frnhd. VI § 34, Anm. 1, § 39, Anm. 2).

Im Frnhd. ist allein die attr. (beim Subst.) sowie subst. Verwendung durch- § M 32
gängig einer Flexion unterworfen. Im subjekts- wie objektspräd. Gebrauch

kann selten bis in das 16. Jh. Flexion eintreten (vgl. § M 52). Stets unflektiert ist das attr. beim Adj. / Adv. gebrauchte Adj. Eine formale Kennzeichnung auch des adv. Gebrauchs, die jedoch nicht als Flexion zu werten ist,
ist in der ersten Hälfte des Frnhd. verbreitet und wird in der Folge nahezu
vollständig aufgegeben.

Die Flexion des attr. Adj. in der Substantivgruppe mit mehreren adj.
Attr. unterliegt z. T. besonderen Regelungen (vgl. § M 49ff.).

§ M 33 Das Frnhd. zeigt eine zunehmende Tendenz zur Erweiterung der Substantivgruppe um mindestens ein adj. Element (vgl. Gr. d. Frnhd. VI
§ 24f., 124.2; Sommerfeldt 1988, 224–229).

Die durchschnittliche Anzahl attr. Adj. (einschließlich adj. gebrauchter Partizipien)
steigt vom 14. auf das 17. Jh. auf mehr als das Doppelte; noch größer ist der Anstieg
des Gebrauchs von Substantivgruppen mit mindestens zwei adj. Attr.

3.2. Die Flexion des attributiven und substantivierten Adjektivs in der einfachen Substantivgruppe

Lit.: Antonsen 1973; Behaghel I § 108–135a; Braune, Ahd. Gr. § 244–259;
Gr. d. Frnhd. VI § 39–122; Grimm IV 549f., 570–578, 588–591, 601–604,
626–635, 644–674; Hotzenköcherle 1968; Kehrein I § 325–328 und III
§ 143–147, 149–161; Ljungerud 1955, 161–251, 271, 306; Paul, Mhd. Gr.
§ 196–202; Paul, Dt. Gr. III § 119–123; Paul, Dt. Gr. IV § 78–86, 89–92; Solms
1987; Wälterlin 1941.

3.2.1. Die adjektivische als grammatisch abhängige Flexion

§ M 34 Die grammatischen Kategorien des Adj. sind die des Substantivs: Genus,
Numerus, Kasus. Die Flexion des attr. Adj. erfolgt in grammatischer Kongruenz zum Substantiv (vgl. § S 224 – S 227). Dabei kann das Adj. auf
unterschiedliche Weise flektiert werden.

Einem jeden frnhd. Adj. (einschließlich der adj. gebrauchten Partizipien)
stehen in den einzelnen Sg.- und Pl. Kasus z. T. mehrere Flexive zur Verfügung. Die Flexive unterscheiden sich hinsichtlich ihrer Fähigkeit, einen
Teil der grammatischen Markierung für die attributive Substantivgruppe
zu leisten: *das schön-e kind* mit genusindifferentem *-e*, aber *ein schön-es kind*
mit genusmarkierendem Flexiv *-es* (Anm. 1). Die Fähigkeit zur grammatischen Markierung bildet die Grundlage der auch terminologischen Unterscheidung in grammatisch determinierende (=det.) und indeterminierende
(=indet.) Flexive des Adj. (Anm. 2).

Neben der üblichen Flexion kommen Abweichungen in beiden möglichen Richtungen vor: die Flexion des Adj. kann det. sein, obwohl die

Substantivgruppe bereits durch einen grammatischen Ausdrucksträger eingeleitet ist (Gen. Sg. Mask.: *Des nestes dages* in der Oxforder Benediktinerregel, nassauische Hs. 14. Jh.); ebenso kann die Flexion des Adj. indet. sein, obwohl kein sonstiger grammatischer Ausdrucksträger innerhalb der Substantivgruppe vorhanden ist (Dat. Sg. Mask. *mit grossen fluß* bei Brunschwig, Straßburg 1519). Solche Abweichungen lassen sich in ihrer Gültigkeit zumeist sprachlandschaftlich und / oder zeitlich eingrenzen.

Anm. 1: Die vom Ahd. bis in das Nhd. nachvollziehbare Entwicklung der adj. Flexion ist durch das Spannungsverhältnis unterschiedlicher Prinzipien zur Auswahl des jeweiligen Flexivs geprägt. Dabei wird im Frnhd. ein Prinzip durchgesetzt, das bereits auch im Mhd. und Ahd. die Flexion des attr. Adj. vorwiegend regelt. Dieses Prinzip gilt als ‚Formregel' (vgl. Hotzenköcherle 1968). Sie besagt, daß die Flexion des Adj. von den sonstigen grammatischen Ausdrucksträgern der Substantivgruppe abhängt. Als konkurrierendes Prinzip gilt die ‚Sinnregel'. Sie besagt, daß durch die Flexion des Adj. die referentielle Bestimmtheit / Unbestimmtheit des außersprachlichen Referenten zum Ausdruck gebracht wird. Das historische Neben- und Nacheinander dieser beiden Regeln gilt als entwicklungsgeschichtlicher Grundzug der deutschen Adjektivflexion (vgl. auch Törnquist 1974).

Anm. 2: Die gewählte terminologische Unterscheidung in det. / indet. Flexive weicht von der in den historischen Grammatiken üblichen Unterscheidung in eine ‚starke' und ‚schwache' Flexion ab. Jedoch trifft sich die gewählte Terminologie mit der neugewählten Benennung in der Duden-Grammatik 1984 § 475ff. Das wesentliche Motiv der Umbenennung (vgl. Darski 1979, 204) liegt in dem funktionalen Aspekt der adj. Flexion, die grammatische Markierung der gesamten Substantivgruppe in Abhängigkeit vom Markiertheitsgrad des sonstigen Substantivbegleiters und des Substantivs zu leisten; Brinkmann 1964, 96 spricht daher auch von einer Gruppenflexion (vgl. auch Eisenberg 1986, 225). Zur Diskussion der Terminologie vgl. Gr. d. Frnhd. VI § 15 sowie Solms 1987, 70–72.

3.2.2. Determinierende (det.) und indeterminierende (indet.) Flexion

Die determinierende Flexion: Die innerhalb der einzelnen Sg.- und Pl.- Kasus det. funktionierenden Flexive definieren sich über ihre frequentiell vorwiegende Nutzung in Substantivgruppen ohne einen zusätzlichen grammatischen Bestimmungsträger (vgl. 3.2.3.). **§ M 35**

Im Nom. Sg. Mask. ist neben -*(e)r* auch -*Ø* selten bis in das 16. Jh. gebraucht (vgl. Anm. 2, 3); als mda. Flexion tritt -*(e)* im Rip. bis in das 15. Jh. hinein auf (vgl. Anm. 5). Im Nom. Sg. Fem. findet sich -*iu* im Obd. noch in der zweiten Hälfte des 15. Jhs. (vgl. Anm. 6); neben dominierendem -*(e)* kann -*Ø* vor allem im Obd. noch bis in das 15. Jh. und als Ausnahme auch noch im 16. Jh. genutzt sein. Im Nom. Sg. Neutr. ist -*Ø* neben -*(e)s* im gesamten Frnhd. möglich und vor allem bis in das 16. Jh. hinein

	Mask.	Neutr.	Fem.
Sg. Nom.	*gut(e)r ~ gut ~ gut(e) > gut(e)r*	*gut(e)s ~ gut*	*gut(e) ~ gut ~ gutiu > gut(e)*
Akk.	*gut(e)n*	*gut(e)s ~ gut*	*gut(e) ~ gut ~ gutiu > gut(e)*
Dat.		*gut(e)m ~ gut(e)me > gut(e)m*	*gut(e)r ~ gut(e)re > gut(e)r*
Gen.		*gut(e)s ~ gut(e)n > gut(e)n*	*gut(e)r ~ gut(e)re > gut(e)r*

Pl. Nom.	*gut(e) ~ gutiu > gut(e)*
Akk.	*gut(e) ~ gutiu > gut(e)*
Dat.	*gut(e)n*
Gen.	*gut(e)r ~ gut(e)re > gut(e)r*

Abb. 10: Paradigma der det. Flexion

Der Hinweis '>' zeigt die noch im Frnhd. eingetretene und (zumindest weitgehend) abgeschlossene Entwicklung an; zur Praxis, *-e(-)* als flexivisches Element stets zu klammern, vgl. Gr. d. Frnhd. VI § 26, Anm. 1; die Tilde '~' zeigt eine konkurrente Verwendung an.

auch vorwiegend (zur Konsonantengraphie des Flexivs vgl. Anm. 1). Die Konkurrenz der neutralen Flexive ist im 17. Jh. weitgehend zugunsten des *-(e)s* entschieden. Aufgrund des häufigen *-Ø* sowie der Zurückdrängung von *-Ø* in Mask. und Fem. wird es im Frnhd. zum genusmarkierenden Flexiv des Neutr. profiliert (vgl. Anm. 3).

Im Akk. Sg. Mask. gilt *-(e)n*. Im Akk. Sg. Neutr. ist *-Ø* im gesamten Frnhd. möglich; doch tritt *-(e)s* tendenziell früher als im Nom. auf. Im Akk. Sg. Fem. ist neben dominierendem *-(e)* auch *-Ø* möglich und (selten) noch im 16. Jh. belegt; die Entwicklung ist hier durch die *e*-Apokope überlagert (vgl. Anm. 11). Ein „unecht" genanntes *-iu* bleibt insbesondere im Bair. bis in das frühe 15. Jh. hinein möglich (vgl. Anm. 6). Im Dat. Sg. Mask./Neutr. ist *-(e)me* bis in das 15. Jh. hinein möglich (vgl. Anm. 7). Neben usuellem *-(e)m* tritt auch *-(e)n* auf (vgl. Anm. 8). Ein Ausfall des Nasals ist selten belegt (vgl. Anm. 11).

Im Dat. / Gen. Sg. Fem. kommt neben usuellem *-(e)r* auch *-(e)re* noch im 14. Jh. vor; bei gleichzeitig eintretender Synkope bleibt *-re* im Mfr. vereinzelt auch im 15. Jh. erhalten (vgl. Anm. 7). In sehr seltenen Fällen kann ebenfalls *-(e)n* gebraucht sein, singulär ist *-(e)*. Im Gen. Sg. Mask. / Neutr. wird *-(e)s* seit dem späten 15. Jh. durch *-(e)n* verdrängt (vgl. Anm. 10); als eine Kontaminationsform erscheint vom 15. Jh. an selten auch *-(e)ns* (z. B. *fridsamens lebens* bei Pauli, Straßburg erstes Viertel 16. Jh.). Nur singulär ist *-(e)* (vgl. Anm. 9).

Im Nom. Pl. Neutr. ist *-iu* bis in die zweite Hälfte des 15. Jhs. möglich. Vom Neutr. aus kann es besonders im Bair. auch auf Mask. / Fem. übertragen sein (vgl. Anm. 6). Es herrscht im Frnhd. *-(e)*, doch kann *-(e)* auch ausfallen, jedoch seltener als bei Mask. / Fem. (vgl. Anm. 11). Es ist *-(e)* (auch im Akk. Pl.) spätestens zum 17. Jh. wieder vollständig restituiert. In Ausnahmefällen ist *-(e)n* auch im Nom. (und außerhalb des Vokativ, vgl.

§ M 41) belegt: *plassen swert* (Kottanerin, Hs. Wien um 1450). Innerhalb des Vokativs ist -*(e)n* nicht selten (vgl. § M 41). (Zum Dat. Pl. vgl. Akk. Sg. Mask.; zum Gen. Pl. vgl. Dat. / Gen. Sg. Fem.).

Anm. 1: Der für das Mhd. ausgewiesene graphische Unterschied zwischen Nom./ Akk. Sg. Neutr. -*eʒ* (got.-*ata*) und Gen. Sg. Mask. / Neutr. -*es* (got.-*is*) (vgl. Paul, Mhd. Gr. § 135; von Kienle 1969 § 191) ist durch die graphische Entwicklung aufgehoben; es liegt im Frnhd. bei nur wenigen Ausnahmen eine Realisierung durch -*eʒ* vor (vgl. auch Paul, Dt. Gr. III § 121; Schulze 1967, 376, 379).

Anm. 2: Zu allen Zeiten des Frnhd. kann Ekthlipsis eintreten (*nider-er* > *nider*) vgl. § L 39. Am häufigsten tritt Ekthlipsis bei -*(e)m*/-*(e)n* auf; belegt sind jeweils vor allem die Lexeme *eigen* und *gemein* sowie die Stoffadjektive auf -*(r)en*.

Anm. 3: Im Mhd. kann neben den pronominalen Flexiven -*(e)r* (Mask.), -*(e)ʒ* (Neutr.) und -*iu* (Fem.) im Nom. Sg. und auch Akk. Sg. Neutr. immer auch das ursprünglich nominale Flexiv -*Ø* gebraucht sein (vgl. Paul, Mhd. Gr. § 196). Diese Möglichkeit bleibt grundsätzlich auch im Frnhd. beibehalten, wobei aber genusspezifische Entwicklungen stattfinden. Eine genusspezifische Bevorzugung von -*Ø* im Neutr. und auch Mask. kommt schon im Mhd. vor (vgl. Grimm IV 570, 573); darüber hinaus tritt eine Reduzierung von -*Ø* im Mask. schon während des Spätmhd. auf (vgl. Rühl 1909, 38). Das Flexiv -*Ø* ist im Mask. bereits zur zweiten Hälfte des 15. Jhs. in weiten Teilen des Obd. nur in Ausnahmen gebraucht; für das Md. erweist sich noch zum Ende des 15. Jhs. ein hoher Geltungsgrad von -*Ø* im Rip. (vgl. Anm. 5), im Omd. kann es auch über das 15. Jh. hinaus häufig in Gebrauch bleiben. Als (zumindest seltene) Möglichkeit zur Bildung des Nom. Sg. Mask. ist -*Ø* im gesamten Frnhd. erhalten. Die Verallgemeinerung von -*(e)r* zeigt sich im Frnhd. als Durchsetzung eines vorwiegend obd. Gebrauchs. Noch seltener als im Mask. kann -*Ø* für das Fem. gebraucht sein; aufgrund der Überlagerung durch die Apokope fällt eine Bewertung hier jedoch schwer. Parallel zur selteneren Verwendung und der frühzeitigeren Aufgabe von -*Ø* im Nom. Sg. Mask. / Fem. bleibt das Flexiv noch im 16. Jh. innerhalb des Nom. / Akk. Sg. Neutr. zum Teil domierend. Gegenüber dem pronominalen Flexiv -*(e)s* tritt -*Ø* noch bis in die zweite Hälfte des 16. Jhs. in 2/3 aller Fälle auf; Gr. d. Frnhd. VI (§ 52ff.) weist für die zweite Hälfte des 17. Jhs. nur noch 21% aus. Damit ergibt sich die usuelle Genusmarkierung des Neutr. (im Nom.) bis in das 16. Jh. hinein als vorwiegend durch -*Ø* gewährleistet (neben -*(e)r* für das Mask. und -*(e)* für das Fem.). Das pronominale Flexiv -*(e)s* ist (mit Ausnahme des Oschwäb.) in seiner Verwendung frühzeitiger im Obd. und in Nürnberg verankert (mit einem Geltungsgrad in der zweiten Hälfte des 14. Jhs. von etwa 52% zu etwa 6, 5% im Md.); doch wird -*(e)s* vor allem seit dem 16. Jh. auch im Md. (primär im Obs.) fest verankert und z. T. auch häufiger als im Obd. verwendet.

Anm. 4: Die Konkurrenz der pronominalen Flexive mit -*Ø* gilt nur für das attr. Adj. Von wenigen Ausnahmen abgesehen ist das subst. Adj. im Frnhd. durch das jeweils ausdrucksvolle det. Flexiv flektiert.

Anm. 5: Einigen Teilen der mfr. Schriftlichkeit ist die Bildung des Nom. Sg. Mask. mit -*(e)r* so fremd, daß dieses Flexiv noch im 14. Jh. völlig fehlen kann. Hier zeigt sich eine eigenständige Entwicklung, bei der -*(e)r* nicht allein mit -*Ø*, sondern mit dem mda. -*(e)* konkurriert; Michels Mhd. Gr. § 214, Anm. 5 nennt Formen auf -*(e)* „scheinbar schwache". So ist -*(e)r* im Rip. noch im 15. Jh. selten.

Anm. 6: Das im Frnhd. nur obd. erscheinende Flexiv -*iu,* das mhd. allein dem Nom. Sg. Fem. und Nom. / Akk. Pl. Neutr. zukommt (vgl. Paul, Mhd. Gr. § 196), kann im Oobd. auch im Akk. Sg. Fem. sowie Nom. / Akk. Pl. Mask. / Fem. verwendet sein. Belege einer Verwendung von -*iu* reichen bis in die zweite Hälfte des 15. Jhs.

Anm. 7: Die schon im Mhd. hauptsächlich in Md. auftretenden Flexive -*(e)me/-(e)re* treten noch im 15. Jh. auf. Bei stammschließendem Liquid / Nasal tritt „in der Regel" schon im Mhd. Synkope des -*e* ein, die mit der „Bewahrung der vollen Endung" einhergeht (Weinhold, Mhd. Gr. § 505). In dieser Konstellation ist der Flexivgebrauch im Mfr. im 15. Jh. noch singulär belegt (*cleinre*).

Anm. 8: -*(e)me/-(e)m* können durch -*(e)n* ersetzt sein (so auch im Mhd., vgl. Weinhold, Mhd. Gr. § 505, Anm. 3). Die Wertung solcher abweichenden Bildungen ist mehrdeutig (zur Diskussion vgl. Gr. d. Frnhd. VI § 61). Der Gebrauch von -*(e)n* (statt -*(e)m* kommt im gesamten Frnhd. vor, es bleibt -*(e)n* seltener als -*(e)m*. Allein in Teilen des Mfr. ist -*(e)n* im 14. und auch frühen 15. Jh. häufig oder sogar vorwiegend. Hier gilt ein Einfluß von Seiten des Ndfr. / Nd. als wahrscheinlich (vgl. Michels, Mhd. Gr. § 214, Anm. 5; Bach 1930b § 131).

Anm. 9: Für einen gänzlichen Ausfall des Nasals (z. B. *in der nachchomunde czeit* bei Durandus, Hs. Wien 1384) sind flexivische Ursachen auszuschließen; ein solcher Ausfall des Nasals kann in allen Sg.-/Pl. Kasus auftreten,in denen -*(e)n* üblich ist (vgl. Gr. d. Frnhd. VI § 59, Anm. 2).

Anm. 10: Über das Mhd. hinaus bleibt im Frnhd. im Gen. Sg. Mask. / Neutr. -*(e)s* fest, nur ganz selten ist im 14. oder frühen 15. Jh. -*(e)n* gebraucht (z. B.*vollen we* bei Merswin, Hs. Straßburg 1370). Der Beginn einer Ablösung von -*(e)s* durch -*(e)n* zeigt sich im 15. Jh. in wobd. Texten. Zumindest als Ausnahmevariante wird -*(e)n* schon seit der ersten Hälfte des 16. Jhs. fest, bleibt jedoch insbesondere der omd. Schriftlichkeit noch weitgehend fremd. Das Omd. verbleibt auch im 17. Jh. vorwiegend bei der traditionellen Variante -*(e)s*, während im restlichen hd. Sprachraum -*(e)n* überwiegt oder doch gleichgewichtig verwendet ist. Vgl. besonders Gr. d. Frnhd. VI § 68ff.

Anm. 11: Flexiv -*(e)* ist durch Apokope gefährdet: Neben den sprachlandschaftlichen Unterschieden zeigt sich dabei, daß der Abfall von -*e* ganz offensichtlich durch die flexivische Funktion des -*e* gehemmt ist. Der jeweilige Anteil der -*e*-losen Formen erweist sich als Indiz für die funktionale Entbehrlichkeit des -*e* (vgl. Gr. d. Frnhd. VI § 76f.). So ist -*e* am ehesten erhalten im det. Nom. / Akk. Pl. Neutr. (Gr. d. Frnhd. weist für die zweite Hälfte des 15. Jhs. einen Anteil der -*e*-losen Formen von 15,4% aus), es ist -*e* am ehesten ausgefallen im indet. Nom. Sg. Mask. / Neutr. (Gr. d. Frnhd. IV weist für den gleichen Zeitraum einen Anteil der -*e*-losen Formen von 67,3% aus). Die seit dem 16. Jh. einsetzende Restituierung von -*e* auch in der indet. Flexion geht vom Omd. aus.

§ M 36 Die indeterminierende Flexion: Die innerhalb der einzelnen Sg.- und Pl. Kasus indet. funktionierenden Flexive definieren sich über ihre frequentiell vorwiegende Nutzung in Substantivgruppen mit einem zusätzlichen grammatischen Bestimmungsträger (vgl. 3.2.3.) (siehe Seite 197).

Im Nom. Sg. Mask. kann -*(e)* durch Apokope bedingt ausfallen, zur Restituierung von -*(e)* vgl. § M 35, Anm. 11. Als rip. Besonderheit erscheint im 16. Jh. häufig -*(e)r*, das hier noch über das 17. Jh. hinaus belegt bleibt (vgl. Anm. 1). Solche Polyflexion kommt im gesamten Frnhd. vor (vgl.

	Mask.	Neutr.	Fem.
Sg. Nom.		*gut(e)*	
Akk.	*gut(e)n*	*gut(e)*	*gut(e)* ~ *gut(e)n* > *gut(e)*
Dat.		*gut(e)n*	*gut(e)n* ~ *gut(e)r* > *gut(e)n*
Gen.		*gut(e)n*	*gut(e)n* ~ *gut(e)r* > *gut(e)n*
Pl. Nom.		*gut(e)* ~ *gut(e)n*	
Akk.		*gut(e)* ~ *gut(e)n*	
Dat.		*gut(e)n*	
Gen.		*gut(e)n* ~ *gut(e)r* > *gut(e)n*	

Abb. 11: Paradigma der indet. Flexion

Der Hinweis '>' zeigt die noch im Frnhd. eingetretene und (zumindest weitgehend) abgeschlossene Entwicklung an; zur Praxis, -*e*(-) als flexivisches Element stets zu klammern, vgl. Gr. d. Frnhd. VI § 26, Anm. 1; die Tilde '~' zeigt eine konkurrente Verwendung an.

§ M 37, Anm.); sie ist häufiger im Omd., wobei Formen mit -*(e)r* in der zweiten Hälfte des 17. Jhs. vorwiegend im Schles. (neben auch dem Nd.) auftreten. Im Nom. Sg. Fem. /Neutr. ist -*(e)* herrschend; zu vereinzeltem -*(e)n* sowie zur Apokope vgl. Nom. Sg. Mask. Vereinzelt kann im Fem. ebenfalls -*iu* im 14. Jh. gebraucht sein, z. B. *dev heiligev cristenhait* (Mönch von Heilsbronn, Hs. nürnb. / ofr. Ende 14. Jh.), *disú grossú nott* (bûch v. d. altvâtern, schwäb. Hs. spätes 14. Jh.) (vgl. § M 35, Anm. 6, 11).

Im Akk. Sg. Mask. ist -*(e)n* ausnahmslos. Zum Akk. Sg. Neutr. vgl. Nom. Sg. Neutr. Im Akk. Sg. Fem. ist -*(e)n* noch im 15. Jh. z. T. häufig oder sogar noch gleichgewichtig neben -*(e)* (z. B. *die heiligen heilichait* neben *di lateinische schrift*, Durandus, Hs. Wien 1384). Im Verlauf der ersten Hälfte des 16. Jhs. ist -*(e)n* weitgehend aufgegeben. Es wird -*(e)* ebenfalls von der Apokope ergriffen (jedoch in der zweiten Hälfte des 16. Jhs. kaum mehr im Omd.); spätestens im 17. Jh. ist die allgemeine Restituierung von -*(e)* durchgesetzt (vgl. § M 35, Anm. 11).

Dat. Sg. Mask. / Neutr. hat neben usuellem -*(e)n* auch -*(e)m(e)*. Eine solche Flexion nimmt nach dem 14. Jh. ab und wird dann zum Ende des 16. und im 17. Jh. wieder häufiger möglich, z. B. *mit deme heiligeme geiste* (Oxforder Benediktinerregel, nassauische Hs. 14. Jh.), *dem großmächtigwútigem Feind* (Eschenloher, Augsburg 1678). Im Dat. / Gen. Sg. Fem. erweist das Mfr. eine Besonderheit: bis in das 16. Jh. wird vorwiegend und darüber hinaus dann seltener statt des -*(e)n* das -*(e)r* flektiert (Anm. 1); jedoch ist -*(e)r* auch außerhalb des Mfr. vom 15. Jh. an selten belegt, z. B. *dieser gántzlicher Zuversicht* (Abraham a. S. Clara, Wien 1680), *zur gewünschter Besserung vnd völliger erhaltung* (Eschenloher, Augsburg 1678).

Im Gen. Sg. Mask. / Neutr. ist -*(e)n* kaum aufgegeben; daneben ist -*(e)s* selten bis in das 16. Jh. hinein möglich, z. B. *Des nestes dages* (Oxforder Benediktinerregel, nassauische Hs. 14. Jh.).

Im Nom. / Akk. Pl. ist neben -*(e)n* stets auch -*(e)* möglich. Es wird -*(e)* vor allem im Obd. im 17. Jh. vorherrschend, ist jedoch im Omd./Ofr. noch nicht verankert. Hinsichtlich der Varianz von -*(e)* und -*(e)n* ist eine frühe von einer späteren Entwicklung zu trennen. Eine frühe wmd. Entwicklung ist im ausgehenden 15. Jh. aufgegeben, die spätere obd. Entwicklung wird im 17. Jh. bestimmend im Obd. und auch im Wmd. (vgl. Anm. 2 und 1). Im Dat. Pl. ist -*(e)n* fest; es fällt selten auch -*n* aus (vgl. § M 35, Anm. 9). Im Gen. Pl. ist -*(e)n* vorwiegend im Mfr. durch -*(e)r* ersetzt, das bis in das 15. Jh. hinein dominant gebraucht ist; -*(e)r* kann auch im 16. Jh. noch gebraucht sein (vgl. Anm. 1).

Anm. 1: Innerhalb der am Adj. zu erwartenden indet. Flexion nicht nur des Nom. Sg. Mask., sondern auch des Dat. / Gen. Sg. Fem., des Nom. / Akk. Pl. und Gen. Pl. aller Genera weist das Mfr. und hier besonders Rip. z. T. durch das gesamte Frnhd. hindurch eine sprachlandschaftliche Besonderheit auf:
   a) Für den Dat. / Gen. Sg. Fem. sowie auch den Gen. Pl. aller Genera gilt die Flexion mit -*(e)r* (statt -*(e)n*) als originär mfr. (vgl. Behaghel I § 124.d.; Michels, Mhd. Gr. § 214, Anm. 5; von Kienle 1969 § 196). Diese Formenbildung ist bis in die Mitte des 15. Jhs. im Rip. gewöhnlich; bis zur zweiten Hälfte des 16. Jhs. ist -*(e)n* gleichgewichtig neben -*(e)r* durchgesetzt. Aber noch zur Mitte des 17. Jhs. kann -*(e)r* als Ausnahme vorkommen (*in der guter Ordnung*, Rosenthal : Baw, Köln 1653) (vgl. Gr. d. Frnhd. VI § 67).
   b) Die Flexion des Nom. Sg. Mask. weist im 16. Jh. zunehmend die Möglichkeit auf, statt -*(e)* das det. -*(e)r* zu gebrauchen. Diese Möglichkeit wird so stark genutzt, daß -*(e)* in Texten der zweiten Hälfte des 16. Jhs. zur seltenen oder gar Ausnahmevariante wird. In mda. Textsorten wird auch nach dem 16. Jh. im Rip. mit einer solchen Flexion zu rechnen sein (vgl. Macha 1985, 207). Nach Ausweis von Grammatikern wie Girbert, Stieler, Schottel werden solche Formen auch außerhalb des Rip. möglich gewesen sein (vgl. auch Grimm IV 635) (vgl. Gr. d. Frnhd. VI § 96.4, 97, Anm. 5).
   c) Für den indet. Nom. / Akk. Pl. gilt eine frühe Flexion durch -*(e)* (statt -*(e)n*) für das Mfr. als bodenständig (vgl. Bach 1930b § 152; Rupp 1933 § 143). Dieses -*(e)* bleibt vor allem rip. fester verankert als dies für den Gen. Pl. der Fall ist (vgl. a). Das Flexiv -*(e)* bleibt noch am Ausgang des 15. Jhs. vorherrschend und wird erst allmählich „von den eindringenden obd. auf -en [. . .] beschränkt" (Bach 1930b § 152). Zur späteren Entwicklung, die jedoch als nicht mehr originär mfr. bezeichnet werden darf, vgl. Anm. 2.

Anm. 2: Mit dem 16. Jh. setzt vor allem im Obd. (und sehr selten auch im Omd.) eine zuerst noch vereinzelte Verdrängung von -*(e)n* durch -*(e)* ein. Anders als im Omd., wo der Ausfall von -*n* zum 17. Jh. wieder sehr stark reduziert wird, wächst sowohl das Geltungsareal als auch der Geltungsgrad des -*(e)* im Obd. und auch wieder Wmd. (vgl. Anm. 1c) deutlich an. Der Geltungsgrad kann im Obd. nahezu 100% erreichen. Zu möglichen Ursachen vgl. Gr. d. Frnhd. VI § 75.

3.2.3. Regelung der Flexion in Abhängigkeit des vorausgehenden Substantivbegleiters

Nach dem best. Art. (sowie der Verbindung aus Präposition+Artikel, z. B.   § M 37
zu+der > *zur*) wird das attr. Adj. indet. flektiert.

Neben der usuellen Regelung gibt es die bis in das frühe 16. Jh. abnehmende und
weitgehend auch aufgegebene, in Teilen des Frnhd. jedoch seit dem späteren 16. Jh.
wieder auftretende Möglichkeit zur abweichenden det. Flexion (*Des nestes dages*,
Oxforder Benediktinerregel, nassauische Hs. 14. Jh.), vgl. Anm. Diese Möglichkeit
zur det. Flexion tritt überlandschaftlich besonders im Dat. Sg. Mask. / Neutr. auf
(*im christenleichem gelauben*, Durandus, Hs. Wien 1384).
    Eine ausgeprägte landschaftliche Sonderentwicklung zeigt das Mfr.: *-(e)r* statt
-(e)n im Dat./Gen. Sg. Fem. und Gen. Pl. aller Genera; *-(e)r* statt *-(e)* im
Nom. Sg. Mask.; *-(e)* statt *-(e)n* im Nom. / Akk. Pl. (vgl. § M 36, Anm. 1).
    Im späten Frnhd. kommt es besonders im Obd. zur det. Flexion des Nom. /
Akk. Pl. (vgl. § M 36, Anm. 2).

Anm.: Bildungen der Art *die alte heßliche Vetteln* (Moscherosch, Straßburg 1650)
können als polyflektierte Bildungen bezeichnet werden (vgl. Trojanskaja 1972, 43ff.).
Dieser Terminus bringt zum Ausdruck, daß alle nicht substantivischen Glieder der
attributiven Substantivgruppe grammatisch ausdrucksvoll, d. h. det. flektiert sind.
Eine solche Möglichkeit ist vom Ahd. bis in das 19. Jh. hinein belegt (vgl. Weinhold,
Mhd. Gr. § 524f.; Paul, Dt. Gr. IV § 82). Bereits für das Mhd. gilt sie als „Regel-
widrigkeit" (Weinhold, Mhd. Gr. § 524).

Nach dem unbest. Art. folgt im attr. wie subst. Adjektiv im Nom. /   § M 38
Akk. Sg. die det. Flexion; zu scheinbaren Ausnahmen vgl. Anm. Für Dat. /
Gen. Sg. (sowie auch Akk. Sg. Mask.) gilt das indet. Flexiv *-(e)n*.

In besonderen, sprachlandschaftlich definierten Fällen erscheint trotz der Flektiert-
heit des unbest. Art. auch im Dat. / Gen. Sg. besonders des Fem. das det. Flexiv
(*ains so klainez brotleins*, Mönch von Heilsbronn, nürnb. / ofr. Hs. Ende 14. Jh.),
vgl. § M 36, Anm. 1a.

Anm.: Abweichend vom Usus scheint auch das indet. Flexiv möglich zu sein: z. B.
ain braite stolln (Nom. Sg. Mask., Herberstein, Wien 1557). Dabei handelt es sich
aber in der Regel um Adj., die in den jeweiligen Texten auch in der unflektierten
Form (präd., adv.) mit -e gebildet sind (‚Stammnebensilben' -e). Entsprechende Belege sind daher als Formen mit Flexiv *-Ø* zu werten (vgl. § M 52, Anm. 3). Neben
Stammnebensilben-e ist ebenfalls eine mda. Vokalisierung des Nom. Sg. Mask.-
Flexivs *-(e)r* anzunehmen, wenn die jeweils abweichenden Formen solche des
Nom. Sg. Mask. sind, z. B. *ein arme mensch* (erstes gedrucktes hd. Plenar, Augsburg
1473), *ein grosse gott* (Erfurter Historienbibel von 1428).

Nach dem Dem. Pron. erfolgt am attr. Adj. die indet. Flexion des Sg.   § M 39
analog jener nach dem best. Art. (vgl. § M 37).

Von der usuellen Regel abweichend det. flektierte Formen, die über den gesamten
Zeitraum des Frnhd. vorkommen, haben als Ausnahmen zu gelten. Bei der Flexion
des Nom. / Akk. Pl. nimmt die det. Flexion „beträchtlich überhand [. . .], und zwar
zweifellos in stärkerem Maße, als dies beim bestimmten Art. der Fall ist" (Behaghel I

§ 122; vgl. auch Jellinek 1914 § 530): so bleiben die eindeutig indet. Formen in der Minderzahl und scheinen nach dem 15. Jh. von der det. Flexion weitgehend verdrängt.

Vom attr. Gebrauch abweichend ist das subst. Adj. im Nom. Sg. Mask. vorwiegend det. flektiert (*Diser Schrifftgelerter*, Dietrich, Nürnberg 1578). Für die anderen Sg.- und Pl. Kasus liegt keine vom attr. Gebrauch abweichende Regelung vor.

§ M 40 Nach einer Präp. oder nach „Nullartikel" (zum Begriff vgl. Eisenberg 1986, 153) steht am attr. Adj. die det. Flexion: *mit rechtem gelouben, sundiger mensche* (Altdt. Predigten, obs. Hs. 14. Jh.). Dieser Regelung entspricht jene des subst. Adj. im Sg.; im Pl. ist dagegen eine indet. Flexion in der zweiten Hälfte des Frnhd. (zumindest im Wmd.) häufiger möglich (vgl. Anm. 3).

Anm. 1: Abweichungen vom Usus sind selten. Behaghel I § 118 sieht solche Bildungen aus dem Kanzleistil kommend, ihre Verursachung sei in einer Weglassung des Art. zu suchen: *bey dem Hertog von Parma, damahligen Stadthalter der Niederlande* (Allgemeine Schau-Bühne, Frankfurt 1699). Diese Verwendung von -*(e)n* im Gen. und Dat. des artikellosen Adj. in der Apposition kommt im 17. Jh. ebenso vor wie auch in Überschriften oder Dedikationen.

Anm. 2: Neben der möglichen indet. Bildungsweise kann als weitere syntaktische Verursachung für die Verwendung von -*(e)* oder -*(e)n* statt -*(e)m(e)* und -*(e)* statt -*(e)r(e)* die Ersetzung des Dat. durch den Akk. gelten.

Anm. 3: Ein früher Beleg liegt z. B. im bůch von den altvåtern (schwäb. Hs. des späten 14. Jh.) vor: *gen armen vnd gen richen*. Hier kann die im Mhd. noch häufigere Handhabung vermutet werden, daß „Persönliche adjectiva, die in substantivische bedeutung übergehen, d. h. selbständig, ohne subst. verwendet werden, [. . .] schwache Formen anzunehmen [pflegen]" (Grimm IV 664); so auch z. B. *ein blinde, ein tumbe, ein rehter stumbe* (vgl. Grimm IV 665).

§ M 41 Der Sg. des Anredenominativs hat det. Flexion (seltene Abweichungen im 14./15. Jh.). Im Pl. wird die det. Flexion seit dem 16. Jh. vorherrschend und ist im 17. Jh. fest; im 14./15. Jh. liegt zumeist indet. Flexion vor, z. B. *lieben kint* (Oxforder Benediktinerregel, nassauische Hs. 14. Jh.).

Anm. 1: Ahd. werden Sg. und Pl. gleichermaßen indet. flektiert. Daneben erscheinen bereits auch det. Formen, die für den Sg. im Verlauf des Mhd. vorwiegend werden; für den Pl. bleibt auch im Mhd. die indet. Flexion vorwiegend (*guoten knechte*; vgl. Paul, Mhd. Gr. § 347; Behaghel I § 114; Wilmanns, Dt. Gr. III, 2 § 347.3.).

Anm. 2: Innerhalb des Sg. kann md. im 15. Jh. das genusunspezifische -*e* statt des jeweiligen det. Flexivs vorkommen: *arme sundere* (Altdt. Predigten, obs. Hs. 14. Jh.). Solche Belege sind jedoch nicht in jedem Fall ein Indiz für die Beibehaltung der noch ahd. Verwendung der indet. Flexive. Denn -*e* ist in Teilen des Mfr. die bodenständige Realisierung der det. Flexion (vgl. § M 35, Anm. 5). Für das Omd. kann eine Beeinflussung von Seiten des Mnd. vorliegen. Denn dort entspricht die indet. Bildungsweise dem Usus (vgl. Sarauw 1924, 83); so steht in den md. / nd. Hss. des Schwabenspiegels (erste Hälfte des 14. Jhs.) „gerne das schwache Adjektiv" (Große 1964, § 126: *vil libe here, hemelsche vater*).

Die Anrede mit dem Pers. Pron. wird im Nom. Sg. det. flektiert; omd. kann   § M 42
im 14. Jh. ebenfalls indet. Flexion gebraucht sein, z. B. *du trege sundere*
(Altdt. Predigten, obs. Hs. 14. Jh.), vgl. § M 41, Anm. 2. Stärker schwankend ist die Flexion des Akk. Sg., der noch im frühen 16. Jh. auch indet.
flektiert sein kann. Im Dat. Sg. ist nur selten eine andere als die indet.
Flexion überliefert: *mir armen* neben *mir armem* (vgl. Anm.). Die indet.
Flexion gilt weitgehend auch für den Nom. Pl., der jedoch schon vor dem
17. Jh. auch det. flektiert sein kann; det. Flexion kann überall dort auftreten, wo sie auch nach dem best. Art. erscheinen kann. Der seit dem
17. Jh. insbesondere im Obd. ausgebildete Usus, im Nom. / Akk. Pl. auch
nach dem best. Art. det. zu flektieren (vgl. § M 36, Anm. 1c), zeigt sich
auch nach dem Pers. Pron., z. B. *ihr ritterliche Helden* (Abraham a. S. Clara, vgl. Blanckenburg 1897, 82).

Anm.: Für die mit *-(e)n* realisierten Belege des Dat. Sg. Mask. / Neutr. ist eine Wertung als indet. flektierte Formen umstritten. Bei den mit *-m* stammschließenden
Lexemen scheint ebenfalls eine Dissimilation möglich (vgl. Ljungerud 1955 § 146).
Eine solche ist für das Fem. auszuschließen, da *-(e)n* (indet.) mit *-(e)r* (det.) konkurriert. Die für das Fem. somit eindeutig morphosyntaktisch zu wertenden Belege
mit *-(e)n* lassen eine entsprechende Wertung auch für jene des Mask. / Neutr. zu
(zur Diskussion der möglichen Wertung, vgl. Gr. d. Frnhd. VI § 66, 107).

Nach indeklinablen Gattungszahlwörtern und Kardinalzahlen folgt det.   § M 43
Flexion, sofern die Substantivgruppe nicht durch ein grammatisches Bestimmungswort eingeleitet wird, z. B. *sex namlichiu tor* (Mair, Nördlingen
1393) aber *die fünff anstossenden bein* (Brunschwig, Straßburg 1497). Die
Regelung gilt weitgehend auch für die Flexion nach den flektierbaren
Kardinalzahlen *zwei* und *drei*. Sofern das Zahlwort bereits flektiert ist,
kann am Adj. auch die indet. Flexion auftreten; dies gilt in erster Linie für
den Gen. Pl., wohingegen im Nom. / Akk. Pl. die det. Flexion des Adj.
nahezu ausnahmslos bleibt. Für den Gen. Pl. des subst. Adj. gilt stets die
indet. Flexion nach flektiertem Zahlwort.

Anm.: Das flektierte Zahlwort hat für die grammatische Markierung der Substantivgruppe keine ähnlich det. Funktion wie etwa der best. Art. Wie bei den Indefinita (vgl. § M 45) herrscht die vorwiegend adj. Verwendung. Die Kombination
des Adj. mit dem Zahlwort gilt als erweitertes Attr. des Substantivs. Diese Regelung
ist auch für das Nhd. noch vorwiegend (vgl. Wälterlin 1941, 78).

Nach dem Poss. Pron. erfolgt die Flexion des Sg. analog der nach dem   § M 44
unbest. Art. (vgl. § M 38).
   Die Flexion des Pl. ist im Nom. / Akk. durch die Konkurrenz *-(e)* vs.
-(e)n geprägt. Hier zeigen sich im Frnhd. eine frühe und eine späte Entwicklung (Anm. 1); das zum Nhd. durchgesetzte (indet.) *-(e)n* ist in der
zweiten Hälfte des 17. Jhs. allein im Omd. vorwiegend gebraucht. Die Flexion des Dat. / Gen. funktioniert ausnahmslos durch (indet.) *-(e)n*.

Die Flexion des subst. Adj. ist eindeutiger als die des attr. Adj. Es gilt nahezu ausnahmslos die det. Flexion im Nom. / Akk. Sg. sowie die indet. in allen anderen Kasus.

Anm.: Noch im 14. Jh gilt im Nom. / Akk. Pl. vorwiegend -*(e)n*, doch kann auch -*(e)* gebraucht sein. Der Geltungsgrad des det. Flexivs -*(e)* steigt im 15. Jh. an, er scheint im gesamten hd. Sprachraum neben -*(e)n* in Gebrauch zu sein. Diese Entwicklung wird in der Folge vor allem im Obd. fortgesetzt, wo -*(e)* in der zweiten Hälfte des 17. Jhs. nahezu ausnahmslos wird (vgl. § M 36, Anm. 1). Im Md. beginnt demgegenüber im 16. Jh. eine Restituierung von -*(e)n*, die vom Obs. auszugehen scheint.

§ M 45   Nach Indef. Pron. und nach *beid-, solch-, ander-* zeigt das Frnhd. wie im Mhd. eine geregeltere Flexion als das Nhd. (Anm. 1): schon für das Mhd. gilt vorwiegend det. Flexion (vgl. Weinhold, Mhd. Gr. § 520; Grimm IV 555f.). Dieser Zustand einer trotz flektiertem Substantivbegleiter det. Flexion des Adj. wird besonders seit dem 16. Jh. geändert (Anm. 2).

Im Nom. / Akk. Sg. bleibt die det. Flexion nahezu ausnahmslos; dies gilt unabhängig davon, ob das dem Adj. vorausgehende Bestimmungswort bereits flektiert ist oder nicht. Die im Frnhd. eintretende Entwicklung bezieht sich auf den Dat. / Gen. Sg. Hier ist die ursprünglich det. Flexion schon in der zweiten Hälfte des 16. Jhs. weitgehend zugunsten der indet. Flexion verändert; im Dat. / Gen. Sg. Fem. bleibt die det. Flexion auch in der zweiten Hälfte des 16. Jhs. noch häufig verwendet. Im Nom. / Akk. Pl. ist nahezu ausnahmslos die det. Flexion in Gebrauch (Anm. 3). Deutlicher als für Nom. / Akk. Pl. ist für den Gen. Pl. eine Differenzierung hinsichtlich des dem Adj. vorausliegenden Substantivbegleiters nötig (Anm. 4): Nach *all-, solch-* ist im 14. Jh. die det. Flexion durch -*(e)r* gebräuchlich, spätestens zum 17. Jh. ist dann -*(e)n* fest; nach *ander-, einig-* scheint eine von -*(e)n* abweichende Flexion ungewöhnlich; nach *etlicher* gilt die (nhd.) Regelung einer dann folgenden det. Flexion bereits auch im Frnhd.

Das subst. Adj. ist innerhalb des Sg. weitgehend identisch dem attr. flektiert (Anm. 5). Für den Pl. ist ebenfalls wie beim attr. Adj. eine Differenzierung hinsichtlich des Bestimmungswortes nötig. Nach *ander-, etlich-* ist die det. Flexion zumindest im 17. Jh. schon üblich. Nach *all-, solch-* scheint beim subst. Adj. die indet. Flexion allgemein, die beim attr. Adj. nur selten ist. Die Tendenz beim attr. Adj., -*(e)n* im Nom. / Akk. Pl. vor allem im 17. Jh. durch -*(e)* zu ersetzen, erscheint beim subst. Adj. nicht. Die Flexion des Dat. / Gen. Pl. ist durchgängig indet. realisiert.

Anm. 1: Die adj. Flexion nach den hier zusammengefaßt diskutierten Lexemen weist im Nhd. einen hohen Grad lexemgebundener Eigenarten auf. Weder die Flexion nach dem Indef. Pron. noch die nach *ander-, solch-, beid-* ist einheitlich geregelt. Zum Nhd. vgl. Duden-Grammatik 1984, 478ff. und insbesondere Wälterlin 1941, 26–32, 38–40, 50, 53, 63.

Anm. 2: Als Ursache für die nhd. uneinheitliche Flexion des Adj. gilt die unfeste Wortartzugehörigkeit der hier diskutierten Bestimmungswörter (vgl. Wälterlin 1941, 25). Erst nach erfolgter Pronominalisierung und der damit zusammenhängenden Identifizierung als jeweiligem grammatischem Determinans für die Substantivgruppe – ein Prozeß, der im wesentlichen im Frnhd. stattfindet – greift die Regelung der am Adj. nur indet. Flexion.

Anm. 3: Die Entwicklung läuft im 17. Jh. parallel dem allgemein zu beobachtenden Usus, die indet. Flexion auch nach grammatisch det. Bestimmungswort zu meiden (vgl. § M 36). Allerdings ist die det. Flexion des Adj. nach Indef. Pron, nach indef. oder demonstr. Adj. im Frnhd. kontinuierlich und auch vor dem 17. Jh. fest gebraucht.

Anm. 4: Die im Nhd. herausgebildete Differenzierung einer unterschiedlichen Flexion je Substantivbegleiter ist teilweise bereits in frnhd. Zeit vorhanden. So zeigt sich, daß einerseits die nhd. Sonderstellung bei *etlich-* schon im Frnhd. ausgebildet ist, daß sie andererseits bei *ander-* noch nicht angezeigt ist.

Anm. 5: Einen Unterschied in der Flexion des subst. zu der des attr. Adj. ergibt sich im Nom. / Akk. Sg. Neutr.: beim attr. Adj. ist bis in das 16. Jh. hinein die Flexion mit *-Ø* gebräuchlich, wohingegen beim subst. Adj. nur *-(e)s* vorkommt.

3.2.4. Flexionslosigkeit

Beim attr. Adj. kann stets auch die flexivisch merkmallose oder Grundform § M 46 auftreten: z. B. im Dat. Sg. Fem. *in gros trurikait* neben *mit vnrehter trúrikait* (bûch von den altvâtern, schwäb. Hs. spätes 14. Jh.).

Sofern Formen mit *-Ø* im Nom. Sg. und hier besonders im Neutr. (sowie auch im Akk. Sg. Neutr.) in Substantivgruppen ohne zusätzliches grammatisches Bestimmungswort auftauchen, ist *-Ø* als Morphem innerhalb des paradigmatischen Flexionssystems eindeutig bestimmbar (vgl. § M 35). Darüber hinaus können auch nicht-morphologisch bedingte Formen mit *-Ø* auftreten, deren Ursache z. B. in Ekthlipsis (vgl. § M 35, Anm. 2) oder e-Apokope (vgl. § M 35, Anm. 11) zu suchen ist. Über den genannten Rahmen hinaus kommen Formen auf *-Ø* selten auch im Akk. Sg. Mask. und Dat. / Gen. Sg. / Pl. auf (Anm. 1). Häufiger sind lexem- oder lexemgruppenspezifische Fälle einer generellen und über die einzelnen morphosyntaktischen Positionen hinausgehenden Flexionslosigkeit (Anm. 2 sowie § M 47). Eine syntaktische Ursache für eine Flexionslosigkeit liegt in der Nachstellung des attr. Adj. (vgl. § M 48).

Anm. 1: Flexionslose Formen im Akk. Sg. Mask. wie auch im Dat. / Gen. Sg. / Pl. gelten bereits im Mhd. als Ausnahme (vgl. Erdmann 1886 § 55f.; Grimm IV 576). Die seltene Verwendung solcher Formen scheint vom 14. zum 16. Jh. geringfügig zuzunehmen, zur Mitte des 16. Jhs. ist ihr Gebrauch weitgehend aufgegeben. Mit Resten ist bis in das 18. Jh. hinein zu rechnen (vgl. Gr. d. Frnhd. IV § 88.2.). Für Rupp 1933, § 135 sind solche Formen möglicherweise durch kanzleisprachlichen Einfluß zu erklären.

Anm. 2: Grundsätzlich indeklinabel sind „die von Ortsnamen gebildeten scheinbaren Adjektive auf -er" (Blatz, Nhd. Gr. § 165, Anm. 1): *ein Memminger Kind* (Schorer, Ulm 1660). Als unflektierter Namensbestandteil ist lat. *sanctus* (z. B. *sand* im Durandus, Hs. Wien 1384) gebraucht. Ist *ganz* in der Substantivgruppe ohne vorausliegendes grammatisches Bestimmungswort vor einem Regional-, Städte-, Landschafts- oder Ländernamen gebraucht, so erscheint es flexionslos: *in gantz Europa* (Ralegh, Frankfurt 1599). Im Sinne von ‚nichts als' ist *eitel* meist unflektiert: *Die Düringer stritten für ihr Land [. . .] die Sachssen aber auß eytel Ehre* (Bange, Mühlhausen 1599). Im Sinne von ‚nichts als' ist ebenfalls *lauter* unflektiert; dieser Gebrauch ist erst nach dem 15. Jh. fest.

§ M 47 Bei *viel* ist bis weit in das 15. Jh. hinein die Flexionslosigkeit sowohl im attr. als auch subst. Gebrauch gewahrt, z. B. *er seite mir óch von gar vil krúter* (Merswin, Hs. Straßburg 1352). Zum ausgehenden 15. Jh. kommt ausdrucksseitige Flexion vor: *Als [. . .] van velen mynschen gesyen vnd gehoirt wyrt* (Koelhoff, Köln 1499). Für Dat. / Gen. Pl. findet die Durchsetzung einer Flexion im 16. Jh. statt. Jeweils zeitlich versetzt findet dieser Prozeß auch im Nom. / Akk. Pl. und dann auch in den obliquen Sg. Kasus statt, ohne sich jedoch im Frnhd. bereits durchzusetzen (zum Nhd. vgl. Anm.).

Sofern das Lexem *wenig* adj. gebraucht ist, erscheint es bereits im 14. Jh. flektiert: *dise wenege regele* (Oxforder Benediktinerregel, nassauische Hs. 14. Jh.). Als indefinite Mengenbezeichnung unterliegt *wenig* einer ähnlichen Entwicklung wie *viel* (vgl. Gr. d. Frnhd. IV § 91).

Anm.: Für *viel/wenig* ist beim attr. / subst. Gebrauch ohne vorausgehenden grammatischen Bestimmungsträger im Nhd. die usuelle Regelung ausgebildet, die Sg. Kasus häufig flexionslos zu belassen, den Pl. aber überwiegend (den. Gen. Pl. immer) zu flektieren (vgl. Duden-Grammatik 1984, 470.2.). Dabei kommt der jeweiligen Realisierung im Nom. / Akk. Pl. jeweils eine jedoch oft unbeachtete spezifische Semantik zu (vgl. Erben 1980, 397). Noch im Mhd. erscheint *vil* als „substantivisches Indeclinabile" (Paul, Mhd. Gr. § 394, § 225). Für mhd. *wenec* gilt, daß es neben einem selteneren adj. Gebrauch in seiner flexionslosen Form häufiger auch als substantivisches Indeclinabile gebraucht ist (vgl. Paul, Mhd. Gr. § 394). Zur sprachgeschichtlichen Erklärung des adj. Gebrauchs vgl. Gr. d. Frnhd. VI § 91.

§ M 48 Die frnhd. mögliche Nachstellung des attr. Adj. (Anm. 2 und 3) geht tendenziell mit Flexionslosigkeit einher (zum Mhd. / Nhd. vgl. Anm. 1): *Die Bürger Reich vnd Arm* (Bange, Mühlhausen 1599). Doch kann das Adj. auch erwartungsgemäß det. flektiert sein, wenn die Substantivgruppe kein grammatisches Bestimmungswort aufweist: *zu den zeiten waz [. . .] ain küng edler und gewaltiger* (Mair, Hs. Augsburg 1393).

Anm. 1: Für das Mhd. ist gewöhnlich „das nachgestellte Adjektiv endungslos in allen Kasus; seltener sind flektierte Formen" (Paul, Mhd. Gr. § 391). Noch im 19. Jh. verlangt die seltene Nachstellung „aber dann das flexionslose Adj. ausschließlich" (Erdmann 1886 § 57).

Anm. 2: Es ist fraglich, ob allein die Nachstellung als Ursache für eine eingetretene
Flexionslosigkeit gelten darf (vgl. dazu Gr. d. Frnhd. VI § 90). Darüber hinaus ist
fraglich, ob in den Möglichkeiten zur Vor- und Nachstellung des attr. Adj. eine
funktional völlig äquivalente Beziehung zwischen Adj. und Subst. besteht. So nennt
Grimm (IV 582) bei zwei folgenden Adj. „den begrif der attribution" schwächer und
eher „eine art von apposition" (vgl. auch Wilmanns, Dt. Gr. III, 735f. sowie Erdmann 1886 § 59).

Anm. 3: Die Nachstellung des attr. Adj. kommt im gesamten Frnhd. vor. Doch liegt
schon im 17. Jh. ein eng begrenzter Anwendungsbereich auf formelhafte Wendungen
vor, z. B. *mein getrewer Præceptor seelig* (Schorer, Ulm 1660), vgl. § S 19. Die syntaktische Entwicklung einer Nachstellung des attr. Adj. vom Mhd. zum Nhd. entspricht der auch in anderen Bereichen beobachteten Tendenz zum zentripedalen
Wortstellungstyp, bei dem das übergeordnete Wort dem untergeordneten folgt (vgl.
Ebert 1986, 88).

3.3. Flexion des attributiven Adjektivs in der erweiterten Substantivgruppe

Lit.: Behaghel I § 134a; Gr. d. Frnhd. VI § 48–52; Grimm IV 578–581; Kehrein III
§ 151,162; Ljungerud 1955,252–303; Paul, Mhd. Gr. § 392.

Der mhd. gültige und frequentiell definierte Usus einer identischen Flexion   § M 49
aller einer Substantivgruppe zugehörenden attr. Adj. (Anm. 1) ist auch im
Frnhd. weiterhin gültig: *[sie haben] geleichew ewigew magenchraft* (Durandus, Hs. Wien 1384). Seltene Abweichungen davon (vgl. § M 50f.) kommen
in erster Linie in Substantivgruppen ohne ein zusätzliches grammatisches
Bestimmungswort vor, in denen det. Flexion gefordert ist. Dabei tritt die
Abweichung besonders in der Flexion des Dat. Sg. / Gen. Pl. auf (Anm. 2).

Anm. 1: Unter Erweiterung wird hier die Reihung von zwei oder mehr attr. Adj. vor
dem Substantiv verstanden, unabhängig davon, ob die Adj. durch Konjunktionen
oder Vergleichspartikel verbunden sind; zu anderen Formen von Erweiterung vgl.
Gr. d. Frnhd. VI § 123.

Anm. 2: Der frnhd. abweichende Gebrauch vor allem im Dat. Sg. / Gen. Pl. findet
sich als Ausnahme von der gültigen Regelung noch im Nhd.: hier kann das zweite
Adj. abweichend indet. flektiert sein (*auf schwarzem hölzernen Sockel*, vgl. Duden-
Grammatik 1984, 500).

Für die Flexion des attr. Adj. in der erweiterten Substantivgruppe ohne   § M 50
einleitendes grammatisches Bestimmungswort sind zwei abweichende Flexionsmuster belegt: a) det.+indet.flektiertes Adj. (*in gewarer gotlichen ge-
lassenheit*; Quelle Pillenreuth, ofr. Hs. 1463); b) -Ø+det. flektiertes Adj. (*in
fleischlich vnd blutiger Gestalt*; Eschenloher, Augsburg 1678); zur Wertung
der Formen mit -Ø vgl. Anm. 1.

Es kommt a) nahezu ausschließlich im Dat. Sg. / Gen. Pl. vor (vgl.
§ M 49). Diese abweichende Flexion wird im Verlauf des Frnhd. zunächst

seltener, dann aber zunehmend genutzt. In der zweiten Hälfte des 17. Jhs.
ist ein Stand erreicht, in der die abweichende Realisierung in jedem Text
auftreten kann. Bei dieser Art abweichender Flexion erfüllt das erste, det.
flektierte Adj. die grammatische Artikelfunktion (vgl. Behaghel I § 134a.
B. II): diese Art der Substantivgruppe entspricht strukturell der einfachen
Substantivgruppe mit einleitendem best. Art. (Anm. 2).

Es kommt b) vor allem im Obd. vor (Anm. 3).

Anm. 1: In allen Fällen, in den eine -Ø-Form in erster oder späterer Position auftritt
(nur nicht in letzter, unmittelbar dem Substantiv vorausliegender Stellung), ist bei
der Reihung ohne Konjunktion oft unentscheidbar, ob es sich um ein attr. auf das
Substantiv oder adv. auf das folgende Adj. zu beziehendes Adj. handelt (vgl.
Gr. d. Frnhd. IV § 125, Anm.).

Anm. 2: In der genannten Abweichung bestätigt sich die auch schon frnhd. Bauweise
der Substantivgruppe: grammatisches Bestimmungswort und Substantiv bilden eine
Klammer. Dies zeigt sich deutlich dann auch in Substantivgruppen mit mehr als
zwei adj. Attr., bei denen das mittlere Adj. inkorporiert erscheint: *ermeltem Hoch-
heiligen Wunderbarlichem Sacrament* (Eschenloher, Augsburg 1678). Eine solche
Struktur erscheint auch in der Substantivgruppe mit einem einleitenden grammatischen Bestimmungswort: das dem Art. folgende Adj. wird dem Usus folgend indet.
flektiert, worauf dann wieder ein det. flektiertes Adj. folgt. Auch dabei ist das indet.
Adj. inkorporiert und die grammatischen Determinanten sind symetrisch um dieses
Adj. angeordnet (*dem gantzen Menschlichem Geschlechte*; Mathesius, Leipzig 1587),
vgl. auch § M 51.

Anm. 3: Für Behaghel I § 134a. A. II gehorcht dieser Flexionstyp (b) „dem Gesetz
der wachsenden Glieder".

§ M 51   Für die Flexion in der erweiterten Substantivgruppe mit einem einleitenden
grammatischen Bestimmungswort sind die gleichen abweichenden Flexionsmuster wie auch in der Substantivgruppe ohne einleitendes Bestimmungswort belegt, vgl. § M 50. Dabei überwiegt deutlich die Kombination
aus indet.+det. Flexiv (vgl. § M 50, Anm. 2), das det. Flexiv steht bei dem
vom Art. entfernteren Adj. (vgl. Admoni 1985, 1514). Die abweichende
Flexion kommt vor allem im Dat. Sg. sowie in den Pl. Kasus vor; sie
scheint nur in sehr seltenen Ausnahmen noch über das 16. Jh. hinaus möglich.

3.4. Prädikatives Adjektiv

Lit.: Behaghel   I   § 138–140;   Gr. d. Frnhd.   VI   § 34–38;   Grimm   IV
583–588, 591f., 670–674; Kehrein III § 148; Ljungerud 1955, 313–316; Paul,
Mhd. Gr. § 393.

§ M 52   Das präd. Adj. erscheint zumeist unflektiert: *Es was auch ettwann also hais*
(Kottanerin, Hs. Wien um 1450). Eine ausdrucksvolle Flexion vor allem

des Nom. / Akk. Sg. kann obd. bis ins 16. Jh. hinein vorkommen, md. kaum über das 14. Jh. hinaus: *[. . . der] küng von dem slag toter fiel* (Mair, Hs. Augsburg 1393). Eine Flexion des präd. Adj. wird im Verlauf des 16. Jhs. aufgegeben. Zu späteren Belegen vgl. Anm. 1; zu Formen mit Nebensilben-*e* vgl. Anm. 3.

Anm. 1: Belege, in denen unabhängig von Kasus / Genus -*er* gebraucht ist, können nicht als flektierte Formen gelten. Vielmehr funktioniert das Adj. in solchen Fällen „geradezu wie ein Adverb" (Blanckenburg 1897, 83): *[es] kommt der Tod / welcher so wunderbarlich spielet / daß er unverhoffter einen Schackmatt machet* (Abraham a. S. Clara, Wien 1680).

Anm. 2: Beim präd. Gebrauch von *voll* tritt neben der vorwiegend unflektierten Bildung auch die flektierte auf: *die ding sind vol götleicher pedewttung* (Durandus, Hs. Wien 1384), aber auch *daz Si voller flekch wër worden* (Kottanerin, Hs. Wiener um 1450), *[er ist] vollen der sunden* (Altdt. Predigten, obs. Hs. Mitte 14. Jh.), *also ist der mane an dem teile volles lieht'es* (Naturlehre Mainau, Hs. St. Gallen Ende 14. Jh.). Noch im Nhd. ist *voll* mit *voller* konkurrent gebraucht (*mit einem Kopf voll / voller Sorgen*, vgl. Duden-Grammatik 1984, 514). Die Erklärung der erstarrten Form *voller* ist bisher nicht eindeutig geleistet (zur Diskussion vgl. Gr. d. Frnhd. VI § 37); *voller* beginnt im 15. Jh. zu erstarren, der Prozeß ist im 17. Jh. abgeschlossen. Die Verwendung einer erstarrten Form *voller* ist in einer Reihe zu sehen mit jener von *halber, ganzer* und auch *aller*.

Anm. 3: Im Frnhd. sind neben den vorwiegenden flexionslosen sowie den seltenen explizit flektierten Formen beim präd. Adj. stets auch solche mit einem scheinbar segmentierbaren -*e* belegt. Noch im Nhd. wird eine definierte Gruppe von Lexemen in der unflektierten Form mit -*e* realisiert (vgl. Duden Grammatik 1984, § 440; Paul, Dt. Gr. III § 126).

Formen mit -*e* gehen zum Teil über die historisch definierte Gruppe der Lexeme ehemaliger *ja/jo*-Stämme hinaus. Das als Stammnebensilben-*e* zu wertende -*e* wird im Frnhd. aufgrund seiner mangelnden funktionalen Stützung von der Apokope rasch ergriffen (vgl. Lindgren 1953, 195) und schwindet im Obd. während des 15. Jhs. Besonders im Omd. bleibt es in einer Reihe von Lexemen in Gebrauch (z. B. *arme, biderbe, dürre, fremde*). Eine Stammbildung mit -*e* wird seit dem 16. Jh. wieder verbreiteter und auch im Obd. besonders des 17. Jhs. wird -*e* wieder bei einigen Lexemen restituiert.

3.5. Komparation

Lit.: Braune, Ahd. Gr. § 260–265; Paul, Mhd. Gr. § 203f.; Gr. d. Frnhd. VI § 129–135; Duden-Grammatik 1984, 304ff. Zum Umlaut: Augst 1971; Russ 1977; Bergmeier / Fries 1979. Zur -*e*/-*o*-Verteilung: Gr. d. Frnhd. I.1 § 18; Bech 1963.

Die Komparation mit Hilfe grammatisch-morphologischer Mittel erfolgt   § M 53 im Regelfall durch das Anfügen des Suffixes -*er* (Komparativ) bzw. -*(e)st* (Superlativ) an den Stamm.

Anm. 1: Neben der Nebensilbengraphie *e* treten noch andere Vokalgraphien, vor allem *i* (seltener *o*, vereinzelt *a*, *u*) auf. Vgl. Gr. d. Frnhd. I.2, § 46–48 und 52–55. Dies betrifft in geringerem Maße das Komparativsuffix als das Superlativsuffix, wo der Nebensilbenvokal *i* (seltener *o*) bes. im Oobd. bis ins 17. Jh. gut belegt ist; Vgl. Gr. d. Frnhd. VI, Übersicht 9.

Anm. 2: Der Nebensilbenvokal (im folgenden immer als *e* bezeichnet) im Suffix *-er* ist relativ stabil, während die *-e/-Ø*-Verteilung im Suffix *-(e)st* eine erhebliche Variation zeigt. Die wesentlichen Verteilungsregeln sind:
– die *e*-haltige Variante steht generell nach Dental (*d*, *t*, *s*, *sch*, *z*, *ß*) im Stammauslaut. Abweichende Belege sind selten (regelmäßig weicht nur *größt* ab);
– die *e*-lose Variante steht immer nach *-e* im Stammauslaut (*nütze*) und in der Regel bei Adjektiven mit mehrsilbigem Stamm auf *-en*, *-er*, *-el*. Aber auch in diesen Fällen wird die *e*-haltige Variante regelmäßig dann verwendet, wenn der Nebensilbenvokal des Stamms synkopiert ist (*vollkomn-est*, *edl-est*, *obr-ust* etc.);
– in allen anderen Fällen ist die *-e/-Ø*-Verteilung weitgehend fakultativ, auch nach den Derivationssuffixen *-lich*, *-ig* und *-bar*.

Anm. 3: Häufig belegte Komparationsformen wie *leider*, *feinder*, *nöter*, *nützer* sind im Nhd. von der Komparation ausgeschlossen, da die entsprechenden Adjektive / Adverbien nur noch prädikativ oder in festen Wendungen verwendet werden. Im Nhd. von der Komparation ausgeschlossene Formen wie *töter*, *steinerner*, *gleicher*, *gantzer* etc. sind auch im Frnhd. nicht häufig.

Anm. 4: Die Komparation von *gern* (*gerner*, *gernst*) und *bald* (*balder/bälder*, *bald(e)st*) ist üblich.

Anm. 5: *äussere*, *innere*, *obere*, *untere*, *vordere*, *hintere* werden wie z. T. bereits im Mhd. und im Nhd. als Positive verwendet, zu denen es einen regelmäßig gebildeten Superlativ gibt. Komparativformen durch zusätzliches Anfügen eines Suffixes (*äusserer*, *oberer* etc.) werden in der Sekundärliteratur nur gelegentlich angeführt; s. auch Ölinger, Grammatik, 31.

Anm. 6: Zu *nieder* (=*niedrig*) ist der Komparativ *niederer* bereits im Mhd. üblich (Paul, Mhd. Gr. § 204, Anm. 1).

Anm. 7: Zu *mittel* werden Komparationsformen *mittler(e)/mittelst(e)* gebildet. Der Komparativ ist seit dem 16. Jh. üblich.

Anm. 8: Komparativformen zu *ser* (nhd. *sehr*) werden nur gelegentlich in der Sekundärliteratur genannt; s. dazu auch Schottelius, HaubtSprache, 248ff.

Anm. 9: Bereits im Mhd. entspricht der Superlativ zu *las* (mhd. *laz*) nicht mehr der Bedeutung des Positivs. Die Schreibung für den Superlativ wird zunehmend untypisch: *lest(e)* > *letst(e)* > *letzt(e)*.

§ M 54 Adjektive mit umlautfähigem Stammvokal können Komparativ und Superlativ zusätzlich zu den Suffixen durch Umlaut des Stammvokals bilden. Regelmäßig bzw. überwiegend geschieht dies – nach Durchsetzung der graphischen Umlautsbezeichnung – bei einem Kernbestand von rund 30 meist einsilbigen Adjektiven mit kurz oder lang *a*, *o* oder *u* als Stammvokal:

a: *alt*, *arg*, *arm*, *bald*, *gehas*, *hart*, *kalt*, *klar*, *krank*, *lang*, *las*, *nah(e)*, *scharf*, *schmal*, *schwach*, *stark*, *warm*, *zart*;

o: *from*, *grob*, *gros*, *hoch*, *hold*, *stolz*;

u: *anmutig*, *jung*, *klug*, *kurz* und *luter*, *ruh* als nichtdiphthongierte Formen.

Anm. 1: Daneben können alle einsilbigen (selten mehrsilbige) Adjektive mit umlautfähigem Stammvokal gelegentlich umgelautet werden. Doch sind solche Bildungen unregelmäßig, selten oder singulär, so *senfter*, *fäulste*, *dünkler*, *völler* etc.

Anm. 2: Der Umlaut unterliegt den Bedingungen der Entwicklung der allgemeinen graphischen Umlautsbezeichnung; vgl. Gr. d. Frnhd. VI § 132ff.

Anm. 3: *vorder/vorderst* und *ober/oberst* werden zumeist ohne Umlaut verwendet, *äusser/äusserst* und *öfter* in der Regel mit Umlaut (nicht aber älterfrnhd. *vsser*).

Anm. 4: Bei einer kleinen Gruppe von Adjektiven ist die Verwendung der umgelauteten Formen bis in die Gegenwart fakultativ. Diese Gruppe ist seit dem 18. Jh. stark rückläufig. Die Duden-Grammatik 1984, 309 nennt noch *bang*, *blaß*, *glatt*, *karg*, *naß*, *schmal*, *fromm*, *rot*, *krumm*, *gesund*.

Die Komparation von *gut*, *lützel/wenig*, *michel/viel* und in Resten § M 55
übel/schlecht erfolgt mit Hilfe von Suppletivformen (Komparativ und Superlativ werden aus einem anderen Stamm gebildet als der Positiv).

Anm. 1: *gut/besser/best* sind durchweg bis in die Gegenwart erhalten.

Anm. 2: *wirst/wirsest* (zu *übel*) sind nur noch selten bis ins 16. Jh. belegt.

Anm. 3: *minner/minnest* (u. ä.) (zu *lützel*) konkurrieren seit dem 15. Jh. mit *kleiner/kleinst* und erfahren zunehmend eine Bedeutungsverengung auf die Bedeutung ‚weniger‘/‚wenigst‘ (zur Entwicklung s. Besch 1967, 188ff., Ising 1968, I, 79ff., DWB, s. v.). Vom 16. Jh. an werden *minner/minnest* allmählich durch die regulären Komparationsformen *weniger/wenigst* zurückgedrängt. Nhd. *minder/mindest* sind außer in adverbialer Verwendung (*nicht minder*, *mindestens*) nur noch in Komposita (*minderwertig*, *Mindestbeteiligung* etc.) und in Sonderfällen (*von minderer Qualität*) üblich.

Anm. 4: *mer/meist* werden vom 15. Jh. an zunehmend als Komparationsformen zu *viel* verwendet. Während *michel* schwindet, setzt sich *gros* mit der regulären Komparation *grösser*, *gröst* durch. Im Falle von *größ-t* liegt Ekthlipsis (*-e*-Synkope und Verschmelzung von Stamm- und Suffix-*s*) vor.
Zu *mer ~ mehr*, das wohl häufig als Positiv aufgefaßt wird, werden neue Komparativformen *mehrer* gebildet, die bis ins 18. Jh. vertreten sind (vgl. Paul, Dt. Gr. V § 79).

Anm. 5: Scheinbare Suppletivbildung aufgrund historischer Lautprozesse liegt vor bei *hoch/höher/höchst* und *nah/näher/nächst*. Ausgleichsformen *hoche*, *höcher*, *nahest*, aber auch *hoe*, *hoest*, *neest* sind gelegentlich belegt.

Die Komparation der Adjektivadverbien ist von der Komparation der Ad- § M 56
jektive nicht mehr zu unterscheiden. Nach Durchführung der allgemeinen Umlautsbezeichnung (vgl. § L 8) sind nur noch vereinzelt Adjektivadverbien zu umgelauteten Adjektiven im Komparativ / Superlativ ohne Umlautsbezeichnung belegt. Besondere Komparationsformen sind insgesamt selten. Lediglich *bas* (zu *wol*) und *me(he)* sind bis ins 15. Jh. noch gut belegt, später allerdings nur noch selten in Gebrauch. Die Superlativform *bast* ist seltener belegt, aber vereinzelt bis ins 17. Jh. nachweisbar. Nur ganz vereinzelt finden sich noch *wirs* und *min*.

4. Flexion der Numeralia

Lit.: Duden-Grammatik 1984 § 457f.; Gr. d. Frnhd. VII § 136–145; Paul, Mhd. Gr. § 234–235; Paul, Dt. Gr. III § 139–142; Stulz 1902.

4.1. Allgemeines

§ M 57 Bei den Kardinalzahlen weisen *zwei* (vgl. § M 58) und *drei* (vgl. § M 59) noch weitgehende Kasusflexion und (besonders *zwei*) auch Genusdifferenzierung auf; dabei zeigt die Flexion sowohl von *zwei* als auch *drei* Ansätze einer durch die syntaktische Umgebung bestimmten adj. Flexion. Das Zahlwort *ein*, das zudem die Funktion des unbest. Art. hat, ist durchgehend flektiert, vgl. § M 69.

Die Kardinalzahlen *vier – zwölf* kennen insbesondere in subst. Verwendung noch Reste einer Flexion (vgl. Anm. 1); noch seltener und ebenfalls nur auf den subst. Gebrauch begrenzt erscheint bis in das 16. Jh. hinein eine Flexion auch der Zahlen ab *dreizehn* (vgl. Gr. d. Frnhd. VII § 144, Anm. 9, 10, 11).

Die Ordinalzahlen werden im Frnhd. wie Adj. flektiert (vgl. Gr. d. Frnhd. VII § 145); zu *zweit-*, *eint-* sowie den Ordinalzahlen ab *zwanzig* vgl. Anm. 2.

Anm. 1: Es werden die Zahlwörter *vier – zwölf* bei subst. Verwendung „sehr häufig" adj. flektiert: Nom. / Akk. *-e*, Dat. *-(e)n* (auch *-e*), Gen. *-(e)r* (auch *-(e)n*); die attr. Verwendung erscheint „in der Regel" endungslos und nur „vereinzelt" auch flektiert (vgl. Gr. d. Frnhd. VII § 144).

Anm. 2: Die analoge Bildung *zweit-* ist seit dem 15. Jh. belegt, sie vermag das traditionelle *ander* jedoch auch bis zum Ende des Frnhd. nicht zu verdrängen (vgl. Gr. d. Frnhd. VII § 145, Anm. 5). Als eine ebenfalls analoge Bildung wird *eint-* (statt *erst-*) im 17. Jh. möglich (vgl. Gr. d. Frnhd. VII § 145, Anm. 8). Bei den Ordinalzahlen ab *zwanzig* erscheint das Suffix *-(e)st* analog dem Superlativsuffix (vgl. Gr. d. Frnhd. VII § 145, Anm. 3), vgl. § M 53.

4.2. zwei

§ M 58 Bei *zwei* bleibt eine Genusdifferenzierung im Nom. / Akk. bis in das 16. Jh. beibehalten: *zwen(e)* (Mask., vgl. Anm. 1), *zwo* (Fem.), *zwei* (Neutr.) (zu den zahlreichen lautlich-graphischen Realisierungen der Stammvokale vgl. Gr. d. Frnhd. VII § 136f.). Vereinzelte Übernahmen der einzelnen Genusformen in die jeweils anderen Genera kommen im gesamten Frnhd. vor, die Ersetzung von *zwen(e)/zwo* durch das neutr. *zwei* setzt deutlich erst im Verlauf des 17. Jhs. ein; die Entwicklung geht insbesondere im Omd. voran (vgl. Gr. d. Frnhd. VII § 137).

Im Dat. gilt im 14./15. Jh. vorwiegend das genusunspezifische *zwei(e)n*; daneben erscheint die kasusunspezifische, jedoch genusdifferenzierte Form auf -*∅* (*zwen, zwo, zwei*, vgl. Anm. 2) bereits ausnahmsweise und wird bis zum Ende des 17. Jhs. im Md. zur vorwiegenden Variante (vgl. Gr. d. Frnhd. VII § 139). Die Tendenz zur Genusunterscheidung zeigt sich auch in seltenen kasusmarkierten Belegen (15.–17. Jh.): *zwenen, zwoen* (vgl. Gr. d. Frnhd. VII § 139, Anm. 10).

Im Gen. tritt neben vorwiegendes *zweier* seit der 2. H. des 15. Jhs. auch *zweien* (vgl. Anm. 3) sowie im 16. Jh. im Md. selten *zwei* (vgl. Gr. d. Frnhd. VII § 138); eine dem Dat. ähnliche Genusunterscheidung zeigen frnhd. Texte im Gen. „kaum" (vgl. Gr. d. Frnhd. VII § 138, Anm. 7).

Anm. 1: Das mhd. zweisilbige *zwêne* (vgl. Paul, Mhd. Gr. § 234) unterliegt im Frnhd. der Apokope mit entsprechend regionaler Differenzierung (vgl. Gr. d. Frnhd. VII § 137, Anm. 11): das einsilbige *zwen* gilt im Obd. schon im 14. Jh., im Wmd. im 16./17. Jh., im Omd. bleibt *zwene* auch im 16./17. Jh. gleich häufig wie *zwen*. Zweisilbigkeit erscheint im 16./17. Jh. vereinzelt ebenfalls im Neutr. (*zweie*) (vgl. Gr. d. Frnhd. VII § 137, Anm. 28) sowie „Völlig vereinzelt" im 15./16. Jh. auch im Fem. (Gr. d. Frnhd. VII § 137, Anm. 35).

Anm. 2: Die Aufhebung der Genusunterscheidung durch Verallgemeinerung des unflektierten neutr. *zwei* auch im Mask. / Fem. kommt vor der Mitte des 17. Jhs. kaum vor (vgl. Gr. d. Frnhd. VII § 139, Anm. 12).

Anm. 3: Die Form mit -*(e)n* erscheint ausschließlich nach einem grammatischen Bestimmungswort (vgl. Gr. d. Frnhd. VII § 138, Anm. 9) und qualifiziert sich analog zur Flexion der Adjektive als indet. Flexiv (vgl. § M 34). Die Form auf -*(e)r* erscheint auch nach dem best. Art. (vgl. Gr. d. Frnhd. VII § 138, Anm. 11), wohingegen sie gemäß der ‚Formregel' (vgl. § M 34) im Nhd. nur nach kasusspezifischem Substantivbegleiter noch möglich ist (vgl. Duden-Grammatik 1984 § 458). Anders auch als im Nhd., wo die Dat.-Flexion *zweien* nurmehr in subst. Verwendung möglich ist (vgl. Duden-Grammatik 1984, 458), kann sie frnhd. auch noch in attr. Verwendung vorkommen (vgl. Gr. d. Frnhd. VII § 139, Anm. 17).

4.3. *drei*

Die noch für das Mhd. ausgewiesene genusdifferenzierte Flexion im §M 59
Nom. / Akk. (Mask. / Fem. *drî/drîe* zu Neutr. *driu*, vgl. Mhd. Gr. § 234) ist im Frnhd. weitgehend zugunsten *drei* ausgeglichen (zu den zahlreichen lautlich-graphischen Realisierungen des Stammvokals vgl. Gr. d. Frnhd. VII § 140). Das Neutr. *driu* erscheint ‚in Resten' (vgl. Gr. d. Frnhd. VII § 140, 141.2.) noch bis in das 16. Jh.; die Verdrängung der neutralen Sonderform findet zuerst im Omd. / Nobd. statt, nach dem 14. Jh. gilt hier bereits *drei* (vgl. Gr. d. Frnhd. VII § 141.2.). Neben *drei* kann insbesondere in Urkk. / Hss. des 14./15. Jhs. (vgl. Gr. d. Frnhd. VII § 141, Anm. 4) und vereinzelt auch noch später im Mask. / Fem. (‚vereinzelt' auch im Neutr., vgl. Gr. d. Frnhd. VII § 141.2.) auch zweisilbiges *dreie* gebraucht sein, bis

in das 16. Jh. selten auch mit *-g-/-j-* (*dreige, dreije* vgl. Gr. d. Frnhd. VII § 140, Anm. 2).

Im Dat. tritt neben vorwiegendes *drei(e)n* seit der 2. H. 15. Jh. auch *drei*; die Verallgemeinerung von *drei* erfolgt erst nach dem Frnhd. (vgl. DWB, s. v.).

Im Gen. tritt neben vorwiegendes *dreier* in bestimmter syntaktischer Umgebung auch *drei* (seit der 2. H. 15. Jh.) und *dreien* (seit der 1. H. 16. Jh.): *-Ø* erscheint allein nach dem best. Art. (vgl. Gr. d. Frnhd. VII § 142, Anm. 9); *-en* erscheint ebenfalls vorwiegend nach einem grammatischen Bestimmungswort (vgl. Gr. d. Frnhd. VII § 142, Anm. 6) und qualifiziert sich analog zur Flexion der Adjektive als indet. Flexiv (vgl. § M 34).

5. Flexion der Pronomen

Lit.: Duden-Grammatik 1984 § 535–580; Gr. d. Frnhd. VII § 1–134; Jeitteles 1893/94; Leupold 1909; Paul, Mhd. Gr. § 212–233; Paul, Dt. Gr. III § 126–138; Walch 1990.

5.1. Allgemeines

§ M 60 Im Bereich der Pron. / Art. (Anm. 1) werden frnhd. „erhebliche Veränderungen" vollzogen (Walch 1990, 12). Formal handelt es sich bei den zum Nhd. hin vollzogenen Prozessen in erster Linie um Prozesse der analogen Formübertragung (vgl. Walch 1990, 14), bei denen eine Vereinheitlichung sowohl innerhalb der Pronominal- als auch zwischen Pronominal- und Adjektivflexion stattfindet. Herausragend ist die Durchsetzung der jeweiligen mehrsilbigen ‚Langformen' z. B. *mein-er, ihr-er, dess-en, wess-en*.

Der Ausgleich innerhalb der Pronominalflexion betrifft die Aufhebung der Kasusdifferenzierung zwischen Akk. / Dat. Pl. des Pers. Pron. der 2. Pers. (*iuch, iu > euch*), die Aufhebung der Kasusdifferenzierung zwischen Akk. / Dat. des Refl. Pron. (*sich, i(h)m/i(h)r > sich*), die Aufhebung von Suppletion (z. B. *dirre > dieser*), die Verallgemeinerung des Flexivs *-er* des Gen. Pl. *unser/euer* auch im Gen. Sg. des Pers. Pron der 1./2. Pers. (*mein > meiner, dein > deiner*), die Durchsetzung des Gen. Sg. Mask. / Neutr. *sein-* (Refl. Pron., Poss. Pron.) auch im Pers. Pron (*sein-* statt *es*).

Der für die adj. wie auch pron. Flexion gleichermaßen berührende Ausgleich betrifft die Aufhebung der formalen Kasusdifferenzierung zwischen Nom. und Akk. Sg. (*diu, die > die*) sowie die Aufhebung der Genusdifferenzierung im Nom. / Akk. Pl. (Mask. / Fem. *die*, Neutr. *diu > die*).

Eine Angleichung zwischen der adj. und pron. Flexion ergibt sich in der (frnhd. z. T. noch weitergehenden) Verallgemeinerung von *-en* im Dat. Pl. (s. u.) auch des Pers. Pron. (*i(h)n > i(h)nen*), in der Verallgemeinerung von *-er* im Gen. Pl. auch des Pers. Pron. (*i(h)r > i(h)rer*: „erfolgt in Analogie zur Adj.-Flexion", Gr. d. Frnhd.

VII § 12.2., Anm. 34), in der (weitgehenden) Verallgemeinerung von -es im Nom. / Akk. Sg. des Dem. Pron. (*dies* > *dieses*), in der Verallgemeinerung von -en im Gen. Sg. / Pl. des Rel. Pron. und Interrogativpron. (*des* > *dessen, der* > *deren; wes* > *wessen*) sowie vor allem in der Durchsetzung der Regelung des det. / indet. Flexionsprinzips auch beim Poss. Pron., den Pronominaladj. (und sehr selten auch Pronominalsubst.); in diesem Zusammenhang erwähnt Walch (1990, 56f.) auch die Durchsetzung von *dies-er* und *dies-es* gegen „die von der regelmäßigen Flexion nach dem Muster der starken Adjektive abweichenden [. . . suppletiven] Formen [. . .] (*dirre, ditz,* Nom. Sg. Mask. *dis(e)*)".

Neben der substantivischen und verbalen Flexion wird für Adj. und die als Substantivbegleiter (i. e. attr.) möglichen Pron. (vgl. Anm. 2) ein gemeinsamer dritter Flexionstyp herausgebildet, der zwei syntaktisch distribuierte Ausprägungen aufweist: die selbständige und einen Teil der grammatischen Information der Substantivgruppe liefernde Artikelflexion (= ‚det.' Flexion, § M 34), die (bei einigen Pron. mögliche, vgl. Anm. 2) syntaktisch von einem weiteren Substantivbegleiter abhängige und flexivisch weitgehend indifferente ‚indet.' Flexion (vgl. Anm. 3); als vierter Flexionstyp ist der durch weitgehende Suppletion gekennzeichnete ausschließlich pronominale anzugeben.

Die frnhd. Veränderungen stellen z. T. nur den Abschluß von Prozessen dar, die bereits in mhd. Zeit begonnen haben; z. T. jedoch setzen die den nhd. Zustand prägenden (analogen) Prozesse erst in frnhd. Zeit ein. Die Veränderungen gehen im Frnhd. z. T. über das hinaus, was im Nhd. erhalten ist.

Bei den schon in mhd. Zeit begonnenen Prozessen zeigt sich zu Beginn des Frnhd. ein zumeist regional differenziertes Variantenspektrum (z. B. die zumeist nurmehr obd. vorkommenden Formen auf *-iu/-eu*). Die einsetzenden Prozesse lassen sich als ‚Selektion' bestehender Varianten verstehen (vgl. auch zum folgenden Walch 1990, 56), bei der zumeist regional begrenzte Varianten aufgegeben werden: die Varianten auf *-iu/-eu*, die *r*-losen (md.) Varianten z. B. *mi* (*mir*) oder *wi* (*wir*) (vgl. Anm. 4), die obd. Variante *iu* gegenüber *euch*, die (zumeist md.) zweisilbigen Flexive z. B. *-eme*, die obd. Umlautvariante *üns*. Diese Prozesse sind um 1500 weitgehend abgeschlossen.

Die frnhd. gebliebenen Veränderungen betreffen (u. a.) die Verallgemeinerung des det. (und somit der adj. wie pron. Flexion zugehörenden) Gen. Pl.-Flexivs *-er* auch beim best. Art. (*derer*), die (vorwiegend alem.) Verallgemeinerung des Gen. Sg. *-en* auch beim Pers. Pron. (z. B. **meinen Wissens* wie auch beim Adj. z. B. *guten Weines*), die (besonders im 16./17. Jh.) belegte Übernahme des *-en* im Dat. Pl. auch des best. Art. (*denen*) (vgl. Walch 1990, 79f.). Eine beim Pers. Pron *ihr* sowie beim Pron. *der* (als Dem. Pron., Relat. Pron., best. Art.) im Dat. / Gen. Sg. Fem. sowie im Gen. Pl. auftretende Besonderheit stellt die Flexion auf *-o* dar: *i(h)ro, dero* (vgl. Anm. 5).

Nicht zuletzt aufgrund unterschiedlichster lautlich-graphischer Entwicklungen zeigen die Pron. im Frnhd. eine große ausdrucksseitige Vielfalt; die lautlich-graphischen Entwicklungen überlagern z. T. die der Flexion.

Übergreifende und die flexivische Entwicklung immer wieder intervenierende lautlich-graphische Prozesse sind: (mda.) Wandel *m* > *n*, durch den z. B. die Flexion des
Dat. Sg. Mask. / Neutr. des best. Art. berührt ist (*dem* > *den*, führt ausdrucksseitig
zur Identität von Akk. Sg. Mask. und Dat. Sg.); Apokope ebenso wie auch Epithese
von -*e* (das det. Flexiv -∅ ist ununterscheidbar von einem durch Apokope endungslos erscheinenden Beleg; Formen auf -*e* sind insbesondere für das Obd. sowie im
späten Frnhd. nicht mehr als Fortführung der mhd. zweisilbigen Flexive zu werten,
sondern wohl als „Neubildungen", Walch 1990, 17); Ekthlipsis (von -*en*, -*em*, -*er*, -*es*
bei entsprechendem Stamm); Nasalschwund (*sei* statt *sein*). Zu den verschiedenen
lautlich-graphischen Besonderheiten vgl. die jeweils sehr ausführliche Darstellung
der Gr. d. Frnhd. VII.

Die Angaben frnhd. Grammatiker zur Flexion von Pron. decken sich „im
allgemeinen weitgehend mit dem Sprachstand, wie er in den Texten [. . .]
vorliegt" (Walch 1990, 84, vgl. auch 86).

Anm. 1: Eine eindeutige Relation zwischen Funktion und Form gibt es bei den
Pronomen nicht. So kann z. B. *wer* sowohl Interrogativpron. wie auch Relat. Pron.
sein, es kann *der* einfaches Dem. Pron., best. Art. oder auch Relat. Pron. sein. Die
jeweilige Entscheidung einer Einordnung geschieht nach der häufigst beobachteten
Funktion einer entsprechenden Form.
    Die funktionale Unterscheidung ‚Begleiter (Art.)' und ‚Stellvertreter (Pron.)' des
Subst. trennt nur einige wenige Wörter der insgesamt sehr heterogenen Gruppe
eindeutig voneinander ab: ausschließlich als Substantivbegleiter (d. h. syntaktisch als
Attr.) funktioniert der best. Art., ausschließlich als ‚Stellvertreter' funktionieren die
Pers. Pron., das Relat. Pron., das Reflexivpron., die Pronominalsubst. bei den Indef. Pron. (*man, jedermann, jemand, niemand*). Sehr viel häufiger ist eine Verwendung sowohl als Attr. als auch in Substantivfunktion (syntaktisch als Satzglied)
möglich: beim unbest. Art., beim (einfachen und zusammengesetzten) Dem. Pron.,
beim Poss. Pron., beim Interrogativpron., bei den Pronominaladjektiven innerhalb
der Indef. Pron., bei *ander-, beid-, solch-, jen-, welch-*. Eine Unterscheidung ergibt
sich auch hinsichtlich der unterschiedlichen Möglichkeiten zur Flexion. Neben den
indeklinablen Pron. (*man*) sind zwei Gruppen grundsätzlich zu unterscheiden: a)
Pron. mit Endungsflexion (bei denen an den unveränderten Stamm ein jeweiliges
Flexiv tritt: z. B. unbest. Art. *ein-er*; so auch zusammengesetztes Dem. Pron., Indef. Pron. und *ander-, solch-, welch-, beid-*). Hierzu zählen auch die Art. / Pron. mit
synchron   nicht   segmentierbarer   Morphemstruktur   (z. B.   best.   Art. / einf.
Dem. Pron. *der* als freies grammat. Morphem und nicht *d-er; so auch: Inter-
rogativpron.); die Identität zu den anderen Pron. mit Endungsflexion ergibt sich
jedoch bei entsprechend ‚regressiver' Segmentierung (zur Unterscheidung einer vom
Stamm her erfolgenden ‚progressiven' von einer ‚regressiven' Segmentierung vgl.
Gr. d. Frnhd. IV § 11.2.; b) Pron. mit suppletiv gebildeten Paradigmen (z. B.
Pers. Pron. *ich* > *mich* > *mir* > *mein*; so auch Reflexivpron.).

Anm. 2: Innerhalb der Gruppe attr. verwendbarer Pron. ist eine Unterscheidung
dahingehend vorzunehmen, ob sie nur ausschließlich als Begleiter oder möglicherweise auch in adj. Funktion beim Subst. erscheinen können. Für (teilweise) die
Poss. Pron sowie die den Indef. Pron. zuzählenden Pronominaladj. gilt, daß sie auch
in der Position nach einem zusätzlichen Artikelwort erscheinen können: *mit solch-er
Wut* und auch *mit ein-er solch-en Wut*. Hier greift im Frnhd. die Regel einer von
einem weiteren Artikelwort abhängigen (= adj. indet.) Flexion.

Anm. 3: Die Übernahme der die Adj. regelnden Flexion auch bei einer Reihe von
Pron. zeigt jeweils deutliche Unterschiede; dies zeigt, daß die Entwicklung nur z. T.
übergreifend, zumeist jedoch lexemweise vollzogen wurde.

Anm. 4: Neben den jeweiligen auf -r ausgehenden Pron.-Formen kommen insbesondere im Thür. oft auch solche ohne -r vor. Neben *mir* erscheint (die nd. herrschende Form) *mi* sowie auch *wi* vor allem im Thür. (seltener Wmd.) des 14. Jhs. (vgl. Gr. d. Frnhd. VII § 3.3. sowie Anm. 33, § 4.1.b.); Ausnahmebelege *mi* (*me*) noch im 16. Jh. (rip. / rhfrk., vgl. Gr. d. Frnhd. VII § 3.3., Anm. 36f.), Ausnahmebelege *wi* (statt *wir*) im Thür. noch im 16./17. Jh. (vgl. Gr. d. Frnhd. VII § 4.1., Anm. 26). Der Gen. Pl. *unse* (statt *unser*) erscheint allein md. im 15. Jh. (vgl. Gr. d. Frnhd. VII § 4.2., Anm. 37). Der Dat. *di* (statt *dir*) ist vor allem Thür. im 14. Jh., daneben selten mfrk. und im weiteren Omd. (vgl. Gr. d. Frnhd. VII § 6.3.). Nom. Pl. *i* (statt *ir*) erscheint thür., im 14./15. Jh., vereinzelt auch im weiteren Omd. (vgl. Gr. d. Frnhd. VII § 7.1.), nicht jedoch im Mfrk. (vgl. Gr. d. Frnhd. VII § 7.1., Anm. 18).

Anm. 5: Formen auf -*o* erscheinen zumeist anfänglich auf den hchal. Raum begrenzt und werden im 16./17. Jh. im gesamten Sprachraum belegt. Es ist *dero* beim best. Art. sehr selten, die Pron.-Form *dero* hat im 17. Jh. eine größere Ausbreitung als *ihro*. Die Gen.-Formen mit -*o* erscheinen insbesondere zur zweiten Hälfte des 17. Jhs. auch in der Funktion als Poss. Pron., dabei sehr häufig vor Titeln. Frühe alem. Belege mit -*o* gelten als Reflex der alten Flexionsendung (vgl. Braune, Ahd. Gr. z. B. § 282). Vermittelt über die Kanzleisprache sei die Form auch außerhalb des Alem. fest geworden (vgl. Gr. d. Frnhd. VII § 11, Anm. 34, 54ff., § 12, Anm. 12, § 19, Anm. 33f. § 20, Anm. 35f.).

Anm. 6: Es ist bei den Pron. in Resten auch noch ein Instrumental belegt, vgl. Dem. Pron. *das*, Interr. Pron. *was*.

5.2. Personalpronomen

5.2.1. Personalpronomen der 1. Person

Sg.: *ich* (Nom.), *mich* (Akk.), *mir* (Dat.), *mein/meiner* > *meiner* (Gen.); Pl.: § M 61
wir/mir (Nom.), *uns* (Akk. / Dat.), *unser* > *unser/unserer* (Gen.). Vgl. jeweils Gr. d. Frnhd. VII § 3f.

Im Dat. Sg. erscheint neben *mir* (zum Ausfall von -r vgl. § M 60, Anm. 4), selten auch *mire* (15./16. Jh., els. / rhfrk.); zu *wir* vgl. Anm. 1. Im Gen. (vgl. Anm. 2) dominiert *mein* bis in das 16. Jh. hinein (selten auch mit -*e* im 16. Jh.), wird jedoch in der 2. H. 17. Jh. kaum mehr belegt (vgl. Anm. 3); *meiner* (vgl. Anm. 4) erscheint zuerst (14. Jh.) nur md. (Rhfrk., Deutschordenslit.), wird im Verlauf des 15. Jhs. auch im Oobd. übernommen und dominiert zumeist seit der Mitte des 16. Jhs. im gesamten Sprachraum; regional gebunden bleiben *meinen* (wobd. besonders seit dem frühen 16. Jh.) sowie *meines* (vorwiegend md. 14./15. Jh.; vgl. Anm. 5).
   Im Nom. Pl. dominiert *wir*, daneben ist (zumeist nur in Urkk. / Hss.) *mir* möglich (vgl. Anm. 1; zu Ausfal von -r vgl. § M 60, Anm. MMM): rhfrk. schon im 14. Jh., seit dem 15. Jh. auch im Wobd., im 16. Jh. im Bair. sowie Obsächs. / Thür. Im Gen. Pl. gilt *unser*, daneben seit der 2. H. 16. Jh. (besonders in der „omd. Dichtersprache" des 17. Jhs.) auch *unserer* (Gr. d. Frnhd. VII § 4.2.); nur einzeln belegt sind *uns*, *unse* (md., 15. Jh.), *unsers* (schles., 15. Jh.).

Anm. 1: Ähnlich dem im Anlaut veränderten *mir* (statt Pl. *wir*) erscheint rhfrk. (15./17. Jh.) statt Sg.-*mir* auch *wir* (vgl. Gr. d. Frnhd. VII § 3.3., Anm. 30). Der Pl. *mir* gilt durch Assimilation des *w*- an die vorausliegende Verbalendung -*en* bei Inversionstellung verursacht (vgl. Gr. d. Frnhd. VII § 4, Anm. 13).

Anm. 2: Die Flexion des Gen. Sg. des Pers. Pron. der 1. Pers. ist identisch der der 2. sowie der des Gen. Sg. Mask. der 3. Pers. (vgl. Gr. d. Frnhd. VII § 3.2.). Die Erweiterung mit -*er* gilt als die wichtigste, im Bereich der Pers. Pron. zu beobachtende Entwicklung vom Mhd. zum Nhd. (vgl. Gr. d. Frnhd. VII § 1).

Anm. 3: Die späten *mein*-Formen erscheinen ebenso wie *dein* und *i(h)r* fast ausschließlich in Versliteratur (vgl. Gr. d. Frnhd. VII § 3.2., Anm. 16; zu *dein* vgl. Gr. d. Frnhd. VII § 6.2., Anm. 23).

Anm. 4: Die erweiterte Form *meiner* gilt als analog zu *unser/euer* entstanden (vgl. Gr. d. Frnhd. VII § 3.2., Anm. 14; zu *deiner* vgl. Gr. d. Frnhd. VII § 6.3., Anm. 25).

Anm. 5: Es erscheint die Flexion mit -*es* vorwiegend vor *selbes* (u. ä.) oder sie ist mit einem Substantiv verbunden (in ausdrucksseitiger Kongruenz, z. B. *erbarme dich mins armen sünders*, vgl. Gr. d. Frnhd. VII § 3.2., Anm. 18); die identische Distribution weist auch der Gen. Sg. *deines* (vgl. Gr. d. Frnhd. VII § 6.3., Anm. 24), der Gen. Pl. *eures* (vgl. Gr. d. Frnhd. VII § 7.2., Anm. 30) sowie der Gen. Sg. Fem. / Gen. Pl. *i(h)res* auf (vgl. Gr. d. Frnhd. VII § 11.2., Anm. 32, § 12.2., Anm. 45). Beim Gen. Sg. Neutr. fehlt *seines* (ganz im Gegensatz zum Gen. Sg. Mask.); als Ursache sieht Gr. d. Frnhd. VII (§ 10.2., Anm. 25) die mangelnde Belegung des Gen. Sg. Neutr. des Refl. Pron., so daß die Verbindung mit *selbes* nicht vorkommt.

5.2.2. Personalpronomen der 2. Person

§ M 62   Sg.: *du* (Nom.), *dich* (Akk.), *dir* (Dat.), *dein/deiner* > *deiner* (Gen.); Pl.: *ihr* (Nom.), *euch* (Akk.), *euch/eu* > *euch* (Dat.), *euer* (Gen.). Vgl. jeweils Gr. d. Frnhd. VII § 5ff.

Neben *du* auch häufiges enklitisches -*tu*, es wird erst im 17. Jh. deutlich seltener. Neben *dich* ausnahmsweise (moselfrk. 15. Jh.) auch *diche*. Im Dat. neben *dir* (zum *r*-Ausfall auch bei *ihr*, *euer* vgl. § M 60, Anm. 4) auch *dire* (els., 16. Jh.); zur Verteilung von Gen. *dein/deiner* sowie auch *deinen* und *deines* vgl. den Gen. des Pers. Pron. der 1. Pers. (§ M 61 und Anm. 2 und 5), neben *dein* im Moselfrk. (15. Jh.) auch -*e*.
Neben Nom. Pl. *ir* auch „vereinzelt" prothetisches *d*- (*dir*, mfrk. 14./15. Jh.) oder *h*- (*hir*, moselfrk. 14. Jh.) sowie zweisilbiges *ire/ere* (wmd. / thür. spätes 15., frühes 16. Jh.). Die mhd. ausgewiesene Unterscheidung des Akk. Pl. (*iuch*) und Dat. Pl. (*iu*, vgl. Paul, Mhd. Gr. § 213) ist schon zu Beginn des Frnhd. weitgehend aufgehoben (vgl. Anm. 1). Neben dem Zusammenfall von Akk. / Dat. in *euch* (md., besonders wmd.) sowie sehr selten auch in *eu* (bair. 14./15. Jh.) kommt es bis ins das 15. Jh. zur Formenvermischung (sowohl *euch* im Dat. als auch seltener *eu* im Akk., vgl. Anm. 1): außerhalb des Bair. ist Akk.-*eu* kaum belegt und auch im Dat. dominiert *euch* im Md. / Nobd. bereits im 14. Jh. (wmd. ausschließlich), im Wobd. / Oobd. ist *eu* bis ins 15. Jh. teilweise häufig (oobd. im 14. Jh. dominant); nach dem 15. Jh. erscheint *eu* in Ausnahmen (bair.). Im Gen. Pl. gilt *euer*, selten auch mit -*e* (rip., 14./15. Jh.), mit -*es* (vgl. § M 61, Anm. 5) oder -*er*.
Neben Sg. und Pl. erscheint im Bair. ein Dual der 2. Pers. zum ausgehenden Mhd. (vgl. Paul, Mhd. Gr. § 213, Anm. 6); Dualformen, die allerdings durchweg Pl.-Be-

deutung haben (vgl. Gr. d. Frnhd. VII § 7.4., Anm. 60), kommen vorwiegend im Bair. (vgl. Anm. 2) bis in das 16. Jh. hinein vor: *es* (Nom.; auch enklitisch als *-s*), *enk* (Akk. / Dat.), *enker* Gen.); die Verwendung der Dualformen zeigt seit dem 14. Jh. zunehmend eine pejorative Konnotation (vgl. Gr. d. Frnhd. VII § 7.4., Anm. 61).

Anm. 1: Eine konsequente Kasusdifferenzierung wird nurmehr für einen schwäb. Text Ende des 14. Jhs. belegt (vgl. Gr. d. Frnhd. VII § 7.3., Anm. 44). Eine völlige Vermischung des *eu* und *euch* für Dat. und Akk. zeigt sich „fast nur" im Bair. des 14.–16. Jhs. (vgl. Gr. d. Frnhd. VII § 7.3., Anm. 48).

Anm. 2: Der Dual wird schon für die Zeitgenossen zu einer dialektalen Kennform des Bair.: er wird bei nichtbair. Schriftstellern verwendet, um Sprecher als bair. zu charakterisieren (vgl. Gr. d. Frnhd. VII § 7.4., Anm. 56). Neben der bair. Belegung erscheint der Dual vereinzelt auch im Schles. des 15. Jhs. (vgl. Gr. d. Frnhd. VII § 7.4., Anm. 64).

5.2.3. Personalpronomen der 3. Person

Sg.: Nom. *er/her/he* > *er* (Mask.), *es* (Neutr.), *sie* (Fem.); Akk. *i(h)n/i(h)ne* § M 63 (Mask.), *es* (Neutr.), *sie* (Fem.); Dat. *i(h)m/i(h)me* (Mask. / Neutr.), *i(h)r/i(h)re/i(h)ro* (Fem.); Gen. *sein/seiner* > *seiner* (Mask.), *sein/es* > *sein* (Neutr.), *i(h)r* > *i(h)r/i(h)rer* (Fem.); Pl.: *sie/siu* > *sie* (Nom. /Akk.), *i(h)n/i(h)ne/i(h)nen* (Dat.), *i(h)r/i(h)rer/i(h)ren* (Gen.). Vgl. Gr. d. Frnhd. VII § 8–11.

Nom. Sg. zeigt als wesentliche frnhd. Entwicklung die 2. H. 16. Jh. erfolgte Verallgemeinerung von *er* im Mask. (auch enklitisch *-ere*); selten noch bis ins 16. Jh. erscheinen (im 14./15. Jh. z. T. dominant) *her* (omd. neben *he* und *er*) und *he* (wmd. neben *her* und *er*, rip. ausschließlich *he*). Beim Fem. ist die flexivische Unterscheidung von Nom. *siu* und Akk. *si/sie/sî* schon in mhd. Zeit nicht mehr gänzlich erhalten; es kommt zum Ausgleich sowohl des Akk. als auch häufiger des Nom. (vgl. Paul, Mhd. Gr. VII § 214, Anm. 2). Entsprechend ist *sie* in Nom. / Akk. seit Beginn des Frnhd. dominierend (auch enklitisch *-s*), daneben obd. im 14./15. Jh. noch *siu* (besonders im Wobd. des 14. Jhs.).

Im Akk. Sg. Mask. gilt überwiegend *in*, daneben auch *ine* (insbesondere obd., im 16. Jh. im gesamten Sprachraum) und selten *inen* (zuerst wmd., besonders im 16. Jh. allgemein verbreitet) (vgl. Anm. 1), vereinzelt erscheint md. (14. Jh.) und obd. (seit dem Ende des 15. Jhs.) auch *im(e)(n)*. Im Akk. Sg. Neutr. erscheint neben *es* in einzelnen Urkk. (rhfrk., 16. Jh.) auch *ins*.

Im Dat. Sg. Mask. / Neutr. stehen *im* und *ime* (vgl. Anm. 2) nebeneinander; z. T. dominieren die zweisilbigen Formen (els. Hss. 14./15. Jh.; wmd. 14./15. Jh., thür. 14. Jh., hchal. 17. Jh.), z. T. sind zweisilbige Formen unbelegt (schles. im 14. Jh., hchal. bis ins 16. Jh.); daneben selten auch *-n* statt *-m* (vgl. Akk. Sg. Mask. *-m* statt *-n*), ndal. selten *-a/-i*, bei Fischart auch *ihmo*. Im Dat. Sg. Fem. herrscht *i(h)r* (omd. / oobd. ausschließlich), zweisilbiges *i(h)re* (vgl. Anm. 2) erscheint insbesondere rip. bis ins 16. Jh. (vereinzelt hchal. im 17. Jh., nürnb. im 15. Jh.), *ihro/-a* erscheint insbesondere wobd. (als Nebenform im 15./16. Jh., dominant im 17. Jh. und auch nürnb. belegt), vorwiegend wobd. (16./17. Jh.) ist erweitertes *i(h)ren*.

Im Gen. Sg. Mask. ist das noch mhd. ausgewiesene *ës* (vgl. Paul, Mhd. Gr. § 214 und Anm. 3) nicht mehr belegt (vgl. dagegen Neutr.): das ursprünglich reflexive *sein*

ist allgemein, es wird seit der 2. H. des 16. Jhs. von *seiner* verdrängt, daneben selten
auch *-es* oder *-en*; vereinzelt erscheint auch *sina* und *seineren*. Das Flexiv *-er* profiliert sich (in Relation zur seltenen Belegung beim Gen. Sg. Neutr.) als mask. Ge-
nusflexiv. Im Gen. Sg. Neutr. bleibt das mhd. ausgewiesene *ës* (vgl. Paul, Mhd. Gr.
§ 214) während des 14. Jhs. vor allem im Md. belegt (vgl. Anm. 3); daneben überwiegt bereits im 14. Jh. *sein* (vor allem hchal. besonders im 16. Jh. auch ohne *-n*), nur
vereinzelt (vgl. dagegen Mask.) ist *seiner* (els. 16. Jh., vgl. Anm. 4) oder *seinen*
(hchal. 16. Jh.); zum Fehlen der Form *seines* vgl. § M 61, Anm. 3. Im Gen. Sg. Fem.
tritt neben vorwiegendem *i(h)r* seit dem 16. Jh. (besonders wmd.) auch *i(h)rer* auf
(auch enklitisch *-er*, z. B. *sinner* 'sind ihrer'), das md. in der 2. H. des 17. Jhs. dominiert; selten bleibt *i(h)ren* (wobd. 16. Jh.), *i(h)res* (wmd. 14. Jh.) und auch (seit
dem 16. Jh.) die Formen auf *-o/-e/-a*, zu *ihres* vgl. § M 61, Anm. 3.

   Im Nom. / Akk. Pl. ist die mhd. frequentielle Genusunterscheidung (Mask. /
Fem. *sie/si/sî*, Neutr. vorwiegend *siu*, vgl. Paul, Mhd. Gr. § 214) schon zu Beginn des
Frnhd. aufgehoben: neben vorwiegendem und genusübergreifendem *si* (seit dem
16. Jh. allgemein als *sie*) erscheint das neutr. *siu* auch in Mask. / Fem.; dies ist nach
der Mitte des 15. Jhs. kaum mehr belegt (bair. bis Anfang des 16. Jhs.). Im Dat. Pl.
tritt (mit Ausnahme des Omd.) neben *i(h)n* (vgl. Anm. 5) schon im 14. Jh. stets auch
i(h)ne/i(h)nen auf (hchal. 14. Jh. auch *inan*); es wird *i(h)ne(n)* (vgl. Anm. 6) z. T.
schon im 15. Jh. (wmd. / wobd.), allgemein dann im 16. Jh. vorwiegend. Im Gen. Pl.
steht neben vorwiegendem *i(h)r* im 14/15. Jh. besonders wmd. auch *i(h)rer* (auch
mit *-re*); dies dominiert erst in der 2. H. 17. Jh. im gesamten Sprachraum (mit Ausnahme des Oobd.), obd. noch im 16. Jh. vorwiegend *i(h)r*); *i(h)r* ist im 17. Jh.
vorwiegend in Versliteratur belegt (vgl. auch *mein*, § M 61). Die erweiterte Gen.-
Form *i(h)ren* erscheint insbesondere im Wobd. (im 16. Jh. dort häufiger als *i(h)rer*),
i(h)res erscheint insbesondere wmd. 14./15. Jh.), *i(h)ro* (mit mda. Nebenform *-a*)
erscheint hauptsächlich hchal. vom 14.–17. Jh. (bair. erst im späten 17. Jh.), ihre
Verbreiterung wird als kanzleisprachlicher Einfluß gewertet (vgl. Gr. d. Frnhd. VII
§ 12.2., Anm. 50, 56); die insgesamt seltenen Formen mit *-e* erscheinen insbesondere
in Urkk. des 14.–16. Jhs. und können nicht unbedingt als Fortsetzung der mhd.
ausgewiesenen Form *ire* interpretiert werden (vgl. Gr. d. Frnhd. VII § 12.2.,
Anm. 46); zu *ihres* vgl. § M 61, Anm. 3.

Anm. 1: Insbesondere die seit der Mitte des 16. Jhs. vorkommenden
Akk. Sg. Mask.-Formen *ine* gelten als analog zur zweisilbigen Dat.-Form *ime* neu
gebildet (mit deutlicher Parallelität der *ine-* und *ime*-Belegung) (vgl. Gr. d. Frnhd.
VII § 9.4., Anm. 100, 102, 104). Die Form *inen* gilt als analog zur adj. Flexion gebildet; aufgrund der selteneren Belegung im 14./15. Jh. schließt sich eine Fortführung
des bereits mhd. seltenen *inen* aus (vgl. Gr. d. Frnhd VII § 9.4., Anm. 111ff.; zum
Mhd. vgl. Paul, Mhd. Gr. § 214, Anm. 6).

Anm. 2: Für die zweisilbigen Belege *i(h)me* des Obd. ist für die Zeit nach Durch-
führung der Apokope (nach der Mitte des 15. Jhs.) keine Fortführung der alten
Zweisilbigkeit, sondern Neubildung anzunehmen; dies gilt z. T. auch für md. Belege
seit dem 16. Jh. (vgl. Gr. d. Frnhd. VII § 9.3., Anm. 66). Es greift die Apokope im
Omd. offensichtlich in *i(h)me* seltener als in vergleichbaren Fällen; hierin könne
jedoch keine funktionelle Hemmung gesehen werden (vgl. Gr. d. Frnhd. VII § 9.3.,
Anm. 70). Die Zweisilbigkeit bei *i(h)me* habe dann wohl als Muster gewirkt für die
Zweisilbigkeit auch bei *i(h)re*, bei der nur z. T. eine Fortführung des mhd. vorwiegend *ire* vorliegt (vgl. Gr. d. Frnhd VII § 11.3., Anm. 53).

Anm. 3: Im Mhd. ist der flexivische Unterschied zwischen dem Nom. /
Akk. Sg. Neutr. (*ëʒ*) und dem Gen. Sg. Neutr. (*ës*) auch graphisch nachvollziehbar.
Die Unterscheidung ist schon im 14. Jh. nur noch selten eindeutig (vgl.

Gr. d. Frnhd. VII § 10.2., Anm. 33) Bei entsprechenden Belegen des 15.–17. Jhs. ist zweifelhaft, ob es sich um wirkliche Gen. handelt; z. T. liegen erstarrte Wendungen, z. T. wohl auch aufgrund von Rektionsveränderung Akk.-Formen vor (vgl. Gr. d. Frnhd. VII § 10.2., Anm. 36). Der graphische Zusammenfall von Nom. / Akk. Sg. und Gen. Sg. wird als Ursache der Verallgemeinerung der refl. Gen. Form *sin* gesehen (vgl. Gr. d. Frnhd. VII § 10.2., Anm. 29).

Anm. 4: Neben dem nur noch vereinzelt gebrauchten *sein* (in altertümlichen Wendungen) wird im Nhd. *seiner* nurmehr in Bezug auf Lebewesen verwendet; sachbezogenes *seiner* wird „gemeinhin" durch *dessen* ersetzt (vgl. Erben 1980, Abschnitt 386). Die Anfänge dieser Distribution sind bereits im Frnhd. belegt (vgl. Gr. d. Frnhd VII § 10.2., Anm. 22).

Anm. 5: Der Formengebrauch zeigt z. T. eine Distribution hinsichtlich der Textbereiche: rhfrk. Hss. des 14. Jhs. haben ausschließlich einsilbige Form, zeitgleiche Urkk. haben *-e* (*-e* herrscht dann in der Urk.-Sprache des 15. Jhs.); die frühesten erweiterten Formen des Omd. tauchen ebenfalls ausschließlich in Urkk. auf (vgl. Gr. d. Frnhd. VII § 12.3., Anm. 90, 92).

Anm. 6: Gr. d. Frnhd. VII § 12.3., Anm. 80 faßt flexivisches *-e* und *-en* zusammen (‚mda. *-n*-Abfall', z. T. Dissimilation); es könne jedoch nicht ausgeschlossen werden, daß in einer Reihe von Fällen auch epithetisches *-e* vorliege (analog z. B. *ime*, *ine*). Doch deckt sich das zeitliche Auftreten von z. B. *ime* nicht mit dem von *ire* (vgl. Gr. d. Frnhd. VII § 12.3., Anm. 82).

5.2.4. Reflexivpronomen

Sg.: Akk. *sich* (Mask. / Neutr. / Fem.); Dat. *i(h)m/sich* (Mask. / Neutr.), § M 64
i(h)r/sich (Fem.); Gen. *sein/seiner* (Mask. / Neutr.), *i(h)r/i(h)rer* (Fem.);
Pl.: Akk. *sich*, Dat. *i(h)n/i(h)nen/sich*, Gen. *i(h)r/i(h)rer*. Vgl. Gr.
d. Frnhd. VII § 13f.

Das Refl. Pron. ist ohne Nom.; in der 1./2. Pers. stimmt das Reflexivpronomen mit den Formen des Pers. Pron. überein (vgl. dazu § M 61f.).
Das Refl. Pron der 3. Pers. entspricht im Gen. ebenfalls den Formen des Pers. Pron. (vgl. dazu § M 63). Im Akk. gilt für alle Genera *sich*, das im Nhd. auch für den Dat. generell ist (vgl. Duden-Grammatik 1984 § 541). Die Formübertragung von *sich* auch auf den Dat. setzt bereits in mhd. Zeit ein (vgl. Paul, Mhd. Gr. § 215, Anm. 3) und wird im Verlauf des Frnhd. weitgehend vollzogen (vgl. Anm.). Neben *sich* erscheinen im Dat. immer auch die reflexiv verwendeten Formen des Pers. Pron. der 3. Pers. (*i(h)m, i(h)r, i(h)nen*). Innerhalb des 14./15. Jhs. bleibt *sich* allein im Md. / Hchal. belegt, im Wmd. ist es bereits in der 2. H. 15. Jh. gleich häufig zu den Formen des Pers. Pron. gebraucht; im gesamten Obd. erscheint *sich* erst seit dem 16. Jh., es bleibt nobd. / oobd. auch im 17. Jh. die ungebräuchlichere Variante, wohingegen es im Md. / Wobd. als die häufigere Form durchgesetzt ist.

Anm.: Die Verallgemeinerung des *sich* auch in den Dat. wird über die besondere syntaktische Verwendung mit einer Präp. vollzogen. Schon im Mhd. erscheint *sich* im Dat. „besonders nach *ze*" (vgl. Paul, Mhd. Gr. § 215, Anm. 3) und auch im Frnhd. „tritt *sich* zunächst [...] hauptsächlich nach Präpositionen auf" (Gr. d. Frnhd. VII § 14.2, Anm. 5); die syntaktische Distribution zeigt sich teilweise noch bis zum Ende des Frnhd.

5.3. Possessivpronomen

§ M 65 Das Poss. Pron. wird aus dem Gen. des Pers. Pron. gebildet: Sg. *mein, dein, sein, ihr*; Pl. *unser, euer, ihr* (zu bair. *enk* erscheint im 14./15. Jh. vereinzelt auch ein Poss. Pron. *enker*). Vgl. Gr. d. Frnhd. VII § 39–58.

Für das Mhd. gilt (nicht für mhd. *ir*) die grammatisch ausdrucksvolle det. (st.) Flexion, für *ir* gilt weitgehend Flexionslosigkeit; die mhd. st. Flexion erscheint auch nach best. Art. (neben der aber auch indet. (sw.) Flexion erscheint, vgl. Paul, Mhd. Gr. § 216). Im Frnhd. ist weitgehend bereits der nhd. Zustand erreicht (zum Nhd. vgl. Duden-Grammatik 1984 § 546f.): es gilt (auch bei *ihr*, vgl. Anm. 1) die det. Adj.-Flexion (Besonderheit: unflektierter Nom. Sg. aller Genera sowie Akk. Sg. Neutr.); gemäß der sich im Frnhd. festigenden Regelung zur monoflexivischen grammatischen Markierung innerhalb der Substantivgruppe kann beim Poss. Pron. nach einem grammatischen Bestimmungswort (z. B. best. Art. oder Dem. Pron.) auch die indet. Flexion folgen (vgl. Anm. 2), z. B. *nach allem iren gelust, dem jrren, dem seinen.*

Der Nom. Sg. hat durchgängig (Mask. / Neutr.) oder vorwiegend (Fem.) -Ø (vgl. Anm. 3). Beim Fem. zeigen sich Unterschiede innerhalb der einzelnen Pron. sowie partiell auch zwischen Nom. und Akk.: bei *mein* etc. sowie auch *ihr* überwiegt die Flexion mit -e im Md., im Obd. wird sie weitgehend gemieden und vermag -Ø auch im 17. Jh. nicht zu verdrängen; bei *unser* ist -e erst ab dem 16. Jh. häufiger (zum r-losen Stamm vgl. § M 60, Anm. 4), bei *euer* dominiert -Ø. An jeweils seltenen Flexiven erscheint beim Mask. -er (15.–17. Jh., nicht bei *euer*), beim Neutr. -es (wobd. besonders 16./17. Jh.) und -en (vgl. Anm. 4), beim Fem. -iu (schwäb. 14. Jh.). Im Akk. Sg. Mask. steht neben -en nicht selten bis in das 17. Jh. auch i(h)r-Ø (vor allem obd. auch *mein*-Ø, vgl. Anm. 5); vereinzelt bleiben Formen auf -e (md. 14./15. Jh.) oder auch -em (bair. / böhm. 16. Jh.). Die Flexion des Akk. Sg. Neutr. / Fem. entspricht weitgehend der des Nom.; beim Akk. Sg. Fem. kommt vereinzelt auch -en vor (vgl. Anm. 2), wobei der Akk. tendenziell häufiger -e hat als der Nom., der dann eher -Ø flektiert.

Der Dat. Sg. Mask. / Neutr. flektiert überwiegend -(e)m; daneben (besonders wmd. im 14./15. Jh. und thür. noch im frühen 16. Jh.) auch -(e)me („häufig" bei *ihr*, „vereinzelt" bei *mein, dein, sein*, vgl. Gr. d. Frnhd. VII § 40.3., Anm. 20f., § 55.3.); insbesondere bis ins 16. Jh. erscheint auch -Ø oder -e (vgl. Anm. 5). Sehr häufig sind bei Mask. / Neutr. Kontraktionsformen, z. B. *mime/meime*. Der Dat. Sg. Fem. wird dominierend durch -(e)r flektiert, daneben im 14./15. Jh. besonders md. auch -re und im gesamten Sprachraum auch -Ø und nur selten auch (14./15. Jh.) -e (vgl. Anm. 5); bei den auf -er ausgehenden Pron. (*unser, euer*) erscheint vorwiegend -Ø, -er wird seit dem 16. Jh. häufiger und vermag allein im Omd. des 17. Jhs. gegenüber -Ø zu dominieren.

Der Gen. Sg. Mask. / Neutr. wird durch -(e)s flektiert; nur vereinzelt bis ins 16. Jh. -Ø (vgl. Anm. 5) und Kontaminationsform -ens.

Der Nom. / Akk. Pl. hat -e, Reflexe des noch mhd. neutr. -iu sind in obd. Urkk. / Hss. bis ins 16. Jh. belegt. Neben -e ist (besonders 14./15. Jh.) noch -Ø gebraucht, seit dem 16. Jh. nimmt auch obd. der Gebrauch von -e wieder stark zu, so daß -Ø im 17. Jh. nurmehr selten ist; vereinzelt kommt im Md. des 15. Jhs. -en vor (bei *mein*). Eine Kasusdifferenzierung Nom. / Akk. ist nicht deutlich (vgl. Gr. d. Frnhd. VII

§ 43.1., Anm. 8, § 48.1., Anm. 8). Im Dat. Pl. herrscht -en, während des 14.–16. Jhs. erscheint selten auch -Ø. Im Gen. Pl. gilt -er, selten erscheint im 15./16. Jh. auch -Ø; zu unser/euer vgl. Dat. Sg. Fem.

Anm. 1: Das bis in das 14. Jh. „gewöhnlich unflektierte" mhd. ir (vgl. Paul, Mhd. Gr. § 216) kommt nach dem 15. Jh. „nur noch in Spuren vor" (Gr. d. Frnhd. VII, § 54, Anm. 7), es wird auch hier die regelmäßige Flexion im 15. Jh. allgemein.

Anm. 2: In allen Fällen, in denen abweichend von der usuellen Regelung als Flexiv -e (Nom. Sg. aller Genera, Akk. Sg. Neutr.) oder -en erscheint, ist nicht immer zu entscheiden, ob lautlich-graphische oder auch flexivische Verursachung vorliegt. Denn bei entsprechendem Gebrauch (z. B. nach dem best. Art.) kann auch indet. Flexion angenommen werden (im Nhd. regelhaft; zu den lautlich-graphischen Veränderungen vgl. § M 60. Eindeutig indet. zu wertende Flexion kommt nach Ausweis der Gr. d. Frnhd. VII vor, doch bleibt offen, inwieweit die Flexion konsequent / frequentiell syntaktisch geregelt ist: die Angaben der Gr. d. Frnhd. VII geben jeweils nur das Vorkommen der flexivischen Variante mit Hinweis darauf an, daß z. B. -en im Gen. Sg. Mask. / Neutr. (seinen statt seiner) im 14.–16. Jh. nach best. Art. erscheine (vgl. § 40.2. und Anm. 12); damit ist jedoch einerseits ungewiß, in welchem Verhältnis dieser Gebrauch zu einer Verwendung des det. -er nach best. Art. steht, es ist andererseits ungewiß, ob diese (konsequente / frequentielle / zufällige) Regelung nach dem 16. Jh. nicht mehr gilt (oder ob nurmehr die Belege fehlen). Entsprechend sind die Angaben hier nur Hinweise auf ein grundsätzliches Vorkommen einer indet. Flexion des Poss. Pron. in der Verwendung nach z. B. best. Art.: im Nom. Sg. Mask. von mein etc. fordern frnhd. Grammatiker -e nach Art. in der Substantivierung (Ausnahme: Ölinger im 16. Jh., vgl. Gr. d. Frnhd. VII § 40.1.), bei unser schließen sich nicht alle Grammatiker dieser Forderung an, zumeist auch nur bei Erweiterung mit -ig- (der unserige, vgl. Gr. a. Frnhd. VII § 45.1), bei euer fordert nur Kromeyer (17. Jh.) -e (vgl. Gr. d. Frnhd. VII § 50.1), bei ihr ist -e nach best. Art. im Thür. des 17. Jhs. belegt (vgl. Gr. d. Frnhd. VII § 55.1., Anm. 2); im Nom. / Akk. Neutr. von euer fordert allein der Grammatiker Kromayer (1625) -e- nach best. Art. (vgl. Gr. d. Frnhd. VII § 51), bei ihr erscheint -e im gesamten Frnhd. (vgl. Gr. d. Frnhd. VII § 56, Anm. 2f.).; im Akk. Sg. Fem. von mein etc. ist obd. im 14./15. Jh. „vereinzelt" die traditionelle sw. Endung -en belegt in der Substantivierung nach best. Art. (die deinen, vgl. Gr. d. Frnhd. VII § 42.1., Anm. 6; bei den Adj. ist indet. -en des Akk. Sg. Fem. noch im 15. Jh. nicht selten, vgl. § M 36) im Dat. Sg. Mask. /Neutr. von mein etc. ‚kommt' -en nach Art., Dem. Pron., Adj. ‚vor' (vgl. Gr. d. Frnhd. VII § 40.3. und Anm. 23), bei unser nur im Omd. des 15.–17. Jhs. (vgl. Gr. d. Frnhd. VII § 45.3. und Anm. 23), bei ihr im 14./15. Jh. nach Pron. oder best. Art. (vgl. Gr. d. Frnhd. VII § 55.3., Anm. 13); im Dat. / Gen. Sg. Fem. von mein etc. „finden sich" Formen mit -en nach best. Art. im Bair. des 15. Jhs. (vgl. Gr. d. Frnhd. VII § 42.2., Anm. 16), bei euer fordert es allein der Grammatiker Kromayer (1625, vgl. Gr. d. Frnhd. VII § 52.1.), bei ihr ist -en nach best. Art. im 15./17. Jh. belegt (vgl. Gr. d. Frnhd. VII § 57.2., Anm. 7); im Gen. Sg. Mask. / Neutr. von mein etc. erscheint im 14.–16. Jh. „vereinzelt" -en und zwar nach best. Art. und all (vgl. Gr. d. Frnhd. VII § 40.2. und Anm. 12), bei euer fordert allein der Grammatiker Kromayer (1625) -en (vgl. Gr. d. Frnhd. VII § 50.2.), bei ihr ist -en hchal. im 15. Jh. nach best. Art. belegt (vgl. Gr. d. Frnhd. VII § 55.2., Anm. 9); im Nom. / Akk. Pl. von mein etc. „kommt der sw. flektierte Typ" mit -en nach Art. vor (vgl. Gr. d. Frnhd. VII § 43.1. und Anm. 4), bei unser ist er „vereinzelt" vom 15.–17. Jh. (vgl. Gr. d. Frnhd. VII § 48.1. und Anm. 5), bei euer ist es obd. im 15./16. Jh. und md. im 15. Jh. nach best. Art. oder all belegt (vgl. Gr. d. Frnhd. VII § 53.1., Anm. 2), bei ihr ist er vom 14.–16. Jh. belegt (vgl. Gr. d. Frnhd. VII § 58.1., Anm. 3); im

Gen. Pl. von *mein* etc. „erscheint" *-en* obd. vom 14.–16. Jh. (vgl. Gr. d. Frnhd. VII § 43.2., Anm. 13), bei *unser* „vereinzelt" (vgl. Gr. d. Frnhd. VII § 48.2. und Anm. 12), bei *euer* allein in einem hchal. Dr. des 16. Jhs. (vgl. Gr. d. Frnhd. VII § 53.2., Anm. 7), bei *ihr* allein im Hchal. des 15. Jhs.(vgl. Gr. d. Frnhd. VII § 58.2., Anm. 13).

Anm. 3: Für das Nhd. gilt die Regel, bei subst. Gebrauch auch den Nom. Sg. Mask. sowie den Nom. / Akk. Sg. Neutr. ausdrucksseitig det. zu flektieren: *Das ist sein Kind* > *Das ist seines* (vgl. Duden-Grammatik 1984 § 547). Aus den Angaben der Gr. d. Frnhd. VII § 38–58 ist unentscheidbar, inwiefern dieser Usus bereits im Frnhd. gilt.

Anm. 4: Neutr. *-en* erscheint in hchal. Drr. des 16. Jhs. in prädikativer Stellung und nach best. Art. (vgl. Gr. d. Frnhd. VII § 56, Anm. 4).

Anm. 5: Bei den unflektiert erscheinenden Formen kann einerseits Ekthlipsis (vgl. Anm. 2), bei *i(h)r* kann die Beibehaltung der ursprünglich unflektierten Form angenommen werden (vgl. Gr. d. Frnhd. VII § 55). Darüber hinaus gilt auch eine syntaktische Verursachung als möglich: bei *mein* etc. ein bis ins 16. Jh. belegter unflektierter Gebrauch in Nachstellung (vgl. Gr. d. Frnhd. VII § 40.2., Anm. 13, § 40.3., Anm. 24); vgl. dazu die Regelungen bei den Adjektiven § M 48.

5.4. Demonstrativpronomen und Artikel

5.4.1. Einfaches Demonstrativpronomen / Relativpronomen und bestimmter / unbestimmter Artikel

§ M 67   Unbest. und best. Art. bilden sich im Ahd. heraus, der best. Art. gilt als die ältere Form (vgl. Wolf 1981, 88). Er entsteht aus dem ursprünglichen Dem. Pron. (*dër, diu, daʒ*), dessen deiktische Funktion sich schon im Germ. abschwächt (vgl. Paul, Mhd. Gr. § 217) und das zu einem Begleiter des Substantivs entwickelt wird. Als unbest. Art. fungiert das urprüngliche Zahlwort *ein*.

Zwischen best. Art. und (Dem. / Relat.; zum Relat. Pron. vgl. § S 262) Pron. wird im Nhd. flexivisch unterschieden: der best. Art. weist jeweils Kurzform, das Pron. weist erweiterte Form auf (Gen. Sg. Mask. / Neutr. *dessen* vs. *des*, Dat. Pl. *denen* vs. *den*, Dat. / Gen. Sg. Fem. sowie Gen. Pl. *deren/derer* vs. *der*).

Im Frnhd. bleiben Dem. Pron. / Relat. Pron. und best. Art. zumindest bis in das 16. Jh. hinein formal „weitgehend" ungeschieden (Gr. d. Frnhd. VII § 15). Die nhd. Differenzierung wird in einigen Bereichen (Gen. Sg. Mask. / Neutr., Dat. / Gen. Sg. Fem., Gen. Pl.) bereits sehr deutlich, ohne jedoch bereits „strikt durchgeführt" zu sein (Gr. d. Frnhd. VII § 15).

§ M 68   *der/die/das* als Artikel (vgl. Gr. d. Frnhd. VII § 15–20): Sg.: Nom. *der* (Mask.), *das* (Neutr.), *die* (Fem.); Akk. *den* (Mask.), *das* (Neutr.), *die* (Fem.); Dat. *dem* (Mask. / Neutr.), *der* (Fem.); Gen. *des* (Mask. / Neutr.), *der* (Fem.); Pl.: Nom. / Akk. *die/diu*; Dat. *den* > *den/denen*; Gen. *der*.

der/die/das als Pron. (vgl. Gr. d. Frnhd. VII § 15–20): Sg.: Nom. *der*
(Mask.), *das* (Neutr.), *die* (Fem.); Akk. *den* (Mask.), *das* (Neutr.), *die*
(Fem.); Dat. *dem/deme* (Mask. / Neutr.), *der* > *der/deren/dero* (Fem.); Gen.
des > *dessen* (Mask. / Neutr.), *der* > *der/deren/dero* (Fem.); Pl.: Nom. /
Akk. *die/diu*; Dat. *den* > *denen*; Gen. *der/deren/dero*.

Neben Nom. Sg. Mask. *der* erscheint md. (insbesondere rip.) im 14. und seltener
dann 15. Jh. auch die *r*-lose Form *de, di, die* (*de* auch im Dat. / Gen. Sg. Fem.); sie ist
beim Art. (z. T.) „deutlich seltener" gebraucht als beim Pron. (Gr. d. Frnhd. VII
S.192). Im Akk. Sg. Mask. gilt *den*; als seltene Sonderformen kommen *dem*, mit
Nasalausfall *de*, (für den Art. vor allem im Alem. / Wmd.) *der* sowie im 16. Jh. auch
dene/denen vor.
    Die noch mhd. Kasusdifferenzierung des Nom. Sg. Fem. (*diu*) und Akk. Sg. Fem.
(*die*) gilt frnhd. nurmehr in Resten (14. Jh.); im Frnhd. herrscht *die*, während des
14./15. Jhs. steht insbesondere (w)obd. daneben auch noch *diu*.
    Dat. Sg. Mask. / Neutr. hat *deme* neben *dem* (vgl. Anm. 2). Dabei überwiegt *dem*
insbesondere beim best. Art., hier erscheint *deme* in der zweiten Hälfte des Frnhd.
nurmehr in Ausnahmen; beim Pron. ist *deme* im Md. während des 14. Jhs. häufiger
verwendet, im Obd. (besonders Wobd.) wird *deme* besonders zur 2. H. 17. Jh. häufig.
Es erscheint im gesamten Zeitraum nicht selten auch *den*.
    Gen. Sg. Mask. / Neutr. hat *des* im 14./15. Jh. nahezu ausnahmslos; die erweiterte
Form (*dessen*, auch *desse* und alem. selten *desses*) tritt seit dem 16. Jh. (besonders
Wmd. / Wobd.) hinzu (vgl. Anm. 4). Die erweiterte Form wird im 17. Jh. beim Art.
nur selten verwendet, wohingegen sie beim Pron. „deutlich gegenüber *des* dominiert"
(Gr. d. Frnhd. VII § 17.2.).
    Im Dat. / Gen. Sg. Fem. gilt für den Art. *der*; *deren* sowie *dero* bleiben sehr selten.
Beim Gen. Sg. Fem. des Pron. erscheint neben *der* im Wobd. zur 2. H. 15. Jh. bereits
auch *deren* (vgl. Anm. 4) sowie *dero* (auch -*e*, -*a*, vgl. Anm. 5); beide Formen nehmen
(besonders im Wobd.) zum 17. Jh. hin deutlich zu, so daß *der* im gesamten Hd.
nurmehr selten erscheint: wobd. nicht mehr seit der Mitte des 16. Jhs., wmd. nicht
mehr seit 2. H. 16. Jh. Das erstmals gegen Ende des 16. Jhs. erscheinende *derer*
kommt insbesondere im Omd. vor, wo sie im 17. Jh. häufiger als *deren* wird. Die
Verbreitung des *deren* im Dat. Sg. Fem. entspricht weitgehend der beim
Gen. Sg. Fem.; die Ausnahme liegt jedoch im Omd., wo *deren* nicht erscheint: hier
gilt im 17. Jh. neben *der* auch *derer* und *dero*. Zur Art.- wie auch Pron.-Form *de* vgl.
Nom. Sg. Mask.
    Im Nom. / Akk. Pl. ist die mhd. für das Obd. ausgewiesene Genusdifferenzierung
(Mask. / Fem. *die*, Neutr. *diu*, vgl. Paul, Mhd. Gr. § 217f.) nur noch in Resten vorhanden: es erscheint *die* sowohl im Neutr. als auch *diu* im Mask. / Fem., *diu* bleibt
im Md. / Nobd. bis ins 14. Jh. belegt, im restlichen Obd. noch bis zur Mitte des
15. Jhs.; mfrk. / bair. ist *de* im 14./15. Jh. nicht selten.
    Im Dat. Pl. gilt neben *den* (nicht selten als *dem*) insbesondere im Wobd. bereits
des 14./15. Jhs. auch *denen*. Dabei wird *denen* beim Pron. gänzlich durchgesetzt: es
überwiegt seit der 2. H. 16. Jh. im gesamten Hd. gegenüber *den*, das sich im 17. Jh.
nur noch selten findet; beim Art. bleibt *den* auch im 17. Jh. sowohl md. als auch obd.
üblich. Die Form *dene* erscheint nur selten.
    Neben dem im Gen. Pl. während des 14./15. Jhs. dominierenden *der* ist beim
Pron. frühzeitiger als beim Gen. Sg. Fem. das erweiterte *deren* (vgl. Anm. 6) zuerst
im Wobd. schon zur 1. H. 6. Jh. durchgesetzt; es wird *der* im Verlauf des 16./17. Jhs.
durch *deren/derer* ersetzt, wobei das seit ca. 1540 belegte *derer* insbesondere im Omd.
seit der 2. H. 16. Jh. verankert ist und dort auch gegenüber *deren* dominiert. Die

Form *dero* (auch *-e*, vgl. Anm. 5) erscheint beim Pron. vom 14.–16. Jh. vorwiegend im Wobd., ihre weitere Ausbreitung erfolgt über die Kanzleien (vgl. Gr. d. Frnhd. VII § 20.2., Anm. 35). Beim Art. bleibt *der* im gesamten Frnhd. die dominierende Form. Daneben tritt im Obd. insbesondere im Wobd. im 16. Jh. auch *deren*, im 17. Jh. gesamt-obd. auch *dero*. Im Md. erscheint *deren* kaum, hier ist neben *der* insbesondere im Omd. *derer* belegt. Insgesamt sehr viel seltener als beim Pron. erscheint *dero* vor allem seit dem 16. Jh. auch beim Art.

Anm. 1: In verschiedenen Sg.-Positionen kann im Mfrk. bis über das Frnhd. hinaus der sog. *gen*-Artikel belegt sein (vgl. Gr. d. Frnhd. VII § 15, Anm. 7).

Anm. 2: Die zweisilbige Form erscheint beim Dem. / Relat. Pron. relativ seltener als beim Pers. Pron. (vgl. Gr. d. Frnhd. VII § 17.3., Anm. 73).

Anm. 3: Es ist im 14./15. Jh. in definierten syntaktischen Umgebungen (nach Präp., vor Komparativen, in der Verbindung mit *glich*) vereinzelt noch ein Instrumental belegt: *deu, dú, die, de, di* (v gl. Gr. d. Frnhd. VII § 18.2.); vgl. auch den Instrumental beim Interrogativpron. *wer* § M 71, Anm. 3.

Anm. 4: In der Erweiterung durch *-en* wird eine unmittelbare Analogie zur indet. Adj.-Flexion gesehen (vgl. Gr. d. Frnhd. VII § 17.2., Anm. 31 zu *dessen* und § 19.2., Anm. 27 zu *deren*; zu weiteren Erklärungsansätzen vgl. Gr. d. Frnhd. VII § 17.2., Anm. 31f.). Entsprechend gilt die Erweiterung mit *-er* als Analogie zur det. Flexion (vgl. Gr. d. Frnhd. VII § 19.2., Anm. 29).

Anm. 5: Das Pron. *dero* hat im 17. Jh. ein sehr viel größeres Geltungsareal als *ihro*. Es wird *dero* sehr häufig auch anstelle des Poss. Pron. verwendet (vgl. Gr. d. Frnhd. VII § 19.2., Anm. 33f., § 20.2., Anm. 36); für den Gen. Pl. ist zudem bis in das 17. Jh. die Verwendung als alleinstehendes Pron. belegt, z. T. auch nurmehr als possessives Attribut. Zur Herkunft des *-o* (,Relikte alter *-o*-Formen') vgl. Gr. d. Frnhd. VII § 12.2., Anm. 47.

Anm. 6: Die formale Differenzierung des Nhd. (Relat. Pron. *deren* und nur „fälschlich" *derer*, Dem. Pron. *deren* bei „Rückweisung" sowie auch *derer* bei „Vorausweisung", vgl. Duden-Grammatik 1984, § 550.2., 560) „existiert im Frnhd. nicht" (Gr. d. Frnhd. VII § 20.2., Anm. 25).

§ M 69 *ein* als unbest. Art. (vgl. Anm. 1): Nom. *ein* (Mask. / Neutr.), *ein(e)* (Fem.); Akk. *ein/einen* (Mask.), *ein* (Neutr.), *ein/eine* (Fem.); Dat. *einem/eineme/eime* (Mask. / Neutr.), *ein(e)r/ein(e)re* (Fem.); Gen. *ein(e)s* (Mask. / Neutr.), *ein(e)r/ein(e)re* (Fem.). Vgl. Gr. d. Frnhd. VII § 59–64.

Nur ausnahmsweise kommen im Nom. Sg. (vgl. Anm. 2) neben *-Ø* auch mask. *-er* (14. Jh.) und neutr. *-s* (16. Jh.) vor; im Fem. gilt obd. ebenfalls *ein*, im Md. dominiert *eine*.
    Im Akk. Sg. Mask. tritt (durch Ekthlipsis) seltener *ein* auf (vorwiegend obd.).
    Im Dat. Sg. Mask. / Neutr. erscheint auch *-eme* (omd. Hss. 14.–16. Jh.), *-Ø* (selten im 15./16. Jh.), und *-en* (vereinzelt im gesamten Zeitraum). Im Fem. gilt *-er*, *-Ø* ist in Hss. des 14.–16. Jhs. ausnahmsweise möglich, *-re* kann im 14. Jh. erscheinen.
    Im Gen. Sg. Mask. / Neutr. ist neben *-(e)s* vereinzelt *-Ø* im 15./16. Jh. möglich.

Anm. 1: Neben der Funktion des unbest. Art. fungiert *ein* auch als Zahlwort sowie als Indef. Pron. (vgl. § M 73); die Grenzen zwischen den verschiedenen Funktionen sind nur unscharf zu ziehen (vgl. Paul, Mhd. Gr. § 417), doch ergibt sich durch die zusätzliche Möglichkeit des Indef. Pron., auch in Subst.-Funktion zu erscheinen, zusätzlich die indet. Flexionsweise (*ein-em* > *dem ein-en*).

Anm. 2: Für das Frnhd. bleibt die Numerusangabe nötig, da *ein* (wenn auch nur in Ausnahmen) im 14. Jh. auch im (Dat.) Pl. belegt ist (vgl. Gr. d. Frnhd. VII § 64). Bei der für das Mhd. ebenfalls noch ausgewiesenen Möglichkeit der Pl.-Flexion erfahre *ein* eine „Spezifizierung im Bereich des Indefiniten" (Paul, Mhd. Gr. § 423.δ.) im Sinne von ‚gewisse', ‚einige'.

5.4.2. Zusammengesetztes Demonstrativpronomen

Sg.: Nom. *dirre/diser/dise* > *dieser* (Mask.), *dis* > *dies, dieses* (Neutr., *diese* § M 70 (Fem.); Akk. *diesen* (Mask.), *dis* > *dies, dieses* (Neutr.), *diese* (Fem.); Dat. *diesem* (Mask. / Neutr.), *dirre/dieser* > *dieser* (Fem.); Gen. *dies/dieser* (Mask. / Neutr.), *dirre/dieser* > *dieser* (Fem.); Pl.: Nom. / Akk. *diese*; Dat. *diesen*; Gen. *dirre/dieser* > *dieser*. Vgl. Gr. d. Frnhd. VII § 26–31. Das zusammengesetzten Dem. Pron. wird aus dem synchronen Stamm *dis-* sowie dem jeweiligen Flexiv gebildet; daneben erscheinen im Frnhd. noch *dirre, dise* sowie *di(t)z(e)* (vgl. Anm. 1). Für das Dem. Pron. wird im Verlauf des Frnhd. die grammatisch ausdrucksvolle det. Adj.-Flexion durchgesetzt, eine Ausnahme bildet der Nom. / Akk. Sg. Neutr.: hier bleibt sowohl -Ø wie auch -*es* möglich (*dies Kind, dieses Kind*).

Im Nom. Sg. Mask. ist zu Beginn des Frnhd. *dirre* die noch häufigere Variante, im Wmd. (besonders Rip.) ist im 14./15. Jh. *dis(e)* gebraucht; seit dem 16. Jh. ist *dieser* im gesamten Sprachraum nahezu ausschließlich, *dirre* ist seit der Mitte des 15. Jhs. fast nurmehr im Wobd. belegt. Im Nom. / Akk. Sg. Neutr. ist Flexion mit -*es* bis zum Ende des 15. Jhs. sehr selten, seit dem frühen 16. Jh. nimmt die Anzahl der Belege mit -*es* deutlich zu, so daß bis zum Ende des Frnhd. -*es* und -Ø (vgl. Anm. 2) nebeneinander stehen; in der 2. H. 17. Jh. überwiegt bereits die volle Form, zu seltenen erweiterten Formen vgl. Anm. 3. Im Nom. / Akk. Sg. Fem. ist die noch mhd. Kasusunterscheidung (Nom.: -*iu*, Akk.: -*e*; vgl. Paul, Mhd. Gr. § 219) schon in der Frühzeit des Frnhd. weitgehend aufgegeben; Formen auf -*iu* (die auch im Akk. erscheinen, sind in das 15. Jh. belegt vgl. Anm. 4). Im Frnhd. dominiert -*e* (vgl. Anm. 4); zu erweiterten Ausnahmeformen vgl. Anm. 3. Im Nom. Akk. Sg. gilt -*en*, singulär (schwäb. 15. Jh.) auch -Ø; zu erweiterten Ausnahmeformen vgl. Anm. 3. Zum Akk. Sg. Neutr. / Fem. vgl. den Nom. Im Dat. Sg. Mask. / Neutr. herrscht *di(e)sem*, -*e* erscheint im 14. (els.) und noch 15. Jh. (md.); zu erweiterten Ausnahmeformen vgl. Anm. 3. Im Dat. / Gen. Sg. Fem. kommen während des 14./15. Jhs. *dirre* (insbesondere Rhfrk., Alem.) und *di(e)ser* vor, das im Verlauf des 15. Jhs. durchgesetzt wird; eine analoge Flexion auch des *dirre* (*dirrer*) erscheint vereinzelt im Obsächs. des 14. Jhs. Im Gen. Sg. Mask. / Neutr. dominiert im 14./15. Jh. -Ø (vgl. Anm. 5), im Md. (nicht Rip.) ist -*es* bereits fest verankert; es dringt -*es* erst im 16. Jh. auch im Bair. / Schwäb. / Rip. ein. Im Md. ist -*es* schon im 17. Jh. ausschließlich, im Wobd. ist es dominierend, wohingegen im Obd. / Nobd. z. T. -Ø noch häufiger ist. Die noch mhd. ausgewiesene ‚Binnenflexion' (vgl. Anm. 1) wird für das Frnhd. nicht mehr ausgewiesen (vgl. Gr. d. Frnhd. VII § 28.2.), vgl. jedoch Anm. 5. Zum Gen. Sg. Fem. vgl. den Dat. Im Nom. / Akk. Pl. ist die noch mhd. Genusdifferenzierung (Mask. / Fem. -*e*, Neutr. -*iu*, vgl. Paul, Mhd. Gr. § 219) nur noch in Resten vorhanden: es bleibt -*iu* im

Obd. bis ins 14. Jh. belegt; apokopierte Formen (vgl. Gr. d. Frnhd. VII § 31.1., Anm.
5) bleiben daneben bis ins 16. Jh. belegt, zu erweiterten Ausnahmeformen vgl.
Anm. 3.

Im Dat. Pl. gilt *di(e)sen*; zu erweiterten Ausnahmeformen vgl. Anm. 3.

Im Gen. Pl. stehen während des 14./15. Jhs. *dirre* und *di(e)ser* nebeneinander,
di(e)ser gilt seit dem 16. Jh. ausschließlich; zu erweiterten Ausnahmeformen vgl.
Anm. 3.

Anm. 1: Das zusammengesetzte Dem. Pron. ist eine ursprüngliche Morphemstruktur
aus dem idg. Stamm * *te-/to-* und der deiktischen Partikel *se*. Die schon im Mhd.
selten gebrauchten Formen des Nom. Sg. Mask. *di-se* sowie des Gen. Sg. Mask.
dis-se verweisen auf die ursprüngliche Morphemstruktur und zeigen entsprechende
‚Binnenflexion‘; alle anderen Formen werden für das Mhd. mit gewöhnlicher
‚Endflexion‘ (und entsprechend verschobener Morphemgrenze) ausgewiesen, z. B.
dis-er oder *dis-eme* (vgl. Paul, Mhd. Gr. § 219). Bei *dirre* liegt Assimilation (und
anschließende Synkope) in der Dat. / Gen. Sg. Fem.- sowie Gen. Pl.-Form vor (ahd.
dësera > *dërera* > *dërra*); die Form ist von daher in den Nom. Sg. Mask. übertragen
(vgl. Paul, Mhd. Gr. § 219, Anm. 4). Die mhd. Formen *diz*, *ditze*, *diȝ* (oder unverschoben *dit*) sind hinsichtlich ihrer Herkunft unklar; die mhd. Form ist in nhd. *dies*
erhalten (vgl. Paul, Mhd. Gr. § 219, Anm. 2).

Anm. 2: Hinter dem Flexionstyp -∅ verbergen sich zwei Varianten: mit auslautendem Frikativ (z. B. *dis*), mit auslautender Affrikate (z. B. *ditz*). Die Affrikate erscheint vorwiegend im Neutr., ihr Vorkommen ist landschaftlich verschieden (vor
allem Oobd. belegt); im 16. Jh. wird *dis* im gesamten Sprachraum allgemein.

Anm. 3: Neben der Existenz der alten Formen *dise*, der Assimilationsformen, der
‚normalen‘ zweisilbigen sowie auch der Kurzform *diz* (etc.) erscheinen Formen, bei
denen als Grundform offensichtlich der Nom. Sg. Mask. dient: *dieser-*. Zu Formen
des Typs *disers* des Nom. / Akk. Sg. Neutr. im Wobd. des 15.–18. Jh. vgl.
Gr. d. Frnhd. VII § 29, Anm. 16; zu Formen des Typs *disere* im Nom. /
Akk. Gen. Sg. im Hchal. des 16./17. Jhs. vgl. Gr. d. Frnhd. VII § 30.1., Anm. 6; zu
Formen des Typs *diseren* im Akk. Sg. Mask. (sowie auch Dat. Pl.) im Hchal. des
15.–17. Jhs. (späten 17. Jh.), vgl. Gr. d. Frnhd. VII § 28.4., Anm. 46 (§ 31.3., Anm.
19); zu Formen des Typs *diserem* im dat. Sg. Mask. / Neutr. im Hchal. des 15.–
18. Jhs. vgl. Gr. d. Frnhd. VII § 28.3., Anm. 43; zu Formen des Typs *disers* im
Gen. Sg. Mask. / Neutr. im Alem. des 15.–18. Jhs. und auch des Typs *diseres-*
sen/diesesen im Hchal. des 17. Jhs. vgl. Gr. d. Frnhd. VII § 28.2., Anm. 23f.; zu Formen des Typs *disere* im Nom. / Akk. Pl. im Hchal. des 16./17. Jhs. vgl. Gr. d. Frnhd.
VII § 31.1., Anm. 6; zu Formen des Typs *diserer* und auch *diseren* im Gen. Pl. vgl.
Gr. d. Frnhd. VII § 31.2., Anm. 9f.

Anm. 4: In einigen (wenigen) Quellen ist auch im 14. Jh. die deutliche Kasusunterscheidung beibehalten (vgl. Gr. d. Frnhd. VII § 30.1., Anm. 2). Neben den auf *-e*
ausgehenden Belegen erscheint bis ins 16. Jh. hinein oft auch -∅: hierin wird die
Wirkung der Apokope angenommen; jedoch kann nicht gänzlich ausgeschlossen
werden, daß Formenübertragung des einsilbigen Nom. / Akk. Sg. Neutr. vorliegt,
vgl. Anm. 3 (vgl. Gr. d. Frnhd. VII § 30.1., Anm. 4).

Anm. 5: Die Formen mit -∅ (als Typ *ditz* mit auslautender Affrikate, als Typ *dis* mit
auslautendem Frikativ) werden als durch Ekthlipsis entstanden oder durch Übertragung aus dem Nom. / Akk. Sg. Neutr. erklärt; weitgehend abgelehnt wird (wohl
zu Unrecht, vgl. dagegen die selbstverständliche Annahme einer Apokope z. B. im
Nom. / Akk. Pl.) die Annahme Virgil Mosers (1909, 192), hier liege Apokope des
mhd. Typs mit Binnenflexion vor (vgl. Gr. d. Frnhd. VII § 28.2., Anm. 29). Hinsicht-

lich der deutlichen landschaftlichen Verteilung sowie auch des jeweiligen Anteils der beiden Auslauttypen lassen sich keinerlei Unterschiede zum Nom. / Akk. Sg. Neutr. feststellen.

5.5. Interrogativpronomen

Nom.: *wer* (Mask. / Fem.), *was* (Neutr.); Akk. *wen* (Mask. / Fem.), *was* §M 71 (Neutr.); Dat. *wem(e)*; Gen. *wes > wessen, wes.* Zum Interrogativ- und formal identischen Relat. Pron. *wer* (Mask. / Fem.)/*was* (Neutr., vgl. Anm. 2) zählen ebenfalls die bis in das 15. Jh. belegten verallgemeinernden Relat. Pron. *swer/swaʒ*; das Pron. bildet nur ein Singularparadigma. Vgl. Gr. d. Frnhd. VII § 21–24.

Mask. / Fem. sind im Nom. / Akk. ungeschieden; im Dat. / Gen. erfolgt keine Genusdifferenzierung. Im Nom. Mask. / Fem. erscheint md. neben *wer* im 14./15. Jh. (thür. 14. Jh.) auch die *r*-lose Form (vgl. § M 60, Anm. 4); im 15./16. Jh. ist ebenfalls *-e* belegt. Im Akk. Mask. / Fem. herrscht *wen*; md. erscheint selten *wene*. Der Nom. / Akk. Neutr. ist ausnahmslos *was*. Im Dat. ist *weme* md. im 14./15. Jh. vorwiegend, es erscheint obd. in dieser Zeit nicht; als jeweilige Nebenform zu *wem* ist *weme* im 17. Jh. allgemein. Im Gen. erscheint *wessen* seit der 2. H. 16. Jh. zunächst im Alem. und überwiegt im 17. Jh.; *wes* bleibt im Md. weiter belegt.

Das (mhd.) Interrogativpronomen *wëder*, das im Nhd. nurmehr als Konjunktion gebraucht ist (vgl. Paul, Mhd. Gr. § 223, Anm. 6), erscheint (subst. / adj.) im Obd. bis in das 17. Jh. hinein noch „vereinzelt" als Interrogativpron.: im Nom. Sg. steht zunächst *weder* neben *wederer*, seit dem 16. Jh. nurmehr *wederer* (vgl. Gr. d. Frnhd. VII § 25).

Anm. 1: *wer* ist nur in Ausnahmen des 17. Jhs. adj. (attributiv) gebraucht; allein der Gen. *wes* kommt attributiv schon im 15. Jh. vor (vgl. Gr. d. Frnhd. VII § 21, Anm. 5).

Anm. 2: Als mögliche Anlehnung an *welch-er* erscheint besonders omd. (15./16. Jh.) auch ausschließlich adj. gebrauchtes *was-er* (‚was für ein', insbesondere Dat. / Gen. Sg. Fem., Gen. Pl., „vereinzelt" auch Gen. Dat. Sg. Mask. oder Nom. Sg. Fem., z. B. *was-e(r)m*) (vgl. Gr. d. Frnhd. VII § 21, Anm. 6).

Anm. 3: Im Obd. ist selten bis in das frühe 16. Jh. hinein in Verbindungen mit Präp. noch ein Instrumental *wiu* belegt (vgl. Gr. d. Frnhd. VII § 24.2.); vgl. auch das einfache Dem. Pron. § M 68, Anm. 3.

5.6. Indefinit- und sonstige Pronomina

5.6.1. Allgemeines

§ M 72 Die hier zusammengefaßte Gruppe umfaßt sehr heterogene Pron.; ihre Zusammenstellung ergibt sich aufgrund des zumindest teilweise identischen Flexionsverhaltens.

Schon die Definition der Indef. Pron. ist nicht eindeutig, so daß die Literatur partiell abweichende Inventare ausweist (vgl. Anm.); die verschiedenen Indef. Pron. zeigen unterschiedliche Eigenschaften: eine Flektierbarkeit besteht nur zum Teil (so sind *man* oder *etwas* indeklinabel); einige der Indef. Pron. sind nur substantivisch (*man*), andere substantivisch und auch als Begleiter des Substantivs zu verwenden (*etwas*, *manch*); die Flexion ist gänzlich verschieden, je nachdem ob es sich um Pronominalsubst. (*jemand*) oder Pronominaladj. (*jeder*, *kein*) handelt. Übereinstimmend für die Pronominaladj. (sehr selten auch für Pronominalsubst.) sowie die hier zusätzlich zu den Indef. Pron. berücksichtigten Pron. gilt, daß für sie die Regelungen der adj. Flexion zum Nhd. hin weitgehend übernommen werden; anders jedoch als bei den Adj. existieren aufgrund der wortspezifischen Semantik z. T. Beschränkungen hinsichtlich der Verbindbarkeit mit zusätzlichen Substantivbegleitern (**ein mancher Mann*), so daß hier eine indet. Flexion ausgeschlossen bleibt.

Anm.: Indef. Pron. definieren sich relativ unpräzise über ihre „allgemeine und unbestimmte Bedeutung" (Duden-Grammatik 1984 § 564). Die darauf basierende und z. T. unterschiedlich erfolgende Zuweisung ergibt sich dann aus der Polyfunktionalität und Mehrdimensionalität einiger Pron.; je nach Betonung der einen oder anderen Funktion / Dimension kann so z. B. *solch-* als Indef. Pron. (vgl. Paul, Mhd. Gr. § 225) oder eher als Dem. Pron. (vgl. Erben 1980, Abschnitt 419) angesprochen werden; ebenso gehört z. B. auch *einer/eine/eines* bei entsprechender Verwendung (vgl. Duden-Grammatik 1984 § 567) zu den Indef. Pron., die Flexion der subst. Verwendung ist dabei der des unbest. Art. identisch. Für Gr. d. Frnhd. VII (§ 65–118) zählen zu den Indef. Pron: a) an Pronominaladj. *ander, jeder, solch, manch,* -*lich*-Ableitungen (*i(e)glich, etlich, i(e)tzlich, meneglich, sumlich*) sowie -*ig*-Ableitungen (*einig* sowie Ableitungen von Poss. Pron. oder *kein* mit -*ig*), *all, kein/dehein/nehein, ein, sum* (vgl. Gr. d. Frnhd. VII § 66–107); b) an Pronominalsubst. *man, jedermann, jemand, nicht(s)/icht(s)* (vgl. Gr. d. Frnhd. VII § 108–114); c) Zusammensetzungen mit den Interrog. Pron. -*wer* oder -*weder* (vgl. Gr. d. Frnhd. VII § 115–118).

5.6.2. Indefinitpronomen

§ M 73 Als wesentliche flexivische Unterscheidung ergibt sich innerhalb der Indef. Pron. die Zugehörigkeit zu den Pronominaladj. oder Pronominalsubst. (zum Inventar vgl. § M 72, Anm.). Die frnhd. Entwicklung ist durch eine Angleichung an die Regelungen der Adj.-Flexion (besonders bei den Pronominaladj., sehr selten schon auch bei den Pronominalsubst.) gekennzeichnet.

Für die Pronominaladj. gilt im wesentlichen die adj. (det. oder indet.) Flexion (vgl. Gr. d. Frnhd. VII § 66), vgl. dazu § M 35f.; zu *ander* und *solch* vgl. § M 74f. Dabei zeigen sich jedoch bei den einzelnen Pron. einige Abweichungen, die insbesondere den Gebrauch der unflektierten Form betreffen.

Bei *jeder* erscheint im Nom. / Akk. Sg. Neutr. auch *jeder* (statt *jedes*, *jeder* auch im Nom. / Akk. Pl.); analog auch in der abweichenden Form *jeder-s* ist hier wahrscheinlich der Stamm des Nom. Sg. Mask. als unmarkierte Grundform verstanden (*jeder-Ø*). Im Dat. Sg. Mask. / Neutr. erscheint auch *-en* (in der Verwendung ohne Art.) statt *-em*.

Bei *manch* erscheinen auch Akk. Sg. Mask. (14.–17. Jh.) und Dat. Pl. (hchal. 15. Jh.) vereinzelt mit *-Ø* (statt *-en*), vgl. § S 14; vereinzelt auch *manegar* (Akk. Sg. Mask., mosfrk. 14. Jh.; gilt als Zusammenfall von Akk. / Nom.) und *mengern* (Dat. Pl., bair. 14. Jh.; gilt als komparativisch gebildet). Bei den mit *-lich* abgeleiteten Pron. kommt *-Ø* (15.–17. Jh.) vor im Akk. Sg. Mask., Dat. Sg. Mask. / Neutr., Dat. / Gen. Sg. Fem., im Dat. /Gen. Pl.; Belege noch mit *-iu* erscheinen im Nom. Sg. Fem. sowie Nom. / Akk. Pl. Neutr. (schwäb.-alem., bis Anfang 15. Jh.); vereinzelt auch *menniglichen* (Nom. Sg. Mask., bair. 1562), *jeglichens* (Gen. Sg. Mask. / Neutr., rhfrk. 17. Jh.; gilt als Kontamination der st. / sw. Endung), *-en* (Dat. Sg. Mask. / Neutr. in der Position ohne vorangehenden Substantivbegleiter, 14.–17. Jh.), *etliche* (Dat. Pl., bair. 16. Jh.; *-e* gilt als mögliche Vokalisierung des *-en*).

Bei *all* erscheint abweichendes *-Ø* im gesamten Frnhd. im Akk. Sg. Mask., Dat. / Gen. Sg. Mask. / Neutr., Dat. / Gen. Pl.; unflektiert erscheint auch das erweiterte *alle* im Akk. Sg. Mask., Nom. / Akk. Sg. Neutr., Dat. / Gen. Sg. Mask. / Neutr., Dat. / Gen. Sg. Fem., Dat. / Gen. Pl.; auf einen ursprunglichen Instrumental geht *mit alleu deu* (bair. 14. Jh.) zurück (so auch alle Belege der Fügung Präp.+*alle*, 14./15. Jh.); Belege des Nom. Sg. Fem. und häufiger des Nom. / Akk. Pl. Neutr. mit *-iu* erscheinen noch bis ins 15. Jh. (bair., schles.).

Bei *kein* erscheint *-Ø* im Gen. Sg. Mask. / Neutr. (vereinzelt, Nürnb. 15. Jh.), Akk. Sg. Mask. (häufig, gilt durch Ekthlipsis bedingt), Dat. / Gen. Sg. Fem. (vereinzelt 14. Jh.) und im Dat. Pl. (vereinzelt, bair. 14./16. Jh.); *keinessen* (Gen. Sg. Mask. / Neutr.) als Kontamination der st. und sw. Endung (bair. 17. Jh.); im Dat. Sg. Mask. / Neutr. erscheint *keime* besonders md. (14.–16. Jh.); singulär *-e* im Akk. Sg. Mask. (rip. 15. Jh.) gilt als mögliche Vokalisierung des *-en*; singulär *-e* im Dat. / Gen. Sg. Fem (statt *-er*) erscheint thür. (14. Jh.).

Zu *ein* vgl. seine Verwendung als unbest. Art.; daneben als vereinzelte Kombination der st. / sw. Flexion *einsen* (Gen. Sg. Mask. / Neutr., schwäb. 16. Jh.); mda. eng umgrenzt bleibt *einer(e)n* (els. 1. H. 16. Jh.) im Dat. / Gen. Sg. Fem. sowie auch *-iu* im Nom. Sg. Fem. (hchal. 14. Jh.).

Es bleibt *sum* vereinzelt bis in das 14. Jh. belegt.

Bei den Pronominalsubst. erscheint z. T. subst., selten auch (besonders im 17. Jh., vgl. *jemand*) pron. Flexion (vgl. Gr. d. Frnhd. VII § 108–114).

man kommt nur Nom. Sg. Mask. vor.

Die Wortbildung *jedermann* (Pron. *ieder* + Subst. *man*) erscheint erst seit dem 15. Jh. zunehmend, bis in die 16. Jh. noch teilweise Reste der alten syntaktischen Fügung (Flexion des Pron., nur teilweise Flexion des Subst., z. B. Akk. *iedenman* oder Dat. *iedemmann*); vorwiegende Flexion: Nom. / Akk. / Dat. *-Ø*, Gen.-*s*.

jemand/niemand (Formen mit Dentalepithese seit dem 13. Jh. neben auch noch z. B. *jeman*), daneben auch Formen mit *-s* vom 14. Jh. an (*niemands, niemans*; häufig

besonders im 15. Jh.); Flexion: Nom. -∅, Akk. -∅ (auch -e insbesondere md.
14./15. Jh., omd. 14.–17. Jh. auch -en als Hinweis auf indet. und somit pron. Flexion), Dat. -∅ (auch -e insbesondere md. 14. Jh., seltener auch später; singulär auch
pron. und d. h. det. flektiertes *niemandem* im Schles. 17. Jh. sowie indet. Flexion -*en*
besonders im 17. Jh.), Gen. -*(e)s*.
   nichts (ursprüngliche Gen.-Form der ahd. Wortbildung Adv. *neo* + Subst. *wiht*)
überwiegt im Nom. / Akk. seit dem 16. Jh. gegenüber *nicht* (und *nichtesnicht*); im
Akk. auch -*en* (wobd. 15./16. Jh.) sowie -*e* (obd. 15./16. Jh.); im Dat. ist am häufigsten *nichte*, *nichten* und *nicht* (daneben singulär *nichts* und pron. det. flektiertes *mit
nihtem*); im Gen. gilt *nicht(e)s*.

5.6.3. *ander-*

§ M 74 Als Pronominaladjektiv wird *ander* (vgl. Anm. 1) je nach syntaktischer
Umgebung det. / indet. flektiert; die Regelungen sind noch nicht fest, so
daß *ander* partiell abweichend zu den Adj. flektiert wird.

Ahd. ist *ander* nur st. flektiert (vgl. Braune, Ahd. Gr. § 295a). Im Mhd. tritt daneben
auch sw. Flexion auf (vgl. Paul, Mhd. Gr. § 220); im Nhd. ist *ander* gänzlich analog
den Adj. flektiert (vgl. Duden-Grammatik 1984 § 471).

Im Nom. Sg. erfolgt die indet. Flexion (nach grammatischem Bestimmungswort, z. B. einem best. Art.) durch -∅ oder -*e*, spätestens im 17. Jh.
ist -*e* fest. Bei der det. Flexion des Mask. erscheint im 14./15. Jh. vorwiegend -∅ (vgl. Anm. 2), im 17. Jh. ist -*(e)r* durchgesetzt (nicht wmd.), wobei
-*er* besonders im Obd. auch bereits vor dem 17. Jh. erscheint; beim Neutr.
überwiegt im 14./15. Jh. ebenfalls (vgl. Mask.) -∅, in der Folge wird -*(e)s*
im Wmd. / Wobd. / Nobd. im 16. Jh. darüber hinaus spätestens im 17. Jh.
vorwiegend; beim Fem. bleibt -∅ teilweise bis ins 15. Jh., z. T. auch bis ins
16. Jh. (omd., nobd.) vorwiegend, im 17. Jh. gilt -*e*.
   Im Akk. Sg. gilt beim Mask. -*(e)n*, sehr selten auch -∅; zum Neutr. vgl.
den Nom.; zum Fem. vgl. den Nom., selten erscheint darüber hinaus -*n*.
   Im Dat. Sg. des Mask. / Neutr. erscheint -*(e)n*, „daneben" -*(e)m* (vgl.
Anm. 3); bis in das 16. Jh. ist -∅ „gebräuchlich" (z. B. *in ander weg*, vgl.
Gr. d. Frnhd. VII § 68.3., Anm. 10). Beim Fem. gilt ebenfalls -*(e)n*, im
16./17. Jh. „daneben" -*(e)r* (im 14. Jh. rip. auch -*re*); -∅ kommt im gesamten Frnhd. vor, im 17. Jh. „selten" nach Art. oder Pron. (z. B. *der ander*)
(vgl. Gr. d. Frnhd. VII § 70.2., Anm. 7f.).
   Im Gen. Sg. des Mask. / Neutr. erscheint -*(e)n*, „vereinzelt" -*(e)s* (z. B.
anders wegs) und „völlig isoliert" auch -∅ (vgl. Gr. d. Frnhd. VII § 68.2.,
Anm. 5f.). Zum Gen. Sg. Fem. vgl. den Dat.
   Im Nom. / Akk. Pl. erscheinen (indet.) -*(e)n* und (det.) -∅ sowie -*e*; -∅
ist spätestens im 17. Jh. gänzlich von -*e* abgelöst. Es erscheint (det.) -*e* auch
nach best. Art. und Pron. *dieser, all, kein* („Polyflexion") (vgl. Gr. d. Frnhd.
VII § 71.1., Anm. 1).

Im Dat. Pl. herrscht *-(e)n*, selten ist *-Ø* (bis ins 16. Jh.) und *-e* (wmd. 15. Jh.).

Im Gen. Pl. dominiert *-(e)r* (md. 14. Jh. selten als *-re*), daneben auch *-Ø*; das indet. *-(e)n* ist „belegt" (vgl. Gr. d. Frnhd. VII § 71.2.).

Anm. 1: Vgl. Gr. d. Frnhd. VII § 67–71. Für das Mhd. gilt *ander* als ‚anderes einf. Demonstrativum' (vgl. Paul, Mhd. Gr. § 220); im Nhd. gilt *andere* als indef. Zahladjektiv (vgl. Duden-Grammatik 1984 § 471); Braune Ahd. Gr. § 295a. zählt *ander* zu den Indefinita.

Anm. 2: Aufgrund des ähnlichen Vorkommens von *-Ø* im indet. Nom. / Akk. Sg. Neutr. sowie auch Nom. Sg. Mask. (14./15. Jh.) ist auch für das Mask. unflektierte Form (und kaum Ekthlipsis) anzunehmen.

Anm. 3: Die Angaben zur syntaktischen Distribution der varianten Flexive sind in der Gr. d. Frnhd. VII nur partiell gegeben (vgl. § M 65, Anm. 2), entsprechend vage können die Ausführungen nur sein.

5.6.4. *solch-*

Als Pronominaladjektiv wird *solch* (vgl. Anm. 1) je nach syntaktischer Um- § M 75
gebung det. / indet. flektiert (vgl. Anm. 2; § S 8). Abweichungen bleiben zumeist selten.

Ahd. wie mhd. ist *solch* nur st. flektiert (vgl. Braune, Ahd. Gr. § 292; Paul, Mhd. Gr. § 225); im Nhd. ist *solch* gänzlich analog den Adj. und d. h. in Abhängigkeit davon flektiert, ob ein grammatisches Bestimmungswort vorausgeht (*mit solch-er Macht* aber *mit ein-er solch-en Macht*, vgl. Duden-Grammatik 1984 § 471).

Im Nom. Sg. flektiert das Mask. *-(e)r*, daneben „vereinzelt" *-Ø* (16. Jh., vgl. Gr. d. Frnhd. VII § 78.1.) und *-(e)n* (rip. 15. Jh.); beim Neutr. überwiegt seit dem 15. Jh. im Obd. *-(e)s* (gegenüber *-Ø*), im Wmd. ist der Zustand im 16. Jh. erreicht, omd. erst im 17. Jh. (vgl. Anm. 3); das Fem. flektiert *-e*, daneben erscheint auch *-Ø*.

Im Akk. Sg. gilt beim Mask. *-(e)n*, „vereinzelt" *-Ø* (vgl. Gr. d. Frnhd. VII § 78.4.); zum Neutr. und Fem. vgl. den Nom.

Im Dat. Sg. des Mask. / Neutr. erscheint *-(e)m*, „vereinzelt" *-(e)me* (14. Jh., vgl. Gr. d. Frnhd. VII § 78.3., Anm. 7) und „syntaktisch bedingt" *-(e)n* (15.–17. Jh., vgl. Gr. d. Frnhd. VII § 78.3., Anm. 8) (vgl. Anm. 2); beim Fem. gilt *-(e)r* und ebenfalls „daneben" auch *-(e)n* (Gr. d. Frnhd. VII § 80.2.).

Im Gen. Sg. des Mask. / Neutr. gilt *-(e)s*, „außerdem" im 16./17. Jh. *-(e)n* (vgl. Gr. d. Frnhd. VII § 78.2.). Zum Gen. Sg. Fem. vgl. den Dat.

Im Nom. / Akk. Pl. gilt *-e*, daneben *-Ø*. Der Dat. Pl. flektiert *-(e)n*, der Gen. Pl. *-(e)r*.

Anm. 1: Vgl. Gr. d. Frnhd. VII § 77–81. Für das Mhd. gilt *solch* als Indefinitpronomen (vgl. Paul, Mhd. Gr. § 225); im Nhd. gilt *solch* als ‚demonstratives Adj.‘ (vgl. Duden-Grammatik 1984 § 472); Braune (Ahd. Gr § 292) zählt *solch* als ein ‚adj. Interrogativum‘. Die Ausführungen zu *solch* gelten weitgehend auch für *jen-*.

Anm. 2: Die Angaben zur syntaktischen Distribution der varianten Flexive sind in der Gr. d. Frnhd VII nur partiell gegeben (vgl. § M 65, Anm. 2), entsprechend vage können die Ausführungen nur sein. Aus der Ausführung z. B. zum Dat. Sg. Mask. (‚syntaktisch bedingtes *-(e)n* im 15.–17. Jh.‘) ist nicht deutlich, ob es im 14. Jh. keine Belege gibt oder aber im 14. Jh. der noch mhd. Usus gilt, *solch* grundsätzlich det. (und d. h. hier *-(e)m*) zu flektieren (vgl. ebenso die Angaben zum Gen. Sg. Mask. / Neutr.).

Anm. 3: Im Nom. / Akk. Sg. Neutr. erscheint *-Ø* allein im attr. Gebrauch, *-(e)s* erscheint demgegenüber sowohl attr. als auch in subst. Gebrauch (vgl. Gr. d. Frnhd. VII § 79.1, Anm. 1).

5.6.5. *welch-*

§ M 76 Das Pronominaladjektiv *welch* (vgl. Anm.) wird als Interrogativpron., als Indefinitpron. und als Relativpron. verwendet (vgl. auch Duden-Grammatik 1984 § 561, 579); ein flexivischer Unterschied liegt nicht vor (vgl. Gr. d. Frnhd. VII § 32).

Im Nom. Sg. des Mask. herrscht *-(e)r*, daneben erscheint bei attr. Verwendung (meist ohne und vereinzelt mit unbest. Art.) bis ins 16. Jh. auch *-Ø* und seltener *-e* (wobd. / wmd. bis 16. Jh.); beim Neutr. überwiegt *-(e)s*, bis ins 16. Jh. (omd. / norddt. 17. Jh.) erscheint im attr. Gebrauch auch *-Ø*; das Fem. flektiert *-e*, daneben bis ins 16. Jh. auch *-Ø*.

Im Akk. Sg. gilt beim Mask. *-(e)n*; zum Neutr. und Fem. vgl. den Nom.

Im Dat. Sg. des Mask. / Neutr. gilt *-(e)m*, vereinzelt auch *-(e)me* (14./15. Jh.) und selten *-(e)n* (obd. 15.–17. Jh.); beim Fem. gilt *-(e)r*.

Im Gen. Sg. des Mask. / Neutr. gilt *-(e)s* und vereinzelt (schles. 17. Jh.) *-(e)n* (*welchen Inhalts*). Zum Gen. Sg. Fem. vgl. den Dat.

Im Nom. / Akk. Pl. gilt *-Ø*, daneben *-Ø* (14.–16. Jh.). Der Dat. Pl. flektiert *-(e)n*, der Gen. Pl. *-(e)r*.

Anm.: Vgl. Gr. d. Frnhd. VII § 32–37. Für das Mhd. gilt *welch* als Interrogativpron. (als Pronominaladjektiv, vgl. Paul Mhd. Gr. § 223); für das Nhd. gibt Duden (Grammatik 1984 § 561, 579) eine Verwendung als Indef. Pron., Interrogativpron. und Relativpron. an; zur Verwendung als bestimmtes Relativ vgl. § S 266.

5.6.6. *beid-*

Das indefinite *beide-* kommt nhd. vorwiegend im Pl. vor, im Sg. ist allein § M 77
ein abstraktes Neutrum möglich. Im Frnhd. kommen im 16./17. Jh. (sehr
selten schon im 15. Jh.) auch attr. Verwendungen mit konkreter Verwendung nicht nur im Neutr. (z. B. *beydes Geschlechts*), sondern auch Mask. /
Fem. vor (z. B. *durch beiden Schlaf, beide hand*; vgl. Gr. d. Frnhd. VII
§ 131, 133); die Flexion auch des Pl. ist „meist st.", erst seit dem 16. Jh.
erscheinen syntaktisch bedingte (nach z. B. best. Art.) indet. Belege (z. B.
die beiden statt *die beide*).

Anm.: Vgl. Gr. d. Frnhd. VII § 131–134. Für das Mhd. gilt *beide* als Num. Adj. (vgl.
Paul, Mhd. Gr. Register s. v.), im Nhd. gilt *beid-* als Kardinalzahl (vgl. Duden-
Grammatik 1984 § 458.7.) wie auch als Indefinitum (vgl. Erben 1980, Abschnitt 298).

6. Flexion der Verben

6.1. Allgemeines, strukturelle Entwicklungen

Lit.: Graser 1977; Gr. d. Frnhd. IV; Hempen 1988; Hoffmann / Solms 1987; Paul,
    Mhd. Gr. § 237–296; V. Moser 1909 § 168–204; Lindgren 1953; Solms 1984;
    Wolf 1971.

Das frnhd. Verb vermag durch synthetisch-flexivische Veränderungen § M 78
(Endungs- und / oder Stammflexivik) die grammatischen Kategorien Person (1., 2., 3. Pers.), Numerus (Singular und Plural), Tempus (Präsens und
Präteritum) sowie Modus (Indikativ und Konjunktiv, im Präsens auch Imperativ) zum Ausdruck zu bringen; Vorgangs- wie auch Zustandspassiv
werden periphrastisch gebildet: *er wird geslagen, er ist geslagen.* Die frnhd.
Schriftlichkeit zeigt einen zunehmenden Abbau synthetischer Verbformen
und eine Verlagerung der morphologischen Informationen in die entsprechenden analytischen Bildungen: z. B. *er käme > er würde kommen, er
kam > er ist gekommen* (vgl. Schieb 1976, 125f.; Solms 1984, 311).

Das Prät. dient auch zum Ausdruck vollendeter Vergangenheit (Plus-
quamperfekts), das Präs. auch zum Ausdruck zukünftigen Geschehens
(Futurs). Die Futur-Umschreibung durch ‚*werden* + Infinitiv‘ wird im
Frnhd. in Konkurrenz zu den Konstruktionen ‚Modalverben + Infinitiv‘
herausgebildet (vgl. Bogner 1989). In seltenen Fällen ist innerhalb des
Präs. / Prät. eine auch aspektuelle Differenzierung möglich (durch *ge-*). Zu
Tempus und Aspekt vgl. § S 157 – 175.

Der üblichen Klassifizierung folgend werden die sog. schwachen Verben § M 79
von den sog. starken Verben unterschieden.

Synchrones Kriterium der Klassifizierung ist die Flexion des Prät. durch
einen Dentalzusatz (Wolf 1971, 155): diejenigen Verben, die einen solchen
Dentalzusatz aufweisen, definieren sich als die schw. oder auch regelmäßigen Verben, z. B. *sag-e* > *sag-(e)t-e*. Eine Sondergruppe bilden die sog.
‚rückumlautenden Verben‘: zusätzlich zum Dentalsuffix tritt eine Alternation des Stammvokals ein (z. B. *e* > *a*). Die frnhd. Flexion eines schw.
Verbs ist somit hinreichend bestimmt, wenn neben dem Inf. eine finite
Prät.-Form genannt ist, z. B. *sagen* / *sag-(e)t-e* oder *nennen* / *nann-te*.

Die st. Verben flektieren ihr Präteritum ohne einen Dentalzusatz: „en-
dungsvorsatzlose Klasse" (Graser 1977, 68). Ihr markantes Kennzeichen,
das J. Grimm für seine Unterscheidung von ‚stark‘ und ‚schwach‘ als wesentlich erachtet, sind die verschiedenen Möglichkeiten der aus dem Idg.
stammenden Ablautungen des Stammvokals zwischen Inf. / Prät. /
Part. Prät: die entsprechenden Formen werden als primäre Tempusstämme / Stammformen angesprochen. Neben der regelmäßigen und durch Ablaut entstandenen Alternation des Stammvokals kann bei den st. Verben
auch eine morphologisch gebundene Alternation des stammschließenden
Konsonanten vorliegen (‚grammatischer Wechsel‘). Darüber hinaus
kommt es zu positionsgebundenen Alternationen des Präsensstammvokals,
deren Ursprung in vordt. Lautveränderungen liegt (z. B. Umlaut *fahren* –
fährt). Aufgrund der morphologisch genutzten Stammveränderungen müssen bei den st. Verben insgesamt fünf Stammformen (primäre und sekundäre) angegeben werden, um die konkrete Flexion eines frnhd. st.
Verbs voraussagen zu können: Inf. / 1. Sg. Ind. Präs. / 1. Sg. Ind. Prät. /
1. Pl. Ind. Prät. / Part. Prät.

Aufgrund ihrer besonderen und z. T. suppletiven Flexion wird die zahlenmäßig kleine Gruppe der ‚besonderen Verben‘ von den schw. und st.
Verben unterschieden: hierzu zählen die sog. ‚Präteritopräsentien‘, mhd.
wellen, das verbum substantivum, die Wurzelverben *gân/gên*, *stân/stên* sowie die kontrahierten Verben *haben/hân* und *lâzen/lân*; die darüber hinaus
bei Vorliegen bestimmter phonologischer Bedingungen möglichen Kontraktionen (vgl. V. Moser 1909, § 204), „die ohne Bindung an morphologische Kategorien wie Tempus oder Numerus" auftreten (Gr. r. Frnhd. IV
§ 165), bleiben hier unberücksichtigt (vgl. dazu II.3.6.7.).

§ M 80 Unterschiedliche Vereinheitlichungs- und Ausgleichungsprozesse erzeugen
im Frnhd. eine strukturelle Umgestaltung des verbalen Flexionssystems:
- durch eine weitgehende Tilgung des -e- innerhalb des Präteritalflexivs
  (*sag-et-e* > *sag-te*) verschmelzen die für das Mhd. noch angenommenen
  zwei schw. Verbklassen (mit oder ohne -e-);
- durch eine Vereinfachung des Systems der Flexionssuffixe werden teils
  regionale, teils auch paradigmatisch isolierte Flexive aufgegeben (z. B.
  -en der 1. Sg. Präs., -e der 2. Sg. Prät. der st. Verben oder -ent der 3. Pl.
  Präs. der st. Verben);

– durch den Ausgleich des qualitativen oder quantitativen Numerusablauts im Prät. der st. Verben (intraparadigmatischer ‚Ablautausgleich') wird die Kategorie ‚Tempus' ausdrucksseitig ‚profiliert';
– durch die Verallgemeinerung einer Wechselflexion im Präs. Sg. einiger
st. Verbklassen sowie die Tilgung einer Alternation bei den st. Verben
der mhd. Klasse II (*ziuhe – ziehen*) werden einerseits die für das Mhd.
noch ausgewiesenen drei Alternationstypen des Präs. (ohne Alternation
im Präsensstamm; Alternation Sg. vs. Pl.; Alternation 1. vs. 2./3. Sg.
Ind. Präs.) auf nurmehr zwei reduziert (Alternation 1. vs. 2./3. Sg. Ind.
Präs.; ohne Alternation), andererseits wird die stammvokal-invariante
Flexion verallgemeinert;
– durch den internen Klassenwechsel einiger st. Verben werden dominante
Ablautmuster herausgebildet (interparadigmatischer Ausgleich); dies bedingt im Ergebnis die Auflösung der für das Mhd. als gültig ausgewiesenen Ablautklassen;
– zahlreiche st. Verben übernehmen die schw. Flexion;
– bei den schw. Verben wird die besondere Möglichkeit des Rückumlauts
in ganz erheblichem Maße reduziert;
– die Möglichkeiten des ‚grammatischen' Wechsels werden bis auf wenige
lexembezogene Ausnahmen aufgehoben;
– die noch für das Mhd. ausgewiesene Formenvielfalt der ‚besonderen
Verben' wird im Frnhd. reduziert, z. T. wird die schw. Flexion durchgesetzt.
Die verschiedenen Vereinfachungen der schw. Flexion, der Wechsel st. Verben zur schw. Flexion, die Reduzierung der Möglichkeit zur rückumlautenden Flexion, die Übernahme der regelmäßigen schw. Flexion auch bei
einigen besonderen Verben sowie die Tatsache, daß frnhd. neugebildete
Verben selbstverständlich schw. flektiert werden, unterstreicht die Entwicklung der ahd. / mhd. schw. Flexionsweise zur nhd. regelmäßigen ‚Normalflexion'. Bezogen auf die st. Verben beschreibt dies den gerade im Frnhd.
vollzogenen Prozeß, durch den es eine „Klasse der starken Verben spätestens seit der Aufklärung gar nicht mehr gibt" (Augst 1975, 263): sie haben
als Ausnahmen zu gelten.
Bezüglich der Veränderungen bei den ‚besonderen' Verben, beim weitgehend lexemgebundenen Auftreten des ‚grammatischen' Wechsels sowie
der stärkeren Systematisierung des ‚Ablauts' zeigt sich eine Aufhebung von
Suppletion zugunsten geregelter Alternationen; hier liegt ein Prozeß hin zu
einer einheitlichen Stammstruktur in allen Flexionsformen vor.

6.2. Klassifikation der st. Verben

Lit.: Bock / Langner 1984; Gr. d. Frnhd. IV § 96f.; Hempen 1988; Paul, Mhd. Gr. § 244–253; V. Moser 1909 § 169–174; Solms 1984, 55–72

§ M 81 Die Diskussion der einzelnen und im Frnhd. nachzuvollziehenden Veränderungen (vgl. § M 80) erfolgt im begrifflichen Rahmen der eingeübten (mhd.) st. Verbklassen: Klassen I bis VI sowie als Klasse VII die ehemals reduplizierenden Verben (vgl. Paul, Mhd. Gr. § 245–254).

Da die frnhd. Veränderungen jedoch kaum im Rahmen dieser (abstrakten) Klassen vollzogen werden, erfolgt überall dort, wo klassenübergreifende Prozesse greifen (z. B. die Veränderungen innerhalb der Präs.-Inflexion), eine zusammenfassende Darstellung. Das Schema der historischen Verbklassen erweist sich zudem als ungeeignet, eine Beschreibung des Ausgangspunktes, der Veränderungen und des Endzustandes des Systems der st. Verben im Frnhd. zu leisten. Eine ausschließlich auf der mhd. Grundlage vollzogene Beschreibung würde allein den Verfall dieses Systems im Frnhd. nachvollziehen. Je näher die Sprachverwendung dem Nhd. steht, desto weniger sind die mhd. Ablautklassen in der Lage, das einer Gruppe von Lexemen Gemeinsame zu beschreiben. Entsprechend ist bezüglich der klassenübergreifenden Veränderungen eine Klassifikation zugrunde zu legen, die auf dem Hintergrund der sich auflösenden Ablautklassen neue Klassen definiert, in denen die sich abweichend entwickelnden Lexeme nicht als Ausnahmen von der Regel, sondern als konstituierende Elemente der neuen Strukturen aufgefaßt werden (vgl. Anm. 1).

Oberhalb der mhd. Ablautklassen sind als zusätzliche und sinnvoll gliedernde Kategorie frnhd. Klassen zu bestimmen, die sowohl den jeweiligen strukturellen Gegebenheiten gerecht werden als auch zugleich die Prozesse reflektieren, denen sie unterworfen sind (vgl. Anm. 2).

Anm. 1: Die Unzufriedenheit mit der mhd. Ablautsystematik ist in der Beschreibung frnhd. Sprachzustände latent. So tragen z. B. Franke 1914, 350f., Geyer 1912, 102, Kern 1898, passim, Koberstein 1852 § 14, V. Moser 1920, 25, 70, 165 dem jeweils vorgefundenen Sprachstand Rechnung, indem sie die mhd. Systematik (zumindest teilweise) aufheben, um in einer zu der hier vorgenommenen Klassifizierung sehr ähnlichen Weise zusätzliche oder andere Gliederungen st. Verben vorzunehmen. Nahezu identisch der hier vorgenommenen Klassifizierung ordnen auch Grammatiker des 18. Jhs. den Bestand der st. Verben, so Aichinger 328ff., Fulda 99ff., Adelung 799ff.

Anm. 2: Ausgangspunkt der frnhd. Klassifizierung ist somit eine teleologische, vom Nhd. ausgehende Betrachtungsweise. Dies entspricht der Forderung nach einer Herausarbeitung der ,Finalität' einzelner (Sub-)Systeme (vgl. Wolf 1975, 276).

§ M 82 Die Klassifizierung erfolgt ausschließlich auf der Grundlage primärer Tempusstämme; es handelt sich um die durch einen ,Ablaut' realisierten Stammformen. Die aufgrund spezifischer Stammvokal-Alternationen (z. B. Umlaut) davon abweichenden Formen gelten als sekundäre Tempusstämme.

Primäre Stammformen sind a) der im gesamten Präs. (einschließlich Konj. Präs., Imp. und Part. Präs.) vorliegende Inf.-Stamm, sofern keine Alternation vorliegt ('sekundäre' Stammform); er bildet den Ausgangspunkt für eine Klassifizierung; b) die Stammform der 1./3. Sg. Ind. Prät.; c) die Stammform des Pl. Ind. Prät., die auch im Konj. Prät. sowie in der 2. Sg. Ind. Prät. vorliegen kann; d) die Stammform des Part. Prät.

Sekundäre Stammformen liegen vor a) bei Alternationen des Präs.-Stammvokals (Umlaut, Wechsel *e* > *i* und *iu/eu* > *ie*); b) im Konj. Prät. sowie (bei Lexemen mit umlautfähigem Stammvokal im Pl. Ind. Prät.) auch in der 2. Sg. Ind. Prät.

Unterschiede oder Gemeinsamkeiten der Vokalgestalt des Präs. sind für eine Klassifikation st. Verben bedeutungslos (vgl. Brinkmann 1971, 228). Entsprechend wird eine Klassifizierung auf der Grundlage des Prät.- oder Part. Prät.-Stammvokals vorgenommen. Unberücksichtigt bleiben für eine frnhd. Klassifikation zudem die unterschiedlichen Vokalquantitäten (zur Begründung vgl. Frnhd. Gr. IV § 93.2.).

Das erste Klassifikationskriterium liegt in der Ablautstruktur (Ausgangspunkt: Prät. nach dem frnhd. vollzogenen Ablautausgleich): entweder Prät.=Part. Prät. (Klasse 1, z. B. *fliessen – floss – geflossen*) oder Präs.#/ Part. Prät.#/Prät. (Klasse 2, z. B. *finden – fand – gefunden*) oder Präs.= Part. Prät.#/Prät. (Klasse 3, z. B. *essen – ass – gegessen*). Das zweite Klassifikationskriterium bildet der Stammvokal des Part. Prät., das durch den im Frnhd. sich entwickelnden Rückgang des einfachen Prät. und seine Ersetzung durch analytische Bildungen (vgl. Lindgren 1957) zunehmend an Bedeutung gewinnt.

6.3. Endungsflexivik der st. und schw. Verben

Lit.: Gerth 1986; Graser 1977; Gr. d. Frnhd. IV § 16–83; Hoffmann/Solms 1987; Paul, Mhd. Gr. § 237–266; V. Moser 1909, § 176–187; Lindgren 1953.

6.3.1. Paradigmen

1. Paradigma der schw. Verben (Abb. 12) § M 83

Infinitiv	*sag-en* (-*e*)	> *sag-en*
Gerundium: Dat.	*sag-ene* ~ -*ende*	> Infinitiv
Gen.	-*enes*	> Infinitiv
Partizip Präs.	*sag-ende* ~ -*end*	> *sag-end*
Partizip Prät.	(Ø–) *ge-sag-et* ~ -*t*; *ge-brenn-et, ge-brannt-t*	

		Ind.	Konj.
Präs.	1. Sg.	sag-ø ~ -e ~ -en	> sag-e ~ -ø (-en)
	2. Sg.	sag-est ~ -es	> sag-st (-est)
	3. Sg.	sag-et ~ -t	sag-e ~ -ø > sag-e (-ø)
	1./3. Pl.	sag-en ~ -ent (-ø) > sag-en	sag-en
	2. Pl.	sag-et ~ -t ~ -ent(-en)	> sag-et ~ -t
	Imp. Sg.	sag-e ~ -ø	> sag-e (-ø)
	Imp. Pl.	sag-et ~ -t (-ent, -end)	> sag-et ~ -t
Prät.	1. Sg.	sag-et-e ~ -et-ø (-et-en)	> sag-t-e ~ (-et-ø)
	2. Sg.	sag-et-est ~ -et-es	> sag-t-est (-et-est)
	3. Sg.	sag-et-e ~ -et-ø (-et-en)	> sag-t-e ~ (-et-ø)
	Pl.	vgl. Präsens	

Abb. 12

2. Paradigma der st. Verben (Abb. 13)

Infinitiv		sing-en (-e)	> sing-en
Gerundium:	Dat.	sing-ene ~ -ende	> Infinitiv
	Gen.	-enes	> Infinitiv
Partizip Präs.		sing-ende ~ -end	> sing-end
Partizip Prät.		(Ø–) gesung-en	

		Ind.	Konj.
Präs.	1. Sg.	sing-ø ~ sing-e	> sing-e ~ -ø
	2. Sg.	sing-st (-est)	> sing-st (-est)
	3. Sg.	sing-et ~ -t	sing-e ~ -ø > sing-e (-ø)
	1./3. Pl.	sing-en ~ -ent(-ø) > sing-en	sing-en
	2. Pl.	sing-et ~ -t ~ -ent(-en)	> sing-et ~ -t
	Imp. Sg.	sing-ø (-e)	> sing-e ~ -ø
	Imp. Pl.	sing-et ~ -t (-ent, -end)	> sing-et ~ -t
Prät.	1./3. Sg.	sag-et-e ~ -et-ø (-et-en)	> säng-e ~ -ø > -e
	2. Sg.	süng-e (-t, -est, -es) > sang-st (-est)	süng-est > säng-es ~ -st
	Pl.	vgl. Präsens	

Abb. 13

['>' zeigt einen im Verlauf des Frnhd. vollzogenen Prozeß; '~' zeigt gebräuchliche und z.T. auch landschaftlich differenzierte Varianten, wobei die jeweils erstgenannte Variante die häufigere ist; '( )' zeigt eine seltene Variante.]

6.3.2. Infinitiv

Flexiv des Inf. (vgl. Anm.) ist -*(e)n*; neben phonotaktisch zu deutenden §M 84
Abweichungen kommt als regionale Variante -*e* vor.

Anm.: Der Inf. ist die paradigmatische „Grundform" (Solms 1984, 62) des Verbs. Er
steht nicht gleichberechtigt neben den übrigen Flexionsformen, sondern funktioniert
in semantischer Hinsicht als die ‚Nennform' und in morphologischer Hinsicht als die
‚Ausgangsform' innerhalb des paradigmatischen Zusammenhangs (vgl. Fleischer
1982, 33). Dies bedeutet für das vom Verbstamm segmentierbare -*(e)n*, daß es einerseits Verbalisierungsmorphem (vgl. Wellmann 1973, 20) und andererseits Flexions-
morphem innerhalb des flexivischen Paradigmas ist. Die Endung -*(e)n* steht somit
sowohl innerhalb (als Flexionsendung) wie auch außerhalb (als Wortbildungssuffix)
des Flexionsparadigmas.
Übereinstimmend zur Regelung des Nhd. wie auch normalisierten Mhd. kann -*e*-
bei zweisilbigem und auf Liquid auslautendem Stamm (*opfer-n*) sowie darüber hinaus ebenfalls bei einsilbigem Stamm fehlen: *far-n* (vgl. Gr. d. Frnhd. IV § 80.1.; zum
Ausfall des -*e*- in Abhängigkeit vom vorausliegenden Stammauslaut vgl. Gr.
d. Frnhd. IV § 51–56). Im Gegensatz jedoch zu z. B. Flexiv -*(e)t* erscheint das Flexiv
-*(e)n* des Inf. (sowie auch das der entsprechenden Positionen des Pl. Präs. / Prät.
und des Part. Prät. der st. Verben, vgl. § M 87, M 94) nur selten vokallos (vgl.
Gr. d. Frnhd. IV § 51); hierin erweist sich möglicherweise der besondere Status der
Inf.-Endung -*(e)n* (vgl. Anm. 1).
Tilgungen der ganzen Endung können vor allem bei zweisilbigen und auf Nasal
ausgehenden Stämmen vorkommen (‚Ekthlipsis', z. B. *bezeichen*). Diese Möglichkeit
ist im Übergang zum 16. Jh. weitgehend aufgegeben, doch können mda. zu nennen-
de Tilgungen auch im 17. Jh. noch belegt sein (vgl. Gr. d. Frnhd. IV § 80, Anm. 1).
Als vokalischer Bestandteil des Flexivs -*(e)n* ist -*e*- nahezu ausnahmslos (als graphische Entsprechung des unbetonten Nebensilbenvokals). Daneben können noch
sehr selten bis auch ins 17. Jh. hinein die Graphien der Vollvokale (-*a*-, -*i*-, -*o*-, -*u*-)
auftauchen; -*a*-, -*o*-, -*u*- kommen vornehmlich im Obd. vor (vgl. Gr. d. Frnhd. IV
§ 19–28).

Eine regionale Variante -*e* (besonders thür.) kann vereinzelt noch bis in das
frühe 16. Jh. gebraucht sein (vgl. Gr. d. Frnhd. IV § 80.2.). Die Verwendung des -*e* in weiteren md. Texten des 14. und 15. Jhs. ist selten; Belege
des Obd. sind singulär.

Selten belegt werden flexivische Erweiterungen wie -*ene* (in hess. und thür. Texten
des 14. Jhs.), -*end* (in wobd. und wmd. Texten des 14. und in Ausnahmen wohl auch
noch des 15. Jhs., vgl. Gr. d. Frnhd. IV § 80.2. sowie Anm. 3).

6.3.3. Gerundium

Ein gekennzeichnetes Ger. ist schriftsprachlich kaum über 1500 hinaus an- §M 85
zutreffen. Gegenüber der Verwendung des reinen Inf. (mit *ze*) kommt das
Gerundium als die ‚flektierte Form des Infinitivs' schon im Mhd. eher
selten vor (vgl. Paul, Mhd. Gr. § 237, 333, 335a). Darüber hinaus zeichnet

sich vom 14. Jh. bis zum 15. Jh. ein deutlicher Rückgang ab (vgl.
Gr. d. Frnhd. IV § 81). Es handelt sich in erster Linie um flektierte Dat.-
Formen (mit der Präposition *zu*), als Flexive erscheinen *-en(n)e* und *-ende*;
Formen des flektierten Gen. *(-en(n)(d)es)* sind äußerst selten (vgl.
§ S 177).

Die Endung *-ende* ist in Anlehnung an die Part. Präs.-Endung entstanden, *-n-* statt
-nn- gilt als geschwächte Endung (vgl. Paul, Mhd. Gr. § 240, Anm. 9). Für das
Frnhd. kann z. T. eine regionale Gültigkeit der verschiedenen Ausdrucksmittel nachvollzogen werden: innerhalb des Untersuchungsbereiches des HSS wird (für die Zeit
zwischen 1270–1430) *-enne* nur im Süden, *-ende* am Oberrhein und *-end/-ent* im
Schwäb. gefunden (vgl. Gr. d. Frnhd. IV § 81).

6.3.4. Partizipien

§ M 86 Die Flexion des Part. Präs. weist seit Beginn des Frnhd. einen sprachlandschaftlichen Unterschied aus: im Md. bleibt die für das Mhd. als gültig
ausgewiesene Endung *-ende* (vgl. Paul, Mhd. Gr. § 239) noch im gesamten
15. Jh. dominierend; aufgrund wohl der Apokope (vgl. § L 40) ist im Oobd.
schon im 14. Jh. nahezu ausschließlich *-end* gebraucht (vgl. Gr. d. Frnhd.
IV § 82.2. und Abb. 20). Zwar kann *-ende* auch im 16. Jh. teilweise noch
häufig erscheinen (zum Ohchalem. vgl. Gr. d. Frnhd. IV § 82, Anm. 1),
doch hat *-ende* im 16. Jh. und vor allem im 17. Jh. Ausnahmecharakter.

Bis in das 17. Jh. hinein können bereits aus mhd. Zeit bekannte vollvokalische Realisierungen des Flexivs (vgl. Paul, Mhd. Gr. § 240, Anm. 10) in bair. und alem. Texten auftreten: *-unde, -inde, -and* (vgl. Frnhd. Gr. IV § 82, Anm. 2).

Anm.: In omd. Texten des 14. bis frühen 16. Jhs. können Fälle sowohl der Ausstoßung von *-d-(-en(e))* als auch einer gleichzeitigen Erweiterung mit *-ing (-(en)ing)*
erscheinen (vgl. Gr. d. Frnhd. IV § 82, Anm. 3); Fälle einer *-ing*-Erweiterung sollten
innerhalb einer Wortbildung Berücksichtigung finden.

§ M 87 1. Die Flexion des Part. Prät. erfolgt durch ein diskontinuierliches Flexiv
aus

ge- + *-(e)t* (bei schw. Verben, z. T. mit zusätzlichem Stammvokalwechsel bei den ‚rückumlautenden‘ Verben)

ge + *-(e)n* (bei st. Verben, z. T. mit zusätzlichem Stammvokalwechsel).
Die Endungen sind frnhd. weitgehend stabil (vgl. 2.); die grundsätzliche
Verwendung des Präfixes zeigt lexemgebundene Schwankungen (vgl. 3.).
Bei Vorliegen bestimmter phonotaktischer Bedingungen kann statt *ge-*
auch nur *g-* erscheinen (vgl. 4.).

2. Ausfall von *-e-* in der schw. Verb-Endung *-(e)t* kann sowohl morphologisch als auch in besonderem Maße phonemkombinatorisch bedingt
sein. Morphologisch bedingte Variabilität ergibt sich bei Vorliegen des zu-

sätzlichen Stammvokalwechsels („rückumlautende' Verben), hier erscheint
regelmäßig -*t*. Bei Ausgleich des Stammvokalwechsels fehlt -*e*- nur gelegentlich (z. B. *abgewendt* neben auch *angewendet* bei A. a. S. Clara, Wien
1680).

Außerhalb der Gruppe der ‚rückumlautenden' Verben ist der Ausfall des -*e*- entscheidend abhängig von der „Art des Stammauslauts" (Gr. d. Frnhd. IV § 34.2.); so
überwiegt nach -*el*/-*er* die vokallose Endung -*t*, nach vokalischem Stammausgang
erscheint -*et* ebenfalls nur gelegentlich (zu den einzelnen Stammausgängen vgl. im
einzelnen Gr. d. Frnhd. IV § 35.2., 36–41).
     Eine Tilgung der gesamten Endung -*(e)t* > -*Ø* ist nach dentalem Stammausgang
(‚Ekthlipsis') bis ins 17. Jh. hinein häufig (vgl. Gr. d. Frnhd. IV § 83.1.).
     Im Unterschied zur Endung -*(e)t* erscheint -*(e)n* nur selten vokallos (vgl.
Gr. d. Frnhd. IV § 51); der entscheidende Einfluß für einen möglichen Ausfall des -*e*-
geht auch hier von der Art des Stammausgangs aus (vgl. dazu im einzelnen
Gr. d. Frnhd. IV § 51–56). Anders als bei der Endung -*(e)t* sind Tilgungen von -*(e)n*
> -*Ø* selten und reichen über das 15. Jh. kaum hinaus (vgl. Gr. d. Frnd. IV § 83.1.).

Anm. 1: Bei sowohl st. wie auch schw. Verben kann bis in das 15. Jh. hinein selten
-*(e)nt* gebraucht sein, eine Erweiterung -*te* ist bei schw. Verben singulär ebenfalls
möglich (vgl. Gr. d. Frnhd. IV § 83.1.).

3.   Part. Prät. wird überwiegend mit *ge*- gebildet; es fehlt *ge*- regelmäßig
bei den mit einem untrennbaren Präfix präfigierten Verben: z. B. *ver-foch-
ten* zum Inf. *ver-fechten* (aber *ge-fochten* zum Infinitiv *fechten* bei
A. a. S. Clara, Wien 1680). Daneben ist *ge*- bei einer Reihe von insbesondere lexemspezifisch bestimmten Fällen oft noch bis in das 18. Jh. hinein nicht fest.

Das Morph *ge*- steht noch im Spannungsverhältnis einer im Verlauf des Frnhd.
zunehmenden und usuell werdenden Grammatikalisierung innerhalb des Flexionsparadigmas sowie der Verwendung als Formativ innerhalb des Systems der verbalen
Präfigierung (vgl. Anm. 2). Der konsequente Gebrauch des *ge*- als Teil des
Part. Prät.-Flexivs wird in vielen Fällen erst im Verlauf des 18. Jhs. fest und muß im
Zusammenhang der normativen Bemühungen der zeitgenössischen Grammatiker
gesehen werden (vgl. Hoffmann / Solms 1987, 47ff.; Hoffmann 1988, 177ff.).

Anm. 2: Über das Ahd. hinaus ist *ge*- auch mhd. und frnhd. als Wortbildungspräfix
genutzt (vgl. Marache 1960; Reifferscheid 1874; Schwarz 1986; Solms 1991); daneben ist in *ge* ebenfalls eine aspektuelle Differenzierung angelegt (vgl. Solms 1991).
Eingebunden in das System der verbalen Präfixe kann *ge*- (in Konvergenz zu anderen Präfixen) eine Reihe semantischer und damit verbunden z. T. auch syntaktischer Funktionen erfüllen: für z. B. das Ahd. nennt Schwarz (1986, 265–269) sechs
eindeutig definierbare Funktionen (z. B. die der ‚Perfektivierung'). Im Nhd. wird *ge*-
ausschließlich innerhalb des Flexionsparadigmas genutzt, bei einem Teil st. Verben
leistet es die ausdrucksseitige Opposition zum Inf. (z. B. *fangen : gefangen*). Als
Wortbildungsmorphem ist *ge*- im Nhd. weder produktiv noch aktiv, die mit *ge*-
präfigierten Verben sind durchweg lexikalisiert (z. B. *gehören*, *gebrauchen*; vgl. Fleischer 1982, 325).

Die bis in das 18. Jh. vorliegenden Schwankungen im Gebrauch von *ge*-
(vgl. Gr. d. Frnhd. IV § 83.2.; Hoffmann / Solms 1987, 47f.; Hoffmann
1988; Maier 1901; Paul, Dt. Gr. III § 201f.) ergeben sich

– als partiell phonotaktisch oder auch morphologisch bedingte (s. u.),
– im Zusammenhang der ‚perfektiven' Verben auch als Indiz für das noch
  bestehende Nebeneinander einer Verwendung als Wortbildungspräfix
  oder einer Verwendung als paradigmatisch eingebundenen Flexivbe-
  standteils (vgl. Anm. 3),
– als lexemspezifische Besonderheit bei solchen ursprünglich präfigierten
  Lexemen, bei denen das Bewußtsein einer Präfigierung aufgrund von
  Synkope verdunkelt ist, die Verwendung von *ge*- im Part. Prät. trotzdem
  aber noch nicht durchgängig ist (z. B. Inf. *be-leiben* bei Herberstein,
  Wien 1550 > Inf. *bleiben* bei A. a. S. Clara, Wien 1680) (vgl. Anm. 4).
In all diesen Fällen scheint der Prozeß zu einer konsequenten Verwendung
von *ge*- im Part. Prät. in erster Linie seit dem späten 16. Jh. eingesetzt zu
haben. Ganz unabhängig von diesen definierten Verbgruppen kann *ge*- bei
einer Reihe weiterer Lexeme im Frnhd. nicht selten fehlen, so vor allem bei
brauchen, brennen, heissen, offenbaren, schneiden, trinken, ziehen (vgl.
Gr. d. Frnhd. IV § 83.7.).

Phonotaktisch zu wertender *ge*- Ausfall liegt bei den mit *g-/k*- anlautenden Verben
vor. Zu nennen sind vor allem *geben* (vgl. Gr. d. Frnhd. IV § 83.5.), *gehen* (vgl.
Giessmann 1981, § 37 sowie Tabelle 41; Hoffmann 1988, 172ff.) neben z. B. auch
giessen, graben, kaufen. Bei *geben* bleibt das Part. Prät. bis in das 16. Jh. häufiger
und noch im 17. Jh. nicht selten ohne *ge*- gebildet; die konsequente Nutzung von *ge*-
ist erst für das 18. Jh. nachzuvollziehen. Bei *gehen* nehmen die präfixlosen Formen
seit dem 15. Jh. zu und überwiegen deutlich noch im 17. Jh.; die Durchsetzung von
ge-gangen fällt in das 18. Jh.
    Morphologisch zu interpretierende Unsicherheit ergibt sich bei den ‚trennbaren'
Präfixverben (z. B. *an-, auf-, über*-). Hier kann parallel zu den ‚untrennbaren' Präfixverben (z. B. *be-, er*-) das Part. Prät. ebenfalls ohne *ge*- erscheinen (*vberblieben* bei
Bange, Mülhausen 1599, neben z. B. *nachgeblieben* bei Weise, Leipzig 1684). Zumeist
präfixlos bleiben auch die auf *-ieren* abgeleiteten Verben (vgl. Gr. d. Frnhd. IV
§ 83.2.): z. B. *derivirt* (bei A. a. S. Clara, Wien 1680) neben auch *gedistilliert* (bei
Brunswig, Straßburg 1499).

Anm. 3: Ein Hinweis auf ein noch produktives oder doch zumindest aktives Wortbildungspräfix *ge*- (und damit auf eine noch vorwiegend semantische Funktion von
ge-) erscheint in der unpräfigierten Flexion der sogenannten ‚perfektiven Verben'
(für das Frnhd. werden genannt: *werden, kommen, finden, treffen, bringen,* vgl.
Gr. d. Frnhd. IV § 83.4.): da die Verbsemantik bereits eine perfektive Komponente
enthält, wird das den ‚Abschluß eines Vorgangs' signalisierende Präfix *ge*- bei der
Bildung des Part. Prät. nicht zusätzlich verwendet und kann noch im Mhd. entsprechend fehlen (vgl. Paul, Mhd. Gr. § 243). Generell gilt für die als perfektiv ein-
zustufenden Verben, daß sie im Obd. häufiger und länger ohne *ge*- flektiert werden
(vgl. Gr. d. Frnhd. IV § 83, Anm. 2). Bei *werden* und *kommen* ist bis zum Ende des
16. Jhs. nahezu ausschließlich Flexion ohne *ge*- üblich. Noch im 17. Jh. kann das
Part. Prät. von *werden* (als Voll- wie auch als Hilfsverb) sowie auch von *kommen*
ohne *ge*- erscheinen, in beiden Fällen wird die dominierende Gültigkeit der präfigierten Part. Prät. erst im Verlauf des 18. Jhs. durchgesetzt (vgl. Gr. d. Frnhd. IV
§ 83.4.; Hoffmann 1988, 171). Bei den restlichen ‚perfektiven' Verben ist Konkurrenz
zwischen der präfixlosen und der präfixhaltigen Form wohl breits früher usuell, die
jeweilige *ge*-Präfigierung ist dabei „wesentlich früher obligat" (Hoffmann 1988, 171);

finden scheint vor allem erst seit der 2. Hälfte des 15. Jhs. mit *ge-* flektiert zu werden, die Form *ge-funden* überwiegt seit der 2. Hälfte des 16. Jhs. (vgl. Gr. d. Frnhd. IV § 83.4.), bei *bringen* scheint *ge-bracht* ebenfalls mit der 2. Hälfte des 16. Jhs. durchgesetzt (vgl. Gr. d. Frnhd. IV § 83.4.). Die jeweilige Durchsetzung der Part. Prät.-Bildung mit *ge-* führt jedoch nicht zu einer gänzlichen Verdrängung der präfixlosen Part. Prät., sie bleiben bis in das 18. Jh. hinein belegt (vgl. Paul, Dt. Gr. III § 201 und Anm. 3).

Anm. 4: Bei einigen der ursprünglichen Präfixverben, die aufgrund von Synkope des *-e* teilweise schon im Mhd. ausdrucksseitig nicht mehr als Präfixverben ausgewiesen sind, liegt im Frnhd. vorwiegende Präfixlosigkeit im Part. Prät. vor. Erst seit der 2. Hälfte des 16. Jhs. wird zunehmend präfigiert (vgl. Hoffmann 1988, 176); bei zumindest *bleiben* herrscht die präfixlose Form noch im 17. Jh. vor (vgl. Gr. d. Frnhd. IV § 83.6.).

4.   Synkope des *-e-* erscheint in *ge-* fakultativ möglich, sie kommt insbesondere wohl in wobd. Texten vor (vgl. Gr. d. Frnhd. IV § 83.3.; vgl. auch § L 39). Synkope erscheint bevorzugt vor anlautendem Nasal *-n* (z. B. *gnossen*), vor Liquid (z. B. *grissen*), vor Vokal (z. B. *gordnet*).

Anm. 6: *essen* hat bis in die 1. Hälfte des 17. Jhs. regelmäßig *gessen* (vgl. Gr. d. Frnhd. IV § 83.3. und Anm. 1).

6.3.5. 1. Sg. Ind. / Konj. Präs. und 3. Sg. Konj. Präs.

Die Flexion erfolgt sowohl durch *-e* als auch durch *-Ø*. Vor allem im Obd. kann *-Ø* noch im 16. Jh. dominieren, das jedoch zum Ausgang des Frnhd. nurmehr selten erscheint.   § M 88

In der 1. Sg. Ind. Präs. kann besonders im Wmd. und Alem. vor allem bei den schw. Verben (vgl. Anm. 1) auch eine Flexion durch *-en* erfolgen; sie ist darüber hinaus in wenigen md. Ausnahmen auch in der 1./3. Sg. Ind. Prät. belegt (vgl. Gr. d. Frnhd. IV § 71, Anm. 3).

Das für die 1. Sg. Ind. Präs. im Alem. / Md. für die mhd. Zeit noch als möglich ausgewiesene Flexiv *-en* (vgl. Weinhold, Mhd. Gr. § 367, 395) kann über das Frnhd. hinaus noch bis in das 18. Jh. hinein vorkommen (vgl. Gr. d. Frnhd. IV § 66). Dabei ist für einige Sprachlandschaften in der Frühzeit des Frnhd. mit einer teilweise vorwiegend durch *-en* erfolgenden Flexion zu rechnen, allein im Oobd. scheint *-en* gänzlich unbekannt. Es ist *-en* im Wmd. noch in der 1. Hälfte des Frnhd. überwiegend gebraucht; es schwindet weitgehend erst im 16. Jh., kann jedoch in der handschriftlichen Überlieferung (z. B. in Privatbriefen) noch im 17. Jh. auftreten (vgl. Gr. d. Frnhd. IV § 69.1., 2. und Anm. 1, 3–5). Demgegenüber ist *-en* im Omd. im 14./15. Jh. nur „marginal" möglich (vgl. Gr. d. Frnhd. IV § 70.1.). Als jeweilige Ausnahme erscheint *-en* ebenfalls in ofrk. und els. Texten des 14./15. Jhs. (vgl. Gr. d. Frnhd. IV § 67.3. und 5 sowie Anm. 3), im Schwäb. scheint *-en* wohl erst im 16. Jh. geschwunden (vgl. Gr. d. Frnhd. IV § 67.2. und Anm. 2). Eine besondere auch mda. Verankerung zeigt das Flexiv innerhalb des Ohchalem., wo es vor allem erst ab dem 15. Jh. erscheint und eine „erhebliche Verbreitung" findet (Gr. d. Frnhd. IV § 67.4.); es bleibt hier bis in das 18. Jh. hinein belegt.

Die Entwicklung der Verteilung von *-e/-Ø* spiegelt die sich z. T. überlagernden und ablösenden Prozesse einerseits der vom Obd. ausgehenden Apokope (dort bereits zu Beginn des Frnhd. weit verbreitet, bis in das 16. Jh. hinein das gesamte Hd. ergreifend) sowie andererseits der seit dem 16. Jh. vom Omd. ausgehenden Restituierung des *-e*.

Im 14. Jh. liegt eine klare obd. (mit *-Ø*) / md. (mit *-e*) Trennung vor; doch zeigen alem. Texte einen dem Md. ähnlichen Gebrauch. Im Verlauf des 15. Jhs. ist ein deutlicher Zug zum sprachlandschaftlichen Ausgleich festzustellen, so daß die Apokope nun auch im gesamten Md. erscheint. Mit Ausnahme vor allem els. Texte setzt im Verlauf des 16. Jhs. eine vom Omd. ausgehende Restituierung des *-e* ein, die im 17. Jh. so weit fortgeschritten ist, daß *-Ø* nurmehr selten gebraucht erscheint.

Der konkrete Gang der Entwicklung erweist für zumindest die 1. Hälfte des Frnhd. eine im Vergleich zu anderen paradigmatischen Positionen eher „nur geringe funktionale Bedeutung des *-e*" (Gr. d. Frnhd. III § 30.1.), der durchschnittliche Anteil von *-Ø* wird so zu einem Indiz für die funktionale Entbehrlichkeit des *-e* (vgl. Anm. 2). Dabei bleibt die modale Opposition in der 3. Sg. Präs. durchgehend gewährleistet: *-(e)t* (Ind.) vs. *-(e)* (Konj.) (vgl. Gr. d. Frnhd. IV § 65.2.).

Anm. 1: Der Gebrauch von *-en* scheint als zusätzliches Merkmal einer Klassendifferenzierung geeignet. Obwohl eine generelle Tendenz für das Frnhd. nicht nachweisbar ist, belegt der Gebrauch z. B. in schwäb. Texten bis in das 15. Jh. (vgl. Gr. d. Frnhd. IV § 66, 67.2.), daß *-en* allein oder vorwiegend bei schw. Verben erscheint, wohingegen bei den st. Verben *-(e)* konstant ist.

Anm. 2: Für sowohl die 1. Sg. Ind. / Konj. Präs. als auch die 3. Sg. Konj. Präs. kann eine funktionale Hinderung der Apokope weitgehend ausgeschlossen werden. Bei der 1. Sg. Ind. / Konj. Präs. ist das auslautende *-e* paradigmatisch ohne distinktive Funktion: die 1. Sg. ist bezüglich Tempus wie auch Modus, Numerus und auch Person unmarkiert. „Eine Erklärung [für den Ausfall des *-e* in der 3. Sg. Konj. Präs.] liegt in der deutlichen Markierung des Indikativs durch den konsonantischen Flexivbestandteil", so daß hier der Konj. als die unmarkierte Kategorienausprägung gelten darf (Gr. d. Frnhd. IV § 30.1.). Der Vergleich der 1. Sg. Ind. / Konj. Präs. mit der 3. Sg. Konj. Präs. zeigt jedoch, daß durchaus auch Unterschiede hinsichtlich der Verteilung von *-e/-Ø* vorliegen. Diese Unterschiede zeigen sich sowohl hinsichtlich der Auswirkungen der Apokope als auch besonders hinsichtlich der Konsequenz der seit dem 16. Jh. einsetzenden Restituierung von *-e*. So spiegelt der Ausfall von *-e* in der 3. Sg. Konj. Präs. die bekannte zeit-räumliche Entwicklung der Apokope: Die Restituierung des *-e* setzt im 16. Jh. ein und wird zur 2. Hälfte des 17. Jhs. bis auf wenige Ausnahmen durchgesetzt. Die Konsequenz der im 17. Jh. vollzogenen Restituierung des *-e* kann nun als Indiz für die funktionelle Stützung in dieser paradigmatischen Position gelten, die ihr offensichtlich erst seit dem 16. Jh zugewachsen ist. Eine solche funktionelle Stützung ist für die 1. Sg. Ind. / Konj. Präs. jeweils weniger deutlich anzunehmen. Hier findet sich vielmehr ein seit dem 14. Jh. zu beobachtender kontinuierlicher Rückgang in der Flexion durch *-Ø*, wobei jedoch noch in der 2. Hälfte des 17. Jhs. in ca. 13,3% aller Fälle auch *-Ø* möglich scheint (gegenüber nur bei 1,3% der Formen der 3. Sg. Konj. Präs., vgl. Gr. d. Frnhd. IV Abb.11). Insgesamt jedoch erweisen sich die Unterschiede des Gebrauchs von *-e* oder *-Ø* innerhalb der hier diskutierten paradigmatischen Positionen als weniger markant als zu an-

deren paradigmatischen Positionen, in denen eine funktionale Stützung gegen die
Wirkung der Apokope anzunehmen ist; die funktionale Stützung kann paradig-
matischer Art sein, sie kann aber auch Hinweis der parallelen Existenz differenzierter Verbklassen sein (st. und schw. Verben).

Anm. 3: Während in der 3. Sg. Konj. Präs. eine unterschiedliche Flexion st. oder
schw. Verben nicht zu vermerken ist, können in der 1. Sg. Ind. / Konj. Präs. von
Text zu Text schwankend erhebliche Differenzen zwischen st. und schw. Verben
vorliegen; da diese Schwankungen jedoch keine einheitliche Tendenz (z. B. hinsichtlich der sprachlandschaftlichen Zugehörigkeit eines Textes) begründen, sind sie als
eher zufällig anzunehmen. Ein Zusammenhang zwischen der Flexion mit -e und dem
bei den st. Verben möglichen regelmäßigen Stammvokalwechsel ist nicht ersichtlich.

6.3.6. Imperativ Singular

1. Sowohl im Mhd. als auch im Nhd. ist der Imp. Sg. der st. Verben § M 89
abweichend von dem der schw. Verben flektiert: die Flexion der st. Verben
erfolgt (mit oder ohne Stammvokalwechsel) mit -∅ (rît-∅), die der schw.
Verben erfolgt mit -e (sag-e).
   Zwar tritt auch im Frnhd. -∅ „leicht bis deutlich häufiger" (Gr.
d. Frnhd. IV S.104) bei den st. Verben auf, doch ist die eindeutige Unterscheidung des Mhd. / Nhd. im Frnhd. nicht gegeben. Denn einerseits ist -∅
sehr häufig auch bei den schw. Verben (vgl. 2.) und andererseits ist -e sehr
häufig auch bei den st. Verben (vgl. 3.) belegt.

Anm. 1: Die besondere sprachlandschaftliche Bindung läßt als Ursache für den Ausfall des -e bei den schw. Verben Apokope vermuten; die Übernahme von -e auch bei
den st. Verben kann als Verallgemeinerung des Musters der schw. Verben interpretiert werden.

2. Der Imp. Sg. der schw. Verben ist im Md. weitgehend mit -e flektiert;
im Obd. kann oft auch -∅ stehen.

Es kann -e auch in einzelnen md. Texten (besonders wmd.) im 15. Jh. oft fehlen.
Dagegen gelten md. Texte, in denen -∅ auch bei den schw. Verben gebraucht ist, für
die 2. Hälfte des Frnhd. als Ausnahmen, für die zudem eine sprachlandschaftliche
Beziehung zum Oobd. naheliegt (rip. Texte).
   Im 14. Jh. erweist sich im Obd. ein von Osten nach Westen abnehmender Gebrauch des -∅. Während in mbair. / ofrk. Texten in allen Fällen -e ausfallen kann, ist
in schwäb. Texten ein Anteil von ca. 75%., in els. von ca. 11% und in ohchalem.
Texten von sogar 0% belegt. Der Umschwung hat zur 2. Hälfte des 16. Jhs. eingesetzt, insofern nun im Westen des Obd. ein Gültigkeitsgrad des -∅ von 100% erreicht ist, im östlichen Teil nun aber auch -e zugelassen ist. Über die Mitte des
17. Jhs. hinaus ist vor allem im Bair. ein quantitativ nennenswerter Gebrauch des -∅
festzustellen (mit ca. 50% ähnlich hoch wie im Rip.).

3. Bei den st. Verben wird der Imp. Sg. bei den Verben, die keinen zusätzlichen Stammvokalwechsel e > i oder ie > iu aufweisen, zunehmend mit -e
flektiert.

Noch im 14./15. Jh. ist -∅ vorwiegend gültig; zum Ausgang des Frnhd. ist eine -∅ und -e in etwa gleich häufig nutzende Flexion eingetreten. Dabei zeigen sich deutliche obd. / md. (und einzeltextliche) Unterschiede. Im Obd. bleibt -∅ bis in das 16. Jh. herrschend, im Md. kann bereits im 14./15. Jh. -∅ neben -e gebraucht sein; im 16. Jh. tritt -∅ zugunsten von -e weiter zurück. Gänzlich umgekehrt sind die Verhältnisse im 17. Jh.: nun ist -e als im Obd. vorwiegend ausgewiesen, wohingegen im Md. eher -∅ gebraucht ist.

Die nhd. Flexion *werde* (des st. Verbs *werden*) folgt der schw. Flexion; sie ist im 16. Jh. noch nicht durchgesetzt.

Verben mit einem Stammvokalwechsel im Präsens (*e* > *i*, *ie* > *iu*) weisen nur selten ein zusätzliches -e im Imp. Sg. auf, z. B. *nimme* (bei Eschenloher, Augsburg 1678).

Anm. 2: Der strukturelle Zusammenhang von Stammvokalalternation und Flexiv wird in den Fällen deutlich, bei denen die Alternation ausgeglichen ist; hier erscheint nun ebenfalls -e, z. B. *ziehe* aber *zeuch* (A. a. S. Clara, Wien 1680), *neme* aber *nimm* (Oxforder Benedinktinerregel, hess. Hs. 14. Jh.), *lese* aber *lies* (Cube, Mainz 1486).

6.3.7.   1./3. Sg. Ind. / Konj. Prät.

§ M 90   1.   Die Flexion der s c h w a c h e n Verben erfolgt durch -ete ~ -te ~ -et ~ -t. Die Varianz betrifft allein den vokalischen Bestandteil des Präteritalflexivs -et- (vgl. 2.) sowie Personalflexiv -e (vgl. 3.); der dentale Bestandteil des Präteritalflexivs ist in jedem Fall vorhanden.

2.   Das Auftreten von -e- im Präteritalflexiv der schw. Verben (zur Definition des Präteritalflexivs vgl. § M 79) steht zum Teil im Zusammenhang des morphologischen Ausgleichs der im Mhd. noch durch das Vorhandensein / Fehlen des „Bindevokals" -e- (vgl. Paul, Mhd. Gr. § 257) ausdrucksseitig geschiedenen Gruppen schw. Verben (vgl. Anm. 1). In erster Linie jedoch richtet sich im Frnhd. das „Auftreten des vokalischen Elements des Präteritalflexivs [. . . noch] vornehmlich nach der Art des voraufgehenden Stammauslauts" (Gr. d. Frnhd. IV § 42) und ist daher primär phonologisch nach der lautlichen Umgebung des Stammausgangs zu interpretieren (vgl. Anm. 2). Damit entspricht die -e-/-∅-Verteilung des Präteritalflexivs „in großen Zügen" (Gr. d. Frnhd. IV § 43.1.) der des Personalflexivs der 3. Sg. Ind. Präs. (vgl. § M 88). Wie auch dort tritt eine morphologische Regelung jedoch bei den Verben ein, die zusätzlich zum Endungsflexiv einen Stammvokalwechsel aufweisen: Ganz unabhängig von der Art des vorausliegenden Stammauslauts erscheint bei den ,rückumlautend' belegten schw. Verben -t, wohingegen bei einem Ausgleich des ,Rückumlauts' das aufgrund der phonologischen Bedingungen zu erwartende -et gebraucht ist (so z. B. Pl. Prät. *nenn-et-en* zu *nan-dt-en* bei Ralegh, Frankfurt 1599).

Schon im frühen Frnhd. ist eine Verwendung der asyllabischen Variante des Präteritalflexivs (-*t*) in Abhängigkeit der besonderen Stammauslaute zu erkennen; doch sind die Unterschiede noch nicht sehr deutlich ausgeprägt. Eine usuelle Regelung wird erst zum Ausgang des Frnhd. erreicht.

Besondere Stammauslaute, die einen Einfluß auf die Verwendung der asyllabischen Variante des Präteritalflexivs erkennen lassen, sind: Nasal (z. B. *warnen*), Vokal (z. B. *trauen*), *ch/h* (z. B. *wachen*), Dental z. B. *richten*), Liquid (z. B. *fordern*). Die Abhängigkeit zeigt sich schon im frühen Frnhd.: der Anteil der asyllabischen Variante bei diesen ‚besonderen' Stammauslauten liegt zwischen ca. 90,4% (nach *-ch)* und 70% (nach Nasal), nach den ‚normalen' Stammauslauten beträgt er nur 57,3% (vgl. Gr. d. Frnhd. IV § 42–49). Eine usuelle Regelung ist zum Ausgang des Frnhd. weitgehend erreicht, für den ‚normalen' Stammausgang sowie für *-ch* und Nasal liegt der Anteil von *-t-* zwischen ca. 81 und 92%, nach Dental gilt *-et-* in ca. 93%; noch schwankend ist der Gebrauch nach vokalischem und liquidem Stammausgang (vgl. Gr. d. Frnhd. IV Abb.16); die nhd. Regel der *-e*-Einfügung nach Dental ist somit in der 2. Hälfte des 17. Jhs. usuell.

Anm. 1: In der für das normalisierte Mhd. ausgewiesenen Differenzierung gehen die im Ahd. hinsichtlich ihrer unterschiedlichen Ableitungssuffixe unterschiedenen Klassen der schw. Verben auf (zum Ahd. vgl. Braune, Ahd. Gr. § 302. II, 304, 356–369): die Verben der ursprünglichen Klassen II (z. B. ahd. *salb-ô-ta* > mhd. *salb-e-te*) und III (z. B. ahd. *hab-ê-ta* > mhd. *hab-e-te*) sowie die kurzsilbigen der Klasse I (z. B. ahd *leg-i-ta* > mhd. *leg-e-te*) haben im Prät. (sowie auch das Part. Prät.) den „Bindevokal" *-e-*; beim Rest tritt der Bindevokal nicht ein (z. B. *hôr-te*) (vgl. Paul, Mhd. Gr. § 257).

Anm. 2: Die nhd. Regelung der Verteilung von *-e-/-Ø* innerhalb des Präteritalflexivs gilt als eine „morphologisch orientierte Verteilung, die die Verbalstämme deutlich kennzeichnet" (Hempen 1988, 254). Diese Regelung ist auch am Ende des Frnhd. noch nicht gänzlich erreicht. Die Bewertung des mhd. Zustandes ist aufgrund der unzureichenden, auf der Grundlage des ‚normalisierten' Mhd. erarbeiteten Grammatiken des Mhd. (vgl. Wegera 1991) z. Z. nur vorläufig möglich; die Erforschung des tatsächlichen Usus in mhd. Zeit steht noch aus. Insofern erscheint die Formulierung einer durch die Silbenquantität bedingten Regelung (vgl. Hempen 1988, 254) zu apodiktisch, vorsichtiger ist dagegen eine die Quantität der Silbe wie auch eine lexembezogene Bindung berücksichtigende Annahme (vgl. Hartweg / Wegera 1989, 124).

3. Hinsichtlich des Gebrauchs / Ausfalls von *-e* liegt in der Flexion der 1. Sg. zu der der 3. Sg. kein Unterschied vor (vgl. Gr. d. Frnhd. IV § 33.1.).

Von Einfluß auf die Verwendung der flexivischen Varianten *-e* oder *-Ø* zeigt sich die im Wort vorausgehende Verwendung des *-e-* innerhalb des Präteritalflexivs (vgl. 2.): *-Ø* tritt z. T. deutlich häufiger bei parallelem Gebrauch des *-e-* im Präteritalflexiv auf (z. B. *truck-et-Ø* gegenüber *vnder-truck-t-e* bei Heidegger, Zürich 1698) (vgl. Anm. 3).

Ähnlich der Entwicklung in anderen paradigmatischen Positionen wird die Flexion mit *-e* durch das Wirken der Apokope überlagert. Während *-e* noch im 14. Jh. mehrheitlich und in ähnlicher Häufigkeit wie in anderen paradigmatischen Positionen gebraucht ist (vgl. Anm. 4), zeigt sich im Verlauf des 15. Jhs. eine „sprunghafte Zunahme des Anteils von *-Ø*" in nahezu

allen Sprachlandschaften (durchschnittlicher Anteil von ca. 78%, vgl. Gr.
d. Frnhd. IV § 33.3. und Abb.12). In der Folge setzt vor allem im Md. eine
Reduzierung des Anteils von -Ø ein, so daß zur 2. Hälfte des 17. Jhs. -e mit
durchschnittlich 93% usuell ist (vgl. Gr. d. Frnhd. IV, Abb.12). Ein Ausfall
von -e bleibt vor allem obd. noch möglich. Für das 15./16. Jh. ist ausdrucksseitig für die 3. Sg. oft nicht zu entscheiden, ob es sich um eine Präs.- oder
Prät.-Form handelt (vgl. Anm. 5).

Parallel der vor allem im Verlauf des 15. Jhs. eintretenden Zunahme und
des im Verlauf des 16. Jhs. ähnlich hoch bleibenden Anteils von -Ø setzt bei
den st. Verben eine gegenläufige Zunahme von -e ein (z. B. sah-e): sowohl
im 15. Jh. wie auch vor allem im 16. Jh. liegt eine hinsichtlich der Endungsflexivik identische Flexion der st. und schw. Verben vor (vgl. § M 91).

Neben dem üblichen Personalflexiv -(e) kann in wenigen md. Ausnahmen auch -en auftreten (vgl. Gr. d. Frnhd. IV § 72, Anm. 3), das in der
Flexion der 1. Sg. Präs. nicht selten ist (vgl. § M 88).

Anm. 3: Mit Ausnahme von Texten des 16. Jhs. zeigt sich gleichermaßen in allen
frnhd. Sprachlandschaften geringfügig häufiger -e, wenn -e- bereits im Präteritalflexiv fehlt. Sehr viel deutlicher ausgeprägt ist dieses Verhältnis jedoch innerhalb des
Md. im 16. Jh. (vgl. Gr. d. Frnhd. IV, Abb.12).

Anm. 4: Während im 14. Jh. der jeweilige Anteil von -Ø noch in etwa dem bei der
3. Sg. Konj. Präs. entspricht, zeigen die Verhältnisse des 15. Jhs. eine deutliche Aus-
einanderentwicklung. Der Anteil von -Ø und damit die Wirksamkeit der Apokope
gilt als ein Indiz für die funktionale Entbehrlichkeit des jeweiligen -e (vgl. § M 88,
Anm. 2); gemessen an der Entwicklung der Flexion der 3. Sg. Konj. Präs. scheint -e
innerhalb der Positionen des Prät. funktional nur wenig geschützt. Denn während
für die 3. Sg. Konj. Präs. das Flexiv -e schon in der 2. Hälfte des 16. Jhs. als eindeutig usuell zu gelten hat (mit einem durchschnittlichen Anteil von 83%), werden
die 1./3. Sg. Ind. / Konj. Prät. noch vorwiegend durch -Ø realisiert (mit einem Anteil
von ca. 59%, vgl. Gr. d. Frnhd. IV, Abb.12).

Anm. 5: Der aufgrund der Apokope des -e vor allem im Obd. eintretende Synkretismus, der die Tempusinformation flexivisch nicht mehr eineindeutig gewährleistet,
wird z. T. als Ursache für den im Obd. eingetretenen ‚Präteritum-Schwund‘ gesehen
(vgl. Koenraads 1953,72). Die rezeptive Diskrimination geschieht oft allein durch
parallele st. oder ‚besondere‘ Verben.

§ M 91   1.   Im Nhd. und auch Mhd. gilt bei den starken Verben eine durch
-Ø/-e geleistete Modusdifferenzierung: 1./3. Sg. Ind. Prät. mit -Ø, z. B.
sang-Ø und 1./3. Sg. Konj. Prät. mit -e, z. B. säng-e; doch kann -e bereits
auch im Mhd. „zuweilen" im Ind. auftreten (z. B. fand-e, vgl. Paul,
Mhd. Gr. § 240, Anm. 6). Der Zustand eines modusgesteuerten Gebrauchs
von -e oder -Ø bleibt für die Frühzeit des Frnhd. beibehalten. In einer
sprachlandschaftlich unterschiedlichen Entwicklung kann in der Folge sowohl -e innerhalb des Konj. schwinden, während zugleich innerhalb des
Ind. -Ø zunehmend durch -e verdrängt wird (vgl. 2.). Zum Ende des Frnhd.
ist -e wieder obligatorisch für den Konj., im Ind. sind -Ø und -e etwa gleich
häufig.

2. In einer im Verlauf des Frnhd. gegenläufigen Entwicklung kommt es im 15./16. Jh. tendenziell zu einer Aufhebung der durch die Flexionsendung geleisteten Modusopposition: denn

– einerseits kann obd. (nicht Alem.) schon im 14. Jh. *-e* im Konj. oft ausfallen (vgl. Gr. d. Frnhd. IV § 33.2.), so daß für das Obd. im 15. Jh. eine „Tendenz zum Ausgleich der Modusopposition durch Verallgemeinerung der *-Ø*-Variante" (Gr. d. Frnhd. IV § 33.3.) vorliegt; für das Md. gilt weiterhin eine klare modale Endungsoppsition;

– andererseits setzt im 16. Jh. ein Umschlag der Verhältnisse ein, so daß nicht nur *-e* zunehmend wieder im Konj., sondern auch innerhalb des Ind. gebraucht sein kann (vgl. Gr. d. Frnhd. IV § 33.4.); vgl. besonders § L 41.

Im Konj. wird *-e* zum 17. Jh. wieder obligatorisch, bezogen auf einen überlandschaftlichen Durchschnittswert erscheint *-e* auch im Ind. ebenso häufig verwendet wie *-Ø* (vgl. Gr. d. Frnhd. IV § 33.5.).

Während die bei den st. Verben mögliche Flexion des Ind. mit *-e* in der Folge wieder aufgegeben wird, bleibt sie in *wurde* erhalten. Der Anteil der *werden*-Belege mit *-e* wird von Best / Kohlhase 1983, 97 für das ausgehende 17. Jh. mit ca. 50% angegeben; dies entspricht dem für die st. Verben insgesamt konstatierten Usus (vgl. Anm.).

Anm.: Die für *werden* konstatierte und vor allem nach dem Frnhd. herausgebildete Sonderentwicklung der Endungsflexivik korreliert mit der bei *werden* eingetretenen Sonderentwicklung des Ablautausgleichs zugunsten Pl.-*u* (vgl. § M 127). Wie Best / Kohlhase 1983, 97 ausweisen, erscheint seit der Mitte des 15. Jhs. zunächst *warde*, während *wurde* erst im Verlauf der 2. Hälfte des 15. Jhs. auftritt. Während *warde* im Verlauf der 2. Hälfte des 16. Jhs. zunehmend schwindet und über das 1. Viertel des 17. Jhs. hinaus nicht mehr belegt erscheint, wird *wurde* seit dem frühen 17. Jh. zunehmend häufiger.

6.3.8. 2. Sg. Ind. / Konj. Präs. / Prät.

1. Die Flexion zeigt sowohl regionale als auch klassenspezifische Variation. Neben dem im Verlauf des 16. Jhs. in allen Positionen durchgesetzten *-(e)st* ist besonders im Wmd. bei sowohl den st. wie auch schw. Verben bis weit in das 16. Jh. hinein häufig *-(e)s* gebraucht (vgl.2.). Vor allem bei st. Verben erscheint im Ind. Prät. bis in das 15. Jh. hinein *-e* und innerhalb des Obd. auch *-t* (vgl.3.). § M 92

Es fällt *-e-* in *-(e)st* gleich häufig aus wie auch in *-(e)t* (vgl. Gr. d. Frnhd. IV § 57.1.). Der Ausfall des *-e-* kann durch eine „komplexe Vielzahl von Determinanten bestimmt" sein (Gr. d. Frnhd. IV § 57.1.). Dabei wird die nhd. Regelung (i. e. die vorwiegende Nutzung der asyllabischen Variante, vgl. Duden-Grammatik 1984 § 195, 210) in der 2. Hälfte des Frnhd. weitgehend erreicht, eine aufgrund historischer (i. e. noch ahd.) Stammklassenzugehörigkeit sich erweisende lexemgruppenspezifische Verwendung ist kaum auszumachen. Die (normalisierte) mhd. Regelflexion *-est* (zu den Bedingungen des Ausfalls von *-e* vgl. Paul, Mhd. Gr. § 240) ist zu Beginn des Frnhd. nicht mehr nachzuweisen.

Im Zusammenhang der einen Ausfall von *-e-* steuernden Determinanten ist besonders die Art des Stammauslautes in der 2. Sg. Ind. / Konj. Präs. anzugeben (vgl. dazu im Detail die ausführlichen Angaben der Gr. d. Frnhd. IV § 57–61): bei aufgrund von Kontraktion entstandenem diphthongischem Stammauslaut ist *-st* (*gei-st*), in den sonstigen Fällen ist *-est* üblich (*ru-est*); nach *-w* steht ebenfalls *est* (*frew-est*); nach dentalem Stammausgang überwiegt *-est* deutlich (*find-est*; vgl. Anm. 3). Neben phonotaktischer Bedingung zeigt sich Mehrsilbigkeit als eine ebenfalls wirksame Bedingung für Ausfall von *-e-*: es fällt bei den auf einen Liquid ausgehenden zweisilbigen Lexemen überwiegend aus (*handel-st*). Bereits in der Frühzeit des Frnhd. kann *-e-* auch in einer Reihe weiterer Fälle, die außerhalb der genannten phonotaktischen Bedingungen liegen (z. B. *leg-st*), ausfallen.

Innerhalb des Prät. kommt nahezu ausnahmslos die syllabische Variante *-est* vor (vgl. Anm. 3).

Anm. 1: Eine besonders im Zusammenhang der systematischen Alternation des Stammvokals bei den st. Verben (z. B. Inf.-Stamm *geb-*, Sg. Präs.-Stamm *gib-*) für die Modusmarkierung partiell genutzte Variation *-st* (Ind.) vs. *-est* (Konj.), läßt sich insgesamt „kaum mit hinreichender Sicherheit analysieren" (Gr. d. Frnhd. IV § 57.1.).

Anm. 2: Weitgehend begrenzt auf die 1. Hälfte des Frnhd. bleiben Fälle mit einem enklitischen Pronomen: *bleib-stu*. In solchen Fällen zeigt sich vorwiegend die asyllabische Variante des Flexivs.

Anm. 3: Für den Bereich des Prät. kann nicht eindeutig entschieden werden, inwieweit die vorwiegende Verwendung der syllabischen Variante morphologisch und / oder phonotaktisch verursacht ist. Denn zumindest bei den schw. Verben gilt (aufgrund des präteritalen Flexivs *-(e)t(e)-*) auch im Prät. der im Präs. eindeutige Usus, daß nach dentalem Stammausgang die syllabische Variante gebraucht ist. Daß eine morphologische Verursachung jedoch auf keinen Fall ausgeschlossen werden kann, zeigt sowohl die Konsequenz der Regelung im Prät. wie auch die Tatsache, daß diese Regelung auch für die st. Verben gilt (vgl. Gr. d. Frnhd. IV § 57.2.).

2. Als eine besonders wmd. Flexivvariante kommt *-(e)s* bis in das 16. Jh. vor (vgl. Gr. d. Frnhd. IV § 66), in omd. Texten ist *-(e)s* im 14./15. Jh. möglich (vgl. Gr. d. Frnhd. IV § 70.1.); es zeigt tendenziell eine bevorzugte Bindung an die st. Verben (vgl. Anm. 4).

In Köln ist *-(e)s* das überwiegend genutzte Flexiv bis zur Ablösung der Kölner Schreibsprache im Verlauf der 1. Hälfte des 16. Jhs., in der 2. Jh.-Hälfte ist *-(e)s* von *-(e)st* verdrängt (vgl. Gr. d. Frnhd. IV § 69.2.). Demgegenüber bleibt *-(e)s* zwar im Hess. auch im frühen 16. Jh. noch belegt (vgl. Gr. d. Frnhd. IV § 69, Anm. 2), doch ist bereits im 15. Jh. *-(e)st* vorwiegend; noch im 14. Jh. überwiegt auch hier *-(e)s*.

Anm. 4: Eine tendenzielle Bevorzugung von *-(e)s* bei den st. Verben ergibt sich in hess. Texten des 14. Jhs.: Hier erscheint Flexiv *-(e)st* als (jeweils selteneres) variantes Flexiv allein bei den schw. Verben, wohingegen die belegten st. Verben ausschließlich *-(e)s* aufweisen (vgl. Gr. d. Frnhd. IV § 69.1.).

3. Die 2. Sg. Ind. Prät. zeigt einen der wenigen endungsflexivischen Unterschiede in der mhd. Flexion der st. und schw. Verben: zusätzlich zur

stammvokalischen Besonderheit (vgl. Anm. 5 sowie § M 107) wird das
st. Verb durch -e flektiert, die schw. Verben und auch die 2. Sg. Konj.
Prät. der st. Verben dagegen durch -(e)st (vgl. Paul, Mhd. Gr., § 239f.);
doch kommt es schon in mhd. Zeit auch im Ind. „zuweilen" zu einer Angleichung an den sonstigen Usus (vgl. Paul, Mhd. Gr. § 240, Anm. 7).
Die flexivische Besonderheit der 2. Sg. Ind. Prät. bleibt im frühen Frnhd.
erhalten: z. B. *wurfe* (Oxforder Benediktinerregel, hess. Hs. 14. Jh.); daneben tritt obd. auch die Möglichkeit zur Flexion mit -*t* auf (vgl. Anm. 6).
Der Gebrauch von -*e* im Ind. und von -*(e)st* im Konj. gewährleistet zusätzlich zu den stammvokalischen Veränderungen (vgl. § M 107) im 14. und
frühen 15. Jh. tendenziell eine ausdrucksseitige Modusdifferenzierung: z. B.
Ind. *bitt-e* (bei Merswin, Straburg 1352/70) oder *fur-e* (in ‚2 Psalter aus
dem 14. Jh.' Erfurt 1378) gegenüber Konj. *wurf-est* (‚Naturlehre Mainau',
ohchalem. Hs. Ende 14. Jh.; vgl. Anm. 7).
Die klassenspezifische Variante -*e* scheint im Md. z. T. früher aufgegeben als im Obd.: nach dem 15. Jh. ist -*e* im Md. kaum mehr verwendet
(vgl. Gr. d. Frnhd. IV § 73), im Obd. bleibt -*e* noch bis in das 16. Jh. hinein
belegt. Die Möglichkeit zur Flexion mit -*t* zeigt sich innerhalb des Wobd.
fester verankert als im Oobd., es bleibt bis in das frühe 16. Jh. belegt (vgl.
Gr. d. Frnhd. IV § 72.2./3.). In seltenen Fällen treten sowohl -*e* als auch -*t*
ebenfalls bei schw. Verben auf (vgl. Gr. d. Frnhd. IV § 71, 72, Anm. 1).

Anm. 5: Die endungsflexivische Angleichung der st. an die schw. Verben erfolgt
tendenziell früher als die Aufhebung der besonderen Stammvokalalternation (vgl.
§ M 107). Noch für das 14. Jh. ist die mhd. Regelung belegt, die Flexion der
2. Sg. Ind. Prät. der st. Verben durch eine stammvokalische und endungsflexivische
Besonderheit zu leisten. Dieser Usus scheint vor allem in wmd. / thür. Texten erhalten, wohingegen besonders im Omd. / Obd. eine Mischform aus alter Stammvo-
kalregelung und neuer (dentaler) Endung auftritt: z. B. *erhůbd* (im ‚Altväterbuch',
schwäb. Hs. 14. Jh.), *swurd* (bei Mair, Augsburg 1393). Die gänzlich neue Form ist
wohl am ehesten im Oobd. schon im frühen 15. Jh. gebräuchlich, im gesamten
Sprachraum ist die neue Regelung weitgehend am Ende des 15. Jhs. usuell (vgl.
Gr. d. Frnhd. IV § 99).

Anm. 6: Als Ursache des obd. Flexivs -*t* sieht Michels (Mhd. Gr. § 272, Anm. 9) eine
Analogie nach dem Muster der Präteritopräsentien, z. B. *du solt*.

Anm. 7: Die Modusdifferenzierung kann ausdrucksseitig auch über vollvokalisches
-*i* der Nebensilbe erfolgen: *hůbi*.

6.3.9. 3. Sg. Ind. Präs.

§ M 93 Die Flexion durch *-et* ~ *-t* (zum zusätzlichen Stammvokalwechsel vgl. § M 97–103) kennt nur vereinzelte Ausnahmen (vgl. Anm. 1); hinsichtlich der Verteilung von *-e-/-Ø-* sowie Ekthlipsis des gesamten Flexivs (vgl. Anm. 2) gelten ähnliche Verhältnisse wie für die Endung innerhalb des diskontinuierlichen Part. Prät.-Flexivs, vgl. § M 87.

Anm. 1: In einer privatschriftlichen Aufzeichnung (Briefe der pfälzischen Herzogin Elisabeth Charlotte) kann das von Weinhold (Mhd. Gr. § 402) innerhalb eines rip. und obsächs. Textes für das Prät. gefundene Flexiv *-(e)n* ausnahmsweise auch in der 3. Sg. Ind. Präs. (und auch im Prät.) erscheinen (vgl. Gr. d. Frnhd. IV § 66, Anm. 3).

Anm. 2: Bei den st. Verben mit dentalem Stammausgang (*halten*) tritt in der 3. Sg. Ind. Präs. Ekthlipsis zumeist ein, wenn ein sekundärer Tempusstamm vorliegt (*halten > hält, werden > wird*); vor allem im 14./15. Jh. kann das volle Flexiv noch vorkommen, in Ausnahmen wird es noch im 16. Jh. gefunden (z. B. *wird-et* neben *wirt* in ‚Benediktinerregel Oxford‘ hess. Hs. 14. Jh.; *beheld-et* neben *behelt* in ‚Zwei Psalter 14. Jh.‘ Erfurt 1378; *wird-et* neben *wirt* in ‚Herberstein, Moskau‘ Wien 1557; vgl. Gr. d. Frnhd. IV § 34, 64.2.).

6.3.10. Plural Präsens / Imperativ Plural

§ M 94 1. Die Flexion wird durch die Wirkung zweier Prozesse bestimmt, die im Ergebnis unterschiedliche und sprachlandschaftlich gebundene Paradigmen ausbilden:

a) Es wird die auch im normalisierten Mhd. (vgl. Paul, Mhd. Gr. § 239) ausgewiesene Besonderheit der 3. Pl. Ind. (*-(e)nt* vs. *-(e)n* der 3. Pl. Konj. sowie auch der 1. Pl. Ind.) getilgt, so daß analog zur Flexion des Pl.-Prät. im späten Frnhd. das nhd. Pl.-Paradigma gilt: *-(e)n*; *-(e)t*; *-(e)n*. In einer sprachlandschaftlichen Zuordnung erweist sich dieses Paradigma als die zunächst omd., dann auch wmd. und oobd. Variante. Unabhängig der sonstigen landschaftlichen Sonderentwicklungen ist die besondere Flexion der 3. Pl. im Verlauf des 16. Jhs. weitgehend aufgegeben.

b) Parallel zu diesem Ausgleich in der 3. Pl. Ind. kommt es vor allem im Wobd. zu weitergehenden Entwicklungen eines jeweils einheitlich flektierten Pl.-Paradigmas, bei denen einerseits *-(e)nt* und andererseits *-(e)n* sowohl in der 1./3. Pl. (vgl. 2.) als auch in der 2. Pl. (vgl. 3.) erscheinen.

Vor allem in der Frühzeit des Frnhd. kann eine Tilgung des gesamten Flexivs eintreten (vgl. Anm. 1). Anders als in *-(e)t* bleibt Flexiv *-(e)n(t)* selten vokallos (vgl. Gr. d. Frnhd. IV § 51).

Neben *-e-* sind sehr selten noch bis in das 17. Jh. hinein auch die vollen Vokale *-a-*, *-o-*, *-u-* vornehmlich im Obd. belegt; eine Funktionalisierung als Konj.-Kennzeichen ist im Wobd. für *-i-* belegt (vgl. Gr. d. Frnhd. IV § 19–28), das dann ohchalem. auch im Dentalflexiv erscheint (*-ind*, vgl. Gr. d. Frnhd. IV § 75, Anm. 12).

Die modale Opposition innerhalb des 3. Pl. bleibt selten noch bis in das
15. Jh. hinein belegt. Dabei erscheint -*(e)nt* an den Ind. gebunden, -*(e)n*
kann sowohl im Konj. als auch im Ind. erscheinen; dies kommt bei st.
Verben häufiger als bei schw. Verben vor (vgl. Gr. d. Frnhd. IV § 66.3. und
Anm. 5; 76, Anm. 5) (vgl. Anm. 2, 4).

Anm. 1: Über das normalisierte Mhd. hinaus (vgl. Paul, Mhd. Gr. § 240, Anm. 2)
kann bei nachgestelltem Pronomen (Inversion) in der 1. Pl. eine Tilgung des gesamten Flexivs -*(e)n* insbesondere im 14. Jh. (in Ausnahmen noch in der 2. Hälfte des
16. Jhs.) eintreten; das Flexiv -*(e)n* ist von einer Tilgung deutlich seltener berührt.
Die Tilgung betrifft zumeist das gesamte Flexiv, kann jedoch auch nur -*n* erfassen,
z. B. *les wir, lese wir* (vgl. Gr. d. Frnhd. IV § 63.1.). Eine Tilgung von -*n* ist in den hd.
Mda. weit verbreitet (vgl. Schirmunski 1962, 523)

Anm. 2: Als zusätzliches klassendifferenzierendes Merkmal ist die Pl.-Flexion ungeeignet. Die Belegung ist widersprüchlich: so wird z. B. für els. oder auch rip. Texte
eine Bindung von -*(e)n* an die schw. Verben konstatiert, dagegen liegt in ohchalem.
Texten eine solche gerade nicht vor (vgl. Gr. d. Frnhd. IV § 75.4., 6. und Anm. 12;
76, Anm. 6).

2.   Die Flexion der Pl.-Positionen zeigt eine ausgeprägte sprachlandschaftliche und z. T. auch klassenbezogene Variation, die im Obd. stärker als im
Md. ausgeprägt ist. Ansätze zu einem einheitlichen Pl.-Flexiv (-*(e)n* oder
-*(e)nt*) sind insbesondere im Wobd. vorhanden, die Durchsetzung des nhd.
Usus wird teilweise erst im 17. Jh. vollzogen (vgl. Gr. d. Frnhd. IV § 74); es
halten sich die regionalen Varianten (z. B. in der Kanzleisprache) z. T. bis
über das 17. Jh. hinaus. Doch kann auch im Md. -*(e)nt* außerhalb der
3. Pl. vor allem in der 2. Pl. vorkommen, der nhd. Usus wird jedoch spätestens im 16. Jh. durchgesetzt. Der Umschlag zugunsten eines jeweils häufigeren Gebrauchs von -*(e)n* auch in der 3. Pl. ist im Oobd. vom 14. zum
15. Jh. erfolgt.

3.   Während in der 2. Pl. Ind. / Konj. Präs. statt -*(e)t* sowohl -*(e)nt* als
auch noch im 16. Jh. -*(e)n* gebraucht sein kann (vgl. Gr. d. Frnhd. IV
§ 74), wird -*(e)t* im Imp. Pl. nur teilweise durch -*(e)nt* (~ -*(e)nd*) ersetzt;
Ersetzung tritt besonders in obd. Texten (bis in das 16. Jh. hinein) auf (vgl.
Gr. d. Frnhd. IV § 76) (vgl. Anm. 3). Die auftretenden Abweichungen entsprechen den primär landschaftsbezogenen Sonderentwicklungen der Ausbildung einheitlicher Plural-Pardigmen, wobei partiell ein klassendifferen-
zierender Gebrauch angelegt ist (vgl. Anm. 4).

Anm. 3: Da Flexiv -*(e)n* im Imp. Pl. kaum auftritt, wird im Nebeneinander von
-*(e)nt* ~ -*(e)nd* ~ -*(e)t* durch den dentalen Bestandteil des Flexivs eine ausdrucksseitige Differenzierung zu dem innerhalb des Ind. / Konj. eher möglichen -*(e)n* geleistet (vgl. Gr. d. Frnhd. IV § 76).

Anm. 4: Bei Vorliegen einer varianten Flexion wird -*(e)nt* vorwiegend bei st. Verben, -*(e)n* vorwiegend bei schw. Verben verwendet (vgl. Gr. d. Frnhd. IV § 75.3.).

6.3.11. Plural Präteritum

§ M 95 1. Mit nur wenigen Ausnahmen (vgl. Anm. 1) erfolgt die Flexion im Md. und Oobd. identisch der des Mhd. und Nhd.: -*(e)n*; -*(e)t*; -*(e)n*. Ähnlich zum Präs. (vgl. § M 84) erscheint schwäb. / alem. nicht selten eine für alle Pl.-Positionen einheitliche Flexion durch -*(e)nt* oder auch -*(e)n*, die endgültig erst im 17. Jh. aufgegeben ist (vgl.2).

Es bleibt innerhalb des Md. im Rip. bis in das 15. Jh. hinein in Ausnahmen auch -*ent* möglich (vgl. Gr. d. Frnhd. IV § 79.1.).

2. Im Schwäb. / Alem. erscheint Dentalplural (-*(e)nt*) noch im 14. Jh. deutlich überwiegend verwendet. Dabei kann tendenziell eine stärkere Bindung an die st. Verben sowie generell an die 3. Pl. Ind. vorliegen (vgl. Anm. 1.; zu -*i*- im Konj. vgl. Anm. 2). Seltener erscheint auch -*(e)n* in der 2. Pl. Ind. Im Schwäb. und Els. ist der Dentalplural im 15. Jh. weitgehend aufgegeben, im 16. Jh. ist er nurmehr ausnahmsweise gebraucht; im Ohchalem. bleibt er auch im 16. Jh. nicht selten und wird erst in der 1. Hälfte des 17. Jhs. durch das inzwischen gesamt-hd. Paradigma endgültig verdrängt. In Nürnberg kommt Dentalplural nur im 15. Jh. vor (vgl. Gr. d. Frnhd. IV § 78.6.).

Anm. 1: Die sowohl klassenspezifische als auch an die 3. Pl. Ind. gebundene Verwendung zeigt z. B. die Beleglage innerhalb eines schwäb. Textes (Ende 14. Jh.): in der 1. Pl. Ind. erscheinen 40% der st. Verbbelege durch -*end* flektiert (bei den schw. Verben sind es 7%), in der 3. Pl. Ind. erscheinen 70% der st. Verbbelege durch -*end* flektiert (bei den schw. Verben sind es mit 15% doppelt soviele wie in der 1. Pl. Ind.) (vgl. Gr. d. Frnhd. IV § 78.2.). Ähnliche Beobachtungen können auch für das Präs. gemacht werden (vgl. § M 94), wobei die besondere Verankerung innerhalb der 3. Pl. als eine analoge Übertragung der für den Bereich des Präs. bereits im Mhd. gültigen Regelung anzunehmen ist. Die Bindung an die 3. Pl. Ind. erweist sich darüber hinaus auch darin, daß -*(e)nt* am ehesten in dieser Position erhalten bleibt (vgl. Gr. d. Frnhd. IV § 78.4.).

Anm. 2: Es kann der Konj. bis in das frühe 15. Jh. hinein im Ohchalem. nicht allein durch das tendenziell häufigere Fehlen eines Dentalplurals, sondern auch durch die von -*e* abweichende Vokalgraphie -*i*- ausdrucksseitig distinkt sein (vgl. Gr. d. Frnhd. IV § 78.5. und Anm. 7, 8).

6.4. Stammflexivik der schw. Verben: Rückumlaut

Lit.: Gr. d. Frnhd. IV § 160–164; Hoffmann / Solms 1987; Paul, Mhd. Gr. § 260–263; V. Moser 1909, § 183f.; v. Sobbe 1911; Stårck 1912.

[Zu seltenen konsonantischen Veränderungen des Stammes vgl. die Ausführungen zum st. Verb § M 106]

§ M 96 Eine Reihe schw. Verben kennt in der Flexion des Prät./Part. Prät. zusätzlich zum Dentalsuffix einen ‚Rückumlaut' (vgl. Anm. 1), der aufgrund einer nur mangelnden frnhd. Umlautsbezeichnung in der Schriftlichkeit nicht immer wahrzunehmen ist (vgl. Anm. 2). Die Stammvokalalternation im Part. Prät. korreliert mit *-t*, bei stammvokalausgeglichener Flexion ist *-et* gebraucht: *gebrann-t* aber *gebrenn-et* (vgl. Gr. d. Frnhd. IV § 34.2, 35.2). Während die Stammvokalalternation im Ind. Prät. konsequent erscheint (*brennen* > *brannte*), zeigt die Flexion des Konj. Prät. sowie des Part. Prät. in der 1. Hälfte des Frnhd. eine sprachlandschaftliche Differenzierung; darin bleiben die Verhältnisse zunächst beibehalten, die bereits im älteren Mhd. gelten (vgl. Stårck 1912, 308):

	Obd.	Md.
Inf.	*prennen*	*brennen*
Ind. Prät.	*prant*	*brante*
Konj. Prät.	*prante*	*brente*
Part. Prät.	*geprennet*	*gebrant*

Der im Mhd. noch häufige Rückumlaut wird weitgehend im Verlauf des Frnhd. bis auf wenige Ausnahmen ausgeglichen (vgl. Anm. 3). Dabei haben die meisten Lexeme ihre rückumlautende Flexion bereits im 16. Jh. verloren (vgl. Anm. 5), länger anhaltende und bis ins 18. Jh. reichende Schwankungen haben (neben den im Nhd. erhaltenen, vgl. Anm. 3) *schätzen, setzen; decken, recken, schmecken, schrecken, stecken, strecken; merken, werken; schämen; hängen; henken, schenken, schwenken; stellen; trennen; lehren; zerren; legen; zählen* (vgl. Hoffmann/Solms 1987, 53f.). Die in der nhd. Schriftsprache geltende Regelung wird erst im Verlauf des 18. Jhs. unter Einfluß der Grammatiker entschieden (vgl. v. Sobbe 1911, 76; Hoffmann / Solms 1987, 53–56).

Im Md. bleibt der im ausgehenden Mhd. bereits gültige Usus eines Stammvokalwechsels im Ind. Prät. / Part. Prät. sowie eines Umlauts im Konj. Prät. bis in die 2. Hälfte des 15. Jhs. weitgehend beibehalten. Hingegen zeigen sich im Obd. schon zur Mitte des 14. Jhs. Ausgleichstendenzen; sie haben zur 2. Hälfte des 16. Jhs. auch in Teilen des Md. so weit gegriffen, daß der Ausgleich selbst bei z. B. *kennen* oder *nennen* möglich ist (vgl. Anm. 5). Bei einer im 17. Jh. in allen Sprachlandschaften konkurrierenden Flexion mit und ohne Stammvokalwechsel zeigt sich im Omd. eine Tendenz zum gänzlichen Ausgleich, wohingegen im Wmd. die Fälle einer Vokalalternation wieder zunehmen; beide Möglichkeiten sind auch im Obd. belegt, insofern die Vokalalternation bei einigen Lexemen wieder häufiger ist (z. B. *setzen – satzte*), bei anderen dagegen häufiger aufgegeben ist (z. B. *kennen – kennete, nennen – nennete*).

Für *denken* (und auch *bringen*, vgl. Anm. 4) bleibt die Flexion mit Stammvokalalternation im Frnhd. nahezu ausnahmslos (vgl. Anm. 6).

Anm. 1: Zum Begriff und seiner Diskussion vgl. Paul, Mhd. Gr. § 262, Anm. 1; Stårck 1912, 6ff.; Gr. d. Frnhd. IV § 160.1. Es handelt sich um die zwischen Inf. /

Präs. und Prät. / Part. Prät. möglichen Alternationen von (mhd.) *e* > *a* (*brennen* –
brannte), *æ* > *â* (*wænen* – *wante*), *oe* > *ô* (*hoeren* – *hôrte*), *ü* > *u* (*künden* – *kundte*), *üe*
> *uo* (*vüegen* – *vuogte*), *iu* > *û* (*liuten* – *lûtte*), *öu* > *ou* (*vröuwen* – *vroute*).
   Die Ursache für die Alternation liegt in dem nach langer Silbe eingetretenen
frühahd. Ausfall des zwischen Stamm und Präteritalflexiv stehenden -*i*- im Prät.;
somit konnte die im Ahd. durch folgendes -*i*/-*j* bedingte Umlautung hier nicht stattfinden: got. *brannjan* (Inf.) – *brannida* (Sg. Prät.) > ahd. *brennen* (Inf.) – *branta*
(Sg. Prät.) (vgl. Paul, Mhd. Gr. § 262). Da der Zwischenvokal auch in der „flektierten Form" des Part. Prät. (Paul, Mhd. Gr. § 262; gemeint ist die ausdrucksseitig
eindeutige Flexion bei nominalem Gebrauch, z. B. als attributives Part. Prät.) geschwunden war, trat zum Ahd. hier ebenfalls kein Umlaut ein. Durch Ausgleich der
„unflektierten" an die „flektierte" Form des Part. Prät. steht schon im Mhd. z. B.
gebrant neben *gebrennet* (vgl. Mhd. Gr. § 262).
   Bei *denken* (sowie auch *dünken*, mhd. *würken*, mhd. *vürhten*, vgl. Paul, Dt. Gr. III,
§ 187) ist das Prät. / Part. Prät. schon im vorahd. ohne den Zwischenvokal -*i* flektiert
worden, so daß im Ergebnis ein den rückumlautenden Verben identischer Stammvokalwechsel vorliegt.

Anm. 2: Bis in das 16. Jh. hinein erfolgt mit Ausnahme des graphisch (zumeist) mit *e*
bezeichneten Umlauts von *a* im Md. eine nur mangelnde Umlautkennzeichnung. Da
zudem der Umlaut im Obd. vor dem 16. Jh. nicht immer konsequent gekennzeichnet
ist (vgl. § L 8), kann der synchrone Gebrauch nur für den Wechsel *e* > *a* relativ klar
beurteilt werden. In allen anderen Fällen sind für die 1. Hälfte des Frnhd. nur eher
allgemeine Schlüsse möglich (vgl. Stårck 1912, 299). Dabei zeigen jedoch alle Hinweise, „daß die Entwicklung der betroffenen Verbgruppen nicht geschieden ist von
jener der Verben mit Rückumlaut *e* > *a*, *æ* > *â*" (Gr. d. Frnhd. IV § 164.1).

Anm. 3: Für das Mhd. sind mindestens jene 221 Lexeme als rückumlautend zu betrachten, die Weinhold (Mhd. Gr. § 383) in einer Liste zusammenfaßt und dazu
angibt, daß der Rückumlaut „z. B." bei diesen Lexemen auftrete.
Im Frnhd. sind mindestens folgende Verben nicht selten mit einem Stammvokalwechsel *e* > *a* belegt *brennen, nennen, kennen, rennen, trennen; schenden, senden,
swenden, wenden; hengen, sprengen; henken, kränken, schenken, senken, tränken, wenken; glänzen; kempfen; stellen, fällen; zerren; verderben; wermen; merken, sterken;
heften; schepfen; netzen, schätzen, setzen; retten; decken, recken, schmecken, schrek-
ken, stecken, strecken, trecken, wecken; schämen; wälen, zälen, zeren; legen, wegen*
(vgl. Gr. d. Frnhd. IV § 161, Abb. 31); darüberhinaus können einzelne rückumlautende Ausnahmebelege weiterer Lexeme auftreten, vgl. dazu Gr. d. Frnhd. IV § 161,
Anm. sowie Abb. 31.
Zum Nhd. hin haben nurmehr acht Verben die flexivische Besonderheit des Rük-
kumlauts bewahrt: solche mit -*nn*- (*brennen, kennen, nennen, rennen*), mit -*nd*- (*senden, wenden*) sowie auch *denken* und *bringen* (vgl. Anm. 4). Ein außerhalb der historischen Bedingungen eingetretener „unorganischer" Rückumlaut ist schon in
mhd. Zeit neben *diuten, triuten, stiuren* vor allem in *kêren* und *lêren* belegt (vgl. Paul,
Mhd. Gr. § 262, Anm. 2; Stårck 1912, 268); darüber hinaus kommen solche ‚unorganischen' Stammvokalwechsel (*e* > *a)* im Frnhd. in *enden, zehren*, mhd. *rêren* und
wêrn vor (vgl. Stårck 1912, 288; Gr. d. Frnhd. IV § 163.3).

Anm. 4: Für das ahd. st. Verb *bringan* sind auch im Frnhd. noch sehr seltene st.
Belege des Sg. / Pl. Prät. zu finden (vgl. DWB, s. v.). Doch schon im Mhd. wird
bringen im Prät. / Part. Prät. analog dem Lexem *denken* flektiert, so daß beide Verben in einer synchronen Klassifizierung zusammengefaßt werden (vgl. Gr. d. Frnhd.
IV § 160, Anm. 1). Die ‚rückumlautende' Flexion kommt ursprünglich dem deverbalen (mhd.) *brengen* zu, das bis weit in das Frnhd. belegt ist (vgl. Gr. d. Frnhd. IV
§ 156.1).[5]

Anm. 5: Innerhalb der großen Gruppe rückumlautender Verben verhalten sich jene auf -ck-, -nn-, -nd- eher gruppenhomogen, wohingegen besonders bei *stellen, setzen, zälen* die Häufigkeit des Gebrauchs den Rückumlaut lange begünstigt (vgl. Stårck 1912,295). Die Mehrzahl der mhd. rückumlautenden Verben (vgl. die Hinweise in Anm. 3) ist im Frnhd. selten belegt. Bei nur seltener Verwendung scheint die Neigung besonders hoch, einzellexematische Unregelmäßigkeiten in der Flexion aufzugeben. Entsprechend der Auftretenshäufigkeit eines Verbs ist dann auch der Rückumlaut z. B. bei *stellen* häufiger gebraucht und länger erhalten als z. B. in *schellen, schwellen, fällen*. Bezogen auf die bis ins Nhd. beibehaltene Rückumlautung bei z. B. *rennen* scheint über die frequente Handhabung hinaus auch ihre Nähe als deverbale Kausativa / Faktiviva zu den st. Verben von Bedeutung zu sein (*rinnen*; so auch zu *brennen* das im Frnhd. noch belegte st. Verb *brinnen*; *rennen* und *rinnen, wenden* und *winden*). Wo diese Nähe nicht vorliegt, kommt es im Frnhd. häufiger auch zu Ausgleichungen des Rückumlauts (*kennen, nennen*) (vgl. Gr. d. Frnhd. IV § 160.6).

Anm. 6: Für das Ahd. wird *gidenkit* als die häufigere Part. Prät.-Form ausgewiesen (vgl. Braune, Ahd. Gr. § 365, Anm. 4). Paul Dt. Gr. III § 187, Anm. nennt für „namentlich" das Alem. der nhd. Zeit als Part. Prät. *denkt*.

6.5. Stammflexivik der st. Verben: Präsens

Lit.: Gr. d. Frnhd. IV § 140–153; Hoffmann / Solms 1987; Paul, Mhd. Gr. § 241f.; V. Moser 1909, § 168–175; Nordström 1911; Solms 1984.

6.5.1. Präsens-Wechselflexion

Seit Beginn des Frnhd. ist die Flexion des Sg. Ind. Präs./Imp. Sg. der Verben mit Stammvokal *ie* (Klasse II) oder *e* (Klassen IIIb, IV, V) im Md. von der im Obd. unterschieden: obd. gilt die normalmhd. Regelung einer numerus- und modusbezogenen Vokalalternation zwischen einerseits dem Ind. / Imp. Sg. und andererseits dem Konj. und Pl. (vgl. Anm. 1); im Md. ist dagegen eine „Wechselflexion" (Nordström 1911,103) im Sg. ausgebildet, bei der auch die 1. Sg. Ind. den Stammvokal des Plural aufweist (vgl. Anm. 2): §M97

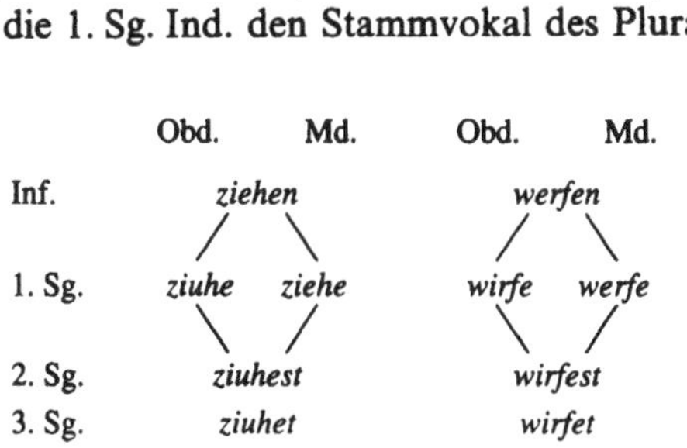

Abb. 14: Präsens-Wechselflexion

Die Wechselflexion wird im Frnhd. bei den Verben mit einem Wechsel *e >* *i* auch im Obd. durchgesetzt (vgl. § M 98) und zur nhd. Regel (zu den

Ausnahmen vgl. § M 101f.); bei den Verben mit einem Wechsel *ie* > *iu* wird im Frnhd. zunächst auch der Zustand einer Wechselflexion erreicht (vgl. § M 99), bevor diese Alternation im Nhd. gänzlich aufgehoben ist (zu *lügen, trügen* vgl. § M 103):

	Obd. / Md.	Obd. / Md.
Inf.	*ziehen*	*werfen*
Sg. 1.	*ziehe*	*werfe*
2.	*ziehest*	*wirfest*
3.	*ziehet*	*wirfet*

Die Wechselflexion (unter Ausschluß des Imp. Sg.) ist seit dem frühen Frnhd. ebenfalls für die Verben mit umlautfähigem Stammvokal (vor allem aus Klasse VI, z. B. *faren*, und Klasse VII, z. B. *halten*) belegt; da sie im gesamten hd. Sprachgebiet vorkommt, gilt sie als Muster für die Durchsetzung einer Wechselflexion auch bei den Verben mit Wechsel *e* > *i* und (teilweise) *ie* > *iu*. Bis in die 2. Hälfte des 15. Jhs. erscheinen umgelautete neben unumgelauteten Formen der 2./3. Sg. Ind. Präs. im gesamten Hd. (vgl. Anm. 3). Die Wechselflexion wird erst in der Folge zu einem überlandschaftlich gültigen Flexionsmuster ausgebildet (vgl. Anm. 4); die überlandschaftliche Durchsetzung des im Nhd. zur Regel gewordenen Gebrauchs (vgl. Anm 5) ist erst im 18. Jh. erreicht. Die Entwicklung des Flexionsmusters wird durch die bei einigen Lexemen übernommene schw. Flexion überlagert (vgl. Anm. 6). Der am Ausgang des Frnhd. erreichte Usus einer mit definierten Ausnahmen regelhaften Umlautung stellt einen Kompromiß zwischen zwei landschaftsbezogenen Prozessen dar. Aus der häufigen Aufhebung der Alternation vor allem im Obd. (ähnlich auch bei den Lexemen mit Wechsel *ie* > *iu* oder *e* > *i*) resultiert die beibehaltene Umlautlosigkeit bei z. B. *kommen, rufen*; besonders im Omd. wird der Umlaut demgegenüber gänzlich verallgemeinert, so daß sein Geltungsbereich dort mehr Lexeme erfaßt, als im Nhd. schließlich umlautend erhalten sind (vgl. § M 100):

	Omd.		Obd.	
	far-e	*komm-e*	*far-e*	*komm-e*
	fär(e)st	*kömm(e)st*	*far(e)st*	*kamm(e)st*
	fär(e)t	*kömm(e)t*	*far(e)t*	*kamm(e)t*
		far-e	*komm-e*	
2. Sg.	*fär(e)st*		*kamm(e)st*	
3. Sg.	*fär(e)t*		*kamm(e)t*	

Abb. 15: Präsensumlaut

Anm. 1: Im Normalmhd. alternieren bei den st. Verben der Klasse II (z. B. *ziehen*) *ie* > *iu* (Ind. / Imp. Sg.) und bei den st. Verben der Klassen IIIb (z. B. *wërfen*), IV (z. B.

nëmen), V (z. B. *gëben) e > i* (Ind. / Imp. Sg.) (vgl. Paul, Mhd. Gr. § 242). Bei dieser
Alternation handelt es sich um die flexivische Auswirkung des vorahd. phonemkom-
binatorischen Lautwandels, der treffend als ‚Vokalharmonisierung' bezeichnet wird
(vgl. Schmidt 1984, 160). Da der Prozeß der Vokalharmonisierung in nicht allen
Teilen des hd. Sprachgebietes in gleicher Weise vollzogen worden ist, haben sich
z. T. auch verschiedene flexivische Verhältnisse herausgebildet. So ist im Ohchalem.
das ahd. *iu* (mhd. Monophthong /y:/) auch in anderen Positionen als nur denen des
Sg. erhalten, so daß noch im Frnhd. entsprechend inflektierte Inf. oder auch Konj.
belegt sind (z. B. *genüssen, züchen* in ‚Chronik Edlibach', Hs. Zürich 1485–1486;
zühen, zühe bei Lavater, Zürich 1578) (vgl. Gr. d. Frnhd. IV § 144.5).

Anm. 2: Die Wechselflexion kennt das Md. bereits in mhd. Zeit (vgl. Michels,
Mhd. Gr. § 271, Anm. 4; Weinhold, Mhd. Gr. § 355). Hierin liegt möglicherweise
eine am Muster der umlautfähigen Lexeme der st. Verbklassen VI und VII (vgl.
Anm. 4) orientierte Analogie vor. Zur Diskussion der in mhd. Zeit belegten md.
Regelung vgl. Gr. d. Frnhd. IV § 150.1 sowie Große 1988.

Anm. 3: Umlaut ist besonders für die 1. Hälfte des Frnhd. nur teilweise nachvollziehbar, da seine konsequente Bezeichnung fehlt (vgl. § L 8). Trotzdem lassen sich
(wenn auch sehr viel weniger deutlich als im Bereich der Vokalalternation *e > i* oder
ie > iu) aufgrund einer frequentiell unterscheidbaren Handhabung großlandschaft-
liche Unterschiede erkennen.

Anm. 4: Eine konsequente durch Umlaut geleistete Wechselflexion liegt im Mhd.
noch nicht vor; sie wird als „gewöhnlich" und „nicht strenge Regel" bezeichnet
(Weinhold, Mhd. Gr. § 351), zu der eine große Anzahl von Ausnahmen und Schwankungen vorliegen. Die Ursache für solche Ausnahmen liegt einerseits in einzellexe-
matischen Schwankungen zwischen der st. (umlautenden) und schw. (umlautlosen)
Flexion (z. B. mhd. *ruofen,* vgl. Weinhold, Mhd. Gr. § 359) und in Analogien, die am
Muster der schw. Präs.-Flexion orientiert sind (z. B. mhd. *râten,* vgl. Paul, Mhd. Gr.
§ 41, Anm. 3); andererseits ist es vor allem die in Teilen des Mhd. noch wirksame
Gültigkeit umlauthemmender Konsonantenverbindungen (z. B. Verbindungen mit *-l-*
in der 3. Sg. Ind. Präs. *halt* von *halten,* vgl. Michels, Mhd. Gr. § 271, Anm. 1 sowie
Braune, Ahd. Gr. § 350, Anm. 6). Bezüglich des noch nicht konsequenten ‚Sekun-
därumlauts' zeigt sich für das Mhd., daß die Umlautregelung auf keinen Fall eine
bereits grammatische ist. Vielmehr erscheint der Umlaut bevorzugt bei den Lexemen
der Klasse VI, bei denen der ‚Primärumlaut' im Ahd. greifen konnte; neben den
Lexemen mit einer den Primärumlaut hemmenden Konsonantenverbindung erscheint der Umlaut ebenfalls seltener bei den Lexemen der Klasse VII mit den primären Stammvokalen *â, ou, ô* sowie den Verben der Klasse II mit Stammvokal *û.*

Anm. 5: Für das Nhd. wird die Umlautung der 2./3. Sg. Ind. Präs. als Regel ausgewiesen (vgl. Duden-Grammatik 1984 § 206); Ausnahmen dazu sind in der Liste der
unregelmäßigen Verben (vgl. Duden-Grammatik 1984 § 220) angegeben. Die Ausnahmen korrelieren z. T. mit einer zwischen st. und schw. schwankenden Flexion
(z. B. *backen, (ein)laden).*

Anm. 6: Bei z. B. *backen, fragen, hauen, nagen, schalten, walten* geht die frnhd. Umlautlosigkeit mit der Übernahme der schw. Flexion einher. Es haben *mahlen, salzen,*
spalten spätestens im 16. Jh. ihren Umlaut verloren (vgl. Nordström 1911, 100). Eine
schw. Präsensform liegt ebenfalls bei *(ein)laden* und *schaffen* vor (vgl. Paul, Dt. Gr.
III, § 169); bei mhd. *schëllen* wird das Präs. seit dem 17. Jh. durch das des schw.
Verbs *schallen* gebildet; wie bei *saugen* wird durch die Umlautlosigkeit Homophonie

mit entsprechenden schw. Verben vermieden (vgl. Paul, Dt. Gr. III § 163; Erben 1980, § 117, Anm. 257; *schnauben* flektiert sein Präs. schon in mhd. Zeit schw. (vgl. Paul, Dt. Gr. III § 163).

§ M 98 Bei den Verben mit Wechsel *e* > *i* bleibt die das Obd. vom Md. trennende unterschiedliche Flexion der 1. Sg. Ind. Präs. (vgl. § M 97) weitgehend ausnahmslos bis in die 2. Hälfte des 15. Jhs. bestehen (vgl. Anm. 1). Daneben kann sowohl im Md. wie auch im Obd. *-e-* auch in der 2./3. Sg. Ind. Präs. sowie im Imp. Sg. auftreten; dies ist für das Obd. (vgl. Anm. 1) anders als für das Md. zu bewerten (vgl. Anm. 2); zu *kommen* vgl. § M 100, Anm. 3. In der 2. Hälfte des 15. Jhs. kommt es im Md. – wohl unter Einfluß des Obd. – zu einer teilweisen Aufhebung der Wechselflexion. Sie ist bis zur 2. Hälfte des 16. Jhs. im Omd. wieder fest (vgl. Anm. 3); die im Wmd. länger und stärker anhaltenden Schwankungen sind erst wieder in der 2. Hälfte des 17. Jhs. zugunsten der konsequenten Wechselflexion beseitigt (vgl. Gr. d. Frnhd. IV § 150.1). Im Obd. wird die md. Wechselflexion z. T. im 17. Jh. usuell, z. T. ist der Übernahmeprozeß aber auch am Ende des Frnhd. noch nicht abgeschlossen.

Die als ‚md.' bezeichnete Wechselflexion ist vereinzelt in schwäb. und els. Texten seit dem 1. Viertel des 16. Jhs. belegt. Im Els. ist der Wandel bis zur Mitte des 17. Jhs. weitgehend abgeschlossen. Im Schwäb. setzt sich die Flexion der 1. Sg. Ind. mit *e* in den ersten Jahrzehnten des 17. Jhs. ebenfalls durch, doch kann *i* auch weiterhin verwendet bleiben. Im Bair. vermag die Wechselflexion kaum einzudringen; hier wird für die katholischen Autoren der Zeit die bewußte Ablehnung einer als ‚lutherisch' indizierten Sprachform vermutet. Im Ohchalem. herrscht bis etwa 1600 der rein obd. Flexionsweise, die bis zur Wende zum 18. Jh. weitgehend aufgegeben ist. Nach Anfängen im frühen 16. Jh. findet der Prozeß einer Übernahme des md. Usus in Nürnberg zwischen der 2. Hälfte des 16. und der 2. Hälfte des 17. Jhs. statt (vgl. Gr. d. Frnhd. IV § 148.2/3, 150.1).

Insbesondere bair. erscheint 2./3. Sg. Ind. sowie Imp. Sg. im späten 16. und ganzen 17. Jh. nicht selten (vgl. Anm. 4) mit gänzlicher Aufhebung der Vokalalternation; dies deutet tendenziell auf Ausgleich des gesamten Präs. zugunsten des Pl.(und Konj.)-Stammvokals, wie er bei den Verben mit Wechsel *ie* > *iu* eingetreten ist (vgl. § M 99).

Anm. 1: Selten erscheint im frühen Md. das in der 2./3. Sg. Ind. Präs. reguläre *i* auch in der 1. Sg. Ind. Präs.; solche Formen gelten als Relikte einer älteren Sprachstufe und nicht als aus dem Obd. entlehnt (vgl. Nordström 1911, 19). Eine solche Übernahme aus dem Obd. wird erst für md. Belege des frühen 16. Jhs. angenommen (vgl. Gr. d. Frnhd. IV § 150.1). Auch im Obd. kann es selten bereits im 14./15. Jh. zu Abweichungen vom geltenden Usus kommen; dabei jedoch zeigt sich eine Tendenz zu gänzlichem Ausgleich der Vokalalternation in allen Sg.-Positionen, z. B. 3. Sg. Ind. *nemet* in der ‚Naturlehre Mainau' (ohchalem. Hs. Ende 14. Jh.) (vgl. Gr. d. Frnhd. IV § 148.2).

Anm. 2: Md. Belege dieser Art sind weitgehend lautlich bedingt, in wenigen Fällen liegt Hinweis auf schw. Flexion vor (vgl. Gr. d. Frnhd. IV § 148.4).

Anm. 3: Die rasche Wiederherstellung der konsequenten Wechselflexion im Omd. wird durch das Vorbild Luthers erklärt (vgl. Besch 1967, 305).

Anm. 4: Die in solchen Belegen durchscheinende Tendenz hat keine größere Aus-breitung erfahren, es bleibt die traditionelle Formenbildung auch während des 17. Jhs. vorherrschend (vgl. Nordström 1911, 94, Anm. 96).

Bei den Verben mit einem Wechsel *ie* > *iu* bleibt die das Obd. vom Md. **§ M 99** trennende unterschiedliche Flexion der 1. Sg. Ind. Präs. (vgl. § M 97) weit-gehend ausnahmslos bis in die 2. Hälfte des 15. Jhs. bestehen.

Die das Md. kennzeichnende Wechselflexion wird seit der 1. Hälfte des 16. Jhs. zunehmend auch in Teilen des Obd. gebraucht. Zugleich setzt der Prozeß des gänzlichen Ausgleichs der Vokalalternation auch der 2./3. Ind. Sg. sowie des Imp. Sg. ein; er ist bis zur Mitte des 17. Jhs. weitgehend abgeschlossen.

Im Bair. sowie auch Schwäb. und Nürnberg. setzt noch vor der Mitte des 16. Jhs. Wechselflexion ein; zur 2. Jh.-Hälfte ist sie in einer Reihe von Texten durchgängig gebraucht. Parallel dazu ist in Drucken der 2. Hälfte des 16. Jhs. der Pl.- und Konj.-Stammvokal *ie* auch in der 2./3. Ind. Sg. sowie im Imp. Sg. gebraucht. Der Ausgleich der Alternation ist in der 2. Hälfte des 17. Jhs. vollzogen. Obwohl auch im Els. eine Inflexion von *ie* in allen Sg.-Positionen im frühen 16. Jh. vorkommt, bleiben solche Ausgleichsformen während des 16. Jhs. noch Ausnahme; eine ausgeglichene Infle-xion wird bis zur Mitte des 17. Jhs. fest. Eine Wechselflexion, wie sie für das Md. kennzeichnend und zuerst auch im Bair. / Schwäb. / Nürnberg. übernommen ist, ist für els. Texte nicht belegt (vgl. Gr. d. Frnhd. IV § 144.2–4). Im Ohchalem. wird der Ausgleichsprozeß, der zum Ende des 17. Jhs. ebenfalls durchgesetzt ist, „durch Trü-bung des Wechsels zwischen Sg. und Pl. und [entsprechende] hypersprachliche Ver-besserungen beschleunigt" (Nordström 1911, 77). Diese Trübung der im Obd. ge-nerellen Vokalalternation zwischen Sg. und Pl. ist durch die in Anm. 1 beschriebene ohchalem. Beibehaltung von ahd. *iu* auch in anderen als nur den Positionen des Sg. gegeben.

Im Md. wird bis in das 17. Jh. hinein vorwiegend am Prinzip der Wech-selflexion festgehalten. Früher als im Omd. setzt im Wmd. der Prozeß einer gänzlichen Ausgleichung ein (vgl. Anm.); die Aufhebung der Vokalalter-nation wird im Md. im Verlauf des 18. Jhs. erreicht.

Anm.: Die konsequentere Beibehaltung der Wechselflexion in omd. Texten sieht Nordström (1911, 59) durch die Sprachverwendung bei Luther gestützt (vgl. § M 98, Anm. 3). So haben sich Relikte einer vokalalternierenden Flexion der 3. Sg. Ind. „bei religiöser färbung der rede" (DWB, s. v. *kriechen*) bis weit in das Nhd. erhalten (vgl. Gr. d. Frnhd. IV § 146.1). Die Alternation kann (wmd.) frühzeitiger schon für den Imp. Sg. aufgehoben sein, wohingegen sie im Ind. Sg. konsequent beibehalten ist: *siede* (Imp. Sg.) gegenüber z. B. *flusset, ruchet, zuhet* bei Cube, Mainz 1485.

Durch Umlaut der 2./3. Sg. Ind. geleistete singulare Wechselflexion ist md. **§ M 100** seit Beginn des Frnhd. vorwiegend; über die ursprünglich lautlich verursachten Fälle hinaus kann sie sogar auch bei schw. Verben analogisch verallgemeinert sein (so bereits auch bei *kommen, hauen, laufen, kaufen, klagen* vgl. Gr. d. Frnhd. IV § 152.4). Während sich die Wechselflexion im Omd. des 16. Jhs. weiter festigt, erscheint im Wmd. seit dem ausgehenden 15. Jh. ein zunehmend umlautloser Gebrauch; im 17. Jh. findet jedoch auch hier eine neuerliche Festigung der Umlautung statt (vgl. Anm. 1).

Das Obd. zeigt im Verlauf des Frnhd. eine stark landschaftlich differenzierte Entwicklung, bei der die Wechselflexion im 17. Jh. sowohl vorwiegend als auch nur in Ausnahmen möglich ist. Nach einer im 14./15. Jh. deutlichen Tendenz zur Umlautlosigkeit (vgl. Anm. 2) stehen seit dem Übergang zum 16. Jh. Tendenzen sowohl der Umlautvermeidung wie auch solche der regulären Wechselflexion nebeneinander. Mit Ausnahme des Hchalem. ist die Wechselflexion im 17. Jh. zumindest gleichberechtigt neben der ausgeglichenen Flexion gebraucht.

Eine ungebrochene Tradition der Umlautlosigkeit hat das Hchal. (vgl. Nordström 1911, 77), wo Umlautvermeidung von der 2. Hälfte des 16. Jhs. bis in die 1. Hälfte des 18. Jhs. hinein vorwiegend ist. Sowohl els. wie schwäb. kommt es im 16. Jh. zu einer nebeneinander gebrauchten ‚Doppelformigkeit' (V. Moser 1910, 132) umlautloser und umlautender Flexion, wobei die Umlautvermeidung bis in die Mitte des 17. Jhs. vorwiegend bleibt. Im Nordbair. / Ofrk. und auch westl. Mbair. ist die Wechselflexion schon zur 1. Hälfte des 16. Jhs. vorwiegend, so daß im frühen 17. Jh. selten sogar *kömpt* belegt erscheint; der Usus der im 17. Jh. vorherrschende Wechselflexion gleicht eher dem des Omd. als dem des Wobd. (vgl. Gr. d. Frnhd. IV § 152.2/3).

Die gegenüber der zum Nhd. durchgesetzten Wechselflexion bei einigen Lexemen verallgemeinerte Umlautlosigkeit (*kommen, rufen*) erklärt sich als Durchsetzung der vorwiegend obd. Flexionsweise (vgl. Anm. 3).

Anm. 1: Obwohl es auch omd. während des 16. Jhs. stets zu umlautlosen Formen kommen kann, erscheint die Wechselflexion z. B. auch in *abhewet* (zu *hauen*), *anrüffet* und konsequent bei *kommen*. Demgegenüber scheint *kommen* in wmd. Texten des 16. Jhs. häufiger umlautlos (auch z. B. *laufft, schlahet, ratst, halt*) (vgl. Gr. d. Frnhd. IV § 152.4).

Anm. 2: Es bleiben nicht allein die den Sekundärumlaut hemmenden Konsonantenverbindungen weiterhin wirksam, sondern es kommt auch zu einem Ausbleiben des zu erwartenden und in früheren Texten bereits belegten Sekundär- wie auch des Primärumlauts. Löfstedt (1944, 167ff., 172f.) wertet unumgelautete Formen von z. B. *wachsen, fallen, graben* im vor allem südlichen Bair. durch einen morphologischen Ausgleich entstanden (vgl. Gr. d. Frnhd. IV § 152.2).

Anm. 3: Die lexemspezifische Umlautlosigkeit hat im 17./18. Jh. weitere Lexeme ergriffen (*laufen, stossen*), bei denen sie jedoch nicht durchgesetzt wird. Bei *kommen* findet noch im 18. Jh. eine Ausdehnung des Gebrauchs der in der omd. Literatursprache geläufigen Umlautung ins Obd. statt, so daß der Ausgleich hier erst nach dem 18. Jh. vollzogen wird. Bei *rufen* kommen seltene Belege *rüft* noch im Md. des 17. Jhs. vor. Ähnlich den Verhältnissen bei *kommen* ist auch bei *laufen* zum ausgehenden 17. Jh. die Umlautung allein im Omd. gebräuchlich; noch in der 2. Hälfte des

18. Jhs. gilt *läuft* noch nicht im gesamten dt. Sprachgebiet. Bei *stossen* bleibt die umlautlose Form teilweise noch im 19. Jh. erhalten. Vgl. Gr. d. Frnhd. IV § 151.2, 152.5. Der schwankenden Umlautung bei *kommen* geht die Ausgleichung der für das Normalmhd. ausgewiesenen Alternation (vgl. Mhd. Gr. § 248, Anm. 1) von *u* (Sg., z. T. mit Umlaut der 2./3. Sg. Ind.) und *o* (Pl.) voraus; sie ist analog jener des Wechsels *e* > *i* zu sehen (vgl. Frnhd. Gr. I.1, § 74, Anm. 5). Der Ausgleich zugunsten des Pl.-*o* ist im 17. Jh. erfolgt (vgl. Gr. d. Frnhd. IV § 148.6).

6.5.2. Ausgleich des Wechsels *e* > *i* zugunsten *i*

Bei *wiegen* (mhd. *wëgen* Klasse V, vgl. Anm. 1), *wirren* (mhd. *wërren* Klasse   § M 101
IIIb) und *ziemen* (mhd. *zëmen* Klasse IV; vgl. Anm. 2) wird im Frnhd. der Stammvokal der 2./3. Sg. Ind. Präs. (*i*) in allen Positionen des Präs. sowie im Inf. / Part. Präs. verallgemeinert (vgl. Gr. d. Frnhd. IV § 149.1). Der Ausgleich hat im 16. Jh. eingesetzt und ist zum Ende des Frnhd. vollzogen.

Über die genannten Verben hinaus kann *i* ebenfalls bei allen anderen von einem Wechsel *e* > *i* betroffenen Lexemen in wmd. Urkunden des 14. Jhs. erscheinen (vgl. Anm. 3).

Anm. 1: Das mhd. *wëgen* wird semantisch differenziert einerseits als *wiegen* und andererseits als *wägen* fortgesetzt: bei *wiegen* liegt Verallgemeinerung des Stammvokals der 2./3. Sg. Ind. Präs. vor, bei *wägen* liegt gänzlicher Ausgleich vor (vgl. § M 102). Die Verallgemeinerung des *i* ~ *ie* setzt vor der 2. Hälfte des 16. Jhs. ein, sie steht in unmittelbarem Zusammenhang mit der Übernahme des Prät. / Part. Prät.-Ablauts *o* (vgl. § M 118).

Anm. 2: *zëmen* wird im Frnhd. sowohl st. als auch schw. flektiert, die stammvokalische Vereinheitlichung geht dem Klassenwechsel tendenziell voraus (vgl. Gr. d. Frnhd. IV § 149.1).

Anm. 3: Weinhold (Mhd. Gr. § 348) findet solche Formen im Md. schon der mhd. Zeit. Nach Joesten (1931, 36.ff.) erscheinen entsprechende Belege aus dem 14. Jh. allein in Urkunden, nicht jedoch in raum- und zeitgleichen literarischen Texten.

6.5.3. Ausgleich des Wechsels zugunsten *e*

Bei einer Reihe st. Verben, bei denen über das Mhd. hinaus ein Wechsel *e*   § M 102
> *i* vorliegt, wird die Vokalalternation im Frnhd. gänzlich aufgegeben; der primäre Tempusvokal *e* wird auch in der 2./3. Sg. Ind. inflektiert (vgl. Gr. d. Frnhd. IV § 148.5). Die Entwicklung zugunsten des einheitlichen Präsensvokals *e* findet vor allem im Obd. seit dem 16. Jh. statt. Sie steht im Zusammenhang sowohl mit der bei den Lexemen mit Wechsel *ie* > *iu* eingetretenen Aufhebung einer Vokalalternation im Präsens (vgl. § M 99) als auch z. T. dem Verlust der st. Flexionsweise (vgl. Anm. 1). Doch geht die Verwendung von *e* über den Rahmen der Lexeme mit Klassenschwan-

kung hinaus (vgl. Anm. 2). Im Md. kommt es sehr viel seltener zu einer Aufhebung der Vokalalternation (vgl. Anm. 3).

Entgegen der Inflexion der 2./3. Sg. Ind. hat sich *e* im Frnhd. selten im Imp. Sg. festsetzen können (vgl. Anm. 4).

Bei dem schw. Verb *wägen*, das als die unmittelbare Fortsetzung des mhd. *wëgen* gilt (vgl. § M 101), liegt eine an das Substantiv *Waage* angelehnte ‚etymologische‘ Schreibung vor (vgl. Paul, Dt. Gr. III, § 168). Der Ausgleich ist bei *wägen* am Ende des Frnhd. erfolgt, die etymologische Schreibung gilt jedoch nur erst teilweise.

Es ist noch in der 2. Hälfte des 17. Jhs. nebeneinander belegt z. B. *zuerwegen* (Inf.) und *erweget* (3. Sg. Ind. Präs.; bei Moscherosch, Straßburg 1650) neben *erwâgen* (Inf.) und *erwâgt* (3. Sg. Ind. Präs.; bei Götz, Jena 1664).

Anm. 1: Den Zusammenhang von *e*-Inflexion und Klassenwechsel zeigen die st. Verben, bei denen der Wechsel von *e > i* aufgehoben ist, noch im Nhd.: bei ihnen ist die inflexivische Besonderheit zugleich Teil des noch immer unsicheren Klassengebrauchs (vgl. Duden-Grammatik 1984 § 220).

Anm. 2: Formen mit *e* weisen folgende Lexeme auf: *bellen, befelen, bewegen, -beren, bersten, erschrecken, fechten, flechten, geberen, gellen, genesen, gären, helen, jeten, melken, messen, nemen, pflegen, quellen, rächen, scheren, schmerzen, schelten, sehen, stechen, stecken, weben, werren, werden, ziemen* (vgl. Gr. d. Frnhd. IV § 148.5).

Anm. 3: Nicht selten wird im Md. des 14./15. Jhs. *e* im Stammvokal realisiert, das als mda. verursacht zu werten ist (vgl. Gr. d. Frnhd. IV § 148.5). Belege dieser Art sind im Wmd. sehr selten, wohingegen sie in omd. Texten in ca. einem Drittel aller Fälle auftreten (vgl. Joesten 1931, 43 und 45f.).

Anm. 4: Anders als in dem nhd. Imp. Sg. *werde* (von *werden*), bei dem aufgrund auch der Endungsflexivik eine den schw. Verben analoge Flexion anzunehmen ist, bleibt die Flexion des Imp. Sg. in den entsprechenden Fällen aufgrund des flexivischen -∅ als eine st. Flexion ausgewiesen: so z. B. *helff, werff, brech* (vgl. Gr. d. Frnhd. IV § 148.5). Die noch st. Flexion auch bei *werden* erweist z. B. *wird* bei Herberstein, Wien 1557.

6.5.4. *lügen, trügen*

§ M 103   Die mhd. st. Verben *liegen* und *triegen* werden zum Nhd. hin analog zu den Substantiven *Lug* und *Trug* mit dem Stammvokal *ü* inflektiert. Die etymologisch motivierte Flexion setzt seit dem 16. Jh. ein und erscheint vor allem in md. Texten; jedoch bleibt die klassenhomogene Flexion bis in das 17. Jh. vorherrschend (vgl. Anm.).

Anm.: Die Belege weisen in ihrer Mehrzahl den obd. Raum (vgl. Gr. d. Frnhd. IV § 145). Gestützt durch die besondere alem. Lautentwicklung und dadurch begründete Beibehaltung von ahd. *iu* auch im Inf. (vgl. § M 97, Anm. 1) zeigen sich vor allem im Schwäb. ähnlich flektierte Inf., z. B. *genüssen, schlüssen, bügen, rüchen* (vgl. Frnhd. Gr. I. 1 § 54).

6.6. Stammflexivik der st. Verben: Präteritum, Konsonantische Alternationen

6.6.1. Grammatischer Wechsel

Zusätzlich zur Alternation des Stammvokals weist eine Reihe st. Verben zu §M 104
Beginn des Frnhd. einen regelmäßigen und grammatisch gebundenen
Wechsel des stammschließenden Konsonanten auf: den ‚Grammatischen
Wechsel‘ (vgl. Anm. 1).

Beim grammatischen Wechsel alterniert der stammschließende Konsonant (vgl.
Anm. 2)
- in der historischen ‚Reinform‘ (vgl. Anm. 1) von einerseits Inf./Präs. / Sg. Prät. zu
  andererseits Prät. Pl. / Part. Prät. (vgl. z. B. Inf. *ziehen*, 3. Sg. Ind. Präs. *zeucht*,
  3. Sg. Ind. Prät *zoch*, 3. Pl. Ind. Prät. *zogen*, Part. Prät. *gezogen*,
- in einer aufgrund vor-frnhd. Ausgleichsprozesse schon erreichten ‚Zwischenform‘
  von einerseits Inf. / Präs. zu andererseits Sg. Prät. / Pl. Prät. / Part. Prät. (vgl.
  z. B. Inf. *leiden*, 3. Sg. Ind. Präs. *leidet*, 3. Sg. Ind. Prät. *litte*, 3. Pl. Ind. Prät. *lit-
  ten*, Part. Prät. *gelitten*.

Die bereits in ahd. Zeit zu beobachtende und bei vielen Lexemen abgeschlossene Aufhebung dieser lexemgebundenen konsonantischen Unregel-
mäßigkeit (vgl. Braune, Ahd. Gr. § 328, Anm. 1, § 330–346) wird im Verlauf des Frnhd. weiter fortgesetzt. Dabei findet bei den meisten der noch
von einem grammatischen Wechsel betroffenen Verben (vgl. Anm. 3) ein
Ausgleich zugunsten eines in allen Flexionsformen identischen stammschließenden Konsonanten statt (z. B. mhd. *verliesen* (Inf.), *verlôs* (Prät.
Sg.) > frnhd. *verlieren*, *verlor*). Seltener ist der Ausgleich nur innerhalb des
Prät.: hier ist ein grammatischer Wechsel im Nhd. erhalten (z. B. *ziehen* mit
-h- im Inf. und gesamten Präs. und -g- im gesamten Prät. und Part. Prät.);
dieser nur im Prät. erfolgende frnhd. Ausgleich des grammatischen Wechsels steht im Zusammenhang des im Frnhd. vollzogenen ‚Ablautausgleichs‘
(vgl. Gr. d. Frnhd. IV § 166.1. und 2.) (vgl. Anm. 4).

Anm. 1: Der synchron wirksame ‚grammatische Wechsel‘ ist das Ergebnis eines vorahd. kombinatorischen Lautwandels. Er bezeichnet die regelmäßige Alternation der
Konsonanten /f/ und /b/, /d/ und /t/, /h/ und /g/, /s/ und /r/. Diesen Konsonanten-
paaren liegt ursprünglich (d. h. für das Ide. erschlossen) nur jeweils ein Kon-
sonantenphonem zugrunde, das sich aufgrund unterschiedlicher prosodisch-phono-
logischer Bedingungen in germ. Zeit zu den verschiedenen Phonemen weiterentwik-
kelt hat (zur 1. Lautverschiebung sowie dem ‚Vernerschen Gesetz‘ vgl. Paul,
Mhd. Gr. § 85, 92f.). Dies hat sich z. B. in der Wortbildung (*dürfen – darben*, *Hefe –
heben*, *Höhe – Hügel*) als auch besonders in der Flexion der st. Verben ausgewirkt.
Denn aufgrund der in den verschiedenen Flexionsformen unterschiedlichen proso-
disch-phonologischen Bedingungen hat sich dort die jeweils unterschiedliche konsonantische Realisierung festgesetzt: Inf. / Präs. / Prät. Sg. gegenüber Prät. Pl. /
Part. Prät.

Anm. 2: Nicht in jedem Fall sind graphisch entsprechend ausgewiesene Belege von
Lexemen, bei denen mit einem grammatischen Wechsel zu rechnen ist, als Beispiele
eines noch vorliegenden oder bereits ausgeglichenen grammatischen Wechsels zu
werten. So kann z. B. auch Auslautverhärtung (beim Wechsel /d/ und /t/) oder auch
eine Überlagerung von regional bezogenen Lautentwicklungen vorliegen, die graphisch ein dem grammatischen Wechsel identisches Bild ergeben. Eine solche Überlagerung ist z. B. nicht ausgeschlossen bei Belegen zu *heben, werben* aus dem Mfrk.
des 14. (*vphoeuen* 3. Pl. Konj. Prät., *warf(f)* 3. Sg. Ind. Prät., *wŭruen* 3. Pl.
Ind. Prät., *geworuen* Part. Prät.) und 15. Jhs. (*vpgehauen* Part. Prät.). Denn im Mfrk.
ist das germ. Phonem /b-/ nicht zu Plosiv verändert worden (vgl. Paul, Mhd. Gr.
§ 90.b), so daß ein Frikativ durchaus zu erwarten wäre (vgl. Gr. d. Frnhd. IV
§ 166.3). Noch bis in das 16. Jh. bleibt in bair. Hss. der zwischen Liquiden und Vokal
mögliche Wandel von /b/ zu /v/ belegt (-w-), so daß hier bei *werben* ebenfalls eine
Überlagerung möglich ist (vgl. Frnhd. Gr. I.3 § 137.2.a.). Die Pl. Prät.-Form *sa(i)gen*
(zu *sehen*) im Rip. des 14. Jhs. müssen nicht unbedingt auf den beibehaltenen grammatischen Wechsel verweisen, sondern können ebenso den spirantischen Lautwert
des /g/ spiegeln (vgl. Gr. d. Frnhd. IV § 166.4.).

Anm. 3: Im Frnhd. ist ein grammatischer Wechsel belegt bei *heben, werben; leiden,
meiden, neiden, schneiden, sieden; (emp)fangen* (mhd. *vâhen/vân*), *gedeihen, leihen,
schlagen, sehen, seihen, zeihen, ziehen, zwahen* (mhd. *twahen*); *(er)kiesen, frieren,*
mhd. *wesen, verlieren* (vgl. Gr. d. Frnhd. IV § 166).

Anm. 4: Der Zusammenhang zeigt sich z. B. in den parallelen Textbelegen *zach* und
zug (3. Sg. Ind. Prät. zu *ziehen*): hier ist mit dem Ablautvokal des Pl. Prät. (-*u*-)
zugleich auch der stammschließende Konsonant im Sg. übernommen (die Verwendung des gesamten Pl.-Stamms ist zudem ein frnhd. Indiz für die Definition des
Ablauts als einer ‚morpholexischen Erscheinung', vgl. Gr. d. Frnhd. IV § 85). Der
Zusammenhang von konsonantischer und vokalischer Alternation zeigt sich bereits
auch im Ahd., wo der grammatische Wechsel innerhalb des Prät. bei jenen st. Verbklassen aufgehoben ist, die keinen Numerusablaut im Prät. aufweisen (vgl. Braune,
Ahd. Gr. § 328). Der kombinierte Ausgleich innerhalb des Prät. wird auch bereits für
das Mhd. dokumentiert, vgl. *mîden* vs. *mitte, mitten, gemitten* (vgl. Paul, Mhd. Gr.
§ 93, 245, 246).

§ M 105 Seltene Belege einer stammkonsonantisch ausgeglichenen Flexion kommen
schon im 14. und Verlauf des 15. Jhs. vor; die deutliche, lexemspezifisch
verlaufende Entwicklung einer Aufhebung der Alternation setzt besonders
erst seit dem späten 15. Jh. ein. Dabei ist die Ausgleichsrichtung offen, so
daß z. B. beim grammatischen Wechsel von /h/ und /g/ sowohl zugunsten
des /g/ (z. B. 3. Sg. Ind. Prät. *zog*) als auch in der gegenläufigen Richtung
zugunsten des /h/ (z. B. 3. Pl. Ind. Prät. *zohen*) ausgeglichen wird (vgl.
Anm. 1). Im Verlauf des 16. Jhs. werden jene Ausgleichsstränge, die nicht
in die dann nhd. Regelung münden, weitgehend wieder aufgegeben. Der
nhd. gewordene Zustand ist in der 2. Hälfte des 17. Jhs. ausschließlich oder
zumindest vorwiegend gebraucht (zu einigen Lexemen vgl. Anm. 2).

Wie die detaillierten Auszählungen von Best 1983, 109 (zu *was ~ war*) nahelegen, ist
der quantitative Umschlag zugunsten der neuen Qualität weitgehend im 2. Viertel
des 16. Jhs. zu vermuten. Eine sprachregionale Zuordnung der jeweils neuen,
ausgeglichenen Formen verweist zumeist in den md. Raum (vgl. Gr. d. Frnhd. IV

§ 166 sowie DWB, s. v.), bei den zu *-r* ausgleichenden Lexemen (*kiesen, verlieren*) weist eine solche Zuordnung demgegenüber in den hchalem. Raum (vgl. Gr. d. Frnhd. IV § 166.5).

Anm. 1: Die gemessen an der im Frnhd. durchgesetzten Handhabung als gegenläufig zu bezeichnende Ausgleichsrichtung greift nicht nur in den finiten Prät.- und Präs.-Formen, sondern auch beim Inf. sowie Part. Prät., so z. B. die Inf. *vermitten* (mhd. *-mîden*) oder *schneiten* (bei Luther), so z. B. das Part. Prät. *geschniden* (vgl. Gr. d. Frnhd. IV § 166).

Anm. 2: Sofern im folgenden keine weiteren Angaben gemacht sind vgl. jeweils Gr. d. Frnhd. IV § 166 (dort auch zahlreiche Hinweise auf weiterführende Literatur): *(emp)fangen*: Formen mit *-h-* im Inf. / Präs., die noch im 16. Jh. allein oder doch überwiegend sind, reichen bis in das 19. Jh., es dominiert die Flexion mit *-ng-* bereits im 17. Jh.; *erkiesen*: *-s-* bleibt im Pl. Prät. und Part. Prät. bis in das 16./17. Jh. nicht selten, in omd. Hss. ist es bis um 1500 obligatorisch; es kann *-r-* ebenfalls im Inf. und Präs. erscheinen; *frieren*: *-s-* bleibt im Präs. auch im 16. Jh. belegt; *heben*: Inf. / Präs. selten noch im 16. Jh. mit /f/ (in Seb. Francks Sprichwörtersammlung, vgl. DWB, s. v.); in dieser Textverwendung kann ein überkommener Sprachstand konserviert sein); *leiden*: eine Tendenz zu einem Ausgleich zugunsten /d/ ist spätestens im 16. Jh. abgebrochen; *meiden*: bildet in der Gruppe der Lexeme mit Wechsel /d/ zu /t/ eine Ausnahme, da Ausgleich zugunsten des im Inf. / Präs./Prät. Sg. vorliegenden /d/ erfolgt; es bleibt /t/ im Prät. Pl. / Part. Prät. auch im 17. Jh. noch erhalten, doch scheint der Umschlag zugunsten einer dominierenden Verwendung des /d/ im 16. Jh. allgemein; die entgegengesetzte Ausgleichung zugunsten /t/ ist vor allem im Alem. belegt; *neiden*: der Grammatische Wechsel, verbunden mit der Beibehaltung der st. Flexion, erscheint noch im 16. Jh.; *schlagen*: Flexion mit *-g-* ist in der 2. Hälfte des 16. Jhs. deutlich dominierend und hat sich „weitgehend im späteren 16. Jh. durchgesetzt" (Gr. d. Frnhd. IV § 166.4.); *schneiden*: *-d* begegnet im absoluten Auslaut noch in der 2. Hälfte des 15. Jhs.; einen Ausgleich zugunsten Stammauslaut /t/ auch im Präs. zeigt z. B. Luther (vgl. DWB, s. v.); *sieden*: scheint frnhd. vorwiegend mit /t/ im Prät. / Part. Prät. belegt, doch erscheint *-d* im Prät. Sg. noch im 16. Jh. sowie bei Grammatikern des ausgehenden 17. Jhs. (vgl. DWB, s. v.); Ausgleichungen zugunsten des /d/ bleiben bis in das 16. Jh. hinein belegt (vgl. DWB, s. v.); *verlieren*: Inf. / Präs./Prät. Sg. mit *-s*(-) kann noch bis in die 2. Hälfte des 15. Jhs. gebräuchlich sein, in Ausnahmen bleiben es noch im 17. Jh. erhalten; *werben*: Belege des Inf. / Präs. / Prät. Sg. mit /f/ sind selten und kommen kaum über das 15. Jh. vor, vgl. dazu Anm. 2; mhd. *wesen*: Nach einem selten verbleibenden Gebrauch des *-r* auch im Prät. Sg. (*war* statt *was*) noch des späten 14. und frühen 15. Jhs. beginnt eine deutliche Zunahme des Gebrauchs von *-r* seit etwa 1520; der Umschlag zugunsten eines mehrheitlichen Gebrauchs von *-r* ist um 1540/50 anzunehmen, so daß *-s* in der 2. Hälfte des 16. Jhs. zur Ausnahme wird (vgl. Best 1983, 109); *(ver)zeihen*: vereinzelte Belege mit *-g-* (Part. Prät. *verzigen*) noch im 17. Jh., der Umschlag wird im 16. Jh. vollzogen (vgl. V. Moser 1909, § 127); *ziehen*: in der 2. Hälfte des 16. Jhs. dominierendes *-g-* hat sich „im 17. Jh. im ganzen Präteritum völlig durchgesetzt" (Gr. d. Frnhd. IV § 166.4.), dabei erscheint sowohl *-g-* selten im Präs. (*zeugt*) als auch *-h-* im Part. Prät. (*gezohen*) (vgl. V. Moser 1909, § 172); *zwahen*: mit grammatischem Wechsel noch in der 2. Hälfte des 15. Jhs. belegt (Inf. *zwahen* zu Prät. *gezwůg*, vgl. V. Moser 1909 § 127).

6.6.2. Sonstige konsonantische Alternationen

§ M 106   Bei wenigen st. und auch schw. Verben treten im Frnhd. flexivisch ge-
bundene, ,suppletive' konsonantische Alternationen des Stammes auf (vgl.
Anm. 1): *bringen – brachte* (Prät. / Part. Prät.), *denken – dachte* (Prät. /
Part. Prät.), *dünken – dauchte/deuchte* (Prät. / Part. Prät.), *hauen – hieb*
(Prät.), *schreien – schriren* (Pl. Prät.), *sitzen – sass* (Prät. / Part. Prät.), *wir-
ken – worhte* (Prät.) (zu weiteren Fällen konsonantischer Allomorphie vgl.
Anm. 2).

Die jeweiligen Alternationen sind aufgrund ganz unterschiedlicher und
verschiedenen Sprachepochen zuzuordnender, phonemkombinatorisch bedingter Lautwandlungen entstanden (vgl. Anm. 3), sie sind zumeist schon
im Ahd. / Mhd. fest und unterliegen auch im Frnhd. kaum einer Schwankung. Es wird die Sonderform *schriren* im Frnhd. ebenso aufgegeben wie
worhte von *wirken*; bei *dünken* kommt es in der 1. Hälfte des Frnhd. sowohl
zu einer Flexion auch des Präs. mit *-ch* als auch zu einer im späten 17. Jh.
weitgehend üblichen Ausgleichung des Prät. zugunsten des im Inf. / Präs.
mehrheitlich gültigen *-nk-*.

Das seltene *schriren* ist vor allem im Oobd. möglich, die für Sachs (frühes 16. Jh.)
ausgewiesene Verwendung des auf *-r* ausgehenden Stammes auch im Sg. Prät. (vgl.
Moser 1909, § 202) kann als ein später Beleg gewertet werden.
     Bei *wirken* ist in der 1. Hälfte des Frnhd. stammauslautendes (spirantisches) *-/h/*
im Prät. / Part. Prät. vor allem oobd./omd. möglich (z. B. *beworhte, giworicht*), in
Ausnahmen kann *-ch* auch in das Part. Präs. übernommen sein (*wirichunden*). Bei
dünken erscheint eine Verwendung des Prät.-Stammes (*deuch-*) auch im Präs. als die
jeweils seltenere Flexivvariante vor allem im Obd. während des 15. Jhs.; in Ausnahmen kann ein solcher Fall noch im 17. Jh. vorkommen. Der Ausgleich zugunsten des
auf Nasal+Kons. ausgehenden Inf.-/Präs.-Stammes (*dünk-*) kommt im Prät. zu allen
Zeiten des Frnhd. vor, für das Part. Prät. scheint demgegenüber der alte Stamm
länger und konsequenter beibehalten. Die Formen *dauchte, gedaucht* finden sich bis
in das 18. Jh. (vgl. Paul, Dt. Gr. III § 187).

Anm. 1: Die vorliegenden Alternationen gelten synchron als „suppletive Bildungen
von verschiedenen Stämmen" (Gr. d. Frnhd. IV § 165). Eine wirkliche Suppletion
(i. e. Komplettierung eines defekten Flexionsparadigmas durch Zusammenbindung
etymologisch nicht zusammengehörender Stämme) liegt nicht vor, da die unterschiedlichen Tempusstämme in allen Fällen auf ein identisches Etymon zurückzuführen sind.

Anm. 2: Von den flexivisch relevanten Alternationen sind solche konsonantisch bezogenen Allomorphien zu trennen, „die ohne Bindung an morphologische Kategorien wie Tempus oder Numerus" auftreten (Gr. r. Frnhd. IV § 165): so z. B. Kontraktionen von zwischenvokalischem *-g-* (in z. B. *legen* mit Sg. Präs. *leit* und
Sg. Prät. *leite*, zu den im frühen Frnhd. noch möglichen Kontraktionen vgl.
§ M 150f.) oder z. B. auslautend *-ch* statt *-h* (Schreibung *-ch* für spirantisches /h/) in
sehen (Sg. Präs. *sich* und Sg. Prät. *sach*, analog dazu auch inlautend *sechen*, vgl.
Moser 1909 § 128).

Anm. 3: Bei *bringen, denken, dünken* liegt im Prät. / Part. Prät. ein urgerm. anzunehmender Schwund des Nasals vor (vgl. Braune, Ahd. Gr. § 128, Anm. 1), so daß im Rahmen der 2. Lautverschiebung innerhalb dieser Formen zu Frikativ, innerhalb des Inf. / Präs. (jedoch nur in Teilen des Alem. / Bair.) zur Affrikate verschoben ist: so noch belegt z. B. in dem Inf. *denkchen* (Kottanerin, mbair. Hs. um 1450). Bei *hauen* liegt im Inf. / Präs. (mhd. *houwen*) Schwund des zwischen -*ou*- und -*e*- liegenden -*w*-, im Pl. Prät. (mhd. *hiewen*) Wandel des -*w*- zu -*b*- (vgl. Paul, Mhd. Gr. § 117 und Anm. 1), im Sg. Prät. analoge Übertragung von -*b* vor (ahd. noch frk. *hio*, obd. *hiu*, vgl. Braune, Ahd. Gr. § 354, Anm. 1). Bei *schreien* wird ein bereits ahd. vorhandenes -*r*- zur Bezeichnung eines zwischen zwei Vokalen sich bildenden „Übergangslautes" angenommen (vgl. Braune, Ahd. Gr. § 120, Anm. 3). Bei *sitzen* spiegeln sich die unterschiedlichen Ergebnisse der 2. Lautverschiebung: nur im Präs. ist vorahd. durch thematisches -*j*- Gemination eingetreten (vgl. Braune, Ahd. Gr. § 344), so daß in diesem Fall zu Affrikate, im Prät. / Part. Prät. jedoch zu Frikativ verschoben ist. Bei *wirken* ist der für das Idg. angenommene sth. Plosiv im Stammauslaut durch den folgenden stl. Plosiv der Flexionsendung (*wirg-ta) vorgerm. zu /*k*/ verändert, das in der Folge der 2. Lautverschiebung zu Frikativ verändert ist („Primärberührungseffekt", vgl. Paul, Mhd. Gr. § 94), während das im Inf. / Präs. erhaltene /*g*/ durch die im Rahmen der 2. Lautverschiebung einsetzende Medienverschiebung zu /*k*/ verändert ist.

6.7. Stammflexivik der st. Verben: Präteritum, Vokalische Alternationen

Lit.: Alm 1936; Chirita 1988; Gerth 1986; Geyer 1912; Granmark 1933; Gr. d. Frnhd. IV § 98–139; Hempen 1988; Hoffmann / Solms 1987; Kern 1898; Paul, Mhd. Gr. § 245–253; V. Moser 1909 § 195–175; Shumway 1894; Shumway 1897; Solms 1984; Strömberg 1907.

6.7.1. Ausgleich der 2. Sg. Ind. Prät.

Die Flexion der 2. Sg. Ind. Prät. stellt sowohl hinsichtlich der Endungs- als auch der Stammflexivik eine paradigmatische Ausnahme dar (zur Endungsflexivik vgl. § M 92): Abweichend von der Inflexion der 1./3. Sg. Ind. Prät. wird die 2. Sg. Ind. Prät. noch zu Beginn des Frnhd. auch durch den (falls umlautfähig) umgelauteten Stammvokal des Pl. Prät. inflektiert (z. B. *ich reit* aber *du riti, ich bôt* aber *du büti*); daneben erscheint bereits im 14. Jh. die stammvokalisch ausgeglichene Form. Die abweichende Inflexion wird spätestens im Zusammenhang des ‚Ablautausgleichs‘ aufgegeben; teilweise liegt der Ausgleich der 2. Sg. jedoch voraus, so daß ein einheitlich inflektierter Sg. mit einem einheitlich inflektierten Pl. alterniert. Die endungsflexivische Angleichung liegt tendenziell vor dem inflexivischen Ausgleich. Die inflexivisch wie endungsflexivisch neue Form ist am frühesten im Oobd. schon im frühen 15. Jh. gebräuchlich, im gesamten Sprach-

§ M 107

raum ist die neue Regelung weitgehend am Ende des 15. Jhs. usuell (vgl. Gr. d. Frnhd. IV § 99).

6.7.2. Klasse 1a

§ M 108   Zum Inventar der Klasse 1a gehören alle st. Verben, deren Part. Prät.= Prät.-Stamm zum Ausgang des Frnhd. zumindest vorwiegend mit *i* ~ *ie* inflektiert wird.

Dazu zählen die Lexeme der mhd. Ablautklasse Ia und Ib (vgl. § M 109f.), bei denen nach der Aufhebung der mhd. noch vorhandenen Klassenspaltung (mhd. Ablautklasse Ia: mit Sg. Prät.-Ablaut *ei*, mhd. Ablautklasse Ib mit *ê* vor germ. /h/, vor /w/ und im Auslaut; vgl. Paul, Mhd. Gr. § 245) ein Ausgleich des Numerusablauts zugunsten des Pl. Prät.=Part. Prät.-*i* stattfindet (vgl. Anm.); dazu zählen die Lexeme *scheiden* (und *heissen*) der mhd. Ablautklasse VII (vgl. § M 111), bei denen ein Klassenwechsel zu konstatieren ist; dazu zählen die mhd. schw. Verben *gelîchen*, *wîsen*, *prîsen* (sowie in Ansätzen *freien*, *kneipen*, *läuten*, *speisen*) (vgl. § M 112), die zu den Ausnahmen gehören, bei denen ein Wechsel von der schw. zur st. Flexion stattgefunden hat. Die hinsichtlich der Qualität des Prät.= Part. Prät.-Ablauts einheitliche Klasse 1a wird im Nhd. aufgrund der unterschiedlichen Vokalquantität wieder aufgespalten (mit /i/, z. B. *reiten*: *[rit]*, mit /i:/, z. B. *bleiben*: *[bli : p]*).

Anm.: Der zum Ahd. hin aufgrund der phonemkombinatorisch eingetretenen ahd. Monophthongierung von germ. **ai* entstandene Ablautvokal der mhd. Ablautklasse Ib weist Vokallänge auf (/e:/) (vgl. Braune, Ahd. Gr. § 43). Er wird im normalisierten Mhd. als *ê* graphisch gekennzeichnet (vgl. Paul, Mhd. Gr. § 19,72). In der frnhd. Schriftlichkeit ist eine von *e* abweichende graphische Markierung der Vokalquantität zumeist nicht angezeigt.

§ M 109   Die mhd. Klassenspaltung der mhd. Ablautklasse Ia / Ib wird im Frnhd. aufgehoben. Die Mehrzahl der Lexeme der mhd. Ablautklasse I gehört zur Unterklasse a (vgl. Anm. 1). Die Inflexion der 1./3. Sg. Ind. Prät. mit *ê* (zur phonemkombinatorisch definierten Gruppe der davon betroffenen Lexeme vgl. § M 108) gilt schon im Mhd. als Ausnahme, die bereits teilweise zugunsten *ei* aufgegeben ist; selten kann auch zugunsten *e* ausgeglichen sein (vgl. Anm. 2).

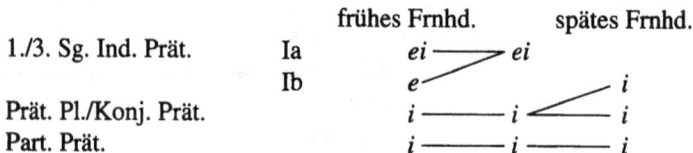

		frühes Frnhd.	spätes Frnhd.
1./3. Sg. Ind. Prät.	Ia	*ei* ⟶ *ei*	
	Ib	*e*	*i*
Prät. Pl./Konj. Prät.		*i* —— *i*	*i*
Part. Prät.		*i* —— *i* —— *i*	

Abb. 16: Stammvokale Klasse 1a

Die Möglichkeit der *ê*-Inflexion bleibt im Frnhd. zunächst bestehen. Einheitliche Inflexion mit *ei* ist im Md. in der 1. Hälfte des 15. Jhs. erreicht, im

Obd. überlagert sich die Aufhebung der Klassenspaltung in der 2. Hälfte des 15. Jhs. mit dem Ausgleich des Numerusablauts zugunsten *i*; der Ausgleich wird in der 2. Hälfte des 15. Jhs. erreicht.

Besondere Stammvokalvarianten mit *u* kommen bei *leihen, schreien* und *speien* bis in das 17. Jh. vor.

Im Alem. / Wmd. ist bei den vokalisch auslautenden Lexemen mit altem suffigiertem *w* im Pl. Prät. und Part. Prät. das Stammauslautcluster ursprünglich zu *iu, û* gewandelt (vgl. Braune, Ahd. Gr. § 331, Anm. 3); *u* bleibt in Köln bis zur Mitte des 16. Jhs. allgemein, im Hess. ist die alte Form im Übergang zum 16. Jh. verdrängt. Im Alem. hat Inflexion mit *u* für das 13.–15. Jh. wohl als „Normalform" zu gelten; sie bleibt bis zur Mitte des 16. Jhs. im Els. und im Ohchalem. noch zum Ausgang des 17. Jhs. lebendig (z. B. *außgeschrowen* bei Heidegger, Zürich 1698). Für els. Texte ist eine Hyperdiphthongierung des *û* > *au* belegt, wodurch ausdrucksseitige Ähnlichkeit zu st. Verben der Ablautklasse II entsteht, was zu entsprechenden Flexionsformen führt (vgl. Gr. d. Frnhd. IV § 102.2, Anm.).

Anm. 1: Von den 93 mhd. st. Verben der Ablautklasse I zählen nur 10 zur Unterklasse b (vgl. Solms 1984, 71).

Anm. 2: Zu den frnhd. graphischen Entsprechungen des normalmhd. Monophthongs *ê* sowie die Diphthongs *ei* vgl. § L 19, L 26. Es kann *ei* im Mhd. bei *spien, lîhen, gedîhen* in der Flexion des Sg. Prät. auftreten, es kann ebenso *ê* bei *schrî(g)en* gebraucht sein; Formen dieser Art gelten als Angleichungen an das jeweils konkurrierende Flexionsmuster (vgl. Paul, Mhd. Gr. § 245).

Ein Ausgleich des Numerusablauts ist bei den Lexemen der mhd. Ablautklasse I in jeder der strukturell möglichen Richtungen belegt (vgl. Anm. 1); die vom endgültigen Ausgleichsmuster abweichenden Lösungen bleiben jedoch stets Ausnahme. Bei einer von Text zu Text stark schwankenden Verwendung wird der Ausgleichsprozeß stark lexemgebunden vollzogen (vgl. Anm. 2). Der Ausgleich zugunsten des *i* setzt in der 2. Hälfte des 15. Jhs. ein und wird im gesamten Sprachraum in der 1. Hälfte des 17. Jhs. usuell (vgl. Chirita 1988, 90). Besonders lange haben sich die Diphthong-Formen des Prät. Sg. in *schrei* und *spei* erhalten (vgl. Anm. 2).

§ M 110

Obwohl die frühesten Ausgleichsbelege schon in mhd. Zeit außerhalb des Obd. auftauchen (vgl. Anm. 3), wird der strukturelle Wandel zuerst im Obd. vollzogen.

Der Ablautausgleich scheint zuerst im Schwäb. / Ofrk. zu erfolgen (vgl. auch zum folgenden Gr. d. Frnhd. IV § 103.2 und 5; Chirita 1988, 90). Die Durchsetzung erfolgt im Schwäb. schon im letzten Viertel des 15. Jhs. (Chirita, 1988, 90, datiert auf die Zeit um 1520). Die Ausgleichung wird zeitlich gestaffelt in Augsburg, in Nürnberg und in einigen Texten aus Mainz bis zur Wende zum 16. Jh. festgesetzt. Der Prozeß beginnt im Bair. zu Beginn des 16. Jhs. und ist zur Mitte des 16. Jhs. durchgesetzt. In Straßburg treten seit dem 1. Viertel des 16. Jhs. Ausgleichsformen auf, die ebenfalls zur Mitte des 16. Jhs. dominant gebraucht scheinen. Erst nach der Mitte des 16. Jhs. kommt es im Ohchalem. zu einer Auflösung der traditionellen Ablautverhältnisse, sie scheinen bis zur Mitte des 17. Jhs. überwunden (Chirita 1988, 90 datiert den Beginn der Endphase einer Ausgleichung ab ca. 1620). Innerhalb des

Md. kommt es in Köln, wo eine frühe und wohl auch autochthon erfolgende Ausgleichung seit dem ausgehenden 15. Jh. eingetreten ist, nach der Ersetzung der Kölner Schreibsprache durch das obd. geprägte Schreibidiom nach dem 1. Viertel des
16. Jhs. zu einer besonders konservativen Situation: erst im 17. Jh. scheint die Ausgleichung auch hier zu greifen. Im Thür. zeigen sich Anfänge einer Ausgleichung im
frühen 16. Jh., der Usus ausgeglichener Formenbildung wird erst zur Mitte des
17. Jhs. erreicht. Im Obsächs. wird die neue Formenbildung in der 2. Hälfte des
16. Jhs. allgemein, wohingegen die Luther-Bibel einen konservativen Sprachstand
aufweist, der erst mit den Cansteinschen Ausgaben (frühes 18. Jh.) verändert wird.
Möglicherweise erklärt sich damit der konservativere Sprachgebrauch bei protestan-
tischen Autoren in Frankfurt, bei denen die Diphthong-Formen auch in der 2. Hälfte des 16. Jhs. noch häufig sind, wohingegen in hess. Drucken aus Mainz der Ausgleich in der 1. Hälfte des Jhs. Usus geworden ist.

Anm. 1: Ausgleichungen zugunsten *ei* finden sich sowohl im Pl. Prät. als auch seltener im Konj. Sg. Prät. (vgl. Gr. d. Frnhd. IV § 100f.). Solche Verwendungen können
zur Erweiterung des Variantenapparates reimgebundener Dichtung (z. B. bei Hans
Sachs) dienen, sie tragen aber „den Charakter des Zufälligen" (Alm 1936,101).

Anm. 2: Eine besonders frühe Durchsetzung der Ausgleichung wie auch ein besonders langes Verharren an der traditionellen Ablautung korreliert in der Regel mit der
Auftretenshäufigkeit des jeweiligen Lexems (vgl. Gr. d. Frnhd. IV § 104.1); so bleibt
diphthongisches Sg. Prät. besonders erhalten bei *bleiben, greifen, reiten, scheinen,
schreien, schreiben* (vgl. auch Chirita 1988,90). Bei den bis ins 17. Jh. vorkommenden Formen *schrei* und *spei* vermutet Strömberg (1907,150) eine Analogie zu den
ausdrucksseitig identischen schw. Kausativa.

Anm. 3: Die frühesten Ausgleichsbelege des Sg. Prät. weist Weinhold Mhd. Gr.
§ 354 für B. v. Schonebeck (Magdeburg 1276) aus (vgl. Alm 1936,24f.).

§ M 111   *scheiden* flektiert im Mhd. regulär nach Ablautklasse VII: *scheiden – schied
          – gescheiden* (vgl. Paul, Mhd. Gr. § 253), daneben im 13. und frühen 14. Jh.
bereits auch nach Ablautklasse Ia: Sg. Prät. *scheid*, Part. Prät. *geschiden*
(vgl. DWB, s. v.; Paul, Dt. Gr. III, § 169). Der Klassenwechsel erfolgt im
Frnhd. vor allem seit dem Ende des 15. Jhs. und ist nach der 1. Hälfte des
17. Jhs. weitgehend vollzogen: *scheiden – schied – geschieden*; als erstarrtes
Part. Adj. bleibt *bescheiden* im Nhd. erhalten (vgl. Gr. d. Frnhd. IV § 105).

Die nach Ablautklasse VII funktionierende Flexion ist im Obd. noch des 15. Jhs.
ausnahmslos, im Wmd. / Thür. kommt es schon im frühen 14. Jh. zu einer zwischen
Ablautklasse I und VII schwankenden Flexion. Es wird die der Ablautklasse I gemäße Flexion im Wmd. während des 15. Jhs. weiter verallgemeinert und scheint im
frühen 16. Jh. in Köln allgemein. Nach Ablösung der Kölner durch eine obd. geprägte Schreibsprache wird diese Entwicklung nicht fortgesetzt, sondern die dem
Obd. noch eigene Flexion nach Ablautklasse VII wieder festgesetzt; sie bleibt auch
im frühen 17. Jh. noch gültig und scheint damit sogar hinter der im Obd. bereits
erreichten Entwicklung zurück zu bleiben. Gegenüber der in Köln retardierenden
Entwicklung ist der Klassenwechsel im Hess. in der 1. Hälfte des 16. Jhs. weiter
fortgeschritten, so daß (ähnlich auch zum Thür. / Obsächs.) die Inflexion auch des
Part. Prät. mit *-ie-* in der 1. Hälfte des 17. Jhs. durchgesetzt ist. Innerhalb des Obd.
deutet sich – mit Ausnahme des Ohchalem. – der Klassenwechsel seit der 1. Hälfte
des 16. Jhs. an (in Nürnberg zum ausgehenden 15. Jh.), er wird in der 1. Hälfte des

17. Jhs. fest. Im Ohchalem. bleibt die neue Flexion noch in der 2. Hälfte des 17. Jhs.
selten; ihre vorwiegende Gültigkeit auch in Hss. erreicht sie erst zur 2. Hälfte des
18. Jhs.

Anm.: v. Kienle (1969, § 216.c) konstatiert für *heißen* und *meiden* eine dem Lexem
scheiden ähnliche Entwicklung; als umgangssprachliche Variante ist Part. Prät. *ge-*
hießen noch im Nhd. bekannt (vgl. Duden-Grammatik 1984 § 220).

1. Eine Flexion analog den Lexemen der Ablautklasse I übernehmen die § M 112
drei mhd. schw. Verben *gelîchen, wîsen, prîsen*. Bei *gelîchen* (vgl.2.), *wîsen*
(vgl.3.), *prîsen* (vgl.4.) wird im Frnhd. die st. Flexion durchgesetzt, die im
Verlauf des Frnhd. einige weitere Lexeme ergreift (vgl. Anm. 1).

Anm. 1: Von dem Prozeß einer Klassenschwankung besonders betroffen sind jene
denominalen Verben, die den Verben der zahlenmäßig großen Ablautklasse I im
Präsens ausdrucksseitig identisch sind (mit Stammvokal *î*, vgl. Schirmunski
1962, 506). Für *speisen* (z. B. Part. Prät. *gespiesen* bei Heidegger, Zürich 1698) nennt
Paul Dt. Gr. III, § 181, Anm. 4 st. Formen typisch für schweiz. Texte des
18./19. Jhs.; weitere seltene st. Formen weisen auf (mhd.) *bekrîtzen, freien, geigen,*
kneipen, leiten (entrundetes *läuten*), *scheuen, weihen*, mhd. *wigelen* (vgl. Paul,
Dt. Gr. III § 162, Anm. 6,181 und Anm. 3 und Anm. 4; Schirmunski 1962, 506;
Weinhold, Alem. Gr. § 376.1; Weinhold, Mhd. Gr. § 426). Bei *scheuen*, das seltene st.
Formen auch nach der mhd. Ablautklasse II zeigt (vgl. § M 113 und Anm. 3), er-
scheint im Bair. des späten 17. Jhs. auch Sg. Prät. *schich*, Part. Prät. *geschichen* (vgl.
Gr. d. Frnhd. IV § 107, Anm. 2).

2. Bei dem intrans. *gelîchen* (vgl. Frnhd. Gr. IV § 106.2) kommt es nur in
Ausnahmen zu einer st. Flexion vor dem 16. Jh. Die neue Flexion setzt
insbesondere zur 2. Hälfte des 16. Jhs. vor allem bei dem Präfixverb (*ver-*
gleichen) ein. Hier ist die st. Flexion bis zum Ende des 17. Jhs. weitgehend
festgesetzt, das Obd. geht dem Md. zeitlich voraus. Der Übergang zur st.
Flexion ist auch beim Simplex im 18. Jh. erreicht; dabei ist die veränderte
Flexion zuerst innerhalb der intrans. Verwendung fest.

3. Bei *prîsen* (vgl. Gr. d. Frnhd. IV § 106.3) treten erste st. flektierte Be-
lege im späten 15. Jh. auf. Die Entwicklung greift zuerst innnerhalb des
Part. Prät., wo sie zur 2. Hälfte des 16. Jhs. in zumindest wobd. / wmd.
Texten häufig sind. In der 2. Hälfte des 17. Jhs. ist die st. Flexion des
Part. Prät. im gesamten Sprachraum usuell.

4. *wîsen* (vgl. Gr. d. Frnhd. IV § 106.4) bleibt bis in das frühe 15. Jh. ausschließlich schw. flektiert. Eine st. Flexion erscheint zuerst im Part. Prät.
wobd. Texte seit der Mitte des 15. Jhs. Sie setzt sich auch innerhalb des
Prät. während des 16. Jhs. weitgehend durch, so daß schw. flektierte Formen im 17. Jh. weitgehend selten sind.

Im Oobd. bleibt die schw. Flexion noch im 1. Viertel des 16. Jhs. üblich und wird bis
zur 2. Jh.-Hälfte von der st. Flexion weitgehend abgelöst. In Nürnberg gebraucht
Hans Sachs vorwiegend die st. Flexion. Im Wmd. ist sie vor der Mitte des 16. Jhs.
usuell. Obschon die st. Flexion in Teilen des Thür. im frühen 16. Jh. weit verbreitet

ist, bleibt die schw. Flexion innerhalb des Omd. nicht nur beim finiten Prät., sondern auch im Part. Prät. länger erhalten. Erst seit Anfang des 17. Jhs. wird sie zunehmend aufgenommen und durchgesetzt.

6.7.3. Klasse 1b

§ M 113   Zum Inventar der Klasse 1b gehören alle st. Verben, deren Part. Prät.= Prät.-Stamm zum Ausgang des Frnhd. vorwiegend mit *o* inflektiert wird; die auf diesen Zustand zielende Entwicklung muß zumindest deutlich begonnen haben (zumeist im Part. Prät.).

Dazu zählen die Lexeme der mhd. Ablautklasse IIa und IIb (vgl. § M 114f.), bei denen nach der z. T. parallel verlaufenden Aufhebung der mhd. noch vorhandenen Klassenspaltung (vgl. Anm. 1) sowie des Ausgleichs des Numerusablauts noch in der 2. Hälfte des Frnhd. ein qualitativ einheitlicher Ablaut (*o*) des Prät.= Part. Prät. vorliegt (vgl. Anm. 2); dazu zählen eine Reihe von Lexemen der mhd. Ablautklasse III, IV, V, VI, bei denen ein Klassenwechsel zu konstatieren ist: *melken, quellen, schellen/schallen, schmelzen, schwellen* der mhd. Ablautklasse IIIb (vgl. § M 116), *dreschen, fechten, flechten, löschen, scheren, schweren* der mhd. Ablautklasse IV (vgl. § M 117), *pflegen, weben, gären* und mhd. *wëgen* der mhd. Ablautklasse V (vgl. § M 118), *heben* und *schweren* (nhd. *schwören*) der mhd. Ablautklasse VI (vgl. § M 119), *glimmen* und *klimmen* der mhd. Ablautklasse IIIa (vgl. § M 120); zum schw. Verb *scheuen* vgl. Anm. 3.

Die hinsichtlich des qualitätiven Prät.=Part. Prät.-Ablauts einheitliche Klasse 1b wird im Nhd. aufgrund unterschiedlicher Vokalquantitäten wieder aufgespalten (mit /o/, z. B. *sieden*: [sot], mit /o:/, z. B. *bieten*: [bo : t]).

Anm. 1: Der zum Ahd. hin aufgrund der sog. ahd. Monophthongierung von germ. **au* (vor germ. /t/, /d/, /z/, /s/, /h/ vgl. Paul, Mhd. Gr. § 246) entstandene Ablautvokal der mhd. Ablautklasse IIb weist Vokallänge auf (/o:/) (vgl. Braune, Ahd. Gr. § 45). Er wird im normalisierten Mhd. als *ô* graphisch gekennzeichnet (vgl. Paul, Mhd. Gr. § 19, 74). In der frnhd. Schriftlichkeit ist eine vom *o* des Part. Prät. abweichende graphische Markierung der Vokalquantität zumeist nicht angezeigt, so daß ausdrucksseitig eine Identität der Ablautvokale des Part. Prät. und Sg. Prät. vorliegt.

Anm. 2: Die Lexeme der mhd. Ablautklasse II mit einer im Präsensstamm ererbten Schwundstufe *û* (*sûfen, sûgen*) oder mit (vor *w*) erhaltenem *iu* (nicht eingetretener vorahd. Wandel germ. **eu* > ahd. *io/ie, briuwen, bliuwen, kiuwen, riuwen*) inflektieren ihr Part. Prät. häufig abweichend und dem Inf. / Präs. identisch, z. B. *auzgesvgen, gesuffen, gebrauen* (vgl. Gr. d. Frnhd. IV § 107). Unabhängig von dieser definierten Lexemgruppe kann aufgrund landschaftsbezogener Lautwandelprozesse auch ein anderer Ablautvokal im Part. Prät. erscheinen: z. B. *a* in *verlaren*, im Omd. nicht selten *u* z. B. *geflugen, geschuben*, in Köln *-vluwen* (*fliehen*) (vgl. Gr. d. Frnhd. IV § 107).

Anm. 3: Dem hier vorliegenden Muster gemäß kann im Alem. selten auch das schw.
Verb *scheuen* flektiert sein (Part. Prät. *ohngeschohene*, vgl. Gr. d. Frnhd. IV § 107,
Anm. 2); das Lexem zeigt im Frnhd. ebenfalls eine Flexion gemäß Klasse 1a (vgl.
§ M 112, Anm. 1).

Anm. 4: Aufgrund des häufigen Klassenwechsels ist zum Nhd. hin eine hierarchische
Dominanz der Ablautung *o* (Prät.) *-o* (Part. Prät.) entstanden; daraus erklärt sich,
daß die Tempusausprägung ‚Vergangenheit‘ im Nhd. überproportional häufig mit *o*
indiziert wird und dabei sogar auch analoge Übertragungen auf schw. Verben vorkommen können. Eine solche Dominanz hat sich im Niederländischen noch sehr viel
ausgeprägter herausgebildet (vgl. zusammenfassend Solms 1984, 66).

Die mhd. K l a s s e n s p a l t u n g der mhd. Ablautklasse IIa / Ib wird im   § M 114
Frnhd. aufgehoben:

		frühes Frnhd.	spätes Frnhd.
1./3. Sg. Ind. Prät.	IIa	*ou*	
	IIb	*o* ——— *o* ——— *o*	
Prät. Pl./Konj. Prät.		*u* ——— *u* ——— *o*	
Part. Prät.		*o* ——— *o* ——— *o*	

Abb. 17: Stammvokale Klasse 1b

Die Möglichkeit einer *ou*-Inflexion (zur phonemkombinatorisch definierten
Gruppe der davon betroffenen Lexeme vgl. § M 113, Anm. 1) bleibt im
Frnhd. zunächst bestehen, doch sind die Verhältnisse schon im 14. Jh. oft
zugunsten eines im Sg. Prät. einheitlichen *o* verändert. Zum Ende des
15. Jhs. ist *ou* insgesamt nur noch selten gebraucht; *ou* kann insbesondere
in alem. Texten vereinzelt bis in die 2. Hälfte das 16. Jh. belegt bleiben. Es
erscheint *ou* sowohl bei Lexemen der mhd. Ablautklasse IIa als auch „anormal" (Alm 1936, 109) bei Lexemen der Ablautklasse IIb (vgl. Anm.).

Anm.: Als Ursache der „anormal" mit *ou* inflektierten Lexeme aus der mhd. Ablautklasse IIb gilt sowohl eine Analogie von Seiten der Lexeme aus Ablautklasse IIa, ein
landschaftsbezogener Wandel mhd. *ô > ou* (vgl. Frnhd. Gr. 1.1 § 78.3) und auch eine
in Teilen des Omd. veränderte Distributionsbedingung der Verteilung von *ô/ou* (vor
h erhaltener Diphthong; vgl. Gr. d. Frnhd. IV § 109, Anm. 3). Der Wandel *ô > ou* im
Schwäb. (z. B. *zouh* bei Steinhöwel, Ulm 1473, vgl. Gr. d. Frnhd. IV § 108) ebenso
wie im Wmd. des 15. Jhs. (bei *fliehen, ziehen*) bei den entsprechenden Flexionsformen belegt (vgl. Gr. d. Frnhd. IV § 109).

Gestützt durch den md. Lautwandel *u > o* (vgl. § L 16) zeigt sich die Auf-   § M 115
hebung des N u m e r u s a b l a u t s und die Ausgleichung zugunsten des
Sg.=Part. Prät.-*o* im Wmd. / Thür. bereits im 14. und frühen 15. Jh.; sie ist
im 15. Jh. im gesamten Md. usuell (vgl. Anm. 1). Eine rhfrk. „Rückent-
wicklung" im frühen 16. Jh. (Chirita 1988, 134) hält nicht weit über das 1.
Viertel des 16. Jhs. an (vgl. Gr. d. Frnhd. IV § 110.6). Der Übergang zu
usuellem *o* ist nach Anfängen im 15. Jh. auch im Obd. zum 16. Jh. so weit
fortgeschritten, daß eine vom Md. unabhängige Entwicklung anzunehmen
ist (vgl. Anm. 2).

Die Auflösung der traditionellen Ablautverhältnisse zeigt sich seit der 2. Hälfte des 15. Jhs. und in der 1. Hälfte des 16. Jhs. auch an der entgegengesetzten Ausgleichung zugunsten des Pl.-*u*, das teilweise sogar in das Part. Prät. übernommen wird. Dabei liegt eine von Text zu Text stark schwankende Entwicklung vor: in manchen zeitlich parallelen Texten gleicher sprachlandschaftlicher Zugehörigkeit wird eine zugunsten *u* tendierende Ausgleichung bevorzugt, in anderen jene zugunsten des *o*.

Im Oschwäb. und Wmbair. kommt es häufiger (Wende 15./16. Jh.) zu gegenläufigen Ausgleichsbildungen mit *u* im Sg.; diese generelle Auflösung der traditionellen Verhältnisse ist ebenfalls für Nürnberg charakteristisch. Auch im Md. kommt es seit Anfang des 16. Jhs. häufiger zur Inflexion des Sg. und Pl. mit *u*. Doch sind diese Schwankungen in der 2. Hälfte des 16. Jhs. beseitigt. Die Übernahme von *u* auch im Part. Prät. zeigt sich z. B. in *vluwe* (Sg.) – *vluwen* (Pl.) – *gevluẉen* (Part. Prät.) im Rip. des frühen 15. Jhs. (vgl. Gr. d. Frnhd. IV § 110.7).

Der Zustand stark schwankenden Gebrauchs eines Ausgleichs einerseits zu *o* und andererseits zu *u* ist insbesondere im Ofrk. angezeigt (vgl. Anm. 2). Dabei ist vor allem für *verlieren* und seltener auch für *ziehen* die häufigere und auch länger anhaltende Möglichkeit einer zu *u* tendierenden Ausgleichung belegt (vgl. Gr. d. Frnhd. IV § 112; zu *verlieren* vgl. auch Chirita 1988, 118, 123f., 130, zu *ziehen* vgl. Anm. 3).

Die Ablautausgleichung zugunsten des Sg.=Part. Prät.-*o* ist im gesamten hd. Sprachraum zu Beginn des 17. Jhs. usuell; in seltenen Fällen können sowohl Ausgleichsformen zugunsten des Pl.-*u* als auch traditionell numerusablautende Belege bis in das 18. Jh. belegt bleiben.

Anm. 1: Die morphologische Entwicklung wird von einem vorausliegenden lautlichen Übergang mhd. *u* > *o* (vgl. Frnhd. Gr. 1.1 § 74) überlagert. Dabei jedoch ist die im Md. beobachtete Geschwindigkeit und Konsequenz des Eindringens von *o* in den Pl. nur durch einen gemeinsamen lautlichen und morphologischen (analogischen) Vorgang zu erklären (vgl. Alm 1936, 106, 197; Bentzinger 1973, 148, 157; Granmark 1933, 61, 64). Der lautliche Wandel scheint als ein Anstoß für den analogischen Wandel gewirkt zu haben (vgl. Gr. d. Frnhd. IV § 111, Anm. 3). Auch Texte aus den md. Sprachlandschaften (Obsächs.), in denen ein genereller Wandel *u* > *o* nicht eingetreten ist, weisen *o* im 15. Jh. vorwiegend auf, wohingegen es im 14. Jh. im Pl. noch nicht vorkommt (vgl. auch Gerth 1986, 61 und 1987, 120 zu Leipziger Frühdrucken).

Anm. 2: Als eine primär md. Ausgleichung bezeichnen z. B. Drechsler 1895, 48 und Girlich 1971, 140 den zugunsten des Sg.=Part. Prät.-*o* entschiedenen Prozeß. Dagegen vermuten Arens 1917, 98f. und Geyer 1912, 79 den Ursprung einer Verdrängung des Pl.-*u* im Els. angesiedelt (vgl. Gr. d. Frnhd. IV § 110f.). Zuletzt im Ohchalem. einsetzend (2. Hälfte des 16. Jhs.) ist der Übergang im Els. schon im 1. Viertel des 16. Jhs. vollzogen. Ähnlich früh erscheint der Ausgleich in schwäb. und ombair. Texten (vgl. Gr. d. Frnhd. IV § 110f.). Für die Annahme einer vom Md. unabhängigen Entwicklung im Ofrk. spricht die schon in der 2. Hälfte des 15. Jhs. bemerkbare allgemeine Auflösung der Ablautverhältnisse, die zu einer gleich häufigen Ausgleichung in beiden strukturell möglichen Richtungen führt (vgl. Chirita 1988, 136).

Anm. 3: Chirita 1988, 112f. bezweifelt eine bei *ziehen* vorliegende Eigenentwicklung; ihre vorgebrachten, sich jedoch allein auf den Bereich des Sg. beziehenden Einwände sind kaum hinreichend (vgl. Gerth 1986, 61, sowie vor allem Gr. d. Frnhd. IV § 110, mit zahlreichen Hinweisen; vgl. dazu auch die von Chirita, z. B. 128, selbst vorgebrachten Hinweise).

Bei den mhd. zu Ablautklasse IIIb zählenden Lexemen *melken*, *quellen*, **§ M 116** *schellen/schallen*, *schmelzen*, *schwellen* bleibt die Prät.-Ablautung gemäß dieser Klasse (*melken-malk-mulken-gemolken*) bis zum Ende des Frnhd. vorwiegend beibehalten. Die Entwicklung zugunsten der strukturell vereinfachten und dem Part. Prät. identischen *o*-Inflexion von Sg. und Pl. Prät., die auch weitere Lexeme der mhd. Ablautklasse IIIb ergreift (vgl. Anm. 1), setzt im Verlauf des 16. Jhs. im Md. / Ofrk. ein; der Übergang zugunsten *o* erfolgt in allen Lexemen während der 1. Hälfte des 18. Jhs. Die Entwicklung zeigt *o* zuerst im Pl. Prät., von wo aus es auch den Sg. Prät. ergriffen hat (vgl. Anm. 2). Die Flexion des Part. Prät. durch *o* ist im Frnhd. bei nur sehr wenigen Ausnahmen fest (vgl. Anm. 3).

Parallel der schwankenden Ablautentwicklung entsteht vorwiegend im Obd. seit dem 16. Jh. die Möglichkeit zur schw. Flexion, die jedoch alleim beim Simplex *schallen* im Verlauf des 18. Jhs. häufig wird.

Für die von den Lexemen der mhd. Ablautklasse IIIb abweichende Entwicklung werden je betroffenem Lexem unterschiedliche Ursachen als möglich angenommen (vgl. Anm. 4). Übereinstimmend gilt jedoch eine stützende Analogie von Seiten des Part. Prät.

Anm. 1: Eine zu *o* tendierende Entwicklung zeigen die meisten der Lexeme der mhd. Ablautklasse IIIb (Ausnahme: *helfen*). Sie wird jedoch bei *gelten*, *schelten*, *-felen*, *stelen* und auch *bergen*, *bersten*, *verwirren* nicht durchgesetzt.

Anm. 2: Der Pl. Prät.-Ablaut-*o* wird als die „md. Gestaltung des alten Pluralvokals" gewertet (vgl. Kern 1898, 73), die dann folgende Übernahme des Pl.-Vokals auch in den Sg. sieht Grimm IV 596 als die dezidiert md. Richtung des präteritalen Ablautausgleichs. Daneben erscheinen jedoch auch zahlreiche Belege einer den anderen Lexemen der mhd. Ablautklasse IIIb analogen Ausgleichung zugunsten des Sg. Prät.-*a*: z. B. *geschwalen*, *quallen*. Vgl. Gr. d. Frnhd. IV § 113.

Anm. 3: Auf eine alem. Sonderentwicklung macht Weinhold Alem. Gr. § 331.c aufmerksam. Aufgrund der unterbliebenen (vorahd.) Vokalharmonisierung *u* > *o* sei bis in das 15. Jh. hinein teilweise *u* im Part. Prät. erhalten (*gemulcken*). Eine Part. Prät.-Form *geschwallen* (Luther) bleibt ebnfalls Ausnahme (vgl. Gr. d. Frnhd. IV § 113.2).

Anm. 4: Für *schallen* wird eine das *o* begünstigende strukturelle Disposition durch den veränderten Präs.-Vokal gesehen (mhd. *schëllen*); hier ist *o* zum Ende des 17. Jhs. allgemein. Für *quellen* gilt eine das *o* begünstigende lautliche Veränderung des Stammvokals *a* (des Sg. Prät.) durch Einfluß des stammschließenden *-l* als möglich (*a* > *o*). Eine vorwiegend durch Analogie zugunsten des Part. Prät. entstandene Form wird in *molk* gesehen. Vgl. Gr. d. Frnhd. IV § 113.4.

Bei den mhd. zu Ablautklasse IV (*dreschen-drasch-drâschen-gedroschen*) **§ M 117** zählenden Lexemen *dreschen*, *fechten*, *flechten*, *löschen*, *scheren*, *schweren*

wird die Entwicklung zugunsten der strukturell vereinfachten und dem
Part. Prät. identischen *o*-Inflexion von Sg. und Pl. Prät., die auch weitere
Lexemen der mhd. Ablautklasse IV ergreift (vgl. Anm. 1), von Lexem zu
Lexem verschieden vom Zustand einer bereits in mhd. Zeit bestehenden
landschaftlichen Variation aus vollzogen (vgl. Anm. 2): die landschaftliche
Variation besteht dabei in einer zwischen dem Muster der Ablautklasse IV
und IIIb (selten auch VI) schwankenden Flexion. Im Frnhd. ergibt sich
z. T. eine nach den sprachlichen Großlandschaften (md. nach Ablautklasse
IIIb, obd. nach Ablautklasse IV) geschiedene Verwendung. Der im Frnhd.
(und teilweise erst im 18. Jh.) vollzogene Prozeß zeigt sich als die Verallgemeinerung ursprünglich arealer Varianten; der seit dem 17. Jh. im Entstehen begriffene nhd. Zustand erweist sich als eine primär md. Eigentümlichkeit (vgl. Anm. 3).

Nach Anfängen im 14. Jh. wird bei *fechten/flechten* der Übergang zu einer durch-
gehenden *o*-Inflexion in der 1. Hälfte des 17. Jhs. vollzogen (vgl. Anm. 4). Bei *lö-*
schen tritt *o* neben regulärem *a* im Prät. während des 17. Jhs. zuerst auf, es wird im
Verlauf der 1. Hälfte des 18. Jhs. allgemein. Bei *dreschen* taucht abweichend vom
Usus einer durch *a* erfolgenden Inflexion des Prät. vereinzelt auch *drusche* auf (nach
Ablautklasse IIIb), *o* wird erst vom 18. Jh. an übernommen. Bei *scheren* (und paral-
lel dazu auch bei *schweren*) ist eine von den Ablautklasse IIIb / IV unabhängige
Entwicklung eingetreten: neben Sg. Prät. *schar* begegnet im 16. Jh. seltener auch
schur und *schor*, im 17. Jh. sind Formen mit *a* weitgehend unbekannt; neben Prät.-
Ablaut-*o* erscheint auch im 18. Jh. noch *u*.

Die Flexion des Part. Prät. durch *o* ist im Frnhd. bei nur sehr wenigen
Ausnahmen fest (vgl. Anm. 5).

    Dem Prozeß der strukturellen Vereinfachung des Ablauts geht seit dem
16. Jh. eine Entwicklung zur zunehmend schw. Flexion parallel, die jedoch
(mit Ausnahme von *löschen*) zu keiner Zeit vorwiegend wird.

Bei *löschen* tritt früh eine Vermischung der im Mhd. flexivisch geschiedenen trans.
(schw. *leschen*) und intrans. (st. *löschen*) Lexeme ein; im Gegensatz zum Simplexverb
bleibt die st. Flexion beim (intrans.) Präfixverb erhalten. Bei *schweren* kommt es seit
dem 18. Jh. zu einer schw. Flexion (vgl. Gr. d. Frnhd. IV § 114.2).

Als mögliche Ursachen der zu Prät.=Part. Prät.-*o* entschiedenen Entwick-
lung gilt für alle betroffenen Lexeme eine sowohl stützende Analogie von
Seiten des Part. Prät. als auch von Seiten der Ablautklasse II. (vgl.
Gr. d. Frnhd. IV § 114.4).

Anm. 1: Eine zu *o* tendierende Entwicklung zeigen *brechen, gebähren, nehmen, rä-*
chen, schrecken, stehlen, treffen.

Anm. 2: Es wird der Pl. Prät. von *fechten* und *flechten* in mhd. Zeit im Md. durch *u*
(~ *o*) realisiert (Prät.: *flacht-fluchten* ~ *flochten*); dies entspricht dem Usus der Lexeme der Ablautklasse IIIb. Die klassifikatorische Zuweisung zur Ablautklasse IV
erfolgt hier, wie auch bei *dreschen* und mhd. *löschen* (für die Belege des Pl. Prät. im
Mhd. nicht belegt sind) sowie bei *scheren* (das im Mhd. auch nach Ablautklasse VI
flektiert erscheint), durch die Phonemkombinatorik des Stammvokals (vgl. auch für

Hinweise auf die ahd. / mhd. Belegung der entsprechenden Lexeme Gr. d. Frnhd. IV § 114, Anm. 1).

Anm. 3: Der Hinweis auf die md. Verankerung der zu *o* entschiedenen Entwicklung ergibt sich aus ganz unterschiedlichen und auf die einzelnen Lexeme bezogenen Beobachtungen (vgl. zusammenfassend Gr. d. Frnhd. IV § 114.4). Soweit eine md. Verwendung analog dem Muster der Ablautklasse IIIb vorliegt, wird der Pl. Prät.-Ablaut-*o* als die „md. Gestaltung des alten Pluralvokals" gewertet (vgl. Kern 1898, 73), die dann folgende Übernahme des Pl.-Vokals auch in den Sg. sieht Grimm IV 596 als die dezidiert md. Richtung des präteritalen Ablautausgleichs.

Anm. 4: Es bleiben solche Belege des 14. Jhs. noch selten, wobei für das Obd. ein vorgängiger Lautwandel *o* (des Sg. Prät.) > *a* angenommen wird. Bis in das 16. Jh. hinein bleibt die das Md. vom Obd. trennende Handhabung bestehen, nach der *fechten/flechten* im Md. gemäß der Ablautklasse IIIb und im Obd. gemäß der Ablautklasse IV flektiert werden. Die Datierung des Übergangs zu einer vorwiegenden *o*-Inflexion basiert primär auf den Aussagen der zeitgenössischen Grammatiker (vgl. Gr. d. Frnhd. IV § 114.2.).

Anm. 5: Die Ausnahmen zeigen unterschiedliche strukturelle Muster: bei *gescharen* erfolgt eine dem qualitativen Prät.-Ablaut identische Flexion des Part. Prät., bei *erlôschin* liegt eine Identität zum Inf.-Stammvokal vor (vgl. Gr. d. Frnhd. IV § 114.2).

1. Die mhd. zu Ablautklasse V (*wëben-wab-wâben-gewëben*) zählenden **§ M 118** Verben *pflegen*, *weben*, *gären*, mhd. *wëgen* durchlaufen eine verschiedene Entwicklung.

2. Vom Muster der mhd. Ablautklasse V abweichend kann *pflegen* bereits in mhd. Zeit im Part. Prät. mit *o* inflektiert sein. Dies setzt sich im Frnhd. weiter durch und wird seit der Mitte des 16. Jhs. bis zur Mitte des 17. Jhs. im gesamten hd. Sprachraum usuell.

Widerstände gegen eine durch *o* erfolgende Inflexion des Part. Prät. zeigen sich seit dem 17. Jh. besonders in schwäb. / alem. Texten. Hier scheint es sogar im 18. Jh. zu einer Retardierung zu kommen, insofern verstärkt wieder neben *gepflogen* auch *gepflegen* verwendet sein kann (vgl. Gr. d. Frnhd. IV § 115.2).

Erst nachdem *o* im Part. Prät. sicher gebraucht wird, erscheint dieses dann auch im Pl. Prät. und schließlich auch Sg. Prät. Erste Ansätze dazu zeigen omd. Texte bereits im ausgehenden 15. Jh.; doch ist im Omd. noch im 17. Jh. ein Numerusablaut *a* (Sg. Prät. *plach*) zu *o* (Pl. Prät. *plogen*) gebräuchlich, wohingegen das Obd. bei der seltener beibehaltenen st. Flexion das Prät. gemäß dem Usus der mhd. Ablautklasse V einheitlich mit *a* flektiert.

Bis in das 16. Jh. hinein kommen schw. flektierte Belege nur selten vor. Solche werden jedoch aufgrund der strukturellen Disposition im Obd. / Wmd. im 17. Jh. üblich (vgl. Anm. 1).

Anm. 1: Schirmunski 1962, 504 nennt den Übergang zur schw. Flexion für jene Verben strukturell disponiert, bei denen ein im Inf. und Part. Prät. identischer Stamm

vorliegt (vgl. dazu die eindeutigen und diese Vermutung bestätigenden Zahlen der
mhd. > nhd. Entwicklung bei Solms 1984, 322ff.). Diese Disposition ist im Frnhd.
vor allem für das Obd. gegeben, insofern dort das Part. Prät. häufiger und langan-
haltender durch *e* (= Inf.) inflektiert wird.

3. Bei *gären* kommt es zum Ende des 17. Jhs. zu der einheitlichen Inflexion von *o* im Prät.=Part. Prät.; bei *weben* erfolgt der Übergang zu diesem
Usus erst nach der 1. Hälfte des 18. Jhs.; es bleibt im Frnhd. die dem
Muster der Ablautklasse V folgende Flexion allgemein. Dem erfolgten
Klassenwechsel geht die jeweilige Inflexion des Part. Prät. mit *o* voraus;
erste Belege dieses Usus finden sich für *gären* im 15. Jh. und für *weben* seit
dem frühen 17. Jh.

Ähnlich dem Befund für mhd. *wëgen* zeigen die ersten Belege eines Part. Prät.-*o* bei
gären ebenfalls in den omd. Sprachraum. Bei Hans Sachs findet sich die noch traditionelle Ablautung *vergeren*, die insbesondere im Obd. gewöhnlich bleibt. Ein
Part. Prät. *gewoben* ist ertmals für das frühe 17. Jh. belegt, daneben bleibt auch im
17. Jh. *geweben* noch häufig (vgl. Gr. d. Frnhd. IV § 116.2). Die neue Sg. Prät.-Form
gor erscheint seit dem 17. Jh., *wob* wird erst in der 2. Hälfte des 18. Jhs. schriftsprachlich.

Bei *gären* kommt es seit dem 16. Jh. zu einer parellelen schw. Flexion, bei
weben wird eine solche seit dem 17. Jh. häufig, wobei sich die st. Flexion
insbesondere in md. Texten zu behaupten weiß.

4. Es ist bei mhd. *wëgen* (vgl. Anm. 2) die dem Inf. identische Inflexion
auch des Part. Prät. (*gewegen*) bis in das 16. Jh. gültig. Früheste hd. Belege
mit *o* datieren aus dem 15. Jh., der früheste Übergang zu einer vorwiegenden Inflexion von *o* im Part. Prät. findet im Omd. zur Mitte des 16. Jhs.
statt. Demgegenüber bleibt *gewegen* im Wmd. und Obd. auch im 16. Jh.
vorwiegend; es wird *gewogen/bewogen* im 17. Jh. im gesamten hd. Sprachraum allgemein. Obwohl eine Inflexion auch des Prät. mit *o* tendenziell
früher eintritt als im Part. Prät., wird sie jedoch im Part. Prät. frühzeitiger
fest. Die Inflexion des Prät. mit *o* erscheint häufiger erst im 17. Jh., sie wird
in der 2. Hälfte des 18. Jhs. fest (vgl. Anm. 3).
    Bei *wëgen* liegt im Md. bereits in mhd. Zeit eine vom Usus der Ablaut-
klasse V abweichende Flexion nach dem Muster der Ablautklasse VI vor
(*wuoc-wuogen*). Diese Flexion gilt im Omd. bis zum ausgehenden 15. Jh.
weiter, wohingegen im Obd. / Wmd. die gemäß der Ablautklasse V erfolgende Inflexion beibehalten ist. Es wird die ursprünglich md. Form im
gesamten hd. während des 16. Jhs. vorherrschend; von der 2. Hälfte des
16. Jhs. an erscheint *o* zuerst im Westen des hd. Sprachgebietes; die neue
Form bleibt im Simplexverb während des 17. Jhs. auch im Md. gegenüber
u seltener (nicht jedoch im Präfixverb) und wird erst in der 1. Hälfte des
18. Jhs. usuell (vgl. Anm. 4).
    Es wird seit dem 15. Jh. die schw. Flexion vereinzelt möglich; dabei
kommt es zu Vermischungen des st. *bewegen* mit dem schw. *etwas bewegen*.

Die noch nhd. gültige semantische Bindung der st. Flexion ist spätestens seit der Mitte des 17. Jhs. fest.

Anm. 2: Aus mhd. *wëgen* werden die nhd. Lexeme *wägen, wiegen* entwickelt. *wiegen* entsteht als eine Neubildung aus der mit *e/i*-Wechsel flektierten 2./3. Sg. Präs.; es ist *wiegen* teilweise bereits in mhd. Zeit belegt. Flexivisch identisch verhält sich *bewegen* in der Bedeutung ‚etw. veranlassen' (vgl. Gr. d. Frnhd. IV § 116, Anm. 1).

Anm. 3: Frühzeitiger als das Simplexverb *wiegen* ist beim Präfixverb *bewegen* die Inflexion des Prät.=Part. Prät. mit *o* fest (vgl. Gr. d. Frnhd. IV § 116).

Anm. 4: Die bei *wiegen/bewegen* zu beobachtenden Phasen der Entwicklung zeigen, daß im Ergebnis sprachlandschaftlich ganz unterschiedliche Prozesse von Einfluß waren. Dabei gilt ein md. Einfluß von *geplogen* bei gleichzeitigem Wandel *we-* > *wo-*; es gilt ein Einfluß auch von Seiten des Mnd. und auch Mndl.; es wird die rasche Ausbreitung des Part. Prät.-*o* im Wmd. / Obd. der Wirkung Luthers zugeschrieben; daß bereits vor einem Part. Prät.-*o* im Wobd. auch im Prät. *o* erscheint (*wog-wogen*) läßt einen vorgängigen Wandel des Pl. Prät.-*â* > *o* mit nachfolgendem Ausgleich des Numerusablauts vermuten; die generelle Übernahme des *o* auch im Prät. wird durch Einfluß des Part. Prät. erklärt; schließlich tritt bereits früh in wmd. Texten der Ausgleichsinfinitiv *wiegen* auf, so daß in Kombination mit einem Part. Prät.-*o* die Flexion gemäß dem Muster der Ablautklasse II naheliegt (dazu auch entsprechende Präs.-Belege, z. B. *weugt*) (vgl. Gr. d. Frnhd. IV § 116.4).

1. Die mhd. zu Ablautklasse VI (*heben-huop-huoben-gehaben*) zählenden **§ M 119** Verben *heben, schweren* durchlaufen eine verschiedene Entwicklung.

2. Bei *schweren* gilt im Frnhd. die bereits für das Mhd. belegte und abweichend vom Muster der Ablautklasse VI erfolgende Inflexion des Part. Prät. durch *o* (vgl. Anm. 1). Das Prät. wird im Frnhd. weitgehend gemäß dem Muster der Ablautklasse VI inflektiert: *schwur-schwuren*. Daneben erscheinen einzelne, lautlich bedingte *o*-Belege im Md. im frühen 15. Jh. und insbesondere im Schwäb. / Alem. der 2. Hälfte des 15. Jhs. und der 1. Hälfte des 16. Jhs. (vgl. Gr. d. Frnhd. IV § 118.4); den Beginn einer dem Part. Prät. analogen Inflexion auch des Prät. sieht v. Kienle 1969, § 214 im 17. Jh. (vgl. Anm. 2), wobei jedoch im Konj. Prät. der traditionelle Ablautvokal beibehalten bleibt.

Eine schw. Flexion von *schweren* ist nur ausnahmsweise im Obd. möglich.

Anm. 1: Die im Bair. der mhd. Zeit gebräuchliche und der Ablautklasse VI analoge Inflexion des Part. Prät. (*geswarn*, vgl. Paul, Mhd. Gr. § 252, Anm. 4) taucht in bair. Texten des 14. Jhs. nicht mehr auf (vgl. Gr. d. Frnhd. IV § 118.2).

Anm. 2: Als stützende Faktoren einer Verwendung von *o* im Prät. gelten sowohl eine Analogie zum Part. Prät., die Rundung *e* > *ö* im Präs. sowie auch die Geltung von *o* im Mnd. (vgl. Gr. d. Frnhd. IV § 118.4).

3. Bei *heben* bleibt Part. Prät. *gehaben* bis in das 16. Jh. vorwiegend. Erst im 16. Jh. kommt es zu einer über Einzelbelege hinausgehenden Verwendung von *o*, das zur 2. Hälfte des 17. Jhs. vorwiegend ist (vgl. Anm. 3). Das

st. Prät. bleibt im Frnhd. zumeist durch *u* inflektiert (*hub-huben*); *o*-Belege
erscheinen im späteren Frnhd. allein in wobd. Texten (vgl. Anm. 4).
Eine schw. Flexion, die für das Part. Prät. bereits im 14. Jh. und dann
auch im Prät. seit dem 16. Jh. vorkommen kann, bleibt weitgehend auf den
obd. Sprachraum begrenzt. Dabei wird innerhalb des Prät. die st. Flexion
weitgehend bevorzugt, auch wenn im Part. Prät. eine schwankende oder
nur schw. Flexion vorliegt. Die schw. Flexion wird im 16. Jh. zu einem
Merkmal der obd. Sprachform im Gegensatz zu dem die st. Flexion bei-
behaltenden Md. (vgl. Gr. d. Frnhd. IV § 118.2/4).

Anm. 3: Die *o*-Inflexion des Part. Prät. gilt sowohl durch einen Lautwandel des
vorgängig gedehnten *a* > *o* als auch durch analoge Beeinflussung von *weben, pflegen*
verursacht (vgl. Gr. d. Frnhd. IV § 118.4). Als erstarrtes Part. Adj. lebt *erhaben* auch
im Nhd. weiter fort.

Anm. 4: Frühe Belege mit *o* schon im 14./15. Jh. kommen in Köln sowie auch im
Alem. vor; ihre Wertung ist umstritten, als möglich erscheint unterbliebene Diphthongierung von germ. *ô* > ahd. *uo* (vgl. Gr. d. Frnhd. IV § 118.4 sowie Anm. 1).

§ M 120   Bei den zur mhd. Ablautklasse IIIa zählenden Lexemen *glimmen, klimmen*
bleibt die traditionelle Ablautung (*glimmen-glam-glummen-geglummen*) bis
in das 16. Jh. beibehalten. Analog der bei den Lexeme der mhd. Ablautklasse IIIa (vgl. § M 128) nicht seltenen Ablautausgleichung tritt im 17. Jh.
eine Ausgleichung zugunsten des Pl.=Part. Prät.-Ablauts-*u* ein; wie auch
bei den Lexemen der Ablautklasse IIIa mit stammschließendem Doppelnasal (vgl. § M 123) erscheint im Omd. ebenfalls bereits *o* im Prät. (*klom-
men*). Der Übergang zu einheitlichem Prät.= Part. Prät.-*o* liegt im ausgehenden 17. Jh. und der 1. Hälfte des 18. Jhs. (vgl. Gr. d. Frnhd. IV
§ 112.2); daneben bleibt in Teilen des Obd. die Ausgleichung zugunsten des
Sg. Prät.-Ablauts-*a* belegt, so daß zum Ausgang des Frnhd. mehrere Ablautungen möglich sind: neben traditionellem Numerusablaut *glimmen-
glam-glummen-geglommen* auch *glimmen-glum-glummen-geglommen/glim-
men-glam-glammen-geglummen* und *glimmen-glom-glommen-geglommen*.
   Es werden *glimmen/klimmen* im Frnhd. häufiger als vergleichbare Verben auch schw. flektiert; diese wird jedoch niemals vorwiegend.

6.7.4. Klasse 1c

§ M 121   1.   Das Inventar der Klasse 1c stellen die (auch) st. Verben *schinden* und
dingen, deren Part. Prät.=Prät.-Stamm zum Ausgang des Frnhd. vorwiegend mit *u* inflektiert: *schinden-schund-schunden-geschunden*; das Ablautmuster kann im Frnhd. auch bei weiteren Lexemen vorliegen (vgl.
Anm. 1).

2. Eine der Ablautklasse IIIa folgende st. Flexion (*schand* – *schunden*) tritt bei dem ahd. noch schw. Verb *schinden* erst seit dem Mhd. auf; auch im Frnhd. kommt neben der st. stets auch schw. Flexion vor. Die im 16. Jh. mögliche Variation des Sg. Prät. von *schand* und *schund* entspricht der auch bei den Lexemen der mhd. Ablautklasse IIIa (frnhd. Klasse 2c, vgl. § M 128 belegten Entwicklung eines Eindringens des Pl.-Ablauts in den Sg.; spätestens im 17. Jh. ist für *schinden* eine vom Usus der Lexeme der mhd. Ablautklasse IIIa abweichende Ausgleichung zugunsten des Pl.=Part. Prät.-*u* erfolgt (vgl. Gr. d. Frnhd. IV § 119.2).

3. Beim mhd. schw. Verb *dingen* wird bis zum ausgehenden Frnhd. auch die st. Flexion möglich; sie erfolgt z. T. analog den Lexemen der mhd. Ablautklasse IIIa (mit Sg. Prät. *dang*), z. T. mit gänzlich ausgeglichenem Prät.=Part. Prät.-Ablaut-*u*. Die *a*-Ablautformen gelten dabei als Ausnahme (vgl. Anm. 2).

Anm. 1: Einen nicht erhaltenen Ausgleich zugunsten Prät.=Part. Prät.-*u* zeigen im Frnhd. ebenfalls *glimmen/klimmen* (vgl. § M 120) sowie *schrinden* und mhd. *slinden* (vgl. Frnhd. Gr. IV § 119, Anm.). Darüber hinaus zeigen Grammatiker des 18. Jhs., daß eine ganze Reihe von Lexemen mit Ablaut-*u* inflektiert sein kann (vgl. § M 128, Anm. 3).

Anm. 2: Die nhd. st. Flexion ist die der Lexeme der mhd. Ablautklasse IIIa (z. B. *finden*): *dingen-dang-gedungen* (vgl. Duden-Grammatik 1984 § 220); sie wird erst im 19. Jh. durchgesetzt (vgl. Gr. d. Frnhd. IV § 119).

6.7.5. Klasse 2a

Zum Inventar der Klasse 2a gehören alle st. Verben, die zum Ausgang des Frnhd. entweder vorwiegend oder aber in ihrer Entwicklung deutlich darauf hinzielend durch den Ablaut Prät.-*a*/Part. Prät.-*o* inflektiert werden.   **§ M 122**

Dazu zählen
– die Lexeme der mhd. Ablautklasse IIIa mit stammschließendem Doppelnasal (einschließlich *beginnen*, vgl. § M 123): bei ihnen findet noch in der 2. Hälfte des Frnhd. einerseits der Ausgleich des Numerusablauts zu Prät.-Ablaut-*a* und andererseits die Übernahme des Part. Prät.-Ablauts-*o* statt;
– die Lexeme der Ablautklasse IIIb und IV (einschließlich *befelen*) nach Ausgleich des qualitativen und quantitativen Numerusablauts (vgl. § M 124f.);
– weitgehend auch *werden* (vgl. Anm.).

Über die erfolgten Ausgleichsprozesse hinaus kommt es im Frnhd. tendenziell zu einem gänzlichen Ausgleich zu Prät.=Part. Prät.-*o*, der jedoch nicht durchgesetzt wird.

Anm.: Grundlage der hier vorgenommenen Klassifizierung ist die frnhd. deutliche Erkennbarkeit der zum Nhd. eintretenden Entwicklung. Entsprechend ist *werden* nicht in Klasse 2a, sondern in Klasse 2b eingeordnet (vgl. § M 127).

§ M 123 1. Die Lexeme mit stammschließendem Doppelnasal (*sinnen-sann-sun-nen-gesunnen*) der mhd. Ablautklasse IIIa sowie auch *beginnen* werden über weite Strecken des Frnhd. konform ihrer Ablautklasse (Klasse 2c) inflektiert; der Ausgleichsprozeß des präteritalen Numerusablauts wird in ihrem Rahmen vollzogen (vgl. § M 128). In klarer sprachlandschaftlicher Zuweisung finden daneben vor allem zwei Prozesse statt, die ein besonderes strukturelles Gefüge der Lexeme mit stammschließendem Doppelnasal z. T. nur im Frnhd., z. T. aber bis in das Nhd. hinein erzeugen: die von den Lexemen der Ablautklasse IIIa abweichende und nhd. erhalten gebliebene Inflexion des Part. Prät. durch *o* (vgl.2.) sowie eine besonders im Omd. des 17./18. Jhs. häufige Inflexion des Pl. Prät. und Konj. Prät. durch *o* (bzw. *ö*; vgl. 3.). Damit sind in der 2. Hälfte des Frnhd. mehrere Ablautungen möglich: neben traditionellem *sinnen-sann-sunnen-gesunnen* auch *sinnen-sann-sunnen-gesonnen-sinnen-sann-sonnen-gesonnen* und im Omd. auch *sinnen -sonn-sonnen-gesonnen*.

Bei nur wenigen Lexemen (*sinnen, spinnen,* selten *gewinnen*) ist neben der st. Flexion seit dem 16. Jh. selten auch eine schw. Flexion möglich (vgl. Gr. d. Frnhd. IV § 120.4); ein besonderer Usus liegt in *beginnen* vor: das Part. Prät. ist vorwiegend st., das Prät. vorwiegend schw. flektiert (vgl.4.).

2. Als durch einen primär mda. Lautprozeß (Wandel *u* > *o*, vgl. § L 16) verursacht gelten Formen des Part. Prät. mit *o* (*gesonnen*) im Wmd. / Thür. sowie auch Schwäb. des späten 15. und frühen 16. Jhs.; Formen dieser Art finden im Obd. keine unmittelbare Nachfolge. Diese als md. bezeichnete Ablautform, für die zusätzlich eine Analogie zu den Lexemen der mhd. Ablautklasse IIIb (*geworben*) angenommen wird, ist im Omd. bereits in der 1. Hälfte des 16. Jhs. durchgesetzt. Es bleibt Part. Prät.-Ablaut-*u* im Md. in seltenen Fällen noch bis in das frühe 17. Jh. belegt; im Ofrk. ist *o* im Verlauf der 2. Hälfte des 16. Jhs. übernommen, im Obd. setzt die Part. Prät.-Inflexion mit *o* seit dem frühen 17. Jh. ein. Eine hd. Einheitlichkeit wird im 18. Jh. erreicht (vgl. Gr. d. Frnhd. IV § 120.2).

3. Eine Inflexion des Pl. Prät. und seltener auch des Sg. Prät. mit *o* kommt mit unterschiedlicher sprachlandschaftlicher Zuweisung im 14./15. Jh. sowie dann wieder im 16. Jh. und vor allem im 17. Jh. vor (vgl. Gr. d. Frnhd. IV § 120.3; Strömberg 1907, 75; Granmark 1933, 123). Für die frühen Belege des 14./15. Jhs. aus dem Wmd. / Schwäb. liegt eine lautliche Verursachung nahe (*u* > *o* vor Doppelnasal, vgl. § L 16). Insbesondere im Omd. tritt *o* (Konj. Prät. Belege mit *ö*) landschaftlich gestaffelt seit dem 16. Jh. zunehmend auf; daran gemessen verbleiben die jeweiligen obd. Belege des 16./17. und frühen 18. Jhs. eher selten (vgl. Anm. 1), Einzelbelege mit *o* bleiben auch im Wmd. des 16./17. Jhs. erhalten. Für das späte 17. und die Wende zum 18. Jh. ist die *o*-Inflexion des Pl. Prät. im Omd. als gebräuchlich anzusehen (vgl. Anm. 2). Parallel dazu tritt *o* eben-

falls im Sg. Prät. auf, so daß tendenziell eine Entwicklung zugunsten der Ablautstruktur Prät.=Part. Prät.-*o* stattfindet; bei *glimmen/klimmen* ist eine solche durchgesetzt (vgl. § M 120).

Anm. 1: Bei den im Obd. im Verlauf des 17./18. Jhs. belegten Sg. / Pl. Prät. Formen mit *o* nimmt Chirita 1988, 141ff., 146, 148, 161, 166, 169, 170f. eine Analogie von Seiten des Part. Prät. an; dies gilt auch für je einen ofrk. und hchal. Beleg der 2. Hälfte des 16. Jhs. (vgl. ibid, S.161, 170), nicht jedoch für die zeitgleichen Belege *pesonn* und *gewonnen* aus dem Bair.: hier nimmt Chirita 1988, 139, 157 Verdumpfung *a > o* und somit Ausgleich nach dem Sg.-Ablaut an.

Anm. 2: Als z. T. veraltete Nebenform ist das durch *ö* inflektierte Konj. Prät. noch im Nhd. möglich, so z. B. *sönne* oder *gewönne* (vgl. Duden-Grammatik 1984, § 220); vgl. auch die Konj. Prät. von Lexemen der mhd. Ablautklasse IIIb, z. B. *gölte* (vgl. § M 124).

4. *beginnen* flektiert sein Part. Prät. im frnhd. vorwiegend st., sein Pl. Prät. demgegenüber vorwiegend schw. (vgl. Anm. 3). Die Flexion des Sg. Prät. zeigt deutliche sprachlandschaftliche Unterschiede: vorwiegend st. im Ohchalem. sowie bis ins 16. Jh. auch im Mfrk. / Rip. nur ausnahmsweise st. im Thür. / Ofrk.; im 17. Jh. gilt zunehmend die den schw. Verben gänzlich analoge Flexion *beginn(e)te*. Der Part. Prät.-Ablaut ist im 17. Jh. zugunsten *o* verändert. Die st. Flexion auch des Prät. tritt im Frnhd. häufiger als für das Mhd. ausgewiesen auf, kann jedoch noch nicht durchgesetzt werden; frühzeitiger als in der Schriftlichkeit wird die st. Flexion bei den Sprachtheoretikern der Zeit als gültig beschrieben (vgl. Gr. d. Frnhd. IV § 122.3).

Anm. 3: *beginnen* weist im Mhd. eine Mischung st. und schw. Konjugation auf (vgl. Paul, Mhd. Gr. § 268): st. und schw. Sg. Prät. (*began* und *begunde*), schw. Pl. Prät. und Konj. Prät. und st. sowie im Md. auch schw. Part. Prät. (*begunnen* und *begunst*). Das Verb ist im Nhd. ausschließlich st. nach dem Muster der Lexeme der mhd. Ablautklasse IIIa flektiert (*beginnen-begann-begonnen*), vgl. Gr. d. Frnhd. IV § 121.2).

1. Der Ausgleich des Numerusablauts bei der mhd. Ablautklasse IIIb **§ M 124** (*werben-warb-wurben-geworben*) (zu *befelen*, vgl. § M 126) zeigt sich bereits im 15. Jh. in Ablautunsicherheiten sowohl des Sg. (*u* statt *a*: *wurbe*) als auch des Pl. (*a* statt *u*: *warben*). Die Ablautschwankungen halten in beiden Richtungen bis zum Ausgang des Frnhd. an.

Ausgleichsformen des Pl. sind schon für die 1. Hälfte des 15. Jhs. anzunehmen (für das Obd. aufgrund der folgenden Entwicklung zu vermuten, für das Md. aus dem Thür. belegt, vgl. Chirita 1988, 214, 216), vereinzelte Ausgleichsbelege des Sg. erscheinen bereits im Übergang des 14./15. Jhs. (vgl. Gr. d. Frnhd. IV § 125.1.).

2. Ausgleichsformen des Sg. bleiben gegenüber solchen des Pl. jeweils deutlich seltener und zeigen lexemspezifische Bevorzugung (vgl. Anm. 1); dies kann dazu führen, daß der relative Anteil solcher Ausgleichsformen in

einem Text überproportional hoch erscheint (vgl. Anm. 2). Die mit Ausnahme einiger weniger Texte (vgl. Anm. 3) insgesamt geringe Anzahl der
Sg.-*u*-Formen zeigt, daß eine generelle Tendenz zum Ausgleich zugunsten *u*
nicht vorliegt (vgl. Anm. 4). Da in den gleichen Lexemen auch im Pl. bevorzugt *u* beibehalten werden kann, liegt in einzelnen Texten ein bei diesen
Lexemen zugunsten *u* entschiedener Ablautausgleich vor (vgl. Anm. 5).
    Die generelle Tendenz zum Ausgleich des Pl. zugunsten des Sg.-*a* ist im
Obd. in der 1. Hälfte des 16. Jhs. stark ausgeprägt und nimmt zur 2. Jh.-
Hälfte so weit zu, so daß -mit Ausnahme des Hchal.- ein überaus do-
minierender Usus vorliegt. Der bereits stark erfolgte Ausgleichsprozeß
stagniert jedoch in der Folge und wird bis zur 2. Hälfte des 17. Jhs. wieder
so weit zurückgenommen, daß eine in etwa gleichgewichtige Verwendung
der *a*- und *u*-Formen vorliegt. Obwohl ausgeglichene Ausnahmebelege
ebenfalls bereits im frühen 15. Jh. im Md. belegt sind (s.1.), wird der Ausgleich nur sehr viel langsamer als im Obd. durchgesetzt; der Prozeß verläuft
jedoch gegenüber dem Obd. kontinuierlich und läßt den Ausgleich zur 2.
Hälfte des 17. Jhs. usuell werden. Innerhalb des Konj. gilt die von Strömberg (1907, 106) für das Obd. des 15./16. Jhs. formulierte Einschätzung insgesamt, daß die Gültigkeit des traditionellen (Umlaut)-*u* „fast nie gestört"
ist (vgl. Anm. 6).

3.   In einer über den Ablautausgleich der präteritalen Ablautstufen hinausgehenden Entwicklung deutet sich vor allem im Md. seit dem späten
16. Jh. in einzelnen Belegen / Lexemen eine veränderte Ablautstruktur
Prät.=Part. Prät.=-*o*- an (vgl. Anm. 7); die Entwicklung ist in der Folge
z. T. zurückgenommen (z. B. bei *gelten*), z. T. aber auch in das Nhd. übernommen (z. B. bei *melken*, vgl. § M 116).

Anm. 1: Ausgleichsformen sind vorwiegend bei *helfen, sterben, werfen* belegt (vgl.
Gr. d. Frnhd. IV § 125.1.; so auch Chirita 1988, 193).

Anm. 2: Fischart (Straßburg, 2. H. 16. Jh.) „gleicht nur *helfen* und *werfen* aus"
(Chirita 1988, 188), so daß es durchaus vorkommen kann, daß Chirita (ebda.) in
dem von ihr 'Fischart' bezeichneten Text (Straßburg 1576) für die darin insgesamt
nur vorkommenden 2 Belege einen zu 100% erfolgten Ausgleich konstatieren kann.
Die offensichtliche Lexembindung ist wohl die Ursache dafür, daß Geyer 1912, 108
demgegenüber formuliert, Fischart verwende die *u*-Form „bisweilen".

Anm. 3: Bei den von Chirita 1988 grundgelegten Texten fallen einige deutlich aus
dem jeweiligen Usus ihrer Zeit und Sprachlandschaft heraus. So ergibt sich ein in der
1. Hälfte des 16. Jhs. im gesamten hd. Sprachraum außergewöhnlicher Gültigkeitsgrad der *u*-Variante mit 14,3% im Ofrk.; dieser hohe Anteil basiert vor allem auch
auf den 6 durch *u* (gegenüber 9 mit *a*) realisierten Belegen aus den von 1550 geschriebenen Teilen des Autographen von Köler (vgl. Chirita 1988,184). Von diesen 6
Belegen weisen jedoch 4 mit *ue, ü* eine Stammvokalgraphie auf (vgl. Chirita
1988,406), die Umlaut und somit auch mögliche Konj.-Form nahelegen. Der mit
einem Anteil von 40% ausgeglichener Formen angegebene Befund dieses Textes
erscheint zudem dadurch fraglich, als daß für die nach 1550 geschriebenen Teile

dieses Autographen keine *u*-Form mehr ausgewiesen wird (vgl. Chirita 1988, 184). In einem anderen Fall fällt der für das Bair. der 2. Hälfte des 17. Jhs. errechnete Anteil von 30,5% *u*-Formen (vgl. Chirita 1988, 182) gänzlich aus dem Rahmen der Zeit. Auch hier sind es vor allem 2 Texte, auf denen dieser hohe Anteil basiert. Für beide Texte gibt Chirita (ebda.) an, daß sie „was ihren Ursprung angeht, nicht genau bestimmbar" sind. Diese Texte weisen zudem überproportional viele *o*-Formen im Sg. auf (z. B. *zerschmoltze*, vgl. Chirita 1988, 405), was als „verdumpftes /a/" gewertet wird (Chirita 1988, 182): da *o* für /a/ jedoch in bair. Drr. der 2. Hälfte des 17. Jhs. äußerst selten ist, scheint die Landschaftszuweisung zweifelhaft.

Anm. 4: Bei aller Relativität der statistischen Zusammenstellungen (vgl. auch Anm. 3) zeigt eine Zusammenfassung der bei Chirita (1988, 180–192) genannten Daten, daß der Anteil von *u*-Formen im Obd. stets deutlich unter 10% liegt: 1. H. 16. Jh. mit ca. 2,63%, 2. H. 16. Jh. mit ca. 7,91%, 1. H. 17. Jh. mit ca. 4,64%, 2. H. 17. Jh. mit ca. 6,52%; ähnlich genaue Zählungen liegen für das Md. nicht vor.

Anm. 5: Während für Fischart einerseits „eine dominante Verwendung von zugunsten *a* ausgeglichener Formen" im Pl. belegt wird (Gr. d. Frnhd. IV § 124.3.; vgl. auch Chirita 1988, 209), verwendet er andererseits den traditionellen Pl.-Ablaut-*u* (neben auch *a*) noch in *wurffen*, *hulffen* (vgl. Gr. d. Frnhd. IV § 124.3.).

Anm. 6: Eine Ursache für den mangelnden Ausgleich innerhalb des Konj. liegt nicht zuletzt wohl auch darin, daß eine umgelautete Ausgleichsform homophon zu Formen des Präs. wäre; entsprechend selten bleiben Belege wie *hůlffen* (Thomasius 1688) oder auch *werffen* (Opitz 1626/31) (vgl. Alm 1936, 358, 370). In wenigen Fällen erscheinen im Els. sowie im Omd. Entrundungsbelege, so z. B. *gilt* (Ferber von Zwickau, Dresden 1610, vgl. Alm 1936, 352), *verbirge* (Fischart 1573–90, vgl. Strömberg 1907, 89).

Anm. 7: Die Beurteilung vorliegender Formen mit *o* ist unabhängig von der möglichen lautlichen (Wandel *u* > *o* vor *l/r* + Kons., vgl. § L 16) oder analogen (durch Einfluß des Part. Prät.-*o*) Verursachung. Es liegt nahe, das Ineinandergreifen beider Ursachen anzunehmen (vgl. Gr. d. Frnhd. IV § 124.8., Anm. 4), wobei *o* (statt *u*) zuerst und vor allem im Pl. erscheint und von dort dann auch in den Sg. zu dringen vermag. In jedem Fall erscheint ausdrucksseitig ein dem Part. Prät. identischer Ablautvokal, wodurch eine den Lexemen der mhd. Ablautklasse II identische Ablautung (vgl. § M 115) erscheint. Sie ist im Omd. (auch im Konj.) insbesondere im 17. Jh. und hier für *werfen*, *gelten* und *schelten* belegt (vgl. Gr. d. Frnhd. IV § 124.8./9.).

§ M 125 1. Infolge des (schon in mhd. Zeit eintretenden) Ausgleichs nach den mehrsilbigen (Pl.-)Formen mit offener Tonsilbe (vgl. Frnhd. Gr. 1.1, § 49. II. 10) wird der quantitative Ablaut im Prät. der Lexeme der Ablautklasse IV (*nemen-nam-nâmen-genomen*) im Verlauf des Frnhd. aufgehoben. Dabei ist der Ausgleich jedoch nicht immer gradlinig verlaufen, vereinzelt sind auch Ausgleichungen zugunsten des Kurzvokals (des Sg. sowie auch des Part. Prät.) anzunehmen (vgl. Gr. d. Frnhd. IV § 127.2). Trotz der Wichtigkeit, der in dem Ausgleich des quantitativen Ablauts für den Gesamtprozeß des Ablautausgleichs gesehen wird (vgl. Anm. 1) ist sowohl das Vorhandensein eines quantitativen Ablauts wie auch sein Ausgleich in der Schriftlichkeit nur sehr partiell nachvollziehbar (vgl. Anm. 2). Solch seltenen Hinweise zeigen (vgl. Anm. 3), daß der Numerusablaut wohl spätestens im 16. Jh. erreicht wird, jedoch noch im 14. Jh. im gesamten hd. Sprachraum gebraucht und auch im 15. Jh. noch in Teilen des Sprachraumes lebendig ist (vgl. Gr. d. Frnhd. IV § 127.2).

Anm. 1: Erben 1970, 423 sieht in dem Ausgleich des quantitativen Ablauts den Analogie erzeugenden Auslöser für den Ausgleich des qualitativen Ablauts der Ablautklasse I-III.

Anm. 2: Ein eindeutige Bestimmung vorliegender Vokalquantitäten der Stammsilbe auf der Grundlage des graphischen Befundes sind für das Frnhd. nur selten zu leisten, so daß die Literatur gemeinhin eine Beurteilung des hier vorliegenden Stammvokalausgleichs ausschließt (vgl. Gr. d. Frnhd. IV § 127, Anm. 1). Solche Fälle seltenen Fälle einer graphisch gestützten Opposition liegen z. B. im Rip. vor, in denen der Sg. als *sprach* und der Pl. als *spraichen* erscheinen kann; doch selbst hier ist natürlich nicht zu entscheiden, ob nicht auch in einfachem *a* ein Langvokal vorliegen kann.

Anm. 3: Aussagen über einen noch vorhandenen, vorgängig quantitativen Ablaut liegen vor, wenn in der Folge bestimmter mda. Vokalveränderungen nur des *a* (des Sg.) oder das *â* (des Pl.) aus dem quantitativen ein qualitativer Numerusablaut geworden ist, so z. B. im Schwäb. der 2. Hälfte des 14. Jhs. mit Sg.-*a* zu Pl.-*ä̂*.

2. Bei *nehmen* kommt es neben dem üblichen Part. Prät.-*o* seltener noch bis in das 16. Jh. auch zu einer Inflexion mit *u* (vgl. Anm. 4), die Weinhold Mhd. Gr. § 63, 349 für die mhd. Zeit besonders md. sieht; im Frnhd. taucht Part. Prät.-*u* im gesamten Sprachgebiet auf (Ausnahme Hchal.; vgl. Gr. d. Frnhd. IV § 127.3). In Teilen des Obd. (vor allem im Els.) tritt *u* nicht allein in *nehmen* auch im Pl. Prät. auf (vgl. Anm. 5), worin Geyer 1912, 141 eine Analogie nach Ablautklasse VI sieht. Bei einigen Lexemen tritt während des 15./16. Jhs. eine der Ablautklasse V identische Ablautung des Part. Prät. gemäß dem Inf. auf (vgl. Anm. 6).

Anm. 4: Die Verwendung von *u* im Part. Prät. von *nemen* wird z. T. als vorgängig lautlich (mda. Wandel *o > u*) oder auch als durch Analogie zu den Lexemen der Ablautklasse IIIa verursacht gesehen (vgl. Gr. d. Frnhd IV, § 127.3 mit Angabe auch der zahlreichen Literatur).

Anm. 5: Strömberg 1907, 114 findet in der els. Chronik von Königshofen *geburent*, *verstulent* und bei Fischart (Straßburg 1573) *verstul*, *verstulent*.

Anm. 6: Strömberg (1907, 114) belegt für obd. Texte die Part. Prät.-Formen *gestemen*, *gezemen*, *geberen*, *erschrecken*; im Rip. scheint zum Ende des 15. Jhs. das Part. Prät. *gestechen* üblich (vgl. Gr. d. Frnhd. IV § 127.5).

3. Über die in § M 117 genannten Lexeme hinaus (z. B. *dreschen*), bei denen eine zugunsten des Part. Prät.-*o* ausgeglichene Inflexion zum Nhd. durchgesetzt ist, kommt eine Verwendung von *o* im Pl. Prät. (und seltener auch im Sg. Prät.) auch bei weiteren Lexemen im gesamten Sprachraum bis in das 17. Jh. hinein vor (vgl. Anm. 7); nach Ausweis zeitgenössischer Sprachtheoretiker wird die vereinfachte *o*-Inflexion bei *rächen* und *stehlen*

im 17. Jh. wohl vorwiegend gewesen sein (z. T. parallel zu einer auch möglichen schw. Formenbildung, vgl. Gr. d. Frnhd. IV § 127.4).

Anm. 7: Als unmittelbare Ursache solcher Belege gelten sowohl ein lautlicher Übergang *â* > *o* (in Pl.-Belegen wie z. B. *sprochen, noment, erstochen*) als auch ein Einfluß von Seiten des Part. Prät. (dies gilt insbesondere für spätere Belege sowie solche des Sg. Prät. wie z. B. *nom, gebor*, vgl. Gr. d. Frnhd. IV § 127.4).

4. Für *kommen* wird in mhd. Zeit eine landschaftsdifferenzierende Numerusablautung *a-â* (md. /alem.) und *o-ô* (bair. / ofrk.) festgestellt (vgl. Paul, Mhd. Gr. § 248, Anm. 1). Diese areale Verteilung ist im 14. Jh. nicht mehr gegeben, insofern auch in bair. Texten *a* erscheint; dabei scheint Konj. II-*e* (Umlaut aus *a*) eher fest zu werden als *a* in den Ind.-Formen. Prät.-Formen mit *o* können als Ausnahmen noch in der 2. Hälfte des 16. Jhs. erscheinen (vgl. Gr. d. Frnhd. IV § 127.6). Neben den Besonderheiten des Prät. wird für *kommen* auch Part. Prät.-*u* im Obd. des 15./16. Jhs. belegt (vgl. Anm. 8).

Anm. 8: Über die vorgängig lautlich-mda. Verursachung hinaus (*o* > *u*) werden insbesondere die späteren die Part. Prät.-Formen auf *u* des 16. Jhs. auch als Belege einer vereinfachten Ablautstruktur Part. Prät.=Präs. verstanden (vgl. Gr. d. Frnhd. IV § 127.6).

In mhd. Zeit gilt eine sprachlandschaftlich unterschiedliche Zugehörigkeit §M 126 von *befelen* zu Ablautklasse IIIb im Obd. und Ablautklasse IV im Md. (vgl. Anm. 1); entsprechend erfolgt die Flexion des Pl. Prät. als *bevulhen* (obd.) oder *bevâlen* (md.) (vgl. Gr. d. Frnhd. IV § 126.2.). Die von den Lexemen der Ablautklasse IIIb abweichende Flexion ist auch im frühen Frnhd. im Md. beibehalten (vgl. Anm. 2), ein obd. / md. Gegensatz ist in der 2. Hälfte des 15. Jhs. nicht mehr gegeben; Schwankungen können in beiden Richtungen vorkommen, so daß auch im Md. noch der 1. Hälfte des 16. Jhs. eine den qualitativen Ablaut aufweisende Flexion nach Ablautklasse IIIb möglich ist. Aufgrund des früheren und häufigen Ablautausgleichs der Lexeme der Ablautklasse IIIb im Obd. (vgl. §M 124) erscheinen hier ganz unabhängig von der Beibehaltung / Veränderung des stammschließenden Konsonantenclusters die spätesten und mit *u* ihr Pl. Prät. inflektierenden obd. Belege im späten 15. Jh. (vgl. Gr. d. Frnhd. IV § 126.2.). Die den Lexemen der Ablautklasse IV identische Inflexion ist in *befelen* wohl seit der Mitte des 16. Jhs. ausnahmslos.

Neben der vorwiegenden Entwicklung, die die Ablautverschiedenheit des Prät. vom Part. Prät. wahrt, ist insbesondere im Omd. und seltener im Rhfrk./Hess. seit dem 1. Viertel des 16. Jhs. eine dem Part. Prät. identische Inflexion des Prät. mit *o* lebendig (vgl. Anm. 3).

Anm. 1: Paul Mhd. Gr. § 247 zählt *befelen* zu Ablautklasse IIIb; daneben verweist Paul Dt. Gr. III, § 167 auf die unterschiedlichen stammschließenden Konsonanten(verbindungen) *-lh-*/*-(h)l-* und damit die parallele Gültigkeit zweier Klassenzuweisungen, von denen Michels Mhd. Gr. § 193 die zu Ablautklasse IIIb gehörende als obd. ausweist. Die Ablautunsicherheit bei *befehlen* hat möglicherweise auch zu einer an anderen Ablautklassen orientierten Ablautung geführt: Alm 1936, 401 wertet die Sg.-Belege *beful/bevul* bei Jeroschin (Hs. der Mitte des 14. Jhs.) als Belege einer Flexion nach Ablautklasse VI (vgl. Gr. d. Frnhd. IV § 126, Anm. 2).

Anm. 2: Ein früher Konj.-Beleg *bevele* (Ebernand v. Erfurt, thür. Hs. der 1. Hälfte des 15. Jhs., vgl. Alm 1936, 292) erscheint als einziger der angegebenen Belege abweichend (neben z. B. *hulfe, verturbe*). Aus den ‚Dt. Predigten des 14. Jhs.‘ (der Ed. Schönbach) gibt Alm (1936, 302) die Pl. Prät.-Form *bevalhin* an.

Anm. 3: Den Pl. *befohlen* im N. T. Luthers (1522) wertet Alm 1936, 323 noch durch den mda. Wandel *u* > *o* bedingt; während jedoch in der Ausgabe 1546 dieses *o* (für *u*) schwindet, bleibt *befohlen* erhalten (vgl. Alm 1936, 323). Alm 1936, 340f. belegt einige *o*-Belege sowohl des Pl. wie auch des Sg. in obsächs, schles. und in im norddt. entstandenen hd. Texten des 16. und frühen 17. Jhs.; innerhalb des Thür. (wie dann auch wieder im restlichen Omd.) erscheinen sie nach Ausweis Alms 1936, 330, 378 erst im 18. Jh.; Adelung sieht in *befohl* einen vulgären Sprachgebrauch vorliegen (vgl. Strömberg 1907, 112). Granmark 1933, 148–151 wertet mit *o* inflektierte Pl.-Belege lautlich verursacht, doch scheint insbesondere in den Fällen eines besonders oder nur in *befelen* belegten und z. T. auch im Sg. auftretenden *o* (bei Staden, Frankfurt 1556, sowie Kirchhof, Frankfurt 1563) eine Stützung von Seiten des Part. Prät. nicht ausgeschlossen.

6.7.6. Klasse 2b

§ M 127 1. Klasse 2b enthält das Lexem *werden* der mhd. Ablautklasse IIIb. Während die Mehrzahl der Lexeme dieser Ablautklasse im Verlauf des Frnhd. zugunsten des Sg.-Ablauts-*a* ausgleichen (vgl. § M 124), ist *werden* zum Ausgang des Frnhd. vorwiegend mit (Pl.-) *u* inflektiert (vgl. 2.): *werden – wurd(e) – wurden – geworden*. Bis in die 1. Hälfte des 17. Jhs. hinein ist die traditionelle Ablautung (*wart – wurden – geworden*) vorwiegend (vgl. Anm. 1); daneben erscheint auch der Ausgleich zugunsten des Sg.-*a* gebraucht (*wart – warden – geworden*). Die zu *a* ausgleichende Entwicklung bleibt weitgehend auf das Obd. und in nennenswertem Umfang vor allem auf das 16. und ausgehende 15. Jh. begrenzt (vgl. 2.).

Die innerhalb der mhd. Ablautklasse IIIb abweichende Inflexion von *werden* erfolgt in sprachlandschaftlicher Differenzierung spätestens seit der 2. Hälfte des 16. Jhs. und ist im 17. Jh. in allen hd. Texten deutlich ausgeprägt (vgl. Anm. 2).

Anm. 1: Der präteritale Numerusablaut kann in definierten Verwendungssituationen länger als bei allen anderen st. Verben bis in die Neuzeit erhalten sein. Erben 1980, § 117 sieht in *ward* eine noch im Nhd. vereinzelt gültige, stilschichtlich ausgewiesene Variante (vgl. Gr. d. Frnhd. IV § 128, Anm. 1). Die ‚Deutsche Sprachstatistik‘ (vgl. Meier 1964, Bd. 2, S. 114) erweist für ihr Material des 19. Jhs. einen Anteil des *ward* von ca. 19%; Best / Kohlhase 1983, 97 weisen für die Wende zum 20. Jh. einen *wurde*-Anteil von ca. 97% aus.

Anm. 2: Ein vom Usus der Ablautklasse abweichender Gebrauch zeigt sich einerseits in frühen Belegen, in denen das Pl.-*u* allein oder vorwiegend im Sg. von *werden* erscheint, sowie andererseits in fehlenden oder deutlich selteneren Ausgleichsbelegen des Pl. zugunsten des Sg.-*a* (vgl. Gr. d. Frnhd IV § 129f.; vgl. Chirita 1988, 221–282). So zeigen z. B. das Ofrk. / Schwäb. eine solch abweichende Entwicklung bereits in der 2. Hälfte des 15. Jhs./1. Hälfte des 16. Jhs., wohingegen z. B. im Els. diese Entwicklung erst in der 2. Hälfte des 16. und 1. Hälfte des 17. Jhs. greifbar wird (vgl. die sehr anschaulichen Diagramme bei Chirita 1988, 259–275). Über die besondere Ablautausgleichung hinaus zeigt *werden* in der nhd. Flexion der 1./3. Sg. Ind. Prät. eine von allen st. Verben abweichende Flexion mit -*e*; diese ist im Frnhd. noch nicht als eine Besonderheit zu werten (vgl. § M 91).

2.   Nach einem ersten Sg.-Ausgleichsbeleg *wurd* im Md. schon des 12. Jhs. (vgl. Weinhold, Mhd. Gr. § 350) und frühen *wurd(e)*-Belegen der 2. Hälfte des 14. Jhs. (vgl. Gr. d. Frnhd. IV § 128, Anm. 2) beginnt eine dann kontunierliche Entwicklung zugunsten des einheitlichen Prät.-*u* seit der Mitte des 15. Jhs.; von wenigen md. Ausnahmen abgesehen erscheint der Ausgleich zuerst und vor allem in obd. Texten (mit Ausnahme des Bair. s. u.). In sprachlandschaftlicher Differenzierung ist der Umschwung zugunsten einer in etwa gleichberechtigten Verwendung von *ward/wurd(e)* zum Teil bereits im Verlauf der 2. Hälfte des 16. Jhs. eingetreten, zumeist dann im Verlauf der 1. Hälfte des 17. Jhs. (s. u.). Aufgrund einer im Omd. aufscheinenden stilschichtlichen Bindung von *ward* an eine literarische Sprachverwendung, kommt es dort im Verlauf des 17./18. Jhs. zu einer retardierenden Entwicklung und somit einer neuerlichen Erhöhung des Gültigkeitsgrades von Sg.-*a* (vgl. Anm. 3).

Die Verhältnisse des Ofrk. / Schwäb. / Obsächs. zeigen eine in etwa bereits gleichgewichtige Verwendung der *a*- und *u*-Variante im Sg. schon zum ausgehenden 16. Jh.; die darauf zielende Entwicklung ist in els. Texte in der 1. Hälfte des 17. Jhs. erreicht, wohingegen der Umschwung im Thür. / Hess. / Bair. / Ohchalem. zur 2. Hälfte des 17. Jhs. erfolgt; im Rip. bleibt der Ausgleich auch im 17. Jh. noch weitgehend aus (vgl. Gr. d. Frnhd. IV § 129ff.; Chirita 1988, 235–240).

Ausgleichungen, bei denen im Pl. der Sg.-Ablaut-*a* erscheint, treten ebenfalls frühestens zur Mitte des 15. Jhs. auf; sie bleiben vorwiegend auf den obd. Raum begrenzt. Die Entwicklung, die die dominierende Gültigkeit von *wurden* niemals gefährdet, erfährt ihren Höhepunkt im Verlauf des 16. Jhs. und ist von wenigen Ausnahmen abgesehen spätestens zur 2. Hälfte des 17. Jhs. wieder gänzlich zurückgedrängt. Im Bair., wo der Ausgleich zugunsten des *u* später als im restlichen Obd. erst in der 1. Hälfte des 16. Jhs. beginnt (s. o.), scheint – begünstigt durch die lautliche Veränderungen des Part. Prät.-Ablauts *o* > *a* (vgl. Anm. 4) – zuerst der Ausgleich zugunsten des *a* versucht.

Im Md. tritt eine genuine Ausgleichung des Pl. zugunsten des Sg.-*a* nicht auf. Als Ausnahme ist der Tacitus (Mainz 1535 und 1555) zu benennen, der einen Anteil von ca. 80% *warden*-Belegen aufweist (vgl. Gr. d. Frnhd. IV § 130.1; vgl. Chirita

1988, 255). Sowohl im Wmd. wie auch im Omd. erscheinen jeweils seltene *warden*-Belege nicht über das 16. Jh. hinaus.
Der Höhepunkt einer zu *warden* ausgleichenden Entwicklung liegt im Bair. / Schwäb. und Els. in der 1. Hälfte des 16. Jhs.; in einer Auszählung der bei Chirita (1988, 240–253) genannten Daten liegt der auf die gesamte Sprachlandschaft zu beziehende durchschnittliche Anteil solcher Formen zwischen ca. 18–29%; während der Gebrauch solcher Formen hier in der Folge stark abnimmt, wird im Ohchalem. erst in der 2. Hälfte des 16. Jhs. erreicht (mit ca. 14, 7%) und weitgehend auch noch in der 1. Hälfte des 17. Jhs. gehalten. Als eine dem Tacitus-Text (s. o.) ähnliche Ausnahme muß wohl der Druck der Schedelschen Weltchronik (Nürnberg 1493) gelten; der hier vorliegende Anteil von *warden*-Formen mit ca. 80% fällt gänzlich aus dem Usus der Sprachlandschaft heraus (vgl. Gr. d. Frnhd. IV § 129.4; Chirita 1988, 243).

Immer wieder tritt im Verlauf des Frnhd. auch das dem Part. Prät. eigene *o* im Pl. Prät. auf. Die frühen md. Belege des 14./15. Jhs. sind vorgängig lautlich zu werten und werden nach der Zurückdrängung mda. Elemente Ende des 15. Jhs. auch weitgehend aufgegeben; demgegenüber kommt für die späteren Belege des 16./17. Jhs. eine analoge Beeinflussung von Seiten des Part. Prät. in Betracht (vgl. Anm. 5).

Anm. 3: Im Verlauf des 17. Jhs. wird im Omd. eine Bevorzugung der *wurd(e)*-Variante in nicht-literarischen Texten herausgebildet, wohingegen es in einer literarischen Sprachverwendung kaum gebraucht wird (vgl. Gr. d. Frnhd. IV § 130.2). Adelung bezeichnet *ward* noch als die „edlere Schreibart" (zum Votum weiterer Sprachtheoretiker der Zeit vgl. Gr. d. Frnhd. IV § 131.2).

Anm. 4: Aufgrund eines vor -r möglichen Lautwandels *o* > *a* (vgl. § L 14) tritt in bair. Texten des 15. Jhs. im Part. Prät. nicht selten *a* auf. Das Eintreten von *a* auch im Pl. Prät. wird daher nicht unbedingt als Ausgleich zugunsten des Sg.-Ablauts gesehen, sondern auch als Ausgleich zugunsten des Part. Prät. (vgl. Strömberg 1907, 101).

Anm. 5: Aufgrund des vorgängigen Wandels *u* > *o* (vor *r*-Kons., vgl. § L 16) ist Pl. Prät.-*o* in thür. Texten konsequent und in obsächs. Texten fakultativ neben *u* bis zum Ende des 15. Jhs. inflektiert. Im Hess. tritt *o* im 14. Jh. auf und bleibt in den Hss. des 15. Jhs. üblich (vgl. Gr. d. Frnhd. IV § 130.1). Es bleibt *o* im Omd. z. T. (Schles.) bis in das 18. Jh. erhalten (vgl. Chirita 1988, 256). Auch in obd. Texten tritt Pl. Prät.-*o* im 16. Jh. und in der 1. Hälfte des 17. Jhs. auf (vgl. Chirita 1988, 255; vgl. Gr. d. Frnhd. IV § 129.2), wobei für Fischart in einzelnen Fällen auch im Sg. *word* belegt wird; für insbesondere die obd. Belege wird eine Analogie nach dem Part. Prät. angenommen (vgl. Gr. d. Frnhd. IV § 131.3).

Anm. 6: Als eine Ursache sowohl für die lange schwankende und unentschiedene Entwicklung der Prät.-Inflexion von *werden* sowie die vom Usus der Ablautklasse IIIb abweichende Entscheidung zugunsten des Pl.-Ablauts-*u* wird eine Vermischung mit den Formen des Prät. von *sein* genannt (vgl. Strömberg 1907, 150). Eine solche Annahme setzt den vollzogenen Ausgleich des grammatischen Wechsels von *was* > *war* voraus (vgl. § M 105). Aufgrund eines bei *werden* im Obd. nach Liquid möglichen Ausfalls von -d- steht somit fakultativ neben *ward* auch *war* (vgl. Gr. d. Frnhd. IV § 131.3).

6.7.7. Klasse 2c

1. Klasse 2c bilden die Lexeme der mhd. Ablautklasse IIIa (*finden-fand-* **§ M 128**
funden-gefunden) mit stammschließendem Nasal+Kons.(ohne -*n*/-*m*, zu den
Lexemen mit stammschließendem Doppelnasal vgl. § M 123); ihre Entwicklung ist zum Ausgang des Frnhd. noch unentschieden, die Ablautung
Prät.-*a*/Part. Prät.-*u* wird im 18. Jh. erreicht.

In Abweichung zu der relativ kontinuierlichen Entwicklung des Ablautausgleichs der
anderen mhd. Ablautklasse verläuft die Entwicklung für die Lexeme der Ablautklasse IIIa wenig geradlinig; es scheint, daß sich hier mehrere der die Ausgleichsrichtung grundsätzlich beeinflussenden Faktoren überlagern und in ihrer Wirksamkeit
beeinträchtigen (vgl. Anm. 1).

Die Auflösung einer konsequenten Numerusablautung zeigen bereits Ausnahmebelege der 1. Hälfte des 15. Jhs., bei denen der Pl.-Ablaut *u* auch im
Sg. erscheint. Obwohl Sg.-Ausgleichsbelege zugunsten des *u* zu allen Zeiten
des Frnhd. belegt bleiben, wird die seit der 2. Hälfte des 15. Jhs. belegte
Pl.-Ausgleichung zugunsten des *a* sogleich häufiger. In der Folge kommt es
zu wechselnden und sich keinesweg kontinuierlich entwickelnden Veränderungen in der Gültigkeit der zwei systemischen Ausgleichsvarianten
(vgl. 2.). In der 2. Hälfte des Frnhd. stehen somit mehrere und durchaus
auch innerhalb eines Textes belegbare Inflexionsvarianten nebeneinander:
finden-fand-funden-gefunden, *finden-fand-fanden-gefunden*, *finden-fund-fun-
den-gefunden*. Die traditionelle, numerusablautende Möglichkeit wird im
Verlauf des 18. Jhs. weitgehend aufgegeben; die entgegen der allgemeinen
Entwicklung zu *u* ausgleichende und nach Ausweis von Grammatikern des
18. Jhs. bei einer Reihe von Lexemen übliche Inflexion wird in *schinden*
und z. T. auch in *dingen* (vgl. § M 121) durchgesetzt. Eine Veränderung des
Part. Prät.-Ablauts *u* > *o* sowie die Verwendung von *o* auch im Pl. Prät.
und seltener im Sg. Prät. kommt von wenigen Ausnahmen abgesehen bei
den Lexemen mit stammschließendem Doppelnasal vor (vgl. § M 123). Bei
diesen Lexemen ist der Numerusausgleich zugunsten des *a* z. T. konsequenter vollzogen als bei den anderen Lexemen der Ablautklasse IIIa (vgl. 3.).

Anm. 1: Die bei den einzelnen mhd. Ablautklasse vorliegenden Ablautungen lassen
sich als jeweilige Paradigmen begreifen. Sofern der zum Nhd. eingetretene Ablautausgleich als eine Analogieentwicklung begriffen wird, kann eine solche sowohl
innerhalb eines Paradigmas als auch als innerhalb der verschiedenen Paradigmen
angenommen werden. Hier wäre eine intraparadigmatische von einer interparadigmatischen Analogie zu unterscheiden (vgl. Solms 1984, 321; Hoffmann / Solms
1987, 56f.). Eine intraparadigmatische Analogie könnte bei einer Identität eines Ab-
lautvokals mit dem des Part. Prät. greifen (vgl. den Ausgleich in Ablautklasse I
zugunsten des Pl. Prät.-*i*, das dem Part. Prät.-*i* identisch ist; ähnliches gilt auch für
Sg.-*o* der Lexeme der Ablautklasse II); eine solche Analogie wäre auch bei den
Lexemen der mhd. Ablautklasse IIIa nicht unwahrscheinlich, da hier der Pl. Prät.-
Ablaut-*u* dem des Part. Prät. identisch ist. Zugleich aber wäre auch die Wirksamkeit

einer interparadigmatischen Analogie von Seiten der einheitlich *a* inflektierenden Lexeme der Ablautklasse IV/V nicht unplausibel. Die mögliche Überlagerung beider Prinzipien, die zudem mit konkreten sprachlandschaftlichen Bedingungen gekoppelt sein können („obd. Präteritumschwund'), machen die besondere Entwicklung bei den Lexemen der Ablautklasse IIIa (mehr noch als bei denen der Ablautklasse IIIb) verständlich.

2. Ablautunsicherheiten treten im späten 15. Jh. im gesamten Sprachgebiet auf. Sowohl die Ausgleichung des Sg. (am Muster des Pl.-*u*) als auch des Pl. (am Muster des Sg.-*a*) setzt im Obd. (einschließlich des Ofrk.) frühzeitiger und konsequenter als im Md. ein.

Die Verhältnisse schon im ausgehenden 15. Jh. zeigen die im Obd. primär zugunsten *a* ausgleichende Entwicklung. Zur 2. Hälfte des 16. Jhs. ist eine auf den gesamt-obd. Sprachraum bezogene Gültigkeit von über 40% anzugeben. In der Folge kommt es (mit Ausnahme des Els.) zu einer Stagnation (Schwäb., Hchal.) oder gar zu einer Restituierung (München) des traditionellen Pl.-*u* in der 1. Hälfte des 17. Jhs.; jedoch bleibt *a* in der 2. Hälfte des 17. Jhs. der überwiegende Pl.-Ablaut.

Die innerhalb des Obd. beobachtete Stagnation oder Retardierung der Entwicklung tritt im Els. nicht ein. Hier werden bereits im 1. Viertel des 16. Jhs. auch Belege des Konj. Prät. analog dem Sg.-Ablaut (z. B. *fend*, *verbren*) inflektiert; solche Formen sind im restlichen hd. Sprachraum noch bis zum Ende des 17. Jhs. unüblich (vgl. Gr. d. Frnhd. IV § 134.3).

Wenn auch deutlich geringer ausgeprägt als der Ausgleich nach *a*, so ist eine Tendenz zum Ausgleich zugunsten *u* ebenfalls in allen obd. Schreiblandschaften bezeugt (vgl. Anm. 2). Am deutlichsten wird eine solche Tendenz im Ohchalem. (sowie in Wien), wobei erst im frühen 18. Jh. z. T ein „äußerst überraschend" (Chirita 1988, 151, 141) genannter Anstieg dieser Formen festzustellen ist. Da den häufigen Sg.-Formen mit *u* eine Restituierung des traditionellen *u*-Ablautes auch im Pl. parallel gehen kann, werden die im Vergleich zum Md. relativ häufigen *u*-Formen zu einer das Obd. im 18. Jh. kennzeichnenden Eigentümlichkeit (vgl. Gr. d. Frnhd. IV § 136.3). Diesen Usus bestätigen die Aussagen zeitgenössischer Sprachtheoretiker (vgl. Anm. 3).

Trotz einiger vor allem zugunsten eines Sg.-*u* ausgleichender Belege schon im späten 15. Jh. bleibt das Md. während der 1. Hälfte des 16. Jhs. noch weitgehend bei der traditionellen Numerusablautung. Insbesondere im Obsächs. und Hess. erscheint in der 2. Hälfte des 16. Jhs. eine verstärkte Tendenz zur Verallgemeinerung des *u* auch im Sg.; der Gebrauch nimmt im Hess. im Verlauf des 17. Jhs. wieder kontinuierlich ab, wohingegen er im Obsächs. zunimmt, so daß Prät.-*u* hier nicht ungewöhnlich wird. Die zugunsten *u* ausgleichende Entwicklung wird in der 2. Hälfte des 17. Jhs. zurückgedrängt und im gesamten Omd. wird nun die Ausgleichung zugunsten *a* bis zur Mitte des 18. Jhs. durchgesetzt. Innerhalb des Wmd. haben hess. Texte im 1. Viertel des 17. Jhs. bis zu 1/3 aller Pl.-Belege mit *a* realisiert; ähnlich dem für das Obd. konstatierten Prozeß kommt es in der Folge auch hier zu einer Retardierung, so daß über die Jh.-Mitte hinaus wiederum die traditionelle Numerusablautung dominiert. Für rip. Texte ist eine Ablautunsicherheit in der Mitte des 17. Jhs. ausgewiesen, wobei hier Pl.-*u* in den Sg. übernommen ist.

Anm. 2: Für den tendenziellen Sg.-Ausgleich zugunsten des *u* lassen sich für die einzelnen Sprachlandschaften deutlich Zeitabschnitte definieren, in denen solche Belege (relativ) häufig sind: Ofrk. in der 1. Hälfte des 16. Jhs., Bair. / Schwäb. in der 2. Hälfte des 16. Jhs., Els. in der 1. Hälfte des 17. Jhs., Hchal. in der 2. Hälfte des 17. Jhs. (vgl. Chirita 1988, 152).

Anm. 3: Adelung weist als durchgängigen Prät.-Ablaut *a* aus, das „der Cultur der Sprache zu danken" sei; ähnlich hatte Gottsched den Prät.-Ablaut *u* als „pôbelhafter" bezeichnet. Daß sich dahinter tendenziell auch eine sprachlandschaftliche Differenzierung ausweist, zeigen die Angaben bei obd. Sprachtheoretikern seit der Mitte des 18. Jhs.: der Oberpfälzer Aichinger nennt neben *schinden, dingen* sowohl eine Anzahl weiterer Lexeme mit ausschließlichem *u*-Ablaut (z. B. *gelingen, hinken, klingen*) als auch eine Anzahl von Lexemen, bei denen *u* zumindest fakultativ zugelassen ist (z. B. *ringen, sinken*); bei Verben mit *u* (z. B. *klingen*) konstatiert er dagegen „bey den Sachſen [. . .] ein a". Zu Popowitsch und auch Fulda (vgl. Gr. d. Frnhd. IV § 136.2).

3. Ablaut-*o* erscheint im Gesamt-Hd. bei den Lexemen mit stammschließendem Doppelnasal (vgl. § M 123); Ausnahmen sind im Md. bei den auf -*ng*- auslautenden Lexemen belegt (z. B. *sprongen*, vgl. Granmark 1933, 132; Alm 1936, 218).

Bezüglich des Ablautausgleichs ist nur selten ein Unterschied zwischen den auf Doppelnasal auslautenden Lexemen zu den restlichen Lexemen der Ablautklasse IIIa anzunehmen. Hier sind es insbesondere die Aussagen von Sprachtheoretikern des 17./18. Jhs., die eine konsequentere *a*-Ablautung bei den auf Doppelnasal auslautenden Lexemen vermuten lassen (vgl. Gr. d. Frnhd. IV § 135.2). Innerhalb der Textanalysen ist ein solcher Unterschied nur sehr selten nachzuvollziehen (vgl. Anm. 4).

Anm. 4: Die Belegangaben bei Chirita (1988, 389–404) zeigen, daß Sg.-*a* bei den auf Doppelnasal auslautenden Lexemen in einigen bair. Texten der 2. Hälfte des 16. Jhs., der 2. Hälfte des 17. Jhs. und der 1. Hälfte des 18. Jhs. stabiler als in den anderen Fällen ist; dies gilt ebenfalls für einige schwäb. Texte der 2. Hälfte des 16. Jhs. sowie der 1. Hälfte des 18. Jhs. Darin ist jedoch keine durchgängige Tendenz angezeigt, da in anderen obd. Texten demgegenüber Pl.-*u* gerade auch in den auf Doppelnasal auslautenden Lexemen stabiler erhalten ist; dies gilt für hchal. Texte der 2. Hälfte des 16. Jhs. sowie innerhalb des 17. Jhs.; dies gilt ebenso für bair. Texte der 1. Hälfte des 16. Jhs. sowie ofrk. Texte des 16. Jhs. sowie der 1. Hälfte des 17. Jhs.

6.7.8. Klasse 3

§ M 129 Klasse 3a bilden in erster Linie die Lexeme der mhd. Ablautklasse V (*gëben-gap-gâben-gegëben*), bei denen im Verlauf des Frnhd. der Ausgleich des quantitativen Ablauts vollzogen wird. Dieser ist kaum verschieden von jenem der Lexeme aus Ablautklasse IV (vgl. § M 125), die Ausgleichung ist somit spätestens für das 16. Jh. anzunehmen.

Einige seltene graphische Signale belegen, daß der quantitative Numerusablaut in der 2. Hälfte des 14. Jhs. noch vorhanden sein kann. Dabei liegen im jeweiligen Pl. Prät. Stammvokalgraphien vor, die einerseits eine (im Gegensatz zum Sg. Prät.) vorliegende Vokallänge (z. B. *vergaissen* gegenüber *vergaß* im Rip.) oder andererseits einen qualitativen Vokalwandel signalisieren, der nur bei vorausliegendem Langvokal vorkommen kann (z. B. *laugend* oder *sâhen(d)* im Schwäb. / Oschwäb.) (vgl. Gr. d. Frnhd. IV § 136).

Zu einem Klassenwechsel kommt es bei den Lexemen *gären*, *pflegen* sowie den mhd. *wëgen* zuzuordnenden Lexemen, bei denen eine durchgängige *o*-Inflexion durchgesetzt wird (vgl. § M 118). Daneben sind Fälle einer Inflexion von *o* bei den Lexemen der Ablautklasse V selten.

Es kann *o* in wenigen Fällen während der 1. Hälfte des Frnhd. im Pl. Prät. auftreten (für mhd. *â*), so z. B. *gesohen*, *troten* in thür. Texten der 2. Hälfte des 15. Jhs.; bei einer späteren Ausnahme (*boten* in einem thür. Text der 2. Hälfte des 16. Jhs.) liegt eine Verwechslung mit dem Lexem *bieten* (Klasse 1b) nahe (vgl. Gr. d. Frnhd. IV § 136).

In seltenen Fällen erscheint das Inflexionsmuster der Klasse 3 (Ablautidentität Inf.=Part. Prät.) auch bei Lexemen der Ablautklasse III und IV (vgl. Anm.).

Anm.: Da sich die Lexeme der Ablautklasse V und IV (sowie nach erfolgtem Ablautausgleich auch die der Ablautklasse III) insbesondere durch die Inflexion des Part. Prät. unterschieden, kann in seltenen Fällen eine Anlehnung von Lexemen der Ablautklasse IV / III an das Muster der Ablautklasse V vorliegen: z. B. in den Part. Prät. *gestechen*, *gelten*, *geberen* (vgl. Gr. d. Frnhd. IV § 136).

§ M 130 Zu Klasse Klasse 3a zählt ebenfalls das mhd. schw. Verb *stëcken* (intr.); sein Part. Prät. flektiert im Nhd. schw., sein Prät. normalerweise st. (*stak/stäke*, vgl. Duden-Grammatik 1984 S. 141). Die st. Flexion des Prät. (und mit belegtem *e/i*-Wechsel im Präs.) begegnet im Frnhd. seit dem 16. Jh., wobei es auch zu Vermischungen mit dem (trans.) rückumlautenden *stackte* kommt. Die Flexion des Part. Prät. ist im Frnhd. vorwiegend schw.; seltene st. flektierte Belege zeigen sowohl eine Inflexion analog dem Muster der Ablautklasse V (*gestecken*) als auch (wohl beeinflußt durch das Lexem *stechen*) eine solche mit Ablaut *o* (*gestocken*, *gestochen*); Adelung weist *gestechen* als mda. aus.

Als Klasse 3b werden die Lexeme der mhd. Ablautklasse VI (*varen-vuor-* § M 131
vuoren-gevaren) erfaßt. Die Inflexion des Prät. weist die im Frnhd. für mhd.
uo jeweils möglichen Stammvokalgraphien auf (vgl. § L 29f.); zu *stehen* vgl.
§ M 148.

Aufgrund des landschaftlich vor *-sch* möglichen Umlauts kann *waschen* im Alem. /
Schwäb. sowie auch Rhfrk. / Mfrk. im Part. Prät. (und auch Inf.) umgelautet vorkommen (vgl. Gr. d. Frnhd. IV § 138).

Anm. 1: Aufgrund einer in els. Texten seit dem 16. Jh. nicht ungewöhnlichen Entrundung des Konj. Prät.-Vokals (*trieg* statt *trüg*) geht eine offensichtlich analoge
Wirkung auf Lexeme der Klasse 3c aus, die z. T. wie Lexeme der Klasse 3b inflektiert sind.

Anm. 2: Einige st. flektierte Part. Prät.-Belege von schw. Verben mit Stammvokal *a*
erscheinen den Lexemen der Klasse 3b identisch, z. B. *gemachen, getraben*; in einem
Ausnahmebeleg *schuod* (von Inf. *schaden*) erscheint die st. Flexion auch im Prät.
(vgl. Gr. d. Frnhd. IV § 137, Anm. 1, 2).

Anm. 3: Das mhd. schw. Verb *fragen* ist im Frnhd. in Ausnahmen st. flektiert (vgl.
Gr. d. Frnhd. IV § 139.1). Die Tatsache, daß sowohl Gottsched als auch Adelung
eine dem *tragen* analoge Flexion als „unrichtig" verwerfen zeigt nur, daß eine solche
nicht unüblich war (vgl. Paul, Dt. Gr. III, § 185 und Anm.; DWB, s. v.).

Anm. 4: Die ahd. Unterscheidung zwischen dem st. Verb *hladon* (‚aufladen') und
dem schw. Verb *ladên/ladôn* (‚einladen') kann noch im 15. Jh. vorkommen; beide
Verben fallen ausdrucksseitig in *laden* zusammen, für das spätestens seit der Mitte
des 16. Jhs. die st. Flexion usuell ist. Auch die Mehrheit der Sprachtheoretiker des
17./18. Jhs. sieht in *laden* ein st. Verb (vgl. Gr. d. Frnhd. IV § 139.2).

Anm. 5: Die Inflexion eines Lexems der Klasse 3b gemäß dem Muster der Klasse 3c
ist im Rip. des frühen 17. Jhs. belegt (*biechen* von *backen*, vgl. Gr. d. Frnhd. IV
§ 139.5)

Als Klasse 3c werden die Lexeme der mhd. Ablautklasse VII (*halten/rufen/* § M 132
stossen/heissen – *ie* – *ie* – *gehalten/gerufen/gestossen/geheissen*) erfaßt. Die
Inflexion des Prät. weist die im Frnhd. für mhd. *ie* jeweils möglichen
Stammvokalgraphien auf (vgl. § L 29); zu *gehen* vgl. § M 148.

In seltenen Fällen kann der Prät.-Ablaut auch im Part. Prät. gebraucht
sein, so daß eine veränderte Ablautstruktur vorliegt; ebenso selten sind der
Klasse 3c analoge st. Formen von schw. Verben.

Die im 16. Jh. (wohl vor allem bair.) mögliche Verwendung des Prät.-Stamms auch
im Part. Prät. (*gehieben* von *hauen*) erklärt sich durch mögliche Analogie nach den
Lexemen der Klasse 1a (vgl. Gr. d. Frnhd. IV § 139.1). In diesen Zusammenhang
gehören auch die am Muster der Klasse 1a orientierten Bildungen von *scheiden*
sowie auch *heissen* (vgl. § M 111). Nur vereinzelt erscheinen analoge st. Formen von
schw. Verben (*hiendlen* von *handeln*), die für das Mhd. offensichtlich noch eher
möglich sind (vgl. Gr. d. Frnhd. IV § 139.1).

Eine *uo*-Ablautung im Prät. (Muster der Klasse 3b) ist im Schwäb.-Alem.
bis in die 2. Hälfte des Frnhd. bei den Lexemen möglich, die wie die Lexeme der Klasse 3b im Präs.=Part. Prät. als Stammvokal *a* haben (vgl.

Anm. 2); doch auch der umgekehrte Fall, bei dem ein Verb der Klasse 3b
analog dem Muster der Klasse 3c inflektiert erscheint, kommt im Frnhd.
vor.

Der Wechsel der Flexionsweise findet sich besonders oft bei *fallen* und *halten*. Auch
außerhalb des schwäb.-alem. Sprachraumes sind Belege einer zu Klasse 3b stimmen-
den Inflexion für das Mnd. belegt (z. B. *vul* von *vallen*), wobei auch die Annahme
einer omd. Besonderheit in der Literatur genannt wird (vgl. Gr. d. Frnhd. IV
§ 139.3). Zur möglichen Ursache dieser Entwicklung im Schwäb.-Alem. vgl.
§ M 131, Anm. 1. Der umgekehrte Fall der Inflexion eines Lexems der Klasse 3b
gemäß dem Muster der Klasse 3c ist im Rip. des frühen 17. Jhs. belegt (*biechen* von
backen, vgl. Gr. d. Frnhd. IV § 139.5).

In *rufen* liegt im Obd. eine zwischen der st. und schw. Flexion schwankende
Verwendung vor; die zugunsten der st. Flexion entschiedene Entwicklung
wird hier erst im 17. Jh. durchgesetzt. Während im Md. die st. Flexion des
rufen bis in das 17. Jh. weitgehend unangetastet bleibt, treten schw. flektierte Belege in der omd. Literatursprache während des 17. Jhs. (besonders
im Schles.) und dann im 18. Jh. auf.

Das zwischen der st. und schw. Flexion im Mhd. schwankende *rufen* ist im Obd.
während des 14./15. Jhs. nahezu ausschließlich als schw. Verb belegt. Die im
16./17. Jh. zunehmende st. Flexion wird jedoch in nicht allen Teilen des Obd.
gleichermaßen schnell und konsequent durchgesetzt; im Bair. scheint die schw. Flexion auch im 17. Jh. noch weitgehend erhalten. Der Wechsel von der schw. zur st.
Flexion scheint eher im Part. Prät. erfolgt, wohingegen parallele Prät.-Formen
durchaus noch schw. flektiert sein können (vgl. Gr. d. Frnhd. IV § 139.4). Auf die im
Verlauf des 18. Jhs. sich ändernde sprachlandschaftliche Zuordnung der schw. und
st. Formenbildung verweisen die Angaben bei Adelung sowie bei Aichinger: Adelung sieht die schw. Flexion „schon nicht selten" in Gebrauch und auch Aichinger
beobachtet ,bei den Meißnern' auch bereits schw. Formen als möglich.

§ M 133 Klasse 3d enthält als einziges Element das zur mhd. Ablautklasse VII zählende Verb *loufen* (*lief-liefen-geloufen*); es kann über das Mhd. hinaus noch
im Frnhd. auch analog der Klasse 1b inflektiert werden: neben einem qualitativen Numerusablaut *o-u* (*loff-luffen* sowie Sg. Konj. Prät. *luff*) ist Part.
Prät. *geloffen* ebenfalls möglich (vgl. Anm. 1). Dieser Gebrauch ist im Obd.
(sowie Ofrk.) belegt, daneben sind weitere Ablautungen möglich (vgl.
Anm. 2). Seit dem 16. Jh. taucht Part. Prät. *-loffen* ebenfalls in md. Texten
auf und bleibt bis weit über das Frnhd. hinaus lebendig (vgl. Anm. 3);
innerhalb des Obd. wird seit dem 16. Jh. die dem Muster der Klasse 3c
gemäße Inflexion ausgweitet.

Anm. 1: Die Besonderheit in der Inflexion des *laufen* ergibt sich als ein Relikt der
vorahd. vollzogenen und phonemkombinatorisch bedingten Harmonisierung des
germ. *eu* zu ahd. *eo* oder *iu*. Während die Lexeme der Ablautklasse VII im Prät.
eo/io/ie aufweisen, ist in *laufen* innerhalb des Obd. *iu* entwickelt (vgl. Braune, Ahd.
Gr. § 47 und 354, Anm. 1). Im Mhd. kann aufgrund einer Verengung *iu > u* (vgl.
Weinhold, Alem. Gr. § 337) *u* im Pl. Prät. auftreten, so daß eine analoge Handhabung zu Lexemen der Ablautklasse II (z. B. *saufen*) greifen kann (vgl. die verschiedenen Hinweise in Gr. d. Frnhd. IV § 139.2).

Anm. 2: In seltenen Fällen ist auch ein qualitativer Numerusablaut belegt, bei dem im Pl. Prät. das den parallelen Lexemen der Klasse 3b eigene *ie* erscheint: *loff-lieffen*; auch kann der Ablaut zwischen Prät. und Part. Prät. zugunsten des Prät.-Ablauts aufgehoben sein: *lüff-lüffent-gelüffen*; der im Part. Prät. nicht unübliche Stammvokal *o* kann im Inf. wiederkehren, so daß die den Lexemen der Klasse 3 eigene Struktur Inf.=Part. Prät.=#Prät. hergestellt ist: *loffen-geloffen*; statt des Prät.-Stammvokals *iu* sind die verschiedenen landschaftlichen Realisierungen möglich (als z. B. *u*, *eu*) (vgl. Gr. d. Frnhd. IV § 139.2).

Anm. 3: Die Tatsache, daß Adelung sowie auch Popowitsch ein Part. Prät. *geloffen* explizit ablehnen, zeigt, daß diese Form eine noch ernsthafte Konkurrenz zu *gelaufen* darstellt. Für Aichinger ist *geloffen* als fakultative Variante noch geläufig.

6.8. ‚Besondere‘ Verben

Lit.: Alm 1936; Alm 1945/46 und 1946/47; Birkmann 1987; DWB, s. v.; Gießmann 1981; Graser 1987; Kolb 1972; Paul, Mhd. Gr. § 267–288; V. Moser 1909 § 188–203; Paul, Dt. Gr. III § 189–200; Stopp 1977; Strömberg 1907; Weinhold, Mhd. Gr. § 406–423.

6.8.1. Allgemeines

Aufgrund ihrer besonderen und z. T. suppletiven Flexion wird eine zahlen-   § M 134
mäßig kleine Gruppe von Verben von den schw. und st. Verben unterschieden: es handelt sich um die üblicherweise als ‚besondere Verben‘ angesprochenen ‚Präteritopräsentien‘, um mhd. *wellen*, das verbum substantivum, die Wurzelverben *gân/gên*, *stân/stên* sowie die kontrahierten Verben
haben/hân und *lâzen/lân*. Die ebenfalls oft im Zusammenhang ‚besonderer
Verben‘ diskutierten Lexeme *bringen* und *beginnen* (vgl. Paul, Mhd. Gr.
§ 267f.) sind im Zusammenhang der st. und schw. Verben bereits angesprochen, vgl. § M 96, Anm. 4, M 106, Anm. 3, M 123.4.

6.8.2. Präterito-Präsentien

1.   Als Präterito-Präsentien werden jene ehemals (i. e. vor-ahd.) st. Verben   § M 135
begrifflich zusammengefaßt, bei denen eine Verschiebung der Tempusfor-
men stattgefunden hat: Inf. und Präs.-Formen sind untergegangen, die
Prät.-Formen haben die Präs.-Bedeutung übernommen. Sofern das jeweilige st. Verb einen Numerusablaut im Prät. aufwies, tritt dieser nun entsprechend im Präs. auf. Auf der Ablautstufe nun des (umgelauteten)
Präs. Pl. werden vor-ahd. ein neuer Inf., das Part. Präs. sowie vor allem ein
neues, schw. Prät. (ohne Zwischenvokal *-e-*) gebildet (vgl. Anm. 1).

Gemäß der Präs.-Ablautung (i. e. der vor-ahd. Prät.-Ablautung) lassen sich die
Prät. Präs. den einzelnen (mhd.) Ablautklassen zuordnen; abweichend von diesen
weisen die Prät. Präs. der Ablautklasse IV und V jedoch keinen quantitativen, sondern einen qualitativen Ablaut *-u* auf (Schwund- statt Dehnstufe): *wissen, eigen*
(Ablautklasse I); mhd. *tugen* (Ablautklasse II); *gönnen, können, dürfen*, mhd.
turrren (Ablautklasse III); *sollen* (Ablautklasse IV); *mögen* (Ablautklasse V); *müssen* (Ablautklasse VI).

Abweichend von der Präs.-Flexion der st. und schw. Verben flektieren die
Prät. Präs. ihre 1./3. Sg. Ind. Präs. mit *-Ø* (statt *-e* bzw. *-(e)t*, z. B. *gib-e*
und *gib-(e)t*); abweichend von der Prät.-Flexion der st. Verben flektiert die
2. Sg. Ind. Präs. der Prät. Präs. nicht mit *-e* sowie dem (umgelauteten) Pl.-
Ablaut (z. B. bei den Verben der mhd. Ablautklasse IIIa *fünd-e*), sondern
ohne Alternation des Stammvokals und mit dem germ. Flexiv der 2. Sg. *-t*
(z. B. *du gan-st* *du günn-e* von *gönnen*).

Die Gruppe der Prät. Präs. eint eine funktionale Übereinstimmung. Gemeinsam mit
dem formal unterschiedenen *wollen* (vgl. § M 146) bilden *können, dürfen, sollen, mögen* und *müßen* funktional die Gruppe der (nhd.) Modalverben.

Anm. 1: Als (rekonstruiertes) Beispiel kann das der Ablautklasse IIIa zuzuweisende
Verb mhd. *gunnen* dienen. Die normalen germ. Stammformen werden (unter Einschluß der ‚Vokalharmonisierung‘ in der 1. Sg. Ind. Präs.) lauten: **genan* (Inf.) –
*ginu (1. Sg. Ind. Präs.) – **genem* (1. Pl. Ind. Präs.) – **gan* (1./3. Sg. Ind. Prät.) –
*gunnum (1. Pl. Ind. Prät.) – **gigunnan* (Part. Prät.). Die beiden Prät.-Formen erhalten Präs.-Bedeutung (*ich gan* ‚ich gönne‘), auf der Grundlage des oft umgelauteten Pl. Präs. (*gunnen* ~ *günnen*) wird der neue Inf. enbenso gebildet wie auch das
neue schw. Prät.: *gunde* (vgl. Paul, Mhd. Gr. § 271, Abb.).

Anm. 2: Die Beschreibung der frnhd. Flexion bei den Prät. Präs. geht auf graphi-
sche / lautliche Varianten nicht ein (z. B. Inf. *wüssen* statt *wissen*). Ebenso werden
Fragen der Endungsflexivik nicht angesprochen, soweit es sich um Erscheinungen
handelt, die sich ebenso auch bei den st. und / oder schw. Verben zeigen (z. B.
Pl. Präs. *wiss-end* statt *wiss-en*); dazu zählen ebenso auch Fragen des Einflusses der
Apokope.

2.   Sofern sie lexematisch erhalten bleiben (*eigen* sowie auch *turren* gehen
unter) erfahren die Prät.-Präs. im Frnhd. Angleichungen an die Flexion der
schw. Verben: das Flexiv *-t* der 2. Sg. Ind. Präs. wird durch *-(e)st* verdrängt; im Imp. Sg. (von *wissen*) tritt *-e* an; die zumeist neuentwickelten
Part. Prät. werden schw. flektiert. Zu einem normalen schw. Verb werden
gönnnen, sollen, taugen entwickelt. In einigen Fällen gehen die Vereinheit-
lichungen im Frnhd. über das hinaus, was zum Nhd. hin erhalten ist: so
wird z. T. die Stammvokalalternation zwischen dem Pl. Präs. und dem
Prät. aufgehoben (*dürfen, müssen* mit Umlautlosigkeit im Präs. oder einer
teilweisen Umlautung auch des Prät.); Angleichungen an die Flexion der
st. / schw. Verben liegen z. B. vor in der Flexion der 1. Sg. Ind. Präs. durch
-e (bezeugt ist z. B. *solle*). Gemeinsam ist den Prät. Präs. mhd. *gunnen,
kunnen, durfen, mugen*, daß im Verlauf des Frnhd. der Umlaut verallgemeinert wird (vgl. Anm. 3), der erst im Verlauf des Mhd. auftritt (vgl.
Birkmann 1987, 194).

Anm. 3: Der Umlaut im Inf. wird als aus dem Pl. Ind. Präs. übernommen beschrieben (vgl. zu *tügen* Paul, Dt. Gr. III. § 191). Ungeklärt ist jedoch die Herkunft auch des Umlauts im Ind. Pl. (dies gilt für alle Prät. Präs.): in der Literatur wird zumeist Einfluß von Seiten der dem Verb folgenden Pronomen angenommen (Umlaut erfolgt als partielle Assimilation aufgrund eines folgenden -*i*- zum Ahd hin), z. T. wird Übertrag aus dem Konj. vermutet (Verwendung von Konj.-Formen an der Stelle von Ind.-Formen), z. T. wird auch Analogie nach den rückumlautenden Verben (*vürhten* : *vorhte* > *dürfen* : *dorfte*) angenommen (vgl. Paul, Dt. Gr. III, § 191; Paul, Mhd. Gr. § 260, Anm. 1; eine zusammenfassende Diskussion auch der Kritik dieser Ansätze liefert Birkmann 1987, 194ff.). Eine plausible Erklärung, die mehrere bisherige Ansätze miteinander verbindet, liefert neuerdings Birkmann 1987, 196ff. über eine Berücksichtigung des Gesamtsystems der mhd. Verben. Der im Gang befindliche Verlust einer ausdrucksseitigen Modusopposition bei den schw. und einer Vielzahl der st. Verben (im Präs.) werde durch eine periphrastische Konj.-Umschreibung mit Hilfe der als Modalverben funktionierenden Prät. Präs. geleistet. Daß zunehmend der Konj. Prät. statt des Konj. Präs. erscheine hänge damit zusammen, daß dieser schon früh (insbesondere in Nebensätzen mit einer indirekten Aussage) unter Aufgabe seines Tempuscharakters nurmehr „eine größere Entfernung von der Wirklichkeit als die Präsensform" signalisieren könne (I. Dal: Syntax. 1966, 137; zit. nach Birkmann 1987, 198). Somit verdrängten die ursprünglichen Prät.-Formen die ursprünglichen Präs.-Formen in der Konj.-Funktion, so daß die entsprechenden Konj.-Formen als „Ind.-Formen interpretiert werden – und dabei könnte das Muster der rückumlautenden Verben eine Rolle gespielt haben" (Birkmann 1987, 198).

wissen (Ablautklasse I): In der 1. Sg. Ind. Präs. bleibt *weiß-Ø* nahezu ausnahmslos; DWB (s. v.) nennt *ich weisse* möglich, aber „ungewöhnlich". Eine Angleichung der 3. Sg. Ind. Präs. an die regelmäßige Präs.-Flexion erscheint seit dem 15. Jh. vor allem im südwestdt. Raum: *er weißt* statt *er weiß*. In der 2. Sg. Ind. Präs. gilt *weist*, selten auch *weissest*, das Paul Dt. Gr. III, § 190, Anm. dem *weist* nachfolgend konstatiert; *weisest* ist auch bei Luther belegt (vgl. DWB, s. v.), möglich ist im 14. Jh. ebenfalls *wist* (Hess.). § M 136

Der Imp. Sg. *wisse* gilt spätestens im 17. Jh., im Md. teilweise bereits auch im 14. Jh; als Ausnahme kann im frühen Frnhd. ebenfalls *wissest* erscheinen (Schwäb.).

Im Prät. erscheint neben *west-(e)/wist-(e)* bereits im 14. Jh. auch md. *wust-(e)* (auch im Els.) und *wost-(e)*; die Form mit -*e*-/-*i*- bleibt bis in das 17. Jh. hinein bezeugt (vgl. Paul, Dt. Gr. III § 190). Die Form *wust-(e)* ist spätestens im 16. Jh. allgemein (vgl. Anm.). Parallel einer in der ersten Hälfte des Frnhd. möglichen Ausgleichung der Stammalternanz (obsächs.) erscheint die Prät.-Flexion mit dem üblichen Nebensilbenvokal: *wiss-et-Ø*. Länger als im Ind. Prät. hält sich *west-(e)/wist-(e)* im Konj. Prät. (vgl. DWB, s. v.), wo es noch bis ins 17. Jh. belegt bleibt (Anm. 1). Die Umlautform *wüste* wird im 16. Jh. allgemein. Die mhd. Form *wisse/wesse* kommt bis in das 14. Jh. vor (vgl. Weinhold, Mhd. Gr. § 418f.).

Im Part. Prät. ist *gewist* bis in das 15. Jh. allgemein und (vorwiegend obd.) noch im 17. Jh. bezeugt; daneben obd. im 16. Jh. auch *gewŭst*. Im

17. Jh. ist *gewust* allgemein, z. T. (Wmd.) bereits im 16. Jh. Ein (mhd.) st.
Part. Prät. *gewissen* nennt DWB (s. v.) „vereinzelt" bis in das 16. Jh. hinein
belegt.

Anm. 1: Für den Konj. Prät. *wiste* bei Grimmelshausen gibt V. Moser 1909 § 196
auch die Möglichkeit einer Entrundung aus *wüste* zu bedenken.

Anm. 2: Die Entstehung der Prät. *-u*-Form ist bisher unerklärt. Paul Dt. Gr. III,
§ 190 nimmt Einfluß von Seiten des Konj. an, in dem *-i-* „als Umlaut von *u* gefaßt
ist, was dann den Indik. *wuste* veranlaßte". Für diese Annahme Pauls sprechen obd.
Belege des Konj. sowie auch des Part. Prät.: *gewisst* neben *gewůsst* (Herberstein,
Wien 1550), *wůste* (Merswin, straßb. Hs. 1352/70).

§ M 137 *eigen* (Ablautklasse I): Das ahd. *(h)eigan* ist bereits im Mhd. nurmehr in
wenigen Flexionsformen belegt (Pl., Konj.). Es erscheint als
3. Sg. Ind. Präs. *eiget* im Rip. sowie auch als Inf. *eigen* im Schwäb. (vgl.
DWB, s. v.) noch des 16. Jhs.

§ M 138 *taugen* (Ablautklasse II): Neben *tugen/tügen* tritt seit dem 12. Jh. ein nor-
males schw. Verb *tougen* auf; die schw. Flexion ist im 17. Jh. überwiegend
(vgl. Paul, Mhd. Gr. § 221; V. Moser 1909 § 189; Paul, Dt. Gr. III § 191).

Die den Monophthong ausweisenden frnhd. Formen können als Formen des
Prät. Präs. gewertet, diphthongische Formen können als Formen des schw. Verbs
aufgefaßt werden. Solche Formen erscheinen „gelegentlich seit dem 14. Jh." und sind
im 17. Jh. im gesamten hd. Sprachraum belegt; noch die Grammatiker des 17. Jhs.
„nennen fast alle den älteren Typ" (Graser 1985, 12, 14, unveröffentlichtes).

Noch bis ins 16. überwiegt die dem Prät. Präs. eigene Flexion: *taug(e)* in
der 1./3. Sg. Ind. Präs. (z. B. bei Dieterich, Nürnberg 1578), *tügen* im Pl.
(z. B. bei Moscherosch, Straßburg 1650), *tüge* im 3. Sg. Konj. Präs., im
Prät. *tochte/töchte* und „auch mit Angleichung an das Präs." *tuchte/tüchte*
(vgl. Paul, Dt. Gr. III § 191, Anm.). Im 17. Jh. ist (mit Ausnahme des
Omd., i. e. der schles. Dichter, vgl. Graser 1985, 22) die Flexion der
3. Sg. Ind. Präs. mit *-(e)t* zumindest gleichgewichtig neben der älteren
Form bezeugt; es erscheint die den schw. / st. Verben analoge Flexion im
Obd. bereits auch im 16. Jh. (besonders wohl wobd.; vgl. Graser 1985, 20).
Die 2. Sg. Ind. Präs. erscheint – soweit belegt (17. Jh.) – als *taugest*, Gram-
matiker des 16./17. Jhs. geben ebenfalls Flexion mit *-(e)st* an.
Einen Imp. setzen Schottel (*taug*) und Pölmann (*tüge* und Pl. *tüget*) an;
Graser (1985, 7) vermutet „Neigung zur Vervollständigung ihrer Paradig-
men".
Im Ind. Prät. erscheint das vom schw. Verb gebildete *taugt-* „gelegentlich
seit der 1. Hälfte des 16. Jh", es ist am Ende des Frnhd. auch bei den
Grammatikern noch nicht durchgesetzt (vgl. Graser 1985, 25f., unveröffentlichtes Manuskript).
Das Part. Prät. des Prät. Präs. erscheint seit dem 15. Jh. (ohne Di-
phthong, vgl. Graser 1985, 23).

(ver)gönnen (Ablautklasse IIIa): Das Verb wird zum Nhd. hin gänzlich an § M 139
die schw. Flexion angeglichen. In der 3. Sg. Ind. Präs. bleibt *gan* bis ins
16. Jh. vorherrschend, eine den st. / schw. Verben analoge Flexion mit *-t*
(gant) kommt „gelegentlich" (DWB, s. v.) vor; 2. Sg. Ind. Präs. *gannest* ist
im frühen Frnhd. bezeugt. Die Übertragung des Pl.-Vokals (*-u-*) auch in
den Sg. Ind. beginnt in der 2. Hälfte des 15. Jhs. und wird im 17. Jh. durchgesetzt (z. B. *gönnet* bei Heidegger, Zürich 1698); nur in Ausnahmen findet
eine Übertragung des Sg. Ind.-Stammvokals *-a-* in andere Positionen statt,
so in den Konj. Präs. *gane* (vgl. DWB, s. v.). Im Pl. Ind. Präs. wird *gunnen*
im 16. Jh. von *günnen* abgelöst, im Verlauf des 17. Jhs. erscheint *gunnen*
nurmehr ausnahmsweise. Daneben tritt – ohne eine deutliche landschaftliche Zuweisung (vgl. DWB, s. v.) – seit dem 14. Jh. im Pl. Ind. auch
gonnen (vgl. Anm.). Nach frühen (alem.) Belegen des 14. (Inf.) und 15. Jhs.
ist *gönnen* im 17. Jh. durchgesetzt, Luthers Bibel weist es bereits durchgängig auf (vgl. DWB, s. v.). Im Prät. wird neben dem bis ins 16. Jh. deutlich
behaupteten *gunt(e)* im Els. und Md. im 14./15. Jh. *gonde* vorherrschend
(vgl. DWB, s. v.; Weinhold, Mhd. Gr. § 412); eine dem Sg. Präs. Stammvokal analoge Bildung *gande* (aus 1402) bleibt Ausnahme. Im 17. Jh. sind
die stammvokalischer Verhältnisse des Präs. auch im Prät. durchgesetzt
(z. B. *gönnte* bei Götz, Jena 1664). Seit dem 13. Jh. wird das Part. Prät.
auch schw. gebildet, mit Ausnahme des Hchal. scheint es im Frnhd. vorherrschend; in der Schweiz wird das Vorkommen eines st. Part. Prät. noch
für das 16./17. Jh. als „reich" ausgewiesen (vgl. DWB, s. v.).
Vorwiegend im Schwäb. erscheinen im 14.–16. Jh. vor allem im Inf. Formen mit zusätzlichem *-d-* (z. B. Inf. *günden* bei Mair, augsb. Hs. aus 1393).
Die im 16. Jh. auch im Md. „zuweilen" auftretenden Formen halten sich im
Schwäb. bis in die erste Hälfte des 17. Jhs. (vgl. V. Moser, Frnhd. Gr. I.3,
§ 129, 8.c.). „Gelegentlich" erscheint im Prät. sowie auch im Part. Prät. ein
zusätzliches *-s-* (z. B. *gegunst* oder *gegonst*, vgl. DWB, s. v.), Weinhold
Mhd. Gr. § 412 lokalisiert ins Md.

Anm.: Als Ursache des Wandels *u > o* gilt einerseits der vor Doppelnasal gewöhnliche Lautwandel (vgl. § L 16) wie auch ein Einfluß von Seiten des Prät. *gonde* (vgl.
DWB, s. v.).

können (Ablautklasse IIIa): Es ist können hinsichtlich der vokalischen Ent- § M 140
wicklung kaum von *gönnen* unterschieden (so auch im Mhd. vgl. Paul,
Dt. Gr. III § 192; Weinhold, Mhd. Gr. § 413). In der 1./3. Sg. Ind. Präs.
bleibt *kan* nahezu ausnahmslos; singulär ist *kane* (Mönch von Heilsbronn,
ofrk. Hs. Ende 14. Jh.). In der 2. Sg. Ind. Präs. gilt *kanst* bereits in mhd.
Zeit (vgl. DWB, s. v.); eine Imp.-Form ist im Frnhd. nicht bezeugt (vgl.
Anm.).
Im Md. sowie im 14. Jh. auch im Alem. treten im Inf. sowie im Pl.
Konj. Präs. neben *-u-* auch *-o-* auf (im Alem. beim Konj. auch mit Um-

laut); das Schwanken zwischen *-u-/-ü-* einerseits und *-o-/-ö-* andererseits hält bis ins 17. Jh. an; auch im 18. Jh. ist *kunnte* noch nicht ungewöhnlich. Schwanken zwischen *-u-* und *-o-* herrscht auch im Prät. bei identischer sprachlandschaftlicher Zuordnung wie im Inf. / Präs.; doch stimmt der jeweilige Gebrauch nicht unbedingt zusammen: so hat Luthers Bibel regelmäßig *können* und zugleich im Prät. *kunde* (vgl. DWB, s. v.). Anders als noch im Mhd. sind frnhd. allein schw. Formen des Part. Prät. belegt; es wird das Part. Prät. im 16./17. Jh. auch ohne *ge-* belegt (vgl. DWB, s. v.).

Ähnlich auch wie bei *gönnen* erscheinen Formen mit zusätzlichem *-d-* (vgl. DWB, s. v.): *künden/könden*, auch *kunnten* (z. B. bei Luther, obsächs. 1. Hälfte 16. Jh.) oder (mit Entrundung) *kinden* (z. B. bei Brant, ndalem. Ende 15. Jh.); auf einer solchen Inf.-Form aufbauend ist selten auch eine entsprechende Flexionsform möglich: *kundat* (3. Sg. Ind. Prät. bei der Kottanerin, Hs. Wien um 1450). Eine Vermischung mit *kennen* liegt in *kande* vor (vgl. DWB, s. v.). Ein wohl ‚euphonisches' *-s-*, das Weinhold Mhd. Gr. § 414 in nur drei Belegen findet, liegt in der 2. Sg. *künstest* (Brunschwig, Straßburg 1497) vor.

Anm.: Für das Mhd. weist Weinhold (Mhd. Gr. § 413) einen Imp. *kunne* für Ulrich v. d. Türheim aus, DWB s. v. bezeugt einen Imp. *könn* aus 1867.

§ M 141 *dürfen* (Ablautklasse IIIb): Wie *dürfen* geht das häufige *bedürfen*. 1./3. Sg. Ind. Präs. lautet *darf*, selten auch *darfe* (vgl. DWB, s. v.). In der 2. Sg. Ind. Präs. ist *darft* bis in das 15. Jh. vorwiegend; es wird *darft* durch regelmäßiges *darfst* verdrängt, bleibt jedoch obd. auch im 16. Jh. noch nachweisbar (vgl. Weinhold, Mhd. Gr. § 416).

Im Pl. Ind. sowie auch im Konj. Präs. erscheint Stammvokal *-u-* (*durfen, durfe*), im Els. und auch Md. ist nicht selten auch *-o-* gebraucht (vgl. Weinhold, Mhd. Gr. § 416); daneben erscheint obd. auch *därfen* (z. B. bei Eschenloher, Augsburg 1678).

Im Prät. bleibt das durch vorahd. Vokalharmonisierung (‚Brechung' /u/ > /o/) entstandene *dorfte* bis in das 18. Jh. hinein möglich (vgl. Paul, Mhd. Gr. § 272); eine dem Sg. Ind. Präs. analoge Bildung *bedarfte* (aus 1408) nennt Weinhold Mhd. Gr. § 416 mundartlich (vgl. Anm.). Die Bildung des Prät. auch mit *-u-* (im Konj. mit *-ü-*) nennt Paul Dt. Gr. III § 193 Ausgleich nach dem Präs. Dort, wo im Inf. und Präs. *-ä-* möglich ist, kann der Konj. Prät. ebenfalls *därfte* lauten (vgl. Paul, Dt. Gr. III § 193, Anm. 1).

Ein Part. Prät. von *dürfen* ist frnhd. selten, vorwiegend ist ein solches von *bedürfen* (*bedorft, bedurft*); „zuweilen" ist hier auch der Umlaut möglich (vgl. Paul, Dt. Gr. III § 193, Anm. 1).

Anm.: Wohl kaum in die frnhd. Schreibsprache aufgenommen sind Tilgungen des *-f-* vor *-t-* (*dorte, bedurte*), die Weinhold (ebenda) für die mhd. Zeit als ‚gewöhnlich' bezeichnet.

mhd. *turren* (Ablautklasse IIIb): Das Verb bleibt vor allem noch bis in das **§ M 142**
16. Jh. belegt (vgl. Anm. 1); häufig ist die Präfixform *gedurrren* (Inf. sowie
auch Präs. und Prät.; neben *t-* auch *d-*). Die 1./3. Sg. Ind. Präs. *(ge)tar* ist
ausnahmslos, ebenso 2. Sg. Ind. Präs. *(ge)tarst* (vgl. Anm. 2). Im Inf. erscheint neben *gedurren* auch der Umlaut in z. B. *tůrren* (Mönch von Heilsbronn, ofrk. Hs. Ende 14. Jh.), so auch im Ind. Pl.; Konj. Sg. lautet *(ge)–*
durre. Im Prät. erscheint neben *-o-* *(getorste)* im Md. auch *-u-* *(indurste*,
Oxforder Benediktinerregel, hess. Hs. 14. Jh.; zu *-s-* vgl. Anm. 2).

Anm. 1: Einen letzten Textbeleg liefert DWB (s. v.) aus der ersten Hälfte des 17. Jhs.
Die Angaben zur Flexion bei Paul Dt. Gr. III, § 194, Anm. 2 basieren auf den Grammatiken von Schottel und Girbert.

Anm. 2: Anders als z. B. in *kann-st* (statt *kann-t*), bei dem eine Angleichung an die
Flexion der st. und schw. Verben stattgefunden hat, gehört *-s-* bei *turren* zum ursprünglichen Stammausgang *-rs-*: *-s-* wurde vor *-t* geschützt, in allen anderen Fällen
assimilierte *-rs-* zu *-rr-*. Entsprechend enthalten auch die Formen im Prät. das alte
-s-.

sollen (Ablautklasse IV): In der 1./3. Sg. Ind. Präs. (vgl. Graser 1987, 64) **§ M 143**
konkurrieren seit dem Beginn des Frnhd. die beiden Varianten *sal* (md.,
mit seltenen Nebenformen *sol*) und *sol* (obd., mit auch seltenen Nebenformen *sal*). Auch im Md. wird *sol* im Verlauf des 16. Jhs. dominierend, vereinzeltes *sal* bleibt im Wmd. noch im 17. Jh. möglich (vgl. Anm. 1). Eine
weitergehende Angleichung an die Flexion der st. / schw. Verben durch
Flexion der 1. Sg. Ind. Präs. mit *-e* *(solle)* weist Schottel aus (vgl. Paul, Dt.
Gr. III, § 194, Anm. 1), im Frnhd. ist es sonst nicht bezeugt. Für die 2. Sg.
Ind. Präs. gilt weitgehend der jeweilige Stammvokal der 1./3. Sg. Ind. Präs.;
doch kann im Md. noch (ursprüngliche) Alternation zur 1./3. Sg. vorliegen,
insofern (statt *-a-*) nahezu ausschließlich *-o* verwendet ist (vgl. Anm. 2). Die
Flexion der 2. Sg. Ind. Präs. bleibt bis in das 18. Jh. hinein mit *-t* möglich
(vgl. Paul, Dt. Gr. III § 194), doch ist im 17. Jh. *-st* durchgesetzt; frühe
Hinweise für *-st* erscheinen bereits im 14. Jh. wohl vor allem im Konj. (vgl.
Anm. 2).

Während der Inf. weitaus überwiegend in der nhd. erhaltenen Form
vorkommt *(sollen*; mit Umlaut im 16. Jh. möglich, vgl. DWB s. v.), stehen
im Ind. / Konj. Pl. *sollen* und *sullen* im 14. und seltener auch noch im
15. Jh. nebeneinander. Sowohl im Ind. wie im Konj. kann obd. bis ins
16. Jh. Umlaut erscheinen (zum Rip. im 15. Jh. vgl. Anm. 1); eine allgemeine Modusbindung des Umlauts an den Konj. ist eindeutig nicht zu
erweisen (vgl. Anm. 3). Eine deutliche Modusunterscheidung im Präs. ist
nicht konsequent, zu allen Zeiten des Frnhd. ist jedoch der Versuch einer
solchen Differenzierung erkennbar (vgl. Anm. 4).

Im Ind. Prät. bleibt *-o-* vorwiegend, daneben md. im 14./15. Jh. auch
sulde und *soulde* (Rip., vgl. Weinhold, Mhd. Gr. § 411) und in Ausnahmen
auch *salde* (vgl. DWB, s. v.); parallel zu *solt* kann alem. im 15. Jh. auch *sölt*

erscheinen. Der Umlaut (auch als *seulde* in ‚Dat nuwe Boych', Hs. Köln 1396; vgl. auch Weinhold, Mhd. Gr. § 411) wird darüber hinaus im Schwäb.-Alem. bis ins 16. Jh. (auch Rip. in der zweiten Hälfte des 16. Jhs.) für den Konj. genutzt, jedoch nicht immer konsequent.

Ein Part. Prät. ist allein für Sprachtheoretiker bezeugt (Clajus, Schottel, vgl. DWB, s. v.).

Anm. 1: Die Nebenformen des Md. sind im Obsächs. bezeugt. Als Ausnahmebildungen erscheinen ebenfalls *sull* (bei Mair, augsb. Hs. 1393; Weinhold, Mhd. Gr. § 411, gibt für den Konj. *-u-* und *-ü-* als die gültigen Stammvokale noch des 13. Jhs. an) und Umlautformen (vor allem im Alem. des 14./15. Jhs., z. B. *söll* bei Edlibach, Hs. Zürich 1485/6; Umlautformen in allen Sg.-Positionen erscheinen jedoch auch in Köln der zweiten Hälfte des 16. Jhs.). Mit *sch-* anlautende Formen (< Wurzelanlaut *sc-*, vgl. Weinhold, Mhd. Gr. § 411) sind im 14. und z. T. auch noch im 15. Jh. in bair., alem., ofrk., thür. und schles. Texten bezeugt (vgl. auch Schmidt 1984, 308).

Anm. 2: In den ‚Altdeutschen Predigten' (obsächs. Hs. Mitte 14. Jh.) erscheint in nur einem Beleg der 2. Sg. Ind. Präs. *saltu*, wohingegen in mehr als 65 Fällen *solt* auftritt. In diesem Text erscheint zudem ein früher Beleg für die den st. / schw. Verben angeglichene Flexion mit *-st* (*solst*, in der 2. Sg. Konj. Präs. auch *sülest* sowie bei Mair, augsb. Hs. 1393 *sullist*), daneben als Ausnahme ebenfalls *sol*.

Anm. 3: In alem. Konj.-Belegen *sellend* (bei Edlibach, Hs. Zürich 1485/6; Weinhold, Mhd. Gr. § 411, findet *-e-* im Alem. des 14./15. Jhs.) ist möglicherweise eine an Sg. *sal* orientierte Bildung zu sehen, das im Wobd. des 15. Jhs. selten möglich ist (vgl. Graser 1987, 63); Weinhold (Mhd. Gr. § 411) sieht in *-e-* nur eine Schreibung für *-ö-* (vgl. auch Paul, Dt. Gr. III § 194, Anm. 1), so daß Entrundung anzunehmen ist. Daneben erscheinen im Text jedoch auch *süllent* oder *söllent*. Daneben findet sich einmal *selt* (i. R.: *verzelt*) auch bei Sachs (vgl. DWB, s. v.).

Anm. 4: Die Unterscheidung kann durch einen geregelten Umlaut erfolgen: z. B. in schwäb. Texten des 14./15. Jhs. mit konsequent *sol* (Ind.) und *sôl(e)* ~ *sülle* (im ‚Altväterbuch', schwäb Hs. Ende 14. Jh. oder bei Terenz, Ulm 1486), sie kann durch die Verteilung von *-e* (Konj.) und *-Ø* (Ind.) erfolgen (z. B. bei Herberstein, Wien 1550, oder A. a. S. Clara, Wien 1680), sie kann durch Stammvokalalternation *-a-* (Ind.) und *-u-* ~ *-û-* (Konj., z. B. in den ‚Altdeutschen Predigten', obsächs. Hs. Mitte 14. Jh., oder in der Oxforder Benediktinerregel, hess. Hs. 14. Jh.) oder *-o-* (Ind.) und *-u-* (Konj.) erfolgen (z. B. 'Mystik Pillenreuth, Hs. Pillenreuth 1463, oder auch bei Mair, Hs. Augsb. 1393).

§ M 144 *mögen* (Ablautklasse V): Stammvokal des Sg. Ind. Präs. ist *-a-*, neben stammauslautendem Plosiv *-g* (auch *-c, -k-, -gk*) kommt bis ins 15. Jh. (vor allem md., in der 2. Sg. Ind. auch obd.) ebenfalls Frikativ *-ch* (auch *-h*) vor: *mach, ma(c)ht/machst*. Die 1./3. Sg. Ind. flektieren *-Ø*, die 2. Sg. Ind. flektiert im 14. Jh. vorwiegend *-t* (als *maht*), im 15. Jh. überwiegt *-st* (als *magst*, vgl. Anm.); 2. Sg. Konj. kennt bereits im 14. Jh. allein *-est*, ein Imp. Sg. ist als Ausnahme belegt (*mach* in ‚Altdt. Predigten', obsächs. Hs. Mitte 14. Jh.). Der Sg. Konj. ist mit dem Pl.-Stamm flektiert (ausnahmslos mit stammschließendem Plosiv), im 14./15. Jh. zumeist *mug(e)* (wmd., thür., alem. auch *moge*, els. bereits im 14. Jh. mit Umlaut *möge*; obsächs. im 14. Jh. mit *-u-*), seit dem 16. Jh. vorwiegend *möge* (obd. auch mit *-Ø*); auch im 14./15. Jh. ist *-Ø* allein obd. bezeugt.

Ähnlich dem Sg. Konj. ist *mögen* im Pl. Präs. (Ind. / Konj.) sowie auch im Inf. seit dem 16. Jh. allgemein (in Ausnahmen noch umlautloses *mogen* im Rip. der 2. Hälfte des 16. Jhs.), *mügen* bleibt noch im 17. Jh. möglich (vgl. DWB, s. v.); *mogen* erscheint wmd./thür. schon im 14. Jh., dagegen obsächs. (sowie auch obd.) noch *mugen*; im 14. Jh. ist *mogen* (auch mit Umlaut) ebenfalls im Obd. bezeugt (vgl. DWB, s. v.), *mugen* kann ebenfalls im Md. vorkommen. Der bezeichnete Umlaut ist sowohl im Ind. wie im Konj. belegt, ein modusbezogener Gebrauch ist nicht eindeutig.

Im Ind. Prät. tritt neben *mocht-* selten noch im 15. Jh. *macht-* (obd.) sowie *muchte* (md., vgl. Weinhold, Mhd. Gr. § 410) auf, im Konj. Prät. erscheint seit dem 16. Jh. der Umlaut konsequent bezeichnet. Noch im frühen 17. Jh. ist 2. Sg. *möchst* (statt *möchtest*) möglich; bis ins 18. Jh. bleibt in der 2. Pl. *möcht* möglich (vgl. DWB, s. v.). Als scheinbar etymologische Schreibung bezeichnet DWB (s. v.) *mogte*, das im 17. und 18. Jh. bezeugt wird.

Ein Part. Prät. erscheint erst spät (ein sehr frühes *vermoht* schon im 13. Jh., vgl. Weinhold, Mhd. Gr. § 410, bleibt Ausnahme), neben früheren *gemugt/gemügt* (vgl. DWB, s. v.) später im 17. Jh. *vermocht, vermögt*.

Anm.: Neben *magst* (nur vereinzelt auch *machst*) erscheint auch den st. / schw. Verben mit -e- analog flektiertes *magest* (bei Cube, Mainz 1485). Selten auch *machs* (in der Oxforder Benediktinerregel, hess. Hs. 14. Jh.) und *mach* (‚Altdeutschen Predigten‘, obsächs. Hs. Mitte 14. Jh.).

müssen (VI. Ablautreihe): Die nhd. erhaltene Flexion des Verbs ist weit- §M 145 gehend bereits in mhd. Zeit fest: *muß-* (Sg. Ind. Präs.), *müss-* (Pl. Ind., Konj. Präs.), *mußt-* (Ind. Prät.), *müßt-* (Konj. Prät.). Daneben kann noch im 14. Jh. im Sg. Ind. Präs. selten auch der Umlaut auftreten (z. B. *müzz* der 1. Sg. Ind. Präs. bei Durandus, Hs. Wien 1384). Der Sg. Konj. Präs. wie auch der Pl. Ind. Präs. erscheinen im Md. des 14./15. Jhs. ohne (bezeichneten) Umlaut (im Rip. auch als -*oi*- / -*oy*-). Im Ofrk. im späten 14. Jh. noch sichere Umlautlosigkeit des Pl. Ind. bezeugt (gegenüber Umlaut im Konj.: Pl. Ind. *mvz* gegenüber Konj. Sg. *mv̂ze* im ‚Mönch von Heilsbronn‘, ofr. Hs. Ende 14. Jh.); noch im späten 15. Jh. können Umlaut und Umlautlosigkeit im Pl. Ind. gleichgewichtig im Ofrk. schwanken. Umlautlosigkeit sowohl im Pl. Ind. Präs. als auch im Konj. Prät. kann „vereinzelt" noch im 17. Jh. vorkommen (vgl. DWB, s. v.); umgekehrt kann Umlaut auch im Ind. Prät. auftreten (z. B. *mûste* noch bei Bange, Mülhausen 1599; vgl. auch Weinhold, Mhd. Gr. § 417). Eine Angleichung an die Flexion der st./schw. Verben erscheint im Frnhd. in nur einer Ausnahme (3. Sg. Ind. Präs. *must* in der Nürnberger Polizei-Ordnung, vgl. DWB, s. v.).

Im Mhd. kann neben Prät. *muoste* wohl vor allem bis ins 13. Jh. noch *muose* vorkommen (vgl. Paul, Mhd. Gr. § 275), im Frnhd. ist die Flexion mit -*t*- nahezu ausnahmslos; DWB (s. v.) belegt 2. Pl. Konj. Prät. *mûset* einmal im 15. Jh.

Das Part. Prät. ist selten und vor dem 16. Jh. nicht nachzuweisen, es erscheint als *gemust*, seltener *gemüst* (vgl. DWB, s. v.).

6.8.3. *wollen*

§ M 146 Die Prät. Präs. definieren sich über eine Verschiebung des Tempus; *wollen* (ahd. / mhd. *wellen*, got. **waljan*) definiert seine Besonderheit über eine Verschiebung des Modus: die Flexive des Ind. Präs. gehen auf idg. athematische Optativ-Formen zurück, die bereits „im Got. als Ind. Präs. fungieren" (Birkmann 1987, 116). Zu diesem ‚neuen‘ Ind. Präs. wurde ein neues Konj. sowie auch ein schw. Prät. gebildet (vgl. Paul, Mhd. Gr. § 277).

In der 1./3. Sg. Ind. Präs. ist frnhd. *wil(l)* nahezu ausnahmslos: im 14. und sehr selten noch im 15. Jh. erscheint ebenfalls *wel(l)*. Hier liegt möglicherweise Übertragung aus dem Konj. vor, das bis ins 16. Jh. (obd.) mit -*e*- realisiert sein kann. Daneben erscheint in der 1./3. Sg. Konj. ebenfalls *wöll(e)*, das erst im 17. Jh. weitgehend von *wolle* verdrängt ist (*wôlle* noch bei Rosenthal, Köln 1653, oder auch bei Eschenloher, Augsburg 1678). Die Konj.-Flexion mit -*e* (*welle, wölle, wolle*) ist im Frnhd. fest, Ausnahmen (-Ø) kommen bis ins 17. Jh. vor.

Eine Angleichung an die Flexion der schw. Verben kommt nur sehr selten vor: *ich wille* (15. Jh.) wertet DWB s. v. analog dem Prät. bei den st. Verben (z. B. *gabe*) als „epithetisch".

Die nhd. Form der 2. Sg. Ind. Präs. (*willst*) ist erst seit dem 16. Jh. zu belegen (vgl. DWB, s. v.), sie steht noch im 17. Jh. neben dem älteren *wil(l)t*, das sich selbst noch im 19. Jh. findet. Im Konj. ist -*(e)st* im Frnhd. ausnahmslos.

Gänzlich ohne besonderes Pers.-Flexiv erscheint 2. Sg. Ind. Präs. *wil* in den ‚Altdt. Predigten‘ (obsächs. Hs. Mitte 14. Jh.). Aufgrund landschaftlich gebundener Veränderungen kann alem. auch *wit* (so auch im Prät. *wott* statt *wolt(e)*, vgl. DWB, s. v.), rip. auch *wolt* auftreten (vgl. Weinhold, Mhd. Gr. § 421).

Neben den seit dem Ende des 13. Jh. auch mit -*o*- erscheinenden Formen des Pl. Ind. / Konj. Präs. und auch des Inf. (vgl. Weinhold, Mhd. Gr. § 421) bleibt *wellen* obd. auch im 14. Jh. noch allgemein; selten bleibt es bis ins 16. Jh. bezeugt. Daneben tritt seit dem 15. Jh. vor allem obd. *wöllen* (als Rundungsform zu *wellen* oder auch als dem Konj. entlehnte Umlautform), das seltener auch im Wmd. des 16. Jhs. erscheinen kann. Es kann *wöllen* noch im 17. Jh. in manchen (obd.) Texten die häufigere Variante sein.

Seltene und landschaftlich auch gebundene Sonderformen kommen bis ins 16. Jh.
vor. Im Thür. des 14. Jhs. erscheint noch *wullen* (nach Weinhold, Mhd. Gr. § 421,
„senkte" (!) sich *o* weiter zu *u*; Sg. Konj. Prät. *wult* noch bei Gropper, Köln 1556)).
Die Kontraktionsform *wend* bleibt im Wobd. noch zur Mitte des 16. Jhs. bezeugt
(bei Wickram, Straßburg 1556), in einer betont mda. Schreibform auch darüber
hinaus (vgl. DWB, s. v.). Eine Angleichung des Pl. (und auch des Inf.) an die Flexion
des Sg. Ind. Präs. ist für das Mfrk. / Nfrk. bezeugt (so z. B. Inf. *willen* bei Gropper,
Köln 1556; vgl. auch Weinhold, Mhd. Gr. § 422, sowie DWB, s. v.).

Im Ind. Prät. ist das schon ahd. / mhd. allgemeine *wolt-* (vgl. DWB, s. v.)
auch im Frnhd. nahezu ausnahmslos; Angleichungen an den Vokalismus
des Präs. (als *-e-* oder gerundetes *-ö-*) kommen bis ins 16. Jh. obd. vor. Als
md. Nebenform des 14./15. Jhs. erscheint ebenfalls *wulde* (vgl. Weinhold,
Mhd. Gr. § 423) und rip. *woulde* (mit Umlaut *weulde(n)*, z. B. im ‚nuwen
Boych', Hs. Köln 1396). Das flexivische *-e* der 1./3. Sg. Ind. Prät. ist spätestens im 17. Jh. fest, *-Ø* erscheint auch im Obd. des 17. Jhs. nurmehr
ausnahmsweise. Im Konj. Prät. ist Umlaut bis ins 16. Jh. hinein im Obd.
möglich, jedoch nicht konsequent.

Das nach den Prät. Präs. neugebildete Part. Prät. von *wollen* (vgl. DWB,
s. v.) erscheint im 16. Jh.; nach *gewŏl(l)t* noch des 16. Jhs. ist *gewol(l)t* im
17. Jh. allgemein.

6.8.4. Wurzelverben

tun: Bei *tun* (zahlreiche Nebenformen auch mit *d-*, auch mit stammvokali- § M 147
scher Veränderung u. a. *a*, *o*, *uo*, *ai*, *ü* und auch 2–silbige Formen *tühen*,
tüejen, *tuenen*, *tüenen*, vgl. DWB, s. v.) liegen flexivische Beonderheiten
sowohl des Präs. als auch des Prät. vor, die noch im Verlauf des Frnhd.
weitgehend aufgehoben werden: Im Präs. wird die im Mhd. noch vorwiegende Flexion der 1. Sg. Ind. Präs. mit *-n* (*ich tuon*, vgl. Paul, Mhd. Gr.
§ 279) an die Flexion der schw. / st. Verben angeglichen; im Prät. wird die
(den st. Verben eigene) Stammvokal-Alternation *e – a* (vgl. Anm.) weitgehend zugunsten *a* ausgeglichen.

In der 1. Sg. Ind. Präs. erscheint *-n* noch bis in das 16. Jh.; das als Nebenform bereits im Mhd. ausgewiesene *tu-Ø* (vgl. Paul, Mhd. Gr. § 279)
erscheint seit dem 14. Jh. vor allem im Konj. (z. B. Ind. *-n* : Konj. *-Ø* bei
Mair, Hs. Augsburg 1393). Spätestens im 17. Jh. ist die den schw. / st.
Verben angeglichene Flexion *tu-e* fest (z. B. bei Weise, Leipzig 1684). Beim
Sg. / Pl. Konj. Präs. kann im Alem. noch bis ins 16. Jh. Formerweiterung
auftreten: z. B. *thǔge* (bei Keisersberg, Straßburg 1522).

Ein Ausgleich der numerusgestützten Alternation zwischen *e* und *a* im
Prät. setzt teilweise bereits im 14. Jh. in beiden Richtungen ein. Der Ausgleich zugunsten des vereinheitlichten *a* ist im Obd. weitgehend zum Ende

des 16. Jhs. im Md. weitgehend zum Ende des 17. Jhs. erfolgt. Das
Part. Prät. erscheint im Frnhd. „häufig" ohne Präfix *ge-* (vgl. DWB, s. v.).

Im Obd. hält der Sg. bis um 1500 „zäh am alten" *e* fest (Strömberg 1907, 137),
ausgeglichene Formen sind jedoch möglich (z. B. *tat* bei der Kottanerin, Hs. Wien
um 1450). Früher als im Sg. zeigt der Pl. bereits im 14. Jh. Einfluß von Seiten des Sg.
(im Alem erst seit Mitte des 15. Jhs.; vgl. Strömberg 1907, 138). Im 16. Jh. herrscht
im Sg. Schwanken zwischen altem *e* und am Pl. ausgeglichenem *a* (vgl. Strömberg
1907, 127, 130, 132, 135), wobei die *e*-Formen auch in der zweiten Hälfte des 16. Jhs.
zweifellos die weitaus häufigeren bleiben (z. B. bei Rauwolf, Lauingen 1582, bei
Wickram, Straßburg 1556, bei Lavater, Zürich 1578); da im Pl. zugleich das Sg.-*e*
gebraucht ist (bei Rauwolf, Lauingen 1582, bei Lavater, Zürich 1578), scheint der
Ausgleich zugunsten des Sg.-*e* in der zweiten Jh.-Hälfte vorwiegend. Strömberg
(1907, 137f.) vermutet sowohl eine Festigung des Pl.-*a* sowie auch seine Durchsetzung in den Sg. zum Ende des 16. Jhs. als siegreich; dabei habe sich das Bair./Österr.
der Neuerung am stärksten widersetzt. Doch auch in der 2. Hälfte des 17. Jhs. kann
e im Sg. noch fest sein (z. B. bei A. a. S. Clara, Wien 1680, oder bei Eschenloher,
Augsburg 1678); da zugleich auch im Ind. Pl. *e* vorliegen kann (so bei A. a. S. Clara,
Wien 1680) scheint auch hier ein Ausgleich zugunsten des *e* nicht selten.
    Ähnlich dem konstatierten Sprachstand einiger obd. Texte der 2. Hälfte des
16. Jhs. scheint *e* ebenfalls im Nürnb. im 16. Jh. fest (zu Sachs und Ayrer vgl. Strömberg 1907, 138).
    Im Omd. beobachtet Alm 1936 einen Beginn der Ausgleichung in beiden Rich-
tungen schon im 14. Jh. Da „das fast allgemeine Auftreten der a-Formen, sowohl im
Sg. als auch im Pl." charakteristisch für die Hss. des 15. Jhs. ist (Alm 1936, 439; so ist
Pl.-*a* auch im Hess. sowie Thür., nicht jedoch im Rip. fest), dringt Pl.-*a* wohl häufiger in den Sg. ein. Mit den ersten Drr. zeige sich ein plötzlicher Umschwung, denn
Sg.-*e* werde nun wieder gänzlich fest und trete im Pl. ebenfalls auf. Diese Entwicklung, die auf obd. Einfluß zurückgehen „könnte" (Alm 1936, 439), wird zum ausgehenden 16. Jh. „von den wieder herandringenden *that, thaten* stark bedroht" (Alm
1936, 439), so daß die Entwicklung zugunsten *a* im Obd. zur Mitte des 17. Jhs., im
Thür. und Norddt. mit dem 3. Viertel des 17. Jhs. und im Schles. kurz vor dem Ende
des 17. Jhs. entschieden ist.

Anm.: Die Flexion des Prät. erfolgte in der 1./3. Sg. Ind. durch die Wurzelsilbe *ta*
und der vorgesetzten Reduplikationssilbe *te-*: ahd. *teta*, mhd. *tete*. Die Flexion des
Ind. Pl. / Konj. Prät./2. Sg. Ind. erfolgte mit der Wurzel *dad* (des ursprünglich an-
zusetzenden ablautenden Verbs *tëtan* entsprechend mit *a* (bzw. *æ* in der
2. Sg. Ind. Prät., vgl. Weinhold, Mhd. Gr. § 362).

§ M 148   *gehen/stehen*: 1. Die frnhd. Flexionsformen der nhd. zweisilbigen Verben
werden aus jeweils zwei verschiedenen Stämmen gebildet: a) vom Stamm
des im Ahd. noch belegten (redupl.) st. Verbs der Klasse VII *gangan* (*gieng*
– giengum – gigangan) / vom Stamm des im Ahd. noch belegten st. Verbs
der Klasse VI *stantan* (*stou(n)t – stou(n)tum – gistantan*); b) vom Stamm
der Wurzelpräsens *gân/gên* und *stên/stân*, die im Frnhd. zu zweisilbigen
Form verändert werden.

2.   Neben der Beibehaltung der zum Stamm *gang-/stant-* zählenden Formen des Prät. / Part. Prät. bleiben *gang-/stant-* ebenfalls in einer Reihe von
Flexionsformen des Präsens erhalten (vgl. Gießmann 1981 § 15f.). Dabei

handelt es sich jedoch weitgehend nur um Ausnahmen, allein im Imp. Sg. sind *gang* (mit Nebenform *geng* im Thür. bis 1385 und *ging* im Bair. bis 1450, vgl. Gießmann 1981 § 9) sowie *stant* (mit Nebenform *stond* im Schwäb. der 2. Hälfte des 15. Jhs. und *stend* in Basel 1516, vgl. Gießmann 1981 § 9) im gesamten Sprachraum noch häufig gebraucht.

Es „herrscht" im Imp. Sg. die Form *gang* im Wmd. und Oobd. noch zum Ende des 15. Jhs.; *gang* bleibt „sehr häufig" bis in die 1. Hälfte des 16. Jhs. im Omd.; im Wmd. dominiert es bis zum Ende des 16. Jhs. und bleibt auch im 17. Jh. noch vorwiegend. Im Wmd. wird *gang-* im nennenswerten Umfang auch noch im Konj. Präs. bis zum Ende des 16. Jhs. dominant verwendet. In der 1. Sg. Ind. Präs. ist *gang* vor allem im 16. Jh. im Els. möglich (Gießmann 1981 § 15).

Es „herrscht" im Imp. Sg. der Formtyp *stant* im Wmd. und Oobd. bis zum Ende des 15. Jhs., im Omd. bis in die 1. Hälfte des 16. Jhs.; im Wmd. ist *stand* „weit überwiegend" bis zum Ende des 17. Jhs. belegt. Im Wmd. wird *stand-* im nennenswerten Umfang auch noch im Konj. Präs. bis zum Ende des 16. Jhs. dominant verwendet, im 17. Jh. nurmehr eher selten. In der 1. Sg. Ind. Präs. ist *stand-* im 15./16. Jh. vor allem im Els. möglich (Gießmann 1981 § 16).

3.   Aus der Wurzelform mhd. *gên/stên* werden die nhd. zweisilbigen Formen *gehen/stehen* entwickelt (zur Entstehung der Zweisilbigkeit vgl. Anm. 1); eine Zweisilbigkeit der mit *â* realisierten Formen (vgl. Anm. 2) erscheint nur „vereinzelt" (Gießmann 1981 § 32). Die Entwicklung scheint bei *gehen* und *stehen* kaum wesentlich unterschieden (vgl. Gießmann 1981 § 3).

Nach frühesten Belegen aus 1282 (Urk. Würzburg) erscheint frnhd. Zweisilbigkeit ab dem 14. Jh. im Omd. (zum folgenden vgl. Gießmann 1981 § 32); Zweisilbigkeit tritt im 15. Jh. auch im Obd. auf, wird jedoch wesentlich häufiger im Md. (besonders Omd.) ausgebildet. Es überwiegt Zweisilbigkeit im 16. Jh. im Md. und Nordobd., das Oobd. / Wobd. gehen in der Entwicklung nach. Zum Ende des Frnhd. ist Zweisilbigkeit auch im Obd. leicht überwiegend, im Md. und Nordobd. kommen einsilbige Formen nurmehr selten vor. Analog den Verhältnissen bei den schw. / st. Verben erscheint im 17. Jh. Zweisilbigkeit auch in den Positionen, in denen sie nhd. nicht mehr vorkommt: z. B. 3. Sg. Ind. Präs. oder 2. P. Ind. Präs. *gehet*.

Anm. 1: Nach Kolb (1972, 140) steht die Zweisilbigkeit von *gehen* und auch *stehen* im Zusammenhang der Restituierung der Zweisilbigkeit auch bei *sehen* und *geschehen*. Deren Zweisilbigkeit sei in der „bairisch-ostfränkisch bestimmten südmainischen Schreibsprache" nie aufgegeben worden und von dort in die Schreibsprache md. Schreiber übernommen. Dort nun sei eine hyperkorrekte Übertragung auch auf die (zu den kontrahierten *sên* < *sehen* und *geschên* < *geschehen*) lautlich parallelen Verben *gên* und *stên* erfolgt. Mit der Verschiebung eines sprachlandschaftlichen Vorbilds zum Md. und der Durchsetzung eines entsprechenden schreibsprachlichen Typs auch im Obd. „drang die Zweisilbigkeit von ,gehen' und ,stehen', zumindest im schriftlichen Gebrauch, auch in die süddeutschen Regionen vor". Zu dieser Erklärung paßt, daß einsilbige Formen von *sehen* oder *geschehen* (wohl) allein in md. Texten (insbesondere wmd. und thür.) des 14. und seltener auch noch des 15. Jhs. erscheinen.

Anm. 2: Das Auftreten einer auf mhd. *gân* zurückgehenden Zweisilbigkeit ist „sehr
selten" (Gießmann 1981 § 22, bezogen auf den Inf. formuliert). Formen dieser Art
finden sich im 16. und noch seltener 17. Jh. im Md. (z. B. bei Luther) und Norddt.
(z. B. bei Bellin), vgl. Gießmann 1981 (§ 22, Anm. 5, § 25, Anm. 5, § 27, Anm. 8, § 28,
Anm. 5).

4. Die Verwendung der *ê*- oder *â*-Formen zeigt eine deutliche sprachlandschaftliche sowie auch funktionale Verteilung. Es kommen die
â-Formen (zu Nebenformen vgl. Anm. 3) vor allem im Ind. Präs. vor, ‚vereinzelt' auch im Konj. Präs. (vgl. auch zum folgenden Gießmann 1981
§ 17). Im Wmd. / Wobd. erscheinen *â*-Formen im 13.–15. Jh. (Inf.,
Part. Präs., 3. Sg. Ind. Präs., Pl. Ind. Präs.) gegenüber den *ê*-Formen überwiegend (belegt auch im Konj. Präs.), es bleiben die *â*-Formen im Wobd.
auch im 16./17. Jh. oft gebraucht. Zwar erscheinen *â*-Formen im Oobd. /
Nobd. und auch Omd. (Inf., 3. Sg. Ind. Präs.) ebenfalls vom 14. bis zum
17. Jh., doch beträgt ihr Anteil (am häufigsten im Inf. belegt) maximal
40% (in der 3. Sg. Ind. Präs. maximal 25%; hier werden die *â*-Formen zudem früher als im Wmd. / Wobd. zurückgedrängt, in der 3. Sg. Ind. Präs.
erscheinen sie im 17. Jh. nicht mehr.

Anm. 3: Es finden sich sowohl für *gân* wie auch für *gên* einige Nebenformen. Neben
Diphthongschreibungen (für *â*, wobd. und vereinzelt auch nobd.) erscheinen ebenfalls Formen mit *á/ä* (überwiegend schwäb. und selten auch alem.), mit *ó/ö* (ndal.
und in einer Ausnahme auch hchal.), vgl. Gießmann 1981 § 10; vereinzelte *o*-Gra-
phien erscheinen im gesamten Sprachraum, allein im Wobd. sind sie seit dem 15. Jh.
allgemein verbreitet (vgl. Gießmann 1981 § 11). Für *ê* erscheint *i* ‚etwas häufiger' nur
im Wmd. bis zum Ende des 15. Jhs. und Nobd. noch bis zur Mitte des 16. Jhs. (vgl.
Gießmann 1981 § 12). Das möglicherweise als Kontraktionsergebnis (nachgestelltes
-i auch als mfrk. Dehnungssignal) zu wertende *ei* faßt Gießmann 1981 § 13 unter die
graphischen Varianten; es erscheint (besonders im Sg. / Pl. Ind. Präs.) omd. und besonders wmd. bis zum Ende des 15. Jhs. „recht häufig".

5. Die Flexion des Prät. von *gehen* erfolgt im Rahmen der Lexeme der
mhd. Klasse VII: *gi(e)ng-*. Einen möglichen Einfluß durch *stehen* sieht
Gießmann 1981 § 35, Anm. 3 und 5 in seltenen obd. Formen *gung(en)* oder
auch *gong(en)*.

Die Prät.-Flexion verwendet zumeist den Stamm des ahd. st. Verbs *gangan*. Wohl zu den athematischen Präs.-Formen gebildetes *gie* ist im Wmd.
nicht und nurmehr „ausnahmsweise" über das 15. Jh. hinaus belegt (Gießmann 1981 § 39); eine assimilierte Form *gien/gin* (*ng* > *nn*) im Sg. findet
sich noch im älteren Frnhd. (V. Moser 1909 § 200).

Die Flexion des Prät. von *stehen* erfolgt im Rahmen der Lexeme der
mhd. Klasse VI: *stuond-*. Die im Nhd. normierte Flexion *stand-* kommt im
Frnhd. nur erst selten vor, vor 1550 handelt es sich um „zufällige Entglei-
sungen" (Alm 1946/47, 250); die seltenen Belege auch des 16./17. Jhs. verweisen auf eine frühzeitigere Verwendung im Konj. Prät. (vgl. Gießmann
1981 § 36, Anm. 4, 6–8). Die Einschätzung Alms (1945/46 193), mit *stand-*

seien die omd. / norddt. Prät.-Formen für die übrigen Gebiete bestimmend
geworden, ist vor dem Hintergrund der ebenfalls wmd. / obd. Belege zweifelhaft (vgl. Gießmann 1981 § 36, Anm. 16).

Die Prät.-Flexion von *gehen* verwendet zumeist den Stamm des ahd. st.
Verbs *gangan*. Ein wohl zu den athematischen Präs.-Formen gebildetes *gie*
ist im Wmd. nicht und nurmehr „ausnahmsweise" über das 15. Jh. hinaus
belegt (Gießmann 1981 § 39); eine assimilierte Form *gien/gin* (*ng* > *nn*) im
Sg. findet sich noch im älteren Frnhd. (V. Moser 1909 § 200).

6. Das Part. Prät. von *gehen* erscheint vorwiegend als *(ge)gangen*. Zu
gân/gên gebildete Formen kommen noch im 16. Jh. vor (vgl. Gießmann
1981 § 33). Der Gebrauch eines präfixlosen Part. Prät. nimmt seit dem
15. Jh. zu, ob er im Wobd. / Nobd. / Omd. schon im 16. Jh. und im Wmd. /
Oobd. im 17. Jh. überwiegt (vgl. Gießmann 1981 § 37), ist fraglich; Hoffmann 1988, 174 setzt die „Vereinheitlichung zur nhd. Norm. [. . .] sicher
erst vom 17. zum 18. Jh." an. Eine konsequente *ge*-Präfigierung scheint erst
ab dem 17. Jh. vom Omd. / Nobd. ausgehend verallgemeinert zu sein (vgl.
Gießmann 1981 § 37).

Das Part. Prät. von *stehen* erscheint vorwiegend als *(ge)standen*. Zu sehr
seltenen und zu *stên/stân* gebildete Formen bleiben bis ins 15. Jh. bezeugt
(vgl. Gießmann 1981 § 33).

sein: Die Flexionsformen von (mhd.) *sîn* werden suppletiv aus drei unterschiedlichen Wurzeln zusammengesetzt: die Präs.-Formen aus idg. **es-* und
*bhû-, das Prät. aus dem Perfektparadigma der Wurzel idg. **wes-* (vgl.
Bammesberger 1986, 119). Daneben sind noch im Mhd. und z. T. auch
noch im Frnhd. im Präs. (und Inf.) auf idg. **wes* zurückgehende (ahd. st.
Verb *wesan*) Formen belegt (z. B. im Imp. Sg. / Pl.), im Part. Prät. steht zu
mhd. *sîn* gehörendes *gesîn* neben st. *gewesen* oder schw. *gewest*. Im Frnhd.
werden die „stammhaften Dubletten" (Stopp 1977, 1) weitgehend beseitigt.

§ M 149

„Resultat der [frnhd.] Gesamtentwicklung ist die Beschränkung der *w*-Formen auf
das Präteritum, mit *w-*st als [st.] Partizip, und die weitgehende Uniformierung des
Präsens mit *s*-; nur der Singular des Indikativs Präsens behält die *b-/i*-Formen (*bin*,
bist, *ist*)" (Stopp 1977, 2).

1. Sg. Ind. Präs. lautet *bin*; *ben* (nl.) kann im 14. Jh. hess. sowie auch thür.
erscheinen (so z. B. im ‚Psalter Dresden', Hs. Erfurt 1378, mit nur Ausnahme *bin*; vgl. auch Weinhold, Mhd. Gr. § 363).

2. Sg. Ind. Präs. lautet *bist*; das in mhd. Zeit „namentlich md. im Reim"
gebrauchte *bis* kann ausnahmsweise im Omd. des 14. Jhs. noch vorkommen.

Imp. Sg. lautet teilweise noch bis in die 2. Hälfte des 16. Jhs. hinein
(obd.) *bis* (vgl. Anm. 1); daneben im frühen Frnhd. obd. auch nur *bi*. Die
nhd. durchgesetzte Form *sei* kommt erst seit dem 16. Jh. auf (vgl. Anm. 1).

Die zum st. Verb. ahd. *wësan* / mhd. *wësen* zählende Form *wis* (vgl. Anm. 1) ist (omd.) im 14. Jh. möglich.

3. Sg. Ind. Präs. lautet *ist*. Die mhd. „geläufige Nebenform" *is* (vgl. Weinhold, Mhd. Gr. § 364) ist im Omd. des 14. Jhs. bereits Ausnahme, hält sich jedoch im Wmd. (bes. rip.) auch im 15. Jh.

Die mhd. vorwiegende Suppletion des Pl. Ind. Präs. (*birn, sîn – birt, sît – sint*, vgl. Paul, Mhd. Gr. § 282; vgl. auch Anm. 2) wird im Verlauf des Frnhd. vereinfacht: die 1. Pl. Ind. Präs. gleicht sich der 3. Pl. Ind. Präs. an (*sint* statt *birn, sîn*), die 2. Pl. Ind. Präs. setzt das auch in der 2. Pl. Konj. Präs. gültige *sît* durch.

In der 1. Pl. Ind. Präs. stehen (mhd.) *sîn* und *sint* z. T. noch im 17. Jh. nebeneinander, es scheint *sîn* vor allem oobd. deutlicher erhalten; es ist *sint* z. T. bereits im 14. Jh. die überwiegendere Variante, daneben ist (obd.) auch *sei* möglich. Die Gültigkeit von *sint* ist jedoch auch in der 3. Pl. Ind. Präs. nicht unangefochten. Insbesondere im Md. des 14./15. Jhs. und schließlich im Obd. des 16./17. Jhs. kann *sein* (*sin* etc.) die gegenüber *sint* häufigere Variante sein. Neben *seit* (*sit* etc.) der 2. Pl. Ind. Präs. erscheint vor allem im 14./15. Jh. obd. (Namentlich alem., vgl. Weinhold, Mhd. Gr. § 364) auch *seint* (*sint* etc.), im 16. Jh. (neben vereinzeltem els. *seint*) omd. auch *sein*.

Der Imp. Pl. *weset* kann im 14. Jh. vor allem wohl im Md. noch vorkommen; daneben schon auch im Mhd. *sît* (frnhd. u. a. *seyt*). Neben den schon im Mhd. gültigen Formen des Pl. Konj. Präs. (*sîn – sît – sîn*, vgl. Paul, Mhd. Gr. § 282) steht alem. bis ins 15. Jh. auch *sigend*, omd. ist auch *si* möglich.

Zu den Prät.-Formen und den Ausgleich des Grammatischen Wechsels, vgl. § M 105.

Das Part. Prät. erscheint als *gewesen*, alem. bis ins 16. Jh. auch *gesin* (*gsin, gesein* etc.), im gesamten Sprachraum (mit Ausnahme des Wobd., dort jedoch auch im 16. Jh.) während des gesamten Frnhd. auch *gewest* (*gwest, geweist* etc.).

Es ist *gesin* (zum folgenden vgl. besonders Stopp 1977, 9ff.) im 14. Jh. sowohl schwäb. (neben häufigerem *gewesen*) als auch vor allem alem. belegt. Im 15. Jh. „mag *gesîn* [im Wobd.] im ganzen etwas zugenommen haben" (Stopp 1977, 12), es bleibt vor allem im Hchal. verankert, im Els. erscheint es eher als Ausnahme. Im 16. Jh. bleibt *gesîn* ndal. / hchal. in „Texten von regionaler Bedeutung" (Stopp 1977, 14) belegt.

Das schw. *gewest* dominiert Wmd. im 14./15. Jh. (im Rip. des 14. Jhs. fast nur *gewest*) und hat erst im 16. Jh. das st. *gewesen* gleichberechtigt neben sich. Wie auch im Omd. sind es vorwiegend „literarische Texte" (Stopp 1977, 9), in denen frühzeitig und häufiger *gewesen* erscheint. Es dominiert *gewesen* im 14. Jh. im Ndal. und Schwäb., wieder „namentlich in literarischen Texten scheint *gewesen*" auch im Oobd. / Nobd. zu herrschen (Stopp 1977, 10). Die Veränderungen des 15. Jhs. sind gegenüber den Verhältnissen des 14. Jhs. „im ganzen gering" (Stopp 1977, 10). Es steht auch im Wobd. *gewesen* „vor allem wieder in literarischen Texten ganz oder teilweise hochalemannisch [. . .], aber auch etwa elsässisch [. . .] und natürlich schwäbisch" (Stopp 1977, 12). Im Bair. ist *gewest* zurückgegangen. Im 16. Jh. nimmt der

Gebrauch von *gewesen* im Md. zu (auch im Rip. nun in literarischen Texten, im Omd. auch in Urkunden), *gewest* erscheint nun auch im Wobd. (jedoch „offenbar nicht hochalemannisch") (vgl. Stopp 1977, 13). Im 17. Jh. scheint *gewesen* die jeweils deutlich überwiegende Form im gesamten Sprachraum zu sein, *gewest* bleibt jedoch im gesamten Sprachraum belegt.

Anm. 1: Die Form *bis* erklärt Weinhold (Mhd. Gr. § 363) analog zum Imp. Sg. des st. Verbs mhd. *wësen* entstanden: *wis* > *bis*; Paul (Mhd. Gr. § 282, Anm. 1) sieht Neubildung im Anschluß an die 2. Sg. Ind. Präs. Die erste Form *sei* datiert Paul (Mhd. Gr. § 282, Anm. 1 mit Verweis auf Besch 1967, 310) auf 1477.

Anm. 2: Die mhd. Pl.-Formen *sîn* (1. Pl.) und *sît* (2. Pl.) sind eigentlich Konj.-Formen, die seit dem 12. Jh. parallel zum Aussterben des *birn* und *birt* in den Ind. übernommen werden (vgl. Weinhold, Mhd. Gr. § 364).

6.8.5. Kontrahierte Verben

lân (lassen): Im Mhd. kommen Kontraktionsformen im gesamten Präs., im §M 150 Inf. und auch im Part. Prät. vor; darüber hinaus wird auch ein der Kurzform entsprechendes Prät. verwendet (vgl. Paul, Mhd. Gr. § 287). Kontrahierte Formen sind im Mhd. „beliebt" (Weinhold, Mhd. Gr. § 358). Das Frnhd. kennt sie weitgehend nurmehr im Inf. (z. B. *lon* bei Brunswig, Straßburg 1497), der 3. Sg. Ind. Präs. (z. B. *lǎ* im sog. ‚Altväterbuch', schwäb Hs. Ende 14. Jh.), im Imp. Sg. (z. B. *la* bei Terenz, Ulm 1486) sowie in einigen Pl. Präs.-Formen (z. B. 2. Pl. Ind. Präs. *land* bei Terenz, Ulm 1486). Kontrahierte Formen sind gegenüber den ‚Normalformen' eher selten; sie erscheinen nurmehr ausnahmsweise über das 15. Jh. hinaus.

Kontraktionsformen erscheinen vorwiegend im Schwäb. / Alem. / Nürnb; sie sind im Md. nur selten bezeugt (z. B. 3. Sg. Ind. Präs. *let* in den ‚Altdt. Predigten', obsächs. Hs. Mitte 14. Jh.; 2. Pl. Ind. Präs. *lat* bei Tauler, Leipzig 1498). Über die genannten Positionen hinaus belegt DWB (s. v.) auch kontrahiertes Part. Prät. *lon* noch bei Fischart (els., 2. Hälfte 16. Jh.). Paul Dt. Gr. III § 189, Anm. 2 gibt an, daß manche Schriftsteller noch des 17. Jhs. Kontraktionsformen gebrauchen; sie setzen sich in obd. Mda. fort (vgl. DWB, s. v.) und auch Uhland verwendet sie noch (vgl. DWB, s. v.). Die meisten der wenigen Belege, die für das 16. und sogar noch frühe 17. Jh. angegeben werden (vgl. DWB, s. v.) stehen im Reim.

hân (haben): Im Mhd. dominieren die kontrahierten Formen; allein im §M 151 Konj. Präs. gelten die vollen, unkontrahierten Formen als die üblichen (neben den jedoch auch hier möglichen Kontraktionsformen) (vgl. Paul, Mhd. Gr. § 288). Es hat sich im Mhd. eine funktionale Differenzierung zwischen den kontrahierten und vollen Formen ergeben: die vollen Formen erscheinen zumeist in der Vollverbbedeutung (‚halten'), die kontrahierten zumeist in der Verwendung als Hilfsverb (vgl. Paul, Mhd. Gr. § 288; zu Ausnahmen vgl. DWB, s. v.). Im Verlauf des Frnhd. wird die volle Form auch in der Verwendung als Hilfsverb im Inf., im Part. Prät., in alle

Pl. Präs.-Positionen als auch in die 1. Sg. Ind. Präs. verallgemeinert; die kontrahierten Formen bleiben im Prät. (vgl. Anm.) ebenso erhalten wie in der 2./3. Sg. Ind. Präs. (allerdings mit der veränderten kurzen Vokalquantität). Der Ausgleich zugunsten der vollen Formen greift selten auch auf die Positionen über, in denen die Kontraktionsformen erhalten bleiben. Der nhd. erhaltene Zustand ist am Ende des Frnhd. weitgehend erreicht.

In der 1. Sg. Ind. Präs. ist *han* zu Beginn des Frnhd. im gesamten Sprachraum als die vorwiegende oder zumindest doch gleichgewichtige Variante bezeugt. Es wird vor allem im 15. Jh. durch *habe* zunehmend verdrängt, so daß *han* in der 1. Hälfte des 16. Jhs. aufgegeben ist; in Ausnahmen (z. B. im Reim) kann es auch später noch erscheinen, zumal es mda. erhalten bleibt (vgl. DWB, s. v.).
In der 2. Sg. Ind. Präs. ist *has* für das 14. Jh. noch bezeugt (vgl. Weinhold, Mhd. Gr. § 394). Darüber hinaus kommt neben üblichem *hast* selten auch *habest* vor. Nur als Ausnahme ist volle Form der 3. Sg. Ind. Präs. bezeugt: *(er) habet* (in der ‚Mystik Pillenreuth‘, Hs. Pillenreuth 1463).
Im Ind. Pl. Präs. stehen kontrahierte neben vollen Formen oft bereits im 14. Jh. parallel nebeneinander. Der Gebrauch kontrahierter Pl.-Formen nimmt im 15. Jh. ab (deutlicher im Md. als im Obd.). Kontrahierte Formen stehen noch in der 1. Hälfte des 16. Jhs. oft in einem Text neben den vollen Formen, „bis sich der sieg der letzteren in der 2. hälfte des 16. jahrh. ergibt" (DWB, 4.2, Sp. 48); Kontraktionsformen bleiben in vielen Mda. erhalten. Ähnlich den Verhältnissen des Ind. Pl. Präs. sind auch jene des Inf., DWB (s. v.) formuliert eine Vorliebe in md. Texten bis in das 16. Jh.
Als Nebenform des (kontrahierten) Prät. tritt in Analogie zu den Verben der st. Ablautklasse VII (vgl. Paul, Mhd. Gr. § 288, Anm. 3) *hiet(e)* (durchaus für Ind. und Konj.) auf; vgl. Anm. Im Part. Prät. bleibt über das Mhd. hinaus *gehat* besonders im Md. beliebt (z. B. in der ‚Koelhoffschen Chronik‘ Köln 1499); ähnlich den Verhältnissen des Inf. sowie des Pl. Ind. Präs. geht sie im 16. Jh. unter. Besonders im Alem. erscheinen auch st. flektierte Formen des Part. Prät. (*gehaben*, vgl. DWB s. v.).

Anm.: Die im Mhd. entstandenen Kontraktionsformen des Prät. gehen teils auf ahd. *habêta*, teils auch auf ahd. *hebita* zurück (vgl. Paul, Dt. Gr. III § 189); aus ersterem entsteht *hâte* (durchaus auch mit Umlaut im Ind. *hæte*), aus zweitem *hête* (vgl. Paul, Mhd. Gr. § 288, Anm. 3). Daneben entstehen die kurzvokalischen *hatte* und *hëte* aus vorahd. **habda*. Aufgrund der wenig konsequenten Bezeichnung vorliegender Vokalquantitäten, aufgrund auch der ungeklärten Wertung vorliegender Graphien und ihrer Verursachung (z. B. phonetisch, etymologisch etc.) ist der im Frnhd. vollzogene Ausgleich hier kaum nachzuvollziehen. DWB (4.2, sp.49) sieht md. Quellen als „vorwiegende vertreter der form *hatte* [. . .;] von hier aus verbreitet sie sich nach Süden, das alte *hâte* verdrängend, und wie sich neben diesem durch die form *hête* hindurch ein *hete, het* gebildet hat, so steht neben *hatte* seit dem 15. jahrh. bis auf die neuzeit ein *hette, hätte* [. . .]".

IV. SYNTAX

1. Die Nominalgruppe

1.1. Überblick

Lit.: Erben 1954, 28–37, 67–90; Admoni 1967, 171–174, 178–183; Rössing-Hager 1972, 82–109, 135–158; 1978; Philipp 1980, 110–117; Aureggio 1982; Heyder 1982; Bassola 1985, 17–53; Ebert 1986, 81–100; Van der Elst 1988b; Metzler 1989; Admoni 1990, 145–150, 168f., 187–193; Lanouette 1990.

Die verschiedenen Bestimmungen des Substantivs sind gewöhnlich um das §S1 Substantiv gruppiert. Vor dem Kernsubstantiv steht ein relativ streng organisiertes Feld aus flektierten Elementen und zwei Arten von nichtflektierten Elementen, dem Adverb und dem vorangestellten Genitivattribut. Nach dem Kernsubstantiv steht ein weniger streng organisiertes Feld, das aus nichtflektierten Genitiv-, Adjektiv-, Partizipial-, Präpositional- und satzwertigen Attributen besteht (zu den satzwertigen Attributen s. § S 201 und §§ S 260–275). Es kommt auch eine Reihe von diskontinuierlichen Stellungstypen vor, wo Glieder der Nominalgruppe durch nicht zur Nominalgruppe gehörende Elemente voneinander getrennt sind (s. 1.9.).

Bei der Abgrenzung der flektierten pränominalen Elemente werden hier die traditionellen Kategorien Artikel, Pronomen und Adjektiv beibehalten. Der bestimmte Artikel *der* usw. und der unbestimmte Artikel *ein* usw. erscheinen nur zusammen mit einem Substantiv. Die Interrogativ-, Demonstrativ-, Indefinit- und Possessivpronomina können sowohl für sich als auch mit einem Substantiv stehen (bei *kein* und den Possessivpronomina finden sich schon frnhd. für die Verwendung ohne Substantiv Formen im Nom. Sg. Mask. auf *-er* und im Nom. / Akk. Sg. Neutr. auf *-(e)*; streng nach diesem Distributionskriterium wäre das Paradigma *keiner, keine, kein(e)s* usw. zu den Pronomina, adsubstantivisches *kein, keine, kein* usw. zu den Artikeln zu stellen). Für die Adjektive gilt im allgemeinen, daß sie zwischen einem Artikel bzw. Pronomen und dem Kernsubstantiv stehen und daß sie verschiedene Flexionsarten zeigen je nachdem, ob ein Artikel / Pronomen vorausgeht und, wenn dies zutrifft, je nach der Art und Form dieses Artikels / Pronomens (s. §§ M 66 – M 77). In dieser Hinsicht zeigen auch einige Pronomina, vor allem die Possessivpronomina, „adjektivische" Charakteristika: sie können nach anderen Pronomina stehen und dabei auch schwach flektiert sein. Adverbia sind unflektiert und stehen meist vor dem Adjektiv, das sie bestimmen.

Während der ganzen frnhd. Zeit erscheinen zwei Arten von nichtflektierten §S2 Elementen im Feld vor dem Substantiv: (1) Genitivattribute und (2) Adverbia, die ein vorangestelltes Adjektiv bestimmen. Das vorangestellte Genitivattribut steht meist vor den Adjektiven, kann aber auch nach einer beschränkten Gruppe von Adjektiven stehen (s. § S 42). Adverbia, die ein im Feld vor dem Substantiv stehendes Adjektiv bestimmen, stehen direkt vor diesem Adjektiv, mit Ausnahme der Gradadverbien, die vor *ein* oder einem Possessivpronomen stehen können, z. B. *Vnd Mose war seer ein grosser Mann in Egyptenland* 2. Mos. 11,3 (1545) (s. § S 21). Vor allem seit dem 16. Jh. erscheinen auch Präpositional- und Nominalgruppen, die ein im Vorfeld stehendes Adjektiv oder Partizip bestimmen, an der Stelle direkt vor diesem Adjektiv oder Partizip (s. § S 22):

auß allerlay euch dazumal angezaigten ursachen Korr. d. Nürn. Rats (1530) 26, *diese angestellte, bestimmte, zur Erhaltung gemeines Friedens hoch nothwendige Hülff* RA 1555, 358.

Prinzipiell ist eine beliebige Zahl von vorangestellten Adjektiven mit einem Substantiv möglich. Verbindungen vom Artikel und Pronomen bzw. von zwei Pronomina sind dagegen zahlenmäßig beschränkt (s. § S 16).

Mit Ausnahme von gewissen syntaktisch und stilistisch bedingten Varianten gilt für die pränominalen Glieder der frnhd. Nominalgruppe die folgende Reihenfolge (wobei alle Elemente fakultativ sind und nicht alle Elemente kombinierbar sind):

$$\left\{ \begin{array}{l} all\ (\text{-}) \\ beide\text{-} \end{array} \right\} + \left\{ \begin{array}{l} \text{Artikel} \\ \text{Demonstrativpron.} \\ \text{Indefinitpron.} \\ \text{Interrogativpron.} \end{array} \right\} + \left\{ \begin{array}{l} \text{Possessivpron.} \\ \text{Genitivattribut} \end{array} \right\} + \text{Adjektivgruppe}$$

Zu den Ausnahmen gehören einige Verbindungen von Artikel und Pronomen bzw. zwei Pronomina (s. § S 16), Fälle, wo gewisse Adjektive und Partizipien vor Pronomina (s. § S 17) oder dem Genitivattribut (s. § S 42) stehen, Konstruktionen mit Possessivpronomen + Genitiv (s. § S 33) sowie mit Possessivpronomen + Dativ (s. § S 47), dem Kernsubstantiv nachgestellte Possessivpronomina (s. § S 11), dem Kernsubstantiv nachgestellte einfache Adjektive oder Partizipien (s. §§ S 19f.) und dem Kernsubstantiv nachgestellte erweiterte Adjektive und Partizipien (s. § S 22).

1.2. Der Artikel

Lit.: Mager 1916; Paul III, 162–185; Behaghel I, 31–138.

§ S 3   Eine systematische Beschreibung des frnhd. Artikelgebrauchs ist beim heutigen Stand der Forschung nicht möglich. Es handelt sich hier vor allem um Unterschiede zwischen dem frnhd. und dem heutigen Gebrauch, die im wesentlichen zweierlei Art sind:

(1)   der Artikel fehlt in der frnhd. Konstruktion, in einer vergleichbaren nhd. Konstruktion wird der bestimmte oder der unbestimmte Artikel gebraucht;

(2) der unbestimmte Artikel wird in der frnhd. Konstruktion verwendet, in der vergleichbaren nhd. Konstruktion wird der bestimmte Artikel oder kein Artikel gebraucht.

1. Der Artikel erscheint gewöhnlich bei Bezeichnungen für konkrete Ein- § S 4 zelgegenstände. Zahlreiche zweigliedrige (weitaus seltener auch mehrgliedrige) Formeln weisen aber keinen Artikel auf, u. a. *Tag und Nacht, Himmel und Erde, Himmel und Hölle, Berg und Tal, Haus und Hof, Schloß und Riegel, Tür und Riegel, Land und Leute, Mann und Weib | Frau, Kind und Kegel, Bürgermeister und Rat, Roß und Reiter, Mark und Bein, Haut und Haar, Leib und Gut, Leib und Leben, Leib und Seele, Wort um Wort, von Wort zu Wort* (s. Behaghel I, 95–99). Im Kanzleistil können *Kläger, Beklagte, Gegenteil* ohne Artikel stehen, z. B. *da gegentheil solche gebrechen gar auff eine andere art ansiehet* Spener 71. Der Artikel kann fehlen vor einem Substantiv im Singular, wo sich die Aussage nicht auf einen konkreten Einzelgegenstand, sondern auf die gesamte Klasse von Gegenständen bzw. einen Gegenstand als einen typischen Vertreter der Gattung von Gegenständen bezieht, z. B. *ich hore das suzest saitenspil daz mensch ie gehoren solt* C. Ebner 24, *kennt ir den pesten ritter nicht, der ye schillt zu halls gehieng* Füeterer 211 (Behaghel I, 127), *fraw sol niht herr sein ym hause* Luther (Behaghel I, 127f.); weitere Beispiele bei Behaghel I, 126ff. Daneben stehen Fälle mit unbestimmtem Artikel. Abstrakta werden im Frnhd. häufiger ohne Artikel verwendet als im heutigen Deutsch (s. Behaghel I, 68ff.).

In Verbindungen mit Präpositionen kommen viele Substantive, die außer- § S 5 halb dieser Verbindungen mit Artikel verwendet werden, ohne Artikel vor. Man kann unterscheiden:

A. formelhafte Verbindungen, z. B. *unter handen* Tucher 32, *das die jenen, die solichs überfaren hetten, darumb zu rede gehalten werden von einem ratt* Tucher 260, *...des teuffels list vnd trug an tag zubringen* Luther, Adel 7, *... das jr allenthalben habt nach meinem abschied | solches in gedechtnis zu halten* 2. Peter 1,15 (1545), *widersetzte er sich dem Corporal so lang | biß er von Leder zog* Courasche 1130. Sie werden noch um 1500 zum weitaus größten Teil ohne Artikel gebildet, im Laufe des 16. und 17. Jhs. wächst der Gebrauch des Artikels an (Mager 1916, 81f.). Bis auf heute erscheinen noch zahlreiche Formeln ohne Artikel (s. DWB 2, 996ff.; Behaghel I, 75–83; frnhd. Beispiele bei Mager 1916, 31–80);
B. abstrakte Substantive mit nachgestelltem Genitivattribut, z. B. (häufig: *in Kraft, mit Rat, nach Laut, mit Hilfe, in Beiwesen, nach Ausgang, ohne Wissen, in Gegenwärtigkeit, in Gestalt, nach Inhalt*) *von geheiße dez keiser Karlen von Behem* Closener 101, *nach uswisung der vorgeschriben brieve* Wenzel RA 1 457, *in zijt des schenkens* Frankfurter Urk. 339 (vgl. *in der zijt, als er wine schenket* 339), *zu notdorfft seins leibes* M. v. Weida 36 (vgl. *zu der notdorfft vnßers leibes* 36), *vß mitwürkkung gottes* Eberlin 3, *in form eines Diameters* Dürer D1a, *wegen enge deß Orts* Beer 36. Hier fehlt der Artikel besonders häufig auch bei nichtformelhaften Verbindungen;
C. andere nichtformelhafte Verbindungen. Hier erscheinen Fälle ohne Artikel als Varianten neben Fällen mit Artikel, z. B. *alle geschlecht auff erttreich, in wasser vnd*

in luffte Eyb 11, *solle zu den lewen ynn graben geworfen werden* Dan. 6,7 (1530) (*ynn den graben* 6,12), *ain gaistlicher, so von himel söllt herabfallen* Zimm. Chr. 287, *der könne nicht in Himmel kommen* Schupp 25.

Mager (1916,29,81) zählt die Fälle in Texten von ca. 1450–1700, in denen der Artikel nach dem Sprachgebrauch von ca. 1900 stehen müßte, aber nicht steht. In omd. Quellen des 16. Jhs. finden sich schon relativ wenige Ausnahmen zur nhd. Regel, in anderen Dialekträumen sind sie etwas häufiger. Solche Ausnahmen werden dann im Laufe des 17. Jhs. immer seltener. Scheinbar artikellose Fälle können auch auf Verschmelzung von Artikel und Präposition beruhen: Formen des Artikels, die auf *-n* ausgehen, können zu sonantischem *n* abgeschwächt werden, und dieses verschmilzt mit einem *-n*-Ausgang der vorausgehenden Präposition, z. B. *in den > in* (s. Behaghel I, 37).

§ S 6 Der Artikel kann bei bestimmten Typen von Adjektiven und Partizipien fehlen:

A. Bei rück- und vorweisenden Adjektiven und Partizipien wie *angezeigt, berührt, ermeldt, gemeldt, nachbemeldt, nächstkünftig, obangeregt, obbemeldt, oberzählt, obgedacht, obgemeldt, obgeschrieben* (sowie vielen anderen mit *ob*- gebildeten Partizipien), *vorberührt* usw. findet sich der artikellose Gebrauch als seltene Variante neben dem bestimmten Artikel im 15. Jh. und wird im 16. Jh. in der Kanzleisprache herrschend; er erscheint auch bei anderen Autoren im 16. und besonders im 17. Jh.:

... darumb gemelter tag fürgenommen und obangezeigt ist Max I, RA 6,743, *... diewil nun offtgemelte disputation sich lenger verzogen hatt* Eck 36, *obberührte Anzeig und Versprechnuß* RA 1576 359, *die hatten obgedachte Bauren angetroffen* Simpl. 41, *... liesse mich obgenante Dahme... zu sich an den Sessel ruffen* Beer 18.

B. Der Artikel kann fehlen bei Adjektiven, die von Personenbezeichnungen und Titeln abgeleitet sind, sowie bei Adjektiven, die eine Volksbezeichnung enthalten:

Dyn wonung ist in den houlern, die myn ist künglicher sal Steinhöwel 131, *Wer wolt sagen das christlich kirch ordnete...* Eberlin 17, *... das deutsche Nation, den selben baß bewaren kunde den der Bapst* Luther, Adel 22.

§ S 7 2. Der unbestimmte Artikel steht bei prädikativen Berufsbezeichnungen als Variante neben Formen ohne Artikel (s. Behaghel I, 87f.). Bei Stoffbezeichnungen steht *ein*, wenn eine bestimmte Menge davon oder eine besondere Art gemeint ist (s. Behaghel I, 48): *Da ging sie in die kuchen und sprach, daz man in ein flaisch geb* C. Ebner 5, *Auff ein zeit kam er aber kåß zů båttlen / und als sy in ein kåß und die Ostereyer geben hett...* Wickram 41. Der unbestimmte Artikel kann auch besonders im Kanzleistil statt des bestimmten Artikels vor Bezeichnungen für Respektspersonen und Obrigkeiten stehen: *Was einem erbern rate... zu handeln gepurn woll, was sich auch ain rat derhalben ytzo oder hinfuro zu besorgen hab* Lazarus Spengler (1524) 168, *in der langwirigen zwitracht zwischen ainem bischoff und euch* Eck 26. Der unbestimmte Artikel tritt in der Apposition bei der Anrede

auf, z. B. *o du heiliger sant Michel, ein erzengel Christi* Stretlinger Chronik
(Behaghel I, 74) und nach *als* zur Bezeichnung der Gleichsetzung, z. B. *vnd
ist mir weger, ich sterb von der keůscheit wegen, dann das ich leb als ein
eeprecherin* Eyb 14f., *. . . sol dartzu thun wer am ersten kan, als ein trew glid
des ganzen corpers* Luther, Adel 15.

In der Konstruktion mit *werden / machen / haben* usw. + *zu* (s. §§ S 115,
155) steht das Substantiv im 14. und 15. Jh. gewöhnlich ohne Artikel oder
mit *ein*. In der ersten Hälfte des 16. Jhs. macht diesen Formen der bestimmte Artikel in den verschmolzenen Formen *zum* und *zur* starke Konkurrenz. Formen ohne Artikel sind bei Personenbezeichnungen nach ca.
1550 selten, bestehen aber bei Sach- und Abstraktbezeichnungen während
der ganzen frnhd. Zeit; Formen mit *ein* nehmen nach ca. 1550 bei allen
Substantiven an Häufigkeit ab:

do wart sie erwelt zu einer priolen C. Ebner 36, *nĕmlich sůllen sy kainen zu schephen
machen, der uneelich geborn, . . .* Friedrich III RA 16, 405, *. . . vnd macht yhn zum
fursten vber das ganze land zu Babel, vnd setzt yhn zum Obersten vber alle Weisen zu
Babel* Dan. 2, 48 (1530).

1.3. Pronomina

1.3.1. Demonstrativa

Lit.: Paul III, 137–144; Behaghel I, 280–295.

In der Nominalgruppe erscheinen die Demonstrativpronomina *der, der und* § S 8
der, dieser, jener, derjenige, derselbe, derselbig, im 17. Jh. *selbig* und mit
besonderer Betonung der Identität *ein und derselbe, ein und derselbige* und
das nur vereinzelt flektierte *dergleichen. Solch* wird rück- und vorweisend,
um Beschaffenheit zu bezeichnen, sowie rein demonstrativ ohne Hinweis
auf die Qualität verwendet.

Solch steht (1) allein, direkt vor dem Kernsubstantiv; unflektierte Formen kommen
neben flektierten im Nominativ aller drei Geschlechter und im Akk. Sg. Neutrum
vor; (2) allein, vor den Adjektiven; unflektierte Formen begegnen im Nominativ aller
drei Geschlechter sowie im Akk. Sg. Neutr. und Fem. sowie im Akk. Pl. (die starke
Form des Adjektivs überwiegt, vgl. § M 75); (3) wie ein Adjektiv flektiert nach dem
Artikel *ein,* vereinzelt nach *der* (s. Behaghel I, 348), nach Possessivpronomina (s.
DWB 10, 1, 1429), selten nach *einig* und *jeglich: in allen und iglichen solichen vorgenanten und andern sachen* Frankfurter Urk. 117, *yhre solche schalckheit* Luther
(DWB 10, 1, 1429), *. . . das zu Babylonien nit ein solch weßen gewesen ist* Luther, Adel
20, *wer eyn solchs kind auff nympt ynn meynem namen* Matth. 18, 5 (1522); (4) unflektiert in der Verbindung *solch ein* (Belege seit Luther bei Behaghel I, 347). Neben
solch ein tritt seit dem 16. Jh. *so ein* auf, z. B. *. . . daß so ein edele Creatur immerhin in
einem schwartzen Sack stecken . . . solte* Courasche 1104. Vor Substantiven im Plural
steht *so* (s. DWB 10, 1, 1346).

1.3.2. Interrogativa

Lit.: Paul III, 144f., 301–304; Behaghel I, 361–365.

§ S 9 *Welch* steht vor einem Substantiv und vor Adjektiv + Substantiv sowie unflektiert in der Verbindung *welch ein*. Zum attributen Relativum *welch* s. § S 266 und zu *waserlei* § S 15. Ganz vereinzelt begegnet attributives *wer* ‚welch' (s. DWB 14, 1, 2, 86).

§ S 10 Attributives *was für(ein)* ist entstanden durch syntaktische Umdeutung aus der älteren Konstruktion, in der das Substantiv von *für* in der Bedeutung ‚als, an Stelle von' abhängig war.

Die Möglichkeit der Umdeutung besteht in Fällen, wo (1) *was* und die Präpositionalfügung nebeneinander zu stehen kommen und (2) *was* und das Substantiv als derselbe Kasus aufgefaßt werden können, z. B. *Ich weiß wol ... was für kunst, fleiß, vernunfft, verstandt zum gutten dolmetscher gehöret* Luther, Sendbr. v. Dolm. 633 (vgl. *Was dolmetschen für kunst und erbeit sey, das hab ich wol erfaren* 639). Deutliche Nominative finden sich im 16. Jh., Genitive und Dative belegt das DWB (14, 1, 2, 100) seit dem späten 16. Jh.; vgl. nach Präposition mit Dativ: *... in was für einer Vortreflichkeit die* requisita *von selbigen etwa bestehen* Schottel 4, *... nicht empfinden kan / auff was vor* ‚für' *einer bösen Sprossen er mit seinen Geferten wandelt* Simpl. 74. Schon der Grammatiker Clajus (1578) behandelt *was für* als eine Einheit (DWB 14, 1, 2, 100). Zuweilen begegnet der Nominativ in der Konstruktion mit getrenntem *was* und Präpositionalfügung, z. B. in der Wiedergabe der Mundart im *Simplicissimus*: *... un waist noch neit / was der Wolff für a feyerfeussiger Schelm iß* Simpl. 14 (weitere Beispiele DWB 14, 1, 2, 99f.).

Undekliniertes *was* vor Substantiv oder Adjektiv + Substantiv entwickelt sich aus *was* + partitivem Genitiv (s. dazu § S 38). Eindeutige Beispiele begegnen seit dem Spätmhd., werden erst im 16. Jh. häufig, z. B. *mit was höchstem vleis* Karl V RA 3, 186. Im Gen. und Dat. Sg. Fem. und im Gen. Pl. erscheint seit dem 15. Jh. die Form *waser*, z. B. *Aus waser macht thustu das?* Matth. 21, 23 (1522). *Waser* wird zuweilen als unflektierte Form mit Mask. oder Neutr. im Gen. oder Dat. Sg. gebraucht oder mit Flexionsendung versehen (Dat. Sg. *waserm*, vgl. § M 71, Anm. 2).

Vereinzelt findet sich *wie ein* + Substantiv (vgl. DWB 14, 1, 2, 1463; Behaghel I, 373); ganz allgemein begegnet *wie ein* + Adjektiv + Substantiv, z. B. *[ich] gedachte, Wie ein armes verblentes volck ist das* Staden 184.

1.3.3. Possessiva

Lit.: Paul III, 105–108; Behaghel I, 348–360; IV, 207–209.

§ S 11 Die Possessivpronomina *mein, dein, sein, ir / ihr, unser* und *euer* stehen meist pränominal und sind flektiert (vgl. § M 65). Die ältere Genitivform *ir* des Personalpronomens findet sich zuweilen im 14. und 15. Jh., im 16. Jh.

nur noch in Spuren. Die Possessivpronomina stehen gewöhnlich vor den Adjektiven; zur Stellung nach Adjektiven s. § S 17. Im Vokativ kann das Possessivpronomen in älteren frnhd. Prosatexten dem Kernsubstantiv nachgestellt werden (s. Behaghel IV, 209): *libe frau meine* A. Langmann 36. Wohl unter Einfluß des lateinischen *pater noster* lebt der Vokativ *Vater unser* als erstarrte Formel weiter. In der Dichtung findet sich die Nachstellung in anderen Funktionen im 16. Jh. noch häufig bei Hans Sachs, seltener bei anderen Dichtern: *unter allen den knechten dein, von den eltesten des volkes mein* Hans Sachs (DWB 2,992). Zu den vielen Verbindungen von Possessivpronomina und anderen Pronomina siehe § S 16. Zum Possessivpronomen mit possessivem Genitiv s. § S 33, zum Possessivpronomen mit possessivem Dativ s. § S 47.

1.3.4. Indefinita

Lit.: Paul III, 145–150; Behaghel I, 378–380, 385f., 388–427.

Sumelich ‚einig‘ ist nur noch in Spuren im 14. Jh. erhalten: *[sie] sant in* § S 12 *sumliche cleinot die wir noch haben* C. Ebner 2. *Etlich* und die Nebenform *etslich* (< mhd. *eteslich*) werden mit Beziehung auf eine wirklich existierende Menge (= heutiges ‚manch einer, einige‘) verwendet. *Einig* begegnet in der Bedeutung ‚irgendein beliebiger‘ sowie mit Beziehung auf eine wirklich existierende Menge. Seit dem 16. Jh. wird *ein paar* flexionslos in der Bedeutung ‚einige, wenig an der Zahl‘ verwendet (s. DWB 7,1391). *Einig* steht auch adjektivisch in der Bedeutung ‚einzig‘, z. B. *in der ganzen Welt, hab ich nicht mehr, als einen einigen Freund* Schupp 5f. Umgekehrt steht auch gelegentlich *einzig* in der Bedeutung ‚einig‘: *es möchte mir in der Finster einziges Ubel zu stossen* Beer 23 (vgl. Behaghel I, 421).

In der Bedeutung ‚jeder‘ begegnen *jeder, jedweder, jedlich* (mit vielen Nebenformen) und *jeglich*. *Jeder* und *jedweder* sind ursprünglich dual ‚jeder von den beiden‘ und werden in frnhd. Zeit sowohl in dieser Bedeutung als auch zur Bezeichnung des Einzelnen in der Kette einer Vielheit oder Gesamtheit gebraucht. Auf mhd. *ietelich* und *ieteslich* gehen mehrere frnhd. Formen zurück, u. a. *ietlich, jetlich, yetlich, jedlich, itlich, jetzlich, itslich, itzlich, idlich*; diese Formen begegnen bis ins 16. Jh. *Jeglich* (*ieglich, iglich*) erscheint während der ganzen frnhd. Zeit und ist noch im 16. Jh. häufiger als *jeder* (DWB 4,2,2296). Diese Formen treten alle in Verbindung mit *ein* auf: *ein jeder, ein jedweder, ein ietlicher* (*jedlicher* usw.), *ein jeglicher*, z. B. *... daz er gewalt hat ein idleichen rŏmischen kunk zu krŏnen* Stromer 53, *An statt der auffrichtigen Meynung / die ein jedweder rechtschaffener Christ haben soll* Simpl. 66. *Jeder* und *jeglich* kommen zuweilen auch im Plural vor, besonders in den Formeln *alle und jede, alle und jeg-*

liche: *in allen vnd yeglichen vor geschriben pûncten und artikeln* Friedrich III
16, 407, *zu . . . Festhaltung aller und jeder obgemeldter Puncten* RA 1576
360. Gelegentlich werden *jeder* und *jeglich* in der Bedeutung ‚irgendein
beliebiger' gebraucht (s. DWB 4, 2, 2291, 2297).

§ S 13 Bei *kein* (zu *dhein* und anderen Nebenformen s. DWB 5, 459f., Gr. d.
Frnhd. VII, 461–464) kann man drei Verwendungsweisen unterscheiden.

1. *Kein* erscheint ohne Negation in der Bedeutung ‚irgendein' im 14. und 15. Jh.,
z. B. *Hant sy auch kein gebod undir in gemacht um ihr erbeit, die gebod sullen alle
abesin* Frankfurt, Gesetze 88 A 10, nur noch selten im 16. Jh. (vgl. DWB 5, 460f.).
Bis ins 18. Jh. hält sich diese Bedeutung nach Komparativ: *mein gotlich hertze ist mer
zu dir geneiget denn zu keinem menschen* A. Langmann 25, *welchs grôsser laster in der
welt gebracht, weder kein essen keiner spyß* Zwingli 8, *würden wir von unsren diensten
ärmer als kein betler leben* Logau (DWB 5, 469). Im 17. Jh. wird das Fortleben der
Konstruktion wohl durch die französische Negation nach Komparativ begünstigt.
Zu dieser Zeit wird *kein* wohl als negativ aufgefasst, da (1) sonstige Negationsfor-
men nach Komparativ auftauchen (z. B. *darinnen fande ich / meines damaligen Davorhaltens / mehr Thorheiten / als mir bißhero noch nie vor Augen kommen* Simpl. 77)
und (2) mit Ausnahme der Konstruktion nach Komparativ keine Spuren der Bedeutung ‚irgendein' zu finden sind.
2. Schon zu Beginn der frnhd. Zeit findet sich *kein* häufiger in negativer Bedeutung, ohne daß eine andere Negation in dem Satz vorhanden ist: *so kum selber und
send mir kein poten* A. Langmann 26, *Kathrey de Amberg ist die stat verboten. . . , daz
sie dheinen guten leumunt het* Achtbuch Nürnberg 112f., *. . . das man noch der lesten
glocken keynen wyn sal geben in den thavernen den, die in thavernen siczen* Frankfurt,
Gesetze 99 A33; zu *nicht* bei Substantiven mit unbestimmtem Artikel oder ohne
Artikel siehe § S 231.
3. Ganz allgemein ist auch die Verwendung von *kein* zusammen mit einem anderen
negativen Ausdruck, ohne daß der Satz seinen negativen Sinn einbüßt. Diese Ver-
wendungsweise ist noch im 16. Jh. in allen Gattungen vertreten, wenn auch nicht so
häufig wie im 14. und 15. Jh.; im 17. Jh. nimmt sie weiter ab (s. dazu DWB
5, 461–465): *. . . das ich . . . nye kein falsche gedancken gehabt habe* Luther, Sendbr. v.
Dolm. 640, *. . . auff daz zu dem pau weder an holtz noch stein kein mangel sey* Dürer
D1a, *keine Zeit hatte ich nicht mich lang zu entschliessen* Beer 42.

§ S 14 *Viel, mehr, wenig* und *ein wenig* können attributiv oder mit partitivem Genitiv erscheinen (s. § S 37).

Manch erscheint flektiert und unflektiert im Sinne nicht nur einer unbestimmten Anzahl, sondern auch einer erheblichen Anzahl.

Die flektierten Formen sind in allen Kasus Mask. Fem. Neutr. möglich (vgl.
§ M 73); zur Flexion der auf *manch* folgenden Adjektive vgl. § M 45. Die unflektierte
Form *manch* findet sich analog denen der Adj.-Flexion, vgl. § M 73; ein folgendes
Adjektiv ist determinierend flektiert, vgl. § M 73, z. B. *manch frum priester* (Nom.
Sg.) Luther, Adel 24, *manch redlicher Kerl* Simpl. 40. *Manch* wird auch korrelativ
verwendet mit *als . . . als, so . . . so*: *und sulde der furbas alse manchen tag, alse man
durch seinen willen ungesungen were, alse manichen wochen fur die stad varen* Frankfurt, Gesetze 114 A57, *so viel er dann getödtet hat, so manchen namen hat er* Staden
180. Zu *ein mancher* s. DWB 7, 1530.

All(-) hat viele Stellungsmöglichkeiten. Pränominal steht es vor allen an- § S 15
deren Bestimmungen des Kernsubstantivs, sogar dem bestimmten Artikel.
Nur ganz vereinzelt steht pränominales *all-* hinter einem anderen flektierten Attribut, z. B. *und die selbig ordenung / behaltett er her nach gemeinlich
by den andern allenn tugenden* Geiler, Seelenparadies 1b. *All-* kann direkt
nach einem Substantiv oder Pronomen stehen (*all-* steht immer nach einem
Personalpronomen) oder an einer späteren Stelle im Satz. An dieser Stelle
ist *all-* meist flektiert (vgl. § M 73) und kann jeden geforderten Kasus annehmen:

Uß desin vorgeschrebin stucken allen und was doby vorczalt ist ... Freiberg / S.
15. Jh. 162, *Nu aber auch sind ewre hare auff dem hewbt alle gezelet* Matth. 10, 30
(1522), *Dise stiegenn bedeck man alle mit starken gewelben* Dürer C1a, *diese binen alle
haben iren honig inn holen beumen* Staden 193.

Alle findet sich als prä- und postnominale unflektierte Form vor allem in
mitteldeutschen Quellen: *alle dem volke des landis* Cranc, Da. 9, 6, *mit alle
seyne̅ tzeuge. und volcke* M. v. Weida 59, *in alle seyner herlickeyt* Matth.
6, 29 (1522) (s. Gr. d. Frnhd. VII, §§ 92–96). Zu *aller, alles* in adverbialer
Verwendung s. DWB Neub. 2, 300f.

All- begegnet ganz allgemein mit pluralen Substantiven und vor mehreren Arten von Substantiven im Singular (s. DWB Neub. 2, 286–289):

(1) vor zahlreichen Abstrakta im Singular, (2) vor Stoffbezeichnungen im Singular,
(z. B. *Silber, Gold, Geld, Laub, Gras*), (3) vor Größen im Singular, die aus einer
Mehrheit von Einzelgrößen bestehen, z. B. *mit allem irm volk* Stromer 51, *mit allem
hymlische̅ here* M. v. Weida 43, *alles Frauenzimmer* Beer 49, (4) vor Unica wie *Erde,
Himmel, Welt*, z. B. *in aller dyßer werldt* M. v. Weida 42, *das des gleichen vnter allem
himel nicht geschehen ist* Dan. 9, 12 (1530), (5) nur selten vor zählbaren Größen im
Singular, z. B. *die eusser mauer vmb alle dise pastey* Dürer C6a, ... *durch allen weg /
daher jr gewandelt habt* 5. Mos. 1, 31 (1545).

Beide kann an der Spitze der Pronomina vor einem Demonstrativ- oder
Possessivpronomen oder mit starker oder schwacher Flexion nach dem
bestimmten Artikel, einem Demonstrativpronomen oder Possessivpronomen stehen (zur Flexion vgl. § M 77); *beide* kann auch wie *all-* eine spätere
Stelle im Einfachsatz einnehmen:

und brach sine beide hornir zu stuckelin Cranc, Dan. 8, 7, *Diß sal man brengen an
beyde myne gnedigen herren* Freiberg / S. 15. Jh. 158, *Ir synt baide vol laichery und
untrüw* Steinhöwel 124, *Vnd hab solche mein bůchlin beide E. G.* ... *wollen zuschreiben* Frangk CTB A3, *die baide alten graven* Zimm Chr. 273, *von unsern beyden obern
ståndden* Spener 10f. Zu *beide* s. Behaghel I, 433–439.
  Eine besondere Stelle nehmen die vielen Verbindungen mit *-lei* und die weniger
zahlreichen Verbindungen mit *-hand* ein (*allerlei, derlei, dieserlei, jederlei, keinerlei,
mancherlei, solcherlei, vielerlei, waserlei, wesserlei, welcherlei; meinerlei, deinerlei*
usw.; *allerhand, keinerhand, mancherhand, vielerhand* (17. Jh.); *zweierhand* usw.). Als
erstarrte Genitive der Beschaffenheit (mhd. *aller leie, aller hande / hende* ,aller Art')
behalten sie in frnhd. Zeit die gewöhnliche Stellung des pränominalen Genitivs vor

den Adjektiven bei und stehen gewöhnlich unflektiert ohne vorhergehende Artikel und Pronomina (zum Gebrauch mit partitivem Genitiv s. § S 38): ... *mit mangerlai suzzem saitenspil* C. Ebner 37, *doch hettent etliche maniger hande andere leiße* ‚Lieder‘ Closener 118, ... *daz er kainerlei schmal vich nümer wolte leczen* Steinhöwel 170, *Darzu wir dann allerhand gute Anleitung, Mittel und Wege ... fůrgeschlagen* RA 1576 358. Sie weisen aber auch gelegentlich eine Reihe von adjektivischen Eigenschaften auf: adjektivische Flexion (vgl. DWB 6,1532 zu *mancherlei*, DWB 16,991 zu *zweierlei*), prädikative Verwendung, adverbiale Bestimmungen (*Diese abergleubische Leute seufzeten zu ihren so vielerlei falschen und leblosen Abgöttern* Zesen 1), vereinzelt die Stellung nach Adjektiven (*eine grosze harmoney unerforschlicher vielerley stimmen* Böhme (1620, DWB 12,2,220) und im Vers vereinzelt die Stellung nach dem Substantiv (vgl. DWB 6,1531; 14,2,219). Zuweilen treten sie auch in adverbialer Verwendung auf, z. B. *Erinnert sie / wie vnser vater Abraham mancherley versucht ist ...* Judith 8,19 (1545).

1.3.5. Verbindungen von Artikel und Pronomen oder von zwei Pronomina

§ S 16 Das Frnhd. weist eine Reihe von Verbindungen von Artikel und Pronomen oder von zwei Pronomina auf.

Die mhd. Verbindung unbestimmter + bestimmter Artikel + Adjektiv im Superlativ ist bis auf vereinzelte Reste untergegangen, z. B. *so chumpt ain der schönste herr ein gangen* Fueterer (aus Pavlov 1983,140; s. DWB Neub. 7,474). Der bestimmte Artikel + *manch* ist aus Paul Fleming belegt (*die manchen Kåyser* aus Trojanskaja 1972,76). Oben sind mehrere andere Verbindungen behandelt:

ein solcher, kein solcher, mein usw. *solcher, der solche* (s. § S 8), *ein jeder, ein jedlicher, ein jeglicher, ein mancher* (s. §§ S 12,14), *solch ein* (s. § S 8), *welch ein* (s. § S 9), *was für ein* (s. § S 10), *all-* + Demonstrativ- oder Possessivpronomen (s. § S 15), *beide* + Demonstrativ- oder Possessivpronomen (s. § S 15).

Ganz verbreitet sind verschiedene Verbindungen mit Possessivpronomen als zweitem Element.

1. Bestimmter Artikel + Possessivpronomen.
A. Vor einem Substantiv oder Adjektiv ist die Verbindung relativ selten: *er ... haltet das sin erdacht werck so stark ...* Zwingli 39, *eh die sonn thet ausstreyen den jren liechten schein* Hans Sachs (DWB 4,2,2053), *in dem ihren schultigen Gehorsam* RA 1576,364. Gleichbedeutende mit *-ig* abgeleitete Adjektive bilden sich im wesentlichen im 16. Jh. aus: s. DWB 2,913, Neub. 6,571; 4,2,2057; 6,1937; 10,1,368; 11,3,1376; Behaghel I, 359f.; *seinig (sînec)* belegt das Mhd. Wb. II² 293 aus dem 14. Jh.
B. Die Verbindung von bestimmtem Artikel und Possessivpronomen kommt ohne Substantiv häufig vor. Im Nom. Sg. und Akk. Sg. Neutr. wird die unflektierte Form des Possessivpronomens häufig verwendet, sonst ist

es meist schwach flektiert: *wil sichs zymen, das unser datzu thun* Luther,
Adel 5, *die deinen haben meiner freunde auch viel getödtet und gessen* Staden
190.
2. Demonstrativpronomen + Possessivpronomen. Das Possessivpronomen hat gewöhnlich die Flexion eines alleinstehenden Possessivpronomens;
nur gelegentlich wird es wie ein Adjektiv schwach flektiert:

A. *dieser* + Possessivpronomen, z. B. *in disem unserm brieve* Friedrich III 15,192,
diß mein schlecht und unachtbares büchlin Wickram 5, *mit diesem seinem Reichthum*
Schupp 34;
B. *derselbe* / *derselbig* + Possessivpronomen, z. B. *demselben unserm gnedigsten*
liebsten hern Chr. v. Mainz 207, *von denselbigen Unsern Königreichen und Landen* RA
1555 342;
C. *jener* + Possessivpronomen (selten), z. B. *jene meine Feinde* (Akk.) Luk. 19,27
(1545);
D. *solch* + Possessivpronomen, z. B. *wider solche unsere forderung und gebote* Wenzel UBS 6,195, *vff solich ir glyßnerisch gots geschray* Eberlin 41, *von solcher meiner*
Arth Abr. a S. Cl 84;
E. Indefinitum + Possessivpronomen (selten), z. B. *Er hett den Schweytzern zů-*
enpotten, er welt ettlich sein leutt straffen Rem 211;
F. *kein* ,kein' + Possessivpronomen (selten, nur noch im 14. Jh.): *und kein dein*
geporn freunt sol von mir nimmer gescheiden werden A. Langmann 20;
G. zählendes Pronomen *ein* + Possessivpronomen (selten), z. B. *der weiset einem*
seinem guten freünde panthiam nacket Eyb 14.

Zu Verbindungen mit Possessivpronomen s. auch Behaghel I, 358f.
  Nur äußerst selten findet sich eine Verbindung aus einem Artikel und
zwei Pronomina, z. B. *Dez sulches seynes todes wart aller menycleich betrubt*
M. v. Amberg 461.

Anm.: Nach dem flektierten Possessivpronomen kann *selbst*, selten *selbs* stehen,
z. B. *mit myner selbst hant* Frankfurter Urk. 77, s. DWB 10,1,421,447). Es findet
sich daneben die unveränderliche Genitivform *mein, dein, sein* usw. + *selbs(t)*, z. B.
mit myn selbs hand Frankfurter Urk. 75 (s. DWB a.a.O.).

1.3.6. Zur Stellung vom Artikel und von Pronomina in der Nominalgruppe

Der Artikel und die Pronomina stehen gewöhnlich vor den Gliedern der § S 17
Adjektivgruppe. Unter bestimmten Bedingungen aber können Pronomina
nach einem Adjektiv stehen. Es handelt sich dabei hauptsächlich um Possessivpronomina.
1. Hauptsächlich in der Kanzleisprache findet sich die Folge bestimmter
Artikel / Demonstrativum / Indefinitum + Adjektiv + Possessivpronomen.
Es treten auf meist rückweisende Adjektive und Partizipien oder *ander*,
seltener andere Adjektive:

A. bestimmter Artikel + Adjektiv + Possessivpronomen, z. B. *die erbern unser gnedigen herren* Ukb. Straßburg 5,431, *die andern sein kinder* Stromer 62, *in dem bapire des obgenanten unsers rechenbuches* Chr. v. Mainz 209, *dem obbestimbten unserm loblichen furnemen* Max I RA 5,1142, *das gestrig euer schreiben* Korr. des Nürn. Rats (1530) 9;

B. seltener findet sich Pronomen + Adjektiv + Possessivpronomen, z. B. *diser nachgeschriben unserr ordnung* (Gen.) Friedrich III RA 16,402, *sólich obgenant ir veinde* Friedrich III RA 15,391, *vor allen andern dinen finden* ‚Feinden' Eberlin 13, *etlicher hoher Unser, Unserer Königreich und Land Obliegen und Nothdurfften halben* RA 1555 342.

Vgl. auch das Genitivattribut an dieser Stelle § S 42.

2. Das Adjektiv steht ohne Artikel oder Pronomen. Es können mehrere Typen unterschieden werden:

A. in der Anrede, z. B. *libez mein kint* A. Langmann 12, *Ach lieber mein Herr* Wickram 15;

B. nicht selten nach *ander*; z. B. *mit anderm mym gelde* Frankfurter Urk. 125, *mitt anderen seinen jüngeren* Geiler, Seelenparadies 9b, *andere unsere Christliche Lande* RA 1576 358;

C. nach rückweisenden Adjektiven und Partizipien wie *bemeldt, berührt, ermeldt, gedacht, gemeldt, obberührt, obgedacht, obgemeldt, vorgemeldt*, besonders im Kanzleistil des 16. und 17. Jhs. (zum Gebrauch dieser Adjektive ohne Artikel s. § S 6), z. B. *in gemeltem deinem brief* Nürnberger Rat an W. Pirckheimer 96 (1499), *berührter ihrer Gûter halben* RA 1576 357, *in erzehltem seinem liederlichen leben* Courasche 1152, *Hiesige meine bitte kan sein befehl vergnûgen* Zesen 45 (s. DWB 4,2,1320);

D. seltener bei anderen Adjektiven, z. B. *durch moglichen unsern vleys* Nürnberger Rat an W. Pirckheimer 202 (1499), *Das wir got vnnsern schopffer aus gantzem vnserm hertzē libē* M. v. Weida 39, (zu *ganz* s. DWB 4,1,1,1297f.), *mit schwerlichem irem plutvergiessen* Karl V RA 4,618, *nach verflossener ihrer Zeit* RA 1654 455, *zu sonderbarem unserem Nutzen* Rist (aus Trojanskaja 1972,76), *unter währendem meinem Discours* Simpl. 127 (weitere Beispiele mit *während* DWB 13,804f.).

Gelegentlich wird *dieser* einem Adjektiv nachgestellt, z. B. *Nach vollendeter diser klag* Weckherlin (aus Zeller 1905,83), *Unter währendem diesem Gesang* Simpl. 24. Selten stehen *manch* und *solch* nach *ander*:

solichen gewalt und andern manigen unlüste begingent sü an armen lüten Closener 123, *ander sólich pfaffen* (Nom. Pl.) Ukb. Straßburg 5,482, *Es ist mit den Annaten wie mit anderm manchen Romischen furgeben gewest ist* Luther, Adel 22.

Zur Stellung eines Gradadverbs vor dem unbestimmten Artikel oder Possessivpronomen s. § S 21.

1.4. Die attributive Adjektivgruppe

Lit.: Hellwig 1898; Behaghel I, 149–158, 179–217; IV, 197–207; Behaghel 1930a.

1.4.1. Überblick

Die Adjektivgruppe besteht aus einem Adjektiv oder Partizip und dessen **§ S 18** Bestimmungen. Die häufigste Bestimmung des Adjektivs ist ein einfaches Adverb (s. § S 21). Besonders seit dem 16. Jh. treten auch Nominal- und Präpositionalgruppen als Bestimmungen des attributiven Adjektivs auf (s. § S 22). Die Bestimmungen des Adjektivs stehen meist direkt vor dem Adjektiv; zu den Ausnahmen siehe § S 21 (Gradadverbia vor dem unbestimmten Artikel oder Possessivpronomen), § S 52 (Präpositionalbestimmungen des pränominalen Adjektivs hinter dem Kernsubstantiv).

1.4.2. Einfaches Adjektiv

Ein Adjektiv, das allein steht oder durch ein Adverb bestimmt ist, wird in **§ S 19** der Prosa in der Regel direkt vor das Kernsubstantiv gestellt. Nur bestimmte Adjektive können dem Substantiv nachgestellt werden:

1. *selig: von irer mutter seligen* Chr. v. Mainz 219, *der umb die Såchsische kirche wolverdiente* Theologus D. *Weller Sel.* Spener 30 (weitere Beispiele DWB 10, 1, 523f.).
2. gelegentlich auch Herkunftsbezeichnungen: *die egenanten hundert fuder weyns Elsazzer* Karl IV UBS 702, *mit funfftzig gulden Reinisch* Frangk CTB B3a.
3. In der Kanzleisprache können rück- bzw. vorweisende Adjektive und Partizipien wie *obgemeldt, obgenannt, vorgenannt* u. ä., *nächstkommend, nächstkünftig, schierestkünftig* nach dem Substantiv, das sie bestimmen, stehen, z. B. *uf andern unser herren obgenant bercwercken* Freiberg / S. 14. Jh. 40, *den alten rat vorgeschreiben* Chr. v. Mainz 219, *uncz auf der heiligen dreyer kůnig tag schieristkunfftigen* Friedrich III RA 15, 586, *auf den sontag oculi in der vasten nehstkomend* Karl V RA 3, 39.
   In der Dichtung findet sich die Nachstellung hauptsächlich in der Verwendung als Reimwort (s. Hellwig 1898, 167; Behaghel IV, 198f.).

1.4.3. Adjektivgruppe mit zwei oder mehr Adjektiven

Bei den Fällen, wo zwei oder mehr Adjektive das Kernsubstantiv bestim- **§ S 20** men, sind asyndetisch gereihte Adjektive und durch Konjunktionen koordinierte Adjektive zu unterscheiden.

1. Asyndetisch gereihte Adjektive stehen vor dem Kernsubstantiv. Unter diesen Adjektiven stehen die referentiellen Adjektive gewöhnlich am Anfang der Reihe z. B.

die itztgemelten unversehenliche unkosten Chr. v. Mainz 233, *die vorberûrten Euan-*
gelisch geleerten Zwingli 4, *in obangezogenen Speyrischen Reichs=Abschied* RA 1576
362. Wertadjektive stehen gewöhnlich vor qualifizierenden Adjektiven, z. B. *vß gûter*
einfaltiger meinung Zwingli 4, *das gût jung weib* Wickram 33. Die Wertadjektive und
qualifizierenden Adjektive stehen gewöhnlich vor Stoffbezeichnungen, Herkunftsad-
jektiven und klassifizierenden Adjektiven wie *keiserlich, christlich* usw. z. B. *von gu-*
ten seyden tüchern Schiltberger 108, *mit rûhmlichen ritterlichen Streiten* RA 1576 358;
der lôblichen keiserlichen stat Nûrmberg Eyb 4, *das trew adelich christlich hârtz* Eberlin 2, *in ainem braunen samaten seßel* Hug 188, *ein groß wechsin* ,wächsern' *liecht*
Wickram 13, *gegen dem tyrannischen übermâchtigen Türckischen Gewalt* RA 1576
356 (vgl. dagegen *gegen dem Türckischen gewaltigen Einbrechen* RA 1576 357). Innerhalb der einzelnen semantischen Gruppen sind verschiedene Reihenfolgen möglich; vgl. mit umgekehrter Folge dergleichen Adjektive: *mit zeitigem tapferm rate*
Karl V RA 4,594, *mit dapferm, zeitgem rathe* Karl V RA 4,616; *im hellen klaren*
evangelium Eck 23, *wider das klar hell evangelium* Eck 24.
2.   Durch Konjunktionen koordinierte Adjektive weisen drei Stellungsmöglichkeiten auf. Gewöhnlich stehen alle Adjektive vor dem Kernsubstantiv. Nur ganz selten
steht das erste von zwei koordinierten Adjektiven voran, während das durch die
Konjunktion verknüpfte nachfolgt (zu diesem alten germanischen Typus s. Behaghel, IV, 201f. und auch unten § S 53; nach Behaghel ist diese Fügung im 15. und
16. Jh. im allgemeinen verschwunden außer in Fällen, wo das zweite Adjektiv eine
adverbielle Bestimmung bei sich hat): *Sye sullen keyn geraubt ding aber gestolen nit*
kauffen Ofner Stadtrecht (Bassola 1985,19), *Vnd ich sach groß doten vnd klein*
Mentelbibel Offenb. 20,12 (Brodführer 1922,154). Die koordinierten Adjektive können auch nachgestellt werden. Diese Stellung kommt nicht häufig vor: *daz bilde groz*
vnd ho stunt kegin dir Cranc Dan. 2,31 (*statua illa magna et statura sublimis stabat*
contra te), allen und ieglichen fursten geistlichen und werntlichen Friedrich III RA
17,304, *wider dise nûe verfierisch leer lutterisch und zwinglisch* Eck 26.

1.4.4. Adverbia in der Adjektivgruppe

§ S 21   Ein einfaches Adverb steht gewöhnlich direkt vor dem attributiven Adjektiv oder Partizip, das es bestimmt: *ein ganc gros bûch* R. Merswin 10, *der*
müde fast gelader esel Steinhöwel 143. Gewisse auf ein attributives Adjektiv
bezogene Gradadverbien, z. B *ganz, gar, sehr, unmaßen, viel, zu, allzu*, können vor einem unbestimmten Artikel oder viel seltener vor einem Possessivpronomen stehen:

Anno domini 1373 do waz gar ein reicher herbst Stromer 104, *es kum vil ein pôser vnd*
vnleidenlicher wûterich, denn du vnd die andern seit gewest Eyb 27, *es sey das einer*
allzu ein gros hertz habe Luther, Sendbr. v. Dolm. 637, *durch gantz ewr Buch* Luther,
Hans Wurst (Erben 1954,141), ... *nit allein ein schwer / sond' gar ein vnmmôglich*
ding Dietrich 85 (vgl. *ein schwer vnd gar vnmûglich ding sey* 86), *Aber das ângstliche*
seufzen der Egipter hatte viel ein anderes ziel Zesen 1.

1.4.5. Pränominale erweiterte Adjektiv- und Partizipialattribute

Lit.: Behaghel II, 378–380; Admoni 1964, 321–332; 1973, 45–58; Küpper 1971, 104–108; Weber 1971; Ebert 1978, 46–49; 1986, 85–89; Lötscher 1990; Rössing-Hager 1990, 414–418.

Dem Kernsubstantiv vorangestellte, durch Nominal- oder Präpositional- § S 22
gruppen erweiterte Adjektiv- und Partizipialattribute tauchen mit Ausnahme von isolierten individuellen Neuerungen zuerst in der Kanzleisprache
des frühen 16. Jhs. auf.

Die Konstruktion ist aber im frühen 16. Jh. noch nicht häufig, und es
handelt sich meist um Zusammensetzungen von *da* + Präposition und um
Formeln. Die Häufigkeit und der Umfang des pränominalen erweiterten
Attributs nimmt in der zweiten Hälfte des 16. Jhs. in der Kanzleisprache
stark zu. In anderen Prosatexten wird die Konstruktion im wesentlichen
erst im 17. Jh. häufig verwendet. Sachprosa und erzählende Prosa weisen
bedeutende individuelle Unterschiede auf, im allgemeinen sind die Attribute in der Sachprosa häufiger und umfangreicher als in der erzählenden
Prosa (s. Weber 1971, 106, 110). Den Textgattungen, die der gesprochenen
Sprache besonders nahe stehen, ist die Konstruktion im allgemeinen fern.

*die behenden, abenteurlichen, hochgelerten und allerlei meisterschaft wol vermügenden
leute* Ackermann aus Böhmen X, 13ff., *genediger erhörer aller zu dir rufender, erhöre
mich!* Ackermann aus Böhmen, Gebet, 46f., *unserm zu Worms mit bewilligung churfursten, fursten, prelaten, graven und aller stende ausgangen mandaten* Karl V RA
4, 603, *kein müssig oder vberflüssig / sonder recht geordnete vnd zur sachen dienstliche
wort* Frangk CTB B5a, *aus allerlay euch dazumal angezaigten ursachen* Korr. d.
Nürn. Rats (1530) 26, *durch einen verständigen und der Kriegs=Sachen erfahrnen
Rath* RA 1555 354, *zu Abwendung dero dem Heil. Reich, unserm gemeinen geliebten
Vatterland selbst annahenden schröcklichen Gefahr* RA 1576 354.

Selten steht die Präpositionalgruppe nach dem Adjektiv / Partizip: *mit siben geladen mit quecksilber wegnen* H. Köler 216.

Vorangestellte, durch Nominal- und Präpositionalgruppen erweiterte Attribute
scheinen eine Nachbildung des vorangestellten Partizipialattributs der lateinischen
Kanzleisprache des 16. Jhs. zu sein (Weber 1971, 148). Die systematische Möglichkeit zur Bildung dieser Konstruktion durch Generalisierung und Ausbau des durch
einfaches Adverb erweiterten Adjektivs und Partizips besteht jedoch im Deutschen
seit den frühesten Quellen, und an individuellen Neuerungen (z. B. schon im Ahd.
bei Notker und um 1400 bei Johann von Tepl) hat es nicht gefehlt. Zu Entwicklung
und Erklärungsversuchen s. Weber 1971; Ebert 1986, 85–88; Lötscher 1990.

1.4.6. Attributives *zu* + Partizip Präsentis

Lit.: Eckert 1909; Paul IV, 119f.; Behaghel II, 395f.; Ebert 1986, 88f.

§ S 23 Die attributiv verwendete Form *zu* + Part. Präs., z. B. *ein vőlliges | und nach den fundamentis der Teutschen Sprache einzurichtendes Wőrterbuch oder* Lexicon Schottel 5, ist seit dem Anfang des 17. Jhs. in der Kanzleisprache belegt; sie ist im ganzen 17. Jh. sehr selten und auf den Kanzleistil beschränkt.

Diese Form wird als Gerundiv, Partizipium futuri oder passivi und neuerdings auch modales Partizip (Leys 1977) bezeichnet. Die gewöhnliche Erklärung der Entwicklung der Form ist, daß der Infinitiv mit *zu*, der in der Funktion eines prädikativen Adjektivs auftreten konnte, z. B. *die Sache ist zu erledigen*, auch attributiv verwendet wurde: *die zu erledigende Sache* (wobei das Vorbild des lateinischen attributiven Gerundivs *res conficienda* neben dem prädikativen Gerundiv *Res conficienda est* wohl mitgewirkt hat). Wenn die Entwicklung tatsächlich von dieser Infinitivkonstruktion ausging, muß die attributive Form sehr früh in Verbindung mit dem Part. Präs. gebracht worden sein, denn eine etwaige Zwischenstufe mit flektiertem Infinitiv (**die zu erledigene Sache*) hat man noch nicht belegen können und die ältere -*nd*-Form des Infinitivs war schon lange vor der Zeit der ersten Belege des deutschen attributiven „Gerundivs" nur auf Reste zurückgegangen (s. §§ M 85 und S 177). Das Part. Präs. war zu dieser Zeit die einzige auf dem Präsensstamm gebaute, attributiv verwendete flektierte Form und konnte gerade in passiver Bedeutung gebraucht werden (s. § S 210). Vielleicht hat sogar das -*nd*- des lateinischen Gerundivs eine Rolle gespielt.

1.4.7. Nachgestellte erweiterte Adjektive und Partizipien

Lit.: Behaghel II, 404–406; Weber 1971; Schieb 1978, 511–513.

§ S 24 Nachgestellte erweiterte Adjektive sind in der Zeit vor 1500 sehr selten, im 16. und 17. Jh. etwas häufiger:

der hieß Thalmann unde was eyn burger von Jhene bortigk Dür. Chr. 662, *An diß werckhauß setz man ein stock hundert schuh preyt* Dürer D5a, *auff denselbigen beumen wechst ein frucht einem apfel nicht sehr ungleich* Staden 193.

Nachgestellte erweiterte Part. Prät. sind im 14. und 15. Jh. meist in der Kanzleisprache und den von Latein abhängigen Stilen der gelehrten Literatur zu finden. Besonders häufig ist *genannt*, auch nicht selten lokative Ausdrücke mit *gesessen* und *gelegen*. Im frühen 16. Jh. ist die Konstruktion außerhalb der Kanzleisprache zwar nicht häufig, aber sie hat einen festen Platz „im Rahmen eines gepflegten Bildungsdeutsch" (Schieb 1978, 511). Von ca. 1550–1600 geht das nachgestellte erweiterte Partizip zugunsten des konkurrierenden vorangestellten Attributs (s. § S 22) zurück und die Konstruktion wird sodann im 17. Jh. in allen Prosastilen ganz selten.

Nachgestellte erweiterte Part. Präs. sind während der ganzen frnhd. Zeit erheblich seltener; es überwiegen Ausdrücke mit *anlangend, anrührend, belangend, betreffend, herrührend* u. ä.

Es folgen einige Beispiele mit Partizipien:
Einem weberknecht von Meyhsen genant ist die stat verboten . . . *Achtbuch Nürnberg 115, dieselben rechnung loß ich den herren in der losungstuben und ich behalt der ein abschrift mit meiner hent geschrieben* Tucher 243, *in obgesatzten statuten, von erbschaft der geschwistergit kinder lautend* Nürn. Ref. 24, *Solich göttlich obgemelt somen ,Samen' geworffen von got in die teütsche härtzen* Eberlin 3, *Auch mögen grosse dicke seck mit wollen gefült vnd genetzt für gehengt werden* Dürer C2b, *darneben hienge eine papierne Charte in China gemahlt* Simpl. 70.

Anm.: Gelegentlich begegnet eine nachgestellte Infinitivergänzung eines Substantivs, in denen das Substantiv die Rolle des fehlenden Akkusativobjekts des Infinitivs spielt (s. § S 187): *Dise geinwortige eynung sol sten und weren zwischen hye und sand Jorgen tag der schirst kümt und von demselben sand Jorgen tag zwelf gantze jar nehst nach einander ze zelen* Wenzel RA 1 373, *Aber in den runden mauren / fornen an zü sehen / sollē die stein im hauen an den seyten gegen dem puncten .k. gericht werden* Dürer B3b.

1.4.8. Attributive Zahlwörter

Lit.: Behaghel I, 407–415, 427–432.

Die Zahlwörter erscheinen attributiv beim Kernsubstantiv und substantivisch mit partitivem Genitiv (s. § S 36) oder mit *von*- Fügung (s. § S 41). Die Kardinal- und Ordinalzahlen stehen gewöhnlich unter den Adjektiven nach den Artikeln und Pronomina: **§ S 25**

die vorgenanten zwen meister und phleger Urk. Straßburg 5,488, *by den obern zwegen lochern* Hug 183, *von den vier Ortern des Erdreichs* Jes. 11,12 (1545), *auf den ersten obbemeldten Tag Julii* RA 1576 368, *dieselben zween thüren* Tucher 245, *Jnn dem selbigen ersten iar seines Königreichs* Dan. 9,2 (1530), *in allen dreyen Puncten* RA 1576 368, *etliche zwanzig am Rheinstrome erbauete festungen* Lohenstein (DWB 16,947).

Gelegentlich stehen Zahlwörter vor Pronomina:

mit zwen yren knechten Dür Chr. 671, . . . *als werd / wild / wird / word / Jtem weid / wird / werd / wald / weld / wild / feld etc / Welchs aber zuschwach vnd vnuerstendlich ist / weil die ersten diese wörter gelten sollen / wert wilt / wirdt / wort. Vnd die andern diese / weit / oderr weidt / . . .* Frangk OD C4a.

1.5. Der attributive Genitiv

Lit.: Kiefer 1908; Paul III, 284–329; Behaghel I, 484–541; Fritze 1976.

1.5.1. Typen des attributiven Genitivs

§ S 26 In der geschriebenen Sprache hat sich der Genitiv viel besser in der Funktion als Bestimmung eines Nomens erhalten als in der Funktion als Ergänzung eines Prädikats, aber auch der adnominale Genitiv wird in manchen Fällen durch Präpositionalausdrücke oder eine appositionale Konstruktion ersetzt (s. § S 41, §§ S 34–39). In den Mundarten geht der adnominale Genitiv wie der adverbale (nach Behaghel I, 479ff. schon im 15. Jh.) bis auf einige wenige Gebiete unter.

Zwischen dem attributiven Genitiv und dem regierenden Substantiv gibt es reich nuancierte semantische Relationen, die traditionell in einer Reihe von Haupttypen gruppiert werden.

1.5.1.1. Genitivus subjectivus

§ S 27 Das regierende Substantiv ist von einem Verbum abgeleitet; die durch den attributiven Genitiv bezeichnete Größe erscheint als Subjekt des durch das Verbum bezeichneten Vorgangs. Der Typus ist ganz geläufig während der ganzen frnhd. Zeit, z. B.

nach dem sy das willig volgen der Christen gsehen Zwingli 36, *bis zů des turkischen kaissers ankunft* Hug 183, *durch den auf- und über-lauf des Niels* Zesen 33.

1.5.1.2. Genitivus objectivus

§ S 28 Das regierende Substantiv ist von einem Verbum abgeleitet; die durch den attributiven Genitiv bezeichnete Größe erscheint gewöhnlich als akkusatives Objekt des durch das Verbum bezeichneten Vorgangs, selten als Dativ-, Genitiv- oder Präpositionalobjekt:

1. bei Nomina agentis: *dem waren erkenner aller hertzen* Hartlieb 13, *schutzer und schirmer des heiligen cristlichen glaubens* Karl V RA 4,603;
2. bei Nomina actionis von Verben mit Akkusativobjekt: *die bestellung der arbeiter* Tucher 32, *solch manigualdigs widderholen vnd repetirn der wort* Frangk CTB B8a, *den anblik dieser himlischen schönheit* Zesen 15; auch bei *Minne, Liebe, Furcht: in der minne gotes ‚zu Gott'* C. Ebner 8, *auß der lieby des veindes* Geiler, Seelenparadies 8b, *auß forcht irer feind* Staden 171, *auß liebe der wahrheit* Spener 9;

3. bei Nomina actionis von Verben mit Dativ-, Genitiv- oder Präpositionalobjekt: *Alhie verpewt got die begirde dez fremden varend gutes* M. v. Amberg 421, *Mit beger seiner geschriebenen antwort* Frangk CTB 15, *in demutigem vortrawen gottis* Luther, Adel 6, *... Das ewre Hertzen nicht beschweret werden ... mit sorgen der Narunge* Luc. 21,34 (1545), *die hofnung einer reichen ârnte* Zesen 36;
4. mit anderen abstrakten Substantiven, die nicht zu den eigentlichen Nomina actionis gehören, z. B. *in beschaulickeit gotlicher dinge* M. v. Weida 34, *zu schwerlicher verdamnis irer selen* Karl V RA 4,616, *in vnwissenheit rechtes hails* Eberlin 27.

Es kommt selten vor, daß bei einem Substantiv gleichzeitig ein subjektiver und ein objektiver Genitiv steht. Gewöhnlich erscheint eines dieser Attribute als Präpositionalattribut: *von der lieb des vaters gen dem sone* Eyb 21, *solch reuberey, schinderey, vnserer guter von dem bapst* Luther, Adel 20.

1.5.1.3. Genitiv der Beschaffenheit

Beispiele: *von guten seyden tüchern allerlay farb* Schiltberger 108, *menschen ains ver-* §S 29
störten gemüets Eck 56, *vil großer herren gaistlichs und weltlichs stands* Zimm. Chr.
290, (zum Typus *der Vater und Gott alles Trosts, der Vater der abgründlichen Barmherzigkeit* bei Luther s. Rössing-Hager 1972 I, 154f.)

1.5.1.4. Genitivus definitivus oder explicativus

Der Genitiv legt den Inhalt des regierenden Substantivs aus (s. Behaghel I, §S 30
520–524):

mit der sünden der gritikeit ‚Geiz' R. Merswin 33, *uff der schantlichen keczerey der
Luttery* Hug 172, *die loblich kunst der Truckerey* Wickram 43.

1.5.1.5. Genitiv von steigender Bedeutung
(Genitivus hebraicus)

Das Substantiv erscheint mit einem Genitiv im Plur. oder Sing. des gleichen §S 31
Wortes zum Ausdruck des höchsten Grades desjenigen, das durch das regierende Substantiv bezeichnet wird (s. Behaghel I, 525):

Ich haiz Rex regum ... ich bin ein kunig der kunig C. Ebner 24, *ein eyttelkeit der
eyttelkeit* Eyb 87, *eyn furste. aller furstē* M. v. Weida 51.

1.5.1.6. Verhältnisse verschiedener Art

§ S 32 Darunter sind Verwandtschaft, Zugehörigkeit, Besitz, Ursache (s. Behaghel I, 508ff.):

Die hochfart ist die erste sunde und die ist ein chunigynne allez lasters M. v. Amberg 529f., *dē großen mechtigē herren aller creaturen* Geiler, Seelenparadies 2b, *die sytten, recht vnd gewonheit der lande* Luther, Adel 33, *sie verprannten auch ettlicher edelleut schlösser* Rem 223, *abt des gotshaus Weingarten* Karl V RA 4, 612, *fir den ersten puncten seiner ketzerischen lere* Eck 51, *die macht der Thürcken* Hug 183, *die tieffe deß Meers* Wickram 7, *viel geschlecht der völcker* Staden 176.

§ S 33 Ein possessiver Genitiv kann (erst seit dem 15. Jh. häufiger) in einer Konstruktion mit Possessivpronomen erscheinen:

auf meines schwagers Philips Ponholtzers des eltern seiner tochter hochzeit H. Köler 258, *Wann nun meines Herren sein Wein alle war* Beer 49, *... fast formirt wie der Musquetirer im Feld ihre Zelten* Simpl. 30.

Die Konstruktion ist wohl das Ergebnis einer Mischung des attributiven Genitivs der Schriftsprache mit dem mundartlichen possessiven Dativ (s. § 47, Behaghel I, 640).

1.5.1.7. Partitiver Genitiv

§ S 34 Ein partitiver Genitiv kann bei Nomina, Pronomina und Zahlwörtern stehen. In vielen Fällen wird das Genitivattribut zu einer Apposition oder das Kernsubstantiv bzw. Pronomen wird zum Attribut umgedeutet.

§ S 35 1. Neben Substantiven, die Maß und Menge bezeichnen, tritt eine Bestimmung im Genitiv auf, die den Stoff oder die Art angibt: *von jedem füder weins* Karl IV UBS 662, *vnnd vermengt yhn vnter drey scheffel mehls* Matth. 13, 33 (1522), *[du] findest nicht ein Tröpflein Wassers darinnen* Schupp 16. Seit dem 15. Jh. konkurriert damit eine appositionale Konstruktion: *und sol mir alle jar in den kawff machen 30 rist gross papir* Stromer 78 (vgl. *von ider rist papirs* 78; möglich ist auch Schwund der Genitivendung); *siben jucharten acker* Stretlinger Chronik (vor 1466 – Kiefer 1908, 72), *1 mauß nuw win* Hug 187 (vgl. *l maß altz wins* 187), *wan am herauffziehen ein fesla guten alten wein bey eim bekanden erfragen kinst* Magdalena Paumgartner (1590), 105. Die Entwicklung zur appositionalen Konstruktion ging wohl von Fällen aus, wo der Genitiv kein formales Kennzeichen hat, wie bei Femininen, bei Pluralen ohne Attribut und z. T. bei auf Sibilanten ausgehenden Mask. und Neutr. Sg. Solche Fälle ließen eine Umdeutung als mit der Maßbestimmung kongruierendes Glied oder als Bezeichnung ohne Kasusdifferenzierung zu. Die Umdeutung wurde dann auf eindeutige Genitive und Substantive mit attributivem Adjektiv übertragen. Eindeutige Fälle der neuen Konstruktion sind vor der zweiten Hälfte des 15. Jhs. nur vereinzelt zu belegen. Sie nehmen im 16. Jh. zu und überwiegen bei manchen Autoren im 17. Jh. (vgl. Kiefer 1908, 69–87).

§ S 36 2. Zahlwörter können auch mit partitivem Genitiv auftreten: *Ouch warin der vorrethir die is mit den ketzern hilden noch 12 yn der stat* Dür. Chr. 657, *Auff diser pastey* *môgen siben grosser stuck pûchssen gelegert werden* Dürer C6a, *Als nun graff Wilhelm von Eberstain, auch die ander grafen drei ganzer tag uf Bitsch waren gewesen* Zimm. Chr. 281. Wohl aus dieser Partitivkonstruktion entstanden sind scheinbar genitivische Ausdrücke wie *und bawet ganzer hundert jar* Luther (DWB 4, 1, 1297), *ganzer sechs meilen ûm Leipzig hârûm* Zesen (Paul III, 294).

3.   Zu Beginn der frnhd. Zeit steht ein partitiver Genitiv neben den als Substantiv **§ S 37** gebrauchten Quantitätsadjektiven *viel, mehr, wenig, lützel, minder, genug.* Schon im Mhd. beginnt bei *vil* und *wênec* die Umbildung des substantivischen Kerns der Nominalgruppe zu Attributen, die sich in frnhd. Zeit fortsetzt und auf die anderen ausdehnt.

Bei *viel* ist der partitive Genitiv während der ganzen frnhd. Zeit gebräuchlich. Der Genitiv steht meist direkt nach *viel,* kann aber direkt vorausgehen oder durch mehrere Satzglieder getrennt sein. Wenn *viel* mit abhängigem Gen. Plur. als Subjekt auftritt, kann das Verb im Sg. oder Pl. stehen; schon im 15. Jh. überwiegt deutlich die Verbindung mit dem Pl. und im 16. Jh. wird die Verwendung des Sg. immer seltener: *es wurdent ouch vil junger kinde von dem für genomen* Closener 130, *vnd yhm folgete viel volks nach* Matth. 12, 15 (1522), *Solcher Ceremonien haben sie viel* Staden 185, *da sich vom gebûrge viel wassers samlet* Zesen 38.

Die Umbildung des substantivischen *viel* zum Attribut zeigt sich zufrühst beim Dat. Pl. im mhd. Typus *mit vil worten, zuo vil liuten* (s. dazu Behaghel I, 531f.). Der Dat. Pl. macht den Großteil der deutlichen Fälle mit unflektiertem *viel* + kasuskongruierendem Substantiv im 14. und 15. Jh. aus. Im 16. Jh. ist die neue Konstruktion weitaus häufiger im Dat. Pl. als der partitive Genitiv. Sie wird auch immer mehr im Nom. / Akk. verwendet. Flektierte Formen von *viel* konkurrieren mit unflektierten seit dem 16. Jh. Nach bestimmtem Artikel und Demonstrativpronomen finden sich sowohl schwache als auch starke Flexion; *viel* kann auch unflektiert bleiben: *daz dorzü der krieg furbaz mer wirt uff uns ligen, dann uff vil andern steten* Brief des Nürnberger Rats 1388 146, *Du hast vil keûsche frawen vnd iunckfrawen gesehen* Eyb 10, *Also haben auch vil andere liben heilgen gebett* M. v. Weida 35, *von artlichem gepew und vilem marbel* Zimm. Chr. 295, *von vil Rôhmischen Bâpsten* Abr. a S. Cl. 77.

Bei *mehr* + partitivem Genitiv im Plur. steht das Verb im Sg. oder Pl. Besonders im Plural konkurriert damit *mehr* + kasuskongruierendes Substantiv. Die erneute Komparativbildung *mehrer-* tritt flektiert auf (s. DWB 6, 1883ff.): *und er ruft Esau seinem merern sun* Bibel von 1483 1. Mos. 27, 15 (*filium suum majorem*, DWB 6, 1883), *weit mehrere Zeit und Arbeit* (Akk.) Simpl. 10.

Wenig ist als Umfangs- und Mengebezeichnung während der ganzen frnhd. Zeit mit partitivem Genitiv gebräuchlich; die Konstruktion wird jedoch immer mehr auf die formelhafte Wendung *deren ist / sind wenig* beschränkt. Die Umbildung zum Attribut erfolgt in analoger Weise wie bei *viel.* Flektierte Formen belegt das DWB 14, 1, 2, 14f. seit dem späten 15. Jh., unflektierte Formen begegnen noch im 17. Jh.: *... im dise wenige züchtige wort zû herczen gingen* Arigo (DWB 14, 1, 2, 14), *... in welchem ir nit wenig kurtzweilig und schimpliche schwenck vernemmen werden* Wickram 7, *vor wenig jahren* Spener 30. *Ein wenig* wurde entsprechend zum Attribut umgebildet. Beide Teile bleiben in der Regel unflektiert (DWB 14, 1, 2, 11).

Lützel ist schon im 16. Jh. selten. Es wird mit Genitiv oder attributiv verwendet. Substantiviertes *minder* ‚das wenigere' begegnet mit Genitiv (besonders im älteren Frnhd.) oder unflektiert mit kasuskongruierendem Substantiv (s. DWB 6, 2225f.). *Weniger* tritt meist attributiv, flektiert oder unflektiert auf, selten mit Genitiv.

Bei *genug* überwiegt der partitive Genitiv (gewöhnlich dem Substantiv vorangestellt) bis ins 17. Jh. Deutliche Nominative und Akkusative sind seit dem 16. Jh. belegt: *Da hatten wir auch Brot genug* Jer. 44, 17 (1545), *da werden sie ein sup und des gueten weins genug finden* Zimm. Chr. 276, *Unsern Haußrath betreffend / dessen war genug vorhanden* Simpl. 32. **Genugsam** kann wie *genug* mit partitivem Genitiv erscheinen (s. DWB 4,1,2,3514): *... woselbst ... derselben gnugsam hervorgebracht werden* Schottel 48.

§ S 38 4. Eine Reihe von Pronomina kommt mit partitivem Genitiv vor: interrogatives und verallgemeinerndes *was* und die Indefinita *etwas, was* (nur vereinzelt), *icht* ,etwas', alem. *neißwas / neiswas / neuswas* ,etwas' (,ich weiß nicht was'), *nichts, etlich, einig, jeder, jeglicher, mancher, keiner:*
Man vint auch chawm einen menschen der der sunden cheine hat begangen M. v. Amberg 522, *... daz ir iegelicher in 10 joren nüt solt in den rot kummen* Closener 130, *Waz mann in den grubin silbers ußbrenget* Freiberg / S. 15. Jh. 169, *... ob icht schadens ... geschehen sei an dem, das man pringt* Tucher 33, *Ich hab ir manchen gelert umb manig gelt* Murner (Voss 1895, 19), *in ainichem der angetzogen artickeln* Nürn. Kanzlei 1525, 384, *davon sie viel unglücks und nichts glücks haben* Luther (DWB 7, 721).
Die Form *was* wird auch als Gen. oder Dat. gebraucht: *in was wirden, stants oder wesens ein yeder sey* Max I RA 6, 721, *... zu herfarend* ,erfahren', *welche die anfenger werdend gewessen und was fürnemens sy gewessen werend* Hug 179. In den Fällen, wo die Konstruktion einen Genitiv verlangt, kann statt des älteren als Genitiv verwendeten *was* auch die Form *wes* stehen, z. B. *wes Würdens, Stands oder Wesens der auch seye* RA 1654, 447 (weitere Belege DWB 14,1,2,134 aus dem 16. Jh.). Unflektiertes *icht, etwas* und *was* werden auch attributivisch gebraucht: *hastu icht guoten alten wein* Fastnachtspiel 15. Jh. (DWB 4,2,2034), *Der Ypocras was dem Apiario schuldig etwas gelt* Wickram 24. Zu *waser, wases* usw. und *was für ein* s. oben § S 10. Zu attributivischem Gebrauch von flektierten Formen von *etlich, einig, jeder, jeglicher, mancher, keiner* siehe §§ S 12–14.
Mit partitivem Genitiv erscheinen auch mehrere unflektierte Verbindungen auf -*lei* (z. B. *allerlei, keinerlei, mancherlei, vielerlei, zweierlei, dreierlei* usw.; zum Gebrauch als Attribut s. oben § S 15): *... daz sich ... manicherlay wilder lewffe und kriege erheben* Friedrich III RA 16, 68, *allerley volcks (Nom.)* Wickram 55.

§ S 39 5. Die Pronomina *etwas, was, icht, nichts* sowie die ursprünglichen Quantitätsadjektive *viel, wenig* usw. werden schon vor der frnhd. Zeit mit dem partitiven Genitiv eines substantivierten Adjektivs verwendet (mhd. *etewaz guotes*). Nach dem Zusammenfall von mhd. *z* und *s* und der Umdeutung des partitiven Genitivs der Substantive (s. gleich oben) steht der Weg auch zur Umdeutung dieser Adjektive als Appositionen offen. Nur im Dativ wären die Formen eindeutig: Fälle mit Dativ sind aber selten, und das Adjektiv weist noch genitivisches -*s* auf, z. B. *nach was news* Fischart, *von nichts anders* Gryphius (aus Paul III, 304f.). Nom. / Akk. mit indifferenten -*s*-Formen sind geläufig: *wa sie etwas guotes von inen habent enpfangen* Steinhöwel 139, *Wil denn jemands vber dis auch was scheinbarers haben ...* Frangk CTB A3b–4a, *... wurde nichts güts darauß* Wickram 23. *Viel* wird im Nom. / Akk. Pl. mit Apposition gebraucht (s. DWB 12,2,138): *Nicht viel Weisen nach dem fleisch / nicht viel Gewaltige / nicht viel Edle sind beruffen* 1. Kor. 1,26 (1545). Auch *kein* erscheint mit Adjektiven auf −(e)s: *... denn er weissaget mir kein guts sondern eitel böses* 1. Kön. 22,8 (1545). Der Genitiv Sg. oder Pl. des substantivierten Adjektivs begegnet auch mit *jemand* und *niemand*, besonders in den Ausdrücken *jemand / niemand anders, jemand / niemand fremder / fremdes* (s. DWB 4,2,2302; 7,826).

§ S 40 6. Das partitiv verwendete genitivische Substantiv kann durch andere Satzglieder vom regierenden Substantiv oder substantiviertem Adjektiv getrennt sein. Auch in den Fällen, wo sich die appositionale Konstruktion konkurrierend auftritt, finden sich zuweilen Beispiele, in denen die zwei Glieder voneinander getrennt sind: *und die waren swarz allßo die Moren, die denn vormals ym lande ouch mer gewest waren* Dür. Chr. 679, *den* ,denen' *verbott man vil die statt* Rem 209, *solche einfaltige bauren findt man nit vil* Wickram 45 (s. Paul III, 309; Behaghel I, 540).

1.5.2. Die Präpositionalgruppe als Konkurrent des Genitivs

Der allgemeinste Konkurrent des Genitivs ist die Präpositionalgruppe mit § S 41
von, die anstelle vieler semantischer Typen des Genitivs auftreten kann: in
partitiver Bedeutung (häufig), zur Bezeichnung von Zugehörigkeit und Besitz und seltener in der Rolle des Genitivus subjectivus und Genitivus objectivus. Trotz des Schwunds des Genitivs in den Mundarten bleibt die
Präpositionalgruppe gegenüber dem Genitiv im allgemeinen noch im 16.
und 17. Jh. in Quellen, die für die Öffentlichkeit bestimmt sind, eine relativ
seltene Ausdrucksvariante (s. Admoni 1967, 183; Fritze 1976, 428f., 486f.;
allgemein Behaghel I, 534–537). Es folgen einige Beispiele:

1. Präpositionalgruppe mit *von*, seltener *aus*, *unter* in partitiver Bedeutung neben
Substantiven, Pronomina, Zahlwörtern und Superlativen: *... und noment zů in von
rittern und knehten und burgern die erbersten* Closener 128, *und was die burgere von
winen zu schiffe herbrengen* Frankfurter Urk. 338, *auch sol er ... davon nichtz hin-
leihen* Tucher 34, *ein merklich anzal von Kff., Ff. und andern stenden des Hl. R.* Max I
RA 5, 1142, *ainer aus den churfursten oder fursten* Karl V 597, *Aber etliche von iren
Königen haben xiii oder xiiii weiber* Staden 181;
2. Zugehörigkeit / Besitz: *im ersten glid von Aidgnoßen* Keßler (Pestalozzi 1909, 32),
die Stein von den Pistolen (= Feuersteine) Simpl. 18;
3. Genitivus subjectivus: *großer zulouf von fremden lüten* Stretlinger Chronik (Kiefer 1908, 38), *solch reuberey, schinderey, vnser guter von dem bapst* Luther, Adel 20;
4. Genitivus objectivus: *den wahren Verstand von dem Sacrament* Luther (Kiefer
1908, 41).

1.5.3. Zur Stellung des attributiven Genitivs

Lit.: Wagner 1905; Behaghel 1930b; IV, 177–194; Carr 1933; Fritze 1976, 425–437;
     Ebert 1986, 92–98; 1988; van der Elst 1988a.

Attributive genitivische Nominalgruppen stehen: § S 42
1. in Kontaktstellung mit der Nominalgruppe des Kernsubstantivs und
zwar entweder direkt nach dem Kernsubstantiv oder selten nach einem
Präpositionalattribut (s. dazu unten § S 51);
2. nach der Nominalgruppe des Kernsubstantivs, aber durch nicht zu
dieser Nominalgruppe gehörende Glieder vom Kernsubstantiv getrennt,
z. B. *seyntemal, weltlich hirschafft, ist ein mitglid worden des Christlichen
Corpers* Luther, Adel 11 (zu diesem Typus der sog. „Fernstellung" s. unten
§ S 52);
3. in Kontaktstellung mit der Nominalgruppe des Kernsubstantivs, und
zwar direkt vor dem unbestimmten (seltener bestimmten) Artikel. In den
meisten Fällen besteht ein partitives Verhältnis zwischen dem Genitiv und
dem regierenden Substantiv; andere Relationen kommen seltener vor, z. B.
wie er dann Gottsforchtig was, vnd der gantzen Religion eyn liebhaber Hedio,
Chronik (1539) (Pavlov 1983, 42);

4. vor der Nominalgruppe des Kernsubstantivs, aber davon durch nicht
zu dieser Nominalgruppe gehörende Glieder getrennt. Es handelt sich
meist um partitive Genitive (vgl. oben §§ S 34–40), z. B. ... *weil der Bedien-
ten hierzu ein grosse Anzahl erfordert wurde* Abr. a S. Cl. 55;
5. an der Spitze der Nominalgruppe des Kernsubstantivs, d. h. an der
Stelle des Artikels oder Pronomens vor den Adjektiven und deren adverbialen Bestimmungen:

von des amptmans zwin knechten Stromer 29, *des Rotenackers und aller deren, die er
auff seiner ketzerischen seiten auffbringen mag, gegenwürff und einred* Eck 59, *bis zů
des turkischen kaissers ankunft* Hug 183, *der Königin was ,etwas' zu freimůhtig ausge-
laßene worte von diesem schonen Wunder* Zesen 19.

In solchen Fällen wird das artikellose Kernsubstantiv mit vorangestelltem
attributivem Genitiv gewöhnlich als definit interpretiert. In einigen wenigen Fällen besteht aber die Möglichkeit der indefiniten Interpretation (s.
Pavlov 1983, 40);
6. an einer Stelle nach auf das Kernsubstantiv bezogenen Artikeln, Pronomina und Adjektiven:
a. Kontaktstellung von einem auf das Regens bezogenen Artikel und einem zum Genitiv gehörenden Artikel kommt nur selten vor, z. B. *zu ainem
der frawen schloß* Fueterer, Lanzelot (Pavlov 1983, 41), *von ainem des herzogen castellan* Keßler (Pestalozzi 1909, 31);
b. Pronomina wie *dieser, solcher, all-* können direkt vor dem Genitiv stehen:

alle dez pischoff diner und amptlewt Stromer 57, *solichem des Türken fürnemen* Karl V
RA 4, 619, *diese des Sonnengottes Aussprache* Zesen 26;

c. der Genitiv steht nach einem auf das Kernsubstantiv bezogenen Adjektiv:

der egemelt keyser Sigmunds gabbrieve Friedrich III RA 17, 425, *sider der nechsten
des paumeisters rechnung* Tucher 241, *andere frommer layen gebât* Eberlin 41, *das
gestrig Cristoff Kressen und dein, Bernhart Paumgartners, schreyben* Korr. d. Nürn.
Rats (1530) 37, *zu mehrer und besserer der Cammer=Richter, Präsidenten und As-
sessorn Nachricht und Observantz* RA 1654 451;

d. der Genitiv steht zwischen auf das Kernsubstantiv bezogenen Adjektiven:

andern des heiligen reichs diser zeit beswerlichen obligenden notdurften Karl V RA
4, 592, *die obernant Ihrer Liebd. und Kayserlichen Majest. angesetzte Zeit* RA 1555
341.

Die Typen c. und d., in denen die genitivische Nominalgruppe nach einem
auf das Kernsubstantiv bezogenen Adjektiv folgt, kommen überwiegend in
kanzleimäßigen Texten vor. Es handelt sich vorwiegend um rückweisende
Adjektive und Partizipien und *ander*. Hinsichtlich sowohl des Stils als auch

der Typen des Adjektivs besteht eine Parallele mit dem Gebrauch des Possessivpronomens an der Stelle nach einem Adjektiv (s. oben §§ S 16f.).

Anm.: Besteht die vorangestellte genitivische Nominalgruppe aus einem attributiven Adjektiv und Substantiv, so wird dieses Adjektiv häufig nicht nach dem Substantiv im Genitiv, auf das es sich semantisch bezieht, sondern nach dem Kasus des Kernsubstantivs flektiert: *an rychen lûten hochzeiten vnnd brutlefen* Wyle (Pavlov 1983, 57), *binden inen etliche wilde thiers zene an den hals* Staden 182.

Ob der attributive Genitiv vor oder nach dem Kernsubstantiv steht, hängt von mehreren Faktoren ab. Beim nichtpartitiven Genitiv stellen semantische Charakteristiken des Substantivs im Genitiv den wesentlichsten sprachlichen Faktor dar. Während der ganzen frnhd. Zeit sind eindeutige Unterschiede zwischen den Gliedern der folgenden Gruppen festzustellen: (1) Eigennamen und Titel, (2) Gattungsnamen von Personen (Appellative), (3) Bezeichnungen für Gott, (4) Abstraktbezeichnungen, (5) nichtpersönliche Konkreta. §S 43

Deutsche Namen und Titel (*Euer Gnaden, kaiserliche Majestät* usw.) sowie persönliche Unica wie *Kaiser, König, Papst, Teufel, Antichrist* sind während des ganzen Zeitraums mit relativ wenig Ausnahmen vorangestellt. Lateinische Genitivformen und endungslose Genitivformen von hebräischen Namen werden im 16. Jh. (genaue Information zu dem 14. und 15. Jh. fehlt) überwiegend nachgestellt, z. B. *yn dem hertzē des heyligē Jgnacij* M. v. Weida 60, *die schaff Christi* Luther, Adel 25, *die kinder beniamin* Luther, Adel 6, *die wort David* Eck 57; bei denjenigen Schriftstellern des 17. Jhs., die deutsche Eigennamen regelmäßig mit lateinischen Endungen versehen, treten lateinische Genitivformen auch häufig in Voranstellung auf. Die Formen *Gottes, des Herrn, unsers Herrn* werden häufiger als die übrigen Personenbezeichnungen (Eigennamen, Titel und Appellative) nachgestellt, wobei wohl das Vorbild der meist nachgestellten lateinischen Genitive *Dei* und *Domini* wirksam ist.

Zu Beginn der frnhd. Zeit überwiegt bei weitem die Voranstellung der Gattungsnamen von Personen, z. B. *der stifterin swester* C. Ebner 26, *der geischeler bredie* Closener 111, *des gastis gesellen* Frankfurt, Gesetze 90 A13. Im Laufe des 15. und 16. Jhs. treten die Appellative immer häufiger in der Nachstellung auf. Es zeigt sich aber dabei eine große Variationsbreite: bei mehreren Autoren des 16. Jhs. stehen sie gewöhnlich noch voran, andere dagegen bevorzugen stark die Nachstellung (Carr 1933, 479; Ebert 1986, 94ff.; 1988). Die häufige Voranstellung der Gattungsnamen von Personen ist noch für manche Autoren des 17. Jhs. charakteristisch, z. B. *eines ehrlichen mannes Hauß* Schupp 6, *an grosser Herren Höfen* Schupp 22, *in meines Vorgängers Fußstapffen* Simpl. 37, *von der Apostel zeiten* Spener 73.

Bei den Nichtpersonenbezeichnungen besteht ein deutlicher Unterschied zwischen der Stellung der Abstrakta und derjenigen der Konkreta. Die Konkreta sind schon im 14. Jh. gewöhnlich nachgestellt; Ausnahmen werden im allgemeinen im Laufe der frnhd. Zeit immer seltener (zu Ausnahmen in einem fachsprachlichen Text s. van der Elst 1988, 334). Die Abstrakta sind dagegen noch bei manchen Autoren des 14. Jhs. nicht selten vorangestellt, stehen aber im Laufe des 15. Jhs. immer häufiger nach. Im frühen 16. Jh. wird die Nachstellung sehr stark bevorzugt. Die Voranstellung der Abstrakta kommt aber noch im 17. Jh. nicht selten vor und ist offenbar bei manchen Autoren zu einem Stilmittel gehobener Sprache geworden. Die meisten vorangestellten Abstrakta sind abstrakte Bezeichnungen für Institutionen und Gruppen, die aus Personen bestehen, z. B. *der stat, des klosters, des ordens, des reichs, des bunds, der stende, des regiments, der partheien, der christenheit, aller welt* usw.

Als sekundärer Faktor wirksam ist vielleicht die semantische Relation zwischen Genitiv und Kernsubstantiv: wenn man den wichtigsten Faktor berücksichtigt, so wird z. B. der Genitivus objectivus in Proben aus dem 16. Jh. weit häufiger nach- als vorangestellt. Vielleicht führt auch eine adjektivische Bestimmung beim Kernsubstantiv zu häufigerer Nachstellung des Genitivs. Zu methodischen Problemen s. Ebert 1988. Die Entwicklung hat keine überzeugende Erklärung gefunden (zu Erklärungsversuchen s. Ebert 1986, 97f.).

Zwei- und mehrgliedrige Ketten aus attributiven Genitiven kommen in der Voranstellung ziemlich selten vor, in der Nachstellung sind sie dagegen ganz geläufig. In solchen Ketten sind die oben besprochenen Faktoren wirksam: so kann das persönliche oder abstrakte Genitivattribut des zweiten Grades dem Genitivattribut des ersten Grades vorangehen:

mit ... rate und beistannd des heiligen reichs getrewen Friedrich III RA 17, 431, *der beschluß eur f. g. schreybens* Nürn. Kanzlei 1525, 386.

§ S 44 Nominalgruppen mit vorangestelltem Genitiv berühren sich vielfach in ihrer Form und in ihrer Semantik mit dem „uneigentlichen" Kompositum (der erste Teil des zusammengesetzten Worts weist eine als genitivisch interpretierbare Endung auf). Gegen Ende der frnhd. Zeit werden solche Fälle durch Entwicklungen im Artikelgebrauch und die Normierung der Getrennt- und Zusammenschreibung weitgehend beseitigt, sie sind aber im 16. Jh. noch häufig. Es handelt sich um verschiedene Typen, in denen das attributive Substantiv sich auf einen Einzelgegenstand bzw. auf Einzelgegenstände beziehen kann (das ist das Charakteristische an der Wortgruppe), zugleich aber wie das Kompositum die Auffassung des Bezeichneten im Aspekt seiner allgemeinen und typischen Eigenschaften zuläßt (zu formal und semantisch unterschiedlichen Annäherungen an die zwei Glieder der Opposition „Kompositum: Wortgruppe" siehe Pavlov 1983, 45–62; zu verschiedenen Typen s. Nitta 1987):
1. attributives Substantiv mit einem Artikel, der seiner Form nach entweder zum Kernsubstantiv oder zum attributiven Genitiv gehören kann, z. B. Nominalgruppen wie

der stat paumeister, bei der stadt pforten, bei der stat arbeit, von der barfüsser regel, des reichs regiments, der pfaffen stand;

2. attributives Substantiv ohne Artikel; beim frnhd. Stand der Artikelverwendung kann der attributive Genitiv noch als selbständiges Wort aufgefaßt werden, z. B.

weibs kleider, schlaffens zeit, hungers not, kauffs hendel, glaubens sache, in hymels thron, von mannes chrefften, menschen werck, hurn kinder, bey menschen gedechtnus;

3. Artikel oder Pronomen + attributives Substantiv + Kernsubstantiv; der Artikel bzw. das Pronomen ist eindeutig auf das Kernsubstantiv bezogen:

einem stat werckmeister Tucher 35, *ausserhalb der eids pflicht* Frangk CTB A7b, *Da nam ich mit mir ein palbirers gesellen* Sebald Örtel 67, *vnter den schaffs kleydern* Luther, Adel 21, *die ratts botten* Eck 39.

Dieser Typus steht dem Kompositum sehr nahe: das attributive Substantiv hat gewöhnlich typisierende Bedeutung, wie sie für das Kompositum charakteristisch ist. Diese Konstruktion weist aber noch die Möglichkeit der konkreten gegenständlichen Beziehung auf: so treten gelegentlich genitivische Eigennamen und Titel an diese Stellung, z. B. *deser Salomons tempel* Pilgerfahrt des Ritters Arnold von Harff (Pavlov 1983, 56), *die Bapsts boßheit* Luther, Adel 74, *dieses Euer Fürstlichen Gnaden Schloß* Schupp 23. Diese Möglichkeit zeigen auch folgende Beispiele mit relativem Hinweis bzw. Wiederholungen an: ... *das sy zu nacht ain groß kertzen liecht liessen brynnen, die sy in sunderhait hetten lassen machen* Fortunatus *da macht man das New spital zu Nurmberg und das was vor ein frawen closter da selbst, die selben frawen tet man gen Grindlach* Nürnberger Chr. (Beispiele aus Pavlov 1983, 59f.). In vielen Fällen waren Wortgruppe und „Kompositum" gleichzeitig im Gebrauch und bezeichneten denselben Gegenstand; vgl. mit der Form einer Wortgruppe *wo einer stat paumeister so vil arbeit zustunde* Tucher 42, *mit der stat paumeisters wissen und willen* Tucher 82, und mit der Form eines Kompositums *mit laub eines stat paumeisters* Tucher 82.

1.5.4. Ersparung des Kernsubstantivs

Der attributive Genitiv kann ohne Kernsubstantiv stehen, wenn das Kernsubstantiv unter noch zu spezifizierenden Bedingungen aus einem vorhergehenden Substantiv mitverstanden werden kann. Dieser Genitiv erscheint besonders häufig bei koordinierten und Komparativkonstruktionen: §S 45

... *daz ez dir get an dein ere oder an deinez nechsten* ,an die deines Nächsten' M. v. Amberg 1238f., *Wann kein lieb vnd kein begire ist grösser dann des vaters gen dem sone* Eyb 19, *Vnd las denn fur dir vnser gestalt, vnd der knaben, so von des Königes speise essen, besehen* Dan. 1, 13 (1530), *S. Paulus verwürfft nicht schlechte gemeine werck, sonder des gesetzes selbs* Luther, Sendbr. v. Dolm. 641, *Denn er werde in ihrem Hauß besser tractiret und accomodirt, als in seiner leiblichen Eltern* Schupp 14, *mein Herkommen und Aufferziehung läßt sich noch wol mit eines Fürsten vergleichen* Simpl. 9.

1.6. Der adnominale Dativ

§ S 46   Es treten zwei Arten von adnominalem Dativ auf: (1) eine possessive Konstruktion mit Dativ + Possessivpronomen + Substantiv und (2) ein attributiver Dativ bei Substantiven, die mit Verben, die mit Dativ konstruiert sind, verwandt sind.

1.6.1. Der possessive Dativ

Lit.: Rausch 1897, 26–33; Kiefer 1908, 57–66; Paul III, 326; Behaghel I, 638f.; Fritze 1976, 470f. und passim; Schmid 1988, 246–255.

§ S 47   Der possessive Dativ ersetzt den in den Mundarten aussterbenden adnominalen Genitiv und ist wohl auch im Frnhd. eine stilistisch markierte Konstruktion: Belege sind in Quellen, die für die Öffentlichkeit bestimmt sind, außer zur Wiedergabe volkstümlicher Redeweise selten:

meynthen deme riche syme slosze den bue und befestenunge abezunemene Fried. Urkb. 1377 (Behaghel I, 638f.), *also sie das angefriget worent von herzoge Ludwig seinen altern* Windeke, 2. Hälfte des 15. Jhs. (Rausch 1897, 27), *. . . und einem frantzosen seinem pferd den schwanz uss zoch* Eulenspiegel (Rausch 1897, 28), *der wolt einem burger sein Sun das Scherer handtwerck leeren* Wickram 124.
   Eindeutige Beispiele des possessiven Dativs sind vor der frnhd. Zeit sehr selten (s. Mhd. Gr. § 382; Schmid 1988, 247f., 251f.). Der possessive Dativ ist wohl durch syntaktische Umdeutung aus Fällen entstanden, in denen der Dativ vom Prädikat abhängt und das Possessivpronomen allein das Possessivverhältnis bezeichnet. Nach der Ausbildung des possessiven Dativs finden sich nicht selten Fälle, in denen sich der Dativ entweder als possessiver Dativ oder als Dativobjekt bzw. Dativus commodi / incommodi auffassen läßt, z. B. *Du schwacher wer bistu da du eim andren sinen knecht vrteilst* Zwingli 23, *was das fur ein tugent sey, einem andern sein bůch lestern* Luther, Sendbr. v. Dolm. 635 (s. § S 97).

1.6.2. Substantiv mit Dativ

§ S 48   Nur ganz selten tritt ein mit einem Substantiv allein konstruierter Dativ auf (vgl. Paul III, 409), z. B.

von nachuolgung des gerichtes einem verfluchten mann Ofner Stadtrecht (Bassola 1985, 51), *gelt zů der bezalung dem kriegsvolk* Keßler (Pestalozzi 1909, 60), *. . . so* (Relativum) *in stattlicher hilf zu widerstant dem Türcken und rettung der cristenheit dienlich sein wirdet* Max I RA 6, 741, vgl. mit Genitiv *zů wiederstand der Türcken* Hug 185 (*widerstehen* mit Dativ oder Akkusativ).

Zur Fügung mit Dativ und Präpositionalphrase mit *zu*, z. B. *mit pit, . . . ime zu ehren uf der hochzeit zu erscheinen* Zimm. Chr. 269, siehe § S 97.
Zu Wendungen mit Verb und Substantiv + Dativ s. § S 95.

1.7. Der adnominale Akkusativ

Lit.: Behaghel I, 723f.

Nur äußerst selten begegnet bei deverbalen Substantiven statt Genitiv ein   § S 49
adnominaler Akkusativ, z. B.

Von bekumerung eines statmans den andren statman mit fromden rechten Ofner Stadtrecht (Bassola 1985, 29), *mitbesitzer mit dir das rych der ewigen seligkeit* Geiler (Behaghel I, 724).

1.8. Präpositionalattribute

Während der ganzen frnhd. Zeit treten vom Substantiv abhängige Präpo-   § S 50
sitionalgruppen auf, und zwar (1) als Orts-, Richtungs- und Zeitbestimmungen, (2) neben Nomina actionis, meist im Anschluß an die Konstruktion der danebenstehenden Verben und (3) neben anderen Substantiven,
die nicht in einer Ableitungsbeziehung zu Verben oder Adjektiven mit Präpositionalergänzungen stehen.

1.   (A) Ortsbestimmungen: *alle groffen und herren in Franken* Stromer 57, *daz wir
die herren umb uns angreiffen sullen* Nürn. Rat 1388 147, *der absatz am fordern teil
der pastey* Dürer C4b; (B) Richtungsbestimmungen: *Reise gen Colmar* Closener 97,
Groß wunderzeichen von dem hymmel geschach yn dem jare ... Dür. Chr. 655; (C)
Zeitbestimmungen: *am nehsten tag nach lihmesse* Achtbuch Nürnberg 119, *ein gute
weil vor tage* Staden 189;
2.   Nomina actionis: *mein hertz hat so grozze senung nach im* C. Ebner 19, *unser
antwurt of die vorgerurte schuldigunge und ansprach* Chr. v. Mainz 206, *die hoffnung
in got* Eyb 24, *anreytzunge zu andacht* M. v. Weida 31, *in dancksagung für alles gutes*
Eberlin 21, *in dem eckel vor unserer Religion* Spener 61 (zur Präpositionalgruppe
anstelle des Genitivs s. § S 41);
3.   andere Substantiva: *ein priolin mit prinnendem hertzen* C. Ebner 7, *dez hat er ein
abschrift mit meiner hant* Stromer 78, *geveze von golde* Cranc, Dan. 11, 8, *ein Knab
von sechzehen Jahren* Schupp 25, *einen Brieff an einen vornehmen Gevallier unsers
Hofes* Beer 26.
Anm.: Über die Entwicklungen im Bereich der Präpositionalattribute ist nicht viel
bekannt. Auf Grund von Proben aus verschiedenen Textgattungen läßt sich im Laufe der frnhd. Zeit eine ständige Zunahme der von abstrakten Substantiven abhängigen Präpositionalattribute feststellen.

Das Präpositionalattribut wird gewöhnlich dem Kernsubstantiv nachge-   § S 51
stellt. Nur selten steht es vor der Nominalgruppe: *das manig mensch an
disem bösen vngelauben großen gelauben hatt* Hartlieb 19 (vgl. *ich han kainen gelauben an sölich kunst* 31), *da denselben doch an rechter kündigkeit ein
grosser Mangel beiwohnet* Schottel 11. Ganz selten steht das Präpositionalattribut nach einem Artikel oder Pronomen direkt vor dem Substantiv:
wie dan der herr docktor aus meinem an in schreiben wirdt auch vernemen

Paulus Behaim, Brief (1574) 18, *Auff mein widerumb von Jenoua herk-honnfft* Balthasar Paumgartner (1583) 21.

Sind ein nachgestellter Genitiv und ein Präpositionalattribut vom gleichen Substantiv abhängig, so ist die gewöhnliche Reihenfolge Genitiv vor Präpositionalattribut. Nur selten steht das Präpositionalattribut zwischen Kernsubstantiv und Genitivattribut:

dis... was eyn zeichen von gote eynes zukunftgen mordes unde obils Dür. Chr. 655, *grund und ursachen auß der heilgen schrift aller irer handlung* Lazarus Spengler 172.

Das Präpositionalattribut kann durch nicht zur Nominalgruppe gehörende Glieder vom Substantiv getrennt sein (s. § S 52), *so sy der abgöttern spyß åssen, doch keinen glouben hetten in die abgött* Zwingli 7.

1.9. Diskontinuierliche Stellung von Gliedern der Nominalgruppe

Lit.: Behaghel 1912/13; IV, 240–248; Paul III, 67–69; Berić 1982.

1.9.1. Diskontinuierliche Stellung von Gliedern einer Konstruktion

§ S 52 Bei der diskontinuierlichen Stellung von Gliedern einer Konstruktion sind drei weitere Typen zu unterscheiden:

1. Ein Teil oder eine Bestimmung eines pränominalen Attributs erscheint direkt hinter dem Kernsubstantiv.

A. Die Präpositionalergänzung eines vorangestellten attributiven Adjektivs oder Partizips steht bis ins 16. Jh. regelmäßig hinter dem Kernsubstantiv. Die Konstruktion konkurriert noch im 16. Jh. mit dem sich ausbreitenden vorangestellten erweiterten Attribut (s. § S 22) und wird danach selten:

ein wol gezirter mensch mit allen tugenden C. Ebner 37 (vgl. *Er waz gezirt mit allen tugenden* 40), *man vnd weib, die jr stät zerprechen mit gar vil schnödern personen an leibe und gestalt, wann ,als‘ ir rechte gemachel sind* Hartlieb 14, *die komenden ochsen von der waid* Steinhöwel 217f., *ein heufflin fromer Christen leyen ..., die nit bey sich hetten einen geweyheten priester von einen Bischoff* Luther, Adel 8.

B. Selten erscheinen Infinitivergänzungen eines vorangestellten Adjektivs: *Es ist ... darzu ain hart ding zu thůn* Geiler, Predigen teütsch 10a (s. dazu § S 185).

C. Teile von im Genitiv stehenden Namen. Der Typus (1) Eigenname + Appellativ erscheint gewöhnlich getrennt, bei der Reihenfolge (2) Appellativ + Eigenname ist Fernstellung relativ selten: (1) *nach sant Lucien dage der heiligen jungfrowen* Ukb. Straßburg 5,763, *an sand Johans tage des taufers* Karl IV UBS 5,638, (2) *des küniges sůn Eoli* Steinhöwel (Behaghel IV, 242).

D. Ein mit einem vorangestellten Genitiv konstruiertes Präpositionalattribut kann nach dem Kernsubstantiv stehen:

der het dez Wolfs tochter vom Lichtenfels Stromer 63 (vgl. . . . *hat zu der e dez Wolfs von Lichtenfels tochter Anna* 65), *der bischoff was ains burgers sůn von Augspurg* Rem 231.

Nur ganz vereinzelt nimmt eine mit einem vorangestellten Attribut konstruierte Präpositionalgruppe eine Stelle nach nicht zur Nominalgruppe gehörenden Gliedern ein: *der des chůniges panyr truog von Franchreich* Suchenwirt (Behaghel 1912/13, 394).

2. Mit dem Kernsubstantiv konstruierte Genitiv- oder Präpositionalattribute nehmen eine Stelle nach nicht zur Nominalgruppe gehörenden Gliedern ein. Im Hauptsatz stehen sie nach der infiniten Verbform, im eingeleiteten Nebensatz nach dem finiten Verb bzw. dem Verbalkomplex. Diese Art der Fernstellung ist also ein besonderer Fall der Ausklammerung (s. § S 236). Es folgen einige Beispiele:

A. Genitivattribut: *Unser herre ist hie gewesen und hat mir sicherheit geben ewigs lebens* C. Ebner 41, *Also welchy der ler volgent ierer eltern* . . . Steinhöwel 121 (*Sic qui monita parentum sequitur* 121), . . . *auff das yhr kynder seyd ewers vatters yhm hymel* Matth. 5,45 (1522), *Das man frawen klőster laß schůlen sein der zucht ains christlichen wåsens* Eberlin 30, *welches ein herrlich Zeugnis ist deß Vorzugs / so dem Adel gebührt* Simpl. 48;
B. Präpositionalgruppe: . . . *do er umb frid waz geriten zwissen dem pischoff und herren und steten in Franken* Stromer 90 . . . *das er groß schaden duldet an seinen dienern vnd güten* Hartlieb 10, *darumb wellen wir die meinung Pauli hőren von der ergernus* Zwingli 23.

Anm.: Das Wort *aber* kann zwischen Gliedern der Nominalgruppe stehen: *Die namen aber der twelff apostel sind dise* Matth. 10,2 (1522), . . . *weliche aber meinung ein andren weg denn sy gemeint vßgeschlagen ist* Zwingli 4, *Die gewelb aber zu den streich weren sollen starck in des vmgangs gewelb verfast werden* Dürer B4b.

1.9.2. Diskontinuierliche Stellung von koordinierten Gliedern

Die diskontinuierliche Stellung von koordinierten Gliedern findet sich bei fast allen Gliedern, nicht nur bei Gliedern der Nominalgruppe (betroffen werden auch prädikative Adjektive, Adverbien, Präpositionalgruppen, Partizipien und Infinitive (s. Behaghel IV, 246.), z. B. § S 53

Es geschah yn dem selbin jare das Konrat bischouf zu Mentze sere krang wart unde siech Dür. Chr. 682, *Du hast mir ouch mynen aker gar verwüst mit dynem nagen und verheret* Steinhöwel 81f.

Bei Gliedern der Nominalgruppe gilt im allgemeinen: (1) mit vorangestellten Attributen koordinierte Glieder stehen direkt nach dem Kernsubstantiv, (2) mit dem Kernsubstantiv selbst koordinierte Glieder stehen direkt nach der rechten Grenze des Einfachsatzes (das ist also wieder ein besonderer Fall der Ausklammerung), z. B.

1. mit vorangestellten Attributen koordinierte Glieder: *Vnd ich sach groß doten vnd klein* Mentelbibel, Offb. 20,12 (*Et vidi mortuos magnos et pusillos*) (Brodführer 1922,154 – zu dieser Konstruktion s. oben § S 20), *des eltesten kúnigs Volscorum tochter und Casmille, siner husfrowen* Steinhöwel (Behaghel IV, 246),
2. mit dem Kernsubstantiv selbst koordinierte Glieder: *. . . davon denne groß schade komen ist und zcweitracht* Freiberg / S. 15. Jh. 155, *Und also nam der Josep die hauptstadt ein unnd das gantz chönigreich und was darzu gehörett* Schiltberger 35, *Als aber der hirt die wunden an dem fuoß des löwen sach und die großen geschwulst* Steinhöwel 139 (*Pastor ut vidit vulnus et magnam contusionem* 138), *Gott geb im geluckt und der gantzen kristenhayt* Hug 192.

2. Die Syntax der Nominalgruppe im Einfachsatz

Lit.: Paul III, 215–456; Behaghel I, 476–728; Franke III, 95–164; Kehrein III, 109–140,143–145; Wessely 1892; Voss 1895; Zeller 1905; Pestalozzi 1909; Korhonen 1978, Teil II; Ebert 1986,27–80; Ágel 1988.

2.1. Einleitendes

§ S 54   In diesem Kapitel werden die syntaktischen Beziehungen zwischen Nominalgruppen und nicht-substantivischen Elementen des Einfachsatzes behandelt (zur adnominalen Verwendung der Nominalgruppe s. Kapitel 1, §§ 26–49).

Die traditionelle Organisation nach dem Kasus des Kernnomens wird beibehalten, da die Benutzer einer Grammatik oft wissen wollen, wie eine bestimmte, schon festgestellte Kasusform an einer bestimmten Stelle im Text syntaktisch gedeutet werden kann. Traditionell ist auch der Terminus „Konstruktion" für die verschiedenen Arten von Kookkurrenzbeschränkungen. Bei der Abgrenzung von Kasusobjekten und anderen, „adverbialen" Verwendungsweisen des Kasus wird die Subklassenspezifik als Kriterium verwendet: Elemente, die bei einer distinkten Subklasse von Verben vorkommen, werden als „verbspezifisch" angesehen; Elemente, die bei beliebigen Verben vorkommen, werden als „nichtverbspezifisch" („frei") klassifiziert (da dies bei historischen Datenmengen nur annähernd feststellbar ist, dient hier das Vorkommen bei einer großen Zahl von verschiedenen Verbtypen als Kriterium).

2.2. Nominativ

2.2.1. Nominativ als Subjekt

In frnhd. Zeit erscheinen die meisten Prädikate mit einer Ergänzung im   § S 55
Nominativ, die in der syntaktischen Relation Subjekt steht. Der Nominativ
gilt als verbspezifisch, da es zahlreiche Prädikate gibt, die regelmäßig ohne
Subjekt auftreten (s. §§ S 60–62, 67, 94, 110f.).

2.2.2. Ersparung eines Subjektpronomens

Lit.: Paul III, 17–26; Behaghel III, 439–444, 497–509, 511–517; Franke III, 76–79;
Hagfors 1899, 3–26; Held 1903.

Subjektpronomina können meist unter bestimmten stilistischen und kon-   § S 56
textuellen Bedingungen bei Prädikaten, die gewöhnlich mit einem Subjekt
erscheinen, erspart werden. Es erscheinen sowohl (1) Fälle, in denen das
fehlende Pronomen nicht aus dem näheren Kontext zu ergänzen ist, als
auch (2) Fälle, in denen das fehlende Subjekt aus dem Subjekt, einem
Kasus oder einem Possessivpronomen im vorhergehenden Satz zu entnehmen ist. Auslassung des pronominalen Subjekts findet sich im allgemeinen
häufiger in der Poesie, im Drama, im Dialog und im Briefstil als in den
übrigen Stilgattungen.

1. Das fehlende Pronomen ist nicht aus dem näheren Kontext zu ergänzen. Das   § S 57
Pronomen *ich* kann fehlen in der Wunschformel *wolt / möcht*, häufig bei *(ge)schwei-
ge, bitte / bitt, weiß* (...) *nicht*, bei Hilfsverben und bei Verben des Meinens, Schätzens und Begehrens, z. B. *meinen, achten, schätzen, glauben, halten, begehren, hoffen.*
Die Auslassung findet sich nicht selten auch bei anderen Verben, am häufigsten im
Briefstil und in Vorreden. *Wir* wird dagegen relativ selten erspart, am häufigsten in
der Aufforderungsformel mit *wollen.*
*Will in dem allē. vmb mein Sondere muhe, nichts anders. dan die ere gots. ewrn vnnd
anderer menschen Selickeit gesucht haben* M. v. Weida 31 (Vorrede), *Sende das alles
ewr wirde dasselb zurichten ... Luther, Adel 3 (Vorrede), Wollen die erste maur am
ersten angreyffenn Luther, Adel 7, Bitt euch hiemit sômlich kleine gaab ... nit zů
verschmahen* Wickram 5 (Vorrede).
Das Pronomen *du* fehlt noch häufiger als *ich*, besonders häufig in Fällen, wo das
Pronomen gewöhnlich nach dem Verb steht (in Fragesätzen, in Bedingungssätzen
und in Aussagesätzen mit einer anderen Konstituente in der Anfangsstellung); hier
kann es sich auch um den lautlichen Schwund des enklitisch angelehnten *du* handeln.
Du und *ihr* fehlen auch in der Aufforderungsformel *wollest / wolst / wölst, wollet.*
waist doch meynn treuen mût Hans Sachs (Held 1903, 130), *Jn keines orden regel
findest das vsserhalb der gemein einer für sich selb schuldig sy die zyt sprechen, wie
man im chor thůt* Eberlin 36, *alsdann wöllest dein botschaft ... gen Nürm-
berg ... schicken* Karl V RA 3, 188.

Personalpronomina der dritten Person sind viel seltener ausgespart, z. B. *Zeůcht an den spruch 2. Pet. 1.; den felscht er nach ketzerischer art:...* Eck 44 (zu Beginn eines Absatzes).

Anm.: Nach *als* und *daß* kann *es* wohl aus lautlichen Gründen fehlen, z. B. *Da merket der Vater / das vmb die stunde were* Joh. 4, 53 (1545), *ALs nu kam auff den morgen* ... Apostelgesch. 4, 5, (1545); vgl. Franke III, 78.

§ S 58 2. Das Subjekt ist aus einem vorhergehenden Satz zu entnehmen. Bei der Verknüpfung zweier gleichartiger Sätze durch beiordnende Konjunktionen fehlt ganz
gewöhnlich das zweite von zwei identischen Subjekten. Das Subjekt des zweiten
Satzes kann auch fehlen bei End- bzw. Späterstellung des Verbs, z. B. *datzu hab ich
alltzeyt die weysse gehabt und fordan habenn will* Luther (Held 1903, 144). In asyndetisch angereihten Sätzen kann das zweite Subjekt fehlen, auch wenn kein besonders
enger Zusammenhang zwischen den Sätzen besteht (s. dazu Behaghel III, 498, 501):
*... das sie allein wollen meister der schrifft sein, ob sie schon yhr leblang nichts dryn-
nen lernenn, vormessen sich allein der vbirkeit, kauckeln fur vns, mit vnuorschampten
wortten, der Bapst mug nit yrren ym glauben, er sey boß odder frum, mugen desselben
nit ein buchstaben antzeygen* Luther, Adel 12. Auch wo Subjektwechsel vorliegt,
kann das zweite Subjekt in sowohl syndetisch als auch asyndetisch angereihten Sätzen fehlen. Das ersparte Subjekt ist aus einem vorhergehenden obliquen Kasus oder
Possessivpronomen zu entnehmen: (A) aus einem Genitiv: *... so hette yhr keiner
gewist gack dazu zu sagen, Und urteilen mir nu das ganze werck* Luther, Sendbr. v.
Dolm. 633f., *SITTEN DER TUPPIN INBAS, DERER GEFANGNER ICH GE-
WESEN BIN. WONEN IN AMERICA,...* Staden 167: (B) aus einem Possessivpronomen: *... all die minne, di dein güetigez, gemintez hertze zu ir het und noch
alweg host zu allen* ... A. Langmann 89, *so werden ewre augen auff gethan / vnd
werdet sein wie Gott* 1. Mos. 3, 5 (1545); (C) aus einem Dativ: *Das geviel in wol, und
gingent mitenander in des ammanmeisters hof* Closener 129, *entweyche im die varb vnd
erpleychet* Eyb 21; (D) aus einem Akkusativ: *... gewan die stat zu Nůrnberg gar ein
gut festen zu dem alten perg und lag ein meil von Nůrenberg* Stromer 43, *da schickt der
hertzog bei 20 pferd gen Liechtenberg, und namen das schlos ein* Rem 209. Aus zwei
Substantiven oder Pronomina in verschiedener Funktion ist ein pluralisches Subjekt
zu entnehmen: *Und do schickt der Weyasit seinen sun, genant Machmed mitt XXX
tausend mann im ze hilff und triben den chönig Wurchanadin aus dem land mitt gewalt*
Schiltberger 12, *also ritt der von Rosenberg mit ainem knecht dem knaben nach, und
namen im das gelt* Rem 213.

2.2.3. Prädikate mit Subjekt *es*

§ S 59 Bei Prädikaten im Bereich der Naturerscheinungen (Witterung und Wandel der Tages- und Jahreszeiten) tritt ein Pronomen *ez / es* regelmäßig an
den gewöhnlichen Stellen eines pronominalen Subjekts auf: *da ez taget* C.
Ebner 16, *do důnret es* Closener 133, *Do es aber tag ward* Wickram 31, *Jtzt
regnet es / itzt blitzt es* Beer 15.

Dieses Pronomen unterscheidet sich von anderen Argumenten des Prädikats dadurch, daß es im sprachlichen und außersprachlichen Kontext keine Referenz hat,
nicht erfragbar und nur durch eine sehr beschränkte Gruppe von Substantiven im
Nominativ austauschbar ist, z. B. *wie der Blitz oben vom Himmel blitzet* Luk. 17, 24
(1545).

Einige dieser Verben erscheinen auch mit *es* und einer Nominalgrupppe, z. B. *da regnet es Fewer vnd Schwefel von Himel* Luk. 17, 29 (1545). Beim Infinitiv kann das Pronomen fehlen: *Vnnd ließ gott regnen vff daß erdtrich .xl. tag vnnd .xl. nåcht* Geiler, Seelenparadies 176b, *Vnd der HERR ließ donnern vnd hageln* 2. Mos. 9, 23 (1545). Dieses pronominale Subjekt *es* wird auch bei Verben der Schallhervorbringung und der Licht- und Feuerbewegung gebraucht: *der wechter uf dem thurn, wenn es brinnt, so stürmpt er* Geiler (DWB 2, 391), *denn es rausschet als wolts seer regen* 1. Kön. 18, 41 (1545), *es raucht im zimmer* Stieler (DWB 8, 243).

Die Fügung *es gibt* + Akkusativ breitet sich ungefähr im 16. Jh. aus (vereinzelte Vorläufer der jüngeren Bedeutung *es gibt etwas* = ,es ist etwas' finden sich schon im Mittelalter). Bei *geben* in der Bedeutung ,hervorbringen, erzeugen' u. ä. kann sich das hinweisende Pronomen *es* auf vorher erwähnte Verhältnisse beziehen z. B. *wann man Pulver auf die Pfanne schüttet, und die Lunte aufsetzt, so gibt es einen grossen Knall, und speyet Feuer und Flamme von sich* Schupp 7 (vgl. DWB 4, 1, 1, 1703) oder in Fällen wie *es gibt ein Gewitter* auf Verhältnisse im außersprachlichen Kontext. Das pronominale Subjekt verlor also seine semantische Rolle, behält aber die Stellungsmöglichkeit eines Personalpronomens bei.

Eine ähnliche Umdeutung hat *es setzt* + Akkusativ erfahren (Belege seit dem 17. Jh., z. B. *Endlich setzt es unden an der Tafel ernstliche Streit= Händel* Simpl. 87. Weit verbreitet ist auch *es hat* in der Bedeutung ,es gibt' (s. DWB 4, 2, 68f.): *IN einem Dorff hats verweent / schalckhafft / böß Bauren* Wickram 29, *Es hat inn dem Landt Rehböck, wie hie wild schwein* Staden 191.

Anm.: Bei subjektlosen Konstruktionen mit Dativ- oder Akkusativ (s. unten §§ S 60–62, 67, 94, 110f.) tritt ein expletives *es* nur in Anfangsstellung vor dem finiten Verb auf. Allmählich wird dieses *es* fakultativ auch in der Stellung nach dem finiten Verb gebraucht (Belege seit dem 16. Jh. bei Behaghel III, 450).

2.2.4. Konkurrenz zwischen Konstruktionen mit Nominativ und subjektlosen Konstruktionen

Bei mehreren ein- und zweistelligen Prädikaten konkurrieren Konstruktionen mit Subjekt und subjektlose Konstruktionen. Bei einer Gruppe der Konstruktionen mit Subjekt steht die Person im Nominativ, bei einer anderen Gruppe die Sache.   **§ S 60**

Das persönliche Subjekt ist die jüngere Konstruktion bei z. B. *hungern, dürsten, lüsten* und *gelüsten* (selten) und *träumen*; bei *schwindeln* stehen die zwei Konstruktionen schon ahd. nebeneinander: **§ S 61**

vnnd da er viertzig tage vnnd viertzig nacht gefastet hatte, hungert yhn Matth. 4, 2 (1522), *Sie werden weder hungern noch dürsten* Jes. 49, 10 (1545), *. . . das wasser so streng lief, das dem grafen schwindlet* Zimm. Chr. 269, *zimmerleute, mäurer und dachdecker müssen nicht schwindeln* Kramer (DWB 9, 2664).

Bei den subjektlosen Verben mit persönlichem Akkusativ wurde die Umdeutung der Konstruktion begünstigt durch Fälle, wo Nominativ und Akkusativ im Singular die gleiche Form hatten, z. B. bei manchen Femininen, bei vielen Personennamen und bei Neutra.

§ S 62 Bei der zweiten Gruppe konkurrieren Konstruktionen mit sachlichem Subjekt und subjektlose Konstruktionen mit sachlichem Genitiv- oder Präpositionalobjekt, z. B. bei *abgehen, fehlen, gebrechen, gebresten, gelingen, benügen* und *genügen, zerrinnen, not sein / werden, vonnöten sein / werden, vonunnöten sein / werden* und bei Empfindungsverben wie *gelangen* ‚sich sehnen', *gelüsten, jammern, verdrießen* und *wundern*:

wenn sein not ist Tucher 246, *als oft das nöt ist* Tucher 37, *so glustet dich nach milch* . . . Geiler, Die Brösamlin 67b, *Wolan nůn haw anhyn / vnd thůn was dich glust* Geiler, Seelenparadies 161b, *der da spricht mit Job / meī seel verdreüsset meines lebens* Geiler, Seelenparadies 179b, *MEINE SEELE VERDREUSST MEIN LEBEN* Hiob 10, 1 (1545), *Es iamert mich des volcks* Matth. 15, 32 (1522), *GLeich als wenn ein schlangen Beschwerer gebissen wird / das jamert niemand* Sir. 12, 13 (1545), . . . *das* ‚*daß' jm des brodts zerrinen möchte* Dietrich 77, *die tollen jungfrawen, den das öle zurann* Luther (DWB 15, 750).

Für den Übergang der subjektlosen Konstruktion mit Genitiv der Sache zur Fügung mit sachlichem Subjekt wird gewöhnlich der Zusammenfall der mhd. Laute *z* und *s* und die damit erfolgte Neutralisierung von Genitiv *es* und Nominativ / Akkusativ *ez* verantwortlich gemacht (Paul III, 36; Behaghel II, 139; Dal 1966, 169).

Es entwickelten sich auch konkurrierende subjektlose Konstruktionen aus Fügungen mit Subjekt, z. B. bei *erbarmen, mangeln* und *reuen*:

der ritter gieng gar trauriclichen vff dem sal. das erparmet den knecht Hartlieb 11, *junger mann, es erbarmt mich dein* Hans Sachs (DWB 3, 702), *Wellichs du tust, das wirt dich reüen* Eyb 5, *Rewete jn des Vbels* Jona 3, 10 (1545), *Was mangelt mir dann?* Schupp 35, *Es mangelt der Teutschen Sprache nicht an einigem Kunstworte* Schottel 12.

2.2.5. Prädikatsnominativ

§ S 63 Subjekt und Prädikatsnomen erscheinen bei den Kopula-Verben *sein, werden* und *bleiben*.

Zu Beginn der frnhd. Zeit erscheinen noch Beispiele der mhd. Konstruktion mit formelhaftem pleonastischem *es* neben dem Prädikatsnomen in der Anrede oder bei der Selbstvorstellung (s. dazu Behaghel I, 314; Mhd. Gr. § 402; Adelberg 1960): *Da sant er Johannem Baptistam dar. Da sprach sie: ‚Wer bist du?' Da sprach er: ‚Ich bins, Johannes der taufer'* C. Ebner 11, *do sprach der kunig zu im: biz du is Danyel von den sonen Jude* Cranc Dan. 5, 13 (*Tu es Daniel . . . ?*), *Ich bins genant ein ackerman* Ackermann aus Böhmen III, 1.

Bei verschiedenen anderen Verben, z. B. Verben des Entstehens, Lebens und Vergehens sowie der Bewegung und der Ruhe, kann ein zweiter „halbprädikativer Nominativ" (Behaghel III, 477) stehen, der die Verfassung des Subjekts bezeichnet, z. B.

kam Sigismunda wider zu irem vater ein wittbe Eyb 53, *Es ist dyr besser, das du tzum leben, lam odder eyn kropel eyn gehist* Matth. 18,8 (1522), *Bistu ein Knecht* ,als ein Sklave' *beruffen, sorge dir nicht* 1. Kor. 7,21 (1545), *Gott sitzt könig immer dar* Opitz (DWB 1,255).

Beim Passiv von Verben mit Prädikatsakkusativ (s. § S 115) erscheint ein zweiter Nominativ:

. . . daz du geporn würde von irem megtlichem reinen leib warer got und warer mensche A. Langmann 83, *Wir würden auch erfunden falsche Zeugen Gottes* 1. Kor. 15,15 (1545).

Gelegentlich begegnet der Nominativ statt des prädikativen Akkusativs bei *heißen* mit Akkusativobjekt:

Vnd nenneten Barnabam / Jupiter / vnd Paulum / Mercurius Apostelgesch. 14,12 (1545), *so nimpt dan ein ieder sein rasseln hin, heysset sie lieber Son* Staden 184.

In *lassen*-Konstruktionen mit Infinitiv *sein* kann das Prädikatsnomen im Nominativ oder Akkusativ stehen (s. § S 190).

2.2.6. Nominativus pendens

Lit.: Boon 1981b.

Ein isolierter Nominativ (sog. *nominativus pendens*) erscheint in Typen der § S 64
Herausstellung nach links: Der Nominativ steht dem Satz voran und wird im Satz durch ein Pronomen, seltener durch ein anderes Substantiv oder Adverbial in einem obliquen Kasus wieder aufgenommen (Genaueres unten § S 243 zur Voranstellung): *und di besten hawbtleut, der ,deren' zetel legt man in ein sekel besunder* Stromer 40.

2.3. Genitiv

Der Genitiv kann konstruiert sein mit Substantiven, Pronomina und Nu- § S 65
meralia (s. dazu Kap. I §§ S 26–46), mit Präpositionen, Verben, Adjektiven, Partizipien und Interjektionen. Außerdem erscheint ein „freier" adverbialer Genitiv in mehreren semantischen Nuancen.

2.3.1. Der Genitiv als Objektskasus

Lit.: Paul III, 352–370; Behaghel I, 564–74; Franke III, 102–113; Kehrein III, 117–133; Voss 1895, 26–55; Rausch 1897, 55–103; Ebert 1986, 40ff., 58ff., 64, 71; Fischer 1986; 1987a; 1987b.

§ S 66 Subklassenspezifische Genitivobjekte treten bei zahlreichen Verben auf. Schon zu Beginn der frnhd. Zeit konkurriert der Objektsgenitiv in vielen Fällen mit einem semantisch gleichwertigen Akkusativ- oder Präpositionalobjekt. Im Laufe des Frnhd. treten diese Konkurrenten immer häufiger auf, und am Ende des 17. Jhs. wird der Genitiv in vielen Fällen nur oder überwiegend in poetischem oder archaischem Stil oder in regionalem Gebrauch verwendet. Hier können nur die Hauptmuster und die konkurrierenden Konstruktionen verzeichnet und ein paar Beispiele von jedem Muster angeführt werden:

§ S 67 1. subjektlose zweistellige Konstruktionen mit Dativ und Genitiv und mit Akkusativ und Genitiv (zur Konkurrenz mit dem Nominativ s. §§ S 60–62): *do geprast ir der kraft* A. Langmann 63, *und mich wundirte des gesichtis* Cranc, Dan. 8, 27, … *dem des brots mangelt* Spr. 12, 9 (1545), *Ach! es jammert mich meines lieben Vaters* Zesen 4;

§ S 68 2. a. zweistellig, mit Nominativ und Genitiv: *Und din [muter] und din bruder unde swester warten din mit grozzer begirde* C. Ebner 24, *der chönig von Armenia spottat sein darmit* Schiltberger 109, *tag vnd nacht gedennck ich an eŭch, begere eŭer vnd hab eŭch lieb* Eyb 12, … *das sie des bans vnd gotlichs namens ßo lesterlich mißbrauchen* Luther, Adel 34f., *Wer weißt aber nit die manigfeltigen liste vnd anleŭff der bösen geist, deren dein kind im kloster gewarten mŭß* … Eberlin 28, *Sein schwager, grave Eberwein von Honstain, ist des überschwenklichen drinkens* … *letstlichen gestorben* Zimm. Chr. 277, *so fieng ich nach und nach an meines Rittmeisters zu vergessen* Courasche 1104, *Ich muste des wunderlichen Brieffes von Hertzen lachen* Beer 35; b. zweistellig, mit nichtkommutierbarem Reflexivpronomen: *Frewe dich der zit die komen ist* C. Ebner 31, *ob* … *dieienen* … *sich der entschuldigung in einichen wege widerten* Max I RA 6, 721, *Zwingl, dein patriarch, schämt sich keiner lŭgen* Eck 51, *Jch habe mich der Höflichkeit, und anderer tugenden, so wol beflissen, als du* Schupp 4;

§ S 69 3. dreistellig, mit Nominativ, Dativ und Genitiv; diese Konstruktion tritt bei einer relativ geringen Zahl von Verben auf, z. B. *abhelfen, begönnen, danken, folgen, gehellen, ‚zustimmen‘, gestatten, gestehen ‚zugestehen‘, getrauen, glauben, gönnen, helfen, jehen, lohnen, schwören, vergönnen, verhängen, verjehen, vertrauen, verzeihen, wehren, weigern, widergelten, wünschen:* … *daz im unser herre seiner arbeit lonen wolt* C. Ebner 40, *ich will dir dyner guothait wider gelten* Steinhöwel 103, *Ob nu der stat meister ein ler gesellen haben wolt, des hat man biß her dem zimmermeister nit günnen wollen* Tucher 38, *er kere denn umb von seiner lesterlichen lere* … *des helfe im und allen Christus unser herr* Luther (DWB 4, 2, 954);

§ S 70 4. dreistellig, mit Nominativ, Akkusativ und Genitiv; zahlreiche Verben werden mit persönlichem Akkusativ und Genitiv der Sache konstruiert, z. B. *eins dinges wil ich dich bitten* R. Merswin 9, *so ermonen wir dich solicher phlicht* Friedrich III RA

15,391, ... *das wir* ... *wόllen* ... *die predicanten yerers irrtumbs mit byblischer Gschrifft ύberwisen* Eck 38, *sy wolind uns des irtumbs so unwidersprάchlich überzeugen* Eck 49, *WElcher vnter euch kan mich einer sünde zeihen?* Joh. 8, 46 (1545), *Er gewάhrte sie auch ihrer bitte* Zesen 14. Bei vielen davon tritt konkurrierend Akkusativ und Präpositionalobjekt (§ S 146) auf, bei einer kleineren Gruppe Dativ der Person und Akkusativ der Sache (s. § S 119). Bei einigen Verben hat sich wohl als Folge der spätmhd. Formenneutralisierung des Genitivs *es* und des Akkusativs *ez* eine Konstruktion mit Akkusativ der Person und pronominalem Sachakkusativ entwickelt (ein nominaler Sachakkusativ tritt vereinzelt auf; s. § S 113).

5.   Bei einer kleinen Gruppe von Verben erscheint eine Konstruktion mit Nominativ, Genitiv und Präpositionalobjekt, z. B. ... *des wir zu got nit hoffen* Friedrich III RA 17,195, *Czu dem Ersten wil got vnns cristen lernen vnd tzu erkennē geben wes wir vns zu vnßerm got vñ schepfer vorsehen 'versehen' sollē* M. v. Weida 53, *sy begerte keiner gaben von jm* Geiler 3b, ... *ßo gar greulich furchten sie der haut fur einem rechten freyen Concilio* Luther, Adel 7, ... *das du ... dich desselben fur got beclagest* Luther (Korhonen 1982, 198), *Des wollen wir uns zu dir also genzlich versehen und verlassen* Karl V RA 3, 188 (s. auch § S 150). §S 71

2.3.2. Genitiv bei formelhaften Verbindungen aus Substantiv bzw. Präpositionalgruppe und Verb

Der Genitiv erscheint bei einer großen Zahl von Ausdrücken, die aus einem Substantiv bzw. einer Präpositionalgruppe und einem Verb bestehen, z. B. *in Abrede sein, Abscheu tragen, Acht haben, Acht nehmen, Anzeigung haben / geben, Bericht geben / tun, Bescheid haben, Beschwerde / Beschwerung tragen, Betrachtung tun, Dank sagen, ein Ende sehen / sein / werden / machen, Ehre haben, Erfahrung haben / tragen, Ergetzung haben / spüren / tragen, Exempel finden / geben / haben, Freude tragen, Fug haben, Gefallen tragen, Getrauen haben, Gewalt haben, Grund haben, Hilfe mitteilen, Kundschaft haben, Macht haben, Mangel haben, in Mangel stehen, Meldung tun, Milderung tun, Mißfallen empfangen, Rat sein / werden, zu Rate werden, Rechnung tun, Rede hören, Reue tragen, Ringerung tun, Sättigung tragen, Schaden nehmen / tragen / leiden, Scheu tragen, Schuld geben, Sorg haben, in Sorgen stehen, Ursache haben / sein, Unterricht finden, Unterrichtung erwarten, Wissen haben / tragen* (zu solchen Ausdrücken s. Paul III, 311–318). §S 72

Es gibt eine Reihe von Anzeichen, daß der Genitiv in diesen Fällen kein Attribut zu einem Kasusobjekt ist, sondern eine genitivische Ergänzung zu einer formelhaften Verbindung aus Substantiv und Verb.

1. Ist die genitivische Ergänzung ein Pronomen, so weist dieses Pronomen die gewöhnlichen Stellungseigenschaften einer pronominalen Ergänzung eines Verbums auf:
... *das 'daß' wir deß auch wole moge und macht gehabt haben* Chr. v. Mainz 217, *in hoffnung sein F. G. werde des nit ungnad oder mißfallen empfahen* Nürnberger Rat an W. Pirckheimer 222, *wie deß eur f. g. schreiben hierin auch anzaigung gibt* Nürnberger Kanzlei 1525,381, *Diejenigen aber, so vor dissen gelebet, der hab ich dissmals noch*

kein erfarung H. Köler 206, ... *damit sie im Fall der Noth dessen nicht in Mangel stehen* RA 1555 357.

2. Ist die genitivische Ergänzung ein Substantiv oder eine ganze Nominalgruppe, so weist diese Ergänzung nicht die Stellungseigenschaften eines attributiven Genitivs auf, sondern die eines adverbalen Genitivs: sie ist vielfach vom substantivischen Teil des Ausdrucks durch andere Satzglieder getrennt (gewöhnlich links vom Substantiv, was sonst meist nur beim partitiven Genitiv vorkommt): *des brandis gabin sie marggraven Wilhelmen schult* Dür. Chr. 645, ... *damit er seins schadens des christlichen glaubens halber entpfangen etwas ergetzung spüren [möge]* Max. I RA 6,740, *Denn jrer Plage ist kein rat* Micha 1,9 (1545), ... *das man ... des wercks nicht gnugsam acht nimbt* Dietrich 66.

3. Wenn Genitiv und Substantiv Kontaktstellung aufweisen, stehen abstrakte Genitive meist vor dem Substantiv; bei attributiven abstrakten Genitiven kommt diese Stellung selten vor (s. § S 43): ... *wo Ir diser sach red horend.* W. Pirckheimer 548, ... *ettlichen so dieser sachen weitern bericht haben* Frangk OD A2b, ... *solicher friedbrüchigen Handlung Bericht thun* RA 1576 353.

4. Ein attributiver Genitiv kann, besonders in der Kanzleisprache, eine Stelle in der Nominalgruppe einnehmen zwischen zum Kernsubstantiv gehörenden vorangestellten attributiven Adjektiven und dem Kernsubstantiv selbst, z. B. *die geringest der Christenheit bevestigung und trost* Karl V RA 4,619; bei diesen Ausdrücken, die übrigens vielfach in der Kanzleisprache begegnen, findet sich diese Stellung nicht.

5. In den Fällen, wo der substantivische Teil des formelhaften Ausdrucks ein Akkusativobjekt ist, zeigt sich die enge Verbindung zwischen diesem substantivischen Teil und dem Verb dadurch, daß das Negationswort *nicht* gewöhnlich vor diesem Akkusativ steht (vgl. § S 231) und daß der Genitiv vor dem Akkusativ steht (in Konstruktion mit Akkusativ- und Genitivobjekten ist die weitaus überwiegende Stellung Akkusativ vor Genitiv).

Anm.: Das ursprünglich genitivische Pronomen *es* tritt gelegentlich in diesen Ausdrücken auf: *ich wils ein ende machen* Jer. 46,28 (1545), *Jch hab es alles macht* 1. Kor. 6,12 (1545).

2.3.3. Der partitive Genitiv

Lit.: Grimm IV, 765ff.; Paul III, 346ff.; Behaghel I, 575ff.; Franke III, 48; Wessely 1892,30f.; Voss 1895,24f.; Saarela 1972; Suzawa 1973.

§ S 73 Der partitive Objektsgenitiv erscheint meist in der gleichen syntaktischen Umgebung wie ein Akkusativobjekt. Die im Genitiv auftretende Größe wird nicht in seinem vollen Umfang betroffen. Es handelt sich um Größen, die irgendwie als teilbar gedacht werden können, vor allem um Stoffbezeichnungen und Kollektiva.

Wir solten dez ertrichs von hinnen furen hintz andern clostern ,Wir sollten Erde von hier fortführen ...' C. Ebner 7, ... *das sie den gesten irs wins, den sie von erleubunge des rats in ire clostere bestalt han, nymants umb gelt oder liepnis geben* Frankfurter Urk. 339, *da warend etlich Christen der meinung ez zimpte nit der spyß essen* Zwingli 7, ... *daß der güt mann kaum der weil nam | daß er aß unnd tranck* Wickram 9 (dazu DWB 14,1,1,805), ... *und machte mich auff den Weg | Menschen zu suchen | biß ich deren finden möchte* Simpl. 52.

Gelegentlich taucht der partitive Genitiv in der Funktion des Subjekts auf: *darmit das holtz, ob im des zufluß, aus dem wasser gezogen werd* Tucher 250, *diewil im siner räten und adel gefängklich angenommen sind* Keßler (Pestalozzi 1909, 42).

Der partitive Genitiv geht bei Verben im Laufe des Frnhd. stark zurück. Zur Bezeichnung, daß es sich um Teilmengen handelt, kann auch ein Präpositionalobjekt mit *von* auftreten, z. B. *DEnn so offt ir von diesem Brot esset* ... 1. Kor. 11, 27 (1545). Die *von*-Fügung scheint jedoch erst im 18. Jh. unter französischem Einfluß häufig zu werden.

2.3.4. Genitiv bei Negation

Lit.: Grimm IV, 647ff.; Paul III, 346–351; Behaghel I, 577f.; Wessely 1892, 29; Rausch 1897, 48–50; DWB 7, 692.

Im Mhd. tritt der Genitiv neben der erweiterten Negationsform *(ne /* §S 74 *en)* ... *niht* an der Stelle des Akkusativobjekts, des prädikativen Nominativs und des Subjekts auf. Der Genitiv begegnet noch häufig im 14. Jh., vor allem in der Funktion als Objekt, ist aber keineswegs regelmäßig. Der Gebrauch des Genitivs scheint im 15. Jh. abzunehmen und ist schon bei Luther und sonst im 16. Jh. selten (vgl. Rausch 1897, 50; DWB 7, 692).

Man vergleiche folgende Belege, darunter mehrere Minimalpaare mit Akkusativ oder Nominativ bei positivem Ausdruck und Genitiv bei Negation:
1. als Objekt: *sie fragt in, ob er sein anvehtung verlorn het. er sprach: ,nein, ich hon ir nit verlorn'* A. Langmann 45, *so pricht man der vasten nicht do mit* ... M. v. Amberg 1042f. (vgl. *Alz palde und sie die vasten geprachen* 1077), *wiewol des die mullner nit gern sehen* Tucher 251 (vgl. *das hab ich gesehen* 251), *Wo sy aber sollicher freund nit hetten oder, ob sy die hetten* ... Nürn. Ref. 11, ... *die menner* ... *begeren keüscheit von iren weyben, der sie selbs nit haben* Eyb 10, *ich hab der vernunft nitt* Geiler, Seelenparadies 4b;
2. als Prädikatsnomen: ... *daz si im sagt ob ez di reht wer, do sprach si: ,nein, si ist sein niht'* A. Langmann 57, *nein, nein, das ist meines pferds nicht lange ,ich behalte es nicht lange'* Kirchhof (DWB 10, 1, 277);
3. als Subjekt: *mocht des niht gesein* Wenzel RA 1, 371, ... *des* (Relativum) *doch von vns nit gescheen ist* Chr. v. Mainz 212.

Seinem Ursprung nach ist dies ein vom Substantiv *niht* abhängiger partitiver Genitiv. Er unterscheidet sich aber von den partitiven Konstruktionen dadurch, daß der Genitiv nicht auf bestimmte Subklassen von Begriffen beschränkt ist; Personenbezeichnungen im Singular kommen auch vor:

do was er als schöne daz ich sein nit erleiden moht A. Langmann 65, *Auch wann ainer ein weyb nimpt, die ein jungkfrau soll sein, vindt er sie nicht ein jungkfrauen so schickt er sie wieder zu irem vater und muter und nympt ir nicht* Schiltberger 107.

In den meisten Fällen steht der Genitiv in Sätzen mit *nicht / nit*; andere
negative Elemente treten nur selten mit Genitiv auf:

der seiner geminten nie verliez C. Ebner 36, *wann nimmer lebens ist, so wirt nimmer*
sterbens und todes Ackermann aus Böhmen XXI, 11f.

2.3.5. Genitivform des substantivierten Infinitivs anstelle von anderen Kasus

Lit.: Grimm IV, 805; Paul III, 306f.; Behaghel I, 481; DWB 5, 484f.

§ S 75 Seit der zweiten Hälfte des 15. Jhs. tritt die genitivische Form des substantivierten Infinitivs an Stellen auf, wo ein anderer Kasus (gewöhnlich
der Nominativ oder Akkusativ) von der Konstruktion erfordert wird (s.
auch § S 205). Meist stehen Artikel, attributive Pronomina und Adjektive
im von der Konstruktion erforderten Kasus, selten im Genitiv:

nach manigfaltigen Fürbringen, Clagens, Anruffens Reichsabschiede 1466 (Behaghel
I, 481), *Item, soll eyn yede oberkeit der bettler halber ernstlich insehens tun* Max I RA
6, 737, *denn do kein stilhaltens ist, was môchte dann solichs gsang nütz sein* Eberlin 42,
Und soll der gesetzt Oberst, ihme Zugeordnete und die andere Ständ ... ihr fleissigs
Aufmerckens haben RA 1555 353.

2.3.6. Prädikativer Genitiv

Lit.: Paul III, 319–324; Behaghel I, 578–586; Wessely 1892, 26f.; Voss 1895, 23;
DWB 10, 1, 270–273, 276–278.

§ S 76 Der prädikative Genitiv, der heute auf wenige feste Verbindungen beschränkt ist, wird im Frnhd. häufig in mehreren semantischen Nuancen
gebraucht.

1. Der Genitiv bezeichnet den Besitzer (s. auch den possessiven Dativ § S 96): *Als*
Petrarcha schreibt: Du bist lanng dein selbs vnd frey gewest, Nu bistu deines weybs
Eyb 7, *Fehret man erstmals auff Insulen, heyssen die Canarie, sein des Königs auß*
Hispanien Staden 169.
Der Genitiv steht auch prädikativ bei dem, worauf man begründeten Anspruch hat:
so gebt dem keyser, was des keysers ist, vnd gotte, was gotis ist Matth. 22, 21 (1522).
2. Der Genitiv bezeichnet ein Zugehörigkeitsverhältnis: *... daz ir vater der siechen*
leute was C. Ebner 12, *... und das geyn keyme, der des rads nit sy, nummerme zu*
offenbaren Frankfurter Urk. 75, *Ihre zwo Tôchter aber waren unsers Volcks* Courasche 1103. Der Ausdruck *das ist meines ampts* (z. B. *... hierinnen das jenige zu thun /*
was unsers amptes ist Spener 77), der semantisch hierher gehört, beruht auf la-
teinischem Einfluß (*hoc mei officii est* Behaghel I, 581).
3. Der Genitiv bezeichnet eine Eigenschaft: *[die Juden] wurdent also hochtragendes*
mûtes, daz sü niemanne woltent vorgeben Closener 127, *derselb man was vast hertes*
synns vnd vngelert Hartlieb 19, *die leute des Landes sein rodtbrauner Farbe am leibe*

Staden 170, ... *das er besorgt, seitmals er der augspurgischen confession, er würde dem bischof villeucht nit als angenem sein* Zimm. Chr. 288, *Holla | bistu der Haar ,der Art'?* Simpl. 42. Als feste Wendungen erscheinen *Vorhabens* und *Willens* ohne Attribut: *in deren Creyß und Landen ich zu werben ... Vorhabens bin* RA 1576 360 (s. DWB 12,2,1135f.; 14,2,161). Genitivische Ausdrücke der Eigenschaft werden auch außerhalb der prädikativen Konstruktion verwendet, z. B. ... *hab ein e ratt ab irer zůkunfft und fürnemen grosse freud empfangen der zůversicht und hoffnung, sôliche fürgenumne disputation oder gesprâch zů Baden kůnfftig werde vill frücht bringenn* Eck 31, ... *wie das der Türk ... sich mit einem mechtigen herezuck gerüst, gemüts, die cron zu Hungern disen somer zu überziehen, zu belegern und under seinen gewalt zu bringen* Karl V RA 4,618, *Er raiste durch das Kinziger thal, des willens, zu seinem herren schwecher, graf Wilhelmen von Eberstain, zu reiten* Zimm. Chr. 269.
4. Partitiv (s. § S 73). Zum prädikativen Genitiv bei Negation s. § S 74.

2.3.7. Adverbialer Genitiv

Lit.: Paul III, 370–378; Behaghel I, 587–607.

Nichtverbspezifische adverbiale Genitive werden in (1) lokaler, (2) tempo- § S 77
raler, (3) kausaler (selten) und (4) modaler Bedeutung und (5) gelegentlich
zur Bezeichnung einer Relation schlechthin verwendet.
1. Beim lokalen Genitiv überwiegen Formen von *Ort* (*des | dieses | wes |* § S 78
solches | meines usw. *Orts, dieser | anderer | selbiger* usw. *Orten | Orte |*
Örter, s. DWB 7,1358ff.) und *Weg* (s. DWB 13,2865ff.); gelegentlich kommen andere Lexeme vor:

Vnd die Küe giengen stracks weges zu BethSames zu 1. Sam. 6,12 (1545), *kirche, welche Otto der erst des orts gebawet* Brotuff (DWB 7,1359), *ieder, so der enden gewesen* Keßler (Pestalozzi 1909, 50), ... *im fall er der Oeter nie gewesen | oder solche Teutsche Mundart nicht gelernet* Schottel 41.

In ein paar resthaften Wendungen mit *Land* und *Weg* erscheint ein Genitiv
neben *wo (...) her: und wo sit ir landes her?* 15. Jh. (DWB 14,2,1012, s.
auch Paul III, 308; Behaghel I, 496f.).

2. Der Genitiv von Substantiven mit zeitlicher Bedeutung (Zeit, Tag, § S 79
Nacht, Jahr usw.) kommt sehr häufig vor, seltener werden Genitive von
anderen Begriffen temporal verwendet:

des selbin nachtis wart kunig Balthasar der Cheldeus getotet Cranc, Dan. 5,30, *die weisen ärtzt ... erfunden jn jren künsten nit anders, dann das die fraw des morgens sterben solt* Hartlieb 11, *also betrafe mich auch selbiger Zeit ein großes Unglück* Beer 17.

3. Im großen und ganzen sind Genitive mit kausaler Bedeutung auf das § S 80
Vorkommen mit bestimmten Subklassen von Prädikaten beschränkt (z. B.
sterben, abgehen usw. und Verben der Gemütsbewegung, s. § S 68). Nur
selten und vor allem im 14. Jh. begegnen genitivische Substantive in freiem

adverbialem Gebrauch. Häufiger finden sich wohl als erstarrte Kausativa die neutralen Pronomina *des* ,deshalb' und *wes* ,weshalb'; gelegentlich wird das ursprünglich genitivische *es* kausal verwendet:

. . . umb alle bruche czweyunge und uffleufe, die czwischen yn bederseit bizher gewesen sint, der sie bederseit zu uns gangen sint . . . Karl IV UB Ess. 14, *Here, wol here! die handt muoss ab Vnd kem ichs an ein bettel stat* Murner (Voss 1895, 69), *Wo aber einicher derselben ehafter ursachen nit in eigner person erscheinen mochten* Karl V RA 4, 604, *so wóllent sy der sach ,aus diesem Grund' bey euch bleiben* Eck 22, *die wolltend nit Luters sin, noch werden und by dem waren kristenlichen globen beliben. Des wûrden sy von den fon Zürich, Bern und allen andern gewaltigklich uberzogen* Hug 198.

§ S 81 4. Der modale Genitiv bezeichnet die Art und Weise eines Geschehens sowie die Hinsicht, in der das im Satz Ausgedrückte gültig ist:

so sollē wir vnßers vermōgēs auch ein hymlisch lebē furē M. v. Weida 58, *doch sol der Herr ein heymlichen verporgnen außgang haben / auff das er seins gefallens auß vnnd eyn faren auch reyten mōge* Dürer D1b, *Und zufor und e dan der Türck aigner person hiefor ankumen ist* Hug 183, *welches meines bedunckens nit seer wol gesprochen gewesen* Wickram 7, *darinnen fande ich / meines damaligen Davorhaltens / mehr Thorheiten / als mir bißhero noch nie vor Augen kommen* Simpl. 77.

Zu auf das Subjekt bezogenen Genitiven der Eigenschaft wie *der Hoffnung, der Meinung, der Zuversicht, Gemüts, Willens* s. oben § S 76.

§ S 82 Verbindungen aus flektiertem Partizip und Substantiv im Genitiv werden mit modaler Bedeutung verwendet. Sie weisen formale und häufig auch funktionale Ähnlichkeiten mit der lateinischen absoluten Partizipialkonstruktion mit dem Ablativ auf (vgl. dazu Behaghel I, 604; Annema 1924). Es treten meist mit *ohn- / un-* negierte Partizipien auf; Formeln mit *Ding* oder *Sache* sind häufig:

C[onrat]Peter dem schuster ist die stat verboten . . . daz er Eberlein Lewbing stach unbesorgter ding Achtbuch Nürnberg 123, *seidemalen wir von den gnaden des almĕchtigen gotes unverdienter sachen zu der wirde Rōmischs kûniglichen gewalts erhohet und geseczt sein . . .* Friedrich III RA 16, 401, *Alßo zogen die von Meideburgk ungewarntes dinges ,ohne Kriegsankündigung' vor* Kalbe Dür. Chr. 677, *das er re infecta, das ist, ungeendeter sachen ab zu scheiden gedächte* Kirchhof (DWB 11, 3, 649).

§ S 83 5. Genitiv der Beziehung: Gelegentlich finden sich nichtverbspezifische Genitive, die eine Relation schlechthin bezeichnen, z. B.

Dez ,deshalb' begunde daz selbe unselige chint wachsen der jare und des leybes aber nicht yn gotlicher weischeit M. v. Amberg 453ff., *Ich hab manichmal der raisen von graf Bernharten von Eberstain gehert, das er sich des eilends gar hoch beschwert* Zimm. Chr. 292.

2.3.8. Genitiv beim Adjektiv

Lit.: Paul III, 329–344; Behaghel I, 541–560; Franke III, 114–116; Voss 1895, 56ff.; Pestalozzi 1909, 40f.; Ebert 1986, 44–46.

Ein subklassenspezifischer Genitiv erscheint bei zahlreichen Adjektiven. Im § S 84 Laufe der frnhd. Zeit tritt bei immer mehr Adjektiven ein Präpositionalobjekt oder der Akkusativ konkurrierend auf.

Bei Adjektiven, die Ausdehnung in Raum oder Zeit bezeichnen, gibt der § S 85 Genitiv das Maß an. Der Genitiv ist hier eine Variante neben dem jüngeren Akkusativ, z. B.

Aber die mauer d' prustwer for dem geschos zwischen den zinnen / mach man dreyer schůch hoch Dürer B4a, *[der stein] ist wol einer spannen lang, zweier finger dick, einer handt breyt* Staden 174, *Der Zwerg truge ein Gläsernes Fläschlein etwan eines Daumen groß in der Hand* Beer 24.

Der Genitiv steht als Variante neben dem Akkusativ oder einer Präposi- § S 86 tionalfügung mit *um* (s. § S 140) beim Komparativ, um die Größe des Unterschieds zu bezeichnen:

daz marck ist Pregisch gewichte und ist eyns lots großer dann Erfortsch gewichte Freiberg / S. 15. Jh., 167, *der war ein junger feiner Man ... eins heubts lenger / denn alles Volck* 1. Sam 9, 2 (1545).

Der Akkusativ entwickelt sich als Variante neben dem Genitiv auch bei § S 87 einigen anderen Adjektiven, die keine semantisch einheitliche Gruppe bilden, z. B. *geständig, gewahr, gewärtig, gewiß, los, notdürftig, pflichtig, schuldig, wert, würdig, zufrieden* (nur *es, das, solches*), z. B.

wo man des gewar wurde Frankfurt, Gesetze 96 A 27, *denn eyn arbeyter ist seyner speyse werd ... ob yemand drynnen sey, der es werd ist* Matth. 10, 10f. (1522), *... daß ich seiner gern los gewest wăre* Courasche 1154; mit Dativ und Genitiv (der Genitiv wird früh durch den Akkusativ ersetzt): *... der do ... ist danckneme ,dankbar'* in *,ihnen' der gutet* M. v. Amberg 249f., *daz si in dez schuldig sein* Briefe des Nürnberger Rats 1388 149, *... als du uns und dem riche des phlichtig bist* Friedrich III RA 15, 391.

Anm. 1: Die Konstruktion mit Akkusativ ist zweifellos durch syntaktische Umdeutung nicht eindeutig markierter Genitivformen entstanden. Die Umdeutung scheint bei einigen Adjektiven zuerst beim Neutrum des anaphorischen Pronomens, wo im Spätmhd. der Genetiv *es* mit dem Akkusativ *ez* zusammenfiel, stattgefunden zu haben. Bei z. B. *geständig, gewahr* und *gegenwärtig* wird der Akkusativ eine Zeitlang bei pronominalen Formen wie *es, das, was* gebraucht, ehe er bei Substantiven Eingang findet.

Anm. 2: Bei *voll* tritt der Nominativ / Akkusativ als Variante beim alleinstehenden Substantiv auf, z. B. *also was der platz vol folck* Rem 207, *Er mus denken an ein vas vol bier, oder beutel vol geldes* Luther, Sendbr. v. Dolm. 638; die neue Konstruktion wurde aber im allgemeinen nicht auf Substantive mit Artikel oder attributivem Adjektiv übertragen. Die eigentümliche Form *voller*, die gewöhnlich wie *voll* mit Ge-

nitiv oder Nominativ / Akkusativ verwendet wurde, wurde zuweilen offenbar als
Genitiv Fem. gedeutet: man wagte dann auch bei einem Mask. oder Neutr. einen
Genitiv, z. B. *sy seyn ane sorge und volles trostes* Luther (DWB 12,2,555).

Anm. 3: Bei *ansichtig* stand ursprünglich der Akkusativ. Seit Luther tritt daneben
der Genitiv auf: *und wenn er sein ansichtig ward* Hiob 40,28 (1545).

2.3.9. Adverbial gebrauchte Partizipien mit Genitiv

Lit.: Paul IV, 87–91; Behaghel I, 560f.; Annema 1924.

§ S 88 Unflektierte Partizipien mit Genitivbestimmung werden ohne Bezug auf
ein Substantiv verwendet. Da sie unflektiert sind, einen Kasus regieren,
adverbial verwendet sind und nicht als Bestimmung eines Substantivs fungieren, lassen sie sich auch als Präpositionen (bzw. Postpositionen) betrachten (s. in der gleichen Funktion auch Partizipien mit Akkusativ
§ S 124, selten mit Dativ § S 104). Es handelt sich meist um Partizipien mit
dem negativen Präfix *ohn- / un-*, z. B. *unangesehen, unbeschadet, unerwartet,
unerwogen, ungeachtet, ungehindert, unverhindert, unverletzt, unverrückt, unversehen*; zuweilen kommt auch *ausgenommen* mit Genitiv vor (Genaueres
zur Syntax von *ausgenommen* unter § S 124). Diese Partizipialkonstruktion
ist in der Kanzleisprache besonders beliebt.

*... das die brieve ... mit allen iren puncten und artikelen gar und genczlich in irren
crefften und macht bleiben sullen und gehalten werden, ausgenommen dises vorgeschriben artikels den wir declariret und gesaczt haben* Wenzel RA I 458, *nichts dest-
mynder söllen ir erben söllicher pürgschaft und kriegshalben verhaft und verpunden
sein, unverhindert ander gesatzer statut* Nürn. Ref. 6, *darumb möchtind sy on beflek-
kung der conscientz, sölich spysen essen, vngeachtet dero so sich darab übel verergre-
tend* Zwingli 25, *die höchste last / vnd schwerest bürd ist die sünde / deñ niemand kan
sie tragen / Außgenommen des eynigen Son Gottes* Dietrich 96, *Derhalben, unangesehen des podagrens und seines großen schmerzens, do ist er im schrecken halber todt vor
forht im bett ufgestanden* Zimm. Chr. 283, *... daß die ausschreibende Fürsten jedes-
mals ... ohne Unterscheid und Respekt der höhern oder niedern Ständen, auch ohner-
wartet der Achts=Erklärung, die Execution auf des Säumigen Kosten vornehmen* RA
1654 449.

§ S 89 Mit persönlichem Genitiv oder Dativ erscheinen *unvermerkt* und *unwissend*
(zum Dativ s. § S 104): *unwissent meiner* clam me L. Albertus (DWB
11,3,2240), *er wolle mich seiner Gräfin gantz unwissend in dieses Zimmer ... führen ...* Beer 25, *welche ... die clausen u[nvermerkt] der feinde
erstiegen* Abele (DWB 11,3,2063). Da *unwissend* attributiv und prädikativ
in aktiver Bedeutung ‚ignorans, nescius' neben dem passivischen Sinn ‚unbekannt' gebraucht wird und der Genitiv / Dativ also als logisches Subjekt
interpretiert werden kann, wird die Konstruktion mit *unwissend* auch zu
den absoluten Konstruktionen gezählt: DWB 11,3,2240; Behaghel II, 432;
dagegen Annema 1924,70–75; Dittmer 1988,67.

2.3.10. Präpositionen mit Genitiv

Der Genitiv war im Mhd. nach Präpositionen verhältnismäßig selten. Es § S 90
fanden sich meist neutrales *des* oder Genitive der Personalpronomina bei
Präpositionen, die vorwiegend mit Dativ oder Akkusativ konstruiert waren. Dieser Gebrauch begegnet noch frnhd. bei mehreren lokalen und temporalen Präpositionen, z. B. *after des, binnen des* (... *das die vorgen. juden
binnen des in unsere gehorsam komen* ... *solten* Wenzel UBS 195), *in des,
seit dessen, unter des, vor des.* Genitive von Substantiven erscheinen in
Zeitbestimmungen, z. B. *bei tags, gegen abends, von alters her, vor abends,
zu nachts.* In frnhd. Zeit nimmt der Bestand an Präpositionen mit Genitiv
als einziger oder vorwiegender Rektion stark zu; es entstehen Präpositionen aus Adverbien, Adjektiven und Substantiven (s. dazu §§ S 131–134).

Folgende Präpositionen und Postpositionen können z. B. mit dem Genitiv erscheinen:

abseits, after (daneben mit Dat. oder Akk.), *anfangs, anderseit* (Schildt
1970, 136, 138), *angesichts, außen* (daneben mit Dat.), *außer* (daneben mit Dat.), *außerhalb* (daneben mit Dat.), *außerhalben* (daneben mit Dat.), *außwendig* (daneben
mit Dat.), *aus ... wegen, aus ... willen, bei* (selten, daneben mit Dat. oder Akk.),
benebst (daneben mit Dat.), *besage, binnen* (daneben mit Dat. oder Akk.), *bis* (wohl
selten: *bis des andern tages* Amadis (Paul IV, 56), daneben mit Akk.), *dieshalb* (daneben mit Dat.), *diesseit(s)* (daneben mit Dat.), *diesenthalb* (daneben mit Dat.),
durch (selten, s. Behaghel II, 46), *durch ... halb, durch ... wegen, durch ... wille,
durch ... willen, ehe / eher* (daneben mit Dat.), *ehems* (Behaghel II, 27), *eingangs,
einhalb, enet / ennet* ,jenseits' (daneben mit Dat.), *enhalb* (daneben mit Dat.), *enseit,
enzwischen* (vereinzelt, gewöhnlich mit Dat.), *gegen* (daneben mit Dat. oder Akk.),
gemäß (wohl vereinzelt, *gemeß vnnsers schreybens* Nürnberger Briefbücher 1519–
Tullos 1983, 105), *halb, halben, halber, herdieshalb, herwärts, hiedieshalb, hindiesen,
hinter* (selten, daneben mit Dat. oder Akk.), *hinterhalb* (daneben mit Dat.), *in* (daneben mit Dat. oder Akk.), *inhalt(s), inmittelst* (*inmittelst derselben sechs Jahren* RA
1576, 355), *inner* (daneben mit Dat., vereinzelt mit Akk.), *innerhalb* (daneben mit
Dat.), *inwendig* (daneben mit Dat.), *inzwischen* (vereinzelt, daneben mit Dat. oder
Akk.), *jenhalb, jenseits* (daneben mit Dativ), *kraft, laut(s), mittels, mitten, nach* (daneben mit Dativ, *nach ... wegen* (selten, s. Gustafsson 1979, 65), *neben* (daneben mit
Dat. oder Akk.), *niederhalb, nied(er)wendig* (daneben mit Dat.), *ob ... wegen* (selten), *ob(en)wendig* (daneben mit Dat.), *ober* (daneben mit Dat.), *oberhalb* (daneben
mit Dat.), *oberseit, ohne* (meist mit Akk., seltener Dat.), *sammt / samt* (wohl selten
(s. Pestalozzi 1909, 50), gewöhnlich mit Dat.), *seit* (gewöhnlich mit Dat.), *seiter* (gewöhnlich mit Dat., vereinzelt mit Akk.), *seithalber, sider* (gewöhnlich mit Dat.),
sonder / sunder (meist mit Akk., zuweilen mit Dat.), *statt, überhalb, überseit, überzwerch, um* (mit Gen. im Sinne von *um ... willen*, s. DWB 11, 2, 790; Behaghel II, 46;
gewöhnlich mit Akk., gelegentlich mit Dat.), *um ... halb, um ... halben, um ... wegen, um ... wille, um ... willen, umher* (Kehrein III, 174), *unfern* (17. Jh.), *unter* (daneben mit Dat. oder Akk.), *unterhalb* (daneben mit Dat.), *unweit* (17. Jh.), *urkunde,
ursache, vermittelst* (daneben mit Dat.), *vermöge, von* (gewöhnlich mit Dat.),
von ... halb, von ... wegen, von ... willen, vor (daneben mit Dat. oder Akk.), *vorbehaltlich* (daneben mit Akk.), *vor ... wegen, wegen* (daneben mit Dat. im 17. Jh.),
willen, zeit (17. Jh.), *zu* (gewöhnlich mit Dat.), *zuoberst, zuunterst, zuwider* (daneben

mit Dat.), *zwischen* (daneben mit Dat. oder Akk.). Zur präpositionsartigen Verwendung von Partizipien mit Genitiv s. § S 88.

2.3.11. Genitiv bezogen auf Interjektion

Lit.: Paul III, 344f.; Behaghel I, 607.

§ S 91 Der Genitiv bezeichnet meist die Sache, seltener die Person, auf die sich der Ausdruck des Gefühls bezieht. Bei *weh* tritt die kausale Nuance besonders hervor. Der Genitiv erscheint bei z. B.

ach | ah, ei, o, oho, pfu | pfui | pfuch, weh, ach weh, o weh: *O we deß großen laidts* Eberlin 26, *O deiner elenden bulerei* Hans Sachs (DWB 7, 1045), *Phuy dich des ellenden krigens* H. Köler 258, *Ach der groben einfalt* Wickram 14.

2.3.12. Isolierter Genitiv

Lit.: Behaghel I, 608; DWB 1, 220, 227, 230; Neub. 2, 299.

§ S 92 Ein allein stehender Genitiv liegt vor in Schelten des 16. und früheren 17. Jhs., die mit *aller* (Gen. Pl.), *alles | als, allers* gebildet sind: *merkst denn mein lieb nit allers mans* Hans Sachs (DWB 1, 227), *ich biet dir trutz, als losen narrn* Fritzel (1628) (DWB 1, 230).

2.4. Dativ

2.4.1. Konstruktionen mit Dativ: Übersicht

§ S 93 Der Dativ steht in Konstruktionen mit Präpositionen, mit Verben, mit aus Substantiv und Verb bestehenden Ausdrücken, mit prädikativen Adjektiven, mit Adverbien, mit Partizipien und mit Interjektionen; in der Nominalgruppe erscheint der Dativ als Bestimmung eines Adjektivattributs und nur selten selbst als Attribut (s. dazu §§ S 22, 46). Die im Dativ stehende Größe ist meist eine Person oder ein anderes Lebewesen.

Anm.: Bei Dativen mit Verben und verbalen Ausdrücken lassen sich aufgrund der Verbspezifik ein paar Typen von freien Dativen ausscheiden: der Dativ ethicus (s. § S 99) und der Dativus iudicantis (s. § S 100). Der Dativus commodi / incommodi und der sog. Pertinenzdativ (Dativus sympathicus), die in der traditionellen Grammatik gewöhnlich als freie oder freiere Dative behandelt werden, sind im heutigen Deutsch verbspezifisch: sie können zwar bei einer fast unübersehbaren Zahl von Verben auftreten, aber bei einigen sind sie unakzeptabel. Für das Frnhd. ist nur festzustellen, daß der Dativus commodi / incommodi und der Pertinenzdativ bei einer großen Zahl von syntaktisch und semantisch diversen Verben zu belegen sind (s. unten §§ S 97f.). Das Dativobjekt, der Dativus commodi / incommodi und der Pertinenzdativ werden hier durch semantische Charakteristika unterschieden: beim Dativus commodi / incommodi wirkt sich die Verbalhandlung für den Referenten des Dativs positiv / negativ aus, ohne daß dieser direkt in die Verbalhandlung hineingezogen wird. Das Dativobjekt wird mit in die Verbalhandlung hineingezogen (diese Verbalhandlung kann sich auch (muß aber nicht) zugunsten oder zuungunsten des Referenten des Dativs vollziehen, vgl. *helfen, nützen, schaden*). Die im Pertinenzdativ stehende Größe (Y) wird vom Vorgang betroffen, weil Y zum direkt betroffenen Gegenstand (X) in einer Pertinenzrelation (X ist Körperteil von Y) oder Besitzerverhältnis (Y besitzt X) steht.

2.4.2. Objektsdativ

Lit.: Paul III, 378–408, 452–455; Behaghel I, 610–624; Franke III, 121–135; Kehrein III, 133–137; Ebert 1986, 48–51, 69–72.

Im Gegensatz zum Genitivobjekt konkurrieren mit dem Dativobjekt andere Kasus oder Präpositionalobjekte bei nur relativ wenigen Verben. Es folgen die Hauptmuster mit Dativobjekt: § S 94
1. einstellig, subjektlos (zur Konkurrenz mit dem Nominativ s. §§ S 60–62): *... das ‚daß' dieseme menschen reht gruowelthe* R. Merswin 12, *... das wasser so streng lief, das dem grafen schwindelt* Zimm. Chr. 269, *ich aber gedachte, es träume mir* Simpl. 40;
2. zweistellig, subjektlos mit Dativ und Genitiv (s. § S 66);
3. zweistellig, subjektlos mit Dativ und Präpositionalobjekt (s. § S 145);
4. zweistellig, mit Nominativ und Dativ. Diese Gruppe ist zahlreich. Neben Simplizia und präfigierten Verben finden sich hier viele Verben mit Präpositionaladverbien (trennbaren Präfixen), die als Präpositionen den Dativ regieren: häufig *nach* und *zu*, weniger zahlreich *ab, aus, bei, mit* und *ob*. Bei Zusammensetzungen mit Präpositionaladverbien, die als Präpositionen den Dativ oder Akkusativ regieren, tritt der Dativ in mehreren Fällen ein, wo der Akkusativ bei der Bewegung auf ein Ziel hin zu erwarten wäre (s. Paul III, 401ff.), z. B. *... und vielen ir ein dise wort* C. Ebner 31, *erstlich kompt mir an eine lust also zu fragen* Spee (neben Akk., DWB 1, 386). Es folgen einige Beispiele von zweistelligen verbalen Konstruktionen mit Nominativ und Dativ:

(A) Simplizia und präfigierte Verben: *... daz ir die ewig freud nahet* C. Ebner 21, *... daz maister Herman dem kung vergeben ‚vergiften' solt haben* Stromer 54, *... des wirdigen ordens, der ... lange jar der Kristenheit vil genuczet hat* Friedrich III RA 17, 425, *denn jm liebet ‚gefällt' kein glory* Geiler, Seelenparadies 13b, *DJe Erstengeburt vnter dem Vieh / die dem HERRN sonst gebürt ...* 3. Mos. 27, 26 (1545), *denn das volck verschonete den besten Schafen und Rindern* 1. Sam. 15, 15 (1545); (B) Verben mit Präpositionaladverbien: *do kam der Türken kung ... und lag den kristen mit gewalt ob* Stromer 49, *... allen andern lannden, die unserm lieben vettern kúnig*

Lasslaen zů gehôren Friedrich III RA 17,281f., *sie sôllen solichem gewonlichem klosterleben abston* Eberlin 31, ... *von seinen Officiern / die ihm eben auffwarteten* Simpl. 56, ... *ein vorsichtiger / verstândiger / ja unschuldiger Mann / dem wachend und nüchtern / weder Weib / Welt / noch der Teuffel nicht zukommen kan* Courasche 1155;

5. dreistellig, mit Subjekt, Dativ und Akkusativ (s. § S 119);
6. dreistellig, mit Subjekt, Dativ und Genitiv (s. § S 69);
7. dreistellig, mit Subjekt, Dativ und Präpositionalobjekt (s. § S 149);
8. dreistellig, mit Subjekt, Dativ und Richtungsbestimmung (selten): *bett im unter die stiegen* Hans Sachs (DWB 1,1733), *Hilff mir aus dem Rachen des Lewen* Ps. 22,22 (1545);
9. vierstellig, mit Subjekt, Dativ, Akkusativ und Präpositionalobjekt (s. § S 154).

2.4.3. Dativ bei Wendungen aus Substantiv bzw. Präpositionalgruppe und Verb

Lit.: Paul III, 410f.; Behaghel I, 642.

§ S 95 Der Dativ tritt auf bei einer Reihe von Wendungen, die aus Substantiv bzw. Präpositionalgruppe und Verb bestehen:

erbarme dich ueber si und kům in zů helfe R. Merswin 43, ... *daz [solhe gesecze] den egenanten marggrafen ane fromen und dem orden und irn nachkomen ewiclich one allen schaden sein sullen* Friedrich III RA 17,426, *Damit aber dannoch obgemeltem abschid desselben puncts halben auch volg beschehe* Karl V RA 4,598, *so eim ‚einem‘ ein solliche wol gezogne, keüsche, schamhafftige junckfraw auß eim kloster zů tail wirt* Eberlin 31, ... *ob sie ainem ratt wellten beistand ton* Rem 206, ... *ihrem elenden Leben durch ein kurtze Grausamkeit ein Ende machen solten* Simpl. 57 (vgl. *Ende machen* mit Genitiv § S 72).

2.4.4. Prädikativer Dativ

§ S 96 Ein prädikativer Dativ steht nicht selten bei *sein*, häufiger bei *werden* und auch bei *bleiben* zur Bezeichnung eines Possessivverhältnisses (vgl. zum prädikativen Genitiv § S 76): ... *das ‚daß‘ das beste dem rade und buwe blibe und nit den burgern oder andern werde* Frankfurter Urk. 96, *der man sprach, wem ist das ander kind, das da lauft* Pauli (DWB 10,1,269), ... *daß dein edle tochter aim pawren werd* Eberlin 25. Der Dativ steht auch seit dem Mhd. bei *sein* in der Bedeutung ‚jemandem fehlt etwas‘: *wi tust so? waz ist dir* A. Langmann 51.

2.4.5. Dativus commodi / incommodi

Lit.: Schmid 1988, 257–276.

Beim Dativus commodi / incommodi vollzieht sich die Verbalhandlung zu-   § S 97
gunsten / zuungunsten der im Dativ stehenden Größe. Der Dativus commodi / incommodi ist fakultativ.

1. Dativus commodi: ... *daz sie wollen wenen, daz wir in ‚ihnen‘ iren krieg allein
wollen treiben und verlegen* Briefe des Nürnberger Rats 1388 160, ... *einen von den
gelubten taglonern, der inen ir steinexte, zwispitz und meisel zu dem schmide trag und
die spitzen lasse* Tucher 41, ... *da gos man dem hertzog Ferrando zů Wien eissin
kůglen zů den büchsen* Rem 228;
2. Dativus incommodi: ... *das er ... unsern gnedigen herren eyn grosse summa
geldes zcu unrate verbuwet hat* Freiberg / S. 15. Jh. 153, *so er eyn schaff hatt, das yhm
am sabbath ynn eyn gruben fellt,* ... Matth. 12, 11 (1522), *nachdem mir mein Haubt-
mann bey Wißlach tod geschossen wurde* ... Courasche 1109.

Anm. 1: Eine mit dem Dativus commodi konkurrierende Präpositionalfügung mit
für / vor tritt relativ selten auf (s. Boon 1979a, 546), z. B. ... *baueten wir vor mich
eine Hütten gleich der seinigen* Simpl. 30.
Anm. 2: Häufig tritt ein Dativ mit dieser Semantik auf in der Verbindung mit einer
Präpositionalfügung mit *zu*, die den Zweck einer Handlung angibt. Die Konstruktion kommt bei diversen Verben vor. Dativ und Präpositionalfügung stehen meist
zusammen, sogar nach der Art einer Satzkonstituente in der Anfangsstellung vor
dem finiten Verb (*dem leibe, der mich hat getragen, zu eren sóllen die Rómer von mir
erledigt vnd befridet sein* Eyb 22): *so habe ich ein erschreckleiches wunderhaftiges
bewertes grozzes czeichen alhie gesect und her nach geschriben den lewten zw einer
pesserung und daz sie sich derchennen* M. v. Amberg 434ff., *das hetten sie getan zu
dinst dem herczog von Orlens* Stromer 56, *[ich] habs zu dienst gethan den lieben
Christen, unnd zu ehren einem, der droben sitzet* Luther, Sendbr. v. Dolm. 640, *so
hätte er allen redlichen Soldaten zu Spott diese schandliche Arbeit nicht verrichtet*
Simpl. 41f., *Die Gesellschaft / welcher man zu Ehren die Music anstellet* ... Beer 18
(vgl. dazu Behaghel I, 643; DWB 16, 222).

2.4.6. Der Pertinenzdativ

Lit.: Boon 1979c; Ebert 1986, 47f.; Ágel 1988, 117–123; Schmid 1988, 233–246, 255f.

Ein Dativ der Person mit den Stellungseigenschaften eines adverbalen Da-   § S 98
tivs kann verwendet werden in Fällen, wo die im Dativ stehende Größe (Y)
vom Vorgang betroffen wird, weil Y zum direkt betroffenen Gegenstand
(X) zum Zeitpunkt des Ereignisses in einer „Pertinenzrelation" steht. In
frnhd. Zeit umfaßt diese Relation Unveräußerliches wie Körperteile (X ist
Körperteil von Y) und vielleicht Verwandte, Kleidungsstücke, sofern sie
getragen werden, und Behausungen, sofern sie bewohnt werden. Für diese
Fälle finden sich Belege ohne die semantischen Nuancen anderer Typen des
Dativs. Pertinenzbeziehungen bestehen zwischen einem Dativ und einem

Subjekt, einem Akkusativobjekt, einer Richtungsbestimmung oder einer Lokalbestimmung. Die Größe, die in einer Pertinenzrelation zum Dativ steht, tritt mit bestimmtem oder unbestimmtem Artikel oder mit Possessivpronomen auf.

1. Körperteile: *swem die hent löcherot sint, . . .* A. Langmann 70, *da vielen sie im zu füessen und chüsten im die füesß* Schiltberger 12, *do lieff er hin und küst im sein füß* Schiltberger 101, *wann es [ain bain] im über zwerch in dem schlund was gesteket* Steinhöwel 89, *und die lippen des mundes hengt inen allezeit nider von dem gewige des steins* Staden 179, *So dann der jünger herr . . . sich mit dem angesicht gegen den fenstern kert, so gieng im der luft an leib, kert er sich dann um, so gieng im der luft an den ruggen und die lenden* Zimm. Chr. 271, *Dem* Gouverneur . . . *stunden die Augen voll Wasser* Simpl. 65;
2. Kleidungsstücke: *das man die prustwer gantz herumb füere / so hoch / das sie angeuer eynem man bis zů der girtel reyche* Dürer B2a, *da ihnen doch die Ruthe viel besser an denen Hosen hienge* Beer 17;
3. Behausungen: *Ist yenen* (Vater und Kind) *ein gesind im hauß das dē Vatter beuor hat / jm gehorsam ist . . . das selbig gesind hat das kind dester lieber* Geiler, Seelenparadies 7a.

Zwischen Pertinenzdativ und Dativus commodi / incommodi sowie zwischen Pertinenzdativ und dem seltenen attributiven possessiven Dativ (s. § S 47) bestehen fließende Übergänge, z. B. . . . *das sie ym die schuch hetten sollen wischen* Luther Sendbr. v. Dolm. 634., *oder so ein schôner mann ein aug verlürt / ist im nit sein gantz angesicht verderpt?* Wickram 51.

Anm.: Bei der Pertinenzrelation kann auch ein Possessivpronomen ohne Dativ oder ein attributiver Genitiv stehen: *der selb stieß synen kragen in den schlund des wolffes* Steinhöwel 89, *dem were besser, das eyn mulsteyn an seynen hals gehenckt wurd* Matth. 18,6 (1522) (vgl. . . . *das im ein mülstein an seinen halß gehenckt war* Wickram 7).

2.4.7. Dativus ethicus

Lit.: Schmid 1988, 217–223.

§ S 99   Es handelt sich um einen wohl nichtverbspezifischen, fakultativ auftretenden Dativ der 1. oder 2. Person (bei der Redewiedergabe auch der 3. Person), der in der 1. Person die Teilnahme des Sprechenden an der Aussage betont und in der 2. Person die Teilnahme des Angesprochenen herausfordert. Er tritt auf vor allem in Aufforderungssätzen und emphatischen Aussagesätzen. Der Dativus ethicus begegnet in frnhd. Texten selten, wohl weil er in frnhd. Zeit wie heute familiärer Redeweise angehört:

gib mir dem menschen heut etwaz von deiner güete A. Langmann 31, *ich wil aber auch verdeutschen, nicht wie sie wôllen, sonder wie ich wil, wer es nicht haben wil, der las mirs stehen, und halt seine meisterschafft bey sich* Luther Sendbr. v. Dolm. 638.

2.4.8. Dativus iudicantis

Lit.: Schmid 1988, 223–233.

Semantisch kann auch ein Dativ des Beurteilers unterschieden werden. Er § S 100
tritt fakultativ bei prädikativen Ausdrücken auf:

1. bei *zu / genug* + Adjektiv; der Dativ bezeichnet die Größe, die einen
Normwert setzt:

die ketzer worden om ,ihm' zu stargk unde schoßen on tot Dür. Chr. 670, . . . *daß ich
sehe / ob mir das Grab lang genug seye* Simpl. 36;

2. bei evaluativen Ausdrücken, d. h. bei Substantiven, die ein subjektives
Urteil bezeichnen, oder bei Substantiven mit attributiven evaluativen Adjektiven:

sollich lieb vnd getreů der frawen was dem manne ein große freůde Eyb 9, *sein gegen-
würtigkeyt ist dir ein betrübnüß* Geiler, Seelenparadies 9b, *Dieser jämmerliche Anblick
war mir ein erschröcklich* Spectacul Simpl. 52, *Es were ihm ein Schimpf daß Er essen
solte* Beer 30;

3. seltener bei Prädikatsnomina, die selber nicht evaluativ sind:

mir ist reht der freitag als ein ander tag A. Langmann 54, *ist unsern foderen ain paner
gsin, das ,was' wir ietz ain fendlin achtend* Keßler (Pestalozzi 1909, 60), *derhalben im
alle menschen die nicht zů seiner Predig kamen můsten Lauterische ketzer sein* Wickram 51.

2.4.9. Adverbialer Dativ

Außer erstarrten Fällen wie *allenthalben, erstmalen, vielmalen, oftermalen* § S 101
usw. sind adverbiale Dative des Ortes und der Zeit sehr selten (s. Behaghel
I, 641), z. B. mit der formelhaften Form *enden*: . . . *daz er hie burger was
und andern enden burcreht enpfieng und sprach, er wer niht burger hie* Achtbuch Nürnberg 114.

2.4.10. Dativ bezogen auf Adjektiv

Lit.: Behaghel I, 646–655; Franke III, 135f.

Adjektive mit Dativ sind in den weitaus meisten Fällen prädikativ ge- § S 102
braucht (zum erweiterten Adjektivattribut s. § S 22). Mit Subjekt und Dativ kommt eine große Zahl von Adjektiven vor. Es folgen einige Beispiele:

daz er . . . gueten leuten gar holt was A. Langmann 54, *ob sy ym also schwer vn̄
widerig wåren* Geiler, Seelenparadies 174a, *Dann werden die starcken teütschen . . .*

gantz Jtalia dir vnderthánig machen Eberlin 13, *Darumb ist das hymelreych gleych eynem konige . . .* Matth. 18,23 (1522), *im úbrigen verblieb er mir gantz getreu und gehorsam* Courasche 1151, . . . *daß alle ihre Kinder ihnen gantz ähnlich geworden* Zesen 7.

Zu Adjektiven mit Dativ und Akkusativ s. § S 123. Zu Adjektiven mit Dativ und Genitiv s. § S 87. Zum Adjektiv mit *zu / genug* s. § S 100.

Anm.: Nur ganz vereinzelt erscheint unter Einfluß der lateinischen Konstruktion mit Ablativ der Dativ als Komparationskasus beim Komparativ des Adjektivs: *ir stat ist kräncker der anderen hut* (reliqua cute est humilior) Vierte dt. Bibel 3. Mos. 13,4 (Behaghel I, 651).

2.4.11. Dativ beim Adverb

§ S 103   Der Dativ erscheint in einer subjektlosen Konstruktion mit *sein* und *so / also / wie / als (ob)*. Der Dativ ist fast ausschließlich ein Pronomen: *so gebart ez gegen ieclicher als irm leben waz* ‚wie ihr Leben war‘ C. Ebner 26, . . . *das dem so sey, wie ich schreibe* Staden 196, *Mein Weib zeicht mich / ich sey kein nütz / wie wer im* ‚wie wäre es‘ / *so ichs mit meiner magt versúchte* Wickram 17; s. dazu DWB 10,1,294f. Mit persönlichem Dativ finden sich Ausdrücke wie *einem ist wohl / weh, wie ist ihm?, einem geschieht übel / weh, es geht ihm übel / wohl / gut / besser* usw.

Anm.: Der Dativ tritt auch auf neben ursprünglich adverbialen Ausdrücken der Zeit und der räumlichen Entfernung. Die zeitlichen Adverbien *spat* und *fruh* (mhd. *spâte* und *vruo*) wurden in der Schriftsprache durch die umgelauteten Adjektivformen *spät* und *früh* ersetzt, *nahe* und *fern / ferr* sind erhalten, aber nicht als eindeutig adverbiale Formen.

2.4.12. Adverbial verwendetes Partizip mit Dativ

§ S 104   Adverbial gebrauchte unflektierte Partizipien mit Dativ finden sich relativ selten (zum Partizip mit Genitiv und zur Interpretation von *unwissend* + Dativ / Genitiv als absolute Konstruktion s. § S 89, zum Partizip mit Akkusativ s. § S 124):

Und wo er das dermaß nit fürprecht, so sollt sein widerteil zu beseß und gewere seins tails gelassen werden, doch unbenommen dem andern tail Nürn. Ref. 17, *des C. unmútig was, das sy also solt vermählet werden, irem vater und múter unwissent* Fortunatus (DWB 11,3,2240), *so soll die geistliche Jurisdiction (doch den geistlichen Churfürsten, Fürsten und Ständen . . . an ihren Renthen, Gütt, Zins und Zehenden . . . unvergriffen) . . . nicht exercirt, gebraucht, oder geübt werden* RA 1555 345 (zu *ausgenommen* mit Dativ s. § S 124).

2.4.13. Präpositionen mit Dativ

Folgende Präpositionen können z. B. mit dem Dativ erscheinen: § S 105

ab, after (daneben mit Akk. oder Gen.), *an* (daneben mit Akk.), *auf* (daneben mit Akk.), *aus, außen* (daneben mit Gen.), *außer* (daneben mit Gen.), *außerhalb* (daneben mit Gen.), *außerhalben* (daneben mit Gen.), *auswendig* (daneben mit Gen.), *bei* (daneben mit Akk. oder (selten) Gen.), *beneben* (daneben selten mit Akk.), *benebst* (17. Jh., daneben mit Gen.), *bevor* (wohl selten, s. Schildt 1970, 119), *benieden, benieder* (vereinzelt, s. Schildt 1970, 104, 109), *binnen* (daneben mit Akk. oder Gen.), *boben, dieshalb* (daneben mit Genitiv), *diesseit(s)* (daneben mit Genitiv), *diesenthalb* (daneben mit Genitiv), *ehe / eher* (seltener mit Gen.), *enet / ennet* ‚jenseits‘ (daneben mit Gen.), *ein* (bair., ofrk., ofrk., omd. Nebenform von *in*, daneben mit Akk.), *enhalb*, (daneben mit Gen.), *entgegen* (meist nachgestellt, daneben mit Akk.), *enzwischen* (daneben vereinzelt mit Gen.), *für* (daneben mit Akk.), *fürwärts, gegen* (häufig noch im 17. Jh., daneben mit Akk., selten mit Gen.), *gegen . . . über* (Zirkumposition), *gemäß* (Postposition, wohl vereinzelt mit Gen., s. Tullos 1983, 105), *herob* (s. Behaghel II, 27), *hiedieset* (alem.), *hinter* (daneben mit Akk., selten mit Gen.), *hinterhalb* (daneben mit Gen.), *hinüber* (Kehrein III, 172, daneben mit Akk.), *hinz, in* (daneben mit Akk., seltener mit Gen.), *inmitten, inner* (daneben mit Gen., vereinzelt mit Akk.), *innert* (alem.), *innerhalb* (daneben mit Gen.), *inwendig* (daneben mit Gen.), *inzwischen* (selten, daneben mit Akk., vereinzelt mit Gen.), *jenseits* (daneben mit Gen.), *jenet* ‚jenseits‘, *langes, längs(t), mang* ‚unter‘ (nd., gelegentlich in md. Quellen, daneben mit Akk.), *mit* (gelegentlich mit Akk.), *mitsamt, nach* (daneben mit Gen., auch als Postposition *söllichem bevelh nach* Nürn. Ref. 3, *demselben zulassen nach* Max. I 6, 728), *nacher* ‚nach‘, *nächst, neben* (daneben mit Akk. oder Gen.), *nebens(t)* (17. Jh.), *neb(e)st* (17. Jh.), *nied, nieden, nieder, niederwärts* (wohl selten, s. Schildt 1970, 275), *nied(er)wendig* (daneben mit Gen.), *ob, ob(en)wendig* (daneben mit Gen.), *ober* (daneben mit Gen.), *oberent* (s. Kehrein III, 168), *obhalb, oberhalb* (daneben mit Gen.), *ohne* (gewöhnlich mit Akk., seltener mit Dat. oder Gen.), *sammt / samt* (wohl selten mit Gen.), *seit* (selten mit Gen.), *seiter* (vereinzelt mit Akk. oder Gen.), *sider* (vereinzelt mit Gen.), *sonder / sunder* (gewöhnlich mit Akk., zuweilen mit Dat. oder Gen.), *trotz, über* (daneben mit Akk.), *um* (gelegentlich, gewöhnlich mit Akk.; im Sinne von *um . . . willen* mit Gen.), *unter* (daneben mit Akk., seltener mit Gen.), *unterhalb* (daneben mit Gen.), *vermittelst* (daneben mit Gen.), *von* (selten mit Gen.), *vor* (daneben mit Akk., seltener mit Gen.), *wegen* (17. Jh., daneben mit Gen.), *wider* (gelegentlich, gewöhnlich mit Akk.), *zu* (daneben mit Zeitausdrücken im Gen.), *zugegen* (wohl selten, Beleg bei Schildt 1970, 153), *zunächst* (gelegentlich als Postposition), *zusamt, zuwider* (gewöhnlich als Postposition, daneben mit Gen.), *zwischen* (daneben mit Akk. oder Gen.). Zur seltenen präpositionsartigen Verwendung von Partizipien mit Dativ s. § S 104.

2.4.14. Dativ bezogen auf Interjektion

Der Dativ der Person steht in Verbindung mit *ach, o, trotz, weh* und *wohl*,   § S 106
z. B. *Wee jnen als Christus zů den Phariseieren sprach* Zwingli 31, *Da sprach Lea / Wol mir / Denn mich werden selig preisen die Töchter* 1. Mos. 30, 13 (1545), *trutz dir tod, trutz dir hell* Keßler (Pestalozzi 1909, 63).

2.4.15. Absoluter Dativ

§ S 107   Nur ganz vereinzelt begegnet im 14. Jh. ein dem lateinischen absoluten Ablativ nachgebildeter absoluter Dativ: *dem herren mite wirkende* (=domino cooperante) Des Matthias von Beheim Evangelienbuch 1343, Mark. 16, 20 (Dittmer 1988, 67). Zu *unwissend* mit Dativ s. § S 104.

2.5. Akkusativ

2.5.1. Konstruktionen mit Akkusativ: Übersicht

§ S 108   Der Akkusativ kann konstruiert sein mit Verben, Präpositionen, Adjektiven, Partizipien und Interjektionen. In der Nominalgruppe erscheint der Akkusativ als Bestimmung eines Adjektivattributs und vereinzelt selbst als Attribut (s. § S 22, § S 49). Außerdem erscheint ein ‚freier‘ adverbialer Akkusativ in mehreren semantischen Nuancen.

2.5.2. Der Akkusativ als Objektskasus

Lit.: Paul III, 225–270; Behaghel I, 675–721; Franke III, 136–163; Kehrein III, 111–120; Ebert 1986, 34–36, 62–69.

§ S 109   Subklassenspezifische Akkusativobjekte treten bei einer unübersehbaren Zahl von Verben auf. Hier werden die Hauptmuster und die konkurrierenden Konstruktionen verzeichnet:

§ S 110   1. einstellig, subjektlos (zur Konkurrenz mit dem Nominativ s. §§ S 60–62), z. B. *mich hungert, dürstet, friert, juckt, schaudert, brunzert, pisset, scheißert, schläfert, ruht;*

§ S 111   2. zweistellig, subjektlos mit Akkusativ und Genitiv oder Präpositionalobjekt, z. B. *mich wundirte des gesichtis* Cranc, Dan. 8, 27, *ja nymer glangt yn dar nach* Geiler, Seelenparadies 155b, *Selig sind die da hungert vnnd durstet nach der gerecktickeyt* Matth. 5, 6 (1522), *Es jammert sie so vieler seelen* Spener 62;

§ S 112   3. zweistellig, mit Nominativ und Akkusativ. Schon zu Beginn des Frnhd. besteht diese Gruppe aus einer unübersehbaren Zahl von semantisch heterogenen Verben. Im Laufe des Frnhd. gesellen sich dazu viele Verben, die ursprünglich mit Nominativ und Genitiv konstruiert wurden und einige, die früher mit Nominativ und Dativ auftraten;

§ S 113   4. dreistellig, mit Nominativ und doppeltem Akkusativ. Die Konstruktion mit Subjekt und zwei Akkusativobjekten ist im Frnhd. bei einer etwas größeren Zahl von Verben gebräuchlich als im heutigen Deutsch. Die Gruppe ist jedoch relativ klein. Bei *heißen* und *helfen* erscheint nur ein pronominaler Sachakkusativ, bei *bitten, fragen, überreden* und *zeihen*, die auch mit Akkusativ und Genitiv konstruiert sind, ist der Sachakkusativ weitgehend auf Pronomina beschränkt. Mit nominalem oder pronominalem Sachakkusativ erscheinen *kosten* (auch mit Dativ der Person), *lehren / lernen* ‚lehren' (im 17. Jh. auch mit Dativ der Person), *abfragen, unterrichten* und *unterweisen*, wohl vereinzelt auch *berichten* und *erinnern*, z. B.

[er] *sol auch daz nymant leren noch unterweisen* Stromer 78, *was hat man die schåfli gottes gezigen* Zwingli (DWB 15, 511), *was hulffs den menschen, so er die gantzen welt gewunne, vnnd neme doch schaden an seyner seel* Matth. 16, 26 (1522), *ich will euch auch eyn wort fragen* Matth. 21, 24 (1522), *Vñ kůrtzlich anzeigen was fur sonderliche* (Drucke FN *sonderlicher*) *not / in eyner yeden bitt wir erinneret werden* Dietrich 72.

Im Mhd. konnte ein doppelter Akkusativ bei der Verbindung eines trans- § S 114
itiven Verbs mit dem Präpositionaladverb *an* stehen. Die Konstruktion
taucht noch gelegentlich im älteren Frnhd. auf: *gedenk, waz si mich leidens
an legten* A. Langmann 61 (der Genetiv *leidens* ist vom Akkusativ *waz*
abhängig), *do si dich den ersten amplik an tet* A. Langmann 84. In den
meisten Fällen ist im Frnhd. der von *an* abhängige Akkusativ durch den
Dativ ersetzt worden. Bei einigen Verben wird dieser Akkusativ beibehalten und das ursprüngliche Objekt des Verbs erscheint als Präpositionalobjekt, z. B. *Vnd es ward jr gegeben / sich anzuthun mit reiner und schöner
Seiden* Offenb. 19, 8 (1545), so auch *anlegen, anziehen*. Bei *sich annehmen*
mit obligatorischem Reflexivobjekt (z. B. *[daz kint] nam sich gar ein hertez
leben an* C. Ebner 8) tritt Genitiv oder Präpositionalobjekt mit *um* auf (s.
DWB 1, 416). Siehe auch dazu Mhd. Gr. § 349; Paul III, 255f.; Behaghel I,
725f.

5. Nominativ, Akkusativobjekt und prädikativer Akkusativ. Im Gegen- § S 115
satz zum heutigen Deutsch und zum Mhd., wo ein prädikativer Akkusativ
nur bei wenigen Verben vorkommt, ist ein prädikativer Akkusativ im
Frnhd. bei einer ziemlich großen Zahl von Verben zu finden:

bei Verben des Bewirkens wie *erwählen, gebären, lassen, machen, setzen, verordnen,
wählen, weihen*, bei Verben des Nennens wie *begrüßen, grüßen, heißen, nennen, schelten, taufen*, bei Verben der Bedeutungsgruppe ‚als etwas betrachten' wie *achten,
ansehen, befinden, bekennen, dünken, erfinden, erkennen, finden, halten, schätzen, sehen, wissen* und bei Verben des Meinens und Sagens wie *bekennen, erkennen, erweisen, erzeigen, sagen, sprechen*, z. B. *der kunig . . . satzte en* ‘ihn *einen vursten ubir alle
provincien Babylonis* Cranc Dan. 2, 48, *darumb schilt auch der Herr jm Euangelio den
untrewen knecht einen faulen schalck . . .* W. Link, Vorwort zu Luther, Sendbr. v.
Dolm., *Hastu mich je deinen Feinden erfunden?* 1. Kön. 21, 20 (1545).

Zum deutlichen prädikativen Nominativ statt Akkusativ s. § S 63. Im Passiv erscheint ein doppelter Nominativ (s. § S 63).

Die Zunahme des prädikativen Akkusativs in frnhd. Zeit, vor allem ihr
Gebrauch in poetischer Sprache, ist wohl nicht ohne Einfluß des Lateinischen und Griechischen zu erklären (Paul III, 257; Behaghel I, 702).

Mit dem prädikativen Akkusativ konkurrieren Präpositionalfügungen
mit *für* + Akkusativ und *zu* + Dativ (s. auch § S 155) sowie *als* + Akkusativ (diese Wendungen sind nicht auf die Konstruktion mit Akkusativobjekt beschränkt):

... daz si kunc Wenczlab nach seim tod fur ein rômischen kunk haben scholten Stromer 34, *... so halt yhn als eynen heyden vnd zolner* Matth. 18, 17 (1522), *... bis sy den
Luter zǔ eim ketzer erkanntend* Zwingli (DWB 16, 224), *der Kônig ... macht yhn zum
fursten vber das ganze land zu Babel* Dan. 2, 48, *Diß wirdt auch fǔr keinen manngel |
sonnder als ein wolstant angesehen* Frangk OD C3a, *und schelte Ihre Fürstliche Gnaden für einen Ehebrecher und Blutschänder* Schupp 31 (s. § S 70).

§ S 116 6. dreistellig, mit Nominativ, Akkusativobjekt und Genitivobjekt (s.
§ S 70).

§ S 117 7. dreistellig, mit Nominativ, Akkusativobjekt und Präpositionalobjekt
(s. § S 148).

§ S 118 8. dreistellig, mit Nominativ, Akkusativobjekt und Richtungsbestimmung, z. B. *ich wil deinen namen schreiben an daz lebendige puech* A. Lang-
mann 9, *gieng ich hin | und holete die Kleinodien aus ihrem Bette* Courasche
1170.

§ S 119 9. dreistellig, mit Nominativ, Dativobjekt und Akkusativobjekt. Dieser
Typus ist die häufigste und stabilste der Konstruktionen mit zwei Kasusobjekten. Sie hat nicht nur ihr ursprüngliches Gebiet gut erhalten, sondern
es entwickeln sich auch bei mehreren Verben aus anderen Mustern konkurrierende Konstruktionen mit Dativ und Akkusativ:

A. Verben, die ursprünglich mit Akkusativ und Genitiv konstruiert wurden (s.
§ S 70) u. a. *bescheiden, beweisen, gewähren, rauben, sichern, versichern, weisen, zeihen;*
B. Verben mit doppeltem Akkusativ (s. §§ S 113f.), z. B. *anbieten, anlegen, antun,
anwerfen, kosten* und *lehren.* In Infinitivkonstruktionen mit *lassen,* wo zwei von
veschiedenen Verben abhängige Akkusative in den gleichen Satz treten, kann im 17.
Jh. der von *lassen* abhängige Akkusativ durch den Dativ ersetzt werden, z. B. *Kan
sie ihm ihren dank nicht straks itzund blikken laßen* Zesen 44 (s. DWB 6, 232, 237).
Nur ganz vereinzelt findet sich der Dativ früher: *da patt der hertzog auß der Wala-
chey, das er im das erstent* (Hs. DHS *erst*) *anreytten ließ tun* Schiltberger 3 (wohl
unter Einfluß der daneben stehenden Konstruktion ohne Infinitiv: *... das er den
Ungern* (Dat. Pl.) *das erst anreytten ließ* Schiltberger 3), *wil dem selben seine ehre
lassen suchen* Luther (Behaghel I, 623).

§ S 120 10. vierstellig, mit Nominativ, Akkusativobjekt und zwei Präpositionalobjekten (s. § S 154).

11. vierstellig, mit Nominativ, Dativobjekt, Akkusativobjekt und Prä- §S 121
positionalobjekt (s. § S 154).

2.5.3. Adverbialer Akkusativ

Aufgrund der Verbspezifik lassen sich Akkusativobjekte von nichtverb- §S 122
spezifischen adverbialen Akkusativen unterscheiden, die je nach der Semantik des akkusativischen Substantivs und des Prädikats räumliche, zeitliche, quantitative und modale Bedeutung aufweisen. Der Akkusativ bezeichnet Erstreckung im Raum und in der Zeit. Er konkurriert auch mit
dem Genitiv zur Bezeichnung eines Zeitpunkts bzw. Zeitabschnitts, in den
hinein ein Geschehen fällt, z. B. *Warumb solt ich ewr beider beraubt werden
einen tag* 1. Mos. 27, 45, *Diesen augenblik ist mir ein glůk aufgestoßen* Zesen
17. Als feststehende Ausdrücke verwendet werden Akkusative von einigen
Substantiven und Pronomina, die Quantität oder Modalität bezeichnen,
z. B. *viel, nichts, etwas, (ein) wenig, ein kleines* (s. DWB 5, 1104), *alle wege*
,in jeder Hinsicht, in allen Fällen', *keinen weg, einigen weg, keine weise,
andere weise* und die Verbindung Genitiv + *weise* (s. DWB 14, 1, 1, 1066f.).
Hierher gehört auch *was* in der Bedeutung ,warum, wozu, wieso' in Fragen
und Ausrufen, z. B. *was stehet yhr hie den gantzen tag mussig?* Matth. 20, 6
(1522).

2.5.4. Akkusativ beim Adjektiv

In frnhd. Zeit entwickelt sich aus dem älteren Genitiv der Akkusativ als §S 123
Ergänzung eines Adjektivs, z. B. bei *geständig, gewahr, gewärtig, gewiß, los,
notdürftig, pflichtig, schuldig, wert, würdig* und *zufrieden* (nur Pronomina
es, das, solches), sowie der Akkusativ als Maßbestimmung bei Adjektiven,
die Ausdehnung in Raum und Zeit bezeichnen, und als Bezeichnung der
Größe des Unterschieds beim Komparativ (s. dazu §§ S 85f.). Nur bei *ansichtig* stand schon mhd. der Akkusativ. Bei *pflichtig* und *schuldig* tritt ein
fakultativer Dativ neben dem Akkusativ auf; die Konstruktion konkurriert
mit der älteren Variante mit Dativ und Genitiv (s. § S 87).

2.5.5. Partizip mit Akkusativ

Lit.: Grimm IV, 1096f.; Matthias 1897; Paul IV, 87–91; Annema 1924, 109–119; Dittmer 1988, 67–73.

§ S 124 Partizipien mit Akkusativbestimmung können ebenso wie Partizipien mit Genitiv (s. § S 88) und mit Dativ (selten, s. § S 104) ohne Bezug auf ein Substantiv im Satz in einem semantischen Verhältnis zur ganzen Satzaussage stehen, z. B. *abgescheiden, angesehen, ausgenommen, ausgescheiden, ausgeschlossen, unangesehen, unbenommen, ungeschmäht, unbegeben, unbetrachtet* (die *un-*Partizipien begegnen mit Akkusativ seit etwa dem 16. Jh. – Dittmer 1988, 72):

das alle dieihenen . . . keynerley gehultze, alt isen . . . hinweg furen oder tragen und auch selbs nit tun noch tun lassen, ußgescheiden alle argeliste und geverde Frankfurter Urk. 97, *. . . wo sie aber das nit thun, das der hauff ,das Volk' vnd das weltlich schwert dartzu thue, vnangesehen yhr bannen odder donnern* Luther, Adel 17, *Denn vngeschmehet die vörigen ausgangen titel buchlin | so wird ein jdlicher müssen zugeben | das der titel viel darinnen anderst | denn sie in itzt erzelten lendern gebraucht werden | verzeichnet sind* Frangk CTB A2bf., *. . . das sie mir nicht trewlich nachgefolget haben. Ausgenomen Caleb den son Jephunne des Kenisiters | vnd Josua den son Nun* 4. Mos. 32, 11f.

Bei der Gruppe *anbelangend, anlangend, anreichend, belangend, betreffend, berührend* finden sich verschiedene Grade der Loslösung vom Bezugswort: (1) postnominal, attributiv oder appositiv: *Ich hab . . . zusammen tragenn etlich stuck Christlichs stands besserung belangend* Luther, Adel 3; (2) weiter nachgestellt, mit Bezugswort: *wir haben dem erwirdigen Dietherichen . . . unser ernstlich meynunge geschriben und bevolhen antreffende die fryen stule und das heymlich geriechte* Friedrich III RA 15, 362; (3) vorangestellt, mit möglichem Bezugswort: *Die notarien berürend soll ein gemein edict zu Worms durch das KG. ufgeslagen werden* Max. I RA 6, 729; (4) ohne Bezugswort: *Aber die* Theologiam *anbelangend | laß ich mich nicht bereden | daß einer meines Alters damals in der gantzen Christenwelt gewest sey | der mir darinn hätte gleichen mögen* Simpl. 11.

Anm. 1: Die Partizipien mit Akkusativ, die in einem semantischen Verhältnis zur ganzen Satzaussage stehen, werden in der Fachliteratur nicht selten zu den absoluten Konstruktionen gerechnet, z. B. Grimm IV, 1096f.; Piirainen 1969, 466; Dittmer 1988; dagegen Matthias 1897, 696ff.; Paul IV, 87–91; Annema 1924, 109–119; Behaghel II, 429. Zur Entwicklung s. Dittmer 1988, 71–73.

Anm. 2: Bei *ausgenommen, ausgescheiden* begegnet meist Akkusativ, weitaus seltener Genitiv (s. § S 88). Der Kasus kann sich auch nach der Konstruktion im Satz richten: (1) mit Dativ: *. . . in allen iren puncten, artikeln und stücken vnverrucket beliben süllen ausgenomen den obgeschriben artikeln* Karl IV UBS Essl. 8, *Item, sollen yederman gefalten hembde und brusttuch mit golt oder silber gemacht, auch gülde oder silbere hauben zu tragen, verboten sein, ußgescheiden ff. und fürstmessigen* Max. I, RA 6, 735; (2) mit Nominativ: *wir sein von jederman hilflose und ganz verlassen worden* *ausgenomen unser herre v.* Eystatt Deutsche Reichsabschiede (1429) (Matthias 1897, 696), *dan es war fast kein Zimmer im ganzen hause so köstlich ausgeziret, als das ihrige, ausgenommen der Sahl fohr ihrem Zimmer* Zesen (Annema 1924, 109).

2.5.6. Präpositionen mit Akkusativ

Folgende Präpositionen können z. B. mit dem Akkusativ erscheinen: § S 125

after (daneben mit Dat. oder Gen.), *an* (daneben mit Dat.), *auf* (daneben mit Dat.), *bei* (daneben mit Dat. oder (selten) Gen.), *beneben* (selten, daneben mit Dat.), *binnen* (daneben mit Dat. oder Gen.), *bis* (meist in Verbindung mit anderen Präpositionen: *bis an, bis auf* usw.), *durch* (gelegentlich mit Gen.), *ein* (Nebenform von *in*, daneben mit Dat.), *entgegen* (meist nachgestellt, häufiger mit Dat.), *für, gegen* (häufiger mit Dat. aber schon im 16. Jh. nicht selten mit Akk., selten mit Gen.), *herdurch* (DWB 4, 2, 1083), *hingegen* (DWB 4, 2, 1437), *hinter* (daneben mit Dat., selten mit Gen.), *hinüber* (DWB 4, 2, 1530), *in* (daneben mit Dat., seltener mit Gen.), *inner* (vereinzelt, meist mit Dat. oder Gen.), *inzwischen* (vorwiegend mit Dat., vereinzelt mit Gen.), *mang* ‚unter' (nd., gelegentlich in md. Quellen, daneben mit Dat.), *mit* (nur selten, gewöhnlich mit Dat.), *neben* (daneben mit Dat. oder Gen.), *ohne* (seltener mit Dat. oder Gen.), *seiter* (vereinzelt, gewöhnlich mit Dat., vereinzelt mit Gen.), *sonder / sunder* (zuweilen mit Dat. oder Gen.), *über* (daneben mit Dat.), *um* (gelegentlich mit Dativ, im Sinne von *um ... willen* mit Gen.), *unter* (daneben mit Dat., seltener mit Gen.), *unz* (gewöhnlich in Verbindung mit anderen Präpositionen: *unz an, unz auf* usw.), *vor* (daneben mit Dat., seltener mit Gen.), *vorbehaltlich* (daneben mit Gen.), *wider* (gelegentlich mit Dat.), *zwischen* (daneben mit Dat. oder Gen.). Zur präpositionsartigen Verwendung von Partizipien mit Akkusativ s. § S 124.

2.5.7. Interjektion mit Akkusativ

Lit.: Behaghel I, 726f.

Der Akkusativ kommt vor bei *pfu / pfuch / pfui* und zuweilen, wie im La-   § S 126
teinischen, bei *o*: *Pfüi dich, du böser tüifel* Eck 50, *o mich elenden* Schupp (DWB 7, 1046).

2.5.8. Absoluter Akkusativ

Lit.: Paul III, 278–281; Behaghel I, 727f.; Annema 1924, 138–140; Piirainen 1969; Dittmer 1988; Admoni 1990, 182f.

Es begegnet gelegentlich, wohl unter französischem Einfluß, ein von kei-   § S 127
nem anderen Satzglied abhängiger Akkusativ zusammen mit einer adver-
biellen Bestimmung: *Gute Wort im Mund, und den Huth in der Hand, das kostet kein Geld und bringet einen ehrlichen Kärl offt sehr weit* Schupp 56.
Zur Auffassung der Partizipien mit Akkusativ als absoluter Kasus s. § S 124.

3. Die Präpositionalgruppe

3.1. Präpositionen, Postpositionen, Zirkumpositionen

Lit.: Grimm IV, 924–1071; Kehrein III, 146–182; Paul IV, 1–64; Behaghel II, 23–65;
Franke III, 164–185; Miller 1898f.; Erben 1954, 90–103, 160–164; Schildt 1970;
Dresel 1972; Gustafsson 1979; Tschutschko 1983; Desportes 1984.

§ S 128 Präpositionen (Postpositionen, Zirkumpositionen) sind nichtflektierte Elemente, die mit einer Nominalgruppe erscheinen und den Kasus der Nominalgruppe bestimmen. Die weitaus größte Gruppe machen die Elemente aus, die regelmäßig vorangestellt sind (s. die Listen der Präpositionen in §§ S 90, 105, 125). Regelmäßig nachgestellt sind nur wenige Postpositionen: *halb, halben, willen*. Elemente, die entweder vor- oder nachgestellt werden können, sind etwas zahlreicher: *durch* (selten Postposition, s. DWB Neub. 6, 1534), *entgegen* (meist Postposition), *gemäß* (gewöhnlich Postposition), *halber* (gewöhnlich Postposition), *nach, wegen, zunächst* (gewöhnlich Präposition), *zuwider* (meist Postposition). Zu den zweiteiligen Zirkumpositionen gehören *gegen ... über* sowie eine Reihe von Varianten mit *halb, wegen, willen: aus ... wegen, aus ... willen, durch ... halb, durch ... wegen, durch ... wille, durch ... willen, nach ... wegen, ob ... wegen, um ... halb, um ... halben, um ... wegen, um ... wille, um ... willen, von ... halb, von ... wege, von ... wegen, von ... willen, vor ... wegen*. Den Anschein von Zirkumpositionen haben Verbindungen aus Präpositionalgruppe und nachgestelltem Adverb, z. B. *auf / gegen / nach* + Nominalgruppe + *zu, von* + Nominalgruppe + *aus / an, auf / gegen / nach / zu* usw. + Nominalgruppe + *wärts* (s. DWB 13, 2179f.) sowie Präpositionalgruppe + *hin / her*.

Anm.: Manche Präpositionen können mit Zahlangaben auftreten als Ausdruck dafür, daß die Zahlangaben nur ungefähr zutreffen. Schon frnhd. begegnet vielfach nicht der der Präposition zukommende Kasus, sondern der von der Satzkonstruktion verlangte (s. Paul IV, 62ff. mit Beispielen von *auf, bei, bis, in, über, unter*). Die Präposition wird dabei zum Gradadverb umgedeutet.

§ S 129 In den meisten Fällen stehen Präpositionen direkt vor der Nominalgruppe, Postpositionen direkt danach. Bis ins 16. Jh. finden sich auch nicht selten Fälle, in denen demonstratives / relatives *da / do* von der Präposition durch andere Elemente getrennt wird, z. B. *da west niemant von* C. Ebner 12, ... *do* [Relativum] *man das wassir mite gehaldin hat* Freiberg / Sachsen 14. Jh. 44, ... *do legt er in inn ein grub und do waren vil nattern inn* Schiltberger 100, *Aber da hütte dich für* Dietrich 94. Trennung begegnet nur sehr selten in den Verbindungen mit *wo*. Zur Trennung von *da* und Präposition s. Behaghel IV, 249; Russ 1982b; DWB Neub. 6 unter *dabei, dafür, damit, danach, daran, darauf, daraus, darin, darinnen, darum, darunter, davor, dawider, dazu, dazwischen*.

Die von der Präposition abhängige Größe kann erspart werden, wenn die   § S 130
fehlende Größe sich aus dem Kontext ergibt (s. Behaghel II, 65; DWB
6, 2325f.; 12, 2, 772f.; 16, 149f.), z. B.

da man die wort on verstandt / wie ein psittich nach spricht / vnnd allein der mund zu
schaffen mit hat Dietrich 66, *dann kommen die vier weiber, und nemen die vier stücke,*
und laufen mit umb die hütten her Staden 190, *wo das gespenst ist, ist der teuffel nicht*
weit von Lehman (1662–DWB 12, 773).

Die paradigmatischen Beziehungen zwischen Präpositionen und anderen   § S 131
Kategorien, die nichtflektiert, mit bestimmten Kasus und in adverbialen
Funktionen auftreten können, haben zu Übergängen von Adverbien, Adjektiven, Substantiven und Präpositionalfügungen in die Kategorie Präposition geführt. Diese jüngere Schicht der Präpositionen unterscheidet
sich von den alten Präpositionaladverbien u. a. dadurch, (1) daß diese jüngeren Präpositionen infolge der Umdeutung der Kasusergänzung des Adjektivs bzw. der Umdeutung des Attributs beim Substantiv vielfach mit
Genitiv auftreten, (2) daß sie keine Proformen mit *da(r)- / wo(r)*- bilden,
sondern nur mit Demonstrativ-, Interrogativ- und Relativpronomina begegnen und (3) daß sie nicht als Präpositionalobjekte (s. § S 142 unten)
auftreten.

Die meisten dieser Wörter werden erst in frnhd. Zeit als Präpositionen
(bzw. Postpositionen oder Zirkumpositionen) verwendet. In den meisten
Fällen besteht noch daneben der ältere Gebrauch des Wortes als Adverb,
Adjektiv oder Substantiv.

Als Adverbien sowie als Präpositionen mit Genitiv erscheinen *mitten, zuoberst, zu-*   § S 132
unterst, überzwerch (sekundär seit dem 16. Jh. auch als Adjektiv), *herwärts, inmit-*
tels(t), vermittelst (auch mit Dativ), *mittels* (Belege DWB 6, 2408 aus dem 17. Jh.).
Als Adverbien sowie als Präpositionen mit Dativ finden sich *inmitten, nächst, zu-*
nächst (gelegentlich auch als Postposition), *fürwärts (. . . soltu [die Lampen] also*
setzen / das sie alle sieben fürwärts dem Leuchter scheinen 4. Mos. 8, 2 (1545)), *langes*
(sie geben sich über zwo meil weges nicht ins Meer, aber langes dem lande her, fahren
sie weit Staden 185), *längs(t)* (s. DWB 6, 178, gelegentlich mit Akkusativ), *vermit-*
telst (auch mit Genitiv). Präpositionaler Gebrauch von Adverbien auf *-lich* setzt
meist nach frnhd. Zeit ein; schon frnhd. erscheint aber z. B. *vorbehaltlich* mit Genitiv
oder Akkusativ.
Als Adjektive, Adverbien und Präpositionen erscheinen Bildungen auf *-wendig*,
z. B. *niedwendig / niederwendig, obwendig / obenwendig, inwendig* und *auswendig*
(Dise ertbidem wurfent obewendig Basele *wol 60 burge dernider* Closener 136, *inwen-*
dig dem schlitz hats die dütten Staden 191, *inwendig des schlitzes hats noch ein haut*
Staden 191); *gemäß* (gewöhnlich als Postposition, z. B. *. . . weliche dann on ein ge-*
maine reichsversamlung der notturft gemeß nit statlich noch fruchtparlich furgenom-
men, beschlossen, noch volnstreckt werden mag Karl V RA 3, 39); im 17. Jh. *unfern*
und *unweit* (mit Genitiv).

Besonders in der Kanzleisprache begegnet eine ganze Reihe von Partizi-   § S 133
pien, die unflektiert sind, adverbial verwendet werden, einen Kasus regieren (Genitiv, Akkusativ, selten Dativ) und nicht auf ein Substantiv bezogen

sind und deshalb auch als Präpositionen bzw. Postpositionen betrachtet
werden können. Viele sind mit *un- / ohn-* präfigiert. Mit Genitiv konstruiert
werden z. B.

unangesehen, unbeschadet, unerachtet, unerwartet, unerwogen, ungeachtet, ungehin-
dert, unverhindert, unverletzt, unverrückt, unversehen, zuweilen, auch *ausgenommen;*
mit Akkusativ *abgescheiden, angesehen, ausgenommen, ausgescheiden, ausgeschlos-*
sen, unangesehen, unbenommen, ungeschmäht, unbegeben, unbetrachtet (Beispiel Kap.
2, §§ S 88, 104, 124).

Bei mehreren Partizipien Präsentis, z. B. *anlangend, berührend, betreffend,*
finden sich verschiedene Grade der Loslösung vom Bezugswort; Fälle ohne
Bezugswort ließen sich als Präpositionen bzw. Postpositionen betrachten
(s. dazu § S 124).

§ S 134 Bei den denominalen Präpositionen kann man vier Gruppen unterscheiden.
1. Präpositionen, die mit einer Flexionsform eines Substantivs identisch
sind.

Hierher gehören *trotz* + Dativ (seit dem 16. Jh., s. DWB 11, 1, 2, 1087f.) und eine
ganze Reihe Präpositionen mit Genitiv. Die meisten dieser Präpositionen mit Genitiv sind durch Ersparung der Präposition aus Wendungen mit Präposition + Substantiv + Genitivattribut entstanden (zur Möglichkeit des lateinischen Einflusses s.
Gustafsson 1979, 96, 98). Diese Wendungen sind frnhd. noch im Gebrauch. Es finden sich *anfangs* (seit dem 16. Jh.), *angesicht(s),* (*angesichte dicz brieves* Wenzel,
Bindewald 1928, 108), *besage* (seit dem frühen 16. Jh., neben *nach Besage*), *eingangs*
(seit dem 16. Jh.), *inhalt* (seit dem 15. Jh. (s. Gustafsson 1979, 68), neben *nach In-*
halt), *inhalts* (*inhalts der Cammer=Gerichts=Ordnung* RA 1654, 455), *kraft* (*darůmb*
gebiten wir und manen kraft ditz brifs allen obgenannten ... kůrfursten ... Wenzel
RA 1 368f.; sonst seit dem frühen 16. Jh. belegt (s. Gustafsson 1979, 71, 128), neben
in / aus / mit Kraft), *laut* (seit der zweiten Hälfte des 15. Jhs., s. DWB 6, 365, neben
nach Laut), *lauts* (namentlich bei Luther), *statt* (seit dem 17. Jh., neben *an Statt*),
urkunde (seit der zweiten Hälfte des 16. Jhs., neben *in / mit Urkunde*), *ursache* (seit
dem späten 15. Jh., neben *aus Ursache*), *vermöge* (*... die [Relativum] wir vermug*
gemelts abschids auf benanten tage gleicherweiß beschriben haben Karl V RA 4, 619,
neben *aus / nach Vermöge*), *wegen* (vereinzelt schon im späten 14. und frühen 15. Jh.
(s. DWB 13, 3092; Gustafsson 1979, 119) als Postposition; im 16. Jh. häufiger, auch
als Präposition; im 17. Jh. vielfach mit Dativ; neben *von wegen*, s. unten), *willen*
(gelegentlich schon im 16. Jh. neben *durch / um willen*, s. DWB 14, 2, 166).
Aus dem temporalen Akkusativ entwickelt sich im späten 17. Jh. *zeit* + genitivische Ausdrücke mit *Leben* (s. DWB 15, 535).

2. Von Substantiven abgeleitete Präpositionen, die sich morphologisch
(und oft auch semantisch) von Gliedern eines Substantivparadigmas unterscheiden.

Hierher gehören der erstarrte Akkusativ Singular *halb* „Seite", der schon ahd. als
Postposition auftritt, sowie die seit dem 15. Jh. auftretenden Formen *halben* und
halber (zur Form s. Gustafsson 1979, 125), die meist als kausale Postpositionen verwendet werden (*halber* wird vereinzelt vorangestellt, s. DWB 4, 2, 199): *es verdarb*
ouch vil wines an den reben des gebresten halb der faße Closener 134, *wenn sie ge-*
brechen am leibe haben, des geblüts halben ... Staden 175.

3. Zusammensetzungen mit substantivischem Bestandteil.

Noch erkennbar ist die denominale Form der längst lexikalisierten Zusammensetzungen aus Präposition + -halb / -seit. Bei vielen treten Genitiv und Dativ konkurrierend auf, bei mehreren belegt das DWB nur den Genitiv und bei einigen nur den
Dativ, z. B. *außerhalb, dieshalb, diesenthalb, einhalb* (Gen.), *enhalb, herdieshalb*
(Gen.), *innerhalb, jenhalb* (Gen.), *niederhalb* (Gen.), *oberhalb, obhalb* (Dat.), *seit-
halb(er)* (Gen.), *überhalb* (Gen.), *unterhalb; abseits* (erst 1685 belegt, DWB Neub.
1,921), *anderseit* (Gen.) (Schildt 1970, 136, 138), *dieseit(s), enseit (der ... starb enseit
mers* Stromer 60), *hiedieset* (Alem., mit Dat.), *jenseit(s), oberseit* (Gen.), *unterseit*
(Gen.).

4. Fügungen aus Präposition und Substantiv, die als Präpositionen oder Zirkumpositionen zu bewerten sind.

Es gibt eine Reihe von Fügungen aus Präposition + Substantiv + attributivem
Genitiv, welche die gleichen Funktionen und die gleichen oder sehr ähnliche Bedeutungen haben wie Konstruktionen mit Präposition und Nominalgruppe. Sie lassen
sich aber nur unter bestimmten Bedingungen als komplexe Präpositionen bzw. Zirkumpositionen betrachten:
(1) Entweder die Präposition oder das Substantiv muß Eigenschaften aufweisen,
die dieser Präposition bzw. diesem Substantiv in Verbindung mit anderen Substantiven bzw. Präpositionen nicht zukommen:
(a) eine verschobene oder ganz verallgemeinerte Bedeutung,
(b) die Unmöglichkeit eines Adjektivattributs beim Substantiv,
(c) die Unmöglichkeit eines Demonstrativ- bzw. Indefinitivpronomens beim Substantiv (zu diesen und weiteren möglichen Kriterien s. Gustafsson 1979, 99–105);
(2) Der Genitiv weist nicht die Eigenschaften eines attributiven Genitivs auf, sondern die einer Ergänzung einer Präposition.
Nach diesen Kriterien können *von(...)wegen, durch ... willen* und *um ... willen*,
besonders in Verbindung mit nichtbelebten Größen im Genitiv, als Zirkum- bzw.
Präpositionen betrachtet werden.
Von + Genitiv + *wegen* wird im 14. und 15. Jh. besonders in der Prosa, im 16. Jh.
ganz allgemein und im 17. Jh. noch häufig in der Dichtung gebraucht. Nachstellung
des Genitivs ist schon im 15. Jh. nicht selten (bei Luther überwiegt diese Position).
Diese Variation in der Stellung des Genitivs bei *von(...)wegen* unterscheidet sich
von den Stellungseigenschaften des attributiven Genitivs: *von* + Abstraktum + *wegen* begegnet viel häufiger als vorangestellte abstrakte Genitivattribute bei Substantiven. Zu den Formen mit Possessivpronomina (*von meinen wegen, von meinet-
wegen* usw.) s. DWB 13, 3092. Als Varianten finden sich häufig *um ... wegen*, seltener *aus / durch / vor ... wegen* (DWB 13, 3097), *nach ... wegen* (Gustafsson
1979, 65), *ob ... wegen* (DWB 7, 1050), *von ... wege* (DWB 13, 3091).
In den Zirkumpositionen *durch ... willen* und *um ... willen* ist der eigentliche
Sinn von *willen* ,Wollen' in Konstruktionen mit nichtbelebten Größen schon früh
verloren: *so pricht man doch der vasten nicht do mit wenn man confekt und leckwar
durch einer ercznei willen isset* M. v. Amberg 1043f., *umb nutzes und bestes willen der
gemeinen stadt Mentz* Chr. v. Mainz 235. In Fällen mit belebten Größen ist die
Abgrenzung von Zirkumposition und Konstruktion *durch / um* + attributivem Genitiv + *willen* nicht immer sicher (vgl. DWB Neub. 6, 1539). *Durch ... willen* ist
vorwiegend oberdeutsch und geht im 16. Jh. zurück. Die Varianten *durch ... halb*
und *durch ... wegen* (DWB Neub. 6, 1539) sind selten. Mit *wille(n)* finden sich
aus ... willen (hauptsächlich mitteldeutsch) und *von ... willen* (nur oberdeutsch bis
ins 16. Jh.) sowie *durch / um ... wille* (DWB 14, 2, 138). *Um ... willen* weist ganz

andere Stellungseigenschaften auf als Verbindungen aus Präposition + Substantiv + Genitivattribut. Bei nichtbelebten Größen findet sich mit nur wenigen Ausnahmen mit nachgestelltem Genitiv die Abfolge *um* + Genitiv + *willen*, während nichtbelebte Genitivattribute bei Substantiven im Laufe des Frnhd. immer mehr nachgestellt werden.

Von . . . wegen und *um . . . willen* breiten sich von Norden nach Süden aus (DWB 13, 3091; 14, 2, 167; Gustafsson 1979, 122).

Anm.: Neben diesen lexikalisierten Verbindungen aus Präposition und Substantiv gibt es besonders in der Kanzlei- und Geschäftssprache mehrere formelhafte Wendungen mit der Form Präposition + Substantiv, z. B. *in Ansehung, nach Ausweisung, nach Inhalt, in / mit Kraft, nach Laut, in Macht, nach Sage, an Statt, in / mit Urkunde, aus / nach Vermöge* (s. bes. Gustafsson 1979, 127ff.).

3.2. Verbindungen aus Präpositionen und nichtsubstantivischen Kategorien

§ S 135 Präpositionen können mit mehreren nichtsubstantivischen Kategorien erscheinen.

1. Präpositionen erscheinen mit Adjektiven u. a. in den Ausdrücken *bei weitem* (seit dem 16. Jh., DWB 14, 1, 1, 1255), *von weitem, von neuem, von frischem* (DWB 12, 2, 753) sowie bei prädikativen Ausdrücken mit *für / vor*: *Er will nitt für demütig außgerüfft werden* Geiler, Seelenparadies 11b, *. . . daß er / wiewohl er im ehestande lebet / itzund vor unfruchtbar geurteilet wird* Zesen 22.

2. Präpositionen erscheinen mit Adverbien, z. B. *bis her, bis anher, bis alhie, bis hieher, von außen, von oben, von unten, von fernen, von sammen, vor langs, zu sammen.* Zu Präpositionen mit genitivischen Zeitbestimmungen (*von morgens, zu nachts* usw.) s. § S 90.

3. Die Präpositionen *wann / wente* (14. Jh., DWB 13, 1883), *unz* und *bis* werden meist in Verbindung mit einer Präpositionalgruppe verwendet, z. B. *[sie] lebt in diser kestigung biz an irn tot* C. Ebner 6.

4. Präpositionen begegnen in drei Konstruktionen mit Infinitiv:

A. Präposition + „halbsubstantivierter" Infinitiv, z. B. *mit küssen das kreütz* Pauli (Pavlov 1983, 94; s. § S 204);

B. Präposition + Nominalgruppe + *zu* + Infinitiv, z. B. *du bist verbundē zū ewiger verdampniß zeleiden* Geiler, Das Evangelibůch 193b (zu dieser Konstruktion s. § S 188);

C. Präposition als Einleitung eines Infinitivsatzes mit *zu: um(. . .)zu, ohne(. . .)zu, sonder(. . .)zu* (s. § S 188).

Mit Präpositionen identische Elemente in der Funktion als Einleitungen von Nebensätzen werden als unterordnende Konjunktionen behandelt; s. Kap. 8.

3.3. Der Gebrauch der Präpositionalgruppe

Lit.: Heringer 1968; Boon 1979b; Ebert 1986: 52–56, 66, 69, 72f., 74.

Die Präpositionalgruppe steht in Konstruktionen mit Substantiven, Adjek- **§ S 136** tiven, Adverbien und Verben sowie vielfach in der Funktion als freiem Adverbiale.

3.3.1. Die Präpositionalgruppe beim Substantiv

Die Präpositionalgruppe begegnet als Attribut beim Substantiv (s. dazu **§ S 137** 1.8.), z. B. *Der krieg zwischen bischof Berhtolt und Lihtenberg* Closener 138, *zweifel an cristlichen gelauben* Hartlieb 33, *bereitschaft zů tőtlichen sünden* Geiler, Seelenparadies 2a, *der kåiserlichen Vőlcker Einbruch in die Stadt* Courasche 1096 (zur Präpositionalgruppe mit *von* als Konkurrenten des attributiven Genitivs s. § S 41).

3.3.2. Die Präpositionalgruppe bei Adjektiven und Adverbien

Viele Adjektive können mit einer Präpositionalergänzung erscheinen, z. B. **§ S 138** *... do er von seyner fenknus ledig ward* Stromer 50, *... wer schuldig sey an dem diebstal* Hartlieb 34, *... was zur ehr deines names fŭrderlich ist* V. Dietrich 82. Bei mehreren Adjektiven ist eine Konstruktion mit Dativ und Präpositionalergänzung möglich, u. a. *nütz(e) (an, zu), nützlich (an, in, zu), förderlich (zu), dienlich (zu), dienstlich (zu), hilflich / behilflich (zu), not ,nötig' (an, auf, zu), nötig (zu), notwendig (zu), gleich (an, in), überlegen (mit, an, in)*. Gelegentlich finden sich zwei Präpositionalergänzungen, z. B. *... das es nitt genůg ist / zů warer kristenlicher früntschafft an dem daz ein mőnsch die gebott gottes haltett* Geiler, Seelenparadies 6a.

Die Präpositionalgruppe kann ein Adverb ergänzen, z. B. *... die, so weit* **§ S 139** *von dem Meer wonen* Staden 174.

Eine Präpositionalgruppe mit *um* konkurriert seit dem 16. Jh. (s. DWB **§ S 140** 11, 2, 786) mit dem Genitiv als Angabe des Unterschieds beim Komparativ des Adjektivs oder Adverbs (s. § S 86). Gelegentlich erscheinen Präpositionalausdrücke als Konkurrenten des Dativs (s. § S 100) in Konstruktionen mit *zu* + Adjektiv / Adverb, z. B. *... dieweil sie nun zu ohnmächtig sind zu diesem starken geist* J. Böhme (DWB 16, 163).

3.3.3. Die Präpositionalgruppe beim Verb

§ S 141 In Konstruktionen mit Verben erscheinen Präpositionalgruppen (1) als Präpositionalobjekte, (2) in prädikativer Funktion und (3) als verbspezifische Adverbialia.

3.3.3.1. Präpositionalobjekte

§ S 142 Präpositionalobjekte gehören zu den verbspezifischen präpositionalen Ergänzungen. Bei Präpositionalobjekten bestehen direkte Selektionsbeschränkungen zwischen Verb und Präposition: jedes Verb ist nur mit ganz bestimmten Präpositionen kombinierbar (weiteres dazu Ebert 1986:52f.). In vielen Fällen handelt es sich um eine einzelne, meist semantisch „undurchsichtige" Präposition. Es findet sich aber auch nicht selten Variation:

(1) die Wahl der Präposition ist durch die Vorstellung zwischen Verb und Objekt bestimmt, es gibt aber verschiedene Vorstellungen, z. B. *etwas von jem. begehren / fordern* gegenüber *etwas an jem. begehren / fordern*; (2) es liegt im Grunde die gleiche Vorstellung vor, es variieren verschiedene Präpositionen aus dem gleichen semantischen Bereich, z. B. *etwas an / auf etwas legen* ‚etwas auf etwas verwenden‘, *nach / auf etwas stellen* ‚nach etwas trachten‘, *nach / zu etwas fechten, um / für etwas sorgen, sich an / gegen / wider jem. verwirken.*

Präpositionalgruppen mit *von* können in der gleichen syntaktischen Umgebung wie ein Akkusativobjekt auftreten und dabei ein partitives Verhältnis bezeichnen (s. § S 73 zum partitiven Genitiv), z. B. *Denn so offt ir von diesem Brot esset . . .* 1. Kor. 11, 27 (1545). Präpositionalobjekte sind schon zu Beginn der frnhd. Zeit häufig und nehmen im Laufe des Frnhd. vor allem auf Kosten des Genitivs zu (s. §§ S 66–70). Es finden sich folgende Konstruktionen (Satzmuster) mit Präpositionalobjekten:

§ S 143 1. einstellig, mit Präpositionalobjekt und bei manchen Verben auch semantisch leerem Subjekt *es*, z. B. *Mitt disem allem hat jn noch nit benǔget* Geiler, Seelenparadies 5a, *So ligt es nu nicht an jemands wollen oder lauffen* Röm. 9, 16 (1545), *. . . so es an diesen ermangeln solte* Beer 39;

§ S 144 2. zweistellig, mit Nominativ und Präpositionalobjekt, z. B. (neben zahlreichen anderen Verben) *. . . daz sich ein mensche über seinen nechsten erparmt* M. v. Amberg 768, *wann alles . . . erschrikt ab dynen diensten* Steinhöwel 115, *. . . das ein armes hertz an Gottes gnade verzweyfflet* Dietrich 96, *da geheyen* ‚kümmern‘ *sie sich den Teuffel darumb* Simpl. 90;

§ S 145 3. zweistellig, mit Dativ und Präpositionalobjekt (s. auch §§ S 61f.), z. B. *und uns ging ab an der speyß* Schiltberger 45, *also wer den lißt oder hôrt / dem mǔß darob grawsen* Wickram 13;

§ S 146 4. zweistellig, mit Akkusativ und Präpositionalobjekt (s. auch §§ S 61f.), z. B. *so glustet dich nach milch . . .* Geiler, Die Brösamlin 67b, *Selig sind die da hungert vnnd durstet nach der gerecktickeyt* Matth. 5, 6 (1522);

5. zweistellig, mit obligatorischem Ausdruck der Art und Weise, Präpositionalob- § S 147
jekt und semantisch leerem Subjekt *es*: *Wie es nun mit diesem auf* = *und über=lauffe*
des Niels eigentlich zugehet... Zesen 33 sowie *es verhält sich* + Adverb + *mit etwas*;

6. dreistellig, mit Nominativ, Akkusativ und Präpositionalobjekt, z. B. (neben § S 148
zahlreichen anderen Verben) *so die kinder ire eltern vor gericht beschuldigen und
ansprechen umb fraiß oder peinlich sachen*... Nürn. Ref. 19, *was wir tzimlich ader
vntzimlich von gott bittē* M. v. Weida 45, *den selben fertiget er ab mit opffer / wachß
vnd einem gůten feisten Hanen* Wickram 9, *was sie an diesem Reuter verdient haben*
Simpl. 41; (zur Konstruktion mit Nominativ, Akkusativ und prädikativer Präpositionalgruppe s. unten § S 155);

7. dreistellig, mit Nominativ, Dativ und Präpositionalobjekt, z. B. *der closner hot* § S 149
mir von eu gesagt A. Langmann 54, *[er] clagete dem keißer unde dem concilio obir die
von Meideburgk* Dür. Chr. 677, ... *daß keine der andern in der liebe nachgab* Zesen
31 sowie *jem. von etwas abraten, jem. auf / zu etwas antworten, jem. um / für etwas
danken, jem. zu etwas dienen ,nützlich sein', jem. in etwas folgen, jem. / etwas an / in
etwas gleichen, jem. zu etwas gratulieren* (seit dem 17. Jh.), *jem. zu etwas helfen, jem.
von etwas kund tun, jem. für etwas lohnen, jem. zu etwas raten, jem. zu etwas verhelfen,
jem. in etwas widerstreben*;

8. dreistellig, mit Nominativ, Genitiv und Präpositionalobjekt. Einige wenige Ver- § S 150
ben mit sachlichem Genitivobjekt können auch ein Präpositionalobjekt zu sich nehmen, z. B. ... *wie er sich mit dem obgenanten erwirdigen Conraden* ... *solher ansprach und zwitrẽch gůtlich und freuntlich vereynet hab* Friedrich III 17, 425,
got ... *hoffet nymerme nutzes võ jr* Geiler, Seelenparadies 3b, ... *ßo gar greulich
furchten sie der haut fur einem rechten freyen Concilio* Luther, Adel 7 sowie *etwas von
jem. begehren, etwas an jem. gesinnen ,begehren', sich etwas zu jem. versehen* (s. auch
§ S 71);

9. dreistellig, mit Nominativ und zwei Präpositionalobjekten. Während der frnhd. § S 151
Zeit können mehrere Verben entweder mit einer Präpositionalbestimmung der Person oder einer Präpositionalbestimmung der Sache verwendet werden, z. B. *sich mit
jem. einlassen* oder *sich in etwas einlassen, mit / zu jem. sprechen* oder *von / über jem.
sprechen*. Konstruktionen, in denen beide Präpositionalobjekte erscheinen, sind aber
selten, z. B. ... *umme ire bosheit, an der si gesundet haben wider dich* Cranc, Dan. 9, 7
(... *propter iniquitates eorum, in quibus peccaverunt in te*), ... *ůch umb sõlch stwr und
eerung mit unsern amptlůten ze eynen und darumb gnug ze tun* Friedrich III 16, 667
(*sich mit jem. um etwas einen*) sowie *auf / zu jem. um etwas klagen, mit jem. um etwas
kriegen, mit jem. von etwas reden, zu jem. von etwas sprechen, mit jem. um etwas
streiten, mit jem. um etwas teidingen, mit jem. um etwas wetten*;

10. dreistellig, mit Nominativ, obligatorischem Ausdruck der Art und Weise und § S 152
Präpositionalobjekt. Dieses Muster findet sich bei einigen wenigen Verben, z. B. *O
wie übel hab ich gethan an dem wolff* Steinhöwel 149, ... *wie sie mit inen umbgehen*
Staden 188 sowie *sich mit etwas / gegen jem. halten, sich gegen jem. haben*;

11. dreistellig, mit Nominativ, semantisch leerem obligatorischem Akkusativob- § S 153
jekt, obligatorischem Ausdruck der Art und Weise und Präpositionalobjekt, z. B.
... *wie man is mit dem toten manne halden sulde* Dür. Chr. 657;

12. vierstellige Konstruktionen mit Präpositionalobjekt(en). Bei einer kleinen § S 154
Gruppe von Verben ist eine fakultative vierte Argumentstelle möglich, z. B. bei Verben des Kaufens, Verkaufens, Verpfändens, Vertauschens und Vergeltens: *ich hon
getan als ein man der sein leben setzt eim andern umb guet und hintz im spricket: ich
will dir geben daz guet oder mein leben* A. Langmann 41, ... *eyn hawbtczins den ein*

mensch got gelden schol umb daz erbe dez ewigen froleichen lebens M. v. Amberg 312ff. sowie *etwas um ,von'* jem. *um etwas kaufen, einem etwas um etwas abkaufen / verkaufen / geben, etwas bei / mit jem. um etwas vertauschen, einem etwas mit etwas vergelten.* Bei *entbieten* ,sagen lassen' ist eine Bestimmung der vermittelnden Person möglich, z. B. *ditz enpot under* ,unser' *herre der swester pei dem priester* A. Langmann 93.

3.3.3.2. Prädikative Präpositionalgruppen

§ S 155 Präpositionalgruppen können in bestimmten Konstruktionen prädikativ verwendet werden:
1. mit Subjekt, Kopulaverb und Präpositionalgruppe als Konkurrenten des prädikativen Genitivs, (s. § S 76), z. B. *Ist sie hüpsch und von gutten sitten* Eyb 6;
2. mit Subjekt, Akkusativ und Präpositionalgruppe (s. auch § S 115), z. B. *Es jammert sie so vieler seelen / die sie in solcher gefahr wissen* Spener 62, . . . *daß man mich schier vor eine halbe Heiliginne hielte* Courasche 1105; in der entsprechenden Passivkonstruktion mit Nominativ: *an des stat wart zů meister erkorn sin brůder* . . . Closener 126;
3. wohl selten mit Subjekt, Genitiv und Präpositionalgruppe, z. B. . . . *daß er meiner zum Weib begehrte* Courasche 1166 (auch bei *achten, spotten* – Korhonen 1978, 88, 90).

3.3.3.3. Adverbiale Präpositionalgruppen

§ S 156 Bei adverbialen Präpositionalgruppen kann man verbspezifische und nicht-verbspezifische unterscheiden. Eine verbspezifische Richtungsbestimmung begegnet bei zahlreichen Verben in Konstruktionen mit Nominativ, mit Nominativ und Dativ und mit Nominativ und Akkusativ, z. B. *also gelest* ,glänzt' *die gotheit in mich* C. Ebner 21, *pet ,bette' mir in daz siechaus* C. Ebner 21, *und die federn kleiben sie auff den leib* Staden 180.

Bei einigen Prädikaten finden sich Präpositionalgruppen in der Rolle eines obligatorischen Adverbials des Ortes, der Zeit oder (seltener) der Art und Weise, z. B. . . . *daz got als volliclich wont in mir* C. Ebner 34, *der burden* ,wurden' *16 sedelhaft hi zu Nurenberg* U. Stromer 73, *das weret biß in den neunten tag* Staden 193f., *und soll sich sonst vermuge des buchleins unterricht der visitatoren richten und halten* (Kirchenordnung, 16. Jh.- Gustafsson 1979, 134).

Eine Präpositionalgruppe mit *für / vor* ,für' begegnet relativ selten anstelle des Dativus commodi (s. § S 97), z. B. . . . *baueten wir vor mich eine Hütten gleich der seinigen* Simpl. 30.

Präpositionalgruppen erscheinen sehr häufig in der Funktion von fakultativen, nichtverbspezifischen Ausdrücken der Zeit, des Ortes, der Art und Weise, des Grundes usw.

4. Zum Verbum

4.1. Tempus und Aspekt

Lit.: Paul IV, 64–67, 136–155; Franke III, 208–219; Behaghel II, 249–303; Erben 1954, 208–219; Keller 1965, 74–97; Fourquet 1969; Oubouzar 1971, 1974; Schieb 1976; Semenjuk 1981; Boon 1983.

4.1.1. Einleitendes

Innerhalb der Zeitlichkeit werden gewöhnlich drei Hauptkategorien unter- § S 157
schieden: Zeitstufe (Tempus), Aktionsart und Aspekt. In Ansätzen zur
Entwicklung des deutschen Verbalsystems in frnhd. Zeit wird auch ein
Schema mit der Kategorie „Phase" angewandt (Fourquet 1969, Oubouzar
1971, 1974). Tempus ist eine deiktische Kategorie: Geschehen werden mit
Bezug auf einen bestimmten Bezugspunkt (die Sprechzeit) in der Zeit lokalisiert. Im Deutschen, wie in den meisten Sprachen der Welt, wird das
Tempus im Verbalsystem grammatikalisiert. In dieser Darstellung wird
bloß eine relativ traditionelle Taxonomie mit Hinweisen auf verschiedene
Gebrauchsweisen gegeben. Eine systematische Analyse von Grundbedeu-
tungen und Interaktion mit lexikalischen und kontextuellen Faktoren kann
nicht angestrebt werden. Hier werden die indikativischen aktivischen Tempusformen behandelt; zum Konjunktiv s. §§ S 220–222, zum Passiv § S 217.

Aktionsart und Aspekt werden in der einschlägigen Literatur, die durch ein konzep-
tuelles und terminologisches Durcheinander gekennzeichnet ist, auf verschiedene
Weisen unterschieden. Hier wird der Unterschied lexikalisiert gegenüber grammatikalisiert als entscheidend angesehen. Die Kategorie Aktionsart erfaßt die Art und
Weise eines Vorgangs; sie teilt Verbparadigmen je nach dem lexikalischen Bedeu-
tungstyp in semantische Gruppen ein. Die formale Differenzierung geht durch das
Paradigma hindurch; die semantische Unterscheidung ist also lexikalisiert. Die Kategorie Aspekt betrifft paradigmatische Oppositionen innerhalb des Lexems, die sich
in bezug auf die Art des Handlungsablaufs unterscheiden; die semantische Unterscheidung ist also grammatikalisiert (s. zu ge + finitem Verb § S 160, sein + Infinitiv / Part. Präs § S 174, werden + Infinitiv / Part. Präs. §§ S 167–173).
Der von M. Joos (1964) für das neuenglische Verbsystem geprägte Terminus
„phase" wird von Fourquet (1969) und Oubouzar (1971, 1974) auf die Entwicklung
des deutschen Verbalsystems angewandt. Ein Vorgang teilt die Zeitlinie in drei Teile:
eine Mittelphase, die dem Vorgang entspricht, eine Vorphase und eine Nachphase.
Es werden Zeitpunkt / Zeitintervall, Sprechzeit und Standort unterschieden. Die

Verwendung der verschiedenen Verbformen hängt davon ab, von welchem Standort aus diese Zeitlinie betrachtet wird. Tempusopposition und Phasenopposition kreuzen sich wie folgt:

1. für unvollzogene Formen, z. B. *tut-tat-wird tun*, befindet sich der Standort in der Mittelphase, bei „Vollzugsstufen", z. B. *hat getan-hatte getan – wird getan haben*, in der Nachphase;

2. beim Präsens fallen Standort und Sprechzeit zusammen, beim Präteritum und beim Futur sind Standort und Sprechzeit getrennt; beim Präteritum liegt der Standort in der Vergangenheit, beim Futur in der Zukunft. Dabei werden die traditionellen Bezeichnungen durch Vollzugsstufe des Präsens (*hat getan*), des Präteritums (*hatte getan*) und des Futurs (*wird getan haben*) ersetzt. Mit Ausnahme von spezifischen Verweisen auf diesen Ansatz von Fourquet und Oubouzar werden in dieser Darstellung die traditionellen lateinischen Termini Präsens, Präteritum, Perfekt, Plusquamperfekt und Futurum beibehalten. Sie sind dabei als reine Namen zu verstehen.

4.1.2. Präsens

Lit.: Herchenbach 1911; Boezinger 1912; Franke 1916; Behaghel II, 250–256, 266–270; Hempel 1937/1966.

§ S 158 Indikativische Präsensformen können sich prinzipiell auf beliebige Zeitpunkte / Zeiträume beziehen:

1. die zeitliche Gegenwart eines Geschehens;

2. Vorgänge / Zustände, die ohne Bezug auf eine bestimmte Zeit sind, z. B. *Jr habt alle zeit Armen bey euch* Matth. 26, 11 (1545);

3. zukünftiges Geschehen. Zu der Präsensform können Adverbien treten, die den Bezug auf Zukünftiges verdeutlichen (zu periphrastischen Futurformen s. unten §§ S 167–172);

4. Vergangenes. Im Wechsel mit dem Präteritum kann schon zu Beginn der frnhd. Zeit ein „Präsens historicum" meist als stilistisches Mittel der Vergegenwärtigung und Verlebendigung vergangener Ereignisse erscheinen.

Bis ins 16. Jh. treten gewöhnlich eine oder ein paar Präsensformen unter anderen Präteritalformen auf. Längere Reihen von Präsensformen sind im 14. und 15. Jh. relativ selten. An den Präsenseinsätzen sind vorzugsweise Verba der Bewegung (besonders *gehen* und *kommen*) und der sinnlichen Wahrnehmung (besonders *sehen*) beteiligt (Herchenbach 1911, 148; Boezinger 1912, 86 und *passim*). Im 14. und 15. Jh. schwankt die Verwendung des Präsens historicum je nach der Gattung und dem individuellen Autor; auch derselbe Autor kann es in einem Werk reichlich gebrauchen, in anderen dagegen selten. Im allgemeinen ist es häufiger in der Prosa als in der Poesie. Im 16. und 17. Jh. wird es reichlich verwendet sowohl in volkstümlich-traditionellen als auch in gelehrt-lateinischen Gebrauchsschichten.

Nach den Untersuchungen von Herchenbach (1911) und Boezinger (1912) erscheint das historische Präsens im 14. Jh. gar nicht oder selten bei den Mystikern, in Fabeln und Bispeln, in der Bibelübersetzung, in gereimten Legenden, in der historischen Dichtung und im ritterlichen Epos, häufiger in den religiösen Schriften der Gottesfreunde Rulman Merswin und Nikolaus von Basel. Im 15. Jh. erscheint es im allgemeinen etwas häufiger (aber noch relativ selten) in Volksbüchern, in historischer Dichtung, in Erzählungen und in Chroniken. Unter den Übersetzern des Humanismus erscheint es selten bei Wyle (trotz der häufigen Verwendung in seinen Vorlagen) und im Dekamerone; es fehlt in den Werken Eybs aber wird vielfach in Steinhöwels Äsop gebraucht (im Äsop werden die zahlreichen historischen Präsensformen der lateinischen Vorlage fast immer durch das Präteritum wiedergegeben; die deutschen Präsensformen entsprechen meist keinem Präsens historicum im lateinischen Text (Herchenbach 1911, 132ff.), sondern sind dem Gebrauch in zeitgenössischen Denkmälern ähnlich).

Wegen der Apokope des -e ist die Abgrenzung der schwachen Präteritalformen (*fragt*, *lebt* usw.) und des historischen Präsens nicht immer eindeutig (zu weiteren indifferenten Formen s. Herchenbach 1911, 5ff.). Zum Präsens historicum s. auch Behaghel II, 266–270; Hempel 1937/1966; Lindgren 1957, 113–116.

4.1.3. Präteritum

Das Präteritum steht in einer Tempusopposition zum Präsens und zum § S 159 Futur. Als die neutrale Vergangenheit bezeichnet das Präteritum gewöhnlich die Vergangenheit eines Geschehens weder unter dem Gesichtspunkt einer Beziehung auf die Gegenwart noch mit Hinblick auf sein Resultat. Insbesondere wird das Präteritum als Tempus des Erzählens verwendet.

Schon zu Beginn des Frnhd. konnte in bestimmten Fällen sowohl Perfekt als auch Präteritum stehen. Vor allem vom 15. Jh. an breitet sich das Perfekt auf Kosten des Präteritums aus (s. dazu §§ S 161–164, wo die Verwendung des Präteritums mitbehandelt wird). Das Präteritum des Passivs sowie die aktiven Präteritalformen von *haben*, *sein* und den Modalverben werden noch im 16. Jh. häufig verwendet in Fällen, wo sonst Perfektformen anderer Verben stehen würden (s. §§ S 161, 163): *Es ist den kindlin gleych, die an dem marckt sitzen, vnnd ruffen gegen yhren gesellen vnnd sprechen, wyr haben euch gepfyffen, vnnd yhr woltet nicht tantzen, wyr haben euch geklaget, vnnd yhr woltet nicht weynenn* Matth. 11, 16 (1522).

Die logische Abfolge von Handlungen innerhalb der Vergangenheit kann in bestimmten syntaktischen Umgebungen durch *ge* + Präteritum (s. gleich unten § S 160) oder allgemein durch das Plusquamperfekt (s. § S 165) Ausdruck finden. Sie kann aber auch unbezeichnet bleiben (s. Semenjuk 1981, 67ff.): *... do giengen wol zwai hundert man uz von Auspurg gen Pairn und verpranten da 7 dörfer ... und davor an dem ebenwichabent do verpranten si auch 3 dörfer zů Bairn* Augsburger Chronik (1368–1406) (Alberts 1977, 65), *Vnd da sie hin giengen zekeuffen / kam der Breutgam* Matth. 25, 10 (1545).

Zum sog. oberdeutschen Präteritumschwund s. unten § S 164.

4.1.4. Mit *ge*- präfigierte finite Verbformen

Lit.: Behaghel II, 99–105; Zatočil 1959a, 1961; Blumenthal 1968.

§ S 160 Finite Verbformen mit *ge*-Präfix werden unter bestimmten syntaktischen Bedingungen zum Ausdruck resultativen Aspekts verwendet. Sie finden sich im 14. Jh. nicht selten, werden im 15. Jh. viel seltener und reichen nur noch bis ins frühe 16. Jh.

Mit *ge*- präfigierte Verbformen erscheinen:
1. mit den Adverbien *ie* und *nie*: *so waiz ich niht daz ich totsunde ie getet* C. Ebner 11, *Ich wil hewte von nymande zu ritter geslagen werden, denn von deme, der nye gefloch* Dür. Chr. 563; damit konkurriert das Perfekt, selten auch das Präteritum;
2. in Temporalsätzen, vor allem mit *do / da, als, bis, ehe*: *und da ging unser herre im chor under dem ‚Te deum laudamus'* . . . *und belaib also dinnen biz man in auz gesanc* C. Ebner 16, *wanne die iren teil genemment, so súllent su unverzögenliche hin weg gon* Ukb. Straßburg 5, 430, *Sedir alßo der herre von Helderungin mit der stet Erfforte lengir denn eyn jar gekreget hatte unde on ‚ihnen' vil schaden getet,* . . . Dür. Chr. 645, *So bald sy die wort gesprach, fúr sy durch die lüft* Fortunatus (Oubouzar 1974, 55), *wenn er sein arbeit getůt / gibt er es dem / dem es zugehoret* Geiler, Seelenparadies 13a;
3. seltener in anderen Nebensätzen: . . . *wann ‚weil' sie got auz dem selben ertreich gemachet als uns* M. v. Amberg 942f. Zur Interpretation der mit *ge*- präfigierten Formen als Fortsetzung einer älteren weiter entwickelten Aspektopposition siehe Fourquet 1969, 54f.; Oubouzar 1974, 38f., 44.

4.1.5. Perfekt

4.1.5.1. Einleitendes

§ S 161 Der Rückgang der finiten Formen mit *ge*- und der aspektuellen Opposition im 14. und 15. Jh. wird von der Zunahme und Ausbreitung der Umschreibung mit *haben / sein* + Part. Prät. begleitet. In dieser Zeit wird die Periphrase immer häufiger mit dem Part. Prät. eines kursiven (durativen) Verbs einschließlich *haben* und *sein* selbst gebildet. Partizipien von den verschiedenen Modalverben erscheinen erst im Laufe dieser Jahrhunderte; die Periphrase mit *haben* + Part. Prät. oder „Ersatzinfinitiv" (s. § S 209) wird aber erst im 16. Jh. häufig. Zur Auslassung des Hilfsverbs s. §§ S 256f.

4.1.5.2. *Haben* und *sein* als Hilfsverba

§ S 162 Für die Wahl von *haben* und *sein* in der Umschreibung spielt die Aktionsart des Verbs eine wesentliche Rolle: bei mutativen Intransitiva, d. h. intransitiven Verben, die eine Orts- oder Zustandsveränderung bezeichnen, steht *sein*; bei den anderen Verben (sonstigen Intransitiva sowie Verben mit Akkusativ-, Genitiv- oder Dativobjekt) steht überwiegend *haben*. Diese Bedingungen gelten jedoch nur in erster Näherung.

Transitive Komposita aus Bewegungsverb und Präfix (z. B. *ankommen, durchlaufen, durchreisen, eingehen, umgehen*) erscheinen meist mit *haben*, dagegen analog der Konstruktion mit Bewegungsverb und Präposition zuweilen mit *sein*. Bei einigen Verben mit Dativ findet sich sowohl *haben* als auch *sein*: bei *gelingen, geraten, begegnen, weichen* und *glücken* überwiegt *sein*, bei *folgen* erscheint seit dem 15. Jh. *sein* neben *haben*, das während der ganzen frnhd. Zeit noch überwiegt. Die drei Kopulaverben *sein, werden* und *bleiben*, von denen nur *werden* mutative Bedeutung hat, bilden das Perfekt mit *sein*. In md. Quellen finden sich bei *sein* vereinzelte Fälle mit Hilfsverb *haben*.

Bewegungsverba können zweifache Aktionsart (mutativ / durativ) haben. Diese Unterscheidung ist aber nur teilweise bei der Verwendung von *haben* und *sein* entscheidend. *Liegen, sitzen* und *stehen* können noch frnhd. mutativ verwendet werden (‚zum Liegen / Sitzen / Stehen kommen'), aber bei der Verwendung von *haben* und *sein* zeichnen sich meist regionale Unterschiede ab: *sein* herrscht allgemein bei obd. Autoren und findet sich zuweilen bei md. Autoren, die allgemein *haben* gebrauchen: *nun ist es wol thausent jar do gestanden* Schiltberger 46, *Am sechsten tag ist Kay. May. den gantzenn tag mit dem Babst in Råtten gesessen* Hug 191, ... *das er schon vier tage im Grabe gelegen war* Joh. 11, 17 (1545).

Bei vielen Bewegungsverben wird *haben* allmählich durch *sein* ersetzt. Als Variante findet sich *haben* noch frnhd., besonders bei übertragener Bedeutung, bei u. a. *fahren* ‚sich benehmen, verfahren', *gehen* (meist md.), *umgehen, wandeln* (gewöhnlich in den Bedeutungen ‚reisen, Leben führen'), *wandern, laufen, reisen, reiten, fliehen, umkehren, treten* und *gelangen*: ... *wie is on* ‚ihnen' *gegangen hette* Dür. Chr. 192, *Wo ist ein weltlicher kunig geweßen, der ßo weltlich vnd prechtig yhe gefaren hat, als der feret* Luther, Adel 40, ... *durch allen weg / daher jr gewandelt habt* 5. Mos. 1, 31, *sie hatt inn ein torn getreten* Wickram 41. Siehe dazu besonders Paul 1905/1918; auch Kehrein III, 33–38; Behaghel II, 272–282; DWB 4, 2, 70–74; 10, 1, 314–329.

4.1.5.3. Zum Gebrauch des Perfekts

Das Besondere am Perfekt ist, daß Standort und Sprechzeit zusammenfallen und in der Phase nach dem besprochenen Vorgang liegen. So wird das Perfekt während der ganzen frnhd. Zeit verwendet: § S 163

1. wenn ein zur Sprechzeit abgeschlossener Vorgang für die Sprechzeit (Gegenwart) eine belangvolle Tatsache ist oder für sie Folgen hat, z. B.

unde als her gegraben wart, do gab der rath den karthußern den grabin, ßo das sie den fordir buwen unde futtirn sulden, das do geschach, unde die karthuser habin dor uß eynen gutten fischgrabin gemacht Dür. Chr. 668f., *wir seinn in der taufffrey wordenn* Luther, Adel 65, *hab ich euwer aller gunst und liebe allhie ein kurtzweiliges Búchlin für augen gestellt* Wickram 7;

2. wenn ein Vorgang in vergangenem Zeitintervall (das bis an die Sprechzeit reichen kann) vom Standpunkt der Gegenwart mit subjektiver Stellungnahme betrachtet wird,

z. B. hot nit der Bapst viel mal geyrret Luther, Adel 13, *Auß diesem grund, haben sie bißher manchen theuren keyßer* . . . *vorfolget* Luther, Adel 73;

3. wenn eine Handlung sich aus der Vergangenheit bis in die Gegenwart fortsetzt, z. B.

Herre, bis mir genedig und gedenk dar an, daz mir von minen kintlichen tagen alle dine werk wol haben gevallen C. Ebner 40, *Spricht der Kaufmann* / „*Wie lang bist ein lâsser ‚Aderlaßpatient' gewest?*" *Antwort der Baur* / „*Morn ist der neündt tag*" Wickram 26.

In Sätzen mit *ie* und *nie* konkurriert das Perfekt im 14. Jh. noch mit dem Präteritum oder mit Präsensformen mit *ge-* (s. § S 160), seit dem 15. Jh. ist das Perfekt die gewöhnliche Form.

Da das Präsens futurische Bedeutung haben kann, findet sich das Perfekt (Vollzugsstufe des Präsens) gelegentlich zur Bezeichnung der Vollendung in der Zukunft, z. B. *Got wird senden, ein krefftige yrrung allen den die die warheit nit haben auffgenommen* . . . Luther, Adel 57.

Schon zu Beginn der frnhd. Zeit konnte das Perfekt für ein vergangenes Ereignis – auch mit Zeitadverb – verwendet werden. Im 14. und 15. Jh. finden sich solche Perfektformen vor allem in der direkten Rede, im Kommentar und in abhängigen Sätzen. Das Präteritum bleibt noch die gewöhnliche Form in der Erzählung. In der Einleitung oder am Schluß von erzählenden Partien kann das Perfekt erscheinen als Übergangsstufe von der Sprechzeit (Gegenwart) des Erzählers zur Vergangenheit des Erzählten.

In der Verwendung von Perfektformen in der Erzählung geht der Süden voran.

In mehreren obd. Texten aus der zweiten Hälfte des 15. Jhs. läßt sich eine leichte Vermehrung des Anteils der Perfektformen in der Erzählung feststellen (Lindgren 1957, 106 und *passim*). In einer Reihe von Quellen aus dem Zeitraum 1470–1530 weisen die Chroniken aus dem Süden weitaus häufiger Perfektformen auf als die Chroniken aus dem Mitteldeutschen, während die Volksbücher, Romane und Dialoge nur geringe Unterschiede zeigen (Semenjuk 1981, 60f., 112). Nach ca. 1530 steigt abrupt der Anteil des Perfekts in der Erzählung in vielen obd. Texten bis auf 50% und mehr. Präteritum und Perfekt können häufig ohne semantischen Unterschied mitten in der Erzählung wechseln.

4.1.6. Der sog. oberdeutsche Präteritumschwund

Lit.: Nagl 1886, 369f.; Reis 1891, 12–16; 1910; Behaghel 1899, 208–210; Jacki 1909, 522f.; Meillet 1909; Kaiblinger 1929–30; Lindgren 1957; Ludwig 1967; Dal 1971; Jörg 1976; Trost 1980; Abe 1981; Gersbach 1982.

§ S 164 Die vielfache Verwendung des Perfekts anstelle des früheren Präteritums in süddeutschen Texten hängt offenbar mit dem Schwund des Präteritums in den Mundarten zusammen. Soweit die schriftlichen Quellen Schlüsse über den mündlichen Sprachgebrauch zulassen, ist der Verlust des Präteritums (und Ersatz durch das Perfekt) von ca. der zweiten Hälfte des 15. Jhs. bis ca. 1600 zu datieren.

Die rasche Zunahme der Perfektformen in der Erzählung deutet Lindgren (1957, 110f.) in dem Sinn, daß das Präteritum um 1530 in der gesprochenen Sprache ausgestorben sei. Rechnet man mit der Möglichkeit, daß ein Schreiber das Präteritum in der Schrift noch nach der herkömmlichen Weise verwenden kann, wenn er es nur passiv aus der Sprache älterer Generationen kennt, so wäre nach Lindgren (1957, 111) das Verschwinden des Präteritums aus der gesprochenen Sprache in der Zeit um oder kurz vor 1500 anzusetzen. Dieser Schluß von der einfachen Statistik des Vorkommens in geschriebenen, meist literarischen Erzählungen bleibt bloß eine Vermutung. Für die Schweiz hat R. Jörg (1976) aufgrund von chronikalischen Aufzeichnungen, Gerichtsprotokollen, Briefen und verschiedenen anderen privaten Texten eine zeitliche Staffelung festgestellt: für Basel Präteritumschwund ca. 1500–1550, für Bern ca. 1530–1580, für Luzern ca. 1550–1600, für Zürich nach 1550 (um 1600 finden sich noch einzelne Präteritalformen, die auf die gesprochene Sprache zurückzuführen sind).

Als Ursache des Präteritumschwunds galt lange die Apokope des -e, die im Obd. am weitgehendesten durchgeführt ist. Nach der von Reis (1891, 12–16) aufgestellten Theorie habe die e-Apokope zum lautlichen Zusammenfall von Indikativ Präsens und Präteritum in der 3. Person. Sg. der schwachen Verben geführt (vgl. Behaghel II, vi; eine ähnliche, auf Apokope basierende Erklärung schlug Nagl schon 1886 (S. 369f.) vor; s. Jacki 1909, 522f.). Diese undeutlich gewordene Präteritalform sei durch die andere zur Verfügung stehende Vergangenheitsform, das Perfekt, ersetzt worden. Der Ersatz habe sich dann auch auf die starken Verben ausgedehnt. Empirische Unterstützung findet dieses Szenario jedoch nicht. Die erwartete Folge der Apokope, ein früherer und stärkerer Schwund des Präteritums bei den schwachen Verben scheint nicht eingetreten zu sein (Kaiblinger 1929–30, 274f.; Lindgren 1957, 124ff.; Oubouzar 1974, 69; Jörg 1976, 124ff.). Auch andere Möglichkeiten hat man vorgeschlagen: die beschädigte grammatische Kategorie Präteritum sei als ganze ersetzt worden, nicht allmählich von den schwachen Verben aus (Lindgren 1957, 127f.); das Präteritum sei ausgefallen, weil sich Präteritum und Perfekt in der gesprochenen Sprache in ihrer Funktion angeglichen hatten (Meillet 1909; Kaiblinger 1929–30; Jörg 1976), wozu die Formenfülle und Unregelmäßigkeiten des Präteritums beigetragen hätten (Meillet 1909; Kaiblinger 1929–30); als mitwirkender Faktor beim Ersatz durch das Perfekt habe das Formelement -te auf süddeutschem Gebiet eine so ausgeprägte Bedeutung von Modalität angenommen, daß es sich nicht mehr als Träger von Vergangenheitsbedeutung eignete (Dal 1971, 236ff.). Siehe auch (zusammenfassend) Trost 1980; Abe 1981; Gersbach 1982.

4.1.7. Plusquamperfekt

Mit dem Rückgang der finiten Form mit *ge*- steigt die Frequenz des damit § S 165 konkurrierenden Plusquamperfekts (Präteritums der Vollzugsstufe). Es bezeichnet Abgeschlossenheit einer Handlung vom Standort der Vergangenheit und damit auch Vorvergangenheit:

und die fruht die vor langer zeit ab gevallen waz, die waz als frisch als die in dez ab vielen C. Ebner 33, *und ich kam auff ain anders pferdt, das was ains Türcken gewesen*

Schiltberger 4, *Item uff sant Jergentag im 30 jar fiell ain schne, großer den er den ganzen winter ie gefallen war* Hug 192.

Die logische Abgeschlossenheit bzw. Vorvergangenheit kann auch unbezeichnet bleiben; das ist häufig der Fall in Temporalsätzen (s. §§ S 284–288). Wegen der Apokope des *-e* können in der 3. Pers. Sg. in manchen Texten Perfekt- und Plusquamperfektformen der Umschreibung mit *haben* nicht unterschieden werden. Auch die Auslassung des Hilfsverbs (s. §§ S 256f.) führt zu indifferenten Formen.

Wie das Perfekt kann auch das Plusquamperfekt die Grenzen der Mitteilung / Erzählung markieren (s. Semenjuk 1981, 69f.): *Da saylten wir ... byß vf den xv. tag Nouenbris vnd satzte ancker vor die stat Lysibon vnd hatten do mit diesse Reyß in dem namen gottes volnbracht vnd geendet* Balthasar Springers Indienfahrt 1505/06 (Semenjuk 1981, 69). Semenjuk (1981, 70, 104) führt eine Reihe von Fällen auf, die weder den Anfang noch den Schluß der Mitteilung markieren und in denen die so bezeichnete Handlung nicht als logisch vorausgehend erscheint. Diesen Fällen schreibt sie eine kommunikative Funktion (Hervorhebung des Wesentlichen in der Mitteilung) zu.

4.1.8. Doppelte Perfektformen

Lit.: Behaghel II, 271f.; Eroms 1984.

§ S 166   In doppelten Perfektformen wird vom Hilfsverb das Perfekt gebildet. Die doppelte Perfektform begegnet vereinzelt in süddeutschen Texten meist mit Bezug auf Abgeschlossenheit bzw. Vorvergangenheit (vgl. aber Schiltberger unten mit Vergangenheitsbezug). Die Form wird schon von Ölinger (1573) erwähnt.

Sant Bartholmeß und Sant Thatee ... die haben die Armenigen bechert zu christenlichen glauben; aber sie haben sich offt wider umbgeschlagen gehabt Schiltberger 100, *Herlant, mir ist gesagt, vch sy baß erlongen zu ziehen vwern jungen knaben, den myn herre vatter vch entpholen hatt gehabt* Pontus und Sidonia (Semenjuk 1981, 30), *Mer so wiß, das der Wilbold eizt hat weil solen zichen gen Lyan vnd hat sein dinglich ‚Waren' schon ein geschlagen kabt ‚eingepackt gehabt' ...* Margareta Behaim (geb. 1506) 87, *... haut sich der turkist kaisser enthschlossen gehept, am donstag ... mit aller siner macht allenthalb an der statt zu stürmend* Hug 183.

4.1.9. Futurperiphrasen

Lit.: Bech 1901; H. Kurrelmeyer 1904; Paul IV, 127, 147f.; Franke III, 210–212; Behaghel II, 253–266, 298; Kleiner 1925; Saltveit 1962; G. Carr 1969; Dal 1971; Oubouzar 1974, 37, 44f., 58f., 65f., 72, 84–87; Walther 1980; 1982; Semenjuk 1981; Leiss 1985; Bogner 1989.

Ein Vorgang oder Zustand, der für den Sprecher nachzeitig ist, kann durch § S 167 das Präsens (häufig, jedoch nicht notwendigerweise, mit temporaler Bestimmung) oder durch periphrastische Formen aus *sollen* / *wollen* (*müssen*) + Infinitiv oder *werden* + Part. Präs. / Infinitiv bezeichnet werden. Im Laufe des Frnhd. werden die Periphrasen mit Modalverben durch *werden* + Infinitiv zurückgedrängt; der Übergang ist ungefähr im späten 15. und frühen 16. Jh. eingetreten.

Die Urteile über die Fortdauer der Konstruktion mit *sollen* / *wollen* / (*müssen*) im § S 168 Frnhd. hängen davon ab, wie die verschieden starken modalen Nuancen interpretiert werden. Nach Bogner (1989, 76f.) tritt die Modalverbfügung mit temporaler Bedeutung noch in der zweiten Hälfte des 15. Jhs. etwas häufiger als *werden* + Inf. auf (im 14. und 15. Jh. findet er nur noch vereinzelte temporale Fälle von *müssen* + Inf.). In der zweiten Hälfte des 16. Jhs. überwiegt *werden* etwa 4:1. Für die Zeit um 1500 berichtet Schieb (1976, 77ff., mit strengen Maßstäben gemessen) von nur letzten Resten der Futurperiphrase mit Modalverben im Ripuarischen und vor allem im Niederdeutschen. Nach Carr (1969, 62ff., 110) machen dagegen bei Luther die Modalperiphrasen einen beträchtlichen Teil der nichtvoluntativen Futurformen aus. In der zweiten Hälfte des 16. Jhs. sind die Modalperiphrasen relativ selten (ca. 1:4 gegenüber *werden* nach Bogner 1989, 77). Mehrere Grammatiker des 16. und 17 Jhs. führen noch *wollen* (selten *sollen*) neben *werden* auf (Jellinek 1914, 330f.). Vgl. mit *wollen* / *sollen*:

si sah in mit den fünf wunden und mit den sneidenten swerten als er am jungsten tag wil sitzen zu geriht A. Langmann 16, *vure mich hin vor des kuniges angesicht, so wil ich im di entscheidunge sagen* Cranc Dan. 2, 24 (*narrabo*), *sine gewalt ist ein ewege gewalt, die nimmer vorgeen sal* Cranc Dan. 7, 14 (*auferetur*), *Was meynestu* / *wil aus dem Kindlin werden?* Luk. 1, 66 (1545).

Die Futurperiphrasen mit *werden* + Part. Präs. / Inf. entwickeln sich aus § S 169 dem Gebrauch dieser Formen als Ingressiv (s. § S 173). Die Präsensformen von *werden* + Part. Präs. / Inf. werden im 14. und 15. Jh. immer mehr zur Bezeichnung des Zukünftigen gebraucht, während sich die Präteritalformen bis ins 16. Jh. als Ingressiva halten. Im 14. und 15. Jh. wird *werden* + Part. Präs. in beiden Funktionen durch den Konkurrenten *werden* + Inf. zurückgedrängt. Nach 1500 kommt die Fügung mit Part. Präs. nur selten vor (DWB 14, 1, 2, 248; Schieb 1976, 76; Semenjuk 1981, 30).

Das Futur mit *werden* + Inf. kann schon im 14. Jh. von zahlreichen Verben, darunter auch durativen Verben und *sein* (entgegen der Behauptung von Oubouzar 1974, 45, 86) gebildet werden:

Du sihst mich ietzund neur als durch einen slimen: hernach als du mich wirdest sehen durch den spigel miner gotheit ... C. Ebner 34, ... *das sie beiderseit vor unser gegenwortikeit komen sullen uff unser frowen tag assumpcionis der schirest kômet, wo wir zu den selben czeiten sein werden* Karl IV UBS 5,679, *Die syben werck wirt got an dem jungsten tag begaben und verpuzzen an den lewten* M. v. Amberg 764f., *daz riche wirt zuvuren und vorzeren alle dise rich und wirt sten eweclichen* Cranc Dan. 2,45.

Mit dem Rückgang der Präteritalform im 16. Jh. wird die Konstruktion *werden* + Inf. als Futurperiphrase systematisch ausgebaut: seit dem 16. Jh. begegnen *werden* + Modalverb + Inf., z. B. *alßo wirt auch des menschen son leyden mussen von yhn* Matth. 17,12 (1522); das Futur des Passivs, z. B. *vnd des menschen son wirtt den hohen priestern vnnd schrifftgelerten vbirantwortt werden* Matth. 20,18 (1522); das Futur des Perfekts Aktiv, z. B. *vnd den ersten visch so vffherkumpt nimm, vnd so du sin mul wirdst vff thon han, wirdst ein stater finden* ... Zwingli 28, *Die Könige haben sich mit dem Schwert verderbet | vnd einer wird den andern geschlagen haben* 2. Könige 3,23 (1545).

Zu *würde* + Inf. s. unten § S 171. Zur Auslassung des Hilfsverbs s. §§ S 256f.

§ S 170 *Werden* + Inf. dient nicht allein zur Bezeichnung eines nachzeitigen Vorgangs oder Zustands, sondern auch zum Ausdruck

1. einer Vermutung über die Gegenwart (DWB 14,1,2,256; Behaghel II, 264; Walther 1980,80ff.): *Thu auff die thůr, laß jn herein, Es wirt leicht der Landtbútel sein* Sachs (Walther 1980,82), *Jhesus aber sprach zu yhn, Sehet zu vnd huttet euch fur dem sawr teyg der phariseer vnd Saduceer, da dachten sie bey sich selbs, vnd sprachen, das wirts seyn, das wyr nit haben brot mit vns genommen* Matth. 16,6f. (1522);
2. einer Allgemeingültigkeit (das gnomische Futur, DWB 14,1,2,253f.; Behaghel II, 263f.; Walther 1980,88f.): *Welcher sich zwayen herren wil verpflichten, der würt von baiden tailen undank erlangen* ... Steinhöwel 145, *Wer durch Tumult auffsteigt: wirt plôtzlich vnterligen* Gryphius (Walther 1980,89);
3. einer Aufforderung (selten, DWB 14,1,2,253; Behaghel II, 264f.; Walther 1980,87f.): *Das ffunfte gebote gotes* ... *du wirst nicht toten* M. v. Amberg 333f. (dazu Saltveit 1962,224f.; Walther 1980,92f.), *Deinen hassz und boßhafftigen neidt Den würstu anzeigen zů dieser zeit* Brant (Walther 1980,87).

§ S 171 Die Konjunktivform *würde tun* usw. war ursprünglich die konjunktivische Entsprechung vom Präteritum *ward tun*. Mit der Entwicklung der Periphrase *werden* + Infinitiv als Futurum bezeichnet diese Form die Zukunft von einem Standpunkt der Vergangenheit aus, z. B. *weil sie* (die römischen Buben) *wol gewust, das mit dem Turcken vnd Frantzosen dis iar so stehen wurde* Luther (DWB 14,1,255) und funktioniert auch als Konditionalperiphrase (s. § S 222). Die Form begegnet schon im 14. Jh., ist im späten 15. Jh. und frühen 16. Jh. verbreitet, wenn auch noch nicht häufig; danach wird sie ganz geläufig.

Der Konj. Präs. der Periphrase (*werde tun* usw.) bleibt bis zum Ende der frnhd. Zeit eine seltene Form (Guchmann 1981,263). Statt dessen stehen

mit futurischer Bedeutung *würde* oder *wollte* + Infinitiv und der Konj.
Präs.

Die Entstehung der Fügung *werden* + Inf. hat trotz verschiedener Ansätze keine §S 172
befriedigende Erklärung gefunden. Da die Periphrase *werden* + Inf. im Mhd. viel
seltener als *werden* + Part. Präs. auftritt, gehen die meisten Erklärungsversuche
davon aus, daß die frnhd. Konstruktion mit Infinitiv aus der mit Part. Präs. hervorgegangen ist. Dies wird vielfach als rein lautliche Entwicklung angesehen: als die
Abschleifung der Partizipialendung *-ende* > *-enne* > *-ene* > *-en* (verschiedene Varianten der Abschleifungstheorie sind bei Saltveit 1962, 30–35 zusammengefaßt).
Nur die alemannische Überlieferung ist gründlich erforscht worden (Kleiner 1925)
und sie unterstützt die lautliche Erklärung nicht: beim Auftauchen der ersten Beispiele mit *werden* + Infinitiv im 13. Jh. läßt sich kein allgemeiner Abfall der Partizipialendung feststellen (Kleiner 1925, 57). Auch die modifizierte Abschleifungstheorie Behaghels (II, 262), wonach die Entwicklung von der Stellung im Nebensatz
ausgegangen sei, entspricht dem empirischen Befund nicht, denn die Konstruktion
mit Part. Präs. erhält sich zäh in Satztypen mit dieser Stellung (Saltveit 1962, 249).
Im Alemannischen tritt dagegen eine Vermischung des Part. Präs. und des flektierten
Infinitivs ein (Kleiner 1925, 58). Anderswo kann Synkretismus zwischen dem Infinitiv und der schon mhd. reduzierten Variante der Partizipialendung (*-en*) unter
Einfluß daneben stehender Futurperiphrasen mit *sollen* / *wollen* + Infinitiv zu einer
Umdeutung der Kategorie geführt haben (vgl. Wilmanns III, 177; Dal 1966, 132;
1971, 202).

Gegen die Entwicklung aus *werden* + Part. Präs. äußern sich Paul (IV, 127, jedoch
ohne nähere Ausführung) und Saltveit (1962). Saltveit schreibt *werden* + Inf. ursprünglich modaler Bedeutung zu; seine frühen Belege von *werden* + Inf. sind aber
unzuverlässig (vgl. schon Kleiner 1925, 26, Anm. 36). Der Hypothese von der Unabhängigkeit der Konstruktionen scheint zu widersprechen, daß der Infinitiv etwa
gleichzeitig in die parallele Konstruktion *sein* + Part. Präs. eindringt (DWB
14, 1, 2, 250). Leiss (1985) stellt die These auf, die Fügung *werden* + Inf. beruhe auf
dem Einfluß des alttschechischen *budu* + Inf. Es fehlt jedoch der Beweis, daß *werden* +
Inf. von einer Gegend deutsch-tschechischen Sprachkontakts ausging und dort
zuerst Verbreitung in der gesprochenen Sprache fand. Es gibt einige Indizien, daß
sich *werden* + Inf. vom Osten nach Westen ausgebreitet hat: Proben aus dem 14. Jh.,
Kleiners alem. Daten aus den Jahren 1375–1450, Walthers großräumige Zählungen
für die Zeit 1470–1530 (*werden* + Inf. findet sich am häufigsten im omd. Sprachraum); einige weitere Indizien erwähnt Leiss (1985, 268–272). Diese Ergebnisse sind
aber alle etwas unsicher. Da man in jedem Text nur die Fälle von *werden* + Inf. zählt
und nicht auch andere Ausdrucksmöglichkeiten für Zukünftiges, kann es sein, daß
die geographischen Unterschiede nicht die häufigere Verwendung von *werden* + Inf.
unter diesen Ausdrucksmöglichkeiten widerspiegeln, sondern allein den Umstand,
daß in den wenigen Texten aus jeder Gegend zufälligerweise zukünftige Ereignisse
überhaupt unterschieden häufig besprochen werden.

4.1.10. Ingressive Formen

§ S 173 *Werden* + Part. Präs. / Inf. kann das Hineingeraten in einen Zustand oder Vorgang bezeichnen. Da die Präsensform als periphrastisches Futurum dient, sind Präsensformen mit ingressiver Bedeutung nur vereinzelt belegt (s. DWB 14,1,2,248). Präteritalformen mit Part. Präs. werden im 15. Jh. immer seltener, aber mit Infinitiv sind Präteritalformen im 15. Jh. noch weit verbreitet und in der ersten Hälfte des 16. Jhs., besonders im Wobd., nicht selten. Neben Präteritalformen mit eindeutiger Ingressivbedeutung finden sich auch Beispiele, in denen sich die Bedeutung der periphrastischen Form scheinbar nicht von der des einfachen Verbs unterscheidet (s. besonders Aron 1914,46,49). Die Konstruktion stirbt im 16. Jh. aus.

so redet sie so süezlich von unserm herren, daz sie wainde wurden C. Ebner 21, *da sagt er im, er hett in geköpfft; und da wardt der Weyasit zahern ,weinen'* Schiltberger 10, *unde do waren etzliche yn dem synnen, das sie zu konige kyßen wolden herzogen Frederichen von Brunßwigk. unde yn der kor ,Kür' worden sich zweien der bischouf von Mentze unde der selbige herzoge* Dür. Chr. 649, *und als er enpfand, daz er gefangen was, ward er über lut löwen und schryen . . .* Steinhöwel 103 (*dum vero captum se cognovit, maxima voce rugire cepit* 102), *als die fraw het den son in der schoß vnd mit im schertzet, do erseüfftzet der man. die fraw fraget in, durch was sach er also erseüfft- zet. do ward der man aber erseüfftzen vnd sprach . . .* Eyb 23, *Von deß wegen der Apiarius / wie wol er seer erzürnt was / ward lachen* Wickram 24.

Vereinzelt begegnet die Konstruktion im Perfekt: (der fiscal hat die cita- tion) *einen notari geben zuverlesen öffentlich, ist aber der notarius darob weinen worden* Luther (DWB 14,1,2,249). S. dazu Aron 1914; Schieb 1976,76f.,81,215.

Wollen + Inf. mit nichtvoluntativem Subjekt kann ingressiven Charak- ter haben (s. DWB 14,2,1356): *Diese swester sah an der naht do er sterben wolt, unsern herren und unser frawen ob im mit dem himelischen her* C. Ebner 41, *Als es tag wolte werden,* . . . Beer 36.

Anm.: An die periphrastischen Formen grenzt der Gebrauch von *anfangen, aufhören* und *geraten* ,dazu gelangen, anfangen' (in dieser Bedeutung bis ins 16. Jh.) in sub- jektlosen Sätzen und mit den mit semantisch leerem Subjekt auftretenden Witte- rungsverben: *gleich so facht im an zů traumen von wasser* Geiler, Die Emeis 36a, *es gerat abend werden* Geiler, Predigen teütsch 61a. Zu *gehen* + Infinitiv s. § S 189.

4.1.11. *sein* + Part. Präs. / Inf.

Lit.: DWB 10,1,313,324–326; Aron 1914; Holmberg 1916; Paul IV, 127; Behaghel II, 262,366; Limmer 1944; Schieb 1976,75,80,214.

§ S 174 Recht häufig finden sich im 14. und 15. Jh. periphrastische Formen mit flektiertem *sein* + Verben auf *-ende / -end / -ent / -en,* deren Status als Part.

Präs. oder Inf. oft unsicher ist, da diese Endungen sowohl in eindeutigen Infinitivkonstruktionen als auch bei attributiven Partizipien (*-en* findet sich hier selten) vorkommen können. Im Laufe des 15. Jhs. breitet sich die *-en*-Form auf Kosten der – *end(e)*-Form aus. Das Auftreten der Periphrase ist semantisch, lexikalisch und stilistisch bedingt. Zahlreiche Fälle lassen sich als Progressiva deuten. Es bildet sich jedoch keine systematische Opposition zwischen dieser periphrastischen Form und der einfachen Form aus, denn in vielen Fällen, zuweilen auch bei nichtdurativen Verben, ist die Periphrase bloß eine gleichbedeutende Variante der einfachen Form.

Die Periphrase begegnet unter Einfluß der lateinischen Bibelsprache (der lat. Periphrase *esse* + Part. Präs.), unter Einfluß lateinischer appositiver Partizipien der Kanzleisprache und in einheimischen, sowohl kanzleisprachlichen als auch weiter verbreiteten Formeln (z. B. mit *anliegen, (zu)gehören, berühren, antreffen, dienen, nachfolgen; bedürfen, (be)gehren, bitten, fordern, warten / gewarten, wohnen*). Bei verschiedenen Dichtern erscheinen zahlreiche Verben in dieser periphrastischen Form, besonders zur Herstellung des Reims (vgl. dazu Erasmus Alberus, 4: „ *Ich habe aber in meinen Fabeln nie den vortheil brauchen wóllen, so dem mehrer theil der jhenen, die Rheimen machen, sehr gemein vnd jhr bester behelff ist, als, Ich thu schreiben . . . Item ich bin schreiben, der ist beschreiben, soll so viel sein, als ich schreibe, der beschreibt etc. Welchs wol vor ein mißbrauch der Deudschen sprachen von vielen gehalten werden mag*"). Hans Sachs verwendet die Periphrase noch massenhaft, aber in der Prosa des frühen 16. Jhs. ist sie schon sehr selten.
. . . *daz wir noch derselben ewerre antwert wartinde sein* Karl IV UBS 5, 449, *der boum was groz und starc, und sine hoe waz rvnde den himel* Cranc Dan. 4, 8, *und die kúrfúrsten waren dez kungs Wenczlab warten von sant Lorenczen tag . . . vncz auf den nehsten freytag dar nach* Stromer 51, *und sólcher stv̇re und eerung wol bedúrffen sind* Friedrich III RA 16, 667, . . . *wie das die rechenmeister of die zit geltes bedorfende waren* Chr. v. Mainz 220, *die veind waren nun eylen vff dem gestatt* Hartlieb 10, . . . *ob er wol nie kein gúttet vō jm entpfangē hett / vñ ouch keiner me von jm warten were* Geiler, Seelenparadies 4a.

4.1.12. *Tun* + Infinitiv

Lit.: Paul IV, 126; Behaghel II, 361f.; Weiss 1956; Schieb 1976, 76, 131, 146, 219; DWB 1, 11, 444–446.

Tun + Infinitiv als Umschreibung des einfachen Verbs („manchmal mit   § S 175 dem nebenbegriffe des pflegens und der wiederholten handlung", DWB 11, 1, 444) ist schon in der zweiten Hälfte des 14. Jhs. in Süddeutschland reich ausgebildet. Die Periphrase kommt häufig im Vers vor, wobei der Infinitiv überwiegend den Reim bildet (vgl. Erasmus Alberus oben § S 174). In Prosaquellen ist sie weitaus seltener anzutreffen. Sprechsprachlich gefärbt ist die Konstruktion vielleicht erst am Ende des Frnhd. (vgl. Schieb 1976, 146); sie erscheint noch im 17. Jh. in Kanzleitexten.

so ist nigramancia ain kunst, die da tüt erwecken die totten Hartlieb 18, *Also in dem*
thet Maria sich frôwen Geiler, Das Evangelibûch 187b, *Damit thu ewer Churfurstli-*
chen Durchleuchtikait ich mich zu derselben Dienstbarkeit vnrertenicklichst beuelhen
Scheurl 169 (*befehlen tun* ist eine Briefformel), *so hetten sie aber die überalte statt*
Trier und ire antiquitates ger gesehen, die fürwar kainer ander statt in Europa solcher
alten gepewen halb thut weichen Zimm. Chr. 282, *wann keine sonderbahre Gefahr des*
Meineyds erscheinen thäte RA 1654 451, *von allen Orthen und hochen Hôffen thâten*
ab vnd zulauffen die Eilfertige Curir Abr. a S. Cl. 7.

Zu kausativem *tun* + Inf. s. § S 191.

4.2. Infinitivkonstruktionen

Lit.: Merkes 1896; Paul IV, 93–136; Franke III, 228–234; Behaghel II, 303–372; IV,
118–123; Ebert 1976; 1986, 138–156; Brucker 1978; Keinästö 1986; Vaišnoras
1986; 1988.

4.2.1. Einleitendes

§ S 176   Die Infinitivform des Verbs tritt in zahlreichen Konstruktionen mit sehr
unterschiedlichen syntaktischen und semantischen Relationen auf. Auf der
einen Seite finden sich periphrastische Formen wie das Futurum *werden* +
Infinitiv, auf der anderen Konstruktionen wie Subjektsätze, Objektsätze
mit *zu* + Infinitiv in dreistelligen Konstruktionen und Adverbialsätze mit
zu + Infinitiv, die sich syntaktisch weitgehend wie Nebensätze mit finitem
Verb verhalten. Zwischen diesen Extremen liegen mehrere Konstruktionen,
die Eigenschaften eines einfachen sowie eines komplexen Satzes aufweisen.

§ S 177   Zu Beginn der frnhd. Zeit begegnen mit der Präposition *zu* noch flektierte
Dativformen auf -*ene* (md.) und -*end(e)* (swd.) neben der einfachen Infinitivform auf -*en*. Die flektierten Formen, die gelegentlich ohne *zu* auftreten, werden im 15. Jh. immer seltener. Letzte Reste der swd. Form sind
noch im frühen 16. Jh. zu finden. Ein Genitiv auf -*endes* kommt sehr selten
vor: *und erlos mich dis schribbendes* R. Merswin 6.

§ S 178   Der Infinitiv kann fakultativ mit dem Präfix *ge-* auftreten, weitaus am
häufigsten neben *mögen*, weniger häufig neben *können, sollen* und *geturren*,
gelegentlich auch neben *dürfen, wollen, lassen, helfen, hören* und *sehen*. Die
ge-Formen gehen im 16. Jh. stark zurück (s. DWB 4, 1, 1, 1614ff.; Reifferscheid 1874).

§ S 179   Ob der Infinitiv mit oder ohne *zu* erscheint, hängt vom übergeordneten
Verb und von der Funktion des Infinitivs ab (s. unten). Der passive Infinitiv tritt häufig ohne *zu* auf bei Verben, die beim aktiven Infinitiv gewöhn-

lich *zu* erfordern. Bei koordinativ verknüpften Verben kann Wechsel zwischen einfachem Infinitiv und *zu* + Infinitiv stattfinden, z. B. ... *das ain yeglicher widersach / vndersteet seynen wiedersacher zu belaydigen. beswåren vnd zu raitzn̄* Geiler, Predigen teütsch 144a (s. Behaghel II, 308). Gelegentlich steht *zu* in einer Kette von Infinitiven oder von Partizipien und Infinitiven vor der „falschen" Verbalform:

do von er durch zimlich geselschaft vermeint zů erlôßt werden Eberlin 19, ... *das eins e. rats will noch gemiet nie were gewesen, ein entschaid in diser hanndlung lassen zů geben* Eck 40, *ich gedachte / diese fremde Dinger wären nur zu dem Ende da / mir die Schafe helffen heimzutreiben* Simpl. 16 (s. Behaghel II, 308).

Die Infinitivkonstruktionen werden hier in zwei Haupttypen geteilt: (1) im „Infinitivsatz" können in der Infinitivgruppe alle Konstituenten eines Satzes außer dem Subjekt vorhanden sein; (2) in der „Infinitivergänzung" (vgl. Behaghel II, 331 „exegetischer Infinitiv") fehlt nicht nur das Subjekt, sondern auch das Akkusativobjekt eines transitiven Verbs, z. B. ... *es syen etlich spysen vnrein, die nit zimmen zů essen* Zwingli 9, *Da gab er in 'ihnen' Jesum zů krützigē* Geiler, Das Evangelibůch 76a. Infinitivergänzungen sind im Frnhd. häufiger und variierter als im heutigen Deutsch. **§ S 180**

4.2.2. Infinitivergänzungen

4.4.4.1. Infinitivergänzungen eines Subjekts

Lit.: Behaghel II, 338–341; Ebert 1976, 46–77; 1986, 142–144; Boon 1981a.

Infinitivergänzungen, bei denen das Subjekt des übergeordneten Verbs das fehlende Akkusativobjekt des Infinitivs vertritt, treten während der ganzen frnhd. Zeit häufig bei prädikativen Adjektiven (s. § S 184) und in der Konstruktion *sein* + *zu* + Infinitiv (s. § S 183) auf. Bei aktiven Verben (s. § S 182) finden sie sich ziemlich häufig bis weit ins 16. Jh. hinein, bei passiven Verben als Passivvariante der Infinitivergänzung eines Akkusativobjekts (s. § S 182) während der ganzen frnhd. Zeit. Sie erscheinen gelegentlich auch bei attributiven Adjektiven und bei Prädikatsnomina (s. § S 185). **§ S 181**

1. Infinitivergänzungen des Subjekts bei aktiven Verben: *vnd bleiben inē mer complet an dem abent vber zebetten / dañ inen weins vberbleibt* Geiler, Das Evangelibůch 135b, *wie im alle ding zimmen ze essen vnd fry syind* Zwingli 34;
2. bei passiven Verben: *Jn kurczen zyten darnach ward der leo gefangen, ze bruchen in ainem fröden spil* Steinhöwel 139, ... *meines Herren fraw, dem ich geschenkt ward zu tödten* Staden 185, *Nur allein die tohre warden / ein iedes / achtzehen geharnschten Kriegsknechten zu bewachen anvertraut* Zesen 28. **§ S 182**

Die Konstruktion *sein* + *zu* + Infinitiv bezeichnet Möglichkeit oder Notwendigkeit. Wie beim Passiv kann nur das Akkusativobjekt des aktiven **§ S 183**

Verbs als Subjekt auftreten; bei Verben ohne Objekt und bei Verben mit
Dativ-, Genitiv- oder Präpositionalobjekt erscheint die Konstruktion ohne
Subjekt: *ander luthe genug, den wol zcu glauben ist* Freiberg / S. 14. Jh., 40,
. . . noch ist daran nicht zu gelauben Hartlieb 30, *Man müß . . . schweigen so
zů schweigen ist* Geiler, Seelenparadies 65b, *da ist kains schlecks zupflegen*
Geiler, Predigen teütsch 119b. Im 15. und 16. Jh. waren auch reflexive
Verben üblich: *Vor sölichen ist sich wol ze hütten* Pauli, Predigten 77, *Von
seinem abenteurigen baw wer sich zu verwundern* Zimm. Chr. 280.

Bei *sein* + *zu* + Infinitiv tritt nicht häufig ein Dativ auf, der als „Subjekt"
des Infinitivs verstanden wird. Dieser Dativ scheint auf die Bedeutungs-
nuance ‚sollen, müssen' beschränkt zu sein und beruht wohl auf lateini-
schem Einfluß (DWB 10, 1, 326):

*. . . das (Relativum) uns doch ettwas fromd nympt und unczimliech sein bedunkchet
und uns als ainem Rŏmichen kůnig mit nichte zu leyden ist* Friedrich III RA 15, 391,
*Möcht ůwer ains sprechen: ‚Via securior est semper eligenda – Der sichrer weg ist dem
menschen alweg ze erwellen'* Pauli, Predigten 229.

Idiomatisiert sind die Fügungen *es ist (jemandem) um etwas zu tun* ‚(jemandem) ist an etwas gelegen, (jemandem) geht es um etwas', z. B. *also ist
es dir alles vmb dich zetůn* Geiler, Seelenparadies 7a (s. dazu Behaghel II,
335) sowie *das ist zu erbarmen,* z. B. *so hörte und sahe ich in GOttes Nahmen
sündigen / welches wol zu erbarmen ist* Simpl. 73, neben dem sich kein Ausdruck *man erbarmt das* findet.

Zur Auslassung von *sein* in der Konstruktion *sein* + *zu* + Infinitiv siehe
§§ S 256f.

§ S 184   In mehreren Fällen bezieht sich ein prädikativ gebrauchtes Adjektiv deutlich auf das Subjekt und der Infinitiv ergänzt das Adjektiv, z. B. bei Adjektiven die sich auf Konkreta aber nicht auf Abstrakta beziehen:

so wrdent si an stette also rehthe zwarc anne zů sehhende also ein zwarzer kol R.
Merswin 19, *der Vogel ist follen zech ‚gar zähe' zůessen gsin / ich kunt in nie zerbeis-
sen* Geiler, Die Brösamlin I, 53a.

Bei vielen anderen Adjektiven, besonders denjenigen, die auch mit infinitivischem Subjektsatz (s. § S 198) vorkommen, scheint sich das Adjektiv
sowohl auf das Subjekt als auch auf die Handlung oder den Zustand zu
beziehen:

Wann weiche ding sein gutt ‚leicht' zupiegen und zu hanndeln mit den hennden Eyb 10,
. . . das drei ding not sein in dem gottes dienst zewissen Geiler, Die Emeis 71b, *Deñ da
fallen zwo treffliche anfechtung mit ein / die sehr schwer zu vberwinden sindt* Dietrich
90, *Indessen gingen allerley Discurse von unterschiedlichen Sängern vorüber / welche
nicht unannhemlich zu hören waren* Beer 33.

Diese Konstruktion mit prädikativem Adjektiv berührt sich mit der Konstruktion *sein* + *zu* + Infinitiv mit adverbialer Bestimmung (z. B. *Reichtum*

ist schwere zugewynnen vnd mit sorgen zubehalten Eyb 34, . . . *und sint dise fiere och gar kum ‚kaum' von ainandren ze erkennen* Pauli, Predigten 162), da im Frnhd. in den meisten Fällen Adjektive und Adverbien keine formalen Unterschiede mehr aufweisen und viele Wörter in sowohl adjektivischer als auch adverbialer Funktion auftreten.

Eine Konstruktion mit prädikativem Adjektiv, Dativ und Infinitivergänzung tritt vom 14.–16. Jh. ganz geläufig, im 17. Jh. seltener auf:

ungehorte bosheit und sache, die widerczem sint czu hören reynen leuten Karl IV UBS 5,450, *Diße historien sind vast hübsch / vnd nütz einem menschen zů leßen* Geiler, Seelenparadies 222a, . . . *voll Verlangen / welches aber umb so viel desto ehe abnahme / als schwerer mir die vorgeschriebene Noten zu erlernen waren* Beer 17, *weil ihm aber die Nuß zu hart zu beissen war* Courasche 1122.

Gelegentlich treten Infinitivergänzungen des Subjekts auch bei attributiven Adjektiven und bei Prädikatsnomina auf: § S 185

das ist ain beschwerlich ding zuvernemen Korr. d. Nürn. Rats (1530) 25, *unser Magd ward im Stall dermassen tractirt / daß sie nicht mehr darauß gehen konte / welches zwar eine Schand ist zu melden* Simpl. 18.

Die große Mehrzahl der Prädikate, die mit einer Infinitivergänzung eines Subjekts auftreten, können auch mit einem infinitivischen Subjektsatz (s. § S 198) vorkommen. In Relativsätzen findet man bei solchen Prädikaten verhältnismäßig selten Fälle, in denen das Relativpronomen eindeutig zum eingebetteten Infinitivsatz gehört, z. B. . . . *vnnd asß die schawbrott die yhm doch nit tzimpte zu essen* Matth. 12,4 (1522); stattdessen steht eine Infinitivergänzung, wie Matth. 12,4 ab 1527 . . . *die yhm doch nit zimpten zu essen.* In manchen Fällen entsteht eine syntaktische Indifferenzform: *Auch daz auzgenomen waz einem menschen zu gehort zu essen und zu trincken* M. v. Amberg 874, . . . *als ob got etwas gebotten hett / das nit müglich wår zu volbringen* Geiler, Predigen teütsch 117b. § S 186

4.2.2.2. Infinitivergänzungen eines Objekts

Bei Infinitivergänzungen eines Objekts vertritt ein Akkusativ- oder Genitivobjekt das fehlende Akkusativobjekt des Infinitivs. Infinitivergänzungen eines Objekts erscheinen sowohl (1) bei Verben, die konkrete Objekte neben sich haben und keinen infinitivischen Objektsatz gestatten, als auch (2) bei Verben und Adjektiven, die mit infinitivischem Objektsatz erscheinen: § S 187

(1) . . . *vnnd werden yhn vbirantworten den heyden zu verspotten, vnd tzu geysseln, vnd tzu creutzigen* Matth. 20,19 (1522), *Die andern aber schlagen dise erst todt, ehe sie sie zerschneiden zuessen* Staden 171, . . . *daß er . . . den Anfang seiner Gedichte and'n zu verbessern überreiche* Harsdörffer 1. Teil, Vorrede;

(2) ... *daz du chein schemlich dinch vor im icht tuest, destu vor mir ader vor einem andern menschen dich schemest zu tuen* M. v. Amberg 1179ff., ... *daz alle und yglich Juden* ... *einem yglichen Rom̃ischen kůng, so der kunglich chrõnung empfehet, einer stewr und redlichen eerung zu geben pflichtig sind* Friedrich III RA 16, 667, ... *einem menschen / der sich on billiche notdürftige sach / frõmder geschefft / vñ vnmůß vnderwindet zů erfaren / oder auß zů richten* Geiler, Seelenparadies 162b, ... *wes sie von wegen der Churfürsten, Fürsten oder Ständ in einem jeden Creyß zu verrichten Macht haben* RA 1555 352 (zum Genitiv bei formelhaften Verbindungen aus Verb und Substantiv s. § S 72).

Solche Infinitivergänzungen eines Verbs oder Adjektivs berühren sich mit Infinitivsätzen, wenn Infinitiv und finites Verb die gleichen Kasusformen regieren und das Objekt seiner Stellung nach entweder zum finiten Verb bzw. Adjektiv oder zum Infinitiv bezogen werden kann: ... *was die stadt jerlichen plichtig was zu geben* Chr. v. Mainz 225 ... *weñ du eyn gůt werck an schlachest zůuolbringen* Geiler, Seelenparadies 125a.

Solche syntaktischen Indifferenzformen haben neben dem Rückgang des Genitivs bei Verben und Adjektiven wohl dazu beigetragen, daß Infinitivergänzungen bei Verben und Adjektiven, die Infinitivsätze zu sich nehmen, nach dem frühen 16. Jh. stark zurückgehen und den Infinitivsätzen den Platz räumen.

Anm. 1: Das Verb *haben* begegnet sowohl in der Bedeutung ‚besitzen‘ mit Infinitivergänzung (*Wann ich aber selbst nichts zu fressen hab* Schupp 12) als auch in einer Modalperiphrase, wobei *haben* seine Bedeutung ‚besitzen‘ und seine Rektion einbüßt und syntaktisch und semantisch wie ein modales Hilfsverb funktioniert: ... *das nyman da in gee, dan die da zu clegene hant* Frankfurt, Gesetze 82, ... *so hat ein erberg rate einem werckmeister und stat maurrer ab zu sagen und urlaub zu geben* Tucher 36, *wiewol ich sonsten zu eilen hab* Schupp 15. Zur Auslassung von *haben* s. §§ 256f.

Anm. 2: Infinitivergänzungen sind gelegentlich in der Funktion eines postnominalen Attributs allein mit einem Substantiv konstruiert (s. § S 24; sie sind bei Schieb (1978, 514) zu den Relativkonstruktionen gezählt): *Aber in den runden mauren / fornen an zů sehen / sollē die stein im hauen an den seyten gegen dem punkten .k. gericht werden* Dürer B3b.

Anm. 3: Ganz vereinzelt vertritt ein Dativobjekt des finiten Verbs das fehlende Dativobjekt des Infinitivs: *Nun hat got den menschen am ersten der geschöpfft, vnderworffen alle ding zů dienen* Zwingli 8 (alle Dinge dienen den Menschen) (s. auch Hagfors 1899, 39f.)

4.2.2.3. Infinitivergänzungen eines Substantivs, das mit einer Präposition konstruiert ist (sog. doppelpräpositionale Infinitive)

Lit.: Matthias 1894; Göransson 1911; Strömberg 1917; Behaghel II, 335–337; Reed 1958; Ebert 1976, 164–168; 1978, 30–32; Keinästö 1986, 43–70, 255–268.

§ S 188   Infinitivergänzungen treten auch bei Substantiven auf, die mit einer Präposition konstruiert werden. In den meisten Fällen handelt es sich um Präpositionalobjekte, in den anderen stehen Präpositionalfügungen in verschiedenen adverbialen Funktionen. Bei den meisten Präpositionen reicht die Konstruktion nur bis ins 16. Jh.; *um, ohne* und *sonder* leben aber in der umgedeuteten Konstruktion *um / ohne / sonder (...) zu* + Infinitiv weiter.

Bei den Präpositionen mit Dativ (*an, in, mit, nach, von, zu*) regieren Präposition und Infinitiv verschiedene Kasus. Trotzdem Präposition und Infinitiv verschiedene Kasus regieren, wird in vielen Fällen *zu* + Infinitiv nebst seinen näheren Bestimmungen als Einheit verstanden und fungiert semantisch als Objekt der Präposition.

Auch sullen sie nemen von eyme hundirte uffzudragen eyne stegen adir zwo sehs schillinge heller ... Frankfurt, Gesetze 87 A8, *Das vier vnd dreissigist capitel von hagel vnd schawr ze machen* Hartlieb 22, *So hat ein stat paumeister vor dem nechstvergangen krieg auch mer gewaltz gehabt dann ietzunt, sunderlichen mit arbeit für zu geben und machen lassen* Tucher 245, *Das zehende zeichen der bôsen vnd falschen closter menschen das selb ist sorgfaltikeit zů überkômen zeitlich gůt / sy sind vast sorgsam in zeitichen gůtern zů überkômen* Geiler, Seelenparadies 227a, ... *Das ich einen Hunger ins Land schicken werde / nicht einen Hunger nach Brot / oder Durst nach Wasser Sondern nach dem wort des HERRN zu hören* Amos 8, 11 (1545), sowie ein vereinzeltes, sehr spätes Beispiel, in dem die Infinitivergänzung mit einem substantivierten Infinitiv koordiniert ist: *alsdann brachte der Einsidel die übrige Zeit zu mit beten / und mich in gottseeligen Dingen zu unterrichten* Simpl. 33.

Nur ganz vereinzelt wird in solchen Fällen, wo Präposition und Infinitiv verschiedene Kasus regieren, der vom Infinitiv erforderte Kasus verwendet: *Aber deine augen vnd dein hertz stehen nicht also / sondern auff deinem Geitz / auff vnschüldig Blut zu vergiessen / zu freueln vnd vnterzustossen* Jer. 22, 17 (1545).

Bei Präpositionen mit Akkusativ (*an, auf, durch, für, in, ohne, sonder, um*) regieren Präposition und Infinitiv den gleich Kasus:

Wanne wir ... gemanet haben und gebeten den rat und die burger gemeinlich der stat czu Basil umb hilfe und dienste uns und dem reiche gen Lamparten und uber berk czu tun Karl IV UBS 5, 638, *Das druï vnd zwaintzigist capittel, wie man eingät in die kunst nigramantia zu lernen* Hartlieb 15, (vgl. *Der eingän wil in die lere und schül der schwartzen kunst ...* 15), *... oder an was arbeit man sie schickt zu tun* Tucher 44, *... sonder kam er wider zuo der frowen, von der sein hercz entzünt was, und sprach ir zuo umb ieren gunst ze erwerben* Steinhöwel 153, *Da bekamen vil d' scharen von den iuden dz er da wer / vñ kamē nit allein durch Jesum zůsehen / sund' dz sie auch Lazarum sehen ...* Geiler, Das Evangelibůch 69b (=Joh. 12,9), *... gedenkē des leidens vnser herrē / das er gelitten hat für alles menschlichs geschlecht zů erlösen* Geiler, Brösamlin II, 63b.

Wenn Präposition und Infinitiv den gleichen Kasus regieren, wird das Substantiv im Akkusativ um so leichter zusammen mit *zu* + Infinitiv als Einheit verstanden. Syntaktische Indizien für diese Auffassung der Konstruktion findet man, wenn die Präposition direkt vor *zu* + Infinitiv steht oder Bestimmungen des Infinitivs, die nicht mit der Präposition konstruiert sind, direkt auf die Präposition folgen. Schon im mhd. Prosa-Lancelot finden sich mehrere Fälle dieser Art bei *um* und ein paar bei *ohne / sonder*, allerdings offenbar unter Einfluß französischer Konstruktionen der Vorlage (Keinästö 1986, 255ff.). Sonst erscheinen Fälle, wo die Präposition direkt vor *zu* + Infinitiv steht, im Hochdeutschen erst im 15. Jh. bei *um* in finaler Bedeutung:

des haben wir einen unsern wergkman ... geschicket, umb zu besehen, wie es umb das steinwergk gelegen si Chr. v. Mainz ca. 1440 (DWB 11, 2, 792), *Da waren ritter von eym schilt hundert oder mere, umb zu erwerben pryß und ere* Reinholt von Montelban, um 1474 (Behaghel II, 336; Keinästö 1986, 45), *Damit man vor de' tür clopft vmb ain zü komen* Das leben der minneden sel (Hs. 1486) 102a.

Bei den relativ wenigen, zerstreuten Beispielen der Konstruktion mit Präpositionalfügung und Infinitivergänzung lassen sich keine Entwicklungslinien feststellen. Mehrere Faktoren sind bei der Verwendung von Präposition + Nominalgruppe + *zu* + Infinitiv als Einheit möglich: (1) der lehnsyntaktische Einfluß des Altfranzösischen auf das Mhd., (2) der Einfluß der niederländischen doppelpräpositionalen Infinitive und der niederdeutschen Konstruktion *om te* + Infinitiv und (3) der Einfluß der lateinischen Gerundivkonstruktionen mit *ad* und *pro* auf die Kanzleisprache.

Als Einleitungsstücke, die zusammen mit *zu* eine syntaktisch-semantische Einheit bilden, leben *um, ohne* und *sonder* fort. *Um (. . .) zu* bleibt im ganzen 16. Jh. sehr selten, wird im 17. Jh. etwas mehr verbreitet aber ist bis zum Ende der frnhd. Zeit noch selten (s. auch unten § S 202). *Ohne (. . .) zu* ist seit dem 14. Jh. ganz spärlich belegt, z. B.

. . . daz ir . . . ewer leste antwert dor uber gebt, . . . mit wie vil guter lute gewapend ir uns dienen wellet gein Rome steteclich sechs mande bei uns zu bliben, an zu zelen die manden so ir von huse ziehet Karl IV UBS 5, 585, *So mag man auch auß Castilien kein gelt füren, one den zehenden davon zubezalen* Lorenz Meder (1555) 182 (weitere frnhd. Belege bei Keinästö 1986, 66).

Für *sonder (. . .) zu* hat man einige wenige Belege aus dem 14. und 15. Jh. und dem späten 17. Jh. (s. Keinästö 1986, 66f.). *(An)statt (. . .) zu* ist zuerst bei Thomasius 1687 belegt (Göransson 1911, 51) und ist offenbar eine Nachbildung von *um (. . .) zu.*

4.2.3. Infinitivsätze

4.2.3.1. Zweistellige Konstruktionen mit einfachem Infinitiv

Lit.: Kehrein III, 15–19; Paul IV, 95–100; Behaghel II, 309–318; Ebert 1976, 99–112; Schieb 1976, *passim*; Keinästö 1986, *passim*.

§ S 189   1.   Der einfache Infinitiv erscheint regelmäßig bei *(ge)turren* ‚wagen, sich getrauen' und fast regelmäßig bei den Modalverben *sollen, wollen, müssen, mögen, können* und *dürfen*; vereinzelt findet sich bei den Modalverben auch *zu* + Infinitiv.

2. Bei *bleiben* erscheint neben dem früheren Part. Präs. (s. § S 210) der Infinitiv von Verben der Ruhe und Dauer (z. B. *hängen, kleben, liegen, sitzen, stehen*).

3. Die Ruheverben *liegen, sitzen* und *stehen* erscheinen mit einfachem Infinitiv oder *zu* + Infinitiv: *eyn teil stont schwåtzen uff der gassen* Brant (DWB 10, 2, 1633), *in dem treck sitzen sie zů kracken* ‚quaken' Geiler, Sünden des Munds 33b, *die handwercks lüt seī vff vnd du ligest an dem bedt zefulen* Geiler, Das Evangelibůch 202d;

4. Bei Bewegungsverben können sowohl der einfache Infinitiv als auch *zu* + Infinitiv ein finales Verhältnis ausdrücken: *so mag iederman uf die stube gon sinen teyl nemen* Ukb. Straßburg 5, 430, *mā solt kummē ein kind tauffē* Geiler, Die Emeis 9b. Der einfache Infinitiv kann eine begleitende Handlung ausdrücken; im Satz können entweder Richtungs- oder Ortsadverbien stehen: *Anno dni. 1524 vor weichnechten da gieng zů schwäbischen Hall ain knab auff der gassen singen* Rem 215, *Der Portner kam eylentz lauffen* Wickram 10, *gehen sie tantzen und singen umb das holtz her* Staden 189.

Süddeutsch, besonders alem. wird *gehen* + Infinitiv als Periphrase verwendet: *es gadt der tag sich neigen und die abent schatten einfallen* Jer. 6, 4, Züricher Bibel 1530 (DWB 4, 1, 2415), *Der zymmerman / wann er das hauß gemachet hat / so gat er darnach sterben / er bedarff nit bei dem hauß bleiben* Geiler, Das Evangelibůch 60a.

5. Bei *lernen* und *lehren* ‚lernen' überwiegt der einfache Infinitiv.

6. Bei *anfangen, anheben, beginnen* und *aufhören* überwiegt *zu* + Infinitiv um 1500. Der einfache Infinitiv hält sich am längsten im Westen.

7. Der einfache Infinitiv erscheint als seltenere Variante bei einer Reihe von anderen Verben, z. B. *bedürfen, begehren, gedenken, geraten, geruhen, gewohnen, meinen, pflegen, vermeinen, vermögen* und *wähnen*. In fast allen Fällen schwindet der einfache Infinitiv bei diesen Verben im Laufe des 16. Jh., bei *pflegen* behauptet er sich durchs 17. Jh. hindurch.

Anm.: Die unter 7 aufgeführten Verben sind alle bei mehr als einem Autor belegt. Außerdem gibt es in Texten, Grammatiken und Wörterbüchern vereinzelte Beispiele anderer Verben, von denen man nicht weiß, ob es sich um isolierte Beispiele, sogar Schreib- oder Druckfehler, handelt oder um seltener gebrauchte Varianten, die zufällig nur ganz vereinzelt belegt sind.

4.2.3.2. Die Kausativa *lassen, tun, machen, heißen, schaffen*

Lit.: Weiss 1956; Bondzio 1958; 1959–60; Ebert 1976, 131–140; Vaišnoras 1987.

Lassen begegnet in zahlreichen Konstruktionen mit Infinitiv.			§ S 190

In den Konstruktionen 1.–3. vertritt das Akkusativobjekt von *lassen* das logische Subjekt des Infinitivs. Es begegnen in Konstruktionen mit *lassen*:

1. intransitive Verben mit Nennung vom logischen Subjekt des Infinitivs;
2. Verben mit Akkusativ-, Dativ-, Genitiv- oder Präpositionalobjekt mit Nennung vom logischen Subjekt des Infinitivs;
3. Kopulaverben + Prädikatsnomen oder Adjektiv; das Prädikatsnomen kann im Nominativ oder Akkusativ stehen;
4. intransitives Verb ohne Nennung von dessen logischem Subjekt, z. B. *lasz rauschen* Gargantua (DWB 6,233);
5. transitives Verb ohne Nennung von dessen logischem Subjekt, z. B. *do was Moyses so ein feyn schôn kind / da von wolt sy es nit laßen ertrencken* Geiler, Seelenparadies 199b;
6. subjektlose Verben, z. B. *die gaiß, ... die ... ieren aignen kinden gebrechen laust* Steinhöwel 117; bei Witterungsverben fehlt gewöhnlich das Pronomen *es*: *[er] lest regnen vbir gerechten vnd vngerechten* Matth. 5,45 (1522);
7. nichtpersönliches, nichtagentivisches Subjekt und Reflexivpronomen als Objekt des Infinitivs, z. B. *Deñ es ist ein schwere anfechtung / die sich nit bald lest vberwinden* Dietrich 93;
8. transitives Verb mit präpositionalem Agens, z. B. *unde der selbe konigk Sigemunt zouch dornoch kegen Rome und ließ sich kronen zu keißer von dem babiste Eugenio dem virden* Dür. Chr. 675, *Jr habt mich iungst. durch ewrn beichtvatter. mit fast hochen vnd fleissigen worten bitten lassen* M. v. Weida 31, *... das der Bapst ... sich von menschen, als ein abtgot mit vnerhorter pracht, tragen lessit* Luther, Adel 40. Dieser Typus taucht im Spätmhd. auf, ist aber bis ins 15. Jh. ganz vereinzelt. Die Konstruktion breitet sich im 15. Jh. in allen Sprachlandschaften aus (Bondzio 1959–60, 210). Der präpositionale Agens tritt vereinzelt auch bei *tun, machen, sehen, hören, spüren* und *vernehmen* auf, fand aber bei diesen Verben keine Verbreitung (Bondzio 1959–60, 216f.);
9. selten der Infinitiv des Passivs eines transitiven Verbs (vgl. (5) oben), z. B. *ßo bitten wir das vns got nicht wolle lassen vber wundē werdē* M. v. Weida 50, *wañ wißte der haußuatter zů welcher stund der dieb kem / er wachete fürwar / vnd ließ nit durchgraben werden sein hauß* Geiler, Das Evangelibůch 196b, *lâssest du solches auch innerlich in dein hertz dringen / und solche himmelische speise daselbst verdauet werden* Spener 54.

Im 17. Jh. erscheint das logische Subjekt nicht selten im Dativ, vor allem bei Verben des Wissens, Erfahrens, Fühlens, Empfindens (s. DWB 6,232f.,237): *... daß ich ihm mein dankbahres gemůhte rechtschaffen und in der taht kan blikken lassen* Zesen 44. Diese Entwicklung hängt zweifellos mit dem Rückgang des doppelten Akkusativs bei dreistelligen Verben wie *lehren, kosten, heißen* zusammen (s. §§ S 113,119); der Einfluß des Französischen ist wohl auch mit im Spiel.

Anm.: *Lassen*-Konstruktionen unterscheiden sich von dreistelligen Konstruktionen mit Akkusativobjekt und *zu* + Infinitiv dadurch, daß sich ein zum Infinitiv gehörendes reflexives Objekt auf das Subjekt von *lassen* beziehen kann: *der unbekentlich got liez sich legen für daz vihe in ein krippen* A. Langmann 62, *... daß er ... lesset sich mit offentlichen lugen den boßen geist regieren* Luther, Adel 28, *Wo aber ... einer sich die gôtlichen warheit vnd gschrifft nit welte lassen wysen* Zwingli 22, *... ob er sich etwas leichlichen verdriessen liesse* Beer 49.

§ S 191   Als Kausativum mit Akkusativobjekt und Infinitiv ist *tun*, vom lexikalisierten *zu wissen tun* abgesehen, im Frnhd. im Schwinden begriffen. Die Konstruktion ist schon um 1400 nicht mehr häufig. Sie hält sich am längsten, bis ins 16. Jh., im Westen (Weiss 1956, 166; Schieb 1976, 82);

donoch maht der bischof, do er geriet kranken, den von Liehtenberg zů pfleger des bistůmes und det im die ambahtlüte sweren Closener 140, *der fürst was willig. er tett die frawen auch den ketzermeister mir zu pringen jn ain stätlin* Hartlieb 22, *er duot syn schellen so erklingen* Brant (DWB 11, 1, 1, 444); formelhaft: *Dessen zu Urkund an statt und von wegen der Churfürsten haben Wir . . . Unsere Jnsiegel an diesen Abschied thun hencken* RA 1654 463 (vgl. *. . . haben wir Unser Kayserlich Jnsiegel hencken lassen* RA 1654 462).

Während kausatives *tun* zurückgeht, wird *machen* + Akkusativ + Infinitiv häufiger, wenn auch im Vergleich mit *lassen* und *heißen* noch relativ selten: *Zyt und statt macht offt ain zaghafften und kranken fraidig syn gegen dem größern und sterkern* Steinhöwel 129, *. . . die Weissager . . ., welche die dinger solten sprechen machen* Staden 184. Mit *zu wissen machen* erscheint im 17. Jh. Dativ statt Akkusativ (s. DWB 6, 1385).

Bei *heißen* ‚auffordern, befehlen‘ ist das Subjekt stets agentiv, z. B. *Nu hiez* § S 192 *sie ir gespilen heimlich kumen zu ir* C. Ebner 18, *do der kúng daz lebend kind hiess in zway sniden* Pauli, Predigten 70, *ihr Offizier hiesse dappfer zugraben* Simpl. 40. Die Konstruktion mit präpositionalem Agens (vgl. *lassen*) tritt nicht auf. Gelegentlich findet sich *zu* + Infinitiv.

Bei *schaffen* ‚auftragen, befehlen‘ erscheint der einfache Infinitiv oder *zu* + Infinitiv (s. DWB 8, 2031): *darvmb hochgelobter fürst, tut vnd schaft die sach zu meiden* Hartlieb 7; bei *verschaffen* steht meist *zu* + Infinitiv (s. DWB 12, 1, 1051f.): *Und des alles zu urkund und gedechtnus haben wir hieruber disen brief zu verfertigen und mit unserm kgl. anhangenden insigl zu besigln verschaffet* Max I RA 5, 1150 (vgl. *tun* und *lassen* in dieser Formel).

4.2.3.3. Verben der Sinneswahrnehmung

Bei Verben der Sinneswahrnehmung (*sehen, hören*, seltener *schauen, spüren,* § S 193 *fühlen*) mit einfachem Infinitiv vertritt (mit Ausnahme der seltenen Fälle mit präpositionalem Agens) das Akkusativobjekt das logische Subjekt des Infinitivs.

Es begegnen folgende Konstruktionen:
1. mit intransitivem Verb mit Nennung von dessen logischem Subjekt;
2. mit transitivem Verb mit Nennung von dessen logischem Subjekt;
3. mit intransitivem Verb ohne Nennung von dessen logischem Subjekt, z. B. *wir . . . haben bis in den sechzehenden tag mit grossem ernst und dapfferkeit hören disputieren* Eck 38;
4. mit transitivem Verb ohne Nennung von dessen logischem Subjekt, z. B. *. . . hôrstu vppige liedlin vff der gassen singen / oder den lüten ir eer abschneidē* Geiler, Die Brösamlin I, 32b, *Ich habe zween Maußköpff sehen hencken* Simpl. 73;

5. (selten) mit präpositionalem Agens, z. B. *... wann ich wôlt diß lieber von ainem anderen hôren außlegñ | dann das ich es selbe tůn sol* Geiler, Predigen teütsch 55a, *Wo hastu jemals eine vornehme Standts=Persohn durch die* Justitiam *straffen sehen* Simpl. 338.

Noch im 16. und 17. Jh. verwendet man Infinitivkonstruktionen bei diesen Verben zur Bezeichnung der unmittelbaren sinnlichen Wahrnehmung nicht nur eines gleichzeitigen Vorgangs, sondern auch eines mit *sein* + Prädikatsnomen bzw. -adjektiv ausgedrückten Zustands: *Nun Maria sahe iren liebstē sun krāck sein | vnd an dem todtbedt ligen an dem creutz* Geiler, Das Evangelibůch 96b, *o so seh ich dein gesicht trübe, blasz, nasz, kräncklich sein* Logau (DWB 10, 1, 139).

§ S 194 Dem lateinischen *videri* nachgebildet ist das Passiv *gesehen werden*, das im Frnhd. mit Dativ (statt des beim Passiv üblichen präpositionalen Agens) und Infinitiv auftritt, z. B. *Aber den unglöbigen und unmilten wirt es gesehen närresch und ain dorhait zu sin, daz sich der mensch allain sölle frowen in dem crútz Jhesu Christi* Pauli, Predigten 56.

4.2.3.4. Akkusativ mit Infinitiv bei Verben des Sagens, Meinens u.dgl.

Lit.: Apelt 1875; Herford 1881; Paul IV, 109–113; Behaghel II, 325f.; Zatočil 1959b; Ebert 1976, 122–128; Boon 1980; Vaišnoras 1987; 1990.

§ S 195 Bei Verben des Sagens, Meinens, Glaubens, Erkennens, Schätzens, Wollens und Anordnens erscheint in vielen frnhd. Texten eine dem lateinischen Akkusativ mit Infinitiv vergleichbare Konstruktion, in welcher der Akkusativ als logisches Subjekt des Infinitivs aber nicht als Objekt des übergeordneten Verbs verstanden wird.

Die Konstruktion findet sich nicht häufig in der Kanzleisprache des frühen 15. Jhs. Im späteren 15. Jh. nimmt der Gebrauch bei den deutschen Humanisten stark zu: Wyle gebraucht sie häufig, Steinhöwel und Eyb dagegen seltener. Auch in der Mentelbibel werden die Akkusative mit Infinitiv der Vulgata häufig durch deutsche Akkusative + (*zu* +) Infinitiv übersetzt. Die Konstruktion wird im 16. und 17. Jh. je nach Verfasser und Text mit unterschiedlicher Häufigkeit gebraucht. Luther verwendet sie in seinen Schriften und Predigten, ganz selten dagegen in der Bibelübersetzung. Sie tritt auch auf bei u. a. Brant, Geiler (fast ausschließlich mit dem Infinitiv *sein* bei denjenigen Verben, die auch in der bedeutungsgleichen Konstruktion mit Akkusativobjekt und Adjektivergänzung (z. B. *ich weiß mich nüt schuldig* Geiler, Seelenparadies 80b) auftreten), Hutten, Paracelsus, Zwingli, Hans Sachs, Sebastian Frank, Eberlin von Günzburg, Eck, Wickram, Fischart, im 17. Jh. bei u. a. Opitz, Spener, Grimmelshausen und Moscherosch. Beim Akkusativ mit Infinitiv handelt es sich vor allem um den Einfluß lateinischer Vorbilder. Vom deutschen Sprachsystem her besteht auch die Möglichkeit der Ausbreitung der Konstruktion mit Akkusativ und Infinitiv bei Verben der Sinneswahrnehmung auf Verben des Sagens, Glaubens usw. sowie die Erweiterung der Konstruktion mit Adjektivergänzung eines Akkusativobjekts. Gelegentlich erscheint *zu* + Infinitiv neben dem einfachen Infinitiv.

Der Akkusativ mit Infinitiv erscheint in der Funktion eines Objektsatzes:

sölhs so von dem heimlichen gerichte ob geschriben steet, wellen wir von mёniclich vesticlich und unzerbrochenlich gehalten werden Friedrich III RA 16,405, *So der mensch in seiner cōscientz sich weißett sein vnschuldig* Geiler, Seelenparadies 21a, *diß achtet ein e. ratt diser zyt nit nott zů sin* Eck 36, *je mer er sich schetzt das gsatzt erfült haben, je minder ers erfült hat* Zwingli 16, . . . *von wegen seines glaubens, den er wüsst bei den Niderlender, bevorab aber am kaiserlichen hof, verhasst sein* Zimm. Chr. 289, . . . *welches nůtzliche werck ich bald zusammen gedrucket zu werden sonderlich verlange* Spener 17.

Beim Passiv erscheint der Akkusativobjekt des aktiven Verbs im Nominativ:

ware gerechtikeit / würt geurteilt sein rucheyt, Geiler, Seelenparadies Vorrede 7 (*Sicut justitia judicatur esse severitas* Albertus Magnus 448), . . . *dieselben, wo sy onrecht gelert haben erfunden wurden* Eck 35.

Ganz ohne Anhaltspunkt im deutschen System ist der Akkusativ mit Infinitiv in Subjektfunktion oder bei subjektlosen Verben, z. B.

desshalben aber not gewesen ist: mich in disen Translatzen bei dem Latein bliben sein Wyle (Herford 1881,8), *Vß welichem eigentlichen verstanden wirt, Christum sine junger ie gelassen haben in sὅliche not fallen* Zwingli 14.

4.2.3.5. *Dünken / Bedünken / Gedünken* und *scheinen*

Dünken erscheint schon im Spätmhd. mit Infinitiv, *scheinen* wohl erst im   § S 196 späten 15. Jh. Als Infinitiv begegnet fast ausschließlich das Verbum *sein*; erst im 17. Jh. tauchen Fälle mit anderen Infinitiven auf. Bei beiden Verben begegnet *zu* + Infinitiv mehrfach schon in Geilers Predigten, bleibt aber selten bis ins 17. Jh.:

. . . *das* (Relativum) *uns doch ettwas fromd nympt und unczimlich sein bedunkchet* Friedrich III RA 15,391, . . . *er dunck sich zů gůt darzů zesein* Geiler, Das Evangelibůch 156b, *es scheinet ein fein gůt ding sein denen die da nit hin ein sehen* Geiler, Seelenparadies 116a, . . . *gedunckt mich von nὅten sein zů bedencken / wie befestigung gepaut* Dürer A1a, . . . *dieweil ich ihn erstlich meiner Jugend wegen / nicht fähig genug zu seyn bedunckte* Simpl. 35, *Alle geschὅpfe schienen ihn verlaßen zu haben* Zesen 9.

4.2.3.6. Sonstige Verben mit Kasusobjekt und einfachem Infinitiv

Mit Dativ erscheinen *helfen, raten / widerraten* (selten) und die Ausdrücke   § S 197 *essen / trinken geben*; bei diesen Verben findet sich auch *zu* + Infinitiv. Mit Akkusativ erscheinen *bitten* (selten), *lehren, finden* (meist mit intransitivem Verb) und *haben* (mit intransitivem Verb), z. B.

... und vunden Danyelem betten und vlehen sinen got Cranc Dan. 6,11, *Des selbin jares ... wart gesehin eyn stern an dem hymmel des abindes ..., unde hatte eyen stram obene von om gehin* Dür. Chr. 681f., *und [ich] bitt dein genade das püch mittailen allen deinen güten fruinden* Hartlieb 4.

Bitten und *lehren* erscheinen auch mit *zu* + Infinitiv, *haben* und *finden* mit Part. Präs. (s. § S 210).

4.2.3.7. Infinitivsätze als Subjekt

§ S 198 Infinitivische Subjektsätze erscheinen vielfach bei Prädikaten, die eine subjektive emotionale oder evaluative Reaktion des Sprechers ausdrücken. In der Stellung vor dem Prädikat stehen überwiegend Subjektsätze mit einfachem Infinitiv, in der Stellung nach dem Prädikat ist *zu* + Infinitiv häufiger aber der einfache Infinitiv ist hier keineswegs selten. Die Stellungsmöglichkeiten sowohl des Korrelats *es / das* als auch der Elemente im Prädikat sind die gleichen wie bei Subjektsätzen mit *daß* (s. § S 279):

Wann an in ist ez nicht mugleich dem menschen gotez hulde zw erwerben... M. v. Amberg 15ff., *die weyl es schedlich ist der Christenheit yhn nit straffen durch ein Concilium* Luther, Adel 15, *Aber mit vngewasschen henden essen, verunreynigt den menschen nicht* Matth. 15,20 (1522), *Aber kein gepeu darein machen / das esparet vil* Dürer C2b.

Anm.: Bei den ursprünglich subjektlosen Verben wie *gelangen, gelusten* und *verdrießen* sind Beispiele mit Infinitivsätzen fast immer mit infinitivischen Subjektsätzen formengleich, z. B. *sie sehen gesellen essen vnd schlemmē vnd glust sie zů inen zesitzen* Geiler, Die Brösamlin II, 69a. Diese syntaktische Neutralisierung hat wohl die Umdeutung der Konstruktion bei diesen Verben befördert (s. § S 61).

4.2.3.8. Objektsätze mit *zu* + Infinitiv

§ S 199 Bei zweistelligen Verben vertritt das Subjekt des übergeordneten Verbs das fehlende Subjekt des Infinitivs. Bei fast allen dreistelligen Verben mit infinitivischem Objektsatz ist das logische Subjekt des Infinitivs referenzidentisch mit dem Dativ- oder Akkusativobjekt des übergeordneten Verbs. Bei Verben des Versprechens und Zu- bzw. Absagens mit Dativobjekt, z. B. *geloben, schwören, verheißen, versprechen, zusagen, abschlagen,* wird statt des Dativobjekts das Subjekt des übergeordneten Verbs als logisches Subjekt des Infinitivs verstanden, z. B. *Nun hon ich minen gaistlichen kinden verhaissen, uff hútt inen etwas ze sagen von fruchtberkait und nutz gedultigs lydens* Pauli, Predigten 245. Wenn bei dreistelligen Verben mit fakultativem Dativ- oder Akkusativobjekt dieses Objekt fehlt, ist eine beliebige unbestimmte Person als Subjekt des Infinitivs hinzuzudenken: *Da ward der Kŏnig seer zornig, vnd befahl alle Weisen zu Babel vmbzubringen* Dan. 2,12.

4.2.3.9. Zur Wortstellung in Objektsätzen

Lit.: Ebert 1976, 88–97, 121f., 146, 151, 155f.; 1986, 153–156.

Objektsätze weisen viele Wortstellungsvarianten auf. Eine Darstellung die- § S 200
ser Varianten und deren Entwicklung im Frnhd. ist noch nicht möglich. Es
sei hier auf einige Eigentümlichkeiten gegenüber der heutigen geschriebenen Standardsprache hingewiesen.
1. Bei Modalverben und anderen Verben mit einfachem Infinitiv finden
sich Fälle, in denen die Glieder des Infinitivsatzes nicht eingeklammert
(s. § S 236) sind:

sie möchten hören das graß wachßen Geiler, Sünden des Munds 61a, *das ich baide
römische kaiser Carln vnd Ferdinanden, auch uf hohen vesten, nie gesehen hab ein
sollichs vischmal haben* Zimm. Chr. 288.

2. In Sätzen, in denen die Elemente des Infinitivsatzes eingeklammert
sind, findet man nicht selten in einer am Schluß des Satzes stehenden zweigliedrigen Infinitivgruppe oder Gruppe aus Finitum und Infinitiv das
übergeordnete vor dem untergeordneten Verb:

... daz er sich uber sie gerucht zu erparmen M. v. Amberg 983f., *so wolt er sich am
ersten lassen töten* Schiltberger 14, *... umbe eynen eymer weynes, den sie von etzlichen
weyngarten yerlichen phlogin zu geben* Dür. Chr. 644, *die haben iren herr uf dem
boden sehen ligen* Zimm. Chr. 283, *... weil sie die unterste zu commandiren* Simpl. 45.

3. Bei Verben mit Präpositionaladverb (trennbarem Präfix) findet sich in
Hauptsätzen die Abfolge Präfix vor Infinitiv:

dornach hebt er aller erst sein noth an zu ertzelē M. v. Weida 51, *... stiege ich zu ihm
ins Grab hinunder | und fieng ihn an zu schütteln | zu küssen und zu lieben* Simpl. 36.

4. Es findet sich ein diskontinuierlicher Typus, in dem Konstituenten des
Infinitivsatzes sowohl vor als auch nach dem regierenden Verb stehen:

... wie das Johannes von Kirkle ... sie nicht meinet ledig zu lassen Wenzel UBS
6, 130, *Nyemands het es geturrē vō got bitten* Geiler, Seelenparadies 194a, *Von einem
Lantzkneckt der nun drey wort begert mit seinem Hauptmann zů reden* Wickram 32.

4.2.3.10. Infinitivsätze bei Adjektiven und Substantiven

Infinitivsätze mit *zu* + Infinitiv stehen auch als Ergänzungen von prädi- § S 201
kativen Adjektiven und Partizipien. In den meisten Fällen folgt der ganze
Infinitivsatz auf das Adjektiv, seltener stehen Elemente des Infinitivsatzes
vor dem Adjektiv, z. B. *oder got were es vns pflichtig vnd schuldig tzu gebē*
M. v. Weida 38.

Infinitivsätze mit *zu* + Infinitiv ergänzen auch Substantive in verschiedenen Funktionen. Einzelheiten fehlen (s. Ebert 1976: 170–173).

der chönig von Armeny . . . *pat in umb hilff zu zihen auff den chaiser gen Constanti-
nopell* Schiltberger 110, *zům dritten stat sy in festē anschlag für sich zů faren vnd zů
zenemen* Geiler, Seelenparadies 116b, *Denn das ist Gabrielis weise zu reden* Luther,
Sendbr. v. Dolm. 639.

Der Infinitivsatz steht gewöhnlich nach dem Kernsubstantiv. Gelegentlich
finden sich Infinitivsätze in der Stellung vor der ganzen Nominalgruppe:
*drey Ding beklagte er / nemlich seyn verlorne hoch=schwangere Gemahlin /
die verlorne Schlacht / und daß er nicht gleich andern redlichen Soldaten / in
derselben vor das Evangelium sein Leben zu lassen / das Glück gehabt hätte*
Simpl. 61f. In diesem Fall und in anderen aus Simpl. (vgl. Aureggio
1982, 58) handelt es sich wohl um aus Verb und Substantiv bestehenden
Ausdrücken wie *Ursach haben, das Hertz haben, Verlangen tragen* (s. dazu
§ S 72).

4.2.3.11. Adverbiale Infinitivsätze

§ S 202 Adverbiale Infinitivsätze werden erst mit dem Auftreten des Einleitungs-
stücks *um* (s. § S 188) formal von Subjekt- und Objektsätzen unterschieden.
Die Unterscheidung von Objektsätzen und Adverbialsätzen erfolgt hier auf
Grund der Verbspezifik (s. § S 54). Mit Ausnahme der Konstruktion mit
Bewegungsverben (s. § S 189) kommt der einfache Infinitiv in adverbialen
Infinitivsätzen nur ganz selten vor, z. B. *do schickt er das weib auß nåtz
,Nähfaden' kauffen* Wickram 33. Adverbiale Infinitivsätze fungieren als
1. Absichtssätze, 2. Folgesätze (nicht häufig) und 3. parenthetische Aus-
drücke:

1. . . . *das man doselbist . . . solde inslahen eynen oseschacht, den berg zcu trugen
,trocknen'* Freiberg / S. 15. Jh. 162, *Daz ze erkennen söll wir dise fabel merken* Steinhöwel 117 (*ut hoc agnoscamus* 116), *Mein Herr wendet sich gegen demselben / den
Degen vor sich haltend / wirfft mir auch seinen Hut zu / diesen bey mir zu behalten*
Beer 46.
2. *Aber Christus der herr ist ufferstanden von aigner craft, nit zů dem tötlichen leben,
sunder zů dem untödemlichen ewigen leben, niemer mer ze sterben* Pauli, Predigten
250;
3. *Nun von der armut zuschreiben, Sagt Secunus philozophus, das die armut sey ein
hessigs gut* Eyb 36, . . . *das Brot / oder besser zu sagen / unsere Kuchen* Simpl. 32.

Um (. . .) zu + Infinitiv zum Ausdruck eines finalen Verhältnisses (s.
§ S 188) ist vor 1600 ganz selten, wird im 17. Jh. zwar häufiger aber bleibt
noch relativ selten. Die konsekutive Bedeutung belegt das DWB (11, 2, 793)
bei Harsdörffer, die parenthetische Verwendung schon bei Steinhöwel und
bei Aelst (1604). Zu *ohne / sonder / (an)statt (. . .) zu* s. § S 188.

4.2.4. Substantivierter Infinitiv

Lit.: Kuntzemüller 1903; Paul IV, 135f.; Behaghel II, 355–361; Ebert 1976, 16f.

Die Infinitivform des Verbs kann während der ganzen frnhd. Zeit in no- **§ S 203**
minaler Konstruktion vorkommen. Dabei weist sie die Stellungsmöglichkeiten eines Substantivs auf und kann die gewöhnlichen Bestimmungen
eines Nomen actionis zu sich nehmen (Artikel, attributive Pronomina, attributive Adjektive, Genitivus subjectivus und Genitivus objectivus oder
von-Fügung):

mit allen irme dûnde und mit allen irme losende R. Merswin 23, *... als do sich die
Juden überein bôsretend ab dem essen der jungren mit vngewâschnen henden* Zwingli
34, *mit bluthrûnstigem aufritzen ihrer schultern und ârme* Zesen 2.

Die Infinitivform kann auch in relativ seltenen Fällen Merkmale sowohl **§ S 204**
nominaler als auch verbaler Konstruktion aufweisen. Wie in der nominalen
Konstruktion begegnen vorangestellte Artikel, Pronomina oder Adjektive,
wie in der verbalen Konstruktion Kasusobjekte, Adverbien oder Infinitive:

*Nym ein gleichniß / du setzest dir für du wôllest schweigen vñ nichts reden / oder du wilt
nit essen on not Das wôllen schweigen / vnnd das wôllen nit essen / so es schon teglich
sünd ist / dz ist grosser verdienst* Geiler, Sünden des Munds 7b, *Der sy hindert an
flyssigem studieren das gôttlich gesatz, sündet in got ...* Eberlin 33, *Mit solchem hin
vnd wieder vagiren vertriebe ich ein geraume Zeit auf dem Schlosse* Beer 43.

Steht die Infinitivform ohne Artikel, Pronomen oder Adjektiv direkt nach
einer Präposition, so finden sich Kasusobjekte als Ergänzungen des Infinitivs häufiger als in den Fällen, wo der Infinitiv mit diesen gewöhnlichen
Bestimmungen eines Substantivs steht:

... daz er ime schuldig waz von koufende würtze oder duch Closener 123, *Es ist ein
vnderschid zwûschē neuwe meer sagen / unnd uppige wortt reden* Geiler, Sünden des
Munds 69a, *man bracht im das kreütz, das truckt er also an sein hertz, vnd erzeigt
semliche andacht mit küssen das kreütz* Pauli, Schimpf und Ernst 50a (Pavlov
1983, 94).

Anm.: Fälle mit vorangestelltem Kasusobjekt sind mit Komposita formengleich und
in Fällen, wo die allgemeinen und typischen Eigenschaften des Bezeichneten verstanden werden können, kann ein Kompositum vorliegen, z. B. *... das wir ... mit
den fursten der hellern handeln, die wol mugen mit krieg vnd blut vergissen die welt
erfullenn* Luther, Adel 6, vgl. mit einzelgegenständlicher Bezogenheit *die weyl jre
boßhait größlich gwachsen sey durch vnschuldigs blût vergiessen* Eberlin (Pavlov
1983, 95). Weiteres dazu und zur Interpretation dieser „halbsubstantivierten" Infinitive mit Präposition s. Pavlov 1983, 92–96, 109.

Die Infinitivform mit einer Genitivendung tritt in einer syntaktischen Um- **§ S 205**
gebung auf, die den Genitiv erfordert:

das ich dis schribendes also gar unwrdig was R. Merswin 10, *Du wilt aber dannocht
arbaitten. dich des schedlichen lasters / des mûssig geendes / damit zu erwern* Geiler,
Predigen teütsch 123a.

In einer ganzen Reihe von Ausdrücken kommt ein Infinitiv mit einer scheinbar genitivischen Endung -s vor in syntaktischen Umgebungen, die den Nominativ oder den Akkusativ erfordern. Die Ausdrücke *Aufmerkens / Aufsehens / Einsehens / Wissens haben* oder *tun* kommen in der Kanzleisprache des späten 15. und frühen 16. Jhs. auf. Der Typus breitet sich im 16. Jh. auf andere Ausdrücke und andere Stilgattungen (meist Prosa) aus und ist im ganzen 17. Jh. gebräuchlich:

... und des in iren ambten und bevelen fleissig ufsehens zu haben Max I RA 6 720, *dann do kein stilhaltens ist, was mŏchte dann solichs gsang nütz sin* Eberlin 42, *über das allhie allbereit Beschehen Nachsehens haben* RA 1555 361, *und ein kratzens und Schuh=schleiffens mit den Füssen auff dem Boden machten* Simpl. 89, sowie u. a. *Ansuchens beschehen, Aufhebens machen, Aufschneidens machen, Bedenkens tun, Gefallens / Mißfallens haben, Nachdenkens haben* (s. auch § S 75, Kuntzemüller 1903).

4.2.5. Infinitiv Perfekti

Lit.: Behaghel II, 296–298; Biener 1932; Alberts 1977, 110–112, 221–224.

§ S 206 Der Infinitiv Perfekti kann eine abgeschlossene Handlung bezeichen:
1. bei Modalverben, die verschiedene Aspekte des Wissens über ein Ereignis ausdrücken, wenn dieses Ereignis zum Zeitpunkt des Schlußes, der Vermutung, des Berichts abgeschlossen ist: *Si rotet unter irn augen als ein rose: sie mag wol win getrunken haben* C. Ebner 19, *derzŭ viel ein gezig ,Beschuldigung' uf die Juden, das sü soltent die bürnen und die waßer han vergiftet* Closener 127, *... Welches alles mein Knan wol verstanden haben muß* Simpl. 13;
2. bei anderen Verben: *dieienen, so verdacht weren, inen des hilf bystant, fürschube oder vergünstigung, wie obgemelt, getan zu haben* Max I 6, 721, *als wir wenen / gott mit fleiß gedienet haben* Geiler, Seelenparadies 118a.

Anm.: Mit Modalverb + Inf. Perfekti formengleich ist die Konstruktion Modalverb + haben + prädikatives Part. Prät., z. B.
Der kunig zu Babylonien, hatte sein reych auch mit rauben vnnd gewalt genummenn, dennoch wolte got dasselb geregiret haben, durch die heyligen fursten Daniel, Anania, Asaria, Misael, viel mehr, will er von den Christen deutschen furstenn, dißes reych geregirt habenn Luther, Adel 74.

§ S 207 Der Konjunktiv des Modalverbs + Infinitiv Perfekti dient lange zum Ausdruck des Irrealis der Vergangenheit. Die Konstruktion begegnet noch im 16. Jh. nicht selten neben dem neuen Typus *... hätte tun sollen* usw. (s. § S 209); letzte Reste, besonders bei *sollen*, finden sich noch im 17. Jh.:

mir ist erschinen die heilige drivalticheit in drier schonen herren person, und sint so glich an einander gewest, und het man ir einen verlorn, man moht niht gebruft haben welher er gewest wer C. Ebner 7, *Wenn ich D. Luther mich hette mŭgen des versehen, das die Papisten alle auff einen hauffen so geschickt weren, das sie ein Capitel yn der schrifft kůndten recht vnd wol verteutschen, So wolt ich furwar mich der demut haben finden lassen, und sie umb hilff und beystand gebeten, das Newe Testament zuverteutschen* Luther, Sendbr. v. Dolm. 633.

Als Irrealis erscheint auch *würde* + Inf. Perf. (s. § S 222), z. B. *. . . und so wurde er geredt haben, wan er hette wollen sie deutsch grussen* Luther, Sendbr. v. Dolm. 638.

Ein paar besondere Gebrauchsweisen begegnen bei *wollen*. § S 208
1. Außerhalb von hypothetischen Fügungen drückt *wollen* + Inf. Perf. eine wirkliche Absicht aus, aber die gewollte Handlung tritt nicht ein (vgl. DWB 14,2,1334; Biener 1932,1ff. „vereitelte Absicht"; demgegenüber ist beim einfachen Infinitiv das Ergebnis offengelassen):

sü trugent ouch ein ertrunken tot kint uf der Ouwen umbe iren ring do sü sich gescheltent, und woltent es lebendig han gemacht: es geschah aber nüt Closener 119, *Uff die selbe zeit hatten die von Budißen eynen statschreiber, der wolde die stat Budißen vorrathin haben und hatte on ‚ihnen' ir polver gefelschet . . . unde der statschreiber wart begriffen und gevirteilt* Dür. Chr. 664, *Vnd da er befand / das sie jn wolten ermordet haben / lies er sie tödten* 1. Macc. 16,22 (1545), *Von einem Münch der die Lutherischen mit einem pantoffel wolt geworffen han* Wickram 51;

2. bei der ersten Person Präsens von *wollen* + Inf. Perf. wird eine wirkliche Absicht ausgedrückt, der Willensakt richtet sich wohl auf das Vollzogensein der gewollten Handlung (s. dazu DWB 14,2,1334f.; Biener 1932,6); die Fügung wird vielfach als feierliche Formel gebraucht:

vnd [ich] will ine also zugeeygent, geschickt vnd gesendet haben dises půchlein zu wolgefallen vnd zu lesen mit freůden Eyb 4, *Ich will nur angeregt vnd vrsach zugedenkken geben haben, denen, die do mugen vnd geneygt sein, deutscher Nation zuhelffen* Luther, Adel 34, *so wollen wir abermals . . . hiemit befohlen haben, daß . . .* RA 1576 361.

4.2.6. Infinitiv an Stelle eines Partizips Präteriti

Lit.: W. Kurrelmeyer 1910; Paul IV, 128–130; Behaghel II, 366–370; Biener 1932; Dal 1952/1971; Ponten 1973 (mit Forschungsübersicht).

Die Infinitivform kann an Stelle eines Partizips Präteriti (sog. „Ersatz-" § S 209 oder „Scheininfinitiv") mit einem meist direkt danebenstehenden, abhängigen Infinitiv konstruiert sein. In Kanzleiformeln und vereinzelt in anderen Texten erscheint dieser Infinitiv im 13. Jh. bei *heißen, lassen, tun* und *hören*, ganz vereinzelt auch bei *helfen* und *müssen*. Im 14. und 15. Jh. breitet sich die Konstruktion aus: im 14. Jh. auf *bitten* (vereinzelt) und *türren*, im 15. Jh. auf die Modalverben *wollen, mögen, können, dürfen* (noch selten) und *sollen* (noch selten) sowie *lehren, lernen, machen* und *sehen*. Im 16. Jh. findet er sich vereinzelt bei *wissen*, im 17. Jh. bei *anfangen* und *pflegen* (s. Merkes 1896,141f.; W. Kurrelmeyer 1910,158–167; Biener 1932,17–20).

... daz ich die engel alle tag hon horen singen ... C. Ebner 28, *haben wir unser insigele an diesen selben brief lazzen hengen* Freiberg / S. 14. Jh. 31, *... das wir ... ein solichs ... bisher nicht haben erlangen môgen* Friedrich III RA 17,194f., *Der ander sagt / er het in .xx. tagen vil menschen mit einem schiff machen vndergon* Geiler, Die Brösamlin I, 59a.

Der Infinitiv des Modalverbs kann auch stehen, wenn der abhängige Infinitiv fehlt (s. Behaghel II, 369).

Anm.: Mit dem Ersatzinfinitiv konkurrieren vier Fügungen:
1. Modalverb + Infinitiv Perfekti (s. § S 207);
2. Perfektperiphrase *haben* + Part. Prät. + abhängiger Infinitiv; z. B. *... daz sie die engel gehort het singen ein gesank* C. Ebner 42, *... so ... man ... hab gewôlt solich vnsinnigkeit abstellen* Eberlin 20. Mit Ausnahme der Modalverben ist dies die ältere Konstruktion. Um 1500 erscheinen die neugebildeten schwachen Partizipia der Modalverben als weitaus seltenere Variante neben dem Ersatzinfinitiv. Das Part. Prät. kann ohne *ge-* auftreten (s. Paraschkewow 1985): *Nu hat der Romisch geytz vnd raubstul, nit mocht der zeit erwartten* Luther, Adel 23, *ich habe wolt vel wöllen das thun* Clajus (DWB 14,2,1330). Im Alem. begegnen auch Part. Prät. der Modalverben auf *-en*: *niemant hat es gedorffen sagen* Hutten (Behaghel II, 370);
3. *haben* + Ersatzinfinitiv + Part. Prät. (statt Infinitiv). In den Kanzleiformeln war diese Konstruktion im späten 13. Jh. und frühen 14. Jh. eine nicht seltene Variante, danach begegnet sie nur sporadisch (dazu W. Kurrelmeyer 1910,169f.; Behaghel II, 369): *do si so reht wol von irem allerlibsten liep het hören gerett* A. Langmann 63;
4. *haben* + Part. Prät. + Part. Prät. Diese Konstruktion tritt nur sehr selten in den frühen Kanzleiformeln auf: *hand wir unser eigen insigel geton henket* Urk. Basel 1387 (W. Kurrelmeyer 1910,170).

4.3. Zum Partizip

Lit.: Kehrein III, 30f.; Grimm IV, 67–76,144–154,1251–1253; Wilmanns III, 101–113; Paul IV, 67–93; Franke III, 235–238; Behaghel II, 372–433; Annema 1924; Kraushaar 1924; Dal 1954/1971; 1956/1971; Shioya 1955; Hirao 1965; Williams 1980; Batarūnienė 1982; 1985; 1987; 1988; 1989.

4.3.1. Partizip Präsentis

§ S 210 Das Part. Präs. wird attributiv (s. §§ S 18–20,22,24), in periphrastischen Konstruktionen (*sein* + Part. Präs. § S 174, *werden* + Part. Präs §§ S 167,169,172f.) und prädikativ verwendet.

In prädikativer Verwendung wird das Part. Präs. auf das Subjekt oder Objekt bezogen.
1. Auf das Subjekt bezogen begegnet das Part. Präs.
A. bei *bleiben*, das meist mit Infinitv erscheint (s. § S 189), z. B. *unde blibent doch by uns in der stad sitzende* Frankfurt, Gesetze 95,

B. bei anderen Verben zum Ausdruck einer mit dem im Satz ausge-
drückten Geschehen gleichzeitigen Handlung. Das Part. Präs. kann temporal, kausal oder konditional interpretiert werden (s. Behaghel II, 387):

Disev genad hat sie verdient mit einem salter, den hat sie gelesen an einem tag stende
C. Ebner 25, *so stunden sü danne aber uf und sungent disen leich sich geischelnde*
Closener 110, *Mein Herr wendet sich gegen demselben / den Degen vor sich haltend*
Beer 46.

2. Auf das Objekt bezogen findet sich das Part. Präs. bei *haben, finden*
und Verben der Wahrnehmung und des Machens, z. B. *Die Tauben macht
er hörend / vnd die Sprachlosen redend* Mark. 7, 37 (1545), *Vnd sein Wort
habt jr nicht in euch wonend* Joh. 5, 38 (1545); bei diesen Verben erscheinen
die konkurrierenden Konstruktionen mit Infinitiv viel häufiger (s. § S 197).
Das Part. Präs. kommt seltener vor bei anderen Verben mit Akkusativ,
ganz selten wird es auf einen Dativ bezogen.

Anm.: Das Part. Präs. hat vom Hause aus aktive Bedeutung, kann aber, vor allem in
der Kanzleisprache, mit passiver Bedeutung gebraucht werden: *habendem obgesetz-
tem ihrem Befelch* nach RA 1555 358, *in andern von verschiedenen Ständen und in-
sonderheit Unser und des Reichs zehen Städten in Elsaß führenden Klagen* RA 1654
458, (weitere, auch frühere Belege bei Grimm IV, 68ff.; Behaghel II, 379). Zum Part.
Präs. (*belangend, anlangend* usw.) mit Akkusativ s. § S 124; zu *unwissend* mit Genitiv
oder Dativ s. §§ S 89, 104.

4.3.2. Partizip Präteriti

Das Part. Prät. wird attributiv (s. §§ S 18–20, 22, 24), in periphrastischen   § S 211
Konstruktionen (Perfekt mit *haben / sein* + Part. Prät. §§ S 161–163, Passiv
mit *werden / sein* + Part. Prät. §§ S 216f.), prädikativ, in der Konstruktion
mit *kommen*, als Subjekt bzw. Prädikatsnomen und imperativisch verwendet.

Anm.: Part. Prät. mit passiver Bedeutung werden von Verben mit Akkusativobjekt
gebildet. Aktivischen Sinn haben die Partizipia von reflexiven Verben sowie eine
Anzahl von Partizipia mit *un*-Präfix, die meist von Verben mit fakultativem Akkusativ oder mit Genitiv gebildet sind, z. B. *unabgestanden* ‚ohne vom Pferd abgestie-
gen zu sein‘, juristisch ‚von seinem Recht abzustehen‘, *unbesessen* ‚nicht ansässig‘,
unerfahren ‚ohne sich durch Untersuchung vergewissert zu haben‘, *ungebeichtet, un-
gebetet, ungegessen, ungekauft, ungeredet, ungespart, ungestohlen, ungesungen, unge-
tan, ungetanzt, ungewonnen, unverdient* theologisch ‚verdienstlos‘, *unverhohlen, unverhört, unverweilt: uf die zogin die von Breßlaw zu stundt unde login nicht lange do
unde schiden dorvon ungewonnen* Dür Chr. 671, *vnnd ich will sie nit vngeessen von myr
lassen* Matth. 15, 32 (1522), *und bei Leukirch da hanckten sie den frümen pfaffen an
ain baum on alle recht und unverhört* Rem 233.
    Zum adverbial verwendeten Part. Prät. mit Kasusbestimmung s. § S 88 (Genitiv),
§ S 104 (Dativ), § S 124 (Akkusativ).

§ S 212 In prädikativer Verwendung wird das Part. Prät. auf das Subjekt oder Objekt bezogen.

1. Subjektbezogen erscheint es

A. mit den Positionsverben *liegen, sitzen, stehen, bleiben, sich befinden*, z. B. . . . *darinnen es laider lange jar verborgen ist gelegen* Eberlin 3;

B. bei anderen Verben, den Zustand / die Verfassung des Subjekts charakterisierend, z. B. . . . *daz die antwerke . . . für daz münster zogetent gewefent mit iren banern* Closener 128, *so besammen sich die iunckfrawen in dem tempel wol gekleidet vnd gezieret* Eyb 32;

C. beim Passiv der Verben unter 2., z. B. . . . *das sollich handlung kay. ma. versecretirt ,mit dem Geheimsiegel versiegelt' zŭgeschickt werde* Eck 37.

2. Bei vielen Verben u. a. *halten, bekommen, kriegen, nehmen, schicken, bringen, machen, lassen, finden, sehen*, charakterisiert ein objektbezogenes Partizip den Zustand oder die Verfassung des Objekts, z. B. . . . *der doch die wunden der lieb verholen und verporgen hielt* Eyb 21, *Aber die schlŏt fur man rund gemauert wie man die prūnen macht gerad durch die gewelb* Dürer B 4b, *So machstu HERR jr Bilde in der Stad verschmecht* Ps. 73, 20 (1545); zu *bekommen / kriegen* + Part. Prät. s. Wellander 1964; Eroms 1978, 1990.

§ S 213 In der Konstruktion *kommen* + Part. Prät. eines Bewegungsverbs ist das Partizip eher adverbial (oder vielleicht schon als Teil einer Periphrase) als prädikativ zu deuten, da hier durative Intransitiva, die sonst nur in periphrastischen Verbalformen begegnen, als Partizip auftreten. Richtungsadverbia und terminative (perfektive) Verben kommen auch häufig vor. *Kommen* + Part. Prät. begegnet viel häufiger als *kommen* + Infinitiv (s. § S 189), z. B. *unde uff den selbin tag qwam lantgrave Frederich von Doryngen yn die stat yngerethin mit redelicher manschaft* Dür. Chr. 663, *Wann dann nun einige mit diesem argument auffgezogen kommen* Spener 40. Selten erscheint *kommen* + Part. Prät. eines Verbs der Schallhervorbringung: *Frau Venus kŏmt gelacht* Paul Fleming (Kehrein III, 5; s. auch Behaghel II, 411). Zum Ursprung der Konstruktion s. Dal 1954/1971; Hirao 1965; Williams 1980.

§ S 214 In einigen Fällen kann das Part. Prät. (mit seinen Bestimmungen) in der Funktion eines Subjekts oder Prädikatsnomen auftreten:

Item wermut mit essig gemengt vnnd den mund schon da mit geweschen macht ein wolriechendē mund Versehüg leib sel eer vnnd gutt (1489 – aus Batarūnienė 1988, 14), *es were besser, Rom nie gesehen noch erkandt* Luther, Adel 41, *das heist gut deutsch geredt* Luther, Sendbr. v. Dolm. 637, *besser durch ein Beil den kurzen Rest beschlossen* Gryphius (Behaghel II, 420).

§ S 215 Gelegentlich hat das Part. Prät. imperativische Funktion (Grimm IV, 95; Behaghel II, 427): *und mit freude an dein werk gegangen und ein lied gesungen! und dann flugs und frölich eingeschlafen!* Luther (Grimm IV, 95).

4.4. Das Passiv

Lit.: Öberg 1907, 68–107; Paul III, 40; IV, 148–150; Franke III, 207f.; Behaghel II, 198–215; Brinker 1970; Oubouzar 1974; Valentin 1987, 12–15.

4.4.1. Passivkonstruktionen

Die Passivdiathese wird durch die periphrastischen Formen *werden* + Part. §S 216
Prät. und *sein* + Part. Prät. bezeichnet. Das Subjekt des Passivsatzes hat
die gleiche semantische Rolle wie das Akkusativobjekt des entsprechenden
Satzes mit aktiver Verbform, dem Subjekt des Aktivsatzes entspricht eine
fakultative Präpositionalgruppe mit *von / durch*. Allen anderen Ergänzungen im Aktivsatz entsprechen Ergänzungen gleicher Form im Passivsatz.
Bei Verben ohne Akkusativobjekt finden sich also subjektlose Passivsätze
mit Genitiv-, Dativ- oder Präpositionalobjekt sowie Passivsätze ohne Ergänzungen.
Zur Auslassung des Hilfsverbs s. §§ S 256f.

Anm.: Nur ganz vereinzelt entspricht eine nichtakkusativische Ergänzung eines Aktivsatzes dem Subjekt des Passivsatzes: *denn der Buhler buhlt dem Buhler, buhlt und
wird gebuhlt nicht minder* Logau (Behaghel II, 212). Auch nur ganz vereinzelt wird
ein Passiv mit Reflexivverb gebildet (s. Behaghel II, 214).

4.4.2. Zu Tempus- und Aspektformen des Passivs

Zu Beginn der frnhd. Zeit ist die Verwendung der zwei passivischen For-   §S 217
mensysteme weitgehend durch eine aspektuelle Opposition gekennzeichnet:
sein + Part. Prät. dient zur Bezeichnung eines zur Zeit des Sprechaktes
bestehenden Zustandes, *werden* + Part. Prät. drückt den Übergang in einen
Zustand aus. Im Laufe der frnhd. Zeit treten konkurrierende, dem Ak-
tivsystem entsprechende periphrastische Formen für das Perfekt (die Vollzugsstufe des Präsens), das Plusquamperfekt (die Vollzugsstufe des Präteritums) und das Futurum auf.

Schon zu Beginn der frnhd. Zeit finden sich einige Gebrauchsweisen von *werden* und
sein mit Part. Prät., die nicht mit aspektuellen Unterschieden in Einklang zu bringen
sind.
1. Präsensformen von *werden* + Part. Prät. bezeichnen nicht nur den Übergang in
einen Zustand, sondern auch ein noch ausstehendes Geschehen (das Futurum *wird*
usw. + *werden* + Part. Prät. tritt erst im 16. Jh. auf; s. § S 169).
2. In durch *da / do / so / nachdem* eingeleiteten Nebensätzen kann bis ins 16. Jh. die
Präteritalform *ward* usw. + Part. Prät. einen vollzogenen Vorgang ausdrücken (vgl.
Oubouzar 1974, 41, 48, 61, 67): *Hie hette der brief ein ende. so der gelesen wart, so
zogent sü wider in die stat* Closener 117f., *Und als nu solicher zeddel gelesen und*

gehort wart, wurden wir . . . ansprechig gemacht und geschuldiget . . . Chr. v. Mainz
205f.
3. Ein vollzogener Vorgang wird häufiger und ohne Beschränkung auf bestimmte
Satztypen durch *sein* + Part. Prät. ausgedrückt. Diese Gebrauchsweise begegnet
noch häufig im frühen 16. Jh., geht mit der Ausbreitung von *ist* usw. / *war* usw. +
worden + Part. Prät. zurück und findet sich nur noch in Resten im 17. Jh: *den solden
sie kronen zy eyme konige, der wolde cristen werden unde was ouch vor dreiweit ,drei-
mal' getouft* Dür. Chr. 670, *Sie sind auch vor diesen zeiten offt vertrieben / von vielen
Völckern / vnd weggefürt in frembde Lande* Judith 5, 20 (1545), *Diese so wohl göttliche
als weltweisheit hat er in seinen jugendjahren von den Priestern zu Heliopel eingesogen.
Da ist er geboren. Unter denen ist er erzogen* Zesen 22. Da *sein* + Part. Prät.
während der ganzen frnhd. Zeit auch einen zur Zeit des Sprechaktes bestehenden
Zustand ausdrückt, finden sich viele Fälle, die beide Möglichkeiten, Zustand oder
vollzogenen Vorgang, offen lassen.

Zur Bezeichnung eines vollzogenen Vorgangs treten seit dem 13. Jh. mit
sein + Part. Prät. und mit *ward* + Part. Prät. konkurrierende Vollzugsfor-
men *ist* usw. + *worden* + Part. Prät. (Perfekt) und (seltener) *was / war* usw. +
worden + Part. Prät. (Plusquamperfekt) auf. Im 14. Jh. sind sie noch sehr
selten, im 15. Jh. werden sie häufiger, aber noch im frühen 16. Jh. sind sie
relativ selten: *und ir sult mir vergeben, wa ir von mir betrubt sit worden* C.
Ebner 40f., *. . . wie es vor ,vorher' gehalten worden ist* Tucher 18, *Aber nye
keiner ist vor ihnen umb furbit gebeten wordenn* Luther, Sendbr. v. Dolm.
643.
Die periphrastische Futurform des Passivs (*wird getan werden* usw.) begegnet seit dem 16. Jh. (s. § S 169).

Anm.: Der Übergang von einem primär durch die aspektuelle Opposition zwischen
einem Zustand und dem Übergang in einen Zustand gekennzeichneten System zu
einem auf Phasenoppositionen basierten System hängt wohl mit der Verwendung
von durativen / kursiven Verben in der Passivperiphrase mit *werden* zusammen.
Dem Wesen der aspektuellen Verwendung von *werden* entsprechend wird diese Passivperiphrase im 14. Jh. gewöhnlich von perfektiven Verben gebildet. Es finden sich
aber im 14. Jh. seltene Beispiele mit durativen Verben; sie begegnen im 15. Jh. häufiger und finden sich um 1500 in vielen Quellen: *Wir die scheffen und der rat han dit
gebot gemacht und wollen, das es stede werde gehaldin* Frankfurt, Gesetze 111 A52,
*. . . das die brieve, . . . gar und genczlich in irren crefften und macht bleiben sullen und
gehalten werden* Wenzel RA 1, 458, *du solt auch nit gestatten, das die sach jn deinem
fürstentümb getriben vnd gepratticiert werde* Hartlieb 26.

4.4.3. Infinitiv und Imperativ

§ S 218 Die Infinitivform des *sein*-Passivs kann nicht nur einen Zustand, sondern
auch einen Vorgang bezeichnen: *ßo wil er von vns gefeyert vnd mit fleis
angeruffen vñ gebethē sein* M. v. Weida 38, *wann der haußher wolt bezalt
sein* Wickram 46. Eine Imperativform mit *werden* + Part. Prät. wird von
dem Grammatiker Albertus (1573) gebucht (DWB 14, 1, 2, 264): *sey* oder

werde du gehabt. Sie tritt aber nur vereinzelt auf; die gewöhnliche Form ist *sei(d)* + Part. Prät.

4.5. Zum Modus

In diesem Teil finden sich Bemerkungen zum Gebrauch der Konjunktiv- § S 219
formen im selbständigen Satz und zur Verwendung des Imperativs. Zum
Gebrauch des Konjunktivs und des Indikativs in den verschiedenen Nebensatztypen siehe §§ S 275, 282, 289, 293f., 301, 304–306, 312.

4.5.1. Zum Konjunktiv

Lit.: Paul IV, 155–160; Franke III, 222–225; Behaghel II, 219–246; Hocke 1935;
Guchmann 1981.

Die vielfältigen Verwendungsweisen der Konjunktivformen im selbständi- § S 220
gen Satz können nach zwei semantischen Dimensionen, voluntativ (volitiv)
und potential, gruppiert werden. In voluntativer Funktion erscheinen
Konj. Präs. und Konj. Prät., in potentialer Funktion steht nur der Konj.
Prät. Im selbständigen Satz und weitgehend in abhängigen Sätzen besteht
keine Tempusopposition zwischen dem Konj. Präs. und dem Konj. Prät.
sowie zwischen den mit dem Konj. Präs. bzw. Prät. gebildeten periphrastischen Formen (*habe / sei* usw. + Part. Prät. gegenüber *hätte / wäre* usw. +
Part. Prät.), sondern sie haben in je bestimmten semantischen Umgebungen bestimmte semantische Funktionen. Dieser semantische Unterschied
wird jedoch in gewissen Typen von Nebensätzen aufgehoben (zur Variation und zur Zeitfolgeregel s. §§ S 282f., 293f., 297, 301).

4.5.1.1. Konjunktiv des Präsens

Im Hauptsatz begegnet der Konj. des Präsens in frnhd. Zeit nur in vo- § S 221
luntativer Bedeutung. Die verschiedenen Bedeutungsnuancen im größeren
Bereich des Wunsches / der Aufforderung hängen vor allem mit der Per-
sonalform des Verbs und der Redesituation zusammen. In der Funktion als
Aufforderung ist der Konj. Präs. semantisch und pragmatisch eng mit dem
Imperativ verwandt und Konjunktivformen, vor allem die der 1. und 3.
Person, dienen als Ergänzung des unvollständigen Imperativparadigmas.
   In der 3. Person kann der Konj. Präs. in Wünschen, Verwünschungen,
Bitten, Vorschlägen, Empfehlungen, Aufforderungen, Geboten und Ver-
boten verwendet werden: *wer sicher und bewaret ist, der hüt sich, daß er*

durch bösen raut nit werde geschediget Steinhöwel 97, *vormaledeyet sey die erde* Luther, Adel 77, *wer oren hat zu horen, der hore* Matth. 11,15 (1522). Mit dem Konj. Präs. konkurrieren Umschreibungen mit *müssen, mögen, wollen* im Konjunktiv, z. B. *Gott welle unss allen ain geluckhafft jar zůsenden, das welle gott. Ammen!* Hug 187, *mache jn zum Regenten in seinem Volck . . . Vnd jm müsse wider seine Feinde geholffen werden* 5. Mos. 33,7 (1545), *mögen* und *sollen* im Indikativ, unabhängige *daß*-Sätze sowie die Fügung *sein* + *zu* + Infinitiv (s. § S 183).

In der 2. Person Sg. und Pl. tritt der Konjunktiv auf bei den Verben, die keine Imperativform besitzen (Präteritopräsentia und z. T. auch *sein*). Zur Bezeichnung eines Wunsches werden auch Umschreibungen mit *müssen, mögen* und *wollen* verwendet.

In der 1. Person Sg. findet sich eine deutliche Konjunktivform bei nur wenigen Verben, es begegnen meist Umschreibungen mit *müssen* und *mögen.* In der 1. Person Plur. werden Aufforderungen meist durch periphrastische Formen ausgedrückt.

Die vom Mhd. ererbte modusindifferente Form *gehen wir, essen wir* usw. findet sich nur selten, ist aber wohl nie ganz außer Gebrauch gekommen (z. B. *aber sehen wir zu, deutsch landt sol bald, dem welschen gleich werden* Luther, Adel 19 (s. Held 1903,115; Erben 1961,460f.; vgl. Stieler 1691,132ff.: *Haben wir / oder laßt uns haben / habeamus, Sagen wir / laßt uns sagen* dicamus). Die Form wird im 18. Jh. neu belebt. Im Alem. begegnet diese Form ohne *wir* bis ins 16. Jh. (W. Kurrelmeyer 1900,58; Held 1903,115). Bis weit ins 15. Jh. wird *wir sollen* + Infinitiv in solchen Aufforderungen verwendet, es geht dann aber zugunsten von *laß(t) uns* und *wir wollen* + Infinitiv zurück. Der Ausdruck *laß(t) uns* tritt zuerst im Mittelniederländischen auf (*laat ons*), begegnet im Hochdeutschen im 14. Jh. und nimmt im Laufe des 15. Jhs. an Häufigkeit zu. Bei Luther ist die Form sehr geläufig:
Totet ez und lat uns ezzen und frolichen sein Evangelienharmonie Hs. 1367 (=Luk. 15,23 – Kurrelmeyer 1900,34), *sprach die husmus zuo der andern: . . . Laß uns eßen und wol leben mit der guoten spys* Steinhöwel 94, *kompt, last vns yhn todten* Matth. 21,38 (1522).
Wir wollen + Infinitiv ist die jüngste Umschreibung. Die frühesten Belege stammen aus dem ndl.-ndd. -md. Bereich des 14. Jhs. In der zweiten Hälfte des 15. Jhs. ist die Fügung auch im Oberdeutschen verbreitet. Luther verwendet die Form häufig, aber seltener als *lassen:*
Swestere liben, volget myner leren: wir wollen vns an den rat nicht keren! Spiel von den zehn Jungfrauen, Hs. Ende des 14. Jhs. (Erben 1961,468), *Wir wollen hin ziehen / vnd vnserm Gott opffern* 2. Mos. 5,8 (1545) (*Eamus et sacrificemus Deo nostro*).

4.5.1.2. Konjunktiv Präteriti

Der voluntative Konj. Prät. steht in einer semantischen Opposition zum §S 222
voluntativen Konjunktiv des Präsens: der Konj. Prät. steht in Wünschen,
die in den Bereich der Irrealität gehören, z. B. *O hette ich flügel wie Tauben*
Ps. 55,7 (1545). Mit dem voluntativen Konj. Prät. konkurriert eine Umschreibung mit *möchte*.

Der potentiale Konjunktiv Prät. begegnet in einer Reihe von Verwendungsweisen:

1. im Hauptsatz einer irrealen hypothetischen Periode (s. §S 293 und
Guchmann 1981, 189ff.);

2. als möglich gedachte Folge einer Bedingung, die nicht ausdrücklich in
einem Satz formuliert ist, sondern aus dem Kontext zu entnehmen ist;

3. in rhetorischen Fragen: *Were das nit ein vnnaturlich furnehmen, ßo . . .*
Luther, Adel 15;

4. als vorsichtige, bescheidene Bezeichnung der Wirklichkeit in Sätzen,
die eine Vermutung, eine Frage oder eine Bitte ausdrücken (s. Behaghel II,
238): *Es möchten vieleicht funffzig Gerechten in der stad sein* 1. Mos. 18,24
(1545). Schon bei Luther tritt der Konj. Prät. auch bei einem gerade erreichten Ergebnis auf: *das wehren dy drey Capittel de Jacob* Luther (Behaghel II, 241). Als Konkurrenten des potentialen Konj. Prät. erscheinen
präsentische Indikativformen von *mögen* + Infinitiv, Präteritalformen von
wollen (*wollte* usw.) und *sollen* (*sollte* usw.) + Infinitiv, sowie *würde* +
Infinitiv (vgl. Behaghel II, 242; Guchmann 1981, 190).

Anm.: Die Form *würde* usw. + Infinitiv (s. auch §S 171), welche die Modalperiphrasen verdrängt, ist seit dem 14. Jh. bezeugt (s. DWB 14,1,2,257), seit der Mitte
des 15. Jhs. verbreitet aber im frühen 16. Jh. noch eine periphere Variante gegenüber
dem Konj. Prät. (Schieb 1976,210; Guchmann 1981,127). Sie erscheint meist in
Hauptsätzen, seltener in bedingenden Nebensätzen: *Und wer auch yemand under den*
cristen menschen der do alle suntag und alle feirtage zu acker ginge ader anderley
verpoten arbeit tribe, dem wurden alle menschen fluchen M. v. Amberg 911ff., *wenn*
schon kein Cardinal were, die kirch wurd dennoch nit vorsincken Luther, Adel 20. Der
Typus wird im frühen 16. Jh. vereinzelt auf die Vollzugsstufe (Typus *würde getan*
haben) ausgedehnt; zu Ende der frnhd. Zeit begegnet diese Vollzugsform noch relativ
selten (Schieb, 1976,199; Guchmann 1981,127,263). Zum seltenen Konj. Präs. von
werden + Infinitiv s. §S 171.

4.5.2. Imperativ

Lit.: W. Kurrelmeyer 1900; Paul III, 15–17; IV, 155–157; Franke III, 221f.; Behaghel II, 246–249; Erben 1961.

§ S 223 Eine besondere Imperativform gibt es nur in der 2. Person. Die Imperativform kann mit oder ohne Subjektpronomen erscheinen (s. Held 1903, 115f.): *so bis sunder zweifel, das* . . . Hartlieb 21, *so hab du jn vor lieb* Geiler, Seelenparadies 5a, *denselben nimm vnd gib jnn für mich vnd dich* Zwingli 28. Eine Imperativform des Passivs mit *werden* + Part. Prät. tritt nur vereinzelt auf; die gewöhnliche Form ist *sei(d)* + Part. Prät. (s. § S 218). Zum Part. Prät. in imperativischer Funktion s. § S 215. Zu Aufforderungen mit Konj. Präs. sowie verschiedenen Periphrasen s. § S 221.

5. Kongruenz und Inkongruenz

Lit.: Kehrein III, 47–52, 62f.; Hagfors 1900, 1–38; Paul III, 185–214; Franke III, 86–94, 257, 344f.; Behaghel III, 1–47.

5.1. Einleitendes

§ S 224 Unter Kongruenz versteht man die formale Abstimmung von flektierten Konstituenten. Nach der traditionellen Auffassung gehören hierher: (1) die Entsprechung in bezug auf Numerus und Person bei Subjekt und Prädikat, (2) die Entsprechung in bezug auf Genus und Numerus beim hinweisenden Pronomen und dem Substantiv oder Pronomen, auf das es sich bezieht und (3) die Entsprechung in bezug auf Genus, Numerus und Kasus bei Kongruenz zwischen einem Substantiv und (A) Artikel, (B) attributivem Pronomen oder (C) attributivem Adjektiv. In frnhd. Zeit ist die Kongruenz das Normale. Es begegnen aber nicht selten Fälle von Inkongruenz.

5.2. Inkongruenz des Numerus

§ S 225 Inkongruenz des Numerus kann sich zwischen Prädikatsverb und Subjekt finden.
1. Es steht eine plurale Verbform:
A. das Subjekt ist formal ein Sing., hat aber kollektive Bedeutung (z. B. *volk, fusvolk, herschaft, christenheit, gemeinde, samlung, alle welt, menge, haufe, schar*), z. B. . . . *daz di stat hi ein taiding heten mit graff Fridreich* Stromer 28, *Vnd das gantze Jsrael steinigeten jn* Jos. 7, 25 (1545), *Hiezwüschen lagen das frawenzimmer in den fenster* Zimm. Chr. 293;

B. das Subjekt ist formal ein Sing., tritt aber mit attributivem partitivem Gen. Pl. oder mit pluralischem Substantiv in einer appositionalen Konstruktion auf (s. §§ S 34–41), z. B. . . . *das der herren eyn teil, die yn Lipzigk login, wolden* . . . Dür. Chr. 665, *do kamen ain grose anzall pferdt* Zimm Chr. (Behaghel III, 10);

C. gelegentlich bei Pronomina wie *man, jederman, itzlicher,* die eine Gattung vertreten können, z. B. *und do namen man mein gesellen* Schiltberger 6;

D. das Subjekt ist ein Sing., der durch eine Präpositionalgruppe mit soziativer Präposition bestimmt ist: *Vnd Petrus mit denen die bey jm waren / eileten jm nach* Mark. 1, 36 (1545);

E. selten steht eine pluralische Verbform unter nicht geklärten Bedingungen mit singularischem Subjekt oder in einem subjektlosen Satz z. B. *Jn der zeit kamen der pischoff auf di purk* . . . Stromer 57, . . . *so sollen nachmals gegen diesen ebenmässig, als jetzt vermeldt von einem ungehorsamen Stand, procediret und vollnfahren werden* RA 1555 360.

2. Es steht eine singularische Verbform:

A. das Subjekt besteht aus koordiniert verknüpften oder angereihten Substantiven bzw. Nominalgruppen; Inkongruenz findet sich besonders häufig, wenn das Subjekt nach dem Verb steht und das erste der koordinierten bzw. angereihten Substantive Sing. ist: *unde alßo wart erschoßen unde erslagen grave Ernst von Glichen vnde seyn vetter er Frederich, er Proze von Quernfort unde andir graven unde herren* . . . Dür. Chr. 659;

B. das Subjekt besteht aus einer Mehrheit gleichartiger Dinge: *Was ist das fur ein Man / das jm Wind vnd Meer gehorsam ist?* Matth. 8, 27 (1545);

C. das Subjekt enthält ein Zahlwort: *alzo ward den von Nůrenberk in seyner stat zu Otting genumen 9 wegen mit kaufmanschaft* Stromer 40, . . . *daß zů Mailand ist bei 118 menschen gestorben* Rem 212;

D. relativ selten findet sich Inkongruenz bei sonstigen pluralischen Subjekten unter nicht geklärten Bedingungen, meist wenn das Verb vor dem Subjekt steht: *in der selben zeit kam di von Speir hi zu Nürenberg zu hern Worsawe* Stromer 48, *dem bischoff gefiel Ulenspiegels schwenck gantz wol* Ulenspiegel (Behaghel III, 25);

3. In den Fällen mit Kopula, in denen Subjekt und Prädikatsnomen im Numerus nicht übereinstimmen, richtet sich das Verb gewöhnlich nach dem Subjekt, bisweilen nach dem Prädikatsnomen.

§ S 226 Inkongruenz kann sich finden zwischen einem Substantiv und dem Pronomen, das dieses Substantiv aufnimmt (s. auch „Inkongruenz" des Genus § S 227). Wenn das Pronomen im selben Teilsatz steht wie das Substantiv, auf das es sich bezieht, findet sich nur selten Inkongruenz: der Plural des Pronomens kann bei einem singularischen Subjekt erscheinen, das kollektive Bedeutung hat, z. B. *Also wird das haus Jsrael zu schanden werden sampt jren Königen / Fürstern / Priestern vnd Propheten* Jer. 2, 26 (1545).

Steht das Pronomen nicht im selben Teilsatz wie das Substantiv, auf das es sich bezieht, so findet sich viel häufiger Inkongruenz, meist bei einem kollektiven singularischen Subjekt: *die wile denne der rot uf der Pfaltzen was, so hûtent ir die antwerg . . .* Closener 124, *vnd alles Volck kam zu jm | Vnd er leret sie* Mark. 2, 13 (1545). Inkongruenz findet sich auch bei einem Sing., der die Gattung vertreten kann (vgl. Behaghel III, 29): *und welchir mer pherde antworten wolde, die musten zu den heiligen sweren* Dür. Chr. 667, *In einem Dorff saß auff ein zeit ein toller | voller | verlotterter | verspilter | gottloser Pfaff | . . . deren man aber yetz zů unseren zeiten nit bald einen finden wirt* Wickram 15. Selten wird ein Pluralis durch ein singularisches Pronomen aufgenommen (s. Behaghel III, 29–32). In einer Konstruktion mit Kopula und Prädikatsnomen können die Pronomina *es* und *das* auf Substantive sowohl im Sing. als auch im Plur. bezogen werden.

5.3. „Inkongruenz" des Genus

§ S 227 Da das Substantiv nicht hinsichtlich des Genus flektiert, handelt es sich bei der Verwendung von Genusformen der hinweisenden Pronomina nicht um Kongruenz im üblichen Sinne. Wenn ein Pronomen auf eine Personenbezeichnung hinweist, deren grammatisches und natürliches Geschlecht nicht übereinstimmen, richtet es sich nicht selten nach dem natürlichen Geschlecht, besonders bei neutralen Bezeichnungen von Feminina: *Vnd so sich ein Weib scheidet von jrem Manne . . .* Mark. 10, 12 (1545), *. . . eine tügliche Person . . ., auf den dieselbige Stände ein gut Vertrauen zu setzen . . .* RA 1555 352. Ein neutrales Pronomen kann als Subjekt auf ein nichtneutrales Prädikatsnomen oder prädikativ auf ein nichtneutrales Subjekt bezogen sein: *das ist der Erbe* Matth. 21, 38 (1545), *Er allein war es, der nichts kunte* Luther, Sendbr. v. Dolm. 634.

5.4. Inkongruenz der Person

§ S 228 Wenn mehrere Subjekte von verschiedener Person durch *und* koordiniert sind, kann das Verb entweder (1) die Person zeigen, die mit dem zusammenfassenden Pluralpronomen kongruiert (erste und zweite Person = *wir*, erste und dritte Person = *wir*, zweite und dritte Person = *ihr*) oder (2) mit einer der beiden Personen, meist mit der dem Verb näher stehenden kongruieren:

Darumb lobe ich vnd mein gesellen nit . . . Eberlin 18, *Jch vnd der Knabe wollen dort hin gehen* 1. Mose 22, 5 (1545), *Was aber du vnd ich mit einander geredt haben . . .* 1. Sam. 20, 23 (1545), *So wirstu vnd deine Söne einen gnedigen König haben* 1. Makk. 2, 18 (1545), *. . . vnd du vnd deines Vaters haus werdet vmbkomen* Esther 4, 14 (1545).

Ist das Subjekt ein Relativum und das Bezugswort ein Personalpronomen der 1. oder 2. Person, so ist die Wahl der Personalform des Verbs von der Form dieser Relativsatzeinleitung abhängig. Steht ein Personalpronomen der 1. oder 2. Person (*der ich* usw.) im Relativsatz, so kongruiert die Verbform mit diesem Pronomen. Steht kein Personalpronomen, so kann das Verb die gleiche Person wie das pronominale Bezugswort zeigen oder das Verb steht in der dritten Person in Kongruenz mit dem Relativpronomen (s. auch § S 265).

6. Negation

Lit.: Dittmar 1874; Paul IV, 330–357; Franke III, 243–246; Behaghel II, 65–92; III, 218–220, 337; IV, 145–156; Bulach 1960; Mumm 1974, 85–106; Pensel 1976; Lehmann 1978.

6.1. Einleitendes

Hier wird ein Teil der Mittel behandelt, mit deren Hilfe eine Aussage in § S 229 Abrede gestellt werden kann: die Negationspartikel *en-* und die auf die Verschmelzung der einfachen Negationspartikel mit Komplementwörtern zurückgehenden Formen *nicht, nie* usw.

Zu diesen Formen aus ursprünglicher Negationspartikel + Pronomen / Adverb gehören *nicht* (*nit, nüt* usw., s. DWB 7,690) als Adverb und auch bis ins 17. Jh. als Pronomen in der Bedeutung ‚nichts‘, z. B. ... *dafur wir nicht dan spot vnd schmach erlangen* Luther, Adel 20, ... *das wir meinen, nicht sy got angenemers dann ire vogel gsang* Eberlin 36 (s. DWB 7,691f.), *nichts* (*nichtes, nütz* usw., s. DWB 7,718) als Pronomen, zuweilen als Adverb ‚nicht, durchaus nicht‘ (s. DWB 7,726), z. B. *gerad als weren die leyen nit auch ßo geistlich gute Christen als sie, odder als gehorten sie nichts zur kirchen* Luther, Adel 11, *nichtsnicht* (*nichtzit, nützet* usw., s. DWB 7,729) ‚gar nichts‘, *niemand(s), nie, niemal, niemalen, nimmer* (*niemer, nimme, nümme* usw., s. DWB 7,845ff.), *nimmermehr, nienen(t)* ‚nirgend, nirgendwo, niemals, auf keine Weise‘, *niener* (*nienert, niendert, nindert* usw., s. DWB 7,830) ‚nirgend, nirgendwo, auf keine Weise‘, *nirgend(s), nirgendwo*. Zu *dhein / kein* s. § S 13.

Die Negation kann verstärkt werden durch einen positiven Ausdruck, der etwas Geringfügiges bezeichnet, wie eine Bohne, ein Haar, ein Tropfen, ein Pfifferling, ein Heller, ein Jota (17. Jh.) u. dgl. (s. DWB 7,707) sowie durch *durchaus, ganz, gar, ganz und gar*.

Anm.: In der grammatischen Tradition unterscheidet man Satznegation und „Satzglied"- oder „Sondernegation". Bei der Satznegation wird durch ein Negationswort die ganze Aussage verneint. Bei der sog. Sondernegation bleibt die Aussage insgesamt positiv; durch Ausdrucksmittel der Negation werden Elemente ausgenommen oder einzelne Teile negiert. Im Frnhd. wird die Sondernegation in manchen Fällen

durch die Stellung des Negationswortes gekennzeichnet, in vielen anderen Fällen
fallen Satznegation und Sondernegation hinsichtlich der Stellung des Negationswortes zusammen und eine Entscheidung, ob im Einzelfall Satznegation oder Sondernegation vorliegt, läßt sich dann, wenn überhaupt, nur aus dem Kontext treffen.
Vgl. mit Sondernegation: *Auch nicht verr von Constantinopel pey dem mer ist Troja
gewesen* . . . Schiltberger 46, . . . *das wir nit vnßer, sondern allein seine ehre suchen*
Luther, Adel 4, . . . *ob in schon dar zů zeücht nit fraß, sunder meer burgerliche by-
wonung* Eberlin 19, *dann das evangelium habend sy nit prediget nach christenlich
verstandt, sunder nach Waldensich,* . . . *und ander ketzer art* Eck 24, . . . *daß mir nit
wenig freündtschafft von euch bewisen* Wickram 5.

6.2. Die Negationspartikel *en-*

§ S 230 Die alleinstehende Negationspartikel, die mhd. sowohl proklitisch als auch
enklitisch gebraucht wurde, war schon im Mhd. auf bestimmte Verben und
bestimmte Satztypen beschränkt (s. Mhd. Gr. § 436f.; Behaghel II, 71–74).
Sie lebt noch in der proklitischen Form in relativ seltenen Fällen vor allem
im 14. Jh. fort.

En- begegnet (1) im aussagenden Hauptsatz bei *wissen, tun* und Modalverben; letzte
Spuren finden sich noch zu Beginn des 16. Jhs.; (2) in konjunktivischen Sätzen von
exzipierender Bedeutung („es sei denn, daß . . .", „wenn nicht . . .") als seltene, frühe
Variante neben dem gewöhnlichen Typus ohne Negation (s. § S 294), z. B. *disem
Danyeli moge wir keine sache vinden is ensi denne an der e sinis gotis* Cranc, Dan. 6, 5.
    Weitaus häufiger, jedoch nur einen geringen Anteil der negierten Sätze ausma-
chend, ist der Gebrauch von *en-* mit einem anderen Negationswort, meist *nicht*. Er
findet sich häufiger in md., vor allem wmd. Quellen als im Oberdeutschen. Im
15. Jh. geht dieser Gebrauch in allen Landschaften deutlich zurück und findet sich
im frühen 16. Jh. nur noch in letzten Spuren. Im Hauptsatz lehnt sich *en-* hauptsächlich an Modalverben an, im eingeleiteten Nebensatz mit Später- bzw. Endstellung
des finiten Verbs tritt *en-* dagegen auch mit zahlreichen anderen Verben auf. Im
Nebensatz steht *nicht* meist direkt vor *en* + finitem Verb: *so ensin wir ime nicht
virbundin* Frankfurt, Gesetze 95 A24, *daz ensol nyeman von der handt geben* Ukb.
Straßburg 656, *wo sie des nicht enteten* Wenzel UBS 6, 4, *der weiset einem seinem
guten freünde panthiam nacket, das sie es nit enwest* Eyb 14.

6.3. Das Negationswort *nicht*

§ S 231 Als Satznegation steht *nicht* gewöhnlich im Mittelfeld, nur selten im Vorfeld (zu den Begriffen Mittelfeld und Vorfeld s. § S 236). Im Mittelfeld steht
nicht (1) fast immer nach unbetonten Subjekt- und Objektpronomina und
meist nach betonten Pronomina, (2) gewöhnlich nach nominalen Subjekten, Genitiv- und Dativobjekten, (3) häufiger nach als vor Akkusativobjekten (aber wenn das Akkusativobjekt und das Verb eine feste Wendung
bilden, steht *nicht* gewöhnlich voran, z. B. . . . *des der alt rat . . . nit macht*

gehabt haben Chr. v. Mainz 228, ... *die in die lenge dir nit farb werden halten* Eberlin 14), (4) mit wenigen Ausnahmen vor prädikativen Adjektiven und Substantiven mit Kopulaverben, (5) überwiegend vor Präpositionalobjekten, präpositionalen Richtungsbestimmungen und obligatorischen präpositionalen Lokalbestimmungen, z. B. *Das auch der ertzvater Jakob seinen kampffengel nicht umb furbit bat* Luther, Sendbr. v. Dolm. 643f., ... *wann man nit zů seiner Predig wolt gon* Wickram 51, (6) überwiegend nach anderen Präpositionalgruppen.

Das Negationswort *nicht* kann auch die erste Stelle im Mittelfeld oder in Fällen mit unbetonten Pronomina die zweite Stelle im Mittelfeld einnehmen: (1) im Hauptsatz hauptsächlich in Fragen mit Anfangsstellung des finiten Verbs, z. B. *hot nit der Bapst viel mal geyrret?* Luther, Adel 13, *und so ein schóner mann ein aug verlürt / ist im nit sein gantz angesicht verderpt?* Wickram 51, *darff nicht der Feldherr einem Cavallier mehr vertrauen / als einem Baurenbuben?* Simpl. 47; (2) im eingeleiteten Nebensatz, z. B. ... *wo nicht der H. geist sond'lich dazu hilft* Dietrich 85, ... *das mir nit ein grosser schad geschehe* Wickram 56.

Nicht erscheint selten im Vorfeld, vorwiegend im Ausdruck *nicht weiß ich* und in Imperativsätzen, z. B. *do sprach er zu mir nicht vurchte dich, Danyel* Cranc, Dan. 10,12, *Nit gat im das hertz do gegen vff* Geiler, Seelenparadies 12b, *Nicht sage ich das des mangels halben* Philipper 4,11 (1545), *Ach mein lieber haußwirt nit zürne so seer* Wickram 33.

Als Variante neben flektiertem *kein* mit Substantiv (s. § S 13) steht *nicht* zuweilen bei Substantiven mit unbestimmtem Artikel oder ohne Artikel: *Sie haben nicht pild auff iren altaren* Schiltberger 107, *desselben halb nit verhinderung oder mangel entsteen möge* Max. I RA 6 728.

6.4. Häufung der Negation

Wo zwei oder (selten) mehr Negationswörter in einem Satz erscheinen, §S 232 heben sich die Verneinungen nicht gegenseitig auf. Die Verbindung von Negationspartikel + Negationswort findet sich im 14. und 15. Jh. (im 16. Jh. nur noch in letzten Spuren, s. § S 230). Sonstige polynegative Varianten kommen bei manchen Autoren nicht selten vor; sie gehen im 17. Jh. deutlich zurück: *Vorgisse nymmer nicht dez strengen gerichtes unsers herren* M. v. Amberg 1296f., *Es tar chain lay chain ewangely nicht lesen* Schiltberger 108, *Seid niemand nichts schüldig* Röm. 13,8 (1545). Den Großteil dieser Fälle mit mehr als einem Negationswort machen Verbindungen von *kein* mit einem anderen Negationswort aus, wobei zu beachten ist, daß alleinstehendes *kein* bis ins 16. Jh. positiv in der Bedeutung 'irgendein' verwendet werden kann (s. § S 13).

Anm.: Die Verbindung von Negationswörtern mit einem Wort negierender Bedeutung wie *ohne* oder mit Adjektiven mit *un-* ist dagegen ein Stilmittel der vorsichtigen Bejahung: *vnd nit on sundere ordnung gottes ist eim Römischen kayser fürderlich allweg teutschland willig gehorsam gesin* ... Eberlin 3, ... *wechst ein frucht einem apfel nicht sehr ungleich* Staden 193.

6.5. Anreihung negierter Glieder

§ S 233 Mehrere Ausdrucksmittel dienen zur Anreihung von Gliedern an ein negiertes Glied:

1. alleinstehendes *noch*: (A) das erste Glied ist negiert: ... *über daz sü nüt getürstent wandeln noch gon* Closener 123, *dieweil aber auch dieses Mittel nicht zulänglich noch erklecklich* RA 1654 448; (B) die Negation kann im ersten Glied fehlen: *daz sie sich als vast mit geraisigem zeug noch mit fuszvolk bewurben* Schürstab (DWB 7,875); (C) *noch* vor nachfolgender Negation, besonders im 16. Jh.: *last ... seine gewalt noch schwerdt, nit nyderdrucken* ... Luther, Adel 75;
2. *noch ... noch*: *Auch das berumptiste Concilium Nicenum, hat der Bischoff zu Rom noch beruffen noch bestetiget* Luther, Adel 15, *hier will noch Ceres weichen noch Bachus* Opitz (DWB 7,873);
3. *weder ... noch* mit oder ohne Negationswort im Satz: *wir wollen weder leib noch gut sparn* Briefe des Nürn. Rates 1388 148, *auff das zu dem pau weder an holtz noch stein kein mangel sey* Dürer D1a;
4. *weder ... oder*: *das sie obir verstendige lewte weder orteil adir gezugniße gegeben kundin* Dür. Chr. 596, ... *dasz er weder auffstehen oder man in von dannen tragen kondt* Volksbuch v. Faust (DWB 13,2839);
5. alleinstehendes *weder* vor dem zweiten Glied, mit Negation: *Schade niemand an seinem gut weder an seinen eren* M. v. Amberg 1159, *kein unglücke würde iemals mächtig seyn die unruhe seines gemüthes zu verstören, weder ihn in eine verdrüszliche einsamkeit einzusperren* Lohenstein (DWB 13,2841);
6. seltene Varianten sind *weder ... und* und *weder ... weder* (s. DWB 13,2839f.).

6.6. Scheinbare Vertauschung positiver und negativer Ausdrucksweise

§ S 234 In einer Reihe von Konstruktionen kann als Variante neben einem positiven Ausdruck eine für das heutige Sprachgefühl pleonastische Negation erscheinen:

1. im abhängigen *daß*-Satz (zuweilen im Infinitivsatz mit *zu*) bei einer Gruppe von Verben negativen Sinnes (Verben des Läugnens, Unterlassens, Verhinderns, Verbietens usw. wie *läugnen, unterlassen, säumen, vermeiden, hindern, verhindern, verbieten, verhüten, verweigern, wehren, zweifeln*), auch zuweilen wie im Lateinischen und Französischen nach Verben des Fürchtens:

... das man hat virboden, das nyman keyne unverkorn bose eyde ensal sweren Frankfurt, Gesetze 105 A43, *... das sie zwyvel hettent, daz das silber nit vollen gút were* Ukb. Straßburg 657, *Jch fürchte aber | das nicht wie die Schlange Heua verfürete mit jrer schalckheit | Also auch ewre sinne verrücket werden von der einfeltigkeit in Christo* 2. Cor. 11,3 (1545), *Wie vor diesem die Juden | ... | verwehreten | daß den Heyden das Evangelium nicht verkúndiget wúrde (... Judaei ... prohibuerunt annuntiari gentibus Evangelium)* Spener 58;

2. im Vergleichssatz nach dem Komparativ. Es überwiegen Fälle mit *kein* (s. auch § S 13), das bis ins 16. Jh. sowohl in verschiedenen positiven Verwendungsweisen als auch in negativer Bedeutung vorkommt. Mit dem Schwinden der Bedeutung ‚irgendein‘ in den anderen Verwendungsweisen und dem Häufigerwerden anderer Negationswörter im Vergleichssatz (wohl durch die französische Negation beeinflußt) wird *kein* wohl als negativ aufgefaßt:

doch haben sy schaffner die vßgeben vnd innemen púnctlicher dann kein fürst hat Eberlin 7, *Das wir offt wöllen sein vff erden mer dan wir nimmer mögen werden* Murner (Paul IV, 339), *darinnen fande ich | meines damaligen Davorhaltens | mehr Thorheiten | als mir bißhero noch nie vor Augen kommen* Simpl. 77.

Die Negation findet sich gelegentlich auch in Sätzen mit *als*, die die Gleichsetzung ausdrücken, z. B. *Ja er war so schön als kein Bawm im garten Gottes* Hesekiel 31,8 (1545), vereinzelt auch beim Superlativ: *er ist der aller fraydigst knecht, den ich herumb im ganczen krais in vnser ganczen pfar nit wais* H. Sachs (Behaghel II, 89);
3. selten in durch *bis, ehe, bevor* eingeleiteten Temporalsätzen (s. Behaghel II, 89f.), z. B. *Auch bin ich ehe denn nie kein tag war* Jes. 43,13 (1545);
4. *nicht* in Ausrufen und Fragen, die den Sinn eines Ausrufs der Verwunderung haben (Belege seit dem 17. Jh. im DWB 7,711): *wie lange soll ich nicht* (var. *noch*) *der schalckheit deckel sein?* Gryphius (DWB 7,711).

In den folgenden Fällen entspricht eine positive Form einem heutigen negativen Ausdruck:　§ S 235
1. Das an sich positive *icht* kann im 14. und zuweilen noch im 15. Jh. in Nebensätzen im negativen Sinne ‚nicht, nichts‘ gebraucht werden: *Auch sullen alle wirte iren gesten sagen, daz sie icht lenger mezser dragen, dan daz maz ist* Frankfurt, Gesetze 101f. A36, *Darum soll ain jeder mensch syn bürdy gedultiglichen tragen, das im itt ain schwärer werde uff gelegt* Steinhöwel 166;
2. Konsekutivsätze mit Verbzweitstellung (s. § S 305), z. B. *vnd sey kein fraw als gutt nit, si hab an ir ein tadel ...* Eyb 8, ‚daß sie nicht ...‘ oder ‚die nicht ...‘, *kein panqvet ginge vorüber er ware dabey* Beer 28.

7. Zur Wortstellung im Einfachsatz

7.1. Einleitendes

§ S 236 Die Wortstellung im frnhd. Einfachsatz kann in den wesentlichen Zügen mit Hilfe des für das Nhd. entwickelten Satzklammerschemas beschrieben werden.

Im eingeleiteten Nebensatz bilden das Einleitungsstück am Anfang und das finite Verb bzw. der Verbalkomplex die Satzklammer (den Satzrahmen), im Hauptsatz wird die Klammer (der Rahmen) durch das finite Verb (meist in der Erst- oder Zweitstellung) und das infinite Verb bzw. das trennbare Präfix gebildet. Gewöhnlich stehen Elemente vor dem ersten Klammerteil (im „Vorfeld") nur in aussagenden Hauptsätzen, in Wortfragen und in bestimmten Typen von uneingeleiteten Nebensätzen (s. unten §§ S 258, 263, 278, 294, 297, 305f.). In dieser Stellung vor dem finiten Verb steht meist nur *ein* Satzglied. Das „Mittelfeld" befindet sich zwischen den zwei Klammerteilen (oder, wenn ein zweiter Klammerteil fehlt, einfach nach dem ersten Klammerteil). Wenn Elemente nach dem zweiten Klammerteil stehen, entsteht ein „Nachfeld". Da das Nachfeld durch eine Teilmenge der mittelfeldfähigen Elemente besetzt werden kann, spricht man von der „Ausklammerung".

7.2. Die Stellung des finiten Verbs

Lit.: Behaghel 1892; 1900; 1929a; IV, 10–46; Poeschel 1893; Schultze 1893; Curts 1910; Franke 1918; III, 64–71; Biener 1921–22; 1926; Hammarström 1923; Maurer 1924; 1926; Rockwell 1928; Becker 1935, 22–37; Preusler 1940; Barber 1951; Swinburne 1953; Horacek 1957; Keller 1965, 74–140; Thieme 1965; Pfütze 1966; Admoni 1967; 1972; 1990, 156–159, 171–175, 200f.; Schildt 1968; 1969; 1972; 1976; Hartmann 1969; Margetts 1969, 101–132; Engel 1970; Kavanagh 1970; Küpper 1971; Lehmann 1971; Berić-Djukić 1973; Fleischmann 1973; Fourquet 1974; Kefer 1974; Over 1976; Soboleva 1976; Brandt 1977; Abramowski 1979; 1980, 51–69; Ebert 1980; 1983, 1986, 101–115; Fukouka 1980; Nyholm 1981; Scaglione 1981; Bassola 1985, 117–139, 167–183; Folsom 1985; Rösler und Kopplow 1986; Timm 1986, 22f.; Betten 1987, 130–136; Larsen 1987.

7.2.1. End- bzw. Späterstellung

§ S 237 Zum Typus mit unterordnender Konjunktion oder Relativpronomen bzw. -partikel als erstem Klammerteil und End- bzw. Späterstellung des finiten Verbs gehören viele traditionelle Arten von Nebensätzen (s. Kap. 8).

§ S 238 Mit End- bzw. Spätstellung des finiten Verbs kommen im Frnhd. auch einige Arten von aussagenden Hauptsätzen vor.

1.   Sätze mit anaphorischem Anschluß an einen vorangehenden Satz. Es treten auf nicht nur diejenigen Pronomina und Adverbien, die sowohl demonstrativ als auch relativisch gebraucht werden (*der, da, da* + Präposition, s. § S 271), sondern auch ausgeprägt demonstrative Wörter wie *derselbe, solch, deshalb, deswegen, also*. Die Konstruktion ist dem lateinischen relativen Anschluß ähnlich, vielleicht sogar dieser Konstruktion nachgebildet (s. Maurer 1926, 185–188; Behaghel IV, 17–19): *solichen frevel wir mit der hilff gotes und rate und beistannd des heiligen reichs getrewen zu understeen mainen* Friedrich III 17, 431, *der ander hat gar nichts / deßhalb der reich sein spottet* Wickram 30, *Daher bey den ersten Christen die reiche nit andern vortheil hatten* Spener 44 (am Anfang eines Absatzes!).
2.   Die mit *und* eingeleitete Fortsetzung eines Hauptsatzes. End- bzw. Späterstellung erscheint bis ins 16. Jh. als seltenere Variante neben der Zweit- und Anfangsstellung (s. unten § S 239 und Behaghel IV, 25f.): *Nu aber ist ein solch gewurm und geschwurm in dem Rom, vnnd alles sich bepstisch rumet,...* Luther, Adel 20.
3.   Parallel gebaute, durch *je ... je* + Komparativ eingeleitete Sätze (s. § S 314): *Ja yhe edler das glidmaß ist / yhe mehr die andern yhm helffen sollen* Luther, Adel 10, *je weiter ich aber gieng / je tieffer ich von den Leuten hinweg in Wald kam* Simpl. 21. Verbzweitstellung tritt in diesen Sätzen im 15. Jh. auf und setzt sich im 17. Jh. durch: *je mehr ich anfieng zu wancken / je träger wurde ich in meinem Gebet* Simpl. 37.
4.   End- bzw. Späterstellung ohne einleitendes Element, als stilistische Variante. In der Dichtung ist diese Stellung als Fortsetzung einer alten Tradition nicht selten. Sie erscheint auch in verschiedenen Prosaquellen vor allem des 15. und 16. Jhs. Bei manchen Autoren, z. B. bei Humanisten und lateinisch Gebildeten, handelt es sich vielleicht um die Nachahmung einer im Deutschen sehr beschränkten, im Lateinischen dagegen gewöhnlichen Stellungsmöglichkeit des finiten Verbs (vgl. Behaghel IV, 19ff.).

7.2.2. Anfangsstellung des finiten Verbs

Mit Anfangsstellung des finiten Verbs erscheinen Entscheidungsfragen, § S 239 Wunsch- und Aufforderungssätze sowie Konditional- und Konzessivsätze (s. §§ S 221, 223, 290, 297). Anfangsstellung begegnet auch als Variante im aussagenden Hauptsatz.

1.   Anfangsstellung im aussagenden Hauptsatz findet sich in größerem Umfang von der Mitte des 15. Jhs. Sie tritt zuerst fast ausschließlich bei Verben des Sagens und verwandten Ausdrücken vorwiegend in Denkmälern mit lateinischer Vorlage auf (s. Maurer 1926, 198–200; Behaghel IV, 37–39). Sie breitet sich im späten 15. und 16. Jh. auf andere Verben und auf Texte ohne lateinische Vorlage aus. Anfangsstellung ist nicht selten bei Verben und Adjektiven mit Subjektsatz (als Variante neben Zweitstellung nach *es*): *Ist beslossen, das die zeit darein gesetzt werden soll,...* Max I RA 6, 732.
2.   Der emphatische Typus mit *doch* ist seit dem frühen 16. Jh. belegt: *Muste doch vortzeytenn Abraham seine Sara horen ...* Luther, Adel 14, *Stehet doch im Vatter vnser nit ein wort von Christo* Dietrich 73.
3.   Anfangsstellung des finiten Verbs tritt auch auf, wenn eine thematische Konstituente (meistens, aber nicht immer das Subjekt, s. §§ S 56f.), die sonst im Vorfeld stehen würde, im eindeutigen Kontext erspart wird. Die Ellipse ist nicht syntaktisch beschränkt: das zu ergänzende Element kann Subjekt, Objekt oder Attribut im vor-

ausgehenden Satz sein (bei Pluralen eine Kombination von diesen) oder gar aus dem
weiteren Kontext ergänzt werden. Die Erscheinung findet sich während der ganzen
frnhd. Zeit, ist im 17. Jh. jedoch viel seltener als in den vorigen Jahrhunderten: *do
zog er im entgegen mit LX thausent mann vnd vachten ein gantzen tag mitt ainander*
Schiltberger 34, *Aber so sich dein tochter weltlich machen will, vnd besorgst, sie sey
auff vnkeůsch geneigt* Eyb 10, *Jst ein scharpffer hübscher punct / kan ich vff diß mal nit
vßrichten* Geiler, Seelenparadies 3a, *Da iamert den herren desselbigen knechts vnd lies
yhn los* Matth. 18, 27 (1522).
    4.   Die Stellung *und* + finites Verb (die sog. „Inversion nach *und*") ist neben der
häufigeren Variante *und* + eine Konstituente + finites Verb während der ganzen
frnhd. Zeit geläufig (s. Behaghel IV, 31–37): *. . . do wart unserre Frowen hus in dem
Froenhofe gemacht, und wurdent zwei hüser in der gaßen abe gebrochen* Closener 133,
*Er verschmachtete des Tages vor Hitz, des Nachts vor Frost, und kam kein Schlaff in
seine Augen* Schupp 19. Zuweilen steht das finite Verb auch direkt nach *oder* oder
sondern.
    5.   Im Nachsatz; siehe unten § S 242.

7.2.3. Sätze mit Vorfeld
(Zweit- und Drittstellung des finiten Verbs)

§ S 240   Zweitstellung ist die gewöhnliche Stellung des finiten Verbs im aussagenden Hauptsatz, in Wortfragen und in einer Reihe von Nebensatztypen: in
uneingeleiteten Inhaltssätzen (s. § S 278), in exzipierend-einschränkenden
Sätzen (s. § S 294), in Konzessivsätzen des Typus *der soll gewiß erhöret
werden / er bete wo er wölle* Dietrich 69 (s. § S 297) und in einem Konse-
kutivsatztypus mit Konjunktiv, später Indikativ (s. § S 305), z. B. *Es sey
niemant so alt, er gedenck noch ein iar oder ein tag zuleben* Eyb 25. Die
Zweitstellung erscheint auch als Variante beim Imperativ (s. § S 223) und in
Wunsch- und Aufforderungssätzen mit Konjunktiv (s. § S 221).

§ S 241   Fast alle Arten von Satzgliedern können im Vorfeld stehen. Nur vereinzelt
steht im Vorfeld der Akkusativ *ez / es*, z. B. *das sah si niht allein, ez sahen
ander swester auch* C. Ebner 30, und der Akkusativ *sich* von echten reflexiven Verben, z. B. *Sich sol ein mensch bruchen in barmherzigkeit* Geiler,
Die Brösamlin 72b. Zu *nicht* im Vorfeld s. § S 231. Nur im Vorfeld steht
das „expletive" Subjekt („Scheinsubjekt") *ez / es*, das keine hinweisende
Funktion hat, sondern allein die Stelle vor dem finiten Verb besetzt, z. B.
Ez saz ein reicher pfaff ze Vilsech, der hiez Ulschalk C. Ebner 3. *Da* erscheint auch in dieser Funktion.

§ S 242   Ist das Vorfeld von einem Nebensatz besetzt, so kann das Verb an zwei
Stellen im Nachsatz stehen: (1) direkt nach dem Nebensatz, also in der
Anfangsstellung im Nachsatz; (2a) nach den Vordersatz wieder aufneh-
menden Elementen wie *das, dann, da, do, so* oder (2b) nach anderen nicht-
verbalen Elementen des Nachsatzes. Der im Mhd. ganz gewöhnliche Typus

2b ist noch im 14. und 15. Jh. als seltenere Variante gebräuchlich; im 16. Jh. findet er sich als seltene Form noch bei vielen Autoren; im 17. Jh. kommt er nur noch vereinzelt vor. Er findet sich besonders nach Bedingungssätzen:

So aber die kinder mit wissen und gedult irer eltern oder vormund kaufmanns weis handeln, von den sol diz gesetz nit verstanden werden Nürn. Ref. 18, *Wann man wüßte wie ein blöden grund haben der örden regel, man hielt nit so vyl dar vff* Eberlin 33.

Eine Nominalgruppe oder adverbialer Ausdruck im Vorfeld kann durch § S 243 ein vor dem finiten Verb stehendes demonstratives Element wieder aufgenommen werden (Prolepse, Voranstellung, Herausstellung nach links). Bei Nominalgruppen kann man zwei Typen unterscheiden:
1. Die vorangestellte Nominalgruppe und das aufnehmende Pronomen stehen in dem von der Konstruktion im Satz geforderten Kasus. Dies ist die gewöhnliche Form der Prolepse mit Nominalphrase: *den rihter da zu dem Hohenstein den wil ich dir geben* A. Langmann 56, *dem richhen man dem wart öch sin wille erfüllet in der cit* R. Merswin 46;
2. Das aufnehmende Pronomen steht im syntaktisch geforderten obliquen Kasus, die vorangestellte Nominalgruppe dagegen im Nominativ, also außerhalb der Konstruktion (sog. „Nominativus pendens"). Diese Konstruktion ist frnhd. selten (s. dazu Boon 1981b mit Literatur): *und di besten hawbtleut, der ,deren' zetel legt man in ein sekel besunder* Stromer 40.

Nominalgruppen und adverbiale Ausdrücke mit aufnehmendem Demonstrativ sind frnhd. ganz gewöhnlich und keineswegs auf affektgeladene Redeteile beschränkt. Besonders bei Nomen + Relativsatz, auch bei langen adverbialen Ausdrücken tritt nicht selten ein demonstratives Element auf: *In dem selbin jare uf den guten freitage zu nacht do erhub sich eyn füer zu Erfforte . . .* Dür. Chr. 673, *und einem solichen gesellen, der also frembd herkompt, dem soll der stat paumeister zeug leihen* Tucher 42. Die Voranstellung tritt nur sehr selten nach einer nebensatzeinleitenden Konjunktion auf (und dann tritt Hauptsatzverbstellung ein): *es mayn auch die leutt, die da selben sitzen, das an dem endt des pergs da gett ein wüsten an* Schiltberger 39, *. . . daß der jenige, der auff grosser Herren Gnad, und auf des gemeinen Mannes Gunst, Häuser bauen wolle, der baue nur auf Sand und nicht auf einen Felsen* Schupp 29f.

Zuweilen steht ein Nomen oder Pronomen, von dem geredet werden soll, vor dem Satz ohne Einfluß auf die Wortstellung. Es wird durch ein anaphorisches Pronomen im Satz rückweisend darauf hingewiesen:

Hipsicratea, die küngin, auß großer lieb ires mannes Mitridatis legt sie abe ir weypliche kleyder vnd gestalt Eyb 9, *Aber die phariseer, da sie es horeten, sprachen sie* Matth. 12, 24 (1522), *Diese Hof-Stadt / ob sie zwar etwas klein / konte sie doch warhafftig ein Spiegel eines Politischen* Compendii *genennet werden* Beer 41.

Sonstige Typen von Vorfeldern mit zwei Satzgliedern sind im allgemeinen § S 244 nicht häufig.

1. Es finden sich einzelne Nachklänge eines alten Typus mit unbetontem Pronomen zwischen dem ersten Satzglied und dem finiten Verb (vgl. Behaghel IV, 15): *Dor noch an der heilgen drivaltikeit tag si was in dem sichhaus* A. Langmann 16.
2. Vor dem Verb stehen ein Satzglied + ein Satzadverb (*aber, hingegen* usw.): *Die bitt aber wird vergleicht eim volkommenen bild* Franck CTB B4b, *Er aber hat kein brieff* ... Wickram 11, *Jch hingegen blieb gantz stockstill stehen* Simpl. 20. *Aber* kann auch zwischen die Teile einer Nominalgruppe treten (s. auch § S 52): *Jnn der mitt aber eines worts / werden sie duplirt* Frangk OD B3b.
3. Vor dem Verb stehen ein Satzadverb (z. B. *darum, dazu, deshalb, gleichwohl, sicher, ohne Zweifel, widerum, zwar*) + ein Satzglied: *Sicher ich will nit mer wider dich thun* Eyb 30, *Dorumb billich vñ von recht hat sie got lieb* ... Geiler, Seelenparadies 1b, *Zwar jr werdet den Kelch trincken / den ich trincke* Mark. 10, 39 (1545), *Derhalben auf beschehen Vergleichen mit den anwesenden Stånden, Råthen und Bottschaften, setzen und ordnen Wir, daß* ... RA 1576 365.
4. Vor dem Verb stehen eine Nominalgruppe und ein betonter adverbialer Ausdruck der Zeit, des Orts, der Art, des Grundes oder des Mittels in dieser oder der umgekehrten Abfolge (selten). Öfters erscheint die Angabe von Autor und Werk / Textstelle: *dieselben person zu einer zeyt haben ein heüßlein vnd ein acker gehabt* Eyb 37, *Der Zwingli mit erdachten stinckenden lügen hat sich understanden, die hertzen einer frommen Aidgnoßschaft wider mich und D. Johan Faber zů erbittern* Eck 51, *auff der Sudenseiten ire feinde heyssen Tuppin Ikin* Staden 172, *Nit ungeschwind der gesten einer / die da assend / verbirgt den bratnen kapaunen* Wickram 27, *Elias Hütter in seinem öffentlichen Ausschreiben an allgemeine Christliche Obrigkeit / spricht also* ... Schottel 16.
5. Vor dem Verb stehen zwei adverbiale Bestimmungen unterschiedlicher semantischer Kategorien: *darnach in ihren hütten tödten sie sie* Staden 187, *Anno 1606. zu Franckenstein in Schlesien haben etliche Todtengråber vnerhörte Ubelthaten begangen* Abr. a S. Cl. 88.

Daß es sich in diesen Beispielen tatsächlich um die mehrfache Vorfeldbesetzung und nicht etwa um die Folge Mittelfeld + finites Verb + ausgeklammerte Satzglieder (= Späterstellung des Verbs ohne einleitende subordinierende Konjunktion) handelt, zeigen die Fälle, in denen unbetonte Pronomina direkt nach dem finiten Verb stehen (solche Pronomina stehen in der Regel am Anfang des Mittelfeldes und können nicht ausgeklammert werden) sowie die Folge finite Verbform +...+ trennbares Präfix: *Und der Bott mit ungestüme für in an* Wickram 37.

7.2.4. Sätze mit Nachfeld (Ausklammerung)

§ S 245   Ein Nachfeld entsteht in Fällen, wo Elemente nach dem finiten Verb bzw. Verbalkomplex im Nebensatz oder nach den infiniten Verbformen bzw. nach dem trennbaren Präfix (Präpositionaladverb) im Hauptsatz stehen, z. B.

... daz du mich nie versmeht hast in meinem leiden C. Ebner 18, *welre pfaffe ouch wider sü rette, der mohte kume genesen vor dem volke* Closener 119, *di juden hi waren gesessen zu mittelst auf dem platz* Stromer 25.

7.2.4.1. Nebensätze

Beim Nebensatz stehen satzwertige Infinitive gewöhnlich im Nachfeld. § S 246
Komparative mit *als* / *wie* / *dann* / *denn* usw. werden auch häufig ausgeklammert. Im Frnhd. können mit Ausnahme der unbetonten Pronomina
Nominalgruppen aller Art (Subjekte, Objekte, Genitive / Akkusative der
Zeit usw.), Adverbien und Präpositionalgruppen ausgeklammert werden.
Von den nichtsatzwertigen Gliedern werden Präpositionalgruppen am häufigsten ausgeklammert. Im allgemeinen läßt sich vom 14.–17. Jh. ein Rückgang der Ausklammerung im Nebensatz feststellen. Man scheint im Laufe
der Zeit auch empfindlicher gegenüber der Ausklammerung von obligatorischen Mitspielern des Prädikats zu werden, denn besonders diese stehen
immer seltener im Nachfeld (s. Behaghel 1900; Hartmann 1969, 184; Ebert
1980, 377–380).

Die Entwicklung ist nicht in allen Stilgattungen und bei allen Sozialgruppen gleich
verlaufen. Nur für Nürnberg liegt genaue Information vor. Dort wird schon im 15.
Jh. die Verbendstellung wesentlich häufiger in Kanzleidokumenten als bei Individuen gebraucht. Im 16. Jh. tritt die Ausklammerung in Kanzleischriften nur sehr
selten auf. Bei den Zeugnissen der Individuen (z. B. Geschäftsbriefen, privaten Briefen, Chroniken, Tagebüchern und sonstigen Aufzeichnungen und Erzählungen von
Ereignissen) nimmt im allgemeinen die Häufigkeit der Ausklammerung zu, je weniger man in Bildung und Beruf Umgang mit der Amtssprache hat. Auch anderswo
scheint die Kanzleisprache zu Beginn des 16. Jh. einen sehr hohen Prozentsatz der
absoluten Endstellung erreicht zu haben.

In Luthers Schriften und Revisionen von seiner Bibelübersetzung kann man im
Laufe der Zeit im allgemeinen eine Zunahme des vollständigen Rahmens beobachten
(Kuhn 1901, 25–31; Becker 1935, 25–32; Erben 1954, 152; Betten 1987, 133). Sein
Gebrauch der Rahmenkonstruktion ist aber keineswegs führend (Ebert 1983).

Erst gegen Ende des 17. Jhs. geben die Grammatiker Regeln zur Verbendstellung im Nebensatz und erheben somit zur Norm, was längst als nahezu
absolute schreibsprachliche Regel gegolten hat.

Zu den verschiedenen Erklärungsversuchen s. Ebert 1986, 110–112; Betten 1987, 131–135.

7.2.4.2. Hauptsätze

Im Hauptsatz ist die vollständige Satzklammer während der ganzen frnhd. § S 247
Zeit weniger häufig als die Endstellung des Verbs im Nebensatz. Der Typus
ohne Klammer (d. h. mit Kontaktstellung von finiten und infiniten Verbformen) wird gegen Ende der frnhd. Zeit ganz selten. Wie im Nebensatz
werden unter den nichtsatzwertigen Gliedern Präpositionalgruppen am
häufigsten ausgeklammert und obligatorische Mitspieler des Prädikats werden im Laufe der frnhd. Zeit eindeutig immer seltener ausgeklammert. Der

vollständige Rahmen war längst die herrschende Variante, als die deutschen Grammatiker ihn erwähnten und empfahlen. Albertus (1574, 9, 105) und Clajus (1578, 40, 163) deuten darauf hin; Schottel (1663, 743, 747) und Stieler (1691, 203, 208) empfehlen ihn, warnen jedoch vor überlangen Klammern, besonders der Einklammerung von langen Nebensätzen.

Wie beim Nebensatz hat die stilistische und soziale Schichtung in Nürnberg im allgemeinen das Gepräge der bewußten Übernahme eines prestigereichen geschriebenen Musters (Ebert 1980), während Schildt (1976, 282) aufgrund von gattungsmäßigen Unterschieden zum Schluß kommt, daß „die Rahmenkonstruktion in der Umgangssprache ihren eigentlichen Platz hat und daß sie von hier aus in die geschriebene Sprache gedrungen ist" (s. dazu Ebert 1986, 113f.; Betten 1987, 134f.).

7.3. Das Mittelfeld

Lit.: von Dadelsen 1902; Franke 1918; Behaghel 1929b; IV, 46–76, 166–174; Keienburg 1934; Margetts 1969; Ebert 1986, 116–120.

§ S 248 Im Nebensatz befindet sich das Mittelfeld zwischen der nebensatzeinleitenden Konjunktion bzw. dem Relativpronomen und dem finiten Verb bzw. Verbalkomplex. Im Hauptsatz steht es zwischen dem finiten Verb und dem Partizip, Infinitiv oder trennbarem Präfix; wenn der zweite Klammerteil (Partizip, Infinitiv, Präfix) im Hauptsatz fehlt, besteht das Mittelfeld aus den nach dem finiten Verb stehenden Gliedern. Man muß sich hier wegen Mangel an zuverläßiger Information auf die Stellung der Pronomina und der Nominal- und Präpositionalgruppen beschränken (zur Stellung von *nicht* s. § S 231).

§ S 249 Zu Beginn der frnhd. Zeit steht die Gruppe der unbetonten Pronomina (der persönlichen und anaphorischen Pronomina *er, sie, es* usw., des Subjektpronomens *man* und des akkusativischen Reflexivpronomens *sich*) in der Regel vor den betonten Pronomina (z. B. *der, dieser, derselbe, jener, solcher, mancher, jeder, jederman, icht* ‚etwas', *nichts, etwas, alles, einer, keiner, jemand, niemand*), alleinstehenden Substantiven sowie den Nominal- und Präpositionalgruppen.

Nur selten gehen betonte Satzglieder einem unbetonten Subjektpronomen voraus: *... das in alle minem riche und gebiete man schuwe und vurchte Danyelis got* Cranc. Dan. 6, 26, *Wann dann nach fleißiger Erwegung dieser fûrgangener Hândel, sie ihre Bedencken uns dahin erôffnet,...* RA 1576 359. Besonders im Kurialstil wirkt die Späterstellung eines Subjektpronomens erster Person als Kennzeichen der Ehrerbietung (s. Behaghel IV, 258): *Was von dem allen veruolgt vnd sich weitter zutregt, schreib Ewr Churfurstlichen Durchleichtikeit Jch mit erstem hernacher* Scheurl 140 (1533). Im 14. und 15. Jh., besonders in der Kanzleisprache, stehen unbetonte Objektpronomina häufiger nach betonten Gliedern als Subjektpronomina. Im 16. und 17. Jh. werden Objektpronomina immer häufiger nachgestellt (das Pronomen steht meist entweder nach dem ersten Glied im Mittelfeld oder direkt vor dem zweiten Klammerteil); Voranstellung bleibt jedoch (mit individuellen Unterschieden) noch die herrschende Variante: vgl. mit vorangestelltem Objektpronomen ... *daz in einer dreystund ,3mal' bey seinem weyb vand* Achtbuch Nürnberg 106, *deßwegen schickte mich dieser einsmahls an sie* Beer 36; mit nachgestelltem Objektpronomen *Dor umb hat got gepoten den menschen daz sie daz czehende teil ires gutes im opphern schullen* M. v. Amberg 317ff., *Ein jetlicher christ sol all tag ein mol zum minsten sich im gebåt zů got keren* ... Eberlin 40f., *Und die Esel wolten solch unleidlich tyranney yhrs frevels uns ytzt fur ein willige that und exempel der Christenheit verkauffen* Luther, Sendbr. v. Dolm. 646, ... *wird Furst Potifar selbsten mir begegnen* Zesen 34.

Unter den Pronomina steht das Subjektpronomen gewöhnlich voran. Das Subjektpronomen *ez / es* kann enklitisch an ein vorangehendes Objektpronomen angelehnt werden (*mirs, dirs, sichs*), z. B. ... *weil yhr sehet, das mirs entfallen ist* Dan. 2, 8, *wie sichs gebührt* RA 1576 364. Unter den Objektpronomina folgt der Genitiv dem Akkusativ oder Dativ. Zur Stellung von zwei Akkusativpronomina fehlt ausreichende Information. Bei Dativ- und Akkusativpronomina sind während der ganzen frnhd. Zeit sowohl die Folge Dativ vor Akkusativ als auch die Folge Akkusativ vor Dativ gebräuchlich. Die Abfolge ist nicht nur morphosyntaktisch nach Kasusformen, sondern auch durch phonologische und rhythmische Faktoren bestimmt, besonders durch die Möglichkeit, in der gesprochenen Sprache ein Pronomen enklitisch an das vorangehende Wort anzulehnen. Akkusative der ersten und zweiten Person sowie *sich* stehen in der Regel vor dem Dativ. Die Form *sie* geht gewöhnlich dem Dativ voran, kann auch, besonders in der enklitischen Form -*s*, folgen. *Ihn* kann entweder vor oder nach den auf Liquiden ausgehenden *mir, dir* und *ihr* stehen. Nach Behaghel IV, 74 tritt gewöhnlich die Reihenfolge *ihn uns, ihn euch* und *ihn ihm* auf. Das akkusativische *ez / es* wird sehr häufig enklitisch an das vorangehende Wort angelehnt. In den Kombinationen mit *mir* und *dir* überwiegt während der ganzen frnhd. Zeit bei weitem *mirs* und *dirs; ihrs* tritt auch neben *(e)s ihr* auf. Es heißt aber häufiger *es uns, es euch, es ihm, es ihnen*.

Den Nominal- und Präpositionalgruppen kommt keine bestimmte Stelle im Mittelfeld zu. Über die relevanten Faktoren und ihr Zusammenwirken fehlt ausreichend detaillierte Information. Zu erwägen sind u. a. (1) die syntaktische Relation zwischen dem im Mittelfeld stehenden Satzglied und dem Prädikat (das Subjekt findet sich z. B. überwiegend an erster Stelle unter den Nominalgruppen im Mittelfeld, vgl. Behaghel IV, 63–67); (2) pragmatische Faktoren, z. B. die Strukturierung von alter und neuer Information (vgl. Keienburg 1934; Erben 1954, 19–27; Margetts 1969, 45–53); (3) die Länge der Satzglieder (vgl. Behaghel IV, 6). §S 250

7.4. Die Stellung der Glieder im Verbalkomplex

Lit.: Hammarström 1923; Maurer 1926; Behaghel IV, 82–118; Swinburne 1953; Bassola 1978; Ebert 1981; 1986, 122–131; Härd 1981; Lühr 1985, 40f.

7.4.1. Einleitendes

§ S 251 Es handelt sich hier um die relative Stellung von finiten und infiniten Verbformen im Nebensatz und die Stellung der infiniten Verbformen untereinander im Haupt- und Nebensatz. Die Forschung hat hauptsächlich die
periphrastischen Tempusformen mit *haben / sein* + Part. Prät. und mit *werden* + Infinitiv, die Passivperiphrasen mit *werden / sein* + Part. Prät. und
die Konstruktion mit Modalverb + Infinitiv berücksichtigt.

7.4.2. Der Verbalkomplex im Nebensatz

§ S 252 Entwicklungsgeschichtlich sind zweigliedrige Verbalkomplexe aus Verbum
finitum und *einer* infiniten Verbform von den mehrgliedrigen zu unterscheiden.

Bei der Verbindung vom finiten Verb und einer infiniten Verbform im
Nebensatz kommen vier Stellungsvarianten vor:

1. ... finites Verb + Inf. / Part. Prät. (...), z. B. ... *daz du virtzig wochen pist gelegen unter meim meitlichen hertzen* A. Langmann 31, ... *worinnen wir mit höchstem
fleiß ihm müssen folgen* Spener 23;
2. ... finites Verb ... Inf. / Part. Prät. (...), z. B. ... *Das man in kaim ding sol
recht oder dispensierung zů Rom sůchen* Eberlin 12, ... *wo jhr euch nicht wolt dero
unwürdig machen* Schottel 23;
3. ... Inf. / Part. Prät. + finites Verb (...), z. B. ... *von der grozzen heilikeit die wir
hie funden haben* C. Ebner 7, ... *das der rat habern keufte oder keufen wolte* Chr. v.
Mainz 223;
4. ... Inf. / Part. Prät ... finites Verb (...) (sehr selten), z. B. ... *ane andir unto-
gunt die dor uffe getreben stetlichen wart mit spele* Dür. Chr. 656.

Die Zeit 1300–1600 ist durch große Variation gekennzeichnet. Die Häufigkeit der nhd. Normalfolge Infinitum vor Finitum (Typ 3 oben) steigt jedoch während dieser Zeit und um 1600 wird sie die weitaus häufigste Variante. Dem schriftlichen Gebrauch der Zeit entsprechend führen die deutschen Grammatiker des 16. Jhs. in den Paradigmen sowohl die Folge Finitum vor Infinitum als auch die Folge Infinitum vor Finitum auf.

Bei der Variation in der Zeit 1300–1600 ist der Einfluß sprachlicher, sozialer, stilistischer und geographischer Faktoren festgestellt worden. Von den sprachlichen
Faktoren spielt der Konstruktionstypus eine sehr wesentliche Rolle: in vielen Texten
findet sich die Folge nichtfinite Verbform vor Finitum am häufigsten bei den Passivperiphrasen Part. Prät. + *werden / sein*, etwas weniger häufig bei der Perfektperiphrase mit Part. Prät. + *haben*, noch weniger häufig bei der Perfektperiphrase
eines intransitiven Verbs + *sein* und den Konstruktionen mit Infinitiv + *werden /*
Modalverb. Einen großen Einfluß hat die Bevorzugung von alternierend betonten
und unbetonten Elementen: bevorzugt wird die Folge unbetontes Hilfsverb / Modalverb + betontes Infinitum, wenn das vor dem Verbalkomplex stehende Wort
betont ist; bevorzugt wird die Folge betontes Infinitum + unbetontes Hilfsverb /

Modalverb, wenn das vor dem Verbalkomplex stehende Wort unbetont ist: *daz man frey herein kunn sechen; daz wir uns auf deine wort durfen laßen; daz sy doch nit thun wollen; und wem man aufsperren solt* Clara Pirckheimer, Briefe (1525).
Genaue Information über soziale und stilistische Variation gibt es nur für Nürnberg (s. Ebert 1981). Dort scheint die Durchführung der Stellung Infinitum vor Finitum von der Amts- und Geschäftssprache ausgegangen zu sein: die Kanzleisprache wird schon im 15. Jh. durch sehr hohe Prozentsätze der Folge Infinitum vor Finitum gekennzeichnet. Die Durchführung der Folge Infinitum vor Finitum im Verbalkomplex zuungunsten der anderen Varianten hängt offenbar mit der zunehmenden Häufigkeit der Endstellung eines einzelnen finiten Verbs im Nebensatz (s. oben § S 246) zusammen. Die Folge Infinitum vor Finitum und die Endstellung des finiten Verbs im Nebensatz nehmen im allgemeinen in etwa der gleichen Zeit stark an Häufigkeit zu; in Nürnberg findet sich auch bei den zwei Phänomenen eine auffallende Ähnlichkeit in der sozialen Schichtung.
Zu Einzelheiten der Variation und zu Erklärungsversuchen s. Ebert 1986, 122–127.

§ S 253 Im Gegensatz zu den zweigliedrigen Verbindungen, die schon um 1500 bei vielen Autoren Nachstellung des finiten Verbs aufweisen, behauptet sich in den mehrgliedrigen Verbindungen sehr lange die Voranstellung der finiten Form.

Für die Zeit vor 1450 ist wenig bekannt. In der Zeit ca. 1450–1600 überwiegt die Voranstellung bei weitem in den verschiedenen Verbindungen mit zwei Infinitiven, findet sich aber weniger häufig in den Verbindungen mit Finitum + Infinitiv + Part. Prät., z. B. *... ob sy doch mȯchten vereinigt werden* Eck 32. In der Verbindung mit zwei Part. Prät. steht das finite Verb dagegen meist nach oder zwischen den Partizipien. Die Zwischenstellung kommt weniger häufig in den anderen dreigliedrigen Verbindungen vor, z. B. *Dar durch ein man nit vnbillich in zweyfel gefȯrt mag werden* Eyb 5. Im 17. Jh. befestigt sich die Voranstellung des finiten Verbs in mehrgliedrigen Verbindungen. In der Verbindung mit Ersatzinfinitiv (s. § S 209) und in den Verbindungen mit zwei Infinitiven, in denen ein Modalverb dem finiten Verb direkt untergeordnet ist (den Typen *wird tun können* und *soll tun können*) steht das finite Verb regelmäßig voran, in anderen Typen mit zwei Infinitiven und in denen mit Infinitiv und Partizip bzw. mit zwei Partizipien überwiegt Voranstellung. Die Typen mit zwischengestelltem Finitum werden weitgehend aufgegeben. In den viergliedrigen Verbindungen gilt mit nur vereinzelten Ausnahmen Voranstellung des finiten Verbs.

§ S 254 Bei der Stellung der infiniten Formen untereinander im Nebensatz läßt sich wie bei der Stellung des finiten Verbs ein Gegensatz zwischen den Verbindungen mit Partizip und denen mit zwei Infinitiven feststellen. In den Verbindungen mit Partizip steht von 1450 an unabhängig von der Stellung des finiten Verbs das dem finiten Verb am nächsten untergeordnete Verb $(=V_2)$ nach dem diesem Verb am nächsten untergeordneten Verb $(=V_3)$:
... der durch das stück gar schwärlich verfürt worden ist Hartlieb 25,
... gleich ap er nicht heylig were. vnd durch vnser gebethe. solle geheylget werden M. v. Weida 59. In den Verbindungen mit zwei Infinitiven herrscht im 15. Jh. die umgekehrte Reihenfolge $V_2 V_3$. Im 16. Jh. hält sich diese Folge ziemlich zäh in der Verbindung mit Ersatzinfinitiv, in den anderen Verbindungen mit zwei Infinitiven nimmt die spätere Normalfolge $V_3 V_2$ zu. Im 17. Jh. findet sich $V_2 V_3$ noch gelegentlich in Verbindungen mit

Ersatzinfinitiv, selten bei den anderen Infinitivverbindungen. Die weitaus seltener auftretenden viergliedrigen Verbindungen weisen viele Stellungsvarianten auf; s. dazu Härd 1981, 63–66, 94–99.

7.4.3. Der Verbalkomplex im Hauptsatz

§ S 255 Über die Entwicklungen in der Reihenfolge von infiniten Formen im Hauptsatz ist nicht viel bekannt. Im allgemeinen tritt gewöhnlich in Verbindungen mit zwei Partizipien die Folge $V_3 V_2$ auf, bei Verbindungen mit Infinitiv und Partizip finden sich beide Folgen $V_3 V_2$ und $V_2 V_3$. Die Folge $V_2 V_3$ scheint sich am besten in der Verbindung mit Ersatzinfinitiv gehalten zu haben, z. B. *die hab ich allewege lassen schreiben den Caspar Elchinger* Tucher 243. Stieler (1691, 204) empfiehlt hier die Stellung $V_3 V_2$, z. B. *wir hätten gern sehen mögen.*

7.5. Afinite Konstruktionen

Lit.: Kehrein III, 41–44; Paul IV, 369–372; Behaghel III, 486–492; Biener 1925; Bock 1975; Schildt 1978, 77ff. und *passim*; Admoni 1980, 346ff.; Semenjuk 1981, 64f., 90ff.; Schröder 1985; Ebert 1986, 132–134.

7.5.1. Afinite Konstruktionen und Auxiliar-Ellipsen

§ S 256 Als afinite Konstruktionen werden hier eingeleitete Nebensätze ohne jede finite Verbform, die in der Konstruktion fungieren könnte, verstanden. Da die meisten afiniten Konstruktionen periphrastische Perfekt- und Passivformen ohne Hilfsverb sind, spricht man oft von der Auslassung / Ersparung des Hilfsverbs.

Von der afiniten Konstruktion sind mindestens folgende Typen der Auxiliar-Ellipse zu unterscheiden.

1. Bei koordinierten periphrastischen Formen mit der gleichen Form des Hilfsverbs wird das Hilfsverb zum Teil ausgelassen, z. B. *Alleine uns der hochgeborn Rudolf hertzoge zu Ostrich, unsirre lieber sun und furste, gebeten habe flizlich und darumb sine botschaft zu uns getan, . . .* Karl IV UBS 5, 449. Dieser Typus ist zu allen Zeiten geläufig.
2. Das ersparte Hilfsverb ist von dem nicht ersparten Hilfsverb im Numerus oder in der Person unterschieden, z. B. *. . . dz die laster vßgetribē werden / vnd das fleisch gezempt* Geiler (Schröder 1985, 32).
3. Die Ellipse begegnet bei zwei koordinierten Perfektperiphrasen, von denen die eine *haben*, die andere *sein* verlangt (s. besonders Schröder 1985, 19f., 25, auch Paul IV, 371), z. B. *Und wann ouch der egenant Johans Erbe in sülcher meynung von uns*

und us unserm hofe geritten ist durch seines geschefftes willen, das er doheym zu schicken hat, und an seiner stat gelazzen Burgharten seinen bruder . . . Karl IV UBS 5, 679, *wañ christus hat üwer fleisch die menscheit an sich genomen / darin gelitten / gestorben vnd begrabē für üch vnd erstanden / vnd vffgefaren zū den hymelen* Geiler (Schröder 1985, 19).

4. Das ersparte Hilfsverb ist mit einem koordinierten Vollverb identisch, z. B. *nachdem daz von althers herkomen recht unnd gewonheit gewesen und noch ist* Friedrich III 16, 667.

Zu weiteren Varianten u. a. mit möglicher Fernwirkung des Hilfsverbs in einem übergeordneten oder benachbarten Satz siehe Schröder 1985, 39f.

7.5.2. Typen und Auftreten der afiniten Konstruktion

Im durch Konjunktion oder Relativpronomen eingeleiteten Nebensatz § S 257 kann das finite Verb in bestimmten Konstruktionen fehlen.

1. Fehlen können die temporalen Hilfsverben *haben* und *sein* im Perfekt und Plumquamperfekt Aktiv und *sein* in diesen Tempusformen des Passivs:

H[einrich] Dytr[ich] von München dem sensensmid ist die stat verboten 1 jar darūmb, daz er sich geschriben fur einen cauffman und er ist ein sensensmid Achtbuch Nürnberg 94, *als . . . etlich artikel . . . angeslagen und verkünt worden* Max I 6, 733, *wy woll vns kein stund ad' tzeit von got geordent,. . .* M. v. Weida 36, *. . . das man ime die hundsleber braten müesen* Zimm. Chr. 279.

2. *Sein* kann fehlen in der Konstruktion *sein + zu +* Infinitiv und mit prädikativen Ausdrücken:

darynn ain yeder crisst all sein vermügen darzustrecken schuldig Korr. des Nürn. Rates 1530 34, *die, so fürstliches Standes oder Wesens,. . .* RA 1555 353, *. . . daß auch aller Reichthum dieser Welt für nichts dargegen zu halten* Harsdörffer 1. Teil 1.

3. *Haben* fehlt zuweilen in der Konstruktion mit *zu +* Infinitiv und als Vollverb:

. . . darauf sie alsbald einen anderen an des Abgestandenen Statt zu setzen RA 1555 356, *so war ir doch von irem herren und gemahl säligen, deren sie zwen vorhin gehabt, und von dem sie auch kain kindt, nit wenig zugefallen und anererbt* Zimm. Chr. 268.

4. Finite Formen von *werden* können im Passiv und im Futur erspart werden:

ßo es mit rechter andacht gebetet . . . M. v. Weida 44, *So auch der Turk disen sumer stil sitzen und gegen der cron zu Hungern nichts furnemen, also das diser eilenden hilf der zweier vierteil von unnoten sein wurde* Karl V, 607.

5. Modalverben werden ganz selten ausgelassen: *so er deren kains mehr erleiden, so stand er wider uf* Zimm. Chr. 272.

In hochdeutschen Texten tritt die afinite Konstruktion im 14. Jh. vereinzelt auf. Bis in die letzten Jahrzehnte des 15. Jhs. ist sie noch selten und hauptsächlich auf amtliche Schriften beschränkt. Sie breitet sich in der ersten Hälfte des 16. Jhs. in Kanzleitexten noch weiter aus und ist um 1550 im Perfekt und Plusquamperfekt die herrschende Regel. Schon im frühen 16. Jhs. weisen auch viele für die Öffentlichkeit bestimmte nichtkanzleimäßige Texte Beispiele der afiniten Konstruktion auf (jedoch im allgemeinen weniger häufig als die Kanzleitexte). Dabei bestehen jedoch erhebliche individualstilistische Unterschiede. Im 17. Jh. wird die afinite Konstruktion in den periphrastischen Tempusformen in vielen Kanzleitexten fast ohne Ausnahme, in vielen Fachprosatexten und Romanen massenhaft gebraucht.

Bei der Verwendung der afiniten Konstruktion sind auch linguistische Faktoren wirksam: die afinite Konstruktion steht meist in Nebensätzen mit vollständigem Rahmen; in vielen Texten wird das finite Verb weitaus seltener ausgelassen, wenn es im Konjunktiv stehen müßte; das finite Verb wird besonders häufig erspart, wenn zwei wortgleiche temporale Hilfsverben an der Grenze vom Nebensatz und Hauptsatz zusammenstoßen würden, z. B. *Nachmauls wie kay. may. im ballast gewesen, ist im balast das groß geschoß abgangen* Hug 191. *Sein* wird häufig und früh erspart in Wendungen wie *wie vor gemelt* Eck 26, *wie oben beschrieben* Dürer A 1b, *wie hie bevor gemelt* Staden 188 usw.
    Der Ursprung der Konstruktion ist noch unklar (s. Ebert 1986,134). Erwogen worden sind der Einfluß lateinischer Partizipialkonstruktionen (s. dazu Behaghel III, 491), die Umdeutung der älteren perfektivierenden Verbindung *ge-* + Finitum (s. dazu § S 160; Biener 1925,295f.) und Fälle, in denen mehrere periphrastische Perfekt- und Plusquamperfektformen aneinander gereiht sind und das Hilfsverb zum Teil ausgelassen wird (Behaghel III, 491; Schröder 1985,34; s. § S 256).

8. Komplexe Sätze

Lit.: Cordes 1888; 1889; Stolze 1888; Rosendahl 1895; Kinateder 1897; Paul IV, 223–312; Behaghel III, 53–355 (Konjunktionen), 571–675 (Modus), 675–711 (Tempus); Große 1970; Fleischmann 1973; Dewell 1975; Rieck 1977; Putzer 1979; Betten 1984; 1987; Mazařik 1984; Lühr 1985.

8.1. Einleitung

§ S 258 Hierher gehören Sätze, die aus mindestens einem übergeordneten Satz und einem oder mehreren untergeordneten Sätzen (Nebensätzen) bestehen. Da die Kriterien der logischen Abhängigkeit und Unvollständigkeit, auf denen die traditionelle Auffassung von Nebensätzen fußt, sich nicht systematisch mit formalen Merkmalen verbinden lassen, ist der traditionelle Begriff Nebensatz eher eine praktische Sammelbezeichnung für verschiedene Arten von Sätzen als eine einheitliche, definierbare Kategorie. Zu den formalen Merkmalen der Nebensätze gehören: (1) gewisse Einleitungsstücke (unterordnende Konjunktionen, Relativpronomina bzw. -partikeln), (2) eine für den Nebensatz charakteristische Wortstellung, (3) der Konjunktiv, (4) die Zeitfolge (consecutio temporum) und (5) rhythmisch-melodische Grenzsignale in der gesprochenen Sprache.

Da es im Frnhd. nur eine geringe Zahl von Elementen gibt, die allein in der Funktion einer unterordnenden Konjunktion auftreten und nicht auch (als Adverbien und Partikeln) an der Spitze von Hauptsätzen vorkommen, hat die Verbindung von Einleitungsstück und Nebensatzstellung des finiten Verbs (End- bzw. Späterstellung) einen großen diagnostischen Wert (zur Verbstellung im Nebensatz s. §§ S 236f., 246), zur afiniten Konstruktion (Auslassung des Hilfsverbs) s. § S 257). Es gibt jedoch Sätze, die durch diese Kriterien nicht entscheidend gekennzeichnet sind und in der Literatur häufig als „Zweifelsfälle" bezeichnet sind: (1) Sätze mit ausgeprägt demonstrativen Wörtern an der Spitze und End- bzw. Späterstellung des Verbs (s. § 237), z. B. *der ander hat gar nichts / deßhalb der reich sein spottet* Wickram 30; (2) Sätze, die durch Formen eingeleitet werden, die sowohl als Relativum als auch als Demonstrativum verwendet werden, Zweitstellung des finiten Verbs aufweisen aber semantisch als Relativsätze interpretiert werden können, z. B. *VND im sechsten mond / ward der engel Gabriel gesand von Gott / in eine stad in Galilea / die heisst Nazareth . . .* Luk. 1,26 (1545) (s. § S 263). Bei den begründenden Konjunktionen *wann / wenn* und *dann / denn* treten sowohl End- bzw. Späterstellung des Verbs als auch „Hauptsatzstellung" (Konjunktion + ein Satzglied + Verbum finitum) auf (s. § S 306).

Ohne formale Merkmale in der geschriebenen Sprache sind Konditional- und Konzessivsätze mit Anfangsstellung des finiten Verbs sowie Aufforderungen in der Funktion eines Konditionalsatzes (s. §§ S 290, 297). Uneingeleitete Inhaltssätze mit Verbzweitstellung stehen formal den selbständigen Aussagesätzen nahe; sie sind häufig (jedoch nicht immer) durch Konjunktiv und Zeitfolge gekennzeichnet (s. § S 278). Exzipierend-einschränkende Sätze zeigen auch die Wortstellung des selbständigen Aussagesatzes; sie sind durch Konjunktiv und in den meisten Fällen auch durch *denn* gekennzeichnet (s.§ S 294): *Deñ kein mensch mag dartzů kōmen / daz jm gůte werck oder übung leicht vnd lustlich werden er hab denn tugenden überkōmen* Geiler, Seelenparadies 96b. Die gleichen Stellungsverhältnisse begegnen in Konzessivsätzen mit Konjunktiv (s. § S 297), z. B. *der soll gewiß erhöret werden / er bete wo er wölle* Dietrich 69, und bei einer Art von Konsekutivsatz mit Konjunktiv, später Indikativ (s. § S 305): *Es sey niemant so alt, er gedenck noch ein iar oder ein tag zuleben* Eyb 25.

Der untergeordnete Satz kann im übergeordneten Satz verschiedene syntaktische § S 259
Funktionen haben: Attribut, Subjekt, Objekt und Adverbiale verschiedener Art. Gelegentlich erscheinen *daß*-Sätze ohne adverbiale Semantik bei einem Prädikat, dessen Argumentstellen schon voll besetzt sind. Dieser Gebrauch findet sich bei Verben, bei denen eine Argumentstelle entweder durch ein Kasusobjekt oder einen Objektsatz besetzt sein kann (der Typus wird von Schieb (1972, 183) als „schwächere Verkettung von Matrix- und Konstituentensatz" charakterisiert); im *daß*-Satz erscheint ein wiederaufnehmendes Pronomen: *[ich] han gesehen unser frawen Mariam daz sie unsern herren auf der schoz het* C. Ebner 20, *ir sült meiner freuntin war nemen daz all ir gedank zu allen zeiten uf geriht sein zu mir* A. Langmann 75.

8.2. Relativsätze

Lit.: Kehrein III, 225–238; Paul IV, 189–223; Franke III, 336–354; Behaghel III, 711–775; Karg 1929, 51f.; Beyschlag 1938; Schröbler 1966; Baldauf 1975; 1982; 1983; Schieb 1978a, 1978b; Gärtner 1981, 158–162; Aureggio 1982, 35–57; Heyder 1982; Ebert 1986, 157–167; Holly 1988.

8.2.1. Einleitendes

§ S 260 Was man unter Relativsätzen versteht, hängt davon ab, welche Gesichtspunkte der Form und der Funktion betont werden. Nach der traditionellen Auffassung sind Relativsätze untergeordnete Sätze, die durch eine bestimmte Formklasse von Elementen, sog. Relativpronomina und -adverbien, eingeleitet werden und die in der Rolle eines Attributs oder eines selbständigen Satzgliedes stehen. Der attributive Relativsatz modifiziert ein Nominal, das im Relativsatz selbst eine semantische Rolle hat. Je nach der Art, wie auf das Nominal (das Bezugswort) im übergeordneten Satz hingewiesen wird, kann man im Frnhd. vier Typen unterscheiden: (1) asyndetische Relativsätze, (2) Sätze mit flektiertem Relativpronomen als Einleitungsstück, (3) Sätze mit nichtflektierter Relativpartikel und (4) Sätze mit Relativpartikel bzw. -pronomen und aufnehmendem Pronomen (Resumptivpronomen).

8.2.2. Asyndetischer Relativsatz

§ S 261 Der asyndetische Relativsatz ist ohne einleitendes Element an einen das Bezugswort enthaltenden übergeordneten Satz angeschlossen; die syntaktisch-semantische Rolle des Bezugsworts im Relativsatz muß aus der syntaktisch-semantischen Leerstelle im Relativsatz erschlossen werden. Dieser Typus begegnet nur vereinzelt im 14.–16. Jh. und ist danach untergegangen: *den ersten fisch du fehist,* den nym Luther, Freiheit 36, *danck im auch von meinet wegen seines manchfeltigin grues, er mir hat durch dich entpietten lassen* Michel Behaim 122. Häufiger als der asyndetische Relativsatz mit Späterstellung des Verbs ist der parataktische Typus mit Anfangsstellung des Verbum finitum, besonders *heißen*:

Ez waz ein swester, hiez Alheit von Trochaw C. Ebner 10, *es wardt auch gefangen der hertzog von Burguny und herre Hans Putzukards und auch ein herre was genant Centumaranto* Schiltberger 5, *Sie fiengen ain edelman, hies Kontz von Riethain* Rem 223.

8.2.3. Flektierte Relativpronomina: *der* und *welcher*

Der durch das Demonstrativrelativ *der / die / das* eingeleitete Nebensatz §S 262
mit End- oder Späterstellung des finiten Verbs ist in allen Textsorten und
Schreiblandschaften geläufig.
Zu Beginn der frnhd. Zeit begegnen noch Fälle der sog. „Attraktion":
der Kasus des Relativums paßt sich dem Kasus des Bezugswortes an (wird
von diesem „attrahiert"), z. B. *... und dergetz dich mit mir aller der untreu-
wen, der dir von allen menschen ie wider farn ist, und des leidens, des dir
wider varn ist* A. Langmann 70; oder der Kasus des Bezugswortes richtet
sich nach demjenigen des Relativums, z. B. *den got den all engil lobent und
erent, der begond weinen in seiner kinthait. dem got dem all engil dinent, der
name für guet waz im ein junge junkfrau tet* A. Langmann 62.

Die Formen *der / die / das / da* usw., die Relativsätze mit Späterstellung des §S 263
finiten Verbs einleiten, stehen auch an der Spitze von Sätzen, die eine vorangehende Größe bestimmen aber Zweitstellung des finiten Verbs aufweisen. Solche Sätze mit Zweitstellung stehen meist am Ende des übergeordneten Satzes, selten im Innern von Sätzen:

Es waz ein kint in einem dorf ze Entenberg, daz sagt vil kunftiger ding C. Ebner 20,
*... da fieng hie an ain fast wolgelerter doctor, der was ain pfaff, zů dem ersten mall
sant Pauls eppistel in teutsche zů lesen* Rem 216, *Jch erinnere mich jetzo eines vornehmen vom Adel, der war ein N. vom Geschlecht,...* Schupp 15.

Der Typus mit Zweitstellung findet sich häufiger im Dialog, in Predigten
und in Chroniken, dagegen kaum in der Kanzlei- und Geschäftssprache.
Zum Gebrauch bei Luther s. Baldauf 1983, 249–256, 352–361.

Das Demonstrativrelativ kann von der deiktischen Partikel *da* gestützt §S 264
werden. Die Form wird im Laufe des 15. Jhs. relativ selten, wird aber von
Luther in der Bibelübersetzung (besonders im Septembertestament) auffallend häufiger verwendet, und geht nach ihm stark zurück. Die Mehrzahl
der Fälle besteht aus kurzen Sätzen, in denen das finite Verb direkt nach
dem Relativpronomen + *da* steht, z. B. *do leiten sich die ketzer yn Reichin-
bach, das do leit bei Gorlitz, mit acht tußent mannen* Dür. Chr. 671. Hier
verdeutlicht die Partikel offenbar die Funktion als Relativum.

Eine besondere Form des Relativums der 1. und 2. Person besitzt das §S 265
Deutsche nicht. Im Frnhd. kann das Demonstrativrelativ *der* auf ein Personalpronomen der 1. oder 2. Person bezogen werden, wobei das Verb im
Relativsatz entweder in der 1. oder 2. Person wie das Bezugswort oder in
der 3. Person steht. Hauptsächlich nach 1500 wird dem Nominativ des
Demonstrativrelativs das Personalpronomen der 1. oder 2. Person beige-
fügt und das Verb steht dann in der 1. oder 2. Person: *Vater vnser der du
pist in hymeln* M. v. Amberg 120, *vnd du hast sie vnnns gleych gemacht, die
wyr getragen haben die last des tages vnd die hytze* Matth. 20, 11 (1522).

§ S 266 Das bestimmte Relativ *welcher* ist im Mittelniederländischen des 13. und
14. Jhs. aufgekommen und breitet sich vor allem in der Kanzleisprache
vom Niederrhein zuerst ins Niederdeutsche, im 15. Jh. ins Hochdeutsche
aus. Als bestimmtes Relativ begegnet *welcher* zuerst in adjektivischer Verwendung, einer im Deutschen ganz neuen Konstruktion. Es wurde bald als
bestimmtes Relativ in substantivischer Funktion verwendet und macht damit dem älteren Demonstrativrelativ *der* Konkurrenz (s. DWB
14, 1, 1, 1359ff.). *Welcher* ist im 16. Jh. gelehrten- und geschäftssprachliche
Variante. Es wird auch unter rhythmischen Bedingungen oder zur Varie-
rung des Einleitungsstücks bei mehreren Relativsätzen verwendet (s. Schieb
1978, 504f.; Baldauf 1983, 178f.):

> ... *so sullen und mủgen sy oder der merer teil unter in dyselben andern partey auch*
> *manen umb hulffe, als sy danne dủncket daz in darzủ not sey; welche hủlffe auch dy*
> *andern gemante partey tun sullen* ... Wenzel RA 1 (1383) 370 (im Basler Exemplar
> steht *sólich* von anderer Hand aus *welich* korrigiert), ... *dem thorsperrer, welcher nit*
> *gegenwertig gesein mocht* Tucher 248, *Dise vier buchstaben s o l a stehen nicht drinnen,*
> *welche buchstaben die Eselskỏpff ansehen, wie die kue ein new thor* Luther, Sendbr. v.
> Dolm. 636.

Im 17. Jh. wird *welcher* mit *als* verbunden, meist mit kausalem Nebensinn
(DWB 14, 1, 1365): ... *haben sie zu ihrer entschuldigung die Natur be-*
schuldigen wollen / als welche ihnen keine Fảhigkeit zu Verabfassung der
Gedichte verliehen Harsdörffer, 3. Teil, Vorrede.

§ S 267 In Verbindung mit einer Präposition erscheinen *der, welcher, da(r)-* und
wo(r)-. Präposition + *der* und *da(r)-* + Präposition sind weitgehend kom-
plementär verteilt: Präposition + *der* wird in der Regel gebraucht, wenn
das Bezugswort eine Person ist, während *da(r)-* + Präposition vorwiegend
bei nicht belebten Substantiven steht. Die Präposition kann zusammen mit
da(r)- an der Spitze des Relativsatzes stehen oder nach hinten treten; die
Trennung von *da* und Präposition findet sich im frühen 16. Jh. noch relativ
häufig (s. dazu § S 129): *Vn̄ yn dem falle wirdt kein gebethe, vff erdē erfundē.*
da solche formliche ordenūge innen gehaltē M. v. Weida 46, *Wir haben*
zweyerley stủck / da wir Got vmb bitten sollen Dietrich 70. *Welcher* tritt seit
dem 15. Jh. mit Präposition auf. Im Gegensatz zu *der* wird *welcher* sowohl
bei unbelebtem als auch bei belebtem Bezugswort gebraucht. *Wo(r)- /*
wa(r)- + Präposition als bestimmtes Relativ erscheint im 16. Jh. ganz selten und ist noch im 17. Jh. seltener als *da(r)-* + Präposition.

8.2.4. Relativpartikel

Neben den flektierten Pronomina *der* und *welcher* erscheinen im Frnhd.   § S 268
unflektierte Relativpartikel *so* sowie selten *als, und* und *wo.*

1. *So*, das sich aus der vergleichenden Konjunktion *so* entwickelt, erscheint meist in restriktiven Relativsätzen direkt nach dem Bezugswort und
steht gewöhnlich in der Funktion des Subjekts, Prädikatsnomens oder Akkusativobjekts; die Partikel wird nicht mit Präpositionen konstruiert. Relatives *so* ist im 14. und 15. Jh. vorwiegend auf die Kanzlei- und Amtssprache beschränkt. Im frühen 16. Jh. ist es etwas weiter verbreitet (z. B.
Predigt, Briefe, Polemik) und wird danach auch in der erzählenden Prosa
verwendet:

... von der missehelle und ansprache wegen, so die erbern lûte des antwerckes gemein-
lich der winlúte zu Strazburg hettent an die erbern lûte das antwerk gemeinlich der
winzmeszer zů Strazburg Ukb. Straßburg 483, *... die sachen, so bey dem obgenanten*
tag zu Nûremberg sollten fûrgenomen sein worden Friedrich III RA 15, 586, *... das*
geleyd, ßo Johan. huß vnnd Hieronymo geben war Luther, Adel 62, *... das dutzet*
Reuter = Koller / so er in Italia durch meine Anstalt gestohlen Courasche 1157.

2. Gelegentlich findet sich im älteren Frnhd. *als* in scheinbar relativer
Funktion (s. auch § S 310):

... das yemand also frevelichen uff des reichs strassen unredlichen an recht und wider
einung, als wir nehst zu Heidelberg czwischen den herren und steten gemachet haben,
solle gevangen und nidergelegt werden Wenzel UBS 6, 130, *... und damit die zwene*
gulden, als sie yme, wie vorsteet, geben han Frankfurter Urk. 138, *... und begerten*
solichen schaden, als sie deshalben gelitten, gekart Chr. v. Mainz 220 (vgl. *und be-*
gerten ien solichen schaden gekart, den sie deshalben gelitten hant Chr. v. Mainz 221).

3. Relatives *und* erscheint meist in adverbialer Funktion im Relativsatz
und schließt sich gewöhnlich an eine adverbiale Bestimmung im übergeordneten Satz an (s. dazu DWB 11, 3, 423f.; Behaghel III, 739–742; Schröbler
1966). *Und* findet sich in relativer Funktion selten bis ins 17. Jh.:

lere mich noch diesem leben dich nizzen ‚genießen' und loben in den ewigen freuden in
den aller grosten freuden und dich dein aller libst freund nizzent on underloz, on ende
A. Langmann 88, *wann mit dem urteil und ir urteilt, wert ir geurteilt, und mit dem*
masz und ir mest, wirt euch wider gemessen Mentelbibel Matth. 7, 2 (DWB 11, 3, 423 –
vgl. Luther 1545: *Denn mit welcherley Gerichte jr richtet ... mit welcherley Mas jr*
messet).

4. *Wo*, das in süddt. Mundarten mit Bezug auf Sachen und Personen
begegnet, erscheint nur selten in der geschriebenen Sprache, z. B. *wir kum-*
ment widerum zů got, ja wo uns unser sünden lot Murner (DWB 14, 2, 916).

Die Partikel *da* (selten *alda*) steht als Relativadverbium gewöhnlich nach   § S 269
Bezugsgrößen, die einen Ort oder einen Zeitpunkt bezeichnen. Es tritt auch
nach abstrakten Bezeichnungen in übertragener lokaler Bedeutung auf. Als

Konkurrent von *da* in der Funktion als bestimmtem Relativadverbium breitet sich das ursprünglich interrogativische *wo* erst spät, hauptsächlich im 17. Jh., aus:

. . . an die stadt, do chönig Sigmund was gelegen . . . Schiltberger 5, *. . . und mich . . . an der Hand in unsern Garten führte | da wir unser Gebet zu verrichten pflegten* Simpl. 34, *. . . machte ich mich wieder in besagtes Prag | wo ich mein meistes Geld liegen hatte* Courasche 1158.

8.2.5. Relativpartikel bzw. -pronomen und Resumptivpronomen

§ S 270   Der Typus mit Relativpartikel bzw. -pronomen und aufnehmendem Pronomen (Resumptivpronomen) spielt in der geschriebenen Sprache keine wesentliche Rolle.

1. *Wie* (seltener *so*, *als*) + Pronomen wird als Relativum verwendet:

das ist die schönst kirchen so man sie in der welt mag finden Schiltberger 46f., *Newer Zeitung schicke ich ein Teil, wie sie alhir gedruckt sind* Luther (Baldauf 1975, 468).

2. Bei der sog. „Relativsatzverschränkung", d. h. Fällen, wo ein logisch zu einem untergeordneten Satz gehörendes Relativpronomen im übergeordneten Satz steht, tritt zuweilen ein anaphorisches Pronomen oder *da(r)*- in der syntaktisch-semantischen Rolle des Relativs im untergeordneten Satz auf:

. . . sunst ain andre übung die er mainet sy müg ym dienen tzu erhebung seines gemüts Geiler, Predigen teütsch 16a, *Nemlich, das er wolle ein Concilium geben, welchs er gewis sey, das es nimmermehr könne gehalten werden* Luther (Baldauf 1983, 178), *ich . . . soff Brüderschafft mit denen | die ich vermeinte das sie meines Gleichens wären . . .* Courasche 1097.

3. Neben der Relativsatzverschränkung findet sich eine Wendung mit *von* + Relativpronomen im übergeordneten Satz und anaphorischem Pronomen im untergeordneten Satz. Einzelheiten der Entwicklung fehlen (s. Behaghel III, 55lf.):

. . . das papier, von welchem du mir geschrieben hast, das du es herein hast geschickt Paulus Behaim, Brief 1574, 13f., *. . . vermittelst der zehen Gebot Gottes und ihrer Außlegung (von denen er sagte | daß sie ein wahre Richtschnur seyen | den Willen GOttes zu erkennen)* Simpl. 28.

4. In Nachahmung der lateinischen Satzverknüpfung kann *welcher* isoliert vor einem Nebensatz stehen; das durch *welcher* dargestellte Satzglied kann durch ein Pronomen im Nebensatz aufgenommen werden: *in disem jamer fielen die Nortmanni in Aquitaniam, verhengten alles, welche als in niemant weret, fielen sie in Galliam* Franck 1538 (DWB 14, 1, 1364).

8.2.6. Scheinbar selbständige Sätze mit Relativum

Scheinbar selbständige Sätze können nach Art des relativen Anschlußes des §S 271
Lateinischen mit einem Relativpronomen oder einer Relativpartikel eingeleitet werden. Hierher gehören Fälle mit *welcher* und *wo(r)-* sowie Fälle
mit Demonstrativrelativa (*der* / *die* / *das* / *da(-)*) und End- oder Späterstellung des finiten Verbs (s. auch § S 237).

*Ain husvatter hett ainen verwilten und verlaßen sun, der alle zyt in der hurr lag und
nümer ze hus kam. Darumb der herr in zorn bewegt ward,. . .* Steinhöwel 156, *Es ist
nit anders, denn die predigt von Christo geschehen, wie das Evangelium ynnehelt. Wil-
che soll seyn, und ist alßo gethan, das du hörist deynen gott zu dir reden* Luther
Freiheit, 22, *Vs dem allem klagen sich seer die, so das zůnemmen der tugenden vß dem
Aristotele, vnd nit vß Christo gelernt habend . . . Denen ich der gstalt antwurt gib:. . .*
Zwingli 35.

8.2.7. Die Relativa *wer, was*

Die Relativa *wer, was* gehen auf ursprüngliche Interrogativformen zurück, §S 272
die im Ahd. mit korrespondierenden Konjunktionen *so . . . so* als unbestimmte und verallgemeinernde Relativa gebraucht wurden. Schon im Ahd.
näherten sich diese unbestimmten Relativa den bestimmten Relativa, indem sie sich auf Demonstrativa im Hauptsatz beziehen konnten. Die Form
wurde im Laufe des Ahd. vereinfacht (*so (h)wer so > so wer > swer*) und
fiel mit dem Schwund des anlautenden *s-* zu Beginn der frnhd. Zeit mit den
Interrogativpronomina zusammen:

wer iht anfehtung hot, der sol gen für ein crucifixus A. Langmann 43, *Und also nam
der Josep die hauptstadt ein unnd das gantz chönigreich und was darzu gehöret* Schiltberger 35, *wer do gloubet. vn̄ wirdt getaufft. der wirdt selig* M. v. Weida 62 (*wer* mit
deiktischer Partikel *da*, vgl. *der da* § S 263).

Relativ selten erscheint *wer* mit vorangehendem Pronomen (*er, der, einer,
niemand, jedermann*) und nur vereinzelt mit Substantiv als Bezugswort (s.
DWB 14,1,2,122ff.), z. B. *Vff styfften vnd in klȯsteren ist niemans verbunden zů allen vnd zů so langen tag zeiten, wer nützers mag vßrichten in lernung
oder yn leren* Eberlin 38. *Was* erscheint als Variante neben relativem *das*
nach den pronominalen Bezugsgrößen *es, das, dasjenige, alles* und seit dem
17. Jh. nach substantivischen Adjektiven (DWB 14,1,2,134ff.). *Was* bezieht sich selten auf ein Substantiv.

8.2.8. Alleinstehendes *der* und alleinstehendes *welcher*

§ S 273 Das alleinstehende Demonstrativrelativ findet sich besonders häufig, wenn die Konstruktion des übergeordneten Satzes und die des Relativsatzes den gleichen Kasus erfordern:

> *do sprachen die pi ir woren* A. Langmann 13, . . . *vnter allen, die von weyben geporn sind, ist nitt auff gestanden, der grosser sey, denn Johannes der teuffer* Matth. 11, 11 (1522), . . . *daß die solches thun / werden das Reich Gottes nicht ererben!* Simpl. 67.

Wenn im übergeordneten Satz ein anderer Kasus des Pronomens verlangt wird als im Relativsatz, so steht das Pronomen gewöhnlich in dem vom Relativsatz erforderten Kasus. Neben diesen Konstruktionen mit alleinstehendem Demonstrativrelativ werden im Laufe des Frnhd. Attributsätze mit Demonstrativpronomen als Bezugswort immer häufiger; z. B. *Widderum dem, der on glauben ist, ist kein gutt werck furderlich zur frumkeyt und seligkeit* Luther Freiheit, 32.

Welcher begegnet während der ganzen frnhd. Zeit ohne Bezugswort, wobei es z. T. mit *wer / was* im Gebrauch zusammenfällt, z. T. auch mit dem alleinstehenden Demonstrativrelativ (vgl. DWB 14, 1, 1, 1355-59):

> 1. in attributiver Funktion: *Und welcher teil uff denselben tag nicht queme noch sente mit voller gewalt ir botschaft, so wollen wir dem andern gegenwortigem teil eyn unverczogen recht widerfarn lazzen* Karl IV UBS 679, *darumb welcher bawm nit gutte frucht bringt, wirt abgehawenn* Matth. 3, 10 (1522);
> 2. in substantivischer Funktion: . . . *und welche ierem raut nit volgen wölten, allweg in sorgen stünden, das sie itt in den neczen gefangen würden* Steinhöwel 106, . . . *vnd welche bereit waren / giengen mit jm hin ein zur Hochzeit* Matth. 25, 10 (1545).

§ S 274 Relativsätze mit alleinstehendem Relativpronomen können in der Funktion des Bedingungssatzes im konditionalen Satzgefüge erscheinen. Gelegentlich wird das Demonstrativrelativ gebraucht, meist aber *wer* oder *welcher* (s. Behaghel III, 773-775):

> *ach herre, nu wer leit der mir iht neme und ez eim andern gebe* A. Langmann 18, *Und wer es furnimpt, das ist ein gottes versuchung* Luther, Sendbr. v. Dolm. 644.

8.2.9. Zum Modus im Relativsatz

Lit.: Behaghel III, 656-662, 664-667, 672f.; Baldauf 1983, 261-275.

§ S 275 Der Normalmodus im Relativsatz ist der Indikativ. Konjunktivformen werden durch bestimmte Faktoren begünstigt, deren genaue Formulierung noch aussteht.

Ein potentialer Konjunktiv kann im Relativsatz auftreten, wenn die Bezugsgröße im übergeordneten Satz nicht einen wirklich existierenden Gegenstand bezeichnet. Dies ist gewöhnlich der Fall, wenn die Bezugsgröße in einem Aufforderungssatz mit Imperativ oder voluntativem Konjunktiv, in einem indirekten Aussagesatz, in einem Finalsatz, in einem Bedingungssatz oder sonstigem Satz mit Konjunktiv steht. Steht die Bezugsgröße in einem Behauptungssatz, so steht meist der Konjunktiv im Relativsatz, wenn der übergeordnete Behauptungssatz negiert oder dem Sinne nach negiert ist (z. B. in einem Satz mit *anders* oder in einer rhetorischen Frage). Hier steht gemäß der Zeitfolgeregel meist Konj. Präs. bei präsentischem übergeordnetem Satz, Konj. Prät. bei präteritalem übergeordnetem Satz, z. B. *Wer ist vnnter euch, der seyner lenge eyn elle tzu setzen muge?* Matth. 6, 27 (1522), *Es ist nichts verporgen, das nit offenbar werde . . .* Matth. 10, 26 (1522). Bei präsentischem übergeordnetem Satz kann auch Konj. Prät. im Relativsatz vorkommen: *vnd ist niemand der es meinen ohren offenbarte . . .* 1. Sam. 22, 8 (1545).

Konjunktivformen können sonst im Relativsatz stehen, wenn der Relativsatz selbst einen Wunsch, eine Aufforderung oder eine Absicht ausdrückt oder irreal ist:

Und urteilten dem guten man sein werck, die jhenigen, so ym nicht gnug gewest weren, das sie ym die schuch hetten sollen wischen Luther, Sendbr. v. Dolm. 634, *ein Jurist darff eines Arztes, der ihm sein Gehirne stärke* Logau (Behaghel III, 619).

Gelegentlich ist der Konjunktiv im Relativsatz der Ausdruck der distanzierenden Stellungnahme des Sprechenden zu der im Relativsatz enthaltenen Aussage: *Ein hund sprach ein schaff fur vnrecht an vmb geborget brod das er yhm gelihen hette* Luther (Baldauf 1983, 268).

8.3. Subjekt- und Objektsätze

Lit.: Paul IV, 182–188, 241–247; Behaghel III, 128–152, 571–618; Ebert 1972; Schieb 1972; Boon 1978; Moling 1978; Bravo 1980.

8.3.1. Form und Verwendung von Subjekt- und Objektsätzen

Im Nebensatz erscheint keine Form, die eindeutig Subjekt- und Objektsätze kennzeichnet. Sie werden auf Grund der syntaktischen Rolle des Nebensatzes im Satzgefüge unterschieden. Zwischen Subjekt-/Objektsätzen und dem Prädikat im übergeordneten Satz gibt es Vorkommensbeschränkungen, während Adverbialsätze bei beliebigen Prädikaten zur Angabe des Grundes, des Zwecks, der Folge, der Zeit usw. erscheinen können. Es finden sich in der Funktion als Subjekt und Objekt: § S 276
1.   Relativsätze mit Demonstrativrelativ *der / die / das* usw. oder mit aus der Interrogativreihe entstandenen Relativpronomina und -adverbien *wer, welcher, was, wo* usw. (s. dazu §§ S 272f.),

2. Nebensätze mit Interrogativpronomina oder -adverbien *wer, was, wo*
   usw.,
3. gewisse Nebensätze mit der Konjunktion *ob* (sehr selten auch *ob daß*),
4. Inhaltssätze ohne Konjunktion,
5. Inhaltssätze mit der Konjunktion *daz / das / daß*,
6. Inhaltssätze mit den Konjunktionen *wie* und *wie daß*.

§ S 277 Die Gruppen (2) und (3) werden oft gemeinsam als „indirekte Fragesätze"
beschrieben. Es handelt sich dabei meist um ungewisse Zustände oder Vorgänge, deren mangelnde Gewißheit nicht allein in der Semantik des Prädikats zu liegen braucht, denn solche Nebensätze begegnen nicht nur bei
Prädikaten wie *fragen, nicht wissen, prüfen, zweifeln* sondern auch bei *sagen, sehen, erkennen, merken* u. ä.

§ S 278 Inhaltssätze ohne Konjunktion (4) sind meist Objektsätze; Subjektsätze
ohne Einleitung (indirekte Rede im Passiv sowie andere Feststellungen wie
*so sey es vil pesser, wir sterben hye mitt werender hant durch cristenlichen
glauben* Schiltberger 13) sind zwar möglich, kommen aber relativ selten
vor. Bei Verben der sprachlichen Kommunikation erscheint direkte Rede
(der Satz hat die Form, wie sie vom Sprecher gesprochen wird) oder indirekte Rede. Bei der indirekten Rede findet sich Personenverschiebung, gewöhnlich Konjunktiv und meist auch Zeitfolge (s. unten § S 283). Kon-
junktionslose Inhaltssätze mit diesen Kennzeichen finden sich bei Verben
des Sprechens, Bittens, Mahnens, Ratens, Zeihens, Meinens, Denkens,
Wissens und Wähnens:

man ziech sü, sü hettent burnen und andere waßer entsüfert mit vergift Closener 104,
*Jacoff Crauwel mit synen gewercken clagen ubir den bergvoit, er thu in hindernisse in
or ‚ihr' bergwerg* Freiberg / Sachsen 15. Jh. 152, *... das man scheczett, ob ‚über' tru
tussend duckaten sige ußgeworffen worden* Hug 190, *... welcher meinte, er sey keine
Sau in Erkäntnüß der Kleinodien* Schupp 9.

§ S 279 Der *daß*-Satz ist die gewöhnliche Form des Subjektsatzes. Subjektsätze sind
nur in seltenen Fällen (s. § S 280) formal von Objektsätzen unterschieden.
Die Abgrenzung basiert auf der syntaktischen Rolle des *daß*-Satzes im
Satzgefüge. Ein Subjektsatz mit *daß* scheint prinzipiell bei jedem Prädikat,
das mit einem abstrakten Subjekt vorkommen kann, möglich zu sein. Subjektsätze stehen gewöhnlich nach dem Prädikat. Ein Platzhalter (Korrelat)
in der Form *es / das* erscheint fast regelmäßig, wenn im aussagenden
Hauptsatz die Stelle vor dem finiten Verb nicht durch eine andere Konstituente besetzt wird. Der Platzhalter *es* beim Subjektsatz unterscheidet
sich vom „expletiven" *es* (z. B. *Es sitzt min vater ze Regenspurch* . . . C.
Ebner 10), indem *es* beim Subjektsatz auch nach dem finiten Verb stehen
kann.

§ S 280 Objektsätze mit *daß* stehen bei zwei- und dreistelligen Verben an der Stelle
eines Akkusativ-, Genitiv- oder Präpositionalobjekts der Sache. Man fin-

det sie sehr häufig u. a. bei Verben des Sprechens, Bittens, Ratens, Heißens, Meinens, Denkens, Wissens, Wähnens, Erfahrens, Gebens, Helfens, Versuchens, Erreichens und der Gemütsbewegung. In den meisten Fällen stehen Objektsätze nach dem Prädikat. Bei Verben und Adjektiven mit Präpositionalobjekt sind Platzhalter in der Form Präposition + Demonstrativpronomen oder *da(r)-* + Präposition häufig, bei Verben und Adjektiven mit Genitiv oder Akkusativ dagegen sind Platzhalter relativ selten. Gelegentlich findet sich *also* ohne modale Bedeutung als Platzhalter bei Verben des Sprechens, z. B. *Vber daz redent dy lerer und sprechent also Daz drey tagbaid oder sachh sind* . . . Heinrich v. Langenstein (Putzer 1979, 109). In den wenigen Fällen, in denen ein Objektsatz vor dem Prädikat steht, wird der Nachsatz mit Demonstrativpronomen bzw. -adverb eröffnet: *Das aber ein wol getzemte zung edel | frŏmd | vñ kostlichē sey. Das betzeüget sanctus Jacoubus am .iij. capit.* . . . Geiler, Seelenparadies 167a.

Subjektlose Konstruktionen mit Objektsatz lassen sich eindeutig von Konstruktionen mit Subjektsatz unterscheiden, wenn ein genitivischer oder präpositionaler Platzhalter im übergeordneten Satz steht; wenn kein Platzhalter vorhanden ist, fallen die zwei Konstruktionen formal zusammen, z. B. *mich wundert das du so gern pei drizzigen gibst* A. Langmann 25. Zur schwächeren Verkettung von Inhaltssatz und übergeordnetem Satz wie *ir sült meiner freuntin war nemen daz all ir gedank zu allen zeiten uf geriht sein zu mir* A. Langmann 75 siehe § S 259.

In der Funktion als Konjunktion leiten auch *wie* und *wie daß* ohne modalen Nebensinn Inhaltssätze bei Prädikaten des Mitteilens, Denkens und Wahrnemens ein: § S 281

wir haben vernomen, wie das Johannes von Kirckle . . . *etlich crewczer von Engilland* . . . *gevangen habe* Wenzel UBS 130, *Do sagt man wie der wolff spräche:* . . . Steinhöwel 89 (*At lupus dixisse dicitur*), . . . *das wir vns erinnern sollen | Wie wir nicht allein hie auff erden mit eim Vatter versorget sind* . . . Dietrich 73, *Ich . . . sagte dem Monsieur wie daß es unmöglich wäre heut zu ihr zugelangen* Beer 36.

8.3.2. Zum Modus

Über die Vorkommensbeschränkungen des Konjunktivs gegenüber dem Indikativ gibt es für die frnhd. Zeit wenig Information. Die Wahl wird wohl z. T. durch die logischen Verhältnisse zwischen dem Inhalt des übergeordneten Satzes und dem des untergeordneten Satzes gesteuert, die ihrerseits von der Art des übergeordneten Prädikats abhängen, z. T. durch die Funktion des Konjunktivs als Zeichen der grammatischen Abhängigkeit. Hier finden sich nur einige Bemerkungen. § S 282

Im allgemeinen steht der Konjunktiv, wenn der Inhalt des abhängigen Satzes etwas Gedachtes, Mögliches, Gewünschtes, Beabsichtigtes u. ä. ist:

(1) in Objektsätzen bei Ausdrücken des Wünschens, Wollens, Befehlens, Bittens, Hoffens u. ä., (2) in Subjektsätzen mit Ausdrücken wie *es ziemt sich, es ist not / nötig / recht / möglich / billig*, wenn das Eintreten des Ereignisses als möglich oder gedacht betrachtet wird: *Darumb, her der kúng, ist billich, daz der mensch folge dem raut der vernunft . . .* Pauli, Predigten 152, *Dorumb wil sich wol tzimē das man auch wisse was man bethē solle* M. v. Weida 40. Der Konjunktiv kann auch stehen, wenn aus einem negativen Ausdruck im übergeordneten Satz folgt, daß der Inhalt des abhängigen Satzes nicht wirklich ist: *den es ist nit ein artickel des glaubens, das brot und wein weßenlich vnd naturlich sey ym sacrament* Luther, Adel 65.

Bei Prädikaten wie *erfahren, merken, wissen* und den Verba sentiendi wie *sehen* und *hören*, bei denen der Inhalt des abhängigen Satzes gewöhnlich etwas Tatsächliches ist, steht im Objektsatz meist der Indikativ, aber der Konjunktiv wird im Laufe der frnhd. Zeit zunehmend häufig, z. B. *. . . siben zeichen / da bey ein mensch erkónnen sol / das er gefangen und nit frey sey* Geiler, Seelenparadies 146b, *Weil er aber sahe, daß des armen Menschen Elend groß sey* Schupp 17.

Nach Verba dicendi kann entweder Konjunktiv oder Indikativ stehen, wobei der Konjunktiv vor allem bei übergeordneten Verben der 3. Person überwiegt. Der Konjunktiv steht, wo ausdrücklich an der Richtigkeit einer Aussage gezweifelt wird; er ist aber auch möglich, wo nicht der geringste Zweifel an der Richtigkeit der mitgeteilten Information besteht oder es sich (bei einem übergeordneten Verb in der ersten Person) nicht um die Mitteilung einer fremden Aussage handelt, z. B. *wil ich . . . sagen was bethen sey* M. v. Weida 31, *von Dauid gibt got selbs zewgnuss, daz er hab gehalten goetliche gepot vnd sey Got nachgeuoligt aus gantzem hertzen* Berthold von Chiemsee (1527 – Guchmann 1981, 211). In Guchmanns Material für die Zeit 1470–1530 spielt das Vorhandensein / Fehlen einer einleitenden unterordnenden Konjunktion keine entscheidende Rolle bei der Wahl des Modus im abhängigen Satz (Guchmann 1981, 210).

8.3.3. Zum Tempus

§ S 283 Zu Beginn der frnhd. Zeit ist die Form des Konjunktivs abhängig vom Tempus des übergeordneten Satzes (Zeitfolge): wenn kein zeitlicher Unterschied zwischen dem Vorgang des übergeordneten Satzes und dem des untergeordneten Satzes vorliegt, erscheint bei Präsens, Imperativ oder Perfekt im übergeordneten Satz in der Regel der Konjunktiv des Präsens im abhängigen Satz; nach Präteritum im übergeordneten Satz folgt der Konjunktiv Präteriti. Für Irreales stehen Formen des Konj. Prät. oder Plusquamperf. Im Laufe der frnhd. Zeit lockert sich diese Zeitfolgeregel auf.

Nur für die indirekte Rede liegt ausreichende Information vor. Bis ins 16. Jh. findet sich bei Gleichzeitigkeit nach einem übergeordneten Prädikat im Präteritum gemäß der alten Zeitfolgeregel mit nur wenigen Ausnahmen der Konj. Prät. Bei Vorzeitigkeit steht gewöhnlich der Konj. des Plusquamperf.; der Konj. Prät. kann auch relative Zeitverhältnisse ausdrücken und wird noch gelegentlich zum Ausdruck der Vorzeitigkeit gebraucht, z. B. *vnd fragten den graffen, von wannen ym der hoflich diener kâm* Fortunatus (Guchmann 1981,218). Nach einem einleitenden Prädikat im Präsens ist aber die Übereinstimmung der Tempusformen schon im frühen 16. Jh. nicht mehr verpflichtend: öfters steht auch der Konj. Prät. bei Gleichzeitigkeit neben dem häufigeren Konj. Präs. Auch hier kann der Konj. Prät. als seltene Variante neben dem Konj. Perf. und Plusquamperf. zum Ausdruck der Vorzeitigkeit dienen. Bei Gleichzeitigkeit liegt keine konsequente modale Opposition zwischen Konj. Präs. und Konj. Prät. vor: beide Formen stehen sowohl in Fällen, wo die Aussage als zweifelhaft bewertet wird, als auch in Fällen, wo keine besondere Bewertung vorliegt. Nach Perfekt im übergeordneten Satz steht bei Gleichzeitigkeit gewöhnlich Konj. Präs., bei Vorzeitigkeit Konj. Perf. oder Plusquamperf., ganz selten Konj. Prät.

Im 17. Jh. halten manche Autoren noch ziemlich fest an der Zeitfolgeregel. Bei einigen anderen, u. a. Schupp und Grimmelshausen, zeichnen sich dagegen die wesentlichen Merkmale des neuen Usus ab: die Wahl der Konjunktivform hängt nicht mehr vom Tempus des übergeordneten Prädikats ab, sondern vom Zeitverhältnis des im untergeordneten Satz beschriebenen Vorgangs zum Zeitpunkt der Mitteilung: (1) bei Gleichzeitigkeit steht Konj. Präs., z. B. entgegen der alten Zeitfolgeregel Konj. Präs. nach Prät. im übergeordneten Satz: ... *welcher meinte, er sey keine Sau in Erkäntnüß der Kleinodien* Schupp 9; (2) bei Vorzeitigkeit steht Konj. Perf. oder Plusquamperf., z. B. entgegen der alten Zeitfolgeregel Konj. Perf. nach Prät. im übergeordneten Satz: ... *erzählte* ..., *daß er einen Todschlag begangen, und den Erschlagenen in diesen Sack gestecket habe* Schupp 5; (3) bei Nachzeitigkeit steht Konditional (*würde* + Inf.), Konj. Futur (noch selten) oder bei bestimmten Verben Konj. Präs.

Bis weit ins 18. Jh. hinein lehren die Grammatiker noch die alte Zeitfolgeregel.

Anm.: Zu den Entwicklungen in den Mundarten und zur Möglichkeit regionaler Unterschiede im späten 16. und im 17. Jh. s. Behaghel 1899, 40–64, 94–146.

8.4. Adverbialsätze

Lit.: Püschel 1899; Züllig 1951; Werbow 1953; Otte 1961; Fleischmann 1973, 172–177, 186–196.

8.4.1. Temporalsätze

Lit.: Frey 1893; Paul IV, 256f., 259–267; Behaghel III, 620f.; Huldi 1957; Schieb 1959; 1970; Winstrup 1973; Simmler 1983b, 169–174.

8.4.1.1. Einleitendes

§ S 284 Die zahlreichen Einleitungen der Temporalsätze, von denen viele auch zur Einleitung von Adverbialsätzen anderer Art dienen, werden hier in vier semantischen Gruppen aufgeführt: es finden sich allgemein-zeitliche Konjunktionen und drei weitere Gruppen, je nachdem der Nebensatz zum übergeordneten Satz in einer Beziehung der Vorzeitigkeit, der Gleichzeitigkeit oder der Nachzeitigkeit steht.

8.4.1.2. Allgemein-zeitliche Konjunktionen: *als, da / do, so, wann / wenn*

§ S 285 1. *Als* (gelegentlich *also*) und *da / do* beziehen sich meist auf ein einmaliges Geschehen in der Vergangenheit oder einen abgeschlossenen Zustand. In dieser Funktion wird *als* erst im 15. Jh. häufiger und im Laufe des 15. und 16. Jhs. drängt es *da / do* zurück. Bei vorangehendem *als / da / do*-Satz steht häufig ein Korrelat (*da* oder sonstiges Adverb) an der Spitze des Nachsatzes. *Als / da / do*-Sätze können auch auf eine Zeitangabe bezogen sein:

Zuo den zyten, als der starck leo sich selb ze künig machet über alle tier, wolt er ... Steinhöwel 170, *Alßo nu die huffen beide an dem Reyne hilden, do gyngk der burgermeister zu dem von Kronbergk* Dür. Chr. 656, *Da nu Joseph vom schlaff erwachte, thet er wie yhm des hernn Engell befolhen hatte* Matth. 1,24 (1522), *Als sie nu den konig gehort hatten, zogen sie hyn ...* Matth. 2,9 (1522).

Da / do kann mit Prädikat im Präsens im Sinne von nhd. ‚wenn‘ stehen (vgl. konditionales *da* § S 292):

Das ander zeichen ist / do sich ein mônsch mittfrôwt / in allenn den dingen die gott gefallen Geiler, Seelenparadies 5b, vgl. *Das ander zeichen ... ist. So sich ein mensch ... mitfrôwt ...* 9b.

2. Temporale *so / wann / wenn*-Sätze beziehen sich meist auf unbestimmte oder sich wiederholende Zeitpunkte in der Vergangenheit, Gegenwart oder Zukunft, seltener auf einzelne, vorzeitige Ereignisse (vgl. DWB 10,1,1378f.; 14,1,2,55; Behaghel III, 287):

und sahen die frawen daz sie oft, swenn der covent gezzen hat, mer brotez auf hub ... C. Ebner 43, *desgleichen wellen wir auch tûn, so wir zu Romischem keyser gekronet werden* Friedrich III RA 15,192, *... des sie alle zeit phlogin wenne sie zu streite gyngen* Dür. Chr. 675, *Wenn der Rorenheintz dann also gelopt hat, so sol im ein paumeister geben zu leikauf drei oder vier groschen* Tucher 47, *und so die leüt in trunken / sprachen sy ...* Wickram 23, *Sie verloben ire döchter wann sie noch jung sein, und so sie groß werden, daß inen weibs gebrauch kompt, schneiden sie inen die haar ab vom kopff,...* Staden 182, *Jch zeigte diese Ringe unterschiedenen Jubilerern. Allein, wann ich zu ihnen kam, dachte ich an jenen Papistischen Pfaffen ...* Schupp 9.

Zu *wie* ‚als‚wenn' s. DWB 14, 1, 2, 1491f.; *wannzeit* DWB 13, 1911; *zur Zeit* DWB 15, 548; ganz vereinzelt *etwenn* (Putzer 1979, 126).

Anm. 1: *Daß* kann nach den Konjunktionen *und* und *oder* Temporalsätze mit anderen Konjunktionen fortsetzen (s. Behaghel III, 147f.) oder auf ein temporales Korrelat im übergeordneten Satz bezogen sein (s. DWB Neub. 6, 372); in der syntaktischen Funktion als Subjektsatz oder als Ergänzung von temporalen Ausdrükken kann ein *daß*-Satz eine temporale Beziehung bezeichnen: *als vast wurt sy erfröwet do sy in vand under den lerern und das sy hort von sinem mund fliessen die gotlichen kunst* Otto von Passau Hs. G (Rieck 1977, 105), *Daz sie einez tagez an irm gebet waz, da sprach sie zu userm herren:. . .* C. Ebner 36, *also waz ez in der zeit, daz di stat von Nureberg auf den purkgrafen gezogen waren* Stromer 44, *es was eben nach Ostern / daß man die guten warmen eyerfladen feil hat* Wickram 33.

Anm. 2: *Und* nach Temporalausdrücken kann als Konjunktion oder Relativum gedeutet werden (s. § S 268 sowie DWB 11, 3, 423f.; Rieck 1977, 180).

8.4.1.3. Vorzeitigkeit

1. *Als bald (und / als), bald, so bald (und / als)*; bei diesen Konjunktionen § S 286
setzt die Handlung des übergeordneten Satzes unmittelbar nach oder
gleichzeitig mit der Handlung des untergeordneten Satzes ein; oft steht
dasselbe Tempus im über- und untergeordneten Satz:

und sol der obman, alsbald er genomen und benant wirdet, beiden parteyen einen gelegenlichen tage bescheiden . . . Wenzel 370, *So bald aber der rouch und flamm knalczen und uffriechen wurden zuo den jungen in daz nest, do ward der adler laider und sorgfeltig umb syne kind . . .* Steinhöwel 95f., *Bald er aber merckt daß im niemants zů hilff hat mögen kommen /. . ./ do hat er angefangen jämerlichen schreyen* Wickram 16.

2. *wiebald* ‚sobald', Belege 16./17. Jh., s. DWB 14, 1, 2, 1493;
3. *als schier*, 14./15. Jh., s. DWB 9, 23;
4. *als erst, do erst, so erst* ‚sobald', s. Huldi 1957, 14, 38;
5. *das erste, daß*: *Unde das sal auch allirmenlich rugen, wer es horit, unde sagen den burgermeistern, das erste das he der burgermeistere eynen syhet* Frankfurt, Gesetze 96 A27;
6. *als* ‚seit': *Jovianus herrschet nur acht Monat, als er gewelt wur* Hans Sachs (Püschel 1899, 19);
7. *nachdem / nach dem, nachdem als, nachdem da / do, nachdem daß, nachdem so, nachdem und*; *danach* und erweiterte Formen *danach als, danach do, danach daß, danach und*, bis Ende des 15. Jhs., s. DWB Neub. 6, 199: *Dar nach unde ir der trew dinst ab ging, da erplindet sie . . .* C. Ebner 24, *Darnach als der flachs und hanff ains tails gewuochs, sprach die schwalb aber zuo in . . .* Steinhöwel 106; *demnach*, seit dem späten 15. Jh. selten, s. Behaghel III, 216; DWB Neub. 6, 624;
8. *nu, nun, nun und*: *Nun und der prueder sein sach geendet het, rait er mit hulden weg . . .* Fueterer (Werbow 1953, 121);

9. *seit* und zahlreiche verwandte Formen und Varianten: *seit der zeit, seiter, seider, sider, seiderher, seidher der zeit, seidher und, seider dem, seider daß* (s. DWB. 10, 1, 374, 378), *seitdem, seither (daß), seit dessen daß* (DWB 372); *seit dem mal (und), seitemal, seitmal* überwiegend kausal, s. DWB 374f.; *sint, seint, sint daß, sint der zeit (daß), sinter, sintdem, sintendem*; 10. *von stund, binnen der zeit* vereinzelt bei M. v. Weida (van der Lee 1980, 96).

8.4.1.4. Gleichzeitigkeit

§ S 287 1. *Als dick (und / als), als oft (und / als), so oft: . . . das mag ir eyner losen mit eyner mark phen., alse dicke als es not dut* Frankfurt, Gesetze 113 A56; 2. *als lange, so lange; wie lange* ‚solange‘, vereinzelt 16./17. Jh., s. DWB 14, 1, 2, 1565; 3. *die weil* (bis ins 17. Jh.), *derweil* (s. DWB. Neub. 6, 746), *weil* (seit dem 15. Jh.), *weilen* (seit dem 16. Jh.), *weiland* (ganz vereinzelt, s. DWB 14, 1, 1, 787), *alleweil / allweil* und erweiterte Formen *dieweil und / daß* ‚so lange wie‘, ‚bis‘; ‚während‘, s. DWB Neub. 6, 1044: *di wile man mettin sang . . . do entbrante ein hus bi der schupfen* Closener 94, *. . . als ein amptmann, weil er am ampt ist, geht er vohr, wo ehr abgesetzt, ist ehr ein bawr odder burger wie die andern* Luther, Adel 9; 4. *in dem / indem (als / da / daß / so / und): Aber wer kan andechtig bǻtten in dem so er tag zyt spricht . . .* Eberlin 38; 5. *in solichem als, in sämlichen als* ‚während‘, selten, Belege bei Huldi 1957, 35; *in des (als)*; 6. *mit dem als / daß / so,* vereinzelt (Werbow 1953, 117f.; Schieb 1970, 65f., 74); 7. *mittels, in mittels,* wohl selten (DWB 6, 2407); 8. *unter des / unterdessen (daß),* Belege 16./17. Jh. bei Behaghel III, 322; DWB 11, 3, 1524; 9. *die zeit, die zeit und,* selten, s. DWB 15, 543: *Es het diser Kolb, die zeit er zu Brüssel stillgelegen, neben ander zerungen etlich und zwainzig guldin allein umb wein verthon* Zimm. Chr. 297.

8.4.1.5. Nachzeitigkeit

§ S 288 1. *Ee / Ehe* ‚bevor, bis‘ war ursprünglich Komparativadverb; seit dem 15. Jh. begegnet gelegentlich als Konjunktion die jüngere Komparativbildung *ehr / eher. Ee / Ehe* erscheint auch mit Zusatz von vergleichendem *dann / denn* (häufig bei Luther) oder *wann* sowie in mehreren anderen erweiterten

Varianten (s. DWB Neub. 7, 106ff.): *ehe daß, ehe und, ehe denn und, ehe wann und, ehe und dann, ehe und wann* (DWB 13, 1863), *ehe und das, ehe da, ehe ob.* Ee / *Ehe* wird auch mit gleichbedeutenden Elementen verbunden (s. auch unten): *ehe und bevor, ehe und zuvor, zuvor und ehe dann, vor und ee, vor ee, ehebevor.* Gewöhnlich steht dasselbe Tempus im über- und untergeordneten Satz (zum Modus s. unten § S 289):

Wenn alz er ein erchenner ist aller ding, ee sie gescheen . . . M. v. Amberg 1090f., *so machten sie sich arm bawen, ehe denne sie silber derlangeten* Freiberg / Sachsen 15. Jh. 164, *Ehe da ich aber weg gienge / gebote sie mir dem Capellmeister nicht das geringste / was vorüber gegangen / zu sagen* Beer 26;

2. *ehemal, ehemalen, ehemals* ‚bevor‘ selten, s. DWB Neub. 7, 136f.; *ehender* ‚bevor‘, selten, s. DWB Neub. 7, 139f.;
3. *eb / ob, eb daß* ‚bevor, bis‘, in alem. Quellen (DWB Neub. 7, 2; Werbow 1953, 112; Huldi 1957, 111): *und du solt wissen das sich diese fissche also fere hant für löfen, ebbe si widder heim kůment zů irme ursprunge* R. Merswin 13f.;
4. *bevor*, erst gegen Ende des 17. Jhs.: *Josue der streitbare Held / bevor er die Stadt Jericho eroberte / hat ein ernsthafftes Verbott von GOtt erhalten* Abr. a S. Cl. 27; *bevor* in Verbindung mit *ehe* schon früher im 17. Jh.;
5. *vor* in Verbindung mit *ehe: vor und ee* (seit dem 15. Jh., DWB 12, 2, 808f.; Huldi 1957, 111), *vor ee* (Huldi 1957, 111);
6. *zuvor*, 16./17. Jh. in Verbindung mit *ehe, so, dann / denn, wenn* (*ehe und zuvor, zuvor und ehe* (*dann / denn*), *zuvor ehe, zuvor so; zuvor dann / denn, zuvor wenn*, s. DWB 16, 885): *Und zůfor und e dan der Türck aigner person hiefor ankumen ist, sind důrch die kriegsferstendigen all gepuw und weren an der statt Wien notturfftigklich besichtigett . . . worden* Hug 183; *zuvor* allein wohl nur mundartlich (schweizerisch, s. Huldi 1957, 111);
7. *zwischen und*, vereinzelt (s. DWB 11, 3, 424): *Die [Sau] ist im, wie man sagt, zwüschen und er zur cammer kommen, ein mal zwüschen bainen herdurch geschloffen* Zimm. Chr. 283;
8. *unz / unz daß* ‚bis‘ konkurriert hauptsächlich mit *bis*, das schon im 15. Jh. überwiegt. *Unz* findet sich obd. noch im frühen 16. Jh. und gelegentlich als veraltete Form im 17. Jh. (s. DWB 11, 3, 2262); zur seltenen Variante *und* s. DWB 11, 3, 406. *Unz / unz daß* wird häufig in Verbindung mit *als / so lange* verwendet, wobei *als / so lange* getrennt im übergeordneten Satz, am Ende des übergeordneten Satzes direkt vor *unz* oder nach der Satzgrenze stehen kann. Gelegentlich begegnet die Folge *unz so lange:* [die Türken haben] *etlich scharmutzel mit dem kriegsfolck, so in Wien gelegen sind, gehallten, untzt solang der turckes kaisser aigner person mit hörskrafft am samstag den 26 tag Septembris och ankumen ist* Hug 182;
9. *hinz / hünz / hunz (daß)* ‚bis‘, obd. bis ins 16. Jh., s. DWB 4, 2, 1547; Behaghel III, 185);

10. *wann / want / went* ‚bis‘, ein nd. Wort, das in md. Grenzgebieten im
14. Jh. belegt ist, s. DWB 13,1883;
11. *solange* ‚bis‘, vereinzelt, s. DWB 10,1,1372;
12. *bis*, vom Nordwesten nach Süden vorstoßend, überwiegt gegenüber
unz, hinz schon im 15. Jh. (vgl. Besch 1967,145f.); erweitert *bis daß, bis so
lange (daß), als / so lange bis (daß), so lange und bis* (DWB 11,3,406), bei
Hans Sachs *bis als* (Püschel 1899,35), *bis und so lange* (Behaghel III, 89);
auch *bis* mit getrenntem Korrelat *als / so lange* oder *ehe(r)* im übergeordneten Satz: *Daz kint trugen sie hin ein und besazzen ez biz ez gestarp* C.
Ebner 3, *. . . und inen ferrer zu münzen ernstlich verboten werden solle, bis
solang sie uns und dem reich umb solich überfarung gebürlichen abtrage getan
haben* Max I RA6,733. Nur ganz selten hat *bis* die Bedeutung ‚solange als‘
(s. Püschel 1899,33f.; Behaghel III, 89; Schieb 1959,31,71f.). Mitteldeutsch
findet sich die Variante *mit (daz): Weriss sache, daz eyn abbatissin alle dise
vorg. puncte vnd artickil nit inhilde, so mochten dye, die diesen brieff inhant,
oder ir frunt ane grifen an ander ir gut, wo sye iz hant, mit also lange mit daz
en alle ir folle gescheit* Hessische Urkunden (1377 – Schieb 1959,62).

8.4.1.6. Modus im Temporalsatz

§ S 289 Der gewöhnliche Modus des Temporalsatzes ist der Indikativ. In *ehe /
unz / hinz / bis*-Sätzen, in denen es sich oft um bloß Gedachtes oder eine
Absicht handelt, kann der Konjunktiv als seltenere Variante neben dem
Indikativ auftreten (s. Behaghel III, 620,626ff.,777): *denn ich sage euch
warlich, bis das hymel vnd erden zurgehe, wirt nit zur gehen, der kleynist
buchstab . . .* Matth. 5,18 (1522).

8.4.2. Bedingungssätze

Lit.: Paul IV, 269–277; Behaghel III, 636–646; Hildner 1899; Huldi 1957; Große
1970; Schieb 1974; Brandt 1983; Masařik 1989b.

8.4.2.1. Uneingeleitete Bedingungssätze

§ S 290 Uneingeleitete Bedingungssätze mit Anfangsstellung des finiten Verbs sind
während der ganzen frnhd. Zeit ganz geläufig. Sie sind meist Vordersätze.
Noch im 14. und 15. Jh., selten danach, kann *und* vor dem finiten Verb
stehen: *Ach Ulreich! und solt ich lang leben, ich wölt wunder mit dir hiligen
samenung tuen* C. Ebner 6. Gelegentlich steht ein Aufforderungssatz in der

Rolle des Bedingungssatzes: *Es ist ain gemain sprichwort: Nicht gesell dich zuo gewalt, so behelt dyn wesen ouch ain guot gestalt* Steinhöwel 86.

8.4.2.2. Durch Periphrasen eingeleitete Bedingungssätze

Bedingungssätze sind auch durch einige periphrastische Formen mit An- §S 291
fangsstellung des finiten Verbs eingeleitet: *ist (es), daß . . .; wäre (es),
daß . . .; ist / wäre (es / das) sache, daß . . .*; gelegentlich auch *wäre (es),
ob . . .: wêre es auch, ob yemand anders, dann obgeschriben stat, yemand
zûgriff oder angriff tete, so sol yederman . . . zû frischer tat eylen . . .*
Friedrich III RA 16,403f.

8.4.2.3. Durch Konjunktionen eingeleitete Bedingungssätze

Zu Beginn der frnhd. Zeit ist *ob* die übliche Einleitung eines bedingenden §S 292
Nebensatzes. Daneben stehen während der ganzen frnhd. Zeit, besonders
häufig im 15. und 16. Jh., *so* und *wo*. Wohl schon im späteren 15. Jh. geht
ob zugunsten von *so, wo* und temporal-konditionalem *wenn / wann* zurück
und wird im Laufe des 16. Jh. immer seltener.

*wan wo icht dawider oder anders geschêhe, so solt der stulherre zehen markh goldes,
. . . vervallen sein* Friedrich III RA 16,405f., *Ich will tuon was du wilt, wann du nur
fast wol singest* Steinhöwel 147 *(si bene mihi cantaveris* 146*), Wirt ein priester erschlagen ßo ligt ein Land ym Jnterdict, warumb auch nit wen ein bawr erschlagen wirt*
Luther, Adel 11, *Thun das darumb, ob etliche auß den hütten kemen holtz zuholen, sie
so zufangen* Staden 171, *ich wäre aber keines weges da gebliben / so mich nicht ein
unvergleichlicher / vnd sonsten ungemeiner Schlaff überfallen hätte . . .* Beer 25.

Da Strukturmerkmale (wie Tempusunterschiede, Irrealis, eindeutige Kor-
relate), die bei *wenn / wann* eine Unterscheidung von temporaler und konditionaler Funktion ermöglichen, häufig nicht vorhanden sind, sind in
manchen Kontexten beide Interpretationen möglich.

Neben diesen häufigen Konjunktionen findet sich eine Reihe seltener
vorkommender Einleitungen von Bedingungssätzen:
1. *als ferre, so ferre, so fern*, konditional mit restriktiver Bedeutung, z. B.
*Derhalben acht ichs nicht fûr vnnütz / sonder nôtig / souern wir anndere spra-
chen recht grûntlich vnd wol lernen / odder andern nation / nicht zum spot
sein wollen . . .* Frangk OD D4a;
2. *woferr, wofern*, seit dem 16. Jh., s. DWB 14,2,972;
3. *dafern*, seit dem 16. Jh., häufiger erst im 17. Jh., s. DWB Neub. 6,56;
4. *auf den Fall, im Fall, zum Fall: Und auf den Fall ein außschreibender
Creyß=Churfürst, Fürst oder ein anderer fürnehmer Stand zu dem Ampt
eines Obersten gezogen, so soll derselbig . . .* RA 1555 352;

5. *falls*, zuerst bei Stieler gebucht (s. Behaghel III, 173);
6. *dieweil*, nur gelegentlich mit konditionaler neben temporaler Nuance, z. B. *die wil daz kornli in der erd nit erstirbet so bringt es kain frucht* Otto von Passau Hs. G (Rieck 1977, 125);
7. *da / do* meist temporal-konditional, aber auch rein konditional (s. Behaghel III, 97f.; Rieck, 1977, 76, 128): *Da aber ein Creyß ein sonderbahre Person ausserhalb der Creyß=Ständen zu solchem Ampt bestellen würde, mit demselbigen haben sie auch, wie sie mögen, zu überkommen* RA 1555 352 neben einem äquivalenten Satz mit *auf den Fall* (s. gleich oben);
8. *echt* ,wenn nur', wohl selten, bis ins 16. Jh. (s. DWB Neub. 7, 39);
9. *daß* kann eine konditionale Konstruktion wieder aufnehmen oder selbständig als Einleitung eines Bedingungssatzes stehen, s. Behaghel III, 146f.; Rieck 1977, 105f.; DWB Neub. 6, 376.
Zu den konditionalen Relativsätzen s. § S 274.

Anm.: In Bedingungssätzen erscheint *täte* (*täte er, wenn / wo er täte*) mit oder ohne Negation im Sinne ,wäre nicht wirksam oder vorhanden' (s. DWB 11, 1, 1, 451; Mensing 1902; Behaghel II, 74, 119; III, 784): *Da sprach Jsebel sein weib zu jm / Was were fur ein Königreich in Jsrael wenn du thetest?* 1. Kön. 21, 7 (1545).

8.4.2.4. Zum Modus in Bedingungssätzen.

§ S 293 Indikativ Präs. (sehr selten auch Konj. Präs., s. Behaghel III, 637, 641) steht im Bedingungssatz, wenn die Möglichkeit der Realisierung der Bedingung noch offen steht, und wird gewöhnlich mit Ind. Präs., Imperativ oder Konj. Präs. (indirekter Rede, einer Aufforderung) im übergeordneten Satz kombiniert. Indikativ Perf. steht im Bedingungssatz bei vollzogenen Ereignissen. Indikativ Prät. im Bedingungssatz wird mit Indik. Prät. im übergeordneten Satz verbunden bei wiederholten Ereignissen der Vergangenheit: *und wernoch ,wonach' iegelicher gesundet hette, darnoch leit er sich: waz er ein meineidiger boswiht so leit er sich uf eine site . . ., waz er ein ebrecher so leit er sich uf den buch* Closener 107.

Konjunktiv Prät. findet sich im Bedingungssatz sowohl bei irrealen als auch bei potentialen, unsicheren (jedoch, im Gegensatz zum Irrealis, nicht als unmöglich ausgeschlossenen) Voraussetzungen. Konj. Prät. im Bedingungssatz kann kombiniert werden mit (1) Ind. Präs. (besonders Modalverben) oder Imperativ im übergeordneten Satz, wobei die Gesamtaussage nicht irreal ist, z. B. *und ob im seiner gesellen oder taglöner einer oder mer nit fügsam, gefellig oder eben were, das sol er der stat paumeister zu wissen thun* Tucher 34, oder mit (2) Konj. Prät. im übergeordneten Satz bei Irrealis der Gegenwart sowie Wünschen und modalen Nuancen von *wollte, sollte*: *Wo ich zyt hätte, möchte ich dir anzaigen, das vylicht gefärlicher, schwerer hindernüß sy im kloster . . .* Eberlin 27. Konj. Plusquamperf. im Bedingungssatz wird im irrealen Satzgefüge gewöhnlich mit Konj. Plusquamperf. kombiniert; Konj. Prät. steht im übergeordneten Satz, wenn von der vorgestellten Vergangenheit auf die Gegenwart oder Zukunft geschlossen wird. Zur Konditionalperiphrase *würde* + Infinitiv s. §§ S 171, 222.

8.4.3. Exzeptivsätze

Lit.: Holmberg 1967.

8.4.3.1. Exzipierend-einschränkende Sätze ohne Einleitungswort

Diese Sätze verweisen auf die Bedingung, unter der die Gültigkeit der   § S 294
übergeordneten Aussage eingeschränkt wird, und weisen in der Regel die folgenden Elemente in folgender Abfolge auf: (1) pronominales (sehr selten nominales) Subjekt, expletives *es* oder (selten) Pronominaladverb in der Anfangsstellung + (2) finites Verb im Konjunktiv + (3) *dann (e)* / *denn(e)* + (4) die übrigen Konstituenten des Satzes.

Dieser Typus geht auf den entsprechenden mhd. Typus mit Negationspartikel zurück. Die Negationsform *en-* findet sich noch gelegentlich in md. Texten des 14. Jhs. und im Mittelfränkischen noch im 15. Jh. (Holmberg 1967, 37): *Man ensal auch nymanne kein geleide gebin, he enwolle dan der stede gesecze halden* Frankfurt, Gesetze 95 A26. Nur vereinzelt begegnet im Exzeptivsatz eine eindeutige Indikativform. *Dann(e)* / *Denn(e)* fehlt nur selten; vereinzelt steht *erst* stat *dann* / *denn* (Hildner 1899, 20). Periphrasen *es sei* / *wäre denn, daß* und *es sei* / *wäre denn sache, daß* werden im Laufe der frnhd. Zeit immer häufiger. Die einfache Form des Exzeptivsatzes folgt in der Regel auf einen negativen übergeordneten Satz, sehr selten auf einen positiven Satz. In den relativ seltenen Fällen nach positivem übergeordnetem Satz wird die periphrastische Form bevorzugt. Es gilt gewöhnlich noch die alte Zeitfolgeregel: nach präsentischem übergeordnetem Satz Konj. Präs. oder Perf., nach präteritalem übergeordnetem Satz Konj. Prät. oder Plusquamperf. Nach präsentischem übergeordnetem Satz steht ausnahmsweise nicht selten formelhaftes *es wäre denn, daß* . . .:

Wer ez öch daz denhein lerknecht uszer sinen lerjaren liesse und har wider köme, den sol kein ander goltsmit zů wercke setzen, er si danne vor mit sinem meister überein komen . . . Ukb. Straßburg 480, . . . *wann wir, ob got wil, uff denselben tag auch personlich gen Nuremberg zu komen meynen und uns auch gancz dornach schicken, es were dann, das uns soliche grosse sichtig und unvermeidliche irrung und eehafte not under augen stiessen* . . . Friedrich III RA 17, 195, *Thů kein Tochter in ein kloster, du lássest dañ diß bůchlin vor* Eberlin 23, *Es mitwürke dann got sonderlich mit seinen*

genaden, so mag im niemandt christlichen dienst bewisen weder im kloster noch in der
wålt Eberlin 27, *Aber halte keinen für deinen Freund, du habest ihn dann in der Noht*
probirt Schupp 12.

Anm.: Diese Exzeptivsätze weisen formale Ähnlichkeit auf mit dem konsekutiven
Typus mit Verbzweitstellung und Konjunktiv (aber ohne *dann / denn*), der auch nach
negativem übergeordnetem Satz steht aber kein konditionales Verhältnis ausdrückt
(s. § S 305): *Es sey niemant so alt, er gedenck noch ein iar oder ein tag zuleben* Eyb 25.

8.4.3.2. Eingeleitete Exzeptivsätze

§ S 295 Ausnahmen in Nebensatzform können durch eine Reihe von lexikalischen
Mitteln, meist Verbindungen von Elementen mit ausnehmender Bedeutung
und *daß*, eingeleitet werden:

1. *wan(n) / wenn daß*, im 15. und frühen 16. Jh. durch *dann / denn* verdrängt, s. DWB 13, 1861ff.; Holmberg 1967, 61ff., 99f.;

2. *dann / denn daß*, seltener *denn wann / wenn*, s. DWB Neub. 6, 245f., 672;
Rieck 1977, 114;

3. *außer daß*, wohl erst seit dem 17. Jh.: *damal gleichete ich wol dem David / ausser daß jener / an statt der Sackpfeiffe / nur eine Harpffe hatte . . .*
Simpl. 12;

4. *ausgenommen daß*; *ausgenommen wenn* (bei Hans Sachs belegt, Püschel
1899, 78);

5. *nur / neuer daß*, z. B. *Es ist ein feines volck, von leib und gestalt, bei fraw
und Mann, gleich wie die leut hie zu lande, nur das sie braun von der Sonne
sein* Staden 174;

6. *nur allein daß*, s. Putzer 1979, 130;

7. *allein daß*, s. Behaghel III, 63;

8. *ohne daß*, 16. und 17 Jh.: *das ist, das einer neben seinem bistumb, Abtey
odder dignitet, habe vnnd alles gut besitze. on das ,nur daß' er denn namen nit
habe, den allein administrator* Luther, Adel 26f.;

9. *ohne allein daß*, Belege aus dem 16. Jh. im DWB 7, 1217.

Außerhalb der Verbindung mit *daß* erscheinen in ausnehmender Funktion *denn, nur, nur allein, ohne, ohne allein, allein*. Nach der Konjunktion
findet sich die gewöhnliche Stellung eines aussagenden Hauptsatzes (*dann*
begegnet auch mit Späterstellung des finiten Verbs):

*vnnd er kund alda nit eyn eynige thatt thun, denn wenig siechen legt er die hende auff
vnnd heylet sie* Mark. 6, 5 (1522, ab 1530 *on* statt *denn*), *Liebe gest und nachpauren /
was ir gessen haben das gesågne euch Gott / vnd sye euch geschenkt / on allein der
braten kapaun kostet ein Taler* Wickram 27. Zu diesen Einleitungen s. Holmberg (mit
Literatur), 79f. (*denn*), 47ff. (*nur*), 85ff. (*ohne*), 92 (*allein*).

8.4.4. Konzessivsätze

Lit.: Paul IV, 277–282, 303f.; Behaghel III, 646–651, 787–794; Schieb 1952.

8.4.4.1. Einleitendes

Die traditionellen Konzessivsätze umfassen eine Reihe syntaktischer Ge- § S 296
bilde, deren Semantik verschieden aufgefaßt wird. Im allgemeinen räumt
der Konzessivsatz einen für den Sachverhalt im übergeordnenten Satz ir-
relevanten Sachverhalt ein. In vielen Fällen würde normalerweise ein ad-
versatives Verhältnis zwischen diesen Sachverhalten bestehen, das gerade
nicht besteht. Ein Teil der Konzessivsätze weist während der ganzen frnhd.
Zeit die gleiche Form auf wie Konditionalsätze; das konzessive Verhältnis
wird dabei häufig durch eine Partikel im Konzessivsatz (z. B. *auch, gleich,
schon, wohl, zwar*) oder im übergeordneten Satz (z. B. *doch, dennoch*) verdeutlicht. In manchen Fällen ist aber das konzessive Verhältnis nur aus
dem weiteren Kontext zu schließen. Im Laufe der Zeit kommt der Unterschied zwischen konditionalen und konzessiven Sätzen dadurch deutlicher
zum Ausdruck, daß (1) *ob* als Einleitung von reinen Bedingungssätzen zurückgeht, während es sich als Einleitung von Konzessivsätzen (gewöhnlich
mit *gleich, wohl, schon, zwar*) erhält und (2) daß durch Zusammenrückung
von Konjunktion und Partikel distinkt konzessive Einleitungsstücke wie
obwohl, wiewohl, obgleich usw. entstehen (vgl. auch die Entwicklung von
semantisch differenzierenden Nebensatzkonjunktionen bei den Final- und
Konsekutivsätzen §§ S 300, 302).

8.4.4.2. Konzessivsätze ohne Konjunktion

Es finden sich zwei Typen. Im ersten Typus steht das Verb im Indikativ, § S 297
Konjunktiv oder Imperativ (selten) in Anfangsstellung, der Konzessivsatz
enthält gewöhnlich einen Beliebigkeitsausdruck, im übergeordneten Satz
kann eine verdeutlichende Partikel auftreten:

*Male mir sie, wie schőn du wilt, vnd hobel sie mit allen tugenden, so will ich doch
keinerley so sere fliehen als weiplich gesellschafft* Eyb 6, *ist sie geleich der banckhart
dein, so ist sie doch leybeygen mein* Hans Sachs (DWB 4, 1, 8012).

Im zweiten Typus steht das finite Verb an der zweiten Stelle im Satz. Im
disjunktiven Typus mit *oder* werden zwei oder mehr Alternativen genannt,
wobei es für den Sachverhalt des übergeordneten Satzes irrelevant ist, welche der Alternativen zutrifft (in älteren Schriften oft „disjunktiv geteilter
Konzessivsatz" genannt, vgl. Mensing 1891, 16ff.; Rosendahl 1895, 14f.;

Hildner 1899, 24; Püschel 1899, 95f.): *Sie schlaff. Sie wach / eß oder trinck nit desterminder / ist ir der mønsch gegenwürtig / den sie lieb hatt* Geiler, Seelenparadies 2a. Der disjunktive Typus begegnet auch mit *ob* (s. unten § S 298). Statt einer Disjunktion begegnet *mögen, gleich, (Gott) gebe* (s. DWB 4, 1, 5, 1092f.) oder ein Beliebigkeitsausdruck:

Es sey wie yhm wolle, ßo ist ein solcher pracht ergerlich Luther, Adel 18, *es werden ouch sich die parthyen nimmermer verglichenn mǿgen, mann verhǿre sy gegen ein ander wie lang man wǿll* Eck 37, *. . . so wirt Got gnediglich geben / was wir im namen Christi bitten. Er thu es gleich auf weiß / zeit / stad / die vns vnbewußt ist* Dietrich 80, *. . . daß auch ohne uns / wir mǿgen uns darzu schicken / wie wir wollen / Gǿttlicher rath wird zu werck gerichtet . . . werden* Spener 76.

Das Verbum dieser Konzessivtypen mit Zweitstellung des finiten Verbs erscheint gewöhnlich im Konjunktiv, wobei im allgemeinen die alte Zeitfolgeregel noch gilt: Konj. Präs. bei Präs. im übergeordneten Satz, Konj. Prät. bei Prät. im übergeordneten Satz.

8.4.4.3. Konzessivsätze mit Konjunktion

§ S 298   Es tritt eine beträchtliche Anzahl von Konjunktionen in konzessiver Funktion auf. Häufig sind *ob, so, wann / wenn, wiewohl*.
1. *Ob* erscheint gewöhnlich entweder mit Partikel (*auch, gleich, schon, wol,* seit dem späten 16. Jh. auch *zwar*) im Konzessivsatz oder mit verdeutlichender Partikel *doch, dennoch* im übergeordneten Satz.

Wyl vns nuhe got gnade vnd hulffe geben die weil er vnßer noth weys ap wir gleich nicht bethen ßo thut er es doch M. v. Weida 37, *. . . das sie allein wollen meister der schrift sein, ob sie schon yhr leblang nichts drynnen lernenn* Luther, Adel 12, *Ob es ihm nun zwar beschwerlich gefallen / meine verdrüßliche Gegenwart zu gedulden / so hat er jedoch beschlossen / mich bey ihm zu leiden* Simpl. 28, *Ob es aber meiner Mutter an reichlichen Mitteln ihr übriges Leben / samt den ihrigen hindurch zu bringen nicht ermanglete / wurde sie doch über diese Zeitung so betrübt, daß . . .* Beer 16. Seit dem frühen 16. Jh. erscheinen nebeneinander am Satzanfang *ob gleich, ob schon* und *ob wohl,* im 17. Jh. *ob zwar* (s. DWB 7, 1055–1060).

2. *So* erscheint meist mit Partikel, besonders *doch, auch, gleich* (s. DWB 10, 1, 1380): *merck, mein allerliebster herr, was grosser verlust von ainem clainen ding geschicht, so doch ain sel pesser vnd edler ist dann alle welt und alles jrdisch güt, die wirt verlorn vmb ainen clainen vngelauben* Hartlieb 31f.; zu *so* + Adj. / Adv. s. unten § S 299.

3. *Wann / Wenn* erscheint, wie *ob,* allein oder mit den Partikeln *auch, gleich, schon,* vereinzelt auch mit *wohl* (DWB 14, 1, 2, 64). *Wann / Wenn* und Partikel stehen getrennt oder nebeneinander:

wøllen wir uns nymand wehren noch hyndern lassen, wenn es auch ein engel vom hymel were Luther (DWB 14, 1, 2, 62f.), *Nichts weniger auch / wenn gleich ein ein mit lauter zwůschen das i und e gesatzt | wirdt das i vom e erlenngt | als | jme jne jre* ... Frangk OD B2b, *Und wann ihr schon ein* General Majeur *wäret, so wäret ihr noch kein König* Schupp 37f.

4.   *Wie* erscheint am häufigsten mit *wohl,* z. B. *Doch waz er ersamiger weise und gesprechiger nach der werlt lawff, wie wol ym daz nicht hulfe zw troste seyner selen* M. v. Amberg 457ff. Selten findet sich *wiewohlen,* gelegentlich *wie wohl daß* (s. DWB 14, 1, 2, 1638). Außerdem begegnen *wie ... doch* (s. DWB 14, 1, 2, 1473) und *wie ... zwar* (DWB 16, 953) sowie *wie* allein. Im 14. und 15. Jh. findet sich die Fügung *wie das sei | wäre | ist,* auch gekürzt *wie das* (s. DWB 14, 1, 2, 1474). Zu *wie* + Adj. / Adv. s. unten § S 299.

5.   Seltener erscheint eine ganze Reihe anderer Einleitungen:
A.   *da,* gelegentlich (s. DWB Neub. 6, 8): *Des mentschen leib ist von flaisch, geblüet und bain formirt, und da er gleich von eisen, ja von stahl zusammen gefüegt, so müest es doch letstlich ein ort, auch durch das hart geschepf oder metall mit gewalt zu gleich eim ezwasser fresen* Zimm. Chr. 277;
B.   *dafern,* 17. Jh. (DWB Neub. 6, 57);
C.   *denn ... auch,* wohl selten: *darumb sag ich nemlich, kein andere entliche meynung erfunden werde, den zcufellig auch einer eyn ander meynunge haben magk, ane sunde* M. v. Weida (van der Lee 1980, 97);
D.   *die weil,* 16./17. Jh. (DWB Neub. 6, 1045; Püschel 1899, 27);
E.   *und ... doch,* vereinzelt (s. Rieck 1977, 180; Putzer 1979, 157): *Lucifer wy pistu vom himel geuallen vnd du doch frue auf giengst als dy svnn* Heinrich v. Langenstein (Putzer 1979, 157);
F.   *schon,* selten, wohl aus *ob schon, wenn schon,* Belege 16./17. Jh. bei Behaghel III, 244;
G.   *wohl,* selten (DWB 14, 2, 1066), *wohl daß* sehr selten (s. Behaghel III, 353);
H.   *wo,* nicht häufig (s. DWB 14, 2, 920; Behaghel III, 351; Püschel 1899, 88f.);
I.   *al,* am Nordrand des Md. (s. DWB Neub. 2, 301; Schieb 1952);
J.   *allein(e)* besonders 14. Jh. (s. Stolze 1888, 45; Behaghel III, 63, 646f.; Schmitt 1936, 124; Schieb 1952): *... und allein wir sie ... in die achte gebracht haben, ydoch so hatten wir ... solche achte uf eine genante czeite uf geschoben ...* Wenzel UBS 195;
K.   *gleichwohl,* 16./17. Jh. (DWB 4, 1, 4, 8274: „fast nur im obd. bezeugt");
L.   *seit,* wohl nur gelegentlich (s. DWB 10, 1, 372);
M.   *unangesehen daß | ob, unerachtet | ungeachtet daß | ob* seit dem 16. Jh., *ohne daß | ob* besonders im 17. Jh. (s. DWB 11, 3, 145, 474, 617; Annema 1924, 64f.): *... es kamen Hencker und Steckenknecht | mit grausamen Folterungs=Instrumenten | welche mir | ohnangesehen ich mich meiner Unschuld zu getrösten hatte | meinen elenden Zustand allerst grausam machten* Simpl. 57;

N. *trotz daß*, selten (s. DWB 11,1,2,1087,1115; Püschel 1899,93).

Anm.: Über die Modusverhältnisse in konjunktional eingeleiteten Konzessivsätzen liegt unzureichend detaillierte Information vor (vgl. Behaghel III, 649).

8.4.4.4. *So / wie* + Adj. / Adv. und Relativa als Einleitung von Konzessivsätzen

§ S 299 *So / wie* + Adj. / Adv. sowie die indefiniten Relativa *wer, was, welcher* (s. DWB 14,1,2,118,127f.) können Nebensätze mit konzessivem Sinn einleiten:

... das sie die vorgenanten von Strasburg furbas in ire lantgerichte nicht laden oder heyschen sullen von yemants wegen von was sachen ouch das were Wenzel UBS 4, *... das allerley paum wye grozz sy sein gar einen chranken vnd clainen anvankch habent* Heinrich v. Langenstein (Putzer 1979,184), *ABer Menschen sind doch ja nichts / Grosse Leute feilen auch / Sie wegen weniger denn nichts / so viel jr ist* Ps. 62,10 (1545), *Sie tragen ire kinder auff dem rück ... die kindlin schlafen und seind wol zufried, wie sehr sie sich mit inen bücken und regen* Staden 181, *aber ich konte so sehr ich auch wie ein arger Fuchs darnach gelauschet / doch nichts aufftreiben* Beer 35, *drumb, frommer Christ, wer du auch bist, sey gutes muths ...* Paul Gerhardt (DWB 14,1,2,118).

8.4.5. Finalsätze

Lit.: Paul IV, 249–251; Behaghel III, 652–655; Masařik 1986/87; Babenko 1988.

8.4.5.1. Die Konjunktionen der Finalsätze

§ S 300 Zu Beginn der frnhd. Zeit sind Absichtssätze nur ganz selten durch eindeutige Einleitungsstücke (z. B. *auf die meinung, daß, auf die rede, daß, den / der worten, daß*, s. unten) gekennzeichnet. Die häufigste Einleitung, *daß*, leitet auch eine ganze Reihe von Adverbial- und Ergänzungssätzen ein und die final gebrauchten Konjunktionen *darum daß* und *um daß* können auch Kausalsätze einleiten. Die gewöhnlich final gebrauchten Konjunktionen *auf daß* und *damit* werden erst im 15. und 16. Jh. häufig.
1. *Daß* ist als Einleitung von Finalsätzen während der ganzen frnhd. Zeit gebräuchlich, es nimmt aber im 16. und 17. Jh., besonders in der Prosa (Babenko 1988,100f.) an Häufigkeit ab:

So leit man sy [kleine Kinder] *etwenn zů dem offen vff ein küssin das sy ir glidlin mőgen erstrecken / vnnd vonn der werm gekreftiget werdñ* Geiler, Seelenparadies 11a, *Zv der zeit kam Jhesus aus Galilea an den Jordan zu Johanne / das er sich von jm teuffen liesse* Matth. 3,13 (1545).

2. *Darum daß* ist während der ganzen frnhd. Zeit gebräuchlich (zu kausalem *darum daß* s. unten § S 306):
und darumb das den sachen notdurfticlich nachgegangen werde, so haben wir einen tag in unsrer stat Nuremberg gesetzet Friedrich III RA 17, 195. Ganz selten begegnet die entsprechende Präpositionalfügung *um das, daß*; *darum* erscheint ganz vereinzelt allein (s. DWB Neub. 6, 347).

3. *Um daß* ist während der ganzen frnhd. Zeit final oder kausal (s. DWB 11, 2, 795).

4. *Auf daß* (*uf* / *uff daß*) wird erst im 15. Jh. häufig und ist im 16. Jh. sehr beliebt. Es nimmt aber im 17. Jh. an Häufigkeit ab, wobei es immer mehr auf poetische und didaktische Werke gegenüber der Sach- und Wissenschaftsprosa beschränkt zu sein scheint (Babenko 1988, 103f.): *da zog man mir den Rock ab* /.../ *auff daß die Schneider das Maaß recht nehmen könten* Simpl. 58. Zur Verwendung von *auf daß* als unterordnender Konjunktion mit inhaltsloser, verknüpfender Funktion s. Babenko 1988, 102f. Gelegentlich findet sich *auf das (...) daß*: *...soll der stat paumeister ... fragen lassen, was ein erberger rate das kunftig jare in willen hab mer zu pawen, auf das, das ein paumeister mit der bestellung der arbeiter sich darnach wisse zu richten das kunftig jare* Tucher 32.

5. *Damit* ist als finale Konjunktion seit dem Spätmhd. bezeugt, schon im 15. Jh. nicht selten, im 16. und 17. Jh. sehr häufig (zur Verwendung als Relativum s. § S 267, zur Entstehung s. Behaghel III, 111; Dal 1966, 204f.; Rieck 1977, 80f.):
so wollen wir dennoch unser treffenlich machtboten mit ganczem gewalt darczů schikken, damit besliessung ... nicht lenger aufgeschoben oder verczogen werde Friedrich III RA 16, 271, *Da gieng Daniel hin auff vnd bat den König / das er jm frist gebe / damit er die deutung dem Könige sagen möcht* Dan. 2, 16 (1545).

Damit daß findet sich bis ins 16. Jh. hinein (s. DWB Neub. 6, 143): *Du sprichst, ich will mein kind růw schaffen do mit das es nit als ein ellende ee hab als ich* Eberlin 27; zu *damit und* bei Hans Sachs s. Püschel 1899, 62.

6. Seltenere finale Einleitungen sind:
A. *da*, gelegentlich bei Hans Sachs (Püschel 1899, 62);
B. *dadurch* (s. Behaghel III, 110);
C. *mit*, vereinzelt, aus *damit* gekürzt (Behaghel III, 112);
D. *nur daß* (s. DWB 7, 1000): *Mein weib zeicht mir / ich sey kein nütz / wie wer im / so ichs mit meiner magt versůchte / ob die schuld mein sey oder nit / nur daß wir auß dem zweiffel kommen* Wickram 17;
E. *wie daß*, vereinzelt final (s. DWB 14, 1, 2, 1456f.);
F. *den* / *der worten daß* ‚in der Absicht / zu dem Zweck, daß‘, bis ins 16. Jh., besonders im Bairischen (s. DWB 14, 2, 1486): *...das man des Charamans haupt auff einen spieß steckt und füret es in der stat umb, der worten das sich die anderen stet und geschlösser dester peller ‚schneller‘ ergäben* Schiltberger 11;

G. *auf die Meinung, daß* ‚in der Absicht, daß‘: *die seligen marterin hießen wir raumen dis kurze schemende ellende, auf die meinung das sie solte zu Gotes erbe in ewige freude* ... *komen* Ackermann aus Böhmen XIV, 22f.;
H. *auf die Rede, daß* ‚in der Absicht, daß‘, besonders im 14. Jh. (s. DWB 8,460; Bindewald 1928,144; Schmitt 1936,191 sowie die Einleitung (S. 18) zu der Ausgabe von M. v. Amberg (s. Quellenverzeichnis).

8.4.5.2. Zum Modus in Finalsätzen

§ S 301   Der gewöhnliche Modus des Finalsatzes ist der Konjunktiv, meist mit der üblichen Zeitfolge. Daneben finden sich im 16. und 17. Jh. (über das 14. und 15. Jh. gibt es wenig Information) nicht selten modusindifferente Formen. Eindeutige Indikativformen sind im 16. und 17. Jh. selten (in 30 Werken aus dem 17. Jh. nur ca. 6% aller im Finalsatz belegten Verbformen -Babenko 1988,122).

Der Gebrauch des Indikativs scheint auch unabhängig von der Wahl der subordinierenden Konjunktion zu sein (Guchmann 1981,195 für die Zeit 1470–1530, Babenko 1988,124 für die Zeit 1550–1700). In einem Luthercorpus findet sich nach Lühr 1985,44f. dagegen eine Tendenz, eindeutige Konjunktivformen oder Modalverben häufiger in finalen *daß*-Sätzen zu verwenden als in Sätzen mit den eindeutigeren Finalkonjunktionen *auf daß* und *damit*.

8.4.6. Konsekutivsätze

Lit.: Paul IV, 248f.; Behaghel III, 621f.

8.4.6.1. Einleitendes

§ S 302   Konsekutivsätze (Folgesätze) sind meist durch *daß* oder eine Verbindung von *daß* mit anderen Elementen eingeleitet. Nach negativen übergeordneten Sätzen kommt auch ein konjunktionsloser Typus mit Konjunktiv und Verbzweitstellung vor.

8.4.6.2. Durch Konjunktionen eingeleitete Konsekutivsätze

1. Konsekutivsätze mit *daß* berühren sich formal und auch inhaltlich mit §S 303 Finalsätzen mit *daß*, da es nicht immer klar ist, ob eine Folge als sicher gilt (konsekutives Verhältnis) oder nur beabsichtigt wird (finales Verhältnis). Im Konsekutivsatz steht meist Indikativ, im Finalsatz meist Konjunktiv. Konsekutivsätze stehen nur nach dem übergeordneten Satz:

da was ich hart gewunt, wann ich het drey wunden, das sie sich besorgten, ich würd sterben auff dem wege Schiltberger 8, *Item im selben jar war noch die Luthery fasst in Schwitzerland, im Zurichpiet allenthalben, das man kain mess hatt, noch kain allthar in kainer kilchen, noch kain piltnis* Hug 205.

Konsekutivsätze mit *daß* können in Beziehung treten zu einem Korrelat wie *also / so* (+ Adj. / Adv.), *dergestalt* (16./17. Jh.) oder *solch* + Substantiv: *Der wart ein so heiliger man, daz man lieder von im sang* C. Ebner 3, *des erschragk do grave Heynrich alßo sere, das her vil yn eyne krangheit* Dür. Chr. 648.

2. *Also daß* begegnet als einheitliche Konjunktion während der ganzen frnhd. Zeit:

Die selben gab siner gotlichen milticheit die teilt er ir mit, also daz nimmer kein ostertag verging biz an irn tot, er tet ir allweg etwaz sunder gnaden C. Ebner 35, ... *die daselbst gelegene See / welche die Natur hatte / daß sie sich alle Nacht gegen Glock 1. und 2. sehr hoch ergosse / also daß kein Mensch an umbliegenden Orthen auf der Ebne wohnen dörffte / weil daselbsten alles vom Wasser überschwemmet worden* Beer 43.

Also daß kann selbst mit Korrelat im übergeordneten Satz verwendet werden: *... kam sy ein solcher grosser glust an / also daß sy ir nit kundt abbrechen* Wickram 33.

3. Seltenere Einleitungsstücke sind *so daß*, das schon im Ahd. (s. Behaghel III, 142; DWB Neub. 6, 375) begegnet, aber im Frnhd. noch nicht häufig ist, *und daß* (Püschel 1899, 64; Rieck 1977, 179), *auf daß* (Püschel 1899, 60f.), *in maßen daß* (Behaghel III, 206f.), *maßen* (DWB 6, 1737).

Zur Angabe einer Folge, die nicht eintreten kann, belegt das DWB Neub. 6, 375 *als daß* seit 1765; vgl. schon aus dem 17. Jh.: *Dann ob zwar ihm* [dem päpstlichen Rom] *ein mercklicher stoß von unserm S. Herrn Luthero gegeben worden / so ist doch desselben geistliche gewalt noch viel zu groß / als daß wir sagen solten / daß die weissagung Offenbahr. cap. 18. und c. 19. gantz erfüllet seye* Spener 74.

8.4.6.3. Zum Modus im Konsekutivsatz mit Konjunktion

§ S 304 Der gewöhnliche Modus des konjunktionalen Folgesatzes ist der Indikativ. Nach einem negativen übergeordneten Satz kann der Konjunktiv stehen (s. Behaghel III, 656ff.), sonst ist der Konjunktiv nur ganz selten (s. Behaghel III, 622).

8.4.6.4. Konjunktionslose Konsekutivsätze

§ S 305 Ein konsekutives Verhältnis kann auch ausgedrückt werden durch einen eigenartig gewordenen konjunktionslosen Typus mit Zweitstellung des finiten Verbs, das im Konjunktiv, später im Indikativ steht. Dieser Typus folgt gewöhnlich auf einen negierten übergeordneten Satz und steht in Beziehung entweder zu einem Korrelat (*also, so*) oder zum ganzen übergeordneten Satz.

1. Es kann der Konjunktiv im Konsekutivsatz stehen:

vnd sey kein fraw als gutt nit, si hab an ir ein tadel ... Eyb 8 ‚daß sie nicht ...‘, *Es sey niemant so alt, er gedenk noch ein iar oder ein tag zuleben* Eyb 25;

2. es kann eine modusindifferente Verbform im Konsekutivsatz stehen:

der jüngling was so willig vnd dienstper, das der ritter nye vff oder absaß, der knecht hielt jm den stegraiff Hartlieb 10, *Jch dank dir zu tausend malen freundlich von der Bibel, will sie von deinen wegen behalten, es ist selten ein tag, ich les ein letzen* ‚Lektion‘ *darin* Sabina Pirckheimer 547;

3. es kann der Indikativ im Konsekutivsatz stehen:

Dan es mag yn aller dyßer werldt. noch meynūge der gnantē lerer nichts erdocht werdē. das zu notdorfft der selen heyl vn̄ des leybes gehort. es ist yn dyßem gebethe begriffen vn̄ beschlossen M. v. Weida 48, *er ritte niemals aus | ich muste dabey seyn | er fuhre nie spatziren | ich saße mit in der Gutsche* Beer 41.
Anm.: Im Mhd. erscheint die Negationspartikel *ne* + Konjunktiv: *mirn wart dâ vor nie sô wê, desn waer nû allez vergezzen* Iwein 684f. ‚daß das alles nicht jetzt vergessen wäre‘. Nach dem Aussterben der Negationspartikel in allen Satztypen lebte der Konjunktiv in diesem Typus jahrhundertelang fort. Der Typus mit Konjunktiv steht dem bedingenden Exzeptivsatz mit Verbzweitstellung, Konjunktiv und *denn* formal sehr nahe (s. § S 294).

8.4.7. Kausalsätze

Lit.: Behaghel III, 620, 776; Roemheld 1911; Arndt 1956, 1959, 1960; Görner 1956; Huldi 1957; von Stuckrad 1957; Tamsen 1963; Abramowski 1980, 58ff., 71ff., 130ff.; Betten 1980, 22–28; Eroms 1980; Brandt 1983.

Zu Beginn der frnhd. Zeit ist die weitaus häufigste Einleitung von Kausalsätzen *wann / wenn* mit Drittstellung, seltener Später- bzw. Endstellung des finiten Verbs. Daneben finden sich viel seltener *daß, darum daß, davon daß, seit* und einige andere nebensatzeinleitende Konjunktionen. In der relativ kurzen Zeitspanne zwischen 1400 und 1550 geht kausales *wann / wenn* unter und *dann / denn* und *dieweil / weil*, die vor dem 15. Jh. kaum kausal vorkommen, breiten sich schnell im Kausalbereich aus (zu Erklärungsversuchen s. Eroms 1980, 106ff.). **§ S 306**

1. *Wann / wan / wenn* (*wand, wend* bis ins 15. Jh., selten *wanne, wenne*, s. DWB 13, 1865) hält sich besonders im Süden bis in die ersten Jahrzehnte des 16. Jhs. und erscheint danach nur vereinzelt (Ausnahmen: Hans Sachs verwendet es oft und im Kanzleistil tritt es im Vordersatz mit Später- bzw. Endstellung des finiten Verbs noch im 17. Jh. auf, s. DWB 13, 1864; Arndt 1956, Tabellen):

do uberkam der hertzoge von Brobant die stat zů Kolle, daz im ie daz hus můst geben 4 sterlinger, wand er ir voget ist Closener 103, *ein zeichen der waren liebi zů gott ist haltung der gebott gottes vnd ouch der gelübd / weliche ein mṅsch fry willigklichē vff sich nimet / wenn die selben glübden binden glich mit den gebotten* Geiler, Seelenparadies 5b. *Wann / wenn warum* findet sich wohl selten bis ins 16. Jh. (s. dazu DWB 13, 1864): *und sollent sich nit schemen, wen warumb der herr hat sich arm gemacht in diser welt* Regula bullata (15. Jh.) Hs. M3, 45.

2. *Dann / denn* breitet sich im Laufe des 15. Jhs. zuungunsten von *wann / wenn* aus. In den vielen von Arndt untersuchten Quellen gehen das Mitteldeutsche und Alemannische in der Entwicklung etwas voran (Arndt 1959, 411–413). Von Anfang an überwiegt Drittstellung des finiten Verbs, aber Varianten mit End- bzw. Späterstellung des finiten Verbs finden sich noch häufig im 15. Jh. und reichen durchs 17. Jh. hindurch (Arndt 1956, Tabellen; Huldi 1957, 84, 106f.):

wol mag ein paumeister einem ein bescheiden trinckgelt geben und versprechen, der ettwas fur ander kan oder thut an der arbeit, dann einer mit steigen, rüsten, zimmern, steinhawen geschickt, behenter und rustiger ist dann ein ander Tucher 245, *Selig sind, die da geystlich arm sind, denn das hymelreich ist yhr* Matth. 5, 3 (1522), *mehrers habe ich nicht verstanden / dann seine Näherung ein solch Grausen und Schrecken in mir erregte / daß ich deß Ampts meiner Sinne beraubt wurde / und dorthin in Ohnmacht nider sanck* Simpl. 22.

Die Herkunft des kausalen *dann / denn* ist umstritten (s. Huldi 1957, 91–104; Eroms 1980, 105–111).

3. Kausales *die wile / die weil* entwickelt sich aus der temporalen Funktion (s. Arndt 1959, 401ff.). Vereinzelte Belege mit kausaler Nuance sind schon aus der zweiten Hälfte des 13. Jhs. und dem frühen 14. Jh. bekannt (Behaghel III, 341; Eroms 1980, 108), häufiger aber wird kausales *(die)weil* erst um die Mitte des 15. Jhs., wohl zuerst (wie auch *denn / dann*) im Mitteldeutschen und Alemannischen (Arndt 1959, 413f.):

und wir, der alt rat, hoffen und getruwen, diewile wir solichs ... in der stete ere und bestes und auch einen großern schaden ... zu vermiden gethan han, so solle in recht erkant werden, das uns solichs wole geburt und das wir des auch macht gehabt haben Chr. v. Mainz 219.

Schon um 1530 gehört *(die)weil* in allen Sprachlandschaften zu den meistgebrauchten begründenden Konjunktionen (Arndt 1959, 414). Die kürzere Form *weil* findet sich schon im 15. Jh. (DWB 14, 1, 1, 762) und setzt sich im 17. Jh. durch (Arndt 1959, 407). *Alldieweil* belegt das DWB seit dem 16. Jh. (DWB Neub. 2, 311), *dieweilen* seit 1600 (DWB 2, 1149; Neub. 6, 1045), kausales *derweil* seit dem späten 16. Jh. (Neub. 6, 746f.), *weilen* seit der Mitte des 16. Jhs. (14, 1, 1, 763), *alldieweilen* seit dem 17. Jh. (Neub. 2, 311). Seltenere Bildungen sind *(die)weil daß, dieweil und, wegen weil, denn weil, um weilen* (s. DWB 14, 1, 1, 773, Neub. 6, 1045).

4. *Darum daß* war vor der Verbreitung von kausalem *(die)weil* die häufigste Einleitung von begründenden Nebensätzen. Es begegnet während der ganzen frnhd. Zeit, wird aber nach dem frühen 16. Jh. immer seltener. *Darum* als Korrelat im übergeordneten Satz kann auch in Verbindung mit nebensatzeinleitendem *daß* ein kausales Verhältnis bezeichnen. Wenn *darum* direkt vor der Konjunktion *daß* steht, ist in manchen Fällen nicht klar, ob es sich um eine Konstruktion korrelatives *darum* + *daß*-Satz oder eine einheitliche Konjunktion *darum daß* handelt. Auch die Interpunktion der Texte schwankt in dieser Hinsicht. *Darum* steht seltener in Verbindung mit *weil, so, als, da* und auch selten allein als einleitende Konjunktion.

Da sah sie, daz der refenter voller teufel waz, den wart gewalt geben über sie dar umb daz sie dem guten menschen als unbarmhertziclich getan het, ... C. Ebner 6, *und darumb das wir und die egenanten unser kurfursten ein solichs bey beiden parthien zu Basel und ouch zu Florencz bisher nicht haben erlangen mögen, so haben wir unser botschafft ytzund von newes gesandt ...* Friedrich III RA 17, 194f., *solche einfaltige bauren findt man nit vil alß diser / der meint darumb er noch im bett lege schlieff er auch* Wickram 45.

5. *Seit* und die verwandten Formen *sider, seiter, sint, seind, sint daß* erscheinen im 14. und 15. Jh. relativ selten und werden nach dem Festwerden von kausalem *(die)weil* im frühen 16. Jh. immer seltener. Die erweiterten Formen *seitemal, sintemal,* usw. (zu den einzelnen Formen s. DWB 10, 1, 374f., 1211ff.) sind aber noch im ganzen 16. und 17. Jh. durchaus gebräuchlich:

... *dar umb daz* ‚damit' *in der himlische lon wurd, seit sie niht hetten dez guts daz sie ein closter gestiften mohten* C. Ebner 1f., *sage mir herce liep mins, sidder ich nů schriben sol, gedar ich denne ôch geschriben die minne kosende redde die ich mid dir habbe* R. Merswin 9f., *und sintdenmaln solich trefflich sach und kleglich geprechen der heiligen kirchen nit lenger zu vertziehen sind, dorumb so begern wir von deiner liebe* ... Friedrich III RA 17,195, *Denn er sagt / Jn seinem namen sol man bitten . . . Sintemal wir / durch jhn / mit Got versônet / vnnd von vnsern sûnden erlediget sind* Dietrich 68, ... *das er besorgt, seitmals er der augspurgischen confession, er würde dem bischoff villeucht nit als angenem sein* Zimm. Chr. 288.

6. *Da / do* findet sich mit kausaler Färbung vor dem 17. Jh. nur in zerstreuten Fällen (s. Behaghel III, 99; Arndt 1956, Tabellen). Im 17. Jh. wird kausales *da* in vielen Texten gebraucht, aber erst gegen Ende des Jhs. in stärkerem Umfang (Arndt 1960, 243; DWB Neub. 6, 13).

7. *Daß* leitet adverbiale Kausalsätze meist in Verbindung mit anderen kausativen Ausdrucksmitteln ein (z. B. *dadurch, darum, daraus, davon, von deswegen, deshalb*). Selten steht *daß* allein als Einleitung eines adverbialen Kausalsatzes (s. Behaghel I, 138–140; DWB Neub. 6,373; Arndt 1956, 45–51:

O wie fast enthalt ich mich selber, daz ich dich nicht in dynen buch schlache, das (kausal) *du mir, dynen herren, nicht entwychest und still stest, uncz ich für dich kome* Steinhöwel 143, *wie sanct Paul Ro. i. die selben strafft, sie sein des tods wirdig, das sie nit allein solchs thun, ßondern auch das sie vorwilligen vnd gestatten solchs zuthun* Luther, Adel 35.

8. Neben diesen Konjunktionen findet sich eine ganze Reihe anderer, meist seltenerer Einleitungen von Kausalsätzen:
A. *um daß,* häufiger im 16. und 17. Jh. als früher; daneben, besonders im 14. und 15. Jh., *um das, daß: ... als ich pey im was hueb er ainen krieg an mitt seinem swoger ... umb das, das er im nicht unterthänig wolt sein* Schiltberger 9; ganz selten steht blosses *um* (s. DWB 11,2,795);
B. *um (des) willen daß, um willen, um weil* (17. Jh.), *um weilen* (17. Jh.), s. DWB 11,2,790f., 795; 14,1,1,773; 14,2,169;
C. *von wegen daß,* selten *wegen* oder *von wegen* (s. DWB 13,3105);
D. *indem,* seit dem 16. Jh. kausal (s. DWB 4,2,2108), auch *indem daß / so;*
E. *nachdem,* nicht häufig kausal (s. Behaghel III, 215; nach Arndt (1956, 84) auffallend häufiger in Nürnberger Quellen des späten 15. und frühen 16. Jhs.:

nachdem der stuck und artickel on zall und so vil ist, das die ein paumeister nit woll alle in dem sinne allewege pei anderen teglichen zufellen und gescheften getragen mag, darumb hab ich diesen kolender zu einer vermanung gemacht Tucher 18;

F. *nachdemmahle(n),* selten, meist md. (s. Behaghel III, 216f.);
G. *demnach,* kausal seit der Mitte des 16. Jhs. belegt (s. DWB Neub. 6,624; Behaghel III, 216);

H. *nu(n)*, frnhd. nur noch selten kausal (s. Behaghel III, 231; DWB 7, 989f.);

I. *so*, relativ selten kausal (s. DWB 10, 1, 1378):

O bruoder, so ich dich so lang nit gesenhen han, und wir so lang nit mit ainander gewandelt haben über daz feld, so bin ich billich in sorgen und trurig umb dich gewesen Steinhöwel 149 (*Quia non vidi te per tot dies . . .* 148);

J. *als*, selten eindeutig kausal (s. Arndt 1956, 85; Huldi 1957, 67, 85; Rieck 1977, 54);

K. *wie* vereinzelt kausal (Arndt 1956, 86);

L. *dafern*, 17. Jh. (s. DWB Neub. 6, 56);

M. *ursache daß*, 16. und 17. Jh., auch *ursache weil* (DWB 11, 3, 2516; Püschel 1899, 49);

N. *ursache* mit Drittstellung des finiten Verbs, 16. und 17. Jh. (s. DWB 11, 3, 2518; Behaghel III, 324): *. . . angezeyget / das sie nit gewist haben / was recht beten sey. Vrsach / sie haben das betten für ein arbeyt gehalten* Dietrich 86, auch zusammen mit anderen begründenden Konjunktionen *ursache denn, ursache wenn* (s. DWB 11, 3, 2518);

O. *angesehen daß*, seit dem 15. Jh., gelegentlich *angesehen* ohne *daß* (s. FWB 1, 1161);

P. *in Ansehen daß*, 17. Jh. (s. Behaghel III, 72);

Q. *(in)maßen*, kausale Belege seit dem 15. Jh., besonders 17. Jh. (s. Behaghel III, 207.; DWB 6, 1737);

R. *bevorab*, ganz vereinzelt, 17. Jh. (DWB 1, 1759; Behaghel III, 88f.);

S. *in Gestalt, gestalt, gestalten, gestaltsam (daß)* ‚wie denn, indem' (s. DWB 4, 1, 2, 4183, 4194; Behaghel III, 178);

T. *zumal(en)* „hebt aus der Auswahl von Bedingungen oder Gründen ein besonders Wichtiges hervor" (Behaghel III, 353): *Die weil aber jederman das Böse zu argwohnen pflegt / zumalen der Feind in der Nähe war . . .* Simpl. 55.

Der gewöhnlich Modus der Kausalsätze ist der Indikativ.

§ S 307 Adverbiale Elemente wie *darab, darum, davon, daher, deshalb, derhalb* sowie Elemente aus der Interrogativreihe wie *weshalb, wesfalls, weswegen* stehen gelegentlich an der Spitze von Sätzen mit End- bzw. Späterstellung des finiten Verbs. Sie weisen auf den Inhalt des übergeordneten Satzes als Begründung für eine eingetretene Folge (s. auch *da* + Präposition als Relativum § S 267):

Solich vnd der glichen Aristotelisch haidnisch lere treiffen sy vnß in von vnser iuget vff, do mit wir nümmer ewangelische warheit erkennen, darumb vnß got find ist Eberlin 9, *Vnd Abraham hies die stet / Der HERR sihet / Da her man noch heutiges tages sagt / Auff dem Berge / da der HERR sihet* 1. Mos. 22, 14 (1545).

8.4.8. Instrumentalsätze

Als Einleitungen der Instrumentalsätze fungieren *damit daß*, wohl selten § S 308
und früh *mit dem, daß* (s. Rieck 1977,140) und gelegentlich *daß* allein (s.
DWB Neub. 6,377; Rieck 1977,106; van der Lee 1980,100). Zur näheren
Bestimmung der Art und Weise steht *indem, daß* sowie *indem* allein (s.
DWB 4,2,2108; Behaghel III, 191):

Dermassen thuen auch etliche vnrecht vnd zu viel im vnderschreiben / gegen jrem glei-
chen odder weniger / jnn dem das sie schreiben / Ewer williger vnderteniger ... Frangk
CTB B3b, ... das jr vns in solche Not bringet / da mit das jr vns nicht woltet lassen mit
den Assyrern frieden machen Judith 7,13 (1545).

8.4.9. Komparativsätze

Lit.: Behaghel III, 623–633; Dückert 1961.

8.4.9.1. Einleitendes

Nebensätze mit vergleichender Semantik stehen in einer Reihe von syntak- § S 309
tischen Rollen. Ein Komparativsatz kann eine modale Ergänzung des
übergeordneten Satzes oder ein freies Adverbiale im Satzgefüge sein; er
kann sich auf ein Adjektiv, Adverb oder Nomen beziehen; er kann auch in
Konstruktionen mit bestimmten Korrelaten im übergeordneten Satz stehen.

Anm.: Beim Vergleich gleicher sowie ungleicher Glieder kann die Vergleichsgröße
von einem Satz bis zu einzelnen Wortteilen hin rangieren (z. B. ... *daß solche unart*
etwa mehr zu= als abgenommen Spener 28f.). Es finden sich neben verschiedenen
Satzgliedern wie Nominal-, Präpositional-, Partizipial-, Adjektiv-, Adverb- und In-
finitivgruppen auch Gruppen von Elementen, die zusammen keine Konstituente bilden, z. B. *ich were lieber von rechter demûte wegen in der hellen denne von hoffarte*
wegen in dem himmel R. Merswin 5, *die ist paß gekleydt, dann ich bin* Eyb 6, ... *das*
wir got. nicht dynen sollen als ein knecht seynem hern M. v. Weida 54, *Ich acht das*
deutsch landt itzt weit mehr gen Rom gibt dem Bapst, dan vor zeyten den keysern
Luther, Adel 20.

8.4.9.2. Der Vergleich von Gleichem

§ S 310 Beim Vergleich von Gleichem sind Vergleichssätze im 14. und 15. Jh. meist durch *als* und verwandte Formen (*also, alse*) eingeleitet. Damit konkurriert je nach der Konstruktion zu verschiedenen Zeiten und mit verschiedener Häufigkeit die Konjunktion *wie* (zu *gleichwie*, 16./17 Jh., s. DWB 4, 1, 4, 8266); im 17. Jh. findet sich bei mehreren Autoren auch die Mischform *als wie*. In der gleichen Verwendung wie *als* findet sich weitaus seltener meist im 14. und 15. Jh. auch *sam*. Nur ganz vereinzelt wird *dann / denn* beim Vergleich von Gleichem verwendet (s. DWB Neub. 6, 245, 671).

1. Bei einigen Prädikaten fungiert der Vergleichssatz als modale Ergänzung, z. B. *ouch habe wir nicht getan, als du uns gebotest* Cranc, Dan. 3, 30, *hie geht es wie der teuffel selbs wil* Luther, Adel 28.

2. Als freies Adverbiale bestimmt der Nebensatz die Art und Weise, in der das Geschehen des übergeordneten Satzes vollzieht: *Das sollend ir versten als ich vch dz ietzendan vßgeleit hab* Geiler, Seelenparadies 1a, *Herr, machens, wie ir wellen* Zimm. Chr. 286. Der Nebensatz kann eine inhaltliche Parallele zum Inhalt des übergeordneten Satzes darstellen:

abir si werden einandir nicht haften, als daz ysen sich nicht let mischen mit erden Cranc, Dan. 2, 43 (vgl. Luther 1530: . . . *gleich wie sich eisen mit thon nicht mengen lest*), *Also kert sich der graf schier die ganz nacht umb, wie man ain praten umbkert* Zimm. Chr. 272.

Es gibt auch einige häufige Verwendungsweisen, in der die modal-vergleichende Bedeutung des Nebensatzes abgeschwächt wird. Sehr oft fügt der Nebensatz eine Erläuterung oder weiterführende Information hinzu, z. B.

Was dem menschen von der natur anhanget, das mag im hart benommen werden, als dise fabel bezüget Steinhöwel 87, *neue und mer andre gesetze . . . zetun und fürzenemen, wie das dann gemainer stat nutz und notturft yezuzeiten erfordern* Nürn. Ref. 3, *Des ander morgens war man früe uf, des willens, gen Trier zu reiten, als auch beschach* Zimm. Chr. 281.

Darunter finden sich mehrere formelhafte Ausdrücke wie

als / wie sich gebührt, als / wie sich geziemt, als / wie mich dunkt, als / wie wir hoffen. Beispiele werden eingeführt durch die Formel *als da ist / sind: das ist / allerley mangel / gebrechen vnnd beschwerdē an jnen haben / alß da ist die sūnd böses gewissen / forcht des ewigen todes / vnd was der gleichen mer ist* Dietrich 92.

Nebensätze mit der Form von Vergleichssätzen dienen auch zum Verweis auf eine Äußerung, Wahrnehmung oder einen Sachverhalt (DWB 14, 1, 2, 1477); sehr häufig sind formelhafte Muster wie

alz vor geschriben stet Stromer 25, *als vor gerurt ist* Chr. v. Mainz 209, *wie Sant Peter spricht i. petr. v.* M. v. Weida 40, *als du lyst im Scoto* Eberlin 22, *wie ich hör* Eck 22, *wie oblaut* RA 1576 361.

In diesen adverbialen Vergleichssätzen konkurriert *als* mit *wie* vor allem seit dem 15. Jh. und tritt in der zweiten Hälfte des 16. Jhs. gegen *wie* stark zurück.

3. Der Nebensatz kann ein Adjektiv, Partizip oder Adverb bestimmen; seit dem 15./16. Jh. steht *wie* neben älterem *als*, z. B. *wecken, die . . . noch heisz seien, wie sie ausz dem ofen gehen* Gäbelkover (1596, DWB 14, 1, 2, 1478). Auf ein Substantiv bezogen kann der Nebensatz die Beschaffenheit und Art einer Person oder Sache näher bestimmen (vgl. DWB 14, 1, 2, 1479), z. B. *und desgleichen lassen sie in dem land machen unsers herren pild in ainem crippelin, als in die heyligen drey chönig gesehen haben* Schiltberger 40.

Die Funktion von *als* kann sich derjenigen einer relativen Partikel nähern, indem *als* die syntaktisch-semantische Rolle des Substantivs im untergeordneten Satz übernimmt (s. § S 268): *und wann sie chain zaichen vinden als ein junckfrau soll haben* Schiltberger 98, *solher trew und phlicht, als ir gote, dem heiligen reiche . . . schuldig . . . seit* Friedrich III RA 16, 402. Unter Abschwächung des komparativischen Sinnes kann *wie* als Relativpartikel im Relativtypus mit Relativpartikel und Resumptivpronomen fungieren (s. § S 270), z. B. *der ein war aber insunderheit ein nidrige hadermetz wie man ir wol mer findt* Wickram 57.

4. Nach einem durch *als / wie* eingeleiteten Vordersatz kann im Nachsatz ein Korrelat *so* oder *also* auftreten, z. B.

alz daz ysen zuribet und zemit alle ding, also wirt daz riche zuriben dise alzumale und zustoßen Cranc, Dan. 2, 40 (vgl. Luther 1530: *denn gleich wie eisen alles zumalmet und zuschlecht, ia wie eisen alles zubricht, also wird es auch alles zu malmen und zubrechen*).

Als- und *wie*-Sätze stehen in Konstruktionen mit Korrelat im vorangehenden, übergeordneten Satz: mit *solich* (+ Adj.) + Substantiv, mit *als / also / alse / so* + Adj. / Adv. und mit alleinstehendem *also / so*. In solchen Nebensätzen hält sich *als* am längsten gegen *wie*; *wie* findet sich selten vor der zweiten Hälfte des 16. Jhs. und wird erst im 17. Jh. häufig: *do kam aber ein alse große waßer, alse mans ie gesehen hette zů Strosburg* Closener 133, *. . . das dem so sey, wie ich schreibe* Staden 196.

Anm.: *Als / so* + Adjektiv / Adverb oder *auf* + Superlativ kann an der Spitze eines Nebensatzes stehen ohne folgendes *als / wie* (s. DWB 1, 253; 10, 1, 1371ff.; Behaghel III, 274f.): *. . . und maht sü stellig alse wit daz bistum was* Closener 138, *. . . solch lehen zuuorordenen, auffs best sie mugen, in deutscher Nation* Luther, Adel 32, *ich halff so gut ich konte* Simpl. 36.

8.4.9.3. Der Vergleich von Ungleichem

§ S 311 Beim Vergleich ungleicher Glieder und nach *ander* ist *dann(e)* | *denn(e)* bis
ins 16. Jh. die gewöhnliche Konjunktion. Seltener findet sich *wann(e)* |
wenn(e), ganz selten *als* (s. Behaghel III, 277). In der zweiten Hälfte des 16.
Jhs. konkurriert *als* stark mit *dann* | *denn* und wird im 17. Jh. die gewöhn-
liche Form. Besonders in alem. und schwäb. Quellen des 16. Jhs. und (seltener) des 17. Jhs. wird auch *weder* verwendet (zum Gebrauch bei verschiedenen Autoren und in verschiedenen Sprachlandschaften s. DWB
13, 2842). *Als wie* tritt zuerst am Ende des 16. Jhs. auf und bleibt selten (s.
DWB 14, 1, 2, 1484). *Wie* erscheint vereinzelt im 17. Jh. (s. DWB
14, 1, 2, 1483 f., auch ganz vereinzelt schon bei Hans Sachs, s. Püschel
1899, 109):

ein ertbideme . . . der was großer denne keinre vormols gewesen waz Closener 137,
. . . daz du dich höher wilt erheben, wann dynem geschlächt zuo gehöret Steinhöwel
128, *Dan dyßer name ist alßo heilig. dz es vnmoglich. das er hocher ader mehr moge
geheilget werde. an ym selber. als er gereit ‚bereits' geheiliget ist* M. v. Weida 61,
klagen me das sie die ding lassen müssen, weder sie ire sünd klagen Pauli (DWB
13, 2844), *Sie gehen auch viel Tyrannischer mit iren feinden umm, dann ire feinde mit
inen thun* Staden 171, *. . . daß etwa der jenigen viel weniger sind | als das erste ansehen
zeigen solte* Spener 12.

8.4.9.4. Hypothetischer bzw. irrealer Vergleich

§ S 312 Beim hypothetischen bzw. irrealen Vergleich findet sich eine Reihe von
synonymen satzeinleitenden Konjunktionen: *wie, als, sam, ob, gleich,
gleichsam* sowie mehrere aus diesen Elementen gebildete zweigliedrige
Konjunktionen. *Wie* (mit Später- bzw. Endstellung des finiten Verbs) begegnet nur noch gelegentlich bis ins 17. Jh. (s. DWB 14, 1, 2, 1485 f.), z. B.
vnd mitten vnter den Eltesten stund ein Lamb | wie es erwürget were Offenb.
5, 6 (1545). Bei den anderen eingliedrigen Konjunktionen *als, sam, ob,
gleich* (16./17. Jh. nicht selten, s. DWB 4, 1, 4, 7987) und *gleichsam* (besonders 16. Jh., DWB 4, 1, 4, 8217) kann das finite Verb entweder in End- bzw.
Späterstellung oder im Laufe des Frnhd. zunehmend direkt nach der Konjunktion auftreten:

Ir maistrin pflag ir als wol und als getrewelich, sam sie alle ire kint weren C. Ebner 2,
*. . . die frumen, erbergen frawen . . . sollen allzeit thuen vnd handeln, als Plautus
schreibt, in abwesen der menner, sam wern sie gegenwertig* Eyb 16, *Also das du dir nitt
schetz samlest | heüser vn̄ matten als werest du allein auf der erdn̄* Geiler, Seelenpa-
radies 6a, *so musz der ander so sein gemalt, an seinem leib so ungestalt, ob er der teufel
were* Gengenbach (DWB 7, 1052), *entplösse dein scharpfes schwert, dröwe ir damit,
gleichsam wölstu sy umbringen* Schaidenreisser (DWB 4, 1, 4, 8217).

Diese Elemente werden auch zu zweigliedrigen Konjunktionen verbunden. *Als ob* wird während der ganzen frnhd. Zeit häufig gebraucht, *als wenn* tritt vor allem seit dem 16. Jh. auf. Nur gelegentlich begegnen *als sam (ob)* und *sam ob* (bei Hans Sachs, s. Püschel 1899, 112), *sam als* (DWB 8, 1727), *gleich als* (seit dem 16. Jh., s. DWB 4, 1, 4, 7986), *gleich sam* (bis ins 16. Jh., s. DWB, 7987), *gleich ob* (15.–17. Jh.), *gleich als ob, gleichsam als (wenn)* (17. Jh.), *gleichsam ob* (17. Jh.).

Im hypothetischen bzw. irrealen Vergleich steht gewöhnlich der Konjunktiv. Im 17. Jh. findet sich *als wenn* vor allem in Norddeutschland mit Indikativ (s. Dückert 1961, 223–225).

8.4.10. Vergleichend-proportionale Sätze

Ein vergleichend-proportionaler Bezug zwischen Adjektiven / Adverbien §S 313 wird durch ein korrelatives Paar *als / so* + Adj. / Adv ... *als / so* + Adj. / Adv., später auch *so* + Adj. / Adv ... *wie* + Adj. / Adv. (s. DWB 10, 1, 1355) ausgedrückt:

Als vil der leichnam vber fult wirt. als vil wirt dy sel chlainer H.v. Langenstein (Putzer 1979, 74, *Quanto corpus impletur, tanto anima minoratur), Aber als günstig dir got ist, so widerig ist dir der teüfel* Eberlin 5, ... *so viel er dann getödtet hat, so manchen namen hat er* Staden 180, *diser Orden bleibt so lang gesund / wie lang er den Krankken dienet* Abr. a S. Cl. 79.

Beim proportional-steigernden Bezug findet sich eine Reihe von Mustern §S 314 mit Komparativform eines Adjektivs oder Adverbs.

Der mhd. Typus *so ... ie* + Komparativ ... finites Verb, *so ... ie* + Komparativ ... finites Verb, in dem *so* zur Bezeichnung eines Vergleichs und *ie* ,immer' + Komparativ zur Bezeichnung einer fortsetzenden Steigerung dient, und ein entsprechendes Muster mit *als* leben zu Beginn der frnhd. Zeit fort (zu Varianten s. Rieck 1977, 58; Putzer 1979, 143ff.): *so man ye mer dürs holcz in ain fewr legt / so es ye vester prynnt vnd chreftiger wirt* H. v. Langenstein (Putzer 1979, 146). Im großen Ganzen wird aber die proportionale Steigerung durch vereinfachte Muster mit einer der beiden Partikeln ausgedrückt: *ie* + Komparativ ... *ie* + Komparativ oder *als / so* + Komparativ ... *als / so* + Komparativ. Das Muster mit *ie ... ie (je ... je)* erscheint während der ganzen frnhd. Zeit mit Nebensatzstellung des finiten Verbs in beiden Sätzen, seit dem 15. Jh. auch mit Verbzweitstellung im Nachsatz (s. auch §S 237):

Wann ye großer die keusche der frawen ist, ye mer wirt sie angefochten mit der begir der vnkeusche Eyb 9, *je weiter ich aber ging / je tieffer ich von den Leuten hinweg in Wald kam* Simpl. 21, *Es schmertzet sie so vielmehr / dergleichen greuel zu sehen / als hertzlicher sie ihren GOTT lieben* Spener 62.

Gelegentlich findet sich *so ... ie, ie ... so, ie ... dester / desto* (s. DWB Neub. 6, 781) sowie Kombinationen mit *wie*: *so ... wie, wie ... je* (s. DWB 4, 2, 2283), *wie ... wie* (obd. 16./17. Jh., s. DWB 14, 1, 2, 1466).

Anm.: Die Glieder des Nebensatzes können bis auf *ie* + Adj. / Adv. (gelegentlich auch *so* + Adj. / Adv.) fehlen (s. Behaghel III, 290; DWB 4, 2, 2282; 10, 1, 1375): *... das wir ... dich von tag zu tage / ye lenger ye baß* ‚besser‘ *erkennen lernen* Dietrich 100.

8.4.11. Modal-proportionale Sätze

§ S 315 Modal-proportional verwendet werden *nachdem (als / und)*, *(je) demnach*, *danach (und)* (s. Behaghel III, 213f., 216; DWB 2, 722; 7, 35; Neub. 6, 200, 624):

Und die feier sol man halden von einem abend uncz zu dem andern, nach dem und dez landez gewonheit ist M. v. Amberg 868f., *... so mocht inen ein paumeister das trinckgelt woll bessern mit ein sechtzig pfenning, darnach und die arbeit gewest ist und es die gesellen verdient haben* Tucher 43, *... daß ir mit gůten schwencken und kurtzweiligen bossen zů yeder zeit (und ye demnach die person ist) gefaßt sind* Wickram 5.

8.4.12. Adversativsätze

Lit.: Kröning 1915.

§ S 316 Adversativ (als Einleitung eines Gegensatzes zur Aussage des übergeordneten Satzes; siehe auch oben §§ S 294f. zu den Exzeptivsätzen) verwendet sind *da / do* (s. DWB Neub. 6, 8), *da hingegen / dahingegen* und *wohingegen* (erst spätes 16. Jh. bzw. 17. Jh., s. DWB 4, 2, 1438; 14, 2, 1024), *dieweil / weil* (s. Behaghel III, 340; DWB Neub. 6, 1045), *indem* (17. Jh.), *so*, *und* mit Nebensatzverbstellung (s. DWB 11, 3, 423), *unterdessen* (s. DWB 11, 3, 1524) und *wo* (s. DWB 14, 2, 919f.):

Aber die iugendt will nit bedenncken, dann das vor augen ist, so ‚während‘ *das vernůnfftig alter alle ding, die do ergangen, gegenwertig vnd zukunfftig sein, außmisset* Eyb 20, *Aber nun schaue / in dem du vermeynest / deine Augen zu wäiden / mustu in diesem gefährlichen Irrgarten untergehen und verderben* Simpl. 57.

8.5. Zum Satzgefüge

Lit.: Kracke 1911; Paul IV, 312–330, 379–385; Franke III, 368–379; Behaghel III, 492–570; IV, 259–293; Gumbel 1930; Erben 1954, 43–48, 142f.; Admoni 1967; 1980; 1990, 150–155, 169f., 193–198; Große 1970; Roloff 1970; Langholf 1971; Rössing-Hager 1972, 251–293; Betten 1980; 1987, 78–81, 153–160; Bassola 1985, 191–214; Ebert 1986, 168–176.

Über das frnhd. Satzgefüge ist man nicht gut unterrichtet. Es fehlt über-   § S 317
haupt eine Typologie von Verknüpfungsformen sowie genaue Studien zum
Bestand der Formen. Nur für die Entwicklung der komplizierten Gebilde
der Kanzleisprache liegt eine Untersuchung (Admoni 1980) vor. Über die
Häufigkeit der parataktischen und hypotaktischen Verbindungen von Sätzen liegt zum Teil widersprüchliche Information vor, was nicht überrascht,
da die Häufigkeit der Hypotaxe stark nach den verschiedenen Gattungen
und den verschiedenen Autoren variiert und die Ergebnisse deshalb ja nach
der Auswahl der Texte schwanken. Es gibt auch nicht selten Einschübe und
lockere Anfügung von Teilsätzen, die mit den Begriffen Parataxe / Hypotaxe bzw. Nebenordnung / Unterordnung schwer kategorisierbar sind (s.
auch § S 258).

Im Laufe des Frnhd. läßt sich eine Zunahme der Hypotaxe feststellen.
Die mhd. höfische Epik und spätmhd. Prosawerke (Prosa-Lancelot und
rechtssprachliche Texte) kennen schon Gefüge mit mehreren Nebensätzen.
Im 14. und 15. Jh. ist vor allem in der Sprache der Verwaltung und der
Gesetzgebung eine Zunahme sowohl der Hypotaxe als auch des Umfangs
der Sätze zu beobachten; es kommen schon sehr umfangreiche, komplizier-
te Satzgefüge vor (s. Admoni 1980). Bis zum 17. Jh. breitet sich die Hypotaxe im allgemeinen auf andere Prosagattungen aus. Der genaue Verlauf
dieses Prozesses ist aber noch unklar. Nach Gumbel (1930:98) liegt der
sprachgeschichtliche Schritt von der Parataxe zur Hypotaxe in der Flug-
schrift, der theologischen Prosa, der Schwank- und Volksbücher und des
Romans in der zweiten Hälfte des 16. Jhs. Ähnlich ist nach Langholf
(1971:209) die Entwicklung in der unterhaltenden Literatur: für die erste
Hälfte des 16. Jhs. ist ein einfacher Satzbau kennzeichnend, während
Lindener, Frey, Schumann und Wickram mit der Konstruktion von übersichtlichen Satzgefügen beginnen und man mit der Übersetzung des französischen Amadisromans zu einem durch viele Subordinationen und Ver-
schachtelungen gekennzeichneten Satzbau übergeht. Nach Admoni
(1967:167) hingegen kann „für die Texte, die die Eigenart des Schrifttums
im 16. Jh. ausmachen, ... keine Rede von einer frontalen Erstarkung und
Ausdehnung der Hypotaxe sein im Vergleich mit dem vorhergehenden
Zeitabschnitt [14./15. Jh.], sondern es findet hier eher eine Abnahme statt".
Im 17. Jh. sind hypotaktische Gebilde im allgemeinen häufiger und kom-
plizierter: in Admonis Quellen z. B. überwiegen hypotaktisch gebaute Sätze

in 11 von 15 Texten (gegenüber 3 von 15 Texten des 16. Jhs. – Admoni 1967, 168).

§ S 318 Im allgemeinen besteht eine deutliche Abgrenzung der Aussagen im Satzgefüge. Gelegentlich steht ein Satzglied, das logisch zum untergeordneten Satz gehört, im übergeordneten Satz (sog. „Verschränkung" oder „Verschlingung", s. dazu Paul IV, 319–324; Behaghel III, 547–553 und § S 270):

In dem Tormhofe ist uns indechtig, das er angrieffen wolde Freiberg / Sachsen 15. Jh. 153, *... aber alles das thůn. das er waißt od' mainet / dz got am aller maisten von jm gefall* Geiler, Predigen teütsch 106b, *Welchen wolt jr / das ich euch los gebe / Barrabam oder Jhesum ...* Matth. 27, 17 (1545), *Weil dieselbige gegend / da man sagt / daß sich des Niels brunnen befinden / überal mit sehr hohen bergen ůmringet ist* Zesen 38.

Ein untergeordneter adverbialer Nebensatz steht oft vor einem übergeordneten Nebensatz (s. dazu Kracke 1911, 204–241): *dennocht sol er nit zweiffelen / so es jm gůt vnd nütz ist / das yn got erhőren werd* Geiler, Seelenparadies 193a, *ich habe keinen Menschen / wenn das Wasser sich beweget / der mich in den Teich lasse* Joh. 5, 7 (1545). Vor allem im späteren Frnhd. steht der adverbiale Nebensatz nach der einleitenden Konjunktion des übergeordneten Satzes: *... kam der Corporal und commandierte ihn zu der Standarten auf die Wacht / damit / wann mein Hochzeiter fort wåre / er sich selbst mit mir ergőtzen kőnte* Courasche 1129.

Während der ganzen frnhd. Zeit begegnen Fälle, wo man aus der Konstruktion eines Satzgefüges, besonders eines komplizierten Satzgefüges, herausbricht. Häufig ist der Übergang in Hauptsatzwortstellung; vgl. folgende einfache Fälle aus Luther:

Zum erstenn darumb, das sie nichts gutis vns darynnen gonnet haben, sondern haben vnser einfeltickeit daryn mißpraucht yhren ubermut widder den rechten Romischen keyser zu Constantinopel zustercken Luther, Adel 74, *Jch bin ewer Zeuge / das / wenn es müglich gewesen were / jr hettet ewer Augen ausgerissen / vnd mir gegeben* Gal. 4, 15 (1545).

Zur Konstruktion ἀπὸ κοινοῦ s. Behaghel III, 533–536, Karg 1929 und Boon 1982. Zum asyndetischen Relativsatz s. § S 261.

V. SIGLEN FÜR ZEITSCHRIFTEN, REIHEN UND SAMMELWERKE

AASF	Annales Academiae Scientiarum Fennicae
ÄdGrN	Ältere deutsche Grammatiken in Neudrucken
AdL	Ausgaben deutscher Literatur des XV. bis XVIII. Jahrhunderts
AdPh	Arbeiten zur deutschen Philologie
APSL	Amsterdamer Publikationen zur Sprache und Literatur
A/SbSächsA	Abhandlungen bzw. Sitzungsberichte der Sächsischen Akademie der Wissenschaften zu Leipzig. Philologisch-historische Klasse
AUC	Acta Universitatis Carolinae – Philologica. Germanistica Pragensia
AUG	Acta Universitatis Gotoburgensis
AUU	Acta Universitatis Upsaliensis. Studia Germanistica Upsaliensis
Baust.	Bausteine zur Sprachgeschichte des Neuhochdeutschen
BBG	Budapester Beiträge zur Germanistik. Schriften des Lehrstuhls für deutsche Sprache und Literatur der Lorand Eötvös-Universität
BBGN	Brünner Beiträge zur Germanistik und Nordistik
BES	Beiträge zur Erforschung der deutschen Sprache
BG	Bibliotheca Germanica
BLV	Bibliothek des Litterarischen Vereins in Stuttgart
BSSL	Basler Studien zur deutschen Sprache und Literatur
CdS	Die Chroniken der deutschen Städte vom 14. bis 16. Jahrhundert
DDG	Deutsche Dialektgeographie
DL	Documenta Linguistica
DLZ	Deutsche Literaturzeitung
DN	Deutsche Neudrucke
DPhA	Deutsche Philologie im Aufriß
DRA	Deutsche Reichstagsakten
DS	Deutsche Sprache. Zeitschrift für Theorie, Analyse und Dokumentation
(Dt.) Ak. Wiss. B. / DDR. IdSL / ZI Baust.	= (Deutsche) Akademie der Wissenschaften zu Berlin bzw. der DDR. Veröffentlichungen des Instituts für deutsche Sprache und Literatur bzw. des Zentralinstituts für Sprachwissenschaft. Bausteine zur (Sprach)geschichte des Neuhochdeutschen
DTM	Deutsche Texte des Mittelalters
EH	Europäische Hochschulschriften
GA	Germanistische Arbeitshefte
GAh	Germanistische Abhandlungen
GAG	Göppinger Arbeiten zur Germanistik
GB	Germanische Bibliothek
GB(d)Ph	Gießener Beiträge zur (deutschen) Philologie
GdMaa	Grammatik der deutschen Mundarten
GG	Grundlagen der Germanistik
GGen	Grundlagen der Genealogie

GGF	Göteborger Germanistische Forschungen
GL	Germanistische Linguistik
GLL	German Life and Letters
GQ	German Quarterly
GR	Germanic Review
GRM	Germanisch-Romanische Monatsschrift
HSK	Handbücher zur Sprach- und Kommunikationswissenschaft
IBK	Innsbrucker Beiträge zur Kulturwissenschaft, Germanistische Reihe
IdSL	Veröffentlichungen des Instituts für deutsche Sprache und Literatur
JEGP	Journal of English and Germanic Philology
IF	Indogermanische Forschungen
KZ	(Kuhns Zeitschrift) = Zeitschrift für vergleichende Sprachforschung
LA	Linguistische Arbeiten
LB	Linguistische Berichte
LGF	Lunder Germanistische Forschungen
LR	Linguistische Reihe
MdSt	Mitteldeutsche Studien
MdU	Monatshefte für deutschen Unterricht, deutsche Sprache und Literatur
MLN	Modern Language Notes
MLR	Modern Language Review
MPh	Modern Philology
MS	Monographien zur Sprachwissenschaft
MSp	Moderna språk
Mu	Muttersprache. Zeitschrift zur Pflege und Erforschung der deutschen Sprache
MVGN	Mitteilungen des Vereins für Geschichte der Stadt Nürnberg
NdL	Neudrucke deutscher Literaturwerke des XVI. und XVII. Jahrhunderts
NM	Neuphilologische Mitteilungen
OSVV	Quellensammlungen zum Staats-, Verwaltungs- und Völkerrecht
PBB	Beiträge zur Geschichte der deutschen Sprache und Literatur [von 1955–1980 geteilt in PBB H (= Halle) und PBB T (= Tübingen)]
PMLA	Publications of the Modern Language Association
QFE	Quellen und Forschungen zur Erbauungsliteratur des späten Mittelalters und der frühen Neuzeit
OUPB	Opera Universitatis Purkynianae Brunensis, Facultas Philosophica
QFSC/K	Quellen und Forschungen zur Sprach- und Culturgeschichte / Kulturgeschichte der germanischen Völker
RA	Rheinisches Archiv
RBSL	Regensburger Beiträge zur deutschen Sprach- und Literaturwissenschaft. Reihe B. Untersuchungen
RGL	Reihe Germanistische Linguistik
RhVjbl	Rheinische Vierteljahrsblätter
SF	Studien zum Frühneuhochdeutschen

SGF	Stockholmer Germanistische Forschungen
SLG	Studia Linguistica Germanica
SkG	Sammlung kurzer Grammatiken germanischer Dialekte
Spr. d. Geg.	Sprache der Gegenwart
SSFFZ	Sveučiliste u Splitu, Filozofski Fakultet – Zadar
TBL	Tübinger Beiträge zur Linguistik
TCLC	Traveaux du Cercle Linguistique de Copenhague
TCLP	Traveaux du Cercle Linguistique de Prague
TuT	Texte und Textgeschichte
UTB	Uni-Taschenbücher
WW	Wirkendes Wort. Deutsche Sprache in Forschung und Lehre
WZPP	Wissenschaftliche Zeitschrift der Pädagogischen Hochschule Potsdam
WZPZ	Wissenschaftliche Zeitschrift. Pädagogisches Institut Zwickau. Gesellschafts- und sprachwissenschaftliche Reihe
WZUB	Wissenschaftliche Zeitschrift der Humboldt-Universität Berlin. Gesellschafts- und sprachwissenschaftliche Reihe
WZUJ	Wissenschaftliche Zeitschrift der Friedrich-Schiller-Universität Jena. Gesellschafts- und sprachwissenschaftliche Reihe
WZUR	Wissenschaftliche Zeitschrift der Universität Rostock. Gesellschafts- und sprachwissenschaftliche Reihe
ZADS	Zeitschrift des Allgemeinen Deutschen Sprachvereins
ZAN / synt. Ebene	Zur Ausbildung der Norm der deutschen Literatursprache auf der syntaktischen Ebene (1470–1730). Der Einfachsatz unter Leitung von Gerhard Kettmann und Joachim Schildt. Berlin 1976. (Baust. 56 / I).
ZAN / Verb	Zur Ausbildung der Norm der deutschen Literatursprache im Bereich des Verbs (1470–1730). Tempus und Modus. Von Mirra M. Guchmann, Natalia N. Semenjuk. Berlin 1981. (Baust. 56 / V).
ZDL	Zeitschrift für Dialektologie und Linguistik
ZDW	Zeitschrift für deutsche Wortforschung
ZfdA	Zeitschrift für deutsches Altertum
ZfdPh	Zeitschrift für deutsche Philologie
ZfdS	Zeitschrift für deutsche Sprache [Hamburg 1888–1897]
ZfdU	Zeitschrift für den deutschen Unterricht
ZfG	Zeitschrift für Germanistik
ZfhdM	Zeitschrift für hochdeutsche Mundarten
ZfM	Zeitschrift für Mundartforschung
ZGL	Zeitschrift für germanistische Linguistik
ZGO	Zeitschrift für die Geschichte des Oberrheins
ZPSK	Zeitschrift für Phonetik, Sprachwissenschaft und Kommunikationsforschung

VI. QUELLENVERZEICHNIS ZUM TEIL *SYNTAX*

Abr. a S.Cl. = Abraham a Sancta Clara. Mercks Wienn: 1680. Unter Mitarbeit v.
Franz M. Eybl hg. v. Werner Welzig. Tübingen 1983. (DN. Reihe Barock: 31).
Achtbuch Nürnberg = Acht-, Stadtverbots- und Strafbuch von 1381–1403. Die
Acht-, Verbots- und Fehdebücher Nürnbergs von 1285–1400. Bearb. v. Werner
Schultheiß. Nürnberg 1960. (Quellen und Forschungen zur Geschichte der Stadt
Nürnberg 2, Lieferung 1/2).
Ackermann aus Böhmen = Johann von Tepl. Der ackerman. Hg. v. Willy Krog-
mann. Wiesbaden 1953. (Deutsche Klassiker des Mittelalters. NF 1).
A. Langmann = Die Offenbarungen der Adelheid Langmann, Klosterfrau zu En-
gelthal. Hg. v. Philipp Strauch. Straßburg 1878. (QFSC 26). [Engelthal bei Nürn-
berg 14. Jh.]
Albertus, Laurentius. Teutsch Grammatick oder Sprach-Kunst. Augustae Vindeli-
corum 1573. Neudruck: Die deutsche Grammatik des Laurentius Albertus. Hg. v.
Carl Müller-Fraureuth. Straßburg 1895. (ÄdGrN 3).
Albertus Magnus. Opera omnia. Bd. 17. Hg. v. Emil und August Borgnet. Paris
1898.
Alberus, Erasmus = Die Fabeln des Erasmus Alberus. Abdruck der ausgabe von
1550 mit den abweichungen der ursprünglichen fassung. Hg. v. Wilhelm Braune.
Halle/S. 1892. (NdL 104–107).
Beer = Beer, Johann. Sämtliche Werke. Bd. 1. Der Simplicianische Welt-Kucker.
Hg. v. Ferdinand von Ingen und Hans-Gert Roloff. Bern / Frankfurt a. M. / Las
Vegas 1981. (Mittlere deutsche Literatur in Neu- und Nachdrucken 1). [1679]
Behaim, Margareta (geb. 1506). Briefe. In: Aus Paulus Behaims I. Briefwechsel. Hg.
v. J. Kamann. In: MVGN 3 (1881), 73–154. [Hs. Nürnberg 1533–1535]
Behaim, Michel. Briefe. In: Aus Paulus Behaims I. Briefwechsel. Hg. v. J. Kamann.
In: MVGN 3 (1881), 73–154. [Hs. Nürnberg 1533–1535]
Behaim, Paulus. Briefe eines Leipziger Studenten aus den Jahren 1572 bis 1574. Hg.
v. W. Loose. Beigabe zum Jahres-Bericht der Realschule zu Meissen. Programm
480. Meissen 1880.
Bibelstelle (1545) = Luther, Martin. Biblia. Das ist die gantze Heilige Schrifft
Deudsch auffs new zugericht. Wittenberg 1545. Hg. v. Hans Volz. München
1974.
Briefe des Nürnberger Rats 1388 = Die Chroniken der fränkischen Städte. Nürn-
berg. Bd. 1. Beilage IV A, S. 144ff. Leipzig 1862. (CdS 1).
C. Ebner = Der Nonne von Engelthal Büchlein von den Gnaden Uberlast. Hg. v.
Karl Schröder. Tübingen 1871. (BLV 108). [Hs. Engelthal bei Nürnberg 2. Hälfte
des 14. Jhs.]
Chr. v. Mainz = Die Chroniken der mittelrheinischen Städte. Mainz. Bd. 1. Leipzig
1881. (CdS 16). [1445]
Clajus = Clajus, Johannes. Grammatica Germanicae Lingvae [. . .] Ex Bibliis Lvthe-
ri Germanicis et aliis eius libris collecta, Leipzig 1578. Neudruck: Die deutsche
Grammatik des Johannes Clajus nach dem ältesten Druck von 1578 mit den
Varianten der übrigen Ausgaben. Hg. v. Friedrich Weidling. Straßburg 1894.
(ÄdGrN 2). Nachdruck Hildesheim 1963. (DL, Reihe 5).
Closener = Straßburger Chronik von Fritsche Closener. Hg. v. Albert Schott. Stutt-
gart 1842. (BLV 1). [Hs. Straßburg 1362].
Courasche = Grimmelshausen, Johann Jacob Christoffel von. Lebensbeschreibung
Der Ertzbetrûgerin und Landstôrtzerin Courasche (1670). Das Zeitalter des Ba-

rock, Texte und Zeugnisse. Hg. v. Albrecht Schöne. 2. Aufl. München 1968, S. 1088–1174.

Cranc = Cranc, Claus. Die Prophetenübersetzung des Claus Cranc. Hg. v. Walther Ziesemer. Halle/S. 1930. (Schriften der Königsberger Gelehrten Gesellschaft, Sonderreihe Bd. 1) [Omd. um 1350]

Daniel = D. Martin Luthers Werke. Kritische Gesamtausgabe. Die deutsche Bibel. Bd. 11. Weimar 1960. [1530]

Dietrich = Dietrich, Veit. Etliche Schrifften fûr den gemeinē man [. . .]. Nûrmberg M.D.XLVIII. Hg. und mit einer Einleitung versehen v. Oskar Reichmann. Assen 1972. (QFE 5).

Dür. Chr. = Düringische Chronik des Johann Rothe. Hg. v. R. von Liliencron. Jena 1859. (Thüringische Geschichtsquellen, Bd. 3). [Omd. 2. Hälfte des 15. Jhs.]

Dürer = Dürer, Albrecht. Etliche Underricht zu befestigung der Stett, Schloß und Flecken. Faksimile der Erstausgabe von 1527. Dietikon / Zürich 1971.

Eberlin = Eberlin von Günzburg, Johann. Ausgewählte Schriften. Bd. 1 [Die fünf-zehn Bundesgenossen]. Hg. v. Ludwig Enders. Halle/S. 1896. (NdL 139). [1521]

Eck = Johannes Eck. Vier deutsche Schriften gegen Martin Luther, den Bürger-meister und Rat von Konstanz, Ambrosius Blarer und Konrad Sam. Hg. v. Karl Meisen und Friedrich Zoepfl. Münster 1929. (Corpus Catholicum. Werke ka-tholischer Schriftsteller im Zeitalter der Glaubensspaltung 14). [1526, 1527]

Eyb = Deutsche Schriften des Albrecht von Eyb. Bd. 1: Das Ehebüchlein. Hg. v. Max Herrmann. Berlin 1890. (Schriften zur germanischen Philologie 4). [Druck Nürnberg 1472]

Frangk CTB und Frangk OD = Frangk, Fabian. Ein Cantzley und Titel buechlin (= CTB), beigebunden ist: Orthographia Deutsch (= OD). Nachdruck der Ausgabe Wittenberg 1531. Hildesheim / New York 1979. (DL, Reihe 4).

Frankfurter Urk. = Frankfurter Amts- und Zunfturkunden. Hg. v. Karl Bücher und Benno Schmidt. 2. Teil. Frankfurt a. M. 1915. (Veröffentlichungen der histori-schen Kommission der Stadt Frankfurt a. M. 6). [Hs. Frankfurt 1440–1470]

Frankfurt, Gesetze = Die Gesetze der Stadt Frankfurt am Main im Mittelalter. Hg. v. Armin Wolf. Frankfurt 1969. (Veröffentlichungen der Frankfurter historischen Kommission 13). [Hs. Frankfurt 1349–1370]

Freiberg/S. 14. Jh. = Urkundenbuch der Stadt Freiberg in Sachsen. Hg. v. Hubert Ermisch. Bd. 2. Leipzig 1886. (Codex diplomaticus Saxoniae regiae. 2. Hauptteil, Bd. 13). [1368–1379]

Freiberg/S. 15. Jh. = Urkundenbuch der Stadt Freiberg in Sachsen. Hrsg. v. Hubert Ermisch. Bd. 2. Leipzig 1886 (Codex diplomaticus Saxoniae regiae. 2. Hauptteil, Bd. 13). [1457]

Friedrich III = Deutsche Reichtagsakten unter Kaiser Friedrich III. 1. Abt. 1440–1441. Hg. v. Hermann Herre. Gotha 1914; 2. Abt. 1441–1442. Hg. v. Her-mann Herre. Gotha 1921; 3. Abt. 1442–1445. Hg. v. Walter Kaemmerer. Göttin-gen 1963. (DRA 15–17).

Geiler, Die Brösamlin = Geiler von Kaisersberg, Johann. Die brösamlin doct. Kei-sersbergs vffgelesen võ Frater Johañ Paulin [. . .]. Straßburg 1517.

Geiler, Die Emeis = Geiler von Kaisersberg, Johann. Dis ist das bûch von der Omeissen. vnnd auch. Her der künnig ich diente gern [. . .]. Straßburg 1516.

Geiler, Das Euangelibûch = Geiler von Keisersberg, Johann. Das Euangelibûch. Das buoch der Ewangelien durch das gantz iar / Mitt Predig vnd vßlegungē [. . .]. Straßburg 1515.

Geiler, Predigen teütsch = Geiler von Kaisersberg, Johann. Predigen teütsch: vnd vil gütter leeren [. . .]. Augsburg 1508.

Geiler, Seelenparadies = Geiler von Kaisersberg, Johann. Dis schŏn bŭch genāt der seelen Paradiß [. . .]. Straßburg 1510.

Geiler, Sünden des Munds = Geiler von Kaisersberg, Johann. Das bŭch d[er] sünden des munds [. . .]. Straßburg 1518.

Harsdörffer = Harsdörffer, Georg Philipp. Poetischer Trichter. Nürnberg 1648–53.

Hartlieb = Johann Hartliebs Buch aller verbotenen kunst. Hg. v. Dora Ulm. Halle/S. 1914. [Entstanden 1455/56, Hs. ca. 1470].

H. Köler = Köler, Hieronymus. Autobiographie. In: Die Familiengeschichte der Köler. Hg. v. H. S. M. Amburger. In: MVGN 30 (1931), 153–288.

Hug = Heinrich Hugs Villinger Chronik von 1495–1533. Hg. v. Christian Roder. Tübingen 1883. (BLV 164).

Iwein. Eine Erzählung von Hartmann von Aue. Hg. von Georg Friedrich Benecke und Karl Lachmann, neu bearb. v. Ludwig Wolff. 7. Aufl. Berlin 1968.

Karl IV UB Essl. = Urkundenbuch der Stadt Esslingen. Bd. 2. Bearb. v. Adolf Diehl. Stuttgart 1905. (Württembergische Geschichtsquellen 7). [1361–1362]

Karl IV UBS = Urkundenbuch der Stadt Straßburg. Bd. 5. Bearb. v. Hans Witte und Georg Wolfram. Straßburg 1896. [1360–1370]

Karl V = Deutsche Reichstagsakten unter Kaiser Karl V. Bd. 3 und 4. Bearb. v. Adolf Wrede. Gotha 1901; 1905. (DRA, Jüngere Reihe, Bd. 3; 4). [1522–1524]

Korr. d. Nürn. Rats (1530) = Die Korrespondenz des Nürnberger Rates mit seinen zum Augsburger Reichstag von 1530 abgeordneten Gesandten. Hg. v. W. Vogt. In: MVGN 4 (1882), 1–60.

Das leben der minnĕden sel. Codex Princeton 60. Princeton University Library [Hs. schwäb. 1486]

Luther, Adel = Luther, Martin. An den christlichen Adel deutscher Nation von des christlichen Standes Besserung (1520). Hg. v. Wilhelm Braune. Halle/S. 1897. (NdL 4).

Luther, Freiheit = Luther, Martin. Von der Freiheit eines Christenmenschen. 1520. D. Martin Luthers Werke. Kritische Gesamtausgabe. Bd. 7. Weimar 1897, S. 12–38.

Luther, Sendbr. v. Dolm. = Luther, Martin. Sendbrief vom Dolmetschen 1530. D. Martin Luthers Werke. Kritische Gesamtausgabe. Bd. 30. Weimar 1909, S. 627–646.

Luther, Martin. Bibel 1545. S. Bibelstelle (1545).

Matth. (1522) = D. Martin Luthers Werke. Kritische Gesamtausgabe. Die deutsche Bibel Bd. 6. Weimar 1929.

Max I = Deutsche Reichstagsakten unter Maximilian I. Bd. 5. Bearb. v. Heinz Angermeier. Göttingen 1981; Deutsche Reichstagsakten unter Maximilian I. Bd. 6. Bearb. v. Heinz Gollwitzer. Göttingen 1979. (DRA, Mittlere Reihe. Bd. 5; 6). [1495–1498]

Meder, Lorenz. Das Meder'sche Handelsbuch. Hg. v. Hermann Kellenbenz. Wiesbaden 1974. (Deutsche Handelsakten des Mittelalters und der Neuzeit 15). [Druck Nürnberg 1558]

M. v. Amberg = Martin von Amberg. Der Gewissensspiegel. Hg. v. Stanley Newman Werbow. Berlin 1958. (Texte des späten Mittelalters 7). [Hs. bair. ab 1380]

M. v. Weida = Marcus von Weida. Ein nutzliche lere vnd vnderwysunge wye vñ was. der mensch bethen solle [. . .]. Hg. v. Anthony van der Lee. Assen 1973. (QFE 2). [Druck Leipzig 1502]

Nürnberger Rat an W. Pirckheimer. In: Willibald Pirckheimers Briefwechsel. Hg. v. Emil Reicke. Bd. 2. München 1956. [Briefe 1499]

Nürn. Kanzlei 1525 = Quellen zur Nürnberger Reformationsgeschichte. Hg. v. Gerhard Pfeiffer. Nürnberg 1968.

Nürn. Ref. = Nürnberger Reformation (1479). Quellen zur Neueren Privatrechts-
geschichte Deutschlands. Bearb. v. Franz Beyerle. Bd. 1. Bearb. v. W. Kunkel.
Weimar 1936. [Druck Nürnberg 1484]

Örtel, Sebald. Tagebuch. In: Th. Hampe. Deutsche Pilgerfahrten nach Santiago de
Compostella und das Reisetagebuch des Sebald Örtel. In: Mitteilungen aus dem
Germanischen Nationalmuseum 1896, 61–82. [Hs. Nürnberg 1521]

Pauli, Predigten = Die Predigten Johannes Paulis. Hg. v. Robert G. Warnock. München 1970. (Münchner Texte und Untersuchungen zur deutschen Literatur des
Mittelalters 26). [Hs. Villingen nach 1494]

Paumgartner, Balthasar und Magdalena. Briefwechsel Balthasar Paumgartners des
Jüngeren mit seiner Gattin Magdalena, geb. Behaim. Hg. v. Georg Steinhausen.
Tübingen 1895. (BLV 204). [Hs. Nürnberg 1582–1598].

Pirckheimer, Clara. Briefe. In: Briefe von, an und über Caritas Pirckheimer. Hg. v.
Josef Pfanner. Landshut 1966. (Caritas Pirckheimer-Quellensammlung 3). [Hs.
Nürnberg 1525]

Pirckheimer, Sabina. Briefe der Aebtissin Sabina im Kloster zum Heiligen Kreuz in
Bergen an ihren Bruder Willibald Pirckheimer. Hg. v. G. W. K. Lochner. In:
Zeitschrift für die historische Theologie 36 (1866), 518–562. [1521]

Pirckheimer, Willibald. Willibald Pirckheimers Briefwechsel. Hg. v. Emil Reicke. 2
Bde. München 1940; 1956.

RA 1555 = Abschied des Augsburger Reichstags 1555, Sept. 25. Quellensammlung
zur Geschichte der deutschen Reichsverfassung in Mittelalter und Neuzeit. Bearb.
v. Karl Zeumer. 2. Aufl. Tübingen 1913 (QSVV 2).

RA 1576 = Abschied des Regensburger Reichstages 1576. In: H. C. Senckenberg,
Neue und vollständigere Sammlung der Reichs-Abschiede [. . .]. Teil 3. Frankfurt
a. M. 1747, S. 353–369.

RA 1654 = Abschied des Reichstags zu Regensburg (Auszug). 1654, Mai 17. Quellensammlung zur Geschichte der deutschen Reichsverfassung in Mittelalter und
Neuzeit. Bearb. v. Karl Zeumer. 2. Aufl. Tübingen 1913. (QSVV 2).

R. Merswin = Merswins Neun-Felsen-Buch (Das sogenannte Autograph). Hg. v.
Philipp Strauch. Halle/S. 1929. (Schriften aus der Gottesfreund-Literatur 3). [Hs.
Straßburg 1352]

Regula bullata Hs. M3. In: Norbert Richard Wolf, Regionale und überregionale
Norm im späten Mittelalter. Innsbruck 1975, 24–67. (IBK 3). [Hs. schwäb.
15./16. Jh.]

Rem = 'Cronica newer geschichten' von Wilhelm Rem 1512–1527. Die Chroniken
der schwäbischen Städte. Augsburg. Bd. 5. Leipzig 1896. (CdS 25).

Scheurl, Christoph. Briefe. In: Christoph Scheurls Briefbuch, ein Beitrag zur Geschichte der Reformation und ihrer Zeit. Hg. v. F. von Soden und J. K. F. Knaa-
ke. 2 Bde. Potsdam 1867; 1872.

Schiltberger = Hans Schiltbergers Reisebuch nach der Nürnberger Handschrift. Hg.
v. Valentin Langmantel. Tübingen 1885. (BLV 171). [Hs. Nürnberg 2. Hälfte des
15. Jhs.]

Schottel = Schottelius, Justus Georg. Ausführliche Arbeit Von der Teutschen Haubt
Sprache [. . .]. Braunschweig 1663. Hg. v. Wolfgang Hecht. (DN, Reihe Barock,
12).

Schupp = Schupp, Johann Balthasar. Der Freund in der Not. Abdruck der ersten
Ausgabe (1657). Halle/S. 1878. (NdL 9).

Simpl. = Grimmelshausen, Johann Jacob Christoffel von. Der Abentheurliche Simplicissimus Teutsch und Continuatio des abentheurlichen Simplicissimi. Hg. v.
Rolf Tarot. Tübingen 1967. [1669]

Spener, Philipp Jakob. Pia Desideria (1675) 1680. Nachdruck Hildesheim / New York 1979. (Philipp Jakob Spener. Schriften. 1. Abt. Bd. I-III: Frankfurter Zeit, Bd. I).

Spengler, Lazarus. Ratschläge. In: Quellen zur Nürnberger Reformationsgeschichte. Hg. v. Gerhard Pfeiffer. Nürnberg 1968. [Hs. Nürnberg 1524]

Staden = N. Federmanns und H. Stades Reisen in Südamerika 1529 bis 1555. Hg. v. Karl Klüpfel. Stuttgart 1859. (BLV 157). [Druck Frankfurt 1557]

Steinhöwel = Steinhöwels Äsop. Hg. v. Hermann Österley. Tübingen 1873. (BLV 117).[Druck Ulm zwischen 1476 und 1480]

Stieler 1691 = Stieler, Kaspar. Der Teutschen Sprache Stammbaum und Fortwachs oder teutscher Sprachschatz. Nürnberg 1691. [Nachdruck] Mit einem Nachwort v. Stefan Sonderegger. München 1968.

Stromer = Stromer, Ulman. Püchel von meim geslechet und von abentewr 1349-1407. Die Chroniken der fränkischen Städte. Nürnberg. Bd. 1. Leipzig 1862. (CdS 1). [Hs. Nürnberg 1360-1407]

Tucher = Endres Tuchers Baumeisterbuch der Stadt Nürnberg (1464-1475). Hg. v. Matthias Lexer. Stuttgart 1862. (BLV 64). [Hs. Nürnberg 1475]

Ukb. Straßburg = Urkundenbuch der Stadt Straßburg. Bd. 5. Bearb. v. Hans Witte und Georg Wolfram. Straßburg 1896. [1360-1371]

Wenzel RA 1 = Deutsche Reichstagsakten unter König Wenzel. 1. Abt. 1376-1387. Hg. v. Julius Weizsäcker. München 1867.

Wenzel UBS = Urkundenbuch der Stadt Straßburg. Bd. 6. Bearb. v. Johannes Fritz. Straßburg 1899. [1381-1387]

Wickram = Wickram, Georg. Sämtliche Werke. Bd. 7. Das Rollwagenbüchlein. Hg. v. Hans-Gert Roloff. Berlin 1973. (AdL). [Druck Straßburg 1555]

Zesen = Zesen, Philipp von. Assenat 1670. Nachdruck hg. v. Volker Meid. Tübingen 1967. (DN. Reihe: Barock 9).

Zimm. Chr. = Zimmersche Chronik. Hg. v. Karl August Barack. Bd. 4. 2. Aufl. Freiburg i. B. / Tübingen 1882. [Hs. Mitte des 16. Jhs.]

Zwingli = Zwingli, Huldrich. Von Freiheit der Speisen. (1522). Hg. v. Otto Walther. Halle/S. 1900. (NdL 173).

VII. LITERATURVERZEICHNIS

(Die Siglen L, M, S geben an, für welchen Teil der Grammatik die einzelnen Arbeiten vorwiegend ausgewertet wurden; L: Schreibung und Lautung, M: Flexionsmorphologie, S: Syntax).

Abe, Yasuyuki (1981): Präteritumschwund und Perfektzunahme. Ein Sprachwandel durch den Rückgang des Verbalsystems und durch die analytische Tendenz. In: Doitsu Bungaku-ronko (Forschungsberichte zur Germanistik, Osaka-Kobe) 23, 25–39. [S]

Abromowski, Anneliese (1979): Der Beitrag der Beschwerdeschriften aus der Zeit des Bauernkrieges in Deutschland 1525/26 zur Herausbildung einer nationalen Norm der Literatursprache unter besonderer Berücksichtigung syntaktischer Entwicklungstendenzen. Diss. Berlin. [S]

Dies. (1980): Zur Literatursprache von Beschwerdeschriften aus der Zeit des Großen Deutschen Bauernkrieges – syntaktische Untersuchungen. In: Syntaktisch-stilistische und lexikalische Untersuchungen an Texten aus der Zeit des Großen Deutschen Bauernkrieges. Hg. v. Joachim Schildt. Berlin, 38–75. (Ak. Wiss. DDR. Linguistische Reihe, A 70). [S]

Adelberg, Elfriede (1960): Die Sätze des Typus »Ih bin ez Ioseph« im Mittelhochdeutschen. Berlin. (Dt. Ak. Wiss. B. Veröffentlichungen der sprachwissenschaftlichen Kommission 4). [S]

Adelung = Johann Christoph Adelung. Umständliches Lehrgebäude der Deutschen Sprache, zur Erläuterung der Deutschen Sprachlehre für Schulen. 1. Band. Hildesheim / New York 1971. (DL, Reihe V) [Nachdruck der Ausgabe Leipzig 1782].

Admoni, Wladimir (1964): Die umstrittenen Gebilde der deutschen Sprache von heute – III. Das erweiterte Partizipialattribut. In: Mu 74, 321–332. [S; M]

Ders. (1967): Der Umfang und die Gestaltungsmittel des Satzes in der deutschen Literatursprache bis zum Beginn des 19. Jahrhunderts. In: PBB (H) 89, 144–199. [S]

Ders. (1972): Die Entwicklung des Ganzsatzes und seines Wortbestandes in der deutschen Literatursprache bis zum Ende des 18. Jahrhunderts. In: Studien zur Geschichte der deutschen Sprache. Hg. v. Günter Feudel. Berlin, 243–279. (Baust. 49). [S]

Ders. (1973): Die Entwicklungstendenzen des deutschen Satzbaus von heute. München. (LR 12). [S]

Ders. (1980): Zur Ausbildung der Norm der deutschen Literatursprache im Bereich des neuhochdeutschen Satzgefüges (1470–1730). Ein Beitrag zur Geschichte des Gestaltungssystems der deutschen Sprache. Berlin. (Ak. d. Wiss. DDR. Z. I. 56/IV. Baust. 56/IV). [S]

Ders. (1985): Syntax des Neuhochdeutschen seit dem 17. Jahrhundert. In: Sprachgeschichte, 1538–1556. (HSK 2.2). [M]

Ders. (1990): Historische Syntax des Deutschen. Tübingen. [S]

Adrian, Heinrich, Hg. (1927): Der Saelden Hort. Alemannisches Gedicht vom Leben Jesu, Johannes des Täufers und der Magdalena. Aus der Wiener und Karlsruher Hs. Berlin. (DTM 26). [L]

Ágel, Vilmos (1988): Überlegungen zur Theorie und Methode der historisch-synchronen Valenzsyntax und Valenzlexikographie. Mit einem Valenzlexikon zu den

»Denkwürdigkeiten der Helene Kottanerin (1439–1440)«. Tübingen. (Lexicographica. Series Maior 25). [S]

Ahd. Wb. = Althochdeutsches Wörterbuch. Hg. v. Rudolf Schützeichel. 4., überarb. und erg. Aufl. Tübingen 1989.

Ahldén, Tage (1953): der- = er-. Geschichte und Geographie. Göteborg. (AUG 59, 5). [L]

Ahlsson, Lars-Erik (1965): Zur Substantivflexion im Thüringischen des 14. und 15. Jahrhunderts. Uppsala / Stockholm. [M]

Ahmling, Ludwig (1933): Liber devotae animae. Ein neues Werk Johannes Rothes. Vorstudien zu einer Ausgabe des Gedichts. Diss. Hamburg. [L]

Aichinger = Carl Friedrich Aichinger. Versuch einer teutschen Sprachlehre. Frankfurt und Leipzig 1754. Hildesheim / New York 1972. (DL, Reihe V). [Nachdruck der Ausgabe Wien 1754]

Alberts, Werner (1977): Einfache Verbformen und verbale Gefüge in zwei Augsburger Chroniken des 15. Jahrhunderts. Göttingen. (Palaestra 264). [S]

Alm, Erik (1936): Der Ausgleich des Ablauts im starken Präteritum der ostmitteldeutschen Schriftdialekte. I. 1.–3. Ablautreihe und das Verb *tun*. Uppsala.

Ders. (1945/46, 1946/47): Der Ausgleich des Ablauts im Präteritum von *stehen*. In: Studia Neophilologica 18, 191– 248; 19, 207–271. [M]

Althaus, Hans Peter (1971): Die Cambridger Löwenfabel von 1382. Untersuchung und Edition eines defektiven Textes. Berlin / New York. (QFSK, NF 42). [L]

Ames, Werner (1976): Untersuchungen zur Urkundenschreibe und -sprache der kurtrierischen Kanzlei unter Erzbischof Baldewin. Ein Beitrag zur Geschichte der neuhochdeutschen Schriftsprache. Diss. Saarbrücken. [L]

Anders, Heinrich (1941): Das phonetische Bild der deutschen Eintragungen im ältesten Stadtbuch von Punitz aus der zweiten Hälfte des 15. Jahrhunderts. In: Deutsche wissenschaftliche Zeitschrift im Wartheland 2, 361–411. [L]

Ankenbrand, Roswitha (1970): Das Pelzbuch des Gottfried von Franken. Untersuchungen zu den Quellen, zur Überlieferung und zur Nachfolge der mittelalterlichen Gartenliteratur. Diss. Heidelberg. [L]

Annema, Hedman (1924): Die sogenannten absoluten Partizipialkonstruktionen im Neuhochdeutschen. Proefschrift Groningen. [S]

Antonsen, Elmer H. (1973): Zur schwachen »Flexion« im Deutschen. In: Ling. Stud. III, 137–144. [M]

Anttila, Raimo (1972): An introduction to historical and comparative linguistics. New York / London. [L]

Apelt, Otto (1875): Bemerkungen über den Accusativus cum Infinitivo im Althochdeutschen. In: Jahresbericht über das Wilhelm-Ernstische Gymnasium zu Weimar. Weimar, 1–23. [S]

Appel, Elsbeth (1941): Vom Fehlen des Genitiv-*s*. München. (Arbeiten zur Entwicklungspsychologie 21). [M]

Arens, Karoline (1917): Die Sprache in den deutschen Drucken Johann Schöffers. Ein Beitrag zur Geschichte der neuhochdeutschen Schriftsprache. Diss. Marburg. [L; M]

Armborst, David (1979): Ahd. intervokalisches ⟨h⟩ und 'hiatfüllende' ⟨h⟩, ⟨j⟩ und ⟨w⟩. In: Leuvense Bijdragen 68, 49–60. [L]

Arndt, Bruno (1898): Der Übergang vom Mittelhochdeutschen zum Neuhochdeutschen in der Sprache der Breslauer Kanzlei. Diss. Breslau. [L]

Arndt, Erwin (1956): Die begründenden Sätze im Neuhochdeutschen und ihre wichtigsten Konjunktionen. Diss. Berlin. [S]

Ders. (1959): Das Aufkommen des begründenden *weil*. In: PBB (H) 81, 388–415. [S]

Ders. (1960): Begründendes *da* neben *weil* im Neuhochdeutschen. In: PBB (H) 82, 242–260. [S]

Aron, Albert W. (1914): Die »progressiven« Formen im Mittelhochdeutschen und Frühneuhochdeutschen. Frankfurt a. M. (New York University. Ottendorfer Memorial Series of Germanic Monographs 10). [S]

Aron, Otto (1893): Zur Geschichte der Verbindung eines *s* bez. *sch* mit einem consonanten im Neuhochdeutschen. In: PBB 17, 225–271. [L]

Asmussen, Doris (1965): Das Buch der Sieben Grade des Mönches von Heilsbronn. Untersuchungen und kritische Ausgabe des Textes. Diss. Heidelberg. [L; M]

Aubin, Hermann / Frings, Theodor / Müller, Josef (1926): Kulturströmungen und Kulturprovinzen in den Rheinlanden. Geschichte, Sprache, Volkskunde. Bonn. [L]

Augst, Gerhard (1971): Über den Umlaut bei der Steigerung. In: WW 21, 424–431. [M]

Ders. (1975): Untersuchungen zum Morpheminventar der deutschen Gegenwartssprache. Tübingen. (Forschungsberichte des Instituts für deutsche Sprache 25). [M]

Ders. (1980): Die graphematische Dehnungsbezeichnung und die Möglichkeiten einer Reform. In: DS 8, 306–326. [L]

Ders. (1981): Über die Schreibprinzipien. In: ZPSK 34, 734–741. [L]

Ders., Hg. (1985): Graphematik und Orthographie. Neuere Forschungen zur Linguistik, Psychologie und Didaktik in der Bundesrepublik Deutschland. Frankfurt / Bern / New York. (Theorie und Vermittlung der Sprache 2). [L]

Ders., Hg. (1986): New Trends in Graphemics and Orthography. Berlin / New York 1986. [L]

Aureggio, François (1982): La structure du groupe nominal dans la langue de Grimmelshausen. Paris. (Linguistica palatina 33). [S]

Babenko, N. S. (1988): Einige Entwicklungstendenzen im Bereich des Satzgefüges in der deutschen Sprache des 16. und 17. Jahrhunderts (am Material finaler Unterordnung). In: BES 8, 95–129. [S]

Bach, Adolf (1930a): Die nassauische Sprachlandschaft. Ein Versuch. Mit 25 Kartenskizzen. Bonn. (RA 15). [L]

Ders. (1930b): Die Werke des Verfassers der Schlacht bei Göllheim (Meister Zilies von Seine?). Bonn. (RA 11). [M]

Bach, Heinrich (1934): Laut- und Formenlehre der Sprache Luthers. Kopenhagen. [L, M]

Ders. (1937; 1943): Die thüringisch-sächsische Kanzleisprache bis 1325. 1. Tl.: Vokalismus. 2. Tl.: Druckschwache Silben. Konsonantismus. Formenlehre. Kopenhagen. [Tl. 1. Neudr. New York 1972]. [L; M]

Ders. (1974) u. (1985): Handbuch der Luthersprache. Laut- und formenlehre in Luthers Wittenberger drucken bis 1545. Bd. 1: Vokalismus. Bd. 2: Druckschwache silben. Konsonantismus. Kopenhagen. [L]

Bachmann, Albert (1886): Beiträge zur Geschichte der schweizerischen Gutturallaute. Untersuchungen. Zürich. [L]

Bácsy, Ernö (1934): Die Urkundensprache in den Rheinlanden bis etwa 1500 (Vokalismus). Debrecen (Swemmel 2,1). [L; M]

Bahder, Karl von (1880): Über ein vokalisches Problem des Mittelhochdeutschen. Halle. [L]

Ders. (1890): Grundlagen des neuhochdeutschen Lautsystems. Beiträge zur Geschichte der deutschen Schriftsprache im 15. und 16. Jahrhundert. Straßburg. [L]

Balan, Marie-Luise (1969): Zur neuhochdeutschen Diphthongierung im Kölner Buch Weinsberg. Mit einer Karte. In: RhVjbl 33, 336–387. [L]

Baldauf, Kunibert (1975): Untersuchungen zum Relativsatz in der Luthersprache. Diss. Innsbruck. [S]

Ders. (1982): Die Relativsatzeinleitung in der Luthersprache. In: Sprachwissenschaft 7, 448–480. [S]

Ders. (1983): Untersuchungen zum Relativsatz in der Luthersprache. Innsbruck. (IBK 19). [S]

Baldegger, Jakob (1904): Untersuchungen über eine Allemannische Evangelien-Handschrift der Stadtbibliothek in Zürich (MSC. 55, 713). Halle. [L]

Bammesberger, Alfred (1986): Der Aufbau des germanischen Verbalsystems. Heidelberg. (Untersuchungen zur Vergleichenden Grammatik der Germanischen Sprachen 1). [M]

Baptist-Hlawatsch, Gabriele (1980): Das katechetische Werk Ulrichs von Pottenstein. Sprachliche und rezeptionsgeschichtliche Untersuchungen. Tübingen. (TuT 4). [L; M]

Barber C. C. (1951): Word-order in Thomas Murner's 'An den großmechtigsten ... Adel ...'. In: MLR 46, 454–457. [S]

Barth, Hans (1938): Zur Danziger mitteldeutschen Kanzleisprache. Danzig. [L]

Bassola, Peter (1978): Die Stellung der verbalen Prädikatsteile in den Gliedsätzen der Denkwürdigkeiten der Helene Kottanerin. In: Festschrift Karl Mollay zum 65. Geburtstag. Hg. v. A. Mádl. Budapest, 21–32. (BBG 4). [S]

Ders. (1985): Wortstellung im Ofner Stadtrecht. Ein Beitrag zur frühneuhochdeutschen Rechtssprache in Ungarn. Berlin. (Ak. Wiss. DDR. ZI. Baust. 61). [S]

Batarūnienė, Genovaitė (1982): Partizipialkonstruktionen im Bereich der Hauptprädikation im Frühneuhochdeutschen. (Russisch mit deutscher Zusammenfassung). In: Kabotyra (Vilnius) 33, Nr. 3, 46–53. [S]

Dies. (1985): Der Gebrauch der Partizipialkonstruktionen im Frühneuhochdeutschen als Schaltwörter. (Russisch mit deutscher Zusammenfassung). In: Kabotyra (Vilnius) 35, Nr. 3, 66–70. [S]

Dies. (1987): Gebrauch und stilistischer Wert der Partizipialkonstruktionen in verschiedenartigen Schriftgattungen der deutschen Prosa im Frühneuhochdeutschen. In: Kalbotyra (Vilnius) 37, Nr. 3, 24–35. [S]

Dies. (1988): Einige strukturelle Besonderheiten der Partizipialstrukturen im Frühneuhochdeutschen. In: Kalbotyra (Vilnius) 39, Nr. 3, 12–18. [S]

Dies. (1989): Zum Problem der partizipiellen Apposition im Frühneuhochdeutschen. In: Kalbotyra 40, 15–22. [S]

Bauer, Gerhard (1988): Die frühneuhochdeutsche Diphthongierung in der Schreib- und Druckersprache Straßburgs. In: Stud. z. Frnhd., 131–150. [L]

Bech, Fedor (1901): Beispiele von der Abschleifung des deutschen Participium Präsentis und von seinem Ersatz durch den Infinitiv. In: ZDW 1, 81–109. [M]

Bech, Gunnar (1963): Zur Morphologie der deutschen Substantive. In: Lingua 12, 177–189. [M]

Becker, Adolf (1912): Die Sprache Friedrichs von Spee. Ein Beitrag zur Geschichte der nhd. Schriftsprache (Einleitung; Zweiter Teil; Vokalismus; Übersicht). Diss. Berlin. [L]

Becker, Ilse (1935): Luthers Evangelienübersetzung von 1522 und 1546. Diss. Köln [S]

Behaghel I, II, III, IV = Behaghel, Otto: Deutsche Syntax. Eine geschichtliche Darstellung. Bd. 1–4. Heidelberg 1923–32. [S; M]

Behaghel, Otto (1892): Zur deutschen Wortstellung. In: ZfdU 6, 265–267. [S]

Ders. (1899): Der Gebrauch der Zeitformen im konjunktivischen Nebensatz des Deutschen. Paderborn. [S]

Ders. (1900a): Zur deutschen Wortstellung. In: Wissenschaftliche Beihefte zur ZADS. 3. Reihe. H. 17/18, 233–250. [S]

Ders. (1900b): Das -e im Dativ der Einzahl männlicher und sächlicher Hauptwörter. In: Wissenschaftliche Beihefte zur ZADS. 3. Reihe. H. 17/18, 250–277. [M]

Ders. (1909): Der Dativ der Einzahl männlicher und sächlicher Hauptwörter. In: ZADS 24, Sp. 33–39. [M]

Ders. (1912): Hyperhochdeutsches. In: PBB 37, 562. [L]

Ders. (1912/13): Fernstellung zusammengehöriger Wörter im Deutschen. In: IF 31, 377–398. [S]

Ders. (1924): Zur Formenbildung vocalisch auslautender oder anlautender Stämme. In: PBB 48, 128–130. [M]

Ders. (1927): Geschriebenes Deutsch und gesprochenes Deutsch. In: Ders., Von deutscher Sprache. Aufsätze, Vorträge und Plaudereien. Lahr. [Nachdr. Wiesbaden 1967].

Ders. (1928): Geschichte der deutschen Sprache. Fünfte verb. und stark erw. Aufl. Berlin / Leipzig. (Grundriß der germanischen Philologie 3).

Ders. (1929a): Der Nachsatz. In: PBB 53, 401–418. [S]

Ders. (1929b): Zur Stellung des Subjekts im Nebensatz im Deutschen. In: ZfdA 66, 203–207. [S]

Ders. (1930a): Die Stellung des attributiven Adjektivs im Deutschen. In: KZ 57, 161–173. [S]

Ders. (1930b): Zur Stellung des adnominalen Genitivs im Germanischen und Deutschen. In: KZ 57, 43–63. [S]

Ders. (1933): Der Stand des germanischen b im Anlaut des Bairischen und die mittelhochdeutsche Schriftsprache. In: PBB 57, 240–284. [L]

Bell, Clair Hayden (1947): Georg Hager. A Meistersinger of Nürnberg 1552–1634. 4 Tle. Berkeley / Los Angeles. (University of California Publications in Modern Philology 29–32). [L]

Bellmann, Günter (1990): Eine Quelle der deutschen Sprachgeschichte des 17. und 18. Jahrhunderts. In: Deutsche Sprachgeschichte. Grundlagen, Methoden, Perspektiven. Festschrift für Johannes Erben zum 65. Geburtstag. Hg. v. Werner Besch. Frankfurt [etc.], 289–300.

Bentzinger, Rudolf (1965): Zur Schichtung der spätmittelalterlichen Erfurter Schreibsprache, dargestellt am Sprachstand der Erfurter und ehemals Wernigeröder Historienbibel und des Erfurter Unterstadtschreibers Johannes von Apolda. In: WZUR 18, 545–551. [L]

Ders. (1972): Zur Sprache der Erfurter Historienbibel vom Jahre 1428. In: PBB (H) 93, 44–101. [L]

Ders. (1973): Studien zur Erfurter Literatursprache des 15. Jahrhunderts an Hand der Erfurter Historienbibel vom Jahre 1428. Berlin. (Ak. Wiss. DDR. Baust. 50). [L; M]

Ders. (1976): Sprachliche Wirkungsfaktoren im Volksbuch »Till Eulenspiegel«. In: ZPSK 29, 129–144.

Ders. / Rolf Bock / Helmut Langner (1984): Frühneuhochdeutsch. In: Geschichte der deutschen Sprache. Verfaßt von einem Autorenkollektiv unter der Leitung von Wilhelm Schmidt. 5., überarbeitete und erweiterte Auflage. Berlin, 265–341. [M]

Ders. / Gerd Waldeck (1972): Zum Vokalismus im Volksbuch Till Eulenspiegel (Straßburg 1515). In: PBB (H) 93, 188–241. [L]

Benware, Wilbur A. (1979): Zur Dentalepithese im Deutschen. In: PBB (T) 101, 329–346. [L]

Bergmann, Rolf (1990): Die Imperativform als Normproblem. In: Ja muz ich sunder riuwe sin. Festschrift für Karl Stackmann zum 15. Februar 1990. Hg. v. Wolfgang Dinkelacker / Ludger Grenzmann / Werner Höver. Göttingen, 253–260. [M]

Bergmeier, Rolf / Norbert Fries (1979): Bermerkungen zum Umlaut im Neuhochdeutschen. In: PBB (T) 101, 36–44. [L, M]

Berić, Vesna (1982): Die Fernstellung bei Jörg Wickram. In: BES 2, 266–274. [S]

Berić-Djukić, Vesna (1973): Red reči u delima G. Wickram-a (Die Wortstellung in den Werken Jörg Wickrams). Diss. Zagreb. [Druck Novi Sad]. [S]

Berthold, Luise (1925/26): Die Sprache des Prosateils des Stuttgarter Cod. theol. et philos. 4° Nr. 190. [. . .]. In: Teuthonista 2, 180–241. [L; M]

Bertram, Otto (1935): Der Wandel nd zu ng am Oberrhein. In: ZfM 11, 6–12. [L]

Besch, Werner (1961): Schriftzeichen und Laut. Möglichkeiten der Lautwertbestimmung an deutschen Handschriften des späten Mittelalters. In: ZfdPh 80, 287–302. [L]

Ders. (1965a): Zur Erschließung früheren Sprachstandes aus schriftlichen Quellen. In: Vorarbeiten, 104–130. [L]

Ders. (1965b): Das Villinger Spitalurbar von 1379f. als sprachliches Zeugnis. In: Vorarbeiten, 260–288. [L]

Ders. (1967): Sprachlandschaften und Sprachausgleich im 15. Jahrhundert. Studien zur Erforschung der spätmittelhochdeutschen Schreibdialekte und zur Entstehung der neuhochdeutschen Schriftsprache. München. (BG 11). [L; M]

Ders. (1979a): Schriftsprache und Landschaftssprachen im Deutschen. Zur Geschichte ihres Verhältnisses vom 16.–19. Jahrhundert. Mit 2 Karten. In: RhVjbl 43, 322–343.

Ders. (1979b): Zur Bestimmung von Regularitäten bei den sprachlichen Ausgleichsvorgängen im Frühneuhochdeutschen. In: ZfdPh 98, Sonderheft, 130–150.

Ders. (1981): Zur Entwicklung der deutschen Interpunktion seit dem späten Mittelalter. In: Interpretation und Edition deutscher Texte des Mittelalters. Festschrift für John Asher. Hg. v. Kathryn Smits / Werner Besch / Victor Lange. Berlin, 187–206. [L]

Best, Karl-Heinz (1983): Zum morphologischen Wandel einiger deutscher Verben. In: Exakte Sprachwandelforschung: Theoretische Beiträge, statistische Analysen und Arbeitsberichte. Hg. v. Karl-Heinz Best / Jörg Kohlhase. Göttingen, 107–118. [M]

Ders. / Jörg Kohlhase (1983): Der Wandel von ward zu wurde. In: Exakte Sprachwandelforschung. Göttingen, 91–102. [L; M]

Bettelhäuser, Hans-Jörg (1976): Studien zur Substantivflexion der deutschen Gegenwartssprache. Heidelberg. (MS 2). [M]

Betten, Anne (1980): Zu Satzbau und Satzkomplexität im mittelhochdeutschen Prosa-Lancelot. In: Sprachwissenschaft 5, 15–42. [S]

Dies. (1984): Veränderungen in Bestand und Funktion strukturverknüpfender Elemente vom Mittelhochdeutschen zum Frühneuhochdeutschen am Beispiel der 'Tristrant'-Fragmente Eilharts von Oberg (12./13. Jahrhundert) und der Prosaauflösung (15. Jahrhundert). In: Stud. Ling. et Phil., 305–316. [S]

Dies. (1987): Grundzüge der Prosasyntax. Stilprägende Entwicklungen vom Althochdeutschen zum Neuhochdeutschen. Tübingen. (RGL 82). [S]

Betzén, Ture (1921): Formenlehre der Sprache Zwinglis. Diss. Lund. Greifswald. [M]

Beyer, Ernest (1964): La palatalisation vocalique spontanée de l'Alsace et du Badois [. . .]. Strasbourg. [L]

Beyschlag, Siegfried (1938): Zur Entstehung des bestimmten Relativs welcher. In: ZfdA 75, 173–187. [S]

Biehler, Camill (1911): Die Laut- und Formenlehre der Sprache des Barfüssermönches Johannes Pauli. Diss. Straßburg. Mühlhausen. [L, M]

Bieling, Alexander (1880): Das Prinzip der deutschen Interpunktion nebst einer übersichtlichen Darstellung ihrer Geschichte. Berlin. [L]

Biener, Clemens (1921/22): Wie ist die nhd. Regel über die Stellung des Verbums entstanden? In: ZfdA 59, 165–179. [S]

Ders. (1925): Von der sog. Auslassung der Kopula in eingeleiteten Nebensätzen. In: Die neueren Sprachen 33, 291–297. [S]

Ders. (1926): Die Stellung des Verbums im Deutschen. In: ZfdA 63, 225–256. [S]

Ders. (1932): Die Doppelumschreibung der Praeteritopraesentia. In: ZfdPh 57, 1–25. [S]

Bindewald, Helene (1928): Die Sprache der Reichskanzlei zur Zeit König Wenzels. Ein Beitrag zur Geschichte des Frühneuhochdeutschen. Halle. [Nachdr. Hildesheim 1985]. [L; M; S]

Birkmann, Thomas (1987): Präteritopräsentia. Morphologische Entwicklungen einer Sonderklasse in den altgermanischen Sprachen. Tübingen. (LA 188). [M]

Birlinger, Anton (1865): Die Sprache des Rottweiler Stadtrechtes. Allemannische Studien. München. (Sitzungsberichte der Kön. Ak. d. Wiss. II, 1 Anhang). [L]

Ders. (1868): Die alemannische Sprache rechts des Rheins seit dem XIII. Jahrhundert. Erster Teil: Grenzen. Jahrzeitnamen. Grammatik. Berlin. [L]

Bischoff, Bernhard (1969): Paläographie. Mit besonderer Berücksichtigung des deutschen Kulturgebietes. In: DPhA I, 379–452.

Ders. (1986): Paläographie des römischen Altertums und des abendländischen Mittelalters. 2. Aufl. Berlin.

Bischoff, Karl (1954): Elbostfälische Studien. Halle (Saale). (MdSt 14). [L]

Bittner, Dagmar (1987): Die sogenannten schwachen Maskulina des Deutschen – ihre besondere Stellung im neuhochdeutschen Deklinationssystem. In: Studien zur Morphologie und Phonologie II. Hg. v. Wolfgang Ulrich Wurzel. Berlin 1989, 33–53 (Linguistische Studien, A 156). [M]

Blanckenburg, Curt (1897): Studien über die Sprache Abrahams a S. Clara. Ein Beitrag zur Geschichte der deutschen Drucksprache im 17. und 18. Jahrhundert. Halle. [L; M]

Blatz, Nhd. Gr. = Blatz, Friedrich (1895–1896): Neuhochdeutsche Grammatik mit Berücksichtigung der historischen Entwicklung der deutschen Sprache. 3., völlig neu bearb. Aufl. in zwei Bänden. Karlsruhe. [M]

Bloomfield, Leonard (1911/12): The e-sounds in the language of Hans Sachs. In: MPh 9, 489–509. [L]

Blumenthal, Diane (1968): Johann Michael Moscherosch and his Use of Verbs with the Prefix ge-. Diss. University of Pennsylvania. [S]

Blumer, J. (1890): Zum Geschlechtswandel der Lehn- und Fremdwörter im Hochdeutschen. In: XXIV. Jahresbericht der Communal-Ober-Realschule in Leitmeritz, 5–84. [M]

Bock, Rolf (1975): Zum Gebrauch der gliedsatzähnlichen Konstruktion »Ersparung der temporalen Hilfsverben haben und sein« in den Flugschriften der Epoche der frühbürgerlichen Revolution. In: ZPSK 28, 560–573. [S]

Ders. / Helmut Langner (1984): Zur Darstellung der Ablautreihen im Frühneuhochdeutschen unter Berücksichtigung phonologischer Aspekte. In: WZPP 28, 287–296. [M]

Böhme, Oskar (1893): Zur Kenntnis des Oberfränkischen im 13., 14. und 15. Jahrhundert mit Berücksichtigung der ältesten oberfränkischen Sprachdenkmäler. Diss. Leipzig. Gablonz. [L]

Ders. (1899): Zur Geschichte der sächsischen Kanzleisprache von ihren Anfängen bis Luther. I. Tl.: 13. und 14. Jahrhundert. Halle. (Festschrift zum 50-jährigen Jubiläum der Realschule mit Progymnasium zu Reichenbach i. V., II. Tl.). [L]

Boesch, Bruno (1946): Untersuchungen zur alemannischen Urkundensprache des 13. Jahrhunderts. Laut- und Formenlehre. Bern. [L; M]

Boezinger, Bruno (1912): Das historische Präsens in der älteren deutschen Sprache. Stanford. (Leland Stanford Junior University Publications, University Series 8). [S]

Bogner, Istvan (1987/88): Formvarianten von analytischen Verbformen 'werden / müssen / sollen / wollen + Inf.' im Frühneuhochdeutschen. In: SSFFZ 27 (17), 83–118. [M]

Ders. (1989): Zur Entwicklung der periphrastischen Futurformen im Frühneuhochdeutschen. In: ZfdPh 108, 56–84. [S]

Bohnenberger, Karl (1892): Zur Geschichte der schwäbischen Mundart im XV. Jahrhundert. Allgemeines und Vokale der Stammsilben. Tübingen. (Geschichte der schwäbischen Mundart im 15. Jahrhundert 1. [Reprint: Niederwalluf 1971]. [L]

Ders. (1895): MHD. ā im Schwäbisch-Alemannischen. In: PBB 20, 535–553. [L]

Ders. (1906): Auslautend g im Oberdeutschen. In: PBB 31, 393–428. [L]

Ders. (1953): Die alemannische Mundart. Umgrenzung, Innengliederung und Kennzeichnung. Tübingen. [L]

Boiunga, Klaudius (1890): Die Entwicklung der nhd. Substantivflexion ihrem inneren Zusammenhange nach in Umrissen dargestellt. Diss. Leipzig. [M]

Boková, Hildegard (1981): Zur Sprache der deutschen Urkunden der südböhmischen Adelsfamilie von Rosenberg (1300–1411). In: BES 1, 177–189. [L]

Bondzio, Wilhelm (1958): Zum Widerstreit der Objektverbindungen in deutschen Infinitivkonstruktionen. Diss. Berlin.

Ders. (1959/60): Die Herausbildung der präpositionalen Konstruktion beim Verbum »lassen«. In: WZUB 9, 205–219. [S]

Boon, Pieter (1976): Stephan Prätorius. Seefarer Trost und Krancken Trost. Textausgabe und Beobachtungen zum Sprachgebrauch. Amsterdam. (QFE 12). [L; M]

Ders. (1978): Obliquitätskonjunktiv oder Konjunktiv der indirekten Rede? Zur Verwendung des Konjunktivs der indirekten Rede im Frühneuhochdeutschen. In: IF 83, 324–344. [S]

Ders. (1979a): Beobachtungen zu dem Gebrauch des Dativs in Sebastian Brants »Narrenschiff«. Ein Beitrag zu der Forschung nach der Entwicklung und dem Wesen des Dativs und zur Revision der Kasusnomenklatur. In: Neophilologus 63, 543–550. [S]

Ders. (1979b): Beobachtungen zu der Verwendung des Präpositionalobjekts in Sebastian Brants »Narrenschiff«. Ein Beitrag zu der Forschung nach dem Wesen und der Entwicklung des Präpositionalobjekts. In: Neophilologus 63, 401–408. [S]

Ders. (1979c): Der »dativus sympatheticus« In den Werken Thomas Murners. Ein Beitrag zu der Forschung nach dem Wesen des »sympathetischen« Dativs in den indogermanischen Sprachen. In: IF 84, 237–254. [S]

Ders. (1980): Die Verwendung der »accusativus cum infinitivo«-Konstruktion in anderen Sprachen bzw. Sprachstufen als das Frühneuhochdeutsche verglichen mit dem Gebrauch dieser Fügung durch Johann Eberlin von Günzburg. In: IF 85, 227–245. [S]

Ders. (1981a): Der Gebrauch des sogenannten »modalen Infinitivs« in den Verbgefügen *sein* + Infinitiv mit *zu* bzw. *haben* + Infinitiv mit *zu* durch Thomas Murner. Ein Beitrag zu der Forschung nach dem Ursprung und dem Wesen dieser Konstruktion. in: BES 1, 190–198. [S]

Ders. (1981b): »Isoliert emphatischer« oder »proleptischer« Nominativ? In: IF 86, 271–283. [S]

Ders. (1982): Die Apokoinukonstruktion im Frühneuhochdeutschen. In: IF 87, 223–238. [S]

Ders. (1983): Beobachtungen zum Tempussystem in Hans Sachs' Fastnachtsspielen. Zugleich ein Beitrag zur Diskussion über die Tempusnomenklatur und zur Erforschung der Ausdehnung des oberdeutschen Präteritumschwundes. In: BES 3, 230–242. [S]

Ders. (1984): Spiegel der armen sündigen Seele (Ulm: Cunrad Dinckmût 1484). Textausgabe mit einem Glossar, einer Einführung und Beobachtungen zum Sprachgebrauch. Amsterdam. (QFE 8). [L]

Braak, Edmund: Die Sprache der Fortsetzer des Neocorus (Hans Detleff, Christian Wigbert, Melchior Luden.). Diss. Kiel o. J. [L]

Brandstetter, Renward (1890): Prolegomena zu einer urkundlichen Geschichte der Luzerner Mundart. In: Geschichtsfreund 45, 201–284. [L; M]

Ders. (1891): Die Reception der neuhochdeutschen Schriftsprache in Stadt und Landschaft Luzern 1600–1830. Einsiedeln. [auch in: Geschichtsfreund 46, 193–282]. [L; M]

Ders. (1892): Die Luzerner Kanzleisprache 1250–1600. Ein gedrängter Abriß mit spezieller Hervorhebung des methodologischen Momentes. In: Geschichtsfreund 47, 227–318. [L; M]

Brandt, Gisela (1977): Zur Rahmenbildung der eingeleiteten Nebensätze in ostmitteldeutschen Predigten des 14. bis 16. Jahrhunderts. In: PBB (H) 98, 312–323. [S]

Dies. (1983): Literatursprachliche Normen des 16. Jahrhunderts und syntaktische Gebrauchsnormen in Beschwerdeschriften aus den Hauptaufstandsgebieten der deutschen frühbürgerlichen Revolution. In: BES 3, 206–229. [S]

Braune, Ahd. Gr. = Althochdeutsche Grammatik von Wilhelm Braune. 14. Aufl. bearb. v. Hans Eggers. Tübingen 1987. (SkG, A. Hauptreihe 5).

Braune, Wilhelm (1904): Über die Einigung der deutschen Aussprache. Akademische Rede zur Feier des Geburtsfestes des höchstseligen Grossherzogs Karl Friedrich am 22. November 1904 bei dem Vortrag des Jahresberichts und der Verkündung der akadem. Preise gehalten. Heidelberg.

Bravo, Nicole Fernandez (1980): Geschichte der indirekten Rede im Deutschen vom siebzehnten Jahrhundert bis zur Gegenwart. In: DS 1980, 97–132. [S]

Briegleb, H. (1938): Normung der Aussprache? Leipzig. [L]

Brinker, Klaus (1970): Das Passiv in der »Augsburger Konfession«. Mit einem Ausblick auf den Passiv-Gebrauch in theologischen Texten der Gegenwart. In: Stud. z. Synt., 162–188. (Spr. d. Geg. 6). [S]

Brinkmann, Carl (1936): Das Schriftwesen in Bochum bis zur Mitte des 17. Jahrhunderts und das Eindringen der hochdeutschen Schriftsprache. Diss. Münster 1934. Bochum-Langendreer. [L]

Brinkmann, Hennig (1931): Sprachwandel und Sprachbewegungen in althochdeutscher Zeit. Jena. (Jenaer Germanische Forschungen 18).

Ders. (1964): Das deutsche Adjektiv in synchronischer und diachronischer Sicht. In: WW 14, 94–104. [M]

Ders. (1971): Die deutsche Sprache. Gestalt und Leistung. 2., neubearbeitete und erweiterte Aufl. Düsseldorf.

Brodführer, Eduard (1922): Untersuchungen zur vorlutherischen Bibelübersetzung. Eine syntaktische Studie. Halle/S. (Hermaea 14). [S]

van den Broek, M. A. (1976): Der Spiegel des Sünders. Ein katechetischer Traktat des fünfzehnten Jahrhunderts. Textausgabe und Beobachtungen zum Sprachgebrauch. Amsterdam. (QFE 11). [L; M]

Ders. (1984): Sigismund Suevus. Erbauungsschriften. Spiegel des menschlichen Lebens. Eine Auswahl. Hg. und mit einer Einleitung versehen v. M. A. van den Broek. Amsterdam. (QFE 6). [L]

Broszinski, Hartmut (1968): Eine alemannische Bearbeitung der dem Guy de Chauliac zugeschriebenen 'Chirurgia Parva'. Untersuchungen und kritische Ausgabe des Textes. Diss. Heidelberg. [L]

Bruch, Robert (1953): Grundlegung einer Geschichte des Luxemburgischen. Luxemburg. (Publications Litteraires et Scientifiques du Ministère de l'Education Nationale 1). [L]

Ders. (1963): Germanische und romanische ê- und ô-Diphthongierungen. In: Deutsche Wortforschung in europäischen Bezügen. Hg. v. Ludwig Erich Schmitt. Bd. 2. Gießen, 409–467. [L]

Brucker, Charles (1978): Aspects linguistique de l'humanisme aux XIVe et XVe siècles: les constructions infinitives en moyen français et en moyen-haut-allemand (Denis Foulechat et Niclas von Wyle). In: Verbum 1, 23–51. [S]

Bührer, Wolfgang (1965): Der kleine Renner. Untersuchungen zur spätmittelalterlichen Ständesatire. Mit kritischer Ausgabe des Textes nach der einzigen Handschrift. Diss. Heidelberg. (Sonderausgabe aus dem 105. Bericht des Historischen Vereins Bamberg. 1969). [L]

Bürgisser, Max (1988): Die Anfänge des frühneuhochdeutschen Schreibdialekts in Altbayern, dargestellt am Beispiel der ältesten deutschen Urkunden aus den bayerischen Herzogskanzleien. Wiesbaden. (ZDL, Beiheft 57). [L]

Bulach, N. A. (1960): Razvitie mononegativnosti v sisteme otricanija v rannenovoverchnenemeckom periode (Die Entwicklung der einfachen Negation im Negationssystem des Frühneuhochdeutschen). In: Voprosy teorii nemeckogo jazyka I. Irkutsk, 35–48. [S]

Burghauser, Gustav (1891): Die neuhochdeutsche Dehnung des mittelhochdeutschen kurzen Stammvokals in offener Silbe vornehmlich unter phonetischem Gesichtspunkt. In: 15. Jahresbericht der Staatsrealschule in Karolinenthal. Prag, 3–25. [L]

Capelli, Adriano (1985): Lexicon Abbreviaturarum. Milano. [L]

Capesius, Bernhard (1912): Die Vertreter des alten -ī, -ū, -ǖ im Siebenbürgisch-Sächsischen. Diss. Berlin. [L]

Carr, Charles T. (1933): The Position of the Genitive in German. In: MLR 28, 465–479. [S]

Carr, Gerald F. (1969): A Study of the Use of *Wollen* and the Periphrastic Future with *Werden* in selected Works of Martin Luther. Diss. Wisconsin. [S]

Cercignani, Fausto (1979): The Consonants of German: Synchrony and Diachrony. Milano. [L]

Chirita, Diana (1988): Der Ausgleich des Ablauts im starken Präteritum im Frühneuhochdeutschen. Bern [etc.]. (Wiener Arbeiten zur Germanischen Altertumskunde und Philologie 31). [M]

Clajus = Johannes Clajus: Grammatica Germanicae Linguae. Hildesheim / New York 1973. (DL, Reihe V). [Nachdr. der Ausgabe Leipzig 1578; vgl. auch: Weidling 1894].

Cordes, Gerhard (1973): Altniederdeutsches Elementarbuch. Wort- und Lautlehre. Mit einem Kapitel »Syntaktisches« von Ferdinand Holthausen. Heidelberg.

Cordes, Werner (1888): Der zusammengesetzte Satz bei Nicolaus von Basel. I. Teil. Diss. Bonn. Hamburg. [S]

Ders. (1889): Der zusammengesetzte Satz bei Niklaus von Basel. Leipzig. (2 Teile). [S]

Curts, Paul (1910): Luther's Variations in Sentence Arrangement from the Modern Literary Usage. With Primary Reference to the Position of the Verb [. . .]. New Haven. (Diss. Yale). [S]

Dadelsen, Hans von (1902): Zur Wortstellung im Deutschen. I. Die Stellung des unbetonten pronominalen Objekts. Beilage zum Programm des Gymnasiums zu Gebweiler. [S]

Dahl, Eva-Sophie (1960): Das Eindringen des Neuhochdeutschen in die Rostocker Ratskanzlei. Berlin 1960. (Ak. Wiss. DDR. IdSL 22). [L]

Dal, Ingerid (1952): Beroring mellom infinitiv og participium praeteriti i tysk. In: Festskrift til L. L. Hammerich. Hg. v. Heinrich Bach [et al.]. Kopenhagen. [deutsche Fassung: Der Infinitiv mit dem syntaktischen Wert eines Participium Praeteriti. In: Dal 1971, 194–200]. [S]

Dies. (1954): Indifferenzformen in der Syntax. Betrachtungen zur Fügung »ich kam gegangen«. In: Norsk Tidsskrift for Sprogvidenskap 17, 489–497. [abgedr. in: Dal 1971, 200–209]. [S]

Dies. (1956): Participium Praeteriti mit dem syntaktischen Wert eines Infinitivs im Mittelniederländischen und Mittelhochdeutschen. In: Fragen und Forschungen im Bereich und Umkreis der germanischen Philologie. Festgabe für Theodor Frings. Berlin, 130–141. [abgedr. in: Dal 1971, 209–221]. [S]

Dies. (1966): Kurze deutsche Syntax auf historischer Grundlage. 3. Aufl. Tübingen. (SkG, B. Ergänzungsreihe, 7). [S]

Dies. (1971): Untersuchungen zur germanischen und deutschen Sprachgeschichte. Oslo. [S]

D'Alquen, Richard (1979): Acoustic Phonetics and Vowel Quantity in the History of German. In: ZDL 46, 187–204. [L]

Dam, Jan van (1929): Hyperkorrekte Schreibungen aus rheinischen Texten des Mittelalters. In: Donum Natalicium Schrijnen. Verzameling van Opstellen door Oud-Leerlingen en bevriende Vakgenoten opgedragen aan Jos. Schrijnen. Bij Gelegenheid van zijn zestigsten verjaardag. 3 Mai 1929. Nijmegen / Utrecht, 542–548. [L]

Ders. (1958): Handbuch der deutschen Sprache. Bd. 2: Wortlehre. 3. Aufl. Groningen. [M]

Damave, Helena A. A. (1964): Die Sprache der Pilgerfahrt des träumenden Mönchs. Ein Beitrag zur Geschichte der Kölner Mundart im fünfzehnten Jahrhundert. Proefschrift Utrecht. Haarlem. [L; M]

Darski, Józef (1979): Die Adjektivdeklination im Deutschen. In: Sprachwissenschaft 4, 190–205. [M]

DdS 1969 = Die deutsche Sprache. Hg. v. Erhard Agricola, Wolfgang Fleischer, Helmut Protze unter Mitwirkung v. Wolfgang Ebert. 2 Bde. Leipzig 1969/70. (Kleine Enzyklopädie in zwei Bänden).

Demeter, Karl (1916): Studien zur Kurmainzer Kanzleisprache (ca. 1400–1550). Ein Beitrag zur Geschichte der neuhochdeutschen Schriftsprache. Diss. Berlin. Darmstadt. [L; M]

Demme, Joachim (1906): Studien über Hans Rosenplüt. Münster. [L]

Desportes, Yvon (1984): Das System der räumlichen Präpositionen im Deutschen: Strukturgeschichte vom 13. bis zum 20. Jahrhundert. Heidelberg. (GB, NF, 3. Reihe). [S]

Deutsche Orthographie. Von einem Autorenkollektiv unter Leitung von Dieter Nerius. 2. Aufl. Leipzig 1989. [L]

Dt. Spr. = Deutsche Sprache: Geschichte und Gegenwart. Festschrift für Friedrich Maurer zum 80. Geburtstag. Hg. v. Hugo Moser / Heinz Rupp / Hugo Steger. Bern / München 1978.

Dewell, Robert Banks (1975): The Means of Clause Connection in Four Prose Dialogues by Hans Sachs. Diss. Tulane. [S]

504   VII. Literaturverzeichnis

Dialects = The Dialects of Modern German. A Linguistic Survey. Ed. by Charles V. J. Russ. London 1990.

Dialektologie = Dialektologie. Ein Handbuch zur deutschen und allgemeinen Dialektforschung. Hg. v. Werner Besch / Ulrich Knoop / Wolfgang Putschke / Herbert Ernst Wiegand. 2 Halbbde. Berlin / New York 1982; 1983. (HSK 1,1; 1,2).

Die Entwicklung der Schrift vom 12. bis ins 19. Jahrhundert. Dargestellt an Hand des Solothurner Staatsarchivs 8. Solothurn 1981. [L]

Dinnsen, Daniel / Robert King (1973): Historical change and global rules. In: Glossa 7, 179–188. [L]

Dittmar, H. (1874): Über die altdeutsche Negation 'ne' in abhängigen Sätzen. In: ZfdPh, Ergänzungsband, 183–318. [S]

Dittmer, Ernst (1988): Zur Geschichte des absoluten Akkusativs (Nominativs) im Deutschen. In: Gedenkschrift für Ingerid Dal. Hg. v. J. O. Askedahl [et al.]. Tübingen, 63–74. [S]

Dornfeld, Ernst (1912): Untersuchungen zu Gottfried Hagens Reimchronik der Stadt Köln. Nebst Beiträgen zur mittelripuarischen Grammatik. Breslau (GA 40). [L; M]

Drechsler, Paul (1895): Wencel Scherffer und die Sprache der Schlesier. Ein Beitrag zur Geschichte der deutschen Sprache. Breslau. (GAh 11). [M]

Dreher, Alfons (1929): Die Ravensburger Kanzleisprache des XIV. Jahrhunderts (verglichen mit den gleichzeitigen Urkundensprachen der Städte Konstanz, Ueberlingen, Lindau und der heutigen Ravensburger Mundart). I. Tl.: Allgemeines und Laute: Vokale. Diss. Tübingen 1926 [L]

Dresel, Jutta (1972): Das Funktionsfeld der temporalen Präpositionen im frühen Ostmitteldeutschen 1200 bis 1550. Berlin. (Baust. 51). [S]

DSA = Deutscher Sprachatlas aufgrund des von Georg Wenker begr. Sprachatlas des Deutschen Reiches in vereinfachter Form begonnen von Ferdinand Wrede, fortgesetzt von Walther Mitzka und Bernhard Martin. Marburg / Lahn 1927–1956 [23 Lief. mit 128 Karten].

Dubizmay 1938 = Der hurß zu Teutze von unser lieben frawen (Breviarium aus dem Jahre 1463). Hg. und mit Einleitung und Wörterbuch versehen v. Isabella Dubizmay. Mit einem Vorwort v. Richard Huss. Debrecen. (Swemmel IV, 1–3).

Duden. Grammatik der deutschen Gegenwartssprache. Hg. und bearb. v. Günther Drosdowski. 4. Aufl. Mannheim 1984. (Der große Duden 4).

Dückert, Joachim (1961): Das geschichtliche Verhältnis des vergleichenden *als* und *wie*. In: PBB (H) 83, 205–230. [S]

Dülfer, Kurt / Hanns-Enno Korn (1986): Gebräuchliche Abkürzungen des 16.–20. Jahrhunderts. 6. Aufl. Marburg. [L]

Durrell, Martin (1990): German Noun Inflexions: Synchrony and Diachronie. In: GLL, NS XLIII, 113–124. [M]

Dussart-Debèfve, Suzanne (1969): Die Sprache der Predigten Johannes Taulers nach der Wiener Handschrift Nr. 2744. Marburg (DDG 71). [L; M]

DWB = Jakob Grimm und Wilhelm Grimm, Deutsches Wörterbuch. Hg. v. der Deutschen Akademie der Wissenschaften zu Berlin. 16 (= 32) Bde. Leipzig 1854–1960. [Nachdr. 1984]. Neubearbeitung: 1965 ff.

Eberl, Hildegard (1944): Sprachschichten und Sprachbewegungen im Nürnberger Raum vom Hochmittelalter bis zur Gegenwart. Diss. [masch.] Graz. [L]

Ebert, Robert Peter (1972): On Predicate Complementation in Geiler's *Seelenparadies*. A Study in Early New High German Syntax. Diss. Wisconsin. [S]

Ders. (1976): Infinitival Complement Constructions in Early New High German. Tübingen. (Linguistische Arbeiten 30). [S]

Ders. (1978) Historische Syntax des Deutschen. Stuttgart. (Sammlung Metzler 167).
[S]

Ders. (1980): Social and Stylistic Variation in Early New High German Word Order:
The Sentence Frame ('Satzrahmen'). In: PBB (T) 102, 357–398. [S]

Ders. (1981): Social and Stylistic Variation in the Order of Auxiliary and Nonfinite
Verbs in Dependent Clauses in Early New High German. In: PBB (T) 103,
204–237. [S]

Ders. (1983): Verb Position in Luther's Bible Translation and in the Usage of his
Contemporaries. In: MdU 75, 147–155. [S]

Ders. (1986): Historische Syntax des Deutschen II: 1300–1750. Bern / Frankfurt
a. M. / New York. (Germanistische Lehrbuchsammlung 6). [M; S]

Ders. (1988): Variation in the Position of the Attributive Genitive in Sixteenth
Century German. In: MdU 80, 32–49. [S]

Eckert, Victor (1909): Beiträge zur Geschichte des Gerundivs im Deutschen. Diss.
Heidelberg [Berichtigungen in Paul. Dt. Gr. 4, 199f.] [S]

Ehlinger, Heinrich (1941): Geschichtliche deutsche Lautlehre. München. [L]

Eisenberg, Peter (1983): Orthografie und Schriftsystem. In: Günther / Günther,
41–68. [L]

Ders. (1985): Graphemtheorie und phonologisches Prinzip. Vom Sinn eines auto-
nomen Graphembegriffs. In: Augst (Hg.) 1985, 122–128. [L]

Ders. (1986): Grundriß der deutschen Grammatik. 2., überarb. und erw. Aufl. Stuttgart 1989.

Elsässer, August (1909): Die Kürzung der mhd. langen Stammsilbenvokale in den
neuhochdeutschen Mundarten auf Grund der vorhandenen Dialektliteratur. Halle a. S. [L]

Van der Elst, Gaston (1988a): Zum Gebrauch des Genitivattributs in einem Fach-
prosatext des 16. Jahrhunderts. In: Deutscher Wortschatz. Lexikologische Studien. Ludwig Erich Schmitt zum 80. Geburtstag von seinen Marburger Schülern.
Hg. v. Horst Haider Munske / Peter von Polenz / Oskar Reichmann / Reiner
Hildebrandt. Berlin / New York, 321–335. [S]

Ders. (1988b): Zur syntaktischen Struktur der Substantivgruppe im Frühneuhochdeutschen, am Beispiel Nürnberger Texte. In: Stud. z. Frnhd., 193–217. [S]

Engel, Ulrich (1970): Studie zur Geschichte des Satzrahmens und seiner Durchbre-
chung. In: Studien, 45– 61. [S]

Erben, Johannes (1954a): [Rez. von] Kaj B. Lindgren: Die Apokope des mhd. -e in
seinen verschiedenen Funktionen. Helsinki 1953. In: DLZ 75, 531–534. [L; M]

Ders. (1954b): Grundzüge einer Syntax der Sprache Luthers. Vorstudie zu einer
Luther-Syntax, zugleich ein Beitrag zur Geschichte der deutschen Hochsprache
und zur Klärung der syntaktischen Grundfragen. Berlin. (Dt. Ak. Wiss. B. IdSL
2). [S]

Ders. (1961a): Ostmitteldeutsche Chrestomathie: Proben der frühen Schreib- und
Druckersprache des mitteldeutschen Ostens. Berlin (Dt. Ak. Wiss. B. IdSL 24).

Ders. (1961b): Laß uns feiern / Wir wollen feiern. In: PBB (H) 82, Sonderband,
459–471. [S]

Ders. (1970): Frühneuhochdeutsch. In: Kurzer Grundriß der germanischen Philologie bis 1500. Hg. v. Ludwig Erich Schmitt. Bd. 1: Sprachgeschichte. Berlin
386–440. [L; M]

Ders. (1980): Deutsche Grammatik. Ein Abriß. 12. Aufl. München.

Erdmann, Oskar (1886): Grundzüge der deutschen Syntax nach ihrer geschichtlichen
Entwicklung. Erste Abteilung. Gebrauch der Wortklassen. Die Formationen des
Verbums in einfachen Sätzen und in Satzverbindungen. Stuttgart. [M]

Erni, Christian (1949): Der Übergang des Schrifttums der Stadt Bern zur neuhochdeutschen Schriftsprache. Diss. Bern. [L]

Ernst, Peter (1988): Das Graphemsystem in Thomas Peutners 'Kunst des heilsamen Sterbens'. Nach der Handschrift W (CPV 2800). In: Stud. z. Frnhd., 47–67. [L]

Eroms, Hans-Werner (1978): Zur Konversion der Dativphrasen. In: Sprachwissenschaft 3, 357–405. [S]

Ders. (1980): Funktionskonstanz und Systemstabilisierung bei den begründenden Konjunktionen im Deutschen. In: Sprachwissenschaft 5, 73–115. [S]

Ders. (1984): Die doppelten Perfekt- und Plusquamperfektformen im Deutschen. In: Stud. Ling. et Phil., 343–351. [S]

Ders. (1990): Zur Entwicklung der Passivperiphrasen im Deutschen. In: Hist. Synt., 82–97. [S]

Esau, Helmut (1976): The Medieval German Sibilants /s/ and /z/. In: JEGP 75, 188–197. [L]

Ezawa, Kennosuke (1972): Die Opposition stimmhafter und stimmloser Verschlußlaute im Deutschen. Tübingen 1972. (TBL 29). [L]

Fabricius 1532 = Das Büchlein gleichstimmiger Wörter, aber ungleichs Verstandes des Hans Fabritius. Hg. v. John Meier. Straßburg 1895 [Original: Erfurt 1532]. (ÄdGrN 1).

Fasola, Carlo (1892): Die Sprache des Johann von Staupitz. I. Lautlehre. Diss. Marburg. [L]

Fechner, Heinrich, Hg. (1882): Vier seltene Schriften des sechzehnten Jahrhunderts [...] mit einer bisher ungedruckten Abhandlung über Valentinus Ickelsamer von Friedrich Ludwig Karl Weigand. Berlin [Nachdr. Hildesheim / New York 1972. (DL, Reihe V)].

Feudel, Günter (1961): Das Evangelistar der Berliner Handschrift MS. Germ. 4° 533. Hg. und im Rahmen der thüringisch-obersächsischen Prosawerke des 14. Jahrhunderts nach Lauten und Formen analysiert. 2 Tle. Berlin. (Dt. Ak. Wiss. B. IdSL 23/I; 23/II). [L; M]

Festg. Maurer = Festgabe für Friedrich Maurer. Zum 70. Geburtstag am 5. Januar 1968. Hg. v. Werner Besch / Siegfried Grosse / Heinz Rupp. Düsseldorf 1968.

Festschr. Moser = Festschrift für Hugo Moser zum 60. Geburtstag am 19. Juni 1969. Hg. v. Ulrich Engel / Paul Grebe / Heinz Rupp. Düssledorf 1969.

Fichtner, Edward G. (1968): Umlaut in the Manuscripts of Füetrer's 'Trojanerkrieg'. In: JEGP 67, 84–93. [L]

Fiedler, H. G. (1928): Two Problems of the German Preterite-Present Verbs. In: MLR 23, 188–196. [M]

Fink, Hermann (1930): Die Laute der Mundart von Bayreuth (Vokalismus und Konsonantismus). Nach dem gegenwärtigen Bestand und in geschichtlicher Entwicklung dargestellt. Diss. München 1929. Nürnberg. [L]

Fischer, Annette (1986): Zum Gebrauch des Genitivs bei Verben und Konkurrenzformen in Leipziger Frühdrucken aus den Jahren 1500 bis 1560. Diss. Berlin. [S]

Dies. (1987a): Das Genitivobjekt und damit konkurrierende Objekte nach Verben in Leipziger Frühdrucken. In: Zum Sprachwandel in der deutschen Literatursprache des 16. Jahrhunderts. Studien – Analysen – Probleme. Autorenkollektiv unter Leitung von Joachim Schildt. Berlin, 267–324. (Baust. 63). [M; S]

Dies. (1987b): Zum Gebrauch unterschiedlicher Objektkasus bei genitiv-fähigen Verben und einigen Bedingungen ihrer Wahl in Leipziger Frühdrucken. In: Studien zu soziologischen Problemen des Sprachwandels. Dargestellt an ausgewählten sprachlichen Erscheinungen in Leipziger Frühdrucken. Hg. v. Joachim Schildt. Berlin, 41–75. (Linguistische Studien, Reihe A 159). [S]

Fischer, Arwed, Hg. (1893): Brun v. Schonebeck. Das Hohe Lied. Tübingen. (BLV 198). [L]

Fleischer, Wolfgang (1959): Ostmitteldeutsch *Fritz(e)* – *Frit(z)sch(e)* und physiologisch bedingter Lautwechsel an der Peripherie des phonologischen Systems. In: PBB 81, 303–322. [L]

Ders. (1965): Zum Verhältnis von Phonem und Graphem bei der Herausbildung der neuhochdeutschen Schriftsprache. In: WZUJ 14, 461–465. [L]

Ders. (1966): Strukturelle Untersuchungen zur Geschichte des Neuhochdeutschen. Berlin. (SbSächsA 112,6). [L]

Ders. (1967): Schriftzeichen und Laut. In: PBB (H) 89, 58–72. [L]

Ders. (1969): Zur Herausbildung des Graphemsystems der neuhochdeutschen Norm. In: Norma, 127–137. [L]

Ders. (1970): Untersuchungen zur Geschäftssprache des 16. Jahrhunderts in Dresden. Berlin. (Dt. Ak. Wiss. B. IdSL 37. Baust. 37). [L; M]

Ders. (1982): Wortbildung der deutschen Gegenwartssprache. 5. Aufl. Tübingen. [M]

Fleischmann, Klaus (1973): Verbstellung und Relieftheorie. Ein Versuch zur Geschichte des deutschen Nebensatzes. München. (Münchener Germanistische Beiträge 6). [S]

Florer, Warren Washburn (1899): Substantivflexion bei Martinus Luther (Bibelausgabe von 1545). Diss. Ann Arbor. [M]

Ders. (1900): Gender-Change from Middle High German to Luther, as seen in the 1545 edition of the bible. In: PMLA XV, NS VIII, 442–491. [Neudr. New York 1961]. [M]

Förster, Uwe (1972): Neuer Nullkasus? In: Der Sprachdienst 16, 81–83. [M]

Folsom, Marvin (1985): Die Stellung des Verbs in der deutschen Bibelsprache von Luther bis heute. In: ZfG 6, 144–154. [S]

Fourquet, Jean (1952): The two *e*'s of Middle High German, a diachronic phonemic approach. In: Word 8, 122–135. [Deutsch in: Hugo Steger, Hg.: Vorschläge für eine strukturale Grammatik des Deutschen. Darmstadt 1970, 518–537]. [L]

Ders. (1958): Phonologie und Dialektologie. In: ZfM 26, 161–173. [L]

Ders. (1963): Einige unklare Punkte der deutschen Lautgeschichte. In: Wissenschaft, 84–90. [L]

Ders. (1969): Das Werden des neuhochdeutschen Verbsystems. In: Festschrift Moser, 53–65. [M; S]

Ders. (1974): Genetische Betrachtungen über den deutschen Satzbau. In: Studien, 314–323. [S]

Franck, Afrk. Gr. = Johannes Franck: Altfränkische Grammatik. Laut- und Flexionslehre. 2. Aufl. v. Rudolf Schützeichel. Göttingen 1971.

Frangk, C. bzw. Frangk, Orth. = Fabian Frangk: Ein Cantzley und Titel buechlin. [Beigebunden ist:] Fabian Frangk: Orthographia Deutsch. Hildesheim / New York 1979. (DL, Reihe IV). [Nachdr. der Ausgabe Wittenberg 1531].

Franke, Carl (1913–1922): Grundzüge der Schriftsprache Luthers. In allgemeinverständlicher Darstellung. Erster Teil: Lautlehre (1913). Zweiter Teil: Wortlehre (1914). Dritter Teil: Satzlehre (1922). Zweite, wesentl. veränderte und vermehrte Aufl. Halle [Neudr. Hildesheim 1973] [L; M]

Ders. (1916): Die Tempusformen in Luthers Fabeln. In PBB 41, 481–489. [S]

Ders. (1918): Zu Luthers Wortstellung. In: PBB 43, 125–144. [S]

Freudenberg, Rudolf (1965): Opposition und Distribution von oberdt. *st/št* in diachronischer Sicht: Zur Entwicklungsgeschichte von deutschmundartlich *fešt* 'fest'. In: Proceedings of the Fifth International Congress of Phonetic Sciences Held at the University of Münster 16–22 August 1964. Ed. by Eberhard Zwirner / Wolfgang Bethge. Basel / New York, 300–305. [L]

Freund u. a. 1980 = Sabine Freund / Angelika Schmitt / Hugo Stopp: Graphemische
Reflexe lautgeschichtlicher Regionalismen in Handschrift und Druck. In: Sprachwissenschaft 5, 266–275. [L]

Frey, Eberhard (1973): Tendenzen in der deutschen Nominalflexion. Ein Vergleich
Hochdeutsch-Schwäbisch. In: Mu 83, 329–339. [M]

Frey, Ewald (1893): Die Temporalkonjunktionen der deutschen Sprache in der
Übergangszeit vom Mittelhochdeutschen zum Neuhochdeutschen, besprochen im
Anschluß an Peter Suchenwirt und Hugo von Montfort. Berlin. (Berliner Beiträge
zur Germanischen und Romanischen Philologie. Germanische Abteilung Nr. 4).
[S]

Frings, Theodor (1915): Tonlange Vocale. In: PBB 40, 112–126. [L]

Ders. (1916): Die rheinische Accentuierung – Vorstudie zu einer Grammatik der
rheinischen Mundarten. Marburg. (DDG 14). [L]

Ders. (1926): Sprache und Geschichte am Rhein. Neudruck des Abschnitts 'Sprache'
der 'Kulturströmungen und Kulturprovinzen in den Rheinlanden' 1926. In: Sprache und Geschichte II. Halle 1956, 40–147. (MdSt 17).

Ders. (1942): sl und scl. In: PBB 66, 227–230. [L]

Ders. (1956a): Rheinische Sprachgeschichte. In: Ders., Sprache und Geschichte.
Bd. I, 1–54. Halle. (MdSt 16).

Ders. (1956b): Sprache und Geschichte III. Mit Beiträgen von Käthe Gleissner /
Rudolf Grosse / Helmut Protze. Halle (Saale). (MdSt 18).

Ders. / Käthe Gleissner (1934): Beobachtungen zu germ p im Ostmitteldeutschen. In:
PBB 58, 274–280. [L]

Ders. / Ludwig Erich Schmitt (1942): Gutturalisierung. In: ZfM 18, 49–58. [L]

Fritze, Marie-Elisabeth (1976): Bezeichnungen für den Zugehörigkeits- und Her-
kunftsbereich beim substantivischen Attribut. In: ZAN / Synt. Ebene, 417–476.
[S]

Froeßl, Hans (1950): Sprachbewegungen in Rheinhessen in althochdeutscher und
mittelhochdeutscher Zeit. Diss. [masch.] Mainz. [L]

Frommann, Carl M. G. (1878): Versuch einer grammatischen Darstellung der Sprache des Hans Sachs. I. Theil: zur Lautlehre. Einladungsschrift zu den Schlußfeier-
lichkeiten des Jahres 1877/78 an der Königlichen Studienanstalt zu Nürnberg.
Nürnberg. [L]

Fuhrmann, Franz (1949): Beiträge zu einer grammatischen Darstellung der Sprache
des Hans Sachs. Diss. [masch.] Wien. [L; M]

Fukuoka, Shiro (1980): Luthers Deutsch im Alten Testament – Um den Satzrahmen.
Japanisch mit deutscher Zusammenfassung. In: Doitsu bungaku 24, 102–125. [S]

Fulda = Friedrich Carl Fulda. Grundregeln der teutschen Sprache. Stuttgart 1778.

Fundinger, Karl (1899): Die Darstellung der Sprache des Erasmus Alberus. Laut-
und Flexionslehre. (Ein Beitrag zur Geschichte der deutschen Schriftsprache im
16. Jahrhundert). Diss. Freiburg. [L; M]

FWB = Frühneuhochdeutsches Wörterbuch. Hg. v. Robert R. Anderson / Ulrich
Goebel / Oskar Reichmann. Bd. 1: Einführung. a – äpfelkern; Bd. 2, 1. und 2.
Lief. bearb. v. O. Reichmann. Berlin / New York 1989ff.

Gabriel, E. (1969): Die Entwicklung der althochdeutschen Vokalquantitäten in den
oberdeutschen Mundarten. Wien. [L]

Gärtner, Kurt (1981): Asyndetische Relativsätze in der Geschichte des Deutschen.
In: ZGL 9, 152–163. [S]

Ganser, Günther W. (1985): Die niederländische Version der Reisebeschreibung Jo-
hanns von Mandeville. Untersuchungen zur handschriftlichen Überlieferung.
Amsterdam. (APSL 63). [L]

Garbe, Burckhard (1969): Sprachliche und dialektgeographische Untersuchungen zur Prager Hs. der rheinischen »Rede von den XV Graden«. Göttingen. [L; M]

Ders. (1980): Das sogenannte »etymologische« Prinzip der deutschen Schreibung. In: ZGL 8, 197–210. [L]

Ders. (1984): Texte zur Geschichte der deutschen Interpunktion und ihrer Reform 1462–1983. In: GL 4–6 / 1983. [L]

Ders. (1985): Phonetik und Phonologie, Graphetik und Graphemik des Neuhochdeutschen seit dem 17. Jahrhundert. In: Sprachgeschichte, 1466–1481. [L]

Gárdonyi, Sándor (1965): Die Kanzleisprache von Schemnitz und Kremnitz im 14./16. Jahrhundert. In: AdPh I, 29–78. [L]

Ders. (1966): Das Stadtbuch von Schmöllnitz. Beiträge zur Geschichte der deutschen Kanzleisprache in der Slowakei. In: AdPh 2, 109–138. [L]

Ders. (1968): Das Stadtwissbuch von Schmöllnitz (1594–1730). Zur Geschichte der deutschen Kanzleisprache in der Slowakei. In: AdPh 3, 5–38. [L]

Gauby, Ludwig (1913): Andreas Kurzmann. Ein Beitrag zur Sprachgeschichte des 15. Jahrhunderts. In: 41. Jahresbericht der k. k. ersten Staats-Realschule in Graz, 3–14. [L; M]

Gebhardt, August (1907): Grammatik der Nürnberger Mundart. Unter Mitwirkung v. Otto Bremer. Leipzig. (Sammlung kurzer Grammatiken deutscher Mundarten 7).

Gedenkschr. Dal = Gedenkschrift für Ingerid Dal. Hg. v. John Ole Askedal / Catherine Fabricius-Hansen / Kurt Erich Schöndorf. Tübingen 1988.

Gehr, Eugen (1927): Die Fürstenlehren des Johannes von Indersdorf für Herzog Albrecht III. von Baiern-München (1436–1460) und seine Gemahlin Anna. Phil. Diss. Freiburg i. Br. [L; M]

Gereke, Paul, Hg. (1932): Seifrits Alexander. Aus der Straßburger Handschrift. Berlin. (DTM 36). [L]

Gerhard, Wilhelm, Hg. (1927): Historien der alden e. Leipzig. (BLV 271). [L]

Gersbach, Bernhard (1982): Die Vergangenheitstempora in oberdeutscher gesprochener Sprache: Formen, Vorkommen und Funktionen untersucht an Tonbandaufahmen aus Baden-Württemberg, Bayrisch-Schwaben und Vorarlberg. Tübingen. [S]

Gerth, Heike (1986): Veränderungen in der Flexion starker Verben – untersucht an Leipziger Frühdrucken der ersten Hälfte des 16. Jahrhunderts. Diss. [masch.] Berlin. [M]

Dies. (1987): Zur Verwendung der Formen des Ausgleichs im Paradigma der starken Verben in Leipziger Frühdrucken. In: Zum Sprachwandel in der deutschen Literatursprache des 16. Jahrhunderts. Studien – Analysen – Probleme. Verfaßt von einem Autorenkollektiv unter der Leitung von Joachim Schildt. Berlin, 101–149. [M]

Geschke, Susan Elsner (1979): A linguistic-semiotic Study of the Proliferation in the New High German Noun Plural Morphology. University of Illinois. Ph. D. [masch.]. [M]

Gessler, Albert (1888): Beiträge zur Entstehung der neuhochdeutschen Schriftsprache in Basel. Diss. Basel. [L]

Geyer, Alfred (1912): Die starke Konjugation bei Johann Fischart. Ein Beitrag zur Grammatik des Frühneuhochdeutschen. Diss. Halle-Wittenberg. Halle. [M]

Giese, Erich (1915): Untersuchungen über das Verhältnis von Luthers Sprache zur Wittenberger Druckersprache. Diss. Halle-Wittenberg. [L; M]

Gießmann, Ulrike (1981): Die Flexion von *gehen* und *stehen* im Frühneuhochdeutschen. Heidelberg. (GB, NF, 3. Reihe). [M]

Gillitzer, Berta (1942): Die Tegernseer Hymnen des Cgm. 858. Beiträge zur Kunde des Bairischen und zur Hymnendichtung des 15. Jahrhunderts. München. (Forschungen zur bairischen Mundartkunde, 2). [L; M]

Girlich, Ursula (1971): Untersuchungen zur Geschäftssprache des 16. Jh. in Nordthüringen. Diss. [masch.] Leipzig. [L; M]

Glaser, Elvira (1985): Graphische Studien zum Schreibsprachwandel vom 13. bis 16. Jahrhundert. Vergleich verschiedener Handschriften des Augsburger Stadtbuches. Heidelberg. (GB, 3. Reihe). [L]

Dies. (1988a): Schreibsysteme zweier Augsburger Handschriften des 15. Jahrhunderts. In: Stud. z. Frnhd., 113–129. [L]

Dies. (1988b): Autonomie und phonologischer Bezug bei der Untersuchung älterer Schriftlichkeit. In: PBB 110, 313–331. [L]

Gleißner, Käthe (1935): Urkunde und Mundart auf Grund der Urkundensprache der Vögte von Weida, Gera und Plauen. Halle. (MdSt 9). [L]

Dies. / Theodor Frings (1941): Zur Urkundensprache des 13. Jahrhunderts. In: ZfM 17, 1–157. [L]

Glöde, Otto (1894): Die historische Entwicklung der deutschen Satzzeichen und Redestriche. In: ZfdU 8, 6–22. [L]

Gloggengiesser, Gertrud (1949): Der Teuerdank. Ein grammatikalischer und kulturgeschichtlicher Vergleich der Ausgabe von M. Schultes von 1679 mit der Ausgabe von M. Pfinzing von 1517. Diss. [masch.] München. [M]

Göransson, Carl Ernst (1911): Die doppelpräpositionalen Infinitive im Deutschen. Diss. Göteborg. [S]

Görner, Herbert (1956): Die Partikel *denn* und *wan* in der Königsberger Apostelgeschichte. In: PBB (H) 78, 286–306. [S]

Göttelmann, Gustav (1928): Der vokalische Lautstand bei Zwingli. Gießen. [L]

Goossens, Jan (1969): Strukturelle Sprachgeographie. Eine Einführung in Methodik und Ergebnisse. Heidelberg. (Wissenschaftliche Studienbücher).

Gottsched = Vollständigere und Neuerläuterte Deutsche Sprachkunst [...] bey dieser fünften Auflage merklich verbessert, von Johann Christoph Gottscheden. Leipzig 1762. Neudruck 1978. Hg. von P. M. Mitchell, bearbeitet von Herbert Penzl. (AdL).

Gr. d. Frnhd. I.1, I.2, I.3 = Hugo Moser / Hugo Stopp, Hg.: Grammatik des Frühneuhochdeutschen. Beiträge zur Laut- und Formenlehre. Bd. I.1. Vokalismus der Nebensilben I [...] bearb. v. Karl Otto Sauerbeck. Heidelberg 1970; Bd. I.2. Vokalismus der Nebensilben II (Die Entsprechungen von mhd. unbetontem *e*) [...] bearb. v. Hugo Stopp. Heidelberg 1973; Bd. I.3. Vokalismus der Nebensilben III (Die Entsprechungen nichthaupttoniger mhd. Vokale außer *e*) [...] bearb. v. Hugo Stopp. (GB, 1. Reihe). Heidelberg 1978. [L]

Gr. d. Frnhd. III = Hugo Moser / Hugo Stopp / Werner Besch, Hg.: Grammatik des Frühneuhochdeutschen. Beiträge zur Laut- und Formenlehre. Bd. III. Flexion der Substantive. Von Klaus-Peter Wegera. (GB, 1. Reihe). Heidelberg 1987. [M]

Gr. d. Frnhd. IV = Hugo Moser / Hugo Stopp / Werner Besch, Hg.: Grammatik des Frühneuhochdeutschen. Beiträge zur Laut- und Formenlehre. Bd. IV. Flexion der starken und schwachen Verben. Von Ulf Dammers, Walter Hoffmann und Hans-Joachim Solms. (GB, 1. Reihe). Heidelberg 1988. [M]

Gr. d. Frnhd. VI = Hugo Moser / Hugo Stopp / Werner Besch, Hg.: Grammatik des Frühneuhochdeutschen. Beiträge zur Laut- und Formenlehre. Bd. VI. Flexion der Adjektive. Von Hans-Joachim Solms und Klaus-Peter Wegera. (GB, 1. Reihe). Heidelberg 1991. [M]

Gr. d. Frnhd. VII = Hugo Moser / Hugo Stopp / Werner Besch, Hg.: Grammatik des Frühneuhochdeutschen. Beiträge zur Laut- und Formenlehre. Bd. VII. Von Maria Walch und Susanne Häckel. (GB, 1. Reihe). Heidelberg 1988. [M]

Granmark, Otto Sigfried (1933): Die Ausgleichung des Ablauts im starken Präteritum des rheinfränkischen Schriftdialekts. Ein Beitrag zur Formenlehre des
Frühneuhochdeutschen. Malmö. [M]

Graser, Helmut (1977): Die Flexion des Verbs im schlesischen Prosaväterbuch. Heidelberg. (SF 1). [M]

Ders. (1987): Zur Flexion der 'besonderen Verben'. In: ZfdPh 106, Sonderheft,
60–66. [M]

Ders. (1990): Zur Sprache der Handschrift. In: Die Furtmeyr-Bibel in der Universitätsbibliothek Augsburg. Kommentar von Johannes Janota. Augsburg, 21–42.
[L]

Grimm IV = Grimm, Jacob. Deutsche Grammatik. Bd. 4: Syntax. Göttingen 1837.
Hg. von Gustav Roethe und Edward Schröder. Gütersloh 1898. [Nachdr. Hildesheim 1967]. [M; S]

Grönlund, Constance (1945): Studien zu Peter Probst, dem Nürnberger Dramatiker
und Meistersinger. Mit einer Neuausgabe des Textes der Lieder und Sprüche.
Kopenhagen / Lund. (LGF 17). [L; M]

Groos, Karl (1904): Die Alemannische Sprache zu Villingen in Baden am Ende des
XV Jhdts, bearb. nach einer Handschrift der Grossherzoglichen Badischen Hof-
und Landesbibliothek. Eine grammatische Darstellung. Lüttich. [M]

Große, Rudolf (1955): Die meißnische Sprachlandschaft. Dialektgeographische Untersuchungen zur obersächsischen Sprach- und Siedlungsgeschichte. Halle. (MdSt
15).

Ders. (1964): Die mitteldeutsch-niederdeutschen Handschriften des Schwabenspiegels in seiner Kurzform. Sprachgeschichtliche Untersuchung. Berlin. (ASächsA
56, 4). [L; M]

Ders. (1972): Zur Hypotaxe bei Luther und in den spätmittelalterlichen Rechtsbü-
chern. In: PBB (H) 92, 76–92. [S]

Ders. (1988): Zur Wechselflexion im Singular Präsens der starken Verben – Lautwandel oder Analogie? In: Stud. z. Frnhd., 161–166. [M]

Grothausmann, Karl-Heinz (1977): Das Stadtbuch von Karpfen (Krupina). Edition,
Darstellung der Graphien, Glossar. Frankfurt / Bern / Las Vegas. (EH, I, 146).
[L]

Grun, Paul Arnold (1935): Leseschlüssel zu unserer alten Schrift. Görlitz. [Nachdr.
Limburg 1984]. (GGen. 5). [L]

Ders. (1966): Schlüssel zu alten und neuen Abkürzungen. [. . .]. Limburg. (GGen. 6).
[L]

Guchmann, Mirra M. (1981): Modus. In: ZAN / Verb, 123–271. [S]

Güdemann M. (1887/88): Über die Aussprache einiger Buchstaben. Bemerkungen
einiger Rabbiner des 15. Jahrhunderts. In: ZfdS 1, 104–109; 170–172. [L]

Günther, Klaus B. / Hartmut Günther, Hg. (1983): Schrift, Schreiben, Schriftlichkeit. Arbeiten zur Struktur, Funktion und Entwicklung schriftlicher Sprache.
Tübingen. (RGL 49).

Gürtler, Hans (1909): Das Diminutivsuffix -chen im Frühneuhochdeutschen. Diss.
Freiburg/Br. [M]

Ders. (1910): Anomale Pluralbildungen der Diminutiva im Frühneuhochdeutschen.
In: ZDW 12, 135–138. [M]

Ders. (1912/13): Zur geschichte der deutschen er-plurale, besonders im frühneuhochdeutschen. In: PBB 37, 492–543; 38, 67–224. [M]

Gumbel, Hermann (1930): Deutsche Sonderrenaissance in deutscher Prosa. Struk-
turanalyse deutscher Prosa im sechzehnten Jahrhundert. Frankfurt. (Deutsche
Forschungen 25). [Nachdr. Hildesheim 1965]. [L]

Gustafsson, Leif (1979): Nominalpräpositionen untersucht besonders an Hand deutscher und niederländischer Urkunden 1250–1550. Uppsala. (AUU 24). [S]

Haacke; Diether (1962): Studien zur Orthographie der deutschsprachigen Originalurkunden. I. Das Kürzungszeichen für *das / daz*. In: PBB (T) 84, 184–244. [L]

Haas, Walter (1978): Sprachwandel und Sprachgeographie. Untersuchungen zur Struktur der Dialektverschiedenheit am Beispiel der schweizerdeutschen Vokalsysteme. Wiesbaden. (ZDL, Beiheft, NF 30). [L]

Ders. (1983): Vokalisierung in den deutschen Dialekten. In: Dialektologie, 1111–1116. [L]

Haasbauer, Anton (1926): Zur Geschichte der oberösterreichischen Mundarten. Reichenberg i. B. (Prager deutsche Studien 39). [L]

Haendcke, Erwin (1894): Die mundartlichen Elemente in den elsässischen Urkunden des Straßburger Urkundenbuches 1261–1332. Straßburg. (Alsatische Studien 5). [L]

Härd, John Evert (1967): Mittelniederdeutsch 'oder', 'oft' und Verwandtes. Eine chronologische und dialektgeographische Untersuchung. Göteborg. (GGF 8). [L; S]

Ders. (1981): Studien zur Struktur mehrgliedriger deutscher Nebensatzprädikate. Diachronie und Synchronie. Göteborg. (GGF 21). [S]

Haffner, Oskar (1904): Die Anfänge der neuhochdeutschen Schriftsprache zu Freiburg im Breisgau. Diss. Freiburg. Auch in: Alemannia 32 (1904), 241–291. [L]

Hagberg, G. (1934): Der betonte Vokalismus in der Basler Urkundensprache des 16. Jahrhunderts. Diss. Basel. [L]

Hagemann, August (1880): Zwei Abhandlungen. I. Ist es ratsam die sog. deutsche schrift und die groszen anfangsbuchstaben der nomina appellativa aus unseren schulen allmaehlich zu entfernen? Graudenz 1875. II. Die majuskeltheorie der grammatiker des neuhochdeutschen von Johann Kolrosz bis auf Karl Ferdinand Becker. Graudenz 1876. Berlin. Wiederabdr. in Wolfgang Mentrup (1980a), 87–162. [L]

Hagfors, Edwin (1897): Die Substantivdeklination im 'Volksbuch von Doctor Faust'. In: Mémoires de la Société Néophilologique de Helsinki 2, 65–96. [M]

Ders. (1899; 1900): Syntaktische Freiheiten bei Hans Sachs an seinen Fabeln und Schwänken und Fastnachtspielen. 2 Teile. Helsingfors. (AASF 24, Nr. 6; 26, Nr. 2). [S]

Hakkarainen, Heikki (1983): Sprachliche Veränderung als Diffusion von Innovationen. In: NM 84, 25–35. [L]

Hammarström, Emil (1923): Zur Stellung des Verbums in der deutschen Sprache. Studien in volkstümlicher Literatur und Urkundensprache der Übergangszeit vom Mittelhochdeutschen zum Neuhochdeutschen. Diss. Lund. [S]

Hammerschmidt, Gerhard (1948): Die Sprache der ältesten deutschen Urkunden der Stadt Jena. Diss. [masch.] Jena. [L]

Hansen, Aage (1944): On the preservation of the word-identity. In: TCLC 1, 48–65. [L]

Harnisch, Karl Rüdiger (1980): Zur Frage des vokalischen Zeichensystems im späten 13. Jahrhundert am Beispiel des Regensburger Stadtschreibers Ulrich Saller. In: Sprachwissenschaft 5, 116–124. [L]

Hartmann, Erich (1922): Beiträge zur Sprache Albrecht Dürers. Diss. Halle-Wittenberg. Halle. [L; M]

Hartmann, Walter (1969): Zur Verbstellung im Nebensatz nach frühneuhochdeutschen Bibelübersetzungen. Diss. Heidelberg. [S]

Hartweg, Frédéric (1982): Die Sprache der Erfurter Nachdrucke der Zwölf Artikel der Bauern (1525). In: BES 2, 231–253. [L]

Ders. / Klaus-Peter Wegera (1989): Frühneuhochdeutsch. Eine Einführung in die deutsche Sprache des Spätmittelalters und der frühen Neuzeit. Tübingen. (GA 33).

Hatz, Erich Ralf Rüdiger (1985): Zur Graphie des Suffixes nhd. -nis in Drucken der Lutherbibel des 16.–18. Jahrhunderts. In: ZfdPh 104, 424–440. [L]

Ders. (1986): Die Durchführung des »etymologischen Prinzips« bei der Graphie der Umlaute von 'a' und 'au', untersucht an Drucken der Lutherbibel des 16. bis 18. Jahrhunderts. Diss. Bonn. [L]

Haubold, Fritz (1914): Untersuchung über das Verhältnis der Originaldrucke der Wittenberger Hauptdrucker Lutherscher Schriften: Grunenberg, Lother, Döring-Cranach und Lufft zu Luthers Druckmanuskripten. Diss. Jena. Borna-Leipzig. [L; M]

Hauer, Bernard E. (1985): Zum Problem Phonem – Graphem – Graph bei der Herausbildung der neuhochdeutschen Schriftsprache. In: Neophilologus 69, 394–413. [L]

Heidelberger, Albin (1976): Zur Geschichte der kurpfälzischen Kanzleisprache in Heidelberg am Ende des Mittelalters. In: ZGO 124, NF 85, 177–252. [L]

Ders. (1979): Zur neuhochdeutschen Diphthongierung und zur Geschichte der kurpfälzischen Kanzleisprache in Heidelberg am Ende des Mittelalters. In: Sprachwissenschaft 4, 294–354. [L]

Heinemeyer, Walter (1982): Studien zur Geschichte der gotischen Urkundenschrift. 2. Aufl. Köln / Wien.

Heinrichs, Heinrich Matthias (1955): Zur Chronologie der 'Rheinischen Gutturalisierung'. In: Festschrift für Adolf Bach. Hg. v. Karl Meisen / Franz Steinbach / Leo Weisgerber. 1. Tl. Bonn, 237–252. (RhVjbl 20). [L]

Ders. (1961): 'Wye grois dan dyn andait eff andacht is …'. Überlegungen zur sprachlichen Grundschicht im Mittelalter. In: ZfM 28, 97–153. [L]

Heinsohn, Wilhelm (1933): Das Eindringen der neuhochdeutschen Schriftsprache in Lübeck während des 16. und 17. Jahrhunderts. Lübeck. (Veröffentlichungen zur Geschichte der Freien und Hansestadt Lübeck 12). [L]

Held, Karl (1903): Das Verbum ohne pronominales Subjekt in der älteren deutschen Sprache. Berlin. (Palaestra 31). [Nachdr. New York / London 1967]. [S]

Hellwig, Jakob (1898): Die Stellung des attributiven Adjectivs im Deutschen. Diss. Gießen. Halle. [S]

Helm, Karl, Hg. (1904): Das Buch der Maccabäer in mitteldeutscher Bearbeitung. Tübingen. (BLV 233). [L]

Hempel, Heinrich (1937 / 1966): Vom »Präsens historicum« im Deutschen. In: Kleinere Schriften [1966]. Heidelberg, 422–429. [S]

Hempen, Ute (1988): Die starken Verben im Deutschen und Niederländischen. Diachrone Morphologie. Tübingen. (LA 214). [M]

Henß, Rudolf (1934): Studien zu Hans Folz. Berlin. (Germanische Studien 156). [L; M]

Henzen, Walter (1924): Einige Wechselbeziehungen zwischen Entrundung und Rundung. In: ZfM 19, 145–148. [L]

Heppner, Theodor (1907): Die Laut- und Flexionsverhältnisse in Burcard Waldis' Bearbeitung des Theuerdank im Verhältnis zu denen des Originals. Diss. München. [L; M]

Herchenbach, Hugo (1911): Das Präsens historicum im Mittelhochdeutschen. Berlin. (Palaestra 104). [S]

Herford, Eugen (1881): Ueber den Accusativ mit dem Infinitiv im Deutschen. Programmschrift Thorn. [S]

Heringer, Hans-Jürgen (1968): Präpositionale Ergänzungsbestimmungen im Deutschen. In: ZfdPh 87, 426–457. [S]

Hermodsson, Lars (1968): Die Deklinationsarten der deutschen Substantiva. In: MSp. 62, 144–155. [M]

Herrlitz, Wolfgang (1970): Historische Phonologie des Deutschen. Tl. I: Vokalismus. Tübingen. (GA 3). [L]

Hertel, Oskar (1897): Die sprache Luthers im Sermon von den guten werken (1520) nach der handschriftlichen überlieferung. In: ZfdPh 29, 433–510. [L]

Hertzog, Georg (1908): Studien über die Kemptener Kanzlei- und Literatursprache bis 1600. Wissenschaftliche Abhandlung zum Jahresberichte des Königlichen humanistischen Gymnasiums Burghausen für das Schuljahr 1907/08. Burghausen. [L]

Heuser, August (1912): Die neuhochdeutsche schriftsprache während des XVI. und XVII. jahrhunderts zu Bremen. Diss. Kiel. [L]

Heyder, Annemarie (1982): Der Attributgebrauch in den vier Prosadialogen von Hans Sachs aus dem Jahre 1524. In: BES 2, 254–265. [S]

Hildner, Jonathan (1899): Untersuchungen über die Syntax der Konditionalsätze bei Burchard Waldis. Ein Beitrag zur Grammatik des Frühneuhochdeutschen. Diss. Leipzig. [S]

Hill, G. F. (1915): The Development of Arabic Numerals in Europe. Oxford. [L]

Hinderling, Robert (1978): Das Phonem nhd. /ä:/ im Lichte der Sprachgeschichte. In: Fimfchustim. Festschrift für Stefan Sonderegger. Hg. v. Robert Hinderling und Viktor Weibel. Bayreuth, 29–61. [L]

Hirao, Kozo (1965): Fügungen des Typs *kam gefahren* im Deutschen. In: PBB (T) 87, 204–226. [S]

Hist. Synt. = Neuere Forschungen zur historischen Syntax des Deutschen. Referate der Internationalen Fachkonferenz Eichstätt 1989. Hg. v. Anne Betten unter Mitarbeit v. Claudia M. Riehl. Tübingen 1990. (RGL 103). [S]

Hocke, Georg (1935): Untersuchungen über den Konjunktivgebrauch bei Johann von Olmütz und Heinrich von Mügeln. Diss. Marburg 1931. Corbach. [S]

Höchli, Stefan (1981): Zur Geschichte der Interpunktion im Deutschen. Eine kritische Darstellung der Lehrschriften von der zweiten Hälfte des 15. Jahrhunderts bis zum Ende des 18. Jahrhunderts. Berlin. (SLG 17). [L]

Hoffmann, Johannes (1902): Die Wormser Geschäftssprache vom 11. bis 13. Jahrhundert. Diss. Berlin. Druck Berlin 1903. [Acta Germanica 6,2]. [L; M]

Hoffmann, Walter (1988): Vom variablen Usus zur Kodifizierung der Norm: Die Geschichte der »unorganischen participia mit ge-« im Frühneuhochdeutschen. In: Stud. z. Frnhd., 167–184. [M]

Ders. / Friedrich Wetter, Bearb. (1985): Bibliographie frühneuhochdeutscher Quellen. Ein kommentiertes Verzeichnis von Texten des 14. – 17. Jahrhunderts (Bonner Korpus) mit einem Geleitwort v. Werner Besch. Frankfurt / Bern / New York 1985. (EH, Reihe I, 869).

Ders. / Hans-Joachim Solms (1987): Zur Flexion der starken und schwachen Verben: In: Frühneuhochdeutsch. Zum Stand der sprachwissenschaftlichen Forschung. Besorgt von Werner Besch und Klaus-Peter Wegera, 37–59. (ZfdPh 106, Sonderheft). [M]

Hogg, Richard (1979): Analogy and phonology. In: Journal of Linguistics 15, 55–85. [L]

Holly, Werner (1988): Weiterführende Nebensätze in sprachgeschichtlicher Perspektive. In: ZGL 16, 310–322. [S]

Holmberg, John (1916): Zur Geschichte der periphrastischen Verbindung des Verbum substantivum mit dem Partizipium Präsentis im Kontinentalgermanischen. Diss. Uppsala. [S]

Holmberg, Märta Åsdahl (1987): Exzipierend-einschränkende Ausdrucksweisen untersucht besonders auf Grund hochdeutscher Bibelübersetzungen bis zum Anfang des 16. Jahrhunderts. Uppsala. (AUU 4). [S]

Horacek, Blanka (1957): Zur Verbindung von Vorder- und Nachsatz im Deutschen. In: PBB (H) 79, Sonderband, 415–439. [S]

Dies. (1966): Kleine historische Lautlehre des Deutschen (Hochdeutschen). 2., verb. u. verm. Aufl. Wien / Stuttgart 1966. [L]

Horn, E. (1894): Zur Orthographie von U und V, I und J. Eine historisch-typographische Erörterung. In: Centralblatt für Bibliothekswesen 11, 385–400. [L]

Horn, Wilhelm (1900): Zur Geschichte des j. In: ZfhdM 1, 135–136. [L]

Ders. (1905): Die Senkung des i vor i, j im Hessischen. In: ZfhdM 6, 103–109. [L]

Hotzenköcherle, Rudolf (1962): Entwicklungsgeschichtliche Grundzüge des Neuhochdeutschen. In: WW 12, 321–331. [M]

Ders. (1968): Gegenwartsprobleme im deutschen Adjektivsystem. In: NM 69, 1–28. [M]

HSS = Wolfgang Kleiber / Konrad Kunze / Heinrich Löffler (Hg.): Historischer Südwestdeutscher Sprachatlas aufgrund von Urbaren des 13. bis 15. Jahrhunderts. Bd. 1: Text, Einleitung, Kommentare und Dokumentation. Bd. 2: Karten. Bern / München 1979. [L]

Huldi, Max (1957): Die Kausal-, Temporal- und Konditionalkonjunktionen bei Christian Kuchimeister, Hans Fründ und Niclas von Wyle. Mit einem Anhang über Herkunft und Ausbreitung von kausalem denn. Winterthur. [S]

Huß, Richard (1933): Die deutsche Chronik eines Bistritzers aus dem Jahre 1499 (bzw. 1502) und die Bistritzer Kanzleisprache des 15./16. Jahrhunderts. In: Siebenbürgische Vierteljahresschrift 56, 122–164. [L]

Huther, Alfons (1913): Die Würzburger Kanzleisprache im XIV. Jahrhundert. I. Tl.: Die Lautverhältnisse. Diss. Würzburg. Frankfurt a. M. [L; M]

Ickelsamer = Valentinus Ickelsamer: Ein Teütsche Grammatica Darausz einer võ jm selbs mag lesen lernen / mit allem dem / so zum Teutschẽ lesen vñ desselben Orthographia mangel vnd überfluß / auch anderm vil mehr / zů wissen gehört. [...]. [o. O., o. J.]. In: Fechner 1882.

Imsiepen, Ulrike (1983): Die e-Epithese bei starken Verben im Deutschen. In: Exakte Sprachwandelforschung. Hg. v. Karl-Heinz Best / Jörg Kohlhase. Göttingen, 119–141. [L; M]

Ising, Gerhard (1968): Zur Wortgeographie spätmittelalterlicher deutscher Schriftdialekte. Eine Darstellung auf der Grundlage der Wortwahl von Bibelübersetzungen und Glossaren. Teil 1: Untersuchungen. Teil 2: Karten. Berlin. (Ak. Wiss. B. IdSL 7).

Ders. (1969): Zur sprachgeschichtlichen Beurteilung der Wortwahl Luthers. In: Norma, 139–145. [L]

Issatschenko, Alexander (1974): Das »Schwa mobile« und »Schwa constans« im Deutschen. In: Sprachsystem und Sprachgebrauch. Festschrift für Hugo Moser. Hg. v. Ulrich Engel / Paul Grebe. Tl. 1. Düsseldorf, 142–171. (Spr. d. Geg 33). [L]

Iverson, Gregory (1981): On the directionality of paradigm regularization. In: D. Goyvaerts (ed.), Phonology in the 1980's. Ghent, 545–554. [L]

Ders. / Catherine Ringen (1973): Rule reordering and the history of High German vowel length. In: Papers from the Regional Meeting of the Chicago Linguistic Society 9, 223–231. [L]

Jaatinen, Marta (1961): Das Pronomen 'jeder' im Mittelniederdeutschen. Wortgeographische und entwicklungsgeschichtliche Studien. In: ZfM 28, 310–375. [M]

Jacki, Kurt (1909): Das starke praeteritum in den mundarten des hochdeutschen sprachgebiets. In: PBB 34, 425–529. [M; S]

Jaksche, J., Hg. (1910): Gundackers von Judenburg Christi Hort aus der Wiener Handschrift. Berlin. (DTM 18). [L]

Jaspers, G[erardus] J[ohannes] (1977): Ein außerlinguistischer Faktor in der Graphematik von Stephanus von Lanserons (!) »Himmelsstrasse«. In: Neophilologus 61, 413–420. [L]

Ders. (1979): Stephan von Landskron. Die Hymelstrasz. Mit einer Einleitung und vergleichenden Betrachtungen zum Sprachgebrauch in den Frühdrucken (Augsburg 1484, 1501 und 1510). Amsterdam. (QFE 13). [L]

Jeitteles, Adalbert (1893/94): Das neuhochdeutsche pronomen. Ein beitrag zur deutschen grammatik. In: ZfdPh 25, 303–313 und 26, 180–201. [M]

Jelinek, Franz (1898): Die Sprache der Wenzelsbibel in ihrem Verhältnis zu der Sprache der wichtigsten deutschen Literatur- und Rechtsdenkmäler aus Böhmen und Mähren im XIV. Jahrhundert und der kaiserlichen Kanzlei der Luxemburger. Ein Beitrag zur Geschichte der neuhochdeutschen Schriftsprache. Görz. [L; M]

Jellinek, Max Hermann (1898): Ein Kapitel aus der Geschichte der deutschen Grammatik. Festgabe für Richard Heinzel. Sonderabzug aus: Abhandlungen zur germanischen Philologie. Halle. [M]

Ders. (1913; 1914): Geschichte der neuhochdeutschen Grammatik von den Anfängen bis auf Adelung. 2 Halbbände. Heidelberg. (GB, 2. Abt., 7).

Jensen, Hans (1969): Die Schrift in Vergangenheit und Gegenwart. 3. Aufl. Berlin. [L]

Jochem, Richard (1926): Beiträge zur Sprache Aventins. Diss. Gießen. Darmstadt. [L; M]

Jörg, Ruth (1976): Untersuchungen zum Schwund des Präteritums im Schweizerdeutschen. Bern. (BSSL 52). [S]

Joesten, Maria (1931): Untersuchungen zu den ahd. (as.) ë, i, vor u der Folgesilbe und zur 1. Pers. Sg. Präs. Ind. der starken e-Verben (Kl. IIIb. IV. V). Gießen. (GBdPh. 28).

Johansson, Evald (1964): Die Deutschordenschronik des Nicolaus von Jeroschin. Eine sprachliche Untersuchung mit komparativer Analyse der Wortbildung. Ein Beitrag zur Erforschung der Ordenssprache und ihrer Rolle in der Entwicklung der nhd. Schriftsprache. Diss. Lund. (LGF 36). [L; M]

Johnson, Gösta (1941): Der Lautstand in der Folioausgabe von Hans Sachs' Werken. Ein Beitrag zur Nürnberger Druckersprache des 16. Jhs. I.: Der Vokalismus. Diss. [masch.] Uppsala. [L; M]

Jones, William J. (1979): A computer-assisted approach to the chronology of graphemic and phonological change, with particular reference to the diphthongization of Middle High German î and û. In: Sprache und Datenverarbeitung 3, 20–26. [L]

Ders. (1984): The central German monophthongization in synchronic and diachronic perspective. In: Transactions of the Philological Society, Oxford, 58–116. [L]

Joos, Martin (1952): The Medieval Sibilants. In: Language 28, 1952, 222–231. [L]

Ders. (1964): The English Verb. Form and Meanings. Madison, Wisconsin. [S]

Jørgensen, Peter (1969): Zur Darstellung der deutschen Substantivflexion. In: MSp. 63, 126–136. [M]

Jungandreas, Wolfgang (1937): Zur Geschichte der schlesischen Mundart im Mittelalter. Untersuchungen zur Sprache und Siedlung in Ostmitteldeutschland. Breslau. (Deutschkundliche Arbeiten. B. Schlesische Reihe 3). [Nachdr. Stuttgart 1987]. [L; M]

Junge, Siegfried (1932): Studien zu Leben und Mundart des Meistersingers Muskatblüt. Diss. Greifswald. [L; M]

Jutz, Leo (1931): Die alemannischen Mundarten (Abriß der Lautverhältnisse). Halle. [L]

Ders. (1935): Zur sprache in den ältesten deutschen drucken Tirols. In: PBB 59, 414–453. [L]

Kämpf, Günter (1965): Die Sprache der Unterweisung zur Vollkommenheit (Bose q. 3 der Universitätsbibliothek Jena). Ein Beitrag zur Sprachgeschichte der thüringischen literarischen Texte des 13. und 14. Jhs. Diss. [masch.] Jena. [L; M]

Kaempfert, Manfred (1980): Motive der Substantiv-Großschreibung. Beobachtungen an Drucken des 16. Jahrhunderts. In: ZfdPh 99, 72–99. [L]

Kaiblinger, Ph. (1929/30): Ursachen des Präteritumverfalls im Deutschen. In: Teuthonista 6, 269–278. [M; S]

Kaiser, Kåre (1930): Mundart und Schriftsprache. Versuch einer Wesensbestimmung in der Zeit zwischen Leibniz und Gottsched. Leipzig. (Form und Geist. Arbeiten zur Germanistik 18). [M]

Kapr, Albert (1959): Deutsche Schriftkunst. Versuch einer neuen historischen Darstellung. 2. Aufl. Dresden. [L]

Karg, Fritz (1929): Syntaktische Studien. Halle/S. [S]

Karg, Karl (1884): Die Sprache H. Steinhöwels. Beitrag zur Laut- und Flexionslehre des Mittelhochdeutschen im 15. Jahrhundert. Diss. Heidelberg. [L; M]

Karstien, Carl (1939): Historische Deutsche Grammtik. Bd. 1. Heidelberg.

Kauffmann, Friedrich (1890): Geschichte der schwäbischen Mundart im Mittelalter und in der Neuzeit. Mit Textproben und einer Geschichte der Schriftsprache in Schwaben. Straßburg. [Nachdr. Berlin / New York 1978]. [L; M]

Kavanagh, Joseph (1970): The Verb-Final Rule in High German: A Diachronic Analysis of Surface Structure Constraints. Diss. Michigan. [S]

KdS = Kleiner deutscher Sprachatlas. Bd. 1: Konsonantismus. Tl. 1: Plosive. Tl. 2: Frikative, Sonanten und Zusatzkonsonanten. Im Auftrag des Forschungsinstituts für deutsche Sprache – Deutscher Sprachatlas – Marburg / Lahn dialektologisch bearb. v. Werner H. Veith, computativ bearb. v. Wolfgang Putschke unter Mitarbeit v. Lutz Hummel. Tübingen 1984; 1987.

KEDS = Kleine Enzyklopädie Deutsche Sprache. Hg. v. Wolfgang Fleischer / Wolfdietrich Hartung / Joachim Schildt / Peter Suchsland. Leipzig 1983.

Kefer, Michel (1974): Die Erforschung der Entwicklung des nhd. Satzbaus anhand der quantitativen und sprachtypologischen Methode. In: Revue des Langues Vivantes 40, 528–539. [S]

Keferstein, Georg (1888): Der Lautstand in den Bibelübersetzungen von Emser und Eck aus den Jahren 1527 (1528) und 1537 in seinem Verhältnisse zur neuhochdeutschen Schriftsprache. Diss. Jena. [L]

Kehrein I; III = Kehrein, Joseph: Grammatik der deutschen Sprache des funfzehnten bis siebenzehnten Jahrhunderts. Erster Theil: Laut- und Formenlehre. Zweite wohlfeile Ausgabe Leipzig 1863. Dritter Theil: Syntax des einfachen und mehrfachen Satzes. Leipzig 1856. [Nachdr. Wiesbaden 1968]. [L; M; S]

Keienburg, Margarete (1934): Studien zur Wortstellung bei Predigern des 13. und 14. Jahrhunderts sowie bei Johannes von Saaz. Diss. Köln. [Teildruck]. [S]

Keinästö, Kari (1986): Studien zu Infinitivkonstruktionen im mhd. Prosa-Lancelot. Frankfurt / Bern / New York. (RBSL 30). [S]

Keller, Anton (1965): Zur Sprache des Chronisten Gerold Edlibach 1454–1530. Diss. Zürich. [L; M; S]

Keller, R. E. (1986): Die deutsche Sprache und ihre historische Entwicklung. Bearb. und übertr. aus dem Englischen, mit einem Begleitwort sowie einem Glossar versehen v. Karl-Heinz Mulagk. Hamburg.

Kemmer, Ludwig (1897): Versuch einer Darstellung des Lautstandes der Aschaffenburger Kanzleisprache in der ersten Haelfte des sechzehnten Jahrhunderts. I. Theil: Die Vocale. (Programm Dillingen). Dillingen. [L]

Ders. (1898): Versuch einer Darstellung des Lautstandes der Aschaffenburger Kanzleisprache in der ersten Hälfte des sechzehnten Jahrhunderts. Diss. Würzburg. [L]

Kern, Paul Otto (1898): Das starke Verb bei Grimmelshausen: Ein Beitrag zur Grammatik des Frühneuhochdeutschen: In: JEGP 2, 33–99. [M]

Kern, Peter Chr./Herta Zutt (1977): Geschichte des deutschen Flexionssystems. Tübingen. (GA 22). [M]

Keseling, Gisbert (1968): Irregularitäten in der deutschen Substantivflexion. In: ZfM 35, 233–243. [M]

Kettmann, Gerhard (1967): Die kursächsische Kanzleisprache zwischen 1486 und 1546. Studien zum Aufbau und zur Entwicklung. Berlin. (Ak. Wiss. B. IdSL 34. Baust.). [L; M]

Ders. (1969): Stadt- und Schreibsprache im Frühneuhochdeutschen (mit Exkurs über Luthers Aussprache: »ich rede nach der sächsischen Kanzlei«). In: Norma, 122–126.

Ders. (1987): Zum Graphemgebrauch in der Wittenberger Druckersprache. Variantenbestand und Variantenanwendung. In: Zum Sprachwandel in der deutschen Literatursprache des 16. Jahrhunderts. Studien – Analysen – Probleme. Hg. v. Joachim Schildt. Berlin, 21–100. (Ak. Wiss. DDR. ZI. 63. Baust.). [L]

Key, Adrianus / Peter Richardson (1972): Zum epithetischen -t im Deutschen. In: Amsterdamer Beiträge zur älteren Germanistik 3, 219–228. [L]

Kiefer, Ernst (1922): Lautlehre der Konstanzer Stadtschrift im 13. und 14. Jahrhundert. Diss. [masch.] Freiburg. [L]

Kiefer, Heinrich (1908): Der Ersatz des adnominalen Genitivs im Deutschen. Diss. Gießen. Leipzig 1910. [M; S]

von Kienle, Richard (1969): Historische Laut- und Formenlehre des Deutschen. 2., durchges. Aufl. Tübingen. (SkG, A 11). [L; M]

Kinateder, Georg (1897): Die syntaktischen Funktionen der Konjunktion »daß« bei Aventin. Diss. München. [S]

King, Robert D. (1969): Historical linguistics and generative grammar. Englewood Cliffs. [Deutsch:] Historische Linguistik und generative Grammatik. Hg. v. S. Stelzer. Frankfurt a. M. 1971. [L]

Ders. (1972): A note on opacity and paradigm regularity. In: Linguistic Inquiry 3, 535–539. [L]

Kirch, Max S. (1952): Der Einfluß des Niederdeutschen auf die Hochdeutsche Schriftsprache. Giessen. [L; M]

Klappenbach, Ruth (1945/46): Zur Urkundensprache des 13. Jahrhunderts. In: PBB 67, 155–216; 326–356; 68, 185–264. [L]

Klapper, Joseph (1904): Das St. Galler Spiel von der Kindheit Jesu. Untersuchungen und Text. Breslau. (GAh 21). [Nachdr. Hildesheim / New York 1977]. [L]

Kleiber, Wolfgang (1965): Urbare als sprachgeschichtliche Quelle. [. . .] In: Vorarbeiten, 151–243.

Kleiner, Mathilde (1925): Zur Entwicklung der Futur-Umschreibung werden mit dem Infinitiv. In: University of California Publications in Modern Philology 12, 1–101. [S]

Klettke-Mengel, Ingeborg (1976): Die Sprache in Fürstenbriefen der Reformationszeit untersucht am Briefwechsel Albrechts von Preußen und Elisabeths von Braunschweig-Lüneburg. 2. Aufl. Köln / Berlin. [L]

Kliemann, Peter (1958): Studien zur deutschen Urkunde in Bayern und Österreich im 13. Jahrhundert. (Bis zum Jahre 1294). Versuch einer sprachwissenschaftlichen

Auswertung am Beispiel der Diphtongierung von $\bar{\imath}$, $\hat{u}$ und iu sowie ihres Verhältnisses vornehmlich zu germanisch ai und germanisch au. Mit besonderer Berücksichtigung der erzbischöflichen Salzburger Kanzlei. Diss. [masch.] Berlin. [L]

Knape, Joachim (1986): Die ältesten deutschen Übersetzungen von Petrarcas 'Glücksbuch'. Texte und Untersuchungen. Bamberg. (Gratia. Bamberger Schriften zur Renaissanceforschung 15). [L]

Koberstein [Karl] August (1852): Ueber die Sprache des oesterreichischen Dichters Peter Suchenwirt. Erste Abtheilung: Lautlehre. In: [Einladung] zur Feier des ersten Novemb. 1828 als des Stiftungstages der Koenigl. Preuss. Landesschule Pforta. Naumburg, 1–56. [L; M]

Ders. (1842): Quaestiones Suchenwirtianae (Specimen II). In: [Einladung] zur Feier des 1. November 1842 [. . .]. Naumburg, 1–68. [M]

Koch, Carl (1910): Die Sprache der Magdalena und des Balthasar Paumgartner in ihrem Briefwechsel. Zur Geschichte der Nürnberger Mundart und zur nhd. Schriftsprache im 16. Jahrhundert. I. Tl.: Der Vokalismus. Diss. Bonn. Nürnberg. [L; M]

Ders. (1920): Die Sprache der Magdalena und des Balthasar Paumgartner in ihrem Briefwechsel. Zur Geschichte der Nürnberger Mundart und zur nhd. Schriftsprache im 16. Jahrhundert. II. Die Konsonanten. In: Mitteilungen aus dem Germanischen Nationalmuseum 1917 [1920], 77–93. [L]

Köck, Inge (1946): Entwurf einer mittelbairischen Lautgeschichte nach Traditionen, nach Urbaren und Urkunden. Diss. München. [L]

König, Werner (1989): Atlas zur Aussprache des Schriftdeutschen in der Bundesrepublik Deutschland. Bd. 1: Text; Bd. 2: Tabellen und Karten. München.

Koenraads, Willy Henri August (1953): Studien über sprachökonomische Entwicklungen im Deutschen. Proefschrift Amsterdam. [L; M]

Köpke, Klaus-Michael (1982): Untersuchungen zum Genussystem der deutschen Gegenwartssprache. Tübingen. [M]

Kohler, Klaus J. (1977): Einführung in die Phonetik des Deutschen. Berlin 1977. (GG 20). [L]

Kohrt, Manfred (1980): Rule ordering, rule extension, and the history and present state of /ng/-clusters in German. In: Linguistics 18, 777–802. [L]

Ders. (1984): Prinzipien und Methoden historischer Phonetik und Phonologie. In: Sprachgeschichte, 514–527. [L]

Ders. (1985): Problemgeschichte des Graphembegriffs und des frühen Phonembegriffs. Tübingen. (RGL 61). [L]

Kolb, Herbert (1972): *gehen* und *stehen*. Eine Studie zur Geschichte des Frühneuhochdeutschen. In: Festschrift für Hans Eggers zum 65. Geburtstag. Hg. v. Herbert Backes. Tübingen, 126–141. (PBB 94, Sonderheft). [M]

Koller, Gerhard (1989): Der Schreibusus Albrecht Dürers. Graphematische Untersuchungen zum Nürnberger Frühneuhochdeutschen. Wiesbaden / Stuttgart. (ZDL, Beihefte. 62). [L]

Kopp, Arthur, Hg. (1905): Volks- und Gesellschaftslieder des XV. und XVI. Jahrhunderts. I. Die Lieder der Heidelberger Handschrift Pal. 343. (DTM 5). [L]

Koppitz, Alfred, Hg. (1926): Der Göttweiger Trojanerkrieg. Berlin. (DTM 29). [L]

Korhonen, Jarmo (1978): Studien zu Dependenz, Valenz und Satzmodell. Teil II. Untersuchungen anhand eines Luther-Textes. Frankfurt / Bern. (EH I/271). [S]

Ders. (1982): Satzmodelle im Frühneuhochdeutschen und im heutigen Deutsch. Ein Vergleich. In: Valenztheorie und historische Sprachwissenschaft. Beiträge zur sprachgeschichtlichen Beschreibung des Deutschen. Hg. v. Albrecht Greule. Tübingen, 185–208. [S]

Korkisch, Erhard (1939): Zur mittelaterlichen deutschen Kanzleisprache im Schön-
hengst. In: Deutsche Volksforschung in Böhmen und Mähren 1, 173–221. [L]
Kozumplik, William Anthony (1942): The Phonology of Jacob Ayrer's Language,
based on his Rhymes. Diss. Chicago. [L]
Kracke, Otto (1911): Die Entwicklung der Mittelstellung des deutschen Nebensatzes.
Diss. Gießen. [S]
Kraft, Walter Carl (1950): The Phonology of Wittenweiler's *Ring*. Diss. Berkeley. [L]
Kranzmayer, Eberhard (1939): Die Geschichte des Umlautes im Südbairischen. Ein
Beitrag zur oberdeutschen Lautgeschichte. In: ZfM 14, 73–100. [L]
Ders. (1956): Historische Lautgeographie des gesamtbairischen Dialektraumes mit
27 Laut- und 4 Hilfskarten in besonderer Mappe. Wien. (Österreichische Aka-
demie der Wissenschaften). [L]
Krause, Reinhold (1924): Rechtschreibung und Lautstand in den Augsburger deut-
schen Drucken von 1470–1520. Diss. [masch.] Marburg. [L; M]
Ders. (1926): Rechtschreibung und Lautstand in den Augsburger deutschen Druk-
ken von 1470 bis 1520. In: Jahrbuch der philosophischen Fakultät der Philipps-
Universität zu Marburg 1923–1924, Phil.- hist. Abt. Marburg, 163–168. [L]
Kraushaar, Heinrich (1924): Die Syntax des Partizips bei Luther. Diss. Gießen. [S]
Krell, Leo (1913): Studien zur Sprache Fischarts aus seinen Reimen. München. [L;
M]
Krieger, Karl (1933): Die Sprache der Ravensburger Kaufleute um die Wende des
15. und 16. Jahrhunderts bearbeitet auf Grund der Obser-Schulte'schen Akten
aus Schloss Salem. Diss. Heidelberg. [L; M]
Kröning, Jakob (1915): Die beiordnenden adversativen Konjunktionen des Neu-
hochdeutschen. Diss. Gießen. [S]
Küpper, Karl Josef (1971): Studien zur Verbstellung in den Kölner Jahrbüchern des
14./15. Jahrhunderts. Bonn. (RA 76). [S]
Küppersbusch, Elisabeth (1931/32): *Born* und *Brunnen*. Studien zur *r*-Metathese. In:
Teuthonista 8, 55–94. [L]
Kufner, Herbert L. (1957): History of the Middle Bavarian vocalism. In: Language
33, 519–529. [L]
Ders. (1960): History of the Central Bavarian Obstruents. In: Word 16, 11–27. [L]
Kuhn, Richard (1901): Verhältnis der Dezemberbibel zur Septemberbibel. Kritischer
Beitrag zur Geschichte der Bibelsprache M. Luthers. Mit einem Anhang über
Joh. Langes Matthaeusübersetzung. Diss. Greifswald.
Kulturräume 1936 = Kulturräume und Kulturströmungen im mitteldeutschen
Osten. Von Wolfgang Ebert / Theodor Frings / Käthe Gleißner / Rudolf Kötz-
schke / Gerhart Streitburg. Halle 1936.
Kuntzemüller, Albert (1903): Zur Geschichte des substantivierten Infinitivs im Neu-
hochdeutschen. In: ZDW 4, 58–94. [S]
Kurrelmeyer, Herman (1904): The Historical Development of the Forms of the
Future Tense in Middle High German. Diss. John Hopkins 1902. Straßburg. [S]
Kurrelmeyer, William (1900): The Historical Development of the Types of the First
Person Plural Imperative in German. Diss. Johns Hopkins. Straßburg. [S]
Ders. (1910): Ueber die Entstehung der Konstruktion »Ich habe sagen hören«. In:
ZDW 12, 157–173. [S]
Langenbucher, Karl-Otto (1970): Studien zur Sprache des Kölner Judenschreinbu-
ches 465 (Scabinorum Judaeorum) aus dem 14. Jahrhundert. Bonn. (RA 2). [L]
Langer, Hans-Günther (1970): Urkundensprache und Urkundenformeln in Kurtrier
um die Mitte des 14. Jahrhunderts. Ein Beitrag zur Geschichte der deutsch-
sprachigen Urkunde in der kurtrierischen Kanzlei während der Tätigkeit Rudolf
Losses und seines Kreises. In: Archiv für Diplomatik, Schriftgeschichte, Siegel
und Wappenkunde 16, 350–505.

Langholf, Barbara (1971): Die Syntax des deutschen Amadisromans. Hamburg. 2. Aufl. 1973. (Hamburger Philologische Studien 16). [S]

Langosch, Karl (1933): Die Sprache des Göttweiger Trojanerkrieges. Leipzig. (Palaestra 187). [L]

Lanouette, Ruth (1990): Prenominal Specifiers in the Early New High German Noun Phrase. Diss. Princeton. [S]

Larson, H. Verner (1987): Ist das Klammergesetz »ein Merkmal deutschen Denkens«?. Zur Geschichte der deutschen Wortstellung mit einem Exkurs über die verbale Nicht-Endstellung bei Albrecht von Eyb. In: Festschrift für Karl Hyldgaard-Jensen. Zum 70. Geburtstag am 3. Februar 1987. Hg. v. Mogens Dyhr / Jørgen Olsen. Kopenhagen, 151–165. (Kopenhagener Beiträge zur Germanistischen Linguistik, Sonderband 3). [S]

Larsson, Ivar (1904): Grundzüge der Sprache Logaus. Laut- und Formenlehre. Diss. Uppsala 1904. [L, M]

Lasatowicz, Katarzyna (1980): Die deutschen e-Laute historisch betrachtet. In: Neophilologica 1, 131–140. [L]

Lasch, Agathe (1914): Mittelniederdeutsche Grammatik. Halle. (SkG IX).

Lauchert, Friedrich (1887): Die ältere Sprache von Messkirch. In: Alemannia 15, 79–93. [L]

Ders. (1889): Zu Abraham a S Clara. Über die Sprache des P Abraham a S Clara. In: Alemannia 17, 77–94. [L; M]

van der Lee, Anthony (1973): Marcus von Weida. Ein nutzliche Lere vnd vnderweysungen wye vn was. der mensch bethen solle vnd Sond'lich außlegunge. das heylgen Vater vnsers. durch eynen Bruder Prediger Ordens tzu Leyptzk gepredigt Vnnd vordeutzscht. Assen. (QFE 2). [L]

Ders. (1977): Zur Satzinterpunktion dreier frühneuhochdeutscher Prosatexte. In: Neophilologus 61, 90–99. [L]

Ders. (1978): Die Graphemstruktur dreier frühneuhochdeutscher Traktate des Leipziger Volkspredigers Marcus von Weida (1450–1516). In: Spr. in Geg. u. Gesch., 110–132. [L]

Ders. (1980): Beobachtungen zum Sprachgebrauch des Leipziger Volkspredigers Marcus von Weida (1450–1516). Amsterdam. (QFE 4). [L; M; S]

Lehmann, Winfried P. (1971): On the Rise of SOV Patterns in New High German. In: Grammatik Kybernetik Kommunikation. Festschrift für A. Hoppe. Hg. v. K. G. Schweisthal. Bonn, 19–24. [S]

Ders. (1978): Changes in the Negative Sentence Pattern in German. In: Spr. in Geg. u. Gesch., 94–109. [S]

Leiss, Elisabeth (1985): Zur Entstehung des neuhochdeutschen analytischen Futurs. In: Sprachwissenschaft 10, 250–273. [S]

Lemon, Edward William Yawton (1975): A Phonology and Morphology of the Dialect of Sebastian Brant's Das Narrenschiff. Diss. Univ. Massachusetts. [L; M]

Lessiak, Primus (1908): Der Vokalismus der Tonsilben in den deutschen Namen der ältesten kärntnischen Urkunden. Ein Beitrag zur altbairischen Grammatik. In: Prager deutsche Studien 8, 241–272. [L]

Ders. (1933): Beiträge zur Geschichte des deutschen Konsonantismus. Mit einem Vorwort und einem Wort- und Sachverzeichnis v. Ernst Schwarz. Brünn / Prag / Leipzig / Wien 1933. (Schriften der Philosophischen Fakultät der Deutschen Universität in Prag 14). [L]

Leupold, Franz (1909): Zur Geschichte der neuhochdeutschen Pronominalflexion. Heidelberg. [M]

Lexer, Matthias (1862): Ueber die Sprache Ulman Stromers. In: Die Chroniken der fränkischen Städte. Bd. 1: Nürnberg. Beilage VII. Leipzig, 297–312. [L; M]

Leyenschul = Leyenschul. Wje man Kůnstlich vnd behend / schreyben vnnd lesen soll lernen. [. . .] Getruckt zu Meyntz bey Peter Jordan 1533. In: Fechner 1882.

Leys, Odo (1975): Die Dehnung von Vokalen im Niederländischen und im Deutschen. In: Leuvense Bijdragen 64, 421–449. [L]

Ders. (1977): Gerundiv und modales Partizip. In: DS 1977, 119–125. [S]

Liffgens, Irene (1925): Über den Sprachstand in den Frankfurter Urkunden in der ersten Hälfte des XIV. Jahrhunderts. Diss. [masch.] Frankfurt a. M. [L; M]

Limmer, Ilse (1944): Sein + Infinitiv in der Entwicklung vom Mittelhochdeutschen zum Neuhochdeutschen. Diss. München. [S]

Lindgren, Kaj B. (1953): Die Apokope des mhd. -e in seinen verschiedenen Funktionen. Helsinki. (AASF, B 78, 2). [L; M]

Ders. (1954): Mhd. Genitivformen auf -ens. In: AASF, B 84, 667–672. [M]

Ders. (1957): Über den oberdeutschen Präteritumsschwund. Helsinki. (AASF B 112/1). [M; S]

Ders. (1961): Die Ausbreitung der neuhochdeutschen Diphthongierung bis 1500. Helsinki. (AASF, B 123, 2). [L]

Ders. (1968): Nochmals neuhochdeutsche Diphthongierung. Eine Präzisierung. In: ZfM 35, 139–160. [L]

Ders. (1989): Liquidenvertauschung: Phonemvariation oder Distanzdissimilation? In: Dialektgeographie und Dialektologie. Günter Bellmann zum 60. Geburtstag von seinen Schülern und Freunden. Hg. v. Wolfgang Putschke / Werner Veith / Peter Wiesinger. Marburg, 7–15. (DDG 90). [L]

Ling. Stud. = Linguistische Studien III; IV. Festgabe für Paul Grebe zum 65. Geburtstag. [. . .] hg. v. Hugo Moser. 2 Tle. Düsseldorf 1973. (Spr. d. Geg. 23; 24).

Lipold, Günter (1988): Von den gaistlichen vnnd weltlichen Wappen aines Ritters. Graphematische Skizze eines Dillinger Druckes von 1552. In: Stud. z. Frnhd., 97–112. [L]

Literatursprache = Zur Literatursprache im Zeitalter der frühbürgerlichen Revolution. Untersuchungen zu ihrer Verwendung in der Agitationsliteratur. Autorenkollektiv unter Leitung von Gerhard Kettmann und Joachim Schildt. Berlin 1978. (Ak. d. Wiss. DDR. Z. I. 58. Baust.).

Ljungerud, Ivar (1955): Zur Nominalflexion in der deutschen Literatursprache nach 1900. Lund. (LGF 31). [M]

Lloyd, Albert L. (1968): Vowel plus h in Notker's Alemannic. In: Germanic Studies in Honor of Edward Henry Sehrt. Eds.: Frithjof Andersen Raven / Wolfgang Karl Legner / James Cecil King. Coral Gables, Florida, 109–121. [L]

Löfstedt, Inga (1944): Zum Sekundärumlaut von germanisch a im Bairischen. Lund / Kopenhagen. (LGF 15). [L]

Lötscher, Andreas (1990): Variation und Grammatisierung in der Geschichte des erweiterten Adjektiv- und Partizipialattributs des Deutschen. In: Hist. Synt. 14–28. [S]

Ludwig, A. (1989): Aufweis des hypothetischen Charakters phonologischer Systeme. In: Proceedings of the XIVth International Congress of Linguistics. Hg. v. Werner Bahner. [L]

Ludwig, Andreas W. (1989): Die deutsche Urkundensprache Churs im 13. und 14. Jahrhundert. Graphemik, Phonologie und Morphologie. Berlin / New York. (SLG 26). [L, M]

Ludwig, Max (1922): Der Vokalismus der Schweinfurter Kanzleisprache von 1330–1600. [. . .]. Diss. [masch.] Würzburg. [L]

Ludwig, Otto (1967): Präsens und süddeutscher Präteritumschwund. In: NM 68, 118–130. [S]

Lübben, August (1882): Mittelniederdeutsche Grammatik nebst Chrestomathie und Glossar. Leipzig.

Lübben, Mnd. Wb. = August Lübben: Mittelniederdeutsches Handwörterbuch. Norden / Leipzig 1888. [Neudr. Darmstadt 1965].

Luebke, William F. (1912/14/15): The Language of Berthold von Chiemsee in *Tewtsche Theologey*. In: MPh 10, 207–263; 12, 277–296 und 457–475. [L; M]

Lüdtke, Helmut (1959): Deutsche /x/ und /ç/ in diachronisch-phonologischer Betrachtung. In: Phonetica 4, 178–183. [L]

Ders. (1968): Ausbreitung der neuhochdeutschen Diphthongierung? In: ZfM 35, 97–109. [L]

Lühr, Rosemarie (1985): Zur Syntax des Nebensatzes bei Luther. In: Sprachwissenschaft 10, 26–50; Korrekturnote 358. [S]

Luick, K. (1886): Die qualität der mittelhochdeutschen *ě* nach den lebenden dialekten. In: PBB 11, 492–517. [L]

Ders. (1889): Zur Geschichte der deutschen *e*- und *o*-Laute. In: PBB 14, 127–148. [L]

Luther, Johannes (1923): Wittenberger und Augsburger Druckersprachen in Schriften Luthers 1520 und 1541. Diss. [masch.] Greifswald. [L]

Lutz, Bernd Friedrich (1967): Das Buch 'Alfadol'. Untersuchung und Ausgabe nach der Wiener Handschrift 2804. Mit einem Nachtrag von Paul Kunitzsch: Die arabischen Losrichternamen. Diss. Heidelberg. [L]

Macha, Jürgen (1985): Inschriften als Quellen sprachhistorischer Forschung. Ein Versuch am Beispiel rheinischer Grabkreuze des 16.–18. Jahrhunderts. In: RhVjbl 49, 190–210. [L; M]

Mager, Anna (1916): Die historische Entwicklung des Artikels in Präpositionalverbindungen im Frühneuhochdeutschen. Diss. Heidelberg. Stuttgart. [S]

Maier, Georg (1901): Das *ge*-Partizip im Neuhochdeutschen. In: ZDW 1, 282–318. [M]

Malige-Klappenbach, Helene (1955): Die Entwicklung der Großschreibung im Deutschen. In: Wissenschaftliche Annalen. Berlin, 4, 102–118. [L]

Marache, Maurice (1960): Le composé verbal en *ge*- et ses fonctions grammaticales en moyen haut allemand. Paris. [M]

Margetts, John (1969): Die Satzstruktur bei Meister Eckhart. Stuttgart. (Studien zur Poetik und Geschichte der Literatur 8). [S]

Martens, Peter (1975): Fortfall oder Bewahrung von unbetontem '-*e*'. Einige phonetische, orthographische und grammatische Implikationen. In: ZDL 42, 39–52. [L]

Marwedel, Günter (1973): Untersuchungen zur Phonematik des Vokalsystems Nürnberger Fastnachtspiele. Ein Beitrag zur Frage ihres sprachgeschichtlichen Quellenwerts. 2 Bde. Hamburg. [L]

Masařík, Zdeněk (1961): Zum Lautstand der Brünner deutschen Urkunden. In: Sborník Prací Filofické Fakulty Brnenské University 10, 113–123. [L]

Ders. (1966): Die mittelalterliche deutsche Kanzleisprache Süd- und Mittelmährens. Brno. (OUPB 110). [L; M]

Ders. (1977): Ein Beitrag zur deutschen Kanzleisprache in Olmütz im 15. und 16. Jh. In: Brünner Beiträge zur Germanistik und Nordistik 1, 23–43. [L]

Ders. (1984): Zu Bestand und Entwicklungstendenzen der hypotaktischen Konjunktionen des Frühneuhochdeutschen in Mähren. In: BBGN 4, 15–55. [S]

Ders. (1985): Die frühneuhochdeutsche Geschäftssprache in Mähren. Brünn. (OUPB 259). [L]

Ders. (1986/87): Die Entwicklung der finalen Konjunktionen des Frühneuhochdeutschen in Mähren. In: Brücken. Germanistisches Jahrbuch DDR – CSSR, 173–180. [S]

Ders. (1989a): Die Mundartmischung im Frühneuhochdeutschen Mittelmährens. In: Dialektgeographie und Dialektologie. Günter Bellmann zum 60. Geburtstag von seinen Schülern und Freunden. Hg. v. Wolfgang Putschke / Werner Veith / Peter Wiesinger. Marburg, 269–278. (DDG 90). [L]

Ders. (1989b): Zur Wiedergabe der konditionalen Relation in den frühneuhochdeutschen Dialekten Mährens. In: Bayerisch-österreichische Dialektforschung. Würzburger Arbeitstagung 1986 unter Mitarb. von Regina Frisch und Olaf Stolzmann hg. von Erwin Koller [et al.]. Würzburg, 187–193. [S]

Matthias, Theodor (1894): Die Nennform mit *um zu*. In: ZADS 9, 137–142. [S]

Ders. (1897): Zur Geschichte der deutschen Mittelwortfügungen. In: ZfdU 11, 681–708. [S]

Maurer, Friedrich (1922): Beiträge zur Sprache Oswalds von Wolkenstein. Gießen. (GBPh 3). [L; M]

Ders. (1924): Zur Anfangsstellung des Verbs im Deutschen. In: Beiträge zur germanischen Sprachwissenschaft. Festschrift für Otto Behaghel. Hg. v. Wilhelm Horn. Heidelberg, 141–184. [S]

Ders. (1926): Untersuchungen über die deutsche Verbstellung in ihrer geschichtlichen Entwicklung. Heidelberg. (GB II/21). [S]

Ders. (1965): Neue Forschungen zur südwestdeutschen Sprachgeschichte. In: Vorarbeiten, 1–46. [L]

Mausser, Otto (1915): Die Apokope des mhd. *-e* im Altbayrischen mit besonderer Berücksichtigung der Mundart von Grafenau im bayr. Wald. München. [L; M]

Ders. (1932/33): Mittelhochdeutsche Grammatik auf vergleichender Grundlage. Mit besonderer Berücksichtigung des Althochdeutschen, Urgermanischen, Urwestgermanischen, Urindogermanischen und der Mundarten. 3 Tle. München. [Neudr. Wiesbaden 1972].

Mayer, Anton (1929): Zum Alter des Übergangs von *sk* zu *s*. In: PBB 53, 286–290. [L]

Mayer, Christian August (1904): Die Orthographie des Hans Sachs. In: Städt. Realgymnasium i. E. zu Cöln-Nippes, Jahresbericht (Nr. 1) über das Schuljahr 1903–1904, 1–22. [L]

McAlister Hermann, Judith Anne (1975): A diachronic descriptive Analysis of an Early New High German printed Prose Text, Hieronymus Brunschwig's 'das buch zu destillieren'. 2nd Edition (Strasbourg: Grüninger, 1519). Diss. [masch.] Indiana University. [L; M]

McLintock, D. R. (1966): Morphological syncretism in Old High German. In: Transactions of the Philological Society 1965, 1–14.

van der Meer, M. J. (1915): Das Plural-*s* im Niederländischen und Niederdeutschen. In: PBB 40, 525–528. [M]

Meier, Helmut (1964): Deutsche Sprachstatistik. 2 Tle. Hildesheim.

Meillet, Antoine (1909): Sur la disparation des formes simples du prétérit. In: GRM 1, 521–526. [S]

Meinerich, Theodor Ewald (1885): Sprachliche Untersuchungen zu Christian Wierstraats Chronik der Stadt Neuss. Ein Beitrag zur Sprachgeschichte des Mittelfränkischen im XV. Jahrhundert. Diss. Leipzig. [L; M]

Meinhold, Gottfried (1967): Norm und Sprachwandel. In: WZUJ 16, 593–608.

Meisen, Karl (1924/25; 1925/26): Christian Wierstaits Belagerungschronik von 1476 im Sprachkampf am Niederrhein. [. . .]. In: Teuthonista 1, 200–213; 286–299; 2, 241–255. [L]

Mensing, Otto (1891): Untersuchungen über die Syntax der Concessivsätze im Alt- und Mittelhochdeutschen. Kiel. [S]

Ders. (1902): Beiträge zur niederdeutschen syntax. *dede* in irrealen bedingungssätzen. In: ZfdPh 34, 505–512. [S]

Mentrup, Wolfgang, Hg. (1980a): Materialien zur historischen entwicklung der gross- und kleinschreibungsregeln. Tübingen. (RGL 23). [L]

Ders. (1980b): Zur entwicklung der groß- und kleinschreibung im deutschen. In: Mentrup (1980a), 279–333. [L]

Mentz, Georg (1912): Handschriften der Reformationszeit. Bonn. [L]

Merkes, P. (1896): Beiträge zur Lehre vom Gebrauch des Infinitivs im Nhd. auf historischer Grundlage. Erster Teil. Leipzig. [S]

Mettke, Mhd. Gr. = Heinz Mettke: Mittelhochdeutsche Grammatik. Laut- und Formenlehre. 5., neubearb. und erw. Aufl. Leipzig 1983.

Metzler, Regine (1989): Morphosyntaktische Analyse der attributiv erweiterten Substantivgruppen in Privatbriefen des 16. Jahrhunderts. In: BES 9, 227–254. [S]

Metzner, Joseph (1913): Nhd. *o* für mhd. *u*. Ein Beitrag zur Geschichte der neuhochdeutschen Schriftsprache. Diss. Würzburg. [L]

Meyer, Anneliese (1944): Studien zur älteren Sprachgeschichte Mülhausens 14.–18. Jahrhundert. Diss. Freiburg. Mühlhausen. [L; M]

Mhd. Wb. = Mittelhochdeutsches Wörterbuch mit Benutzung des Nachlasses von Georg Friedrich Benecke ausgearbeitet von Wilhelm Müller und Friedrich Zarncke. 3 Bde. Leipzig 1854–1866.

Michaelis, G. (1883): Zur Geschichte der Interpunktion. In: Central-Organ für die Interessen des Realschulwesens 11, 657–666. [L]

Michel, Wolf-Dieter (1959): Die graphische Entwicklung der *s*-Laute im Deutschen. In: PBB 81, 456–480. [L]

Michels, Fritz (1921): Die *n*-losen ostfränkisch-thüringischen Infinitive. Diss. Würzburg. [Auszug in: Jahrbuch der Philosophischen Fakultät in Würzburg 22, 1921/22, 89–91]. [M]

Michels, Mhd. Gr. = Victor Michels: Mittelhochdeutsche Grammatik. 5. Aufl. Um ein Verzeichnis neuerer Fachliteratur erweiterter Nachdruck der dritten und vierten Auflage des Mittelhochdeutschen Elementarbuches. Hg. v. Hugo Stopp. Heidelberg 1979. (GB, 1. Reihe).

Miller, C. Reed (1898f): The Preposition in Hans Sachs. In: Americana Germanica 2, Nr. 2, 1–32; Nr. 4, 1–40. [S]

Mitzka, Walther (1964): Germ. *up* 'auf' im Alt- und Mittelhochdeutschen. In: ZfdA 93, 293–300. [L]

Ders. (1972): Mitteldeutsch *ch*, *sch* und die Konsonantenschwächung. In: PBB (H) 93, 1972, 34–43. [L]

Mogensen, Jens Erik (1992): Zum Vorkommen eines homonymischen Konstellationstypus Heterographie / Homophonie im Frühneuhochdeutschen und zu dessen eventueller Berücksichtigung bei der Konstruktion gesamtsystembezogener Lemmata. In: ZGL 20, 64–81.

Moling, Hilda (1978): Die Darstellung mündlicher Rede durch Verba dicendi im Neuen Testament der Lutherbibel von 1545. Diss. Innsbruck. [S]

Møller, Christen (1937): Zerfall und Aufbau grammatischer Distinktionen. Die Feminina im Deutschen. In: Mélanges Linguistiques offerts à M. Holger Pedersen [. . .]. Kopenhagen, 365–372. [M]

Molz, Hermann (1902; 1906): Die substantivflexion seit mittelhochdeutscher zeit. In: PBB. 27, 209–342; 32, 277–392. [M]

Moser, Hans (1977): Die Kanzlei Kaiser Maximilians I.: Graphematik eines Schreibusus. Bd. 1–2. Innsbruck. (IBK, 5/I-III). [L]

Ders. (1987): Geredete Graphie. Zur Entstehung orthoepischer Normvorstellungen im Frühneuhochdeutschen. In: ZfdPh 106, 379–399.

Moser, Hugo (1973): Beobachtungen zum heutigen deutschen Kasussystem und Kasusgebrauch. In: Lexicography and Dialect Geography. Festgabe for Hans Kurath. Hg. v. H. Scholler / J. Reidy. Wiesbaden, 165–186 (ZDL, Beiheft, NF 9). [M]

Moser, Virgil (1909): Historisch-grammatische Einführung in die frühneuhochdeutschen Schriftdialekte. Halle. [Neudr. Darmstadt 1971]. [L; M]]

Ders. (1910): Sprachliche Studien zu Fischart. In: PBB 36, 102–219. [Auch in: V. Moser, Schrr. 2, 406–523]. [L; M]

Ders. (1912): Das *å* bei Seb. Brant. In: ZfdPh 44, 331–345. [L]

Ders. (1915): Beiträge zur Lautlehre Spee's. In: ZfdPh 46, 17–80. [Auch in: V. Moser, Schrr. 1, 57–120]. [L]

Ders. (1916): Über mittelhochdeutsch und neuhochdeutsch *i* für *e* und *ë* in Tonsilben. In: PBB 41, 437–480. [L]

Ders. (1920): Die Straßburger Druckersprache zur Zeit Fischarts (1570–1590). Grundlegung zu einer Fischart-Grammatik. München. (Auch in: V. Moser, Schrr. 2, 541–721). [L; M]

Ders. (1921): Zur Geschichte der neuhochdeutschen Schriftsprache in Bern. In: PBB 45, 149–163. [Auch in: V. Moser, Schrr. 1, 121–163]. [L]

Ders. (1923): Frühneuhochdeutsche studien. In: PBB 47, 357–407. [Auch in: V. Moser, Schrr. 1, 164–214]. [L]

Ders. (1924): Ein Zürcher Reformorthograph des 17. Jahrhunderts. In: Münchener Museum für Philologie des Mittelalters und der Renaissance 4, 77–86. [Auch in: V. Moser, Schrr. 1, 215–224]. [L]

Ders. (1936a): Deutsche Orthographiereformen des 17. Jahrhunderts. In: PBB 60, 193–258. [Auch in: V. Moser, Schrr. 1, 229–294]. [L]

Ders. (1936b): Begriffsunterscheidung durch Fraktur- und Antiquamajuskel in der Luther-Bibel. In: Luther-Jahrbuch der Luthergesellschaft 18, 83–96. [L]

Ders. (1938): Erratische Formen in der Schriftsprache. In: ZfM 14, 65–73. [L]

Ders. (1948): Deutsche Orthographiereformen des 17. Jahrhunderts. II. Teil. In: PBB 70, 467–496; 71, 386–465. [Auch in: V. Moser, Schrr. 1, 229–404]. [L]

Ders. 1.1./1.3. = Virgil Moser: Frühneuhochdeutsche Grammatik. I. Band: Lautlehre. 1. Hälfte: Orthographie, Betonung, Stammsilbenvokale. Heidelberg 1929. III. Band: Lautlehre 3. Teil: Konsonanten, 2. Hälfte (Schluß). Heidelberg 1951. (GB, 1. Reihe). [L]

Ders., Schrr. = Moser, Virgil: Schriften zum Frühneuhochdeutschen. Hg. v. Hugo Stopp. Mit einem Register erstellt v. Angelika Schmitt unter Mitwirkung v. Maria Walch. 2 Bde. Heidelberg 1982. [L]

Mosher, Arthur David (1979): The Language of the Alemannic Version of the Sermons of Johannes Tauler. Diss. Univ. Massachusetts. [L; M]

Moulin, Claudine (1990): Der Majuskelgebrauch in Luthers deutschen Briefen (1517–1546). Heidelberg. [L]

Moulton, William G. (1961): Zur Geschichte des deutschen Vokalsystems. In: PBB (T) 83, 1–35. [L]

Ders. (1988): Zur handschriftlichen Wiedergabe der *e*-Laute in den drei Haupthandschriften des Nibelungenliedes. In: PBB 110, 153–171. [L]

Mourek, Vaclav Emanuel (1901): Zum Prager Deutsch des XIV. Jahrhunderts. In: Sitzungsberichte der Königl. Böhmischen Gesellschaft der Wissenschaften. Classe für Philosophie, Geschichte und Philologie. 1901 (Prag 1902), 1–84. [L]

Müller, Ernst Erhard (1953): Die Basler Mundart im ausgehenden Mittelalter. Bern. (BSSL 14). [L]

Mueller, Eugen Hartmuth (1938): Die Sprache Paul Flemings. Untersuchung des Laut- und Formenstandes. Diss. Heidelberg. [L; M]

Müller, Hermann (1928): Die Sprachschicht der Weistümer des Amtes Brühl. Rostock. [L]

Müller, Johannes (1882): Quellenschriften und Geschichte des deutschsprachigen Unterrichtes bis zur Mitte des 16. Jahrhunderts. Gotha. [Nachdruck mit einer Einführung v. Monika Rössing-Hager. Hildesheim / New York 1969].

Müller, Wilhelm (1912): Untersuchungen zum Vokalismus der stadt- und landkölnischen Mundart. Diss. Bonn. [L]

Mugdan, Joachim (1977): Flexionsmorphologie und Psycholinguistik. Untersuchungen zu sprachlichen Regeln und ihrer Beherrschung durch Aphatiker, Kinder und Ausländer, am Beispiel der deutschen Substantivflexion. Tübingen. [M]

Mumm, Susanne (1974): Die Konstituenten des Adverbs. Computerorientierte Untersuchung auf der Grundlage eines frühneuhochdeutschen Textes. In: GL 3–4, 1–213. [S]

Must, Gustav (1965): The Symbols for /i/ and /j/ in German Orthography: An Historical Survey. In: MLN 80, 584–595. [L]

Ders. (1966): The making of the f-sound in German orthography. In: MdU 58, 150–156. [L]

Nagl, Johannes Willibald (1886): Grammatische Analyse des niederösterreichischen Dialektes im Anschluss an den VI. Gesang des Roanad. Wien.

Nebert, Reinhold (1891): Zur Geschichte der Speyrer Kanzleisprache. Ein Beitrag zur Lösung der Frage nach dem Bestehen einer mittelhochdeutschen Schriftsprache. Diss. Halle-Wittenberg. [L]

Nerius, Dieter (1964): Untersuchungen zur Herausbildung einer nationalen Norm der deutschen Literatursprache in der zweiten Hälfte des 18. Jahrhunderts. Darstellung am Beispiel der Substantivflexion. Diss. [masch.] Berlin. [M]

Ders. (1967): Untersuchungen zur Herausbildung einer nationalen Norm der deutschen Literatursprache im 18. Jahrhundert. Halle. [M]

Neubauer, Kurt (1963): Das Kriegsbuch des Philipp von Seldeneck vom Ausgang des 15. Jahrhunderts. Untersuchung und kritische Herausgabe des Textes der Karlsruher Handschrift. Diss. Heidelberg 1963. [L]

Neumann, Johannes (1934): Das Lob der Keuschheit. Nach C. A. Schmids Kopie einer verschollenen Lüneburger Handschrift hg. v. Hans Neumann. Berlin. (DTM 38). [L]

Neumann, Werner (1961): Zur Struktur des Systems der reinen Kasus im Neuhochdeutschen. In: ZPSK 14, 55–63. [M]

Niewöhner, Heinrich (1953–56): Die Gedichte Heinrichs des Teichners. 3 Bde. Berlin. (DTM 44; 46; 48). [L]

Nimmervoll, Dominik (1973): Das Gebetbuch für Albrecht V. (Codex Vindobonensis 2722). Ein Beitrag zur Erforschung des mittelbairischen Sprachzustandes und der religiös-geistigen Welt des 15. Jahrhunderts in Österreich. Wien. (Diss. d. Univ. Wien 99). [L; M]

Nitta, Haruo (1987): Zur Erforschung der 'uneigentlichen' Zusammensetzung im Frühneuhochdeutschen. In: ZfdPh 106, 400–416. [S]

Nohl, Hans (1887): Die Sprache des Niclaus von Wyle, Laut und Flexion. Diss. Heidelberg. [L; M]

Nordlund, Sven (1928): Der Lautstand in Georg Rollenhagens Schriften. Ein Beitrag zur frühneuhochdeutschen Grammatik. Greifswald. [L; M]

Nordström, Torsten (1911): Studien über die Ausbildung der neuhochdeutschen starken Präsensflexion. [. . .]. Diss. Uppsala. [M]

Norma = Norma i sotsial'naja differentsiatsiya yazyka. Moskva 1969.

Noordijk, Dirk Gerardus (1925): Untersuchungen auf dem Gebiete der kaiserlichen Kanzleisprache im XV. Jahrhundert. Proefschrift Amsterdam 1925. Gouda. [L; M]

Nyholm, Kurt (1981): Zur Endstellung des Verbs in spätmittelalterlichen und früh-humanistischen Texten. In: Wissenschaftliche Konferenz »Kommunikation und Sprache in ihrer geschichtlichen Entwicklung bis zum Neuhochdeutschen« 20.–27. September 1980 in Oulu (Finnland). Berlin, 52–64. (Linguistische Studien, Reihe A 77). [S]

Ochs, Hans (1921): Studien zur Grammatik Fischarts. Diss. [masch.] Marburg. [L; M]

Odom, William (1973): The Language of Heinrich Steinhöwel's Pestbuch (1473): Orthography, Phonology and Morphology. Diss. [masch.] Tulane University. [L; M]

Öberg, A. B. (1907): Über die hochdeutsche Passivumschreibung mit *sein* und *werden*. Historische Darstellung. Lund. [S]

Öhmann, Emil (1924): Der *s*-Plural im Deutschen. Helsinki (AASF, B 18, 1). [M]

Ders. (1960): Über hyperkorrekte Lautformen. Helsinki. (AASF, B 123, 1). [L]

Ders. (1961/62): Die Pluralformen auf -*s* in der deutschen Substantivflexion. In: ZDA 91, 228–236. [M]

Ölinger, Albert (1573) = Die deutsche Grammatik des Albert Ölinger. Hg. v. Willy Scheel. Halle/S. 1897. (ÄdGrN 4).

Okrajek, Margrit (1966): Substantivverbindungen im Frühneuhochdeutschen. Diss. [masch.]. Berlin. [M]

Otte, Ruth (1961): Die einleitenden Konjunktionen der Adverbialnebensätze in Sebastian Brants Narrenschiff. Ein Beitrag zur Grammatik des Frühneuhochdeutschen. Diss. Freiburg. [S]

Otten, Dirk (1977): Schreibtraditionen und Schreibschichten in Sittard im Zeitraum von 1450–1609. Bonn. (RA 98). [L]

Otto, Ernst (1970): Die Sprache der Zeitzer Kanzleien im 16. Jahrhundert. Untersuchungen zum Vokalismus und Konsonantismus mit neun Kunstdrucktafeln. Berlin. (Dt. Ak. Wiss. B. IdSL 45. Baust.). [L; M]

Oubouzar, Erika (1971): L'apparition des formes verbales periphrastiques dans le système verbal allemand. Diss. Paris IV. [S]

Dies. (1974): Über die Ausbildung der zusammengesetzten Verbformen im deutschen Verbalsystem. In: PBB (T) 95, 5–96. [S]

Over, Paul (1976): Some VO and OV Patterns in the Language of Simplicissimus (Book I). In: Neophilologus 60, 534–541. [S]

Päpke, Max (1913): Das Marienleben des Schweizers Wernher. Mit Nachträgen zu Vögtlins Ausgabe der Vita Marie Rhytmica. Berlin. (Palaestra 81). [L]

Ders. (1920): Das Marienleben des Schweizers Wernher aus der Heidelberger Handschrift zu Ende geführt v. Arthur Hübner. Berlin. (DTM 27). [L]

Painter, Sigrid Dejas (1989): Die Aussprache des Frühneuhochdeutschen nach Lesemeistern des 16. Jahrhunderts. New York / Bern / Frankfurt / Paris. (Berkeley Insights in Linguistics and Semiotics 1). [L]

Papsonová, Maria (1985a): Die Zipser Willkür aus Špisská Sobota (Georgenberg). Untersuchungen zum Laut- und Formenbestand. In: BES 5, 41–65. [L]

Dies. (1985b): Prešover Zunftordnungen aus dem frühen 16. Jahrhundert. Ein Beitrag zur Erforschung des Frühneuhochdeutschen außerhalb des deutschsprachigen Zentralgebiets. In: ZfG 1, 133–143. [L]

Paraschkewow, Boris (1985): Das Verbalpräfix ge- in Luthers frühen Werken. In: BES 5, 30–40. [S]

Pasierbsky, Fritz (1988): Deutsche Sprache im Reformationszeitalter. Eine geistes- und sozialgeschichtlich orientierte Bibliographie. Bearb. und hg. v. Edeltraud Büchler / Edmund Dirkschnieder. 2 Tle. Tübingen.

Patocka, Franz (1988): Leo Pronners Versbeschreibung des Ausseer Salzwesens. Bemerkungen zu einem österreichischen Text aus dem Jahre 1595. In: Stud. z. Frnhd., 83–96.

Paul, Dt. Gr. [oder: Paul I, II usw.] = Hermann Paul: Deutsche Grammatik. 5 Bde. Tübingen (1968). [Unveränderter Nachdruck der 1. Aufl. von 1916–1920]. [M]

Paul, Mhd. Gr. = Hermann Paul: Mittelhochdeutsche Grammatik. 23. Aufl. neu bearb. v. Peter Wiehl / Siegfried Grosse. Tübingen 1989. (SkG, A. Hauptreihe, Nr. 2).

Paul, Hermann (1884): Beiträge zur geschichte der lautentwickelung und formenassociation. 11. Vokaldehnung und vokalverkürzung im neuhochdeutschen. In: PBB 9, 101–134. [L]

Ders. (1905; 1918): Die Umschreibung des Perfektums im Deutschen mit *haben* und *sein*. In: Abhandlungen der philosophisch-philologischen Klasse der Königlichen Bayerischen Akademie der Wissenschaften 22 [1905]. München, 159–210; Nachtrag. In: Sitzungsberichte der Bayerischen Akademie der Wissenschaften. Philosophisch-philologische und historische Klasse. Jahrgang 1918, 11. Abhandlung. München. [S]

Paulus, Eberhard (1906): Zur Geschichte der Schriftsprache in Schwaben im achtzehnten Jahrhundert. Ein Beitrag zur neuhochdeutschen Laut- und Flexionslehre. Diss. Leipzig. [L; M]

Pauly, P. (1974): Zur Darstellung von Synchronie und Diachronie des Vokalismus im Deutschen. In: DS 2, 335–347. [L]

Pavlov, Vladimir M. (1972): Die substantivische Zusammensetzung im Deutschen als syntaktisches Problem. München. [S]

Ders. (1983): Zur Ausbildung der Norm der deutschen Literatursprache (1470–1730). Von der Wortgruppe zur substantivischen Zusammensetzung. Berlin. (Baust. 56/VI). [S]

Pensel, Franzjosef (1976): Die Satznegation. In: ZAN / synt. Ebene, 285–326. [S]

Penzl, Herbert (1968a): The History of the third nasal phoneme of modern German. In: PMLA 83, 340–346. [L]

Ders. (1968b): Die mittelhochdeutschen Sibilanten und ihre Weiterentwicklung. In: Word 24, 340–349. (Alphonse Juilland: Linguistic Studies Presented to André Martinet On the Occasion of his Sixtieth Birthday. New York) [L]

Ders. (1969): Geschichtliche deutsche Lautlehre. München. [L]

Ders. (1974): Zur Entstehung der frühneuhochdeutschen Diphthongierung. In: Studien, 345–357. [L]

Ders. (1975): Vom Urgermanischen zum Neuhochdeutschen. Eine historische Phonologie. Berlin. (GG 16). [L]

Ders. (1983): Valentin Ickelsamer und die Aussprache des Deutschen im 16. Jahrhundert. In: Virtus et Fortuna. Festschrift für Hans-Gert Roloff. Hg. v. Joseph P. Strelka / Jörg Jungmayer. Bern / Frankfurt / New York, 220–236. [L]

Ders. (1984a): Frühneuhochdeutsch. Bern [etc.]. (Germanistische Lehrbuchsammlung 9).

Ders. (1984b): Lautsystem und »Normalorthographie« des Mittelhochdeutschen. In: Studia Linguistica et Philologica. Festschrift für Klaus Matzel zum sechzigsten Geburtstag überreicht von Schülern, Freunden und Kollegen. Hg. v. Hans-Werner Eroms / Bernhard Gajek / Herbert Kolb. Heidelberg, 215–224. [L]

Pestalozzi, Rudolf (1905): O. Werdmüllers Hauptsumma Zürich 1552 und Herborn 1588. Eine sprachgeschichtliche Untersuchung. Diss. Zürich. [L]

Ders. (1909): Syntaktische Beiträge. I. Systematik der Syntax seit Ries. II. Die Casus in Johannes Keßlers Sabbata. Leipzig. (Teutonia 12). [S]

Pfanner, Josef (1954): Die deutsche Schreibsprache in Nürnberg von ihrem ersten Auftreten bis zum Ausgang des 14. Jahrhunderts. In: Mitteilungen des Vereins für Geschichte der Stadt Nürnberg 45, 148–207. [L; M]

Pfeffer, Ernst (1972): Die Sprache des Erfurter 'Buches der Willkür' nach den Handschriften des 14. Jahrhunderts. (Laute, Formen und einige Fragen der Syntax). In: PBB (H) 93, 102–187. [L; M]

Pfeifer, P. (1928): Die mhd. Umlauts-e der südbair. Mundart des Reggelberges. In: PBB 52, 72–92. [M]

Pfütze, M. (1966): Satzbau, Stil und Klasse – Kritische Bemerkungen zur sozialen Grundlage einiger Anschauungen über die Normen in der deutschen Satzstruktur. In: WZPP 10, 203–210. [S]

Philipp, Gerhard (1980): Einführung ins Frühneuhochdeutsche. Sprachgeschichte – Grammatik – Texte. Heidelberg. (UTB 822). [S]

Philipp, Marthe (1969): Moderne sprachwissenschaftliche Methoden am Beispiel des Werkes Thomas Murners. In: ZfdPh 88, 436–448.

Piirainen, Ilpo Tapani (1968): Graphematische Untersuchungen zum Frühneuhochdeutschen. Berlin. (SLG 1). [L]

Ders. (1969): Die absoluten Kasuskonstruktionen des Deutschen in diachronischer Sicht. In: NM 70, 448–470. [S]

Ders. (1980): Das Iglauer Bergrecht nach einer Handschrift aus Schemnitz. Untersuchungen zum Frühneuhochdeutschen in der Slowakei. Heidelberg. (SF 4). [L]

Ders. (1983): Das Stadt- und Bergrecht von Kremnica / Kremnitz. Untersuchungen zum Frühneuhochdeutschen in der Slowakei. Heidelberg. (SF 7). [L]

Pinsker, Hans Ernst (1934): Die Sprache der niederösterreichischen Stiftsurkunden vom 13. bis 15. Jahrhundert. Diss. [masch.] Wien. [L; M]

Poeschel, J. (1893): Auch eine Tagesfrage. Die Stellung des Zeitwortes nach *und* sprachgeschichtlich untersucht. In: ZADS, Wiss. Beiheft 5, 193–237. [S]

von Polenz, Peter (1954): Die altenburgische Sprachlandschaft. Untersuchungen zur ostthüringischen Sprach- und Siedlungsgeschichte. Halle. (MF 1).

Polheim, Karl K. (1980): Das Admonter Passionsspiel. Bd. II: Untersuchungen zur Überlieferung, Sprache und Osterhandlung. Paderborn [etc.]. [L]

Polzin, Albert (1903): Geschlechtswandel der Substantiva im Deutschen (mit Einschluß der Lehn- und Fremdworte). Hildesheim. [M]

Ponten, Jan Peter (1973): Der Ersatz- oder Scheininfinitiv. Ein Problem aus der deutschen und niederländischen Syntax. In: WW 23, 73–85. [S]

Popowitsch = Die nothwendigsten Anfangsgründe der Teutschen Sprachkunst zum Gebrauche der österreichischen Schulen. Hg. von Johann Siegmund Popowitsch [. . .]. Wien 1754.

Povejšil, Jaromir (1980): Das Prager Deutsch des 17. und 18. Jahrhunderts. Ein Beitrag zur Geschichte der deutschen Schriftsprache. Hamburg. [L; M]

Preusler, W. (1940): Zur Stellung des Verbs im deutschen Nebensatz. In: ZfdPh 65, 18–26. [S]

Protze, Helmut (1960): Zum bairischen und ostfränkischen Anteil am Siebenbürgisch-Sächsischen. In: Jahrbuch für fränkische Landesforschung 20, 325–344.

Pudor = Christian Pudor: Der Teutschen Sprache Grundrichtigkeit und Zierlichkeit. Hildesheim / New York 1975. (Nachdruck der Ausgabe Cölln a. d. Spree 1672). (DL, Reihe V).

Püschel, Hermann (1899): Der syntaktische Gebrauch der Conjunctionen in den Adverbialsätzen bei Hans Sachs. Diss. Leipzig. [S]

Puls, A. (1881): Untersuchungen über die Lautlehre der Lieder Muskatblüts. Diss. Kiel. [L]

Putzer, Oskar (1979): Konjunktionale Nebensätze und äquivalente Strukturen in der Heinrich von Langenstein zugeschriebenen »Erkenntnis der Sünde«. Eine syntaktische Studie zur Wiener Übersetzungsliteratur um 1390. Wien. (Schriften zur deutschen Sprache in Österreich 2). [S]

Quentin, Wilfried (1915): Studien zur Orthographie Fischarts. Diss. Marburg. [L]

Quint, Josef, Hg. (1927): Der mitteldeutsche Karl und Elegast nach der Zeitzer Handschrift. Bonn. (Rheinische Beiträge und Hülfsbücher zur germanischen Philologie und Volkskunde 14). [L; M]

Rauch, Irmengard (1973): Old High German Vocalic Clusters. In: Issues in Linguistics. Papers in Honor of Henry and Renée Kahane. Eds.: Braj B. Kachru [u. a.]. Urbana / Chicago / London, 774–779. [L]

Rausch, Georg (1897): Zur Geschichte des deutschen Genitivs seit der mittelhochdeutschen Zeit. Diss. Gießen. Darmstadt. [S]

Reed, Carroll (1958): Um zu: A Test Case. In: Philological Quarterly (Iowa City, Iowa) 37, 99–105. [S]

Reichmann, Oskar, Hg. (1972): Etliche Schrifften für den gemeiné man / von vnterricht Christlicher lehr vnd leben / vnnd zum trost der engstigen gewissen. Durch V. Dietrich. [..]. Nûrmberg 1548. Assen. (QFE 5). [L]

Ders. (1986): Lexikographische Einleitung. In: Robert R. Anderson / Ulrich Goebel / Oskar Reichmann (Hg.), Frühneuhochdeutsches Wörterbuch. Lieferung 1. Berlin / New York 1986, 10–164.

Ders. / Klaus-Peter Wegera (1988): Frühneuhochdeutsches Lesebuch. Tübingen.

Reiffenstein, Ingo (1969): Endungszusammenfall in diachroner und synchroner Sicht. In: Sprache, Gegenwart und Geschichte. Düsseldorf, 171–186. (Spr. d. Geg. 5). [L]

Reifferscheid, A. (1874): Lexicalisch-syntactische Untersuchungen über die Partikel ge-. In: ZfdPh, Ergänzungsband, 319–446. [M; S]

Rein, O. P. (1915): Mixed Preterites in German. Göttingen / Baltimore. (Hesperia 5). [L; M]

Reis, Hans (1891): Beiträge zur Syntax der Mainzer Mundart. Diss. Gießen. Mainz. [S]

Ders. (1910): Der Untergang der einfachen Vergangenheitsform. In: GRM 2, 382–392. [S]

Reis, Marga (1974): Lauttheorie und Lautgeschichte. Untersuchungen am Beispiel der Dehnungs- und Kürzungsvorgänge im Deutschen. München. [L]

Rettig, Wolfgang (1972): Sprachsystem und Sprachnorm in der deutschen Substantivflexion. Tübingen. [M]

Rieck, Susanne (1977): Untersuchungen zu Bestand und Varianz der Konjunktionen im Frühneuhochdeutschen unter Berücksichtigung der Systementwicklung zur heutigen Norm. Heidelberg. (SF 2). [S]

Risse, Ursula (1980): Untersuchungen zum Gebrauch der Majuskel in deutschsprachigen Bibeln des 16. Jahrhunderts. [. . .]. Heidelberg. (SF 5). [L]

Ritzert, Adam (1897): Die Dehnung der mhd. kurzen Stammsilbenvocale in den Volksmundarten des hochdeutschen Sprachgebiets auf Grund der vorhandenen Dialektliteratur. Halle/S. [L]

Rockwell, Leo (1928): Zur Wortstellung in der Zimmerschen Chronik mit besonderer Berücksichtigung des Satzanfangs. Lancaster, Pa. (Diss. New York University 1924). [S]

Roemheld, Friedrich (1911): Die deutschen Konjunktionen wande, denn und weil. Diss. Gießen. Mainz. [S]

Rösler, Irmtraud / Christa Kopplow (1986): Auf dem Wege zu nationalen Normen in der Gestaltung des prädikativen Satzrahmens (Beobachtungen an den Gesprächsbüchern von Schroue – hd. 1546 – und Fenne – nd. 1607). In: WZUR 35, 8, 102–107. [S]

Rössing-Hager, Monika (1972): Syntax und Textkomposition in Luthers Briefprosa. 2 Bde. Köln / Wien. [S]

Dies. (1978): Untersuchungen der nominalen Wortgruppen bei Martin Luther. In: Maschinelle Verarbeitung altdeutscher Texte 1. Hg. v. Winfried Lenders / Hugo Moser. Berlin, 61–83. [S]

Dies. (1990): Leitprinzipien für die Syntax deutscher Autoren um 1550. In: Hist. Synt. 1990, 406–421. [S]

Roloff, Hans-Gert (1970): Stilstudien zur Prosa des 15. Jahrhunderts. Die Melusine des Thüring von Ringoltingen. Köln / Wien. [S]

Ronneberger-Sibold, Elke (1984): Nhd. *quer, Zwerchfell* und »natürlicher« Lautwandel. In: Wolfgang U. Dressler / Oskar E. Pfeiffer / John R. Rennison (eds.): Discussion Papers for the Fifth International Phonology Meeting. Wien 1984. (Wiener Linguistische Gazette, Suppl., Bein. 3). [L]

Dies. (1989): Historische Phonologie und Morphologie des Deutschen. Eine kommentierte Bibliographie zur strukturellen Forschung. Tübingen. (GA, Ergänzungsreihe, 3). [L; M]

Rosendahl, Axel (1895): Untersuchungen über die Syntax Albrecht von Eybs. I. Der zusammengesetzte Satz. Helsingfors. [S]

Rosenkranz, Heinz (1964): Der thüringische Sprachraum. Untersuchungen zur dialektgeographischen Struktur und zur Sprachgeschichte Thüringens. Halle. (MdSt 26). [L]

Rückert, Heinrich (1878): Entwurf einer systematischen Darstellung der schlesischen Mundart im Mittelalter. [. . .]. Paderborn. [L]

Rudolf, Rainer (1973): Studien zur frühneuhochdeutschen Schriftsprache in Südböhmen. Wien. (Studien zur österreichisch-bairischen Dialektkunde 8). [L]

Rueff, Hans, Hg. (1925): Das Rheinische Osterspiel der Berliner Handschrift MS. Germ. Fol. 1219. Mit Untersuchungen zur Textgeschichte des deutschen Osterspiels. Berlin. (Abhandlungen der Gesellschaft der Wissenschaften zu Göttingen. Phil.-hist. Kl., NF 18,1). [L]

Rühl, Karl (1909): Unflektierte (nominale) und starke Form im Singular des attributiven Adjektivs in den hochdeutschen Mundarten. Diss. Giessen. Darmstadt. [M]

Rupp, Karl (1933): Die Lebensbeschreibung Ludwigs III. von Arnstein. Ein Beitrag zur rheinischen Sprachgeschichte des 14. u. 15. Jahrhunderts. Diss. Marburg. [L; M]

Ruprecht, Ludwig (1857): Die deutsche Rechtschreibung vom Standpunkte der historischen Grammatik beleuchtet. Zweite, umgearb. Aufl. Göttingen.

Russ, Charles V. J. (1969): Die Ausnahmen zur Dehnung der mhd. Kurzvokale in offener Silbe. In: ZDL 36, 82–88. [L]

Ders. (1976): Die Vokallänge im Deutschen: eine diachronische Untersuchung. In: Akten des V. Internationalen Germanisten-Kongresses, Cambridge 1975. Bern, 131–138. [L]

Ders. (1977): Die Entwicklung des Umlauts im Deutschen im Spiegel verschiedener linguistischer Theorien. In: PBB (T) 99, 213–240. [L; M]

Ders. (1978): The development of the New High German allophonic variation [x] ∼ [ç]. In: Semasia 5, 89–98. [L]

Ders. (1982a): Studies in Historical German Phonology. A phonological comparison of MHG an NHG with references to modern dialects. Bern / Frankfurt. (EH, Reihe 1. 616). [L]

Ders. (1982b): DA + Preposition in Historical German Syntax. In: GLL 35, 315–318. [S]

Ders. (1986): Breaking the spelling barrier: the reconstruction of pronunciation from the orthography in historical linguistics. In: Augst (Hg.) 1986, 164–178.

Saarela, Anita (1972): Über die Entwicklung des mhd. partitiven Genitivs im 15.–17. Jahrhundert. Magisterarbeit Helsinki. [S]

Sächs. Mak. = Sächsische Mundartenkunde. Entstehung, Geschichte und Lautstand der Mundarten des obersächsischen Gebietes. Von Horst Becker neu bearb. und hg. v. Gunter Bergmann. Kartenbearbeitung v. Lieselotte Flecksig. 2. Aufl. Halle 1969.

Sager, Edwin (1949): Die Aufnahme der neuhochdeutschen Schriftsprache in der Kanzlei St. Gallen. Diss. Zürich. [L; M]

Saltveit, Laurits (1962): Studien zum deutschen Futur. Die Fügungen *werden* mit dem Partizip des Präsens und *werden* mit dem Infinitiv in ihren heutigen Funktionen und in ihrer geschichtlichen Entwicklung. Bergen. (Acta Universitatis Bergensis – Series Humaniorum Litterarum 1961, Nr. 2). [S]

Sandberg, Bengt (1983): Untersuchungen zur Graphemik und Phonemik eines Tiroler Autographs aus dem Ende des 15. Jhs. Göteborg. (GGF 23). [L]

Sanders, Willy (1972): Hochdeutsch /ä/ – »Ghostphonem« oder Sprachphänomen? In: ZDL 39, 37–58. [L]

Santifaller, Leo (1930): Bozner Schreibschriften der Neuzeit. 1500–1851. Beiträge zur Paläographie. Jena. [L]

Sarauw, Christian (1924): Niederdeutsche Forschungen Bd. II. Die Flexion der mittelniederdeutschen Sprache. Kopenhagen. [M]

Scaglione, Aldo (1981): Komponierte Prosa von der Antike bis zur Gegenwart. Bd. 2. Die Theorie der Wortstellung im Deutschen. Stuttgart. [S]

Schäftlein, Rolf (1962): Zur ostthüringischen Sprachgeschichte. Dialektgeographische und sprachhistorische Untersuchungen mit 20 Karten und 3 Hilfskarten. Habil.schrift Jena (masch.). [L]

Schatz, Josef (1897): Die Mundart von Imst in Tirol. Laut- und Flexionslehre. Straßburg. [L]

Schatz 1907 = Joseph Schatz: Altbairische Grammatik. Laut- und Flexionslehre. Göttingen. (Grammatiken der altdeutschen Dialekte 1). [L; M]

Ders. (1930): Sprache und Wortschatz der Gedichte Oswalds von Wolkenstein. Wien / Leipzig. [L; M]

Schäftlein, Rolf (1962): Zur ostthüringischen Sprachgeschichte. Dialektgeographische und sprachhistorische Untersuchungen [. . .]. Tl. I [masch.] Jena. [L]

Scheben, Maria (1924): Die Geschichte der Urkundensprache des Herzogtums Jülich. Diss. [hs.] Bonn. [L]

Scheel, Willy (1893): Jaspar von Gennep und die Entwicklung der neuhochdeutschen Schriftsprache in Köln. (Westdeutsche Zeitschrift für Geschichte und Kunst, Ergänzungsheft VIII. Trier). [L; M]

Scheiner, Andreas (1933): Die Sprache des Teilschreibers Georg Dollert. Beitrag zu einer Geschichte hermannstädtischer Geschäftssprache. In: Archiv des Vereins für Siebenbürgische Landeskunde, NF 47, VII-XXVI; 1–79. [L]

Schellenberger, Barbara (1974): Studien zur Kölner Schreibsprache des 13. Jahrhunderts. Mit 4 Karten und 3 Abbildungen. Bonn. (RA 90). [L]

Schieb, Gabriele (1952): *al, alein(e), an(e)* im Konzessivsatz. Ein Beitrag zur Veldekekritik. In: PBB 74, 268–285. [S]

Dies. (1959): *bis.* Ein kühner Versuch. In: PBB (H) 81, 1–77. [S]

Dies. (1970): Zum Nebensatzrepertoire des ersten deutschen Prosaromans. Die Temporalsätze. In: Gedenkschrift für William Foerste. Hg. v. Dietrich Hofmann. Köln / Wien, 61–77. [S]

Dies. (1972): Zum System der Nebensätze im ersten deutschen Prosaroman. Die Objekt- und Subjektsätze. In: Studien zur Geschichte der deutschen Sprache. Berlin, 167–230. (Baust. 49). [S]

Dies. (1976): Der Verbkomplex aus verbalen Bestandteilen. In: ZAN / synt. Ebene, 39–234. [S]

Dies. (1978a): Relative Attributsätze. In: Literatursprache, 441–526. [S]

Dies. (1978b): Zum Nebensatzrepertoire des ersten deutschen Prosaromans. Die Attributsätze. In: PBB (H) 99, 5–31. [S]

Dies. (1981): Zu Stand und Wirkungsbereich der kodifizierten grammatischen Norm Ende des 19. Jahrhunderts. In: BES 1, 134–176.

Schildt, Joachim (1968): Zur Ausbildung des Satzrahmens in Aussagesätzen der Bibelsprache (1350–1550). In: PBB (H) 90, 174–197. [S]

Ders. (1969): Die Satzklammer und ihre Ausbildung in ober- und mitteldeutschen Bibeltexten des XIV. bis XVI. Jahrhunderts. In: Norma, 146–158. [S]

Ders. (1970): Die Ausbildung einer ostmitteldeutschen Norm im Gebrauch lokaler Präpositionen 1200–1550. Berlin. (Baust. 44). [S]

Ders. (1972): Die Satzklammer und ihre Ausbildung in hoch- und niederdeutschen Bibeltexten des 14. bis 16. Jahrhunderts. In: Studien zur Geschichte der deutschen Sprache. Hg. v. G. Feudel. Berlin, 231–241. (Baust. 49). [S]

Ders. (1976): Zur Ausbildung des Satzrahmens. In: ZAN / synt. Ebene, 235–284. [S]

Ders. (1978): Sprechsprachliche Gestaltungsmittel. In: Literatursprache, 21–85. [S]

Schilling (1878): Die Diphthongierung der Vokale û, iu und î. Werdau. [L]

Schirmunski, Viktor M. (1962): Deutsche Mundartkunde. Vergleichende Laut- und Formenlehre der deutschen Mundarten. Berlin. (Dt. Ak. Wiss. B. IdSL 25). [L; M]

Schlosser, Dieter (1974): Hermann von Sachsenheim. Die Mörin. Nach der Wiener Handschrift ÖNB 2946 hg. und kommentiert. Wiesbaden. (Deutsche Klassiker des Mittelalters, NF 3). [L].

Schmid, Hans (1953): Die St. Galler Urkundensprache in der zweiten Hälfte des XIV. Jahrhunderts. Diss. Zürich. [L; M]

Schmid, Hans Ulrich (1989): Die mittelalterlichen deutschen Inschriften in Regensburg. Edition, Untersuchungen zur Sprache, Abbildungen. Mit einem Beitrag von Franz Fuchs: Zur kopialen Überlieferung mittelalterlicher Regensburger Inschriften. Frankfurt [etc.]. (RBSL 40). [L]

Schmid, Josef (1988): Untersuchungen zum sogenannten freien Dativ in der Gegenwartssprache und auf Vorstufen des heutigen Deutsch. Frankfurt a. M. [etc.]. (RBSL 35). [S]

Schmidt, Margot Hg. (1969): Rudolf von Biberach. Die siben strassen zu got. Die hochalemannische Übertragung nach der Handschrift Einsiedeln 278. Florenz. (Specilegium Bonaventurianum 6). [L]

Schmidt 1984 = Geschichte der deutschen Sprache. Mit Texten und Übersetzungshilfen. Verfaßt von einem Autorenkollektiv unter der Leitung von Wilhelm Schmidt. 5., überarbeitete und erweiterte Auflage. Berlin 1984. [M]

Schmidt-Wilpert, Gabriele (1980): Zur Substantivflexion, Grammatik und Sprachnorm um 1750. In: ZfdPh 99, 410–424. [M]

Schmitt, Alfred (1931): Akzent und Diphthongierung. Heidelberg. [L]

Schmitt, Ludwig Erich (1936): Die deutsche Urkundensprache in der Kanzlei Kaiser Karls IV. (1346–1378). Halle. (MdSt 11; zugleich: ZMF, Beiheft 15). [L]

Ders. (1942): Die sprachschöpferische Leistung der deutschen Stadt im Mittelalter. In: PBB 66, 227–231.

Ders. (1944): Der Weg zur deutschen Hochsprache. In: Jahrbuch der Deutschen Sprache 2, 82–121. [L]

Ders. (1966): Untersuchungen zu Entstehung und Struktur der »Neuhochdeutschen Schriftsprache«. I. Bd.: Sprachgeschichte des Thüringisch-Obersächsischen im Spätmittelalter. Die Geschäftssprache von 1300 bis 1500. Köln / Graz. [L]

Schmitz, Heinz Günther (1990): Wolfgang Büttners Volksbuch von Claus Narr. Mit einem Beitrag zur Sprache der Eisleber Erstausgabe von 1572. Hildesheim / Zürich / New York 1990. (Deutsche Volksbücher in Faksimiledrucken, B, 4). [L]

Schödel, Jutta (1967): Die Mundart des Rezat-Altmühl-Raumes. Eine lautgeographisch-historische Untersuchung. Nürnberg. (Erlanger Beiträge zur Sprach- und Kunstwissenschaft 29). [L]

Schoeps, Richard (1898): Zur Geschichte der Lutherischen Bibelsprache. Von der Ausgabe letzter Hand (1545) bis zum ersten Texte Aug. Herm. Franckes (1713). In: Festschrift zur zweihundertjährigen Jubelfeier der Franckeschen Stiftungen am 30. Juni und 1. Juli 1898. Halle, 81–103. [L]

Scholz, Friedrich (1898): Geschichte der deutschen Schriftsprache in Augsburg bis zum Jahre 1374 mit besonderer Berücksichtigung der städtischen Kanzlei. Weimar 1895. (Sonderdr. aus Acta Germanica V, 2. Berlin 1898). [L; M]

Schottelius, Justus Georg (1663): Ausführliche Arbeit von der Teutschen Haubt-Sprache. Braunschweig. Hg. v. Wolfgang Hecht. Tl. 1 und 2. Tübingen 1967. (Deutsche Neudrucke, Reihe Barock 11).

Schröbler, Ingeborg (1966): Vergleichendes und relatives und im Mittelhochdeutschen. In: Festschrift Helmut de Boor zum 75. Geburtstag am 24. März 1966. Hg. von den Direktoren des Germanistischen Seminars der Freien Universität Berlin. Tübingen, 136–149. [S]

Schröder, Werner (1985): Auxiliar-Ellipsen bei Geiler von Kaysersberg und bei Luther. Mainz. (Akademie der Wissenschaften und der Literatur Mainz. Abhandlungen der geistes- und sozialwiss. Kl., Jg. 1985, Nr. 5). [S]

Schryfftspiegel = Formulare vñ duytsche Rethorica / ader der schryfftspiegel ghenant des newren stylums vñ practiken tzo Missiuen [. . .] [Köln 1527]. In: Müller 1882, 382–388.

Schultze, Albert (1893): Die Stellung des Verbs bei Martin Opitz. Diss. Halle. [S]

Schulz / Basler = Deutsches Fremdwörterbuch. Von Hans Schulz. Fortgeführt v. Otto Basler, weitergeführt am Institut für deutsche Sprache. 7 Bde. Straßburg 1913 / (ab Bd. 2:) Berlin 1931–1988.

Schulze, Ursula (1964): Bemerkungen zur Orthographie von diutisch in den deutschsprachigen Urkunden des 13. Jhs. und zum Übergang der Lautgruppe sk > sch. In: PBB (T) 86, 301–321. [L]

Dies. (1967): Studien zur Orthographie und Lautung der Dentalspiranten s und z im späten 13. und frühen 14. Jahrhundert durchgeführt auf Grund der ältesten deutschsprachigen Urkunden im nordbairisch-ostfränkischen und thüringisch-obersächsischen Sprachgebiet. Tübingen. (Hermaea, NF 19). [L; M]

Schützeichel, Rudolf (1955a): Zur Geschichte einer aussterbenden lautlichen Erscheinung (bit 'mit'). In: ZfM 23, 1955, 201–236. [L]

Ders. (1955b): Der Lautwandel von ft zu cht am Mittelrhein. In: RhVjbl 20, 253–275. [L]

Ders. (1956a): Urkundensprache und Mundart am Mittelrhein. In: ZfdPh 75, 73–82. [L]

Ders. (1956b): Untersuchungen zur mittelrheinischen Urkundensprache des 13. bis 16. Jahrhunderts. Mit zwei Kartenbildern. In: Nassauische Annalen 67, 33–74. [L]

Ders. (1961): Die Grundlagen des westlichen Mitteldeutschen. Studien zur historischen Sprachgeographie. Tübingen. (Hermea, NF 10). [L]

536 VII. Literaturverzeichnis

Ders. (1968): Zur Frage der Sprachschichten im Mittelalter. In: ZfM 35, 1968, 289–291.

Ders. (1974): Mundart, Urkundensprache und Schriftsprache. Studien zur rheinischen Sprachgeschichte. Zweite, stark erw. Aufl. Bonn. (RA 54). [L]

Schwäb. Wb. = Schwäbisches Wörterbuch. [. . .] bearb. v. Hermann Fischer, zu Ende geführt v. Wilhelm Pfleiderer. 6 Bde. Tübingen 1904–1936.

Schwarz, Ernst (1925/26): Beiträge zur bairischen Lautgeschichte. In: Teuthonista 2, 259–270. [L]

Ders. (1926): Die germanischen Reibelaute s, f, ch im Deutschen. Reichenberg. (Schriften der Deutschen Wissenschaftlichen Gesellschaft in Reichenberg 1). [L]

Ders. (1935): Sudetendeutsche Sprachräume. München. (Schriften der Deutschen Akademie in München 21).

Ders. (1968): Beiträge zur mittelalterlichen deutschen Kanzleisprache Süd- und Mittelmährens. In: Bohemia 9, 9–30. [L]

Ders. (1969): Egerer Kanzlei- und Luthersprache. In: Bohemia 10, 96–135. [L]

Schwarz, Hans (1986): Präfixbildungen im deutschen Abrogans. Analyse und Systematik. Göppingen. (GAG 458). [M]

Schwarz, Karl (1914): Beiträge zur Entwicklungsgeschichte des intervokalischen -g- im Fränkischen. Die Verba »tragen« und »sagen«. Diss. Bonn. [L]

Schweiz. Id. = Schweizerisches Idiotikon. Wörterbuch der schweizerdeutschen Sprache. [. . .]. Begonnen v. Friedrich Staub / Ludwig Tobler und fortgesetzt unter der Leitung v. Albert Bachmann / Otto Gröger [u. a.]. Frauenfeld 1881ff.

Schwitzgebel, Helmut (1958): Kanzleisprache und Mundart in Ingelheim im ausgehenden Mittelalter. Diss. Mainz. Kaiserslautern. [L; M]

Seibicke, Wilfried (1967): Beiträge zur Mundartkunde des Nordobersächsischen (östlich der Elbe). Köln / Graz. (MF 53).

Selmer, Carl (1933a): Velarization and u-Vocalization of l in German Dialects. In: PMLA 48, 220–244. [L]

Ders. (1933b): Palatalisation and i-Vocalization of l in present German Dialects. In: GR 8, 124–136. [L]

Semenjuk, Natalia N. (1972): Zustand und Evolution der grammatischen Normen des Deutschen in der 1. Hälfte des 18. Jahrhunderts. In: Studien zur Geschichte der deutschen Sprache. Hg. v. G. Feudel. Berlin, 79–166. (Dt. Ak. Wiss. B. IdSL 49. Baust.). [M]

Dies. (1981): Tempus. In: ZAN / Verb, 17–121. [S]

Semler, A. (1909): Frühneuhochdeutsche Endungsvokale. Diss. Freiburg/Br. [L]

Shapiro, Sophie (1941): Genitive Forms without -s in Early New High German. In: Language 17, 53–57. [M]

Shioya, Yutaka (1955): Zur Syntax des Partizipium Präsentis in der Lutherbibel. In: Doitsu bungaku 14, 88–98. [S]

Shumway, Daniel B. (1894): Das ablautende Verbum bei Hans Sachs. Ein Beitrag zur Formenlehre des Deutschen im 16. Jahrhundert. Diss. Göttingen. Einbeck. [M]

Ders. (1897): The Verb in Thomas Murner. In: Americana Germanica 1. Nr. 3, 17–75, Nr. 4, 1–30. [M]

Ders. (1930): The Language of the Luther Bibel of 1671. In: GR 5, 247–287; 345–377. [Neudr. 1962]. [L]

Sievers, Eduard (1901): Grundzüge der Phonetik zur Einführung in das Studium der Lautlehre der indogermanischen Sprachen. 5. Aufl. Leipzig. [L]

Simmler, Franz (1979): Zur Ermittlung althochdeutscher Phoneme. In: Sprachwissenschaft 4, 420–451. [L]

Ders. (1983a): Durchführung und Verbreitung der zweiten Lautverschiebung in den deutschen Dialekten. In: Dialektologie, 1116–1129. [L]

Ders. (1983b): Syntaktische Strukturen im Prosaroman des 16. Jahrhunderts Die Schon Magelona. In: Sprachwissenschaft 8, 137–187. [S]

Ders. (1985): Phonetik und Phonologie, Graphetik und Graphemik des Mittelhochdeutschen. In: Sprachgeschichte, 1129–1138. [L]

Singer, Horst (1965): Zur Struktur des Zeichenfeldes beim Vokalismus der Hs 64 St. Georgen. Ein Beitrag zur historischen Phonologie. In: Vorarbeiten, 131–150. [L]

Ders. (1971): Der Graphembegriff bei der Analyse altdeutscher Handschriften. In: LB 13, 83–85. [L]

Ders. (1984a): Historische Graphetik und Graphemik. In: Sprachgeschichte, 399–409. [L]

Ders. (1984b): Prinzipien und Methoden historischer Graphetik und Graphemik. In: Sprachgeschichte, 527–535. [L]

Skála, Emil (1967): Die Entwicklung der Kanzleisprache in Eger 1310 bis 1660. Berlin. (Dt. Ak. Wiss. B. IdSL 35. Baust.). [L; M]

Ders. (1968): Das Regensburger und das Prager Deutsch. In: Zeitschrift für bayerische Landesgeschichte 31, 84–103. [L]

Ders. (1969): Stabilität der Norm in deutschsprachigen Quellen der Tschechoslowakei aus dem XVI. und XVII. Jahrhundert. In: Norma, 159–171.

Ders. (1970): Süddeutschland in der Entstehung der deutschen Schriftsprache. In: PBB (H) 92, 93–110.

Ders. (1972a): Zum Prager Deutsch des 16. Jahrhunderts. In: Festschrift für Hans Eggers zum 65. Geburtstag. Hg. v. Herbert Buches. Tübingen, 283–305. (PBB, Sonderheft 94). [L]

Ders. Hg. (1972b): Das Egerer Urgichtenbuch (1543–1579). Berlin 1972. (DTM 67). [L]

Ders. (1982): Zur Stabilität der frühneuhochdeutschen Graphie. In: AUC VII, 7–21. [L]

Ders. (1983): Das Frühneuhochdeutsche in der Slowakei und die Entstehung der deutschen Schriftsprache. In: AUC VIII, 67–80. [L]

Ders. (1984): Zentrum und Peripherie in der Graphie der Lutherzeit. In: Luthers Sprachschaffen. Gesellschaftliche Grundlagen. Geschichtliche Wirkungen. Referate der internationalen sprachwissenschaftlichen Konferenz Eisenach 21. – 25. März 1983. Hg. v. Joachim Schildt. 3 Bde. Berlin. Bd. 2, 127–141. [L]

Ders. (1987): Die deutsche Sprache auf dem Gebiet der Tschechoslowakei bis zum Jahr 1650. In: AUC IX, 7–28. [L]

Skopec, Manfred (1972): Lautliche Untersuchungen an Urkunden aus dem Kloster Mondsee (14., 15., 16. Jh.). Diss. [masch.] Wien. [L]

Sobbe, Agnes von (1911): Ausgleichung des Rückumlauts. Diss. Heidelberg. Halle. [M]

Soboleva, V. I. (1976): Struktura podčinennogo predloženija v chronikach g. Kel'na 14–16 vv. (Die Struktur des Nebensatzes in Kölner Chroniken des 14.–16. Jahrhunderts). In: Lingvističeskie issledovanija, 1976. Voprosy fonetiki, dialektologii i istorii jazyka. Moskau, 197–210. [S]

Socin, Adolf (1888): Schriftsprache und Dialekte im Deutschen nach Zeugnissen alter und neuer Zeit. Beiträge zur Geschichte der deutschen Sprache. Heilbronn.

Sohrt, Johann (1920): Der Umlaut von *a u o* nach Handschriften und Urdrucken Lutherscher Schriften. Diss. Greifswald. [L]

Solms, Hans-Joachim (1984): Die morphologischen Veränderungen der Stammvokale der starken Verben im Frühneuhochdeutschen. Untersucht an Texten des 14.–17. Jahrhunderts. Diss. Bonn. [M]

Ders. (1987): Zur Flexion der Adjektive. In: ZfdPh 106, Sonderheft, 66–79. [M]

Ders. (1991): Zur Wortbildung der Verben in Hartmann von Aues 'Iwein' (Hs. B) und 'Gregorius' (Hs. A): Das Präfix *ge-* im System der verbalen Präfigierung. Zugleich ein Beitrag zur Diskussion historischer Wortbildung. In: Mittelhochdeutsche Grammatik als Aufgabe. Besorgt von Klaus-Peter Wegera, 110–140. (ZfdPh 110, Sonderheft). [M]

Ders. / Klaus-Peter Wegera (1982): Einträge zur Morphologie in einem frühneuhochdeutschen Wörterbuch. Vorschläge und Materialien. In: GL 3–6/80, 225–283. [M]

Sommerfeldt, Karl-Ernst, Hg.(1988): Entwicklungstendenzen in der deutschen Gegenwartssprache. Leipzig. [M]

Sparmann, Herbert (1981): Die Pronomina in der mittelalterlichen Urkundensprache. In : PBB (H) 83, 1–116. [M]

Spr. in Geg. u. Gesch. = Sprache in Gegenwart und Geschichte. Festschrift für Heinrich Matthias Heinrichs zum 65. Geburtstag. Hg. v. Dietrich Hartmann / Hansjürgen Linke / Otto Ludwig. Köln / Wien 1978, 110 – 132.

Sprachgeschichte. Ein Handbuch zur Geschichte der deutschen Sprache und ihrer Erforschung. Hg. von Werner Besch / Oskar Reichmann / Stefan Sonderegger. 2 Halbbde. Berlin / New York 1984; 1985. (HSK 2, 1; 2, 2).

Sprachsystem = Sprachsystem und Sprachgebrauch. Festschrift für Hugo Moser zum 65. Geburtstag. Hg. v. Ulrich Engel / Paul Grebe. 2 Tle. Düsseldorf 1974; 1975. (Spr. d. Geg. 33; 34).

Stårck, John (1912): Studien zur Geschichte des Rückumlauts. Ein Beitrag zur historischen Formenlehre. Diss. Uppsala. [M]

Steffens, Rudolf (1988): Zur Graphematik domanialer Rechtsquellen aus Mainz (1315–1564). Ein Beitrag zur Geschichte des Frühneuhochdeutschen anhand von Urbaren. Stuttgart. (Mainzer Studien zur Sprach- und Volksforschung 13). [L]

Steger, Hugo (1968): Sprachraumbildung und Landesgeschichte im östlichen Franken. Das Lautsystem der Mundarten im Ostteil Frankens und seine sprach- und landesgeschichtlichen Grundlagen. Neustadt / Aisch. (Schriften des Instituts für fränkische Landesforschung an der Universität Erlangen-Nürnberg 13).

Stegmann von Pritzwald, Kurt (1962): Die Pluralumwälzung im Deutschen. In: Das Ringen um eine neue deutsche Grammatik. Aufsätze aus 3 Jahrzehnten. Hg. v. Hugo Moser. Darmstadt, 89–100. [M]

Steinmann, Martin (1982): Die lateinische Schrift zwischen Mittelalter und Humanismus. In: Paläographie 1981. Colloquium des Comité International de Paléographie. München 15.–18. September 1981. Referate. Hg. v. Gabriel Silagi. München, 193–199.

Steinmüller, Karl (1968): Die Zwickauer Stadtschreiberei von 1526 bis 1545. In: WZPZ 4, 58–84. [L]

Stirius, Franz (1891): Die Sprache Thomas Murners. I. Theil: Lautlehre. Diss. Halle-Wittenberg. Halle. [L]

Stoeckicht, Otto (1942): Sprache, Landschaft und Geschichte des Elsass. Marburg. (DDG 42). [Reprint: Walluf / Nendeln 1974].

Stolt, Birgit (1988): Periodus, cola und commata in Luthers Bibeltext. In: Stud. z. Frnhd., 263–268. [L]

Dies. (1990a): Redeglieder, Informationseinheiten: Cola und Commata in Luthers Syntax. In: Hist. Synt., 379–392. [L]

Dies. (1990b): Die Behandlung der Interpunktion für die Analyse von Martin Luthers Syntax. In: Deutsche Sprachgeschichte. Grundlagen, Methoden, Perspektiven. Festschrift für Johannes Erben. Hg. v. Werner Besch. Frankfurt/M. [etc.], 167–180. [L]

Stolze, Karl (1888): Der zusammengesetzte Satz im Ackermann aus Böhmen. Diss. Bonn. [S]

Stopp, Hugo (1964): Zur Lokalisierung alter, besonders spätmittelhochdeutscher, literarischer Texte. In: WW 14, 105–120. [L]

Ders. (1974a): Veränderungen im System der Substantivflexion vom Althochdeutschen bis zum Neuhochdeutschen. In: Studien, 324–344. [M]

Ders. (1974b): Zur Herausbildung der neuhochdeutschen Norm in rheinfränkischer Schriftlichkeit des 14. bis 17. Jahrhunderts. In: RhVjbl 38, 62–75. [L]

Ders. (1976a): Schreibsprachwandel. Zur großräumigen Untersuchung frühneuhochdeutscher Schriftlichkeit. München. (Schriften der Philosophischen Fachbereiche der Universität Augsburg 6). [L]

Ders. (1976b): Zu einem morphographemischen Wechsel im Frühneuhochdeutschen. In: Sprachwissenschaft 1, 468–479. [L; M]

Ders. (1977): *gewesen – gesîn – gewest*. Zur Behandlung von Einzelphänomenen in einer frühneuhochdeutschen Flexionsmorphologie. In: ZfdPh 96, Sonderheft, 1–34. [M]

Ders. (1978): Lokalisierung. In: Das Mittelrheinische Passionsspiel der St. Galler Handschrift 919. Neu hg. v. Rudolf Schützeichel. Mit Beiträgen v. Rolf Bergmann / Irmgard Frank / Hugo Stopp und einem vollständigen Faksimile. Tübingen. [L]

Straßner, Erich (1977): Graphemsystem und Wortkonstituenz. Schreibsprachliche Entwicklungstendenzen vom Frühneuhochdeutschen zum Neuhochdeutschen untersucht an Nürnberger Chroniktexten. Mit 4 Mikrofiches. Tübingen. (Hermaea, NF 39). [L]

Strauch, Philipp, Hg. (1919) = Paradisus anime intelligentis (Paradis der fornuftigen sele). Aus der Oxforder Handschrift Cod. Laud. Misc. 479 nach E. Sievers' Abschrift. Berlin. [L]

Strebl, Laurenz (1967): Zur Urkundensprache im Stift Klosterneuburg. Ein Beitrag zur Lautgeschichte der mittelbairischen Schreibsprache des 14.–16. Jahrhunderts. In: Mundart und Geschichte. Hg. v. Maria Hornung. Wien, 145–161. (Österreichische Akademie der Wissenschaften. Studien zur österreichisch-bairischen Dialektkunde 4). [L]

Strömberg, Edvard (1907): Die Ausgleichung des Ablauts im starken Präteritum. Mit besonderer Rücksicht auf oberdeutsche Sprachdenkmäler des 15.–16. Jahrhunderts. Göteborg. [M]

Ders. (1917): Einige Bemerkungen zu den doppelpräpositionalen Infinitiven. In: Moderna språk 11, 110–115. [S]

von Stuckrad, Gesine (1957): *Denn – dann* in historischer Sicht vom Althochdeutschen bis zum Neuhochdeutschen. Studie zum Sprachgebrauch unter besonderer Berücksichtigung der Verwendung im 17. und 18. Jahrhundert. In: PBB (H) 79, Sonderband, 489–535. [S]

Stud. Ling. et Phil. = Studia Linguistica et Philologica. Festschrift für Klaus Matzel zum 60. Geburtstag. Hg. v. Hans-Werner Eroms / Bernhard Gajek / Herbert Kolb. Heidelberg 1984.

Stud. z. Frnhd. = Studien zum Frühneuhochdeutschen. Festschrift für Emil Skála. Hg. v. Peter Wiesinger. Göppingen 1988.

Stud. z. Synt. = Studien zur Syntax des heutigen Deutsch. Paul Grebe zum 60. Geburtstag. [...] hg. v. Hugo Moser. Düsseldorf 1970. (Spr. d. Geg. 6).

Studien = Studien zur deutschen Literatur und Sprache des Mittelalters. Festschrift für Hugo Moser zum 65. Geburtstag. Hg. v. Werner Besch / Günther Jungbluth / Gerhard Meissburger / Eberhard Nellmann. Berlin 1974.

Stulz, Eugen (1902): Die Deklination des Zahlwortes *zwei* vom XV. bis XVIII. Jahrhundert. In: ZDW 2, 85–117. [M]

Sturm, Heribert (1961): Unsere Schrift. Einführung in die Entwicklung ihrer Stilformen. Neustadt / Aisch. [L]

Suchsland, Peter (1968): Die Sprache der Jenaer Ratsurkunden. Entwicklung von Lauten und Formen von 1317–1525. Berlin. (Dt. Ak. Wiss. B. IdSL 36. Baust.). [L; M]

Ders. (1969): Zum Strukturwandel im morphologischen Teilsystem der deutschen Nominalflexion. In: WZUJ 18, 97–103.

Sütterlin, Ludwig (1924): Neuhochdeutsche Grammatik. Mit besonderer Berücksichtigung der neuhochdeutschen Mundarten. Erste Hälfte: Einleitung. Lautverhältnisse. Wortbiegung. München. (Handbuch des deutschen Unterrichts an höheren Schulen II, 2)

Suzawa, Toru (1973): »Genitivus partitivus im Frühneuhochdeutschen« [Japanisch mit deutscher Zusammenfassung]. In: Kumamoto Daigaku Kyoyobu Kiyo. Jinbunkagalinhen. (Memories of the Faculty of General Education, Kumamoto University, Humanities) 8, 29–47. [S]

Swinburne, Hilda (1953): Word-order and rhythm in the 'Ackermann aus Böhmen'. In: MLR 48, 413–420. [S]

Szalai, Lajos (1979): Die Sprache der Ödenburger Kanzlei in den Jahren 1460–1470. Eine graphematische Untersuchung. Budapest. (BBG 6). [L]

Szulc, Aleksander (1966): The phonemic status of NHG [ɛ:]. In: Kwartalnic Neofilologiczny 13, 425–429. [L]

Ders. (1984): Der Einfluß des graphematischen Systems auf die Entstehung der deutschen Hochlautung. In: Werner Bahner, Hg.: Sprache und Kulturentwicklung im Blickfeld der deutschen Spätaufklärung. Der Beitrag Johann Christoph Adelungs. Berlin, 158–164. (ASächsA 70, 4). [L]

Ders. (1987): Historische Phonologie des Deutschen. Tübingen. (Sprachstrukturen, Reihe A, 6). [L]

Ders. (1988): Der phonologische Status der ahd. *e*-Laute und die Isographie-Hypothese. In: Festschrift für Ingo Reiffenstein zum 60. Geburtstag. Hg. v. Peter K. Stein / Andreas Weiss / Gerold Hayer unter Mitwirkung von Renate Hausner / Ulrich Müller / Franz V. Spechtler. Göppingen, 2–13. (GAG 478). [L]

Talanga, Tomislav (1987): Das Phänomen der Genusschwankung in der deutschen Gegenwartssprache – untersucht nach Angaben neuerer Wörterbücher der deutschen Standardsprache. Diss. Bonn. [M]

Tamsen, Martin (1963): Die Konjunktion *wann*. Geschichte und Stilwert. In: ZfdPh 82, 378–411. [S]

Tarvainen, Kalevi (1968): Zur Wortgestalt in bairischen Chroniken des 15. Jahrhunderts. [. . .]. Jyväskylä. (Studia Philologica Jyväskyläensia 5). [L]

Tennant, Elaine C. (1981): »Vom mangel und fähl unsers A be cees / im Teutschen lesen«: On the practice and theory of vocalic marking in Early New High German texts. In: Codices manuscripti 7, H. 3, 65–100. [L]

Tesch, P. (1890): Die Lehre vom Gebrauch der großen Anfangsbuchstaben in den Anweisungen für die neuhochdeutsche Rechtschreibung. Neuwied / Leipzig. [Wiederabdr. in Wolfgang Mentrup 1980a, 163–277]. [L]

Teske, Hans (1927): Das Eindringen der hochdeutschen Schriftsprache in Lüneburg. Halle/S. [L]

Thieme, Klaus Dieter (1965): Zum Problem des rhythmischen Satzschlusses in der deutschen Literatur des Spätmittelalters. München. [S]

Thornton, Thomas P. (1962): Die Schreibgewohnheiten Hans Rieds im Ambraser Heldenbuch. In: ZfdPh 81, 52–82. [L]

Timm, Erika (1986): Der 'Knick' in der Entwicklung des Frühneuhochdeutschen aus jiddischer Sicht. In: Kontroversen, alte und neue. Hg. v. Albrecht Schöne. Bd. 5. Tübingen, 20–27. [S]

Timmel, Julian (1880): Zum Genus der Substantiva im Neuhochdeutschen. In: Jahresbericht der kaiserl. königl. Staats-Ober-Realschule zu Linz für das neunundzwanzigste Studienjahr 1879/1880. Linz, 5–48. [M]

Törnquist, Nils (1974): Zur Geschichte der deutschen Adjektivflexion. In: NM 75, 317–331. [M]

Traube, Ludwig (1909): Lehre und Geschichte der Abkürzungen. In: Ders., Vorlesungen und Abhandlungen. Hg. v. Franz Boll. I: Zur Paläographie und Handschriftenkunde. Hg. v. Paul Lehmann. München. [Nachdr. München 1965, 129–156]. [L]

Tritschler, A. (1913): Zur Aussprache des Neuhochdeutschen im 18. Jahrhundert. In: PBB 38, 372–458. [L]

Triwunatz, Milosch (1913): Zur Ausstoßung des schwachen e im Bairischen des 11. und 12. Jahrhunderts. In: PBB 38, 358–372. [L]

Trojanskaja, Jelena (1972): Einige Besonderheiten in der Deklination der deutschen Adjektive im 16. und 17. Jahrhundert. In: Studien zur Geschichte der deutschen Sprache. Berlin, 43–78. (Dt. Ak. Wiss. B. ZI. 49. Baust.). [M; S]

Trost, Pavel (1939): Bemerkungen zum deutschen Vokalsystem. TCLP 8, 319–326. [L]

Ders. (1955): Systemic support for the x/φ distinction in German. In: Word 14, 243–246. [L]

Ders. (1958): Der Zusammenfall der Diphthongreihen in der neuhochdeutschen Schriftsprache. In: Philologica Pragensia 1, 125–126. [L]

Ders. (1979): Was ist Neuhochdeutsch? In: ZDL 46, 348–350. [L]

Ders. (1980): Präteritumsverfall und Präteritumsschwund im Deutschen. In: ZDL 47, 184–188. [M; S]

Ders. (1981): Neuhochdeutsche Monophthongierung und Diphthongierung. In: ZDL 48, 222–223. [L]

Trümpy, Hans (1955): Schweizerdeutsche Sprache und Literatur im 17. und 18. Jahrhundert (auf Grund der gedruckten Quellen). Basel. (Schriften der Schweizerischen Gesellschaft für Volkskunde 36). [L; M]

Tschinkel, H. (1908): Grammatik der Gottscheer Mundart. Halle.

Tschutschko, Juri Konstantinovich (1983): Herausbildung und Entwicklung der Präpositionen bzw. Präpositionalfügungen der deutschen Gegenwartssprache. Diss. Jena. [S]

Tullos, Carol Jean (1983): The Language of the Nurnberg City Chancery of 1519 and its Position in the Development of Modern Standard German. Diss. Tennessee. [S]

Tyszko, Oskar (1939): Beiträge zu den Flugschriften Lazarus Spenglers. Gießen. (GBdPh 71). [M]

Ukena, Elke (1975): Die deutschen Mirakelspiele des Spätmittelalters. Studien und Texte. Tl. 1: Studien. Tl. 2: Texte. Bern / Frankfurt. (Arbeiten zur Mittleren Deutschen Literatur und Sprache 1). [L]

Uminsky, Rudolf (1975): Strukturelle Untersuchungen zum Vokalismus der Regensburger Urkundensprache im späten 13. Jahrhundert. Diss. [masch.] Salzburg. [L]

Ders. (1980): Zur Sprache der Salzburger Kanzlei des Erzbischofs Matthäus Lang im frühen 16. Jahrhundert. In: Sprache – Text – Geschichte. Beiträge zur Mediävistik und Germanistischen Sprachwissenschaft aus dem Kreis der Mitarbeiter 1964–1979 des Instituts für Germanistik an der Universität Salzburg. Hg. v. Peter K. Stein gemeinsam mit Renate Hausner [u. a.]. Göppingen, 107–127. (GAG 304). [L]

Vaišnoras, Vytautas (1986): Der Infinitiv im Frühneuhochdeutschen. Eine syntaktisch-semantische Untersuchung der Infinitiv-Komplemente in Verbindung mit Verben. Diss. Leipzig. [S]

Ders. (1987): Möglichkeiten der Ableitung von Infinitivkonstruktionen durch Hebungstransformationen in frühneuhochdeutschen Texten. In: Zur jüngeren Geschichte der deutschen Sprache. Beiträge zum internationalen Kolloquium »Sprache in der sozialen und kulturellen Entwicklung. Zum 100. Geburtstag von Theodor Frings« vom 22. bis 24. Juli 1986 in Leipzig. Leipzig, 5–13. (Wissenschaftliche Beiträge der Karl-Marx-Universität Leipzig. Reihe Sprachwissenschaft). [S]

Ders. (1988): Valenztheoretische Statusbestimmung des Infinitivs anhand frühneuhochdeutscher Texte. In: ZPSK 41, 293–306. [S]

Ders. (1990): Ableitung von Infinitivkomplementen in frühneuhochdeutschen Texten. In: Hist. Synt. 1990, 71–81. [S]

Valentin, Franz (1934): Geschichtlich-geographische Untersuchungen zu den Mundarten rings um Mainz. Erlangen 1934. (Fränkische Forschungen 2).

Valentin, Paul (1969): L'isochronie syllabique en NHA ancien. In: P. Valentin / G. Zink (eds.), Mélanges pour Jean Fourquet. 37 essais de linguistique germanique et de littérature du moyen age Français et Allemand [. . .]. München / Paris, 341–347. [L]

Ders. (1987): Zur Geschichte des deutschen Passivs. In: Das Passiv im Deutschen. Akten des Kolloquiums über das Passiv im Deutschen. Nizza 1986. Hg. v. Centre Recherche en Linguistique Germanique (Nice). Tübingen 3–15. [S]

Valli, Erkki, Hg. (1957): Otto Baldemann. Von dem romschen riche eyn klage. Helsinki. (AASF, B 111, 1). [L]

Veith, Werner (1985): Die Bestrebungen der Orthographiereform im 18., 19. und 20. Jahrhundert. In: Sprachgeschichte, 1482–1495.

Vennemann, Theo (1972): Sound change and markedness theory. In: Robert P. Stockwell / Ronald K. S. Macaulay (eds.): Linguistic change and generative theory. Essays from the UCLA conference on historical linguistics in the perspektive of transformationed theory. February 1969. Bloomington, 230–274. [L]

Voge, W. M. (1978): The pronunciation of German in the 18th century. Hamburg. [L]

Volk, Manfred (1966): Die Sprache des Lorenz Fries im Rahmen des Würzburger Deutsch des 16. Jahrhunderts. Diss. Würzburg. [L; M]

Vorarbeiten = Vorarbeiten und Studien zur Vertiefung der südwestdeutschen Sprachgeschichte. Von Werner Besch / Wolfgang Kleiber / Friedrich Maurer / Gerhard Meissburger / Horst Singer. Hg. v. Friedrich Maurer. Freiburg 1965. (Forschungen zur oberrheinischen Landesgeschichte 17). [L]

Vorarlb. Wb. = Vorarlbergisches Wörterbuch mit Einschluß des Fürstentums Liechtenstein. [. . .]. Bearb. v. Leo Jutz. 2 Bde. Wien 1960; 1965.

Voss, Ernst (1895): Der Genitiv bei Thomas Murner. Diss. Leipzig. [S]

Wagner, Kurt (1927): Deutsche Sprachlandschaften. Marburg. (DGG 23).

Ders. (1925; 1933): Die Geschichte des Lautwandels *ks* < *chs* > *s*. In: Teuthonista 2, 30–46; 9, 33–47. [L]

Ders. (1954): Die Gliederung der deutschen Mundarten. Begriffe und Grundsätze. Wiesbaden. (Akademie der Wissenschaften und der Literatur in Mainz. Geistes- und sozialwiss. Kl., 12).

Wagner, Philipp (1910): Die Kanzleisprache Reutlingens von 1300–1600. Stuttgart. (Programm der K. Wilhelms-Realschule in Stuttgart zum Schlusse des Schuljahres 1909/1910). [L]

Wagner, Wilhelm (1905): Die Stellung des attributiven Genitivs im Deutschen. Ein Kapitel aus der Lehre von der deutschen Wortstellung, zugleich ein Beitrag zur Entstehungsgeschichte der unechten Komposita. Diss. Gießen. Darmstadt. [S]

Walch, Maria (1990): Zur Formenbildung im Frühneuhochdeutschen. Heidelberg. (Sprache – Literatur und Geschichte. Studien zur Linguistik / Germanistik 5). [M]

Wälterlin, Kurt (1941): Die Flexion des Adjektivs hinter Formwörtern in der neueren deutschsprachigen Presse. Diss. Zürich. [M]

Walter, Fritz (1923): Die Flexion bei Hermann von Sachsenheim. Diss. [masch.] Tübingen. [M]

Walther, Claus (1980): Untersuchungen zu Häufigkeit und Funktionen des deutschen Futurs (*werden* + Inf.) in hochdeutschen Texten zwischen 1450 und 1750 (mit einem Ausblick ins Niederdeutsche). Diss. Berlin. [S]

Ders. (1982): Einblicke in die Geschichte unserer Futurform (*werden* + Inf.). In: WZUB 31, 597–601. [S]

Wanner, Hans (1931): Die Aufnahme der neuhochdeutschen Schriftsprache in der Stadt Schaffhausen. Diss. Zürich. Immensee. [L]

Weber, Heinrich (1971): Das erweiterte Adjektiv- und Partizipialattribut im Deutschen. München. (LR 4). [S]

Weber, Walter Rudolf (1958): Das Aufkommen der Substantivgroßschreibung im Deutschen. Ein historisch-kritischer Versuch. München. [L]

Ders. (1960): Das Aufkommen der Substantivgroßschreibung im Deutschen. In: Mu 70, 137–141. [L]

Wedler, Rainer (1969): Walter Burleys »Liber de vita et moribus philosophorum poetarumque veterum« in zwei deutschen Bearbeitungen des Spätmittelalters. Diss. Heidelberg. [L; M]

Wegera, Klaus Peter (1985a): Morphologie des Frühneuhochdeutschen. In: Sprachgeschichte, 1313–1322.

Ders. (1985b): Morphologie des Neuhochdeutschen seit dem 17. Jahrhundert. In: Sprachgeschichte, 1501–1510.

Ders. (1987): Flexion der Substantive. In: ZfdPh 106, Sonderheft, 18–37.

Wegera (1991) = ZfdPh 110, Sonderheft, Mittelhochdeutsche Grammatik als Aufgabe. Besorgt von Klaus-Peter Wegera. [M]

Weidling, Friedrich (1894): Die deutsche Grammatik des Johannes Clajus. Nach dem ältesten Druck von 1578 mit den Varianten der übrigen Ausgaben hg. Straßburg. (Ältere Grammatiken in Neudrucken 2).

Weier, Winfried (1968): Der Genitiv im neuesten Deutsch. In: Mu 78, 222–235. [M]

Weinelt, Herbert (1938): Die mittelalterliche deutsche Kanzleisprache in der Slowakei. [. . .]. Brünn / Leipzig. (Arbeiten zur sprachlichen Volksforschung in den Sudetenländern 4).

Ders. (1940): Das Stadtbuch von Zipser Neudorf und seine Sprache. Forschungen zum Volkstum einer ostdeutschen Volksinselstadt. München. (Veröffentlichungen des Südostinstituts München 20).

Weinhold, Alem. Gr. [oder: 1863] = Karl Weinhold: Alemannische Grammatik. Berlin 1863. (GdMaa 1). [Nachdr. Amsterdam 1967].

Weinhold, Bair. Gr. [oder: 1867] = Karl Weinhold: Bairische Grammatik. Berlin 1867. (GdMaa 2). [Nachdr. Vaduz 1985].

Weinhold, Mhd. Gr. = Karl Weinhold: Mittelhochdeutsche Grammatik. Paderborn 1883. Zweite Ausgabe. Unveränderter Nachdr. Paderborn 1967.

Weiss, Emil (1956): *Tun : machen.* Bezeichnungen für die kausative und die periphrastische Funktion im Deutschen bis um 1400. Stockholm. (SGF 1). [S]

Weissberg, Josef (1965): Das Konsonantensystem des »Dukus Horant« und der übrigen Texte des Cambridger Manuskriptes T.-S. 10 K. 22, verglichen mit dem Mittelhochdeutschen. In: ZfM 32, 1–40. [L]

Weithase, Irmgard (1961): Zur Geschichte der gesprochenen deutschen Sprache. 2 Bde. Tübingen.

Wellander, Erik (1964): Zur Frage über das Entstehen grammatischer Formen. In:
Studia Neophilologica 36, 127–150. [S]

Wellmann, Hans (1973): Verbbildung durch Suffixe. In: Ingeburg Kühnhold / Hans
Wellmann: Deutsche Wortbildung. Typen und Tendenzen in der Gegenwartssprache. Eine Bestandsaufnahme des Instituts für deutsche Sprache Forschungs-
stelle Innsbruck. Erster Hauptteil: Das Verb. Mit einer Einführung von Johannes
Erben. Düsseldorf, 17–140 (Spr. d. Geg. 29). [M]

Werbow, Stanley Newman (1953): Konjunktionale Adverbialsätze in oberdeutscher
Unterhaltungsprosa des 15.–16. Jahrhunderts. Ein Beitrag zur stilistischen Syntax. Diss. John Hopkins. [S]

Werlen, Iwar (1983): Velarisierung (Gutturalisierung) in den deutschen Dialekten.
In: Dialektologie, 1130–1136. [L]

Werner, Otmar (1969): Das deutsche Pluralsystem. Strukturelle Diachronie. In:
Sprache – Gegenwart und Geschichte. Probleme der Synchronie und Diachronie.
Hg. v. Hugo Moser. Düsseldorf, 92–128. [M]

Ders. (1975): Zum Genus im Deutschen. In: DS 3, 35–58. [M]

Ders. (1978): Schwa-Schwund und Phonotaktik im Deutschen. In: Studia linguistica
Alexandro Vasilii filio Issatschenko a collegis amicisque oblata. Ed. by H. Birn-
baum / L. Durovič [e. a.]. Lisse, 471–486. [L]

Wessely, Rudolf (1892): Über den Gebrauch der Casus in Albrechts von Eyb deutschen Schriften unter Vergleichung des mhd. und nhd. Sprachgebrauchs. Diss.
Berlin. [S]

Wethly, Gustaf (1892): Hieronymus Boner. Leben, Werke und Sprache. Ein Beitrag
zur elsässischen Litteraturgeschichte. Diss. Straßburg.[L]

Wiesinger, Peter (1963): Über Palatalisierung velarer Vokale im Deutschen. In: ZfM
35, 140–146. [L]

Ders. (1964): Reihenschrittentwicklung der mittelhochdeutschen Langvokale und
Diphthonge in den oberdeutschen Dialekten des Alemannischen, Bairischen und
Ostfränkischen. Wien. [L]

Ders. (1970): Phonetisch-phonologische Untersuchungen zur Vokalentwicklung.
Bd. 1: Die Langvokale im Hochdeutschen. Bd. 2: Die Diphthonge im Hochdeutschen. Berlin. (SLG 2/1; 2/2). [L]

Ders. (1971): Die frühneuhochdeutsche Schreibsprache Wiens um 1400. In: PBB (T)
93, 366–389. [L]

Ders. (1974): Zum Lautstand der Reime in den Liedern Oswalds von Wolkenstein.
Beiträge der philologisch-musikwissenschaftlichen Tagung in Neustift bei Brixen
1973. Im Auftrag des Südtiroler Kulturinstituts hg. v. Egon Kühebacher. Innsbruck, 344–388. (IBK 1). [L]

Ders. (1983a): Dehnung und Kürzung in den deutschen Dialekten. In: Dialektologie,
1088–1101. [L]

Ders. (1983b): Diphthongierung und Monophthongierung in den deutschen Dialekten. In: Dialektologie, 1076–1083. [L]

Ders. (1983c): Hebung und Senkung in den deutschen Dialekten. In: Dialektologie,
1106–1110. [L]

Ders. (1983d): Phonologische Vokalsysteme deutscher Dialekte. Ein synchronischer
und diachronischer Überblick. In: Dialektologie, 1042–1076. [L]

Ders. (1983e): Rundung und Entrundung, Palatalisierung und Entpalatalisierung,
Velarisierung und Entvelarisierung in den deutschen Dialekten. In: Dialektologie,
1101–1105. [L]

Wietig, Wilhelm (1913): Die Sprache des ersten gedruckten hochdeutschen Plenars
(Augsburg, Günther Zainer, 1473). Diss. Greifswald. [M]

Wiktorowicz, Józef (1984): Graphematische Analyse der deutschen Sprache in den Krakauer Stadtbüchern des XIV. Jahrhunderts. In: ZfdPh 103, 407–420. [L]

Will, Wilhelm (1932): Saarländische Sprachgeschichte. Mit einem Vorwort v. Adolf Bach. Saarbrücken. [2. Aufl. mit einer Einführung v. Hans Ramge. 1979]. (Beiträge zur Sprache im Saarland 1).

Williams, Brett (1980): On the Development of the Construction *kommen* + Perf. Part. in German. In: The Seventh LACUS Forum 1980. Hg. v. J. Copeland und P. Davis. Columbia, South Carolina, 374–387. [S]

Wilmanns I–III [bzw.: Dt. Gr.] = Wilmanns, Wilhelm (1897–1909): Deutsche Grammatik. Gotisch, Alt-, Mittel- und Neuhochdeutsch. Erste Abt.: Lautlehre. Zweite, verb. Aufl. Straßburg 1897. Zweite Abt.: Wortbildung. Straßburg 1899. Dritte Abt.: Flexion. 1. Hälfte: Verbum. Erste und zweite Aufl. Straßburg 1906. 2. Hälfte. Nomen und Pronomen. Erste und zweite Aufl. Straßburg 1909. [M; S]

Winge, Vibeke (1978): Einige Beiträge zur sog. Pluralumwälzung im Deutschen. In: Beiträge zur historischen Grammatik und Dialektologie. Kopenhagen, 33–42. [M]

Winstrup, E. K. (1973): Die temporalen Gliedsätze im Tristrant-Roman. Eine synchrone Untersuchung. Diss. Oslo. [S]

Winter, Werner (1971): Comparative linguistics: contributions of new methods to an old field. In: R. O'Brien (ed.), Report of the twenty-second annual round table meeting on linguistics and language studies. Washington, 145–156. [L]

Wis, Marjatta (1964): Fremdes *sk* im Frühneuhochdeutschen. In: NM 65, 54–70. [L]

Wissenschaft = Die Wissenschaft von deutscher Sprache und Dichtung. Methoden. Probleme. Aufgaben. Festschrift für Friedrich Maurer zum 65. Geburtstag am 5. Januar 1963. Hg. v. Siegfried Gutenbrunner / Hugo Moser / Walther Rehm / Heinz Rupp. Stuttgart 1963.

Wolf, Norbert Richard (1971): Zur mittelhochdeutschen Verbflexion in synchronischer Sicht. In: GQ 44, 153–167. [M]

Ders. (1975): Regionale und überregionale Norm im späten Mittelalter. Graphematische und lexikalische Untersuchungen zu deutschen und niederländischen Schriftdialekten. Innsbruck. (IBK 3). [L]

Ders. (1985): Phonetik und Phonologie, Graphetik und Graphemik des Frühneuhochdeutschen. In: Sprachgeschichte, 1305–1313. [L]

Ders. (1988): Vom Nutzen der Schlacht von Mohács für die Erforschung des Frühneuhochdeutschen. Eine graphematische Untersuchung eines Nürnberger und eines Basler Druckes. In: Stud. z. Frnhd., 69–82. [L]

Wolff, Ludwig (1954): Über den Rückgang des Genitivs und die Verkümmerung der partitiven Denkformen. In: AASF 84, 185–198. [M; S]

Woronow, A. (1962): Die Pluralbildung der Substantive in der deutschen Sprache des XIV.-XVI. Jahrhunderts (Dargestellt nach den Chroniken von Nürnberg und Augsburg). In: PBB. (H), 173–198. [M]

Wrede, Ferdinand (1895): Die entstehung der neuhochdeutschen diphthonge. (mit einer karte). In: ZfdA 39 (NF. 27), 257–301. [L]

Wülcker, Ernst (1877): Lauteigentümlichkeiten des Frankfurter Stadtdialects im Mittelalter. In: PBB 4, 1–48. [L]

Wurzel, Wolfgang Ullrich (1985): Deutsch *der Funke* zu *der Funken*: Ein Fall für die Natürliche Morphologie. In: Forschungen zur deutschen Grammatik – Ergebnisse und Perspektiven. Berlin, 129–145. (Linguistische Studien A. 127). [M]

Zabrocki, Ludwik (1957): Z historii monoftongizacji i dyftongizacji niemieckiej [Poln. mit deutscher Zusammenfassung]. In: Kwartalnik Neofilologiczny 4, 3–14. [L]

Ders. (1965): Die dritte Lautverschiebung im Deutschen. In: Symbolae Linguisticae in Honorem Georgii Kurylowicz. Wroclaw / Warszawa / Kraków, 359–368. (Polska Akademia Nauk – Oddzial W Krakowil. Prace Komisjí Jezykoznawstwa 5). [L]

ZAN / synt. Ebene = Zur Ausbildung der Norm der deutschen Literatursprache auf der syntaktischen Ebene (1470–1730). Der Einfachsatz unter Leitung von Gerhard Kettmann und Joachim Schildt. Berlin 1976. (Baust. 56 / I).

ZAN / Verb = Mirra M. Guchmann / Natalja N. Semenjuk: Zur Ausbildung der Norm der deutschen Literatursprache im Bereich des Verbs (1470–1730). Tempus und Modus. Berlin 1981. (Baust. 56 / V). [M]

Zatočil, Leopold (1959a): Ge- bei den sogenannten perfektiven und imperfektiven Simplizien. In: Sborník prácí filosofické fakulty Brněnské university. Řada jazykovědná. Series Linguistica A 8, 50–64. [S]

Ders. (1959b): Zur Wiedergabe des Acc. c. Infinitivo im 14. und 15. Jahrhundert. In: Philologica Pragensia 2, 65–83. [S]

Ders. (1961): Zum Schwund des Präfixes ge- in Temporalsätzen. In: Sborník prácí filosofické fakulty Brněnské university. Řada jazykovědná. Series Linguistica A 10, 125–140. [S]

Zeheter, Adalbert (1913): Lautliche Untersuchung oberbairischer Urkunden des 13. und 14. Jahrhunderts. Diss. [masch.] München. Teildr. München 1924. [L]

Zeller, Gustav (1905): Die Syntax des Nomens bei Georg Rudolf Weckherlin. Diss. Tübingen. [S]

Zollinger, Jakob (1920): Der Übergang Zürichs zur neuhochdeutschen Schriftsprache unter Führung der Zürcher Bibel. Diss Zürich. Freiburg i. Br. [L; M]

Zopfi, Fritz (1946): Über das Eindringen der neuhochdeutschen Schriftsprache in die altglarnerische Kanzleisprache. Die Diphthongierung von *î, û, ü* zu *ei, au, eu*. In: Jahrbuch des historischen Vereins des Kantons Glarus 52, 163–169. [L]

Züllig, Anna Marta (1951): Konjunktionen und konjunktionelle Adverbien in den Predigten Johannes Taulers. Ein synchronischer Beitrag zur Geschichte der Konjunktionen. Diss. Zürich. Einsiedeln. [S]

Zwierzina, Konrad (1900): Die *e*-Laute in den Reimen der mhd. Dichter. In: ZfdA 44, 249–316. [L]

Ders. (1901): Mittelhochdeutsche Studien. In: ZfdA 45, 19–100, 253–313, 317–419. [L]

Ders. (1925): Md. *e* < *i*. In: Vom Werden des deutschen Geistes. Festschrift für Gustav Ehrismann. Hg. v. Paul Merker / Wolfgang Stammler. Berlin / Leipzig, 56–60. [L]

Ders. (1926): Schwankungen im Gebrauch der mittelhochdeutschen *e*-Laute. In: ZfdA 63, 1–19. [L]

VIII. SACHREGISTER

(Die Zahlen beziehen sich auf die Paragraphen und deren Absätze; fett gedruckte Paragraphenangaben verweisen auf ausführliche Behandlung des Eintrags)

a: Kurzvokal L **11**; Langvokal L **20**; *a* < *o* L 11; *a* > *o* L 14; *a* > *e* L 12; *a* < *e/ä* L 11; *a* > *ei* (*ai/ay*) L 27; *a* < *ei/ai* L 18; *a* > *o* L 22; *a* < *o* L 18; *a* < *ae* L 18; *a* > *au* / *ou* L 28

ä: Kurzvokal L **12**; Langvokal L **20**; *ae* L 20; *ae* > *a* L 18

a-Stämme: neutrale M 26; 27

aber: Stellung S 52, Anm. 1; 244

Abkürzungszeichen L 5

Absichtsatz, s. *Finalsatz*

absolute Konstruktion S 89; 107; 124, Anm. 1; lateinisch S 82; 107

ader L 11, Anm. 2

Adjektiv S 1f.; 6; 16f.; 18–22; 24; 25; 42; 52f.; 84–87; 100; 102; 131; 181; 184f.; 187; 193; 231; 299; 309f.; 313f.; bei Präposition S 135; mit Akk. S 84–87; 123; mit Dat. S 102; mit Gen. S 84–87; mit Infinitivsatz S 201; mit Präpositionalgruppe S 138; Adjektivattribut S 1; 18–20; erweitertes Adjektivattribut S 22; 24; Flexion M 31–52; Flexionslosigkeit M 46–48; Nachstellung des attr. Adjektivs M 48; Flexion des präd. Adjektivs M 52; Komparation M 53–56; Komparativ S 86; 123; 140; 233; 311; 314; Großschreibung L 3

Adjektivadverbien: Komparation M 56

Adverb S 1f.; 19; 21; 128; 131f.; 184; 258; 299; 309f.; 313f.; bei Präposition S 135; mit Dat. S 103; mit Präpositionalgruppe S 139; Verbindungen aus Präpositionalgruppe und nachgestelltem Adverb S 128

Adverbialsatz S 276; 284–316

Adversativsatz S 316

Affrikaten L **58–60**; homorgane Artikulation L 66

afinite Konstruktionen (Ersparung des Hilfsverbs) S 256f.

Agglutination L 62, 4

Akkusativ S 59, Anm.1; 60; 63; 108–126; 210; 249; Akkusativobjekt S 66ff.; 70; 73; 94; 98; **109–121**; 146; 148; 153; 155; 162; 183; 187; 190; 199; 211; 268; 280; beim Adjektiv S **84–87**; 123; beim Part. S 124; bei Präposition S 125; 188; adnominal S 49; adverbial S 122; prädikativ S 63; 115

Aktionsart S 157; 162

Alinea L 4

all-: Flexion des folgenden Adjektivs M 45; 52; Stellung S 15; 41

alle (unflektiert) S 21

almeinde / *almende* L 19, Anm. 5

als: Relativ S 268; 310; *als* + Akk. als Variante neben dem Akk. S 115; *als welcher* S 266

also: als Korrelat von Inhaltssätzen S 280

anaphorisches Pronomen S 243; 270

ander-: Flexion des nachfolgenden Adjektivs M 45; Flexion M 74

Anführungsstriche L 4

anstatt (...) *zu* + Inf. S 188

Aphärese L 57, 3

Apokope L 40; M 35f.; 46; 52, Anm. 3; 86; 88 + Anm. 2; 89; 90, 3 + Anm. 3; Anm. 5; 135, Anm. 2; S 164f.; Plural-*e* M 8

Apostrophe L 5

Apposition S 7; 34f.; 40; 225

Artikel S **3–7**; 16f.; 25; 42; 44; Flexion M 67f.; 69; s. auch *bestimmter Artikel, unbestimmter Artikel*

Artikulationsart, -ort L 43

Aspekt M 78; 87, Anm. 2; S 157; 160; 217

Assimilation L **71**; **72**; zugunsten von *l* L 64, 3; von *m* L 61, 2; 61, 4; von *n* L 62, 3; 62, 4; von *pf-* (aus *gef-*) L 58, 3; Fernassimilation L 54, 4; *wir* > *mir* M 61, Anm. 1; *dirre, dise* M 70, Anm. 1, 3

asyndetischer Relativsatz S 260f.
Attraktion S 262
au /ou: L 28; *au / ou < o / a* L 28; Wechsel mit *eu* L 28.
Aufforderungssatz S 240; 275; 290
aufnehmendes Pronomen S 243; 259f.;
270; 310
auge M 24
Ausgleichsprozesse: in der Verbflexion
M 80; in der Pronominalflexion
M 60
Ausklammerung S 236; 244–246
Auslassung, s. *Ersparung*
Auslautverhärtung, Graphie L 1, 7, 3;
47, 2; 49, 2
Ausrufezeichen L 4
Ausspracheideal L 69; 71
Aussprachesoziologie L 69
Aussprachevarianz L 77
Autonomie von Schreibung bzw. Lautung als Problem L 1, 1
Auxiliar-Ellipse S 256
b L **44**
backen M 97, Anm. 5, 6; 131, Anm. 4;
132
bald M 53, Anm. 4
Bedingungssatz   S 242;   258;   275;
290–293; 296
befelen: Ind. Präs. *-e-* M 102, Anm. 2;
Prät.-Ablaut *-o-* M 116, Anm. 1; 122;
126
beginnen   M 122;   schw.   Prät. / st.
Part. Prät. M 123
beid-: Flexion des nachfolgenden Adjektivs M 45; Flexion M 77
beide / bede L 19, Anm. 9
bekommen + Part. Prät. S 212
(mhd.) *bekrîtzen* st. Flexion M 112,
Anm. 1
bellen: Ind. Präs. *-e-* M 102, Anm. 1
-beren: Ind. Präs. *-e-* M 102, Anm. 2
bergen: Prät.-Ablaut-*o* M 116, Anm. 1;
Präs. *verbirge* M 124, Anm. 6
bersten: Ind. Präs. *-e-* M 102, Anm. 2;
Prät.-Ablaut-*o* 116; Anm. 1
Beschreibungsebenen der Grammatik I,
5
bestimmter Artikel S 1; 3; 6f.; 15f.; 98;
Flexion des nachfolgenden Adjektivs
M 37; Flexion M 67f.
bewegen s. *wiegen*

biegen alem. *bügen* M 103, Anm.
Bindestrich L 4
binnendeutsche   Konsonantenschwächung, s. Konsonantenschwächung
bläuen: Ablautmuster Präs.=Part. Prät.
M 113, Anm. 2
bleiben: M 87, 3 + Anm. 4; 110, Anm. 2;
mit prädikativem Dat. S 96; mit Part.
Präs. / Inf. S 189; 210
brauchen Part. Prät. ohne *ge-* M 87.3
brauen: Ablautmuster Präs.=Part. Prät.
gebrauen M 113, Anm. 2
brechen: Imp. Sg. *brech* M 102, Anm. 4;
Prät. *-o* M 117, Anm. 1
brennen: Part. Prät. ohne *ge-* M 87.3;
Rückumlaut M 96
bringen / brengen L 13; M 87, 3, Anm. 3;
96 + Anm. 3; Anm. 4; 106 + Anm. 3;
134; Part. Prät. M 87, Anm. 3; 96,
Anm. 4; 106
brust M 20, Anm. 5
bürtig- M 31
ch L **56** ; *ch* für *g* L 56, 1; 56, 3; *ch /
k*-Varianz L 56, 3; *ch / sch*-Berührungen L 54, 4; 56, 3; *chs > ks* L 49, 2;
chs > ss L 53, 4; 56, 3
-chein / -lein M 26, Anm. 5
consecutio temporum, s. *Zeitfolge*
Corpus der Grammatik I, 4
d L **46**; *-d-* als Präteritalflexiv L 46, 3;
47, 2; *-d*-Suffix der Ordinalia L 46, 3;
47, 2; Epenthese von *d* L 44, 4; 46, 5
da: expletiv S 241; deiktische Partikel
beim Relativpronomen S 264; Relativadverb S 269
da / do L 18
dann / denn L 11
da(r)- + Präposition S 267; 270; 280;
getrennt S 129
dar / do L 22, Anm. 4
darben: grammatischer Wechsel M 104,
Anm. 1
daß-Satz S 234; 258; 276; 279f.; 285,
Anm. 1; 292; 300; 302f.; 306; 308
Dativ S 59, Anm. 1; **93–107**; 114; 123;
140; 177; 210; 249; Dativ-*e* M 5 (1);
M 23, Anm. 5; Dativ *-(e)n* (Pl.) M 7,
Anm. 1; Dativobjekt S 47; 67; 69; 93,
Anm. 1; 94f.; 119; 121; 145; 149; 162;
183; 187, Anm. 3; 199; 216; 231; absolut S 107; adnominal S 46–48; possessiv S 33; 47; 98; prädikativ S 96; ad-

verbial S 101; Pertinenzdativ S 93, Anm. 1; 98; Dativus commodi / incommodi S 47; 93, Anm. 1; 97f.; Dativus ethicus S 93, Anm. 1; 99; Dativus iudicantis S 93, Anm. 1; 100; Dativus sympathicus S 93, Anm. 1; bei aus Subst. bzw. Präpositionalgruppe und Verb bestehenden Wendungen S 95; beim Adjektiv S 102; 123; beim Adv. S 103; bei prädikativem Adjektiv und Infinitivergänzung S 184; beim Part. S 89; 104; 124, Anm. 1; bei Präposition S 105; 132; 134; 188; bezogen auf Interjektion S 106; als Komparationskasus beim Komparativ S 102, Anm. 1; bei *sein* + *zu* + Inf. S 183; statt Akk. in *lassen*-Konstruktionen S 190; bei *zu wissen machen* S 191; bei *gesehen werden* + Inf. S 194; Dativform des Inf. S 177; Dativ des attr. Adjektivs im Mfrk. M 36 + Anm. 1; abweichend det. Flexion des attr. Adjektivs im Dativ M 37
decken: Rückumlaut M 96
Dehnung L 34
Dehnungszeichen L 7
Demonstrativpronomen S 1; **8**; 15f.; 243; 258; 273; 280; Flexion des nachfolgenden Adjektivs M 39; einfaches Demonstrativpronomen, Flexion M 67; zusammengesetztes Demonstrativpronomen, Flexion M 70
denken M 96; 106
Dentale L **46**; **47**; **52**; **53**
der (Relativ) S 262–265; 267; 270f.; 273f.; 276
der- für *er-* L 46, 5
des: 'deshalb' S 80; mit Präposition S 90 determinierend / indeterminierend M 34–36
dialektal begründete Aussprachevarianz L 77
Dialektunterschiede im Bereich des Konsonantismus L 77
dingen M 121; 128, Anm. 3
Diphtonge L **26–30**; gestürzte L 26
Diphtongierung L **31**; *a* > *au* L 28; *uf* L 16, Anm. 5; *e* > *ei* L 27
direkte Rede S 278
disjunktiv geteilter Konzessivsatz S 297
diskontinuierliche Wortstellung S 1; 51–53; 200

Dissimilation L **71**; **73**; zugunsten von *l* L 64, 3; von *m* L 61, 4; von *n* L 62, 4; von *r* L 65, 3; totale Dissimilation von *r* L 65, 3; von *m* > *n* im Dat. Sg. Mask. / Neutr. des attr. Adjektivs M 42; Pronomen *in* M 63, Anm. 6
doch: Anfangsstellung des finiten Verbs in Sätzen mit *doch* S 239
Doppelformen (Dubletten), graphisch bedingt L 9; *o* / *a* L 22; *e* / *ö*, *i* / *ü*, *ei* / *eu* L 35, Anm. 3
doppelpräpositionaler Infinitiv S 188
Doppelpunkt L 4
doppelte Perfektform S 166
drei: M 58; Flexion des nachfolgenden Adjektivs M 43
dreschen: Klassenwechsel M 113; 117
Druckersprache / Drucksprache I, 3, 3, 3
Druckstärkeunterschiede L 68; von *b* / *p* L 44, 3; 45, 3; von *d* / *t* L 46, 4; 47, 3, von *g* / *k* L 48, 3; 49, 3; von *s* / *ss* L 53, 3
Dublette, s. *Doppelformen*
dünken M 106
dürfen: grammatischer Wechsel M 104, Anm. 1; 141
e: Kurzvokal L **12**; Langvokal **19**; *e* / *ä* > *a* L 11; *e* < *a* L 12; *e* (*e*, *ä*) > *ei* (*ey*) L 27; *e* / *ë* > *i* L 13; *e* < *ei* L 19; *e* > *i* L 21
-e-: Bindevokal bei den schw. Verben M 90, 2; 90, 3
ei / *ai* L 27; *ei* > *e* L 19; *ei* (*ey*) < *e* (*e*, *ä*) L 27; *ei* (*ai* / *ay*) < *a* L 27; *ei* > *öü* L 36, Anm. 7
-e-Plural M 26
eigen M 137
Einfachsatz: Wortstellung S 236–256
einig-: Flexion des nachfolgenden Adjektivs M 45
Einschub, s. *Epenthese*
Ekthlipsis L 39; in der Adj.-Flexion M 35, Anm. 2; 46; in der Komparation M 55, Anm. 5; in der Verbalflexion M 84; 87; 93 + Anm. 2
Ellipse S 239, 256
en- (Negationspartikel) S 229f.; 294; 305
(*e*)*n*-Plural M 11; 20; 29
-enk / *-ig* L 63, 3
enklitisches Pronomen: M 92, Anm. 1

Entlehnung L 58, 3
Entrundung L 36
Epenthese L 76; von *d* L 44, 4; 46, 5; von *l* L 64, 3; von *m* L 61, 4; von *n* L 62, 4; von *r* L 65, 3; von *t* 47, 4
Epithese L 76; von *e* L 41; von *n* L 62, 4; von *r* L 65, 3; von *t* L 47, 4
er- / *her-* L 57, 3
-*er*-Kürzel L 5
-*er*-Plural   M 9;   erweiterter   M 27, Anm. 5
Ersatzinfinitiv (Infinitiv anstelle eines Part. Prät.) S 161; 209; 253–255
erschrecken: Ind. Präs.   -*e*-   M 102, Anm. 2;   Part. Prät.   *erschrecken* M 125, Anm. 6
Ersparung: des Kernsubstantivs in der Nominalgruppe S 45; des Subjektpronomens S 56–58; der von einer Präposition abhängigen Größe S 130; der Präposition in Wendungen mit Präposition + Substantiv + Genitivattribut S 134 (s. auch *afinite Konstruktionen*) S 165; 256f.
erweitertes Adjektiv / Partizip S 22; 24
es: Subjekt S 59; 143; 147; 190; 226; 249; expletiv S 59, Anm. 1; 241; 279; 294; Akk. S 241; 249; Gen. S 88, Anm. 2; kausal S 80; Fehlen nach *als* und *daß* S 57, Anm. 1; Korrelat bei infinitivischem Subjektsatz S 198; bei Subjektsatz S 279
es gibt + Akk. S 59
es hat + Akk. S 59
es setzt + Akk. S 59
etlich-: Flexion des nachfolgenden Adjektivs M 45
etwas: mit Genitiv S 38; mit Adjektiv S 39; adverbial S 122
etymologisches Schreibprinzip L 1, 7, 3
eu / *äu* L **29**
e-Verschmelzung L 12; 19
exegetischer Infinitiv, s. *Infinitivergänzung*
Exzeptivsatz S 230; 240; 258; **294f.**; 305
f: L **51**; *f* für *pf* im Omd. L 51, 4; 58, 3; zwischenvokalisches *f* > *w* L 50, 4
Fachsprache I 3, 3, 3
faren M 97; 131
fallen: fehlender Präsensumlaut M 100, Anm. 2; 132

fällen: Rückumlaut M 96, Anm. 3, 5
(emp)fangen / *fahen*:   grammatischer Wechsel M 104, Anm. 3; 105, Anm.2
fechten   M 87.3;   Ind. Präs.   -*e*-   M 102, Anm. 2; Klassenwechsel M 113; 117
feilen / *fe(h)len* L 19, Anm. 7
Fernstellung S 51–53; 200
Finalsatz S 275; 300; 301
finden: M 128
flechten: Ind. Präs. -*e*- ; 102, Anm. 2; Klassenwechsel M 113; 117
Flexion: Substantive M 2–30; schwache Flexion d. Substantive M 6; Klassen (Substantive) M 3; Adjektive: Adjektivflexion als grammatisch abhängige Flexion M 34; determinierende / indeterminierende Flexion M 34–35; Formregel / Sinnregel M 34, Anm. 1; Flexion nach best. Art. M 37; Flexion nach unbest. Art. M 38; Flexion nach Dem. Pron. M 39; Flexion nach Präp. / Nullartikel M 40; Anredenominativ M 41; Flexion der Anrede nach dem Pers. Pron. M 42; Flexion nach Zahlwort M 43; Flexion nach dem Poss. Pron. M 44; Flexion nach Indef. Pron., nach *beid-, solch-, ander-*   M 45;   Flexionslosigkeit M 46–48; Verben: Paradigmen M 83; Infinitiv M 84; Gerundium M 85; Part. Präs. M 86; Part. Prät. M 87; 1. Sg. Ind. / Konj.   Präs.   und   3. Sg. Konj. Präs. M 88; Imp. Sg. M 89; 1./3. Sg. Ind. / Konj. Prät. der schw. Verben   M 90;   1./3. Sg. Ind. / Konj. Prät. der st. Verben M 91; 2. Sg. Ind. / Konj. Präs. / Prät. M 92; 3. Sg. Ind. Präs.   M 93;   Pl. Präs. / Imp. Pl. M 94; Pl. Prät. M 95; Präsenswechselflexion der st. Verben M 97–100; Ausgleich der Präsenswechselflexion *e* > *i* zugunsten *i* M 101; Ausgleich der Präsenswechselflexion *e* > *i* zugunsten *e* M 102; *lügen, trügen* M 103; grammatischer Wechsel M 104f.; konsonantische Alternationen M 106; Stammvokalausgleich der 2. Sg. Ind. Prät. M 107; st. Verben mit Prät.=Part. II-Ablaut: Inventar M 108; Aufhebung der Klassenspaltung bei den Verben der mhd. Ablautklasse Ia/b M 109; Ab-

lautausgleich bei den Verben der mhd. Abklautkl. I M 110; *scheiden* M 111; mhd. *prîsen, wîsen, gelîchen* M 112; st. Verben mit Prät.=Part. II-Ablaut-*o* : Inventar M 113; Aufhebung der Klassenspaltung bei den Verben der mhd. Ablautklasse IIa/b M 114; Ablautausgleich bei den Verben der mhd. Ablautklasse II M 115; *melken, quellen, schellen / schallen, schmelzen, schwellen* M 116; *dreschen, fechten, löschen, scheren* (nhd. *schwären*) M 117; *pflegen, weben, gären* M 118; *heben, schweren* (nhd. *schwören*) M 119; *glimmen, klimmen* M 120; st. Verben mit Prät.=Part. Prät.-Ablaut-*u* (*schinden, dingen, schrinden*) M 121; die st. Verben der mhd. Ablautklasse IIIa mit stammschließendem Doppelnasal sowie *beginnen* M 123; Ablautausgleich bei den st. Verben der mhd. Ablautklasse IIIb M 124; Ausgleich des quantitativen Ablauts bei den st. Verben der mhd. Ablautklasse IV M 125; *befelen* M 126; Prät.-Ablaut-*u* und Part. Prät.-Ablaut-*o* (*werden*) M 127; st. Verben mit Prät.-Ablaut-*a* und Part. Prät.-Ablaut-*u* M 128; st. Verben mit Präs.=Part. Prät.-Ablaut M 129–133; Präteritopräsentien M 135–145; Wurzelverben M 147–149; kontrahierte Verben M 150f.; *wollen* M 146

Flexionslosigkeit bei Adjektiven M 46–48

fliegen: Part. Prät. *geflugen* M 113, Anm. 2

fliehen: Part. Prät. *-vluwen* M 113, Anm. 1; Sg. Prät.-Ablaut-*ou* M 114, Anm.; Part. Prät. Ablaut -*u* M 115

Folgesatz, s. *Konsekutivsatz*

formelhafte Verbindung aus Subst. bzw. Präpositionalgruppe und Verb S 72

Formregel / Sinnregel M 34, Anm. 1

fragen M 97, Anm. 6; 131, Anm 3

französischer Einfluß S 13; 73; 188; 190; 234

freien: st. Flexion M 108; 112, Anm. 1

Fremdwortschreibung L 54, 4

frieren: grammatischer Wechsel M 104; Anm. 3; 105, Anm. 2

ft > cht L 56, 3

für + Akk. als Variante neben dem Dat. S 97, Anm. 1; 156; als Variante neben dem Akk. S 115

funktionale Entbehrlichkeit: von flexivischem -*e* M 88, Anm. 2; 90, Anm. 4

Futur S 157; 159; **167–173**; 217; 257; 283

g L **48**; *ge-* vor *f > p* L 58, 3

gären: Ind. Präs. -*e*- M 102, Anm. 2; Klassenwechsel M 113; 118; 129

ge-: aspektuelle Differenzierung M 78; 87, 3; bei *können* M 140; bei *tun* M 147; bei *gangen* M 148, 5

ge + finites Verb S 159; **160**; 163; M 87, Anm 2, 3

geben: Part. Prät. ohne *ge-* M 87.3; 97, Anm. 1; 129

geberen: Ind. Präs. -*e*- M 102, Anm. 2; Prät.-*o* M 117, Anm. 1; Part. Prät. *geburent* M 125, Anm. 5; Sg. Prät. *gebor* M 125, Anm. 7; Part. Prät. *geberen* M 125, Anm. 6; 129, Anm.

gedeihen: grammatischer Wechsel M 104, Anm. 3

gehen: Part. Prät. ohne *ge*- M 87.3; 148

geigen: st. Flexion M 112, Anm. 1

gelingen: Prät.-Ablaut-*u* M 128: Anm. 3

gellen: Ind. Präs. -*e*- M 102, Anm. 2

gelten: Prät.-Ablaut-*o* M 116, Anm. 1; M 124; Part. Prät. *gelten* M 129, Anm.

Geminaten L 70; mhd. Geminaten und frnhd. Doppelgraphie L 1, 7, 1

genesen: Ind. Präs. -*e*- M 102, Anm. 2

geniessen M 97, Anm. 2; alem. *genüssen* M 103, Anm.

Genitiv S 11; 52; **65–92**; 140; 142; 211, Anm. 1; 249; Genitivobjekt 62; **66**; **68–70**; 94; 111; 116; 119; 150; 155; 162; 183; 187; 216; 231; 280; attributiv S 1; 2; 5; 17; **26–45**; 51f.; 98, Anm. 1; attributiv ohne Kernsubstantiv S 45; Fügungen aus Präposition + Substantiv + attributivem Gen. S 134; Stellung des attributiven Gen. S 43; partitiv S 10; 25; 34; 37f.; 40f.; 73f.; 225; possessiv S 32f.; 76; der Beschaffenheit S 29; Gen. definitivus S 30; Gen. explicativus S 30; Gen. hebraicus S 31; Gen. objectivus S 28; 41; Gen. subjectivus S 27; 41; prädikativ S 76; 155; temporal S 79;

der Beziehung S 83; kausal S 80; modal S 81; isoliert S 92; adverbial S 77–83; bei formelhaften Verbindungen aus Verb und Substantiv S 72; 187; bei Negation S 74; beim Adjektiv S 84–87; 123; beim Part. S 88f.; 124, Anm. 1; bei Präposition S 90; 131f.; 134; bezogen auf Interjektion S 91; Genitivform des Infinitivs S 75; 177; 205; Genitiv-(e)s M 5 (2); 6, Anm. 3; 23, Anm. 6; Genitiv-(e)ns M 6, Anm. 2; Anm. 4; Genitiv-(e)n (Pl.) M 7, Anm. 2; Gen. Sg. Fem. / Gen. Pl. des attr. Adjektivs im Mfrk. M 36 + Anm. 1
Genus: Inkongruenz S 227; Wechsel M 13; 21; 30
geredete Graphie L 45, 4; 51, 3; 68; 69; s. auch *graphiegeleitetes Lesen*
gern M 53, Anm. 4
Gerundium M 85
Gerundiv S 23
Geschäftssprache I, 3, 3, 3
geschehen: Zweisilbigkeit M 148, Anm. 1
Getrenntschreibung L 6
gewinnen M 123
giessen: Part. Prät. ohne ge- M 87.3
glänzen: Rückumlaut M 96, Anm. 3
(ver)gleichen M 108; 112
glimmen: Klassenwechsel M 113; 120; Ablautausgleich zu *u* M 121, Anm. 1
(ver)gönnen M 139
graben: Part. Prät. ohne ge- M 87.3; Präsensumlaut M 100, Anm. 2
grammatischer Wechsel M 104f.
Graphemkennzeichnung L 1, 4
graphiegeleitetes Lesen L 48, 4; 52, 3; s. auch *geredete Graphie, Leseausssprache*
graphiegeschichtliches Schreibprinzip L 1, 7, 2
greifen: lange beibehaltener Numerusablaut M 110, Anm. 2
griechischer Einfluß S 115
Großschreibung L 3
Gruppensprache I 3, 3, 3
gut: Komparation M 55, Anm. 1
Gutturalaffrikate *kch* L 49, 3
h L 57; als Längenzeichen L 50, 2; 55, 2
haben: Kontraktion M 79; 134; 151; Präteritum S 159; Hilfsverb S 161f.; 165;

206, Anm. 1; mit Part. Präs. S 210; *haben* + *zu* + Inf. S 187, Anm. 1; Stellung im Verbalkomplex S 251–255; Ersparung S 256f.
»halbprädikativer« Nominativ S 63
halten M 93, Anm. 2; 97; 100, Anm. 1; 132
handeln: st. Flexion M 132
hängen: Rückumlaut M 96
Hauchlaut *h* L 57
hauen M 97, Anm. 6; *abhewet* M 100, Anm. 1; 106; *gehieben* M 132
Hauptsatz S 237; 239; 247; 251; 255
heben: grammatischer Wechsel M 104, Anm. 1, 2, 3; 105, Anm. 2; Klassenwechsel M 113; 119
Hebung L 21; 24
heften: Rückumlaut M 96, Anm. 3
heilig / hilig L 27, Anm.
heissen: Part. Prät. ohne *ge-* M 87, 3; Klasse 1a M 108; Part. Prät. *gehießen* M 111, Anm.; 132; mit prädikativem Nominativ S 63; mit Inf. S 192; asyndetischer Relativsatz (parataktischer Satz mit Anfangsstellung von *heissen*) S 261
helen: Ind. Präs. -e- M 102, Anm. 2
helfen: Imp. Sg. *helff* M 102, Anm. 4; Prät.-Ablaut-*o* M 116, Anm. 1; 124, Anm. 1, 2, 5, 6; 126, Anm. 2
henken: Rückumlaut M 96
her- < er- L 57, 3
Herausstellung nach links S 64; 243
herz M 24
Heterogenität des Frnhd. I, 3, 3
Heterographie (für Homophone) L 1, 7, 4
Hiat; Hiattilgung 46, 5; 48, 4; 50, 4; 57, 3; 76
hilfe / helfe / hulfe / hülfe L 13
hinken: Prät.-Ablaut-*u* M 128, Anm. 3
historisches Präsens, s. *Präsens historicum*
hoch: Komparation M 55, Anm. 5
Homonymietrennung L 53, 3
Homophonie L 1, 7, 4
homorgane Artikulation L 66
Horizontalität / Vertikalität des Varietätenspektrums I, 3, 3; L 75
Hyperkorrektion M 140, Anm. 1
Hyperkorrekturen L 47, 3; 48, 4; 49, 3; 50, 2; 54, 4; 55, 3; 56, 3; 58, 3; 60, 2; 69; 63, 3; 71; 75; 76

Hypotaxe S 317
hypothetischer Vergleich S 312
i: Kurzvokal L **13**; Langvokal L **21**; graphische Varianz (*j, y*) L 13; *i* > *ü* L 36, Anm. 6; *i* > *e* L 21; *i* < *e* / *ë* L 13; *i* / *y* L 21
i-Stämme M 10, Anm. 4, 6, 10, 16; 19, Anm.; 20, Anm. 2
icht 'etwas' S 38f.; 235
Ideal von Schreibung und Lautung L 65
Idealisierung in der Grammatikschreibung I, 2, 1
Idealsysteme frnhd. Schreibung / Lautung L 1, 7
ie L **30**
Imperativ M **89**; S 218; 223; 231; 240; 275; 283; 293; 297; Part. Prät. in imperativischer Funktion S 215; Konjunktiv als Ergänzung des unvollständigen Imperativparadigmas S 221
ind(e) / *und(e)* L 13, Anm. 3
Indefinitpronomen S 1; **12–15**; 16; Flexion des nachfolgenden Adjektivs M 45; Flexion M 72f.; *ander-* M 74; *solch-* M 75; *welch-* M 76; *beid-* M 77
Indifferenzform S 186f.; 301; 305
Indikativ S 258; 275; 282; 289; 293f.; 297; 301; 303; 305f.; 313
indirekte Rede S 278; 283
indirekter Fragesatz S 277
Infinitiv M **84**; S 59; 63; 75; 119; 135; 167–175; **176–209**; 218; 246; 248; Gen. S 75; 177; 205; Dat. S 177; Infinitivergänzung S 24; 52; **180–188**; periphrastische Konstruktionen S 167–175; Infinitivsatz S 180; 184; 186; 189–202; 234; des Passivs S 190; Stellung im Verbalkomplex S 251–255; an Stelle eines Part. Prät. (Ersatzinfinitiv) S 161; 209; 253–255
Ingressiv S 169; 173
Inhaltssatz S 240; 276; 278; 280
Inkongruenz S 244; des Numerus S 225; des Genus S 227; der Person S 228
Inseldeutsch I, 3, 3, 1
Instrumentalsatz S 308
Interjektion: mit Gen. S 91; mit Dat. S 106; mit Akk. S 126
inter-/intraparadigmatisch M 80; 128, Anm. 1

Interpunktion L 4
Interrogativpronomen S 1; 9; 10; 272; 276; 307; Flexion M 71
Inventar: st. Verbklassen M 108; 113; 122
Inventarveränderungen, konsonantische L 70
Irrealis S 222; 292f.; 312
iu L **26**
iz- / *az*-Stämme M 27
j / *g* -Varianzen L 48, 4; 55, 1; 55, 3
j L **55**; graphisch für *i* L 13; *j* > *g* L 48, 4
ja-Stämme M 23
je. . je + Komparativ S 238
jeten: Ind. Präs. -*e*- M 102, Anm. 2
k L **49**
kämpfen: Rückumlaut M 96, Anm. 3
Kanzleisprache M 94, 2; S 6f.; 17; 19; 22; 24; 42; 72; 88; 133; 134, Anm. 1; 174f.; 188; 195; 205; 209f.; 246; 249; 252; 257; 263; 266; 268; 306; 317
Kanzleistil: in der Adj.-Flexion M 40, Anm.; 46, Anm. 1
Kasus, Sg. M 5f.; 15ff.; 23f.; s. auch *Akkusativ, Dativ, Genitiv, Nominativ, Subjekt, Vokativ*
Kasus: Nivellierung M 2
kauen M 113, Anm. 2
kaufen: Part. Prät. ohne *ge-* M 87.3; analoger Präsensumlaut M 100
Kausalsatz S 300; 306
kch im Sobd. L 49, 3
(mhd.) *kêren*: Rückumlaut M 96, Anm. 3
kein M 72–74; S 1; **13**; 16; 39; 231f.
kennen: Rückumlaut M 96; Vermischung mit *können* M 140
(er)kiesen: grammatischer Wechsel M 104, Anm. 3; 105
klagen: analoger Präsensumlaut M 100
Klammer L 4, s. auch *Satzklammer*
Klassifizierung der Verben M 79; 81f.; Klassen st. Verben: Klasse 1 (Verben mit identischem Präs.-, Prät.- und Part. Prät.-Ablaut) M 108–121; Klasse 2 (Verben mit unterschiedenem Präs.-, Prät.- und Part. Prät.-Ablaut) M 122–128; Verben mit identischem Präs.- und Part. Prät.-Ablaut M 129–133
klimmen: Klassenwechsel M 133; 120; Ablautausgleich zu *u* M 121, Anm. 1

klingen: Prät.-Ablaut-*u* M 128, Anm. 3
kneipen: st. Flexion M 108; 112, Anm. 1
Komma L 4
kommen M 87, Anm. 3; 97; 100 +
　　Anm. 1, 3; 125, 4; + Part. Prät. S 213;
　　mit Inf. S 189
Komparation M 53–56
Komparativ M 53–55; S 13; 45; 86; 123;
　　140; 233; 238; 246; 309; 311; 313f.
Komparativsatz S 233; 309–314
Komplementärverhältnis *j* / *g* L 55, 3
komplexe Sätze S 258–318
Kompositum: Berührung mit attributi-
　　vem Gen. S 44; Berührung mit sub-
　　stantiviertem Inf. S 204, Anm. 1
Kompromißschreibung: *bp* L 45, 2; *dt*
　　L 47, 2; *gk* L 49, 2
Konditional S 283
konditionaler Relativsatz S 274
Konditionalperiphrase S 171
Konditionalsatz, s. *Bedingungssatz*
Kongruenz S 224; s. auch *Inkongruenz*
Konjunktiv S 171; 207; **219–222**; 257f.;
　　275; 278; 282f.; 289; 293f.; 297;
　　301–305; 312
können M 140; 142, Anm. 2
Konsekutivsatz S 233; 258; 294, Anm. 1;
　　302
Konsonantenerleichterung L 53, 4; 58, 1;
　　s. auch *Mehrfachkonsonanz*
Konsonantengraphie L 1, 7
Konsonantenhäufung L 51, 2
Konsonantenschwächung, binnendeut-
　　sche L 44, 4; 45, 3; 46, 1; 46, 3; 47, 2;
　　48, 3; 48, 4; 49, 2; 77; **78**.
Konsonantenschwund L 74
Konsonantenstand des späteren Frnhd.
　　L 66
Konsonantensystem L 66–80
Konsonantenverdoppelung zur Kenn-
　　zeichnung der Vokalkürze L 1, 7, 1
Konsonantenzusatz L 76
Konsonantismus, Gliederung L 43;
　　Konstanz L 70
Konstruktstatus phonologischer und
　　graphemischer Einheiten L 1, 2, 1
Kontamination M 35
Kontraktion L 37; M 79; 92; 106,
　　Anm. 2; 146; 148, Anm. 3; 150; über
　　b L 44, 4; über *g* L 48, 4; kontrahierte
　　Verben M 150f.

Konzessivsatz S 240; 258; 296–299
Kookkurrenzbeschränkungen S 54
koordinierte Glieder S 225; diskonti-
　　nuierliche Stellung S 53
Korrelat (Platzhalter) S 198; 279f.; 285;
　　288; 292; 303; 305f.; 310
kränken: Rückumlaut M 96, Anm. 3
kriechen: Sg. Präs. *kreucht* M 99, Anm.
kriegen + Part. Prät. S 212
Kürzung L 35
Kürzel(zeichen) L 5
l L **64**
Labiale L **45**; **46**; **50**; **51**
Labiodentale L **50**; **51**
laden M 97, Anm. 5, 6; 131, Anm. 4
lager / *leger* L 18, Anm. 5; 28, Anm. 2
landschaftliche Schreibsprache I, 3, 3, 3
Längenbezeichnung, vokalisch L 7
Languebezug / Textbezug der Gramma-
　　tik I, 2, 1
lassen M 99; Flexion M 150; mit Inf.
　　S 63; 119; **190**; 209
laß(t) uns + Inf. S 221
lateinischer Einfluß S 11; 23f.; 82; 102,
　　Anm. 1; 107; 115; 134; 174; 183;
　　194f.; 234; 238; 257; 270f.
laufen: analoger Präsensumlaut M 100;
　　133
läuten: st. Flexion M 108; 112, Anm. 1
Lautiermethode L 69
Lautung / Schreibung: Bezugsprobleme
　　L 1
Lautteil der Grammatik: Materialbasis
　　I, 4, 1, 1
Lautverschiebungsstand L 45, 1; 46; 47;
　　58, 3; 77
Lautwerte, historische, Problem ihrer
　　Bestimmung L 52, 3
legen: Rückumlaut M 96; Kontraktion
　　M 106, Anm. 2
Lehnschreibung 1, 7, 3; *c* für *k* L 51, 2;
　　ph L 51, 2; *c* für *z* L 59, 2; *rh* L 65, 2
Lehnwörter und ihre Schreibung, mit *b* /
　　p L 44, 4; 45, 1; mit *ps*- L 45, 4; mit *d* /
　　t L 47, 1; mit *k* / *g* L 48, 4; mit *h*
　　L 57, 3
leiden: grammatischer Wechsel M 104,
　　Anm. 3; 105, Anm. 2
leihen: grammatischer Wechsel M 104,
　　Anm. 3; 109
leinen / *lehnen* L 19, Anm. 8

Leitvariante I, 3, 3, 3
Lenisierung von *nt* > *nd* L 46, 3; 47, 2; vgl. auch *Konsonantenschwächung*
(mhd.) *lêren*: Rückumlaut M 96
Leseaussprache L 69; s. auch *graphiegeleitetes Lesen*
lesen M 89, Anm. 2
letzt M 53, Anm. 9
liegen: Pl. Prät.-Ablaut M 129
Liquide L **64**; **65**
Literatursprache I, 3, 3, 3
lj / *rj* > *lg* / *rg* L 80
Lokalbestimmung S 98; 231
löschen: Klassenwechsel M 113; 117
lügen / *liegen* M 97; 103
lützel: Komparation M 55, Anm. 3
lw / *rw* > *lb* / *rb* L 80
m L 61
machen: st. Part. Prät. *gemachen* M 131, Anm. 2
Majuskel, s. *Großschreibung*
malen M 97, Anm. 6
Männer M 27, Anm. 2; *man* ~ *mannen* ~ *männer* M 11, Anm. 5
Materialgrundlage der Grammatik I, 4
mb L 43, 3; **44**, 4; 61, 2
Mehrfachkonsonanz L 46, 5; 47, 4; 49, 4; 51, 4; 56, 3; 74
meiden: grammatischer Wechsel M 104, Anm. 3, 4; 105, Anm. 2; 111, Anm.
melken: Ind. Präs. *-e-* M 102, Anm. 2; Klassenwechsel M 113; 116; 124
men L 12
mer / *meist* M 55, Anm. 4
merken: Rückumlaut M 96
messen: Ind. Präs. *-e-* M 102, Anm. 2
Metathese (von *r*) L 65, 3
-mft > *nft* L 62, 4
Mhd., klassisches, als Konstrukt I, 3, 3
michel: Komparation M 55
mit > *bit* L 44, 4
mittel M 53, Anm. 7
Mittelfeld S 236; 244; 248; 250
m / *n*-Varianz L 61, 4; 62, 4
modales Prinzp S 23
Modalperiphrase mit *haben* + *zu* + Inf. S 187, Anm. 1
modal-proportionaler Satz S 315
Modalverb S 159; 161; 167–169; 189; 200; 206; 209; 221f.; Stellung im Verbalkomplex S 151–155; Ersparung S 257

Modus S **219–223**; 275; 282; 289; 293; 301; 304–306
modusindifferente Formen S 301; 305
mögen M 144
Monophtongierung L **32**; *a* < *ei, ou, äu* L 18; *ö* < *öu* L 23; *o* < *ou* L 22; *e* < *ei* L 19
Morphemgrenze, Verschiebung L 47, 4
Morphologieteil der Grammatik: Corpus I, 4, 1, 2
morphologisches Schreibprinzip L 1, 7, 3
müssen: Flexion M 145; + Inf. als Futur S 167f.
Musteraussprache L 69
mutter M 20, Anm. 8
n L **62**
n-Stämme M 18
Nachfeld S 236; 245f.
Nachsatz S 242; 280; 285; 310
nacht M 20, Anm. 6
nagen M 97, Anm. 6
nah: Komparation M 55, Anm. 5
Nasale L **61–63**
Nasalierung L 62, 4
Nasalstrich L 5; 61, 2; 62, 2
Nebensatz S 217; 231; 236f.; 246f.; 251–254; 258; s. auch *komplexe Sätze*
Nebensilbenvokale L **38–41**; im Komparativ / Superlativ M 53
Negation S 13; 72; 74; **229–235**; 275; 282; 304; Negationspartikel (*en-*) S 229f.; 294; 305
nehmen M 89, Anm. 2; 102, Anm. 2; 117, Anm. 1; 125, 2
neiden: grammatischer wechsel M 104, Anm. 3; 105, Anm. 2
nennen: Rückumlaut M 96
netzen: Rückumlaut M 96, Anm. 3
Neuentlehnung L 58, 3
nicht S 13; 72; 74; 229f.; **231**
nichts S 38f.; 122
nieder M 53, Anm. 6
niederländischer Einfluß S 188
n / *m* -Varianz L 61, 4; 62, 4
ng L **63**
Nominalgruppe S 1–53; 201; 243f.; 249f.; s. auch *Akkusativ, Dativ, Genitiv, Nominativ, Subjekt, Vokativ, Substantivgruppe*
Nominativ S 55–64; 68–70; 87, Anm. 2; 127; 144; 148–153; 243; Nominativus

pendens S 64; 243; prädikatives Adjektiv M 52
Norddeutsch I, 3, 3, 1
'Normalflexion': Verben M 80
Notationen von *s, ss, z* L 59
Notationsprobleme im Teil Schreibung und Lautung L 1, 3; 1, 4
nt < *nd* (mhd.) L 46, 3
Numerus: M 8–12; 20; 26–29; Inkongruenz S 225f.; Profilierung M 2
o: Kurzvokal, Substantive L **14**; Langvokal L **22**; *o* > *a* L 11; *o* < *a* L 14; *o* > *a* L 18; *o* < *a* L 22; 16; *o* > *u* L 24; *o* < *ou* L 22; *o* > *au* / *ou* L 28
ö: Kurzvokal L **15**; Langvokal L **23**; *ö* < *öu* L 23
ô-Stämme M 7, Anm. 2; 17; 20, Anm. 1; Anm. 3
ober- M 31
oberdeutscher Präteritumschwund, s. Präteritumschwund
Objektsatz S 259; 276; 278; 280
ohne (...) zu + Inf. S 188
Ontologisierung in der Grammatikschreibung I, 2, 1
Opposition 'langer / kurzer' Konsonanten
or M 24
ou / *au* L 28; *ou* > *o* L 22; *ou* / *au* < *o* L 27
p L 45
Palatale / Velare L **48**; **49**; **55**; **56**
Palatoalveolar *sch* L **54**
Parataxe S 261; 317
partitiver Genitiv, s. *Genitiv*
Partizip: attributiv S 1; 6; 17–20; 22; 24; 52; mit Inf. S 201; mit Vergleichssatz S 310; adverbial mit Gen. S 88f.; 133; adverbial mit Dat. S 104; 133; adverbial mit Akk. S 124; 133; adverbial, flektiert mit Gen. (meit mit *un-* / *ohn*-Präfix) S 82
Partizip Präsentis **210**; M **86**; *zu* + Part. Präs.   S 23;   Futurperiphrase S 167–169; ingressive Formen S 173; bei *bleiben* S 189
Partizip Präteriti M 87; S 211; Perfektperiphrase S 161–164; Plusquamperfekt S 165; doppelte Perfektformen S 166; Inf. Perf. S 206–208; Inf. an Stelle eines Part. Prät. S 209; prädikativ S 212; *kommen* + Part. Prät.

S 213; in der Funktion eines Subjekts oder Prädikatsnomens S 214; Passivperiphrase S 216; Stellung im Verbalkomplex S 251–255
Passiv S 63; 159; 182; 190; 195; 212; **216**f.; 257; 278; passiver Inf. S 178; Imperativ S 223
Perfekt S 159; **161–164**; 165; 169; 173; 256; 183; doppelte Perfektformen S 166; Inf. Perf. S 206; Perfekt des Passivs S 217
perfektives Verb M 87.3
periphrastische   Formen: mit   Inf. S 167–176; konditional S 171; im Bedingungssatz S 291; s. auch *Futur, Ingressiv, Modalperiphrase, Passiv, Perfekt, Plusquamperfekt, Progressiv, tun + Inf.*
Person: Inkongruenz S 228
Personalpronomen S 265; Flexion der Anrede mit dem Personalpronomen M 42; Flexion M 61–63; s. auch *Reflexivpronomen*
Pertinenzdativ, s. *Dativ*
pf L 58; *pf* > omd. *f* L 58, 3
pflegen: Ind. Präs. *-e-* M 102, Anm. 2; Klassenwechsel M 113; 118; 119, Anm. 3; 129
Phase S 157
Phonemkennzeichnung L 1, 4
phonologische Relevanz graphemischer Distinktionen L 68
phonologisches Schreibprinzip L 1, 7, 1
Phonologisierung von *n* > *ng* L 63, 3
Platzhalter, s. *Korrelat*
Plural: Substantive M 11; 19; 25; *er*-Plural M 9; 27; Plural-Umlaut M 10; 28; *e*-Plural M 8; 26; *(e)n*-Plural M 11; 20; 29; *s*-Plural M 12
Plusquamperfekt S 159; **165**; 217; 257
pinsel / *pensel* L 13, Anm. 8
Polyflexion M 36; 37, Anm.
Polysemietrennung L 53, 3
Possessivpronomen S 1; 8; **11**; 15–17; 21; 33; 42; 58; 98; Flexion M 65
Postposition S 88; 90; 128f.; 131; s. auch *Präposition, Zirkumposition*
prädikative Präpositionalgruppen S 155
Prädikatsakkusativ S 63; 115
Prädikatsnominativ S 63; 100; 185
Präfix, *e*-Synkope L 39

Präfix: *ge-* im Partizip Präteriti von Präfixverben M 87, 3
Präfix, trennbar, s. *Präpositionaladverb*
Präposition S 5; 88; 128–156; 267f.; mit Gen. S 90; 132; mit Dat. S 105; 132; 134; mit Akk. S 125; mit Infinitivergänzung S 188; Ersparung der von der Präp. abhängigen Größe S 130; s. auch *Postposition, Zirkumposition*; nachfolgende Flexion des Adjektivs M 40
Präpositionaladverb S 11; 94; 200; 236; 244f.; 248
Präpositionalgruppe S 2; 18; 22; 41; 52; 72; 95; **128–156**; 225; 231; 246f.; 249f.; bei Präposition S 135; prädikativ S 155; adverbial S 156; Präpositionalattribut S 1; 50–52; Präpositionalfügung mit *für / vor* als Variante neben dem Dat. S 97, Anm. 1, als Variante neben dem Akk. S 115; Präpositionalobjekt S 62; 66; 70; 73; 84; 94; 111; 117; 120f.; 131; 142–154; 183; 216; 231; 280
Präsens S 157–159; 167; 221; 283; Präsens historicum S 158
Präteritalflexiv / -suffix: *e*-Synkope L 39, Anm. 2; M 79; 90
Präteritopräsentien M 135–145
Präteritum S 157; **159**; 163f.
Präteritumschwund M 90, Anm. 5; 128, Anm. 1; S 164
preisen M 108; 112
Prestige frnhd. Varietäten I, 3, 3, 3; L 68
Progressiv S 174
Prolepse S 243
Pronomen S 8–17; 25; 38; 41; 44; 226; 231; 244; 249; Flexion M 60–77
Pronominaladjektiv / -substantiv M 60; 72–76
proportional-steigernder Bezug (Komparation) S 314
Prosthese L 76; von *h* L 57, 3; von *n* L 62, 4
Punkt L 14
qu- L 49, 2; *qu* > *k* L 50, 4
quellen: Ind. Präs. -*e*- M 102, Anm. 2; Klassenwechsel M 113; 116
r L **65**
rächen: Ind. Präs. -*e*- M 102, Anm. 2; Prät.-Ablaut-*o* M 117, Anm. 1; 125

Rahmen, s. *Satzklammer*
raten M 97, Anm. 4; 100, Anm. 1
Raum des Frnhd. I, 3, 1
recken: Rückumlaut M 96
reflexives Verb S 183; 211; 216, Anm. 1; 241
Reflexivpronomen S 68; 190; 241; 249; Flexion M 64; 67
Reibelaute L **50–54**
Reimgebrauch L 56, 2; 62, 4; 63, 3
reiten: lange beibehaltener Numerusablaut M 110, Anm. 2
Relativsatz S 186; 243; 258; **260–275**; 276; Relativpartikel S 237; 258; 260; 268f.; 271; 310; Relativpronomen S 228; 237; 248; 257f.; 260; **262–267**; **269–274**; relativer Anschluß S 271; Relativsatzverschränkung S 270
rennen: Rückumlaut M 96, Anm. 3, 5
Resumptivpronomen, s. *aufnehmendes Pronomen*
restriktiv: konditionale Konjunktion mit restriktiver Bedeutung S 292
retten: Rückumlaut M 96, Anm. 3
reuen M 113, Anm. 2
Rhotazismus L 65, 3
'Richtigkeit' der Aussprache L 69
Richtungsbestimmung S 50; 94; 98; 118; 156; 231
riechen: Sg. Präs. *ruchet* M 99, Anm.; alem. *rüchen* M 103, Anm.
ringen: Prät.-Ablaut-*u* M 128, Anm. 3
rj, lj > *rg, lg* L 48, 4
rs, rst > *rsch, rscht* L 54, 4
Rückumlaut / rückumlautende Verben: M 79f.; 87; 90, 2; **96**; 130; 135, Anm. 3; Liste frnhd. Rückumlautsverben M 96, Anm. 3
rufen M 97; 100; 132
Rundung L **36**; *a* > *o* L 14; *a* > *o* L 22
s: L **52**; zwischenvokalisches *s* L 52, 1; *s* > *sch* L 52, 3
s-Plural M 12
salzen M 97, Anm. 6
Satzgefüge S 317f.
Satzgliednegation S 229, Anm. 1
Satzklammer S 236; 245–247
saufen: Ablautmuster Präs.=Part. Prät., Part. Prät. *gesuffen* M 113, Anm. 2
saugen M 97, Anm. 6; Ablautmuster Präs.=Part. Prät., Part. Prät. *gesvgen* M 113, Anm. 2

sch L **54**; *sch* / *ch*-Berührungen L 54, 4;
  56, 3
schaden: st. Prät. *schuod* M 131, Anm. 2
schaffen M 97, Anm. 6
schallen / *schellen*: schw. Präs. M 97,
  Anm. 6; Klassenwechsel M 113; 116
schalten M 97, Anm. 6
schämen: Rückumlaut M 96
schätzen: Rückumlaut M 96
scheiden: Klassenwechsael M 108; 111
scheinen: lange beibehaltener Numerusablaut M 110, Anm. 2
Scheininfinitiv, s. *Ersatzinfinitiv*
schelten: Ind. Präs. *-e-* M 102, Anm. 2;
  Prät.-Ablaut-*o* M 116, Anm. 1; 124,
  Anm. 7
schenken: Rückumlaut M 96
schepfen: Rückumlaut M 96, Anm. 3
scheren: Ind. Präs. *-e-* M 102, Anm. 2;
  Klassenwechsel M 113; 117
scheuen: st. Flexion M 112, Anm. 1; st.
  Part. Prät. *geschohen* M 113, Anm. 3
schieben: Part. Prät. *geschuben* M 113,
  Anm. 2
schinden M 121; 128, Anm. 3
schlagen: fehlender Präsensumlaut
  M 100, Anm. 1; grammatischer
  Wechsel M 104, Anm. 3; 105, Anm. 2
schlecht: Komparation M 55
schliessen: alem. *schlüssen* M 103, Anm.
schmecken: Rückumlaut M 96
schmelzen: Klassenwechsel M 113; 116;
  124, Anm. 3
schmerzen: Ind. Präs. *-e-* M 102, Anm. 2
schnauben: schw. Präs. M 97, Anm. 6
schneiden: Part. Prät. ohne *ge-* M 87.3;
  grammatischer Wechsel M 104,
  Anm. 3; 105, Anm. 1, 2
schrecken: Rückumlaut M 96; st. Verb,
  Prät.-Ablaut-*o* M 117, Anm. 1;
  Part. Prät. *erschrecken* M 125,
  Anm. 6
Schreibdialekt I, 3, 3, 3
schreiben: lange beibehaltener Numerusablaut M 110, Anm. 2
Schreibideal L 69; 71
schreiborientierte Aussprache L 58, 3; s.
  auch *geredete Graphie*
Schreibprinzipien L 1, 7; L 47, 2
Schreibung / Lautung: Bezugsprobleme
  L 1

Schreibungsaussprache L 57, 3; s. auch
  geredete Graphie
schreien: konsonantische Stammalternation M 106; Ablaut-*u* M 109; lange
  beibehaltener Numerusablaut M 110,
  Anm. 2
schrinden: Ablautausgleich zugunsten *u*
  M 121, Anm. 1
schwellen: Klassenwechsel M 113; 116
schwenden: Rückumlaut M 96, Anm. 3
schwenken: Rückumlaut M 96
schweren (nhd. *schwären*): Klassenwechsel M 113; 117
schweren (nhd. *schwören*): Klassenwechsel M 113; 119
schwester M 20, Anm. 8
Schwünde L 71; 74; von *d* L 46, 5; von *t*
  L 47, 4; von *g* L 48, 4; von *k* L 49, 4;
  von *w* L 50, 4; von *j* L 55, 3; von *ch*
  L 56, 3; von *h* 57, 3; von *m* L 61, 4;
  von *n* L 62, 4; von *ng* L 63, 3; von *l*
  L 64, 3; von *r* L 65
sehen: M 102, Anm. 2; 104, Anm. 2;
  Anm. 3; 106, Anm. 2; 148, Anm. 1;
  mit Inf. S 193f.; *gesehen werden*
  'scheinen' + Inf. S 194
seihen: grammatischer Wechsel M 104,
  Anm. 3
sein: Flexion M 149; mit prädikativem
  Dativ S 96; Prät. statt Perfekt S 159;
  sein + Part. Präs. / Inf. S 172, 174;
  sein + Part. Prät. S 161f.; 216–218;
  223; 251–256; *sein* + *zu* + Inf.
  S 183f., 225; Ersparung S 257; Inf. im
  Futur S 169; bei Verben der Sinneswahrnehmung S 193; bei *dünken* und
  scheinen S 196
semantisches Schreibprinzip L 1, 7, 4
Semikolon L 4
senden: Rückumlaut M 96, Anm. 3
senken: Rückumlaut M 96, Anm. 3
Senkung L 33
ser M 53, Anm. 8
setzen: Rückumlaut M 96
sieden: grammatischer Wechsel M 104,
  Anm. 3; 105, Anm. 2, 5; 113
Silbengrenze, ihre Verschiebung L 49, 4
Singular: Substantive M 5–6; 15–18;
  23–24
sinken: Prät.-Ablaut-*u* M 128, Anm. 3
sinnen M 123

Sinnregel / Formregel M 34, Anm. 1
sitzen: konsonantische Stammalternation M 106
sk > *sch* L 54,3
(mhd.) *slinden*: Ablautausgleich zugunsten *u* M 121, Anm. 1
so: Relativ S 268
solch-: Flexion des nachfolgenden Adjektivs M 45; Flexion M 75
sollen + Inf. als Futurperiphrase S 167f.; Flexion M 135,2; 143
sonder (...) zu + Inf. S 188
Sondernegation S 229, Anm. 1
soziale Schichtung des Frnhd. I, 3,3, 2
sozialsituativ begründete Aussprachevarianz L 72
Soziologie der Aussprache L 69
Soziopragmatik der Aussprache L 69
sp- / *st-* im Obd. L 54,4
spalten M 97, Anm. 6
speien: Ablaut-*u* M 109; 110, Anm. 2
speisen: st. Flexion M 108; 112, Anm. 1
spelling pronunciation L 68; 69
spinnen M 123
Spiranten statt Verschlußlauten L 77; 80; für *b* L 50,4; für *g* L 48,3; 56,1; 56,3
»Spirantisierung« L 80
sprechen: Markierung des quantitativen Numerusablauts M 125, Anm. 2; lautliche bedingtes Prät. *sprochen* M 125, Anm. 7
Sprechsprache S 175; 258
sprengen: Rückumlaut M 96, Anm. 3
springen: lautlich bedingtes Prät. *sprongen* M 128.3
Sproßvokal L 41
ss L 53; zwischenvokalisches *ss* L 52,1
statt (...) zu + Inf. S 188
stärken: Rückumlaut M 96, Anm. 3
stechen: Ind. Präs. -*e*- M 102, Anm. 2; Part. Prät. *gestechen* M 125, Anm. 6; 129, Anm.; lautlich bedingtes Prät. *erstochen* M 125, Anm. 7
stecken: Rückumlaut M 96; st. Präsens -*e*- M 102, Anm. 2; 130
stehen M 148
(ver)stelen: Prät.-Ablaut-*o* M 116, Anm. 1; 117, Anm. 1; Sg. Prät. *verstul* M 125, Anm. 5
stellen: Rückumlaut M 96

(mhd.) *stëmen*: Part. Prät. *gestemmen* M 125, Anm. 6
sterben M 124, Anm. 1
'stimmhaft / stimmlos' als Opposition L 67; 68
Stimmhaftigkeitsrelation L 70
Stimmtonverlust von *b, d, g* L 79
stossen: fehlender Präsensumlaut M 100, Anm. 3; 132
stram / *strom* / *straum* L 18
strecken: Rückumlaut M 96
Strukturalismus als Theoriegrundlage der Grammatik I, 2,2
strukturalistische Terminoloie L 1,2, 2
Subjekt S 55–62; 98; 102; 155; 181–186; 198 (Infinitivsätze); 214; 225; 231; 239; 246; 250; 268
subjektlose Konstruktion S 59, Anm. 1; 60–62; 94; 110f.; 173; 183; 190; 195; 198, Anm. 1; 216; 280
Subjektpronomen: Ersparung S 56–58; beim Imperativ S 223; Stellung S 249; s. auch *es*
Subjektsatz S 276; 278f.; 285; s. auch *infinitivischer Subjektsatz*
Subklassenspezifik S 54; 109; s. auch *Verbspezifik*
Substantiv: Übergang in die Kategorie Präposition S 131; 134; Fügungen aus Präposition und Substantiv S 134; mit Präpositionalgruppe S 136; mit postnominaler Infinitivergänzung S 187, Anm. 2; mit Infinitivsatz S 201
Substantive, Großschreibung L 3; Paradigmen M 4; 14; 22
Substantivgruppe: Umfang M 33; Nachstellung des attr. Adjektivs M 46; 48; Flexion der attr. Adjektive in der erweiterten Substantivgruppe M 49–51
substantivierter Infinitiv S 203–205
Suffixattraktion L 1, 7, 3; 54, 4
Superlativ S 16; 41
Suppletivformen: Komparation M 55; Pronomen M 60; Verben M 106; 134; 149
Synkope L 39; in der Adj.-Flexion M 35 + Anm. 7; in der Verbflexion M 87 + Anm. 4
Synkretismus S 172
syntaktische Umdeutung S 10; 87, Anm. 1

Syntax, besondere Gewichtung I, 5, 1
Syntaxteil: Corpus I, 4, 1, 3
t L 47; *t* in mfrk. Pronomina L 47, 4
täte im Bedingungssatz S 292, Anm. 1
taugen M 138
Temporalsatz S 234; **284–289**
Tempus 157–172; 217; 220; 283; 288; 292; s. auch *Zeitfolge*
Tempusstämme, primäre / sekundäre M 82
ter-Stämme M 20, Anm. 8, 9
Terminologie der Grammatik I, 2, 2
Terminologie: det. und indet. Adj.-Flexion M 34, Anm. 2
Textbezug / Languebezug der Grammatik I, 2, 1
Textlinguistik als grammatisches Beschreibungsproblem I, 5, 4
Theoriegrundlage der Grammatik I, 2, 2
tochter M 20, Anm. 8
tpf L 47, 4
traben: st. Part. Prät. *getraben* M 131, Anm. 2
tragen: Entrundung im Konj. Prät. *trieg* M 131, Anm. 1
tränken: Rückumlaut M 96, Anm. 3
trecken: Rückumlaut M 96, Anm. 3
treffen: Prät.-Ablaut-*o* M 117, Anm. 1
trennbares Präfix, s. auch *Präpositionaladverb*
trennen: Rückumlaut M 96
Trennungszeichen L 4
treten: Pl. Prät. *troten* M 129
trinken: Part. Prät. ohne *ge*- M 87.3
trügen / triegen M 97; 103
tsch L **60**
tschechischer Einfluß S 172
-tum: Plural M 10, Anm. 9
tun: Flexion M 147; mit Inf. S 175; 191; mit Ersatzinf. S 209; mit Negationspartikel S 230
turren M 142
tw- L 47; *tw-* > *zw-* / *qu-* L 49, 2; 59, 3
Typologieansatz sprechsprachlich bedingter Varianten L 71
u: Kurzvokal L **16**; Langvokal L **24**; *u* < *o* L 16; *u* < *o* L 24
ü: Kurzvokal L **17**; Langvokal L **25**; *ü* / *o* L 17, Anm. 2
u-Stämme M 10, Anm. 7; 20, Anm. 4
übel / wirs: Komparation M 55, Anm. 2

Überlagerungen von Schreibsystemen bzw. Lautsystemen L 1, 3
Übersicht über das Konsonantensystem L **66**
üe L **30**
uff / off L 16, Anm. 5
um + Akkusativ beim Komparativ S 86
um (. . .) zu + Inf. S 188; 202
-um(b) / -ung-Varianz L 61, 4
Umdeutung S 39; 59–62; 172; 198; s. auch *syntaktische Umdeutung*
Umkehrschreibung L 75
Umlaut: Plural M 10; Steigerung M 54; in der Verbalflexion M 97; 100; 131; 135, 2; 136; 141; 142–146; 151, Anm.; s. auch 'Rückumlaut'
Umlaut(sbezeichnung) L **8**; 12; 15; 17; 20; 23; 25; 29; 30
unbestimmter Artikel S 1; 3f.; 7f.; 16; 21; 98; Flexion M 67; 69
und: mit *und* eingeleitete Fortsetzung eines Hauptsatzes S 238; »Inversion nach *und*« S 239; Relativ S 268; Konjunktion oder Relativ S 285, Anm. 2; an der Spitze von Bedingungssätzen S 290
-ung / -um(b)-Varianz L 61, 4
unterordnende Konjunktion S 237; 243; 248; 257f.
uo L **30**
v: graphisch für *u* L 16
van L 11, Anm. 2
Varianz des Frnhd. I, 2, 1; schreibsprachliche L 70
Variation, graphische L 38; konsonantische L 77
Variantenreduktion L 69
Velare L **48**; **49**; **56**
Velarisierung (zugunsten von *ng*) L 63, 3
Verb, s. *Aktionsart, Aspekt, Ausgleichsprozesse, Ausklammerung, Flexion, Futur, Gerundiv, Imperfekt, Infinitiv, Inventar st. Verbklassen, Klassifizierung, Modalverb, Partizip, Partizip Präsentis, Partizip Präteriti, Perfekt, perfektive Verben, Plusquamperfekt, Präsens, reflexives Verb, Tempus, Verbalkomplex, Verbspezifik, Verbstellung*
Verbalkomplex S 236; 248; Stellung der Glieder im Verbalkomplex S 251

verbrennen: st. Flexion M 128
Verbspezifik S 54; 93, Anm. 1; 99; 122;
142; 156; 202; s. auch *Subklassenspezifik*
Verbstellung: Anfangsstellung des finiten Verbs S 232; 238; 242; 258; 290f.;
297; Drittstellung des finiten Verbs
S 240; 306; End- bzw. Späterstellung
des finiten Verbs S 237f.; 246f.; 252;
258; 262; 271; 295; 306f.; 312; 314;
Zweitstellung des finiten Verbs S 233;
238; 258; 263; 294, Anm. 1; 295; 297;
302; 305; 314; 318; s. auch *Satzklammer*, *Verbalkomplex*
verderben: Rückumlaut M 96, Anm. 3;
126, Anm. 2
vergessen: graphische Markierung des
Numerusablauts M 129
Vergleich S 309–314
vergleichend-proportionaler Satz S 313
Vergleichssatz, s. *Komparativsatz*
verlieren / *verliesen*: grammatischer
Wechsel M 104; 105; Part. Prät. *verlaren* M 113, Anm. 2; 115
Verschlingung, s. *Verschränkung*
Verschlußlaute L **46–49**
Verschränkung S 270; 318
Vertikalisierung L 69
Vertikalität / Horizontalität des frnhd.
Varietätenspektrums I, 3, 3
viel M 47; 55; S 37; 39; 122
Virgel L 4
Vokalgraphie L 1, 7
Vokalisierung, von *l* L 64, 3; von *r*
L 65, 3
Vokativ S 11, 127; Flexion des attr. Adjektivs M 35; Flexion des Anredenominativs M 41
Volksetymologie L 1, 7, 3; 52, 3; 57, 1;
57, 3; 62, 4, 64, 3
voll mit Gen., Nom. / Akk. S 87,
Anm. 2; Flexion des präd. *voll* M 52,
Anm. 2
voller S 87, Anm. 2
von-Fügung S 25; 41; 73; 142
Voranstellung S 243
Vorfeld S 236; 240–242; 244
w: L **50**; *w* graphisch für *u* L 16; *w* > *b*
L 44, 4; *w* > *m* 61, 4
wa-Stämme M 23, Anm. 4
wachsen: fehlender Präsensumlaut
M 100, Anm. 2

wägen aus mhd. *wēgen* M 101, Anm. 1;
102; 118, Anm. 2
wälen: Rückumlaut M 96, Anm. 3
walten M 97, Anm. 6
wange M 24
wann(e) / *wenn(e)* L 11
ward / *wurd(e)* L 41, Anm. 10
wärmen: Rückumlaut M 96, Anm. 3
was: vor Substantiv S 10; mit Gen. S 38;
mit Adjektiv S 39; 'warum' S 122;
Relativ S 272f., 276, 299
waschen: Präsensumlaut M 131
waser S 10
was für (ein) S 10
weben: Ind. Präs. -e- M 102, Anm. 2;
Klassenwechsel M 113; 118
wecken: Rückumlaut M 96, Anm. 3
wegen: Rückumlaut M 96, Anm. 3
weihen: st. Flexion M 112, Anm. 1
weinic / *wenic* L 19, Anm. 9
weisen M 108; 112
welch ein S 9
welcher: Relativpronomen S 262; 266f.;
270f.; 273f.; 276; 299; Pronominaladjektiv M 76
wenden: Rückumlaut M 96, Anm. 3, 5
wenig M 47; Komparation M 55; S 37;
39
wenken: Rückumlaut M 96, Anm. 3
wer: attributiv 'welch' S 9; Relativ
272–274; 276; 299
werben: grammatischer Wechsel M 104,
Anm. 2, 3; 105, Anm. 2; 124
werden: Flexion M 87, Anm. 3; 89, 3; 91 +
Anm.; 93, Anm. 2; 102, Anm. 2; 4;
122, Anm.; 127; 127, Anm. 6; mit
prädikativem Dativ S 96; mit
Part. Präs. / Inf. (Futur) S 167–169;
172f.; (Ingressiv) 169; 173; mit
Part. Prät. S 216–218; Stellung im
Verbalkomplex S 251–255; Ersparung S 257; *würde* + Inf. S 171; 222,
Anm. 1; 283; mit Inf. Perf. S 207
werfen M 97, Anm. 1; 102, Anm. 4; 124
werken: Rückumlaut M 96
wes 'weshalb' S 80
(mhd.) *wesen*: grammatischer Wechsel
M 104, Anm. 3; 105, Anm. 2;
Part. Prät. *gewest* M 149
wiegen / mhd. *wēgen* M 101; Ind. Präs.
-e- M 102, Anm. 2; 118; Klassenwechsel M 129

(mhd.) *wigelen*: st. Flexion M 112, Anm. 1
wilich / welich L 13, Anm. 2
wirken: konsonantische Stammalternation M 106
(ver)wirren / werren M 101; Ind. Präs. *-e-* M 102, Anm. 2; Prät.-Ablaut-*o* M 116, Anm. 1
wissen M 136
wiste / gewist / wußte / gewußt L 13, Anm. 4
wo: Relativpartikel S 268; 276
wollen: Flexion M 146; mit Inf. (Futur) S 167f., (Ingressiv) 173; mit Inf. Perf. S 208
wo(r)- + Präposition S 267; 271; getrennt S 129
Wortbildungsmorphologie als Beschreibungslücke I, 5, 3
Wortstellung: in der Nominalgruppe S 2; 17 (Adj. / Pron.), L 51 (Präpositionalattribut), 42f. (Gen.), 52f. (diskontinuierlich); in Infinitivsätzen S 200; *nicht* S 231; im Einfachsatz S 236–256; s. auch *Verbstellung Wunschsatz* S 240
würde + Inf. S 171; 222, Anm. 1; 283; mit Inf. Perf. S 207
Wurzelverben M 147–149
y: graphisch für *i* L 13
z L 59
Zahlwort S 25; 34; 36; 41; 128, Anm. 1; Flexion des nachfolgenden Adjektivs M 43; Flexion M 57–59

zälen: Rückumlaut M 96
(ver)zeihen: grammatischer Wechsel M 104, Anm. 3; 105, Anm. 2
Zeitansatz des Frnhd. I, 3, 2
Zeitfolge (consecutio temporum) S 258; 275; 278; 283; 294; 301
Zerdehnung L 1, 7, 3; 50, 4; 57, 3
zeren: Rückumlaut M 96, Anm. 3
zerren: Rückumlaut M 96
ziehen: Part. Prät. *ge-* M 87.3; 89, Anm. 2; 97, Anm. 1; 99, Anm.; grammatischer Wechsel M 104; 105, Anm. 2; 114, Anm.; 115
ziemen M 101; Ind. Präs. *-e-* M 102, Anm. 2; Part. Prät. *gezemen* M 125, Anm. 6
Zirkumposition S 128; 130; 134; s. auch *Präposition, Postposition*
zu: mit Part. Präs. (attributiv) S 23; mit Dat. in Verbindung mit Dat. S 97, Anm. 2; mit Dat. als Variante neben dem Akk. S 115; mit Adj. / Adv. S 100; 140; s. auch *Infinitiv*
Zusammenschreibung L 6
zwahen: grammatischer Wechsel M 104, Anm. 3; 105, Anm. 2
zwanzig / zweinzec / zwenzec L 11, Anm. 3
zwei: Flexion des nachfolgenden Adjektivs M 43; Flexion M 58
zwuschen / tuschen / zwischen / zwüschen L 16, Anm. 4; 50, 4